Müller/Detmering/Lieber · Die Organschaft

Zusätzliche digitale Inhalte für Sie!

Zu diesem Buch stehen Ihnen kostenlos folgende digitale Inhalte zur Verfügung:

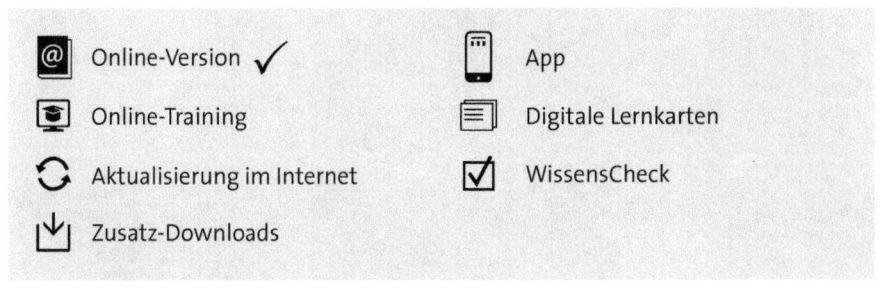

- Online-Version ✓
- Online-Training
- Aktualisierung im Internet
- Zusatz-Downloads
- App
- Digitale Lernkarten
- WissensCheck

Schalten Sie sich das Buch inklusive Mehrwert direkt frei.

Scannen Sie den QR-Code **oder** rufen Sie die Seite www.nwb.de auf. Geben Sie den Freischaltcode ein und folgen Sie dem Anmeldedialog. Fertig!

Ihr Freischaltcode

OHLD-YCOR-LWCG-BQOW-RFUJ-Z

www.nwb.de

Die Organschaft

▶ Körperschaftsteuerrecht
▶ Gewerbesteuerrecht
▶ Umsatzsteuerrecht
▶ Grunderwerbsteuerrecht

Von
Vors. Richter am FG a. D. Rechtsanwalt Thomas Müller,
Steuerberater Marcel Detmering
Rechtsanwältin und Steuerberaterin Dr. Bettina Lieber

11., überarbeitete Auflage

▶nwb

Bearbeitervermerk:

Teile A und B: Müller
Teil C: Detmering
Teil D: Lieber

ISBN 978-3-482-**67621**-5
11. Auflage 2020
© NWB Verlag GmbH & Co. KG, Herne 1972
   www.nwb.de
Alle Rechte vorbehalten.
Dieses Buch und alle in ihm enthaltenen Beiträge und Abbildungen sind urheberrechtlich geschützt. Mit Ausnahme der gesetzlich zugelassenen Fälle ist eine Verwertung ohne Einwilligung des Verlages unzulässig.
Satz: Griebsch & Rochol Druck GmbH, Hamm
Druck: CPI books, Leck

VORWORT

Im Vorwort zur 7. Auflage hieß es u. a.: „Das Rechtsinstitut der Organschaft gehört zu den wichtigsten steuerlichen Gestaltungsmitteln. Im Körperschaftsteuerrecht bedarf es zwar seit Einführung des Anrechnungsverfahrens im Jahre 1977 zur Vermeidung einer Doppelbelastung mit Körperschaft- und Einkommensteuer nicht mehr der Organschaft. Zum Verlustausgleich zwischen mehreren rechtlich selbständigen Unternehmen bleibt sie jedoch das einzige taugliche Mittel.... . Im Gewerbesteuerrecht dient die Organschaft mit ihrer steuerlichen Berücksichtigung der wirtschaftlichen Einheit zweier rechtlich selbständiger Unternehmen dazu, die sonst unvermeidliche zweimalige Erfassung des wirtschaftlich gleichen Ertrags durch die gleiche Steuerart auszuschließen. Ebenso wie bei der körperschaftsteuerlichen Organschaft können bei der gewerbesteuerlichen Organschaft mehrere selbständige Unternehmen Gewinne mit Verlusten ... ausgleichen."

Die vorstehenden Aussagen sind heute, und auch nach Verabschiedung des Gesetzes zur Unternehmensteuerreform 2008, unverändert gültig, ja sie haben mit der Abschaffung des Anrechnungsverfahrens und dem Systemwechsel zum Halbeinkünfteverfahren bzw. ab 2009 zum Teileinkünfteverfahren sogar noch eine gesteigerte Bedeutung erlangt. „Durch die definitive Körperschaftsteuerbelastung gewinnt der Verlustverrechnungsmechanismus an Bedeutung.... . Auch gewerbesteuerlich gewinnt die Organschaft durch die Unternehmensteuerreform 2008 weiter an Bedeutung. Durch die Ausdehnung der Hinzurechnungen und Streichung der Kürzungsvorschrift § 9 Nr. 4 GewStG kann eine Doppelbelastung mit Gewerbesteuer im Konzern, wenn überhaupt, nur durch eine Organschaft vermieden werden."

Die Organschaft ist aber nicht nur für die Ertragsteuern von Bedeutung. Umsatzsteuerlich bietet sie auch im System der Mehrwertsteuer im Zusammenhang mit Steuerbefreiungen, der Option zur Steuerpflicht und der Berichtigung des Vorsteuerabzugs sowie hinsichtlich der Finanzierung und Organisation bedeutende Vorteile. Problematisch kann eine Organschaft werden, wenn sie im Rahmen einer Außenprüfung erst festgestellt oder verneint wird und eins der (vermeintlichen) Organunternehmen zwischenzeitlich insolvent geworden ist. Dieses Problem stellt sich häufiger, da die umsatzsteuerliche Organschaft im Gegensatz zur ertragsteuerlichen im Wesentlichen vom Vorliegen tatsächlicher Verhältnisse und nicht willensgesteuert vom Vorliegen eines Vertrags abhängig ist. Nicht vorausgesehene Umsatzsteuernachzahlungen können deshalb die Folge sein.

VORWORT

Drei Jahre nach Erscheinen der Vorauflage war wie eigentlich jedes Mal eine Überarbeitung aller Teile erforderlich, weil weder der Gesetzgeber noch Verwaltung und Rechtsprechung in dieser Zeit geruht haben. Insbesondere die Steuerfreiheit von Sanierungsgewinnen, der Wegfall des quotalen Verlustuntergangs und die Neuregelung der Besteuerung von Investmenterträgen sind im Ertragsteuerrecht hervorzuheben. Im Grunderwerbsteuerteil wurden u. a. die neuen gleich lautenden Erlasse der Länderfinanzverwaltungen eingearbeitet und gewürdigt. Bei der umsatzsteuerlichen Organschaft ist aufgrund der EuGH-Rechtsprechung mit weit reichenden Folgen der Kreis der möglichen Organgesellschaften durch bestimmte Personengesellschaften erweitert worden. Insgesamt erfuhr die Umsatzsteuer aufgrund eines Autorenwechsels eine umfassende Neubearbeitung.

An dieser Stelle danken die Herausgeber Herrn Dr. Stöcker, der von der 4. bis zur 10. Auflage den Umsatzsteuerteil mit profunder Sachkenntnis bearbeitet hat. Wir freuen uns, mit Herrn Detmering einen ausgewiesenen Kenner der umsatzsteuerlichen Organschaftsregeln gewonnen zu haben, der mit diesen Fragen auch in seiner täglichen Arbeit konfrontiert wird.

Das bewährte Grundkonzept der Vorauflagen wurde beibehalten. Gesetzgebung, Rechtsprechung, Literatur und Verwaltungsanweisungen sind bis Juli 2019 berücksichtigt.

Wir sind sicher, dass sich die vorliegende 11. Auflage wiederum als praxisgerechter Ratgeber erweisen wird. Für Hinweise und Kritik sind wir jederzeit offen und dankbar.

Herne, im Oktober 2019   Die Verfasser

INHALTSÜBERSICHT

Vorwort	V
Inhaltsverzeichnis	IX
Literaturverzeichnis	XXIX
Abkürzungsverzeichnis	XXXI
Einführung	1

A. DIE ORGANSCHAFT IM KÖRPERSCHAFTSTEUERRECHT

I.	Grundlegung	8
II.	Die Voraussetzungen der Organschaft im Körperschaftsteuerrecht (der Tatbestand der §§ 14 bis 19 KStG)	14
III.	Die Rechtswirkungen der Organschaft im Körperschaftsteuerrecht (Rechtsfolgen der §§ 14 bis 19 KStG)	109
IV.	Sondertatbestände	186
V.	Die steuerlichen Folgen des anfänglichen Fehlens oder des späteren Wegfalls eines Tatbestandsmerkmals der körperschaftsteuerlichen Organschaft	220
VI.	Das steuerliche Einlagekonto (§ 27 KStG), das Körperschaftsteuerguthaben (§ 37 KStG) und der Körperschaftsteuererhöhungsbetrag (§ 38 KStG)	225

B. DIE ORGANSCHAFT IM GEWERBESTEUERRECHT

I.	Grundlegung	229
II.	Die Voraussetzungen der Organschaft im Gewerbesteuerrecht (der Tatbestand des § 2 Abs. 2 Satz 2 GewStG)	232
III.	Die Rechtswirkungen der Organschaft im Gewerbesteuerrecht (die Rechtsfolgen des § 2 Abs. 2 Satz 2 GewStG)	240

C. DIE ORGANSCHAFT IM UMSATZSTEUERRECHT

I.	Grundlagen zur umsatzsteuerlichen Organschaft	276

ÜBERSICHT Inhalt

		Seite
II.	Die Voraussetzungen der Organschaft im Umsatzsteuerrecht	295
III.	Die Rechtswirkungen der Organschaft im Umsatzsteuerrecht	368
IV.	Beginn und Beendigung der Organschaft	411
V.	Verfahren	424
IV.	Vor- und Nachteile der Organschaft im Mehrwertsteuersystem	435

D. DIE ORGANSCHAFT IM GRUNDERWERBSTEUERRECHT

I.	Grundlegung	454
II.	Bezug der Organschaft zur Anteilsvereinigung	456
III.	Verhältnis zu § 1 Abs. 3 Nr. 3 und 4 GrEStG	458
IV.	Verhältnis zu § 6a GrEStG	459
V.	Die Voraussetzungen der Organschaft im Grunderwerbsteuerrecht	460
VI.	Die Rechtswirkungen der Organschaft im Grunderwerbsteuerrecht	464

E. RECHTSMATERIALIEN

I.	Körperschaftsteuerrechtliche Organschaft	485
II.	Gewerbesteuerrechtliche Organschaft	501
III.	Umsatzsteuerrechtliche Organschaft	506
IV.	Grunderwerbsteuerrechtliche Organschaft	520

Stichwortverzeichnis 547

INHALTSVERZEICHNIS

Vorwort V
Inhaltsverzeichnis IX
Literaturverzeichnis XXIX
Abkürzungsverzeichnis XXXI
Einführung 1

	Rz.	Seite
A. Die Organschaft im Körperschaftsteuerrecht		
I. Grundlegung	1	8
1. Rechtsgrundlagen, Rechtsentwicklung, Verwaltungsanweisungen	1	8
1.1 Rechtsgrundlagen	1	8
1.2 Rechtsentwicklung	2	9
1.3 Verwaltungsanweisungen	7	10
2. Rechtfertigung und Zweck der Organschaft im Körperschaftsteuerrecht	8	11
2.1 Wirtschaftliche Grundlagen	8	11
2.2 Zweck der Organschaft in einem Körperschaftsteuersystem mit Doppelbelastung	9	11
2.3 Zweck der Organschaft in einem Körperschaftsteuersystem mit Anrechnungsverfahren	11	12
3. Aufbau der gesetzlichen Vorschriften über die körperschaftsteuerliche Organschaft (§§ 14 bis 19 KStG)	14	12
4. Zeitlicher Geltungsbereich der gesetzlichen Regelung	21	13
II. Die Voraussetzungen der Organschaft im Körperschaftsteuerrecht (der Tatbestand der §§ 14 bis 19 KStG)	25	14
1. Die Organgesellschaft	25	14
1.1 Rechtsform	25	14
1.2 Geschäftsleitung und Sitz im Inland	31	15
1.3 Tätigkeit	36	17
1.4 Persönliche Steuerbefreiung	37	18
1.5 Lebens- und Krankenversicherungsunternehmen als Organgesellschaften	38	18

				Rz.	Seite
2.	Der Organträger			40	19
	2.1	Rechtsform		40	19
	2.2	Steuerpflicht		43	20
		2.2.1	Rechtslage bis einschließlich VZ 2011	43	20
		2.2.2	Rechtslage ab VZ 2012	54	23
	2.3	Gewerbliches Unternehmen		58	26
	2.4	Inländisches Unternehmen		71	30
	2.5	Personengesellschaften als Organträger		73	31
	2.6	Die Holding als Organträger		74	31
3.	Die finanzielle Eingliederung			75	31
	3.1	Unmittelbare Beteiligung		75	31
	3.2	Mittelbare Beteiligung		87	34
	3.3	Zusammenrechnung von unmittelbaren und mittelbaren Beteiligungen sowie von mehreren mittelbaren Beteiligungen		92	35
	3.4	Zusammenrechnung der Beteiligungen und Stimmrechte von Angehörigen		97	37
	3.5	Personengesellschaften		98	37
4.	Die wirtschaftliche Eingliederung			121	37
5.	Die organisatorische Eingliederung			123	38
6.	Zeitliche Voraussetzungen der organschaftlichen Eingliederung			163	38
	6.1	Beginn des Wirtschaftsjahrs		164	39
	6.2	Ununterbrochen		167	39
	6.3	Wegfall der Eingliederung zum Ende des Wirtschaftsjahrs der Organgesellschaft (Anwendung der sog. Mitternachtserlasse)		170	39
	6.4	Rumpfwirtschaftsjahr		173	41
	6.5	Umstellung des Wirtschaftsjahrs		175	41
		6.5.1	Erstmalige Umstellung des Wirtschaftsjahrs	175	41
		6.5.2	Nochmalige Umstellung des Wirtschaftsjahrs der Organgesellschaft	181	43
	6.6	Rechtsnachfolge		184	44
7.	Gewinnabführungsvertrag (GAV)			191	44
	7.1	Grundlagen		191	44
	7.2	Rechtsnatur des Gewinnabführungsvertrags		193	45
	7.3	Die zivilrechtliche Wirksamkeit des Gewinnabführungsvertrags als Tatbestandsmerkmal der §§ 14 bis 19 KStG		195	45

			Rz.	Seite
7.4		Zeitliche Anforderungen	203	47
7.5		Der Gewinnabführungsvertrag der AG und der KGaA	213	51
7.6		Der Gewinnabführungsvertrag anderer Kapitalgesellschaften	229	61
7.7		Der aufschiebend bedingte Gewinnabführungsvertrag	240	69
8.		Die Durchführung des Gewinnabführungsvertrags	242	70
	8.1	Grundlagen	242	70
	8.2	Ordnungsmäßige Buchführung	244	71
	8.3	Abführung und Ausschüttung vorvertraglicher Rücklagen	248	76
	8.4	Nachvertragliche Rücklagen	257	78
		8.4.1 Gesetzliche Rücklagen und Verlustvortrag	258	79
		8.4.2 Freie Rücklagen	260	79
9.		Besondere Voraussetzungen für die Anwendung der §§ 14 bis 19 KStG bei Personengesellschaften als Organträger	311	82
	9.1	Grundlegung	311	83
	9.2	Finanzielle Eingliederung	314	83
	9.3	Wirtschaftliche und organisatorische Eingliederung	316	83
	9.4	Eigene gewerbliche Tätigkeit	318	84
	9.5	Die Bedeutung einer Veräußerung eines Mitunternehmeranteils, insbesondere eines Gesellschafterwechsels	323	85
	9.6	Steuerpflicht der Gesellschafter	328	86
10.		Das Organschaftsverhältnis zu einer Holding	329	87
	10.1	Zum Begriff der Holding	329	87
	10.2	Problemstellung und BFH-Rechtsprechung	330	87
	10.3	Verwaltungsauffassung	331	89
	10.4	Eigene Auffassung	332	90
11.		Betriebsaufspaltung und Organschaft	391	91
	11.1	Zum Begriff der Betriebsaufspaltung	391	91
	11.2	Organschaftsverhältnis bei einer Betriebsaufspaltung in ein Produktionsunternehmen und eine Vertriebskapitalgesellschaft	392	92
	11.3	Organschaftsverhältnis bei einer Betriebsaufspaltung in ein Besitzunternehmen und eine Betriebskapitalgesellschaft	393	92
12.		Umwandlung der Organgesellschaft oder des Organträgers	395	93
	12.1	Handelsrechtliche und steuerrechtliche Grundlagen	396	93
	12.2	Umwandlung der Organgesellschaft	398	94

		Rz.	Seite
12.2.1	Verschmelzung der Organgesellschaft auf den Organträger	398	94
12.2.2	Verschmelzung der Organgesellschaft auf einen anderen Rechtsträger	402	95
12.2.3	Sonstige Formen der Umwandlung einer Organgesellschaft	406	97
12.2.4	Exkurs: Umwandlung einer anderen Gesellschaft auf die Organgesellschaft	411	98
12.3	Umwandlung des Organträgers	423	100
12.3.1	Verschmelzung des Organträgers	423	100
12.3.2	Sonstige Fälle der Umwandlung des Organträgers	430	103
13.	Einbringung des Betriebs des Organträgers in eine Kapitalgesellschaft oder Personengesellschaft	434	104
13.1	Einbringung im Wege der Ausgliederung	434	104
13.2	Einbringung im Wege der Einzelrechtsnachfolge	436	104
13.3	Realteilung eines Organträgers in der Rechtsform einer Personengesellschaft	437	104
14.	Unentgeltliche Gesamtrechtsnachfolge und unentgeltliche Einzelrechtsnachfolge beim Organträger	439	105
14.1	Gesamtrechtsnachfolge (Erbfall)	439	105
14.2	Einzelrechtsnachfolge (Schenkung)	440	105
14.3	Gemischte Schenkung	441	105
15.	Die Organgesellschaft als persönlich haftende Gesellschafterin einer Personengesellschaft	442	106
15.1	Allgemeines	442	106
15.2	Organschaftsverhältnis zwischen einer Komplementär-GmbH als Organgesellschaft und der KG, deren Komplementärin die GmbH ist, als Organträger	446	107
III.	Die Rechtswirkungen der Organschaft im Körperschaftsteuerrecht (Rechtsfolgen der §§ 14 bis 19 KStG)	465	109
1.	Grundlegung, insbesondere Verhältnis zum Anrechnungsverfahren	465	109
1.1	Getrennte Einkommensermittlung	466	109
1.2	Zusammenrechnung	467	109
1.3	Tarif	468	111
1.4	Subjektive Steuerpflicht und Rechtsbehelfsbefugnis der Organgesellschaft	469	111

		Rz.	Seite
1.5	Zwingende Rechtsfolge	474	113
1.6	Haftung	475	114
1.7	Priorität und Vorteile der organschaftlichen Einkommenszurechnung gegenüber dem Anrechnungsverfahren (grundsätzlich nur noch für VZ vor 2001 von Bedeutung)	476	114
2.	Der Begriff des zuzurechnenden Einkommens der Organgesellschaft	480	117
2.1	Der allgemeine Einkommensbegriff	480	117
2.2	Der Ausschluss von Vorschriften des KStG und des EStG	481	117
2.3	Die steuerliche Beurteilung der Gewinnabführung und Verlustübernahme bei der Organgesellschaft	483	117
3.	Die steuerliche Beurteilung der Gewinnabführung und Verlustübernahme beim Organträger	486	120
3.1	Kürzung bzw. Erhöhung des eigenen Einkommens des Organträgers	486	120
3.2	Ausschluss des § 36 Abs. 2 Nr. 3 EStG	487	121
4.	Maßgeblicher Zeitraum für die steuerliche Erfassung des zuzurechnenden Einkommens der Organgesellschaft beim Organträger (Zurechnungszeitraum)	488	121
4.1	Problemstellung	488	121
4.2	Verwaltungsauffassung	490	122
4.3	Schrifttum	491	123
4.4	BFH-Rechtsprechung	492	123
4.5	Kritische Würdigung	494	123
4.6	Konsequenzen	495	124
4.7	Zurechnungszeitraum bei einer Personengesellschaft als Organträger	499	125
5.	Besonderheiten der Einkommenszurechnung bei Personengesellschaften als Organträger	500	126
5.1	Verfahrensrechtliche Behandlung der Einkommenszurechnung	500	126
5.2	Maßstab der Zurechnung	503	128
5.3	Zurechnungszeitraum	509	130
6.	Einzelfragen zur Ermittlung des zuzurechnenden Einkommens der Organgesellschaft	512	132
6.1	Verlustabzug i. S. des § 10d EStG	512	132

		Rz.	Seite
6.1.1	Veräußerung von Anteilen an der Organträger-Körperschaft	517	135
6.1.2	Wegfall des Verlustabzugs und § 8d KStG	517a	137
6.1.3	Steuerfreiheit eines Sanierungsgewinns	517b	137
6.2	Internationales Schachtelprivileg	518	138
6.2a	Organschaft und investmentsteuerliche Regelungen	518a	138
6.3	Auflösung vorvertraglicher unversteuerter stiller Reserven der Organgesellschaft	519	139
6.4	Sonderprobleme der Einkommensermittlung bei Organschaftsverhältnissen zu natürlichen Personen (Aufwendungen für einen beherrschenden Gesellschafter-Geschäftsführer)	523	140
6.5	Verdeckte Gewinnausschüttungen der Organgesellschaft	526	142
6.6	Höchstbetrag des Spendenabzugs bei der Organgesellschaft	535	145
6.7	Freibetrag nach § 16 Abs. 4 EStG	537	146
6.8	Übertragung von Veräußerungsgewinnen nach § 6b EStG	538	146
6.9	Gesellschaftsteuer bei Verlustübernahme	540	146
6.10	Konzernsteuerumlagen	541	147
7.	Einzelfragen zur Besteuerung des Organträgers	561	148
7.1	Rückstellung des Organträgers für zu übernehmende künftige Verluste der Organgesellschaft	561	148
7.2	Steuerliche Abzugsfähigkeit von Zinsen für Schulden, die der Organträger zum Erwerb der Beteiligung an der Organgesellschaft aufgenommen hat	563	149
7.3	Teilwertabschreibung auf die Organbeteiligung	566	149
7.4	Die Veräußerung von Anteilen an der Organgesellschaft	569	151
7.5	Anrechnung von Steuerabzugsbeträgen, die auf Betriebseinnahmen der Organgesellschaft einbehalten wurden (§ 19 Abs. 5 KStG)	571	151
7.6	Tariffragen	576	153
7.6.1	Besondere Tarifvorschriften für die Organgesellschaft, die einen Abzug von der Körperschaftsteuer vorsehen (§ 19 Abs. 1 bis 4 KStG)	577	153

			Rz.	Seite
	7.6.1.1	Problemstellung	577	153
	7.6.1.2	Gesetzliche Lösung	578	154
7.6.2	Steuersatzermäßigungen		588	157
7.6.3	Tarifermäßigung nach den §§ 16, 34 EStG		590	158
7.6.4	Tarifermäßigung nach § 32c EStG		593	159
7.6.5	Thesaurierungsbegünstigung nach § 34a EStG		595	159
7.7	Steuerfreie Einnahmen einer Organgesellschaft		598	160
	7.7.1	Steuerfreie Einnahmen einer Kapitalgesellschaft, die nicht Organgesellschaft ist	598	160
	7.7.2	Steuerfreie Einnahmen einer Organgesellschaft	600	160
7.8	Übertragung von Wirtschaftsgütern des Organträgers auf die Organgesellschaft		609	162
7.9	Höchstbetrag des Spendenabzugs beim Organträger		610	162
7.10	Steuerermäßigung nach § 35 EStG		611	163
7.11	Negatives Einkommen des Organträgers (§ 14 Abs. 1 Nr. 5 KStG)		614	164
8. Bildung und Auflösung von Rücklagen – Auswirkung auf die Besteuerung des Organträgers			623	169
8.1	Nachvertragliche Abführung vorvertraglicher offener versteuerter Rücklagen		623	169
8.2	Nachvertragliche Ausschüttung vorvertraglicher offener versteuerter Rücklagen		630	171
8.3	Nachvertragliche Realisierung und Abführung vorvertraglicher stiller unversteuerter, aber gekaufter Rücklagen		631	171
8.4	Nachvertragliche Abführung vorvertraglicher stiller versteuerter, aber gekaufter Rücklagen		641	173
8.5	Bildung und Auflösung nachvertraglicher offener oder stiller, aber versteuerter Rücklagen bei der Organgesellschaft		651	176
9. Bilanzierung latenter Steuern			661	183
IV. Sondertatbestände			681	186
1. Die Besteuerung der von der Organgesellschaft bezogenen Gewinnanteile aus der Beteiligung an einer ausländischen Gesellschaft (internationales Schachtelprivileg) einschließlich der Steuerbefreiung nach § 8b KStG			681	186
1.1	Rechtslage unter Geltung des Anrechnungsverfahrens		681	186

			Rz.	Seite
	1.2	Rechtslage nach dem Systemwechsel zum Halbeinkünfteverfahren	683	187
	1.3	Einkünfte aus einer ausländischen Betriebsstätte	690	188
	1.4	Internationales Schachtelprivileg bei der Ermittlung des eigenen Einkommens der Organgesellschaft	692	189
	1.5	Steuerbefreiungen nach § 8b KStG	693	189
	1.6	Die Anwendung der Zinsschranke in Organschaftsfällen (§ 15 Satz 1 Nr. 3 KStG)	708	195
		1.6.1 Einführung	708	195
		1.6.2 Anwendung in Organschaftsfällen	709	196
	1.7	Dauerverlustgeschäfte i. S. des § 8 Abs. 7 Satz 2 KStG (§ 15 Satz 1 Nr. 4 KStG)	710	197
	1.8	Spartenbezogene Betrachtung bei Eigengesellschaften der öffentlichen Hand als Organgesellschaft (§ 15 Satz 1 Nr. 5 KStG)	711	198
2.	Die steuerliche Behandlung der von der Organgesellschaft oder vom Organträger geleisteten Ausgleichszahlungen an außenstehende Gesellschafter		712	199
	2.1	Rechtsgrundlagen, Rechtsentwicklung und Zweck der gesetzlichen Regelung	712	199
	2.2	Der Begriff der Ausgleichszahlungen	715	200
	2.3	Die steuerliche Behandlung der Ausgleichszahlungen nach § 16 KStG und § 4 Abs. 5 Satz 1 Nr. 9 EStG	719	204
	2.4	Ausgleichszahlungen und Verlustabzug	727	207
	2.5	Ausgleichszahlungen und internationales Schachtelprivileg	728	207
	2.6	Ausgleichszahlungen und sonstige steuerfreie Einnahmen	729	207
	2.7	Ausgleichszahlungen und besondere Tarifvorschriften	731	208
	2.8	Ausgleichszahlungen und Anrechnung von Steuerabzugsbeträgen	732	208
3.	Übernahme vorvertraglicher Verluste der Organgesellschaft		733	209
4.	Auflösung der Organgesellschaft		737	210
	4.1	Handelsrechtliche Grundlagen	737	210
	4.2	Körperschaftsteuerrechtliche Problemstellung	738	210
5.	Betriebseinstellung und Veräußerung des Betriebsvermögens der Organgesellschaft		761	213
	5.1	Problemstellung	761	213
	5.2	BFH-Rechtsprechung	762	213

			Rz.	Seite
	5.3	Verwaltungsauffassung	766	214
	5.4	Kritische Würdigung	767	214
	5.5	Verpachtung	772	214
	6.	Auflösung des Organträgers	773	214
	7.	Organschaftsverhältnisse und Berlin-Vergünstigungen einschließlich Fördergebietsgesetz	774	215
		7.1 Erhöhte Absetzungen für abnutzbare Wirtschaftsgüter des Anlagevermögens (§ 14 BerlinFG)	774	215
		7.2 Steuerermäßigung für Darlehen zur Finanzierung von betrieblichen Investitionen (§ 16 BerlinFG)	778	216
		7.3 Steuerermäßigung für Darlehen zur Finanzierung von Baumaßnahmen (§ 17 BerlinFG)	782	217
		7.4 Ermäßigung der veranlagten Einkommensteuer und der Körperschaftsteuer (§§ 21 ff. BerlinFG)	783	217
		7.5 Fördermaßnahmen nach dem Fördergebietsgesetz	785	218
	8.	Organschaftsverhältnisse und Investitionszulagen	786	218
	9.	Organschaftsverhältnisse und Verlustklausel	790	219
V.	Die steuerlichen Folgen des anfänglichen Fehlens oder des späteren Wegfalls eines Tatbestandsmerkmals der körperschaftsteuerlichen Organschaft		811	220
	1.	Das anfängliche Fehlen eines Tatbestandsmerkmals	812	220
		1.1 Organgesellschaft	813	220
		1.2 Organträger	819	222
	2.	Der spätere Wegfall eines Tatbestandsmerkmals, insbesondere die Beendigung oder Nichtdurchführung des GAV	822	222
	3.	Die steuerlichen Folgen bei Organschaften aufgrund mittelbarer Beteiligung	826	225
VI.	Das steuerliche Einlagekonto (§ 27 KStG), das Körperschaftsteuerguthaben (§ 37 KStG) und der Körperschaftsteuererhöhungsbetrag (§ 38 KStG)		850	225
	1.	Vorbemerkung	850	225
	2.	Das steuerliche Einlagekonto	851	225
	3.	Das Körperschaftsteuerguthaben	856	227
	4.	Der Körperschaftsteuererhöhungsbetrag	861	228

	Rz.	Seite

B. Die Organschaft im Gewerbesteuerrecht

		Rz.	Seite
I.	Grundlegung	891	229
	1. Rechtsgrundlagen, Rechtsentwicklung, Verwaltungsanweisungen	891	229
	2. Zweck der Organschaft im Gewerbesteuerrecht	897	231
II.	Die Voraussetzungen der Organschaft im Gewerbesteuerrecht (der Tatbestand des § 2 Abs. 2 Satz 2 GewStG)	899	232
	1. Die Organgesellschaft	901	232
	2. Der Organträger	909	234
	3. Die finanzielle Eingliederung	918	235
	4. Die wirtschaftliche und organisatorische Eingliederung	920	235
	5. Zeitliche Voraussetzungen der organschaftlichen Eingliederung	922	235
	6. Der Gewinnabführungsvertrag und seine Durchführung	924	236
	7. Die Personengesellschaft als Organträger	925	236
	8. Das Holding-Unternehmen als Organträger	930	237
	9. Betriebsaufspaltung und Organschaft	931	237
	10. Organschaft im Beitrittsgebiet	934	238
	11. Verfahrensfragen	935	238
III.	Die Rechtswirkungen der Organschaft im Gewerbesteuerrecht (die Rechtsfolgen des § 2 Abs. 2 Satz 2 GewStG)	961	240
	1. Grundlegung	961	240
	2. Einzelfragen zur Ermittlung des Gewerbeertrags bzw. des Gewerbekapitals von Organgesellschaft und Organträger und zur Zusammenrechnung dieser Gewerbeerträge	972	244
	2.1 Hinzurechnungen nach § 8 GewStG	972	244
	2.2 Maßgeblicher Zeitraum für die Zusammenrechnung der Gewerbeerträge von Organgesellschaft und Organträger	977	246
	2.3 Die Auswirkungen vororganschaftlicher Verluste der Organgesellschaft auf die Ermittlung des Gewerbeertrags der Organgesellschaft	986	248
	2.4 Vor-, inner- und außerorganschaftliche Verluste des Organträgers	994	249
	2.5 Die Bedeutung einer Gewinnabführung der Organgesellschaft an den Organträger und der Verlustübernahme durch den Organträger für die Ermittlung des Gewerbeertrags der Organgesellschaft	998	249

		Rz.	Seite
2.6	Die Bedeutung einer Gewinnabführung oder Gewinnausschüttung der Organgesellschaft für die Ermittlung des Gewerbeertrags des Organträgers bei Organschaftsverhältnissen mit oder ohne GAV	999	250
2.7	Die Anwendung des § 15 Satz 1 Nr. 2 KStG (sog. Bruttomethode)	1001	251
2.8	Die Besteuerung der Gewinne und Verluste des Organträgers aus einer Veräußerung der Beteiligung an der Organgesellschaft	1008	257
2.9	Die Bedeutung einer Umwandlung der Organgesellschaft auf den Organträger für die Ermittlung des Gewerbeertrags von Organgesellschaft und Organträger bzw. einen anderen Rechtsträger	1011	258
2.10	Die Bedeutung nicht ausgeschütteter nachorganschaftlicher Gewinne der Organgesellschaft für die Besteuerung des Organträgers bei Organschaftsverhältnissen ohne Gewinnabführungsvertrag (bis einschließlich EZ 2001)	1014	260
2.11	Die Bedeutung nachorganschaftlicher Verluste der Organgesellschaft für die Besteuerung des Organträgers bei Organschaftsverhältnissen ohne GAV (bis einschließlich EZ 2001)	1020	261
2.12	Die Berechtigung zum Abzug nachorganschaftlicher Verluste der Organgesellschaft nach Beendigung der Organschaft	1028	264
2.13	Auswirkungen der „gebrochenen" Einheitstheorie auf verschiedene Einzelfragen	1031	266
3.	Besonderheiten der Ermittlung des Gewerbeertrags bei Personengesellschaften als Organträger	1051	269
3.1	Verluste der Organgesellschaft	1051	269
3.2	Dauerschulden im Verhältnis zwischen den Gesellschaftern einer Personengesellschaft als Organträger und der Organgesellschaft	1052	269
3.3	Die Beteiligung an der Organgesellschaft	1053	270
4.	Auflösung der Organgesellschaft – Betriebseinstellung und Veräußerung des Betriebsvermögens der Organgesellschaft	1056	271

			Rz.	Seite
C.	Die Organschaft im Umsatzsteuerrecht			
I.	Grundlagen zur umsatzsteuerlichen Organschaft		1091	276
	1. Rechtsgrundlagen		1091	276
		1.1 Regelung des § 2 Abs. 2 Nr. 2 UStG	1091	276
		1.2 Definitionen	1092	277
		1.3 Bedeutung des Zivilrechts	1093	277
		1.4 Bedeutung des Konzernrechts	1095	277
		1.5 Abschließende Regelung	1096	278
		1.6 Keine Übertragung auf andere Rechtsbereiche	1097	278
	2. Organschaft als einheitliches Rechtsinstitut im Steuerrecht		1098	278
	3. Unteilbarkeit der Selbständigkeit		1101	279
	4. Verhältnis zum Unternehmerbegriff		1102	280
	5. Verhältnis zur Unselbständigkeit natürlicher Personen (§ 2 Abs. 2 Nr. 1 UStG)		1103	280
	6. Rechtsentwicklung		1106	281
	8. Organschaft de lege ferenda		1119	285
	9. Verfassungsmäßigkeit der Organschaft		1120	286
	10. EG-Recht		1122	287
		10.1 Gemeinschaftsrechtliche Grundlage der Organschaft	1122	287
		10.2 Keine unmittelbare Wirkung für nationales Recht	1123	288
		10.3 Einbeziehung von Nichtsteuerpflichtigen in die Organschaft	1124	289
		10.4 Beschränkung der Organschaft auf eine bestimmte Tätigkeit oder eine bestimmte Branche	1125	291
		10.5 Beschränkung auf die Voraussetzungen der Organschaft nach Art. 11 Abs. 1 MwStSystRL	1126	292
		10.6 GmbH & Co KG als Organgesellschaft	1127	294
		10.7 Kein Wahlrecht	1128	295
		10.8 Beschränkung auf das Inland	1129	295
II.	Die Voraussetzungen der Organschaft im Umsatzsteuerrecht		1151	295
	1. Die Organgesellschaften		1153	296
		1.1 Juristische Personen des öffentlichen Rechts	1154	297
		1.2 Juristische Personen des Privatrechts	1156	297
		1.3 GmbH & Co KG	1157	298
		1.4 Andere Personengesellschaften	1158	299
		1.5 Gründergesellschaften	1159	301
		1.6 Nichtrechtsfähige Personenvereinigungen (organschaftsähnliches Verhältnis)	1160	301

			Rz.	Seite
	1.7	Auftreten nach außen	1163	303
	1.8	Strohmanngesellschaft	1164	303
	1.9	Unteilbarkeit der Beherrschung	1165	304
	1.10	Keine Beherrschung durch mehrere Organträger	1166	304
	1.11	Vertikale Verbindung mehrerer Organgesellschaften	1169	305
	1.12	Horizontale Verbindung mehrerer Organgesellschaften	1170	306
	1.13	Kombination einer vertikalen und horizontalen Verbindung	1171	306
	1.14	Komplementär-GmbH als Organgesellschaft der KG	1172	306
	1.15	Holding als Organgesellschaft	1174	307
2.	Die Organträger		1175	308
	2.1	Rechtsform des Organträgers	1175	308
	2.2	Unternehmereigenschaft des Organträgers	1176	308
3.	Besondere Formen des Organträgers		1180	310
	3.1	Holding-Gesellschaften	1181	310
	3.2	Private Vermögensverwaltung	1187	313
	3.3	Besitzgesellschaften bei Betriebsaufspaltung	1188	313
	3.4	Körperschaften des öffentlichen Rechts	1190	314
	3.5	Unternehmenszusammenschlüsse	1195	317
	3.6	Bruchteilsgemeinschaften	1198	318
4.	Die Eingliederung als Unterordnung		1199	318
5.	Die finanzielle Eingliederung		1208	321
	5.1	Bedeutung der finanziellen Eingliederung	1208	321
	5.2	Keine gesetzliche Definition	1209	322
	5.3	Mehrheit der Anteile	1210	322
	5.4	Erfordernis der Stimmenmehrheit	1212	323
	5.5	Wirtschaftliches Eigentum (Treuhänder)	1215	325
	5.6	Wirtschaftliche Abhängigkeit	1216	325
	5.7	Mittelbare finanzielle Beteiligung	1217	325
		5.7.1 Mittelbare Beteiligung über Gesellschafter	1217	325
		5.7.2 Mittelbare Beteiligung über Gesellschaften	1220	328
	5.8	Stille Gesellschafter	1227	330
	5.9	Mittelbare Beteiligung über Angehörige	1229	330
	5.10	Genossenschaften und rechtsfähige Vereine	1230	330
	5.11	Juristische Personen des öffentlichen Rechts	1231	331
6.	Die wirtschaftliche Eingliederung		1251	331
	6.1	Betriebsaufspaltung	1269	340
	6.2	Einzelfälle aus der Rechtsprechung	1284	347
		6.2.1 Organgesellschaft als Vertriebsabteilung	1285	347

			Rz.	Seite
	6.2.2	Organgesellschaft als Einkaufsabteilung	1289	348
	6.2.3	Organgesellschaft als Fabrikations- und Fertigungsbetrieb	1291	349
	6.2.4	Organgesellschaft als Verarbeitungsbetrieb	1294	350
	6.2.5	Organgesellschaft als Wohnungsunternehmen	1295	350
	6.2.6	Organgesellschaft als Grundstücksmieterin	1296	350
	6.2.7	Körperschaften des öffentlichen Rechts	1297	351
7.	Die organisatorische Eingliederung		1298	352
	7.1	Bedeutung und Definition	1298	352
	7.2	Formen	1305	356
	7.2.1	Identität der Geschäftsführung	1305	356
	7.2.2	Geschäftsführung durch Angestellte des Organträgers	1308	359
	7.2.3	Institutionell abgesicherte unmittelbare Eingriffsmöglichkeiten	1311	361
	7.2.4	Einzelfälle	1312	361
	7.2.5	Eröffnung des Insolvenzverfahrens und Liquidation	1317	363
	7.2.6	Bedeutung eines Beherrschungsvertrages und einer aktienrechtlichen Eingliederung	1318	364
8.	Die Eingliederung nach dem Gesamtbild der tatsächlichen Verhältnisse		1320	365
	8.1	Bedeutung der additiven Aufzählung	1320	365
	8.2	Gleichwertigkeit der Eingliederungsmerkmale	1322	366
	8.3	Mindestzahl der vollkommen ausgeprägten Eingliederungsmerkmale	1323	366
	8.4	Bedeutung zivilrechtlicher Verträge	1324	367
9.	Maßgeblicher Zeitraum		1325	367
III.	Die Rechtswirkungen der Organschaft im Umsatzsteuerrecht		1372	368
1.	Kein Wahlrecht		1372	368
2.	Verlust der Selbständigkeit		1376	369
3.	Wirkungen bei Begründung und Beendigung der Organschaft (§ 1 UStG)		1379	371
	3.1	Begründung der Organschaft	1379	371
	3.2	Beendigung der Organschaft	1381	371
	3.2.1	Durch Auflösung der Organgesellschaft oder des Organträgers	1382	372
	3.2.2	Durch Liquidation	1383	372
	3.2.3	Durch Eröffnung des Insolvenzverfahrens	1384	372

	Rz.	Seite
4. Umfang der Steuerbefreiung bei Grundstücksveräußerungen im Rahmen einer Organschaft (§ 4 Nr. 9a UStG)	1388	373
5. Steuerbefreiung und Ausschluss vom Vorsteuerabzug bei der Vermittlung von Versicherungen (§ 4 Nr. 11 UStG)	1391	375
6. Option bei der Organschaft (§ 9 UStG)	1392	375
7. Steuerschuldner bei der Organschaft (§ 13a UStG)	1393	375
8. Steuerabzugsverpflichteter und Freistellungsbescheinigung	1406	377
9. Anrechnung und Erstattung von Umsatzsteuer, die die Organgesellschaft gezahlt hat	1410	378
9.1 Anrechnung und Erstattung bei Steuerfestsetzung gegenüber der Organgesellschaft	1412	378
9.2 Anrechnung und Erstattung nach Aufhebung der Steuerfestsetzung gegenüber der Organgesellschaft	1416	379
9.3 Aufrechnung durch Organträger oder FA	1420	382
9.4 Billigkeitserlass	1422	383
9.5 Erstattungs- und Nachzahlungszinsen	1423	383
10. Haftung der Organgesellschaften für Umsatzsteuerschulden des Organträgers	1426	384
11. Keine Haftung des Organträgers für Umsatzsteuerschulden der Organgesellschaft	1431	386
12. Zivilrechtliche Ausgleichsansprüche im Organkreis	1432	387
13. Insolvenzanfechtung	1433	388
14. Unberechtigter Steuerausweis	1435	389
14.1 Durch den Organträger	1435	389
14.2 Durch eine Organgesellschaft	1436	389
15. Rechnungsausstellung bei der Organschaft (§ 14 UStG)	1437	390
15.1 Rechnungen gegenüber Dritten	1437	390
15.1.1 Umsatzsteuerrechtliche Folgen aus Rechnungen einer Organgesellschaft	1439	390
15.1.2 Zivilrechtliche Lage	1441	391
15.1.3 Angabe der Steuernummer oder Umsatzsteuer-Identifikationsnummer	1442	392
15.2 Rechnungen innerhalb des Organkreises	1443	392
16. Vorsteuerabzug bei der Organschaft (§ 15 UStG)	1456	393
16.1 Aus Rechnungen Dritter	1456	393
16.2 Klage auf Rechnungserteilung	1458	395
16.3 Kein Vorsteuerabzug aus Rechnungen innerhalb des Organkreises	1459	395
16.4 Ausschluss des Vorsteuerabzugs	1460	395

	Rz.	Seite
16.5 Aufteilung bei teilweisem Ausschluss des Vorsteuerabzugs (§ 15 Abs. 4 UStG)	1461	395
17. Berichtigung des Vorsteuerabzugs bei der Organschaft (§ 15a UStG)	1463	396
18. Vorsteuerrückforderungsanspruch nach § 17 Abs. 2 UStG	1464	397
19. Anrechnung bei der Organgesellschaft berücksichtigter Vorsteuern	1467	399
20. Veranlagungszeitraum bei der Organschaft (§ 16 UStG)	1468	400
21. Steuererklärungen, zusammenfassende Meldungen, Zahlungen und Erstattungen bei der Organschaft (§ 18 UStG)	1469	400
22. Besteuerung der Kleinunternehmer (§ 19 UStG)	1471	401
23. Versteuerung nach vereinnahmten Entgelten bei der Organschaft (§ 20 UStG)	1472	401
24. Aufzeichnungspflichten bei der Organschaft (§ 22 UStG)	1473	401
25. Durchschnittssätze für land- und forstwirtschaftliche Betriebe bei der Organschaft (§ 24 UStG)	1474	402
26. Beschränkung der Wirkung der Organschaft auf das Inland – Abschaffung der grenzüberschreitenden Organschaft	1485	403
26.1 Früherer Rechtszustand	1485	403
26.2 Änderung durch das Steuerbereinigungsgesetz 1986	1486	403
26.3 Unternehmensteile	1492	406
26.4 Ansässigkeit	1494	406
26.5 Organträger im Inland ansässig	1495	407
26.6 Organträger im Ausland ansässig	1497	408
27. Auswirkungen des europäischen Binnenmarkts	1500	409
28. Auswirkungen auf die betriebsverfassungsrechtliche Mitbestimmung	1503	410
IV. Beginn und Beendigung der Organschaft	1521	411
1. Beginn	1521	411
2. Beendigung	1523	412
2.1 Beendigung durch Eröffnung des Insolvenzverfahrens	1525	413
2.1.1 Insolvenz der Organgesellschaft	1526	414
2.1.2 Insolvenz des Organträgers	1529	416
2.1.3 Insolvenz sowohl des Organträgers als auch der Organgesellschaft	1531	416
2.2 Ablehnung der Eröffnung des Insolvenzverfahrens mangels Masse	1541	417
2.3 Vermögenslosigkeit oder Zahlungsunfähigkeit der Organgesellschaft	1542	418

				Rz.	Seite
	2.4	Liquidation		1546	418
	2.5	Sequestration – vorläufige Insolvenzverwaltung		1548	419
	2.6	Anordnung der Zwangsverwaltung und Zwangsversteigerung		1559	423
V.	Verfahren			1581	424
	1.	Kein Formzwang		1581	424
	2.	Kein Antrags- oder Optionserfordernis		1582	425
	3.	Nachweis der Voraussetzungen einer Organschaft		1583	425
		3.1	Ermittlungs- und Mitwirkungspflicht	1583	425
		3.2	Objektive Beweislast	1585	426
	4.	Zuständigkeit und Rechtsschutz		1586	426
	5.	Hinzuziehung und Beiladung		1590	428
	6.	Änderung und Kongruenz von Bescheiden		1592	429
		6.1	Änderung gem. § 172 Abs. 1 Satz 1 Nr. 2a AO (Zustimmung des Steuerpflichtigen)	1593	429
		6.2	Änderung gem. § 172 Abs. 1 Satz 1 Nr. 2b AO (unzuständige Behörde)	1594	429
		6.3	Änderung gem. § 173 AO (neue Tatsachen oder Beweismittel)	1595	429
		6.4	Änderung gem. § 174 AO	1596	430
	7.	Treu und Glauben – widersprüchliches Verhalten		1601	432
	8.	Außenprüfung		1606	434
	9.	Billigkeitserlass		1608	434
IV.	Vor- und Nachteile der Organschaft im Mehrwertsteuersystem			1651	435
	1.	Unterschied zum System der kumulativen Allphasenbruttoumsatzsteuer		1651	435
	2.	Steuervorteile im Zusammenhang mit Steuerbefreiungen		1654	437
	3.	Vorteile bei Vermögensübertragung		1658	440
		3.1	Vorteile durch Begründung einer Organschaft	1658	440
		3.2	Vorteile durch Beendigung der Organschaft	1661	442
		3.2.1	Auflösung der Organgesellschaft	1661	442
		3.2.2	Auflösung des Organträgers	1662	442
	5.	Vorteile bei „Option" zur Steuerpflicht zwecks Vorsteuerabzug		1663	443
	5.	Vorteile bei Finanzierung und Liquidität		1664	443
	6.	Vorteile bei der Organisation		1667	444
	7.	Vorteile sonst nur durch Fusion		1668	445
	8.	Nachteile durch Verlust einer Optionsmöglichkeit		1669	445

	Rz.	Seite
9. Nachteile durch Zusammenrechnen von Besteuerungsmerkmalen	1671	446
10. Nachteile durch Haftung und Steuerschuldnerschaft	1672	446
11. Nachteile bei Insolvenz der Organgesellschaft	1673	447
12 Vor- und Nachteile durch Vorsteuerberichtigung	1674	447
14. Vor- und Nachteile im Zusammenhang mit dem Voranmeldungszeitraum	1680	450
15. Nachteile durch Zusammenfassende Meldung	1681	450
16. Nachteile bei Geschäftsveräußerung	1682	450
17. Vermeidung der Nachteile	1683	451

D. Die Organschaft im Grunderwerbsteuerrecht — 453

	Rz.	Seite
I. Grundlegung	1751	454
1. Rechtsgrundlagen, Rechtsentwicklung, Verwaltungsanweisungen	1751	454
2. Bedeutung der grunderwerbsteuerlichen Organschaft	1755	455
II. Bezug der Organschaft zur Anteilsvereinigung	1757	456
III. Verhältnis zu § 1 Abs. 3 Nr. 3 und 4 GrEStG	1762	458
IV. Verhältnis zu § 6a GrEStG	1763	459
V. Die Voraussetzungen der Organschaft im Grunderwerbsteuerrecht	1781	460
1. Bezugnahme auf die Organschaft im Umsatzsteuerrecht	1781	460
2. Auslandssachverhalte	1787	463
VI. Die Rechtswirkungen der Organschaft im Grunderwerbsteuerrecht	1801	464
1. Grundfall: Erweiterung des Tatbestands der mittelbaren Anteilsvereinigung	1801	464
2. Anteilserwerb ohne gleichzeitige Begründung einer Organschaft	1802	465
3. Keine zusätzliche Anteilsvereinigung im Organkreis wenn Anteile bereits bei einem Mitglied des Organkreises vereinigt sind	1805	467
4. Anteilsübertragungen zwischen Organkreis und Organkreismitglied	1810	471
4.1 Grundsatz: unterschiedliche Zurechnungssubjekte	1810	471
4.2 Vom Organkreis auf das Organkreismitglied	1812	471
4.3 Vom Organkreismitglied auf den Organkreis	1816	473

	Rz.	Seite
5. Anteilsverschiebungen im Organkreis	1819	475
6. Erweiterung des bestehenden Organkreises	1821	476
7. Umwandlung des Organträgers	1822	477
8. Zwischengeschaltete Personengesellschaften	1825	479
9. Wirtschaftliche Anteilsvereinigung nach § 1 Abs. 3a GrEStG und grunderwerbsteuerliche Organschaft	1828	481
10. Verfahrensfragen	1831	483
10.1 Steuerschuldnerschaft	1831	483
10.2 Örtliche Zuständigkeit des Finanzamts	1834	484

E. Rechtsmaterialien

I.	Körperschaftsteuerrechtliche Organschaft	485
II.	Gewerbesteuerrechtliche Organschaft	501
III.	Umsatzsteuerrechtliche Organschaft	506
	2.8. Organschaft	506
	2.9. Beschränkung der Organschaft auf das Inland	516
IV.	Grunderwerbsteuerrechtliche Organschaft	520
	1. Allgemeiner Teil	520
	2. Begründung eines Organschaftsverhältnisses	522
	2.1 Begründung eines Organschaftsverhältnisses unter Beibehaltung der bestehenden Anteilsverhältnisse	522
	2.1.1 Beispiel	522
	2.1.2 Beispiel	523
	2.1.3 Beispiel	524
	2.2 Begründung eines Organschaftsverhältnisses unter Veränderung der bestehenden Anteilsverhältnisse	524
	2.2.1 Beispiel	524
	2.2.2 Beispiel	525
	2.2.3 Beispiel	526
	2.2.4 Beispiel	526
	2.3 Veränderung der Anteilsverhältnisse bei bestehendem Organschaftsverhältnis	527
	2.3.1 Beispiel	527
	2.3.2 Beispiel	528
	2.3.3 Beispiel	529
	2.3.4 Beispiel	530
	2.3.5 Beispiel	530

				Rz.	Seite
		2.3.6	Beispiel		531
		2.3.7	Beispiel		532
	2.4.	\multicolumn{2}{l}{Änderung der Anteilsverhältnisse und nachfolgende Begründung eines Organschaftsverhältnisses}		532
		2.4.1	Beispiel		532
		2.4.2	Beispiel		533
3	\multicolumn{3}{l}{Erweiterung des Organschaftsverhältnisses}		534
	3.1	Beispiel			534
	3.2	Beispiel			535
4.	\multicolumn{3}{l}{Verschmelzung des Organträgers}		536
	4.1	\multicolumn{2}{l}{Verschmelzung des Organträgers auf eine Gesellschaft außerhalb des Organkreises unter Fortführung des Organschaftsverhältnisses}		536
		4.1.1	Beispiel		536
		4.1.2	Beispiel		537
		4.1.3	Beispiel		538
	4.2	\multicolumn{2}{l}{Verschmelzung des Organträgers auf eine Organgesellschaft unter Fortführung des Organschaftsverhältnisses}		539
5.	\multicolumn{3}{l}{Umstrukturierung im Organkreis}		540
6.	\multicolumn{3}{l}{Organschaftsverhältnis innerhalb einer Beteiligungskette}		542
7.	\multicolumn{3}{l}{Steuerschuldnerschaft}		543
	7.1	\multicolumn{2}{l}{Steuerschuldnerschaft bei Anteilsvereinigung in der Hand des Organkreises}		543
	7.2	\multicolumn{2}{l}{Steuerschuldnerschaft bei Anteilsvereinigung in der Hand eines Mitglieds des Organkreises}		545
8.	\multicolumn{3}{l}{Örtliche Zuständigkeit}		545
9.	\multicolumn{3}{l}{Anwendung}		546

Stichwortverzeichnis 547

LITERATURVERZEICHNIS

Baumbach/Hueck, GmbH-Gesetz, 21. Aufl., München 2017

Beck'scher Bilanzkommentar, 10. Aufl., München 2016

Birle/Klein/Müller, Praxishandbuch der GmbH, 4. Aufl., Herne 2018

Blümich, Kommentar zum EStG/KStG/GewStG, Loseblatt, München 1988 ff.

Boruttau, Grunderwerbsteuergesetz, 19. Aufl., München 2019

Bunjes/Geist, Umsatzsteuergesetz, 15. Aufl., München 2016

Dötsch/Pung/Möhlenbrock, Die Körperschaftsteuer, Loseblatt, Stuttgart 1986 ff.

Eisgruber, Umwandlungssteuergesetz Kommentar, Herne 2016

Erle/Sauter, KStG, 3. Aufl., Heidelberg 2010

Ernst & Young, KStG mit Nebenbestimmungen, Loseblatt, Frankfurt am Main 1996 ff.

Flume, Allgemeiner Teil des Bürgerlichen Gesetzbuches, Band 1 2. Teil: Die juristische Person, Berlin 1983

Frotscher/Drüen, Kommentar zum KStG, Loseblatt, Freiburg i. Br. 1986 ff.

Glade, Praxishandbuch der Rechnungslegung und Prüfung, Systematische Darstellung und Kommentar zum Bilanzrecht, 2. Aufl., Herne/Berlin 1995

Glanegger/Güroff, GewStG, 8. Aufl., München 2014

Gosch, KStG, 3. Aufl., München 2015

Hachenburg, Großkommentar zum GmbH-Gesetz, 7. Aufl., Berlin 1975/84

Hartmann/Metzenmacher, Umsatzsteuergesetz (Mehrwertsteuer), Loseblatt, 7. Aufl., Berlin/Bielefeld/München 1991 ff.

Henn, Handbuch des Aktienrechts, 2. Aufl., Heidelberg 1984

Herrmann/Heuer/Raupach, Kommentar zum EStG/KStG, Loseblatt, Köln 1986 ff.

Herzig (Hrsg.), Organschaft, Stuttgart 2003

Hofmann, Grunderwerbsteuergesetz Kommentar, 11. Aufl., Herne 2016

Hoffmann/Lüdenbach, NWB Kommentar Bilanzierung, 10. Aufl., Herne 2019

Hüffer/Koch, Aktiengesetz, 12. Aufl., München 2016

Jurkat, Die Organschaft im Körperschaftsteuerrecht, 1975

Kanzler/Kraft/Bäuml, Einkommensteuergesetz Kommentar, Herne 2016

Klein/Müller/Lieber, Änderung der Unternehmensform, 11. Aufl., Herne 2017

Knobbe-Keuk, Bilanz- und Unternehmenssteuerrecht, 8. Aufl., Köln 1991

VERZEICHNIS Literatur

Kölner Kommentar zum AktG, Band 6, 1. Lieferung §§ 291-328, 2. Aufl. 1987

Küffner/Stöcker/Zugmaier, Umsatzsteuer-Kommentar, Loseblatt, 5. Aufl., Herne 1983 ff.

Küting/Weber, Handbuch der Rechnungslegung, 4. Aufl., Stuttgart 1995

Lenski/Steinberg, GewStG, Loseblatt, Köln

Lademann, Kommentar zum KStG, Loseblatt, Stuttgart 1987 ff.

Lutter/Hommelhoff, GmbH-Gesetz, 19. Aufl., Köln 2016

Mössner/Seeger/Oellerich, KStG-Kommentar, 4. Aufl. Herne 2019

Niemann, Die Organschaft zu einer Personengesellschaft und die Organschaft zu mehreren Unternehmen, Köln 1977

Pahlke, Grunderwerbsteuergesetz, 5. Aufl., München 2014

Prinz/Witt, Steuerliche Organschaft, 2. Aufl., Köln 2019

Rau/Dürrwächter, Kommentar zum Umsatzsteuergesetz (Mehrwertsteuer), Loseblatt, 7. Aufl., Köln 1991 ff.

Reiß/Kraeusel/Langer, Umsatzsteuergesetz mit Nebenbestimmungen, Gemeinschaftsrecht, Loseblatt, Bonn 1995 ff.

Rödder/Herlinghaus/Neumann, KStG, 1. Aufl., Köln 2015

Rödder/Herlinghaus/van Lishaut, Umwandlungssteuergesetz, 2. Aufl., Köln 2013

Roth/Altemeppen, GmbH-Gesetz, 8. Aufl., München 2015

Schaumburg, Internationales Steuerrecht, 4. Aufl., Köln 2016

Schaumburg/Rödder, Unternehmenssteuerreform 2001, München 2000

Schmidt, Karsten/Lutter, AktG, Köln 2008

Schmidt, Ludwig, EStG, 37. Aufl., München 2018

Schmitt/Hörtnagl/Stratz, UmwG, UmwStG, 8. Aufl., München 2018

Schnitger/Fahrenbacher, KStG, 1. Aufl., Wiesbaden 2012

Scholz, Kommentar zum GmbH-Gesetz, 11. Aufl., Köln 2012

Scholz/Emmerich, GmbH-Gesetz, Band I, 10. Aufl., 2006, Anhang § 13 Konzernrecht

Sölch/Ringleb, Umsatzsteuergesetz, Loseblatt, 4. Aufl., München 1987 ff.

Sonnenschein, Organschaft und Konzerngesellschaftsrecht, Baden-Baden 1976

Streck, KStG, 8. Aufl., München 2014

Tipke/Kruse, Kommentar zur AO/FGO, Loseblatt, Köln 1988 ff.

Widmann/Mayer, Umwandlungsrecht, Loseblatt, Bonn 1988 ff.

ABKÜRZUNGSVERZEICHNIS

A

a. A.	anderer Ansicht
a. a. O.	am angegebenen Ort
ABl.	Amtsblatt
Abs.	Absatz
Abschn.	Abschnitt
abzb.	abziehbare
a. E.	am Ende
a. F.	alte Fassung
AG	Aktiengesellschaft
AktG	Aktiengesetz
AmtshilfeRLUmsG	Amtshilferichtlinie-Umsetzungsgesetz
Anm.	Anmerkung
AO	Abgabenordnung
AO-StB	Der AO-Steuerberater (Zs.)
arg.	argumentum
Art.	Artikel
AStG	Außensteuergesetz
Aufl.	Auflage
Az.	Aktenzeichen

B

BB	Betriebs-Berater (Zs.)
BdF	Bundesminister der Finanzen
BerlinFG	Berlinförderungsgesetz
BewG	Bewertungsgesetz
BFH	Bundesfinanzhof
BFHE	Amtliche Sammlung der Entscheidungen des BFH
BFH/NV	Sammlung amtlich nicht veröffentlichter Entscheidungen des BFH (Zs.)
BGB	Bürgerliches Gesetzbuch
BGBl I	Bundesgesetzblatt Teil I
BGH	Bundesgerichtshof
BGHZ	Entscheidungen des BGH in Zivilsachen
BilMoG	Bilanzrechtsmodernisierungsgesetz
BiRiLiG	Bilanzrichtlinien-Gesetz
BMF	Bundesminister der Finanzen
BMWF	Bundesminister für Wirtschaft und Finanzen
BStBl I (II, III)	Bundessteuerblatt Teil I (II, III)
BT-Drucks.	Bundestagsdrucksache
BVerfG	Bundesverfassungsgericht

XXXI

BVerfGE	Entscheidungen des Bundesverfassungsgerichts
bzw.	beziehungsweise

D

DB	Der Betrieb (Zs.)
DBA	Doppelbesteuerungsabkommen
d. h.	das heißt
DStR	Deutsches Steuerrecht (Zs.)
DStZ	Deutsche Steuer-Zeitung (Zs.)
DStZ A	Deutsche Steuer-Zeitung Ausgabe A (Zs.)
DVR	Deutsche Verkehrsteuerrundschau (Zs.)

E

EAV	Ergebnisabführungsvertrag
EFG	Entscheidungen der Finanzgerichte (Zs.)
EG	Europäische Gemeinschaft
EGAktG	Einführungsgesetz zum AktG
ESt	Einkommensteuer
EStB	Der-Ertrag-Steuer-Berater (Zs.)
EStDV	Einkommensteuer-Durchführungsverordnung
EStG	Einkommensteuergesetz
EStR	Einkommensteuer-Richtlinien
EuGH	Europäischer Gerichtshof
EURLUmsG	Richtlinien-Umsetzungsgesetz
evtl.	eventuell
EWiR	Entscheidungen zum Wirtschaftsrecht (Zs.)
EZ	Erhebungszeitraum

F

F.	Fach
f., ff.	folgend, folgende
FA	Finanzamt
FG	Finanzgericht
FinMin	Finanzminister
FM	Finanzministerium
FörderG	Fördergebietsgesetz
FR	Finanz-Rundschau (Zs.)

G

GAV	Gewinnabführungsvertrag
GbR	Gesellschaft bürgerlichen Rechts
GenG	Genossenschaftsgesetz
GewSt	Gewerbesteuer
GewStDV	Gewerbesteuer-Durchführungsverordnung
GewStG	Gewerbesteuergesetz
GewStH	Gewerbesteuer-Hinweise

GewStR	Gewerbesteuer-Richtlinien
GG	Grundgesetz
ggf.	gegebenenfalls
GmbH	Gesellschaft mit beschränkter Haftung
GmbHG	GmbH-Gesetz
GmbHR/ GmbH-Rdsch.	GmbH-Rundschau (Zs.)
GmbH-Stpr.	GmbH-Steuerpraxis (Zs.)
GrESt	Grunderwerbsteuer
GrEStG	Grunderwerbsteuergesetz
GrS	Großer Senat
GStB	Gestaltende Steuerberatung (Zs.)

H

H	Hinweis zur KStR
HFR	Höchstrichterliche Finanzrechtsprechung (Zs.)
HGB	Handelsgesetzbuch
h. M.	herrschende Meinung

I

i. d. F.	in der Fassung
i. d. R.	in der Regel
i. H. v.	in Höhe von
INF	Die Information (Zs.)
InsO	Insolvenzordnung
InvZulG	Investitionszulagengesetz
i. S.	im Sinne
IStR	Internationales Steuerrecht (Zs.)
i. V. m.	in Verbindung mit

J

JbFfSt	Jahrbuch der Fachanwälte für Steuerrecht (Zs.)
JStG	Jahressteuergesetz

K

KGaA	Kommanditgesellschaft auf Aktien
KÖSDI	Kölner Steuerdialog (Zs.)
KSt	Körperschaftsteuer
KStDV	Körperschaftsteuer-Durchführungsverordnung
KStG	Körperschaftsteuergesetz in der Fassung des UntStFG und des StVBG
KStG a. F.	Körperschaftsteuergesetz in der vor 1977 gültigen Fassung
KStR	Körperschaftsteuer-Richtlinien
KStZ	Kommunale Steuerzeitung (Zs.)
KVStG	Kapitalverkehrsteuergesetz

L

LMF	Landesminister der Finanzen
LSW	Lexikon des Steuer- und Wirtschaftsrechts (Zs.)

M

Mio.	Million
m.w.N.	mit weiteren Nachweisen
MwStSystRL	Mehrwertsteuersystem-Richtlinie

N

n.F.	neue Fassung
NJW	Neue Juristische Wochenschrift (Zs.)
Nr(n).	Nummer, Nummern
nrkr.	nicht rechtskräftig
n.v.	nicht veröffentlicht
NWB	Neue Wirtschafts-Briefe (Zs.)
NWB DokID	NWB Dokumenten-Identifikationsnummer Online-Datenbank (www.nwb.de)

O

OG	Organgesellschaft
OFD	Oberfinanzdirektion
OHG	Offene Handelsgesellschaft
OLG	Oberlandesgericht
Organschafts-reformgesetz	Gesetz zur Änderung und Vereinfachung der Unternehmensbesteuerung und des steuerlichen Reisekostenrechts vom 20.2.2013, BGBl 2013 I, 285
OT	Organträger
OVG	Oberverwaltungsgericht

P

PdR	Praxis des Rechnungswesens (Zs.)

R

R	Richtlinie
Rn.	Randnummer
RFH	Reichsfinanzhof
RFHE	Entscheidungen des Reichsfinanzhofs
RGBl	Reichsgesetzblatt
Rev.	Revision
rkr.	rechtskräftig
Rs.	Rechtssache
RStBl	Reichssteuerblatt
RWP	Rechts- und Wirtschaftspraxis (Zs.)
Rz.	Randziffer

S

s.	siehe
SE	Europäische Gesellschaft
SEStEG	Gesetz über steuerliche Begleitmaßnahmen zur Einführung der Europäischen Gesellschaft und zur Änderung weiterer steuerlicher Vorschriften
Slg. Bd.	Amtliche Sammlung der Entscheidungen des Reichsfinanzhofs- und Bundesfinanzhofs-Band
sog.	so genannte(r)
SolZ	Solidaritätszuschlag
Sp.	Spalte
StÄnG	Steueränderungsgesetz
StB	Der Steuerberater (Zs.)
Stbg	Die Steuerberatung (Zs.)
StBil.	Steuerbilanz
StbJb	Steuerberaterjahrbuch
StbKRep	Steuerberater-Kongress-Report
StBp	Steuerliche Betriebsprüfung (Zs.)
StC	SteuerConsultant (Zs.)
StEK	Steuererlasse in Karteiform
StEntlG	Steuerentlastungsgesetz 1999/2000/2002
StLex	Steuerlexikon (Zs.)
StSenkG	Steuersenkungsgesetz
StuB	Steuern und Bilanzen (Zs.)
StuW	Steuer und Wirtschaft (Zs.)
StVBG	Steuerverkürzungsbekämpfungsgesetz
StVergAbG	Steuervergünstigungsabbaugesetz
StW	Steuerwarte (Zs.)

T

Tz.	Textziffer

U

u. a.	unter anderem
U. E.	Unseres Erachtens
u. U.	unter Umständen
UmwG	Umwandlungsgesetz
UmwSt-Erlass	BMF-Schreiben zur Anwendung des Umwandlungssteuergesetzes i. d. F. des Gesetzes über steuerliche Begleitmaßnahmen zur Einführung der Europäischen Gesellschaft und zur Änderung weiterer steuerrechtlicher Vorschriften (SEStEG) v. 11. 11. 2011, BStBl I 2011, 1314 ff.
UmwStG	Umwandlungssteuergesetz
UntStFG	Unternehmenssteuerfortentwicklungsgesetz
UntStRefG	Unternehmensteuerreformgesetz
UR	Umsatzsteuer-Rundschau (Zs.)
USt	Umsatzsteuer
UStÄndG	Umsatzsteuer-Änderungsgesetz

UStB	Der Umsatzsteuerberater (Zs.)
UStDB	Umsatzsteuer-Durchführungsbestimmungen
UStDV	Umsatzsteuer-Durchführungsverordnung
UStG	Umsatzsteuergesetz
UVR	Umsatzsteuer- und Verkehrssteuer-Recht (Zs.)

V

VerglO	Vergleichsordnung
VermBG	Vermögensbildungsgesetz
VersR	Versicherungsrecht
vGA	verdeckte Gewinnausschüttung
vgl.	vergleiche
v. T.	vom Tausend
VZ	Veranlagungszeitraum

W

WachstBeschlG	Wachstumsbeschleunigungsgesetz
WGG	Wohnungsgemeinnützigkeitsgesetz
WM	Wohnungswirtschaft und Mietrecht (Zs.)

Z

z. B.	zum Beispiel
Ziff.	Ziffer
ZKF	Zeitschrift für Kommunalfinanzen (Zs.)
ZRFG	Zonenrandförderungsgesetz
Zs.	Zeitschrift

Einführung

Mit dem Ausdruck „Organschaft" wird ein bestimmter Sachverhalt des Wirtschaftslebens umschrieben. Kennzeichnend für diesen Sachverhalt ist, dass eine juristische Person, genauer eine Kapitalgesellschaft, die zivilrechtlich ebenso wie steuerrechtlich grundsätzlich als rechtlich selbständig behandelt wird, in einem tatsächlichen und rechtlichen Unterordnungsverhältnis zu einem anderen Unternehmen steht, das bei wirtschaftlicher Betrachtung die juristische Person als unselbständig in ihrer wirtschaftlichen Betätigung erscheinen lässt. Für diesen Sachverhalt zieht das geltende Steuerrecht bestimmte Folgerungen, die im Wesentlichen darauf hinauslaufen, dass die für die Besteuerung rechtlich selbständiger juristischer Personen maßgebenden Grundsätze auf wirtschaftlich unselbständige juristische Personen ganz oder teilweise nicht anzuwenden sind und die wirtschaftlich unselbständigen juristischen Personen stattdessen als unselbständiger Teil des übergeordneten Unternehmens, beide zusammen also mindestens in begrenztem Ausmaße als Einheit behandelt werden.

Allerdings betrachtet das geltende Steuerrecht den Sachverhalt „Organschaft" nur für bestimmte Steuerarten als rechtserheblich, nämlich nur für die Steuern vom Einkommen (körperschaftsteuerliche Organschaft), für die Gewerbesteuer (gewerbesteuerliche Organschaft) und für die Umsatzsteuer (umsatzsteuerliche Organschaft). Besonderheiten ergeben sich bei der Grunderwerbsteuer. Für alle anderen Steuerarten bleibt der Sachverhalt „Organschaft" hingegen unbeachtet.

Die rechtlichen Folgerungen, die das Steuerrecht aus dem Sachverhalt „Organschaft" zieht, soweit es ihn überhaupt als rechtserheblich ansieht, sind je nach Steuerart verschieden. Auch die Tatbestandsmerkmale, an die diese rechtlichen Folgerungen im Einzelnen geknüpft sind, stimmen bei den genannten Steuerarten nur teilweise überein.

Die folgende Darstellung soll eine ins Einzelne gehende Übersicht über Tatbestand und Rechtsfolgen der Organschaft im Körperschaftsteuerrecht, im Gewerbesteuerrecht und im Umsatzsteuerrecht geben. Außerdem wird dargestellt, welche Bedeutung die organschaftliche Verbindung mehrerer Rechtssubjekte im Grunderwerbsteuerrecht hat.

A. Die Organschaft im Körperschaftsteuerrecht

Literatur: *Adrian/Fey*, Organschaftsrettung durch den BFH, DStR 2017 S. 2409; *Altrichter-Herzberg*, Auslegungstendenzen der Finanzverwaltung zu § 4 Abs. 4a EStG – ein Problem für Organschaften, DStR 2019 S. 31; *Bacher/Braun*, Zeitpunkt der steuerlichen Wirksamkeit eines Gewinnabführungsvertrages, BB 1978 S. 1177; *Badde*, Die unterbliebene Ausgleichszahlung als Stolperstein der ertragsteuerlichen Organschaft?, DStR 2019 S. 194; *Behrens*, Konzerninterne Veräußerung der Organbeteiligung kein wichtiger Grund i. S. v. § 14 Abs. 1 Nr. 3 S. 2 KStG?, BB 2012 S. 2787; *Beinert/Mikus*, Das Abzugsverbot des § 3c Abs. 1 EStG im Kapitalgesellschaftskonzern, DB 2002 S. 1467; *Belcke/Westermann*, Die Besteuerung öffentlicher Unternehmen – BMF-Schreiben zur Verflechtung von Versorgungsbetrieben mittels eines Blockheizkraftwerks sowie weitere aktuelle Praxishinweise, BB 2016 S. 1687; *Benecke/Schnitger*, Wichtige Änderungen bei der körperschaftsteuerlichen Organschaft durch das UntStG 2013, IStR 2013 S. 143; *Berner*, Die Fortführung organschaftlicher Ausgleichsposten im Rahmen konzerninterner Umstrukturierungen, DStR 2016 S. 14; *Blumers*, Organträgerpersonengesellschaft und DBA-Betriebsstättenvorbehalt, DB 2017 S. 2893; *Blumers/Schmidt*, Leveraged-Buy-Out/Management-Buy-Out und Buchwertaufstockung – Gestaltungsalternativen für die Praxis, DB 1991 S. 609; *Bödefeld/Krebs*, Dauer des Gewinnabführungsvertrags bei körperschaftsteuerlicher Organschaft, FR 1996 S. 157; *Bohn/Loose*, Besonderheiten des EBITDA-Vortrags bei Organschaftsverhältnissen, DStR 2011 S. 1009; *Bolik/Kummer*, Ertragszuschuss in der Organschaft – Grundsatzurteil des BFH zu steuerlichen Ausgleichsposten, NWB 2017 S. 3342; *Breuninger*, Organschaft zu AG/GmbH ohne Beherrschungsvertrag, JbFfSt 1995/1996 S. 436 (Fall 6); *Brezing*, Anmerkung zu dem BFH-Urteil I R 252/64 vom 17.12.1969, FR 1970 S. 389; *Brezing*, Probleme der mittelbaren finanziellen Eingliederung, DStZ A 1972 S. 103; *Brezing*, Anmerkung zu dem BFH-Urteil IV R 37/68 vom 12.10.1972, FR 1973 S. 72; *Brühl/Lange*, § 14 Abs. 1 Satz 2 KStG: Keine Billigkeitsmaßnahme bei verzögerter Handelsregistereintragung eines Gewinnabführungsvertrags?, Der Konzern 2016 S. 522; *Bullinger*, Investitionszulagen bei Betriebsaufspaltung oder Organschaft, BB 1985 S. 217; *Bünning/Stoll*, Bildung und Auflösung von Kapitalrücklagen bei bestehenden Gewinnabführungsverträgen, BB 2016 S. 555; *Damm*, Die aktienrechtliche Zulässigkeit von Betriebsführungsverträgen, BB 1976 S. 291; *Ditz/Tcherveniachki*, Zuordnung von Beteiligungen an KapGes. zur Betriebsstätte einer Holding-PersGes., DB 2015 S. 2889; *Döllerer*, Aktuelle Fragen der Organschaft im Körperschaftsteuerrecht, BB 1975 S. 1073; *Döllerer*, Die atypisch stille Gesellschaft – gelöste und ungelöste Probleme, DStR 1985 S. 295; *Döllerer*, Verlustübernahme im Konzern – eine verdeckte Einlage?, in Raupach/Uelner (Hrsg.), Festschrift für Ludwig Schmidt, 1993, S. 523; *Dornfeld/Telkamp*, Konzernunternehmung und Organschaftsvoraussetzungen – Zur wirtschaftlichen Eingliederung und zu den Anforderungen an den Organträger bei Holdinggesellschaften und Betriebsaufspaltung, StuW 1971 S. 67; *Dötsch*, Der Referentenentwurf des Körperschaftsteuervereinfachungsgesetzes, DB 1988 S. 2426; *Dötsch*, Die besonderen Ausgleichsposten bei der Organschaft – Ein kompliziertes Regelungsgebäude ohne Rechtsgrundlage, DB 1993 S. 752; *Dötsch*, Organschaft und Umwandlungssteuergesetz, Festschrift für Siegfried Widmann, 2000, S. 265; *Dötsch/Pung*, Gesetz zur Änderung und Vereinfachung der Unternehmensbesteuerung und des steuerlichen Reisekostenrechts: Die Änderungen bei der Organschaft,

A. Die Organschaft im Körperschaftsteuerrecht

DB 2013 S. 305; *Dötsch/Pung*, Organträger-Personengesellschaft mit ausländischen Gesellschaftern: Zur Anwendung des § 14 Abs. 1 Satz 1 Nr. 2 Satz 7 KStG, DB 2014 S. 1215; *Dötsch/Pung*, Organschaftliche Ausgleichsposten: Ein neuer Denkansatz, DB 2018 S. 1424; *Dötsch/Singbart*, Die Körperschaftsteuer-Änderungsrichtlinien, DB 1991 S. 106; *Dötsch/van Lishaut/Wochinger*, Der neue Umwandlungssteuererlass, Beilage Nr. 7/98 zu DB; *Dötsch/Witt*, Organschaft und Anrechnungsverfahren, DB 1996 S. 1592; *Dreissig*, Organschaftsausgleichsposten bei Beendigung von Ergebnisabführungsverträgen, BB 1992 S. 816; *Elicker/Hartrott*, Angriffspunkte gegen die Haftung im Organkreis – Teil 1: Erwägungen auf Tatbestandsebene unter Berücksichtigung des Verfassungsrechts, BB 2011 S. 2775; *Esch*, Die Wirksamkeit von Ergebnisabführungsverträgen im Recht der GmbH, BB 1986 S. 272; *Faller*, Organschaftliche Mehr- oder Minderabführungen bei einkommenserheblichen Abweichungen zwischen Handels- und Steuerbilanz, DStR 2013 S. 1977; *Fichtelmann*, Ist das Organeinkommen in die Gewinnfeststellung des Organträgers gemäß § 215 Abs. 2 Nr. 2 AO einzubeziehen?, FR 1972 S. 157; *Franz*, Enge oder weite Auslegung der „Konzernklausel" in § 8c Abs. 1 Satz 5 KStG?, BB 2010 S. 991; *Frey/Mückl*, Konzeption und Systematik der Änderungen beim Verlustabzug (§ 8c KStG), GmbHR 2010 S. 71; *Frotscher*, Abzugsverbot für Finanzierungskosten einer Organbeteiligung, DB 2002 S. 1522; *Gebert*, Das Zusammenspiel von umwandlungssteuerrechtlicher Rückwirkung und Beginn der Organschaft – Aktuelle Entwicklungen, DStR 2011 S. 102; *Gerlach*, Der Höchstbetrag für den Spendenabzug beim Organträger, DB 1986 S. 2357; *Gessler*, Der Betriebsführungsvertrag im Licht der aktienrechtlichen Zuständigkeitsordnung, Festschrift für Hefermehl, 1976, S. 263; *Gonella/Starke*, Körperschaftsteuerliche Besonderheiten bei verunglückter Organschaft, DB 1996 S. 248; *Grewer*, Rückwirkung von Ergebnisabführungsverträgen, DStR 1997 S. 745; *Groh*, Tarifbegrenzung nach § 32c EStG auch in Organschaftsfällen?, FR 1998 S. 1122; *Grotherr*, Der Abschluss eines Gewinnabführungsvertrags als (un-)verzichtbares Tatbestandsmerkmal der körperschaftsteuerlichen Organschaft, FR 1995 S. 1; *Grützner*, Berücksichtigung der Ergebnisse ausländischer Betriebsstätten in Organschaftsfällen i. S. der §§ 14, 17 KStG, GmbHR 1995 S. 502; *Hageböke*, Körperschaftsteuerliche Organschaft unter Beteiligung von KapGes. & atypisch Still-Strukturen, DB 2015 S. 1993; *Hageböke/Hennrichs*, Organschaft: Der Gesetzeszweck der Ausschüttungssperre in § 253 Abs. 6 Satz 2 HGB n. F. als Thesaurierungsgrund i. S. v. § 14 Abs. 1 Satz 1 Nr. 4 KStG, DB 2017 S. 18; *Hasbach*, Ausgleichszahlungen an außenstehende Gesellschafter, DStR 2019 S. 81; *Hasbach/Brühl*, Steuerliche Anerkennung von Ergebnisabführungsverträgen bei kombinierten Ausgleichszahlungen und fehlendem Verweis auf § 302 Abs. 4 AktG, DStR 2016 S. 2361; *Heckschen*, Gelöste und ungelöste zivilrechtliche Fragen des GmbH-Konzernrechts, DB 1989 S. 29; *Heerdt*, Die steuerliche Behandlung von Mehrabführungen im Rahmen eines Upstream-Mergers auf eine Organgesellschaft, DStR 2009 S. 938; *Herlinghaus*, StSenkG: Änderung der Eingliederungsvoraussetzungen bei Organschaften, FR 2000 S. 1105; *Herlinghaus*, Weitere „Renovierung" der steuerlichen Organschaftsbestimmungen, GmbHR 2001 S. 956; *Herrmann*, Unterjährige Veräußerung einer Organgesellschaft und Umstellung des Geschäftsjahres, BB 1999 S. 2270; *Herrmann/Winter*, Der Gewinnabführungsvertrag einer GmbH als Organgesellschaft in zivil- und steuerrechtlicher Sicht, FR 1982 S. 262; *Herzig/Hötzel*, Ausschüttungsbedingte Teilwertabschreibungen, DB 1988 S. 2265; *Herzig/Liekenbrock*, Zum Zinsvortrag bei der Organschaft, DB 2009 S. 1949; *Herzig/Liekenbrock*, Zum EBITDA-Vortrag der Zinsschranke, DB 2010 S. 690; *Herzig/Wagner*, EuGH-Urteil „Marks & Spencer" – Begrenzter Zwang zur Öffnung nationaler Gruppenbesteuerungssysteme für grenzüberschreitende

Sachverhalte, DStR 2006 S. 1; *Herzig/Wagner,* Finnische Gruppenbesteuerung vor dem EuGH – Mögliche Folgen für die Organschaft, DB 2006 S. 2374; *Heurung/Engel,* Fortführung und rückwirkende Begründung von Organschaftsverhältnissen in Umwandlungsfällen, BB 2011 S. 151; *Heurung/Engel/Müller-Thomczik,* Der „wichtige Grund" zur Beendigung des Gewinnabführungsvertrags, GmbHR 2012 S. 1227; *Heurung/Seidel,* Bruttomethode bei Organschaft nach dem JStG 2009, BB 2009 S. 472; *Heurung/Seidel,* Organschaftsbesteuerung der öffentlichen Hand, BB 2009 S. 1786; *Hierstetter,* Übertragung des Geschäftsbetriebs einer Organgesellschaft, BB 2015 S. 859; *Hollatz,* Wirtschaftliche Eingliederung bei der Organschaft, DB 1994 S. 855; *Hölzer,* Nichteinbeziehung des umwandlungs- und umwandlungssteuerrechtlichen Rückbezugszeitraums in die Berechnung der Mindestlaufzeit eines Gewinnabführungsvertrags?, DB 2015 S. 1249; *Hönle,* Der außeraktienrechtliche Gewinnabführungsvertrag in gesellschaftsrechtlicher und körperschaftsteuerrechtlicher Sicht, DB 1979 S. 485; *Hruschka,* Die Zuordnung von Beteiligungen zu Betriebsstätten von Personengesellschaften, IStR 2016 S. 437; *Hübel,* Mehr- und Minderabführung aufgrund von Geschäftsvorfällen aus vorvertraglicher Zeit, StBp 1984 S. 78; *Hubertus/Lüdemann,* „Verunglückte" Organschaft infolge gewinnabhängiger Ausgleichszahlungen an Außenstehende, DStR 2009 S. 2136; *Hübl,* Die Organtheorien im Körperschaftsteuerrecht, DStZ A 1965 S. 17; *Hübl,* Gedanken zum neuen Organschaftserlass, DStZ A 1972 S. 81; *Hübl,* Die gesetzliche Regelung der körperschaftsteuerrechtlichen Organschaft, DStZ A 1972 S. 145; *Jansen/Stübbe,* Organschaftsverhältnisse bei Anteilsbesitz im Sonderbetriebsvermögen – Aufteilungsproblematik, DB 1984 S. 1499; *Jesse,* Einspruchsbefugnis nach § 350 AO bei körperschaftsteuerlicher Organschaft, DStZ 2001 S. 113; *Jochimsen/Mangold/Zinowsky,* Ertragsteuerliche Organschaft bei Implementierung eines Personengesellschafts-Treuhandmodells, DStR 2014 S. 2045; *Jonas,* Die Bilanzierung verlustbringender Organbeteiligungen, DB 1994 S. 1529; *Jurkat,* Die körperschaftsteuerrechtliche Organschaft nach dem KStG 77, JbFfSt 1977/78 S. 344; *Kahlert,* Beendigung der ertragsteuerlichen Organschaft mit dem vorläufigen Insolvenzverfahren, DStR 2014 S. 73; *Kessler/Egelhof,* Außerbilanzielle Ausschüttungssperren in der Organschaft, DStR 2017 S. 998; *Khonsari,* Aufhebung von Beherrschungs- und Gewinnabführungsverträgen mit einer abhängigen GmbH, DB 2010 S. 2714; *Kleindick,* Steuerumlagen im gewerbesteuerlichen Organkreis – Anmerkungen aus aktienrechtlicher Sicht, DStR 2000 S. 559; *Kleine,* Konzernumlagen im internationalen Spartenkonzern, JbFfSt 1993/1994 S. 154; *Klose,* Zur mittelbaren Beteiligung bei der Mehrmütterorganschaft, BB 1985 S. 1847; *Knepper,* Bilanzierung im qualifizierten faktischen Konzern, DStR 1993 S. 1613; *Knott/Rodewald,* Beendigung der handels- und steuerrechtlichen Organschaften bei unterjähriger Anteilsveräußerung, BB 1996 S. 472; *Köster/Prinz,* Verlustverwertung durch Spaltung von Kapitalgesellschaften, GmbHR 1997 S. 336; *Krauss,* Der Begriff der außenstehenden Aktionäre i. S. d. § 304 AktG und seine Auswirkungen auf das Steuerrecht, BB 1988 S. 528; *Krebs,* Zum aktiven Ausgleichsposten bei körperschaftsteuerlicher Organschaft, FR 1996 S. 857; *Krebs,* Die ertragsteuerliche Organschaft, BB 2001 S. 2029; *Krebs/Bödefeld,* Gewerbliche Tätigkeit eines Organträgers durch Beteiligung an einer Personengesellschaft, BB 1996 S. 668; *Kropff,* Rückstellungen für künftige Verlustübernahmen aus Beherrschungs- und oder Gewinnabführungsverträgen?, Festschrift für Döllerer, 1988, S. 349; *Letters,* Gewinn-/Verlustübernahme bei Gesellschafterkonkurs, JbFfSt 1983/84 S. 368; *Loitz,* DRS 18 – Bilanzierung latenter Steuern nach dem Bilanzrechtsmodernisierungsgesetz, DB 2010 S. 2177; *Maas,* Steuerabzugsermäßigung in Fällen der Organschaft mit Ergebnisabführung, BB 1985 S. 2228; *Maier/Weil,* Latente Steuern im

Einzel- und Konzernabschluss: Auswirkungen des BilMoG auf die Bilanzierungspraxis, DB 2009 S. 2729; *Marx*, Rechtfertigung, Bemessung und Abbildung von Steuerumlagen, DB 1996 S. 950; *Meilicke*, Die Neuregelung der ertragsteuerlichen Organschaft über die Grenze, DB 2002 S. 911; *Meining*, Korrektur von Gewinnabführungen bei der steuerlichen Organschaft, GmbHR 2010 S. 309; *Melcher/Murer*, Bilanzierung von latenten Steuern bei Organschaften nach dem BilMoG im Fall von Steuerumlageverträgen, DB 2011 S. 2329; *Mische/Recnik*, Bilanzielle Behandlung organschaftlicher Ausgleichsposten bei Auf- und Abstockungen der Organbeteiligung, BB 2012 S. 1015; *Möhlenbrock*, Niederlassungsfreiheit bei der Bildung steuerlicher Einheiten, DB 2014 S. 1582; *Mück*, Behandlung von Einlagen des Minderheitsgesellschafters in eine verlustbringende Organgesellschaft, DB 1994 S. 752; *Müller*, Verfahrensrechtliche Fragen in Organschaftsfällen, Der Konzern 2009 S. 167; *Musil/Volmering*, Systematische, verfassungsrechtliche und europarechtliche Probleme der Zinsschranke, DB 2008 S. 12; *Neumayer/Imschweiler*, Aktuelle Rechtsfragen zur Gestaltung und Durchführung von Gewinnabführungsverträgen, GmbHR 2011 S. 57; *Nodoushani*, Die zivil- und steuerrechtlichen Voraussetzungen für die Kündigung eines Ergebnisabführungsvertrages aus wichtigem Grund, DStR 2017 S. 399; *Nürnberg*, Variable Ausgleichszahlungen gem. § 14 Abs. 2 KStG-E, NWB 2018 S. 2856; *Orth*, Abzugsverbot wegen vororganschaftlicher Verluste nach Verschmelzung einer Verlustgesellschaft auf eine Organgesellschaft?, JbFfSt 1995/1996 S. 452 (Fall 8); *Orth*, Elemente einer grenzüberschreitenden Organschaft im deutschen Steuerrecht, GmbHR 1996 S. 33; *Oser/Kropp*, Keine Gewinnrealisierung des Organträgers durch Auflösung latenter Steuern seiner Organgesellschaft, BB 2016 S. 875; *Ottersbach/Hansen*, Ausländische Betriebsstätten bzw. Tochtergesellschaften und DBA-Freistellung – Organschaft einer Mutterpersonengesellschaft mit einer GmbH als Zwischenholding, DB 1997 S. 1792; *Palitzsch*, Konzernsteuerumlagen im Blickwinkel der neueren Rechtsprechung, BB 1983 S. 432; *Peters*, Die Kündigung von Beherrschungs- und Gewinnabführungsverträgen im GmbH-Konzern, DStR 2012 S. 86; *Pohl*, Thesaurierungsbegünstigung nach § 34a EStG in Organschaftsfällen, DB 2008 S. 84; *Pohl*, Die KStR 2015 – Wichtige Neuerungen im Hinblick auf die körperschaftsteuerliche Organschaft, NWB 2016 S. 2424; *Pohl*, Zum Standort der Einkommenszurechnung in Organschaftsfällen, Richtungswechsel durch das BFH-Urteil vom 12.10.2016 - I R 92/12, DStR 2017 S. 1687; *Pohl*, Zweifelsfragen zu § 8d KStG im Kontext der Organschaft, BB 2018 S. 796; *Preißer/Seeliger*, Die organsteuerliche Behandlung vorvertraglich veranlasster Mehrabführungen nach neuer Verwaltungsauffassung, BB 1999 S. 393; *Prinz/Ruberg*, Latente Steuern nach dem BilMoG – Grundkonzept, Bedeutungswandel, erste Anwendungsfragen, Der Konzern 2009 S. 343; *Raupach*, Unternehmensorganisation/Unternehmensverträge, JbFfSt 1987/1988 S. 251; *Riegger/Kramer*, Sind Ausgleichszahlungen an außenstehende Aktionäre wegen Senkung der KSt-Ausschüttungsbelastung zu erhöhen?, DB 1994 S. 565; *Rödder*, Wann ist die Begründung eines Organschaftsverhältnisses sinnvoll?, Stbg 1998 S. 291; *Rödder*, Entsteht ein EBITDA-Vortrag in Jahren mit einem Zinsertragsüberhang?, DStR 2010 S. 529; *Rödder*, Droht in Deutschland ein zigfaches Scheitern von steuerlichen Organschaften?, DStR 2010 S. 1218; *Rödder/Schumacher*, Unternehmenssteuerfortentwicklungsgesetz: Wesentliche Änderungen des verkündeten Gesetzes gegenüber dem Regierungsentwurf, DStR 2002 S. 105; *Rödder/Schumacher*, Keine Anwendung des § 3c Abs. 1 EStG bei Organschaft, DStR 2002 S. 1163; *Rödder/Simon*, Folgen der Änderung der gewerbesteuerlichen Organschaftsvoraussetzungen für die steuerrechtliche Beurteilung von Steuerumlagen im Konzern, DB 2002 S. 496; *Rogall*, Zur Anwendung von § 8b Abs. 7 KStG nach § 15 Nr. 2 KStG bei Organschaften, DB 2006 S. 2310; *Rogall,* Thesaurierungsbegünstigung – Regelungslücken bei der Organschaft und der doppelstöckigen Personengesellschaft, DStR 2008 S. 429; *Rogall/Dreßler,* Ungereimtheiten betreffend Ausgleichszahlungen an Minderheitsgesellschafter bei Organschaften, DStR 2015 S. 449; *Rose,* Ausgewählte Probleme der Besteuerung von Kapitalgesellschaften und Konzernen, StbJb 1971/72 S. 183; *Rottnauer,* Vertragsgestaltungsproblematik bei „Mehrmütterorganschaft" im GmbH-Konzernrecht, DB 1991 S. 27; *Ruppert,* Die genaue Berechnung von Gewerbesteuer-Umlagen im Organkreis mit Gewinnabführungsvertrag seit dem KStG 1977 unter Berücksichtigung interdependenter Tatbestände, FR 1981 S. 53 und 77; *Schell/Schrade,* Wiedereinlagevereinbarungen und tatsächliche Durchführung von Gewinnabführungsverträgen iSd § 14 Abs. 1 S. 1 Nr. 3 S. 1 KStG, DStR 2017 S. 86; *Schmidt, Andreas,* Organschaft ohne Beherrschungsvertrag und Personalunion, GmbHR 1996 S. 175; *Schmidt, Eberhard,* Bildung freier Rücklagen bei Organgesellschaften, FR 1982 S. 139; *Schmidt, Ludwig,* Die gesetzliche Regelung der Organschaft im Körperschaftsteuerrecht, StuW 1969 S. 442; *Schmidt, Ludwig,* Die Kooperation von Unternehmen in steuerrechtlicher Sicht, StuW 1970 S. 429; *Schmidt, Ludwig,* Aktuelle Fragen des Körperschaftsteuerrechts, JbFfSt 1970/71 S. 179; *Schmidt, Ludwig,* Die GmbH als Organgesellschaft im Körperschaftsteuerrecht, GmbHR 1971 S. 9; *Schmidt, Ludwig,* Die Personengesellschaft als Organträger im Körperschaftsteuerrecht, GmbHR 1971 S. 233; *Schmidt, Ludwig,* Anmerkung zu dem BFH-Urteil vom 31.3.1976 I R 123/74, FR 1976 S. 361; *Schmidt, Ludwig,* Einzelfragen des Körperschaftsteuerrechts, JbFfSt 1982/83 S. 343, 356; *Schmidt, Werner,* Parallele Zulässigkeit von steuerlicher Organschaft und atypisch stiller Beteiligung, GmbHR 2010 S. 29; *Schnittker/Hartmann,* Zur Verfassungsmäßigkeit des Ausschlusses der Lebens- und Krankenversicherungsunternehmen von der körperschaft- und gewerbesteuerlichen Organschaft, BB 2002 S. 277; *Schöneborn,* Aktuelle Formfragen der ertragsteuerlichen Organschaft, DB 2010 S. 245; *Schröder,* Körperschaftsteuerrechtliche Behandlung vorvertraglicher versteuerter stiller Rücklagen von Organgesellschaften, StBp 1986 S. 269; *Schulze zur Wiesche,* Die Personengesellschaft als Holdinggesellschaft, DB 1988 S. 252; *Schumacher,* Umwandlungssteuerrecht und Organschaft zum übernehmenden Rechtsträger, DStR 2006 S. 124; *Sedemund,* Ungelöste Fragen bei vor- und innerorganschaftlichen Mehr- und Minderabführungen, DB 2010 S. 1255; *Skibbe,* Gesellschaftsrechtliche Aspekte des Ergebnisabführungsvertrags bei einer GmbH, GmbHR 1968 S. 245; *Storck,* Die Zurechnung des Organeinkommens und die Bildung einer Rückstellung für drohende Organverluste, StuW 1976 S. 217; *Sturm,* Verlustübernahme bei verunglückter Organschaft – eine Steueroase für verbundene Unternehmen?, DB 1991 S. 2055; *Suchanek,* Ergänzendes zur Organträgereigenschaft der atypisch stillen Gesellschaft nach § 14 KStG n. F., DStR 2006 S. 836; *Süß/Mayer,* BFH: Formal-zivilrechtliche Betrachtungsweise bei Organschaft gilt auch bei Änderung des Ergebnisabführungsvertrags, DStR 2009 S. 789; *Taetzner/Protz,* Wenn das Handelsregister Ergebnisabführungsverträge zu spät bearbeitet: abweichende Steuerfestsetzung im Billigkeitsweg, BB 2012 S. 2795; *Theiselmann,* Der Stimmrechtsausschluss für GmbH-Gesellschafter nach § 47 Abs. 4 GmbHG in der Konzernpraxis, BB 2011 S. 2819; *Thiel,* Die körperschaftsteuerliche Organschaft, StbKRep 1971 S. 179; *Thiel,* Abzugsverbot für Finanzierungskosten einer Organbeteiligung, DB 2002 S. 1340; *Thiel,* Kann die Korrektur der verdeckten Gewinnausschüttung einer Organgesellschaft zu einem Verlust der Muttergesellschaft führen?, DB 2006 S. 633; *Timm,* Der Abschluss des Ergebnisübernahmevertrages im GmbH-Recht, BB 1981 S. 1491; *Timm,* Geklärte und offene Fragen im Vertragskonzernrecht der GmbH, GmbHR 1987

S. 8; *Töben/Schulte-Rummel*, Doppelte Verlustberücksichtigung in Organschaftsfällen mit Auslandsberührung, FR 2002 S. 425; *Trautmann/Faller*, Mehr- und Minderabführungen in der Organschaft nur bei einkommenserheblichen Abweichungen zwischen Handels- und Steuerbilanz?, DStR 2012 S. 890; *Ulmer*, Fehlerhafte Unternehmensverträge im GmbH-Recht, BB 1989 S. 10; *Viebrock/Loose*, Erste Gedanken zu § 2 Abs. 4 Sätze 3 bis 6 UmwStG, DStR 2013 S. 1364; *von Freeden/Joisten*, Auflösung organschaftlicher Ausgleichsposten bei mittelbarer Organschaft, DB 2016 S. 1099; *von Freeden/Lange*, Ertragszuschuss eines Organträgers an seine Organgesellschaft, DB 2017 S. 2055; *von Freeden/ Liekenbrock*, Neue Zinsabzugsbeschränkung für Inbound-Akquisitionsfinanzierungen durch § 14 Abs. 1 Nr. 5 KStG n. F.?, DB 2013 S. 1690; *Wachter*, Verunglückte Organschaft wegen verspäteter Eintragung im Handelsregister, DB 2018 S. 272; *Walter*, Organschaft und Mindestlaufzeit des Ergebnisabführungsvertrags, GmbHR 1995 S. 649; *Walter*, Gewinnabführungsvertrag mit Schwestergesellschaft aus zivilrechtlicher Sicht, DB 2014 S. 2016; *Wassermeyer*, Teilwertabschreibung bei Organschaft – Systembedingte Folge oder Denkfehler?, StBJb 1992/93 S. 219; *Wehrheim/Marquardt*, Zur Zuordnung von Gewinnen einer Komplementär-GmbH zum Gesamtgewinn der KG und der Eigenschaft der GmbH als Organgesellschaft zum Zweck der Ergebniskonsolidierung, DB 2002 S. 1676; *Weipert*, Organschaftsverhältnisse zwischen Komplementär-GmbH und GmbH und Co. KG, DB 1973 S. 249; *Wendt*, Die Betriebsaufspaltung im Steuerrecht nach neuestem Stand, GmbHR 1973 S. 33; *Wendt*, StSenkG: Pauschale Gewerbesteueranrechnung bei Einzelunternehmen, Mitunternehmerschaft und Organschaft, FR 2000 S. 1173; *Wernsmann/Nippert*, Gemeinschaftsrechtliche Vorgaben für die grenzüberschreitende Verlustberücksichtigung im Konzern, FR 2006 S. 153; *Wichmann*, Bilanzierung bei „verunglückter Organschaft", BB 1992 S. 394; *Willenberg/Welte*, Ausschüttung vororganschaftlicher Gewinnrücklagen nach Abschluss eines Ergebnisabführungsvertrags – Anwendung des sog. „Leg-ein-Hol-zurück-Verfahrens", DB 1994 S. 1688; *Winter*, Die Mehrmütterorganschaft, StBp 1975 S. 8, 36; *Wittgens/Fischer*, Unterjährige Aufhebung von Unternehmensverträgen mit abhängiger GmbH, DB 2015 S. 2315; *Zinowsky/Jochimsen*, Körperschaftsteuerliche Behandlung von Dividendenerträgen im Fall von Organträgerpersonengesellschaften, DStR 2016 S. 285.

I. Grundlegung

1. Rechtsgrundlagen, Rechtsentwicklung, Verwaltungsanweisungen

1.1 Rechtsgrundlagen

1   Die körperschaftsteuerliche Organschaft ist in den §§ 14 bis 19 KStG 1977 ff. (im Folgenden nur noch als KStG bezeichnet) geregelt; außerdem enthalten die §§ 36, 37 KStG in den Fassungen vor Inkrafttreten des StSenkG besondere Vorschriften für körperschaftsteuerrechtliche Organschaftsverhältnisse, die sich aus der Eigenart des Anrechnungsverfahrens erklären, d. h. Vorschriften über die Gliederung des Eigenkapitals einer Organgesellschaft und über die

I. Grundlegung

Gliederung des Eigenkapitals eines Organträgers, der seiner Rechtsform nach in das Anrechnungsverfahren einbezogen ist (Rz. 851).

1.2 Rechtsentwicklung

Die §§ 14 bis 19 KStG sind mit Wirkung vom Veranlagungszeitraum 1977 an die Stelle des § 7a des früheren Körperschaftsteuergesetzes (im Folgenden KStG a. F.) getreten, der durch das Gesetz zur Änderung des Körperschaftsteuergesetzes und anderer Gesetze vom 15.8.1969[1] in das KStG a. F. eingefügt worden war. Bis dahin fehlten – anders als bei der Gewerbesteuer und der Umsatzsteuer – gesetzliche Bestimmungen über die Voraussetzungen und die Rechtswirkungen eines Organschaftsverhältnisses im Körperschaftsteuerrecht. Gleichwohl hat die Rechtsprechung mehr als 40 Jahre hindurch die Organschaft im Körperschaftsteuerrecht anerkannt, d. h. bestimmte steuerliche Folgerungen aus einem Sachverhalt gezogen, dessen Kern die durch ein bestimmtes Abhängigkeitsverhältnis und eine Gewinnabführungsverpflichtung indizierte wirtschaftliche Unselbständigkeit rechtlich selbständiger juristischer Personen ist und der üblicherweise als **Organschaftsverhältnis mit Ergebnisabführungsvertrag** umschrieben wird.

2

Erst als der BFH mit Urteil vom 4.3.1965[2] zwar im Grundsatz bestätigte, dass die durch die Rechtsprechung bei der Körperschaftsteuer anerkannte Organschaft mit Ergebnisabführungsvertrag aufrechterhalten werde, es aber gleichzeitig für geboten erklärte, „dass der Gesetzgeber in angemessener Zeit die Organschaft mit EAV gesetzlich regelt", und als der BFH darüber hinaus es mit Urteil vom 17.11.1966[3] ablehnte, ohne einschlägige gesetzliche Bestimmungen wie bisher auch weiterhin ein Organschaftsverhältnis zu natürlichen Personen und Personengesellschaften aus natürlichen Personen anzuerkennen, entschloss sich die Bundesregierung, die bereits im Zusammenhang mit der Verabschiedung des Aktiengesetzes 1965 geäußerte Absicht zu verwirklichen und zu kodifizieren, „unter welchen Voraussetzungen ein Organschaftsverhältnis bei der Besteuerung des Einkommens als rechtserheblich anzusehen ist und welche steuerlichen Wirkungen mit ihm verbunden sind".

Über das Wesen und die rechtlichen Wirkungen der körperschaftsteuerrechtlichen Organschaft waren vor ihrer erstmaligen gesetzlichen Regelung in der Rechtslehre und in der Rechtsprechung verschiedene **Organtheorien** (Einheits-

3

---

1 BGBl 1969 I S. 1182; BStBl 1969 I S. 471.
2 I 249/61 S, BStBl 1965 III S. 329.
3 I 280/63, BStBl 1967 III S. 118.

oder Filialtheorie, Angestelltentheorie, Zurechnungstheorie, Bilanzierungstheorie) entwickelt worden.[1]

4   Die Entwicklung der Rechtsprechung zur körperschaftsteuerlichen Organschaft vor ihrer erstmaligen gesetzlichen Regelung durch § 7a KStG a. F. ist im Einzelnen im BFH-Urteil vom 4.3.1965[2] dargestellt.

5   Nähere Auskunft über die Entstehungsgeschichte des § 7a KStG a. F. und zur Neuregelung der Vorschriften über die körperschaftsteuerliche Organschaft im Rahmen der Körperschaftsteuerreform 1977 geben die Gesetzesmaterialien.[3]

6   Bei der Beschlussfassung über das StSenkG, mit dem der Systemwechsel vom Anrechnungsverfahren zum Halbeinkünfteverfahren vollzogen wurde, forderte der Bundestag die Bundesregierung auf, bis zum 31.3.2001 einen Bericht über die Fortentwicklung der Unternehmensbesteuerung vorzulegen, der u. a. die Besteuerung von „verbundenen Unternehmen" behandeln sollte. In dem Bericht des BMF vom 19.4.2001 werden verschiedene Vorschläge zur Modifizierung der Besteuerung verbundener Unternehmen gemacht, eine – von der Wirtschaft geforderte – grundsätzliche Neuorientierung wird jedoch abgelehnt.[4] Einzelne Vorschläge hat der Gesetzgeber mittlerweile insbesondere im StSenkG und dem UntStFG übernommen.[5]

1.3 Verwaltungsanweisungen

7   Zum Vollzug der §§ 14 bis 19 KStG hat die Finanzverwaltung umfangreiche Verwaltungsanweisungen erlassen, die in den Körperschaftsteuer-Richtlinien (KStR) enthalten und im Kapitel E dieses Buches abgedruckt sind.

---

1 Vgl. dazu im Einzelnen Hübl, DStZ A 1965 S. 17; Kolbe in Herrmann/Heuer/Raupach, § 14 KStG Anm. 3.
2 I 249/61 S, BStBl 1965 III S. 329.
3 Zu § 7a KStG a. F.: BT-Drucks. V/3017 und V/3382; zur Körperschaftsteuerreform: BT-Drucks. 7/1470, 7/5310 und 7/5502.
4 Zu Einzelheiten s. Krebs, BB 2001 S. 2029.
5 Zu weiteren Reformüberlegungen aus Sicht der Wirtschaft s. z. B. Krebühl, Zur Reform und Reformnotwendigkeit der deutschen Konzernbesteuerung, DStR 2001 S. 1730; ders., Besteuerung der Organschaft im neuen Unternehmenssteuerrecht, DStR 2002 S. 1241.

2. Rechtfertigung und Zweck der Organschaft im Körperschaftsteuerrecht

2.1 Wirtschaftliche Grundlagen

Die gesetzliche Regelung der Organschaft im Körperschaftsteuerrecht geht ebenso wie die frühere Rechtsprechung zu diesem Rechtsinstitut von bestimmten Gegebenheiten des Wirtschaftslebens aus, nämlich der Tatsache, dass Kapitalgesellschaften zu einem anderen Unternehmen in einem bestimmten tatsächlichen und rechtlichen Abhängigkeitsverhältnis stehen können, das diese Kapitalgesellschaften – ebenso wie eine natürliche Person, die in einem Arbeitsverhältnis steht – als wirtschaftlich unselbständig erscheinen lässt. Der Gesetzgeber sieht in diesen wirtschaftlichen Gegebenheiten einen zureichenden Grund dafür, bei der Besteuerung nach dem Einkommen (Körperschaftsteuer, Einkommensteuer) die Betriebsergebnisse einer Kapitalgesellschaft, die in einem solchen Abhängigkeitsverhältnis befangen ist und auf diese Weise mit dem herrschenden Unternehmen in gewissem Umfang eine wirtschaftliche Einheit bildet, grds. mit den Betriebsergebnissen des herrschenden Unternehmens zusammenzurechnen.

8

2.2 Zweck der Organschaft in einem Körperschaftsteuersystem mit Doppelbelastung

In einem Körperschaftsteuersystem, das von dem Prinzip der Doppelbelastung der von einer Kapitalgesellschaft erwirtschafteten und ausgeschütteten Gewinne mit Körperschaftsteuer und Einkommensteuer (und bis 1976 von dem Prinzip der Mehrfachbelastung dieser Gewinne mit Körperschaftsteuer) beherrscht ist, hat die an die einheitliche Betrachtung mehrerer rechtlich selbständiger Unternehmen geknüpfte Rechtsfolge der Zusammenrechnung der Einkommen dieser rechtlich selbständigen Unternehmen die steuerliche Wirkung und damit den funktionalen Zweck,

9

▶ bei natürlichen Personen als Organträger oder Personengesellschaften als Organträger, deren Gesellschafter natürliche Personen sind, die systembestimmende Doppelbelastung mit Körperschaftsteuer und Einkommensteuer ausnahmsweise auszuschalten, also das Prinzip für bestimmte Fälle zu durchbrechen,

▶ zwischen mehreren rechtlich selbständigen Unternehmen einen Ausgleich von Gewinnen mit Verlusten, insbesondere einen Ausgleich von Verlusten des abhängigen mit Gewinnen des herrschenden Unternehmens zu ermöglichen,

A. Die Organschaft im Körperschaftsteuerrecht

▶ das Ergebnis der Organgesellschaft **phasengleich** zu vereinnahmen, während eine Gewinnausschüttung statt einer Gewinnabführung im Regelfall phasenverschoben zu erfassen ist.[1]

10 Die Organschaft kann jedoch nicht dazu dienen, trotz der Unternehmensteuerreform 2001 den Kaufpreis für Kapitalgesellschaftsanteile in Abschreibungsvolumen zu transformieren (sog. **Organschaftsmodell**).[2] Dem hat der Gesetzgeber mit der Einführung des § 3c Abs. 2 Satz 2 (heute: Satz 8) EStG durch das UntStFG den Boden entzogen.[3]

2.3 Zweck der Organschaft in einem Körperschaftsteuersystem mit Anrechnungsverfahren

11 Das von 1977 bis grds. VZ 2001 gültige Körperschaftsteuersystem verwirklichte für Kapitalgesellschaften das Anrechnungsverfahren, d. h., die Gewinne einer Kapitalgesellschaft unterlagen zwar der Körperschaftsteuer und, soweit sie ausgeschüttet wurden, bei den Anteilseignern der Einkommensteuer oder Körperschaftsteuer; aber die von den ausgeschütteten Gewinnen bei der Kapitalgesellschaft zu erhebende Körperschaftsteuer wurde auf die Einkommensteuer- oder Körperschaftsteuerschuld der Anteilseigner in gleicher Weise wie deren eigene Einkommensteuer- oder Körperschaftsteuervorauszahlungen angerechnet und ggf. an sie erstattet.

Zur Organschaft in einem solchen System siehe Vorauflage Rz. 12, 13.

12–13 *(unbesetzt)*

3. Aufbau der gesetzlichen Vorschriften über die körperschaftsteuerliche Organschaft (§§ 14 bis 19 KStG)

14 Die §§ 14 bis 19 KStG ordnen im Grundsatz an, dass das Einkommen einer Kapitalgesellschaft (Organgesellschaft), die sich verpflichtet hat, den ganzen Gewinn an ein anderes gewerbliches Unternehmen abzuführen, und tatsächlich entsprechend verfährt und die finanziell in dieses Unternehmen eingegliedert ist, dem Träger dieses Unternehmens (Organträger) zuzurechnen ist.

15 Der besseren Übersicht wegen sind die früher in § 7a KStG a. F. zusammengefassten Vorschriften über die Voraussetzungen und die Rechtswirkungen eines

---

[1] BFH, Beschluss v. 7.8.2000 - GrS 2/99, BStBl 2000 II S. 632, und Nachfolgerechtsprechung.
[2] Hierzu s. Blumers/Beinert/Witt, Unternehmenskaufmodelle nach der Steuerreform, DStR 2001 S. 233.
[3] Trossen in Herrmann/Heuer/Raupach, EStG/KStG, Jahresband 2002, § 3c EStG Anm. J 01-3.

körperschaftsteuerlichen Organschaftsverhältnisses auf mehrere Paragraphen, eben die §§ 14 bis 19 KStG, aufgefächert worden.

§ 14 KStG regelt die Voraussetzungen und die grundsätzlichen Rechtswirkungen eines Organschaftsverhältnisses mit Gewinnabführung bei der Besteuerung des Einkommens für Fälle, in denen die Organgesellschaft die Rechtsform einer SE, AG oder einer KGaA hat. Dabei knüpft das Gesetz an den Abschluss und die Durchführung eines Gewinnabführungsvertrags i. S. des § 291 Abs. 1 AktG an.

§ 17 KStG regelt die Voraussetzungen und die grundsätzlichen Rechtswirkungen eines Organschaftsverhältnisses mit Gewinnabführung bei der Besteuerung des Einkommens für Fälle, in denen die Organgesellschaft die Rechtsform einer anderen Kapitalgesellschaft i. s. des KStG hat, also eine GmbH ist (§ 1 Abs. 1 Nr. 1 KStG); dies geschieht durch Verweisung auf die §§ 14 bis 16 KStG und durch zusätzliche besondere Vorschriften, die sich primär daraus erklären, dass die konzernrechtlichen Vorschriften des AktG, insbesondere die Bestimmungen über den GAV, nur für beherrschte Unternehmen in der Rechtsform der AG oder KGaA gelten.

§ 18 KStG enthielt Bestimmungen über die Voraussetzungen und die grundsätzlichen Rechtswirkungen eines Organschaftsverhältnisses mit Gewinnabführung zu einem ausländischen Organträger. Die Vorschrift wurde durch das Organschaftsreformgesetz mit Wirkung ab VZ 2012 aufgehoben (s. hierzu Rz. 47 ff.).

§ 15 KStG enthält besondere Vorschriften zur Ermittlung des Einkommens der Organgesellschaft. § 16 KStG behandelt die Besteuerung der Ausgleichszahlungen an außenstehende Gesellschafter der Organgesellschaft. § 19 KStG regelt (erstmalig) für Organgesellschaften die Anwendung besonderer Tarifvorschriften, die einen Abzug von der Körperschaftsteuer vorsehen (Abs. 1 bis 4), und die Anrechnung von Steuerabzugsbeträgen (Abs. 5).

Dieser Aufbau des Gesetzes entspricht dem vom Gedanken einer einheitlichen Rechtsordnung getragenen Bestreben, bei der gesetzlichen Regelung der Organschaft für den Bereich der Einkommensbesteuerung soweit wie möglich an die konzernrechtlichen Vorschriften des Aktiengesetzes anzuknüpfen.

4. Zeitlicher Geltungsbereich der gesetzlichen Regelung

Die Vorschriften der §§ 14 bis 19 KStG, insbesondere § 14 KStG, sind seit 1999 mehrmals geändert worden. Welche Fassung für welchen VZ gilt, ist einigermaßen unübersichtlich. In diesem Buch wird der zeitliche Geltungsbereich jeweils bei den einzelnen Normen dargestellt. Wenn nichts anderes vermerkt ist, wird die derzeit geltende Gesetzeslage dargestellt.

22–24 *(unbesetzt)*

II. Die Voraussetzungen der Organschaft im Körperschaftsteuerrecht (der Tatbestand der §§ 14 bis 19 KStG)

1. Die Organgesellschaft

1.1 Rechtsform

25 Die Organgesellschaft muss gem. § 14 Abs. 1 Satz 1 KStG die **Rechtsform einer Europäischen Gesellschaft (SE), Aktiengesellschaft oder Kommanditgesellschaft auf Aktien** haben. § 17 Satz 1 KStG erweitert den Kreis der als Organgesellschaft in Betracht kommenden Gesellschaften auf andere Kapitalgesellschaften i. S. des KStG. Dies sind gem. § 1 Abs. 1 Nr. 1 KStG in der Fassung des SEStEG alle Gesellschaften, die ihrer Struktur nach einer der im Klammerzusatz genannten Gesellschaftsformen entsprechen. In Deutschland ist dies nur noch die **Gesellschaft mit beschränkter Haftung.** Zu Kolonialgesellschaften und bergrechtlichen Gewerkschaften siehe 5. Auflage Rz. 41.

26 Andere Körperschaftsteuersubjekte, wie z. B. die Erwerbs- und Wirtschaftsgenossenschaft (§ 1 Abs. 1 Nr. 2 KStG), der Versicherungsverein auf Gegenseitigkeit (§ 1 Abs. 1 Nr. 3 KStG) und sonstige juristische Personen des Privatrechts wie etwa Stiftungen und rechtsfähige Vereine (§ 1 Abs. 1 Nr. 4 KStG), können nicht Organgesellschaften sein.

27 Eine **GmbH & Co. KG** ist sowohl gesellschaftsrechtlich als auch steuerrechtlich keine Kapitalgesellschaft, sondern eine Personengesellschaft[1] und kommt deshalb als Organgesellschaft nicht in Betracht.[2]

28 Die **Vorgesellschaft** einer Kapitalgesellschaft ist sowohl nach zivilrechtlicher als auch nach steuerrechtlicher Auffassung wesensgleich mit der durch Eintra-

---

1 BFH, Beschluss v. 25.6.1984 - GrS 4/82, BStBl 1984 II S. 751, 757 ff.
2 BFH, Urteile v. 7.3.1973 - I R 119/71, BStBl 1973 II S. 562 und v. 17.4.1986 - IV R 221/84, EAAAB-28818 = BFH/NV 1988 S. 116; s. auch Rz. 903.

gung in das Handelsregister entstandenen Gesellschaft[1] und kann deshalb Organgesellschaft nach § 14 Abs. 1 Satz 1 KStG sein.[2] Ein Organschaftsverhältnis zu einer solchen Vorgesellschaft scheitert nicht daran, dass der für die körperschaftsteuerliche Organschaft erforderliche Gewinnabführungsvertrag erst mit der Eintragung ins Handelsregister wirksam wird (vgl. hierzu Rz. 212), die nicht vor der Eintragung der Gesellschaft vorgenommen werden kann. Die Neuregelung durch das StVergAbG, für welches Kalenderjahr das Einkommen der Organgesellschaft dem Organträger erstmals zugerechnet werden kann, führt jedoch dazu, dass die Folgen der Organschaft nicht vor dem Wirtschaftsjahr eintreten können, in dem die Vorgesellschaft in das Handelsregister eingetragen wird (zu Einzelheiten siehe Rz. 204). Zu einer mangels Eintragung **fehlgeschlagenen Vorgesellschaft** kann deshalb kein Organschaftsverhältnis begründet werden, unabhängig von der Frage, ob diese zu einer Personengesellschaft wird oder ein Rechtssubjekt sui generis bleibt.[3]

Eine **Vorgründungsgesellschaft** kommt hingegen nicht als Organgesellschaft in Betracht,[4] da diese nicht mit der später entstehenden Kapitalgesellschaft identisch ist. 29

Bei einer **Kapitalgesellschaft & Still** kann die Kapitalgesellschaft nur dann Organgesellschaft sein, wenn es sich um eine typische stille Gesellschaft handelt. Bei einer atypisch stillen Gesellschaft ist eine Organschaft nicht möglich, da die Kapitalgesellschaft nicht ihren „ganzen" Gewinn an den Organträger abführt, sondern diesen vielmehr mit dem atypisch Stillen teilen muss.[5] 30

1.2 Geschäftsleitung und Sitz im Inland

Die Kapitalgesellschaft musste Geschäftsleitung und Sitz im Inland haben (§ 14 Abs. 1 Satz 1 und § 17 Satz 1 KStG i. d. F. vor dem Organschaftsreformge- 31

---

[1] BFH, Urteil v. 13.3.1981 - III R 12/79, BStBl 1981 II S. 600; zur Terminologie s. BFH, Urteil v. 8.11.1989 - I R 174/86, BStBl 1990 II S. 91, 92.
[2] Dötsch in Dötsch/Pung/Möhlenbrock, § 14 KStG n. F. Tz. 56; Güroff in Glanegger/Güroff, § 2 GewStG Anm. 366.
[3] Vgl. hierzu BFH, Urteil v. 18.3.2010 - IV R 88/06, VAAAD-43398 = BFH/NV 2010 S. 1368.
[4] Güroff in Glanegger/Güroff, § 2 GewStG Anm. 366; a. A. wohl Walter in Ernst&Young, § 14 KStG Rz. 64, der annimmt, dass die Vorgründungsgesellschaft unter der aufschiebenden Bedingung der Übernahme der Verpflichtung durch die spätere Vorgesellschaft bzw. Kapitalgesellschaft als Organgesellschaft in Betracht kommt.
[5] FG Mecklenburg-Vorpommern, Urteil v. 5.9.2018 - 1 K 396/14, YAAAH-15203 = EFG 2019 S. 1228, BFH-Az.: I R 33/18; Müller in Mössner/Seeger/Oellerich, § 14 KStG Rz. 36, m. w. N., auch zu abweichenden Meinungen; ebenso BMF v. 20.8.2015, BStBl 2015 I S. 649, Tz. 2; a. A. die h. L., vgl. Neumann in Gosch, § 14 Rz. 317; Rödder/Liekenbrock in Rödder/Herlinghaus/Neumann, § 14 Rz. 123.

A. Die Organschaft im Körperschaftsteuerrecht

setz). Es genügte nicht, dass sie unbeschränkt körperschaftsteuerpflichtig ist, weil sie Geschäftsleitung **oder** Sitz im Inland hat (vgl. § 1 Abs. 1 KStG). Die **doppelte Inlandsbindung** sollte gewährleisten, dass die Organschaftsvoraussetzungen im Inland nachgeprüft werden können.

32 Es ist zweifelhaft, ob dieser doppelte Inlandsbezug unionsrechtlich haltbar ist.[1] Der EuGH hat zwar in seinem Urteil vom 13.12.2005[2] das Verbot der Verlustverrechnung über die Grenze in eingeschränktem Umfang unionsrechtlich abgesegnet.[3] In einem weiteren Verfahren betreffend die Begrenzung eines Gruppenbesteuerungssystems auf inlandsansässige Gesellschaften hält die Generalanwältin Kokott dies nicht für unionsrechtswidrig.[4] Auch der EuGH[5] hat eine Regelung des niederländischen Rechts für gemeinschaftskonform gehalten, wonach eine Muttergesellschaft mit ihren gebietsansässigen Tochtergesellschaften, nicht aber mit ihren gebietsfremden Tochtergesellschaften, eine steuerliche Einheit bilden darf.[6]

Gleichwohl hat die EU-Kommission ein Vertragsverletzungsverfahren gegen Deutschland eingeleitet, worauf zunächst das BMF mit Schreiben vom 28.3.2011[7] regelte, dass auch eine in einem EU-/EWR-Staat gegründete Kapitalgesellschaft mit deutscher Geschäftsleitung Organgesellschaft sein könne, wenn die übrigen Voraussetzungen der §§ 14 ff. KStG erfüllt seien. Nachdem die EU-Kommission Deutschland dennoch am 22.3.2012 vor dem EuGH verklagt hat, hat der Gesetzgeber mit dem Organschaftsreformgesetz für alle noch nicht bestandskräftig veranlagten Fälle § 14 Abs. 1 Satz 1 KStG dahingehend geändert, dass der doppelte Inlandsbezug aufgegeben wurde. Organgesellschaft kann auch eine Kapitalgesellschaft mit Geschäftsleitung im Inland und Sitz in einem EU-/EWR-Mitgliedstaat sein. Damit ist zwar das personenbezogene Hindernis weggefallen. Gleichwohl dürften Kapitalgesellschaf-

---

1 Zu Einzelheiten s. Müller in Mössner/Seeger/Oellerich, KStG, § 14 Rz. 46.
2 Rs. C-446/03 „Marks&Spencer", ZAAAB-79456 = DStR 2005 S. 2168.
3 Zu Einzelheiten s. Herzig/Wagner, DStR 2006 S. 1 und Wernsmann/Nippert, FR 2006 S. 153.
4 Schlussanträge v. 12.9.2006 in der Rs. C-231/05 „Oy AA", bestätigt durch EuGH v. 18.7.2007, IStR 2007 S. 631.
5 Urteil v. 25.2.2010 - Rs. C-337/08 „X-Holding BV",UAAAD-40977 = BFH/NV 2010 S. 1064.
6 Zum Abzug ausländischer Betriebsstättenverluste im Inland s. Fehling/Wichert, NWB 2010 S. 1835; zum Abzug finaler ausländischer Betriebsstättenverluste s. auch BFH, Urteile v. 9.6.2010 - I R 100/09, BStBl 2010 II S. 1065 und I R 107/09, EAAAD-48038 = BFH/NV 2010 S. 1744; FG Köln, Urteil v. 13.3.2013 - 10 K 2067/12, BAAAE-39509, rkr. nach Zurücknahme der Revision I R 40/13 durch FA.
7 BMF, Schreiben v. 28.3.2011, BStBl 2011 I S. 300.

ten mit Sitz im EU/EWR-Ausland durch die Gesetzesänderung nichts gewonnen haben, da sie keinen GAV i. S. des § 291 Abs. 1 AktG abschließen können.[1]

Ihren Sitz hat eine Kapitalgesellschaft an dem Ort, der durch Satzung oder Gesellschaftsvertrag bestimmt ist (§ 11 AO; § 5 AktG, § 3 Abs. 1 Nr. 1 GmbHG). 33

Die **inländische Zweigniederlassung eines ausländischen Unternehmens** kann körperschaftsteuerrechtlich – und seit EZ 2002 auch gewerbesteuerrechtlich (siehe Rz. 906) – nicht Organgesellschaft sein.[2] 34

Die Geschäftsleitung ist an dem Ort, an dem sich der **Mittelpunkt der geschäftlichen Oberleitung** befindet (§ 10 AO). Die geschäftliche Oberleitung befindet sich dort, wo der für die Geschäftsführung maßgebliche Wille gebildet wird. Es kommt darauf an, wo nach den tatsächlichen Verhältnissen dauernd die für die Geschäftsführung nötigen Maßnahmen von einiger Wichtigkeit angeordnet werden. Bei einer Gesellschaft befindet sich der Mittelpunkt der geschäftlichen Oberleitung regelmäßig an dem Ort, an dem die zur Vertretung der Gesellschaft befugte Person die ihr obliegende geschäftsführende Tätigkeit entfaltet.[3] Die Tatsache, dass die Organgesellschaft finanziell, wirtschaftlich und organisatorisch in das Unternehmen des Organträgers eingegliedert ist, ändert den Ort der Geschäftsleitung der Organgesellschaft nicht.[4] Zum Ort der Geschäftsleitung bei einer Organgesellschaft mit Betriebsstätten oder Beteiligungen an Personengesellschaften im Ausland siehe Pryszka.[5] 35

1.3 Tätigkeit

Das Gesetz verlangt nicht, dass die Organgesellschaft gewerblich tätig sein muss. Sie kann sich auch auf die Vermögensverwaltung beschränken.[6] Zur Frage, ob sich aus dem Erfordernis der wirtschaftlichen Eingliederung der Organgesellschaft in das Unternehmen des Organträgers bestimmte Anforderungen an die Tätigkeit der Organgesellschaft ergeben, siehe Rz. 121 f.[7] 36

---

1 Dötsch/Pung, DB 2013 S. 305, 306; diese auch zu den weiter bestehenden unionsrechtlichen Bedenken; zur Problematik s. auch Schleswig-Holsteinisches FG, Urteil v. 13.3.2019 - 1 K 218/15, BFH-Az.: I R 26/19.
2 Dötsch in Dötsch/Pung/Möhlenbrock, § 14 KStG n. F. Tz. 59a.
3 BFH, Urteile v. 23.1.1991 - I R 22/90, BStBl 1991 II S. 554; v. 16.12.1998 - I R 138/97, BStBl 1999 II S. 437.
4 BFH, Urteil v. 7.12.1994 - I K 1/93, BStBl 1995 II S. 175.
5 IStR 1998 S. 333.
6 Blümich/Danelsing, § 14 KStG Rz. 57; vgl. auch BFH, Urteil v. 21.1.1970 - I R 90/67, BStBl 1970 II S. 348, zur Rechtslage vor Inkrafttreten des § 7a KStG a. F.
7 Ferner Jurkat, Tz. 241.

A. Die Organschaft im Körperschaftsteuerrecht

1.4 Persönliche Steuerbefreiung

37 Eine Kapitalgesellschaft, die persönlich von der Körperschaftsteuer befreit ist (z. B. wegen Gemeinnützigkeit nach § 5 Abs. 1 Nr. 9 KStG oder als rechtsfähige Unterstützungskasse nach § 5 Abs. 1 Nr. 3 KStG), kann nicht Organgesellschaft sein. Mindestens würde die finanzielle, organisatorische und wirtschaftliche Eingliederung einer solchen Kapitalgesellschaft in das Unternehmen des Organträgers die Steuerfreiheit der Kapitalgesellschaft infrage stellen.[1] Dies gilt u. E. auch nach Wegfall des Erfordernisses der wirtschaftlichen und organisatorischen Eingliederung. Der Abschluss eines GAV mit einem nicht gemeinnützigen Organträger stellt einen Verstoß gegen § 55 Abs. 1 Nr. 1 AO (Selbstlosigkeit) dar. Anders könnte es nur sein, wenn der Organträger selbst eine gemeinnützige Körperschaft ist.

1.5 Lebens- und Krankenversicherungsunternehmen als Organgesellschaften

38 Durch das Steuerverkürzungsbekämpfungsgesetz (StVBG) wurde mit Wirkung ab VZ 2002 (§ 34 Abs. 6 Nr. 3 KStG) eine steuerverschärfende Sonderregelung für Versicherungsunternehmen eingeführt. Nach § 14 Abs. 3 KStG (bzw. § 14 Abs. 2 KStG i. d. F. des StVergAbG) war § 14 Abs. 1 KStG „auf Organgesellschaften, die Lebens- oder Krankenversicherungsunternehmen sind, nicht anzuwenden". Zu **Lebens- und Krankenversicherungsunternehmen** konnte danach **kein wirksames körperschaftsteuerliches** − und durch die Verknüpfung mit dem **Körperschaftsteuerrecht auch kein gewerbesteuerliches** − **Organschaftsverhältnis** begründet werden.

Hintergrund dieser überraschenden Änderung war die Befürchtung, dass nach der Umstellung vom Anrechnungs- auf das Halbeinkünfteverfahren Lebens- und Krankenversicherungen versuchen könnten, durch die Begründung einer Organschaft ihre steuerlichen Verluste (als Organgesellschaften) mit den Gewinnen im Bereich der Sachversicherungsunternehmen (als Organträger) zu verrechnen.[2] Durch die steuerliche Beteiligungsertragsbefreiung nach § 8b KStG einerseits und die auf der Handelsbilanz aufbauende Rückstellung für Beitragsrückerstattungen gem. § 21 KStG andererseits erzielen vor allem Lebens- und Krankenversicherer ab 2002 „strukturbedingte Verluste", die in der Praxis durch organschaftliche Anbindungen an Sachversicherer genutzt wer-

---

1 Vgl. das zur gewerbesteuerlichen Organschaft ergangene BFH-Urteil v. 9.10.1974 - I R 5/73, BStBl 1975 II S. 179.
2 Zu Einzelheiten s. Schnittker/Hartmann, BB 2002 S. 277.

den sollten. Im Hinblick auf die einseitige Belastung einer Unternehmenssparte bestehen gegen die Verfassungsmäßigkeit der Vorschrift erhebliche Bedenken.[1]

Die vorstehende Einschränkung wurde durch das JStG 2009 wieder aufgehoben. 39

2. Der Organträger

2.1 Rechtsform

Organträger können sein: natürliche Personen, Personengesellschaften i. S. des 40
§ 15 Abs. 1 Satz 1 Nr. 2 EStG, Kapitalgesellschaften und andere rechtsfähige oder nichtrechtsfähige Körperschaften, Personenvereinigungen oder Vermögensmassen i. S. des § 1 KStG, also z. B. auch eine rechtsfähige Stiftung (§ 14 Abs. 1 Satz 1 Nr. 2 Satz 1 KStG). Die Rechtsform des Organträgers ist demnach grds. ohne Bedeutung.

Organträger kann auch eine **Vorgesellschaft,** die steuerlich mit der durch die 41
Eintragung in das Handelsregister entstehenden Kapitalgesellschaft wesensgleich ist (vgl. Rz. 34), sein. Gesellschaftsrechtlich ist es zulässig, dass eine GmbH in Gründung Gesellschafterin einer anderen GmbH ist.[2]

Die Frage, ob natürliche Personen und Personengesellschaften mit Beteiligung 42
natürlicher Personen Organträger sein können, war im Rahmen des Gesetzgebungsverfahrens, das zu § 7a KStG a. F. geführt hat, umstritten,[3] weil die Anerkennung natürlicher Personen als Organträger in einem Ertragsteuersystem, das auf dem Prinzip der Doppelbelastung ausgeschütteter Gewinne von Kapitalgesellschaften mit Körperschaftsteuer und Einkommensteuer beruhte, bedenklich ist.[4] Im Rahmen eines Körperschaftsteuersystems, das mithilfe des Anrechnungsverfahrens die Doppelbelastung mit Körperschaftsteuer und Einkommensteuer ausschaltet, ist selbstverständlich auch die körperschaftsteuerliche Organschaft zu natürlichen Personen unbedenklich. Nach dem Systemwechsel zum Halbeinkünfteverfahren sind die früheren Bedenken nicht mehr geltend gemacht worden.

---

1 Schnittker/Hartmann, a. a. O.; Prinz, FR 2002 S. 66, 69.
2 Roth/Altmeppen, GmbHG, § 1 Rz. 29.
3 Vgl. dazu Schmidt, StuW 1969 S. 445, 449, Fn. 29 bis 30a.
4 Zur Rechtslage vor Inkrafttreten des § 7a KStG a. F. vgl. BFH, Urteil v. 17.10.1966 - I 280/63, BStBl 1967 III S. 118.

2.2 Steuerpflicht

2.2.1 Rechtslage bis einschließlich VZ 2011

43 Ist **Organträger eine natürliche Person**, so muss diese grds. (Ausnahme siehe Rz. 53) **unbeschränkt einkommensteuerpflichtig** (§ 1 Abs. 1 und 2 EStG) sein. Unbeschränkt einkommensteuerpflichtig ist eine Person, die im Inland einen Wohnsitz (§ 8 AO) oder ihren gewöhnlichen Aufenthalt (§ 9 AO) hat. U. E. reicht es auch aus, wenn eine natürliche Person nur nach §§ 1 Abs. 3, 1a EStG als unbeschränkt steuerpflichtig behandelt wird (sog. **fiktive unbeschränkte Steuerpflicht**). Zum einen enthält § 14 Abs. 1 Satz 1 Nr. 2 Satz 1 KStG keine Einschränkung auf bestimmte Arten der unbeschränkten Einkommensteuerpflicht; zum anderen würde dieser Personenkreis ansonsten kaum als Organträger in Betracht kommen, da die Voraussetzungen des § 18 KStG im Regelfall nicht erfüllt sein werden (insbesondere Fehlen eines ausländischen gewerblichen Unternehmens). Vgl. auch Rz. 50.

44 Ist der **Organträger eine Kapitalgesellschaft** oder eine andere Körperschaft, Personenvereinigung oder Vermögensmasse i. S. des § 1 KStG, so musste diese ebenfalls grds. **Geschäftsleitung und Sitz im Inland** haben (zur Neuregelung ab VZ 2001 s. Rz. 47). Der Grund für diese Regelung bestand darin, dass der Gesetzgeber – abgesehen von den Sonderfällen des § 18 KStG (siehe Rz. 53) – die erforderliche Nachprüfbarkeit der Organschaftsvoraussetzungen im Inland bei Körperschaften im Allgemeinen nicht schon mit der unbeschränkten Steuerpflicht (z. B. wegen des Sitzes der Körperschaft im Inland), sondern nur dann hinreichend sichergestellt sah, wenn die Körperschaft Sitz und Geschäftsleitung im Inland hat. Unbeschränkt Körperschaftsteuerpflichtige, die nur Geschäftsleitung oder Sitz im Inland haben, schieden somit als mögliche Organträger aus. Teilweise wird die Auffassung vertreten, dass insoweit eine Gesetzeslücke vorliege, die dahin zu schließen sei, dass unbeschränkt Steuerpflichtige, die nur Geschäftsleitung **oder** Sitz im Inland haben, bei Vorliegen der Voraussetzungen des § 18 KStG Organträger sein können.[1] Dieser Auffassung konnte angesichts des klaren und eindeutigen Wortlautes des § 14 Nr. 3 Satz 1 KStG in den Fassungen bis VZ 2000 nicht gefolgt werden.[2]

---

[1] Frotscher/Drüen, § 14 KStG Rz. 16 und § 18 KStG Rz. 3; ebenso bereits zu § 7a KStG a. F. Hübl, DStZ A 1972 S. 81, 83.

[2] Ebenso BFH, Beschluss v. 13.11.1991 - I B 72/91, BStBl 1992 II S. 263 in Bestätigung des FG Köln, Beschluss v. 30.5.1990 - 13 V 300/90, EFG 1991 S. 152, 153; Dötsch/Witt in Dötsch/Pung/Möhlenbrock, § 14 KStG n. F. Tz. 77; Lademann/Gassner, § 14 KStG Anm. 18.

II. Die Voraussetzungen der Organschaft

Die Anwendung des § 18 KStG sollte daran scheitern, dass die Gesellschaft nicht nur beschränkt steuerpflichtig ist.[1]

Entsprechendes galt für Personengesellschaften. Hatte der Organträger die Rechtsform einer Personengesellschaft, so musste diese Geschäftsleitung und Sitz im Inland haben. Es reichte nicht aus, dass sämtliche Gesellschafter unbeschränkt steuerpflichtig waren. 45

Es sprachen allerdings gute Gründe dafür, dass die vorstehend wiedergegebene Regelung des § 14 Nr. 3 KStG gegen Art. 52 und 58 EGV (Art. 43 und 48 EGV in der Amsterdamer Fassung) verstieß. Die Bedenken ergeben sich aus dem EuGH-Urteil vom 9.3.1999.[2] Die Reichweite des EuGH-Urteils beschränkt sich dabei nicht auf Gesellschaften, die nach dem Recht eines Mitgliedstaats der EU gegründet sind; es gilt auch für Gesellschaften aus dem Europäischen Wirtschaftsraum (EWR) und bestimmten assoziierten Ländern.[3] 46

Durch das UntStFG ist der **doppelte Inlandsbezug aufgehoben** worden. Von § 14 Abs. 1 Satz 1 Nr. 2 KStG wird bei Körperschaften als Organträger nur noch verlangt, dass diese ihre Geschäftsleitung im Inland haben. Nach der Gesetzesbegründung soll durch den Verzicht auf den doppelten Inlandsbezug der zunehmenden internationalen Verflechtung der deutschen Wirtschaft Rechnung getragen werden. Durch das Anknüpfen an die inländische Geschäftsleitung soll sichergestellt werden, dass das inländische Besteuerungsrecht nicht verloren geht, weil nach Art. 2 des OECD-Musterabkommens bei doppelansässigen Gesellschaften für das Besteuerungsrecht der Sitz der tatsächlichen Geschäftsleitung maßgeblich ist. 47

Gesellschaften, die nur ihre Geschäftsleitung im Inland haben, fehlte nach der bisher vom BGH vertretenen **„Sitztheorie"** die inländische Rechtsfähigkeit. Diese Sitztheorie ist nicht mit dem Gemeinschaftsrecht vereinbar.[4] Im Anschluss an dieses Urteil hat der BGH mit Urteil vom 13.3.2003[5] entschieden, dass eine im EG-(bzw. EWR)Ausland wirksam gegründete Kapitalgesellschaft nach Verlegung ihres tatsächlichen Verwaltungssitzes auch im Inland als Kapitalgesell- 48

---

1 BFH, a.a.O.; ebenso FG Köln, Urteil v. 16.9.1998 - 13 K 1558/95, EFG 1999 S. 309, aufgehoben durch BFH, Urteil v. 29.1.2003 - I R 6/99, BStBl 2004 II S. 1043, der in der Ablehnung der Organträgerschaft einer US-amerikanischen Kapitalgesellschaft mit Sitz in den USA und Geschäftsleitung in Deutschland einen Verstoß gegen den deutsch-amerikanischen Freundschafts-, Handels- und Schifffahrtsvertrag v. 29.10.1954 sieht.
2 Rs. C-212/97 „Centros Ltd.", PAAAB-72644 = DB 1999 S. 625, m. Anm. Meilicke.
3 Vgl. hierzu Meilicke, BB 1995, Beilage 9, S. 17.
4 EuGH, Urteil v. 5.11.2002 - Rs. C-208/00 „Überseering", BAAAB-72640 = DB 2002 S. 2425.
5 VII ZR 370/98, AAAAC-03523 = DB 2003, 986.

schaft zu behandeln ist.[1] Daraus folgt, dass diese Gesellschaft auch Organträgerin sein kann. Die Gesetzesbegründung zum UntStFG enthält zu dieser Fragestellung den Hinweis, dass sich „das Steuerrecht insoweit für künftige Entwicklungen des Zivilrechts" öffne.

49 Auch nach dem Wegfall des doppelten Inlandsbezugs sind **nicht alle unbeschränkt steuerpflichtigen Körperschaften als Organträger zugelassen**. Körperschaften, die nur ihren Sitz im Inland haben, können, obwohl unbeschränkt steuerpflichtig, nach wie vor nicht Organträger sein. Für diese Gesellschaften bleibt die bisherige, im Vergleich mit beschränkt steuerpflichtigen Körperschaften (vgl. § 18 KStG, siehe Rz. 55) unbefriedigende Regelung bestehen.[2]

50 Nach § 34 Abs. 6 Nr. 2 KStG in der Fassung des UntStFG (nunmehr § 34 Abs. 9 Nr. 2 KStG) gilt die Neuregelung (Wegfall des doppelten Inlandsbezugs) ab dem VZ 2001.

51 Als **Organträger** kommt nach § 18 Satz 1 KStG auch der **beschränkt steuerpflichtige Träger eines ausländischen gewerblichen Unternehmens** in Betracht. Voraussetzungen sind: eine im Inland im Handelsregister eingetragene Zweigniederlassung, Abschluss des GAV unter der Firma der Zweigniederlassung und Zugehörigkeit der für die finanzielle Eingliederung erforderlichen Beteiligung zum Betriebsvermögen der Zweigniederlassung.

52 Eine Körperschaft, Personenvereinigung oder Vermögensmasse i. S. von § 1 KStG darf darüber hinaus **nicht steuerbefreit** sein, weil andernfalls das dem Organträger zugerechnete Einkommen der Organgesellschaft unbesteuert bliebe. Demgemäß kann eine als gemeinnützig anerkannte und deshalb nach § 5 Abs. 1 Nr. 9 KStG körperschaftsteuerfreie Körperschaft nicht Organträger sein, es sei denn, dass sie einen wirtschaftlichen Geschäftsbetrieb unterhält und insoweit steuerpflichtig ist. Der Ausschluss steuerbefreiter Körperschaften betrifft damit nur persönliche Steuerbefreiungen, die den Rechtsträger als solchen insgesamt von der Steuerpflicht ausschließen (vgl. § 5 Abs. 1 Nr. 1 und 2 KStG).[3] Juristische Personen des öffentlichen Rechts können als solche nicht Organträger sein, weil sie nicht steuerpflichtig sind. Hingegen können sie mit

---

[1] Ebenso BayObLG, Beschluss v. 19.12.2002 - 2 Z BR 7/02, DStR 2003 S. 653, zur Rechts- und damit Grundbuchfähigkeit einer solchen Gesellschaft; vgl. auch BGH, Urteil v. 29.1.2003 - VIII ZR 155/02, TAAAC-04224 = DB 2003 S. 818, zum deutsch-amerikanischen Freundschaftsvertrag.
[2] Zur Europarechtswidrigkeit dieser Regelung s. Breuninger/Prinz, JbFfSt 1999/2000 S. 538.
[3] BFH, Urteil v. 10.3.2010 - I R 41/09, CAAAD-44398 = BFH/NV 2010 S. 1367; zur Ermittlung der 10%-Grenze bei gemeinnützigen Wohnungsgenossenschaften, § 5 Abs. 1 Nr. 10 Satz 2 KStG, s. Vfg. des Landesamts für Steuern Niedersachsen vom 27.6.2019, YAAAH-28358.

ihren zivilrechtlich unselbständigen körperschaftsteuerpflichtigen **Betrieben gewerblicher Art**[1] Organträger sein.[2]

Ist eine natürliche Person nicht unbeschränkt einkommensteuerpflichtig oder hat eine Personengesellschaft oder eine Körperschaft nicht Geschäftsleitung und Sitz im Inland, so können diese gem. § 18 KStG gleichwohl ausnahmsweise Organträger sein, wenn der ausländische Rechtsträger im Inland eine im Handelsregister eingetragene **Zweigniederlassung** unterhält und die organschaftlichen Voraussetzungen im Verhältnis der Organgesellschaft zu dieser Zweigniederlassung erfüllt sind. **Eine allgemeine Organschaft über die Grenze kennt das Körperschaftsteuerrecht nicht.** 53

2.2.2 Rechtslage ab VZ 2012

Durch das Organschaftsreformgesetz wurde der Inlandsbezug des Organträgers rückwirkend zwar völlig umgestaltet, im Ergebnis sind die Änderungen aber nicht sehr gravierend. Mit Wirkung ab VZ 2012 kommt es nicht mehr auf die unbeschränkte Steuerpflicht bzw. den Ort von Sitz und/oder Geschäftsleitung des Organträgers an.[3] Mit der Gesetzesänderung wollte Deutschland einer möglichen Unionsrechtswidrigkeit der nationalen Organschaftsregeln vorbeugen. Gleichwohl hat die EU-Kommission am 25.07.2019 beschlossen, Deutschland in einem ersten Schritt eines Vertragsverletzungsverfahrens aufzufordern, Gewinnabführungs- und Verlustübernahmeverträge anzuerkennen, die nach den Rechtsvorschriften eines anderen EU- oder EWR-Mitgliedstaats geschlossen wurden. Die Gesetzesänderung sei gegenstandslos, wenn die deutsche Steuerverwaltung die Vorteile der steuerlichen Konsolidierung weiter mit der Begründung verneine, dass die formalen Anforderungen an den GAV nicht erfüllt würden. 54

Den notwendigen **Inlandsbezug** regelt jetzt § 14 Abs. 1 Satz 1 Nr. 2 Sätze 4 bis 7 KStG. Satz 4 bestimmt, dass die Beteiligung an der Organgesellschaft ununterbrochen während der gesamten Dauer der Organschaft einer inländischen Betriebsstätte i. S. des § 12 AO des Organträgers zugeordnet sein muss. Eine Zweigniederlassung, wie bisher von § 18 KStG gefordert, ist nicht erforderlich. Ergänzend bestimmt Satz 7, dass eine inländische Betriebsstätte nur gegeben ist, wenn die dieser Betriebsstätte zuzurechnenden Einkünfte sowohl nach innerstaatlichem Steuerrecht als auch nach einem anzuwendenden DBA der in-

---

1 § 1 Abs. 1 Nr. 6, § 4 KStG; dazu BFH, Urteil v. 13.3.1974 - I R 7/71, BStBl 1974 II S. 391.
2 Streck/Olbing, § 14 KStG Anm. 26; Dötsch in Dötsch/Pung/Möhlenbrock, § 14 KStG n. F. Tz. 83.
3 Zu Einzelheiten s. Frotscher in Frotscher/Drüen, § 14 KStG Rz. 141a ff., dieser auch zur möglichen Verfassungswidrigkeit der echten Rückwirkung; Dötsch/Pung, DB 2013 S. 305, 306 ff.

ländischen Besteuerung unterliegen. Damit soll vermieden werden, dass Besteuerungslücken dadurch entstehen, dass zwar eine Betriebsstätte im Sinne der Abgabenordnung vorliegt, gleichwohl eine inländische Betriebsstätte wegen eines abweichenden Betriebsstättenbegriffs in einem DBA nicht anzunehmen ist. Das Halten von Beteiligungen an inländischen Gesellschaften begründet allein keine Betriebsstätte.[1]

Ist der Organträger nur **mittelbar** an der Organgesellschaft beteiligt, muss die Beteiligung an der vermittelnden Gesellschaft die vorgenannten Voraussetzungen erfüllen. Dabei ist nur erforderlich, dass die erste vermittelnde Beteiligung einer inländischen Betriebsstätte des Organträgers zuzuordnen ist. Die weiteren vermittelnden Beteiligungen sowie die Beteiligung an der Organgesellschaft selber können sogar ausländischen Betriebsstätten zuzuordnen sein.

BEISPIEL Die inländische A-KG ist zu 100% an der niederländischen N-BV beteiligt, die keine inländische Betriebsstätte unterhält. Die N-BV ist zu 100% an der englischen E-Ltd. (keine inländische Betriebsstätte) beteiligt, die wiederum alleinige Gesellschafterin der deutschen D-GmbH ist.

Für ein Organschaftsverhältnis der A-KG zur D-GmbH reicht aus, dass die Beteiligung an der N-BV einer inländischen Betriebsstätte der A-KG zuzuordnen ist.

Fraglich ist, wann die Beteiligung einer inländischen Betriebsstätte zuzuordnen ist. Nach Auffassung der Finanzverwaltung[2] sind Beteiligungen grds. dem Stammhaus und nicht der Betriebsstätte zuzuordnen (so genannte **Zentralfunktion des Stammhauses**). Einer Betriebsstätte sind Beteiligungen nur dann zuzurechnen, wenn sie der in der Betriebsstätte ausgeübten Tätigkeit dienen. Demgegenüber wird insbesondere auch von der Rechtsprechung auf den tatsächlichen funktionalen Zusammenhang abgestellt.[3] Die neue Regelung bedeutet aber auch, dass ein Organschaftsverhältnis nicht begründet werden

---

1 FG Köln v. 27.9.2012 - 10 K 2898/10, FAAAE-24364 = EFG 2013 S. 231, rkr.
2 Betriebsstättenerlass v. 24.12.1999, BStBl 1999 I S. 1076 unter 2.4; ab 2015 s. § 1 Abs. 4 und 5 AStG und die Vorgaben der Betriebsstätten-Gewinnaufzeichnungs-Verordnung (BsGaV) vom 13.10.2014, BGBl 2014 I S. 1603, hierzu BMF, Schreiben v. 22.12.2016 (Verwaltungsgrundsätze Betriebsstättengewinnaufteilung – VWG BsGa), BStBl 2017 I S. 182, insbesondere Tz. 2.7; Hruschka, IStR 2016 S. 437; Ditz/Tcherveniachki, DB 2015 S. 2897; Blumers, DB 2017 S. 2893; zu Einzelheiten bei Holding-Personengesellschaften s. unten Rz. 329 ff.
3 BFH, Urteil v. 19.12.2007 - I R 66/06, BStBl 2008 II S. 510; Schaumburg, Rz. 16.486 m.w.N.; vgl. auch Frotscher in Frotscher/Drüen, § 14 KStG Rz. 142c ff. Vgl. auch FG Münster, Urteil v. 13.6.2013 - 13 K 3679/12 F, WAAAE-41364 = EFG 2013 S. 1418, BFH-Az.: I B 142/13 (früher IV B 80/13; Verfahren ist ausgesetzt bis zur Entscheidung in dem Verfahren 2 BvL 15/14), wonach entgegen dem BMF eine ausländische Gesellschaft nicht allein dadurch eine inländische Betriebsstätte begründet, dass sie einer deutschen Tochter- oder Enkelgesellschaft ein Darlehen gewährt.

kann, wenn die Beteiligung an der inländischen Organgesellschaft einer ausländische Betriebsstätte des inländischen Organträgers zuzurechnen ist.

Die funktionale Zuordnung kann fraglich sein, wenn eine Personengesellschaft Organträgerin ist, an der auch Steuerausländer beteiligt sind.[1] Sind z. B. an einer deutschen GmbH & Co. KG als Geschäftsleitungs-Holding je ein Steuerinländer und ein Steuerausländer mit 50 % als Kommanditisten beteiligt, kommt auch eine funktionale Zuordnung der anteiligen Beteiligung des Steuerausländers an der Organgesellschaft zu seinem ausländischen Stammhaus in Betracht; in diesem Fall wäre eine Organschaft mangels finanzieller Eingliederung nicht möglich. Wären zunächst zwei Steuerinländer beteiligt und veräußert einer der beiden seinen Mitunternehmeranteil an einen Steuerausländer käme erschwerend hinzu, dass es zur anteiligen Aufdeckung der stillen Reserven käme.

Satz 4 verlangt nicht, dass der Gewinn an die inländische Betriebsstätte abgeführt wird. Entscheidend ist, dass das Einkommen der Organgesellschaft der inländischen Betriebsstätte zugerechnet wird und damit das deutsche Besteuerungsrecht gesichert ist.[2]

Im Gegensatz zu Frotscher[3] sind wir der Auffassung, dass die die finanzielle Eingliederung vermittelnde Beteiligung einer (im Sinne von Zahlwort) Betriebsstätte zuzuordnen sein muss. Mehrere Teilbeteiligungen, die unterschiedlichen Betriebsstätten desselben Organträgers zuzuordnen sind, sind nicht zusammenzurechnen, um die finanzielle Eingliederung herzustellen. Dies ergibt sich aus Satz 6, wonach das Einkommen der Organgesellschaft „der" inländischen Betriebsstätte zuzurechnen ist, der die die finanzielle Eingliederung vermittelnde Beteiligung zuzuordnen ist. Frotscher erklärt nicht, wie er das Einkommen der Organgesellschaft bei seiner Lösung aufteilen will. Dies ist zumindest für die Gewerbesteuer von erheblicher Bedeutung.

Satz 5 bestimmt, dass Satz 4 entsprechend gilt, wenn der Organträger **mittelbar** über eine oder mehrere **Personengesellschaften** an der Organgesellschaft beteiligt ist. Damit erkennt das Gesetz ausdrücklich an, dass eine Organschaft auch über eine Gesellschaft vermittelt werden kann, die selber nicht Organgesellschaft sein kann.

55

---

1 Zur Problematik, wenn eine ausländische Personengesellschaft Organträgerin ist, s. Blumers, DB 2017 S. 2893.
2 Frotscher in Frotscher/Drüen, § 14 KStG Rz. 141 f.
3 A. a. O., Rz. 141i.

A. Die Organschaft im Körperschaftsteuerrecht

56   Satz 6 regelt die **Zurechnung** des Einkommens der Organgesellschaft. Das Einkommen ist der inländischen Betriebsstätte des Organträgers zuzurechnen, der die Beteiligung an der Organgesellschaft oder, bei mittelbarer Beteiligung an der Organgesellschaft, die Beteiligung an der vermittelnden Gesellschaft zuzuordnen ist. Die Zurechnung betrifft nicht das von der Organgesellschaft im Fall von Ausgleichszahlungen nach § 16 KStG selbst zu versteuernde Einkommen. Ebenfalls nicht von der Zurechnung erfasst werden die Bildung und Auflösung von organschaftlichen Ausgleichsposten. Dieses Ergebnis wird unmittelbar bei der inländischen Betriebsstätte des Organträgers erfasst.

57   Eine Körperschaft, Personenvereinigung oder Vermögensmasse i. S. von § 1 KStG darf darüber hinaus **nicht steuerbefreit** sein, weil andernfalls das dem Organträger zugerechnete Einkommen der Organgesellschaft unbesteuert bliebe. Demgemäß kann eine als gemeinnützig anerkannte und deshalb nach § 5 Abs. 1 Nr. 9 KStG körperschaftsteuerfreie Körperschaft nicht Organträger sein, es sei denn, dass sie einen wirtschaftlichen Geschäftsbetrieb unterhält und insoweit steuerpflichtig ist. Der Ausschluss steuerbefreiter Körperschaften betrifft damit nur persönliche Steuerbefreiungen, die den Rechtsträger als solchen insgesamt von der Steuerpflicht ausschließen (vgl. § 5 Abs. 1 Nr. 1 und 2 KStG).[1] Juristische Personen des öffentlichen Rechts können als solche nicht Organträger sein, weil sie nicht steuerpflichtig sind. Hingegen können sie mit ihren zivilrechtlich unselbständigen körperschaftsteuerpflichtigen **Betrieben gewerblicher Art**[2] Organträger sein.[3]

2.3 Gewerbliches Unternehmen

58   Nach § 14 Abs. 1 Satz 1 KStG muss der Organträger Inhaber eines gewerblichen Unternehmens sein. Die Formulierung zeigt, dass zwischen dem Organträger und dem Unternehmen des Organträgers zu unterscheiden ist. § 14 Abs. 1 Satz 1 KStG beschreibt die sachlichen Voraussetzungen an das Unternehmen des Organträgers, während § 14 Abs. 1 Satz 1 Nr. 2 KStG den Personenkreis beschreibt, der als Organträger in Betracht kommt.

59   Ein **Freiberufler** kann demnach als solcher nicht Organträger sein, weil er Einkünfte aus selbständiger Arbeit hat und kein gewerbliches Unternehmen un-

---

1 BFH, Urteil v. 10.3.2010 - I R 41/09, CAAAD-44398 = BFH/NV 2010 S. 1367.
2 § 1 Abs. 1 Nr. 6, § 4 KStG; dazu BFH, Urteil v. 13.3.1974 - I R 7/71, BStBl 1974 II S. 391.
3 Streck/Olbing, § 14 KStG Anm. 26; Dötsch in Dötsch/Pung/Möhlenbrock, § 14 KStG n. F. Tz. 83.

terhält. Der Abschluss eines GAV mit einer Organgesellschaft macht den freien Beruf noch nicht zum Gewerbebetrieb.[1]

Der Begriff des gewerblichen Unternehmens bedarf der Interpretation: Die Verwaltung ist der Auffassung, ein gewerbliches Unternehmen i. S. von § 14 Abs. 1 Satz 1 KStG liege vor, wenn die Voraussetzungen für den Gewerbebetrieb nach den Vorschriften des § 2 GewStG erfüllt sind.[2] Dass der Organträger eine gewerbliche Tätigkeit gem. § 15 Abs. 2 EStG (Selbständigkeit, Nachhaltigkeit, Gewinnerzielungsabsicht, Beteiligung am allgemeinen wirtschaftlichen Verkehr) ausübe, sei nicht erforderlich. Demgemäß sind also z. B. auch eine Kapitalgesellschaft, deren Betrieb sich auf die Land- und Forstwirtschaft oder auf die nichtgewerbliche Verwaltung von Vermögen beschränkt, oder eine Wirtschaftsprüfungs- und Steuerberatungsgesellschaft in der Rechtsform einer AG, also Gesellschaften, deren Tätigkeiten nicht als Gewerbebetrieb zu qualifizieren wären, die aber gem. § 2 Abs. 2 Satz 1 GewStG kraft Rechtsform einen Gewerbebetrieb haben, Träger eines gewerblichen Unternehmens i. S. von § 14 Abs. 1 Satz 1 KStG. 60

Nach Ansicht der Verwaltung sind der Begriff des Gewerbebetriebs i. S. von § 2 GewStG und der Begriff des gewerblichen Unternehmens i. S. von § 14 Abs. 1 Satz 1 KStG und von § 2 Abs. 2 Satz 2 GewStG identisch. 61

Der Verwaltungsauffassung entspricht die ganz überwiegende Meinung im Schrifttum.[3] 62

Die Rechtsprechung war demgegenüber der Meinung, dass **Organträger nur ein Unternehmen i. S. des § 2 GewStG sein könne, welches eine eigengewerbliche Tätigkeit ausübe**.[4] Der BFH hielt es nicht für ausreichend, wenn das herrschende Unternehmen nur kraft seiner Rechtsform als Gewerbebetrieb gilt.[5] Diese Rechtsprechung differenzierte nicht ausreichend zwischen den Anforderungen, die an das Tatbestandsmerkmal „gewerbliches Unternehmen" zu stel- 63

---

1 Für die Rechtslage vor der gesetzlichen Regelung der körperschaftsteuerlichen Organschaft vgl. BFH, Urteil v. 12.8.1965 - IV 322/64, BStBl 1965 III S. 589.
2 BMF v. 26.8.2003 - S 2770, BStBl 2003 I S. 437, Tz. 2.
3 Vgl. z. B. Kolbe in Herrmann/Heuer/Raupach, § 14 KStG Anm. 58; Dötsch in Dötsch/Pung/Möhlenbrock, § 14 KStG n. F. Tz. 71; im Ergebnis überwiegend ebenso, wenn auch mit anderer Begründung, Streck/Olbing, § 14 KStG Anm. 30; zu Einzelheiten s. Herlinghaus, FR 2000 S. 1105, 1107 ff.
4 Vgl. z. B. BFH, Urteil v. 18.4.1973 - I R 120/70, BStBl 1973 II S. 740; BFH, Beschluss v. 27.3.1985 - I S 5/84, ZAAAB-28101 = BFH/NV 1986 S. 118, beide ergangen zur Organträger-Eigenschaft des Besitzunternehmens im Rahmen einer Betriebsaufspaltung.
5 BFH, Urteile v. 17.12.1969 - I 252/64, BStBl 1970 II S. 257; v. 15.4.1970 - I R 122/66, BStBl 1970 II S. 554.

A. Die Organschaft im Körperschaftsteuerrecht

len sind, und der Möglichkeit der wirtschaftlichen Eingliederung in den Organträger.

64 U. E. gibt es keinen einleuchtenden Grund dafür, den Begriff „gewerbliches Unternehmen" in § 14 Abs. 1 Satz 1 KStG anders auszulegen als die gleichlautenden Begriffe in § 2 GewStG und § 15 EStG. Ein gewerbliches Unternehmen i. S. von § 14 Abs. 1 Satz 1 KStG liegt deshalb immer dann vor, wenn der Organträger ein gewerbliches Unternehmen = Gewerbebetrieb[1] unterhält, sei es kraft gewerblicher Tätigkeit, sei es kraft Rechtsform oder kraft wirtschaftlichen Geschäftsbetriebs.[2] Auch das Besitz-Personenunternehmen im Rahmen einer Betriebsaufspaltung ist folglich ein gewerbliches Unternehmen i. S. des § 14 Abs. 1 Satz 1 KStG (zu Organschaftsverhältnissen bei Betriebsaufspaltung s. im Einzelnen Rz. 439).

65 **Juristische Personen des öffentlichen Rechts** können mit ihren Betrieben gewerblicher Art (Eigenbetriebe) i. S. von § 1 Abs. 1 Nr. 6 und § 4 KStG körperschaftsteuerlich und gewerbesteuerlich nur dann Organträger sein, wenn deren Tätigkeit als Gewerbebetrieb zu qualifizieren ist.[3]

66 Wird ein Betrieb gewerblicher Art, z. B. ein Wasserwerk, ohne Gewinnerzielungsabsicht betrieben[4] bzw. handelt es sich um einen strukturell dauerdefizitären Betrieb, so kann die juristische Person des öffentlichen Rechts mit diesem Betrieb nicht Organträger sein.[5] Streitig ist, ob ein strukturell dauerdefizitärer Betrieb vorliegt, wenn dem BgA gewillkürtes Betriebsvermögen (z. B. Aktien) zugeführt wird, das zu Gewinnen des BgA führt.[6] Ein gewerbliches Unternehmen liegt auch nicht vor bei einem reinen Verpachtungsbetrieb i. S. des § 4 Abs. 4 KStG.

---

1 Zur inhaltlichen Gleichheit dieser beiden Begriffe, die sich aus § 2 Abs. 1 Satz 2 GewStG ergibt, s. z. B. BFH, Beschluss v. 25.6.1984 - GrS 4/82, BStBl 1984 II S. 751, 762; Schmidt, § 15 EStG Anm. 4.
2 So auch jetzt der BFH, vgl. zuletzt Urteile v. 2.9.2009 - I R 20/09, IAAAD-35580 = BFH/NV 2010 S. 391; v. 24.7.2013 - I R 40/12, BStBl 2014 II S. 272.
3 Vgl. § 2 Abs. 1 GewStDV; ebenso Kolbe in Herrmann/Heuer/Raupach, § 14 KStG Anm. 58; Dötsch in Dötsch/Pung/Möhlenbrock, § 14 KStG Tz. 83; a. A. insoweit Streck/Olbing, § 14 KStG Anm. 30.
4 Vgl. BFH, Urteile v. 27.5.1964 - I 226/62 U, BStBl 1964 III S. 485; v. 29.10.1970 - I R 72/69, BStBl 1971 II S. 247.
5 FG Düsseldorf, Urteil v. 29.6.2010 - 6 K 2990/07 K, BAAAD-52228 = EFG 2010 S. 1732, rkr., nachdem der BFH die Revision mit Beschluss v. 31.3.2011 - I R 74/10, JAAAD-85234, als unzulässig verworfen hat; zu Einzelheiten s. OFD Karlsruhe, Vfg. v. 19.7.2018, DB 2018 S. 1953.
6 OrgT-Eigenschaft in diesem Fall bejahend FG Köln v. 19.12.2013 - 10 K 2933/11, GAAAE-57663 = EFG 2014, 662 m. Anm. Hennigfeld, rkr.; verneinend aufgrund Segmentierung FG Düsseldorf v. 18.3.2014 - 6 K 3493/11 K, YAAAE-64571 = EFG 2014 S. 1032 m. Anm. Hennigfeld, rkr. nach Rücknahme der Revision I R 26/14.

II. Die Voraussetzungen der Organschaft

Juristische Personen des Privatrechts, z. B. eine Stiftung, genügen den Anforderungen an einen Organträger, wenn sie einen Gewerbebetrieb oder einen (steuerpflichtigen) wirtschaftlichen Geschäftsbetrieb – ausgenommen Land- und Forstwirtschaft – unterhalten (vgl. § 8 GewStDV, Abschnitt 15 GewStR 1998). 67

Eine **GmbH & Co. KG** unterhält unabhängig von ihrer Tätigkeit gem. § 15 Abs. 3 Nr. 2 EStG immer dann einen Gewerbebetrieb und damit ein gewerbliches Unternehmen i. S. von § 14 KStG, wenn ausschließlich eine oder mehrere Kapitalgesellschaften persönlich haftende Gesellschafter sind und nur diese oder Personen, die nicht Gesellschafter sind, zur Geschäftsführung befugt sind (sog. gewerblich geprägte Personengesellschaft). Gleichwohl kann eine lediglich gewerblich geprägte Personengesellschaft ab VZ 2003 nicht mehr Organträger sein. § 14 Abs. 1 Satz 1 Nr. 2 Satz 2 KStG i. d. F. des StVergAbG verlangt, dass die Personengesellschaft eine **Tätigkeit i. S. des § 15 Abs. 1 Nr. 1 EStG** ausübt. Die gegenüber dem bisherigen Recht geänderte Fassung der Vorschrift kann nur dahin verstanden werden, dass die Personengesellschaft gewerblich tätig sein muss.[1] 68

Mit der Feststellung, der Organträger betreibe ein gewerbliches Unternehmen, war noch nicht entschieden, ob die Organgesellschaft in dieses gewerbliche Unternehmen auch wirtschaftlich eingegliedert ist. Beide Erfordernisse, gewerbliches Unternehmen und wirtschaftliche Eingliederung, standen bis zum Wegfall des § 14 Nr. 2 KStG ab dem VZ 2001 durch das StSenkG nebeneinander. Eine Kapitalgesellschaft, deren Betätigung sich auf die nichtgewerbliche Verwaltung von Vermögen beschränkt und die im Rahmen dieser Vermögensverwaltung auch eine Mehrheitsbeteiligung an einer anderen Kapitalgesellschaft hält, betreibt nach Auffassung der Verwaltung zwar ein gewerbliches Unternehmen i. S. von § 14 Abs. 1 Satz 1 KStG. Die Beteiligungsgesellschaft ist aber nicht wirtschaftlich eingegliedert, weil nach Ansicht der Verwaltung zum Begriff der wirtschaftlichen Eingliederung u. a. gehört, dass sich das beherrschende Unternehmen selbst am wirtschaftlichen Verkehr beteiligt und es hieran fehlt (siehe Rz. 121 f. und 328 ff. zur wirtschaftlichen Eingliederung und zur Holding). 69

Mit Urteil vom 21.6.1982[2] betonte der BFH, auch für die Zeit vor Inkrafttreten der gesetzlichen Regelung der körperschaftsteuerlichen Organschaft setze die 70

---

1 Vgl. nur Frotscher in Frotscher/Drüen, § 14 KStG Rz. 124, 127; Dötsch/Witt in Dötsch/Pung/Möhlenbrock, § 14 KStG n. F. Tz. 98.
2 I R 82/70, BStBl 1972 II S. 722.

A. Die Organschaft im Körperschaftsteuerrecht

steuerliche Anerkennung eines Organschaftsverhältnisses nicht nur voraus, dass der Organträger ein gewerbliches Unternehmen betreibe, sondern auch, dass die Organgesellschaft in dieses Unternehmen nach Art einer Geschäftsabteilung eingegliedert sei. Demgemäß lehnte es der BFH ab, ein Organschaftsverhältnis mit GAV zwischen einer natürlichen Person, die einen land- und forstwirtschaftlichen Betrieb und einen Gewerbebetrieb besaß, als Organträger und einer von ihr beherrschten Kapitalgesellschaft als Organgesellschaft steuerlich anzuerkennen, weil die Kapitalgesellschaft zwar organisatorisch der den land- und forstwirtschaftlichen Betrieb und den Gewerbebetrieb zusammenfassenden Güterverwaltung eingegliedert war, es ihr aber an einer wirtschaftlichen Eingliederung in den Gewerbebetrieb der natürlichen Person fehlte.

2.4 Inländisches Unternehmen

71 Wenn das Gesetz verlangte, dass der Organträger ein **inländisches** gewerbliches Unternehmen betreibt, so lag dem die Erwägung zugrunde, dass die Organschaft als eine der wesentlichen Voraussetzungen für die in den §§ 14 bis 19 KStG normierten steuerrechtlichen Wirkungen ein Sachverhalt ist, und dass die Prüfung, ob dieser Sachverhalt im Einzelnen tatsächlich vorliegt, im Zugriffsbereich der deutschen Steuerverwaltung möglich sein muss.[1] Hieraus folgt, dass ein gewerbliches Unternehmen dann inländisch ist, wenn sich das Unternehmen „**in seiner betrieblich-organisatorischen Substanz im Inland befindet**".[2]

> **BEISPIEL** (nach Hübl, a. a. O.): Ein in der Bundesrepublik unbeschränkt einkommensteuerpflichtiger Einzelkaufmann A hat nur einen Fabrikationsbetrieb in Argentinien. Die Produkte dieses Betriebs werden im Inland durch eine GmbH vertrieben, deren alleiniger Gesellschafter A ist. Der Betrieb in Argentinien ist kein inländisches gewerbliches Unternehmen. Ein Organschaftsverhältnis mit GAV zwischen A und der GmbH ist demnach nicht möglich.

72 **Ab VZ 2001** hat der Gesetzgeber im Zusammenhang mit dem Wegfall des doppelten Inlandsbezugs bei Körperschaften und Personengesellschaften in § 14 Abs. 1 Satz 1 KStG auch das Wort „inländisch" gestrichen. Damit ist nunmehr auch die **Gewinnabführung** an ein **ausländisches gewerbliches Unternehmen zulässig**. Dies gilt, egal welche Rechtsform der Organträger hat, also

---

1 Hübl, DStZ A 1972 S. 81, 82.
2 Zustimmend Orth, GmbHR 1996 S. 33, 34.

auch bei natürlichen Personen.[1] Im Beispielsfall Rz. 71 kann die GmbH nunmehr einen GAV mit dem ausländischen Betrieb abschließen; ihr Einkommen wird dem Einzelkaufmann A zugerechnet. Die Gewinnabführungen an den ausländischen Betrieb unterliegen nicht der KapSt, weil es sich nicht um Kapitalerträge i. S. von § 20 EStG handelt.[2]

2.5 Personengesellschaften als Organträger
Siehe Rz. 311 ff. 73

2.6 Die Holding als Organträger
Siehe Rz. 328 ff. 74

3. Die finanzielle Eingliederung

3.1 Unmittelbare Beteiligung

Nach § 14 Abs. 1 Satz 1 Nr. 1 Satz 1 KStG muss der Organträger an der Organgesellschaft unmittelbar in einem solchen Maße beteiligt sein, dass ihm die Mehrheit der Stimmrechte aus den Anteilen an der Organgesellschaft zusteht (finanzielle Eingliederung). 75

Die finanzielle Eingliederung verlangt, dass der Organträger an der Organgesellschaft **beteiligt** ist; eine finanzielle Abhängigkeit, die nur auf einer Verschuldung beruht, reicht nicht aus. 76

Der **schuldrechtliche Anspruch auf Übertragung von Gesellschaftsanteilen** reicht ebenfalls zur Begründung einer finanziellen Eingliederung beim Erwerber der Anteile nicht aus.[3] 77

Notwendig ist für die finanzielle Eingliederung, dass dem Organträger aus den Anteilen an der Organgesellschaft die **Mehrheit der Stimmrechte** zusteht, nicht hingegen, dass der Organträger die Mehrheit der Anteile besitzt. Im Regelfall werden Stimmrechtsmehrheit und Anteilsmehrheit zusammenfallen. Sie können sich aber trennen, wenn z. B. bei einer AG stimmrechtslose Vorzugsaktien (vgl. § 12 Abs. 1 Satz 2, § 139 AktG) oder Mehrstimmrechtsaktien (§ 12 Abs. 2 AktG, § 5 EGAktG, Mehrstimmrechte erlöschen spätestens am 78

---

1 Ebenso Dötsch/Witt in Dötsch/Pung/Möhlenbrock, § 14 KStG n. F. Tz. 73; Wischmann in Herrmann/Heuer/Raupach, EStG/KStG, Jahresband 2002, § 14 KStG Anm. J 01-6 und 15.
2 Dötsch/Witt, a. a. O., Tz. 73.
3 BFH, Urteil v. 25.9.1968 - I 52/64, BStBl 1969 II S. 18; FG Hamburg v. 6.12.1984 - II 60/83, EFG 1986 S. 415, 416.

1.6.2003) vorhanden sind oder bei einer GmbH die Satzung mit bestimmten Geschäftsanteilen ein höheres Stimmrecht verbindet. Hat in einem solchen Fall der Organträger z. B. nur 40 % der Anteile, aber 60 % der Stimmen, so ist dem Erfordernis der finanziellen Eingliederung genügt. Umgekehrt fehlt diese, wenn der Organträger 60 % der Anteile, aber nur 40 % der Stimmen hat. Die Stimmrechte müssen dem Organträger aus eigenem Recht zustehen, also sich aus den dem Organträger zuzurechnenden Anteilen ergeben; es genügt nicht, dass der Organträger eine **Stimmrechtsvollmacht** für fremde Anteile besitzt.[1] Hingegen kann ein Stimmrechtsbindungsvertrag ausreichen.[2]

79 Ob dem Organträger die Mehrheit der Stimmrechte zusteht, bestimmt sich im Regelfall, d. h. wenn Satzung oder Gesellschaftsvertrag keine besonderen Bestimmungen enthalten oder nur für einzelne wenige Geschäftsvorfälle eine größere Mehrheit fordern, nach dem Verhältnis der Stimmrechte aus der vom Organträger gehaltenen Beteiligung zur Gesamtzahl aller Stimmrechte, also danach, ob dem Organträger mehr als die Hälfte aller Stimmrechte zusteht (siehe § 133 Abs. 1 AktG, § 47 Abs. 1 GmbHG).

80 Hält die Organgesellschaft **eigene Anteile**, so rechnen diese bei Ermittlung der Gesamtzahl aller Stimmen nicht mit.[3] Verlangen Satzung oder Gesellschaftsvertrag allgemein für Beschlüsse der Hauptversammlung oder der Gesellschafter eine größere als die einfache Mehrheit, so wird man entsprechend dem Sinn und Zweck des Kriteriums der finanziellen Eingliederung unter der Mehrheit der Stimmrechte i. S. des § 14 Abs. 1 Satz 1 Nr. 1 Satz 1 KStG die nach Satzung oder Gesellschaftsvertrag erforderliche größere Mehrheit verstehen müssen.[4]

81 Der Organträger ist an der Organgesellschaft dann **beteiligt**, wenn ihm die Anteile an der Organgesellschaft gem. § 39 AO 1977 steuerlich zuzurechnen sind (R 14.2 Satz 1 KStR). Das bürgerlich-rechtliche Eigentum ist nicht unbedingt erforderlich, genügt aber auch nicht. Entscheidend ist das wirtschaftliche Eigentum (vgl. § 39 Abs. 2 AO). Demgemäß kann z. B. der **Treuhänder** nicht Organträger sein; der Treuhänder ist zwar bürgerlich-rechtlich Eigentümer der Betei-

---

1 Schmidt, FR 1976 S. 361, gegen die möglicherweise a. A. des BFH, Urteil v. 31.3.1976 - I R 123/74, BStBl 1976 II S. 510; wie hier Streck/Olbing, § 14 KStG Anm. 44; Kolbe in Herrmann/Heuer/Raupach, § 14 KStG Anm. 103.
2 BFH, Urteil v. 22.11.2001 - V R 50/00, BStBl 2002 II S. 167; nach FG Bremen, Urteil v. 14.12.2017 - 3 K 12/17 (1), QAAAG-69228 = EFG 2018 S. 228 allerdings nur dann, wenn durch den Stimmbindungsvertrag das wirtschaftliche Eigentum übergehe.
3 Vgl. § 16 AktG und zur GmbH Fastrich in Baumbach/Hueck, § 33 GmbHG Rz. 24.
4 Kolbe in Herrmann/Heuer/Raupach, § 14 KStG Anm. 111.

ligung, diese ist ihm aber steuerrechtlich nicht zuzurechnen (§ 39 Abs. 2 Nr. 2 Satz 2 AO).

Dem Organträger müssen aber nicht nur die Anteile, sondern auch die Stimmrechte hieraus in dem für die finanzielle Eingliederung erforderlichen Umfang (Mehrheit) zuzurechnen sein. Bei einem **Treuhandverhältnis/einer Sicherungsübereignung** ist die Beteiligung steuerlich dem Treugeber/Sicherungsgeber zuzurechnen; hingegen stehen die Stimmrechte aus der Beteiligung bürgerlich-rechtlich dem Treuhänder/Sicherungsnehmer zu. Für diesen Fall wird im Schrifttum die Meinung vertreten, dass die finanzielle Eingliederung weder im Verhältnis zum Treuhänder/Sicherungsnehmer (keine Beteiligung) noch im Verhältnis zum Treugeber/Sicherungsgeber (kein Stimmrecht) gegeben sei.[1] U. E. ist die **Zurechnungsvorschrift** des § 39 Abs. 2 Nr. 2 AO immer dann **sinngemäß** auf die Stimmrechte aus einer von dieser Zurechnungsvorschrift erfassten Beteiligung anzuwenden, wenn der Treuhänder/Sicherungsnehmer bei der Ausübung der Stimmrechte zumindest obligatorisch an die Weisungen des Treugebers/Sicherungsgebers gebunden ist. Eine **Legitimationszession** hinsichtlich der Stimmrechte[2] ist **nicht erforderlich**. Demgemäß kann bei einem Treuhand-/Sicherungsverhältnis zwar nicht der Treuhänder/Sicherungsnehmer, wohl aber der Treu-/Sicherungsgeber Organträger sein. Diese Auffassung dürfte auch R 57 KStR zugrunde liegen.[3] 82

Ist an der Beteiligung ein **Nießbrauch** bestellt, so fehlt es im Verhältnis zum Nießbraucher – unabhängig von der zivilrechtlich umstrittenen Frage, ob der Nießbraucher auch stimmberechtigt ist[4] – jedenfalls deshalb an der finanziellen Eingliederung, weil dem Nießbraucher im Regelfall die Beteiligung steuerlich nicht zuzurechnen ist, sofern der Nießbraucher nicht ausnahmsweise wirtschaftlicher Eigentümer der Beteiligung ist. Ein Organschaftsverhältnis mit GAV zum Nießbrauchsbelasteten scheitert auch dann, wenn dieser zivilrechtlich stimmberechtigt bleibt, daran, dass die für die steuerliche Anerkennung notwendige Gewinnabführung an den Nießbrauchsbelasteten als Organträger mit dem Nießbrauch an der Beteiligung nicht vereinbar ist. 83

Bei der Einräumung einer **Unterbeteiligung** hängt es von den Vereinbarungen ab, ob der Unterbeteiligte wirtschaftlicher Inhaber der Anteile wird.[5] Wird der 84

---

1 Vgl. Dötsch in Dötsch/Pung/Möhlenbrock, § 14 KStG n. F. Tz. 121.
2 Siehe hierzu Baumbach/Hueck, § 134 AktG Rz. 4.
3 Ebenso Lademann/Gassner, § 14 KStG Anm. 38; im Ergebnis ebenfalls Kolbe in Herrmann/Heuer/Raupach, § 14 KStG Anm. 113; Neumann in Gosch, § 14 KStG Rz. 133.
4 Vgl. z. B. für die GmbH Fastrich in Baumbach/Hueck, § 15 GmbHG Rz. 53.
5 BFH, Urteil v. 18.5.2005 - VIII R 34/01, BStBl 2005 II S. 857.

Unterbeteiligte wirtschaftlicher Inhaber der Beteiligung, ist die Beteiligung insoweit nicht mehr dem zivilrechtlichen Eigentümer zuzurechnen, so dass die finanzielle Eingliederung in Bezug auf den Hauptbeteiligten wegfallen kann.

85 Die **Verpfändung** wie auch die im Wege der Zwangsvollstreckung vorgenommene **Pfändung** der Beteiligung an der Organgesellschaft führt nicht zur Beendigung der finanziellen Eingliederung.[1] Der Organträger verliert weder bei der Verpfändung noch bei der Pfändung die Möglichkeit zur Ausübung seiner Stimmrechte.[2]

86 Das Gesamtbild der tatsächlichen Verhältnisse spielt für die finanzielle Eingliederung keine Rolle.

3.2 Mittelbare Beteiligung

87 Grundsätzlich muss der Organträger an der Organgesellschaft unmittelbar beteiligt sein. Nach § 14 Abs. 1 Satz 1 Nr. 1 Satz 2 KStG sind – im Gegensatz zur Rechtslage vor der gesetzlichen Regelung der körperschaftsteuerlichen Organschaft[3] – mittelbare Beteiligungen zu berücksichtigen, „**wenn die Beteiligung an jeder vermittelnden Gesellschaft die Mehrheit der Stimmrechte gewährt**".

BEISPIEL ▶ Die Muttergesellschaft A ist an der Tochtergesellschaft B zu 90 % und diese wiederum an der Enkelgesellschaft C zu 80 % beteiligt. Die Enkelgesellschaft C ist nicht nur in B (und zwar unmittelbar), sondern auch in A (und zwar mittelbar) finanziell eingegliedert. Die Beteiligten haben, sofern auch alle übrigen Voraussetzungen erfüllt sind, die Wahl zwischen

▶ einer Organschaftskette: Organschaftsverhältnis zwischen C als Organgesellschaft und B als Organträger und Organschaftsverhältnis zwischen B als Organgesellschaft und A als Organträger und

▶ einem direkten Organschaftsverhältnis zwischen C als Organgesellschaft und A als Organträger (mit oder ohne einem gleichzeitigen Organschaftsverhältnis zwischen B als Organgesellschaft und A als Organträger).

88 Ein **Organschaftsverhältnis zwischen Schwestergesellschaften** ist **nicht möglich**, weil Satz 2 nichts an dem Erfordernis des Satzes 1 ändert, dass der Organträger selbst eine der die finanzielle Eingliederung vermittelnden Beteiligun-

---

1 Ebenso Kolbe in Herrmann/Heuer/Raupach, § 14 KStG Anm. 103; a. A. für den Fall der Pfändung Frotscher in Frotscher/Drüen, § 14 KStG Rz. 224; Jurkat, Tz. 267.
2 Vgl. zur AG: Zöllner in Kölner Kommentar zum Aktiengesetz, § 134 AktG Anm. 14; Henn, Handbuch des Aktienrechts, S. 242; zur GmbH: Fastrich in Baumbach/Hueck, § 15 GmbHG Rz. 50 und 62; jeweils m. w. N.
3 BFH, Urteile v. 24.1.1968 - I 95/65, BStBl 1968 II S. 315; v. 26.4.1966 - I 44/64, BStBl 1966 III S. 376.

II. Die Voraussetzungen der Organschaft

gen halten muss.[1] Hat also z. B. die Gesellschaft A eine 100%ige Tochtergesellschaft B_1 und eine weitere 100%ige Tochtergesellschaft B_2, so kann B_1 nicht Organträger von B_2 sein oder umgekehrt.[2] Diese Regelung begegnet aufgrund des EuGH-Urteils vom 12.6.2014[3] unionsrechtlichen Bedenken.[4]

Die mittelbare Eingliederung ist auch bei **Zwischenschaltung einer Personengesellschaft oder ausländischen Gesellschaft** möglich. Es ist unerheblich, dass diese Gesellschaften selbst keine Organgesellschaften sein können.[5] Die Zulassung der mittelbaren Beteiligung als Voraussetzung der finanziellen Eingliederung mag auch darauf zurückzuführen sein, dass damit der Umweg einer Organschaftskette erspart werden sollte.[6] Dieser Gedanke hat aber im Gesetz selbst keinen Ausdruck gefunden. Er berechtigt daher nicht dazu, das Gesetz einengend in der Weise auszulegen, dass eine mittelbare Beteiligung nur dann als Voraussetzung der finanziellen Eingliederung anzuerkennen sei, wenn die die Beteiligung vermittelnde Gesellschaft auch Zwischenglied einer Organschaftskette sein könnte.[7]   89

Die Verwaltung hat sich mittlerweile dieser Auffassung angeschlossen (H 57 KStH 2008 bzw. H 14.2 KStH 2015).   90

Die oben (Rz. 81 f.) entwickelten Grundsätze über die steuerliche Zurechnung der Beteiligung und der Stimmrechte daraus gelten in gleicher Weise für mittelbare Beteiligungen (R 14.2 Satz 2 KStR).   91

3.3 Zusammenrechnung von unmittelbaren und mittelbaren Beteiligungen sowie von mehreren mittelbaren Beteiligungen

Bis einschließlich VZ 2000 (bei Wirtschaftsjahr = Kalenderjahr, zum Anwendungsbereich bei abweichendem Wirtschaftsjahr siehe Rz. 95) war eine Addition von unmittelbaren und mittelbaren Beteiligungen und von mehreren mittelbaren Beteiligungen zur Begründung der Stimmenmehrheit ausgeschlossen.[8]   92

---

1 Niedersächsisches FG v. 4.9.2007 - 6 K 194/07, KAAAC-65908 = EFG 2008 S. 323, rkr.; Dötsch/Witt in Dötsch/Pung/Möhlenbrock, § 14 KStG Tz. 126.
2 Zur Rechtslage vor der gesetzlichen Regelung der körperschaftsteuerlichen Organschaft vgl. BFH, Urteil v. 25.10.1960 - I 62/59 S, BStBl 1961 III S. 69.
3 Rs. C-39/13, Rs. C-40/13, Rs. C-41/13 „SCA Group Holding BV",XAAAE-67736 = DStR 2014 S. 1333.
4 Walter, DB 2014 S. 2016; zu der Entscheidung s. auch Möhlenbrock, DB 2014 S. 1582.
5 Kolbe in Herrmann/Heuer/Raupach, § 14 KStG Anm. 104; Orth, GmbHR 1996 S. 33, 36.
6 Jurkat, Tz. 258.
7 BFH, Urteil v. 2.11.1977 - I R 143/75, BStBl 1978 II S. 74, hinsichtlich der Zwischenschaltung einer Personengesellschaft.
8 Zu Einzelheiten s. die 5. Aufl., Rz. 92 ff.

93 Diese Rechtslage ist durch das StSenkG mit Wirkung ab 2001 entscheidend verändert worden. **Nunmehr können auch mittelbare und unmittelbare Beteiligungen sowie mehrere mittelbare Beteiligungen zusammengerechnet werden.** Voraussetzung ist allerdings, dass die Beteiligung des Organträgers an jeder vermittelnden Gesellschaft die Mehrheit der Stimmrechte gewährt, mithin also jede vermittelnde Gesellschaft ihrerseits finanziell in den Organträger eingegliedert ist.

> **BEISPIEL** Die X-GmbH ist unmittelbar zu 49 % an der Y-GmbH und zu 75 % an der Z-GmbH beteiligt. Die Z-GmbH ist ihrerseits zu 20 % unmittelbar an der Y-GmbH beteiligt.
>
> Die Y-GmbH ist (unabhängig von der Frage der Durchrechnung, siehe dazu die nachfolgende Rz. 94) finanziell in die X-GmbH eingegliedert, da die unmittelbare und mittelbare Beteiligung zusammengerechnet werden.

> **BEISPIEL** Die X-GmbH ist unmittelbar zu 30 % an der Y-GmbH und zu 40 % an der Z-GmbH beteiligt. Die Z-GmbH ist ihrerseits zu 100 % unmittelbar an der Y-GmbH beteiligt.
>
> Die Y-GmbH ist nicht finanziell in die X-GmbH eingegliedert. Eine Zusammenrechnung der Beteiligungen scheidet aus, da die Beteiligung der X-GmbH an der vermittelnden Z-GmbH nicht die Stimmenmehrheit gewährt.

94 Hierbei stellt sich die Frage, ob die Beteiligung durchzurechnen ist, was (zugunsten der Steuerpflichtigen) teilweise verneint wird.[1] U. E. sprechen Wortsinn und Sinn und Zweck der Vorschrift für eine Durchrechnung, denn nur insoweit liegt eine rechtlich anzuerkennende Möglichkeit der Stimmrechtsausübung im Interesse des Organträgers vor.[2]

> **BEISPIEL** Die X-GmbH ist unmittelbar zu 31 % an der Y-GmbH und 75 % an der Z-GmbH beteiligt. Die Z-GmbH ist ihrerseits zu 20 % unmittelbar an der Y-GmbH beteiligt.
>
> Die Y-GmbH ist nicht finanziell in die X-GmbH eingegliedert. Die Addition der unmittelbaren und der mittelbaren, aber durchgerechneten Beteiligung ergibt nur 46 % (31 % + 15 % (20 % von 75 %)). Ohne Durchrechnung käme man zur finanziellen Eingliederung (31 % + 20 %).[3]

95 Die durch das StSenkG eingetretenen Änderungen bei der finanziellen Eingliederung sind aus Sicht des Organträgers zu prüfen. Wenn für diesen bereits das KStG i. d. F. des StSenkG gilt, für die Organgesellschaft jedoch noch das KStG 1999 anzuwenden ist, kann das Organschaftsverhältnis erst ein Jahr später

---

1 Rödder in Schaumburg/Rödder, a. a. O., S. 567; Kolbe in Herrmann/Heuer/Raupach, § 14 KStG Anm. 113; Dötsch/Witt in Dötsch/Pung/Möhlenbrock, § 14 KStG n. F. Tz. 127.
2 Ebenso Herlinghaus, FR 2000 S. 1105, 1112; R 57 KStR Beispiel 3.
3 Zu weiteren Fällen s. Herlinghaus, FR 2000 S. 1105, 1112.

II. Die Voraussetzungen der Organschaft

beginnen, weil aus Sicht des Organträgers erst dann die geringeren Anforderungen gelten.[1]

BEISPIEL Wirtschaftsjahr des Organträgers 1.7.–30.6., das der Organgesellschaft 1.1.–31.12.
Der Wegfall des Verbots der Addition von unmittelbaren und mittelbaren Beteiligungen bzw. mehrerer mittelbarer Beteiligungen gilt beim Organträger erst ab dessen Wirtschaftsjahr 2001/2002. Das Organschaftsverhältnis kann daher erst ab dem VZ 2002 anerkannt werden.

Wird die Beteiligung an der Organgesellschaft zunächst mittelbar und anschließend unmittelbar gehalten, so kann dieses zeitliche Nacheinander zusammengerechnet werden.[2] 96

BEISPIEL Die Gesellschaft M ist an der Gesellschaft E mittelbar – über die Gesellschaft T – zu 100 % beteiligt. Im Laufe des Wirtschaftsjahres erwirbt die Gesellschaft M die Anteile an der Gesellschaft E, z. B. durch Umwandlung oder Verschmelzung der Gesellschaft T auf die Gesellschaft M. Die Voraussetzung des § 14 Abs. 1 Nr. 1 KStG ist erfüllt.

3.4 Zusammenrechnung der Beteiligungen und Stimmrechte von Angehörigen

Beteiligungen und Stimmrechte von Angehörigen i. S. des § 15 AO können nicht zusammengerechnet werden. 97

3.5 Personengesellschaften

Zu den Besonderheiten der finanziellen Eingliederung bei Personengesellschaften als Organträger siehe Rz. 314. 98

(unbesetzt) 99–120

4. Die wirtschaftliche Eingliederung

Durch das StSenkG wurde das in § 14 Nr. 2 KStG enthaltene Erfordernis der wirtschaftlichen Eingliederung gestrichen.[3] 121

---

[1] Heurung/Heinsen/Springer, BB 2001 S. 181, 184 f.
[2] Dötsch/Witt in Dötsch/Pung/Möhlenbrock, § 14 KStG n. F. Tz. 135.
[3] Zu Einzelheiten der wirtschaftlichen Eingliederung s. die 5. Aufl., Rz. 122 ff.; BFH, Urteil v. 24.1.2001 - I R 13/00, IAAAA-66716 = BFH/NV 2001 S. 1047; v. 24.7.1998 - I B 7/98, MAAAA-62338 = BFH/NV 1999 S. 373; Niedersächsisches FG v. 31.7.2001 - 6 K 821/97, MAAAB-11567 = EFG 2002 S. 40, bestätigt durch BFH, Urteil v. 7.8.2002 - I R 83/01, XAAAA-70067 = BFH/NV 2003 S. 345.

122 Hinsichtlich der Frage, ab wann das Erfordernis der wirtschaftlichen Eingliederung weggefallen ist, gilt Folgendes: Die Voraussetzung der wirtschaftlichen Eingliederung ist aus Sicht der Organgesellschaft zu prüfen. Bei mit dem Kalenderjahr übereinstimmenden Wirtschaftsjahren des Organträgers und der Organgesellschaft ist das Erfordernis bereits ab 1.1.2001 nicht mehr zu prüfen. Bei vom Kalenderjahr abweichendem Wirtschaftsjahr der Organgesellschaft entfällt das Erfordernis hingegen erst ab dem im Jahr 2001 beginnenden Wirtschaftsjahr.

BEISPIEL Wirtschaftsjahr des Organträgers = Kalenderjahr, das der Organgesellschaft 1.7.–30.6. Es liegt keine wirtschaftliche Eingliederung vor.

Ein Organschaftsverhältnis kann erst ab dem Wirtschaftsjahr 2001/2002 anerkannt werden.

5. Die organisatorische Eingliederung

123 Auch diese Voraussetzung ist durch das StSenkG aufgehoben worden. Zu Einzelheiten siehe die 5. Auflage Rz. 145 ff., zum zeitlichen Anwendungsbereich oben Rz. 122.

124–162 *(unbesetzt)*

6. Zeitliche Voraussetzungen der organschaftlichen Eingliederung

163 Nach § 14 Abs. 1 Satz 1 Nr. 1 KStG muss die Organgesellschaft „**vom Beginn ihres Wirtschaftsjahres an ununterbrochen**" finanziell in das Unternehmen des Organträgers eingegliedert sein, während der Gewinnabführungsvertrag gem. § 14 Abs. 1 Satz 2 KStG erst spätestens am Ende des Wirtschaftsjahrs der Organgesellschaft wirksam werden muss, für das das Einkommen der Organgesellschaft erstmals dem Organträger zugerechnet werden soll. Nach u. E. unzutreffender Auffassung des FG des Saarlandes[1] soll es nicht erforderlich sein, dass die finanzielle Eingliederung (wie der GAV) während der ersten fünf Jahre ununterbrochen besteht; fehlt es in einzelnen Jahren an der finanziellen Eingliederung, sei die Organschaft nur für die betreffenden Jahre zu versagen, nicht aber insgesamt gescheitert.[2]

---

[1] FG des Saarlandes v. 16.6.2015 - 1 K 1109/13, JAAAF-08968 = EFG 2016 S. 396 m. Anm. Tiedchen, bestätigt durch BFH, Urteil v. 10.5.2017 - I R 51/15, BStBl 2018 II S. 30.
[2] A.A. zu Recht auch Neumann in Gosch, § 14 Rz. 532; so aber BFH, a. a. O.

6.1 Beginn des Wirtschaftsjahrs

Wird die Eingliederung im Laufe des Wirtschaftsjahrs der Organgesellschaft begründet, so ist nicht nur für das vom Beginn dieses Wirtschaftsjahrs bis zur Begründung der Eingliederung, sondern auch für das von der Begründung der Eingliederung bis zum Ende des Wirtschaftsjahrs erwirtschaftete Ergebnis der Organgesellschaft keine Zurechnung nach § 14 KStG möglich.   164

BEISPIEL Wirtschaftsjahr der Organgesellschaft O = Kalenderjahr. Der Einzelkaufmann A erwirbt am 1.7.2012 eine Mehrheitsbeteiligung an O; gleichzeitig wird ein GAV abgeschlossen und bis zum 31.12.2012 in das Handelsregister eingetragen. – Nach § 14 KStG kann dem A erst das Ergebnis des Wirtschaftsjahrs 2013 zugerechnet werden. O hat sowohl die in der Zeit vom 1.1. bis 30.6.2012 als auch die in der Zeit vom 1.7. bis 31.12.2012 erwirtschafteten Ergebnisse selbst zu versteuern.

(unbesetzt)   165

Zur Bildung eines Rumpfwirtschaftsjahrs siehe Rz. 175 f.   166

6.2 Ununterbrochen

Wenn § 14 KStG fordert, dass die organschaftlichen Voraussetzungen „ununterbrochen" gegeben sein müssen, so bedeutet dies nach Auffassung der Verwaltung (R 14.4 Abs. 1 Satz 2 KStR) und des Schrifttums, dass die **Eingliederung** (vom Beginn des Wirtschaftsjahrs der Organgesellschaft an) ohne Unterbrechung **bis zum Ende des Wirtschaftsjahrs der Organgesellschaft bestehen muss.**[1]   167

BEISPIEL Wirtschaftsjahr der Organgesellschaft = Kalenderjahr. Der Organträger A veräußert seine Beteiligung an der Organgesellschaft O am 30.6.2012. Dem A kann das Ergebnis von O aus der Zeit vom 1.1. bis 30.6.2012 nicht mehr zugerechnet werden.

(unbesetzt)   168

Zu Bildung eines Rumpfwirtschaftsjahrs siehe Rz. 175 f.   169

6.3 Wegfall der Eingliederung zum Ende des Wirtschaftsjahrs der Organgesellschaft (Anwendung der sog. Mitternachtserlasse)

Veräußert der Organträger seine Beteiligung an der Organgesellschaft zum Ende des Wirtschaftsjahrs der Organgesellschaft an ein anderes gewerbliches Unternehmen, so ist nach Auffassung der Verwaltung (R 14.4 Abs. 2 Satz 1   170

---

1 Zustimmend Sächsisches FG, Urteil v. 26.8.2009 - 6 K 2295/06, ZAAAD-41995 = EFG 2010 S. 1160; insoweit bestätigt durch BFH, Urteil v. 28.7.2010 - I R 89/09, BStBl 2011 II S. 528; Streck/Olbing, § 14 KStG Anm. 60; Dötsch in Dötsch/Pung/Möhlenbrock, § 14 KStG n. F. Tz. 150.

KStR) – sofern sich aus dem Veräußerungsvertrag nichts Gegenteiliges ergibt – zu unterstellen, dass dem Vertrag die Fiktion zugrunde liegt, der veräußernde Organträger behalte das Eigentum an der Beteiligung bis zum letzten Tag, 24 Uhr, des Wirtschaftsjahrs der Organgesellschaft und das andere Unternehmen erwerbe das Eigentum an der Beteiligung am ersten Tage, 0 Uhr, des anschließenden Wirtschaftsjahrs der Organgesellschaft. Die Folge ist, dass die finanzielle Eingliederung beim Veräußerer der Anteile bis zum Ende des Wirtschaftsjahrs der Organgesellschaft und beim Erwerber vom Beginn des anschließenden Wirtschaftsjahrs an gegeben ist.

BEISPIEL ▶ Wirtschaftsjahr der Organgesellschaft = Kalenderjahr. Veräußerung der Beteiligung zum 31.12.2012 von A an B. Das Ergebnis des Wirtschaftsjahrs 2012 kann voll dem A, das Ergebnis des Wirtschaftsjahrs 2013 voll dem B zugerechnet werden, sofern auch die übrigen Voraussetzungen hierfür erfüllt sind.

Eindeutiger wäre jedoch die Formulierung „mit Wirkung ab 1.1.2013".

171 Die vorstehenden Grundsätze galten sinngemäß für die wirtschaftliche und organisatorische Eingliederung. Da es sich hier um tatsächliche Verhältnisse handelt, müssen diese noch am letzten Arbeitstag des Wirtschaftsjahrs der Organgesellschaft im Verhältnis zum bisherigen Organträger (Veräußerer) und vom ersten Arbeitstag des anschließenden Wirtschaftsjahrs der Organgesellschaft an im Verhältnis zum anderen Unternehmen (Erwerber) gegeben sein.

172 Zweifelhaft ist, ob bei einer Veräußerung der Beteiligung zum Ende des Wirtschaftsjahrs der Organgesellschaft der Veräußerungsvertrag stets vor dem Ende des Wirtschaftsjahrs der Organgesellschaft abgeschlossen sein muss, damit beim Erwerber der Anteile die finanzielle Eingliederung vom Beginn des anschließenden Wirtschaftsjahrs an als gegeben anzusehen ist, oder ob eine Veräußerung mit bürgerlich-rechtlich obligatorischer Rückbeziehung zum Ende des vorangegangenen Wirtschaftsjahrs in gewissen zeitlichen Grenzen auch steuerlich anzuerkennen ist mit der Folge, dass zu fingieren ist, die Organgesellschaft sei vom Beginn des Wirtschaftsjahrs an in das Unternehmen finanziell eingegliedert gewesen. U. E. sind die allgemein für die steuerliche Anerkennung rückbezüglicher Verträge entwickelten Grundsätze anzuwenden.[1] Die Frage ist demnach i. S. der 1. Alternative zu beantworten, d. h., der Veräußerungsvertrag muss stets vor dem Ende des Wirtschaftsjahrs der Or-

---

1 Vgl. hierzu z. B. Schmidt/Weber-Grellet, § 2 EStG Rz. 44 ff., m. w. N.

gangesellschaft abgeschlossen worden sein.[1] Die Rückwirkung von Verträgen ist steuerlich grds. nicht anzuerkennen.[2]

6.4 Rumpfwirtschaftsjahr

Unter den Begriff des Wirtschaftsjahrs i. S. von § 14 Abs. 1 Satz 1 Nr. 1 KStG fällt nach Auffassung der Verwaltung (R 59 Abs. 1 Satz 3 KStR) auch ein Rumpfwirtschaftsjahr.[3]

BEISPIEL ▶ Gründung einer Kapitalgesellschaft am 1.6.2013 mit Wirtschaftsjahr = Kalenderjahr. Gleichzeitige Begründung eines Organschaftsverhältnisses mit GAV zum Anteilseigner A. Das Einkommen der neu gegründeten Kapitalgesellschaft im Rumpfwirtschaftsjahr 1.6. bis 31.12.2013 ist dem Organträger zuzurechnen, weil die organschaftliche Eingliederung vom Beginn des Wirtschaftsjahrs = Rumpfwirtschaftsjahr der Organgesellschaft an gegeben ist. Voraussetzung ist, dass der GAV noch im Jahr 2013 in das Handelsregister eingetragen wird (§ 14 Abs. 1 Satz 2 KStG).

Im Schrifttum wird diese Auffassung geteilt.[4] Ihr ist zuzustimmen.

6.5 Umstellung des Wirtschaftsjahrs

6.5.1 Erstmalige Umstellung des Wirtschaftsjahrs

Wird die organschaftliche Eingliederung während des Wirtschaftsjahrs der Organgesellschaft begründet und stellt die Organgesellschaft mit Zustimmung des Finanzamts ihr Wirtschaftsjahr auf den Zeitpunkt der Begründung der organschaftlichen Eingliederung um, so sind die organschaftlichen Voraussetzungen vom Beginn des Wirtschaftsjahrs der Organgesellschaft an gegeben, so dass das von diesem Zeitpunkt an erwirtschaftete Ergebnis der Organgesellschaft dem Organträger zugerechnet werden kann.

BEISPIEL ▶ Sachverhalt wie zu 6.1 mit der Maßgabe, dass die Organgesellschaft ihr Wirtschaftsjahr mit Zustimmung des Finanzamts auf den Zeitraum vom 1.7. bis 30.6. umstellt. Dem O ist bereits das ab 1.7.2012 erwirtschaftete Ergebnis der Organgesellschaft, nicht hingegen das im Rumpfwirtschaftsjahr 1.1. bis 30.6.2012 erwirtschaftete Ergebnis der Organgesellschaft zuzurechnen.

Fällt die organschaftliche Eingliederung z. B. durch **Beteiligungsveräußerung** während des Wirtschaftsjahrs der Organgesellschaft weg und stellt die Organ-

---

1 BFH, Urteil v. 18.6.1969 - I R 110/68, BStBl 1969 II S. 569, 570; Kolbe in Herrmann/Heuer/Raupach, § 14 KStG Anm. 116.
2 Vgl. BFH, Urteil v. 7.7.1983 - IV R 209/80, BStBl 1984 II S. 53, 55.
3 Ebenso BFH, Urteil v. 3.9.2009 - IV R 38/07, ZAAAD-31633 = BFH/NV 2009 S. 2035.
4 Vgl. nur Dötsch in Dötsch/Pung/Möhlenbrock, § 14 KStG n. F. Tz. 150; Streck/Olbing, § 14 KStG Anm. 63.

gesellschaft mit Zustimmung des Finanzamtes ihr Wirtschaftsjahr auf den Zeitpunkt des Wegfalls um, so ist die organschaftliche Eingliederung ununterbrochen, also bis zum Ende des Wirtschaftsjahrs = Rumpfwirtschaftsjahr der Organgesellschaft gegeben, so dass dem bisherigen Organträger das bis zum Wegfall der Eingliederung erwirtschaftete Ergebnis zugerechnet werden kann.

> **BEISPIEL** Sachverhalt wie zu 6.2 mit der Maßgabe, dass die Organgesellschaft ihr Wirtschaftsjahr mit Zustimmung des Finanzamts auf den Zeitraum vom 1.7. bis 30.6. umstellt. Dem bisherigen Organträger ist noch das Ergebnis des Rumpfwirtschaftsjahrs vom 1.1. bis 30.6.2012 zuzurechnen.

177 Bei einer Verbindung der in Rz. 175 f. erwähnten Möglichkeiten geht die Zurechnung nahtlos vom bisherigen auf den neuen Organträger über.

178 Die Begründung bzw. die Beendigung eines Organschaftsverhältnisses kann nach Auffassung der Verwaltung i. d. R. als ausreichender Grund für die Umstellung des Wirtschaftsjahrs der Organgesellschaft auf einen Zeitraum, der mit der Begründung des Organschaftsverhältnisses bzw. mit dessen Beendigung endet, angesehen werden (R 14.4 Abs. 3 KStR). Die Finanzämter sind deshalb angewiesen, in diesen Fällen die nach § 7 Abs. 4 Satz 3 KStG erforderliche Zustimmung zur Umstellung des Wirtschaftsjahrs der Organgesellschaft zu erteilen.

179 Zu beachten ist, dass das Wirtschaftsjahr wirksam **vor** dem maßgeblichen Zeitpunkt umgestellt wird. Ein abgelaufener Zeitraum kann nicht rückwirkend zu einem Rumpfwirtschaftsjahr erklärt werden.[1]

> **BEISPIEL** Wirtschaftsjahr der Organgesellschaft 1.10. bis 30.9. Beendigung des Organschaftsverhältnisses im Verhältnis zum bisherigen Organträger zum 30.6.2012. Die Organgesellschaft muss den Beschluss über die Bildung eines Rumpfwirtschaftsjahrs 1.10.2011 bis 30.6.2012 spätestens am 30.6.2012 gefasst haben.

180 Entspricht nach dem Gesellschaftsvertrag der Organgesellschaft (GmbH) das Wirtschaftsjahr dem Kalenderjahr, so bedarf die Bildung von Rumpfwirtschaftsjahren einer Änderung des Gesellschaftsvertrags in der nach § 53 Abs. 1 und 2 GmbHG vorgeschriebenen Form. Die Änderung wird erst mit der Eintragung im Handelsregister wirksam, § 54 Abs. 3 GmbHG. Der Satzungsänderung kann keine Rückwirkung beigelegt werden.[2] Für den Beispielsfall bedeutet dies,

---

1 Vgl. nur Zöllner/Noack in Baumbach/Hueck, § 53 GmbHG Rz. 60.
2 BFH, Urteil v. 13.9.1989 - I R 105/86, FAAAB-30866 = BFH/NV 1990 S. 326; Beschluss v. 18.9.1996 - I B 31/96, DAAAB-37831 = BFH/NV 1997 S. 378, unter Aufhebung der entgegenstehenden Auffassung des FG Berlin v. 26.10.1995 - VIII 334/95, EFG 1996 S. 75; a. A. Herrmann, BB 1999 S. 2270.

dass die Änderung spätestens am 30.6.2012 im Handelsregister eingetragen sein muss.

6.5.2 Nochmalige Umstellung des Wirtschaftsjahrs der Organgesellschaft

Zweifelhaft ist die Frage, ob alsbald nach einer im Zusammenhang mit der Begründung oder Beendigung eines Organschaftsverhältnisses vorgenommenen Umstellung des Wirtschaftsjahrs dieses neue Wirtschaftsjahr wiederum umgestellt werden kann, z. B. auf das frühere Wirtschaftsjahr der Organgesellschaft oder auf den Abschlusszeitpunkt des Organträgers zur Bildung eines einheitlichen Wirtschaftsjahrs im Organkreis. U. E. ist die erforderliche Zustimmung jedenfalls dann zu erteilen, wenn das Wirtschaftsjahr der Organgesellschaft auf ein Wirtschaftsjahr umgestellt werden soll, das mit dem Wirtschaftsjahr des Organträgers übereinstimmt (ebenso R 14.4 Abs. 3 KStR). 181

Von diesem Sonderfall abgesehen bedarf es der Prüfung im Einzelfall, ob das zuständige Finanzamt bereit ist, die Zustimmung der Umstellung des Wirtschaftsjahrs, soweit dies erforderlich ist (siehe nachstehend), zu erteilen. Die Finanzämter sollten dabei nicht kleinlich verfahren, da der Sinn und Zweck der zeitlichen Voraussetzungen für die Anwendung des § 14 KStG in erster Linie darin besteht, sicherzustellen, dass das Ergebnis des Wirtschaftsjahrs nicht im Schätzungswege auf die vor- und nachorganschaftliche Zeit aufgeteilt werden muss. Eine solche Schätzung entfällt aber gerade bei Bildung von Rumpfwirtschaftsjahren. 182

> **BEISPIEL** Wirtschaftsjahr der Organgesellschaft 1.10. bis 30.9. Beendigung des Organschaftsverhältnisses im Verhältnis zum bisherigen Organträger O_1 und Begründung des Organschaftsverhältnisses im Verhältnis zum neuen Organträger O_2 zum 30.6./1.7.2012. Die Organgesellschaft stellt ihr Wirtschaftsjahr mit Zustimmung des Finanzamts auf den 30.6. um und bildet ein Rumpfwirtschaftsjahr 1.10.2011 bis 30.6.2012. Das Ergebnis dieses Rumpfwirtschaftsjahrs ist O_1 zuzurechnen. Anschließend will die Organgesellschaft ihr Wirtschaftsjahr erneut umstellen, und zwar wiederum auf den 30.9. mit Bildung eines Rumpfwirtschaftsjahrs 1.7. bis 30.9.2012, weil auch das Wirtschaftsjahr von O_2 zum 30.9. endet.

Zu beachten ist aber, dass die Zustimmung des Finanzamts nur zur „Umstellung des Wirtschaftsjahrs auf den vom Kalenderjahr abweichenden Zeitraum" erforderlich ist, nicht hingegen zur Umstellung eines vom Kalenderjahr abweichenden Wirtschaftsjahrs auf das Kalenderjahr (§ 4a Abs. 1 Nr. 2 Satz 2 EStG, § 7 Abs. 4 Satz 3 KStG). Im Beispielsfalle wäre also eine Umstellung auf das Kalenderjahr ohne Zustimmung des Finanzamts möglich. 183

6.6 Rechtsnachfolge

184 Zur Umwandlung oder Verschmelzung des Organträgers und zur Betriebseinbringung durch den Organträger siehe Rz. 423 ff.

185 Zum Übergang des gewerblichen Unternehmens des Organträgers durch unentgeltliche Gesamt- oder Einzelrechtsnachfolge siehe Rz. 439 ff.

186 Zur Umwandlung oder Verschmelzung der Organgesellschaft siehe Rz. 398 ff.

187–190 *(unbesetzt)*

7. Gewinnabführungsvertrag (GAV)

7.1 Grundlagen

191 Die §§ 14 bis 19 KStG knüpfen die Rechtsfolgen der Einkommenszurechnung an einen Tatbestand, zu dessen Elementen anders als bei der umsatzsteuerlichen Organschaft neben gewissen persönlichen und zeitlichen Kriterien nicht nur die finanzielle Eingliederung, sondern auch der Abschluss (und die Durchführung) eines Vertrags zwischen der Organgesellschaft und dem Organträger gehört, dessen wesentlicher rechtlicher Gehalt in der **Gewinnabführungsverpflichtung** der Organgesellschaft und einer **Verlustübernahmeverpflichtung** des Organträgers besteht.

Dieser Vertrag, früher als Ergebnisabführungsvertrag, nunmehr als Gewinnabführungsvertrag bezeichnet, ist nach den §§ 14 bis 19 KStG Tatbestandsmerkmal der körperschaftsteuerlichen Organschaft, bestimmt aber – anders als vor Inkrafttreten der gesetzlichen Regelung der körperschaftsteuerlichen Organschaft – nicht mehr entscheidend deren Rechtsfolgen. Wenn der Gesetzgeber gleichwohl diese Rechtsfolgen, nämlich die Einkommenszurechnung, vom Abschluss und der Durchführung eines GAV abhängig macht, so lässt sich das wohl nur damit erklären, dass er den Beteiligten die Rechtsfolgen der Einkommenszurechnung nicht aufzwingen wollte und dass darüber hinaus der Abschluss und die Durchführung eines GAV schwerwiegende Beweisanzeichen für jene wirtschaftliche Einheit zwischen Organgesellschaft und Organträger bilden, die zureichender Grund für eine Einkommenseinheit ist.[1]

192 Die §§ 14 und 17 KStG unterscheiden entsprechend den handelsrechtlichen Gegebenheiten zwischen dem von einer SE, AG oder KGaA als Organgesellschaft abgeschlossenen Gewinnabführungsvertrag i. S. des § 291 Abs. 1 AktG (§ 14 KStG) und dem von einer Organgesellschaft anderer Rechtsform (Kapital-

---

[1] Kritisch zum Erfordernis eines GAV aus rechtspolitischer Sicht Grotherr, FR 1995 S. 1.

gesellschaft) abgeschlossenen Vertrag, mit dem sich diese Gesellschaft zur Abführung ihres ganzen Gewinns an den Organträger verpflichtet (§ 17 KStG). Bei dem von einer AG als Organgesellschaft abgeschlossenen GAV ist darüber hinaus zu unterscheiden, ob die AG nach den §§ 319 ff. AktG eingegliedert ist oder nicht, da die eingegliederte AG gem. § 324 AktG von einer Reihe der sonst für die AG geltenden Bestimmungen über den Abschluss, die Form und den Inhalt eines GAV befreit ist.[1]

7.2 Rechtsnatur des Gewinnabführungsvertrags

Der GAV i. S. des § 291 Abs. 1 AktG enthält sowohl Elemente schuldrechtlicher als auch gesellschaftsrechtlicher Art. Reichsfinanzhof und Bundesfinanzhof haben für das Organschaftsrecht vor Inkrafttreten des § 7a KStG a. F. den Ergebnisabführungsvertrag übereinstimmend als gesellschaftsrechtlichen Vertrag charakterisiert, der zur Vermeidung der Doppelbesteuerung unter bestimmten Voraussetzungen wie ein betrieblicher Vorgang behandelt werden muss.[2]   193

§ 14 KStG geht in Übereinstimmung mit § 7a KStG a. F. eindeutig von dem gesellschaftsrechtlichen Charakter des GAV aus.[3] Auch nach der Kodifizierung des Organschaftsrechts im KStG ist somit von der **gesellschaftsrechtlichen Natur des GAV** auszugehen.[4] Die Zivilrechtsprechung geht ebenfalls davon aus, dass der GAV ein gesellschaftsrechtlicher Vertrag ist.[5]   194

7.3 Die zivilrechtliche Wirksamkeit des Gewinnabführungsvertrags als Tatbestandsmerkmal der §§ 14 bis 19 KStG

Zivilrechtlich wird die Auffassung vertreten, dass ein GAV, der, obwohl nichtig, gleichwohl durchgeführt wird, nach den **Grundsätzen der fehlerhaften Gesellschaft** solange als wirksam zu behandeln und das herrschende Unternehmen zum Ausgleich der Verluste verpflichtet ist, bis sich einer der Vertragspartner auf die Nichtigkeit beruft.[6]   195

---

1 Siehe Müller in Mössner/Seeger/Oellerich, § 14 KStG Rz. 501 ff.
2 Vgl. BFH, Gutachten v. 27.11.1956 - I D 1/56 S, BStBl 1957 III S. 139; zusammenfassend BFH, Urteil v. 4.3.1965 - I 249/61 S, BStBl 1965 III S. 329.
3 Zur gesellschaftsrechtlichen Natur des Ergebnisabführungsvertrages nach § 7a KStG a. F. s. z. B. BFH, Urteile v. 29.10.1974 - I R 240/72, BStBl 1975 II S. 126, 128; v. 26.8.1987 - I R 28/84, BStBl 1988 II S. 76, 78, unter 2.
4 Vgl. nur BFH, Urteil v. 3.9.2009 - IV R 38/07, ZAAAD-31633 = BFH/NV 2009 S. 2035.
5 BGH, Urteil v. 14.12.1987 - II ZR 170/87, BGHZ 103 S. 1.
6 BGH, Urteil v. 14.12.1987 - II ZR 170/87, BGHZ 103 S. 1.

196 Diese zivilrechtliche Auffassung lässt sich auf die körperschaftsteuerliche Organschaft nicht übertragen. Die Rechtswirkungen der § 14 bis 19 KStG treten vielmehr nur ein, wenn der GAV **zivilrechtlich wirksam** ist. Die bloß fiktive Annahme der Wirksamkeit reicht nicht aus.[1]

197 Dieser Grundsatz gilt für alle Organgesellschaften, gleichgültig, welche Rechtsform sie haben. Bereits für die Rechtslage vor Inkrafttreten der gesetzlichen Regelung der körperschaftsteuerlichen Organschaft war im Wesentlichen unstreitig, dass nur ein bürgerlich-rechtlich wirksamer Ergebnisabführungsvertrag steuerrechtlich anerkannt werden kann.[2] Hieran halten die §§ 14 bis 19 KStG fest. Mittelbar ergibt sich dies aus § 14 Abs. 1 Nr. 3 Satz 1 KStG bzw. § 14 Abs. 1 Satz 2 KStG i. d. F. des StVergAbG; danach muss der GAV „wirksam werden", damit die Einkommenszurechnung Platz greifen kann.

198 Ist ein GAV z. B. wegen Formmangels nichtig oder schwebend unwirksam, so sind die §§ 14 bis 19 KStG nicht anwendbar. Die Vorschrift des § 41 Abs. 1 Satz 1 AO 1977, nach der die bürgerlich-rechtliche Unwirksamkeit eines Rechtsgeschäfts insoweit und solange ohne Bedeutung ist, als die Beteiligten das wirtschaftliche Ergebnis des Rechtsgeschäfts eintreten und bestehen lassen, greift hier nicht ein, weil die §§ 14 bis 19 KStG die bürgerlich-rechtliche Wirksamkeit des GAV zum besonderen Tatbestandsmerkmal erhoben haben.[3]

199 *(unbesetzt)*

200 Die **tatsächliche Durchführung** des GAV ist neben der Wirksamkeit **weiteres Tatbestandsmerkmal**.

201 Die Voraussetzungen für die zivilrechtliche Wirksamkeit eines GAV sind verschieden, je nachdem, welche Rechtsform die beteiligten Unternehmen haben (siehe dazu Rz. 211 ff.).

202 Der Abschluss eines GAV durch ein gemeinnütziges Wohnungsunternehmen als Organgesellschaft verstößt zwar für VZ vor 1990 gegen § 9 Buchst. a WGG;[4] ob dieser Verstoß aber zur zivilrechtlichen Unwirksamkeit führt, ist zweifelhaft.

---

1 BFH, Urteil v. 3.9.2009 - IV R 38/07, ZAAAD-31633 = BFH/NV 2009 S. 2035; a. A. FG Münster v. 22.8.1988 - IX 1172/87 K, EFG 1989 S. 310, aufgehoben aus anderen Gründen vom BFH mit Urteil v. 13.9.1989 - I R 110/88, BStBl 1990 II S. 24.
2 BFH, Gutachten v. 27.11.1956 - I D 1/56, BStBl 1957 III S. 139.
3 R 14.5 Abs. 1 KStR; Dötsch in Dötsch/Pung/Möhlenbrock, § 14 KStG n. F. Tz. 168.
4 BVerwG, Urteil v. 10.5.1985 - 8 C 52/82, BStBl 1985 II S. 440.

7.4 Zeitliche Anforderungen

Während die finanzielle Eingliederung der Organgesellschaft bereits vom Beginn des Wirtschaftsjahrs der Organgesellschaft an gegeben sein muss, für das das Einkommen der Organgesellschaft erstmals dem Organträger zugerechnet werden soll, genügte es früher, dass der GAV spätestens bis zum Ende dieses Wirtschaftsjahres der Organgesellschaft abgeschlossen und bis zum Ende des folgenden Wirtschaftsjahres wirksam wird (§ 14 Abs. 1 Satz 1 Nr. 3 Satz 1 KStG a. F.). Der Gesetzgeber hat mit der Verlängerung der Frist für das Wirksamwerden des GAV der neuen, verschärften Rechtsprechung des BGH zu den zivilrechtlichen Anforderungen an den Abschluss eines wirksamen GAV (insbesondere Eintragungserfordernisse, s. hierzu Rz. 227 ff.) Rechnung getragen. 203

BEISPIEL Die X-AG (Wirtschaftsjahr = Kalenderjahr) ist seit dem 1.1.2002 finanziell in das Unternehmen des A eingegliedert. Am 1.11.2002 wird zwischen der X-AG als Organgesellschaft und dem A als Organträger ein GAV abgeschlossen, der am 30.12.2003 in das Handelsregister eingetragen wird. Das Ergebnis des Wirtschaftsjahrs 2002 der X-AG ist gem. § 14 KStG dem A zuzurechnen.

Die vorstehend wiedergegebene Regelung ist durch das StVergAbG **entscheidend verändert** worden. Nach dem neu eingefügten § 14 Abs. 1 Satz 2 KStG ist das Einkommen der Organgesellschaft erstmals für das Kalenderjahr zuzurechnen, in dem das Wirtschaftsjahr endet und der Gewinnabführungsvertrag wirksam wird. 204

BEISPIEL Die X-AG (Wirtschaftsjahr = Kalenderjahr) ist seit dem 1.1.2012 finanziell in das Unternehmen des A eingegliedert. Am 10.5.2012 wird zwischen der X-AG als Organgesellschaft und dem A als Organträger ein GAV abgeschlossen. Soll dem A das Ergebnis des Wirtschaftsjahres 2012 zugerechnet werden, muss der GAV bis spätestens 31.12.2012 wirksam werden, d. h. vor allem auch, in das für die X-AG zuständige Handelsregister eingetragen werden.

BEISPIEL Die X-AG hat ein Wirtschaftsjahr 1.7. bis 30.6. Abschluss des GAV am 10.6.2012, Wirksam werden des GAV am 10.10.2012. Dem Organträger ist erstmals das Ergebnis des Wirtschaftsjahres 2012/2013 für den VZ 2013 zuzurechnen.

Die Neuregelung gilt nach § 34 Abs. 9 Nr. 3 KStG i. d. F. des StVergAbG im VZ 2002, wenn der Gewinnabführungsvertrag nach dem 21.11.2002 abgeschlossen worden ist. Ist der Vertrag vor dem 22.11.2002 abgeschlossen worden, gilt die alte Regelung (Rz. 213).

Um wirksam zu werden, muss der GAV in das Handelsregister der Organgesellschaft eingetragen werden. Verzögert sich die Eintragung über das Jahresende hinaus, kann das Einkommen nicht bereits früher dem Organträger zugerech-

A. Die Organschaft im Körperschaftsteuerrecht

net werden, auch wenn die verzögerte Eintragung auf einem Fehler des Registergerichts beruht, auch nicht im Billigkeitsweg.[1]

Der Zeitpunkt, zu dem ein GAV zivilrechtlich wirksam wird, richtet sich nach den für Verträge dieser Art maßgebenden zivilrechtlichen Vorschriften, die verschieden sind, je nachdem, welche Rechtsform die Organgesellschaft hat.

205 **Zivilrechtlich** kann ein GAV grds. für jeden beliebigen Zeitraum abgeschlossen werden. Eine **Mindest- oder Höchstdauer ist nicht erforderlich.** Die §§ 14 bis 19 KStG verlangen demgegenüber im Anschluss an die Rechtslage vor der gesetzlichen Regelung der körperschaftsteuerlichen Organschaft als besonderes steuerliches Tatbestandsmerkmal eine bestimmte **Mindestlaufzeit** des GAV. Der GAV muss auf **mindestens fünf Jahre** abgeschlossen (und während dieser Zeit durchgeführt) werden (§ 14 Abs. 1 Satz 1 Nr. 3 Satz 1 KStG). Dabei beginnt der Fünfjahreszeitraum mit dem Anfang des Wirtschaftsjahres, für das die Wirksamkeit des GAV erstmals eintritt (R 14.5 Abs. 2 Satz 2 KStR). Der Fünfjahreszeitraum beginnt aber frühestens ab dem Zeitpunkt, ab dem die Rechtsträger zivilrechtlich bestehen.[2]

> **BEISPIEL** Gründung der Organgesellschaft, die ein mit dem Kalenderjahr übereinstimmendes Wirtschaftsjahr hat, am 1.9.2012. Die Anforderungen des § 14 Abs. 1 Nr. 1 KStG liegen von Anfang an vor. Ein GAV wird im Dezember 2012 ins Handelsregister eingetragen.
>
> Der Vertrag muss eine Mindestdauer bis zum 31.12.2017 vorsehen. Der Termin 31.12. (und nicht 31.8.) ergibt sich daraus, dass der GAV sich auf den ganzen Gewinn des Wirtschaftsjahres (also für 2017 vom 1.1. bis 31.12.) beziehen muss.[3]

206 Auf mindestens fünf Jahre[4] ist ein GAV nur abgeschlossen, wenn diese Vertragsdauer in ihm **ausdrücklich und eindeutig vereinbart** ist. Der Vertrag ist nach objektiven Gesichtspunkten auszulegen; die Entstehungsgeschichte und die Vorstellungen der am Vertragsschluss beteiligten Personen werden bei der

---

1 BFH, Urteil v. 23.8.2017 - I R 80/15, BStBl 2018 II S. 141 = BFH/NV 2018 S. 261; dieses Urteil ablehnend Wachter, DB 2018 S. 272; zur finanzgerichtlichen Rechtsprechung vor dem BFH-Urteil s. Brühl/Lange, Der Konzern 2016 S. 542.
2 A. A. BFH, Urteil v. 10.5.2017 - I R 19/15, BStBl 2019 II S. 81 gegen FG Düsseldorf v. 3.3.2015 - 6 K 4332/12 K, F, GAAAG-59089 = EFG 2015 S. 951, wie BFH: Beginn des Fünfjahreszeitraums mit dem Ausgliederungsstichtag; zum BFH-Urteil s. Adrian/Fey, DStR 2017 S. 2409.
3 FG Köln v. 9.12.2009 - 13 K 4379/07, OAAAD-37467 = EFG 2010 S. 668, bestätigt durch BFH, Urteil v. 12.1.2011 - I R 3/10, BStBl 2011 II S. 727.
4 Zeitjahre = 5 × 12 Monate; ebenso FG Köln v. 9.12.2009 - 13 K 4379/07, a. a. O. und BFH, a. a. O.; Dötsch in Dötsch/Pung/Möhlenbrock, § 14 KStG n. F. Tz. 216; Walter, GmbHR 1995 S. 649; Kozikowski/Gröbl in Beck'scher Bilanzkommentar, § 271 HGB Anm. 133; a. A. FG Düsseldorf v. 26.1.2010 - 6 K 4601/07 K, G, MAAAD-40235 = EFG 2010 S. 903, rkr.; Bödefeld/Krebs, FR 1996 S. 157; nach BFH, Urteil v. 13.11.2013 - I R 45/12, BStBl 2014 II S. 486, Rz. 17 muss der Mindestzeitraum nicht mit fünf zwölfmonatigen Wirtschaftsjahren ausgefüllt sein.

Vertragsauslegung nicht berücksichtigt.[1] Die tatsächliche fünfjährige Durchführung eines auf unbestimmte Zeit geschlossenen GAV ist nicht ausreichend.[2] Eine rückwirkende notarielle Berichtigung der Laufzeit ist zumindest nach Ablauf der vereinbarten Mindestlaufzeit steuerlich unbeachtlich.[3] Das Erfordernis, dass der GAV auf mindestens fünf Jahre abgeschlossen wird, enthält zugleich das Verbot einer vorzeitigen Beendigung des Vertrags.[4] Die Mindestlaufzeit als steuerliches Tatbestandsmerkmal soll mehr oder weniger willkürlichen Einkommensverlagerungen vorbeugen. Nach Ablauf eines auf mindestens fünf Jahre abgeschlossenen GAV ist für einen Anschlussvertrag eine bestimmte zeitliche Bindung nicht mehr erforderlich.

Grundsätzlich ist jede **vorzeitige Beendigung** des GAV **steuerschädlich**, gleichgültig, ob diese auf einer Kündigung oder auf einer Vertragsaufhebung beruht. Nach § 14 Abs. 1 Satz 1 Nr. 3 Satz 2 KStG ist jedoch eine vorzeitige Beendigung des Vertrags durch Kündigung **unschädlich**, wenn ein **wichtiger Grund** die Kündigung rechtfertigt. Die Verwaltung ist zu Recht der Meinung, dass für eine vorzeitige Vertragsbeendigung durch Vertragsaufhebung nichts anderes gelten kann (R 14.5 Abs. 6 Satz 1 KStR). Auch eine Vertragsaufhebung ist also unschädlich, wenn ein wichtiger Grund sie rechtfertigt.

207

Der BGH hat mit Urteilen vom 31.5.2011 - II ZR 109/10[5] und II ZR 116/10 zu einigen Streitfragen hinsichtlich der Kündigung des GAV durch die beherrschte GmbH Stellung genommen: Danach bedarf es für die Kündigung des GAV eines Beschlusses der Gesellschafterversammlung. Es ist kein Geschäft der laufenden Verwaltung, das dem Geschäftsführer obläge. Bei der Beschlussfassung ist der herrschende Gesellschafter (im Streitfall zu 90 % beteiligt) stimmberechtigt und nicht nach § 47 Abs. 4 GmbHG ausgeschlossen. Nicht entschieden hat der BGH, ob der Beschluss notariell beurkundet werden muss. Solange dies nicht höchstrichterlich geklärt ist, sollte aus Vorsichtsgründen der Beschluss notariell beurkundet werden.[6]

208

---

1 BFH, Urteil v. 28.11.2007 - I R 94/06, CAAAC-81444 = BFH/NV 2008 S. 1270; v. 27.7.2009 - IV B 73/08, EAAAD-29648 = BFH/NV 2009 S. 1840.
2 FG Berlin-Brandenburg v. 21.8.2007 - 6 K 39/06, QAAAC-60339 = EFG 2007 S. 1897, bestätigt durch BFH, Urteil v. 22.10.2008 - I R 66/07, BStBl 2009 II S. 972.
3 FG Baden-Württemberg, Urteil v. 12.12.2011 - 6 K 3103/09, NAAAE-02049 = EFG 2012 S. 656; insoweit offengelassen vom BFH, Beschluss v. 23.1.2013 - I R 1/12, IAAAE-34673 = BFH/NV 2013 S. 989, da die Voraussetzungen einer Berichtigung nicht vorlagen.
4 Sterner in Herrmann/Heuer/Raupach, § 14 KStG Anm. 200.
5 CAAAD-88333 = BB 2011 S. 2066; s. hierzu Theiselmann, BB 2011 S. 2819; Peters/Hecker, DStR 2012 S. 86.
6 Siehe hierzu Peters/Hecker, a. a. O.; Khonsari, BB 2010 S. 2714.

209 In der Praxis kommt es häufiger vor, dass ein kombinierter Beherrschungs- und Gewinnabführungsvertrag (BGAV) geschlossen wird. Will man das Beherrschungselement herausnehmen (z. B. weil dies arbeitsrechtlich zu unerwünschten Konsequenzen führen kann), stellt sich die Frage, ob dies eine schädliche vorzeitige Beendigung des BGAV und Neuabschluss eines GAV oder lediglich eine unschädliche Änderung darstellt. Nach h. M. stellt eine Vertragsänderung, die den Wechsel der Unternehmensvertragsart bewirkt, eine Aufhebung des ursprünglichen Vertrags verbunden mit dem Neuabschluss eines neuen Vertrags dar.[1] Ein wichtiger Grund für die vorzeitige Beendigung des GAV-Teils liegt nicht vor. Wegen der zivilrechtlich unklaren Rechtslage sollte ein solcher Änderungsvertrag nicht abgeschlossen werden, bevor nicht eine verbindliche Auskunft des FA über die Unschädlichkeit in Bezug auf den GAV vorliegt.

210 Ein **wichtiger Grund** liegt nach § 297 Abs. 1 Satz 2 AktG namentlich vor, wenn der andere Vertragsteil voraussichtlich nicht in der Lage sein wird, seine aufgrund des GAV bestehenden Verpflichtungen zu erfüllen.[2] Nach Auffassung der Verwaltung ist ein wichtiger Grund insbesondere in der Veräußerung oder Einbringung[3] der Organbeteiligung durch den Organträger, der Umwandlung, Verschmelzung oder Liquidation des Organträgers oder der Organgesellschaft zu sehen. Demgegenüber stellt nach Auffassung des OLG Düsseldorf[4] die Veräußerung von Anteilen an der Organgesellschaft **zivilrechtlich** keinen wichtigen Grund zur Kündigung dar. Um den zivilrechtlichen Fragen zu entgehen, sollte die Veräußerung von Anteilen im GAV als wichtiger Kündigungsgrund vereinbart werden.[5]

Kein wichtiger Grund ist nach Auffassung der Verwaltung anzunehmen, wenn bereits im Zeitpunkt des Vertragsabschlusses feststand, dass der GAV vor Ablauf der ersten fünf Jahre beendet werden wird; die noch in R 60 Abs. 4 Satz 4

---

1 OLG Frankfurt/Main v. 5.7.2004 - 20 W 414/92, DB 2004 S. 2463; Altmeppen in MüKo-AktG, § 295 Rz. 7, 9.
2 Zu einzelnen wichtigen Gründen s. Heurung/Engel/Müller-Thomczik, GmbHR 2012 S. 1227 und Nodoushani, DStR 2017 S. 399.
3 Nach dem Hessischen FG v. 28.5.2015 - 4 K 677/14, KAAAF-08518 = EFG 2015 S. 2100, rkr., ist die Einbringung nicht stets ein wichtiger Grund.
4 Beschluss v. 19.8.1994 - 3 Wx 178/94, DB 1994 S. 2125; ebenso Niedersächsisches FG, Urteil v. 10.5.2012 - 6 K 140/10, TAAAE-13718 = EFG 2012 S. 1591, BFH-Az.: I R 45/12, zumindest bei Veräußerung im Konzern; das Urteil ablehnend Behrens, BB 2012 S. 2787. Der BFH hat mit Urteil v. 13.11.2013, BStBl 2014 II S. 486 die Auffassung des Niedersächsischen FG bestätigt. Die Frage offen lassend BGH, Urteil v. 16.6.2015 - II ZR 384/13, AAAAE-96555.
5 Zur Zulässigkeit einer solchen Klausel s. BGH, Urteil v. 5.4.1993 - II ZR 238/91, BGHZ 122 S. 211 = DB 1993 S. 1074.

KStR 2004 enthaltene Rückausnahme (es sei denn, der GAV wird durch Umwandlung, Verschmelzung oder Liquidation der Organgesellschaft beendet) fehlt in R 14.5 Abs. 6 KStR 2015. Hingegen sieht die Verwaltung einen wichtigen Grund für eine vorzeitige Beendigung eines GAV auch darin, dass die Vorschriften über die Besteuerung ausgeschütteter Gewinne durch das Körperschaftsteuerreformgesetz geändert worden sind. Diese Änderung soll aber nur als ursächlich für die Beendigung des Gewinnabführungsvertrags anzusehen sein, wenn die Laufzeit des Vertrags bis zum Schluss des ersten nach dem 31.12.1976 ablaufenden Wirtschaftsjahres der Organgesellschaft beendet wird.[1] Entsprechendes muss für den Systemwechsel vom Anrechnungs- zum Halbeinkünfteverfahren gelten.[2]

§ 296 Abs. 1 Satz 1 AktG bestimmt, dass ein Unternehmensvertrag mit einer abhängigen AG oder KGaA (Entsprechendes gilt für eine SE) nur zum Ende des Geschäftsjahres oder des sonst vertraglich bestimmten Abrechnungszeitraums aufgehoben werden kann. Der BGH hat entschieden, dass diese Vorschrift auch für einen GAV mit einer GmbH als OG gilt.[3] Soll der Vertrag unterjährig aufgehoben werden, muss vorher das Geschäftsjahr der GmbH umgestellt werden. Eine **rückwirkende Aufhebung** ist generell unzulässig. Sie führt auf der Ebene der OG zu einer verdeckten Gewinnausschüttung und bei dem OrgT zu einer verdeckten Einlage.[4] 211

Zu den steuerlichen Folgen einer Beendigung des GAV siehe Rz. 811 ff.; zu der Frage, ob die Eintragung der Beendigung des GAV in das Handelsregister konstitutive oder lediglich deklaratorische Wirkung hat, siehe BayObLG, vom 5.2.2003.[5] 212

7.5 Der Gewinnabführungsvertrag der AG und der KGaA

Hat die Organgesellschaft die Rechtsform einer SE, AG oder KGaA, so ist nach § 14 KStG Voraussetzung für die organschaftliche Einkommenszurechnung, dass sich die Organgesellschaft durch einen Gewinnabführungsvertrag i. S. des § 291 Abs. 1 des AktG verpflichtet hat, ihren ganzen Gewinn an den Organträger abzuführen. Es muss sich also um einen Vertrag handeln, der der aktien- 213

---

1 BMF, Schreiben v. 22.12.1976, BStBl 1976 I S. 755, Tz. 3.8.
2 Hinsichtlich weiterer wichtiger Gründe s. Sterner in Herrmann/Heuer/Raupach, § 14 KStG Anm. 213.
3 BGH v. 16.6.2015 - II ZR 384/13, AAAAE-96555 = DB 2015 S. 1771; Wittgens/Fischer, DB 2015 S. 2315.
4 FG Münster v. 20.8.2014 - 10 K 2192/13 F, DAAAE-86847 = BB 2015 S. 1432, rkr.
5 3Z BR 232/02, DB 2003 S. 761.

rechtlichen Begriffsbestimmung des GAV genügt und für den demgemäß dann auch die Vorschriften des Aktiengesetzes über Gewinnabführungsverträge, insbesondere über den Abschluss, den Inhalt und die Wirkungen dieser Verträge gelten. § 291 Abs. 1 Satz 1 AktG definiert den GAV als Vertrag, durch den sich eine AG oder KGaA verpflichtet, ihren ganzen Gewinn an ein anderes Unternehmen abzuführen. Nach § 291 Abs. 1 Satz 2 AktG gilt auch ein Vertrag, durch den eine AG oder KGaA es übernimmt, ihr Unternehmen für Rechnung eines anderen Unternehmens zu führen, als Gewinnabführungsvertrag. Er ist ein Unternehmensvertrag i. S. des Aktiengesetzes, der den für Unternehmensverträge gültigen Vorschriften der §§ 291 bis 307 AktG unterliegt.

Ein solcher **Geschäftsführungsvertrag**[1] ist ebenfalls ein GAV i. S. des § 14 KStG.[2] Die Abführungsverpflichtung muss sich auf den ganzen Gewinn der SE, AG oder KGaA erstrecken. Gewinn ist hierbei der handelsrechtliche, und nicht der steuerliche Gewinn. Ein Vertrag, der nur die Verpflichtung zur Abführung eines Teils des Gewinns der Organgesellschaft oder des Gewinns einzelner ihrer Betriebe enthält, also ein Teilgewinnabführungsvertrag i. S. von § 292 Abs. 1 Nr. 2 AktG, reicht für die Anwendung des § 14 KStG nicht aus. Ebenso wenig genügt ein Vertrag, nach dem die Organgesellschaft zwar ihren ganzen Gewinn abführen muss, einen bestimmten Teil aber wieder zurückhält, da dann ein Vertrag über eine Gewinngemeinschaft i. S. von § 292 Abs. 1 Nr. 1 AktG vorliegt.[3]

214 Ist die Organgesellschaft eine AG, die nicht nach den §§ 319 ff. AktG eingegliedert ist, eine SE[4] oder eine KGaA, so richtet sich die zivilrechtliche Wirksamkeit des GAV nach den Vorschriften der §§ 293, 294 AktG. Danach ist erforderlich:

▶ Der Vertrag bedarf der schriftlichen Form (§ 293 Abs. 3 AktG). Fehlt die **Schriftform** (vgl. dazu § 126 BGB), so ist der Vertrag nichtig (§ 125 BGB).

▶ Nach § 293 Abs. 1 AktG muss die Hauptversammlung der Gesellschaft, die sich zur Gewinnabführung verpflichtet hat, dem Vertrag mit qualifizierter Mehrheit (3/4) zustimmen. Hat der andere Vertragsteil (Organträger) die Rechtsform einer AG oder KGaA, so ist von Gesetzes wegen zur Wirksamkeit des GAV erforderlich, dass auch die Hauptversammlung dieser Gesellschaft mit qualifizierter Mehrheit dem Vertragsabschluss zustimmt (§ 293

---

1 Vgl. zu diesem Vertragstypus z. B. Damm, BB 1976 S. 294 ff.; Gessler, Festschrift für Hefermehl, 1976, S. 263 ff.; Koppensteiner in Kölner Kommentar zum AktG, § 291 AktG Rz. 56 ff.
2 Dötsch in Dötsch/Pung/Möhlenbrock, § 14 KStG n. F. Tz. 161.
3 Vgl. Hüffer/Koch, § 292 AktG Rz. 4 ff.
4 Wird ein GAV mit einer SE als OG abgeschlossen, gelten §§ 291 ff. AktG i. S. des Art. 9 Abs. 1 Buchst. c Doppelbuchst. ii SEEG; vgl. Kolbe in Herrmann/Heuer/Raupach, § 14 KStG Anm. 66.

Abs. 2 AktG). Der BGH verlangt diese qualifizierte Mehrheit auch, wenn das herrschende Unternehmen die Rechtsform einer GmbH hat.[1]

Die Zustimmung kann als Einwilligung vor oder als Genehmigung nach Abschluss des GAV durch den Vorstand von der Hauptversammlung erteilt werden.[2]

Der Zustimmungsbeschluss der beherrschten Gesellschaft ist durch eine notariell aufgenommene Niederschrift zu beurkunden, § 130 Abs. 1 Satz 1 AktG. Der Niederschrift ist der GAV als Anlage beizufügen, § 293g Abs. 2 Satz 2 AktG.

Hat das herrschende Unternehmen die Rechtsform einer AG oder KGaA, so ist der GAV in entsprechender Anwendung des § 293g Abs. 2 Satz 2 AktG der über den Zustimmungsbeschluss aufgenommenen notariellen Niederschrift als Anlage beizufügen.[3]

Ist Organträger eine GmbH, so bedürfen der Zustimmungsbeschluss der Gesellschafterversammlung und der GAV nicht der notariellen Beurkundung.[4] Der GAV ist allerdings auch in diesem Fall dem Zustimmungsbeschluss als Anlage beizufügen.[5]

▶ Der Vertrag ist zur Eintragung in das Handelsregister des Sitzes der Gesellschaft, die sich zur Gewinnabführung verpflichtet hat, anzumelden (§ 294 Abs. 1 AktG). Der Anmeldung ist u. a. der Zustimmungsbeschluss mit dem GAV als Anlage des herrschenden Unternehmens beizufügen.[6] Gemäß § 294 Abs. 2 AktG wird der Vertrag erst wirksam, wenn sein Bestehen in das Handelsregister eingetragen worden ist. Die Eintragung hat konstitutiven Charakter.[7]

Auch wenn vereinbart wird, dass der Vertrag rückwirkend gelten soll, tritt er erst mit der **Eintragung in das Handelsregister** in Kraft. Maßgebend für den Zeitpunkt des zivilrechtlichen Wirksamwerdens ist unabhängig davon, ob sich der Vertrag rückwirkende Kraft beimisst oder nicht, die Eintragung in das Handelsregister, wobei allen übrigen formellen Voraussetzungen vorweg genügt sein muss. Nach Auffassung der Verwaltung (R 14.5 Abs. 1

---

1 Beschluss v. 24.10.1988 - II ZB 7/88, DAAAB-03175 = BGHZ 105 S. 324, 336.
2 Hüffer/Koch, § 293 AktG Rz. 4.
3 BGH, Beschluss v. 30.1.1992 - II ZB 15/91, DB 1992 S. 828.
4 BGH, Beschluss v. 24.10.1988 - II ZB 7/88, DAAAB-03175 = BGHZ 105 S. 324, 336.
5 BGH, Beschluss v. 30.1.1992 - II ZB 15/91, DB 1992 S. 828.
6 BGH, Beschluss v. 30.1.1992 - II ZB 15/91, DB 1992 S. 828.
7 BFH, Urteil v. 26.8.1987 - I R 28/84, BStBl 1988 II S. 76, 77; Hüffer, § 294 AktG Rz. 17.

KStR) ist dieser Zeitpunkt auch entscheidend für die Beurteilung der Frage, ob der GAV spätestens am Ende des Wirtschaftsjahrs der Organgesellschaft wirksam geworden ist, das auf das Wirtschaftsjahr folgt, für das erstmals das Einkommen der Organgesellschaft dem Organträger zugerechnet werden soll (§ 14 Abs. 1 Nr. 3 KStG).

Auch ein Vertrag, der zurückwirken soll, kann deshalb die Zurechnung nach § 14 KStG erstmals für das Wirtschaftsjahr herbeiführen, das dem Wirtschaftsjahr vorangeht, in dessen Verlauf er in das Handelsregister eingetragen worden ist, nicht hingegen für frühere Wirtschaftsjahre.[1] Im Schrifttum wurde die Auffassung vertreten, dass den Voraussetzungen des § 14 Abs. 1 Nr. 3 KStG in den Fällen, in denen der GAV zivilrechtlich erst mit der Eintragung in das Handelsregister wirksam wird, bereits mit der Anmeldung des GAV zum Handelsregister genügt ist, sofern alle sonstigen Wirksamkeitsvoraussetzungen erfüllt sind, die Eintragung tatsächlich binnen angemessener Frist nachfolgt und die Eintragung auch zivilrechtlich zurückwirkt.[2] U. E. ist dieser Ansicht für die Zeit vor der Neufassung der § 14 Nr. 4 KStG durch das StÄndG 1992 zuzustimmen, da die Wirksamkeit der Organschaft mit ihren weitreichenden Folgen nicht vom Arbeitsablauf beim Handelsregister abhängen kann (s. 6. Aufl. Rz. 221).

Mit der Neufassung des § 14 Abs. 1 Satz 1 Nr. 3 KStG und der Einführung eines Satzes 2 in Abs. 1 durch das StVergAbG (siehe Rz. 204) sind die vorstehenden Ausführungen für alle GAV, die nach dem 21.11.2002 abgeschlossen werden, überholt. Da der Gesetzgeber in Kenntnis der vorstehend geschilderten Probleme ausdrücklich auf das Wirksamwerden des GAV abstellt, kann in Zukunft auf die Anmeldung nicht mehr abgestellt werden. Eine dahin gehende Auslegung wäre contra legem und gegen den Willen des Gesetzgebers. Nach FG Düsseldorf kann bei einem Fehlverhalten des Handelsregisters es jedoch nach § 163 AO aus sachlichen Billigkeitsgründen geboten sein, die Steuer so festzusetzen, als sei der GAV bereits wirksam geworden.[3]

---

[1] Zur zivilrechtlichen Zulässigkeit dieser Rückwirkung vgl. OLG Frankfurt, Beschluss v. 12.6.1996 - 20 W 440/94, DB 1996 S. 1616; Hüffer/Koch, § 294 AktG Rz. 20, m. w. N.

[2] Kritisch Jurkat, Tz. 389 bis 391; Dötsch/Singbart, DB 1991 S. 406, 409, die hierfür eine Gesetzesänderung für notwendig halten; ausdrücklich offengelassen vom BFH im Urteil v. 26.8.1987 - I R 28/84, BStBl 1988 II S. 76, 78.

[3] FG Düsseldorf, Urteil v. 17.5.2011 - 6 K 3100/09 K, G, AO, NAAAE-21992, rkr. nach Zurückweisung der NZB als unbegründet durch BFH, Beschluss v. 23.4.2012 - I B 100/11, SAAAE-11222 = BFH/NV 2012 S. 1327; s. hierzu Taetzner/Protz, BB 2012 S. 2795; a. A. (kein Billigkeitserlass) FG Baden-Württemberg v. 21.4.2015 - 6 K 1284/14, BAAAF-06927 = EFG 2015 S. 2156, BFH-Az.: I R 80/15.

Der Anspruch der Organgesellschaft auf Verlustübernahme entsteht und wird fällig mit Ablauf des Geschäftsjahrs.[1] Der Anspruch ist ab Fälligkeit zu verzinsen. Auf den Anspruch auf Verzinsung kann nicht im Vorhinein verzichtet werden. Eine unterlassene oder unzutreffende Verzinsung steht der tatsächlichen Durchführung des GAV jedoch nicht entgegen.[2] Es liegt eine verdeckte Gewinnausschüttung vor, die den Charakter einer vorweggenommenen Gewinnabführung hat (s. hierzu Rz. 526 ff.).

▶ Zusätzlich sind seit dem 1.1.1995 die besonderen Voraussetzungen für den Abschluss eines Unternehmensvertrags in den §§ 293a ff. AktG zu beachten.

Ist die Organgesellschaft eine nach den §§ 319 ff. AktG eingegliederte AG, so ist der GAV zivilrechtlich wirksam, sobald er in Schriftform abgeschlossen ist (§ 324 Abs. 2 Satz 2 AktG). Eine Mitwirkung der Hauptversammlung der beteiligten Gesellschaften und eine Eintragung in das Handelsregister sind nicht erforderlich, da gem. § 324 Abs. 2 Satz 1 AktG die Vorschriften der §§ 293 bis 294 AktG für den von einer eingegliederten AG abgeschlossenen GAV nicht gelten. In diesen Fällen muss der Vertrag bis zum Ende des Jahres, für das er erstmals gelten soll, schriftlich abgeschlossen sein. 215

Die Erfordernisse, die beim erstmaligen Abschluss des GAV gelten, gelten auch für dessen **Änderung**.[3] 216

Der von einer AG, die nicht nach den §§ 319 ff. AktG eingegliedert ist, oder von einer KGaA als Organgesellschaft rechtswirksam abgeschlossene GAV hat kraft Gesetzes bestimmte **zivilrechtliche Folgen,** die sich im Einzelnen aus den §§ 300 ff. AktG ergeben und die grds. zwingend, also nicht abdingbar sind. 217

Ein GAV i. S. des § 291 Abs. 1 AktG enthält bereits begrifflich die Verpflichtung der Organgesellschaft, „ihren ganzen Gewinn an ein anderes Unternehmen abzuführen". Das Aktiengesetz setzt zwar in § 301 AktG zwingend einen Höchstbetrag für die Gewinnabführung fest; im Übrigen besteht jedoch Vertragsfreiheit, so dass die Parteien des Vertrags beliebig Vereinbarungen über den abzuführenden Betrag treffen können. Das Aktiengesetz sagt nicht, wie viel die Organgesellschaft abführen muss, damit der Vertrag noch auf die Abführung des ganzen Gewinns gerichtet und damit ein GAV i. S. des § 291 AktG und nicht nur ein Teilgewinnabführungsvertrag i. S. von § 292 AktG ist. 218

---

1 BGH v. 14.2.2005 - II ZR 361/02, TAAAB-98049 = DStR 2005 S. 750.
2 Bay. Landesamt für Steuern v. 10.4.2007 - S 2770, DStR 2007 S. 994; BMF v. 15.10.2007 - S 2770, BStBl 2007 I S. 765 = DB 2007 S. 2344.
3 BFH, Urteil v. 22.10.2008 - I R 66/07, BStBl 2009 II S. 972; Süß/Mayer, DStR 2009 S. 789.

A. Die Organschaft im Körperschaftsteuerrecht

219 **Höchstgrenze der Gewinnabführung** bildet gem. § 301 AktG der nach handelsrechtlichen Grundsätzen ohne Rücksicht auf die Gewinnabführung (vgl. § 157 Abs. 1 Nr. 27 AktG i. d. F. vor Inkrafttreten des Bilanzrichtlinien-Gesetzes vom 19.12.1985 – soweit auf Vorschriften des AktG i. d. F. vor Inkrafttreten des BiRiLiG Bezug genommen wird, wird die Abkürzung AktG a. F. verwendet. Das neue Grundgliederungsschema zur Gewinn- und Verlustrechnung in § 275 des Handelsgesetzbuches i. d. F. des Bilanzrichtlinien-Gesetzes – HGB – enthält zwar diesen Posten nicht mehr, doch schreibt § 277 Abs. 3 Satz 2 HGB vor, dass Erträge und Aufwendungen aus Verlustübernahme und aufgrund eines Gewinnabführungsvertrages jeweils gesondert unter entsprechender Bezeichnung auszuweisen sind. Diese Erträge und Aufwendungen beeinflussen damit auch nach dem neuen Gliederungsschema den Jahresüberschuss/Jahresfehlbetrag[1]) errechnete Jahresüberschuss (§ 275 Abs. 2 Nr. 20 bzw. Abs. 3 Nr. 19 HGB), vermindert um den Verlustvortrag aus dem Vorjahr und den Betrag, der nach § 300 AktG in die gesetzliche Rücklage[2] einzustellen ist.

Durch BilMoG ist § 301 Satz 1 AktG dahin gehend ergänzt worden, dass die Ausschüttungssperre in § 268 Abs. 8 HGB (Aktivierung selbst geschaffener immaterieller Vermögensgegenstände des Anlagevermögens) auch zu einer **Abführungssperre** führt.[3] Der GAV braucht deshalb nicht geändert zu werden; die Neuregelungen sind aber zwingend zu beachten.[4]

Durch Art. 7 bis 9 des Gesetzes zur Umsetzung der Wohnimmobilienkreditrichtlinie und zur Änderung handelsrechtlicher Vorschriften vom 11.3.2016[5] hat der Gesetzgeber die Bilanzeffekte abgemildert, die sich daraus ergeben, dass der der Abzinsung von Rückstellungen für Altersvorsorgeverpflichtungen zugrunde zu legende Durchschnittszinssatz aufgrund der seit langem anhaltenden Niedrigzinsphase immer weiter sinkt und dementsprechend die erforderlichen Zuführungen zu den Rückstellungen immer weiter steigen. Der Zeitraum, über welchen der durchschnittliche Marktzinssatz ermittelt wird, wird (nur) für diese Rückstellungen auf zehn Jahre erweitert. Die zu jedem Bilanzstichtag zu ermittelnde Differenz zwischen dem Ansatz der Rückstellungen unter Beachtung des sieben- und des zehnjährigen Zeitraums unterliegt nach

---

1 Zu Einzelheiten des Ausweises s. Hoffmann/Lüdenbach, NWB Kommentar Bilanzierung, § 277 Rz. 32 ff.
2 Einzelheiten zu den Zuführungsbeträgen bei Hüffer, § 300 AktG Rz. 7, 9.
3 Siehe hierzu im Zusammenspiel mit der Bilanzierung latenter Steuern unten Rz. 664.
4 BMF v. 14.1.2010, BStBl 2010 I S. 65; Neumayer/Imschweiler, GmbHR 2011 S. 57, 58.
5 BGBl 2016 I S. 396.

II. Die Voraussetzungen der Organschaft

§ 253 Abs. 6 Satz 2 HGB unter bestimmten Voraussetzungen einer Ausschüttungssperre.

Die Neuregelung ist grds. für nach dem 31.12.2015 endende Geschäftsjahre anzuwenden; Unternehmen können sie aber auch schon für nach dem 31.12.2014 beginnende und vor dem 1.1.2016 endende Geschäftsjahre anwenden (Art. 75 Abs. 6 und 7 EGHGB). Da § 301 AktG nicht geändert worden ist, ist zweifelhaft, ob der nach § 253 Abs. 6 Satz 2 HGB ausschüttungsgesperrte Betrag auch einer **Abführungssperre** unterliegt.[1] U. E. spricht einiges für eine Abführungssperre. Demgegenüber geht die Finanzverwaltung davon aus, dass keine Abführungssperre vorliegt.[2] Jedenfalls dürfte es nach Sinn und Zweck der Ausschüttungssperre (der Entlastungsbetrag soll im Unternehmen bleiben, um die Verpflichtungen erfüllen zu können) zulässig sein, den Entlastungsbetrag organschaftsunschädlich in eine Gewinnrücklage der OG einzustellen.[3] Nach einer Meldung des IDW vom 28.4.2016[4] vertritt das BMF die Auffassung, dass keine Abführungssperre vorliegt, so dass der Entlastungsbetrag abgeführt werden muss, um die Organschaft nicht zu gefährden.

Aus § 301 AktG lässt sich schließen, dass jedenfalls ein Vertrag, nach dem allgemein abzuführen ist, was nach § 301 AktG abgeführt werden soll, aktienrechtlich und damit auch i. S. des § 14 KStG auf die Abführung des ganzen Gewinns gerichtet ist. Da aber nach § 14 Abs. 1 Satz 1 Nr. 4 KStG die Rechtswirkungen des § 14 KStG auch dann eintreten sollen, wenn die Organgesellschaft aus dem Jahresüberschuss Beträge in die Gewinnrücklagen (§ 272 Abs. 3 HGB) mit Ausnahme der gesetzlichen Rücklagen einstellt, soweit dies bei vernünftiger kaufmännischer Beurteilung wirtschaftlich begründet ist, ist auch ein GAV, der eine derartige Rücklagenbildung zulässt, auf die Abführung des ganzen Gewinns i. S. von § 14 KStG und damit auch i. S. des § 291 AktG gerichtet (arg. §§ 301 Satz 2, 302 Abs. 1 Halbsatz 2 AktG).

Einzelheiten zur Rücklagenbildung siehe Rz. 258 ff. 220

Aus der Definition des Höchstbetrags für die Gewinnabführung in § 301 Satz 1 AktG ergibt sich, dass es der Organgesellschaft aktienrechtlich verboten ist, im 221

---

1 Belcke/Westermann, BB 2016 S. 1687, 1691, insbesondere Fn. 38 bis 40.
2 BMF, Schreiben v. 23.12.2016, BStBl 2017 I S. 41 = DStR 2017 S. 40; hierzu Kessler/Egelhof, DStR 2017 S. 998 und Hageböke/Hennrichs, DB 2017 S. 18.
3 Belcke/Westermann, a. a. O.; ebenso Kessler/Egelhof und Hageböke/Hennrichs, jeweils a. a. O.; kritisch BMF, a. a. O.
4 NWB 2016 S. 1567.

Rahmen des GAV **vorvertragliche offene Rücklagen**[1] an den Organträger abzuführen. Denn der Begriff des Jahresüberschusses, der die Gewinnabführung nach oben begrenzt, umfasst nach § 275 Abs. 2 Nr. 20 bzw. Abs. 3 Nr. 19 HGB i.V.m. § 158 Abs. 1 Nr. 2 und 3 AktG nicht Entnahmen aus offenen Rücklagen. Davon macht § 301 Satz 2 AktG lediglich für solche Beträge eine Ausnahme, die erst nach Inkrafttreten des GAV als andere Gewinnrücklagen gebildet worden sind (**nachvertragliche Rücklagen**).

Mit dem Begriff „andere" Gewinnrücklagen in §§ 301 Satz 2, 302 Abs. 1 AktG wollte der Gesetzgeber u.E. nur die in § 266 Abs. 3 Passivseite A. III Nr. 2 bis 4 bezeichneten weiteren Gewinnrücklagen von der in § 301 Satz 1 AktG erwähnten gesetzlichen Rücklage abgrenzen, nicht aber nur die in Nr. 4 des Gliederungsschemas als „andere Gewinnrücklagen" bezeichnete Gewinnrücklage ansprechen. § 301 Satz 2 AktG ist deshalb zu lesen als: ... „in andere als die gesetzliche Gewinnrücklage ...". Diese Vorschrift umfasst somit neben den anderen Gewinnrücklagen auch die Rücklage für eigene Anteile und die satzungsmäßige Rücklage.[2] Hinsichtlich der satzungsmäßigen Rücklage[3] spricht für diese Auslegung, dass nicht erkennbar ist, dass der Gesetzgeber mit der Änderung des §§ 301, 302 AktG die Rücklagenbildung gegenüber dem alten Recht einschränken wollte. Es sollte vielmehr lediglich eine begriffliche Anpassung vorgenommen werden.[4] Unter die in §§ 301, 302 AktG a. F. erwähnten freien Rücklagen fielen sowohl die jetzigen satzungsmäßigen Rücklagen wie die anderen Gewinnrücklagen.

222 Für die Einbeziehung der **Rücklage für eigene Anteile**[5] spricht, dass es keinen Grund dafür gibt, dass der Gewinn aus der Auflösung einer nachvertraglich gebildeten Rücklage für eigene Anteile nicht an den Organträger abgeführt werden dürfte. Dabei ist darauf hinzuweisen, dass eine Auflösung dieser Rücklage nur unter bestimmten Voraussetzungen zulässig ist (vgl. § 272 Abs. 4 Satz 2 HGB a. F.). Durch BilMoG wurde die Rücklage für eigene Anteile als eigener Gliederungsposten abgeschafft. Es ist fraglich, ob sie nicht inhaltlich aus Grün-

---

1 Das sind gem. § 266 Abs. 3 Passivseite A. II und III HGB die Kapitalrücklage und die Gewinnrücklagen.
2 A. A. wohl Koppensteiner, Kölner Kommentar zum AktG, § 301 Rz. 14.
3 Einzelheiten zu dieser Rücklage s. bei Hoffmann/Lüdenbach, § 272 HGB Rz. 90.
4 Bericht des Rechtsausschusses und Beschlussempfehlung, BT-Drucks. 10/8268 S. 128, Nr. 66 und 67.
5 § 272 Abs. 4 HGB a. F.; Einzelheiten s. bei Glade, § 266 HGB Tz. 463 ff., 627 ff.; zur bilanziellen und steuerrechtlichen Behandlung eigener Aktien nach der Neuregelung des Aktienerwerbs durch das Gesetz zur Kontrolle und Transparenz im Unternehmensbereich v. 27.4.1998, BGBl 1998 I S. 786, s. Thiel, DB 1998 S. 1583; zu Einzelheiten nach BilMoG s. Hoffmann/Lüdenbach, NWB Kommentar Bilanzierung, § 272 Rz. 41 ff.

den des Kapitalschutzes beibehalten werden muss.[1] Bejaht man dies, gelten die vorstehenden Ausführungen weiter.

Die Verwaltung folgte in den KStR 1995 (Abschnitt 55 Abs. 3 Satz 4 Nr. 2 und Abs. 4 Satz 1). der vorgenannten Auslegung. Darüber hinaus ließ sie zu Recht auch die Abführung einer nachvertraglich gebildeten **Kapitalrücklage** (§ 272 Abs. 2 Nr. 4 HGB) nach deren Wiederauflösung zu. Demgegenüber hat der BFH[2] entschieden, dass eine nachvertraglich gebildete und wieder aufgelöste Kapitalrücklage nicht der Gewinnabführung nach § 301 AktG unterliege, sondern vielmehr an die Gesellschafter ausgeschüttet werden könne (sog. „Leg-ein-Hol-Zurück-Verfahren"). In den KStR 2004 (R 60 Abs. 3 Satz 4 Nr. 2) und KStR 2015 (R 14.5 Abs. 3 Satz 4 Nr. 2) fehlt der Hinweis auf die Kapitalrücklage, so dass davon auszugehen ist, dass die Verwaltung nunmehr der Auffassung des BFH folgt.[3]

223

Das Verbot, vorvertragliche Rücklagen abzuführen, umfasst aus den vorgenannten Gründen auch einen Gewinnvortrag (R 14.5 Abs. 4 Satz 2 KStR), nicht hingegen **vorvertragliche stille Reserven**,[4] gleichgültig, ob diese noch unversteuert oder wie z. B. Bewertungsdifferenzen zwischen der Handels- und Steuerbilanz bereits versteuert sind.[5] Zur Frage, ob vorvertragliche Rücklagen zugunsten des Bilanzgewinns aufgelöst und ausgeschüttet werden können, siehe Rz. 621 ff.

224

Sind sowohl vorvertragliche wie nachvertragliche Gewinnrücklagen i. S. des § 301 Satz 2 AktG vorhanden und lässt sich, da nur ein **gemischtes Rücklagenkonto** geführt wird, nicht feststellen, ob es sich bei den entnommenen Beträgen um Rücklagen der einen oder der anderen Art handelt, kann die Organgesellschaft bestimmen, ob die aufgelösten Gewinnrücklagen aus der vorvertraglichen oder aus der nachvertraglichen Zeit stammen.[6]

225

Sonderposten mit Rücklageanteil (§§ 247 Abs. 3, 273 HGB a. F.), z. B. Rücklage gem. § 6b EStG, Rücklage für Ersatzbeschaffung gem. R 6.6 EStR,[7] sind grds. (Ausnahme Preissteigerungsrücklage nach § 74 EStDV) keine anderen Gewinn-

226

---

1 Zum Streitstand s. Förschle/Hoffmann in Beck'scher Bilanzkommentar, § 272 Anm. 134.
2 Urteil v. 8.8.2001 - I R 25/00, BStBl 2003 II S. 923, in Bestätigung des FG Münster, Urteil v. 31.1.2000 - 9 K 6925/98, NAAAB-11195 = EFG 2000 S. 396; zustimmend auch für andere Zuzahlungen nach § 272 Abs. 2 Nr. 4 HGB Bünning/Stoll, BB 2016 S. 555.
3 Dötsch in Dötsch/Pung/Möhlenbrock, § 14 KStG n. F. Tz. 190 f.
4 Hüffer/Koch, § 301 AktG Rz. 3 und 4.
5 Prinzip der handelsbilanzmäßigen Substanzerhaltung.
6 Streck/Olbing, § 14 KStG Anm. 115.
7 Eine Zusammenstellung der Sonderposten mit Rücklageanteil findet sich bei Glade, 1. Aufl., Teil I Tz. 432.

rücklagen. Sie können deshalb auch dann, wenn sie vorvertraglich gebildet wurden, nachvertraglich aufgelöst und abgeführt werden.[1] Diese Posten sind durch BilMoG abgeschafft worden. Bereits bestehende Posten dürfen allerdings beibehalten werden (Art. 67 Abs. 3 Satz 1 EGHGB).

227 Besteht ein GAV, so hat gem. § 302 Abs. 1 AktG der andere Vertragsteil, also der Organträger, jeden während der Vertragsdauer sonst entstehenden Jahresfehlbetrag auszugleichen (**Verlustübernahme**). Eine Ausnahme gilt nur, wenn während der Vertragsdauer Beträge in andere Gewinnrücklagen eingestellt worden sind, durch die der Fehlbetrag ausgeglichen werden kann. In diesem Falle besteht kein gesetzlicher Verlustausgleichsanspruch der Organgesellschaft. Vorvertragliche Rücklagen einschließlich eines Gewinnvortrags und nachvertragliche gesetzliche Rücklagen, aus denen der Fehlbetrag gedeckt werden könnte, schränken die gesetzliche Verlustausgleichspflicht nicht ein.[2] Da § 302 AktG nur den Mindestumfang der Ausgleichspflicht des Organträgers regelt, lässt sich vertraglich die Ausgleichspflicht des Organträgers auf Fälle erweitern, in denen der Fehlbetrag aus nachvertraglichen anderen Gewinnrücklagen gedeckt werden könnte. Ebenso lässt sich die Ausgleichspflicht, die sich gesetzlich nicht auf einen bei Wirksamwerden des GAV vorhandenen Verlustvortrag erstreckt, vertraglich auf einen solchen Verlustvortrag erweitern, ohne dass das allerdings bei Anwendung des § 14 KStG zum Übergang des Verlustabzugs i. S. des § 10d EStG von der Organgesellschaft auf den Organträger führt (s. dazu Rz. 512 f.).

Nach h. M. entsteht der Verlustübernahmeanspruch und wird fällig am Bilanzstichtag der Organgesellschaft. Zur Verzinsung s. Rz. 221 a. E. Nach § 302 Abs. 3 AktG kann die Organgesellschaft auf den Anspruch auf Verlustausgleich grds. erst drei Jahre nach Beendigung des GAV und nur unter erschwerten verfahrensmäßigen Voraussetzungen verzichten oder sich über ihn vergleichen. Absatz 4 der Vorschrift enthält eine besondere zehnjährige Verjährungsfrist für den Verlustausgleich.

228 Ist die **Organgesellschaft** eine nach den §§ 319 ff. AktG **eingegliederte AG**, so sind gem. § 324 Abs. 2 Satz 1 AktG die §§ 298 bis 303 AktG nicht anzuwenden.

Das bedeutet u. a.:

▶ Die **Höchstgrenze** für die Gewinnabführung nach § 301 AktG **gilt nicht**; stattdessen bestimmt § 324 Abs. 2 Satz 3 AktG, dass als Gewinn höchstens der ohne die Gewinnabführung entstehende Bilanzgewinn abgeführt wer-

---

[1] Koppensteiner, Kölner Kommentar zum AktG, Rz. 20; Hüffer, § 301 AktG Rz. 3.
[2] Hüffer/Koch, § 302 AktG Rz. 14.

den kann. Diese Bestimmung geht in doppelter Hinsicht über die Begrenzung nach § 301 AktG hinaus: Es braucht kein Betrag in die gesetzliche Rücklage eingestellt zu werden, und es können auch vorvertragliche Rücklagen aufgelöst und als Gewinn abgeführt werden.[1] Aus diesen Bestimmungen über einen höheren Höchstbetrag darf aber nicht etwa geschlossen werden, dass ein Vertrag mit einer eingegliederten AG, der auf Abführung eines geringeren Betrags als höchstens zulässig, z. B. auf die Abführung der unter Beachtung des § 301 AktG errechneten Höchstbeträge gerichtet ist, nicht den ganzen Gewinn zum Gegenstand hat.

▶ Die eingegliederte AG hat zwar **keinen Anspruch auf Verlustausgleich** nach § 302 AktG. Die Hauptgesellschaft, also im Rahmen des § 14 KStG der Organträger, ist aber nach § 324 Abs. 3 AktG verpflichtet, jeden bei der eingegliederten Gesellschaft sonst entstehenden Bilanzverlust auszugleichen, soweit dieser den Betrag der Kapitalrücklagen und Gewinnrücklagen übersteigt. Dabei ist im Gegensatz zu § 302 Abs. 1 AktG gleichgültig, ob die Rücklagen vor- oder nachvertraglichen Charakter haben.

7.6 Der Gewinnabführungsvertrag anderer Kapitalgesellschaften

Ein Gewinnabführungsvertrag i. S. des § 291 Abs. 1 AktG kann begrifflich nur von einer SE, AG oder einer KGaA abgeschlossen werden, weil die §§ 291 ff. AktG nur für beherrschte Unternehmen dieser Rechtsform gelten. Die für andere Kapitalgesellschaften maßgebenden handelsrechtlichen Gesetze, heute nur noch das GmbHG, enthalten keine vergleichbaren Vorschriften. Gleichwohl ist nicht zweifelhaft, dass sich auch eine GmbH, zivilrechtlich wirksam verpflichten kann, ihren ganzen Gewinn an ein anderes Unternehmen abzuführen.[2] Da handelsrechtliche Normen über die Form und den Inhalt derartiger Verträge nicht existieren, aber die Voraussetzungen eines körperschaftsteuerlichen Organschaftsverhältnisses für Organgesellschaften jeglicher Rechtsform möglichst gleich sein sollen, bestimmt § 17 KStG, dass auch bei anderen Kapitalgesellschaften, also einer GmbH als Organgesellschaft, die Rechtsfolgen einer körperschaftsteuerlichen Organschaft nur eintreten, wenn sich die Kapitalgesellschaft verpflichtet hat, ihren ganzen Gewinn an den Organträger abzuführen, und darüber hinaus bestimmte weitere Voraussetzungen erfüllt sind. Diese besonderen steuerlichen Vorschriften über den von einer anderen Kapi-

229

---

1 Hüffer/Koch, § 324 AktG Rz. 2; s. dazu ferner Rz. 251.
2 Vgl. nur BGH, Urteil v. 14.12.1987 - II ZR 170/87, BGHZ 103 S. 1 = BB 1988 S. 361, 362; Beschluss v. 24.10.1988 - II ZB 7/88, DAAAB-03175 = BGHZ 105 S. 324, 330 = DB 1988 S. 2623.

A. Die Organschaft im Körperschaftsteuerrecht

talgesellschaft abgeschlossenen GAV als Voraussetzung einer Anwendung der §§ 14 bis 19 KStG sind den §§ 291 ff. AktG nachgebildet.

230 Durch das SEStEG wurde der Begriff „Kapitalgesellschaft" neu definiert. Er umfasst nunmehr nicht nur die in § 1 Abs. 1 Nr. 1 KStG namentlich aufgeführten Gesellschaftsformen, sondern alle Gesellschaftsformen, die ihrer Struktur nach den genannten Gesellschaftsformen gleichen. Damit werden von § 17 KStG auch ausländische Kapitalgesellschaften erfasst, die Geschäftsleitung und Sitz im Inland haben. Derzeit ist es jedoch gesellschaftsrechtlich noch nicht möglich, dass eine ausländische Gesellschaft ihren statuarischen Sitz unter Beibehaltung ihrer ausländischen Rechtsform ins Inland verlegt.

231 Für Organgesellschaften in der Rechtsform der GmbH gelten im Einzelnen folgende Grundsätze:

▶ **Formelle Erfordernisse**

232 Der GAV ändert den rechtlichen Status der beherrschten Gesellschaft, indem er insbesondere den Gesellschaftszweck, der bisher auf eigenen Erwerb ausgerichtet war, am **Konzerninteresse** ausrichtet und in das – wenn auch durch § 29 GmbHG eingeschränkte – Gewinnbezugsrecht der Gesellschafter eingreift.[1] Daraus folgt, dass die Vorschriften des GmbHG über die Satzungsänderung jedenfalls entsprechend anwendbar sind. Im Einzelnen bedeutet das:[2]

– Der GAV bedarf zu seiner zivilrechtlichen Wirksamkeit der **Schriftform**.[3] Die **notarielle Beurkundung** des Vertrages ist u. E. wegen § 15 Abs. 4 GmbHG dann erforderlich, wenn der GAV ein Umtausch- oder Abfindungsangebot bezüglich der Gesellschaftsanteile außenstehender Gesellschafter enthält.[4]

– Die gesetzliche Vertretungsmacht des Geschäftsführers (§ 37 Abs. 2 GmbHG) reicht für den wirksamen Abschluss des GAV nicht aus. Der Vertrag wird vielmehr nur wirksam, wenn ihm die **Gesellschafterver-**

---

[1] BGH, Urteil v. 14.12.1987 - II ZR 170/87, BGHZ 103 S. 1; Beschluss v. 24.10.1988 - II ZB 7/88, DAAAB-03175 = BGHZ 105 S. 331.
[2] Zu Einzelheiten s. Priester in Herzig, Organschaft, S. 46 ff.
[3] BGH, Beschluss v. 24.10.1988 - II ZB 7/88, DAAAB-03175 = BGHZ 105 S. 342; Lutter/Hommelhoff, Anhang § 13 GmbHG Rz. 50; Hachenburg/Barz, § 13 GmbHG Anhang II Rz. 35; jetzt auch Scholz/Emmerich, Band I, Anhang Konzernrecht Anm. 247; für formlosen Abschluss hingegen Schmidt, GmbHR 1971 S. 9, 10; weitergehend für notarielle Beurkundung Hönle, DB 1979 S. 485, 488; Timm, BB 1981 S. 1494 ff.
[4] Lutter/Hommelhoff, a. a. O., Rz. 50.

sammlung der beherrschten Gesellschaft zustimmt.[1] Ob bei diesem Zustimmungsbeschluss das herrschende Unternehmen mitstimmen darf oder nach § 47 Abs. 4 Satz 2 GmbHG vom Stimmrecht ausgeschlossen ist, ist umstritten.[2]

Der BGH hat in seinem Beschluss vom 24.10.1988[3] die Frage offengelassen, da der Schutzbereich des § 47 Abs. 4 Satz 2 GmbHG jedenfalls Geschäfte des Alleingesellschafters mit sich selbst nicht erfasse. Er tendiert allerdings wohl dahin, einen Stimmrechtsausschluss nicht anzunehmen.[4] Aus dem Urteil vom 31.5.2011[5] ergibt sich u. E. nunmehr eindeutig, dass der BGH einen Stimmrechtsausschluss verneint; für den Abschluss kann nichts anderes gelten als für die Kündigung.

– Sehr streitig ist die Frage, mit welcher **Mehrheit** der Zustimmungsbeschluss bei der beherrschten Gesellschaft gefasst werden muss. Der BGH hat die Frage ausdrücklich offengelassen.

Ein namhafter Teil der Rechtslehre, von Zöllner als ganz herrschende Meinung bezeichnet, verlangt die – ggf. nachträgliche – **Zustimmung aller Gesellschafter**. Zur Begründung wird auf § 33 Abs. 1 Satz 2 BGB oder auf § 53 Abs. 3 GmbHG verwiesen.[6]

Ein anderer Teil des Schrifttums lässt die für Satzungsänderungen erforderliche **3/4-Mehrheit** (§ 53 Abs. 2 GmbHG) genügen, was der Regelung in § 293 Abs. 1 AktG und § 17 Satz 2 Nr. 2 KStG i. d. F. vor dem StÄndG 1992 entspricht;[7]

– Der Zustimmungsbeschluss des beherrschten Unternehmens ist **notariell zu beurkunden** und zusammen mit dem GAV und dem Namen des

---

1 Heute h. M., vgl. z. B. BGH, Beschluss v. 24.10.1988 - II ZB 7/88, DAAAB-03175 = BGHZ 105 S. 324; OLG Düsseldorf v. 20.3.1980 - 6 U 143/79, BB 1981 S. 1482.
2 Für Stimmrecht z. B.: Lutter/Hommelhoff, a. a. O., Rz. 51; Scholz/Emmerich, a. a. O., Anm. 257 f.; für Stimmrechtsausschluss z. B.: Zöllner/Beurskens in Baumbach/Hueck, Schlussanhang, Rz. 55; Flume, S. 235 f.
3 II ZB 7/88, DAAAB-03175 = BGHZ 105 S. 332.
4 Heckschen, DB 1989 S. 29, 30.
5 II ZR 109/10, CAAAD-88333 = BGHZ 190 S. 45 = DStR 2011 S. 1576.
6 Zöllner/Beurskens, a. a. O., Rz. 54; Scholz/Emmerich, a. a. O., Anm. 252; Hachenburg/Barz, a. a. O., Rz. 36; Ulmer, BB 1989 S. 10, 14, m. w. N., in Fn. 44, 45; Priester in Herzig, Organschaft, S. 50.
7 Lutter/Hommelhoff, a. a. O., Rz. 52; Skibbe, GmbHR 1968 S. 246; Esch, BB 1986 S. 276; Heckschen, DB 1989 S. 29, 39; jetzt auch Timm, GmbHR 1987 S. 8, 11, der früher noch eine 9/10-Mehrheit verlangt hatte; ebenso OLG Düsseldorf v. 20.3.1980 - 6 U 143/79, BB 1981 S. 1482; weitere Nachweise bei Ulmer, a. a. O., Fn. 47.

anderen Vertragsteils zur **Eintragung in das Handelsregister** am Sitz der beherrschten Gesellschaft anzumelden.[1] Wirksam wird er erst mit der Eintragung. Überwiegend wird verneint, dass auch eine Eintragung im Register des herrschenden Unternehmens erfolgen muss.[2]

- Unabhängig davon, ob das **herrschende Unternehmen** eine SE, AG, KGaA oder GmbH ist, muss die Haupt- bzw. Gesellschafterversammlung des Organträgers dem GAV mit 3/4-Mehrheit zustimmen. Der Zustimmungsbeschluss hat nicht nur Innenwirkung, sondern **Außenwirkung**, d. h. er ist Erfordernis für die Wirksamkeit des GAV. Der BGH entnimmt das Zustimmungserfordernis einer entsprechenden Anwendung des § 293 Abs. 2 AktG.[3] Der Beschluss bedarf bei einer GmbH nicht der notariellen Beurkundung.[4] Bei einer AG oder KGaA als herrschendem Unternehmen ergibt sich das Erfordernis der notariellen Beurkundung aus § 130 Abs. 1 Satz 1 AktG.

- Die Verwaltung hat die vom BGH aufgestellten Anforderungen an den wirksamen Abschluss eines GAV übernommen (R 17 Abs. 1 KStR). Da die zivilrechtlichen Anforderungen an die Wirksamkeit eines GAV strenger sind als die in § 17 Satz 2 Nr. 1 bis 4 KStG i.d.F. vor dem StÄndG 1992 genannten steuerrechtlichen Voraussetzungen, sollen für Wirtschaftsjahre der Organgesellschaft, die bis zum 31.12.1992 enden, GAV jedoch nicht beanstandet werden, wenn sie zwar nicht die nach dem BGH erforderlichen zivilrechtlichen Wirksamkeitsvoraussetzungen erfüllen, im Übrigen aber entsprechend § 17 KStG abgeschlossen und durchgeführt worden sind.[5] Die Übergangsregelung findet aber nur dann Anwendung, wenn beide Vertragsparteien sich nicht auf die Unwirksamkeit des GAV berufen.[6]

- § 17 Satz 2 Nr. 1 und 2 KStG i.d.F. vor dem StÄndG 1992, die formelle Anforderungen an den GAV enthielten, sind entfallen, nachdem der BGH die zivilrechtlichen Anforderungen verschärft hat (notarielle Beur-

---

1 BGH, Beschluss v. 24.10.1988 - II ZB 7/88, DAAAB-03175 = BGHZ 105 S. 342, 344; Einzelheiten s. bei Priester in Herzig, Organschaft, S. 46.
2 Priester in Herzig, Organschaft, S. 46.
3 Beschlüsse v. 24.10.1988 - II ZB 7/88, DAAAB-03175 = BGHZ 105 S. 324, für eine GmbH; v. 30.1.1992 - II ZB 15/91, DB 1992 S. 828, für eine AG – ebenso Rottnauer, DB 1991 S. 27 – als herrschendes Unternehmen.
4 BGH, Beschluss v. 24.10.1988 - II ZB 7/88, DAAAB-03175 = BGHZ 105 S. 333 ff.
5 BMF v. 31.10.1989, BStBl 1989 I S. 430 = DB 1989 S. 2249; v. 8.3.1990, DB 1990 S. 662.
6 BFH, Urteil v. 30.7.1997 - I R 7/97, BStBl 1998 II S. 33; vgl. auch Urteil v. 8.8.2001 - I R 25/00, BStBl 2003 II S. 923.

II. Die Voraussetzungen der Organschaft

kundung des Zustimmungsbeschlusses und Eintragung in das Handelsregister). Nunmehr verlangt § 17 Satz 1 KStG den – zivilrechtlich – wirksamen Abschluss eines GAV, ohne dass das Steuerrecht noch eigene formelle Anforderungen aufstellt.

– Ist **Organträger** ein **Einzelkaufmann**, der gleichzeitig **alleiniger Gesellschafter-Geschäftsführer der GmbH** ist, so ist der vom Geschäftsführer namens der GmbH mit sich selbst abgeschlossene GAV zivilrechtlich nur dann wirksam, wenn dem Geschäftsführer das **Selbstkontrahieren** entweder im Gesellschaftsvertrag oder nachträglich durch Änderung der Satzung der GmbH **ausdrücklich gestattet** ist.[1] Die Gestattung des Selbstkontrahierens ist eine eintragungspflichtige Tatsache.[2]

▶ Ist der GAV bereits von der **Vorgründungsgesellschaft** für die mit der Eintragung entstehende GmbH als beherrschtem Unternehmen abgeschlossen worden, ist zu beachten, dass die sich aus dem GAV ergebenden Rechte und Pflichten nicht automatisch auf die später gegründete und eingetragene GmbH übergehen. Der GAV muss vielmehr einzeln übernommen werden, um gegenüber der GmbH zivilrechtlich wirksam zu werden.[3]

▶ Inhaltliche Erfordernisse

Nach § 17 Satz 1 KStG gelten die Vorschriften der §§ 14 bis 16 KStG entsprechend, wenn eine andere Kapitalgesellschaft sich wirksam verpflichtet, ihren ganzen Gewinn an ein anderes Unternehmen abzuführen. Die Verpflichtung, den ganzen Gewinn abzuführen, wird damit nochmals ausdrücklich als besondere steuerliche Voraussetzung für die Einkommenszurechnung nach § 17 i. V. m. § 14 KStG bekräftigt. Aus der für die AG gültigen gesetzlichen Regelung und dem erklärten Bestreben des Gesetzgebers, alle Kapitalgesellschaften im Rahmen der §§ 14 bis 19 KStG möglichst gleichzubehandeln, lässt sich ableiten, dass ein GAV jedenfalls dann auf die Abführung des ganzen Gewinns gerichtet ist, wenn er vorsieht, dass der sich ohne die Gewinnabführung ergebende Jahresüberschuss entsprechend § 275 Abs. 2 Nr. 20 bzw. Abs. 3 Nr. 19 HGB, vermindert um einen Verlustvortrag aus dem Vorjahr (vgl. § 301 AktG) abzuführen ist. Da nach § 14 Abs. 1 Satz 1 Nr. 4 KStG, auf den § 17 Satz 1 KStG verweist, die Rechtswirkungen der körperschaftsteuerlichen Organschaft auch dann eintreten, wenn die

233

---

1 § 35 Abs. 4 GmbHG; BGH, Beschluss v. 28.2.1983 - II ZB 8/82, LAAAE-84403 = BGHZ 87 S. 59, 60; Roth/Altmeppen, § 35 GmbHG Rz. 73 ff.
2 BGH v. 28.2.1983 - II ZB 8/82, LAAAE-84403 = BGHZ 87 S. 59, 60.
3 BFH, Urteil v. 8.11.1989 - I R 174/86, BStBl 1990 II S. 91, 92, mit Nachweisen zur BGH-Rechtsprechung; Kolbe in Herrmann/Heuer/Raupach, § 14 KStG Anm. 66.

Organgesellschaft aus dem Jahresüberschuss Beträge in die Gewinnrücklagen einstellt, soweit dies bei vernünftiger kaufmännischer Beurteilung wirtschaftlich begründet ist, ist auch ein GAV, der eine derartige Rücklagenbildung ausdrücklich zulässt, auf die Abführung des ganzen Gewinns i.S. des § 17 KStG gerichtet.

234   Verpflichtet sich eine AG, ihren ganzen Gewinn an ein anderes Unternehmen abzuführen, so hat dies, sofern die AG nicht nach den §§ 319 ff. AktG eingegliedert ist, unabhängig vom Willen der Vertragsschließenden gem. § 302 AktG zwingend zur Folge, dass der andere Vertragsteil verpflichtet ist, grds. jeden während der Vertragsdauer sonst entstehenden Jahresfehlbetrag auszugleichen. Für Organgesellschaften anderer Rechtsform gilt § 302 AktG nicht unmittelbar; auch vergleichbare Vorschriften fehlen. Deshalb bestimmt § 17 Satz 2 Nr. 2 KStG in der Fassung vor dem Organschaftsreformgesetz (zur Neuregelung s. nachfolgend Rz. 237), dass in dem von Organgesellschaften anderer Rechtsform abgeschlossenen GAV eine „Verlustübernahme" entsprechend den Vorschriften des § 302 AktG vereinbart sein muss. Nach Auffassung der Verwaltung (R 66 Abs. 3 KStR) bedeutet dies, dass entweder in dem Vertragstext auf § 302 AktG verwiesen oder der Vertragstext entsprechend dem Inhalt dieser Vorschrift gestaltet werden muss. Dabei ist nach Auffassung der Verwaltung auch die Vorschrift des § 302 Abs. 3 AktG zu berücksichtigen, derzufolge die Organgesellschaft während der ersten drei Jahre nach Beendigung des GAV auf den ihr zustehenden Verlustausgleichsanspruch nicht verzichten oder sich nicht über ihn vergleichen darf.[1] Dabei genügt es nicht, dass die Vereinbarung irgendwann während der vertraglichen Laufzeit des GAV abgeschlossen wird. Auch für eine solche Vertrags-„Klarstellung" gelten die gesetzlichen Zeiterfordernisse sowie das Erfordernis der Eintragung in das Handelsregister.[2]

Wird in dem GAV nicht allgemein auf § 302 AktG verwiesen, verlangt die Verwaltung für nach dem 31.12.2005 abgeschlossene GAV eine dem § 302 Abs. 4 AktG (spezielle zehnjährige Verjährungsfrist für die in § 302 AktG geregelten Ansprüche auf Verlustübernahme) entsprechende Regelung.[3]

---

[1] Ebenso ständige BFH-Rspr., vgl. v. 22.2.2006 - I R 74/05, EAAAB-89183 = BFH/NV 2006 S. 1513; v. 3.3.2010 - I R 68/09, HAAAD-41333 = BFH/NV 2010 S. 1132, jeweils gegen FG Köln v. 13.5.2009 - 13 K 4779/04, QAAAD-28834 = EFG 2009 S. 1969; vgl. auch OFDen Rheinland und Münster v. 12.8.2009, DB 2010 S. 245.

[2] BFH, Urteil v. 22.10.2008 - I R 66/07, BStBl 2009 II S. 972; zum Ganzen s. auch Schöneborn, DB 2010 S. 245 und Rödder, DStR 2010 S. 1218.

[3] BMF v. 16.12.2005 - S 2770, BStBl 2006 I S. 12.

Allein schon in Hinblick auf die BFH-Rechtsprechung empfiehlt es sich für den Praktiker, vorsorglich die ja in keiner Weise belastende Verzichtsklausel in den Vertrag aufzunehmen. 235

Entgegen der Auffassung der OFD Rheinland hat der BFH aber mit Beschluss v. 28.7.2010[1] entschieden, dass mit der üblichen Klausel „Die Organträgerin ist entsprechend den Vorschriften des § 302 AktG verpflichtet, jeden während der Vertragsdauer sonst entstehenden Jahresfehlbetrag auszugleichen, soweit dieser nicht dadurch ausgeglichen wird, dass den anderen Gewinnrücklagen Beträge entnommen werden, die während der Vertragsdauer in sie eingestellt worden sind", eine Verlustübernahme entsprechend § 302 AktG vereinbart wird. 236

Durch das **Organschaftsreformgesetz** ist § 17 Satz 2 Nr. 2 KStG dahingehend geändert worden, dass eine Verlustübernahme durch Verweis auf die Vorschriften des § 302 AktG in seiner jeweils gültigen Fassung vereinbart werden muss. Damit verlangt das Gesetz nunmehr zwingend einen dynamischen Verweis auf den Gesamtinhalt des § 302 AktG. Um neuen Auslegungsschwierigkeiten vorzubeugen, empfiehlt sich folgende Formulierung: „Für die Verlustübernahme gelten die Vorschriften des § 302 AktG in seiner jeweils gültigen Fassung entsprechend." 237

Ein GAV, der vorsieht, dass ein Jahresfehlbetrag auch durch die Auflösung von Kapitalrücklagen ausgeglichen werden kann, enthält keine ausreichende Verlustübernahmeverpflichtung.[2]

§ 34 Abs. 10b KStG enthält folgende Anwendungsregelung:

Die Neuregelung ist erstmals auf GAV anzuwenden, die nach dem Tag des Inkrafttretens des Änderungsgesetzes abgeschlossen oder geändert werden (also für GAV, die ab dem 27.2.2013 abgeschlossen oder geändert werden).

Altverträge, die bereits einen dynamischen Verweis enthalten, brauchen nicht geändert zu werden.

Altverträge, die bisher einen dynamischen Verweis nicht enthalten, werden für vor dem 1.1.2015 endende VZ weiterhin steuerlich anerkannt, wenn eine Verlustübernahme entsprechend § 302 AktG tatsächlich erfolgt und bis zum 31.12.2014 eine Verlustübernahme entsprechend der Neuregelung

---

[1] I B 27/10, MAAAD-49282 = BFH/NV 2010 S. 1948.
[2] FG Düsseldorf, Urteil v. 17.4.2018 - 6 K 2507/17 K, AAAAG-92651 = DStR 2018 S. 1857, rkr.; OFD NRW, Vfg. v. 11.7.2018, DB 2018 S. 1700.

wirksam vereinbart wird. Wird die Organschaft vor dem 1.1.2015 beendet, ist eine Änderung des Vertrages nicht erforderlich. Werden Altverträge nicht angepasst und stellt sich im Nachhinein heraus, dass die Verlustübernahmeverpflichtung den Anforderungen der Neuregelung nicht entspricht, ist das Organschaftsverhältnis für die Vergangenheit selbst dann nicht anzuerkennen, wenn die Verlustübernahme tatsächlich entsprechend § 302 AktG erfolgt. Sehr streng ist in diesem Punkt das Niedersächsische FG.[1] Dieses verlangt bis zum 31.12.2014 für Altverträge einen Verweis auch auf § 302 Abs. 4 AktG, obwohl die Verwaltung eine Anpassung von vor dem 1.1.2006 geschlossenen Verträgen nicht verlangt.[2] Sollte der BFH sich dieser Auffassung anschließen, wären viele „Uraltverträge" fehlerhaft und ein Organschaftsverhältnis zumindest zeitweise nicht gegeben.

238 Für eine Organgesellschaft in der Rechtsform einer AG oder KGaA gilt gem. § 301 AktG kraft Gesetzes der handelsrechtliche Grundsatz, dass während der Dauer des GAV die bei seinem Inkrafttreten vorhandene bilanzmäßige Substanz der Organgesellschaft zu erhalten ist, also nicht an den Organträger abgeführt werden darf. Das GmbHG enthält keine vergleichbaren Bestimmungen. Da jedoch Kapitalgesellschaften aller Rechtsformen im Rahmen der §§ 14 bis 19 KStG möglichst gleich behandelt werden sollen, verlangt § 17 Satz 2 Nr. 1 KStG, dass „eine Gewinnabführung den in § 301 des AktG genannten Betrag nicht überschreitet". Damit sind eventuelle Auslegungsprobleme des alten § 17 Satz 2 Nr. 4 KStG (s. hierzu 6. Aufl., Rz. 242) beseitigt und die Gleichbehandlung aller Kapitalgesellschaften erreicht worden. Die Begrenzung der Gewinnabführung muss nicht ausdrücklich in den GAV aufgenommen werden; es reicht aus, wenn die tatsächliche Gewinnabführung den in § 301 AktG genannten Betrag nicht überschreitet.[3]

239 Verlangt man zur Begründung des GAV die Zustimmung aller Gesellschafter, ist die Verankerung eines Minderheitenschutzes analog § 304 AktG nicht erforderlich. Andernfalls müsste der Vertrag Regelungen zugunsten der Minderheit enthalten.[4]

---

[1] Niedersächsisches FG v. 11.11.2015 - 6 K 386/13, GAAAF-79420 = EFG 2016 S. 1193; bestätigt durch BFH, Urteil v. 10.5.2017 - I R 93/15, BStBl 2019 II S. 278 = DStR 2017 S. 2429; die Entscheidung ablehnend Hasbach/Brühl, DStR 2016 S. 2361.
[2] BMF v. 16.12.2005, BStBl 2006 I S. 12.
[3] BMF v. 24.3.1994, DB 1994 S. 708.
[4] Vgl. Lutter/Hommelhoff, Anh. § 13 Rz. 66; Zöllner/Beurskens in Baumbach/Hueck, GmbHG, SchlAnhKonzernR Rz. 63.

7.7 Der aufschiebend bedingte Gewinnabführungsvertrag

Wird in einem Gewinnabführungsvertrag vereinbart, dass der Vertrag erst in Kraft treten soll, wenn ein zukünftiges ungewisses Ereignis eintritt, so steht der Vertrag unter einer **aufschiebenden Bedingung**, die auch steuerrechtlich anzuerkennen ist. Wirksam i. S. des § 14 Abs. 1 Nr. 3 KStG bzw. § 14 Abs. 1 Satz 2 KStG wird der Vertrag in diesem Falle erst mit Eintritt der Bedingung. Demgemäß ist dem Organträger erstmals das Einkommen des Wirtschaftsjahrs der Organgesellschaft zuzurechnen, in dem die Bedingung eintritt.[1] Unklar ist, ob die Verwaltung einen unter einer aufschiebenden Bedingung geschlossenen GAV anerkennt. Sie hat jedenfalls die noch in Abschnitt 55 Abs. 3 KStR 1990 enthaltene Regelung nicht mehr in die KStR 1995, 2004 und 2015 übernommen. In den KStR 1990 hatte es die Finanzverwaltung anerkannt, wenn der GAV so abgeschlossen war, dass er erst in Kraft trat, wenn die künftige Organgesellschaft einen vorhandenen Verlustabzug voll ausgeschöpft hatte. U. E. bestehen an der Anerkennung einer solchen Regelung keine durchgreifenden Bedenken.[2] Es ist jedoch darauf hinzuweisen, dass sich die Registergerichte zunehmend weigern, solche ihrer Ansicht nach nicht ausreichend konkrete GAV ins Handelsregister einzutragen.[3]

240

Da § 10d EStG bei der Ermittlung des Einkommens der Organgesellschaft, und zwar sowohl des dem Organträger zuzurechnenden Einkommens als auch einem etwaigen eigenen Einkommen (= Ausgleichszahlungen), nicht anzuwenden ist (§ 15 Nr. 1 KStG; s. dazu Rz. 512), geht ein vorvertraglicher Verlust der Organgesellschaft steuerlich verloren. Ist bei Abschluss eines GAV zu erwarten, dass die Organgesellschaft in den nächsten Jahren Gewinne erzielt, so kann es sich empfehlen, das Inkrafttreten des GAV an die aufschiebende Bedingung zu knüpfen, dass ein Verlust der Organgesellschaft bei der Ermittlung des Einkommens späterer Jahre gem. § 10d EStG voll abgezogen ist. Die Bedingung ist so zu formulieren, dass der GAV nicht bereits in dem Wirtschaftsjahr in Kraft treten soll, in dem nach Abzug des Verlusts erstmals ein Überschuss verbleibt, sondern erst mit Beginn des folgenden Wirtschaftsjahres, weil andernfalls bereits das Einkommen der Organgesellschaft im Ausgleichsjahr, bei dessen Ermittlung § 10d EStG nicht anwendbar ist, dem Organträger zuzurechnen ist, und damit der im Ausgleichsjahr getilgte Verlustanteil doch noch verloren ginge. Zu beachten ist, dass in diesem Falle der im Ausgleichsjahr nach Abzug

241

---
1 Streck/Olbing, § 14 KStG Anm. 102.
2 Ebenso Neumann in Gosch, § 14 KStG Rz. 235.
3 Dötsch in Dötsch/Pung/Möhlenbrock hält den Abschluss eines aufschiebend bedingten GAV für unzulässig, § 15 KStG n. F. Tz. 15.

des Verlustes verbleibende Gewinn nicht dem Organträger zuzurechnen, sondern von der Organgesellschaft zu versteuern ist.

8. Die Durchführung des Gewinnabführungsvertrags

8.1 Grundlagen

242 Tatbestandsmerkmal der §§ 14 bis 19 KStG ist nicht nur der Abschluss und die mindestens fünfjährige Aufrechterhaltung eines Gewinnabführungsvertrags, sondern auch seine Durchführung, denn erst der **tatsächliche Vollzug** der Gewinnabführung und Verlustübernahme erweist die Organgesellschaft und den Organträger als wirtschaftliche Einheit, die eine Zusammenrechnung des Einkommens von Organgesellschaft und Organträger legitimieren kann. Es wäre in der Tat ungereimt, wenn das Gesetz zwar den Abschluss eines GAV verlangen, aber auf seine Durchführung verzichten würde. Demgemäß bestimmt § 14 Abs. 1 Satz 1 Nr. 3 Satz 1 KStG, dass der Gewinnabführungsvertrag auf mindestens fünf Jahre abgeschlossen und während dieser Zeit durchgeführt werden muss.

243 Ein GAV ist durchgeführt, wenn sich der **Vertragsinhalt,** so wie er sich aus dem Gesetz und dem Vertragstext ergibt, und der **tatsächliche Vertragsvollzug** decken. Der GAV ist daher z. B. nicht durchgeführt, wenn die Organgesellschaft ihren Gewinn nicht an den Organträger abführt oder wenn der Organträger den Verlust der Organgesellschaft nicht übernimmt. Der Verlust muss tatsächlich ausgeglichen werden, und zwar auch in den Fällen, in denen die Organschaft bereits beendet ist, die Verlustübernahme jedoch einen Zeitraum betrifft, in dem noch ein GAV bestand.[1] Ein der Durchführung des GAV entgegenstehender Verzicht auf die Gewinnabführung liegt nicht vor, wenn der Organträger die Gewinnabführung der Organgesellschaft als Gesellschaftseinlage zurückgibt.[2] Nachdem die Verwaltung früher dieses sog. „Führ-ab-hol-zurück-Verfahren" uneingeschränkt anerkannt hat, lehnen zumindest einzelne Finanzämter die tatsächliche Durchführung des GAV ab, wenn es sich um langfristige (Dauer-)Vereinbarungen handelt.[3]

Die Durchführung des GAV verlangt allerdings keine tatsächlichen Geldbewegungen. Es genügt der Ausweis entsprechender Forderungen und Schulden, so-

---

[1] FG München, Urteil v. 18.3.1998 - 1 K 1214/91, EFG 1998 S. 1155, rkr.; vgl. auch BFH, Urteil v. 5.4.1995 - I R 156/93, FAAAA-97533 = HFR 1995 S. 516 = DB 1995 S. 1593.
[2] Dötsch in Dötsch/Pung/Möhlenbrock, § 14 KStG n. F. Tz. 210.
[3] So auch Dötsch in Dötsch/Pung/Möhlenbrock, § 14 KStG Tz. 529; dagegen zu Recht Schell/Schrade, DStR 2017 S. 86.

fern diese in angemessener Frist[1] getilgt oder in Darlehensforderungen und Schulden mit den hierfür üblichen Konditionen umgeschaffen werden.[2] Die Darlehensforderung der OG muss zumindest im Zeitpunkt der Umwandlung[3] voll werthaltig sein. An einer Durchführung des GAV fehlt es allerdings, wenn sich Organträger und Organgesellschaft, nachdem ein Verlustausgleichsanspruch der Organgesellschaft entstanden ist, darüber einigen, dass dieser nur mit etwaigen späteren Gewinnabführungsansprüchen des Organträgers zu verrechnen ist. Enthält bereits der GAV eine derartige Vereinbarung, so ist diese, sofern die Organgesellschaft eine AG ist, unwirksam, weil sie den zwingenden Vorschriften des § 302 und des § 324 Abs. 3 AktG widerspricht; ist die Organgesellschaft eine andere Kapitalgesellschaft, so fehlt es an der Vereinbarung einer Verlustübernahme entsprechend den Vorschriften des § 302 AktG. Zur mangelnden Verzinsung s. oben Rz. 212; diese hindert die Durchführung nicht.

8.2 Ordnungsmäßige Buchführung

Die Verwaltung hat ihre frühere Auffassung, der GAV sei nicht durchgeführt, wenn der abgeführte Gewinn oder der übernommene Verlust aufgrund nicht ordnungsmäßiger Buchführung ermittelt ist, aufgegeben. Gleichwohl bleibt zweifelhaft, ob der GAV durchgeführt ist, wenn die Buchführung der Organgesellschaft nicht nur an formellen Mängeln leidet, sondern so fehlerhaft ist, dass das Ergebnis geschätzt werden muss. Denn ein Vertrag, durch den sich eine Organgesellschaft verpflichtet, ihren ganzen Gewinn an ein anderes Unternehmen abzuführen, ist begrifflich auf die Abführung des nach den Grundsätzen ordnungsmäßiger Buchführung ermittelten Gewinns gerichtet. Ein Vertrag, demzufolge nur ein geschätzter Gewinn abzuführen ist, wäre kein Gewinnabführungsvertrag i. S. von § 291 Abs. 1 AktG und deshalb auch nicht i. S. von § 14 KStG. Demgemäß fehlt es an der Durchführung des GAV, wenn statt eines aufgrund ordnungsmäßiger Buchführung ermittelten Gewinns nur ein

244

---

[1] Neumann in Gosch, § 14 Rz. 321; es spricht manches für eine Zwölf-Monatsfrist.
[2] Dazu Sonnenschein, S. 392; zu weiteren Möglichkeiten s. Dötsch, a. a. O.; zur Behandlung eines Verlustübernahmeanspruchs aus einem GAV bei der Einheitsbewertung des Betriebsvermögens s. BFH, Urteile v. 12.5.1993 - II R 82/92, BStBl 1993 II S. 536; v. 19.10.1995 - II R 81/93, WAAAB-37200 = BFH/NV 1996 S. 292.
[3] Dötsch in Dötsch/Pung/Möhlenbrock, § 14 KStG Tz. 210.

mehr oder weniger umfangreich geschätzter Gewinn abgeführt wird, weil Vertragsinhalt und Vertragsvollzug sich nicht decken.[1]

Fraglich war, ob jeder Fehler bereits zur Nichtanerkennung des Organschaftsverhältnisses führte (s. hierzu die Vorauflage Rz. 247). Der Gesetzgeber hat nunmehr mit dem **Organschaftsreformgesetz** die Frage erstmalig gesetzlich geregelt.[2]

Nach § 14 Abs. 1 Satz 1 Nr. 3 Satz 4 KStG n. F. gilt ein GAV unter bestimmten Voraussetzungen auch dann als durchgeführt, wenn der abgeführte Gewinn oder ausgeglichene Verlust auf einem Jahresabschluss beruht, der fehlerhafte Bilanzansätze enthält. Voraussetzung ist, dass

▶ der Jahresabschluss wirksam festgestellt ist (dies ist bei Nichtigkeit nach § 256 AktG nicht gegeben),

▶ die Fehlerhaftigkeit bei Erstellung des Jahresabschlusses unter Anwendung der Sorgfalt eines ordentlichen Kaufmanns nicht hätte erkannt werden müssen und

▶ ein von der Finanzverwaltung beanstandeter Fehler spätestens in dem nächsten nach dem Zeitpunkt der Beanstandung des Fehlers aufzustellenden Jahresabschlusses der Organgesellschaft und des Organträgers korrigiert und das entsprechende Ergebnis abgeführt oder ausgeglichen wird, soweit es sich um einen Fehler handelt, der in der Handelsbilanz zu korrigieren ist.

Die Neuregelung gilt in allen noch nicht bestandskräftig veranlagten Fällen (§ 34 Abs. 9 Nr. 7 KStG n. F.). Nach der Gesetzesbegründung ist die rückwirkende Anwendung verfassungsrechtlich unbedenklich, da es sich um eine Verfahrenserleichterung handele, die ausschließlich begünstigend wirke. Dies ist bei der Gesetzesauslegung zu beachten.

Das Gesetz definiert nicht, wann es sich um einen fehlerhaften Bilanzansatz handelt. Ein Bilanzansatz ist fehlerhaft, wenn er nicht den GoB entspricht. Abzustellen ist auf den subjektiven Fehlerbegriff des Handelsrechts.[3] Aus der Gesetzesbegründung ist zu entnehmen, dass auch die Bilanzierung der Abführungsverpflichtung zu einem fehlerhaften Bilanzansatz führen kann. Diese ist

---

1 Wie hier Streck/Olbing, a. a. O., Anm. 121; Frotscher/Drüen, § 14 KStG Rz. 192; Sterner in Herrmann/Heuer/Raupach, § 14 KStG Anm. 204; in der Tendenz ebenso BFH, Urteil v. 5.4.1995 - I R 156/93, FAAAA-97533 = DB 1995 S. 1593; enger BGH, Urteil v. 14.2.2005 - II ZR 361/02, TAAAB-98049 = DB 2005 S. 937.
2 Zu Einzelheiten s. auch Müller in Mössner/Seeger/Oellerich, KStG, § 14 Rz. 529 ff.
3 Gesetzesbegründung, BT-Drucks. 17/10774 S. 19; FinMin Schleswig-Holstein v. 22.2.2016, DB 2016 S. 502.

z. B. dann fehlerhaft, wenn der vorherige Ausgleich vororganschaftlicher Verluste vergessen wird.[1] Da das Gesetz keine Wesentlichkeitsgrenze formuliert, muss man davon ausgehen, dass auch geringfügige Fehler zu einem „fehlerhaften Bilanzansatz" führen. Die Wesentlichkeit spielt nur noch eine Rolle bei der Frage, ob eine Korrekturpflicht nach Buchst. c besteht.

Das Gesetz sieht in Satz 5 verschiedene Möglichkeiten vor, wie der Nachweis des „Nichterkennen-Müssens" geführt werden kann:

▶ Eine Möglichkeit ist, dass ein uneingeschränkter Bestätigungsvermerk nach § 322 Abs. 3 HGB zum Jahresabschluss oder zu einem Konzernabschluss, in den der handelsrechtliche Jahresabschluss einbezogen worden ist, vorliegt. Das verlangt m. E. in den Fällen, in denen nach § 315a HGB Konzernabschlüsse befreiend nach internationalen Rechnungslegungsstandards (IFRS) erstellt werden müssen bzw. können, dass der Bestätigungsvermerk über den Konzernabschluss nur dann ausreicht, wenn die Prüfung sich auch auf den handelsrechtlichen Jahresabschluss erstreckt hat und der Bestätigungsvermerk dies ausdrücklich vermerkt.

▶ Eine weitere Möglichkeit ist, dass ein uneingeschränkter Bestätigungsvermerk über die freiwillige Prüfung des Jahresabschlusses vorliegt.

▶ Drittens reicht die Bescheinigung eines Steuerberaters oder Wirtschaftsprüfers über die Erstellung des Jahresabschlusses mit umfassenden Beurteilungen aus. Nicht ausreichend sind eine Bescheinigung über die prüferische Durchsicht oder ein eingeschränktes Testat.

Kann die Organgesellschaft den Sorgfaltsnachweis nicht nach Satz 5 führen, so muss sie anderweitig nachweisen, dass sie die erforderliche Sorgfalt angewandt hat. Wie dieser Nachweis aussehen könnte, ist fraglich. Je genauer die Angaben im Anhang zu den einzelnen Bilanzpositionen sind, desto eher wird man annehmen können, dass der Fehler nicht hätte erkannt werden müssen. Auf der sicheren Seite ist man außerhalb von Konzernen nur, wenn die Organgesellschaft sich einer freiwilligen Prüfung unterwirft oder den Jahresabschluss von einem Steuerberater oder Wirtschaftsprüfer mit umfassenden Beurteilungen erstellen lässt.

Schließlich muss der Fehler korrigiert werden, soweit es sich um einen Fehler handelt, der in der Handelsbilanz zu korrigieren ist. Für die geforderte Abführung bzw. den Ausgleich des Korrekturbetrags reicht, wie im Grundfall, die bilanzielle Einbuchung einer Forderung bzw. Verpflichtung aus. Bei Verstößen

---

1 OFD Karlsruhe v. 16.1.2014, FR 2014 S. 434.

gegen gesellschaftsrechtliche Vorschriften ist der fehlerhafte Bilanzansatz in der Form zu korrigieren, wie er bestünde, wenn er bei ursprünglich richtiger Bilanzierung weiterentwickelt worden wäre. Wurde z. B. ein vorvertraglicher Verlustvortrag entgegen § 301 AktG nicht ausgeglichen, muss die OG den Verlustausgleich in der nächsten offenen Handelsbilanz korrigieren und entweder einen geringeren Gewinn abführen oder den Verlust in anderer Form (z. B. Auflösung und Gegenrechnung von Rücklagen) abdecken. Ist die OG im nächsten Jahr hierzu nicht in der Lage (z. B. wegen eines Verlustes im auf die Beanstandung folgenden Abschluss), muss der OrgT in der nächsten offenen Handelsbilanz eine entsprechende Einlage – neben dem Verlustausgleich für das laufende Jahr – vornehmen und bilanzieren.[1]

Auch wenn das Gesetz von einem „von der Finanzverwaltung beanstandeten Fehler" spricht, kann dies nicht bedeuten, dass ein vom Organträger oder der Organgesellschaft erkannter und korrigierter Fehler die Organschaft gefährdet.[2]

Die Korrektur muss spätestens in dem nächsten nach dem Zeitpunkt der Beanstandung (oder des Erkennens[3]) des Fehlers aufzustellenden Jahresabschluss der Organgesellschaft und des Organträgers erfolgen und das Ergebnis entsprechend abgeführt oder ausgeglichen werden. Ob es sich um einen Fehler handelt, der in der Handelsbilanz zu korrigieren ist, wird auch von der Schwere des Fehlers abhängen. Meines Erachtens hat der BFH hier mit Urteil vom 21.9.2011 - I R 89/10[4] eine allgemeine handelsrechtliche Wesentlichkeitsgrenze von 5 % entwickelt. Das bedeutet, dass ein fehlerhafter Bilanzansatz nur dann zu korrigieren ist, wenn der Fehler zu einer Abweichung von mehr als 5 % des bisher zugerechneten Einkommens bzw. des bisher ausgeglichenen Verlusts führt. Dabei ist für die Frage der Wesentlichkeit auf den einzelnen Bilanzposten und nicht auf die Bilanzsumme abzustellen. Die Bestätigung des Abschlussprüfers, dass keine handelsbilanzielle Korrektur erforderlich ist, muss ausreichen.[5]

Auch wenn es sich nicht aus dem Gesetzestext ergibt, folgt aus Sinn und Zweck der Regelung, dass bei Nichtkorrektur sich der Fehler auch noch in der

---

1 Frotscher in Frotscher/Drüen, § 14 Rz. 445w.
2 Frotscher in Frotscher/Drüen, § 14 Rz. 445.
3 A. A. insoweit Dötsch/Pung, DB 2013 S. 305, 310, die in diesem Fall eine rückwirkende Berichtigung verlangen; Dötsch in Dötsch/Pung/Möhlenbrock, § 14 KStG n. F. Tz. 209i.
4 DStR 2012 S. 21.
5 Ebenso OFD Karlsruhe v. 16.1.2014, FR 2014 S. 434; a. A. OFD Frankfurt/M. v. 14.4.2014, DB 2014 S. 2194; v. 30.5.2016, DStR 2016 S. 1375, Tz. 1.2.

II. Die Voraussetzungen der Organschaft

nach der Beanstandung aufzustellenden Bilanz durch einen fehlerhaften Bilanzansatz auswirken würde. Das bedeutet: Hat sich der Fehler bereits „von selber korrigiert", bedarf es keiner Korrektur mehr.

> **BEISPIEL** Eine zu hohe AfA im Jahr 2010 hat den abgeführten Gewinn gemindert. Das Wirtschaftsgut ist 2011 veräußert worden. Aufgrund des niedrigeren Buchwerts hat sich ein höherer Veräußerungsgewinn ergeben. Der Fehler wird 2013 entdeckt. Im Jahresabschluss zum 31.12.2013 ist nichts zu veranlassen.

Dies gilt selbstverständlich nur für Fehler, die nicht hätten erkannt werden müssen.

Die Korrektur muss spätestens in dem „nächsten" nach der Beanstandung aufzustellenden Jahresabschluss erfolgen. Dies ist der Jahresabschluss, der als Nächstes nach der Beanstandung aufzustellen ist, und nicht der Jahresabschluss des nächsten Geschäftsjahrs nach Beanstandung.[1] In Betriebsprüfungsfällen geschieht die Beanstandung durch Bekanntgabe des Prüfungsberichts, da damit erst die Auffassung der Finanzverwaltung „amtlich" wird.[2] Aus dem BP-Bericht sollte hervorgehen, ob ein dort festgehaltener Bilanzierungsfehler „beanstandet" wird mit der Folge der Korrekturnotwendigkeit. Wird jedenfalls verbindlich erklärt, dass der Bilanzierungsfehler nicht i. S. des § 14 Abs. 1 Satz 1 Nr. 3 Satz 4 und 5 KStG beanstandet wird, bindet dies die Finanzverwaltung nach Treu und Glauben. Ob die Beanstandung durch das für die Besteuerung der OG zuständige FA/das für die Betriebsprüfung zuständige FA der OG erfolgen muss[3] oder ob eine Beanstandung durch das für den OrgT zuständige FA/Betriebsprüfungsstelle ausreicht,[4] ist derzeit offen. Besteht Streit über den richtigen Bilanzansatz und korrigiert der Steuerpflichtige den beanstandeten Bilanzansatz deshalb nicht, trägt er das Risiko. Gewinnt die Finanzverwaltung den Rechtsstreit, ist es für eine Korrektur zu spät. Nach dem eindeutigen Gesetzeswortsinn ist eine rückwirkende Korrektur nicht möglich.[5] Da die gesetzliche Regelung (Korrektur in laufender Rechnung) der bisherigen h. M. widerspricht, stellt sie entgegen der Intention des Gesetzgebers insoweit eine Verschärfung dar.[6] Verfassungsrechtlich unbedenklich ist deshalb nur eine Auslegung, dass bei Beanstandungen vor Inkrafttreten des Gesetzes am

---

1 Großzügiger OFD Karlsruhe, a. a. O., wonach die Regelung geschäftsjahrbezogen auszulegen ist, womit eine Verlängerung der „Heilungsfrist" eintritt.
2 OFD Frankfurt/M. v. 14.4.2014, DB 2014 S. 2194, 2195.
3 So Müller in Mössner/Seeger/Oellerich, KStG, § 14 Rz. 533.
4 So Rödder/Liekenbrock in Rödder/Herlinghaus/Neumann, § 14 Rz. 394.
5 Ebenso Dötsch/Pung, DB 2013 S. 305, 311.
6 Siehe hierzu zum bisherigen Recht BFH, Urteil v. 21.10.2010 - IV R 21/07, TAAAD-57533 = DB 2010 S. 2706.

26.2.2013 eine Korrektur in laufender Rechnung auch möglich ist, wenn bereits ein Jahresabschluss nach der Beanstandung ohne die Korrektur festgestellt wurde.

> **BEISPIEL** ▶ Das Wirtschaftsjahr der Organgesellschaft entspricht dem Kalenderjahr. Im Jahr 2010 hat das FA einen Bilanzansatz wegen zu hoher AfA beanstandet. Die Organgesellschaft hat keine Korrektur vorgenommen, da über die betriebsgewöhnliche Nutzungsdauer gestritten wird. Im April 2013 gewinnt das FA den Rechtsstreit.
> Die Organgesellschaft kann die Korrektur im Jahresabschluss 2013 vornehmen. Entsprechendes gilt für den Organträger.

Ist die Organschaft vor Beanstandung des Fehlers durch die Finanzverwaltung bereits beendet, was gerade in BP-Fällen gegeben sein kann, muss ausnahmsweise wie bisher der Fehler „an der Quelle" berichtigt werden. Dies folgt m. E. zwingend aus dem Wort „spätestens", wonach eine frühere Fehlerberichtigung gerade nicht ausgeschlossen ist.[1]

Die Frage, wann ein GAV auf die Abführung des ganzen Gewinns gerichtet ist, darf nicht damit verwechselt werden, in welcher Höhe dem OrgT Einkommen der OG zuzurechnen ist. I. d. R. werden nämlich Gewinnabführung und zuzurechnendes Einkommen betragsmäßig nicht übereinstimmen, da sich das eine im Wesentlichen nach Handelsrecht, das andere nach Steuerrecht bestimmt.

> **BEISPIEL** ▶ Die Y-AG hat an den Organträger X-AG abgeführt, was sie nach § 301 AktG maximal als Gewinn abführen darf. Dies sind 500.000 €. An ihre AR-Mitglieder hat die Y-AG insgesamt 100.000 € an Vergütungen gezahlt.
> Wegen § 10 Nr. 4 KStG dürfen die AR-Vergütungen, die den Jahresüberschuss der Y-AG i. S. des § 275 Abs. 2 Nr. 8 HGB in voller Höhe gemindert haben, den steuerlichen Gewinn nur zur Hälfte schmälern. Im Rahmen der Einkommenszurechnung sind also der X-AG weitere 50.000 € zur Versteuerung zuzurechnen.

245–247 *(unbesetzt)*

8.3 Abführung und Ausschüttung vorvertraglicher Rücklagen

248 Ist die Organgesellschaft eine SE, AG, die nicht nach den §§ 319 ff. AktG eingegliedert ist, eine KGaA oder eine GmbH, so darf sie **vorvertragliche Rücklagen oder einen vorvertraglichen Gewinnvortrag** nicht an den Organträger abführen. Verstößt die Organgesellschaft gegen dieses Verbot, so ist nach Auffassung der Verwaltung der GAV nicht durchgeführt (R 14.5 Abs. 4 und R 17 Abs. 4 KStR). Gegen diese Auffassung lässt sich nicht einwenden, in derartigen Fällen sei der GAV mehr als durchgeführt, denn es werde mehr abgeführt als abge-

---

[1] Ebenso Dötsch/Pung, DB 2013 S. 305, 311.

führt werden müsse (und dürfe). Entscheidend ist, dass Vertragsinhalt und Vertragsvollzug nicht deckungsgleich sind. Es wäre auch mehr als ungereimt, wenn z. B. bei einer GmbH zwar die Nichtvereinbarung eines Abführungsverbots (§ 17 Satz 2 Nr. 4 KStG i. d. F. vor dem StÄndG 1992) eine Anwendung der §§ 14 bis 19 KStG hindern würde, nicht aber die Missachtung eines vereinbarten Abführungsverbotes, abgesehen davon, dass eine einvernehmliche Missachtung möglicherweise eine Vertragsänderung enthielte. Durch § 17 Satz 2 Nr. 1 KStG i. d. F. des StÄndG ist die vorstehende Auffassung gesetzlich verankert worden.

Eine verbotswidrige Abführung vorvertraglicher Rücklagen ist nach Ansicht der Verwaltung auch gegeben, wenn die Organgesellschaft **Aufwand** über freie vorvertragliche Rücklagen verrechnet (R 14.5 Abs. 4 Satz 3 KStR). Dabei ist gleichgültig, ob es sich um nichtabzugsfähigen Aufwand wie z. B. die Körperschaftsteuer, die Vermögensteuer und die nichtabzugsfähigen Lastenausgleichsabgaben oder um abzugsfähigen Aufwand handelt. Auf das in diesem Zusammenhang zu erwähnende BFH-Urteil vom 28.10.1970[1] kann sich die Verwaltung für ihre Auffassung allerdings nicht berufen, weil dieses Urteil, das zur Rechtslage vor der gesetzlichen Regelung der körperschaftsteuerlichen Organschaft ergangen ist, offensichtlich vom Gegenteil ausgeht und sich nur mit der Frage beschäftigt, ob die Verrechnung von Aufwand gegen vorvertragliche Rücklagen zu einem eigenen Einkommen der Organgesellschaft führt. 249

Die Folge einer verbotswidrigen Abführung ist, dass die §§ 14 bis 19 KStG insgesamt nicht eingreifen; die Abführung ist als Beteiligungsertrag nach den hierfür gültigen Vorschriften zu beurteilen (siehe dazu Rz. 811 ff.).[2] 250

Ist die **Organgesellschaft** eine nach den §§ 319 ff. AktG **eingegliederte AG**, so kann sie im Rahmen des GAV auch vorvertragliche Rücklagen bzw. einen vorvertraglichen Gewinnvortrag an den Organträger abführen. Nach Auffassung der Verwaltung steht eine derartige Abführung deshalb der Durchführung des GAV nicht entgegen. Die Abführung selbst vollzieht sich allerdings nicht im Rahmen der §§ 14 bis 19 KStG (s. dazu Rz. 621 ff.; ferner R 14.6 Abs. 3 KStR). 251

Ist die Organgesellschaft eine SE oder AG, die nicht nach den §§ 319 ff. AktG eingegliedert ist, oder eine KGaA, so ist handelsrechtlich zweifelhaft, ob die Gesellschaft **vorvertragliche Rücklagen**, die dem Abführungsverbot des § 301 AktG unterliegen, zugunsten des Bilanzgewinns **auflösen und ausschütten** 252

---

1 I R 27/66, BStBl 1971 II S. 117.
2 Siehe auch Dötsch/Witt, DB 1996 S. 1592, 1593, unter aa.

kann. Für eine Bejahung der Frage spricht der Wortlaut des § 301 AktG,[1] dagegen lässt sich der Zweck dieser Vorschrift anführen, die bilanzmäßige Substanz der beherrschten Gesellschaft zu erhalten. Für die GmbH ist nicht zweifelhaft, dass diese handelsrechtlich in der Lage ist, vorvertragliche Rücklagen auszuschütten.

253 Soweit die Ausschüttung handelsrechtlich zulässig ist, beeinträchtigt sie die Durchführung des GAV nicht. Sie vollzieht sich jedoch außerhalb der §§ 14 bis 19 KStG (s. dazu Rz. 628).

254 Da für die eingegliederte AG das Verbot der Abführung vorvertraglicher Rücklagen nicht gilt, kann nicht zweifelhaft sein, dass handelsrechtlich die AG derartige Rücklagen auch ausschütten kann. Die Ausschüttung steht der Durchführung des GAV nicht entgegen; sie vollzieht sich jedoch steuerlich ebenso wie die hier zulässige Abführung nicht im Rahmen der §§ 14 bis 19 KStG (s. dazu Rz. 622).

255 Der Durchführung des GAV steht es nicht entgegen, wenn der an den Organträger abzuführende Gewinn entsprechend dem gesetzlichen Gebot in § 301 AktG durch einen beim Inkrafttreten des GAV vorhandenen **Verlustvortrag** gemindert wird (R 14.5 Abs. 5 Nr. 1 KStR).

256 Unschädlich ist ebenfalls, wenn der Jahresüberschuss um den Betrag gemindert wird, der nach § 272 Abs. 4 HBG in eine **Rücklage für eigene Anteile** einzustellen ist. Dies soll nach Ansicht der Verwaltung nicht gelten, soweit für die Bildung dieser Rücklage während der Dauer des GAV gebildete frei verfügbare Gewinnrücklagen verwendet werden können (Abschnitt 55 Abs. 5 Buchst. c KStR 1990). Wenn die vorgenannte Regelung auch nicht in die KStR 1995 ff. übernommen wurde, gilt sie wohl weiter. Zur Neuregelung der bilanziellen Behandlung eigener Anteile s. oben Rz. 220.

8.4 Nachvertragliche Rücklagen

257 Da sich die Organgesellschaft zu verpflichten hat, ihren ganzen Gewinn an den Organträger abzuführen, stellt sich die Frage, ob der GAV durchgeführt ist, wenn die Organgesellschaft nachvertragliche Rücklagen bildet und nur den verbleibenden Teil ihres Gewinns an den Organträger abführt.

---

1 Ebenso R 60 Abs. 4 Satz 4 KStR; Dötsch in Dötsch/Pung/Möhlenbrock, § 14 KStG n. F. Tz. 183; Streck/Olbing, § 14 KStG Anm. 120.

8.4.1 Gesetzliche Rücklagen und Verlustvortrag

Wie Rz. 223 ff. ausführt, besteht für eine SE, AG, die nicht nach den §§ 319 ff. AktG eingegliedert ist, und für eine KGaA eine gesetzliche **Höchstgrenze für die Gewinnabführung**, derzufolge nur der ohne die Gewinnabführung errechnete Jahresüberschuss, vermindert um einen Verlustvortrag aus dem Vorjahr und den Betrag, der nach § 300 AktG in die gesetzliche Rücklage einzustellen ist, abgeführt werden darf. Verfährt die Organgesellschaft entsprechend, so ist der GAV durchgeführt, denn Vertragsinhalt und Vertragsvollzug decken sich. Die Verwaltung vertritt demgemäß zu Recht die Ansicht, dass die Tilgung eines Verlustvortrags und die Bildung gesetzlicher Rücklagen nach Maßgabe der §§ 300, 301 AktG der Durchführung des GAV nicht entgegenstehen (R 14.5 Abs. 5 Nr. 1 und 2 KStR). Werden höhere Rücklagen gebildet als in § 300 AktG vorgesehen, so sind diese wie Gewinnrücklagen zu beurteilen.

258

Vorstehende Grundsätze müssen **sinngemäß** für Organgesellschaften anderer Rechtsform gelten. Für diese bestanden zwar bis zum StÄndG 1992 gesetzlich keine gleichartigen Höchstgrenzen für die Gewinnabführung. Darüber hinaus kennt z. B. das GmbHG keine gesetzlichen Rücklagen (bei der von Gesetzes wegen zu bildenden Rücklage für eigene Anteile, § 71 AktG, § 33 Abs. 2 GmbHG, § 272 Abs. 4 HGB, handelt es sich nicht um eine gesetzliche Rücklage in diesem Sinne; durch BilMoG aufgehoben). Gleichwohl ist im Interesse der steuerlichen Gleichbehandlung von Organgesellschaften aller Rechtsformen anzunehmen, dass die Bildung von Rücklagen, so wie sie § 300 AktG verlangt, und die Tilgung eines vorvertraglichen Verlustvortrags der Durchführung des GAV nicht entgegenstehen. Dementsprechend enthält § 17 Satz 2 Nr. 1 KStG den ausdrücklichen Hinweis, dass die Gewinnabführung den in § 301 AktG genannten Betrag nicht überschreiten darf. Das bedeutet aber auch, dass ein GAV nicht tatsächlich durchgeführt ist, wenn der Jahresüberschuss der Organgesellschaft nicht mit einem vororganschaftlichen Verlustvortrag verrechnet, sondern an den Organträger abgeführt wird.[1]

259

8.4.2 Freie Rücklagen

Nach § 14 Abs. 1 Satz 1 Nr. 4 KStG darf die Organgesellschaft Beträge aus dem Jahresüberschuss nur insoweit in **Gewinnrücklagen** einstellen, als dies bei vernünftiger kaufmännischer Beurteilung begründet ist. Wie in Rz. 223 ff. ausgeführt, muss diese Vorschrift als Ausnahme von dem Grundsatz, dass die Ge-

260

---

1 BFH, Urteil v. 21.10.2010 - IV R 21/07, TAAAD-57533 = BFH/NV 2011 S. 151; auch dieser Fehler kann nach der gesetzlichen Neuregelung (s. hierzu oben Rz. 247) geheilt werden, Dötsch in Dötsch/Pung/Möhlenbrock, § 14 KStG n. F. Tz. 209d.

winnabführungsverpflichtung auf den ganzen Gewinn gerichtet sein muss, oder besser als partielle Legaldefinition des Begriffs „ganzer Gewinn" verstanden werden. Mittelbar wirkt § 14 Abs. 1 Satz 1 Nr. 4 KStG damit auch als Ausnahme von der nach § 14 Abs. 1 Satz 1 Nr. 3 KStG gebotenen Durchführung des GAV i. S. einer Abführung des ganzen Gewinns.

261 Bevor die Zulässigkeit einer Rücklagenbildung nach § 14 Abs. 1 Satz 1 Nr. 4 KStG geprüft wird, ist zu untersuchen, ob es sich um eine **handelsrechtlich zulässige oder unzulässige Maßnahme** handelt. Die Rücklagenbildung ist für Aktiengesellschaften und Kommanditgesellschaften auf Aktien in § 58 AktG und für Gesellschaften mbH in § 29 Abs. 2 GmbHG i. d. F. gem. Art. 3 Nr. 1 BiRiLiG geregelt.[1]

262 Eine **handelsrechtlich unzulässige Rücklagenbildung** kann nicht bei vernünftiger kaufmännischer Beurteilung wirtschaftlich begründet sein. Sie führt deshalb dazu, dass die Folgen des § 14 Abs. 1 Satz 1 KStG nicht eintreten.

263 Eine **handelsrechtlich zulässige Rücklagenbildung** muss, damit die Rechtsfolgen der Organschaft eintreten, darüber hinaus den Anforderungen des § 14 Abs. 1 Satz 1 Nr. 4 KStG genügen. Die Beschränkung dieser Vorschrift galt vor dem StÄndG 1992 für die Einstellung von Beträgen in **„freie Rücklagen"**. Während dieser Begriff früher im Aktiengesetz definiert war (§ 151 Abs. 1 Passivseite II 2. AktG a. F.), verwendet § 266 HGB diesen Begriff nicht mehr.

Erst durch das StÄndG 1992 ist der alte § 14 Nr. 5 KStG (heute § 14 Abs. 1 Satz 1 Nr. 4 KStG) an die neue Terminologie angepasst worden. Die Worte „freie Rücklagen" sind durch die Worte „die Gewinnrücklagen (§ 272 Abs. 3 HGB) mit Ausnahme der gesetzlichen Rücklagen" ersetzt worden. Durch den Hinweis auf § 272 Abs. 3 HGB ist klargestellt, dass die im Gliederungsschema des § 266 Abs. 3 A. III. HGB ebenfalls unter den Gewinnrücklagen ausgewiesene Rücklage für eigene Anteile (Nr. 2) nicht unter § 14 Abs. 1 Satz 1 Nr. 4 KStG fällt.

Auch nach der Neufassung ist u. E. daran festzuhalten, dass Zuführungen zur gesetzlichen Rücklage, die die gesetzlich vorgeschriebenen Beiträge überschreiten, wie andere Gewinnrücklagen zu beurteilen sind. Andernfalls hätte die Organgesellschaft es in der Hand, durch überhöhte Zuführungen in diese Rücklage das Erfordernis der Abführung des **ganzen** Gewinns zu umgehen.[2]

---

1 Zu Einzelheiten s. Hoffmann/Lüdenbach, § 272 HGB Rz. 79 ff.
2 Sterner in Herrmann/Heuer/Raupach, § 14 KStG Anm. 239, Stichwort „überdotierte gesetzliche Rücklage".

Die **Bildung stiller Rücklagen** (stiller Reserven) fällt nicht unter die Beschränkung des § 14 Abs. 1 Satz 1 Nr. 4 KStG (R 14.5 Abs. 5 Nr. 3 Satz 4 KStR). Es handelt sich nicht um Rücklagen i. S. dieser Vorschrift. Die Bildung solcher Rücklagen verstößt auch nicht gegen das Erfordernis der Durchführung des GAV. Ganzer Gewinn i. S. von § 14 bzw. § 17 KStG ist der sich aus der Anwendung der jeweils maßgebenden handelsrechtlichen Bilanzierungsvorschriften errechnete Gewinn.[1] Die handelsrechtlich zulässige Bildung stiller Rücklagen durch die Organgesellschaft verstößt nur dann gegen das Erfordernis der Durchführung des GAV, wenn dieser ihre Bildung ausdrücklich untersagt. § 14 Abs. 1 Nr. 4 KStG findet zweifelsfrei keine Anwendung auf die Zuführungen zum **Sonderposten mit Rücklageanteil** (§§ 247 Abs. 3, 273 HGB), z. B. Rücklage gem. § 6b EStG, Rücklage für Ersatzbeschaffung gem. R 6.6 EStR. Hierzu gehören auch offene und stille Rücklagen, die durch die Inanspruchnahme steuerlicher Vergünstigungsvorschriften entstehen.[2] Die Sonderposten mit Rücklageanteil sind durch BilMoG abgeschafft worden und dürfen für Geschäftsjahre, die nach dem 31.12.2009 beginnen, nicht mehr neu gebildet werden; bestehende Rücklagen dürfen allerdings beibehalten werden.[3]

264

Der GAV braucht eine Rücklagenbildung im Rahmen des § 14 Abs. 1 Satz 1 Nr. 4 KStG nicht ausdrücklich zuzulassen.[4] Schließt allerdings der GAV die Einstellung von Teilen des Jahresüberschusses in satzungsmäßige Rücklagen oder andere Gewinnrücklagen ausdrücklich aus, führt die Bildung von Rücklagen durch die Organgesellschaft, auch wenn sie nicht über den Rahmen des § 14 Abs. 1 Satz 1 Nr. 4 KStG hinausgeht, dazu, dass der GAV nicht ordnungsgemäß durchgeführt ist und wegen Verstoßes gegen § 14 Abs. 1 Satz 1 Nr. 3 Satz 1 KStG die Rechtsfolgen der Organschaft nicht eintreten.

265

Das Gesetz sagt nicht, unter welchen Voraussetzungen die Bildung von Rücklagen i. S. des § 14 Abs. 1 Satz 1 Nr. 4 KStG „bei vernünftiger kaufmännischer Beurteilung wirtschaftlich begründet" und damit unschädlich ist. Die Verwaltung (R 14.5 Abs. 5 Nr. 3 Satz 3 KStR) verlangt in Übereinstimmung mit dem BFH,[5] dass ein **konkreter Anlass** für die Bildung der Rücklage gegeben sein muss, der auch aus **objektiver unternehmerischer Sicht** die Bildung der Rück-

266

---

1 Sterner in Herrmann/Heuer/Raupach, § 14 KStG Anm. 235, Stichwort „Stille Reserven".
2 Eine Zusammenstellung der Sonderposten mit Rücklageanteil findet sich bei Glade, Teil I Tz. 432.
3 Zu Einzelheiten s. Hoffmann/Lüdenbach, NWB Kommentar Bilanzierung, Art. 67 EGHGB Rz. 18.
4 Sterner in Herrmann/Heuer/Raupach, § 14 KStG Anm. 235; Lohmar in Lademann/Gassner, § 14 KStG Anm. 339; Streck, § 14 KStG Anm. 73; a. A. Eberhard Schmidt, FR 1982 S. 139, der eine ausdrückliche Zulassung im GAV verlangt.
5 BFH, Urteil v. 29.10.1980 - I R 61/77, BStBl 1981 II S. 336.

lage rechtfertigt, wie z. B. eine geplante Betriebsverlegung, Werkserneuerung oder Kapazitätsausweitung. Der BFH lehnt es in dem vorgenannten Urteil allerdings ab, die Bildung von Rücklagen auf besonders ausgewählte betriebliche Anlässe zu beschränken.

Welche betrieblichen Anlässe die Bildung (oder Erhöhung) einer freien Rücklage rechtfertigen, hängt von den Umständen des Einzelfalles ab. Eine bloß gewohnheitsmäßige Bildung von freien Rücklagen genügt nicht. Andererseits kann das Ziel einer Verbesserung der Kapitalstruktur eines Unternehmens nicht ohne weiteres als schädlich angesehen werden.[1] Ein konkreter Anlass zur Bildung von Gewinnrücklagen kann z. B. auch vorliegen, wenn ein Unternehmen besondere Risiken trägt und es bei Ausschüttung der entsprechenden Beträge als Gewinn möglicherweise Verluste ohne Gefährdung des Unternehmens nicht abdecken könnte. Rücklagen, durch die Gewinne der Ausschüttung entzogen werden, sind das geeignete Mittel zur Bildung von Risikokapital.[2] Dabei ist es grds. dem Unternehmen überlassen zu bestimmen, ob es sich erforderliches Kapital durch Bildung von Eigen- oder Fremdkapital beschaffen will. Den für die Bildung der Rücklagen zuständigen Organen muss innerhalb der aufgezeigten Grenzen ein Beurteilungsspielraum eingeräumt werden. U. E. stellt die Einstellung des **Unterschiedsbetrags bei den Pensionsrückstellungen** (Berechnung mit siebenjähriger und zehnjähriger Zinssatzentwicklung; s. § 253 Abs. 6 HGB) in die Gewinnrücklagen einen vernünftigen kaufmännischen Grund dar, da nach drei Jahren die Pensionsbelastung steigen wird.

267 Zu den Rechtsfolgen bei einem Verstoß gegen § 14 Abs. 1 Satz 1 Nr. 4 KStG siehe Rz. 811 ff. Ein Verstoß kann nicht nach § 14 Abs. 1 Satz 1 Nr. 3 Satz 4 KStG[3] geheilt werden, da kein Fehler im handelsrechtlichen Sinne vorliegt.[4]

268–310 *(unbesetzt)*

9. Besondere Voraussetzungen für die Anwendung der §§ 14 bis 19 KStG bei Personengesellschaften als Organträger

Vorbemerkung

Die nachfolgenden Ausführungen (Rz. 311 bis 331) beziehen sich nur auf VZ ab 2003. Durch das StVergAbG ist ab VZ 2003 § 14 Abs. 1 Satz 1 Nr. 2 KStG in

---

1 BFH, Urteil v. 29.10.1980 - I R 61/77, BStBl 1981 II S. 336.
2 BFH, Urteil v. 29.10.1980 - I R 61/77, BStBl 1981 II S. 336.
3 S. hierzu oben Rz. 242.
4 Im Ergebnis ebenso Dötsch/Pung, DB 2013 S. 305, 309.

Bezug auf Personengesellschaften als Organträger gravierend umgestaltet worden. Für VZ vor 2003 s. 6. Auflage Rz. 311 bis 359

9.1 Grundlegung

Organträger kann auch eine „Personengesellschaft i. S. des § 15 Abs. 1 Nr. 2 des Einkommensteuergesetzes" sein (§ 14 Abs. 1 Satz 1 Nr. 2 Satz 2 KStG). 311

Ist der Organträger eine Personengesellschaft i. S. des § 15 Abs. 1 Nr. 2 EStG, so ergeben sich für die Anwendung der §§ 14 bis 19 KStG eine Reihe von Besonderheiten. 312

Personengesellschaften i. S. des § 15 Abs. 1 Nr. 2 EStG sind die dort genannte offene Handelsgesellschaft, die Kommanditgesellschaft und jede andere „Gesellschaft, bei der der Gesellschafter als Unternehmer (Mitunternehmer) anzusehen ist", wie z. B. eine Gesellschaft des bürgerlichen Rechts. 313

9.2 Finanzielle Eingliederung

Die finanzielle Eingliederung muss nach § 14 Abs. 1 Satz 1 Nr. 3 Satz 3 KStG im Verhältnis zur Personengesellschaft selbst erfüllt sein, d. h., die Beteiligung muss Gesamthandsvermögen sein. Sonderbetriebsvermögen der Gesellschafter reicht nicht (mehr) aus. 314

Wenn aber die Anteile an der Organgesellschaft Gesamthandsvermögen der Personengesellschaft sein oder zumindest in deren wirtschaftlichem Eigentum stehen müssen, Sonderbetriebsvermögen der Gesellschafter also nicht genügt, so folgt daraus, dass Personengesellschaften ohne Gesamthandsvermögen, wie z. B. eine Gesellschaft des bürgerlichen Rechts als Innengesellschaft, aber auch eine atypisch stille Gesellschaft nicht Organträger sein können.[1] 315

9.3 Wirtschaftliche und organisatorische Eingliederung

Zum Wegfall des Erfordernisses der wirtschaftlichen und organisatorischen Eingliederung siehe oben Rz. 121 bis 123; zu Einzelheiten nach früherem Recht siehe die 5. Auflage, Rz. 323. 316

Problematisch ist in diesem Zusammenhang, dass § 34 Abs. 6 Nr. 1 KStG für den VZ 2000 und früher eine Neufassung des § 14 KStG vorsieht und hierbei in 317

---

[1] Ebenso Dötsch, DB 2005 S. 2541; zweifelnd Dötsch in Dötsch/Pung/Möhlenbrock, § 14 KStG n. F. Tz. 106, mit Hinweisen zu den verschiedenen Auffassungen; BMF v. 20.8.2015, BStBl 2015 I S. 649 = DB 2015 S. 1994, Tz. 1; a. A. z. B. Hageböke, DB 2015 S. 1993, Rödder/Liekenbrock in Rödder/Herlinghaus/Neumann, § 14 Rz. 188.

§ 14 Abs. 1 Nr. 3 Satz 3 KStG nur noch auf die finanzielle Eingliederung (Nr. 1) verweist. Der bisher enthaltene Hinweis auf die organisatorische und wirtschaftliche Eingliederung (Nr. 2) ist weggefallen. Damit werden rückwirkend in allen noch nicht bestandskräftigen Fällen die organschaftlichen Voraussetzungen bei Personengesellschaften i. S. des § 14 Abs. 1 Nr. 3 Sätze 3 und 4 KStG als Organträger gelockert. Ob dies dem Willen des Gesetzgebers entspricht, ist fraglich. Es liegt wohl eher ein Fehler bei der Gesetzesformulierung vor. U. E. muss es für VZ 2000 und früher bei dem Erfordernis der wirtschaftlichen und organisatorischen Eingliederung bleiben, da ansonsten u. U. rückwirkend Organschaftsverhältnisse begründet würden und es für diese echte Rückwirkung keine Begründung gibt.

9.4 Eigene gewerbliche Tätigkeit

318 Die Personengesellschaft muss nach § 14 Abs. 1 Satz 1 Nr. 2 Satz 2 KStG eine Tätigkeit i. S. des § 15 Abs. 1 Nr. 1 EStG, also eine eigene gewerbliche Tätigkeit, ausüben. **Eine gewerbliche Prägung reicht nicht mehr aus** (s. Rz. 68).

319 Fraglich ist, ob für die originär gewerbliche Tätigkeit einer vermögensverwaltenden Personengesellschaft (Obergesellschaft) die Beteiligung an einer gewerblich tätigen Personengesellschaft (Untergesellschaft) ausreicht. Dies wird von der Verwaltung verneint.[1] Für die Verwaltungsauffassung spricht, dass das Halten einer Beteiligung schwerlich als „Ausüben einer gewerblichen Tätigkeit" angesehen werden kann. Dass dies vom Gesetzgeber ebenso gesehen wird, zeigt die Neufassung des § 15 Abs. 3 Nr. 1 EStG durch das JStG 2007. Danach stellt das Beziehen von Einkünften aus der Beteiligung an einer gewerblich tätigen Personengesellschaft keine originär gewerbliche Betätigung dar. Auch der BFH, auf den die Gesetzesänderung zurückgeht, sieht in der Beteiligung an einer gewerblich tätigen Personengesellschaft keine originär gewerbliche Betätigung.[2]

320 Da das Gesetz keinen bestimmten Mindestumfang der gewerblichen Tätigkeit vorschreibt, reicht auch eine geringfügige, nicht völlig untergeordnete gewerbliche Betätigung aus.[3]

---

[1] BMF v. 10.11.2005 - S 2770, BStBl 2005 I S. 1038, Tz. 20; zustimmend Müller in Mössner/Seeger/Oellerich, § 14 KStG Rz. 131, mit Nachweisen zu den verschiedenen Meinungen.
[2] BFH, Urteil v. 6.10.2004 - IX R 53/01, BStBl 2005 II S. 383.
[3] Müller in Mössner/Seeger/Oellerich, § 14 KStG Rz. 131., m. w. N.; a. A. BMF v. 10.11.2005 - S 2770, BStBl 2005 I S. 1038, Tz. 17; vgl. auch OFD Frankfurt a. M., Rundvfg. v. 29.6.2015, GAAAE-99401, wo aber keine exakten Grenzen genannt werden, ab der eine eigene gewerbliche Tätigkeit ausreicht; vgl. hierzu auch Weiss, EStB 2015 S. 407.

II. Die Voraussetzungen der Organschaft

Die Personengesellschaft muss die gewerbliche Tätigkeit in jedem Wirtschaftsjahr, für das ein Organschaftsverhältnis angenommen werden soll, ausüben. Nach BFH reicht es aus, wenn der OrgT im Laufe des Wirtschaftsjahrs erst die gewerbliche Betätigung aufnimmt, er muss sie nicht vom Beginn des Wirtschaftsjahrs der Organgesellschaft an ausüben.[1]

321

Wird eine Organträgerpersonengesellschaft in das sog. **Treuhandmodell**[2] überführt, bleibt ein GAV bestehen. Vorteil einer solchen Ein-Unternehmer-Personengesellschaft ist die ertragsteuerliche Konsolidierung der Ergebnisse von Personengesellschaft einerseits und dem aus wirtschaftlicher Sicht alleinigen Gesellschafter andererseits.[3]

322

BEISPIEL ▶ An einer KG ist die X-GmbH als Komplementärin mit 0 % und die Y-GmbH als Kommanditistin mit 100 % beteiligt. Die KG ist OrgT der OG-GmbH. Die Y-GmbH überträgt einen Minianteil im Wege der Übertragungstreuhand auf die Z-GmbH, die an die Weisungen der Y-GmbH gebunden ist und ihre Erträge aus der Beteiligung an die Y-GmbH abtreten muss. Die Y-GmbH wechselt anschließend in die Komplementärstellung und die X-GmbH scheidet aus.

LÖSUNG ▶ Die KG wird wie eine Betriebsstätte der Y-GmbH behandelt. Alle Erträge der KG sind der Y-GmbH zuzurechnen. Eventuelle Verluste sind voll ausgleichsfähig. Der GAV bleibt bestehen, die Y-GmbH tritt in die Organträgerstellung der KG ein.[4]

9.5 Die Bedeutung einer Veräußerung eines Mitunternehmeranteils, insbesondere eines Gesellschafterwechsels

Veräußert ein Einzelunternehmer, der Organträger ist, sein gesamtes Unternehmen einschließlich der Beteiligung an der Organgesellschaft, so endet damit das Organschaftsverhältnis.

323

Gleichartige Grundsätze gelten, wenn eine Personengesellschaft ihr gesamtes gewerbliches Unternehmen einschließlich der Beteiligung an der Organgesellschaft veräußert.

324

Sehr zweifelhaft ist aber, welchen Einfluss die Veräußerung eines Mitunternehmeranteils, insbesondere die Aufnahme eines weiteren Gesellschafters, das Ausscheiden eines Gesellschafters oder ein Gesellschafterwechsel unter

325

---

1 BFH, Urteil v. 24.7.2013 - I R 40/12, BStBl 2014 II S. 272, gegen die Vorinstanz FG Münster, Urteil v. 23.2.2012 - 9 K 3556/10 K, G, EAAAE-11646 = EFG 2012 S. 1589; BMF v. 10.11.2005 - S 2770, BStBl 2005 I S. 1038, Tz. 21.
2 Zu dessen steuerlicher Anerkennung s. BFH, Urteil v. 3.2.2010 - IV R 26/07, BStBl 2010 II S. 751.
3 Zu Einzelheiten s. Jochimsen/Mangold/Zinowsky, DStR 2014 S. 2045.
4 Jochimsen/Mangold/Zinowsky, a.a.O.; a.A. Dötsch in Dötsch/Pung/Möhlenbrock, § 14 KStG Tz. 45.

Fortbestand der Personengesellschaft auf ein Organschaftsverhältnis hat, wenn die Organgesellschaft im Verhältnis zur Personengesellschaft selbst finanziell eingegliedert ist, die Anteile an der Organgesellschaft also Gesamthandsvermögen der Personengesellschaft sind.

326 Berücksichtigt man, dass nach dem Sprachgebrauch des § 14 KStG zwar die Personengesellschaft als solche Organträger ist, das ihr zuzurechnende Einkommen aber von ihren Gesellschaftern zu versteuern ist, weil die Personengesellschaft einkommen- und körperschaftsteuerrechtlich kein selbständiges Rechtssubjekt ist, so wäre es naheliegend, jeden **Gesellschafterwechsel** als schädlich für das Organschaftsverhältnis insgesamt anzusehen.[1] Die Finanzverwaltung ist demgegenüber der Auffassung, dass ein Gesellschafterwechsel ohne Einfluss auf den Fortbestand des Organschaftsverhältnisses ist, wenn die Beteiligung zum Gesamthandsvermögen gehört bzw. wirtschaftliches Eigentum der Personengesellschaft gegeben ist, weil die Personengesellschaft rechtlich eigenständig sei, die wirtschaftliche Identität gewahrt sei und die rechtliche Gebundenheit des Gesellschaftsvermögens gleich bleibe (R 14.3 Satz 3 KStR).[2]

BEISPIEL An der Personengesellschaft X sind A mit 70 % und B mit 30 % beteiligt; die Mehrheitsbeteiligung an der Organgesellschaft ist Gesamthandsvermögen der Personengesellschaft. Wirtschaftsjahr der Organgesellschaft = Kalenderjahr. A veräußert am 1.7.2010 seinen Anteil an der Personengesellschaft an C. Das Organschaftsverhältnis zu der Personengesellschaft bleibt auch für 2010 unverändert bestehen; lediglich die verhältnismäßige Zurechnung des Einkommens der Organgesellschaft auf die Gesellschafter der Personengesellschaft ändert sich (s. dazu Rz. 508).

327 Nach Auffassung der Finanzverwaltung bleibt die wirtschaftliche Identität der Personengesellschaft und damit auch das Organschaftsverhältnis bestehen, wenn gleichzeitig oder in engem zeitlichen Zusammenhang **alle Gesellschafter** wechseln.[3] Dieser zivilrechtlich zutreffenden Auffassung schließen wir uns an.

9.6 Steuerpflicht der Gesellschafter

328 Die bis einschließlich VZ 2002 in § 14 Abs. 1 Nr. 2 Satz 2 KStG enthaltene Regelung, dass an der Personengesellschaft nur Gesellschafter beteiligt sein dürfen, die mit dem auf sie entfallenden Teil des zuzurechnenden Einkommens im Inland der Einkommen- und Körperschaftsteuer unterliegen, ist nicht mehr im Gesetz enthalten. In Bezug auf Steuerausländer ist dadurch keine materielle

---

1 Vgl. zur Problemstellung auch Hübl, DStZ A 1972 S. 81, 94.
2 Ebenso BFH, Urteil v. 28.2.2013 - IV R 50/09, BStBl 2013 II S. 494.
3 R 14.3 Satz 4 KStR.

Änderung eingetreten, da es sich bei den Gewinnanteilen für Steuerausländer um inländische Einkünfte i. S. der §§ 1 Abs. 4, 49 Abs. 1 Nr. 2 Buchst. a EStG handelt, mit denen sie beschränkt steuerpflichtig sind.[1] Eine Änderung ist allerdings insoweit eingetreten, als eine Personengesellschaft seitdem auch dann OrgT sein kann, wenn an ihr nach § 5 KStG sachlich oder persönlich steuerbefreite Körperschaften beteiligt sind.[2]

10. Das Organschaftsverhältnis zu einer Holding

10.1 Zum Begriff der Holding

Unter einer Holding ist ein Rechtsträger (natürliche Person, Personengesellschaft, Kapitalgesellschaft) zu verstehen, der keinen eigenen Produktions- oder Handelsbetrieb unterhält, sondern nur eine oder mehrere Beteiligungen an anderen Unternehmen, insbesondere Kapitalgesellschaften besitzt (daneben eventuell noch weiteres Vermögen verwaltet) und bestimmte sich aus diesen Beteiligungen ergebenden Möglichkeiten wahrnimmt.[3] Herkömmlicherweise unterscheidet man zwischen **vermögensverwaltender** und **geschäftsleitender Holding,** je nachdem, ob die Holding nur die Beteiligungen in einer Art und Weise, wie dies für Kapitalvermögen üblich ist, verwaltet oder darüber hinaus einen Einfluss auf die Geschäftspolitik der Beteiligungsgesellschaften nimmt.

329

10.2 Problemstellung und BFH-Rechtsprechung

Die Beantwortung der Frage, ob ein Organschaftsverhältnis zu einer Holding möglich ist, richtet sich auf der Grundlage der Rechtsprechung des BFH[4] nach folgenden Grundsätzen:

330

▶ Aus der Voraussetzung, dass der Organträger ein gewerbliches Unternehmen unterhalten muss, in das die Organgesellschaft wirtschaftlich eingegliedert ist, folgt „dass der Organträger selbst eine gewerbliche Tätigkeit entfalten muss, d. h. eine selbständige nachhaltige Tätigkeit, die mit Gewinnerzielungsabsicht unternommen wird und die sich als Beteiligung am allgemeinen wirtschaftlichen Verkehr darstellt (§ 1 GewStDV, jetzt § 15 Abs. 2 EStG)". Es genügt nicht, „dass das herrschende Unternehmen nur

---

1 Zu Einzelheiten s. Dötsch/Pung, DB 2014 S. 1215.
2 Neumann in Gosch, § 14 Rz. 84.
3 Vgl. auch BFH, Urteil v. 3.12.1976 - III R 98/74, BStBl 1977 II S. 235.
4 Urteile v. 17.12.1969 - I 252/64, BStBl 1970 II S. 257; v. 15.4.1970 - I R 122/66, BStBl 1970 II S. 554; v. 31.1.1973 - I R 166/71, BStBl 1973 II S. 420.

kraft Rechtsform als Gewerbebetrieb gilt" (z. B. weil das herrschende Unternehmen die Rechtsform einer Kapitalgesellschaft oder einer GmbH & Co. hat).

▶ Eine gewerbliche Tätigkeit in dem oben erwähnten Sinne (und damit ein Organschaftsverhältnis, sofern auch die übrigen Voraussetzungen hierfür vorhanden sind) ist bei einer Holding dann anzunehmen, wenn die Holding die einheitliche Leitung im Konzern ausübt und die nachfolgend genannten weiteren Voraussetzungen erfüllt sind. Es genügt nicht, dass sich das herrschende Unternehmen auf die Vermögensverwaltung, insbesondere die Verwaltung der Beteiligungen und damit „auf das Geltendmachen der aus der Beteiligung fließenden Rechte vermögensrechtlicher Natur (Anspruch auf den Gewinn und das Abwicklungsvermögen) und herrschaftsrechtlicher Natur (Stimmrecht) beschränkt".

▶ Die **Ausübung der einheitlichen Leitung im Konzern** muss bei näherer Prüfung durch die dazu befugten Personen (z. B. Abschlussprüfer, Betriebsprüfer) durch äußere Merkmale erkennbar sein. „Was dazu erforderlich ist, kann angesichts der vielfältigen Formen, die das Wirtschaftsleben für die Konzernleitung herausgebildet hat, nicht erschöpfend dargestellt werden. Die Voraussetzung einer durch äußere Merkmale erkennbaren Konzernleitung wird im Allgemeinen erfüllt sein, wenn das herrschende Unternehmen Richtlinien über die Geschäftspolitik der abhängigen Unternehmen aufstellt und den abhängigen Unternehmen zuleitet oder wenn es den abhängigen Unternehmen schriftliche Weisungen erteilt. Auch Empfehlungen des herrschenden Unternehmens, Besprechungen und gemeinsame Beratungen können genügen, wenn sie schriftlich festgehalten werden. Dagegen reicht es nicht aus, dass sich – was handelsrechtlich möglich ist – die einheitliche Leitung stillschweigend aus einer weitgehenden personellen Verflechtung der Geschäftsführung der Konzernunternehmen ergibt. Auch irgendwelche Vermutungen, wie sie neuerdings § 18 Abs. 1 Sätze 2 und 3 AktG aufstellt, können mangels einer entsprechenden gesetzlichen Vorschrift im Steuerrecht nicht gelten." Eine Konzernleitung, die allein auf Personalunion in der Geschäftsführung der Konzerngesellschaft beruht, hat keine durch äußere Merkmale erkennbare Form. Sie reicht nicht aus, um der Obergesellschaft die Eigenschaft eines gewerblichen Unternehmens zuzusprechen, in das die Untergesellschaften wirtschaftlich eingegliedert sind.[1]

---

[1] BFH, Urteil v. 31.1.1973 - I R 166/71, BStBl 1973 II S. 420.

▶ Neben der Ausübung der Konzernleitung muss auch das Bestehen des herrschenden Unternehmens **nach außen** in Erscheinung treten. Dazu genügt i. d. R. eine im Handelsregister eingetragene Firma, gleichgültig, ob Einzelfirma, Personenhandelsgesellschaft oder Kapitalgesellschaft.

▶ Das herrschende Unternehmen muss die einheitliche Leitung über **mehrere** abhängige Unternehmen ausüben. Beherrscht das herrschende Unternehmen nur eine Tochtergesellschaft, so betreibt nur die Tochtergesellschaft ein gewerbliches Unternehmen, nicht hingegen das herrschende Unternehmen; bei diesem fehlt es an der Voraussetzung einer Beteiligung am allgemeinen Wirtschaftsverkehr i. S. des Steuerrechts.[1] Anders ist die Rechtslage aber, wenn zur leitenden Tätigkeit des herrschenden Unternehmens bei der einen Tochtergesellschaft „eine andere gewerbliche Tätigkeit" des herrschenden Unternehmens hinzukommt.[2]

10.3 Verwaltungsauffassung

Die in Rz. 329 dargestellten Grundsätze hat der BFH zur Rechtslage vor der gesetzlichen Regelung der körperschaftsteuerlichen Organschaft entwickelt. Nach Auffassung der Verwaltung waren sie jedoch bis 2000 in gleicher Weise für die §§ 14 bis 19 KStG verbindlich, da sich die Rechtslage insoweit nicht geändert hatte.[3] Nach der grds. ab VZ 2001 geltenden Aufhebung des § 14 (Abs. 1) Nr. 2 KStG a. F. vertritt die Verwaltung die Auffassung, dass nunmehr auch die bloß vermögensverwaltende Kapitalgesellschaft, z. B. die nicht geschäftsleitend tätige Holdinggesellschaft mit nur einer Tochtergesellschaft, als Organträgerin fungieren kann.[4] Demgegenüber könne eine Holdingpersonengesellschaft nur noch dann Organträgerin sein, wenn sie selbst eine eigene gewerbliche Tätigkeit ausübe. Dabei könne nicht auf die oben dargestellten Grundsätze des BFH zur wirtschaftlichen Eingliederung abgestellt werden.[5]

331

---

1 BFH, Urteile v. 13.9.1989 - I R 110/88, BStBl 1990 II S. 24, 27; v. 22.4.1998 - I R 132/97, BStBl 1998 II S. 687.
2 BFH, Urteil v. 21.1.1976 - I R 21/74, BStBl 1976 II S. 389.
3 Abschnitt 50 Abs. 2 KStR 1995.
4 BMF v. 26.8.2003 - S 2770, BStBl 2003 I S. 437, Tz. 4.
5 BMF v. 10.11.2005 - S 2770, BStBl 2005 I S. 1038, Tz. 18; in seinem Schreiben vom 26.9.2014, BStBl 2014 I S. 1258 zur Anwendung von DBA auf Personengesellschaften nimmt das BMF nicht dazu Stellung, wann von der Gewerblichkeit von Holdingaktivitäten auszugehen ist; s. nachfolgend Rz. 332 ff.

10.4 Eigene Auffassung

332 Nach dem Wegfall des Erfordernisses der wirtschaftlichen Eingliederung ist für Kapitalgesellschaften der Verwaltungsauffassung beizupflichten. Voraussetzung soll jedoch sein, dass die Leistungen gegen gesondertes Entgelt erbracht und wie gegenüber fremden Dritten abgerechnet werden.

333 Hinsichtlich von Personengesellschaften als Holding ergeben sich zwei Probleme: Zum einen muss es sich um eine geschäftsleitende Holding handeln, die aufgrund ihrer Geschäftsleitung originär gewerbliche Einkünfte erzielt, zum anderen muss die Beteiligung an der Organgesellschaft der inländischen Betriebsstätte der Holding-Personengesellschaft zuzuordnen sein. Diese Fragen sind insbesondere bei Beteiligung von Steuerausländern an der Personengesellschaft von Bedeutung, da nur dann, wenn die Personengesellschaft Unternehmensgewinne i.S. des Art. 7 Abs. 1 OECD-MA erzielt, eine Zuordnung der Beteiligung zur Personengesellschaft möglich ist.

334 Eine originär gewerbliche Tätigkeit der Holdinggesellschaft liegt vor, wenn die Holding entgeltliche Dienstleistungen (wie z.B. Erstellen der Buchführung, IT-Unterstützung) gegenüber einer[1] oder mehreren Konzerngesellschaften erbringt, die wie unter fremden Dritten abgerechnet werden.[2] Dies reicht auch für eine Betriebsstätte i. S. des Art. 5 OECD-MA aus.

335 Die Beteiligung an der Tochtergesellschaft ist nach Rechtsprechung[3] und Verwaltung[4] allerdings nur dann der Holding zuzuordnen, wenn die Einkünfte aus der Beteiligung als „Nebenerträge" dem gewerblichen Bereich der Holding (Erbringung von Dienstleistungen) zuzurechnen sind.[5] Einkünfte sind nach BFH nur dann „Nebenerträge", wenn sie nach der Verkehrsauffassung zu den Tätigkeiten gehören, bei denen das Schwergewicht auf der in der Betriebsstätte ausgeübten Unternehmenstätigkeit liegt. Hierzu hat das FG Münster[6] zutreffend festgestellt, dass die Frage, welche Tätigkeit als „Schwergewicht" anzusehen ist, sehr problematisch ist. Deshalb ist von entscheidender Bedeutung, unter welchen Voraussetzungen das Halten und Verwalten von Beteiligungen selbst eine originäre gewerbliche Tätigkeit darstellt; dies ist nur gegeben, wenn die Beteiligungsverwaltung die Anforderungen an eine geschäftsleiten-

---

1 BMF v. 10.11.2005, BStBl 2005 I S. 1038, Tz. 19; Dötsch in Dötsch/Pung/Möhlenbrock, § 14 KStG Tz. 215.
2 Ditz/Tcherveniachki, DB 2015 S. 2897, 2899.
3 BFH v. 19.12.2007 - I R 66/06, BStBl 2008 II S. 510; v. 24.8.2011 - I R 46/10, BStBl 2014 II S. 764.
4 BMF v. 26.9.2014, BStBl 2014 I S. 1258, Tz. 2.2.1.
5 Vgl. Hruschka, IStR 2016 S. 437, 438.
6 FG Münster v. 15.12.2014 - 13 K 624/11 F, VAAAE-88889 = EFG 2015 S. 704, BFH-Az.: I R 10/15.

de Funktion erfüllt.[1] Unstreitig reicht für eine gewerbliche Tätigkeit allein das Halten und Verwalten von Beteiligungen (Ausübung der Gesellschafterrechte) nicht aus.

Das FG Münster[2] verlangt ein aktives, nach außen erkennbares Management der Beteiligungen.[3] Hierzu gehören Richtlinienvorgaben über die Geschäftspolitik, Weisungsrechte und Handlungsempfehlungen sowie die Koordinierung und Kontrolle von Arbeitsabläufen, um dadurch Synergie-Effekte zu nutzen und beim Wareneinkauf die „Marktmacht" der Tochtergesellschaften zu bündeln.[4]

336

Übt die Holding-Personengesellschaft im vg. Sinne eine gewerbliche Tätigkeit aus, muss des Weiteren die Beteiligung ihrer Betriebsstätte zuzuordnen sein. Dies setzt einen funktionalen Zusammenhang voraus; die Beteiligung muss von der Betriebsstätte tatsächlich genutzt werden und zu deren Betriebsergebnis beitragen.[5] Dazu ist bezogen auf jede Organbeteiligung das Unterhalten von Liefer- oder Leistungsbeziehungen erforderlich.[6]

337

Liegen die vg. Voraussetzungen vor, ist die Beteiligung der inländischen Betriebsstätte der Holding-Personengesellschaft zuzuordnen und eine Organschaft damit möglich. Diese vg. Grundsätze entsprechen auch dem neuen § 1 Abs. 5 AStG und der hierzu ergangenen Betriebsstätten-Gewinnaufteilungs-Verordnung – BsGaV.[7]

(unbesetzt)   338–390

11. Betriebsaufspaltung und Organschaft

11.1 Zum Begriff der Betriebsaufspaltung

Von einer Betriebsaufspaltung spricht man, wenn aus einem bisher einheitlichen Unternehmen einzelne betriebliche Aufgaben ausgegliedert und auf ein

391

---

1 Zu Einzelheiten s. Ditz/Tcherveniachki, DB 2015 S. 2897, 2899 ff. unter 2.; Hruschka, IStR 2016 S. 437, 439.
2 FG Münster v. 15.12.2014 - 13 K 624/11 F, VAAAE-88889 = EFG 2015 S. 704, BFH-Az.: I R 10/15 mit zahlreichen Rechtsprechungsnachweisen.
3 Geschäftsleitungsfunktionen nur gegenüber einer Tochtergesellschaft reichen nicht aus, Dötsch in Dötsch/Pung/Möhlenbrock, § 14 KStG Tz. 216; Hruschka, IStR 2016 S. 437, 439; jeweils m.w.N.
4 Zu weiteren Beispielen s. Ditz/Tcherveniachki, DB 2015 S. 2897, 2900.
5 BFH v. 19.12.2007 - I R 66/06, BStBl 2008 II S. 510; ebenso BMF v. 26.9.2014, BStBl 2014 I S. 1258, Tz. 2.2.4.1.
6 Dötsch in Dötsch/Pung/Möhlenbrock, § 14 KStG Tz. 217.
7 Vgl. dazu Hruschka, IStR 2016 S. 437, 441.

rechtlich selbständiges Unternehmen in der Rechtsform einer Kapitalgesellschaft übertragen werden (sog. echte Betriebsaufspaltung) oder die Beteiligung am allgemeinen wirtschaftlichen Verkehr von Anfang an durch zwei Unternehmen erfolgt (sog. unechte Betriebsaufspaltung). Voraussetzungen und Rechtsfolgen sind bei beiden Formen identisch. Typisch sind

▶ die Aufteilung eines Unternehmens in ein Produktionspersonenunternehmen und eine Vertriebskapitalgesellschaft (ausnahmsweise auch in eine Produktionskapitalgesellschaft und ein Vertriebspersonenunternehmen oder in Produktions- und Vertriebskapitalgesellschaften) und

▶ die Aufteilung eines Unternehmens in ein Besitzpersonenunternehmen und eine Betriebskapitalgesellschaft (ausnahmsweise auch in Besitz- und Betriebskapitalgesellschaften) mit Verpachtung der Betriebsanlagen durch das Besitzunternehmen an die Betriebsgesellschaft.

11.2 Organschaftsverhältnis bei einer Betriebsaufspaltung in ein Produktionsunternehmen und eine Vertriebskapitalgesellschaft

392 Es ist nicht zweifelhaft, dass zwischen einem Produktionsunternehmen als Organträger und einer Vertriebskapitalgesellschaft als Organgesellschaft ohne weiteres ein körperschaftsteuerliches und gewerbesteuerliches Organschaftsverhältnis möglich ist. Dabei ist gleichgültig, ob das Produktionsunternehmen Einzelfirma oder Personengesellschaft ist oder die Rechtsform einer Kapitalgesellschaft hat. Lediglich die Vertriebsgesellschaft muss Kapitalgesellschaft sein, weil nur eine Kapitalgesellschaft Organgesellschaft sein kann. Ist auch das Produktionsunternehmen Kapitalgesellschaft, so ist bei Vorliegen der übrigen Voraussetzungen auch ein Organschaftsverhältnis zwischen der Vertriebskapitalgesellschaft als Organträger und dem Produktionsunternehmen als Organgesellschaft möglich.

11.3 Organschaftsverhältnis bei einer Betriebsaufspaltung in ein Besitzunternehmen und eine Betriebskapitalgesellschaft

393 Nach der ständigen Rechtsprechung des BFH,[1] die das BVerfG unter verfassungsrechtlichen Aspekten geprüft und bestätigt hat,[2] beteiligt sich das Besitzunternehmen, dessen Tätigkeit für sich betrachtet nicht gewerblicher Natur ist (Verpachtung der wesentlichen Betriebsgrundlagen an die Betriebskapi-

---

1 Vgl. z. B. Urteil v. 22.1.1954 - III 232/52 U, BStBl 1954 III S. 91; ferner Beschluss v. 8.11.1971 - GrS 2/71, BStBl 1972 II S. 63; Urteil v. 10.4.1997 - IV R 73/94, BStBl 1997 II S. 569.
2 BVerfG v. 14.1.1969 - 1 BvR 136/62, BStBl 1969 II S. 389.

talgesellschaft und Verwaltung der Anteile an der Betriebskapitalgesellschaft), „aufgrund der engen wirtschaftlichen Verflechtung mit der Betriebskapitalgesellschaft über diese am allgemeinen wirtschaftlichen Verkehr" und unterhält deshalb weiterhin einen Gewerbebetrieb i. S. des § 2 GewStG.

Zumindest nach dem Wegfall des Erfordernisses der wirtschaftlichen Eingliederung ab VZ 2001 (zu früheren Zeiträumen s. 5. Auflage, Rz. 404 ff.) kommt eine Besitzpersonengesellschaft unproblematisch als Organträgerin in Betracht, da ihr die gewerbliche Tätigkeit der Betriebsgesellschaft zugerechnet wird.[1]   394

12. Umwandlung der Organgesellschaft oder des Organträgers

Wird die Organgesellschaft oder der Organträger umgewandelt (insbes. verschmolzen), so können sich namentlich im Hinblick auf die zeitlichen Anforderungen, denen die Anwendung der §§ 14 bis 19 KStG unterworfen ist (siehe Rz. 164 ff.), gewisse Besonderheiten ergeben. Nachfolgend werden die Umwandlungen, die unter das Umwandlungsgesetz 1995 und das Umwandlungssteuergesetz i. d. F. des SEStEG fallen, besprochen.[2] Zu Umwandlungen nach dem alten Recht siehe die 5. Auflage Rz. 411 ff.   395

12.1 Handelsrechtliche und steuerrechtliche Grundlagen

Wird eine Kapitalgesellschaft nach den Vorschriften des UmwG mit einer Personenhandelsgesellschaft oder einer anderen Kapitalgesellschaft verschmolzen, so geht das Vermögen der Kapitalgesellschaft mit der Eintragung der Verschmelzung in das Handelsregister am Sitz des übernehmenden Rechtsträgers im Wege der **Gesamtrechtsnachfolge** auf diesen über. Die Kapitalgesellschaft ist damit aufgelöst und zugleich beendet, also als juristische Person untergegangen (vgl. § 20 UmwG). Gleichzeitig erlischt auch die körperschaftsteuerliche Rechtsfähigkeit der Kapitalgesellschaft.   396

Gemäß § 2 UmwStG sind die steuerlichen Wirkungen der Umwandlung grds. auf den **Übertragungsstichtag** zurückzubeziehen, sofern dieser nicht länger als acht Monate vor der Anmeldung der Verschmelzung zur Eintragung in das Handelsregister zurückliegt. Übertragungsstichtag ist der Tag, auf den die Bi-   397

---

1 BMF v. 10.11.2005 - S 2770, BStBl 2005 I S. 1038, Tz. 16; vgl. auch BFH, Urteil v. 2.9.2009 - I R 20/09, IAAAD-35580 = BFH/NV 2010 S. 391, zu einer „reinen" Besitzkapitalgesellschaft; v. 24.7.2013 - I R 40/12, BStBl 2014 II S. 272 14.3.2011 - I R 40/10, BStBl 2012 II S. 281 zu einer „reinen" Besitzpersonengesellschaft.
2 Zu Einzelheiten hierzu s. Klein/Müller/Lieber, Änderung der Unternehmensform, 9. Aufl. 2012.

lanz der Kapitalgesellschaft aufgestellt ist, die der Anmeldung der Verschmelzung zur Eintragung in das Handelsregister beizufügen ist.

12.2 Umwandlung der Organgesellschaft

12.2.1 Verschmelzung der Organgesellschaft auf den Organträger

398 Wird die Organgesellschaft auf den Organträger als Übernehmer verschmolzen und ist **Übertragungsstichtag das Ende des Wirtschaftsjahrs der Organgesellschaft,** so ist die organschaftliche Voraussetzung der finanziellen Eingliederung, die naturgemäß die steuerrechtliche Existenz der Organgesellschaft impliziert, „ununterbrochen", also bis zum Ende des Wirtschaftsjahrs der Organgesellschaft vorhanden. Die §§ 14 bis 19 KStG sind somit für das gesamte Wirtschaftsjahr der Organgesellschaft, mit dessen Ablauf die Organgesellschaft steuerlich als verschmolzen gilt (§ 2 UmwStG), anzuwenden. Erforderlich ist allerdings, dass die Organgesellschaft zum Verschmelzungsstichtag nicht nur eine Verschmelzungsbilanz, sondern auch einen regulären Jahresabschluss erstellt.

> **BEISPIEL** Die B-GmbH steht in einem Organschaftsverhältnis mit Gewinnabführung zum Einzelkaufmann A. Wirtschaftsjahr der Organgesellschaft ist das Kalenderjahr. Die B-GmbH beschließt am 28.2.2010 die Verschmelzung auf den Alleingesellschafter A. Die Verschmelzung wird am 30.4.2010 in das Handelsregister eingetragen. Umwandlungsstichtag ist der 31.12.2009. – Das Einkommen der Organgesellschaft für das gesamte Wirtschaftsjahr 2009 ist dem Organträger zuzurechnen. Für die Geschäftsvorfälle des Jahres 2010 bis zur Eintragung der Verschmelzung in das Handelsregister fingiert § 2 UmwStG, dass diese bei dem Übernehmer angefallen sind.

399 Fällt der **Übertragungsstichtag in das laufende Wirtschaftsjahr der Organgesellschaft,** so stellt sich die Frage, ob in diesem Falle dem Erfordernis der ununterbrochenen organschaftlichen Eingliederung genügt ist und demgemäß das vom Beginn des Wirtschaftsjahrs bis zum Ablauf des Verschmelzungsstichtags erwirtschaftete Ergebnis der Organgesellschaft gem. § 14 KStG dem Organträger zuzurechnen ist. Die Frage ist zu bejahen, weil mit der Wahl eines vom Ende des Wirtschaftsjahres abweichenden Verschmelzungsstichtags ein Rumpfwirtschaftsjahr der Organgesellschaft entsteht.[1] Erforderlich ist allerdings wiederum, dass die Organgesellschaft zum Übertragungsstichtag einen regulären Jahresabschluss erstellt.

> **BEISPIEL** Sachverhalt wie im Beispiel in Rz. 408. Übertragungsstichtag ist jedoch der 31.10.2009. – Das Einkommen der Organgesellschaft für die Zeit vom 1.1. bis

---

[1] BFH, Urteil v. 21.12.2005 - I R 66/05, BStBl 2006 II S. 469.

31.10.2009 ist dem Organträger zuzurechnen. Für die Geschäftsvorfälle ab 1.11.2009 bis zur Eintragung der Verschmelzung in das Handelsregister fingiert § 2 UmwStG, dass diese Geschäftsvorfälle bei dem Übernehmer angefallen sind.

Mit der Verschmelzung der Organgesellschaft wird auch der GAV beendet. Steuerliche Folgen für die Anwendung der §§ 14 bis 19 KStG in den vorangegangenen Wirtschaftsjahren ergeben sich hieraus jedoch nicht, gleichgültig, wie lange der GAV bereits bestanden hat, weil nach Auffassung der Verwaltung (UmwSt-Erlass Tz. Org. 26; R 14.5 Abs. 6 Satz 2 KStR) die Verschmelzung der Organgesellschaft ein wichtiger Grund i.S. von § 14 Abs. 1 Satz 1 Nr. 3 Satz 2 KStG sein kann und regelmäßig auch ist (vgl. dazu im Einzelnen Rz. 217 ff.). 400

Setzt die OG bei der Verschmelzung Zwischenwerte oder gemeine Werte an, kommt es zu einem Übertragungsgewinn. Dieser ist nach Auffassung der Verwaltung von der OG selbst zu versteuern.[1] 401

12.2.2 Verschmelzung der Organgesellschaft auf einen anderen Rechtsträger

Mit der **Verschmelzung** der Organgesellschaft wird das bisherige Organschaftsverhältnis beendet.[2] Zivilrechtlich wirkt die Beendigung des GAV grds. ex nunc (vgl. §§ 296, 297 AktG). Bei einer rückwirkenden Verschmelzung bleibt die steuerliche Organschaft jedoch nur bis zum steuerlichen Übertragungsstichtag unberührt. Um den GAV zivil- und steuerrechtlich zum selben Zeitpunkt zu beenden, empfiehlt sich eine einvernehmliche Vertragsauflösung zum Übertragungsstichtag. Zur Unschädlichkeit bei einem noch nicht fünf Jahre durchgeführten GAV siehe Rz. 410. 402

Die übertragende Organgesellschaft hat steuerrechtlich (nicht handelsrechtlich, siehe § 17 Abs. 2 Satz 2 UmwG; hier steht das Wahlrecht dem übernehmenden Rechtsträger zu, § 24 UmwG.) ein **Wahlrecht,** das übergehende Betriebsvermögen in der steuerlichen Übertragungsbilanz mit dem Buchwert oder einem höheren Wert, begrenzt durch den gemeinen Wert der einzelnen Wirtschaftsgüter, anzusetzen (§§ 3, 11 UmwStG). Dieses Wahlrecht gilt uneingeschränkt zumindest in den Fällen, in denen an der Umwandlung ausschließlich inländische Rechtsträger beteiligt sind. Für die Bewertung ist unerheblich, mit welchen Werten der übernehmende Rechtsträger das Vermögen ansetzt. 403

---

[1] UmwSt-Erlass Tz. Org. 27.
[2] OLG Karlsruhe, Beschluss v. 29.8.1994 - 15 W 19/94, DB 1994 S. 1917; Koppensteiner in Kölner Kommentar, § 291 AktG Rz. 51; Bahns/Graw, DB 2008 S. 1645, 1649, m.w. N., in Fn. 46; UmwSt-Erlass Tz. Org. 21.

Der Gesetzgeber hat im SEStEG die früher streitige Frage, ob auch im Umwandlungsrecht der Grundsatz der Maßgeblichkeit des Handelsrechts für das Steuerrecht gilt, eindeutig dahin gehend entschieden, dass dieser Grundsatz **nicht** gilt. Setzt die Organgesellschaft zulässigerweise einen höheren als den Buchwert an, entsteht ein steuerpflichtiger **Übertragungsgewinn**. Dieser unterliegt u. E. nicht der vertraglichen Gewinnabführungsverpflichtung nach § 301 AktG. Die Organgesellschaft muss den Gewinn aus der Höherbewertung vielmehr selber als Einkommen versteuern.[1]

404 Soll zwischen der übernehmenden Kapitalgesellschaft und dem bisherigen Organträger ebenfalls ein Organschaftsverhältnis begründet werden, ist dies **rückwirkend** auf den steuerlichen Übertragungsstichtag nur möglich, wenn die Übernehmerin selber bereits ab diesem Zeitpunkt finanziell in den Organträger eingegliedert war. Unter dieser Voraussetzung können die in der Zeit zwischen dem steuerlichen Übertragungsstichtag und der Eintragung noch gegebenen Eingliederungsvoraussetzungen der bisherigen Organgesellschaft der Übernehmerin zugerechnet werden.[2] Werden der bisherige GAV und der neu abzuschließende GAV einvernehmlich auf den Übertragungsstichtag bezogen, ist ein nahtloser Übergang möglich. Die vorgenannten BFH-Urteile können u. E. nicht dahin gehend verstanden werden, dass die **Rückwirkung** auch eine fehlende finanzielle Eingliederung umfasst.[3] Diese Frage ist sehr umstritten. Während das FG Baden-Württemberg[4] mit der h. M. sich gegen die Auffassung der Verwaltung wendet und eine Rückbeziehung der finanziellen Eingliederung bejaht, folgt das Sächsische FG[5] der Verwaltungsmeinung. Der BFH hat in beiden Fällen die Lösung nicht in der Rückwirkung gesehen, sondern darin, dass nach der sog. Fußstapfentheorie die übernehmende Rechtsträgerin in die

---

1 Offen Dötsch in Dötsch/Pung/Möhlenbrock, UmwStG n. F. Anh. 1, Tz. 54 Dötsch in Festschrift Widmann, S. 265, 269; dem zustimmend UmwSt-Erlass Tz. Org. 27; a. A. Herlinghaus in Rödder/Herlinghaus/van Lishaut, Anh. 3 Rz. 63; Bahns/Graw, DB 2008 S. 1645, 1650.
2 BFH, Urteile v. 17.9.2003 - I R 55/02, BStBl 2004 II S. 534; v. 21.12.2005 - I R 66/05, BStBl 2006 II S. 469.
3 A. A. Orth, DStR 2005 S. 1629, 1631; wie hier OFD Frankfurt/M. v. 21.11.2005 - S 1978 A, DStR 2006 S. 41; kritisch hierzu Schumacher, DStR 2006 S. 124.
4 FG Baden-Württemberg v. 25.11.2009 - 3 K 157/06, HAAAD-39516 = EFG 2010 S. 820; ebenso FG Köln, Urteil v. 10.6.2010 - 13 K 416/10, SAAAD-54198 = EFG 2010 S. 2029. Der BFH hat in den Urteilen v. 28.7.2010 - I R 89/09, BStBl 2011 II S. 528 und I R 111/09, KAAAD-56230 = BFH/NV 2011 S. 67, die Frage der Rückwirkung leider wiederum offengelassen. Nunmehr hat der BFH allerdings bei der Berechnung der Mindestlaufzeit des GAV ausdrücklich eine Rückwirkung sogar auf einen Zeitpunkt vor der Gründung der OG mit Urteil v. 10.5.2017 - I R 19/15, BStBl 2019 II S. 81 bejaht.
5 Sächsisches FG v. 26.8.2009 - 6 K 2295/06, ZAAAD-41995 = EFG 2010 S. 1160, BFH-Az.: I R 89/09 (s. vorherige Fn.).

Fußstapfen der übertragenden Rechtsträgerin eintritt und die finanzielle Eingliederung damit nahtlos übergeht.[1]

Liegen die Voraussetzungen einer Organschaft am Übertragungsstichtag nicht vor, ist ein Organschaftsverhältnis erst ab Beginn des Wirtschaftsjahrs der übernehmenden Gesellschaft möglich, für das die Eingliederungsvoraussetzung i. S. des § 14 Abs. 1 Satz 1 Nr. 1 KStG während des gesamten Wirtschaftsjahrs erfüllt ist und ein GAV i. S. des § 14 Abs. 1 Satz 1 Nr. 3 KStG vorliegt.

405

12.2.3 Sonstige Formen der Umwandlung einer Organgesellschaft

Sonstige Formen der Umwandlung sind nach § 1 Abs. 1 UmwG die Spaltung, die Vermögensübertragung und der Formwechsel. Hier gilt im Wesentlichen Folgendes:[2]

406

Im Fall einer **Aufspaltung** (§ 123 Abs. 1 UmwG) endet der GAV und damit auch das Organschaftsverhältnis zum steuerlichen Übertragungsstichtag, da die bisherige Organgesellschaft untergeht (§ 131 Abs. 1 Nr. 2 UmwG, UmwSt-Erlass Org. 23). Zur Neubegründung eines Organschaftsverhältnisses zum übernehmenden Rechtsträger siehe oben Rz. 404.

407

Die **Abspaltung** aus dem Vermögen der Organgesellschaft (§ 123 Abs. 2 UmwG) berührt das Organschaftsverhältnis nicht, wenn die Voraussetzungen zu dem bei der Organgesellschaft verbleibenden Unternehmensteil weiterhin vorliegen. Insbesondere wird durch die Abspaltung nicht der GAV beendet.

408

Die **Ausgliederung** von Teilen aus dem Vermögen der Organgesellschaft (§ 123 Abs. 3 UmwG) berührt das Organschaftsverhältnis nicht. Die übernehmende Gesellschaft hat handelsrechtlich (§ 125 i. V. m. § 24 UmwG) und unter bestimmten Umständen steuerrechtlich (§ 20 Abs. 2 Satz 2 UmwStG) ein Wahlrecht, ob sie das eingebrachte Betriebsvermögen mit dem Buchwert oder einem höheren Wert ansetzt. Für die Bewertung gilt dabei nach dem SEStEG der Grundsatz der Maßgeblichkeit der Handelsbilanz für die Steuerbilanz nicht. Setzt sie es mit einem höheren Wert als dem Buchwert an, entsteht bei der Organgesellschaft ein Veräußerungsgewinn, § 20 Abs. 4 und 5 UmwStG. Zweifelhaft ist, ob ein handelsrechtlicher Mehrgewinn aus der Höherbewertung (a. o. Ertrag gem. §§ 275 Abs. 1 Nr. 15, Abs. 2 Nr. 14, 277 Abs. 4 HGB) der Abführungsverpflichtung nach § 301 AktG unterliegt. U. E. spricht mehr dafür, diesen Gewinn entsprechend dem Übertragungsgewinn (siehe Rz. 412) bei der Organ-

409

---

1 Zu den Urteilen s. Heurung/Engel, BB 2011 S. 151; Gebert, DStR 2011 S. 102.
2 Zu Einzelheiten s. Dötsch in Dötsch/Pung/Möhlenbrock, UmwStG n. F. Anh. 1.

gesellschaft als eigenes Einkommen zu versteuern. Die Finanzverwaltung rechnet gem. Org 27 Satz 2 UmwStErl den Gewinn bei weiter bestehendem Organschaftsverhältnis dem Organträger zu.

410 Der **Formwechsel** von einer Kapitalgesellschaft in eine andere Kapitalgesellschaft (§ 190 UmwG) berührt nicht das Organschaftsverhältnis.[1] Er kann u. E. nicht als wichtiger Grund für die steuerunschädliche Beendigung des GAV anerkannt werden, da sich wirtschaftlich durch eine formwechselnde Umwandlung nichts ändert (ebenso UmwSt-Erlass Tz. Org. 20). Demgegenüber beendet der nach dem neuen UmwG mögliche Formwechsel von einer Kapitalgesellschaft auf eine Personengesellschaft (§§ 191, 226 UmwG) das Organschaftsverhältnis zum steuerlichen Übertragungsstichtag, da eine Personengesellschaft nicht Organgesellschaft sein kann. Er ist deshalb auch als wichtiger Grund für die steuerunschädliche Beendigung des GAV anzuerkennen.

12.2.4 Exkurs: Umwandlung einer anderen Gesellschaft auf die Organgesellschaft

411 Die Umwandlung einer anderen Gesellschaft auf die Organgesellschaft berührt im Regelfall nicht das Organschaftsverhältnis.

412 Durch die Umwandlung kann bei der Organgesellschaft ein **Übernahmegewinn** oder **Übernahmeverlust** entstehen. Ein Übernahmegewinn unterliegt nicht der handelsrechtlichen Gewinnabführungsverpflichtung nach § 301 AktG, wenn die Organgesellschaft als Gegenleistung für die Übernahme des Vermögens neue Anteile gewährt. Dieser Gewinn ist in die Kapitalrücklage einzustellen, § 272 Abs. 2 Nr. 1 HGB. Besteht die Gegenleistung in eigenen Anteilen, ist der Übernahmegewinn hingegen in dem abzuführenden Jahresüberschuss enthalten.[2] Ein Übernahmeverlust unterliegt der Verlustübernahme nach § 302 AktG.

Steuerlich bleibt der Übernahmegewinn bzw. Übernahmeverlust außer Ansatz, § 12 Abs. 2 Satz 1 UmwStG. Dies gilt zunächst (vorbehaltlich etwaiger Einschränkungen durch § 12 Abs. 2 Satz 2 UmwStG) unabhängig davon, ob die übernehmende Körperschaft zuvor an der übertragenden Körperschaft beteiligt war oder nicht.[3] Nach § 12 Abs. 2 Satz 2 UmwStG ist § 8b KStG anzuwenden, soweit der Gewinn i. S. des Satzes 1 abzüglich der anteilig darauf entfal-

---

[1] Ebenso Dötsch in Festschrift Widmann, S. 265, 269.
[2] UmwSt-Erlass Tz.Org. 31; dem zustimmend Rödder/Jonas/Montag in FGS/BDI, Der Umwandlungssteuererlass 2011; zweifelnd Dötsch in Herzig, Organschaft, S. 117.
[3] BFH, Urteil v. 9.1.2013 - I R 24/12, QAAAE-32294 = BFH/NV 2013 S. 881.

lenden Kosten für den Vermögensübergang dem Anteil der übernehmenden Körperschaft an der übertragenden Körperschaft entspricht, d. h., bei einem Übernahmegewinn gelten 5 % als Betriebsausgaben, die nicht als Betriebsausgaben abgezogen werden dürfen, d. h., sie sind zu versteuern.[1] Dadurch kann es zu einer Abweichung zwischen dem dem Organträger zuzurechnenden steuerlichen Einkommen und der Ergebnisabführung kommen. Zu den Folgen s. Rz. 641 ff.) Zur Frage der Anwendung der Bruttomethode in diesem Fall s. Rz. 703.

Nach dem neuen UmwStG tritt der übernehmende Rechtsträger hinsichtlich eines noch nicht verbrauchten **Verlustabzugs** der übertragenden Körperschaft **nicht** in deren Rechtsstellung ein (§ 12 Abs. 3 Satz 2 UmwStG), der Verlustvortrag geht also unter. 413

Eine Verlustnutzung kann auch nicht durch eine **rückwirkende Umwandlung** erreicht werden. Dies hat der Gesetzgeber mit dem durch das Jahressteuergesetz 2009 eingeführten § 2 Abs. 4 UmwStG gesperrt. Anknüpfungspunkt dieser Vorschrift war der übertragende Rechtsträger.[2] Mit dem Amtshilferichtlinie-Umsetzungsgesetz hat der Gesetzgeber den Anwendungsbereich der Vorschrift auf Verluste des übernehmenden Rechtsträgers ausgedehnt. Nach § 2 Abs. 4 Satz 3 UmwStG n. F. ist der Ausgleich oder die Verrechnung von positiven Einkünften des übertragenden Rechtsträgers im Rückwirkungszeitraum mit verrechenbaren Verlusten, verbleibenden Verlustvorträgen, nicht ausgeglichenen negativen Einkünften und einem Zinsvortrag nach § 4h Abs. 1 Satz 5 EStG des übernehmenden Rechtsträgers nicht zulässig. Nach Satz 4 gilt: Ist übernehmende Rechtsträgerin eine Organgesellschaft, gilt Satz 3 auch für einen Ausgleich oder eine Verrechnung beim Organträger entsprechend. Satz 5 dehnt den Anwendungsbereich auf eine Personengesellschaft als übernehmende Rechtsträgerin aus. Die Sätze 3-5 gelten nicht, wenn übertragender Rechtsträger und übernehmender Rechtsträger vor Ablauf der steuerlichen Übertragungsstichtags verbundene Unternehmen i. S. des § 271 Abs. 2 HGB sind (sog. Konzernklausel). 414

Die Neuregelung gilt nach § 27 Abs. 12 UmwStG für alle Umwandlungen und Einbringungen, bei denen die Anmeldung zur Eintragung in das maßgebende Handelsregister nach dem Tag des Beschlusses des Deutschen Bundestags über die Beschlussempfehlung des Vermittlungsausschusses erfolgt ist, das war am 6.6.2013. Mithin gilt die Neuregelung für Anmeldungen ab dem

---

1 A. A. BFH, Urteil v. 26.9.2018 - I R 16/16, TAAAH-10780 = BFH/NV 2019 S. 495.
2 Zu Einzelheiten s. Klein/Müller/Lieber, Rz. 791 ff.

7.6.2013. Ist eine Eintragung für die Wirksamkeit nicht erforderlich, ist maßgebend der Tag des Übergangs des wirtschaftlichen Eigentums an den eingebrachten Wirtschaftsgütern.[1]

Die Neuregelung erfasst (nur) positive Einkünfte des übertragenden Rechtsträgers, die im Rückwirkungszeitraum erzielt wurden.

BEISPIEL ZUR NEUREGELUNG (KEIN KONZERNFALL) Die natürliche Person A ist Organträger der Verlust-GmbH. Im August 2013 wird mit steuerlicher Rückwirkung zum 31.12.2012 die Verschmelzung der Gewinn-GmbH auf die Verlust-GmbH zum Handelsregister angemeldet.

LÖSUNG Der laufende Verlust der Verlust-GmbH im Jahr 2013 (nicht begrenzt auf den Rückwirkungszeitraum!) kann nach Satz 3 nicht mit einem laufenden Gewinn der Gewinn-GmbH im Rückwirkungszeitraum (1.1.2013 bis zur Eintragung in das Handelsregister) verrechnet werden. Dieser Gewinn muss nach handelsrechtlichen Grundsätzen ermittelt werden, was einen hohen Verwaltungsaufwand bedeutet. Satz 4 dehnt die Verlustverrechnungssperre auf den Organträger aus, und zwar auch auf eigene laufende Verluste und Verlustvorträge des Organträgers aus. Dies bedeutet, dass sogar die Verschmelzung zweier Gewinngesellschaften zur Anwendung der Verlustverrechnungssperre führt, wenn der Organträger des übernehmenden Rechtsträgers über eigene laufende Verluste oder Verlustvorträge verfügt. Im Beispielsfall versteuert A 2013 sein eigenes Einkommen und das positive Einkommen der Gewinn-GmbH, was im ihm zuzurechnenden Einkommen der Verlust-GmbH (seiner Organgesellschaft) enthalten ist. Das negative Einkommen der Verlust-GmbH im Jahr 2013 kann A nur als Verlustvertrag nutzen.

415–422 *(unbesetzt)*

12.3 Umwandlung des Organträgers

12.3.1 Verschmelzung des Organträgers

423 Ist Organträgerin eine Kapitalgesellschaft, so kann diese nach den Vorschriften des UmwG auf eine natürliche Person, Personenhandelsgesellschaft oder eine andere Körperschaft verschmolzen werden. Ist Verschmelzungsstichtag das Ende des Wirtschaftsjahrs der Organgesellschaft, so ist die organschaftliche Voraussetzung der finanziellen Eingliederung im Verhältnis zum bisherigen Organträger, also der Kapitalgesellschaft, die verschmolzen wird, bis zum Ende des Wirtschaftsjahrs der Organgesellschaft, also ununterbrochen vorhanden. Das Einkommen der Organgesellschaft für das ganze Wirtschaftsjahr, mit dessen Ablauf der Organträger verschmolzen wird, ist somit diesem Organträger zuzurechnen. Darüber hinaus sind die organschaftlichen Voraussetzungen

---

1 Zu Einzelheiten s. Viebrock/Loose, DStR 2013 S. 1364.

vom Beginn des folgenden Wirtschaftsjahrs der Organgesellschaft an im Verhältnis zum Übernehmer bzw. der übernehmenden Gesellschaft erfüllt. Zwar geht der bisherige Organträger zivilrechtlich erst im Laufe dieses Wirtschaftsjahrs unter, so dass die organschaftlichen Voraussetzungen im Verhältnis zum Übernehmer tatsächlich erst im Verlaufe dieses Wirtschaftsjahrs begründet werden, aber § 2 UmwStG **fingiert** für die Besteuerung, dass der bisherige Organträger, also die verschmolzene Kapitalgesellschaft, bereits mit Ablauf des Verschmelzungsstichtags (= Ende des Wirtschaftsjahrs der Organgesellschaft) nicht mehr existiert und von diesem Zeitpunkt an die Übernehmerin bzw. die übernehmende Gesellschaft an ihre Stelle getreten ist, so dass den zeitlichen Voraussetzungen des § 14 KStG genügt ist.[1]

BEISPIEL Die Y-GmbH als Organgesellschaft steht zur X-AG als Organträger in einem Organschaftsverhältnis mit Gewinnabführung. Wirtschaftsjahr beider Gesellschaften ist das Kalenderjahr. Mit Beschluss vom 30.3.2010 wird die X-AG, also der Organträger, zum 31.12.2009 24 Uhr (Umwandlungsstichtag) auf die Personengesellschaft A, die Alleinaktionärin der X-AG ist, verschmolzen. Die Verschmelzung wird am 31.5.2010 in das Handelsregister eingetragen. Die Personengesellschaft A führt das Unternehmen der X-AG unverändert, also einschließlich des Organschaftsverhältnisses mit der Y-GmbH, fort. – Gemäß §§ 14, 17 KStG ist das Einkommen der Y-GmbH im Wirtschaftsjahr 2009 der X-AG, also dem bisherigen Organträger, und das Einkommen der Y-GmbH im Wirtschaftsjahr 2010 der Personengesellschaft A, also dem neuen Organträger, voll zuzurechnen.

Voraussetzung ist allerdings, dass der GAV fortbesteht. Handelsrechtlich wird überwiegend die Auffassung vertreten, dass bei Verschmelzung des herrschenden Unternehmens der GAV automatisch auf den Rechtsnachfolger übergeleitet wird;[2] und – solange es diese Tatbestandsvoraussetzungen gab – die Organgesellschaft von dem Zeitpunkt an, in dem die Verschmelzung zivilrechtlich wirksam wird (= Eintragung in das Handelsregister) ununterbrochen auch wirtschaftlich und organisatorisch in das Unternehmen des neuen Organträgers eingegliedert ist. Für die Prüfung der fünfjährigen **Mindestlaufzeit** des GAV werden die Laufzeit gegenüber dem bisherigen und dem neuen Organträger zusammengerechnet[3] (UmwSt-Erlass Tz.Org. 11). Dies gilt unabhängig davon, ob in der Verschmelzungsbilanz die Buchwerte oder höhere Werte angesetzt werden. Dies ergibt sich u. E. bereits aus dem Wesen der Gesamtrechts-

424

---

1 Ebenso Dötsch in Dötsch/Pung/Möhlenbrock, UmwStG n. F. Anh. 1 Tz. 4; UmwSt-Erlass Tz. Org. 02.
2 Vgl. OLG Karlsruhe, Urteil v. 7.12.1990 - 15 U 256/89, ZIP 1991 S. 101, 104; Koppensteiner in Kölner Kommentar, § 291 AktG Rz. 50; Dötsch in Dötsch/Pung/Möhlenbrock, UmwStG n. F. Anh. 1 Tz. 4.
3 FG Berlin-Brandenburg v. 7.5.2008 - 12 K 8015/05, EAAAC-81640.

nachfolge, wonach der Gesamtrechtsnachfolger vollumfänglich in die Rechtspositionen des Rechtsvorgängers eintritt und diese unverändert übernimmt.

425 Zweifelhaft ist, wie sich die Verschmelzung des Organträgers auf die Anwendung der §§ 14 bis 19 KStG auswirkt, wenn der **Übertragungsstichtag in das laufende Wirtschaftsjahr der Organgesellschaft** fällt.

> **BEISPIEL** Die Y-GmbH steht als Organgesellschaft zur X-AG als Organträger in einem Organschaftsverhältnis mit Gewinnabführung. Das Wirtschaftsjahr der X-AG läuft vom 1.10. bis 30.9., das Wirtschaftsjahr der Y-GmbH entspricht dem Kalenderjahr. Die X-AG wird mit Beschluss vom 31.10.2009 zum 30.9.2009 24 Uhr auf die Personengesellschaft A, die Alleinaktionärin der X-AG ist, verschmolzen. Die Verschmelzung wird am 1.12.2009 in das Handelsregister eingetragen.

426 Man könnte die Auffassung vertreten, dass im Beispielsfall die §§ 14 bis 19 KStG auf das Einkommen der Organgesellschaft für das Wirtschaftsjahr 2009 nicht anzuwenden seien und die Organgesellschaft dieses Einkommen selbst zu versteuern habe. Eine Zurechnung beim bisherigen Organträger, der X-AG, scheitere daran, dass das Organschaftsverhältnis zu diesem nicht bis zum Ende des Wirtschaftsjahrs 2009 der Organgesellschaft bestanden habe, weil die X-AG ja steuerlich bereits als am 30.9.2009 erloschen gilt (§ 2 UmwStG). Eine Zurechnung bei der Personengesellschaft A als neuem Organträger sei nicht möglich, weil zu diesem ein Organschaftsverhältnis frühestens (kraft der Fiktion des § 2 UmwStG) seit dem 1.10.2009 und nicht bereits vom 1.1.2009 an gegeben sei. Diese Auffassung vertritt die Verwaltung.[1] Dagegen wird in der Literatur zu Recht darauf hingewiesen, dass die finanzielle Eingliederung der OG aufgrund der Rechtsnachfolge stattfindet und nicht etwa die finanzielle Eingliederung als tatsächliches Eingliederungsmerkmal zurückbezogen wird. Die Verschmelzung des OrgT mit einem unterjährigen Übertragungsstichtag führt deshalb entgegen der Verwaltungsauffassung **nicht** zu einer **Organschaftslücke**.[2] Im Beispielsfall ist das Organeinkommen der Personengesellschaft A zuzurechnen, da diese zum Ende des Wirtschaftsjahres der OG die OrgT ist.[3]

427 Weitere Folge der Zurechnung ist, dass bei Anwendung des § 14 Abs. 1 Nr. 3 KStG dem Übernehmer der Zeitraum anzurechnen ist, während dem der GAV zum bisherigen Organträger bestanden hat.

---

1 UmwSt-Erlass Tz. Org. 02 Satz 2 und 3.
2 Herlinghaus in Rödder/Herlinghaus/van Lishaut, Anhang 4 Rz. 43.
3 UmwSt-Erlass Tz. Org. 19 Satz 2.

Die oben dargestellten Grundsätze gelten sinngemäß, wenn im Verhältnis zur umgewandelten Kapitalgesellschaft zwar die Voraussetzungen einer organschaftlichen Eingliederung erfüllt, ein GAV aber noch nicht abgeschlossen war, sofern von der Übernehmerin nach der Umwandlung oder Verschmelzung rechtzeitig ein GAV abgeschlossen wird. 428

Die dargestellten Rechtsgrundsätze gelten auch, wenn der Organträger bei der Verschmelzung von dem **Wahlrecht** nach §§ 3, 11 UmwStG in dem Sinne Gebrauch gemacht hat, dass in der Schlussbilanz die Wirtschaftsgüter mit dem **gemeinen Wert** angesetzt, die stillen Reserven also voll aufgedeckt werden. Siehe hierzu Rz. 424 a. E. 429

12.3.2 Sonstige Fälle der Umwandlung des Organträgers

Bei der **Aufspaltung** des Vermögens des Organträgers (§ 123 Abs. 1 UmwG) geht ein bestehender GAV nach Maßgabe des Spaltungsvertrags bzw. des Spaltungsplans im Wege der Gesamtrechtsnachfolge auf den übernehmenden Rechtsträger über (§ 131 Abs. 1 Nr. 1 UmwG). Es gelten die zuvor zur Verschmelzung genannten Grundsätze. 430

Eine **Abspaltung** aus dem Vermögen des Organträgers (§ 123 Abs. 2 UmwG) berührt das Organschaftsverhältnis nicht, wenn die Beteiligung an der Organgesellschaft in dem erforderlichen Umfang (s. Rz. 75 ff.) beim bisherigen Organträger verbleibt. Geht die erforderliche Mehrheit auf den übernehmenden Rechtsträger über, gelten die zuvor genannten Grundsätze bezüglich der Verschmelzung des Organträgers.[1] Verfügen nach der Abspaltung weder der übertragende noch der übernehmende Rechtsträger über die zur finanziellen Eingliederung erforderliche Mehrheit der Stimmrechte, ist das Organschaftsverhältnis beendet. 431

Zur **Ausgliederung** von Teilen aus dem Vermögen des Organträgers (§ 123 Abs. 3 UmwG) siehe nachfolgend Rz. 434 f. 432

Ein **Formwechsel** des Organträgers (§§ 190 ff. UmwG) hat auf den Fortbestand des GAV und des Organschaftsverhältnisses keinen Einfluss, da Organträger neben Körperschaften auch Personengesellschaften und natürliche Personen sein können. Ein Formwechsel des Organträgers ist u. E. in keinem Fall als wichtiger Grund zur Beendigung des GAV anzuerkennen (zur Begründung s. Rz. 419). Dies gilt auch beim Formwechsel einer Personengesellschaft in eine 433

---

[1] Ebenso UmwSt-Erlass Tz. Org. 07.

Kapitalgesellschaft und umgekehrt, da der Organträger beide Rechtsformen haben kann (UmwSt-Erlass Tz. Org. 12).

13. Einbringung des Betriebs des Organträgers in eine Kapitalgesellschaft oder Personengesellschaft

13.1 Einbringung im Wege der Ausgliederung

434 Erfolgt die Einbringung des Betriebs im Wege der **Ausgliederung** nach § 123 Abs. 3 UmwG, d. h. durch Gesamtrechtsnachfolge, und erfasst sie auch die Beteiligung an der Organgesellschaft, gelten die oben (Rz. 423 ff.) zur Verschmelzung des Organträgers genannten Grundsätze entsprechend. Dabei ist unbeachtlich, ob das ausgegliederte Vermögen bei der übernehmenden Gesellschaft mit dem Buchwert, dem gemeinen Wert oder einem Zwischenwert (§§ 20 Abs. 2, 24 Abs. 2 UmwStG) angesetzt wird.

435 Erfasst die Ausgliederung die Beteiligung nicht, gilt das bisherige Organschaftsverhältnis unverändert fort.

13.2 Einbringung im Wege der Einzelrechtsnachfolge

436 Erfolgt die Einbringung im Wege der **Einzelrechtsnachfolge**, gelten dafür zwar auch §§ 20, 24 UmwStG. Ein Eintritt des übernehmenden Rechtsträgers in einen bestehenden GAV ist aber nicht möglich. Bei Abschluss eines neuen GAV mit dem übernehmenden Rechtsträger können die Laufzeiten der beiden GAV nicht zusammengerechnet werden.[1]

13.3 Realteilung eines Organträgers in der Rechtsform einer Personengesellschaft

437 Erfolgt die **Realteilung** in der Form der Aufspaltung (§ 123 Abs. 1 UmwG), gelten die in Rz. 436 dargestellten Grundsätze.

438 Erfolgt die Realteilung im Wege der Einzelrechtsnachfolge, insbesondere, weil übernehmende Rechtsträger natürliche Personen sind, die nach § 124 UmwG ausgeschlossen sind, gelten u. E. bei der nach § 16 Abs. 3 Satz 2 EStG zwingenden **Buchwertfortführung** (mit oder ohne Spitzenausgleich) die Grundsätze der unentgeltlichen Einzelrechtsnachfolge (s. Rz. 440).

---

1 A. A. Widmann/Mayer, § 23 UmwStG Rz. 7500.15.

14. Unentgeltliche Gesamtrechtsnachfolge und unentgeltliche Einzelrechtsnachfolge beim Organträger

14.1 Gesamtrechtsnachfolge (Erbfall)

Ist der Organträger eine natürliche Person und stirbt diese, so stellt sich die Frage, ob sich das Organschaftsverhältnis zum Erben fortsetzt, sofern dieser den Betrieb des Erblassers fortführt. Die Frage ist zu bejahen.[1] Der Erbe tritt grds. in vollem Umfange in die steuerliche Rechtsstellung des Erblassers ein (vgl. § 6 Abs. 3 EStG i. d. F. des StEntlG 1999/2000/2002 bzw. früher § 7 Abs. 1 EStDV; § 45 Abs. 1 AO 1977). Es ist deshalb – ebenso wie bei einer Umwandlung des Organträgers – legitim, bei Prüfung der Frage, ob den zeitlichen Erfordernissen des § 14 KStG genügt ist, die organschaftlichen Voraussetzungen, die im Verhältnis zum Erblasser erfüllt waren, dem Erben zuzurechnen. Freilich muss der GAV fortbestehen.

439

14.2 Einzelrechtsnachfolge (Schenkung)

Zweifelhaft kann sein, ob die zuvor dargestellten Grundsätze auch dann gelten, wenn der Betrieb des Organträgers nicht im Wege der unentgeltlichen Gesamtrechtsnachfolge, sondern durch unentgeltliche Einzelrechtsnachfolge auf einen anderen übergeht, z. B. aufgrund eines Vermächtnisses des Erblassers auf den Vermächtnisnehmer oder durch Schenkung unter Lebenden (vorweggenommene Erbfolge). Zweifel ergeben sich deshalb, weil zwar für die Frage der Buchwertverknüpfung die unentgeltliche Einzelrechtsnachfolge der Gesamtrechtsnachfolge gleichsteht (§ 6 Abs. 3 EStG bzw. § 7 Abs. 1 EStDV), nicht hingegen z. B. für die Anwendung des § 10d EStG[2] und für § 4a EStG.[3] Im Hinblick auf den Sinn und Zweck derzeitlichen Erfordernisse des § 14 KStG, Manipulationen und insbesondere eine schätzungsweise Aufteilung der Ergebnisse der Organgesellschaft zu vermeiden, ist die gestellte Frage zu bejahen.[4]

440

14.3 Gemischte Schenkung

Geht der Betrieb des bisherigen Organträgers auf einen anderen teils unentgeltlich, teils entgeltlich über (z. B. gemischte Schenkung), so wird man darauf abstellen müssen, ob der unentgeltliche oder der entgeltliche Charakter des Geschäftes überwiegt. Je nachdem wird man die in Rz. 440 dargestellten

441

---

1 Ebenso Streck/Olbing, § 14 KStG Anm. 94.
2 Schmidt/Heinicke, § 10d EStG Rz. 14.
3 BFH, Urteil v. 23.8.1979 - IV R 95/75, BStBl 1980 II S. 8; Schmidt/Heinicke, § 4a EStG Rz. 10.
4 Ebenso Streck/Olbing, § 14 KStG Anm. 94.

Grundsätze anwenden können oder nicht. Dabei kommt die Einheitstheorie zum Tragen. Danach liegt ein voll entgeltliches Rechtsgeschäft vor, wenn die Gegenleistung größer ist als der Buchwert des Kapitalkontos. Ist die Gegenleistung kleiner/gleich dem Buchwert des Kapitalkontos, liegt ein voll unentgeltliches Rechtsgeschäft vor.

15. Die Organgesellschaft als persönlich haftende Gesellschafterin einer Personengesellschaft

15.1 Allgemeines

442 Ist eine Kapitalgesellschaft persönlich haftende Gesellschafterin einer Personengesellschaft, so kann zweifelhaft sein, ob sie zu einem anderen Unternehmen, das an der Personengesellschaft nicht beteiligt ist, in einem Organschaftsverhältnis stehen kann.

> **BEISPIEL** ▶ Die X-AG hält sämtliche Anteile an der Y-GmbH. Diese ist persönlich haftende Gesellschafterin der Y-GmbH & Co. KG, deren einzige Kommanditistin die Z-AG ist.

443 Die **Finanzverwaltung** hatte die gestellte **Frage** verneint. Es fehle an der wirtschaftlichen Eingliederung der – im Beispielsfalle – Y-GmbH in die X-AG, denn die Annahme, das Unternehmen der Y-GmbH sei nach Art einer Geschäftsabteilung in das Unternehmen der X-AG eingegliedert, sei mit der Stellung der Y-GmbH als persönlich haftende Gesellschafterin einer Personengesellschaft nicht vereinbar.[1]

444 Demgegenüber hat der **BFH** in mehreren, allerdings nicht zur körperschaftsteuerlichen, sondern zur gewerbesteuerlichen Organschaft ergangenen Urteilen[2] **gegenteilig entschieden**. Der BFH vertritt die Auffassung, es sei nicht erforderlich, dass die Organgesellschaft selbst eine gewerbliche Tätigkeit entfalte; es genüge, dass die Tätigkeit der Untergesellschaft der gewerblichen Betätigung der Obergesellschaft diene. Bindungen, denen die Untergesellschaft in ihrer Eigenschaft als persönlich haftende Gesellschafterin einer Personengesellschaft unterworfen sei, stünden einer wirtschaftlichen Eingliederung in das Unternehmen der Obergesellschaft ebenso wenig wie andere vertragliche oder gesetzliche Bindungen entgegen.

---

1 Vgl. Koordinierter Ländererlass v. Februar/März 1965, BB 1965 S. 320; ebenso Jurkat, Tz. 246.
2 BFH, Urteil v. 8.12.1971 - I R 3/69, BStBl 1972 II S. 289; zuletzt Urteil v. 25.10.1995 - I R 76/93, AAAAA-98430 = BFH/NV 1996 S. 504, m.w. N.

Nachdem das Tatbestandsmerkmal der wirtschaftlichen Eingliederung entfallen ist, ist dem BFH darin zuzustimmen, dass die Komplementär-GmbH zu einem anderen Unternehmen, das nicht an der Personengesellschaft beteiligt ist, in einem Organschaftsverhältnis stehen kann. 445

15.2 Organschaftsverhältnis zwischen einer Komplementär-GmbH als Organgesellschaft und der KG, deren Komplementärin die GmbH ist, als Organträger

Ist eine Kapitalgesellschaft persönlich haftende Gesellschafterin einer KG, so stellt sich die Frage, ob die Kapitalgesellschaft 446

▶ im Verhältnis zur KG als Organträger oder

▶ im Verhältnis zu einer aus den Kommanditisten gebildeten BGB-Gesellschaft als Organträger

in einem Organschaftsverhältnis mit Gewinnabführung stehen kann.

BEISPIEL ▶ Die X-GmbH, deren Anteilseigner A und B sind, ist persönlich haftende Gesellschafterin der X-GmbH & Co. KG, Kommanditisten sind A und B.

▶ Organschaftsverhältnis mit Gewinnabführung zwischen der X-GmbH als Organgesellschaft und der X-GmbH & Co. KG?

▶ Organschaftsverhältnis mit Gewinnabführung zwischen der X-GmbH als Organgesellschaft und einer aus A und B gebildeten BGB-Gesellschaft?

Das **ertragsteuerliche Interesse** an solchen Gestaltungen besteht darin, dass im zuletzt genannten Fall für die Gewinnanteile der GmbH die Doppelbelastung mit Körperschaftsteuer und Einkommensteuer entfällt. Im zuerst genannten Fall ist dieses Ziel nicht vollständig zu erreichen, weil von dem der KG zuzurechnenden Einkommen der GmbH nach Maßgabe des Gewinnverteilungsschlüssels der KG wiederum ein Teil auf die GmbH entfällt.[1] Während der Geltung des Anrechnungsverfahrens war zwar das Interesse an einem Ausschluss der Doppelbelastung entfallen; **es blieb aber das Interesse an den Vorteilen,** durch die sich die organschaftliche Einkommenszurechnung allgemein gegenüber den Anrechnungsverfahren auszeichnet (s. dazu Rz. 11 ff. und Rz. 467 ff.). 447

Im **Schrifttum** herrschte die Meinung vor, dass die gestellten Fragen zu verneinen sind. Für ein Organschaftsverhältnis zur KG fehle die organisatorische Ein- 448

---

1 Zu weiteren Vorteilen s. Wehrheim/Marquardt, DB 2002 S. 1676.

gliederung, weil die GmbH, die das Unternehmen der KG führe, nicht zu sich selbst in einem Unterordnungsverhältnis stehen könne.[1]

449 Diese Meinung kann nach Wegfall des Erfordernisses der organisatorischen Eingliederung nicht aufrecht erhalten werden.[2] Eine von allen oder einigen Kommanditisten der GmbH & Co. KG finanziell beherrschte Komplementär-GmbH kann Organgesellschaft der GmbH & Co. KG sein. Ab VZ 2003 ist allerdings zu beachten, dass die finanzielle Eingliederung im Verhältnis zur Personengesellschaft selbst erfüllt sein muss, § 14 Abs. 1 Satz 1 Nr. 2 Satz 3 KStG i. d. F. des StVergAbG (siehe hierzu Rz. 314). Das bedeutet, dass ein Organschaftsverhältnis nur noch möglich ist, wenn die KG die Anteile ihrer Komplementär-GmbH im Gesamthandsvermögen hält (sog. Einheits-KG[3]), Sonderbetriebsvermögen der Kommanditisten reicht nicht mehr aus.

450 Ein **Organschaftsverhältnis zu einer aus den Kommanditisten gebildeten BGB-Gesellschaft** (sog. Mehrmütterorganschaft) scheitert bereits daran, dass die BGB-Gesellschaft keine originäre gewerbliche Tätigkeit ausübt und dass die Anteile nicht zum Gesamthandsvermögen gehören. Ein derartiges Organschaftsverhältnis hätte überdies den **Nachteil,** dass die Haftungsbeschränkung der Kommanditisten aufgehoben wäre, weil diese nach dem GAV in unbegrenzter Höhe zur Verlustübernahme verpflichtet wären.

451 Möglich ist allerdings nach Auffassung des BFH[4] ein Organschaftsverhältnis zwischen der Komplementär-GmbH und einer OHG, die alleinige Kommanditistin der GmbH und Co. KG ist. Auch dies setzt allerdings ab dem VZ 2003 voraus, dass die Anteile zum Gesamthandsvermögen der OHG gehören.

452–464 *(unbesetzt)*

---

1 Müller in Mössner/Seeger/Oellerich, § 14 KStG Rz. 346.
2 Ebenso Dötsch in Dötsch/Pung/Möhlenbrock, § 14 KStG n. F. Tz. 104.
3 Siehe hierzu das zur USt ergangene Urteil des BFH v. 22.4.2010 - V R 9/09, AAAAD-45067 = BStBl 2011 II S. 597, a. A. Dötsch/Witt in Dötsch/Pung/Möhlenbrock, § 14 KStG n. F. Tz. 50.
4 BFH, Urteil v. 14.4.1992 - VIII R 149/86, BStBl 1992 II S. 817.

III. Die Rechtswirkungen der Organschaft im Körperschaftsteuerrecht (Rechtsfolgen der §§ 14 bis 19 KStG)

1. Grundlegung, insbesondere Verhältnis zum Anrechnungsverfahren

Nach § 14 Abs. 1 Satz 1 KStG ist, wenn sämtliche der oben dargestellten tatbestandlichen Voraussetzungen erfüllt sind, „das Einkommen der Organgesellschaft, soweit sich aus § 16 nichts anderes ergibt, dem Träger des Unternehmens (Organträger) zuzurechnen". Diese Aussage über die Rechtsfolge der Organschaft im Körperschaftsteuerrecht ist nach Wortlaut, Entstehungsgeschichte, systematischer Stellung und Zweck der §§ 14 bis 19 KStG wie folgt zu präzisieren:

465

1.1 Getrennte Einkommensermittlung

Das Einkommen der Organgesellschaft ist nach Maßgabe der Vorschriften des KStG **getrennt** vom Einkommen des Organträgers zu ermitteln. Hiervon geht nicht nur die Verwaltungspraxis (siehe Körperschaftsteuer-Erklärungsvordrucke), sondern auch die herrschende Meinung im Schrifttum[1] und die Rechtsprechung[2] aus.

466

1.2 Zusammenrechnung

Das Einkommen der Organgesellschaft ist „im Wege einer Addition" dem ebenfalls getrennt ermittelten Einkommen des Organträgers[3] **hinzuzurechnen**. Die Summe aus Einkommen der Organgesellschaft und Einkommen des Organträgers ist der Veranlagung des Organträgers zugrunde zu legen, so wie wenn der sich aus der Zusammenrechnung ergebende Betrag in vollem Umfange Einkommen des Organträgers wäre. U. E. ist die Verwaltungsauffassung[4] unzutreffend, die das Einkommen der Organgesellschaft dem Organträger auf der Rechenstufe zwischen Summe der Einkünfte und Gesamtbetrag der Einkünfte zurechnet (R 7.1 Abs. 1 Satz 2 KStR). Wie sich auch aus dem vorgenann-

467

---

[1] Vgl. Thiel, StbKRep 1971 S. 179, 194; Kolbe in Herrmann/Heuer/Raupach, § 14 KStG Anm. 80; Lohmar in Lademann/Gassner, § 14 KStG Anm. 431 ff.
[2] BFH, Urteile v. 26.1.1977 - I R 101/75, BStBl 1977 II S. 441; v. 2.2.1994 - I R 10/93, BStBl 1994 II S. 768; v. 23.1.2002 - XI R 95/97, BStBl 2003 II S. 9.
[3] BFH, Urteil v. 11.4.1990 - I R 167/86, BStBl 1990 II S. 772, 774.
[4] Ebenso Klein, Der Gesamtbetrag der Einkünfte, 1997, S. 226 f.

ten BFH-Urteil[1] ergibt, handelt es sich im Fall der körperschaftsteuerlichen Organschaft beim Organträger um die Versteuerung von Fremdeinkommen.[2] Allerdings geht der BFH neuerdings in zwei Entscheidungen zu § 14 Abs. 1 Satz 1 Nr. 5 KStG wohl von einer Zurechnung bereits auf der Ebene der Einkünfteermittlung aus, auch wenn die Entscheidungen von der Wortwahl her nicht eindeutig sind.[3]

Die Addition führt immer dann, wenn einer der zu addierenden Beträge, also das Einkommen der Organgesellschaft oder des Organträgers negativ ist, zu jenem Ausgleich zwischen positiven und negativen Einkommen von Organträger und Organgesellschaft (Verlustausgleich), der in einem Körperschaftsteuerrecht mit Anrechnungsverfahren sogar primärer Sinn und Zweck der körperschaftsteuerlichen Organschaft war.

Unabhängig davon, ob man der Verwaltungsauffassung oder unserer Ansicht folgt, griff die **Einschränkung des Verlustausgleichs** (und auch des Verlustabzugs gem. § 10d EStG) durch das StEntlG 1999/2000/2002 nicht ein. Durch dieses Gesetz wurde § 2 Abs. 3 EStG mit Wirkung ab 1.1.1999 neu gefasst und wurde der Verlustausgleich zwischen den einzelnen Einkunftsarten auf 51.500 € bzw. bei darüber hinausgehenden positiven Einkünften auf die Hälfte der Summe der positiven Einkünfte beschränkt. Die Vorschrift, die für Zeiträume ab VZ 2004 aufgehoben wurde, erfasste sowohl vom Wortlaut als auch vom Sinn und Zweck her lediglich den Verlustausgleich zwischen einzelnen Einkunftsarten des Steuerpflichtigen. Das zuzurechnende Einkommen einer Organgesellschaft fällt nicht unter eine Einkunftsart im Sinne dieser Vorschrift, es findet deshalb ein Verlustausgleich in voller Höhe statt. Damit war die Begründung eines Organschaftsverhältnisses für natürliche Personen bzw. Personengesellschaften zwischen 1999 und 2003 noch interessanter: Erzielte die natürliche Person den Verlust in einem eigenen Gewerbebetrieb, griff die Einschränkung des Verlustausgleichs. Fiel der Verlust dagegen bei der Organgesellschaft an, war er uneingeschränkt ausgleichsfähig.

---

1 Ebenso bereits als Vorinstanz FG Hamburg, Urteil v. 25.7.1986 - II 75/84, EFG 1987 S. 141.
2 Ebenso BFH, Urteile v. 23.1.2002 - XI R 95/97, BStBl 2003 II S. 9; v. 22.1.2004 - III R 19/02, BStBl 2004 II S. 515.
3 Urteile v. 12.10.2016 - I R 92/12, LAAAG-39575 = BFH/NV 2017 S. 685; I R 93/12, EAAAG-41500 = BFH/NV 2017 S. 586; zu den Urteilen und den Folgewirkungen Pohl, DStR 2017 S. 1687; zu Auswirkungen auf den Schuldzinsenabzug gem. § 4 Abs. 4a EStG s. Altrichter-Herzberg, DStR 2019 S. 31, ohne dass der Verf. auf die BFH-Urteile eingeht, was nicht nachvollziehbar ist.

III. Die Rechtswirkungen der Organschaft

1.3 Tarif

Da das Einkommen der Organgesellschaft dem Organträger zuzurechnen und dessen Veranlagung zugrunde zu legen ist, wird es beim Organträger der **Steuerart und dem Tarif** unterworfen, der für den Organträger maßgebend ist. Ist der Organträger eine natürliche Person oder eine Personengesellschaft aus natürlichen Personen, so unterliegt das zugerechnete Einkommen der Organgesellschaft somit, obwohl es von einer Kapitalgesellschaft erwirtschaftet ist, nicht der Körperschaftsteuer, sondern der Einkommensteuer, und zwar nach Maßgabe des Steuersatzes, der sich für die Summe der getrennt ermittelten und dann addierten Einkommen von Organgesellschaft und Organträger nach dem progressiven Einkommensteuertarif ergibt (s. aber auch Rz. 577 ff.).

468

Ist der Organträger körperschaftsteuerpflichtig, so unterliegt das zuzurechnende Einkommen der Organgesellschaft nach Maßgabe des für den Organträger gültigen Steuersatzes (vgl. § 23 KStG) der Körperschaftsteuer.

1.4 Subjektive Steuerpflicht und Rechtsbehelfsbefugnis der Organgesellschaft

Die **Organgesellschaft** bleibt nicht nur zivilrechtlich, sondern auch körperschaftsteuerlich **selbständiger Rechtsträger** (subjektiv steuerpflichtig). Anders als bei der gewerbesteuerlichen und umsatzsteuerlichen Organschaft wird die Organgesellschaft nicht unselbständige Betriebsstätte des Organträgers.[1] Die Begründung eines Organschaftsverhältnisses hat demnach körperschaftsteuerlich nicht etwa gleichartige Rechtswirkungen wie eine Auflösung oder eine Umwandlung der Organgesellschaft; die im Buchwert des Betriebsvermögens der Organgesellschaft enthaltenen stillen Reserven werden nicht nach den Grundsätzen des § 11 KStG oder der §§ 3, 11 UmwStG realisiert.

469

Im Regelfall ist die subjektiv steuerpflichtige Organgesellschaft allerdings **einkommenslos,** weil ihr Einkommen ja dem Organträger zur Versteuerung zuzurechnen ist. Nur wenn Ausgleichszahlungen geleistet werden, hat die Organgesellschaft ein eigenes Einkommen (s. dazu Rz. 711 ff.).

470

Aufgrund der subjektiven Steuerpflicht hat die **Organgesellschaft** eine **Körperschaftsteuererklärung** abzugeben und ergeht ihr gegenüber ein **Körperschaftsteuerbescheid**.[2]

471

---

1 BFH, Urteil v. 1.8.1984 - I R 99/80, BStBl 1985 II S. 18, 19; v. 23.1.2002 - XI R 95/97, BStBl 2003 II S. 9; Schmidt, StuW 1969 S. 442, 454.
2 Dötsch in Dötsch/Pung/Möhlenbrock, § 14 KStG n. F. Tz. 266.

Dieser endet im Regelfall, d. h., wenn keine Ausgleichszahlungen zu versteuern sind, mit einer Steuerfestsetzung von 0 €.

Die Organgesellschaft ist durch diesen Bescheid nicht beschwert und deshalb nicht rechtsbehelfsbefugt. Einwendungen gegen die Höhe des nach § 14 KStG zuzurechnenden Einkommens kann nur der **Organträger** geltend machen, in dessen Steuerfestsetzung dieses Einkommen als unselbständige Besteuerungsgrundlage enthalten ist.[1] Die Änderung des dem Organträger zuzurechnenden Einkommens der Organgesellschaft und eines dieser gegenüber ergangenen KSt-Bescheids erfüllt bezogen auf die dem Organträger gegenüber festgesetzte ESt bzw. KSt weder die Voraussetzungen des § 175 Abs. 1 Satz 1 Nr. 1 AO (Grundlagenbescheid)[2] noch die der Nr. 2 (rückwirkendes Ereignis).[3]

472 Mit dem Organschaftsreformgesetz hat der Gesetzgeber in einem neuen Abs. 5 des § 14 KStG ein **Feststellungsverfahren** eingeführt. Nach Satz 1 werden das dem Organträger zuzurechnende Einkommen der Organgesellschaft und damit zusammenhängende andere Besteuerungsgrundlagen gegenüber dem Organträger und der Organgesellschaft gesondert und einheitlich festgestellt. Damit wird in diesem Bescheid auch entschieden, ob eine steuerlich anzuerkennende Organschaft vorliegt.[4] Unklar ist, was geschieht, wenn das Finanzamt ein Organschaftsverhältnis verneint. In diesem Fall erlässt es gegenüber der vermeintlichen Organgesellschaft einen KöSt-Bescheid, in dem das von der Kapitalgesellschaft selbst zu versteuernde Einkommen zugrunde gelegt wird. Gleichzeitig muss es einen Bescheid erlassen, mit dem die gesonderte und einheitliche Feststellung eines zuzurechnenden Einkommens abgelehnt wird. Organträger und/oder Organgesellschaft müssen den negativen Feststellungsbescheid anfechten. Wird dieser Bescheid nämlich bestandskräftig, wäre ein Rechtsbehelf lediglich gegen den Körperschaftsteuerbescheid zumindest unbegründet, wenn nicht sogar wegen der Bindungswirkung des Feststellungsbescheids unzulässig.

---

1 Zu Einzelheiten und Rechtsprechungsnachweisen s. Müller, Der Konzern 2009 S. 167; zur gesetzlichen Neuregelung ab 2014 s. Rz. 472.
2 FG Köln v. 8.5.2007 - 1 K 1988/06, MAAAC-52878 = EFG 2007 S. 1919, bestätigt durch BFH, Urteil v. 5.11.2009 - IV R 40/07, RAAAD-36763 = BFH/NV 2010 S. 485.
3 Zum Ganzen s. a. BFH, Urteil v. 28.1.2004 - I R 84/03, BStBl 2004 II S. 539; FG Düsseldorf v. 27.3.2007 - 3 K 4024/05 F, ZAAAC-48368 = EFG 2007 S. 1104, m. Anm. Neu; offengelassen vom BFH in der Revisionsentscheidung v. 21.10.2010 - IV R 21/07, TAAAD-57533 = BFH/NV 2011 S. 151.
4 Dötsch/Pung, DB 2013 S. 305, 313.

In das Feststellungsverfahren sind nach Satz 3 auch von der Organgesellschaft geleistete Steuern (z. B. anzurechnende KapESt) einzubeziehen, die auf die Steuer des Organträgers anzurechnen sind.

Die Feststellungen sind für die Besteuerung des Einkommens des Organträgers und der Organgesellschaft **bindend** (Satz 2). Dieser Bescheid stellt damit einen Grundlagenbescheid im Sinne der §§ 171 Abs. 10, 175 Abs. 1 Satz 1 Nr. 1 AO dar. Der Bescheid ist sowohl dem Organträger als auch der Organgesellschaft bekanntzugeben. Dabei können beide einen gemeinsamen Empfangsbevollmächtigten gem. § 183 AO bestellen.

Zuständig für die Feststellungen ist das Finanzamt, das für die Besteuerung nach dem Einkommen der Organgesellschaft zuständig ist. Dabei sollen die Erklärungen zu den gesonderten und einheitlichen Feststellungen mit der Körperschaftsteuererklärung der Organgesellschaft verbunden werden.

Rechtsbehelfsbefugt gegen den Feststellungsbescheid sind sowohl der Organträger als auch die Organgesellschaft.[1] Liegt nur einer von beiden Rechtsbehelf ein, so ist der andere zu dem Rechtsbehelfsverfahren notwendig hinzuzuziehen (§ 360 AO) bzw. beizuladen (§ 60 FGO). Dies stellt eine wichtige Änderung gegenüber der bisherigen Rechtslage dar.

Die Neuregelung ist nach § 34 Abs. 9 Nr. 9 KStG 2013 erstmals **anzuwenden** für Feststellungszeiträume, die nach dem 31.12.2013 beginnen. Hat die Organgesellschaft ein kalendergleiches Wirtschaftsjahr, ist somit erstmals im Jahr 2015 eine Feststellungserklärung für das im Jahr 2014 erzielte Einkommen abzugeben.

Beantragen sowohl die OG als auch der OrgT wegen derselben steuerlichen Fragestellung eine verbindliche Auskunft beim FA, entsteht nach BFH die **Auskunftsgebühr** nach § 89 Abs. 3 AO doppelt.[2]

1.5 Zwingende Rechtsfolge

Die Zurechnung des Organeinkommens beim Organträger ist eine zwingende Rechtsfolge der §§ 14 bis 19 KStG. Sie setzt **keinen Antrag** voraus; umgekehrt kann auf sie nicht verzichtet werden, sofern alle tatbestandlichen Voraussetzungen der §§ 14 bis 19 KStG erfüllt sind.[3] Die Beteiligten können sich aber

473

474

---

[1] R 14.6 Abs. 7 KStR.
[2] BFH, Urteile v. 9.3.2016 - I R 81/14, BAAAF-76124, und I R 66/14, BStBl 2016 II S. 706, gegen FG Köln v. 28.10.2014 - 8 K 730/12, WAAAE-82010 = EFG 2015 S. 529, und 8 K 731/12, AAAAE-82253 = EFG 2015 S. 530.
[3] Kolbe in Herrmann/Heuer/Raupach, § 14 KStG Anm. 80; Lademann/Gassner, § 14 KStG Anm. 93.

A. Die Organschaft im Körperschaftsteuerrecht

den Rechtsfolgen der §§ 14 bis 19 KStG leicht durch eine Aufhebung oder Nichtdurchführung des GAV entziehen.

1.6 Haftung

475 Die Organgesellschaft haftet gem. § 73 AO für solche Steuern des Organträgers, für welche die Organschaft zwischen ihnen steuerlich von Bedeutung ist. Damit sollen die Risiken ausgeglichen werden, die mit der Verlagerung der steuerlichen Rechtszuständigkeit auf den Organträger verbunden sind. U. E. ist von dieser Haftung auch die ESt des Gesellschafters einer Personengesellschaft, die Organträgerin ist, erfasst. Umstritten ist, wie weit die Haftung der Organgesellschaft reicht. Hierbei geht es vor allem um die Frage, ob die Organgesellschaft auch für solche Steuern des Organträgers haftet, die durch die wirtschaftliche Tätigkeit einer anderen Organgesellschaft entstanden sind. Nach u. e. zutreffender Auffassung haftet die Organgesellschaft nur für die Körperschaftsteuer, die im eigenen Betrieb und im Betrieb des Organträgers verursacht worden ist, aber nicht für die im Betrieb einer anderen Organgesellschaft verursachte Körperschaftsteuer.[1] Für die Gewerbesteuer allerdings haftet die Organgesellschaft im Organkreis unabhängig davon, wo diese Steuer verursacht worden ist, da sie dort als unselbständige Betriebsstätte gilt, d. h. anders als in der körperschaftsteuerlichen Organschaft gibt es nur einen Betrieb.[2] Die Haftung erstreckt sich nicht auf steuerliche Nebenleistungen.[3]

Die Haftungsinanspruchnahme der Organgesellschaft soll nach dem FG Münster zu einer vGA führen.[4]

1.7 Priorität und Vorteile der organschaftlichen Einkommenszurechnung gegenüber dem Anrechnungsverfahren (grundsätzlich nur noch für VZ vor 2001 von Bedeutung)

476 Organschaftliche Einkommenszurechnung und Anrechnungsverfahren sind im Prinzip gleichwertige Methoden der Ausschaltung einer Doppelbelastung der von einer Kapitalgesellschaft erwirtschafteten und an die Anteilseigner ausgeschütteten Gewinne mit Körperschaftsteuer und Einkommensteuer und zur Ausschaltung einer entsprechenden Mehrfachbelastung dieser Gewinne mit

---

1 BFH, Urteil v. 31.5.2017 - I R 54/15, BStBl 2018 II S. 54 gegen FG Düsseldorf v. 19.2.2015 - 16 K 932/12 H(K), CAAAF-04854 = BB 2016 S. 741.
2 Loose, a. a. O.; Montag in Herzig, Organschaft, S. 303, m. w. N.
3 BFH, Urteil v. 5.10.2004 - VII R 76/03, XAAAB-36527 = BFH/NV 2005 S. 95.
4 FG Münster, Urteil v. 4.8.2016 - 9 K 3999/13 K,G, NAAAG-37373 = EFG 2017 S. 149, bestätigt durch BFH, Urteil v. 24.10.2018 - I R 78/16, KAAAH-11888 = BFH/NV 2019 S. 648.

Körperschaftsteuer. Anders als das Anrechnungsverfahren ermöglicht aber nur die organschaftliche Einkommenszurechnung einen **Ausgleich von Verlusten** eines abhängigen Unternehmens mit Gewinnen des herrschenden Unternehmens. Deshalb erwies es sich als notwendig, auch in einem Körperschaftsteuersystem, das vom Anrechnungsverfahren getragen war, das Rechtsinstitut der körperschaftsteuerlichen Organschaft aufrechtzuerhalten. Mit der Entscheidung für die Aufrechterhaltung dieses Rechtsinstituts war aber gleichzeitig die Entscheidung für eine allgemeine **Priorität** der organschaftlichen Einkommenszurechnung gegenüber den Vorschriften über das Anrechnungsverfahren gefallen. Die Vorschriften der §§ 14 bis 19 KStG haben gegenüber den Vorschriften über das Anrechnungsverfahren in allen Fällen, in denen die tatbestandlichen Voraussetzungen eines Organschaftsverhältnisses erfüllt sind, Vorrang, insbesondere also auch in Fällen, in denen kein Bedürfnis für einen Ausgleich von Verlusten und Gewinnen der organschaftlich verbundenen Unternehmen besteht.[1]

Haben sowohl die Organgesellschaft als auch der Organträger **positives Einkommen,** so kann die gegenüber dem Anrechnungsverfahren vorrangige organschaftliche Einkommenszurechnung Rechtswirkungen haben, die über die auch dem Anrechnungsverfahren eigene Eliminierung der Doppelbelastung mit Körperschaftsteuer hinausgehen und damit gegenüber dem Anrechnungsverfahren Vorteile aufweisen, sofern der Organträger eine natürliche Person oder eine Personengesellschaft ist, an der natürliche Personen beteiligt sind. Solche Rechtswirkungen sind z. B.: 477

▶ Stellt eine Kapitalgesellschaft einen Teil ihres Gewinns in **Rücklage,** so unterliegt dieser Teil des Gewinns unter der Geltung des Anrechnungsverfahrens einer Körperschaftsteuer von 45 % des Gewinns vor Abzug der Körperschaftsteuer (§ 23 Abs. 1 KStG); die vom Anrechnungsverfahren erstrebte Anpassung der Körperschaftsteuerbelastung an das Belastungsniveau der Anteilseigner tritt erst ein, wenn die Rücklagen später aufgelöst und an die Anteilseigner ausgeschüttet werden.

Steht diese Kapitalgesellschaft hingegen in einem Organschaftsverhältnis z. B. zu einer Personengesellschaft, deren Gesellschafter natürliche Personen sind, und hält sich die Bildung der Rücklagen in den Grenzen des § 14 Abs. 1 Nr. 4 KStG, so wirkt sich die Zurechnung des Einkommens der Organgesellschaft zur Versteuerung beim Organträger dahin aus, dass die

---

[1] BFH, Urteil v. 13.9.1989 - I R 110/88, BStBl 1990 II S. 24, 27; Beschluss v. 5.7.1990 - I B 38/90, QAAAB-31428 = BFH/NV 1991 S. 121, 122.

A. Die Organschaft im Körperschaftsteuerrecht

in Rücklage gestellten Beträge von vornherein nur mit den Steuersätzen der Einkommensteuer unterworfen werden, die für die Gesellschafter der Personengesellschaft nach deren persönlichen Verhältnissen maßgeblich sind. Seit 1990 fallen der Spitzensteuersatz der Einkommensteuer und der Körperschaftsteuer auseinander, da der Spitzensteuersatz der Einkommensteuer durch das Steuerreformgesetz 1990 auf 53 % (bzw. auf 51 % ab 1.1.2000 und 48,5 % ab 1.1.2002 gemäß StEntlG 1999/2000/2002), der Körperschaftsteuersatz jedoch auf 50 % (ab 1.1.1994 auf 45 % und ab 1.1.1999 auf 40 %) herabgesetzt wurde, so dass ein Vorteil nur dann vorliegt, wenn die Einkommenshöhe zu einem unter 50 % (ab 1994: 45 %, ab 1999: 40 %) liegenden Steuersatz führt.

▶ Hat eine Kapitalgesellschaft körperschaftsteuerrechtlich **nicht abziehbare Aufwendungen** (vgl. § 10 KStG), so unterliegt der diesen Aufwendungen entsprechende Teil des Einkommens der Kapitalgesellschaft unter der Geltung des Anrechnungsverfahrens stets einer Körperschaftsteuer von 45 % des Gewinns vor Abzug der Körperschaftsteuer; einer Tarifermäßigung nach § 27 KStG auf 30 % kann dieser Teil des Einkommens der Kapitalgesellschaft nicht teilhaftig werden, weil nach § 27 KStG eine Körperschaftsteuerminderung nur eintreten kann, soweit Eigenkapital als für die Ausschüttung verwendet gilt, das höher als mit 30 % tarifbelastet ist, die nicht abziehbaren Aufwendungen aber bei der Berechnung des für Ausschüttungen verwendbaren Eigenkapitals gerade von den Einkommensteilen zu kürzen sind, die nach dem 31.12.1993 ungemildert der Körperschaftsteuer unterliegen (§ 31 Abs. 1 Nr. 4 KStG), deren Ausschüttung also zu einer Körperschaftsteuerminderung führt. Steht diese Kapitalgesellschaft hingegen in einem Organschaftsverhältnis z. B. zu einer Personengesellschaft, deren Gesellschafter natürliche Personen sind, so wirkt sich die Zurechnung des Einkommens der Organgesellschaft zur Versteuerung beim Organträger dahin aus, dass der diesen nichtabziehbaren Aufwendungen entsprechende Teil des Einkommens der Organgesellschaft nur mit den für die Besteuerung der Gesellschafter der Personengesellschaft maßgeblichen Einkommensteuersätzen besteuert wird.

▶ Hat eine Kapitalgesellschaft **steuerfreie Einnahmen** erzielt, so kann die Steuerfreiheit dieser Einnahmen zwar nicht im Rahmen des Anrechnungsverfahrens, wohl aber über ein Organschaftsverhältnis auf die Anteilseigner der Kapitalgesellschaft durchgeleitet werden (siehe dazu Rz. 598 ff.).

478–479 *(unbesetzt)*

2. Der Begriff des zuzurechnenden Einkommens der Organgesellschaft

2.1 Der allgemeine Einkommensbegriff

§ 14 KStG gibt für das Einkommen der Organgesellschaft, das dem Organträger zuzurechnen ist, keine eigene Definition. Der Einkommensbegriff des § 14 KStG stimmt deshalb grds. mit dem allgemeinen Einkommensbegriff des Körperschaftsteuergesetzes überein. Das zuzurechnende Einkommen ist demnach nach Maßgabe der Vorschriften zu ermitteln, die allgemein für die Ermittlung des Einkommens einer Kapitalgesellschaft gelten.[1] Dabei ist grds. (Ausnahme in Rz. 481 f.) ohne Bedeutung, ob das zuzurechnende Einkommen der Organgesellschaft nach seiner Zurechnung beim Organträger der Körperschaftsteuer oder der Einkommensteuer unterliegt.

480

2.2 Der Ausschluss von Vorschriften des KStG und des EStG

Allerdings gelten die Vorschriften des KStG und des EStG für die Ermittlung des zuzurechnenden Einkommens nicht ausnahmslos. Nach § 15 KStG sind die Anwendung des § 10d EStG (Verlustabzug) und unter bestimmten Voraussetzungen auch die Anwendung des § 26 KStG sowie der Vorschriften eines DBA, nach denen die Gewinnanteile aus der Beteiligung an einer ausländischen Gesellschaft außer Ansatz bleiben (sog. internationales Schachtelprivileg), ausdrücklich ausgeschlossen (siehe dazu Rz. 681 ff.).

481

Zweifelhaft ist, ob die in § 15 KStG enthaltene Aufzählung von Vorschriften, die bei der Ermittlung des dem Organträger zuzurechnenden Einkommens der Organgesellschaft nicht anzuwenden sind, **erschöpfend** ist (zur praktischen Bedeutung dieser Frage siehe Rz. 523 f.). Die Verwaltung hat sich zu dieser Frage bisher nicht ausdrücklich geäußert. U. E. ist sie zu **bejahen**.[2]

482

2.3 Die steuerliche Beurteilung der Gewinnabführung und Verlustübernahme bei der Organgesellschaft

Gewinnabführung und Verlustübernahme aufgrund eines Gewinnabführungsvertrags sind ihrem Wesen nach **gesellschaftsrechtliche Vorgänge**. Demgemäß sind die abgeführten Gewinne bei der Organgesellschaft körperschaftsteuer-

483

---

1 § 8 Abs. 1 KStG i.V. m. den Vorschriften des EStG; §§ 8 bis 13, 20 bis 21 KStG; s. a. BFH, Urteile v. 26.1.1977 - I R 101/75, BStBl 1977 II S. 441; v. 29.10.1974 - I R 240/72, BStBl 1975 II S. 126; Streck, § 15 KStG Anm. 5.
2 Ebenso Herlinghaus in Herrmann/Heuer/Raupach, § 15 KStG Anm. 29.

lich abweichend vom Handelsrecht (vgl. § 277 Abs. 3 Satz 2 HGB; zum Ansatz nach dem BiRiLiG siehe Rz. 224 ff.) nicht abzugsfähiger Aufwand, sondern **Gewinnausschüttung und Einkommensverwendung**, die gem. §§ 7, 8 KStG das zu versteuernde Einkommen nicht mindern dürfen. Umgekehrt sind die übernommenen **Verluste** für die Organgesellschaft körperschaftsteuerlich abweichend vom Handelsrecht nicht **Erträge**, sondern gesellschaftsrechtliche **Einlagen**, die als solche nicht zu steuerpflichtigen Einnahmen und damit nicht zu einer Minderung des Verlustes der Organgesellschaft führen.[1] Da der Einkommensbegriff der §§ 14 bis 19 KStG dem allgemeinen Einkommensbegriff des KStG entspricht, ist unter dem zuzurechnenden Einkommen der Organgesellschaft i. S. der §§ 14 bis 19 KStG der Betrag vor Gewinnabführung oder Verlustübernahme zu verstehen.[2] Das Einkommen ist also so zu ermitteln, als ob eine Gewinnabführung und Verlustübernahme nicht stattgefunden hätte.[3]

484 Aus der Priorität der Vorschriften über die körperschaftsteuerliche Organschaft gegenüber den Vorschriften des Anrechnungsverfahrens und aus der dieser Priorität zugrunde liegenden Erkenntnis, dass das Rechtsinstitut der körperschaftsteuerlichen Organschaft und das Anrechnungsverfahren im Prinzip gleichwertige Methoden zur Ausschaltung der Doppelbelastung der von einer Kapitalgesellschaft erwirtschafteten und ausgeschütteten Gewinne mit Körperschaft- und Einkommensteuer bzw. der Mehrfachbelastung mit Körperschaftsteuer sind, folgt für die Zeit der Geltung des Anrechnungsverfahrens, dass auf die Gewinnabführung im Rahmen eines körperschaftsteuerlichen Organschaftsverhältnisses die Vorschriften des **§ 27 KStG 1999 nicht anzuwenden** sind, d. h., dass diese Gewinnabführung nicht zu einer Minderung oder Erhöhung der Körperschaftsteuer der Organgesellschaft nach Maßgabe der §§ 27 ff. KStG führt. Die §§ 14 bis 19 KStG sind **lex specialis** gegenüber § 27 KStG 1999.[4] Dies gilt auch, wenn im Zeitpunkt der tatsächlichen Gewinnabführung die Organschaft mit GAV beendet ist, die Abführung aber einen Zeitraum betrifft, für den noch eine Verpflichtung zur Ergebnisabführung besteht.[5]

---

1 Döllerer, Festschrift für Ludwig Schmidt, S. 523, 532; Knepper, DStR 1993 S. 1613, 1614.
2 Siehe R 14.6 Abs. 1 Satz 1 KStR; ferner BFH, Urteile v. 20.8.1986 - I R 150/82, BStBl 1987 II S. 455, 458; v. 26.1.1977 - I R 101/75, BStBl 1977 II S. 441; v. 25.10.1974 - I R 240/72, BStBl 1975 II S. 126.
3 Thiel, StbKRep 1971 S. 179, 194.
4 BFH, Urteil v. 18.12.2002 - I R 51/01, BStBl 2005 II S. 49.
5 BFH, Urteil v. 18.12.2002 - I R 51/01, BStBl 2005 II S. 49; auch dazu, dass die Grundsätze zur verunglückten Organschaft für die Abwicklung eines GAV nach dessen Beendigung nicht gelten; R 14.6 Abs. 7 KStR.

Der Sinn und Zweck der Vorschriften über das körperschaftsteuerliche Organschaftsverhältnis einerseits und über das Anrechnungsverfahren andererseits würde ins Gegenteil verkehrt, wollte man die Gewinnabführung zum Anlass nehmen, bei der Organgesellschaft eine Körperschaftsteuer i. H. von 30 % des Gewinns vor Abzug der Körperschaftsteuer zu erheben, etwa mit der Begründung, es sei Gewinn ausgeschüttet worden, ohne dass verwendbares Eigenkapital vorhanden gewesen sei (vgl. § 35 KStG), denn die im zuzurechnenden Einkommen der Organgesellschaft enthaltenen abgeführten Gewinne gehörten nach § 37 Abs. 1 KStG nicht zum verwendbaren Eigenkapital der Organgesellschaft.

Aus dem Vorgenannten ergibt sich für die **Einkommensermittlung bei der Organgesellschaft** grds. (d. h. in Fällen ohne Ausgleichszahlungen) folgendes Schema:[1]

485

Jahresüberschuss (handelsrechtlicher Gewinn) (wenn keine Rücklagen gebildet oder aufgelöst werden 0 €)

+/− steuerliche Korrekturen

steuerlicher Gewinn/Verlust (wird eine StBil. aufgestellt, beginnt die Berechnung mit dem Gewinn/Verlust lt. StBil., der nur die steuerlichen Korrekturen umfasst)

+/− nabzb. Steuern und sonstige Ausgaben (saldiert mit Erstattungen)

− nicht der KSt unterliegende Vermögensmehrungen (stfreie Einnahmen)

+/− sonstige Korrekturen der Einkünfte (z. B. nach AStG)

Zwischensumme

+ an den OT aufgrund des GAV abgeführter Gewinn

− vom OT zum Ausgleich eines sonst entstehenden Jahresfehlbetrags geleisteter Betrag

Zwischensumme

− bei der Einkommensermittlung abzb. Beträge (z. B. Spenden)

Zwischensumme

− dem OT zuzurechnendes Einkommen der OG (identisch mit der vorstehenden Zwischensumme)

Eigenes Einkommen der OG (= 0 €)

---

1 Vgl. Dötsch in Dötsch/Pung/Möhlenbrock, § 14 KStG n. F. Tz. 271.

3. Die steuerliche Beurteilung der Gewinnabführung und Verlustübernahme beim Organträger

3.1 Kürzung bzw. Erhöhung des eigenen Einkommens des Organträgers

486 Führt die Organgesellschaft ihren Gewinn an den Organträger ab oder übernimmt dieser einen Verlust der Organgesellschaft, so sind im handelsrechtlichen Jahresabschluss des Organträgers die abgeführten Gewinne als Ertrag und die übernommenen Verluste als Aufwand (§ 277 Abs. 3 Satz 2 HGB) enthalten. Abgeführte Gewinne und übernommene Verluste haben somit den Handelsbilanzgewinn des Organträgers, der gem. § 8 Abs. 1 KStG i.V. m. § 5 Abs. 1 EStG auch für den Steuerbilanzgewinn und das (eigene) zu versteuernde Einkommen des Organträgers maßgebend ist, erhöht bzw. vermindert. Umgekehrt haben aber die an den Organträger abgeführten Gewinne und die vom Organträger übernommenen Verluste, wie zuvor dargestellt, das dem Organträger zuzurechnende Einkommen der Organgesellschaft nicht verringert bzw. erhöht. Man könnte damit zu dem Ergebnis kommen, dass die abgeführten Gewinne steuerlich doppelt erfasst werden und die übernommenen Verluste sich steuerlich doppelt auswirken. Ein derartiges Ergebnis würde dem Sinn der körperschaftsteuerlichen Organschaft widersprechen. Die Verwaltung steht demgemäß auf dem Standpunkt, dass bei der Ermittlung des Einkommens des Organträgers der von der Organgesellschaft an den Organträger abgeführte Gewinn außer Ansatz bleibt und ein vom Organträger an die Organgesellschaft zum Ausgleich eines sonst entstehenden Jahresfehlbetrags geleisteter Betrag nicht abgezogen werden darf (R 14.6 Abs. 1 Satz 2 KStR). Diese Auffassung herrscht auch im Schrifttum vor.[1] Der BFH hat sie ausdrücklich bestätigt.[2] Für den Organträger werden demgemäß die **abgeführten Gewinne wie steuerfreie Einnahmen** und die **übernommenen Verluste wie nichtabzugsfähige Ausgaben** behandelt, soweit sich Gewinnabführung und Verlustübernahme im Rahmen einer Anwendung der §§ 14 bis 19 KStG vollziehen. Dabei handelt es sich um einen technischen Vorgang zur Vermeidung der Doppelerfassung, rechtlich liegt keine steuerfreie Einnahme i. S. des § 3c EStG vor.[3] Eine Aktivierung der infolge der Verlustübernahme geleisteten Beträge als **nachträgliche**

---

[1] Vgl. z. B. Dötsch in Dötsch/Pung/Möhlenbrock, § 14 KStG n. F. Tz. 271; Streck/Olbing, § 14 KStG Anm. 132.

[2] BFH, Urteile v. 18.12.2002 - I R 51/01, BStBl 2005 II S. 49; v. 20.8.1986 - I R 150/82, BStBl 1987 II S. 455, 458; v. 26.1.1977 - I R 101/75, BStBl 1977 II S. 441; v. 29.10.1974 - I R 240/72, BStBl 1975 II S. 126; zweifelnd, ob der Grundsatz der Einmalbesteuerung auch Gewinne umfasst, die außerhalb der Gewinnabführung und Einkommenszurechnung anfallen, BFH, Urteil v. 24.7.1996 - I R 41/93, BStBl 1996 II S. 614.

[3] BMF v. 26.8.2003 - S 2770, BStBl 2003 I S. 437, Tz. 24; Rödder in Herzig, Organschaft, S. 159.

Anschaffungskosten auf dem Beteiligungskonto erfolgt nicht. Der Wert der Beteiligung wird durch die Verlustübernahme nicht erhöht, er „erstarrt" vielmehr.[1]

3.2 Ausschluss des § 36 Abs. 2 Nr. 3 EStG

Mit der Qualifizierung der Gewinnabführung als einer Einnahme des Organträgers, die einkommensteuer- oder körperschaftsteuerrechtlich beim Organträger außer Ansatz bleiben muss, ist die weitere Folgerung verbunden, dass die Gewinnabführung beim Organträger auch keine Einnahme i. S. des § 20 Abs. 1 Nrn. 1 und 2 EStG darstellt und demgemäß nach § 36 Abs. 2 Nr. 3 EStG in den Fassungen vor dem StSenkG keinen Anspruch auf Anrechnung von Körperschaftsteuer i. H. von 3/7 der abgeführten Beträge begründen kann. Diese Folgerung leitet sich ab aus dem Wesen der körperschaftsteuerlichen Organschaft als einem Rechtsinstitut, das in gleicher Weise wie das Anrechnungsverfahren die Ausschaltung der Doppelbelastung mit Körperschaftsteuer und Einkommensteuer bzw. der Mehrfachbelastung mit Körperschaftsteuer bewirkt, und aus dem Vorrangverhältnis der organschaftlichen Einkommenszurechnung gegenüber den Vorschriften über das Anrechnungsverfahren; sie korrespondiert mit der in Rz. 481 f. gewonnenen Einsicht, dass bei der Organgesellschaft die Abführung nachvertraglicher Gewinne keine Erhöhung der Körperschaftsteuer nach § 27 KStG 1999 unterworfen ist und demgemäß beim Organträger als Anteilseigner ein zureichender Grund für eine Körperschaftsteueranrechnung fehlt. Die §§ 14 bis 19 KStG sind also auch lex specialis gegenüber § 36 Abs. 2 Nr. 3 EStG (und natürlich auch gegenüber den §§ 36a bis 36d EStG).

487

4. Maßgeblicher Zeitraum für die steuerliche Erfassung des zuzurechnenden Einkommens der Organgesellschaft beim Organträger (Zurechnungszeitraum)

4.1 Problemstellung

Nach § 2 Abs. 7 i. V. m. § 25 Abs. 1 EStG und § 49 Abs. 1 i. V. m. § 7 Abs. 1 und 2 KStG bemessen sich sowohl die Einkommensteuer als auch die Körperschaftsteuer nach dem Einkommen, das der Steuerpflichtige **innerhalb eines Kalenderjahres** bezogen hat. Bei Steuerpflichtigen, die verpflichtet sind, Bücher nach den Vorschriften des HGB zu führen, ist der Gewinn nach dem Wirt-

488

---

1 BFH, Urteil v. 26.1.1977 - I R 101/75, BStBl 1977 II S. 441; Döllerer, Festschrift für Ludwig Schmidt, S. 523, 534.

schaftsjahr zu ermitteln, für das sie regelmäßig Abschlüsse machen. Weicht bei diesen Steuerpflichtigen das Wirtschaftsjahr, für das sie regelmäßig Abschlüsse machen, vom Kalenderjahr ab, so gilt der Gewinn aus Gewerbebetrieb als in dem Kalenderjahr (= Veranlagungszeitraum) bezogen, in dem das Wirtschaftsjahr endet (§ 4a Abs. 1 Nr. 2 und Abs. 2 Nr. 2 EStG, § 7 Abs. 4 KStG).

489 Da Organträger und Organgesellschaft verschiedene Steuersubjekte und beide buchführungspflichtig sind, können sie sowohl beide ein vom Kalenderjahr abweichendes Wirtschaftsjahr als auch verschiedene Bilanzstichtage haben. Nach § 14 KStG ist das Einkommen der Organgesellschaft dem Organträger zuzurechnen und von diesem zu versteuern. Soweit Organträger und Organgesellschaft ein mit dem Kalenderjahr übereinstimmendes Wirtschaftsjahr haben, ergeben sich hinsichtlich des Zeitraums, für den das Einkommen der Organgesellschaft dem Organträger zuzurechnen ist, keine Schwierigkeiten: Das Einkommen der Organgesellschaft ist für denselben Zeitraum dem Organträger zuzurechnen, für den sein Einkommen ermittelt wird. Haben Organträger und Organgesellschaft **verschiedene Bilanzstichtage,** so stellt sich die Frage, wann das Einkommen der Organgesellschaft beim Organträger zu erfassen ist. In Betracht kommt entweder das Kalenderjahr, in dem das Wirtschaftsjahr der Organgesellschaft endet, oder das Kalenderjahr, in dem das Wirtschaftsjahr des Organträgers endet. Steuerlich bedeutsam wird diese Frage dann, wenn innerhalb eines Kalenderjahrs der Bilanzstichtag der Organgesellschaft nach dem Bilanzstichtag des Organträgers liegt.

BEISPIEL Das Wirtschaftsjahr der Organgesellschaft entspricht dem Kalenderjahr. Das Wirtschaftsjahr des Organträgers läuft jeweils vom 1.10. bis 30.9. Je nachdem, für welche der beiden Möglichkeiten man sich entscheidet, ist bei der Veranlagung des Organträgers für 2010 zugrunde zu legen entweder

▶ das Ergebnis des Organträgers im Wirtschaftsjahr vom 1.10.2009 bis 30.9.2010 und das Ergebnis der Organgesellschaft vom 1.1. bis 31.12.2010 oder

▶ das Ergebnis des Organträgers im Wirtschaftsjahr vom 1.10.2009 bis 30.9.2010 und das Ergebnis der Organgesellschaft vom 1.1. bis 31.12.2009.

4.2 Verwaltungsauffassung

490 Die Verwaltung vertritt die Auffassung, dass bei verschiedenen Bilanzstichtagen des Organträgers und der Organgesellschaft gem. § 14 KStG das Ergebnis der Organgesellschaft dem Organträger nicht erst in dem Wirtschaftsjahr zuzurechnen ist, in dem das Wirtschaftsjahr des Organträgers endet, sondern bereits für das Kalenderjahr, in dem die Organgesellschaft das Einkommen bezogen hat, also in dem Jahr, in dem die Organgesellschaft ihr Einkommen

selbst zu versteuern hätte, wenn sie nicht Organgesellschaft wäre (H 62 KStH). Die Verwaltung vertritt in obigem Beispiel also die Lösung 1.

4.3 Schrifttum

Auch im Schrifttum überwiegt die Meinung, dass dem Organträger das Einkommen der Organgesellschaft für das Kalenderjahr zuzurechnen ist, in dem die Organgesellschaft selbst das Einkommen nach Maßgabe der für sie gültigen körperschaftsteuerlichen Vorschriften (§ 7 Abs. 3 KStG) bezogen hat.[1]   491

4.4 BFH-Rechtsprechung

Der BFH hat die **Auffassung der Finanzverwaltung** als dem Gesetz entsprechend **bestätigt**. Der I. Senat des BFH hat mit Urteil vom 29.10.1974[2] entschieden, dass das Einkommen der Organgesellschaft dem Organträger zum Zwecke der Versteuerung für denjenigen Veranlagungszeitraum zuzurechnen ist, in dem die Organgesellschaft dieses Einkommen erzielt hat und es ohne die Zurechnungsvorschriften der §§ 14 bis 19 KStG selbst zu versteuern haben würde.[3]   492

Der BFH betont gleichzeitig, dass der Zeitpunkt, für den die Zurechnung des nach den Vorschriften des KStG ermittelten Einkommens der Organgesellschaft beim Organträger zu erfolgen hat, und der Zeitpunkt, für den die Korrektur des die abgeführten Beträge bereits enthaltenden Einkommens des Organträgers aufgrund des Organschaftsverhältnisses (Kürzung des eigenen Einkommens des Organträgers um die darin enthaltenen abgeführten Gewinne und Erhöhung des eigenen Einkommens des Organträgers um die bei dessen Ermittlung gewinnmindernd berücksichtigten übernommenen Verluste) vorzunehmen ist, auseinander fallen können. Die Korrekturen sind jeweils für den Veranlagungszeitraum vorzunehmen, in dem der Steuerbilanzgewinn erfasst wird.   493

4.5 Kritische Würdigung

Der Auffassung des BFH und der Verwaltung ist beizupflichten, da sie auf der zutreffenden Einsicht beruht, dass im Rahmen der §§ 14 bis 19 KStG der Ge-   494

---

1 Siehe Jurkat, Tz. 606 bis 613; Kempf/Zipfel, DStR 2005 S. 1301, diese auch zu Zweifelsfällen; Kolbe in Herrmann/Heuer/Raupach, § 14 KStG Anm. 87, Beispiel; Dötsch/Witt in Dötsch/Pung/Möhlenbrock, § 14 KStG n.F. Tz. 306; a.A. z.B. Knobbe-Keuk, StuW 1974 S. 162; Storck, StuW 1976 S. 217 ff.
2 I R 240/72, BStBl 1975 II S. 126.
3 Bestätigt durch BFH, Urteil v. 20.8.1986 - I R 150/82, BStBl 1987 II S. 455, 458.

winnabführungsvertrag und seine Durchführung nur Tatbestandsmerkmale der §§ 14 bis 19 KStG sind, aber nicht deren Rechtswirkungen tragen, dass deshalb nicht etwa wie im Handelsrecht der mit Ablauf des Wirtschaftsjahrs der Organgesellschaft zivilrechtlich entstehende Gewinnabführungsanspruch als laufender Geschäftsvorfall im Wirtschaftsjahr des Organträgers zu behandeln ist, sondern dass für die zeitliche Erfassung ebenso wie für die Ermittlung des zuzurechnenden Einkommens der Organgesellschaft die allgemeinen Vorschriften, also § 7 KStG, gelten. Wenn § 14 KStG anordnet, dass das Einkommen der Organgesellschaft dem Organträger zuzurechnen ist, so kann das nach steuerrechtlichem Sprachgebrauch nur heißen, dass das Einkommen der Organgesellschaft von einem anderen Rechtsträger nach dem für diesen gültigen Steuertarif zu versteuern ist, nicht hingegen, dass das Einkommen der Organgesellschaft in einem anderen Kalenderjahr zu erfassen ist, als sich aus den für die Organgesellschaft maßgebenden Vorschriften ergibt.

4.6 Konsequenzen

495 Nach § 37 Abs. 1 EStG und § 31 Abs. 1 KStG i. V. m. § 37 Abs. 1 EStG hat der Steuerpflichtige auf die mutmaßliche Einkommen- und Körperschaftsteuerschuld des Veranlagungszeitraums am 10.3., 10.6., 10.9. und 10.12. **Vorauszahlungen** zu leisten. Da der Organträger das ihm zuzurechnende Einkommen der Organgesellschaft zu versteuern hat, muss er Vorauszahlungen nach Maßgabe einer Steuerschuld leisten, die sich unter Berücksichtigung des Einkommens der Organgesellschaft errechnet. Anders als bei der Einkommensteuer sind im Bereich der Körperschaftsteuer nach § 31 Abs. 2 KStG bei einem vom Kalenderjahr abweichenden Wirtschaftsjahr die Vorauszahlungen auf die Körperschaftsteuerschuld des Veranlagungszeitraums abweichend von § 37 Abs. 1 EStG bereits während des Wirtschaftsjahres zu entrichten, das im Veranlagungszeitraum endet. Ist der Organträger körperschaftsteuerpflichtig, so kann § 31 Abs. 2 KStG dazu führen, dass der Organträger für das Einkommen der Organgesellschaft früher Vorauszahlungen zu leisten hat, als die Organgesellschaft selbst Vorauszahlungen leisten müsste, wenn sie keine Organgesellschaft wäre.

> **BEISPIEL** ▶ Das Wirtschaftsjahr des Organträgers endet am 30.4., das Wirtschaftsjahr der Organgesellschaft am 31.12. Der Organträger hat die Beteiligung an der Organgesellschaft zum 31.12.2009 erworben und gleichzeitig ein Organschaftsverhältnis mit Wirkung vom 1.1.2010 an begründet. Gemäß § 31 Abs. 2 KStG hat der Organträger bis zum 30.4.2010 KSt-Vorauszahlungen zu leisten
>
> ▶ auf die Steuerschuld aus dem der Veranlagung 2010 zugrunde zu legenden eigenen Einkommen des Organträgers (= Ergebnis des Wirtschaftsjahres 1.5.2009 bis 30.4.2010)
> und

▶ auf die Steuerschuld aus dem zuzurechnenden Einkommen der Organgesellschaft vom 1.1. bis 31.12.2010.

§ 31 Abs. 2 KStG kann aber umgekehrt auch zu erheblichen **Steuervorteilen** für den Organträger führen. Ist z. B. das selbstwirtschaftete Einkommen des Organträgers positiv, das zuzurechnende Einkommen der Organgesellschaft aber voraussichtlich in einer Höhe negativ, dass dadurch das positive Einkommen des Organträgers ausgeglichen wird, so entfällt die Vorauszahlungspflicht für das selbstwirtschaftete Einkommen des Organträgers früher als sie ohne Anwendung des § 31 Abs. 2 KStG und des § 14 KStG entfallen würden. Im Beispielsfall brauchte der Organträger für das selbstwirtschaftete Einkommen des Wirtschaftsjahrs 2009/2010 im Kalenderjahr 2007 keine Vorauszahlungen zu leisten. 496

Den positiven und negativen Wirkungen des § 31 Abs. 2 KStG lässt sich durch die Wahl eines einheitlichen Bilanzstichtages im Organkreis ausweichen. Das Finanzamt kann z. B. bei einer Umstellung des Wirtschaftsjahrs der Organgesellschaft auf den Bilanzstichtag des Organträgers die erforderliche Zustimmung nicht verweigern. 497

Wenn innerhalb des Kalenderjahres das Wirtschaftsjahr der Organgesellschaft nach dem Wirtschaftsjahr des Organträgers endet, so darf der Organträger handelsrechtlich den Anspruch auf den voraussichtlichen Gewinn der Organgesellschaft im laufenden Wirtschaftsjahr in der Bilanz zu einem Bilanzstichtag, der vor dem Bilanzstichtag der Organgesellschaft liegt, nicht ausweisen, weil es sich insoweit handelsrechtlich um einen noch nicht verwirklichten Gewinn handelt, denn der Gewinnabführungsanspruch entsteht erst mit Ablauf des Wirtschaftsjahrs der Organgesellschaft. Umgekehrt braucht deshalb der Organträger handelsrechtlich für die Einkommen- oder Körperschaftsteuerschuld, die sich aus dem zuzurechnenden Einkommen der Organgesellschaft ergibt, in der Bilanz zu einem Bilanzstichtag, der vor dem Bilanzstichtag der Organgesellschaft innerhalb desselben Kalenderjahres liegt, keine Rückstellung zu bilden, und eine nach dem selbstwirtschafteten Einkommen bemessene Rückstellung auch nicht nach Maßgabe eines vermutlich negativen Ergebnisses der Organgesellschaft zu kürzen. 498

4.7 Zurechnungszeitraum bei einer Personengesellschaft als Organträger

Siehe Rz. 509 ff. 499

5. Besonderheiten der Einkommenszurechnung bei Personengesellschaften als Organträger

5.1 Verfahrensrechtliche Behandlung der Einkommenszurechnung

500 Ist Organträger eine Personengesellschaft, so stellt sich die Frage, ob das zuzurechnende Einkommen der Organgesellschaft gem. § 14 KStG unmittelbar den Gesellschaftern zuzurechnen ist, also insbesondere nicht in die einheitliche und gesonderte Feststellung des Gewinns der Personengesellschaft nach §§ 179, 180 AO 1977 einzubeziehen oder mit dieser zu verbinden ist. Geht man davon aus, dass das zuzurechnende Einkommen der Organgesellschaft der Personengesellschaft selbst und nicht unmittelbar deren Gesellschaftern zuzurechnen ist, so stellt sich die weitere Frage,

▶ ob das zuzurechnende Einkommen der Organgesellschaft unselbständiger Bestandteil des einheitlich und gesondert festzustellenden Gewinns der Personengesellschaft wird, also in diesen eingeht, wie das Ergebnis eines Geschäftsvorfalls im Betrieb der Personengesellschaft oder

▶ ob das dem Organträger zuzurechnende Einkommen eine besondere Besteuerungsgrundlage ist, die zwar ebenfalls einheitlich und gesondert festgestellt wird, aber nur neben dem Gewinn der Personengesellschaft und in lediglich äußerer Verbindung mit der Feststellung des Gewinns der Personengesellschaft.

501 Die **Finanzverwaltung** vertritt die Auffassung, dass das **Einkommen der Organgesellschaft** zwar nicht unmittelbar den Gesellschaftern der **Personengesellschaft**, sondern dieser **selbst zuzurechnen** sei, weil nach § 14 KStG die Personengesellschaft Organträger sei. Das Einkommen der Organgesellschaft sei aber nicht dem Gewinn der Personengesellschaft zuzurechnen und mit diesem zusammen in einem Betrag auf die Gesellschafter der Personengesellschaft aufzuteilen, sondern neben diesem Gewinn als **eigenständige Besteuerungsgrundlage** auszuweisen und als solche einheitlich und gesondert festzustellen.[1] Hingegen seien die Hinzurechnungen oder Kürzungen, die zum Ausgleich der im Handelsbilanzgewinn der Personengesellschaft enthaltenen Gewinnabführungen oder Verlustübernahmen erforderlich seien, beim einheitlich und gesondert festzustellenden Gewinn der Personengesellschaft vorzunehmen. Die eigenständig auszuweisende Besteuerungsgrundlage „dem Organträger zuzurechnendes Einkommen der Organgesellschaft" werde im Feststellungs-

---

[1] Ebenso Fichtelmann, FR 1972 S. 157; Dötsch/Witt in Dötsch/Pung/Möhlenbrock, § 14 KStG n. F. Tz. 278; wie die Verwaltung auch der BFH, Urteil v. 14.4.1992 - VIII R 149/86, BStBl 1992 II S. 817.

bescheid für die Organträger-Personengesellschaft mit Wirkung für alle Beteiligten verbindlich festgestellt und könne demgemäß nur in einem Rechtsbehelfsverfahren gegen diesen Feststellungsbescheid angefochten werden.[1]

Diese Auffassung ist ab VZ 2014 nur **insoweit überholt**, als dass ab dann das Einkommen der Organgesellschaft gesondert und einheitlich festgestellt wird (s. hierzu oben Rz. 472). Dieses festgestellte Einkommen ist in den Gewinnfeststellungsbescheid der Organträger-Personengesellschaft als Folgebescheid zu übernehmen, letzter ist dann wiederum Grundlagenbescheid für den Einkommen-/oder Körperschaftsteuerbescheid der Gesellschafter.

Aus Vorstehendem wird die Folgerung gezogen, dass das Einkommen der Organgesellschaft auch dann, wenn der Organträger eine Personengesellschaft ist, in den Fällen, in denen die Wirtschaftsjahre des Organträgers und der Organgesellschaft nicht im selben Veranlagungszeitraum enden, von den Gesellschaftern der Personengesellschaft in dem Kalenderjahr (Veranlagungszeitraum) zu versteuern ist, in dem die Organgesellschaft das Einkommen bezogen hat (siehe Rz. 490 und Rz. 509 ff.).

BEISPIEL (aus dem koordinierten Ländererlass): Das Wirtschaftsjahr der Organträger-Personengesellschaft endet am 30.9.; das Wirtschaftsjahr der Organgesellschaft endet am 31.12.

Der aufgrund des GAV von der Organgesellschaft abgeführte Gewinn des Wirtschaftsjahres 2009 ist von der Organträger-Personengesellschaft im Wirtschaftsjahr 2009/2010 vereinnahmt worden. Der zum 30.9.2010 festgestellte Bilanzgewinn der Organträger-Personengesellschaft ist um den tatsächlich abgeführten Gewinn der Organgesellschaft außerhalb der Bilanz zu kürzen. Der unter Berücksichtigung dieser Kürzung festgestellte steuerpflichtige Gewinn der Personengesellschaft zum 30.9.2010 ist der einheitlich und gesondert festgestellte Gewinn der Personengesellschaft für das Kalenderjahr 2010.

In dem Gewinnfeststellungsbescheid der Personengesellschaft für das Kalenderjahr 2010 ist aber nicht das Einkommen der Organgesellschaft für 2009 (ermittelt auf der Grundlage des für das Wirtschaftsjahr 2009 abgeführten Gewinns der Organgesellschaft) als eigenständige einheitlich und gesondert festgestellte Besteuerungsgrundlage auszuweisen, sondern das Einkommen der Organgesellschaft für das Kalenderjahr 2010 (ermittelt auf der Grundlage des für das Wirtschaftsjahr 2010 abgeführten Gewinns der Organgesellschaft). Das Einkommen der Organgesellschaft für das Kalenderjahr 2009 ist bereits in der einheitlichen Gewinnfeststellung der Personengesellschaft für das Kalenderjahr 2009 (Gewinn des vom Kalenderjahr abweichenden Wirtschaftsjahres 2008/2009) auszuweisen.

Wir pflichten dieser Auffassung bei. Da nach den §§ 14 bis 19 KStG die Rechtswirkungen der körperschaftsteuerlichen Organschaft nicht von der tatsäch- 502

---

1 Koordinierter Ländererlass von 1976, BB 1976 S. 495.

lichen Gewinnabführung oder Verlustübernahme bestimmt werden und zwischen dieser und dem zuzurechnenden Einkommen erhebliche Differenzen bestehen können, ist es nicht möglich, die Einkommenszurechnung ähnlich wie die tatsächliche Gewinnabführung oder Verlustübernahme als Geschäftsvorfall im Betrieb der Personengesellschaft zu behandeln. Die gesetzliche Grundlage für die Einbeziehung des Einkommens der Organgesellschaft in das Feststellungsverfahren ist spätestens ab dem 1.1.1995 mit der Neufassung des § 180 Abs. 1 Nr. 2 Buchst. a AO gegeben.

5.2 Maßstab der Zurechnung

503 Wäre das zuzurechnende Einkommen der Organgesellschaft unselbständiger Bestandteil des Gewinns der Personengesellschaft, also mit diesem in einem Betrag einheitlich festzustellen, so wäre offensichtlich, dass dieses Einkommen der Organgesellschaft den Gesellschaftern der Organträger-Personengesellschaft nach dem Maßstab zuzurechnen ist, der allgemein für die Zurechnung des Gewinns der Personengesellschaft gilt, also nach dem gesellschaftsvertraglichen Gewinnverteilungsschlüssel.

504 Aber auch wenn man mit der Finanzverwaltung davon ausgeht, dass das dem Organträger zuzurechnende Einkommen der Organgesellschaft eine eigenständige Besteuerungsgrundlage bildet, die einheitlich festzustellen ist, bedarf es eines Maßstabs für die Verteilung dieser Besteuerungsgrundlage auf die Gesellschafter der Personengesellschaft. Als Maßstab kommen theoretisch neben dem vertraglichen Gewinnverteilungsschlüssel der Personengesellschaft in Betracht

▶ in den Fällen, in denen die Beteiligung an der Organgesellschaft Gesamthandsvermögen der Personengesellschaft ist (heute zwingend), der Liquidationsschlüssel für das Gesellschaftsvermögen der Personengesellschaft und

▶ in den Fällen nach früherem Recht, in denen die Beteiligung an der Organgesellschaft im Eigentum der Gesellschafter der Personengesellschaft steht, der Nennwert dieser Beteiligungen oder das Stimmrecht aus diesen Beteiligungen.[1]

505 Im Hinblick darauf, dass ein GAV zwischen der Organgesellschaft und der Personengesellschaft als Organträger tatbestandliche Voraussetzung der körperschaftsteuerlichen Organschaft ist, und dass der Gewinn demgemäß an die Personengesellschaft abzuführen ist und nur dieser den Gesellschaftern der

---

1 Siehe zur Problemstellung auch Jurkat, Tz. 746 bis 751.

Personengesellschaft nach Maßgabe des vertraglichen Gewinnverteilungsschlüssels zugute kommt, dürfte es – trotz des Unterschieds zwischen der Gewinnabführung und dem zuzurechnenden Einkommen – zutreffend sein, auch das zuzurechnende Einkommen der Organgesellschaft – jedenfalls dann, wenn die Gesellschafter der Personengesellschaft einander fremd gegenüberstehen – **nach Maßgabe des vertraglichen Gewinnverteilungsschlüssels** der Personengesellschaft auf die Gesellschafter der Personengesellschaft zu verteilen.[1]

In den Fällen (vor VZ 2003), in denen die Anteile an der Organgesellschaft nicht Gesamthandsvermögen der Personengesellschaft, sondern Eigentum der Gesellschafter sind und nicht alle Gesellschafter der Personengesellschaft an der Organgesellschaft beteiligt sind, können die Gesellschafter der Personengesellschaft über die Verteilung des zuzurechnenden Einkommens der Organgesellschaft **eine vom allgemeinen Gewinnverteilungsschlüssel der Personengesellschaft abweichende Vereinbarung treffen.**[2] Das BFH-Urteil vom 31.3.1976[3] steht dieser Auffassung nicht entgegen. Die Annahme einer verdeckten Gewinnausschüttung in dem vorgenannten Urteil beruhte darauf, dass keine Abführung des vollen Gewinnes oder Verlustes der Organgesellschaft an die Organträger-Personengesellschaft vorlag. Die vorstehenden Ausführungen gelten nur für VZ bis einschließlich 2002, da ab 2003 die Anteile Gesamthandsvermögen (zumindest wirtschaftliches Eigentum) der Personengesellschaft sein müssen.

506

Umgekehrt kann in Fällen, in denen die **Gesellschafter der Personengesellschaft Familienangehörige** sind, eine steuerlich nicht zu beachtende verdeckte Einkommensverlagerung zwischen Familienangehörigen vorliegen, wenn derjenige Familienangehörige, der eine Mehrheitsbeteiligung an der Organgesellschaft hält, sich ohne Entgelt damit einverstanden erklärt, dass die Organgesellschaft zu einer Personengesellschaft, an der er selbst gewinn- und vermögensmäßig nur geringfügig beteiligt ist und die gewinn- und vermögensmäßige Mehrheitsbeteiligung bei Familienangehörigen liegt, einen GAV abschließt, und der abgeführte Gewinn wie das zuzurechnende Einkommen nach dem Gewinnverteilungsschlüssel der Personengesellschaft verteilt wird.

507

---

1 Ebenso BFH, Urteil v. 28.2.2013 - IV R 50/09, BStBl 2013 II S. 494; Kolbe in Herrmann/Heuer/Raupach, § 14 KStG Anm. 85; Dötsch in Dötsch/Pung/Möhlenbrock, § 14 KStG n. F. Tz. 269; für Zurechnung des Organeinkommens nach Vereinbarung der Mitunternehmer und nur hilfsweise nach dem allgemeinen Gewinnverteilungsschlüssel hingegen Streck, § 14 KStG Anm. 80; Jansen/Stübben, DB 1984 S. 1499, 1501.
2 Döllerer, BB 1975 S. 1073, 1075; Dötsch in Dötsch/Pung/Möhlenbrock, § 14 KStG n. F. Tz. 269.
3 I R 132/74, BStBl 1976 II S. 510.

508 Ist Organträger eine Personengesellschaft und veräußert einer der Gesellschafter mit Zustimmung der übrigen Gesellschafter seinen Gesellschaftsanteil während des Wirtschaftsjahres der Organgesellschaft, so ist dieser **Gesellschafterwechsel** nach Auffassung der Finanzverwaltung (R 14.3 Satz 3 KStR) ohne Einfluss auf den Fortbestand des Organschaftsverhältnisses, wenn die Beteiligung an der Organgesellschaft, die die finanzielle Eingliederung vermittelt, zum Gesamthandsvermögen der Personengesellschaft gehört; das gesamte Ergebnis des laufenden Wirtschaftsjahres, in das der Gesellschafterwechsel fällt, ist gem. § 14 KStG der Personengesellschaft zuzurechnen (siehe Rz. 322 ff.). Die Finanzverwaltung hat sich aber nicht dazu geäußert, nach welchem Maßstab das der Personengesellschaft zuzurechnende Einkommen der Organgesellschaft auf den ausscheidenden und auf den neu eintretenden Gesellschafter aufzuteilen ist. Richtig ist u. E., diese **Aufteilung** – unabhängig von den Vereinbarungen zwischen dem ausscheidenden und dem neu eintretenden Gesellschafter – **zeitanteilig** vorzunehmen.[1] Die anders lautende Auffassung des BFH überzeugt nicht. Auch bei Veräußerungen von Mitunternehmeranteilen ohne Organschaft wird der Gewinn der Personengesellschaft zeitanteilig aufgeteilt.

> **BEISPIEL** An der Personengesellschaft X sind A mit 80 % und B mit 20 % beteiligt. Die Mehrheitsbeteiligung an der Organgesellschaft ist Gesamthandsvermögen der Personengesellschaft. Das Wirtschaftsjahr der Organgesellschaft ist gleich dem Kalenderjahr. A veräußert seinen Anteil an der Personengesellschaft am 1.4.2010 an C. Das der Personengesellschaft zuzurechnende Einkommen der Organgesellschaft für 2010 ist auf die Gesellschafter A, B und C wie folgt aufzuteilen: Auf B 20 %, auf A 1/4 von 80 %, also 20 %, und auf C 3/4 von 80 %, also 60 %.

5.3 Zurechnungszeitraum

509 Ist Organträger eine Personengesellschaft, so können nicht nur das Wirtschaftsjahr der Organgesellschaft und das des Organträgers, sondern auch noch die Wirtschaftsjahre der Gesellschafter des Organträgers divergieren. Weichen das Wirtschaftsjahr einer Personengesellschaft und das Wirtschaftsjahr des daran beteiligten Gesellschafters voneinander ab, so ist nach der Rechtsprechung des BFH[2] **beim Gesellschafter** der Personengesellschaft der

---

1 Zustimmend FG Düsseldorf v. 21.1.2009 - 9 K 2067/03 F, XAAAD-38021 = EFG 2009 S. 467; a. A. BFH in der Revisionsentscheidung v. 28.2.2013 - IV R 50/09, BStBl 2013 II S. 494, wonach das Einkommen einer Organgesellschaft nur den Gesellschaftern einer Organträger-Personengesellschaft zuzurechnen ist, die im Zeitpunkt der Einkommenszurechnung an der Organträgerin beteiligt sind.
2 Urteile v. 30.9.1964 - I 231, 232/62 U, BStBl 1965 III S. 54; v. 20.1.1965 - I 12/62 U, BStBl 1965 III S. 296.

Gewinn aus der Beteiligung an der Personengesellschaft ein **laufender Geschäftsvorfall,** der im Ergebnis des Wirtschaftsjahrs des Gesellschafters zum Ausdruck kommt, das am Ende des Wirtschaftsjahrs der Personengesellschaft läuft.

BEISPIEL Das Wirtschaftsjahr der Personengesellschaft entspricht dem Kalenderjahr. Das Wirtschaftsjahr des Gesellschafters A endet am 30.9., das Wirtschaftsjahr des Gesellschafters B stimmt mit dem Kalenderjahr überein.

Bei der Veranlagung des Gesellschafters A für 2010 sind zu berücksichtigen:

Das Ergebnis des Wirtschaftsjahrs 1.10.2009 bis 30.9.2010 einschließlich des Gewinnanteils an der Personengesellschaft vom 1.1.2009 bis 31.12.2009.

Bei der Veranlagung des Gesellschafters B für 2010 sind zu berücksichtigen:

Das Ergebnis des Wirtschaftsjahrs 1.1.2010 bis 31.12.2010 einschließlich des Gewinnanteils an der Personengesellschaft für das Wirtschaftsjahr vom 1.1.2010 bis 31.12.2010.

Wollte man – im Gegensatz zur Finanzverwaltung – die Auffassung vertreten, dass die Zurechnung des Einkommens der Organgesellschaft beim Organträger wie ein Geschäftsvorfall im Betrieb der Organträger-Personengesellschaft zu behandeln sei, so hätte dies die rechtliche Folge, dass das zuzurechnende Einkommen der Organgesellschaft abweichend von der in Rz. 490 erwähnten Regel bei den Gesellschaftern des Organträgers nicht in dem Kalenderjahr zu versteuern ist, in dem das Wirtschaftsjahr der Organgesellschaft endet, sondern erst im folgenden Kalenderjahr. 510

BEISPIEL Die Wirtschaftsjahre der Organgesellschaft und des Organträgers entsprechen dem Kalenderjahr. Organträger ist die Personengesellschaft X mit den Gesellschaftern A und B. Das Wirtschaftsjahr des Gesellschafters A endet am 30.9., das Wirtschaftsjahr des Gesellschafters B stimmt mit dem Kalenderjahr überein.

Bei der Veranlagung des Gesellschafters A für 2010 sind zu berücksichtigen:

Das Ergebnis des Wirtschaftsjahrs 1.10.2009 bis 30.9.2010 einschließlich des Gewinnanteils an der Personengesellschaft (= Anteil am zuzurechnenden Einkommen der Organgesellschaft) für das Wirtschaftsjahr der Personengesellschaft vom 1.1.2009 bis 31.12.2009.

Bei der Veranlagung des Gesellschafters B für 2010 sind zu berücksichtigen:

Das Ergebnis des Wirtschaftsjahrs 1.1.2009 bis 31.12.2009 einschließlich des Gewinnanteils an der Personengesellschaft (= Anteil am zuzurechnenden Einkommen der Organgesellschaft) für das Wirtschaftsjahr der Personengesellschaft vom 1.1.2010 bis 31.12.2010.

Die Ansicht der Finanzverwaltung, der wir beipflichten, führt demgegenüber dazu, dass im Beispielsfalle bei beiden Gesellschaftern des Organträgers bei 511 der Veranlagung für 2010 das Einkommen der Organgesellschaft für 2010 anteilig zu erfassen ist.[1]

6. Einzelfragen zur Ermittlung des zuzurechnenden Einkommens der Organgesellschaft

6.1 Verlustabzug i. S. des § 10d EStG

512 Für die Ermittlung des dem Organträger zuzurechnenden Einkommens der Organgesellschaft gelten zwar die für die Einkommensberechnung von Kapitalgesellschaften allgemein maßgebenden Vorschriften des KStG und des EStG, aber nicht ausnahmslos. Nach § 15 Satz 1 Nr. 1 Satz 1 KStG ist bei der Ermittlung des Einkommens der Organgesellschaft ein **Verlustabzug** i. S. des § 10d EStG **nicht zulässig**.

513 Nach § 10d Abs. 2 Satz 1 EStG (i. V. m. § 8 Abs. 1 KStG) können Kapitalgesellschaften einen Verlust eines Wirtschaftsjahres, soweit dieser nicht gem. § 10d Abs. 1 EStG vom Gewinn des unmittelbar vorangegangenen Veranlagungszeitraums abgezogen wurde, in den folgenden Veranlagungszeiträumen von einem etwaigen Gewinn abziehen. Wäre ein derartiger Verlustabzug (**Verlustvortrag**) auch bei der Ermittlung des dem Organträger zuzurechnenden Einkommens der Organgesellschaft zulässig, so könnten vorvertragliche Verluste der Organgesellschaft (d. h. Verluste aus Wirtschaftsjahren, die dem Wirtschaftsjahr vorangehen, für das die §§ 14 bis 19 KStG erstmals anzuwenden sind) jedenfalls mit eigenen nachvertraglichen Gewinnen der Organgesellschaft, möglicherweise aber, sofern die Organgesellschaft solche Gewinne nicht erzielt, durch Erhöhung des dann negativen Einkommens der Organgesellschaft mit nachvertraglichen Gewinnen des Organträgers verrechnet werden.

§ 15 Satz 1 Nr. 1 Satz 1 KStG schließt dies aus und führt damit dazu, dass **vorvertragliche Verlustabzüge der Organgesellschaft körperschaftsteuerlich eingefroren werden** und allenfalls nach Beendigung der Organschaft wiedergenutzt werden können. Denn nach § 15 Satz 1 Nr. 1 KStG ist ein Verlustabzug nach § 10d EStG sowohl bei der Ermittlung des dem Organträger zuzurechnenden Einkommens als auch – anders als noch unter der Geltung des § 7a KStG a. F. – bei der Ermittlung des den Ausgleichszahlungen an außenstehende Anteilseigner entsprechenden eigenen Einkommens der Organgesellschaft unzu-

---

[1] Ebenso Kolbe in Herrmann/Heuer/Raupach, § 14 KStG Anm. 87; offengelassen von Dötsch in Dötsch/Pung/Möhlenbrock, § 14 KStG n. F. Tz. 307.

lässig. Der gänzliche Verlust tritt, nachdem der Verlustvortrag zeitlich unbegrenzt möglich ist, jedoch dann nicht ein, wenn das Organschaftsverhältnis vor Auflösung der Organgesellschaft beendet wird und diese dann Gewinne erzielt.

Der Untergang eines Verlustabzugs lässt sich trotz Begründung eines Organschaftsverhältnisses im Einzelfalle möglicherweise durch vorausgehende gewinnrealisierende Maßnahmen vermeiden, so z. B. durch die Veräußerung von einzelnen (möglichst abschreibungsfähigen) Wirtschaftsgütern, deren Buchwert hohe stille Reserven enthält, an den Organträger im Wirtschaftsjahr, das der Begründung des Organschaftsverhältnisses vorangeht. Es gelten insoweit die gleichen Grundsätze wie für die Umwandlung oder Verschmelzung einer Kapitalgesellschaft, die noch über einen Verlustabzug verfügt, dessen Untergang vermieden werden soll. Der Abschluss eines GAV unter der aufschiebenden Bedingung des vorherigen Ausgleichs eines Verlustabzugs kann keine Abhilfe (mehr) schaffen, wenn man aufschiebend bedingte GAV für unzulässig hält (s. dazu Rz. 238 ff.).

Handelsrechtlich braucht ein beim Inkrafttreten des GAV vorhandener Verlustvortrag des vorangegangenen Wirtschaftsjahrs der beherrschten Gesellschaft (= Organgesellschaft) vom herrschenden Unternehmen (= Organträger) nicht ausgeglichen zu werden, denn die Verlustübernahme nach § 302 AktG erstreckt sich nur auf den Jahresfehlbetrag, der in der Gewinn- und Verlustrechnung als Rechnungsposten vor dem Verlustvortrag erscheint (§ 275 HGB i.V. m. § 158 Abs. 1 Nr. 1 AktG). Der handelsrechtliche Verlustvortrag mindert aber nach § 301 AktG den handelsrechtlich abzuführenden Gewinn. Die Nichtabführung eines zum Ausgleich eines handelsrechtlichen Verlustvortrags benötigten Gewinns stellt die nach § 14 Abs. 1 Satz 1 Nr. 3 Satz 1 KStG notwendige Durchführung des GAV nicht infrage (siehe dazu Rz. 258); auch ist der zum Ausgleich des handelsrechtlichen Verlustvortrags nicht abgeführte Gewinn als Bestandteil des ohne § 10d EStG ermittelten Einkommens der Organgesellschaft gleichwohl gem. § 14 KStG dem Organträger zuzurechnen.[1] Übernimmt der Organträger die Verpflichtung, einen vorvertraglichen Verlust der Organgesellschaft auszugleichen, so stellt der Verlustausgleich steuerrechtlich eine Einlage des Organträgers in die Organgesellschaft dar; beim Organträger sind die Beträge als nachträgliche Anschaffungskosten für die Anteile an der Organgesellschaft auf dem Beteiligungskonto zu aktivieren (H 64 KStH; s. Rz. 732 ff.).

514

---

1 Dötsch in Dötsch/Pung/Möhlenbrock, § 15 KStG n. F. Tz. 11 ff.

515   Nach § 10d Abs. 1 Satz 1 EStG kann ein Steuerpflichtiger den Verlust eines Veranlagungszeitraums, soweit dieser bei der Ermittlung des Gesamtbetrags der Einkünfte nicht ausgeglichen wird, bis zu einem Gesamtbetrag von 511.500 € (ab VZ 2013; § 52 Abs. 25 Satz 7 EStG) durch das Organschaftsreformgesetz erhöht auf 1 Mio. €) vom Gesamtbetrag der Einkünfte unmittelbar vorangegangenen Veranlagungszeitraums abziehen (**Verlustrücktrag**). Soweit ein Abzug danach nicht möglich ist, kommt es zum Verlustvortrag.

Hat eine Organgesellschaft in den Wirtschaftsjahren, die dem Wirtschaftsjahr vorangehen, für das die §§ 14 bis 19 KStG erstmals anzuwenden sind, einen Gewinn erzielt (vorvertraglicher Gewinn) und erleidet sie in dem ersten Wirtschaftsjahr, für das die §§ 14 bis 19 KStG anzuwenden sind, einen Verlust, so kann die Organgesellschaft diesen Verlust nicht nach § 10d Abs. 1 Satz 1 EStG vom Gewinn des vorangegangenen Veranlagungszeitraums (vorvertraglicher Gewinn) abziehen (mit der Rechtsfolge, dass dem Organträger kein negatives Einkommen der Organgesellschaft zuzurechnen ist oder allenfalls ein um den Gewinn des vorangegangenen Veranlagungszeitraums der Organgesellschaft gemindertes negatives Einkommen), weil nach § 15 Satz 1 Nr. 1 KStG ein Verlustabzug nach § 10d EStG bei der Ermittlung des Einkommens der Organgesellschaft nicht zulässig ist.

Der Verlust ist ungemindert dem Organträger zuzurechnen und bei diesem mit dem eigenen Gewinn des entsprechenden Veranlagungszeitraums auszugleichen. Ist dies nicht möglich, z. B. weil der Verlust der Organgesellschaft höher ist als der Gewinn des Organträgers oder weil der Organträger ebenfalls einen Verlust erlitten hat, so kann der Organträger auch für den ihm zuzurechnenden Verlust der Organgesellschaft den Verlustrücktrag nach § 10d Abs. 1 Satz 1 EStG in Anspruch nehmen. Nachvertragliche Verluste der Organgesellschaft können somit auch durch vorvertragliche Gewinne des Organträgers ausgeglichen werden. **§ 10d EStG ist nur für die Ermittlung des Einkommens der Organgesellschaft ausgeschlossen, nicht hingegen für die Ermittlung des eigenen Einkommens des Organträgers** und auch nicht für die Versteuerung des sich aus der Addition vom zuzurechnenden Einkommen der Organgesellschaft und eigenem Einkommen des Organträgers ergebenden Einkommensbetrags. Die Begrenzung des Verlustrücktrags auf 511.500 € (bzw. 1 Mio. €) bezieht sich dabei auf den Organträger und ist bei diesem auf die Summe der Ergebnisse aller Mitglieder des Organkreises anzuwenden (R 10d Abs. 2 Sätze 6 und 7 EStR). Ist eine Personengesellschaft Organträgerin, gilt der Höchstbetrag für jeden Beteiligten (R 10d Abs. 2 Satz 8 i. V. m. Satz 3 EStR).

III. Die Rechtswirkungen der Organschaft

Die Finanzverwaltung[1] will den Anwendungsbereich des § 15 Satz 1 Nr. 1 Satz 1 KStG auf einen **vororganschaftlichen Zinsvortrag der Organgesellschaft** nach § 4h Abs. 1 Satz 2 EStG ausdehnen, dieser soll also auch eingefroren werden. Dies ist mit dem Wortsinn der Vorschrift nicht zu vereinbaren und abzulehnen.[2]

516

6.1.1 Veräußerung von Anteilen an der Organträger-Körperschaft

Liegt ein Beteiligungserwerb i. S. des § 8c KStG vor,[3] kann es zu einer **Kappung des Verlustabzugs** kommen. Die Kappung betrifft nach Auffassung der Verwaltung auch den Fall des unterjährigen schädlichen Beteiligungserwerbs an einer Organträger-Körperschaft.[4]

517

> **BEISPIEL** Am 1.7.10 veräußert der bisherige Alleingesellschafter der Organträger-GmbH 40 % seiner Anteile an X. Die Organgesellschaft erleidet im Jahr 10 einen steuerlichen Verlust von 100. Beide Gesellschaften haben ein kalendergleiches Wirtschaftsjahr.

Nach BMF können dem Organträger bei zeitanteiliger Ermittlung des laufenden Verlusts nur 80 zugerechnet werden; 40 % des auf die Zeit 1.1. bis 30.6. entfallenden Verlusts i. H. von 50 (= 20) gehen verloren.

Diese Lösung ist unzutreffend, dem Organträger ist vielmehr das gesamte negative Einkommen des Jahres 10 der Organgesellschaft zuzurechnen.[5]

Diese Frage ist mittlerweile überholt, da § 8c Abs. 1 Satz 1 KStG aufgrund der Verfassungswidrigkeit des anteiligen Verlustuntergangs[6] nur noch bei Anteilsveräußerungen von mehr als 50 % gilt, und zwar rückwirkend ab Inkrafttreten der Vorschrift 2008.[7] In dem neuen BMF-Schreiben zur Verlustabzugsbeschränkung für Körperschaften[8] geht auch die Finanzverwaltung in Rz. 33,

---

1 BMF v. 4.7.2008, BStBl 2008 I S. 718, Tz. 48; der Verwaltungsauffassung jetzt zustimmend Dötsch in Dötsch/Pung/Möhlenbrock, § 15 KStG Tz. 47a.
2 Vgl. z. B. Köhler/Hahne, DStR 2008 S. 1512; Hierstetter, DB 2009 S. 83.
3 Einzelheiten hierzu s. Hackemann in Mössner/Seeger/Oellerich, § 8c KStG; zur Anwendung der Konzernklausel s. z. B. Franz, BB 2010 S. 991; zur Frage, ob stille Reserven in Wirtschaftsgütern der Organgesellschaft beim Organträger zu berücksichtigen sind, s. z. B. Frey/Mückl, GmbHR 2010 S. 71, 76.
4 BMF v. 4.7.2008, BStBl 2008 I S. 736, Tz. 33; davon geht wohl auch das Gliederungsschema in R 7.1 KStR aus, vgl. Pohl, NWB 2016 S. 2424, 2425.
5 Dötsch in Dötsch/Pung/Möhlenbrock, § 14 KStG Tz. 274.
6 BVerfG, Beschluss v. 29.3.2017 - 2 BvL 6/11, BStBl 2017 II S. 1082.
7 Jahressteuergesetz 2018 v. 11.12.2018; zur Frage, ob der vollständige Verlustuntergang bei Anteilsveräußerungen von mehr als 50 % verfassungswidrig ist, s. FG Hamburg, Vorlagebeschluss v. 29.8.2017 - 2 K 245/17, MAAAG-60376.
8 BMF, Schreiben v. 28.11.2017, BStBl 2017 I S. 1645.

34 davon aus, dass ein zum Vorjahresende festgestellter Verlustvortrag mit einem bis zum schädlichen Beteiligungserwerb entstandenen, ggf. zeitanteilig ermittelten Gewinn zu verrechnen ist.

Ein weiteres Problem betrifft die Frage, wie die sog. Stille-Reserven-Klausel in § 8c Abs. 1 Satz 6 KStG in Organschaftsfällen anzuwenden ist. Nach dieser Vorschrift bleibt der Verlustvortrag auch in Veräußerungsfällen erhalten, soweit in dem erworbenen Anteil im Inland steuerpflichtige stille Reserven enthalten sind.

BEISPIEL[1] Die M-AG ist zu 100 % an der OT-GmbH beteiligt. Die OT-GmbH verfügt über einen Verlustvortrag i. H. von 100.000 €. Zwischen der OT-GmbH und der OG-GmbH besteht eine körperschaftsteuerliche Organschaft. Die Beteiligung an der OG-GmbH enthält stille Reserven i. H. von 50.000 €. Die OG-GmbH hat in ihren Wirtschaftsgütern ebenfalls stille Reserven i. H. von 50.000 €. Am 1.1.2013 veräußert die M-AG ihre Anteile an der OT-GmbH an den fremden Dritten X.

LÖSUNG Der Verlustvortrag bleibt i. H. von 52.500 € erhalten.

Durch die Übertragung von 100 % ginge grds. der Verlustvortrag vollständig unter, § 8c Abs. 1 Satz 1 KStG. Fraglich ist, welche Folgen aus Satz 6 zu ziehen sind:

Die stillen Reserven auf Ebene der OT-GmbH sind nach Auffassung der Verwaltung unbeachtlich, da deren Realisierung nach § 8b Abs. 2 Satz 1 KStG steuerfrei ist (ebenso die Gesetzesbegründung, s. BT-Drucks. 17/15, 19). M. E. gilt das nicht in Bezug auf die 5 %, die nach § 8b Abs. 3 Satz 1 KStG als Ausgaben gelten, die nicht als Betriebsausgaben abzugsfähig sind.[2] Insoweit unterliegt die Realisierung der stillen Reserven der Besteuerung. Damit bleiben zunächst 2.500 € Verlustvortrag bei der OT-GmbH erhalten.

Die stillen Reserven in den Wirtschaftsgütern der OG-GmbH sind ebenfalls zu berücksichtigen.[3]

Es sollte nicht zwischen Verlustvorträgen, die aufgrund der Verlustübernahmeverpflichtung von der OG-GmbH herrühren, und solchen, die aus eigenen Verlusten der OT-GmbH herrühren, differenziert werden.

Bei einer Beteiligung des Organträgers an der Organgesellschaft von weniger als 100 % sollten gleichwohl die stillen Reserven der Organgesellschaft in voller Höhe berücksichtigt werden, weil der Organträger den gesamten Verlust übernehmen muss.[4]

---

1 Nach Bonner-BP-Nachrichten 7/2013 S. 14.
2 Ebenso Bien/Wagner, BB 2009 S. 2627, 2631.
3 Hackemann in Mössner/Seeger/Oellerich, KStG, § 8c Rz. 415 m. w. N. unter zutreffendem Hinweis auf das Zurechnungskonzept bei der Organschaft; a. A. Dötsch in Dötsch/Pung/Möhlenbrock, § 8c Tz. 76m; Schmitz in Bonner-BP-Nachrichten 10/2013 S. 3, 7 ff.; BMF v. 4.7.2008, BStBl 2008 I S. 718, Tz. 33.
4 Ebenso Frey/Mückl, GmbHR 2010 S. 71.

6.1.2 Wegfall des Verlustabzugs und § 8d KStG

Der Gesetzgeber hat mit dem Gesetz zur Weiterentwicklung der steuerlichen Verlustverrechnung bei Körperschaften rückwirkend ab dem 1.1.2016 einen neuen § 8d KStG geschaffen. Danach bleibt auf Antrag ein ansonsten wegfallender Verlustvortrag unter bestimmten engen Voraussetzungen erhalten.[1] Schädlich ist vor allem, wenn eine Gesellschaft nach Anwendung des § 8d KStG die Stellung eines Organträgers einnimmt. Ein noch bestehender fortführungsgebundener Verlustvortrag geht – vorbehaltlich der Stille-Reserven-Klausel – nach § 8d Abs. 2 Satz 2 Nr. 5 KStG unter.[2]

517a

6.1.3 Steuerfreiheit eines Sanierungsgewinns

Nachdem der BFH den Sanierungserlass der Finanzverwaltung für rechtswidrig erklärt hat, hat der Gesetzgeber die Steuerfreiheit wieder gesetzlich in §§ 3a, 3c Abs. 4 EStG geregelt.[3] Als Folgewirkung hat er durch das Gesetz gegen schädliche Steuerpraktiken im Zusammenhang mit Rechteüberlassungen vom 27.6.2017 in § 15 KStG in Abs. 1 die Sätze 2 und 3 und einen neuen Abs. 1a eingefügt. Die Vorschrift gilt rückwirkend ab VZ 2017, auf Antrag auch für VZ vor 2017.

517b

Die Vorschrift hat nur Bedeutung für die Sanierung von Organgesellschaften und gilt nicht bei Sanierung des Organträgers.

Nachdem Organträger und Organgesellschaft ihr Einkommen getrennt ermittelt haben, kommen die Regelungen des § 3a EStG (Steuerfreiheit von Sanierungserträgen und entsprechender Untergang von Verlustverrechnungspotenzial bzw. von Verlustausgleichspotenzial) und § 3c Abs. 4 EStG (Nichtabziehbarkeit von damit im wirtschaftlichen Zusammenhang stehenden Betriebsvermögensminderungen) getrennt zur Anwendung. Damit kommt die in § 3a Abs. 3 Sätze 2,3 und 5 EStG geregelte Vernichtung von Verlustabzugspotenzial im Umfang eines laufenden Verlusts der Organgesellschaft im Sanierungsjahr und eines vororganschaftlichen Verlustvortrags bereits auf Ebene der Organgesellschaft und nicht erst insgesamt auf Ebene des Organträgers zur Anwendung.

§ 15 Satz 1 Nr. 1 Satz 2 KStG stellt klar, dass die vororganschaftlichen Verluste i. S. des § 3a Abs. 3 Satz 2 EStG zu verwenden sind, das Verlustabzugsverbot

---

1 Zu Einzelheiten s. Hackemann in Mössner/Seeger/Oellerich, § 8d KStG.
2 Zu weiteren Fragen s. auch Pohl, BB 2018 S. 796.
3 Zu Einzelheiten s. Kanzler in KKB, NWB-Kommentar zum EStG, §§ 3a, 3c Abs. 4 EStG; Klein/Müller, Praxishandbuch der GmbH, 4. Aufl. 2018, Rz. 5394 ff.

des Satzes 1 damit der Verrechnung von Verlustvorträgen (Entsprechendes gilt für vororganschaftliche Zinsvorträge und EBITDA-Vorträge) nicht entgegensteht. Nach § 3a Abs. 3 Nr. 8 EStG ist auch ein laufender Verlust der Organgesellschaft im Sanierungsjahr mit dem Sanierungserfolg zu verrechnen, so dass es nicht mehr zu einer Zurechnung des Verlust beim Organträger kommen kann.

Der neue § 15 Satz 1 Nr. 1a KStG verlangt, dass der Organträger sogar nach Beendigung der Organschaft seine Steuerminderungspotenziale zur Verfügung stellen muss.[1]

6.2 Internationales Schachtelprivileg

518   Nach § 15 Nr. 2 Satz 1 KStG in den Fassungen vor dem UntStFG sind bei der Ermittlung des Einkommens der Organgesellschaft, insbesondere also des dem Organträger zuzurechnenden Einkommens der Organgesellschaft, die Vorschriften eines Abkommens zur Vermeidung der Doppelbesteuerung, nach denen die Gewinnanteile aus der Beteiligung an einer ausländischen Gesellschaft außer Ansatz bleiben, nur anzuwenden, wenn der Organträger zu den durch diese Vorschriften begünstigten Steuerpflichtigen gehört (s. dazu im Einzelnen Rz. 681 ff.). Die Vorschrift ist durch das UntStFG gestrichen worden. Nach der Gesetzesbegründung ist sie durch die Neufassung des § 8b Abs. 1 KStG überholt. Ab VZ 2003 ist durch das StVergAbG mit § 15 Satz 2 KStG eine dem alten § 15 Nr. 2 KStG vergleichbare Regelung wieder in das Gesetz aufgenommen worden. Nach der Gesetzesbegründung soll damit klargestellt werden, dass auch beim internationalen Schachtelprivileg die sog. Bruttomethode gilt. Deshalb kann ab diesem Zeitraum wegen der Rechtsfolgen auf Rz. 692 verwiesen werden.

6.2a Organschaft und investmentsteuerliche Regelungen

518a   Durch das Investmentsteuerreformgesetz wurde mit Wirkung ab 2018 die Besteuerung von Investmenterträgen neu geregelt. Die Steuerfreistellung von Erträgen hängt nunmehr von der Art des Investmentfonds (Aktienfonds, Immobilienfonds, Mischfonds oder Spezial-Investmentfonds), der Rechtsform des Anlegers und davon ab, ob die Anteile in einem Betriebsvermögen oder im Privatvermögen gehalten werden.

---

1 Zu weiteren Einzelheiten s. Müller in Mössner/Seeger/Oellerich, § 15 KStG Rz. 40a ff.

Der Gesetzgeber hat die neue Besteuerung von Investmenterträgen für Organschaftsfälle mit einer neuen Nr. 2a und den neuen Sätzen 3 und 4 in § 15 KStG nachvollzogen. Auch für diese Fälle gilt die Bruttomethode.

Die Besteuerung von von der Organgesellschaft erzielten Investmenterträgen hängt von der Rechtsform des Organträgers ab. Im Einzelnen wird bestimmt, welche Vorschriften des Investmentsteuergesetzes auf Ebene der Organgesellschaft nicht anzuwenden sind, sondern auf die Ebene des Organträgers verlagert werden.[1]

Die Begründung oder Beendigung einer Organschaft führt nicht zu einer fiktiven Veräußerung und Anschaffung der Investmentanteile, § 15 Satz 1 Nr. 2a Satz 4 KStG.

Die neu eingeführte **Vorabpauschale** ist vom Organträger zu versteuern. Der steuerbilanzielle Ausgleichsposten ist allerdings bei der Organgesellschaft zu bilden.

6.3 Auflösung vorvertraglicher unversteuerter stiller Reserven der Organgesellschaft

Enthält die Steuerbilanz der Organgesellschaft bei Inkrafttreten des GAV unversteuerte **stille Reserven** (= vorvertragliche Reserven) und werden diese Reserven nach Inkrafttreten des GAV aufgelöst, so stellt sich die Frage, ob die Gewinne aus der nachvertraglichen Realisierung vorvertraglicher unversteuerter stiller Reserven Bestandteil des dem Organträger zuzurechnenden Einkommens der Organgesellschaft sind. 519

> **BEISPIEL** Der Einzelkaufmann A erwirbt am 31.12.2009 alle Anteile an der O-GmbH zum Preis von 2 Mio. €. Zum Betriebsvermögen der O-GmbH gehört ein Grundstück mit einem Buchwert von 100.000 € und einem Verkehrswert von 1,1 Mio. €. Mit Wirkung vom 1.1.2010 wird zwischen A als Organträger und der O-GmbH als Organgesellschaft ein Organschaftsverhältnis mit Gewinnabführung i. S. der §§ 14 bis 19 KStG begründet. Am 2.1.2010 veräußert die O-GmbH das fragliche Grundstück zum Preis von 1,1 Mio. €.

Für die Zeit vor der gesetzlichen Regelung der körperschaftsteuerlichen Organschaft war die Ansicht vorherrschend, dass sich die nachvertragliche Realisierung vorvertraglicher unversteuerter stiller Reserven der Organgesellschaft zugunsten des eigenen Einkommens der Organgesellschaft vollzieht; die entsprechenden Gewinne waren von der Organgesellschaft selbst zu versteuern. Für den Geltungsbereich der gesetzlichen Regelung der körperschaftsteuerli- 520

---

1 Zu Einzelheiten s. Müller in Mössner/Seeger/Oellerich, § 15 KStG Rz. 66 ff.

chen Organschaft (§§ 14 bis 19 KStG; früher § 7a KStG a. F.) hat die Verwaltung diese Rechtsauffassung zu Recht nicht übernommen, weil nach den Gewinnermittlungsvorschriften der Gewinn aus der Realisierung stiller unversteuerter Reserven in den Gewinn der Organgesellschaft eingeht und die §§ 14 bis 19 KStG keine Vorschrift enthalten, die diese Gewinnanteile aus dem dem Organträger zuzurechnenden Einkommen der Organgesellschaft wieder eliminiert und wie z. B. die den Ausgleichszahlungen entsprechenden Einkommensteile zum eigenen Einkommen der Organgesellschaft erklärt. **Gewinne aus der nachvertraglichen Realisierung vorvertraglicher unversteuerter stiller Reserven der Organgesellschaft sind also Bestandteil des dem Organträger zuzurechnenden Einkommens** (R 61 Abs. 2 KStR). Das Schrifttum billigt diese Auffassung einmütig.[1] Im Beispielsfall gehört der Veräußerungsgewinn von 1 Mio. € zum zuzurechnenden Einkommen der Organgesellschaft und ist vom Organträger zu versteuern.

521 Die vorstehenden Ausführungen gelten entsprechend, wenn die vorvertraglichen stillen Reserven vorvertraglich aufgelöst, aber durch Bildung einer **steuerfreien Rücklage** (§ 6b EStG, R 6.6 EStR) nicht versteuert werden (nach BilMoG nicht mehr möglich). Der Gewinn, der aus der nachvertraglichen Auflösung eines solchen Sonderpostens mit Rücklageanteil i. S. von §§ 247 Abs. 3, 273 HGB entsteht, ist deshalb ebenfalls Bestandteil des dem Organträger zuzurechnenden Einkommens (R 61 Abs. 2 Satz 4 KStR).[2]

522 Zur Frage, welche steuerlichen Folgen die nachvertragliche Realisierung vorvertraglicher stiller unversteuerter Reserven der Organgesellschaft für den Organträger hat, insbesondere, wenn die stillen Reserven beim Erwerb der Beteiligung des Organträgers an der Organgesellschaft bereits vorhanden waren und die Gewinne aus der Realisierung der stillen Reserven an den Organträger abgeführt werden, siehe Rz. 628 ff.

6.4 Sonderprobleme der Einkommensermittlung bei Organschaftsverhältnissen zu natürlichen Personen (Aufwendungen für einen beherrschenden Gesellschafter-Geschäftsführer)

523 Hat die Organgesellschaft für eigene Rechnung auf das Leben ihres Gesellschafter-Geschäftsführers eine **Lebens- und Unfallversicherung** abgeschlossen und ist der Gesellschafter-Geschäftsführer gleichzeitig Organträger, so stellt sich die Frage, ob die Versicherungsprämien bei der Ermittlung des dem Or-

---

[1] Vgl. z. B. Kolbe in Herrmann/Heuer/Raupach, § 14 KStG Anm. 75; Jurkat, Tz. 653 bis 654.
[2] Dötsch/Witt in Dötsch/Pung/Möhlenbrock, § 14 KStG n. F. Tz. 277.

ganträger, zuzurechnenden Einkommens nach Maßgabe der Grundsätze des BFH-Urteils vom 5.6.1962[1] als Betriebsausgaben abzugsfähig sind.

Gegen die Abzugsfähigkeit ließe sich etwa einwenden, die (allerdings durch das UntStFG in der bisherigen Form abgeschaffte) Vorschrift des § 15 Nr. 2 KStG sei Ausdruck eines allgemeinen Rechtsgedankens; die körperschaftsteuerliche Organschaft sei ihrem Wesen nach nicht darauf gerichtet, dem Organträger mittelbar steuerliche Vorteile zu verschaffen, die einem Einheitsunternehmen gleicher Rechtsform nicht zustehen; bei der Ermittlung des dem Organträger zuzurechnenden Einkommens der Organgesellschaft seien daher Ausgaben, die beim Organträger selbst keine Betriebsausgaben wären, nicht abzugsfähig. Dieser Einwand greift jedoch nicht durch. Selbst wenn Wortlaut und Entstehungsgeschichte des § 15 KStG zuließen, diese Bestimmung dahin zu verstehen, dass die darin enthaltene Aufzählung von Vorschriften, die bei der Ermittlung des dem Organträger zuzurechnenden Einkommens der Organgesellschaft nicht anwendbar sind, nur beispielhaft ist, so sind doch Sinn und Zweck der körperschaftsteuerlichen Organschaft insbesondere zu natürlichen Personen nicht dahin bestimmbar, dass daraus Rechtsnormen abzuleiten sind des Inhalts, Ausgaben, die beim Organträger keine Betriebsausgaben wären, seien bei der Ermittlung des dem Organträger zuzurechnenden Einkommens der Organgesellschaft nicht abzugsfähig. Die fraglichen **Prämien** sind daher wie bei jeder anderen Kapitalgesellschaft **Betriebsausgaben**.[2]

524

Aus den vorstehend entwickelten Gründen sind auch **Gehaltszahlungen** der Organgesellschaft an den Gesellschafter-Geschäftsführer, der gleichzeitig Organträger ist, bei der Ermittlung des dem Organträger zuzurechnenden Einkommens als Betriebsausgaben abzugsfähig, obwohl natürliche Personen bei der Ermittlung des Gewinns aus Gewerbebetrieb Entnahmen in Höhe eines fiktiven Unternehmerlohns nicht als Betriebsausgaben abziehen können. Der Grundsatz des § 15 Abs. 1 Satz 1 Nr. 2 EStG lässt sich auf Organgesellschaften nicht anwenden; ein Durchgriff durch die Rechtsform ist nicht möglich.[3] Entsprechend hat das FG Düsseldorf[4] das Entgelt, das ein Gesellschafter einer Personengesellschaft, die Organträgerin ist, von einer Organgesellschaft, die einen eigenen Geschäftsbetrieb unterhält, für die Geschäftsführung der Organgesellschaft erhält, als Einnahmen aus nichtselbständiger Arbeit angesehen.

525

---

1 I 221/60 U, BStBl 1962 III S. 416.
2 Ebenso Jurkat, Tz. 696.
3 Ebenso Jurkat, Tz. 694 bis 695.
4 FG Düsseldorf v. 25.9.2006 - 10 K 5519/02 F, EFG 2007 S. 34.

Demgemäß kann eine Organgesellschaft, die ihrem Gesellschafter-Geschäftsführer eine **Alters-, Invaliditäts- und Hinterbliebenenversorgung** zugesagt hat, nach den dafür maßgeblichen Grundsätzen[1] mit gewinnmindernder Wirkung auch dann eine **Rückstellung** bilden, wenn der Gesellschafter-Geschäftsführer gleichzeitig Organträger i. S. der §§ 14 bis 19 KStG ist, obwohl ein Einzelunternehmer und ein Gesellschafter einer Personengesellschaft keine Möglichkeit haben, die Mittel für eine Alters- und Hinterbliebenenversorgung gewinnmindernd anzusammeln.

6.5 Verdeckte Gewinnausschüttungen der Organgesellschaft

526 Nach § 8 Abs. 3 Satz 2 KStG können verdeckte Gewinnausschüttungen das Einkommen einer Kapitalgesellschaft nicht mindern. Dieser Rechtsgrundsatz gilt in gleicher Weise für die Ermittlung des dem Organträger zuzurechnenden Einkommens der Organgesellschaft, da der Einkommensbegriff der §§ 14 bis 19 KStG dem allgemeinen Einkommensbegriff des KStG entspricht, soweit § 15 nichts anderes bestimmt. Für den **Lieferungs- und Leistungsverkehr zwischen dem Organträger und der Organgesellschaft** bedeutet dies, dass er auch bei Anwendung der §§ 14 bis 19 KStG steuerlich nicht anders zu beurteilen ist, wie wenn kein Organschaftsverhältnis mit Gewinnabführung bestünde. Überlässt z. B. die Organgesellschaft dem Organträger ein Grundstück zu einem Preis, der unter dem Verkehrswert liegt, so ist darin eine verdeckte Gewinnausschüttung zu sehen, die das dem Organträger zuzurechnende Einkommen der Organgesellschaft entsprechend erhöht.[2]

527 Eine verdeckte Gewinnausschüttung liegt auch dann vor, wenn die Maßnahme für den Organkreis insgesamt günstig ist. **Entscheidend** ist allein, ob die Maßnahme eine **Benachteiligung der Organgesellschaft** darstellt oder nicht.[3]

528 Liegt eine **verdeckte Gewinnausschüttung zwischen zwei Schwestergesellschaften** vor, die jeweils Organgesellschaft eines gemeinsamen Organträgers sind, ist das dem Organträger zuzurechnende Einkommen der den Vorteil ge-

---

[1] Vgl. dazu z. B. Schmidt/Weber-Grellet, § 6a EStG Rz. 17 ff., m. w. N.
[2] Zu Einzelfällen einer verdeckten Gewinnausschüttung zwischen Organgesellschaft und Organträger s. Haug/Huber in Mössner/Seeger/Oellerich, § 8 KStG Rz. 1574 ff.
[3] BFH, Urteil v. 1.8.1984 - I R 99/80, BStBl 1985 II S. 18; FG Hamburg, Urteil v. 4.9.1997 - II 82/94, EFG 1998 S. 392, zu dem Fall einer vGA der Enkelgesellschaft als Organgesellschaft an ihre „Großmutter"- bzw. „Mutter"-Gesellschaft der Organträgerin; FG Düsseldorf v. 7.2.2006 - 6 K 6095/03 K,G,F, RAAAB-87858 = EFG 2006 S. 1007, zur Übernahme der Organträgerfunktion im Interesse ihrer Alleingesellschafterin, wenn hieraus auf absehbare Zeit kein positives Gesamtergebnis erzielt werden kann, bestätigt durch BFH, Urteil v. 22.8.2007 - I R 32/06, BStBl 2007 II S. 961.

währenden Organgesellschaft ebenfalls entsprechend zu erhöhen, da jedes Organschaftsverhältnis für sich zu betrachten ist.[1]

Zweifelhaft kann sein, ob aus Vereinfachungsgründen von einer Berücksichtigung verdeckter Gewinnausschüttungen der Organgesellschaft an den Organträger bei der Ermittlung des dem Organträger zuzurechnenden Einkommens ausnahmsweise dann abgesehen werden kann, wenn die verdeckten Gewinnausschüttungen in dem Wirtschaftsjahr, für das sie bei der Organgesellschaft hinzuzurechnen wären, bereits **in den Handels- und damit auch Steuerbilanzgewinn des Organträgers gewinnerhöhend** eingegangen sind und sich auf diese Weise schon in einem der beiden Einkommen, die nach den §§ 14 bis 19 KStG zusammenzurechnen sind, einkommenserhöhend ausgewirkt haben. 529

BEISPIEL[2] Die Organgesellschaft beliefert den Organträger zu Verrechnungspreisen, die eine Gewinnspanne zugunsten der Organgesellschaft nicht einschließen. Der Organträger hat jedoch die an ihn gelieferten Gegenstände an seinem Bilanzstichtag bereits restlos veräußert.

Im Schrifttum wird die Frage teilweise bejaht.[3] Damit wäre im Beispielsfall die verdeckte Gewinnausschüttung in Höhe der nicht berücksichtigten Gewinnspanne steuerlich irrelevant, weil der Gewinn des Organträgers die nicht berechnete Gewinnspanne bereits einschließt. Entsprechendes gilt, wenn z. B. die Organgesellschaft dem Organträger ein Wirtschaftsgut unentgeltlich zur Nutzung überlässt. 530

Die Verwaltung (R 14.7 Abs. 2 Satz 2 KStR) vertritt demgegenüber die Auffassung, dass zwar die verdeckte Gewinnausschüttung der Organgesellschaft beim Organträger auszuscheiden ist, entgegen BFH vom 20.8.1986[4] aber nicht das zuzurechnende Organeinkommen, sondern das eigene Einkommen des Organträgers zu kürzen ist.[5] Der Verwaltungsmeinung ist aus systematischen Gründen zuzustimmen (siehe Rz. 533). 531

Verdeckte Gewinnausschüttungen der Organgesellschaft an den Organträger können die Durchführung des GAV jedenfalls insoweit nicht infrage stellen, als sie den **Charakter vorweggenommener Gewinnabführungen**, also von Voraus- 532

---

1 BFH, Urteil v. 20.8.1986 - I R 150/82, BStBl 1987 II S. 455, 458; zu Einzelheiten s. Dötsch/Witt in Dötsch/Pung/Möhlenbrock, § 14 KStG n. F. Tz. 367.
2 Thiel, StbKRep 1971 S. 179, 203.
3 Thiel, StbKRep 1971 S. 179, 203; Streck, § 15 KStG Anm. 9; a. A. aus systematischen Gründen Dötsch/Witt in Dötsch/Pung/Möhlenbrock, § 14 KStG n. F. Tz. 288; Frotscher in Frotscher/Drüen, § 14 KStG Rz. 581.
4 I R 150/82, BStBl 1987 II S. 455.
5 Ebenso Thiel, DB 2006 S. 633.

leistungen auf den Anspruch aus dem GAV, haben. Nach Auffassung der Verwaltung ist diese Voraussetzung im Allgemeinen bei verdeckten Gewinnausschüttungen der Organgesellschaft an den Organträger erfüllt.[1] Verdeckte Gewinnausschüttungen an den Organträger müssen aber nicht immer vorweggenommene Gewinnabführungen sein. So sind z. B. Verstöße gegen das Verbot der Einlagenrückgewähr (§ 30 GmbHG) und gegen das Verbot der Abführung vorvertraglicher Rücklagen (§ 301 AktG) zwar verdeckte Gewinnausschüttungen, aber keine vorweggenommenen Gewinnabführungen; sie stellen demgemäß die Durchführung des GAV infrage (s. hierzu auch Rz. 248 ff.).

533 Soweit verdeckte Gewinnausschüttungen der Organgesellschaft an den Organträger vorweggenommene Gewinnabführungen im Rahmen der §§ 14 bis 19 KStG sind, greift für sie der in Rz. 486 entwickelte Grundsatz ein, dass sie beim Organträger wie steuerfreie Einnahmen außer Ansatz bleiben. Für Vorausleistungen kann hier nichts anderes gelten als für die Hauptleistung. Nicht zugestimmt werden kann deshalb dem BFH-Urteil vom 20.8.1986,[2] nach dem zur Vermeidung einer Doppelbelastung die verdeckte Gewinnausschüttung aus dem hinzuzurechnenden Einkommen der Organgesellschaft auszuscheiden ist. Diese Vorgehensweise ist nicht systemgerecht.

Besteht die vGA aus einem **Nutzungsvorteil**, ist beim OrgT ein abziehbarer zusätzlicher Aufwand zu buchen.

> **BEISPIEL** Die OG-GmbH gibt der OrgT-AG ein Darlehen über 1 Mio. € mit einem Zinssatz von 2 %. Angemessen wäre ein Zinssatz von 6 %.
>
> **LÖSUNG** Ebene der OG:
>
> Bei der OG-GmbH ist außerbilanziell eine vGA i. H. von 40.000 € hinzuzurechnen, so dass sich das der OrgT-AG zuzurechnende Einkommen um 40.000 € erhöht.
>
> Ebene der OrgT-AG:
>
> Zinsaufwand an Ertrag (aus vorweggenommener Gewinnabführung) 40.000 €
>
> Der Ertrag ist in voller Höhe abzuziehen, so dass sich das eigene Einkommen der OrgT-AG um 40.000 € mindert. Diesem Einkommen wird das um 40.000 € erhöhte Einkommen der OG-GmbH hinzugerechnet, so dass sich per saldo eine Auswirkung von 0 € ergibt.

---

[1] R 14.6 Abs. 4 KStR; Kolbe in Herrmann/Heuer/Raupach, § 14 KStG Anm. 82.
[2] I R 150/82, BStBl 1987 II S. 455, 459.

Ist Gegenstand der vGA ein zu **aktivierendes Wirtschaftsgut**, ergibt sich Folgendes:

BEISPIEL Die OG-GmbH verkauft an die OrgT-AG ein Grundstück (Buchwert: 250.000 €, gemeiner Wert: 600.000 €) für 250.000 €.

LÖSUNG Ebene der OG-GmbH
Außerbilanziell sind 350.000 € hinzuzurechnen, so dass sich das der OrgT-AG zuzurechnende Einkommen um 350.000 € erhöht.

Ebene der OrgT-AG:
Grundstück an Ertrag (aus vorweggenommener Gewinnabführung) 350.000 €
Der Ertrag ist in voller Höhe abzuziehen, so dass sich das Einkommen der OrgT-AG um 0 € verändert.
Diesem Einkommen wird das um 350.000 € höhere Einkommen der OG-GmbH hinzugerechnet, so dass sich per saldo das Einkommen im Organkreis um 350.000 € erhöht. Diese steuererhöhende Auswirkung wird erst bei einer Veräußerung durch den höheren Buchwert „zurückgedreht".

Verdeckte Gewinnausschüttungen an einen außenstehenden Gesellschafter der Organgesellschaft stellen verdeckte Ausgleichszahlungen dar (R 61 Abs. 4 Satz 4 KStR); sie sind demgemäß von der Organgesellschaft als eigenes Einkommen zu versteuern. Sie berühren aber die tatsächliche Durchführung des GAV nicht. 534

6.6 Höchstbetrag des Spendenabzugs bei der Organgesellschaft

Nach § 9 Abs. 1 Nr. 2 KStG sind Spenden für steuerbegünstigte Zwecke bis zur Höhe von insgesamt 20 % des „Einkommens" oder 4 v. T. der Summe der gesamten Umsätze und der im Kalenderjahr aufgewendeten Löhne und Gehälter abzugsfähig. Einkommen i. S. dieser Vorschrift umfasst sowohl das dem Organträger zuzurechnende Einkommen der Organgesellschaft ohne Berücksichtigung der Gewinnabführung oder Verlustübernahme als auch das von der Organgesellschaft selbst zu versteuernde Einkommen i. S. des § 16 KStG.[1] Der **Spendenabzug** der Organgesellschaft mindert das dem Organträger zuzurechnende Einkommen; ein Abzug zulasten des von der Organgesellschaft zu versteuernden Einkommens ist nicht möglich (vgl. R 9 Abs. 5 Satz 1 KStR). 535

Die **Höchstbeträge** gem. § 9 Abs. 1 Nr. 2 KStG sind für die Organgesellschaft und den Organträger **gesondert** zu ermitteln. Es finden keine Zusammenrechnung und kein Spitzenausgleich statt (siehe Rz. 610). Geht man allerdings mit dem BFH davon aus, dass das Einkommen der Organgesellschaft dem Organ- 536

---

[1] Kolbe in Herrmann/Heuer/Raupach, § 14 KStG Anm. 82; Streck, § 15 KStG Anm. 13.

träger bereits auf der Ebene seiner Einkünfteermittlung zuzurechnen ist,[1] würde der Spendenhöchstbetrag des Organträgers durch das Organeinkommen beeinflusst.[2]

6.7 Freibetrag nach § 16 Abs. 4 EStG

537 Veräußert die Organgesellschaft ihren Betrieb oder einen Teilbetrieb oder einen Mitunternehmeranteil, so war nach Auffassung der Verwaltung bei der Ermittlung des dem Organträger zuzurechnenden Einkommens der Organgesellschaft der Freibetrag nach § 16 Abs. 4 EStG zu berücksichtigen (Abschnitt 57 Abs. 2 KStR 1995). **Ab 1996 gibt es für Organgesellschaften keinen Freibetrag mehr;** dieser kann nur noch von natürlichen Personen, die bestimmte persönliche Voraussetzungen erfüllen, in Anspruch genommen werden.

Der Veräußerungsgewinn unterliegt der vertraglichen Gewinnabführungsverpflichtung (R 14.6 Abs. 5 KStR).

6.8 Übertragung von Veräußerungsgewinnen nach § 6b EStG

538 Nach § 6b EStG kann ein Steuerpflichtiger Gewinne aus der Veräußerung bestimmter Wirtschaftsgüter des Anlagevermögens von den Anschaffungs- oder Herstellungskosten neu angeschaffter oder hergestellter Wirtschaftsgüter absetzen oder in eine steuerfreie 6b-Rücklage einstellen (Sonderposten mit Rücklageanteil gem. §§ 247 Abs. 3, 273 HGB a. F.). Aus der zivil- und steuerrechtlichen Selbständigkeit der Organgesellschaft folgt einerseits, dass sie diese **Vergünstigung** auch für Veräußerungsgewinne in Anspruch nehmen kann, die anlässlich der Veräußerung von Wirtschaftsgütern an den Organträger oder eine andere Organgesellschaft desselben Organkreises realisiert werden. Andererseits folgt daraus aber auch, dass die in § 6b Abs. 4 EStG für die Übertragung der Veräußerungsgewinne genannten Voraussetzungen (z. B. die Verweildauer) in der Person der Organgesellschaft erfüllt sein müssen.

539 Durch BilMoG wurden die Sonderposten mit Rücklageanteil handelsrechtlich abgeschafft.

6.9 Gesellschaftsteuer bei Verlustübernahme

540 Die Übernahme eines Verlustes der Organgesellschaft durch den Organträger unterlag nach § 2 Abs. 2 Nr. 1 KVStG der Gesellschaftsteuer (aufgehoben durch

---

[1] S. oben Rz. 467.
[2] Pohl, DStR 2017 S. 1687, 1689 f.

das Finanzmarktförderungsgesetz v. 22.2.1990 mit Wirkung ab 1.1.1992). Die Gesellschaftsteuer war bei der Organgesellschaft als Betriebsausgabe abziehbar (Abschnitt 57 Abs. 8 KStR 1985).

6.10 Konzernsteuerumlagen

Durch Konzernsteuerumlagen werden Steuern, die der Organträger allein schuldet, die aber wirtschaftlich den ganzen Organkreis betreffen (KSt, GewSt, USt), aus betriebswirtschaftlichen Gründen im Interesse einer zutreffenden Kostenabgrenzung auf die Unternehmen des Organkreises verteilt. Die **Zulässigkeit** dieser Umlagen wird allgemein **anerkannt**.[1] Der BGH bejaht sogar einen gesetzlichen Ausgleichsanspruch des Organträgers gegen die Organgesellschaft gem. § 426 BGB.[2] Andererseits darf der Organträger nur ihm tatsächlich entstandenen Aufwand verteilen. Die Auferlegung einer Umlage in Höhe der von der Organgesellschaft als nichtabhängiger Gesellschaft hypothetisch zu entrichtenden Gewerbesteuer („stand-alone-Prinzip"), ist, wenn beim Organträger kein Steueraufwand angefallen ist, unzulässig.[3] In diesem Fall liegt eine verdeckte Gewinnausschüttung vor[4] Die Finanzverwaltung lässt jede Methode der Belastung der Organgesellschaft zu, die zu einem betriebswirtschaftlich vertretbaren Ergebnis führt. Vorausgesetzt wird, dass das Unternehmen an der einmal gewählten Methode festhält und die Umlagen so bemessen werden, dass – mindestens im Durchschnitt mehrerer Jahre – nur die tatsächlich gezahlten Steuerbeträge umgelegt werden.[5]

541

Die von der Finanzverwaltung offengelassene Frage, ob einer Organgesellschaft im Verlustfall die dadurch im Organkreis ersparte Gewerbesteuer im Wege der Umlage erstattet werden darf, hat der BFH im Urteil vom 30.4.1980[6] bejaht.

542

---

1 Vgl. BFH, Urteil v. 30.4.1980 - II R 133/77, BStBl 1980 II S. 521; Kolbe in Herrmann/Heuer/Raupach, § 14 KStG Anm. 83; Dötsch/Witt in Dötsch/Pung/Möhlenbrock, § 14 KStG n. F. Tz. 325; Streck/Olbing, § 14 KStG Anm. 135.
2 BGH, Urteil v. 22.10.1992 - IX ZR 244/91, BGHZ 120 S. 50 = DB 1993 S. 368.
3 BGH, Urteil v. 1.3.1999 - II ZR 312/97, BGHZ 141 S. 79 = DStR 1999 S. 724; s. auch FG Köln, Urteil v. 11.4.2000 - 13 K 2707/96, LAAAB-14168 = EFG 2000 S. 809, aufgehoben durch BFH, Urteil v. 7.11.2001 - I R 57/00, BStBl 2002 II S. 369; v. 21.12.2004 - I R 107/03, BStBl 2005 II S. 490; Rödder/Simon, DB 2002 S. 496; Kleindick, DStR 2000 S. 559. Zu den Einzelheiten s. Kolbe in Herrmann/Heuer/Raupach, § 14 KStG Anm. 83.
4 FG Düsseldorf v. 5.7.2005 - 6 K 3842/02 K, F, EAAAB-62235 = EFG 2005 S. 1722, rkr.
5 Vgl. z. B. FM Nordrhein-Westfalen, Erlass v. 14.12.1964, DB 1965 S. 13; Herlinghaus in Herzig, Organschaft, S. 128 ff., zu Einzelheiten der Berechnung vgl. BGH, a. a. O.; Jonas, DB 1994 S. 1529; Palitzsch, BB 1983 S. 432; Ruppert, FR 1981 S. 53, 77.
6 II R 133/77, BStBl 1980 II S. 521.

543 Die **Steuerumlagen**, und zwar sowohl für Körperschaftsteuer als auch für Gewerbesteuer, sind bei der Organgesellschaft unter den Posten Steuern (§ 275 Abs. 2 Nr. 18 und 19 bzw. Abs. 3 Nr. 17 und 18 HGB) **gesondert** oder in Erweiterung der Gliederung gem. § 265 Abs. 5 HGB in einem zusätzlichen Posten „Steuerumlagen" unmittelbar nach den Posten 18 und 19 bzw. 17 und 18 von § 275 HGB **auszuweisen**.[1]

544–560 *(unbesetzt)*

7. Einzelfragen zur Besteuerung des Organträgers

7.1 Rückstellung des Organträgers für zu übernehmende künftige Verluste der Organgesellschaft

561 Hat der Organträger für zukünftige Verluste der Organgesellschaft, die er aufgrund des GAV zu übernehmen hat, in der **Handelsbilanz** eine Rückstellung gebildet,[2] so kann sich diese steuerlich nicht gewinnmindernd auswirken. Wie ausgeführt, sind die vom Organträger tatsächlich übernommenen Verluste der Organgesellschaft, d. h. die den Gewinn des Organträgers mindernden Aufwendungen für die Übernahme des Verlustes der Organgesellschaft, ähnlich wie nichtabzugsfähige Aufwendungen bei der Ermittlung des (eigenen) Einkommens des Organträgers wieder hinzuzurechnen, weil sich die Verluste der Organgesellschaft bei der Besteuerung des Organträgers nur einmal, und zwar nach dem Gebot des § 14 KStG auf dem Wege der Hinzurechnung des (negativen) Einkommens der Organgesellschaft auswirken dürfen. Dann muss aber das Gleiche gelten für eine Rückstellung für drohende Verlustübernahme.[3] Dabei ist gleichgültig, ob es sich um mutmaßliche Verluste der Organgesellschaft in dem Wirtschaftsjahr handelt, das am fraglichen Bilanzstichtag des Organträgers läuft, oder um Verluste der folgenden Wirtschaftsjahre.

562 Vor Inkrafttreten der gesetzlichen Regelung der körperschaftsteuerlichen Organschaft war die Rechtslage anders, weil damals nach Auffassung des BFH die abgeführten Gewinne Betriebseinnahmen und die übernommenen Verluste Betriebsausgaben des Organträgers waren.[4]

---

1 Förschle in Beck'scher Bilanzkommentar, § 275 Anm. 257.
2 Siehe hierzu Kropff in Festschrift Döllerer, S. 351.
3 BFH, Urteil v. 26.1.1977 - I R 101/75, BStBl 1977 II S. 441; H 62 KStH; Dötsch/Witt in Dötsch/Pung/Möhlenbrock, § 14 KStG n. F. Tz. 324.
4 BFH, Urteil v. 5.11.1957 - I 163/56, BStBl 1958 III S. 24.

7.2 Steuerliche Abzugsfähigkeit von Zinsen für Schulden, die der Organträger zum Erwerb der Beteiligung an der Organgesellschaft aufgenommen hat

Die Verwaltung lässt zu, dass Zinsen für Schulden, die der Organträger zum Erwerb der Organbeteiligung aufgenommen hat, bei der Ermittlung des Einkommens des Organträgers in vollem Umfange abgezogen werden, insbesondere also auch insoweit, als diesen Zinsen im Jahr ihrer Zahlung beim Organträger die von der Organgesellschaft abgeführten Gewinne gegenüberstehen.[1]

563

Die Verwaltung ist der naheliegenden Argumentation nicht gefolgt, die Zinsen seien nach § 3c EStG nicht abzugsfähig, weil die abgeführten Gewinne beim Organträger wie steuerfreie Einnahmen außer Ansatz bleiben und die Schuldzinsen deshalb als Ausgaben zu qualifizieren seien, die mit steuerfreien Einnahmen in unmittelbarem wirtschaftlichen Zusammenhang stünden.

564

Wir pflichten der Auffassung der Finanzverwaltung, dass die Schuldzinsen in vollem Umfang als Betriebsausgaben abzugsfähig sind, für den Geltungsbereich der §§ 14 bis 19 KStG bei. Diese gilt auch unverändert für die Zeit nach dem Systemwechsel zum Halb(Teil-)einkünfteverfahren fort.[2] Bei der Gewinnabführung handelt es sich nicht um eine steuerfreie Einnahme i. S. des § 3c Abs. 1 EStG, § 8b KStG.[3] Deshalb gilt für die Gewinnabführung auch nicht die 5-%-Klausel des § 8b Abs. 5 KStG.

565

Erhält der OrgT in einem Jahr einerseits Gewinnausschüttungen aus vororganschaftlicher Zeit, die bei ihm dem Teileinkünfteverfahren unterliegen, und andererseits eine Gewinnabführung, sind Finanzierungsaufwendungen gem. § 3c Abs. 2 Satz 1 EStG nur anteilig abzugsfähig. Soweit sie auf die Gewinnausschüttungen entfallen, sind sie nur i. H. von 60 % abzugsfähig. Die Aufwendungen können quotal nach dem Verhältnis der Gewinnausschüttung und der Gewinnabführung zueinander aufgeteilt werden.[4]

7.3 Teilwertabschreibung auf die Organbeteiligung

Nach Auffassung der Verwaltung (R 14.7 Abs. 3 KStR) kann der Organträger seine Beteiligung an der Organgesellschaft auf den niedrigeren Teilwert ab-

566

---

[1] R 14.7 Abs. 1 KStR; ebenso Dötsch/Witt in Dötsch/Pung/Möhlenbrock, § 14 KStG n. F., Tz. 322.
[2] Ebenso Rödder/Schumacher, DStR 2002 S. 1163; Beinert/Mikus, DB 2002 S. 1467; Frotscher, DB 2002 S. 1522; a. A. Thiel, DB 2002 S. 1340 und 1525.
[3] BMF v. 26.8.2003 - S 2770, BStBl 2003 I S. 437, Tz. 24; vgl. auch Rz. 486.
[4] FG des Saarlandes v. 1.2.2016 - 1 K 1145/12, KAAAF-74232 = EFG 2016 S. 1013 m. Anm. Jacoby, bestätigt durch BFH, Urteil v. 25.7.2019 - IV R 61/16, FAAAH-31778.

schreiben, wenn die nach dem geltenden Recht hierfür erforderlichen Voraussetzungen erfüllt sind.[1] Nach § 8b Abs. 3 Satz 3 KStG sind Teilwertabschreibungen bei Körperschaften als Organträger steuerlich unbeachtlich. Diese kommt also nur noch bei natürlichen Personen und Personengesellschaften als Organträger in Betracht. Bei Letzteren ist jedoch § 8b Abs. 6 KStG zu beachten. Eine Abschreibung auf den niedrigeren Teilwert ist jedoch nicht schon deshalb gerechtfertigt, weil die Organgesellschaft ständig mit Verlusten abschließt (R 14.7 Abs. 3 Satz 2 KStR). Die Verlustübernahme durch den Organträger führt i. d. R. dazu, dass bei der Organgesellschaft die **Substanz** erhalten bleibt, der Wert der Organbeteiligung damit nicht berührt wird.[2] Deshalb können vor dem Bilanzstichtag erlittene und nach dem Bilanzstichtag zu erwartende Verluste einer Kapitalgesellschaft, die zu einem anderen Unternehmen in einem Organschaftsverhältnis mit Gewinnabführung steht, beim Organträger einen Buchansatz für die Beteiligung, der unter dem Substanzwert des Vermögens der Organgesellschaft liegt, unter dem Gesichtspunkt des niedrigeren Teilwerts grds. nicht rechtfertigen.[3]

Nach Ansicht des BFH soll dies jedenfalls dann ausnahmslos gelten, wenn der Organträger über eine Stimmenmehrheit bei der Organgesellschaft verfügt, die es ihm ermöglicht, das in der Beteiligung gebundene Kapital jederzeit wieder flüssig zu machen und anderwärtig einzusetzen, weil der Organträger in diesem Falle, wenn er hiervon keinen Gebrauch macht, die Ertragslosigkeit des investierten Kapitals bewusst in Kauf nahm. Durch die **Versagung der Teilwertabschreibung** auf die Organbeteiligung wird **vermieden**, dass sich die Verluste der Organgesellschaft beim Organträger **doppelt auswirken**, nämlich zum einen über die Zurechnung der steuerlichen Verluste und zum anderen über eine Abschreibung auf die Beteiligung.[4] Ist in dem vom Organträger für die Organbeteiligung gezahlten Preis auch ein Firmenwert der Organgesellschaft berücksichtigt, so kann eine Abschreibung auf einen niedrigeren Teilwert dann in Betracht kommen, wenn durch ständige Verluste der Organgesellschaft der Firmenwert der Organgesellschaft gemindert oder ganz zerstört wird.[5]

---

[1] Zustimmend FG Nürnberg, Urteil v. 5.12.2000 - I 45/99, SAAAB-11740 = EFG 2001 S. 1026, rkr.
[2] Vgl. BFH, Urteil v. 17.9.1969 - I 170/65, BStBl 1970 II S. 48; zustimmend Dötsch/Witt in Dötsch/Pung/Möhlenbrock, § 14 KStG n. F. Tz. 333.
[3] BFH, Urteil v. 12.10.1972 - IV R 37/68, BStBl 1973 II S. 76; FG Nürnberg, a. a. O.
[4] Vgl. das zur gewerbesteuerlichen Organschaft ergangene BFH-Urteil v. 6.11.1985 - I R 56/82, BStBl 1986 II S. 73, 75.
[5] Hübl, DStZ A 1972 S. 145, 149; Dötsch/Witt in Dötsch/Pung/Möhlenbrock, § 14 KStG n. F. Tz. 331.

Zur Frage der Teilwertabschreibung bei nachvertraglicher Abführung vorvertraglicher gekaufter Rücklagen siehe Rz. 629 ff.

U. E. ist der Auffassung von Dötsch[1] zuzustimmen, dass eine Teilwertabschreibung auf **Gesellschafterdarlehen** in Organschaftsfällen grds. nicht möglich ist. Die Regelung der steuerlichen Behandlung von Teilwertabschreibungen auf Gesellschafterdarlehen durch das Jahressteuergesetz 2008 (neue Sätze 4 ff. in § 8b Abs. 3 KStG) ist für Organschaftsfälle deshalb irrelevant.

7.4 Die Veräußerung von Anteilen an der Organgesellschaft

Ist **Organträger** eine **Kapitalgesellschaft**, bleiben bei der Ermittlung des Einkommens Gewinne aus der Veräußerung von Anteilen an der Organgesellschaft außer Ansatz, § 8b Abs. 2 Satz 1 KStG.[2] Dies gilt nach Satz 2 der vorgenannten Vorschrift jedoch nicht, soweit der Anteil in früheren Jahren steuerwirksam auf den niedrigeren Teilwert abgeschrieben und die Gewinnminderung bis zur Veräußerung nicht durch den Ansatz eines höheren Werts ausgeglichen worden ist.

Ist **Organträger eine natürliche Person oder eine Personengesellschaft** (diese in Bezug auf natürliche Personen als Gesellschafter), unterliegt der Gewinn aus der Veräußerung von Anteilen an der Organgesellschaft gem. § 3 Nr. 40 Satz 1 Buchst. a i. V. m. § 3c Abs. 2 EStG nur zur Hälfte der Einkommensteuer (bzw. ab 2009 zu 60 %).

7.5 Anrechnung von Steuerabzugsbeträgen, die auf Betriebseinnahmen der Organgesellschaft einbehalten wurden (§ 19 Abs. 5 KStG)

Nach § 31 Abs. 1 KStG und § 36 Abs. 2 Nr. 2 EStG werden auf die Körperschaftsteuer- und Einkommensteuerschuld die durch Steuerabzug einbehaltenen Steuerbeträge, so insbesondere die von steuerabzugspflichtigen Kapitalerträgen i. S. des § 43 EStG einbehaltene Kapitalertragsteuer, angerechnet. Hat die Organgesellschaft steuerabzugspflichtige Kapitalerträge bezogen, so stellt sich die Frage, ob und ggf. in welcher Weise die hierauf einbehaltene Kapitalertragsteuer anzurechnen ist.

Eine Anrechnung der Steuerabzugsbeträge auf die Steuerschuld der Organgesellschaft wäre insoweit möglich, als die Organgesellschaft ausnahmsweise eigenes Einkommen hat, weil Ausgleichszahlungen an außenstehende Anteils-

---

[1] Dötsch in Dötsch/Pung/Möhlenbrock, § 14 KStG n. F. Tz. 335; zu Einzelheiten s. Eckl, DStR 2001 S. 1280.
[2] Siehe Herlinghaus, GmbHR 2001 S. 956, 959 f.

eigner geleistet wurden (vgl. § 16 KStG). Hat die Organgesellschaft hingegen kein eigenes Einkommen, so ist eine Anrechnung der einbehaltenen Steuerabzugsbeträge auf eine Körperschaftsteuerschuld der Organgesellschaft naturgemäß nicht möglich, da die Organgesellschaft einkommenslos ist; in diesem Falle stellt sich die Frage, ob die Steuerabzugsbeträge verloren gehen, weil sie nicht auf eine Steuerschuld der Organgesellschaft angerechnet werden können, ob die Steuerabzugsbeträge der Organgesellschaft erstattet werden müssen oder ob sie auf die Steuerschuld des Organträgers anzurechnen sind.

572 § 19 Abs. 5 KStG ordnet an, dass die **einbehaltene Steuer stets**, also auch dann, wenn die Organgesellschaft eigenes Einkommen und deshalb auch eine Körperschaftsteuerschuld hat, **nur auf die Körperschaftsteuer oder Einkommensteuer des Organträgers anzurechnen** ist. Diese Regelung entspricht der Auffassung, die die Finanzverwaltung bereits zu § 7a KStG a. F. vertreten hatte,[1] obwohl § 7a KStG a. F. noch keine entsprechende Vorschrift erhielt.

573 Nach Auffassung der Finanzverwaltung gilt § 19 Abs. 5 KStG entsprechend für die **Anrechnung von Körperschaftsteuer** nach § 36 Abs. 2 Nr. 3 EStG (Abschnitt 65 Abs. 4 KStR 1995).

574 Ist der **Organträger eine Personengesellschaft**, so ist die auf die Betriebseinnahmen der Organgesellschaft einbehaltene Steuer anteilig auf die Körperschaftsteuer oder die Einkommensteuer der Gesellschafter anzurechnen. Die Verteilung auf die Gesellschafter des Organträgers ist nach demselben Schlüssel vorzunehmen, nach dem das Einkommen der Organgesellschaft den Gesellschaftern des Organträgers zugerechnet wird.

575 Bei bestimmten Kapitalerträgen, die einem unbeschränkt oder beschränkt einkommensteuerpflichtigen Gläubiger zufließen, ist der Steuerabzug nicht vorzunehmen, wenn die Kapitalerträge Betriebseinnahmen des Gläubigers sind und die Kapitalertragsteuer bei ihm aufgrund der Art seiner Geschäfte auf Dauer höher wären, als die gesamte festzusetzende Körperschaftsteuer (**Dauerüberzahlung**), § 44a Abs. 5 EStG. Die Finanzverwaltung vertritt zu Recht die Auffassung, dass es bei einer Organgesellschaft zu keiner Überzahlungssituation kommen kann, da die Versteuerung beim Organträger erfolgt. Der Organgesellschaft kann deshalb keine Bescheinigung nach § 44a Abs. 5 Satz 4 EStG erteilt werden.[2] Anderes gilt aufgrund einer Änderung des § 44a Abs. 5 EStG

---

[1] Anlage zu BMF, Schreiben v. 30.12.1971, Tz. 47 Abs. 2.
[2] Vgl. OFD Frankfurt a. M., Vfg. v. 31.10.1997, FR 1998 S. 32; ebenso FG München v. 5.4.2001 - 7 K 317/98, OAAAB-10512 = EFG 2001 S. 1052, rkr. nach Rücknahme der Revision I R 52/01.

durch das JStG 2009 nur bei Versicherungsgesellschaften als Organgesellschaften.[1]

7.6 Tariffragen

Da das Einkommen der Organgesellschaft dem Organträger zuzurechnen und dessen Veranlagung zugrunde zu legen ist, wird es beim Organträger der Steuerart und dem Tarif unterworfen, der für den Organträger maßgebend ist. Die Tragweite dieses Grundsatzes ist zweifelhaft.

576

7.6.1 Besondere Tarifvorschriften für die Organgesellschaft, die einen Abzug von der Körperschaftsteuer vorsehen (§ 19 Abs. 1 bis 4 KStG)

7.6.1.1 Problemstellung

Nach § 26 Abs. 1 KStG wird unter bestimmten Voraussetzungen eine der deutschen Körperschaftsteuer entsprechende ausländische Steuer direkt auf die deutsche Körperschaftsteuer angerechnet. Sind die Voraussetzungen für die Anwendung dieser Vorschrift bei der Organgesellschaft erfüllt, so stellt sich die Frage, ob die Vorschrift nur bei der Organgesellschaft anzuwenden ist und deshalb nur insoweit Wirksamkeit entfaltet, als die Organgesellschaft eigenes Einkommen und damit auch eine eigene Körperschaftsteuerschuld hat oder ob und ggf. unter welchen Voraussetzungen die Tarifermäßigung durch Abzug von der Einkommensteuer- oder Körperschaftsteuerschuld des Organträgers, dem das Einkommen der Organgesellschaft zuzurechnen ist, beansprucht werden kann. Entsprechendes gilt für andere Tarifvorschriften, die einen Abzug von der Körperschaftsteuer vorsehen bzw. vorsahen, so z. B.:

577

- § 26 Abs. 2 bis 5 KStG (indirekte Anrechnung ausländischer Steuern auf die inländische Körperschaftsteuer), aufgehoben durch das StSenkG;
- die frühere Anrechnung der Steuergutschrift nach dem DBA-Frankreich (avoir fiscal),
- § 12 Außensteuergesetz (Anrechnung ausländischer Steuern auf den Hinzurechnungsbetrag),
- Ermäßigung für die Gewährung von Darlehen nach § 16 BerlinFG (gilt nur für vor dem 1.7.1991 gewährte Darlehen) bzw. nach § 17 BerlinFG (gilt nur für vor dem 1.1.1992 bzw. bei Kreditinstituten vor dem 1.1.1993 gewährte Darlehen; für Darlehen nach § 7a Fördergebietsgesetz stellt sich die Frage

---

[1] Blümich/Lindberg, § 44a EStG Rz. 31.

nicht, da diese Vorschrift nur eine Ermäßigung der Einkommensteuer und nicht wie früher das BerlinFG auch der Körperschaftsteuer vorsieht),

- § 21 BerlinFG (Ermäßigung für Einkünfte aus Berlin (West); s. hierzu Rz. 782 ff.) und
- § 14 des 3. und 4. bzw. § 15 des 5. VermBG (die Steuerermäßigung ist durch das Steuerreformgesetz 1990 für vermögenswirksame Leistungen, die nach dem 31.12.1989 angelegt werden, aufgehoben worden; Ermäßigung der Einkommensteuer, der Körperschaftsteuer des Arbeitgebers um 15 % der vermögenswirksamen Leistungen an Arbeitnehmer, höchstens aber um 3.000 DM, bis 1981 30 % und 6.000 DM).

7.6.1.2 Gesetzliche Lösung

578 § 19 Abs. 1 bis 4 KStG enthält eine eingehende gesetzliche Regelung des Problems.

579 Die **Regelung** geht von dem Grundsatz aus, dass immer dann, wenn bei der Organgesellschaft die Voraussetzungen für die Anwendung besonderer Tarifvorschriften erfüllt sind, die den Abzug von der Körperschaftsteuer vorsehen, diese **Tarifvorschriften beim Organträger anzuwenden** sind, als wären die Voraussetzungen bei ihm selbst erfüllt. Damit ist entschieden

- einerseits, dass die Wirksamkeit der fraglichen Tarifvorschriften durch die Zurechnung des Einkommens der Organgesellschaft beim Organträger grds. nicht verloren gehen soll und
- andererseits, dass auch dann, wenn die Organgesellschaft eigenes Einkommen und damit eine eigene Körperschaftsteuerschuld hat, weil Ausgleichszahlungen geleistet werden, die fraglichen Tarifermäßigungen nur bei der Besteuerung des Organträgers wirksam werden können.

580 Diese Regelung, insbesondere der Ausschluss einer Anwendung der fraglichen Tarifvorschriften auf das eigene Einkommen der Organgesellschaft, erklärte sich unter der Geltung des Anrechnungsverfahrens daraus, dass die Ausgleichszahlungen an außenstehende Anteilseigner bei diesen als Gewinnausschüttungen der Organgesellschaft angesehen werden und deshalb auch bei der Organgesellschaft wie Gewinnausschüttungen behandelt werden müssen, dass aber für Gewinnausschüttungen einer Kapitalgesellschaft nach § 27 KStG bis einschließlich 2000 im Hinblick darauf, dass bei den Empfängern der Gewinnausschüttungen ein Betrag von 3/7 der Gewinnausschüttungen auf die eigene Steuerschuld anrechenbar ist (§ 36 Abs. 2 Nr. 3 EStG), stets eine Ausschüttungsbelastung von 30 % des Gewinns vor Abzug der Körperschaftsteuer (= 3/7 der Ausschüttung) herzustellen ist und deshalb etwaige Tarifermäßi-

gungen für das Einkommen der ausschüttenden Kapitalgesellschaft durch Erhöhung der Körperschaftsteuer auf 30 % notwendigerweise verloren gehen müssen.[1] Trotz des Systemwechsels zum Halbeinkünfteverfahren hat der Gesetzgeber § 19 KStG nicht geändert.

Die **Voraussetzungen** für die Inanspruchnahme der Steuervergünstigung müssen **bei der Organgesellschaft erfüllt** sein (R 19 Abs. 1 Satz 2 KStR). Ist die Steuerabzugsermäßigung der Höhe nach auf einen bestimmten Betrag begrenzt, richtet sich dieser Höchstbetrag hingegen nach den steuerlichen Verhältnissen beim Organträger (R 19 Abs. 1 Satz 4 KStR). 581

> **BEISPIEL** ▸ Die Steuerabzugsermäßigung nach dem VermBG war u. a. von der Zahl der vom Steuerpflichtigen beschäftigten Arbeitnehmer abhängig (höchstens 60, vgl. § 15 Abs. 1 letzter Satz des 5. VermBG) und auf höchstens 3.000 DM begrenzt.

Bei der Zahl der Arbeitnehmer kommt es allein auf die von der Organgesellschaft beschäftigten Arbeitnehmer an. Den Höchstbetrag von 3.000 DM für die Steuerabzugsermäßigung bei vermögenswirksamen Leistungen kann der Organträger nur einmal für alle ihm zuzurechnenden Ermäßigungen in Anspruch nehmen, unabhängig davon, ob es sich um Leistungen des Organträgers an eigene Arbeitnehmer handelt oder um ihm nach § 19 Abs. 1 KStG zustehende Steuerabzugsermäßigungen aus vermögenswirksamen Leistungen seiner Organgesellschaften. Das BFH-Urteil vom 25.1.1984,[2] das für den Geltungsbereich des § 7a KStG a. F. die Übertragung der Steuerermäßigung nach dem VermBG von der Organgesellschaft auf den Organträger ausschloss, hat seit Inkrafttreten des KStG 1977 keine Bedeutung mehr. 582

Dem allgemeinen Grundsatz entsprechend können **Steuerabzugsermäßigungen** auch bei einem Organschaftsverhältnis nur bis zu einer Steuer von 0 € beim Organträger, **nicht** aber zu einem **Negativbetrag** führen. Dies bedeutet, dass von einer Organgesellschaft weitergeleitete Steuerabzugsermäßigungen dann verloren gehen, wenn die Einkommensteuer oder Körperschaftsteuer des Organträgers z. B. aufgrund eigener Verluste oder aufgrund der Zurechnung von Verlusten anderer Organgesellschaften 0 € beträgt. 583

Andererseits können in der Person der Organgesellschaft begründete Steuerabzugsermäßigungen beim Organträger auch dann berücksichtigt werden, wenn das dem Organträger zuzurechnende Einkommen dieser Organgesell- 584

---

1 Vgl. BT-Drucks. 7/1470 S. 349.
2 I R 32/79, BStBl 1984 II S. 382.

schaft negativ ist.[1] Der entgegenstehende BFH-Beschluss vom 18.6.1980,[2] der zur Rechtslage vor Inkrafttreten des Körperschaftsteuergesetzes 1977 ergangen ist, hat für die Rechtslage ab 1977 keine Bedeutung mehr.

585 Da die in einem Organschaftsverhältnis verbundenen Unternehmen einkommen- und körperschaftsteuerrechtlich grds. nicht besser gestellt werden sollen als ein vergleichbares Einheitsunternehmen, kann die Regelung, dass immer dann, wenn bei der Organgesellschaft die Voraussetzungen für die Anwendung besonderer Tarifvorschriften erfüllt sind, die einen Abzug von der Körperschaftsteuer vorsehen, diese Tarifvorschriften beim Organträger anzuwenden sind, naturgemäß nur eingreifen, soweit der **Organträger** selbst zu den durch die besonderen Tarifvorschriften **begünstigten Steuersubjekten** gehört. Ist also z. B. eine Tarifvorschrift nur anwendbar, wenn der Steuerpflichtige der Körperschaftsteuer unterliegt, so ist sie beim Organträger nur anzuwenden, wenn der Organträger ebenfalls körperschaftsteuerpflichtig ist, nicht hingegen, wenn der Organträger einkommensteuerpflichtig ist. In letzterem Falle geht die Tarifermäßigung verloren. Tarifvorschriften, die sowohl für die Körperschaftsteuer wie für die Einkommensteuer gelten, sind z. B. §§ 16, 17 BerlinFG, § 14 des 3. und 4., § 15 des 5. VermBG und die Vorschriften über die direkte Anrechnung ausländischer Steuern.[3] Nur für die Körperschaftsteuer galten hingegen z. B. die Vorschriften über die indirekte Anrechnung ausländischer Steuern (§ 26 Abs. 2 bis 5 KStG, aufgehoben durch das StSenkG).

586 Ist der Organträger eine Personengesellschaft, deren Gesellschafter teils der Einkommensteuer und teils der Körperschaftsteuer unterliegen, so sind die Tarifvorschriften, die nur für den Bereich der Körperschaftsteuer gelten (z. B. die indirekte Anrechnung ausländischer Steuern) in der Weise anzuwenden, dass der Steuerabzug mit dem **Teilbetrag** vorzunehmen ist, der dem auf den körperschaftsteuerpflichtigen Gesellschafter entfallenden Bruchteil des dem Organträger zuzurechnenden Einkommens der Organgesellschaft entspricht (§ 19 Abs. 3 KStG). Das KStG greift also insoweit durch die Personengesellschaft als Organträger hindurch. Gäbe es diese Vorschrift nicht, so könnte

---

1 Maas, BB 1985 S. 2228.
2 I B 88/79, BStBl 1980 II S. 733.
3 § 26 Abs. 1 KStG einerseits und § 34c Abs. 1 und 2 EStG andererseits; zu dem Problem, ob die Organgesellschaft oder der Organträger das Wahlrecht nach § 34c Abs. 2 EStG ausüben darf, s. einerseits Dötsch in Dötsch/Pung/Möhlenbrock, § 19 KStG n. F. Tz. 17 und andererseits Maas, BB 1985 S. 2228, 2229 f.; u. E. ist Dötsch und den dort zitierten Autoren zuzustimmen, dass das Wahlrecht, ausländische Steuern vom Einkommen abzuziehen, der Organgesellschaft zusteht. Zur Ermittlung und Anrechnung ausländischer Steuern im Einzelnen s. Müller in Mössner/Seeger/Oellerich, § 19 KStG, insbesondere Rz. 27 m. w. N.

man auf der Grundlage der Rechtsprechung des BFH zur Anwendung des Schachtelprivilegs bei Zwischenschaltung einer Personengesellschaft[1] folgern, dass für bestimmte Einnahmen der Organgesellschaft z. B. die indirekte Steueranrechnung insgesamt verloren geht, wenn Organträger eine Personengesellschaft ist, auch wenn und soweit die Gesellschafter der Personengesellschaft ihrerseits wiederum körperschaftsteuerpflichtig sind.

Sind an der Organträger-Personengesellschaft **beschränkt steuerpflichtige Gesellschafter** beteiligt, so gilt § 19 Abs. 1 bis 3 KStG bei diesen Gesellschaftern entsprechend, soweit die besonderen Tarifvorschriften bei beschränkt Steuerpflichtigen anwendbar sind. Bei beschränkt Steuerpflichtigen sind die indirekte Steueranrechnung nach § 26 Abs. 2 bis 5 KStG sowie die Ermäßigung für die Gewährung von Darlehen nach §§ 16 und 17 BerlinFG nicht anwendbar. Die anderen in Rz. 577 genannten Steuerabzugsermäßigungen gelten auch für beschränkt Steuerpflichtige (vgl. z. B. für die direkte Anrechnung ausländischer Steuern § 34c Abs. 1 EStG bzw. § 26 Abs. 6 KStG i.V. m. § 50 Abs. 6 EStG). 587

7.6.2 Steuersatzermäßigungen

Nach Auffassung der Finanzverwaltung sind beim Organträger auch sog. Steuersatzermäßigungen zu berücksichtigen, wenn die Organgesellschaft entsprechende Einkünfte erzielt hat (R 67 Abs. 1 Satz 5 KStR 2004). Steuersatzermäßigungen enthalten § 26 Abs. 6 KStG i.V. m. § 34c Abs. 4 (Ermäßigung der Körperschaftsteuer auf 22,5 % für ausländische Einkünfte aus dem Betrieb von Handelsschiffen im internationalen Verkehr; aufgehoben durch Gesetz vom 9.9.1998) und Abs. 5 EStG[2] sowie § 4 der Verordnung über die steuerliche Begünstigung von Wasserkraftwerken vom 26.10.1940.[3] Für die Auffassung der Finanzverwaltung spricht die Überlegung, dass die in einem Organschaftsverhältnis verbundenen Unternehmen einkommen- und körperschaftsteuerrechtlich grds. nicht schlechter gestellt werden sollen als ein vergleichbares Einheitsunternehmen. 588

(unbesetzt) 589

---

1 BFH, Urteil v. 15.6.1988 - II R 224/84, BStBl 1988 II S. 761, m. w. Rechtsprechungsnachweisen.
2 Pauschalierung der Körperschaftsteuer für ausländische Einkünfte, vgl. hierzu auch den Pauschalierungserlass v. 10.4.1984, BStBl 1984 I S. 252.
3 RGBl 1940 I S. 278, RStBl 1940 S. 657.

7.6.3 Tarifermäßigung nach den §§ 16, 34 EStG

590 Erzielt eine natürliche Person einen Gewinn aus der Veräußerung des ganzen Gewerbebetriebs, eines Teilbetriebs, einer 100-prozentigen Beteiligung an einer Kapitalgesellschaft oder eines Mitunternehmeranteils (§ 16 EStG), so ermäßigt sich für Veräußerungen bis 31.12.1998 und nach dem 31.12.2000 im Hinblick auf die progressive Gestaltung des Einkommensteuertarifs die darauf entfallende Einkommensteuer auf die Hälfte bzw. ab dem VZ 2004 auf 56 % des durchschnittlichen Steuersatzes (zu Einzelheiten siehe § 34 Abs. 3 EStG). Für Veräußerungen nach dem 31.12.1998 und vor dem 1.1.2001 ermäßigt sich die Einkommensteuer durch die sog. Fünftelung (§ 34 EStG i. d. F. des StEntlG 1999/2000/2002). Körperschaftsteuerpflichtige können eine derartige Tarifermäßigung nicht beanspruchen, da der Körperschaftsteuertarif proportional gestaltet ist.

591 Ist in dem zuzurechnenden Einkommen der Organgesellschaft ein **Veräußerungsgewinn** i. S. des § 16 EStG enthalten, z. B. weil die Organgesellschaft einen Teilbetrieb i. S. von § 16 EStG veräußert hat, und ist der Organträger, dem das Einkommen der Organgesellschaft zugerechnet wird, eine natürliche Person, so stellt sich die Frage, ob der Organträger für den ihm zugerechneten und von ihm zu versteuernden Veräußerungsgewinn (ebenso wie für einen selbst erzielten Veräußerungsgewinn) eine **Tarifermäßigung** nach § 34 EStG in Anspruch nehmen kann. Die **Verwaltung verneint** die Frage.[1] Gegen die Meinung der Verwaltung lässt sich einwenden, dass **§ 34 EStG eine Tarifvorschrift** ist und deshalb bei dem Steuerpflichtigen angewendet werden muss, bei dem die fraglichen Einkünfte tatsächlich besteuert werden.[2]

Der **BFH** hat durch Urteile vom 14.4.1992[3] und vom 22.1.2004,[4] die Verwaltungsauffassung bestätigt. Zur Begründung führt er insbesondere an, dass es über Sinn und Zweck der Organschaft hinausginge, wenn der Organträger die Tarifbegünstigung des § 34 EStG für eine vom Organ vorgenommene Veräußerung in Anspruch nehmen könnte, die dem Organ selber im Hinblick auf seine Rechtsform nicht zustünde. Außerdem seien die von der Organgesellschaft erzielten Gewinne i. S. des § 16 EStG nicht Bestandteile des dem Organträger zuzurechnenden Einkommens. Das Einkommen der Organgesellschaft werde

---

1 R 19 Abs. 2 KStR; Dötsch in Dötsch/Pung/Möhlenbrock, § 19 KStG n. F. Tz. 11; BFH, Urteil v. 22.1.2004 - III R 19/02, BStBl 2004 II S. 515.
2 Für Tarifermäßigung beim Organträger Streck/Olbing, § 14 KStG Anm. 163.
3 VIII R 149/86, BStBl 1992 II S. 817.
4 III R 19/02, BStBl 2004 II S. 515.

dem Organträger vielmehr ungeteilt zugerechnet ohne Unterscheidung etwa nach laufenden oder außerordentlichen Gewinnen.

§ 19 KStG ist nicht unmittelbar einschlägig. Zur Anwendung des § 16 Abs. 4 EStG bei der Organgesellschaft siehe Rz. 537.   592

7.6.4 Tarifermäßigung nach § 32c EStG

Zur Tarifermäßigung nach § 32c EStG, der mit Wirkung ab dem VZ 2001 insgesamt aufgehoben wurde, s. die 6. Auflage Rz. 593 bis 597.[1]   593

Zur neuen Steuerermäßigung nach § 35 EStG s. unten Rz. 611 ff.   594

7.6.5 Thesaurierungsbegünstigung nach § 34a EStG

§ 34a EStG findet auf das von der natürlichen Person als Organträger oder Mitunternehmer der Organträger-Personengesellschaft zu versteuernde Einkommen der Organgesellschaft Anwendung, wenn die allgemeinen Voraussetzungen der Vorschrift erfüllt sind.[2] Zu versteuerndes Einkommen des Organträgers ist das eigene Einkommen und das Einkommen der Organgesellschaft.   595

BEISPIEL[3] An einer gewerblich tätigen OHG sind die natürlichen Personen A und B zu je 50 % beteiligt. Die OHG erzielt im Wirtschaftsjahr 2010 ein Gesamthandsergebnis von 0. Sie ist Organträgerin der X-GmbH, die einen steuerbilanziellen (= handelsbilanziellen) Gewinn i. H. von 200 erwirtschaftet, der steuerfreie Einnahmen i. H. von 100 enthält, das (steuerpflichtige) Einkommen beträgt also 100. A tätigt Entnahmen i. H. von 50.

LÖSUNG A kann die Thesaurierungsbegünstigung auf sein Einkommen i. H. von 50 in Anspruch nehmen. Nach dem allgemeinen Grundsatz des § 34a Abs. 2 EStG sind vorrangig die steuerfreien Einnahmen entnommen. Der nicht entnommene Gewinn der OHG beträgt bezogen auf A 50; das zu versteuernde Einkommen des A beträgt 50.

(unbesetzt)   596–597

---

1 Zur Verfassungsmäßigkeit s. BVerfG v. 21.6.2006 - 2 BvL 2/99, BAAAC-15713 = BVerfGE 116 S. 164 = DStRE 2006 S. 988; zu Einzelheiten s. BFH, Urteile v. 27.9.2006 - IV R 50/98, GAAAC-31826 = BFH/NV 2007 S. 239; v. 7.11.2006 - VIII R 18/98, AAAAC-38814 = BFH/NV 2007 S. 667.
2 Pohl, DB 2008 S. 84; Rogall, DStR 2008 S. 429.
3 Nach Rogall, DStR 2008 S. 431.

7.7 Steuerfreie Einnahmen einer Organgesellschaft

7.7.1 Steuerfreie Einnahmen einer Kapitalgesellschaft, die nicht Organgesellschaft ist

598 Hat eine Kapitalgesellschaft steuerfreie Einnahmen erzielt (z. B. Investitionszulagen nach § 2 InvZulG 2010 (steuerfrei nach § 13 InvZulG 2010) und § 19 Abs. 4 BerlinFG oder einen Gewinn aus einer ausländischen Betriebsstätte, der nach einem einschlägigen DBA von einer Besteuerung im Inland freigestellt ist), so ging diese Steuerfreiheit nach den Vorschriften des KStG über das Anrechnungsverfahren verloren, soweit für die Gewinnausschüttung einer Kapitalgesellschaft das durch diese steuerfreien Einnahmen entstandene Eigenkapital als verwendet galt (vgl. § 28 Abs. 3 KStG a. F.), denn in diesem Fall war gem. § 27 KStG a. F. anlässlich der Ausschüttung die Körperschaftsteuer (= 3/7 der Ausschüttung) zu erhöhen. **Die Steuerfreiheit konnte somit nicht auf die Anteilseigner durchgeleitet werden.**

599 Nach Wegfall des Anrechnungsverfahrens und der Verwendungsfiktion gilt Folgendes: Ist **Gesellschafterin** ebenfalls eine **Kapitalgesellschaft**, bleibt die Steuerfreiheit bestehen, da die ausschüttende Gesellschaft nur ihre steuerpflichtigen Einnahmen versteuert und die Gewinnausschüttung gem. § 8b Abs. 1 KStG bei der Empfängerin bei der Ermittlung des Einkommens außer Ansatz bleibt. Ist **Gesellschafter** hingegen eine **natürliche Person**, geht die Steuerbefreiung verloren, da diese die Hälfte (ab 2009 60 %) des ausgeschütteten Gewinns, in dem auch die steuerfreien Einnahmen enthalten sind, gem. § 3 Nr. 40 Satz 1 Buchst. d EStG versteuern muss.

7.7.2 Steuerfreie Einnahmen einer Organgesellschaft

600 Steht die Kapitalgesellschaft hingegen in einem Organschaftsverhältnis, so muss sich der Grundsatz, dass das Einkommen der Organgesellschaft dem Organträger zur Versteuerung zuzurechnen ist und dass das Einkommen des Organträgers um die Gewinnabführungen der Gesellschaft außerbilanzlich zu kürzen ist, dahin auswirken, dass die **Steuerfreiheit von Einnahmen der Organgesellschaft jedenfalls erhalten bleibt**, wenn für den Organträger seiner Rechtsform nach gleichartige Befreiungsvorschriften gelten, d. h. wenn die Einnahmen beim Organträger ebenfalls steuerfrei wären, wenn er sie unmittelbar erzielt hätte.

601 Man kann dieses Ergebnis auf eine sinngemäße Anwendung des § 19 KStG stützen, der seinem Wortlaut nach allerdings nur Tarifermäßigungen und die

Anrechnung von Steuerabzugsbeträgen zum Gegenstand hat. Näher dürfte aber folgende dem Wesen der Organschaft angemessene Konstruktion liegen:

Das dem Organträger zur Versteuerung zuzurechnende Einkommen der Organgesellschaft ist nur das **steuerpflichtige Einkommen**, also der Steuerbilanzgewinn abzüglich der darin enthaltenen steuerfreien Einnahmen. Aufgrund des Gewinnabführungsvertrags führt die Organgesellschaft aber nicht nur den dem steuerpflichtigen Einkommen entsprechenden Teil des Steuerbilanzgewinns ab, sondern den gesamten Steuerbilanzgewinn, also auch die steuerfreien Einnahmen. Der Rechtssatz, dass das Einkommen des Organträgers um die abgeführten Gewinne außerbilanzlich zu kürzen ist, gilt aber für den gesamten abgeführten Gewinn, also auch für die darin enthaltenen steuerfreien Einnahmen der Organgesellschaft, und zwar jedenfalls dann, wenn die steuerfreien Einnahmen der Organgesellschaft beim Organträger ebenfalls steuerfrei gewesen wären, wenn er sie selbst erzielt hätte. 602

Wird der Steuerbilanzgewinn der Organgesellschaft von dieser zum Teil in eine Gewinnrücklage gestellt, so ist beim Organträger in dieser Höhe auch dann ein aktiver Ausgleichsposten (s. dazu Rz. 651 ff.) zu bilden, wenn die abgeführten Beträge das dem Organträger zuzurechnende steuerpflichtige Einkommen der Organgesellschaft erreichen oder gar übersteigen; es wird also gewissermaßen **fingiert**, dass stets der steuerpflichtige Teil des Steuerbilanzgewinns der Organgesellschaft in die Gewinnrücklage eingestellt ist. 603

Die Frage, wie sich steuerfreie Einnahmen der Organgesellschaft auswirken, stellt sich auch, wenn die **Organgesellschaft eigenes Einkommen** hat, weil Ausgleichszahlungen geleistet werden. 604

> **BEISPIEL** Die Organgesellschaft hat einen Steuerbilanzgewinn von 100; darin sind steuerfreie Einnahmen von 50 enthalten, so dass der steuerpflichtige Teil des Gewinns ebenfalls 50 beträgt. Die Organgesellschaft hat Ausgleichszahlungen von 33 geleistet. Der an den Organträger abgeführte Betrag beläuft sich auf 56.

Nach § 16 KStG ist davon auszugehen, dass die Organgesellschaft in jedem Falle 44 Punkte (4/3 von 33) mit 25 % zu versteuern hat (bzw. ab 2008 20/17 von 33 mit 15 %). Zweifelhaft kann nur sein, wie der Organträger zu besteuern ist. 605

Man kann die Auffassung vertreten, dass dem Organträger ein zu versteuerndes (steuerpflichtiges) Einkommen von 50 zuzurechnen ist, dass also der steuerfreie Teil des Bilanzgewinns der Organgesellschaft zur Bestreitung der Ausgleichszahlungen und der darauf lastenden Körperschaftsteuer verwendet wurde. Damit wäre die **Steuerfreiheit verloren gegangen**. Das beim Organträger zu versteuernde Einkommen der Organgesellschaft von 50 stimmt mit dem abgeführten Gewinn von 50 überein. 606

607 Man kann aber auch wohl die Ansicht vertreten, dass der steuerpflichtige Teil des Steuerbilanzgewinns der Organgesellschaft zur Bestreitung der Ausgleichszahlungen und der darauf lastenden Körperschaftsteuer verwendet wurde. Das führt zwar bei der Organgesellschaft ebenfalls zu einem Anfall von Körperschaftsteuer i. H. von 11 Punkten (25 % von 4/3 der Ausgleichszahlungen bzw. 5,83 Punkten (15 % von 20/17 der Ausgleichszahlungen). **Das dem Organträger zuzurechnende Einkommen der Organgesellschaft ist aber „steuerfreies Einkommen"**, oder anders ausgedrückt: Dem Organträger ist kein Einkommen der Organgesellschaft zur Versteuerung zuzurechnen, weil das steuerpflichtige Einkommen der Organgesellschaft insgesamt nur 50 beträgt und voll als eigenes Einkommen der Organgesellschaft besteuert wird. Der an den Organträger abgeführte Gewinn von 50 ist aber wie jede Gewinnabführung innerhalb eines Organschaftsverhältnisses vom Einkommen des Organträgers außerhalb der Bilanz zu kürzen.

608 Zutreffend, weil systemgerecht, dürfte die in Rz. 607 erwähnte Lösung sein.[1]

7.8 Übertragung von Wirtschaftsgütern des Organträgers auf die Organgesellschaft

609 Da Organträger und Organgesellschaft rechtlich selbständig bleiben, insbesondere die Organgesellschaft ihre subjektive Körperschaftsteuerpflicht nicht verliert und da das Einkommen von Organträger und Organgesellschaft vor der Zusammenrechnung getrennt zu ermitteln ist (siehe Rz. 467, 470 f.), führt die Übertragung von Wirtschaftsgütern des Organträgers auf die Organgesellschaft unter dem rechtlichen Gesichtspunkt der verdeckten Einlage zu einer Realisierung der im Buchansatz des Wirtschaftsgutes enthaltenen stillen Reserven, ebenso wie jede Veräußerung vom Organträger an die Organgesellschaft ein gewinnrealisierender Vorgang ist.

7.9 Höchstbetrag des Spendenabzugs beim Organträger

610 Nach § 9 Abs. 1 Nr. 2 KStG und § 10b EStG sind Spenden für steuerbegünstigte Zwecke bis zur Höhe von 20 % des „Einkommens" bzw. des „Gesamtbetrags der Einkünfte" oder 4 v. T. der Summe der gesamten Umsätze und der im Kalenderjahr aufgewendeten Löhne und Gehälter abzugsfähig.[2] **Einkommen bzw. Gesamtbetrag der Einkünfte** i. S. dieser Vorschriften ist das **(eigene) Einkommen des Organträgers vor Gewinnabführung oder Verlustübernahme**;

---

1 Ebenso Jurkat, JbFfSt 1977/78 S. 344, 355; Streck, § 19 KStG Anm. 9.
2 Zur Erhöhung der Beiträge s. Rz. 533.

das dem Organträger zuzurechnende Einkommen der Organgesellschaft bleibt außer Betracht.[1] Das Gleiche gilt für die dem Organträger zuzurechnenden Umsätze der Organgesellschaft.

7.10 Steuerermäßigung nach § 35 EStG

Gewerbetreibende unterliegen in Deutschland seit langem einer doppelten Belastung mit Einkommen- bzw. Körperschaftsteuer und Gewerbesteuer. Diese **Doppelbelastung** will § 35 EStG i. d. F. des StSenkG abmildern, indem eine **Ermäßigung der tariflichen Einkommensteuer**, soweit sie anteilig auf im zu versteuernden Einkommen enthaltene gewerbliche Einkünfte entfällt, vorgenommen wird. Die Entlastung erfolgt durch eine **typisierte Anrechnung der Gewerbesteuer auf die Einkommensteuer**. Die Höhe der Steuerermäßigung beträgt das 1,8-fache des nach § 14 GewStG festgesetzten Gewerbesteuermessbetrags.[2] Der Faktor ist durch das Unternehmensteuerreformgesetz 2008 ab dem VZ 2008 auf das 3,8-fache erhöht worden, da ab diesem Zeitpunkt die Gewerbesteuer keine abzugsfähige Betriebsausgabe mehr ist.

611

In Organschaftsfällen kommt die Steuerermäßigung nur zur Anwendung, wenn **Organträger eine natürliche Person oder eine Personengesellschaft** ist. Ist Organträger eine Kapitalgesellschaft, kommt es nicht zu einer Gewerbesteuer-Entlastung, da nach Auffassung des Gesetzgebers der Körperschaftsteuer unterliegende Gewinne bereits durch die Absenkung des KSt-Satzes auf 25 % (bzw. 15 % ab VZ 2008) hinreichend begünstigt werden. Dies gilt u. E. auch bei einer Organträger-Personengesellschaft, an der (auch) Kapitalgesellschaften beteiligt sind, für den auf diese entfallenden Anteil am Gewerbesteuer-Messbetrag.[3] Dem steht das BFH-Urteil v. 28.5.2015[4] nicht entgegen, da dieses nur die Frage entschieden hat, dass die im Anschluss an die Umwandlung

612

---

1 BFH, Urteil v. 23.1.2002 - XI R 95/97, BStBl 2003 II S. 9; R 9 Abs. 5 Satz 2 KStR; FG Düsseldorf, Urteil v. 26.6.2012 - 6 K 3767/10 F, HAAAE-14707 = EFG 2012 S. 1876, offengelassen vom BFH in der Revisionsentscheidung v. 23.10.2013 - I R 55/12, LAAAE-62147 = BFH/NV 2014 S. 903; zur mittlerweile wohl geänderten Auffassung des BFH s. oben Rz. 536.
2 Zu Einzelheiten s. Wendt, FR 2000 S. 1173; Schmidt/Wacker, zu § 35 EStG; BMF v. 19.9.2007 - S 2296a, BStBl 2007 I S. 701.
3 Vgl. § 35 Abs. 1 Nr. 2 i. V. m. Abs. 2 EStG; ebenso Wendt, FR 2000 S. 1173, 1180, in Bezug auf doppelstöckige Personengesellschaften. Zum Sonderfall der Beteiligung einer Organgesellschaft an einer Personengesellschaft s. zutreffend Kollruss, Beim Schlussgesellschafter ist Schluss: Keine GewSt-Anrechnung nach § 35 EStG bei Beteiligung von Organgesellschaft an Personengesellschaft, DStR 2007 S. 378; ebenso FG Hamburg, Urteil v. 26.8.2009 - 6 K 65/09, KAAAD-30413 = EFG 2010 S. 145, bestätigt durch BFH, Urteile v. 22.9.2011 - IV R 42/09, QAAAD-98378 = BFH/NV 2012 S. 236; v. 22.9.2011 - IV R 3/10, BStBl 2012 II S. 14 = DB 2011 S. 2635; gegen FG Düsseldorf, Urteil v. 29.10.2009 - 16 K 1567/09 F, SAAAD-38416 = EFG 2010 S. 798.
4 BFH, Urteil v. 28.5.2015 - IV R 27/12, BStBl 2015 II S. 837.

einer OG in eine Personengesellschaft erzielten und mit Gewerbesteuer belasteten Veräußerungs- und Aufgabegewinne der Steuerermäßigung unterliegen, aber, wie in Rz. 35 und 36 ausgeführt, nur bei anrechnungsbefugten Mitunternehmern bei deren Einkommensteuer.

613 Da ab VZ bzw. EZ 2002 die Voraussetzungen der körperschaftsteuerlichen und der gewerbesteuerlichen Organschaft identisch sind, es also keine **nur** körperschaftsteuerliche oder **nur** gewerbesteuerliche Organschaft mehr geben kann, ist eine **Aufteilung des Gewerbesteuer-Messbetrags** auf die einzelnen Gesellschaften des Organkreises **nicht erforderlich** und § 35 Abs. 2 EStG a. F. damit nur für den VZ 2001 einschlägig.[1]

7.11 Negatives Einkommen des Organträgers (§ 14 Abs. 1 Nr. 5 KStG)

614 Nach § 14 Abs. 1 Satz 1 Nr. 5 KStG a. F. bleibt ein negatives Einkommen des Organträgers bei der inländischen Besteuerung unberücksichtigt, soweit es in einem ausländischen Staat im Rahmen einer der deutschen Besteuerung des Organträgers entsprechenden Besteuerung berücksichtigt wird (zur Neufassung durch das Organschaftsreformgesetz s. Rz. 617). Nach der Gesetzesbegründung[2] soll hierdurch bei doppelt ansässigen Gesellschaften verhindert werden, dass Verluste doppelt oder aber stets zulasten der Bundesrepublik Deutschland berücksichtigt werden (sog. double dip).[3] Derzeit ist nicht erkennbar, ob es überhaupt Anwendungsfälle für die Vorschrift gibt.

615 Die Vorschrift könnte Gesellschaften erfassen, die nach US-Steuerrecht aufgrund der sog. „check-the-box-Regelungen" als transparent betrachtet werden, so dass eine Verlustberücksichtigung auch im Ausland möglich wäre.[4]

> **BEISPIEL** Eine Mutterkapitalgesellschaft (M) mit Sitz und Geschäftsleitung in den USA hat Gewinne. Die Tochterkapitalgesellschaft (T) mit Sitz in den USA und Geschäftsleitung im Inland hat 2010 einen Verlust von 100. T ist Organträgerin der inländischen E-GmbH, die 2010 einen Gewinn von 80 erzielt.
>
> T hat im Inland somit ein zu versteuerndes Gesamteinkommen von ./. 20, so dass keine KSt anfällt. Wird ihr Verlust auch bei der Besteuerung der M in den USA berück-

---

1 Zu den Problemen dieser Vorschrift s. Wendt, FR 2000 S. 1173, 1181 f.; Brandenberg in Herzig, Organschaft, S. 326 ff.; BMF v. 15.5.2002 - S 2296a, BStBl 2002 I S. 533, Tz. 35 ff.
2 BT-Drucks. 14/6882 S. 37.
3 Herlinghaus, GmbHR 2001 S. 956, 963; Dötsch in Dötsch/Pung/Möhlenbrock, § 14 KStG n. F. Tz. 240 f.; zu Einzelheiten s. Pache in Herrmann/Heuer/Raupach, § 14 KStG Anm. 250 ff.
4 Vgl. Wischmann in Herrmann/Heuer/Raupach, Jahresband 2002, § 14 KStG Anm. J 01-7, m. w. N.; dagegen mit der zutreffenden Erwägung, dass dies nur auf den Regierungsentwurf zutraf, der noch von einem negativen Einkommen der Organgesellschaft sprach, Meilicke, DB 2002 S. 911, 915, unter 5.

sichtigt, soll er nach der neuen Vorschrift im Inland unberücksichtigt bleiben. Da ein negatives Gesamteinkommen im Inland niemals eine Besteuerung auslöst, macht die Vorschrift nur dann Sinn, wenn man unter „negatives Einkommen des Organträgers" das **Einkommen des Organträgers vor Zurechnung des Einkommens der Organgesellschaft** versteht.[1] Im Beispielsfall müsste T damit im Inland 80 versteuern.

Aufgrund des eindeutigen Wortsinns der Vorschrift (**negatives** Einkommen des **Organträgers**) wird ein Verlust der Organgesellschaft unabhängig davon berücksichtigt, ob er sich auch im Ausland steuermindernd auswirkt. Da der Sinn und Zweck der Vorschrift unklar ist, kann nicht im Wege der Auslegung ein anderes Ergebnis gefunden werden.[2]

616

Der Gesetzgeber hat mit dem Organschaftsreformgesetz die Vorschrift deutlich verschärft. Das Abzugsverbot wurde auf negative Einkünfte einer Organgesellschaft ausgedehnt; Bezugspunkt ist nicht mehr das Einkommen, sondern die Einkünfte.[3] Hintergrund ist, dass der Gesetzgeber die Befürchtung hat, dass wegen der Aufgabe des doppelten Inlandsbezugs nunmehr auch auf der Ebene der Organgesellschaft eine doppelte Verlustnutzung (doubel dip) denkbar ist. Die Neuregelung, die in allen noch nicht bestandskräftig veranlagten Fällen anzuwenden ist (§ 34 Abs. 9 Nr. 8 KStG),[4] soll vor allem dann eingreifen, wenn die negativen Einkünfte einer doppeltansässigen Organgesellschaft im Ausland mit positiven Einkünften des dortigen Gruppenträgers ausgeglichen oder von diesen abgezogen worden sind. Die Neuregelung führt zu einem Abzugsverbot für alle in- und ausländischen Betriebsstättenverluste, die nicht nach der Freistellungsmethode „ausgesperrt" werden.[5] Die Vorschrift ist u. E. unionsrechtswidrig.[6] Außerdem führt sie, soweit nunmehr auch negative Einkünfte eine Organgesellschaft einbezogen wurden, für VZ vor 2013 zu einer verfassungswidrigen echten Rückwirkung.[7]

617

---

1 Ebenso Töben/Schulte-Rummel, FR 2002 S. 425, 435, unter II.1.; a. A. Meilicke, DB 2002 S. 911, 914, unter 3a; Wischmann in Herrmann/Heuer/Raupach, EStG/KStG, Jahresband 2002, § 14 Anm. J 01-17 a. e., wonach Verluste des Organträgers auch nicht vorgetragen werden können.
2 Zu weiteren Problemen der Vorschrift s. Meilicke, DB 2002 S. 911; Töben/Schulte-Rummel, FR 2002 S. 425; Lüdicke in Herzig, Organschaft, S. 436 ff.
3 Zu Einzelheiten s. Müller in Mössner/Seeger/Oellerich, § 14 Rz. 732 ff.; Dötsch/Pung, DB 2013 S. 305, 311; von Freeden/Liekenbrock, DB 2013 S. 1690; M. Müller, Grenzüberschreitende Verlustabzugssperre des § 14 Abs. 1 Satz 1 Nr. 5 KStG, in Prinz/Witt, Kapitel 28.
4 Für VZ vor 2013 zu Recht verfassungsrechtliche Bedenken anmeldend Frotscher in Frotscher/Drüen, § 14 Rz. 529a ff.
5 Dötsch/Pung, DB 2013 S. 305, 313.
6 Vgl. EuGH, Urteil v. 6.9.2012 - Rs. C-18/11 „Philips Electronic UK Ltd.", HAAAE-17270; s. hierzu Hennigfeld, DB0526808; Gosch, IWB 2012 S. 694, 696; zu weiteren Meinungen s. Dötsch in Dötsch/Pung/Möhlenbrock, § 14 KStG n. F. Tz. 248.
7 M. Müller in Prinz/Witt, Rz. 28.13 ff. m. w. N.

618 Die neue Fassung der Vorschrift ist nicht auf **doppelansässige** Organgesellschaften und Organträger beschränkt; eine dahingehende Einschränkung des Bundestags-Finanzausschusses[1] wurde im Vermittlungsausschuss ausdrücklich rückgängig gemacht.[2]

619 Die Vorschrift setzt negative Einkünfte des Organträgers oder der Organgesellschaft voraus. Damit kommt sie nicht zur Anwendung, wenn die Einkünfte positiv sind, auch wenn diese durch Verluste gemindert werden, die im Ausland ein zweites Mal berücksichtigt werden.[3] Der horizontale Verlustausgleich wird nicht eingeschränkt. Die ausländischen Einkünfte sind nach den inländischen Gewinnermittlungsvorschriften zu ermitteln, so dass es ggf. nicht zu negativen Einkünften kommt, obwohl im Ausland ein Verlust erzielt wird.[4] Hier kann u. E. nichts Anderes gelten als zu §§ 34c, 34d EStG.[5] Dagegen sind für die Frage, ob im Ausland negative Einkünfte berücksichtigt werden, die Einkünfte nach ausländischem Recht zu ermitteln.

Mit negativen Einkünften des Organträgers sind u. E. dessen eigene Verluste vor der Zurechnung des Ergebnisses der Organgesellschaft gemeint. Der BFH ist demgegenüber der Auffassung, dass in den Einkünften des Organträgers bereits das Einkommen der Organgesellschaft enthalten ist.[6]

Die Anwendung ist betragsmäßig („soweit") auf die Höhe der jeweiligen negativen Einkünfte, die doppelt berücksichtigt werden könnten, beschränkt.

BEISPIEL Die Organträger-AG erzielt aus einer Betriebsstätte in einem Nicht-DBA-Staat einen Verlust von 100.000 €, der nicht unter das Abzugsverbot des § 2a EStG fällt. Aus ihrem übrigen Geschäft hat sie einen Gewinn von 70.000 €.

LÖSUNG Selbst wenn der Verlust von 100.000 € im Wege des Verlustvortrags geltend gemacht werden kann, kommt § 14 Abs. 1 Satz 1 Nr. 5 KStG nur i. H. von 30.000 € zur Anwendung.

Die Einkünfte des Organträgers und der Organgesellschaft sind nach den allgemeinen Vorschriften zu ermitteln. Dazu gehört auch die Anwendung der **Bruttomethode** gem. § 15 Satz 1 Nr. 2 KStG.[7]

---

1 BT-Drucks. 17/11180 S. 15.
2 BT-Drucks. 17/11841.
3 Neumann in Gosch, § 14 Rz. 480.
4 A. A. Neumann in Gosch, § 14 Rz. 484.
5 Hierzu Heinicke in Schmidt, § 34c Rz. 11 und § 34d Rz. 4.
6 S. oben Rz. 467.
7 Str., vgl. Benecke/Schnitger, IStR 2013 S. 143, 146; Dötsch in Dötsch/Pung/Möhlenbrock, § 14 KStG Tz. 249d; wie hier Neumann in Gosch, § 14 Rz. 472a, 480.

III. Die Rechtswirkungen der Organschaft

BEISPIEL ▶ Die OG-GmbH ist an der inländischen X-GmbH beteiligt. Aus einer Betriebsstätte in einem Nicht-DBA-Staat hat die OG-GmbH einen Verlust von 50.000 €. Sie nimmt auf die Beteiligung an der X-GmbH zu Recht eine Teilwertabschreibung von 90.000 € vor. Ohne die vorgenannten Sachverhalte beträgt der Gewinn der OG-GmbH 60.000 €.

LÖSUNG ▶ Wendet man die Bruttomethode nicht an, hat die OG-GmbH positive Einkünfte von 100.000 € (60.000 + 90.000 ./. 50.000), da die Teilwertabschreibung nach § 8b Abs. 3 Satz 3 KStG außerbilanziell hinzugerechnet wird. Der ausländische Verlust geht in das dem Organträger zuzurechnende Einkommen der OG-GmbH ein.

Wendet man zutreffenderweise die Bruttomethode an, hat die OG-GmbH negative Einkünfte von 80.000 € (60.000 ./. 90.000 ./. 50.000), so dass der ausländische Verlust nicht zu berücksichtigen ist. Das dem Organträger zuzurechnende Einkommen beträgt ./. 30.000 €.

Zu beachten ist, dass **natürliche Personen** positive und negative Einkünfte aus verschiedenen Einkunftsarten haben können, die aufgrund des vertikalen Verlustausgleichs zu einer negativen Summe führen können. U. E. sind im Rahmen des § 15 Abs. 1 Satz 1 Nr. 5 KStG nur die negativen Einkünfte gemeint, die sich aus dem gewerblichen Unternehmen ergeben, zu dem die Organschaft besteht und dem das Organeinkommen zuzurechnen ist.[1]

Organträger-Personengesellschaften werden von § 14 Abs. 1 Satz 1 Nr. 5 KStG ebenfalls erfasst.[2] Dabei können sich Probleme aus der unterschiedlichen Zuordnung von Aufwendungen (insbesondere Finanzierungsaufwendungen) ergeben (sog. Qualifikationskonflikte).

BEISPIEL ▶ Zwei Steuerausländer gründen eine deutsche GmbH & Co. KG. Die KG ist Organträgerin der X-GmbH. Die Anschaffung der KG-Anteile wird fremdfinanziert.

LÖSUNG ▶ Die Finanzierungsaufwendungen stellen Sonderbetriebsausgaben der Gesellschafter bei der KG dar. Die Gesellschafter können, da die ausländischen Staaten in aller Regel keine Sonderbetriebsausgaben kennen, die Aufwendungen in ihrem Heimatstaat ebenfalls absetzen. Hat die KG insgesamt negative Einkünfte (die Sonderbetriebsausgaben sind zu berücksichtigen), sperrt § 14 Abs. 1 Satz 1 Nr. 5 KStG die Berücksichtigung der Finanzierungsaufwendungen.

BEISPIEL ▶ In Abänderung des vorgenannten Beispiels stellen die Steuerausländer der KG von ihnen aufgenommene Darlehen als Eigen- oder Fremdmittel zur Verfügung, mit denen die KG die Anteile an der OG-GmbH erwirbt.

---

1 Benecke/Schnitger, IStR 2013 S. 143, 146; M. Müller in Prinz/Witt, Rz. 28.19.
2 Neumann in Gosch, § 14 Rz. 479; Frotscher in Frotscher/Drüen, § 14 KStG Rz. 499.

LÖSUNG Die Abzugssperre greift bei diesem double dip ein, wenn die übrigen Voraussetzungen erfüllt sind. Der Zinsaufwand stellt Sonderbetriebsausgaben bei der KG dar.[1]

622 Fraglich ist, wann negative Einkünfte in einem ausländischen Staat berücksichtigt werden.

Der Begriff „Berücksichtigung im ausländischen Staat" ist weit auszulegen. Der Verlust muss nicht im **Verlustentstehungsjahr** mit anderen Einkünften in dem ausländischen Staat verrechnet werden; für die Anwendung der Verlustabzugssperre im Inland reicht die Möglichkeit aus, die inländischen negativen Einkünfte im Rahmen eines ausländischen **Verlustvortrags** zu verwerten.[2] Eine nur mittelbare Berücksichtigung der Verluste im Ausland reicht allerdings nicht aus.

Es darf aber nicht hinsichtlich künftiger Gewinne im Ausland zu einer Doppelbesteuerung kommen. Künftige ausländische Gewinne müssen, soweit sie im Inland besteuert werden, mit zuvor im Inland „gesperrten" Verlusten verrechnet werden.[3]

BEISPIEL (NACH IDW, SCHREIBEN AN DAS BMF V. 5.3.2014, FALL 1): Eine OG unterhält im Ausland eine Betriebsstätte, deren Einkünfte im Inland unter Anrechnung der ausländischen Steuer der Besteuerung unterliegen (Anrechnungsbetriebsstätte). Die Betriebsstätte erzielt im Jahr 01 negative Einkünfte von 100, die vorgetragen werden. Im Jahr 02 erzielt sie positive Einkünfte von 100. Da diese mit dem Verlustvortrag verrechnet werden, fällt keine ausländische Steuer an. Die OG erzielt im Inland in den Jahren 01 und 02 (ohne die Betriebsstätteneinkünfte) jeweils Einkünfte von 100, die dem OrgT als Einkommen zugerechnet werden.

LÖSUNG Ohne Anwendung der Nr. 5 versteuert der OrgT im Jahr 01 0 (Einkommen der OG 0) = Steuer 0 und im Jahr 02 200 = Steuer 30.[4]

Unter Anwendung der Nr. 5 würde der OrgT im Jahr 01 100 (Einkommen der OG ohne Berücksichtigung des ausländischen Verlusts) = Steuer 15 und im Jahr 02 200 = Steuer 30, insgesamt also 45, versteuern. Die Einkünfte würden im Jahr 02 mehrfach belastet. Dies ist nicht Zweck der Nr. 5. Außerdem würde dieses Ergebnis gegen die Besteuerung nach der Leistungsfähigkeit verstoßen. Deshalb muss im Jahr 02 der Gewinn der OG im Ausland mit dem im Jahr 01 gesperrten Verlust verrechnet wer-

---

1 Ob der Sonderbetriebsausgabenabzug nach § 50d Abs. 10 EStG eingeschränkt ist, soll hier außer Betracht bleiben.
2 Brink in Schnitger/Fehrenbacher, § 14 Rz. 957; Dötsch in Dötsch/Pung/Möhlenbrock, § 14 KStG Tz. 249c; a.A. M. Müller in Prinz/Witt, Rz. 28.27; Neumann in Gosch, § 14 Rz. 482, 484: Nichtberücksichtigung des Verlustes erst in dem Jahr, in dem der Verlust sich auswirkt.
3 Im Ergebnis ebenso Rödder/Liekenbrock in Rödder/Herlinghaus/Neumann, § 14 KStG Rz. 474; M. Müller in Prinz/Witt, Steuerliche Organschaft, Rz. 28.35 ff.
4 So wohl Rödder/Liekenbrock in Rödder/Herlinghaus/Neumann, § 14 KStG Rz. 474; Gosch/Neumann, § 14 KStG Rz. 482, 484.

den, so dass der OrgT im Jahr 01 zwar 100, im Jahr 02 aber auch nur 100 = insgesamt 200 versteuert.

Vom Tatbestand der Vorschrift wird nur ein Ausgleich oder Abzug der negativen Einkünfte bei der **Steuerbemessungsgrundlage** erfasst. Werden die negativen Einkünfte nur bei der Ermittlung des **Steuertarifs** berücksichtigt (negativer Progressionsvorbehalt), ist dies unschädlich.[1]

Hat der ausländische Staat für doppelt ansässige Gesellschaften eine Verlustabzugsbeschränkung, kommt ggf. die deutsche Verlustabzugssperre nicht zur Anwendung. So kennen z. B. die USA (Art. 23 Abs. 1 DBA USA sieht die Anrechnungsmethode vor) die **„Dual Consolidated Loss (DCL)-Rule"**, wonach Verluste einer doppelansässigen Kapitalgesellschaft nicht im Rahmen der US-Gruppenbesteuerung mit dem Einkommen einer anderen Gruppengesellschaft verrechnet werden dürfen, sofern die Gesellschaft in einem ausländischen Staat aufgrund ihrer Ansässigkeit unbeschränkt steuerpflichtig ist. Das Verbot der Verlustverrechnung gilt selbst dann, wenn der Verlust im Ausland – wie in Deutschland nach § 14 Abs. 1 Satz 1 Nr. 5 KStG – deswegen nicht berücksichtigt wird, weil er in den USA berücksichtigt werden kann (sog. „Mirror-Rule"). In solch einem Fall kommt § 14 Abs. 1 Satz 1 Nr. 5 KStG nicht zur Anwendung.[2]

8. Bildung und Auflösung von Rücklagen – Auswirkung auf die Besteuerung des Organträgers

8.1 Nachvertragliche Abführung vorvertraglicher offener versteuerter Rücklagen

Führt die Organgesellschaft entgegen § 301 AktG vorvertragliche offene und versteuerte Rücklagen an den Organträger ab, so entfällt damit ein Tatbestandsmerkmal für die Anwendung der §§ 14 bis 19 KStG, denn der GAV ist nicht durchgeführt (siehe Rz. 248). Die Organschaft ist „verunglückt" (zu den steuerlichen Folgen siehe Rz. 811 ff.). 623

Ist die Organgesellschaft eine nach den §§ 319 ff. AktG **eingegliederte AG**, so kann sie in Durchführung des GAV auch vorvertragliche Rücklagen an den Organträger abführen (siehe Rz. 251). Nach Auffassung der Verwaltung vollzieht sich dieser Vorgang aber, obwohl er handelsrechtlich eine Erfüllung der sich aus dem GAV ergebenden Verpflichtungen darstellt, außerhalb der §§ 14 bis 19 KStG (R 14.6 Abs. 3 Satz 4 KStR). Dies ist u. E. zutreffend, da die Organgesell- 624

---

[1] BT-Drucks. 11/10774 S. 20; Neumann in Gosch, § 14 Rz. 482.
[2] Neumann in Gosch, § 14 Rz. 485.

schaft vorvertragliche offene Rücklagen nicht als solche zusammen mit dem Organträger, sondern noch für sich allein erwirtschaftet und bereits versteuert hat. Der Vorgang unterliegt den allgemeinen steuerrechtlichen Vorschriften. Da die Ausschüttung nicht auf einem den gesellschaftsrechtlichen Vorschriften entsprechenden Gewinnverteilungsbeschluss beruht, handelt es sich um eine andere Ausschüttung.

625 Für die Besteuerung des **Organträgers** bedeutet dies: Die Ausschüttung bleibt gem. § 8b Abs. 1 KStG bei der Ermittlung seines Einkommens außer Ansatz.

626 Bei der **Organgesellschaft** ist eine **Körperschaftsteuerminderung nicht möglich**, da § 37 Abs. 2 Satz 1 KStG hierfür eine auf einem den gesellschaftsrechtlichen Vorschriften entsprechenden Gewinnverteilungsbeschluss beruhende Gewinnausschüttung voraussetzt.[1] Für eine eingegliederte Organgesellschaft, die noch über Körperschaftsteuerguthaben i. S. von § 37 KStG verfügt, wurde deshalb statt der Abführung vorvertraglicher Rücklagen deren Ausschüttung empfohlen.

627 Diese Empfehlung ist überholt. Gemäß § 37 Abs. 2a KStG i. d. F. des StVergAbG galt für Gewinnausschüttungen, die nach dem 11.4.2003 und vor dem 1.1.2006 erfolgten, ein Moratorium. In dieser Zeit führten Gewinnausschüttungen nicht zu einer Körperschaftsteuerminderung. Durch das SEStEG wurde das **bisherige System der ausschüttungsbedingten Realisierung von KSt-Guthaben durch eine ausschüttungsunabhängige ratierliche Realisierung ersetzt**, §§ 37 Abs. 4 bis 6 KStG neu. Gemäß § 37 Abs. 5 KStG neu hat die Körperschaft innerhalb des Auszahlungszeitraums von 2008 bis 2017 einen Anspruch auf Auszahlung des Guthabens in zehn gleichen Jahresraten. Für 2007 enthält das Gesetz ein verstecktes Moratorium. Eine KSt-Minderung nach altem Recht kommt damit nur für diejenigen Gewinnausschüttungen in Betracht, die vor dem 12.4.2003 bzw. im Jahr 2006 erfolgten.

628 Der Anspruch auf Auszahlung des Guthabens steht der Organgesellschaft, und nicht dem Organträger, zu. Dies ergibt sich daraus, dass das Guthaben nur aus vorvertraglicher Zeit stammen kann. Der Ertrag aus dem KSt-Guthaben ist allerdings Bestandteil des an den Organträger abzuführenden Gewinns. Die Gewinnabführungsverpflichtung entsteht in voller Höhe der zum 31.12.2006 zu aktivierenden Forderung der Organgesellschaft gegenüber dem Finanzamt.[2]

---

1 Dötsch in Dötsch/Pung/Möhlenbrock, § 37 KStG n. F. Tz. 16.
2 Dötsch in Dötsch/Pung/Möhlenbrock, § 14 KStG n. F. Tz. 183a.

Hinsichtlich der Körperschaftsteuererhöhung (Altbestand des sog. EK 02) hatte sich der Gesetzgeber im Gegensatz zur Körperschaftsteuerminderung zunächst entschieden, die ausschüttungsabhängige Regelung in § 38 KStG beizubehalten. Mit dem JStG 2008 hat er sich jedoch auch hier nunmehr für eine ausschüttungsunabhängige Regelung entschieden (§ 38 Abs. 4 ff. KStG n. F.). Danach hat die Körperschaft den Körperschaftsteuererhöhungsbetrag, der 3/100 des auf den 31.12.2006 ermittelten und festgestellten Endbetrags des EK 02 beträgt, von 2008 bis 2017 in zehn gleichen Jahresbeiträgen zu entrichten. 629

8.2 Nachvertragliche Ausschüttung vorvertraglicher offener versteuerter Rücklagen

Löst die Organgesellschaft in handelsrechtlich **zulässiger** Weise vorvertragliche offene versteuerte Rücklagen zugunsten des Bilanzgewinns auf und schüttet sie diese aus (siehe Rz. 251 ff.), so vollzieht sich dieser Vorgang bereits handelsrechtlich **nicht im Rahmen des Gewinnabführungsvertrags** und demgemäß auch steuerlich außerhalb der §§ 14 bis 19 KStG. Ist Organträger eine Kapitalgesellschaft, bleibt die Gewinnausschüttung bei der Ermittlung ihres Einkommens nach § 8b Abs. 1 KStG außer Ansatz. Bei einer natürlichen Person oder einer Personengesellschaft mit natürlichen Personen als Gesellschafter kommt das Halbeinkünfteverfahren bzw. ab 2009 das Teileinkünfteverfahren zur Anwendung. Entgegen der Regelung im Anrechnungsverfahren (siehe hierzu 5. Auflage, Rz. 631) ist die **Körperschaftsteuerminderung** nach § 37 KStG nicht für die Gewinnausschüttung zu verwenden, sondern Ertrag der Organgesellschaft des Wirtschaftsjahrs, in dem die Ausschüttung erfolgt. Entsprechend ist die **Körperschaftsteuererhöhung** nach § 38 KStG Aufwand des Wirtschaftsjahrs, in dem die Ausschüttung erfolgt. Mithin erhöht die Körperschaftsteuerminderung und mindert die Körperschaftsteuererhöhung die Gewinnabführung. Auch hier sind die Neuregelung bzw. das Moratorium (Rz. 625 bis 626) zu beachten. 630

8.3 Nachvertragliche Realisierung und Abführung vorvertraglicher stiller unversteuerter, aber gekaufter Rücklagen

Zweifelhaft ist, wie sich die nachvertragliche Realisierung vorvertraglicher stiller und unversteuerter Reserven, die in das dem Organträger gem. §§ 14, 17, 18 KStG zuzurechnende Einkommen der Organgesellschaft eingeht (siehe Rz. 519 f.), beim Organträger auswirkt, wenn die aufgelösten unversteuerten stillen Reserven der Organgesellschaft bereits im **Zeitpunkt des Erwerbs der Organbeteiligung vorhanden** waren und deshalb anzunehmen ist, dass sie 631 sich beim Organträger in den Anschaffungskosten und damit im Buchwert der Organbeteiligung niedergeschlagen haben.

> **BEISPIEL** Der Einzelkaufmann A erwirbt am 31.12.2009 alle Anteile an der O-GmbH zum Preis von 2 Mio. €. Zum Betriebsvermögen der O-GmbH gehört ein Grundstück mit einem Buchwert von 100.000 € und einem Verkehrswert von 1,1 Mio. €. Mit Wirkung vom 1.1.2010 wird zwischen A als Organträger und der O-GmbH als Organgesellschaft ein körperschaftsteuerliches Organschaftsverhältnis mit Gewinnabführung begründet. Am 2.1.2010 veräußert die O-GmbH das Grundstück zum Preis von 1,1 Mio. € und führt den Gewinn von 1 Mio. € an den Organträger A ab.

632 Bereits im Schrifttum zu § 7a KStG a. F. war die Ansicht verbreitet, dass zwar zu den im Rahmen des körperschaftsteuerlichen Organschaftsverhältnisses abgeführten und deshalb beim Organträger außer Ansatz bleibenden Beträgen auch der in das zuzurechnende Einkommen der Organgesellschaft eingegangene Gewinn aus der nachvertraglichen Realisierung vorvertraglicher stiller Reserven gehört, gleichwohl aber die mit der Abführung verbundene Vermögensminderung der Organgesellschaft und damit auch die Minderung des Werts der Beteiligung des Organträgers an der Organgesellschaft zu einer steuerlich abzugsfähigen Teilwertabschreibung auf die Anschaffungskosten für die Beteiligung an der Organgesellschaft berechtigt.[1] Die Folge dieser Ansicht ist, dass die nachvertragliche Realisierung der vorvertraglichen unversteuerten stillen, aber gekauften Reserven im Organkreis überhaupt unversteuert bleibt, weil der mit der Gewinnrealisierung verbundenen Erhöhung des zuzurechnenden Einkommens der Organgesellschaft eine durch die Teilwertabschreibung bedingte gleichhohe Minderung des eigenen Einkommens des Organträgers gegenübersteht.

633 Die **Finanzverwaltung** vertrat demgegenüber sowohl zu § 7a KStG a. F. als auch zunächst zu den §§ 14 bis 19 KStG die Auffassung, dass bei einer nachvertraglichen Realisierung vorvertraglicher unversteuerter stiller, aber gekaufter Reserven in der Steuerbilanz des Organträgers erfolgsneutral ein besonderer **passiver Ausgleichsposten** (zum Ansatz der Beteiligung an der Organgesellschaft) in Höhe der nachträglich realisierten gekauften stillen Reserven zu bilden sei und dass etwaige Teilwertabschreibungen auf die Organbeteiligung mit diesen passiven Ausgleichsposten zu verrechnen seien und damit neutralisiert werden (Abschnitt 60 Abs. 2 KStR 1977). Diese Auffassung war systemgerecht für ein Körperschaftsteuerrecht, das vom Prinzip der Doppelbelastung der von einer Kapitalgesellschaft erwirtschafteten Gewinne getragen war. Die Bildung passiver Ausgleichsposten fand ihre Rechtsgrundlage in der begrenzten

---

[1] Z. B. Döllerer, BB 1975 S. 1073, 1078, unter Hinweis auf Jurkat, Tz. 729 ff.

Zwecksetzung der körperschaftsteuerlichen Organschaft, die jedenfalls nicht darauf gerichtet war, vorvertragliche stille unversteuerte und gekaufte Reserven bei ihrer nachvertraglichen Realisierung im Organkreis unversteuert zu lassen.[1]

Die Finanzverwaltung hat unter der Geltung des Anrechnungsverfahrens ihre Auffassung aufgegeben und eine gewinnmindernde abführungsbedingte Teilwertabschreibung zugelassen (zu Einzelheiten siehe 5. Auflage, Rz. 635 ff.). 634

U. E. muss unter dem neuen Körperschaftsteuersystem die alte, in Rz. 630 dargestellte Lösung wieder Geltung erlangen. Dabei ist nicht danach zu differenzieren, welche Rechtsform der Organträger hat. Denn auch § 8b Abs. 1 KStG, der Gewinnausschüttungen bei der empfangenden Mutterkapitalgesellschaft steuerfrei stellt, geht davon aus, dass der Gewinn bei der Tochtergesellschaft bereits versteuert worden ist. 635

(unbesetzt) 636–640

8.4 Nachvertragliche Abführung vorvertraglicher stiller versteuerter, aber gekaufter Rücklagen

Nach Auffassung der Finanzverwaltung unterbleibt beim Organträger die Bildung besonderer Ausgleichsposten insoweit, als der Unterschied zwischen dem abgeführten Gewinn und dem Steuerbilanzgewinn der Organgesellschaft eine **Folgewirkung von Geschäftsvorfällen aus der vorvertraglichen Zeit** ist. Voraussetzung hierfür ist, dass besondere Ausgleichsposten nach den in R 63 Abs. 1 und 2 KStR 2004 (R 14.8 Abs. 1 und 2 KStR 2015) dargestellten Grundsätzen zu bilden gewesen wären, wenn bereits in den betreffenden Jahren eine steuerrechtlich anerkannte Organschaft mit GAV bestanden hätte (R 63 Abs. 4 KStR 2004; wegen der in Rz. 645 dargestellten gesetzlichen Regelung nicht mehr in KStR 2015 enthalten). 641

BEISPIEL A erwirbt im Jahr 01 sämtliche Anteile an B zu Anschaffungskosten von 100 Mio. €. Mit Wirkung ab 04 wird zwischen A und B ein steuerrechtlich anerkannter GAV abgeschlossen. Im Jahr 05 findet bei B eine Betriebsprüfung statt, die sich auf die Jahre 01 bis 03 erstreckt. Sie führt bei B aufgrund einer Verlagerung von Abschreibungen in die späteren Jahre 04 bis 12 steuerrechtlich zu Mehrgewinnen von 10 Mio. €. In diesen Jahren ergeben sich steuerrechtlich daraus bei B entsprechend

---

[1] Siehe auch Schmidt, JbFfSt 1970/71 S. 179, 195.

höhere steuerbilanzielle als handelsbilanzielle Abschreibungen und dadurch bedingt Mindergewinne i. H. von ebenfalls 10 Mio. €.

642 Hätte bereits in den Jahren 01 bis 03 eine steuerrechtlich anerkannte Organschaft mit GAV bestanden, so wäre in der Steuerbilanz von A ein aktiver Ausgleichsposten wegen der bei B durch die Betriebsprüfung aufgedeckten Mehrergebnisse zu bilden gewesen. Wegen der nunmehr in den Jahren 04 bis 12 eintretenden Mindergewinne ist deshalb kein passiver Ausgleichsposten zu bilden.

643 Nach R 63 Abs. 4 KStR 2004 sind solche Folgewirkungen aus vorvertraglicher Zeit beim Organträger als nicht unter § 14 KStG fallende Gewinnausschüttung zu behandeln.[1] Eine Körperschaftsteuerminderung nach § 37 Abs. 2 KStG erfolgte nicht, da es sich nicht um eine offene Gewinnausschüttung handelt. Der BFH hat mit drei Urteilen vom 18.12.2002[2] die vorgenannte Streitfrage gegen die Finanzverwaltung entschieden. **Nach Auffassung des BFH stellen vororganschaftlich verursachte Mehrabführungen einer Organgesellschaft an ihren Organträger keine Gewinnausschüttungen, sondern Gewinnabführungen dar.**

644 Die unterschiedlichen Auffassungen haben insbesondere Konsequenzen bei der Anwendung des § 38 KStG. Da die Mehrabführung nach BFH keine Leistung der Organgesellschaft ist, löst sie keine Nachbelastung aus. Dies ist von Bedeutung für Gesellschaften mit hohem EK 02.[3] Infolge der Neuregelung des § 38 KStG durch das JStG 2008 (s. hierzu Rz. 626) ist die Problematik für die Zukunft überholt.

645 Der Gesetzgeber hat mit dem EURLUmsG die bisherige Verwaltungsauffassung durch Einführung eines neuen Abs. 3 in § 14 KStG gesetzlich verankert. Danach gelten Mehrabführungen, die ihre Ursache in vororganschaftlicher Zeit haben, als Gewinnausschüttungen der Organgesellschaft an den Organträger (Satz 1). Minderabführungen, die ihre Ursache in vororganschaftlicher Zeit haben, sind als Einlage durch den Organträger in die Organgesellschaft zu

---

[1] Zutreffend Dötsch in Dötsch/Pung/Möhlenbrock, § 14 KStG n. F. Tz. 438; gegen Walter/Stümper, GmbHR 2003 S. 825, nach deren Auffassung Mehrsteuern, die während einer Außenprüfung bei der Organgesellschaft in organschaftlicher Zeit festgestellt werden, deren Entstehung jedoch in vororganschaftlicher Zeit verursacht ist, während der Vertragslaufzeit des GAV nicht den abzuführenden Gewinn bzw. den Anspruch auf Verlustausgleich beeinflussen; vielmehr sollen sie mit etwa vorhandenen vororganschaftlichen Gewinnrücklagen verrechnet werden dürfen, was unzutreffend ist.

[2] I R 51/01, BStBl 2005 II S. 49; I R 50/01, PAAAA-70048; I R 68/01, OAAAA-73680; ebenso Beschlüsse v. 6.6.2013 - I R 38/11, BStBl 2014 II S. 398; v. 27.11.2013 - I R 36/13, BStBl 2014 II S. 651.

[3] Vgl. Dötsch/Pung, DB 2005 S. 10, 11.

behandeln (Satz 2). Die Vorschrift wirft verschiedene Probleme auf.[1] So definiert das Gesetz nicht, was unter **"Mehrabführungen, die ihre Ursache in vororganschaftlicher Zeit haben"**, zu verstehen ist. Aus der Gesetzesbegründung kann entnommen werden, dass der Gesetzgeber in Bestätigung der bisherigen Verwaltungsauffassung eine Sonderregelung für in vertraglicher Zeit erfolgte Mehr- und Minderabführungen schaffen wollte, die auf eine abweichende Bewertung von Positionen in der Handels- und der Steuerbilanz in der vororganschaftlichen Zeit zurückzuführen sind.[2]

Vororganschaftlich ist dabei nicht nur zeitlich zu verstehen, sondern auch sachlich im Sinne von "außerorganschaftlich". Damit ist "vororganschaftlich verursacht" jede Mehr- oder Minderabführung, die ihre Verursachung außerhalb des konkreten Organschaftsverhältnisses hat.[3]

Hauptanwendungsfälle sind z. B.

▶ unterschiedliche Abschreibungsdauer in Handelsbilanz und Steuerbilanz,
▶ Aktivierung zusätzlicher Anschaffungskosten oder Herstellungskosten,
▶ Bewertungsdifferenzen bei Passivposten, z. B. Rückstellungen,
▶ steuerliche Nichtberücksichtigung von Passivposten (z. B. § 5 Abs. 2a und Abs. 4a EStG).

In vororganschaftlicher Zeit verursachte Mehr- und Minderabführungen dürfen **nicht** mit in organschaftlicher Zeit verursachten Mehr- und Minderabführungen **saldiert** werden. Außerdem dürfen in vororganschaftlicher Zeit verursachte Mehr- und Minderabführungen nicht miteinander saldiert werden.[4]

646

Nach § 301 AktG bildet die Höchstgrenze der Gewinnabführung der handelsrechtliche Jahresüberschuss, u. a. vermindert um den Verlustvortrag aus dem Vorjahr,[5] d. h., dass die Organgesellschaft in Gewinnjahren so lange keine Abführung an den Organträger vornehmen darf, bis der Verlustausgleich erfolgt ist. Damit ergeben sich in den betreffenden Jahren Minderabführungen, weil die Gewinnabführung an den Organträger niedriger ist als die Betriebsver-

647

---

1 Zu Einzelheiten s. Müller in Mössner/Seeger/Oellerich, § 14 KStG Rz. 721, m. w. N.
2 Zu Einzelheiten der Neuregelung s. Dötsch in Dötsch/Pung/Möhlenbrock, § 14 KStG n. F. Tz. 430 ff.; zu Fragen bei Organschaftsketten s. Sedemund, DB 2010 S. 1255; zu Mehrabführungen bei einer Aufwärtsverschmelzung s. Heerdt, DStR 2009 S. 938.
3 So zutreffend Frotscher in Frotscher/Drüen, § 14 KStG Rz. 751, 759 f.; dem zustimmend Dötsch in Dötsch/Pung/Möhlenbrock, § 14 KStG n. F., Tz. 410, auch mit Nachweisen zur Gegenmeinung; Neumann in Gosch, § 14 KStG Rz. 418.
4 BFH, Urteil v. 27.11.2013 - I R 36/13, BStBl 2014 II S. 651; Dötsch in Dötsch/Pung/Möhlenbrock, § 14 KStG n. F. Tz. 442; Frotscher in Frotscher/Drüen, § 14 KStG Rz. 764.
5 Siehe oben Rz. 217.

mögensmehrung in der Steuerbilanz des Organträgers. Während die Finanzverwaltung in R 63 Abs. 2 KStR 2004 noch die Auffassung vertrat, dass diese Minderabführungen in organschaftlicher Zeit verursacht seien, so dass ein Anwendungsfall des § 14 Abs. 4 KStG vorliegt,[1] muss man aus der Neufassung in R 14.8 Abs. 2 KStR 2015 den Schluss ziehen, dass die Verwaltung jetzt der zutreffenden Auffassung ist, dass solche Minderabführungen in vororganschaftlicher Zeit verursacht sind,[2] so dass ein Anwendungsfall des § 14 Abs. 3 KStG vorliegt. Nach Satz 2 der vorgenannten Vorschrift ist dann die Minderabführung für steuerliche Zwecke sowohl bei der Organgesellschaft als auch beim Organträger als Einlage zu behandeln. Wir stimmen dieser Auffassung zu; die Minderabführung hat ihre Ursache in Verlusten aus der vororganschaftlichen Zeit.[3]

648 Die Neuregelung ist erstmals für Mehrabführungen von Organgesellschaften anzuwenden, deren Wirtschaftsjahr nach dem 31.12.2003 endet.[4] Für frühere Zeiträume ist in allen noch offenen Fällen die BFH-Rechtsprechung anzuwenden.[5]

649 Nach Ablauf des Moratoriums in § 37 Abs. 2a KStG lösen Mehrabführungen eine Minderung des evtl. vorhandenen KSt-Guthabens aus, § 37 Abs. 2 Satz 2 KStG. Auch hier ist die Neuregelung der Behandlung des KSt-Guthabens zu beachten (s. Rz. 625 und 626).

650 *(unbesetzt)*

8.5 Bildung und Auflösung nachvertraglicher offener oder stiller, aber versteuerter Rücklagen bei der Organgesellschaft

651 Führt die Organgesellschaft ihren Gewinn ganz oder teilweise nicht an den Organträger ab, sondern bildet sie Gewinnrücklagen, ohne dass dadurch die Durchführung des GAV und damit die Anwendung der §§ 14 bis 19 KStG infrage gestellt wird (s. dazu Rz. 257 ff.), so stellt sich die Frage, ob und ggf. welche steuerlichen Folgen hieraus beim Organträger zu ziehen sind.

---

1 R 63 Abs. 2 KStR.
2 Pohl, NWB 2016 S. 2424, 2428.
3 Dafür sprechend auch BFH, Urteil v. 6.6.2013 - I R 38/11, BStBl 2014 II S. 398.
4 Die Rückwirkung ist nach Auffassung des Niedersächsischen FG verfassungsrechtlich unbedenklich, Urteil v. 10.3.2011 - 6 K 338/07, LAAAD-90682 = EFG 2012 S. 261, BFH-Az.: I R 38/11; a. A. BFH, der mit Beschlüssen v. 6.6.2013 - I R 38/11, BStBl 2014 II S. 398, und v. 27.11.2013 - I R 36/13, BStBl 2014 II S. 651, die Frage dem BVerfG vorgelegt hat, BVerfG-Az.: 2 BvL 7/13 und 2 BvL 18/14.
5 Zur weiteren Anwendung der Regelungen in Abschnitt 59 Abs. 3 Satz 3 bis 5 KStR 1995 auf gemeinsamen Antrag von Organträger und Organgesellschaft s. BMF v. 22.12.2004 - S 2770, BStBl 2005 I S. 65; v. 28.6.2005 - S 2770, BStBl 2005 I S. 813.

III. Die Rechtswirkungen der Organschaft

BEISPIEL Die Organgesellschaft hat ein Einkommen von 1 Mio. €. Davon führt sie 600.000 € an den Organträger ab, 400.000 € stellt sie in eine andere Gewinnrücklage.

Die nachvertraglich gebildete offene oder stille, aber versteuerte Rücklage ist **Bestandteil des dem Organträger zuzurechnenden Einkommens der Organgesellschaft** und damit vom Organträger zu versteuern. Gleichzeitig bewirkt die Rücklagenbildung eine Erhöhung des Vermögens der Organgesellschaft und damit eine Wertsteigerung der vom Organträger gehaltenen Beteiligung an der Organgesellschaft. Zu dem KStG i. d. F. vor dem StSenkG hatte der BFH[1] die Auffassung vertreten, aus § 37 Abs. 2 Satz 1 KStG, wonach die Minderabführung bei der Organgesellschaft in das EK 04 einzustellen war, könne nicht die Erhöhung des Beteiligungskontos beim Organträger hergeleitet werden. Danach blieb der Buchwert der Beteiligung unverändert. Zur Vermeidung einer weiteren Versteuerung der aus der Rücklagenbildung resultierenden Wertsteigerung der Beteiligung an der Organgesellschaft bei Veräußerung der Beteiligung ließ die Finanzverwaltung die einkommensneutrale Bildung eines aktiven Ausgleichspostens beim Organträger zu. Die Ausgleichsposten sind nach Auffassung des BFH[2] bilanztechnische Erinnerungsposten ohne materiellen Gehalt, die aus organschaftlichen Besonderheiten resultieren und **außerhalb der Steuerbilanz** des Organträgers festzuhalten sind, um eine spätere Doppel- oder Keinmalbesteuerung zu verhindern. Sie beeinflussen deshalb nicht das steuerbilanzielle Eigenkapital des Organträgers.

652

Der Gesetzgeber hat mit dem JStG 2008 die früheren Streitfragen[3] durch einen neuen Abs. 4 in § 14 KStG, der nach § 34 Abs. 9 Nr. 5 KStG n. F. auch für Veranlagungszeiträume vor 2008 anzuwenden ist, geregelt. Er hat die Verwaltungsmeinung in vollem Umfang gesetzlich verankert: Für Minder- und Mehrabführungen, die ihre Ursache in organschaftlicher Zeit haben, ist in der Steuerbilanz des Organträgers ein besonderer **aktiver oder passiver Ausgleichsposten** zu bilden. Minder- oder Mehrabführungen liegen insbesondere vor, wenn der an den Organträger abgeführte Gewinn von dem Steuerbilanzgewinn der Organgesellschaft abweicht.

653

---

1 Urteil v. 24.7.1996 - I R 41/93, BStBl 1996 II S. 614.
2 BFH, Urteile v. 24.7.1996 - I R 41/93, BStBl 1996 II S. 614; v. 7.2.2007 - I R 5/05, BStBl 2007 II S. 796; v. 29.8.2012 - I R 65/11, BStBl 2013 II S. 555; ebenso Frotscher in Frotscher/Drüen, § 14 KStG Rz. 845 ff.; a. A. Dötsch in Dötsch/Pung/Möhlenbrock, § 14 KStG n. F. Tz. 487: Zusatzposten zur Organbeteiligung; ähnlich Erle/Heurung in Erle/Sauter, § 14 KStG Rz. 511 ff.
3 Siehe hierzu 8. Aufl., Rz. 651 ff.

Nach Auffassung des BFH[1] können nicht nur Abweichungen in der Steuerbilanz zu einer Mehr- oder Minderabführung führen, sondern auch außerbilanzielle Korrekturen. Nach der Systematik der Organschaft und ihres tragenden Grundanliegens (Einmalbesteuerung der organschaftlichen Erträge[2]) sei auch dann von einer organschaftlichen Mehrabführung auszugehen, wenn z. B. ein Ertragszuschuss, bei dem es sich um eine verdeckte Einlage des Organträgers in die Organgesellschaft handelt, außerbilanziell rückgängig zu machen sein sollte. Die verdeckte Einlage wird nicht durch den Rückfluss des Ertragszuschusses über die Gewinnabführung wieder rückgängig gemacht, da eine vorweggenommene Saldierung beider Vorgänge unzulässig ist.

Der in dem Urteil zum Ausdruck kommende Grundgedanke des BFH ist bei allen Mehr- und Minderabführungen, auch solchen in vororganschaftlicher Zeit nach § 14 Abs. 3 KStG, zu berücksichtigen. Der Ausgleichsposten ist in Höhe des Betrags zu bilden, der dem Verhältnis der Beteiligung des Organträgers am Nennkapital der Organgesellschaft entspricht. Im Zeitpunkt der Veräußerung der Organbeteiligung sind die Ausgleichsposten aufzulösen. Dadurch erhöht oder verringert sich das Einkommen des Organträgers. § 3 Nr. 40, § 3c Abs. 2 EStG und § 8b KStG sind anzuwenden. Der Veräußerung werden veräußerungsähnliche Vorgänge gleichgestellt. Das Gesetz nennt als Beispiele „insbesondere" die Umwandlung der Organgesellschaft auf eine Personengesellschaft oder eine natürliche Person, die verdeckte Einlage der Beteiligung an der Organgesellschaft und die Auflösung der Organgesellschaft.

654 Ein Ausgleichsposten ist dabei nicht bei jedem Abweichen des abgeführten Gewinns vom Steuerbilanzgewinn zu bilden, sondern nur dann, wenn die Abweichung **einkommenserheblich** ist.[3] Deshalb ist ein passiver Ausgleichsposten für Mehrabführungen nicht zu bilden, wenn ein auf die Organgesellschaft entfallender Beteiligungsverlust aufgrund außerbilanzieller Zurechnung (z. B. § 15a EStG) neutralisiert wird und damit das dem Organträger zuzurechnende

---

1 BFH, Urteil v. 15.3.2017 - I R 67/15, LAAAG-51394 = BFH/NV 2017 S. 1276; zu diesem Urteil von Freeden/Lange, DB 2017 S. 2055; Bolik/Kummer, NWB 2017 S. 3342.
2 Dötsch/Pung, DB 2018 S. 1424 gehen von einem anderen Denkansatz aus: Es geht nicht um die Sicherstellung der Einmalbesteuerung des in organschaftlicher Zeit erwirtschafteten Einkommens, sondern um die Verhinderung einer Doppel- oder Nichtbesteuerung in nachorganschaftlicher Zeit beim ehemaligen Organträger, d. h. auf Anteilseignerebene.
3 So wohl auch FG München v. 13.8.2015 - 6 K 39/13, QAAAF-06935 = BB 2015 S. 2928, BFH-Az.: I R 67/15.

Einkommen nicht mindert.[1] Die Finanzverwaltung stellt demgegenüber allein auf den rechnerischen Unterschied zwischen Handelsbilanz und Steuerbilanz ab.[2]

Der Ausgleichsposten ist, unabhängig davon, wie der Veräußerungsgewinn beim Organträger zu versteuern ist (gar nicht, zur Hälfte bzw. 60 % oder ganz), immer in voller Höhe der Minderabführung zu bilden. Allerdings ist die Bildung der Höhe nach auf das Verhältnis der Beteiligung des Organträgers am Nennkapital der Organgesellschaft begrenzt.[3]

655

▌ BEISPIELE ▶

1. Der Organträger ist Alleingesellschafter der Organgesellschaft. Diese erzielt ein dem Organträger zuzurechnendes Einkommen von 50.000 €. Davon werden 40.000 € an den Organträger abgeführt und (zulässigerweise) 10.000 € in eine Rücklage eingestellt.

    Der Organträger muss 50.000 € versteuern, obwohl ihm nur 40.000 € zugeflossen sind. In Höhe der 10.000 € wird ein aktiver Ausgleichsposten gebildet.

2. Der Organträger ist nur zu 75 % an der Organgesellschaft beteiligt. Im Übrigen ist der Sachverhalt unverändert.

    Nach vom BFH bestätigter Auffassung der Finanzverwaltung und der gesetzlichen Regelung in § 14 Abs. 4 Satz 1 KStG ist ein aktiver Ausgleichsposten i. H. von 75 % von 10.000 = 7.500 € zu bilden.

In Bezug auf § 8b KStG und § 3 Nr. 40 EStG teilen die Ausgleichsposten das steuerliche Schicksal der Organbeteiligung, d. h., bei der Ermittlung des Veräußerungsgewinns ist dem Veräußerungserlös der Buchwert der Anteile einschließlich Ausgleichsposten gegenüberzustellen.[4]

656

▌ BEISPIEL ▶ zum aktiven Ausgleichsposten:[5]

Der Organträger bildet im Jahr 03 wegen einer zulässigen Rücklagenbildung einen aktiven Ausgleichsposten i. H. von 200.000 €. Vor Auflösung der Rücklage bei der OG

---

1 FG Hamburg, Urteil v. 1.9.2011 - 2 K 188/09, DAAAD-95452 = EFG 2012 S. 77, m. Anm. Trossen, insoweit bestätigt durch BFH, Urteil v. 29.8.2012 - I R 65/11, BStBl 2013 II S. 555; die Finanzverwaltung wendet das Urteil nur an, wenn die Fallkonstellation des Urteilssachverhalts vorliegt, d. h., wenn die handelsrechtliche Verlustübernahme aufgrund der Anwendung des § 15 EStG dem Betrag entspricht, der auch nach der Steuerbilanz für die Einkommensermittlung zugrunde zu legen ist, s. BMF, Schreiben v. 15.7.2013 - S-2770, BStBl 2013 I S. 921; kritisch zum BMF-Schreiben Faller, DStR 2013 S. 1977, der das BFH-Urteil auch z. B. bei DBA-steuerfreien Einkünften einer Personengesellschaft anwenden will.
2 Siehe hierzu Trautmann/Faller, DStR 2012 S. 890.
3 R 14.8 Abs. 1 Satz 3, Abs. 2 KStR; bestätigt durch BFH, Urteil v. 24.7.1996 - I R 41/93, BStBl 1996 II S. 614; zu Recht kritisch Dötsch in Dötsch/Pung/Möhlenbrock, § 14 KStG n. F. Tz. 508 ff.
4 Sog. Nettomethode, vgl. BMF v. 26.8.2003 - S 2770, BStBl 2003 I S. 437, Tz. 43 ff.; R 14.8 Abs. 3 Satz 4 KStR; ebenso Dötsch in Dötsch/Pung/Möhlenbrock, § 14 KStG n. F. Tz. 490.
5 Nach Dötsch/Pung, DB 2003 S. 1970, 1980.

veräußert der OT die Beteiligung an der OG für 500.000 €. Der Buchwert der Beteiligung beträgt 100.000 €. Der Veräußerungsgewinn ist nach § 8b Abs. 4 KStG steuerpflichtig (einbringungsgeborene Anteile, aufgehoben durch das SEStEG).

Bei der „Nettobetrachtung" ergibt sich ein steuerpflichtiger Veräußerungsgewinn von 200.000 € (500.000 − 100.000 − 200.000). Bei der „Bruttobetrachtung" ergäbe sich ein steuerpflichtiger Veräußerungsgewinn von 400.000 €, da die Auflösung des aktiven Ausgleichspostens von § 8b Abs. 3 KStG erfasst würde.

Die „Nettomethode" gilt u. E. auch nach der gesetzlichen Regelung der Ausgleichsposten durch das JStG 2008.[1] Der Wortsinn der Vorschrift lässt diese Auslegung zu und aus dem Bericht des Finanzausschusses[2] ergibt sich nichts Gegenteiliges. Gegen die Nettobetrachtung könnte mittlerweile die h. M. sprechen, die in den Ausgleichsposten lediglich eine steuerliche Bilanzierungshilfe, und keinen Zusatz zur Beteiligung, sieht.[3] Für die Nettobetrachtung spricht, dass nach § 27 Abs. 6 KStG Mehr- und Minderabführungen das steuerliche Einlagekonto der Organgesellschaft verändern, was korrespondierend beim Organträger zu einer Änderung des Beteiligungskontos führen muss, unabhängig davon, ob der „Gesamtwert" der Beteiligung sich aus einem Konto oder zwei Positionen (Beteiligungskonto und Ausgleichsposten) ergibt.

657 Wird bei der Veräußerung ein passiver Ausgleichsposten aufgelöst, führt dies nach § 14 Abs. 4 Satz 3 KStG beim Organträger zu einem Gewinn. Der Gesetzgeber hat mit dieser Vorschrift die vom BFH[4] vermisste gesetzliche Grundlage geschaffen.

658 Fraglich ist, wie zu verfahren ist, wenn der Organträger nach Bildung eines Ausgleichspostens seine Beteiligung aufstockt und später wieder abstockt.

BEISPIEL[5] ▶ Die Organträger–KG ist zu 75 % an der Organgesellschaft beteiligt. Die Anschaffungskosten betragen 500. Die OG bringt 2010 einen Teilbetrieb in eine Tochtergesellschaft gegen Gewährung neuer Anteile ein (§ 20 UmwStG). Der Ansatz erfolgt in der Handelsbilanz zu gemeinen Werten und in der Steuerbilanz zu Buchwerten. Aufgrund des in der Handelsbilanz entstandenen Einbringungsgewinns von 150, der zu einer Mehrabführung führt, bildet die OT-KG einen anteiligen passiven Ausgleichsposten i. H. von 112,5.

---

1 Ebenso FG Münster v. 23.9.2015 - 9 K 4074/11 G, OAAAF-67441 = EFG 2016 S. 587, Rz. 58, rkr. nach Rücknahme der Revision I R 3/16; v. 19.11.2015 - 9 K 3400/13 K, F, DAAAF-68729 = EFG 2016 S. 594, Rz. 88, BFH-Az.: I R 16/16.
2 BT-Drucks. 16/7036 S. 28.
3 Siehe oben Rz. 652 mit Nachweisen zu den verschiedenen Auffassungen; ob man aus R 14.8 Abs. 3 Satz 4 KStR den Schluss ziehen kann, dass die Finanzverwaltung die Ausgleichsposten als Korrekturposten zur Beteiligung (und nicht nur als Bilanzierungshilfe) ansieht, ist fraglich, vgl. Pohl, NWB 2016 S. 2424, 2430.
4 BFH, Urteil v. 7.2.2007 - I R 5/05, BStBl 2007 II S. 796.
5 Nach Mische/Recnik, BB 2012 S. 1015, 1016.

III. Die Rechtswirkungen der Organschaft

Im Jahr 2011 erwirbt die OT-KG von einem außenstehenden Gesellschafter die verbleibenden Gesellschaftsanteile an der OG i. H. von 25 % zu Anschaffungskosten i. H. von 100. Der passive Ausgleichsposten bleibt unverändert.

Im Jahr 2013 veräußert die OT-KG die hinzuerworbenen 25 % der Gesellschaftsanteile an einen Dritten zu einem Preis von 100.

LÖSUNG Zunächst dürfte unstreitig sein, dass der passive Ausgleichsposten durch den Hinzuerwerb nicht verändert wird, es findet keine Aufstockung statt.

Nimmt man an, dass der passive Ausgleichsposten zu der gesamten im Zeitpunkt der Veräußerung bestehenden Organbeteiligung besteht, ist im Beispielsfall der passive Ausgleichsposten i. H. von 28,125 (25 % von 112,5) erfolgswirksam aufzulösen. Es entsteht ein Veräußerungsgewinn der OT-KG in dieser Höhe, der nach § 3 Nr. 40 EStG zu 60 % der Besteuerung unterliegt. Der passive Ausgleichsposten beläuft sich nunmehr auf 84,375 und ist entsprechend fortzuentwickeln.

Diese Lösung ist u. E. unzutreffend.[1] Satz 2 des § 14 Abs. 4 KStG ist dahingehend auszulegen, dass die Beteiligung veräußert werden muss, deren Höhe für die Bildung des Ausgleichspostens maßgeblich war. Diese Lösung setzt voraus, dass die Anteile an der Organgesellschaft zivilrechtlich selbständig und identifizierbar sind. Die OT-KG hat es damit in der Hand zu entscheiden, ob der Ausgleichsposten aufgelöst wird; dies hängt davon ab, welche Anteile sie verkauft.

Fraglich ist auch, wie hinsichtlich der Bildung organschaftlicher **Ausgleichsposten bei mittelbarer Organschaft** zu verfahren ist.[2]

659

BEISPIEL Die M-AG ist zu 100 % an der T-AG beteiligt, die wiederum alle Anteile an der E-GmbH hält. Ein Organschaftsverhältnis besteht nur zwischen M und E.

Ausgleichsposten dürfen nur in der Steuerbilanz der M gebildet werden.[3] Obwohl zur T kein Organschaftsverhältnis besteht, kann der Ausgleichsposten nur ergänzend zu der Beteiligung an ihr gebildet werden.[4]

Bei **nicht 100%igen Beteiligungen** darf der Ausgleichsposten nur in durchgerechneter Höhe der Beteiligung gebildet werden.[5]

Ist in obigem Beispiel die M also nur zu 80 % an der T und diese zu 80 % an der E beteiligt, darf ein Ausgleichsposten nur i. H. von 64 % gebildet werden.

---

1 Ebenso Mische/Recnik, a. a. O.
2 Vgl. von Freeden, DB 2016 S. 1099.
3 FG Münster v. 19.11.2015 - 9 K 3400/13 K, F, DAAAF-68729 = EFG 2016 S. 594, offengelassen vom BFH in der Revisionsentscheidung v. 26.9.2018 - I R 16/16, TAAAH-10780 = BFH/NV 2019 S. 495; FinMin Schleswig-Holstein v. 8.12.2011, DStR 2012 S. 1607.
4 Dötsch in Dötsch/Pung/Möhlenbrock, § 14 KStG Tz. 560.
5 Brink in Schnitger/Fehrenbacher, § 14 Rz. 1174; von Freeden, DB 2016 S. 1099, 1101.

Bei der **Veräußerung der Beteiligungen** muss unterschieden werden:

Veräußert T die Beteiligung an E an einen Dritten, führt dies nicht zu einer erfolgswirksamen Auflösung des Ausgleichspostens.[1] Dies gilt unabhängig davon, ob die T auch in einem Organschaftsverhältnis zur M steht.[2] Ist T allerdings eine Personengesellschaft, führt das ertragsteuerliche Transparenzprinzip dazu, dass die Veräußerung der Beteiligung an der Organgesellschaft als Veräußerung durch den OrgT M gilt und zur Auflösung des Ausgleichspostens führt.[3]

Veräußert T die Beteiligung bei fortbestehender Organschaft an M, wird aus der mittelbaren eine unmittelbare Organschaft. Der Ausgleichsposten bleibt bestehen. Löst E später z. B. die Rücklagen auf, wegen derer der Ausgleichsposten gebildet wurde, und führt sie an M ab, muss M den aus dem Einlagekonto der E stammenden Rückzahlungsbetrag gegen den Buchwert der Beteiligung an E buchen, da sie nicht über einen Ausgleichsposten zu dieser Beteiligung verfügt.

Veräußert M die Beteiligung an der T, hat M den Buchwert der Beteiligung zuzüglich Ausgleichsposten gegen den Veräußerungserlös zu verrechnen (sog. Nettomethode).[4]

660 Problematisch ist die Behandlung von Ausgleichsposten im Fall der **Umwandlung** des Organträgers. Die Finanzverwaltung sieht im UmwStErl 2011 (Org.06 Abs. 2, Org.07 Abs. 2, Org.08 Abs. 2, Org.16 Abs. 2) vor, dass die Ausgleichsposten bestehen bleiben und von dem übernehmenden Rechtsträger fortgeführt werden, wenn die Übertragung zum Buchwert erfolgt und der übernehmende Rechtsträger die Organschaft fortführt bzw. im Fall der Abspaltung oder Ausgliederung eine unmittelbare Anschlussorganschaft begründet wird. Im Fall der Verschmelzung bzw. Aufspaltung des OrgT ist die Fortführung durch den übernehmenden Rechtsträger unproblematisch. Was aber geschieht im Fall der Abspaltung oder Ausgliederung, d. h., wenn der übertragende Rechtsträger bestehen bleibt? Hierzu enthält der UmwStErl 2011 keine ausdrückliche Regelung. Eine Verdoppelung der Ausgleichsposten (Ansatz sowohl beim übertragenden als auch beim übernehmenden Rechtsträger) dürfte ebenso wenig wie

---

1 R 14.8 Abs. 3 Satz 7 KStR; a. A. FG Münster v. 19.11.2015 - 9 K 3400/13 K, F, DAAAF-68729 = EFG 2016 S. 594, s. auch BFH, Urteil v. 26.9.2018 - I R 16/16, TAAAH-10780; Dötsch in Dötsch/Pung/Möhlenbrock, § 14 KStG Tz. 568a; von Freeden in Prinz/Witt, Steuerliche Organschaft, Rz. 14.67.
2 Diesen Fall offenlassend FG Münster, a. a. O.
3 Insoweit unklar R 14.8 Abs. 3 Satz 7 KStR; wie hier Breier, DK 2011 S. 11, 24; Rödder/Joisten in Rödder/Herlinghaus/Neumann, § 14 Rz. 731.
4 R 14.8 Abs. 3 Satz 4 KStR; Breier, DK 2011 S. 11, 14; Neumann in Gosch, § 14 Rz. 461.

eine einkommenswirksame oder einkommensneutrale Auflösung in Betracht kommen.[1] Zutreffend dürfte sein, die Posten bei einer Ausgliederung/Abspaltung als Teil des übertragenen Vermögens anzusehen. Daraus folgt, dass sie bei einer Ausgliederung den Wert beeinflussen, mit dem die als Gegenleistung erhaltenen Anteile an dem übernehmenden Rechtsträger beim übertragenden Rechtsträger anzusetzen sind, bzw. bei einer Abspaltung ist der Wert der Ausgleichsposten bei der Bestimmung, wie der Wert der bisherigen Beteiligung auf die neuen und die verbleibenden Anteile aufzuteilen ist, zu berücksichtigen.[2]

9. Bilanzierung latenter Steuern

Die Bilanzierung latenter Steuern bei Organschaften hatte bisher (d. h. vor BilMoG) keine besondere Bedeutung. Die Unternehmen machten im Jahresabschluss häufig von dem Wahlrecht nach § 274 HGB a. F. Gebrauch und aktivierten latente Steuern nicht. Die durch das BilMoG grds. mit Wirkung für nach dem 31.12.2009 beginnende Geschäftsjahre eingeführten Neuerungen können dazu führen, dass in Zukunft verstärkt ein **Überhang passiver latenter Steuern** auftritt,[3] der bei großen und mittelgroßen Kapitalgesellschaften (und denen gleichgestellten Personengesellschaften) zwingend zu bilanzieren ist. Dabei ist zu beachten, dass eine falsche Ermittlung der latenten Steuern zur Ermittlung eines falschen „ganzen" Gewinns führen kann, was zur Nichtdurchführung des GAV und damit zur Nichtanerkennung der organschaftlichen Folgen führt.

661

Mit dem BilMoG ist der Gesetzgeber hinsichtlich der Bilanzierung latenter Steuern auf das international gebräuchliche, bilanzorientierte **temporary concept** übergegangen, was zur Einbeziehung bisher nicht abgrenzungspflichtiger Sachverhalte in die Bilanzierung latenter Steuern führt.[4] Auch durch BilMoG wird nicht geregelt, ob die latenten Steuern auf der Ebene des Organträgers oder der Organgesellschaft zu bilanzieren sind. Es spricht einiges dafür, wie bisher auch in Zukunft die sog. **formelle Betrachtungsweise** beizubehalten und **Steuerlatenzen beim Organträger als Steuerschuldner zu bilanzieren.**[5] Nach der **wirtschaftlichen Betrachtungsweise** sind tatsächliche und latente Steuern verursachungsgerecht zu verteilen, d. h. soweit sie durch die Organge-

662

---

1 Zu Einzelheiten s. Berner, DStR 2016 S. 14, 16 f.
2 Berner, a. a. O.
3 Prinz/Ruberg, Der Konzern 2009 S. 343, 344.
4 Zu Einzelheiten s. Prinz/Ruberg, a. a. O.
5 Neumayer/Imschweiler, GmbHR 2011 S. 57, 58; Melcher/Murer, DB 2011 S. 2329.

sellschaft verursacht sind, bei dieser nach **stand-alone-Grundsätzen** zu bilanzieren.[1] Zu einer Bilanzierung von latenten Steuern bei der Organgesellschaft kommt es auch bei der formellen Betrachtungsweise allerdings ab dem Zeitpunkt, ab dem mit einer Beendigung der Organschaft zu rechnen ist. Zu diesem Zeitpunkt sind die Bilanzdifferenzen der Organgesellschaft aufzuspalten in einen Teilbetrag, der sich voraussichtlich in den Wirtschaftsjahren vor Beendigung der Organschaft umkehren wird, und in einen Teilbetrag, der sich erst danach umkehrt.

663 Mittlerweile hat der Deutsche Standardisierungsrat (DSR) den DRS 18 „Latente Steuern" verabschiedet, der am 3.9.2010 im Bundesanzeiger (Nr. 133, Beilage 133a) bekanntgemacht worden ist (zur Bedeutung des DRS s. Loitz, DB 2010, 2177). Das IdW hat daraufhin den ERS HFA 27 zurückgezogen. Nach DRS 18.32 sind im Grundsatz latente Steuern beim Organträger zu bilden und bei der Organgesellschaft nicht ansatzfähig. DRS 18.35 räumt allerdings ein Wahlrecht zur Bildung latenter Steuern bei der Organgesellschaft für den Fall ein, dass ein ertragsteuerlicher Umlagevertrag vorliegt. Damit ist im Fall des Vorliegens von Umlageverträgen die wirtschaftliche Betrachtungsweise und damit die verursachungsgerechte Zuordnung von tatsächlichen und latenten Steuern möglich. Unter Umlageverträgen werden insbesondere sog. stand-alone-Verträge verstanden. Da der DRS 18 im Bundesanzeiger veröffentlicht wurde, muss davon ausgegangen werden, dass auch die Finanzverwaltung das Wahlrecht anerkennt und die Bildung von Steuerlatenzen bei der Organgesellschaft die steuerliche Anerkennung des Organschaftsverhältnisses nicht verhindert (Loitz, a. a. O., 2184).

664 Unklar ist, wie die latenten Steuern den abzuführenden Gewinn beeinflussen. Nach § 268 Abs. 8 Satz 1 HGB dürfen nach einer Aktivierung selbst geschaffener immaterieller Vermögensgegenstände des Anlagevermögens Gewinne nur ausgeschüttet werden, wenn die nach der Ausschüttung verbleibenden frei verfügbaren Rücklagen zuzüglich eines Gewinnvortrags und abzüglich eines Verlustvortrags mindestens den insgesamt angesetzten Beträgen „abzüglich der hierfür gebildeten passiven latenten Steuern" entsprechen. Das Problem ergibt sich daraus, dass die der Bildung passiver Steuerlatenzen zugrunde liegenden Sachverhalte in der Handelsbilanz der Organgesellschaft abzubilden sind, wohingegen die korrespondierenden passiven latenten Steuern beim Or-

---

1 Zu Einzelheiten s. Hoffmann/Lüdenbach, NWB Kommentar Bilanzierung, § 274 Rz. 82 ff.; Maier/Weil, DB 2009 S. 2729, 2735 f.

ganträger zu berücksichtigen sind. Nach der sog. **Bruttobetrachtung**[1] unterliegt bei der Organgesellschaft der gesamte Ergebnisbeitrag, der sich aus der Aktivierung selbst geschaffener immaterieller Vermögensgegenstände des Anlagevermögens ergibt, einer Abführungssperre, die nicht durch die beim Organträger hierfür berücksichtigten passiven latenten Steuern gemindert wird.

Nach der sog. **Nettobetrachtung**[2] mindern die passiven latenten Steuern die Höhe der Abführungssperre und erhöhen damit den abzuführenden Betrag. Da hinsichtlich der Bilanzierung passiver Steuerlatenzen ein Wahlrecht besteht, kann es u. E. für die Frage des abzuführenden Gewinns nicht darauf ankommen, wo die Steuerlatenzen bilanziert werden, so dass die Nettobetrachtung zutreffend ist. Dies bedeutet allerdings, dass Handelsbilanz und Steuerbilanz auseinanderfallen mit der Folge, dass in der Steuerbilanz des Organträgers ein passiver Ausgleichsposten gem. § 14 Abs. 4 KStG gebildet werden muss.[3]

Hat die Kapitalgesellschaft in ihrer Bilanz latente Steuern bilanziert, stellt sich die Frage, ob diese nicht im Geschäftsjahr der Begründung einer ertragsteuerlichen Organschaft ergebniswirksam aufzulösen sind. Oser/Kropp[4] weisen zutreffend darauf hin, dass mit der Einführung des bilanzorientierten Temporary-Konzepts dies der Fall ist, wenn sich die Wertdifferenzen voraussichtlich innerorganschaftlich ausgleichen werden. Der sich aus der Auflösung ergebende Steuerertrag bzw. Steueraufwand ist im Rahmen des GAV an den OrgT abzuführen bzw. von ihm auszugleichen. Da weder die Laufzeit des GAV feststeht noch klar ist, wann sich die Wertdifferenzen ausgleichen werden, kann dies nur geschätzt werden. Die Erwägungen sollten umfassend dokumentiert werden, damit nicht im Rahmen z. B. einer späteren Betriebsprüfung die Höhe des abgeführten Gewinns beanstandet wird. Liegen der Schätzung sachgemäße Erwägungen zugrunde, greift die Durchführungsfiktion des § 14 Abs. 1 Satz 1 Nr. 3 Sätze 4 und 5 KStG ein.[5]

665

Ist OrgT eine Kapitalgesellschaft, bilanziert sie (regelmäßig in gleicher Höhe wie die OG) latente Steuern, so dass Auflösung und Abführung durch die OG im Ergebnis steuerneutral sind. Ist OrgT hingegen eine Personengesellschaft, darf diese nur latente Gewerbesteuer bilanzieren. Damit erhöht sich das Ein-

---

1 Melcher/Murer, DB 2011 S. 2329; Neumayer/Imschweiler, GmbHR 2011 S. 57, 58, jeweils m.w. N.
2 Z. B. Herzig/Liekenbrock/Vossel, Ubg 2010 S. 97.
3 Dötsch in Dötsch/Pung/Möhlenbrock, § 14 KStG n. F. Tz. 182a, m.w. N.
4 BB 2016 S. 875.
5 S. hierzu oben Rz. 242.

kommen der Personengesellschaft z. B. bei passiver latenter KSt-Belastung. Wir stimmen Oser/Kropp zu, dass gemäß dem in § 252 Abs. 1 Nr. 4 HGB verankerten GoB der Vorsicht dieser „Mehrgewinn" durch eine Rückstellung zu neutralisieren ist und nicht an die Gesellschafter der OrgT-Personengesellschaft verteilt werden darf.

666–680 *(unbesetzt)*

IV. Sondertatbestände

1. Die Besteuerung der von der Organgesellschaft bezogenen Gewinnanteile aus der Beteiligung an einer ausländischen Gesellschaft (internationales Schachtelprivileg) einschließlich der Steuerbefreiung nach § 8b KStG

1.1 Rechtslage unter Geltung des Anrechnungsverfahrens

681 Die Mehrfachbelastung mit Körperschaftsteuer der von einer Kapitalgesellschaft erwirtschafteten und an eine andere Kapitalgesellschaft als Anteilseignerin ausgeschütteten Gewinne wurde in dem Körperschaftsteuerrecht, das auf dem Prinzip der Vollanrechnung der von der ausschüttenden Kapitalgesellschaft zu zahlenden Körperschaftsteuer basierte, durch die systemimmanente Anrechnung der von der ausschüttenden Kapitalgesellschaft zu entrichtenden Körperschaftsteuer auf die Körperschaftsteuerschuld der empfangenden Kapitalgesellschaft eliminiert. Gleichwohl waren mit der Einführung des Anrechnungsverfahrens die Vorschriften eines DBA nicht gegenstandslos geworden, nach denen bei einer inländischen Kapitalgesellschaft unter bestimmten Voraussetzungen die Gewinnanteile aus der Beteiligung an einer ausländischen Kapitalgesellschaft außer Ansatz bleiben (sog. internationales Schachtelprivileg; vgl. z. B. Art. 20 Abs. 1 Buchst. b DBA-Frankreich, Art. 24 Abs. 1 Nr. 1 Buchst. b DBA-Schweiz, Art. XV Abs. 1b Nr. 1 Doppelbuchst. aa DBA-USA). Demgemäß stellte sich die Frage, ob und unter welchen Voraussetzungen bei der Ermittlung des Einkommens der Organgesellschaft, insbesondere des dem Organträger zuzurechnenden Einkommens der Organgesellschaft, derartige Vorschriften eines DBA anzuwenden sind.

§ 15 Nr. 2 Satz 1 KStG in den Fassungen vor dem Systemwechsel beantwortete diese Frage in Anlehnung an den früheren § 7a Abs. 2 Nr. 2 KStG a. F. dahin, dass bei der Ermittlung des Einkommens der Organgesellschaft, insbesondere des dem Organträger zuzurechnenden Einkommens der Organgesellschaft die Vorschriften eines Abkommens zur Vermeidung der Doppelbesteuerung, nach denen die Gewinnanteile aus der Beteiligung an einer ausländischen Gesellschaft außer Ansatz bleiben, nur anzuwenden sind, „wenn der Organträger zu den durch diese Vorschrift begünstigten Steuerpflichtigen gehört". **Erforderlich für die Steuerbefreiung der von der Organgesellschaft bezogenen Gewinnanteile aus der Beteiligung an einer ausländischen Gesellschaft** nach Maßgabe der Vorschriften des einschlägigen DBA war also nicht nur, dass die Organgesellschaft selbst den persönlichen und sachlichen Erfordernissen der Vorschriften des DBA genügt, sondern darüber hinaus auch, **dass der Organträger zum Kreis der Steuerpflichtigen gehört, die durch die einschlägigen Vorschriften des DBA begünstigt sind.**[1] Wenn also z. B. nach Art. 20 Abs. 1 DBA-Frankreich nur die von einer in der Bundesrepublik Deutschland ansässigen „Kapitalgesellschaft" bezogenen Gewinnanteile aus der Beteiligung an einer in Frankreich ansässigen Kapitalgesellschaft außer Ansatz bleiben, so ist bei der Ermittlung des dem Organträger zuzurechnenden Einkommens der Organgesellschaft die Steuerbefreiung für die Gewinnanteile aus der Beteiligung an einer französischen Kapitalgesellschaft nur zu gewähren, wenn auch der Organträger eine in der Bundesrepublik ansässige Kapitalgesellschaft ist.

> **BEISPIEL** ▶ Die B-GmbH steht als Organgesellschaft in einem Organschaftsverhältnis mit Gewinnabführung zum Einzelkaufmann A als Organträger. Die B-GmbH besitzt eine Mehrheitsbeteiligung an einer französischen Kapitalgesellschaft. Bei der Ermittlung des dem A gem. §§ 14, 17 KStG zuzurechnenden Einkommens der Organgesellschaft B-GmbH ist das internationale Schachtelprivileg nach Art. 20 Abs. 1 DBA-Frankreich nicht zu gewähren, weil A als natürliche Person nicht zum Kreis der durch diese Vorschrift begünstigten Steuerpflichtigen gehört.

Wegen weiterer Einzelheiten zur früheren Rechtslage siehe die 5. Auflage, Rz. 681 ff.

1.2 Rechtslage nach dem Systemwechsel zum Halbeinkünfteverfahren

Der bisherige § 15 Nr. 2 KStG, der das sog. internationale Schachtelprivileg enthielt, ist gestrichen worden. Nach der Gesetzesbegründung war er aufgrund der Neuregelung des § 8b Abs. 1 KStG überholt. Damit ergab sich ab VZ 2001, in dem bei mit dem Kalenderjahr übereinstimmenden Wirtschaftsjahr der Systemwechsel stattfand, eine Lücke, die es erlaubte, das DBA-Schachtelprivileg bei der Einkommensermittlung der Organgesellschaft anzuwenden. Diese Lücke hat der Gesetzgeber durch Einfügung des § 15 Satz 2 KStG ab dem VZ

---

1 Vgl. auch Schaumburg, Rz. 16.144 und 16.556 ff.

2003 geschlossen.[1] Nach dieser Vorschrift gilt § 15 Satz 1 Nr. 2 entsprechend für Gewinnanteile aus der Beteiligung an einer ausländischen Gesellschaft, die nach den Vorschriften eines DBA von der inländischen Besteuerung auszunehmen sind. Das bedeutet, dass auch für solche Gewinnanteile die sog. Bruttomethode gilt (vgl. hierzu unten Rz. 694).

684–689 *(unbesetzt)*

1.3 Einkünfte aus einer ausländischen Betriebsstätte

690 § 15 Nr. 2 KStG in den früheren Fassungen fand und § 15 Satz 2 KStG i. d. F. des StVergAbG findet keine Anwendung, wenn die Organgesellschaft **Einkünfte aus einer ausländischen Betriebsstätte** bezieht, die nach dem entsprechenden DBA steuerbefreit sind. Diese ausländischen Einkünfte konnte die Organgesellschaft steuerfrei auch an einen Organträger in der Rechtsform einer Personengesellschaft oder eines Einzelunternehmens weitergeben, da die DBA die Steuerfreiheit dieser Einkünfte nicht auf Kapitalgesellschaften beschränken. Diese Einkünfte unterlagen nicht einmal dem **Progressionsvorbehalt** gem. § 32b Abs. 1 Nr. 2 EStG.[2] Das bedeutete, dass eine Personengesellschaft oder natürliche Person mit Betriebsstätte im Ausland durch Zwischenschaltung einer GmbH als Organgesellschaft die Anwendung des Progressionsvorbehalts auf die Betriebsstätteneinkünfte verhindern konnte. Der Gesetzgeber hat durch das StEntlG 1999/2000/2002 einen neuen § 32b Abs. 1a EStG eingefügt. Danach gelten mit Wirkung ab dem VZ 1999 als unmittelbar von einem unbeschränkt Steuerpflichtigen bezogene ausländische Einkünfte auch die ausländischen Einkünfte, die eine Organgesellschaft bezogen hat und die nach einem Doppelbesteuerungsabkommen steuerfrei sind. Damit unterliegen diese Einkünfte jetzt dem Progressionsvorbehalt.

691 Soweit sich aus § 2a EStG Einschränkungen hinsichtlich des Abzugs von Verlusten aus ausländischen Betriebsstätten ergeben, ist dies bereits bei der Ermittlung des Einkommens der Organgesellschaft zu berücksichtigen. Derartige Verluste mindern deshalb nicht das dem Organträger zuzurechnende Einkommen.[3] Vielmehr sind positive Betriebsstättenergebnisse der Organgesellschaft der jeweils selben Art aus demselben Staat in den folgenden VZ um die Verlus-

---

1 Für VZ 2001 und 2002 gilt die Vorschrift nicht, BFH, Urteil v. 14.1.2009 - I R 47/08, BStBl 2011 II S. 131.
2 OFD Hannover, Vfg. v. 22.7.1994, GmbHR 1994 S. 731; Grützner, GmbHR 1995 S. 502, 506; Orth, GmbHR 1996 S. 33, 39.
3 Grützner, GmbHR 1995 S. 502, 504.

te zu kürzen (§ 2a Abs. 1 Satz 3 EStG).[1] Zur EG-Rechtswidrigkeit des Ausschlusses der Berücksichtigung von Teilwertabschreibungen auf die Beteiligung an einer ausländischen Tochtergesellschaft s. EuGH v. 29.3.2007.[2]

1.4 Internationales Schachtelprivileg bei der Ermittlung des eigenen Einkommens der Organgesellschaft

Siehe dazu Rz. 728.   692

1.5 Steuerbefreiungen nach § 8b KStG

Die vorgenannte Vorschrift beinhaltet zwei Steuerbefreiungen: 693

▶ Nach Abs. 1 sind steuerbefreit Bezüge i. S. des § 20 Abs. 1 Nr. 1, Nr. 2, 9 und 10 Buchst. a EStG.

▶ Nach Abs. 2 sind unter bestimmten Voraussetzungen steuerbefreit Gewinne aus Veräußerung, Auflösung oder Kapitalherabsetzung von Beteiligungen an bestimmten Kapitalgesellschaften einschließlich Organgesellschaften. Die frühere Einschränkung auf ausländische Gesellschaften wurde aufgehoben.

Die Anwendung des § 8b KStG ist durch das UntStFG grundlegend geändert   694
und vereinfacht worden.[3] § 15 Satz 1 Nr. 2 Satz 1 KStG schreibt vor, dass § 8b Abs. 1 bis 6 KStG bei der Organgesellschaft nicht anzuwenden sind. Das heißt, die Organgesellschaft muss die an sich steuerfreien Bezüge in dem dem Organträger zuzurechnenden Einkommen erfassen (sog. **Bruttomethode**). Erst auf der Ebene des Organträgers sind auf die bei Ermittlung des zugerechneten Einkommens erfassten Bezüge, Gewinne oder Gewinnminderungen i. S. von § 8b Abs. 1 bis 3 KStG sowie hiermit zusammenhängenden Ausgaben i. S. des § 3c Abs. 2 EStG je nach Sachlage § 8b KStG oder § 3 Nr. 40 EStG und außerdem § 3c Abs. 2 EStG anzuwenden, § 15 Satz 1 Nr. 2 Satz 2 KStG. Das bedeutet, dass

---

1 Zu EG-rechtlichen Bedenken gegen die Streichung des § 2a Abs. 3 und 4 EStG durch das StEntlG 1999/2000/2002 s. EuGH v. 14.12.2000 - Rs. C-141/99 „AMID", MAAAB-72577 = DB 2001 S. 517; Sass, Zur Verlustberücksichtigung bei grenzüberschreitender Unternehmenstätigkeit in der EU, DB 2001 S. 508.
2 Rs. C-347/04 „REWE Zentralfinanz", BStBl 2007 II S. 427; s. hierzu auch BFH, Urteil v. 29.1.2008 - I R 85/06, OAAAC-77627= BFH/NV 2008 S. 1047.
3 Zur bisherigen Rechtslage siehe 5. Aufl., Rz. 694; vgl. auch FG Baden-Württemberg, Außensenate Stuttgart, Urteil v. 29.11.2001 - 6 K 164/99, SAAAB-06514 = EFG 2002 S. 427, m. Anm. Herlinghaus zur Anwendung des § 8b Abs. 1 Satz 3 KStG 1994, aufgehoben durch BFH, Urteil v. 13.11.2002 - I R 9/02, BStBl 2003 II S. 489, m. Anm. Baldamus/Litt, DStR 2003 S. 544; nach dem BFH schließt im Geltungsbereich des Anrechnungsverfahrens § 8b Abs. 1 Satz 3 Nr. 1 KStG den gewinnmindernden Abzug lediglich ausschüttungsbedingter, nicht aber auch abführungsbedingter Teilwertabschreibungen aus.

das vom Organträger selbst erwirtschaftete Einkommen und das von der Organgesellschaft selbst zu versteuernde Einkommen (§ 16 KStG) von der Vorschrift nicht erfasst werden.

695 Hat der **Organträger** die Rechtsform einer **Kapitalgesellschaft**, so gilt Folgendes:[1]

> **BEISPIEL** Die T-GmbH ist eine 100 % Tochtergesellschaft der M-AG. Zwischen beiden Gesellschaften besteht ein Organschaftsverhältnis. Die T-GmbH hat Dividendeneinnahmen von 10.000 €, auf die Betriebsausgaben von 1.000 € entfallen.
> Bei der Ermittlung des der M-AG zuzurechnenden Einkommens wird § 8b Abs. 1 KStG nicht berücksichtigt. Das zuzurechnende Einkommen beträgt 9.000 €.
> In der Steuererklärung macht die T-GmbH folgende Angaben:
> Einkommen 9.000 €
> Nachrichtlich:
> Bezüge i. S. des § 8b Abs. 1 KStG 10.000 €
> Bei der M-AG als Organträger werden vom zugerechneten Einkommen i. H. von 9.000 € die steuerfreien Bezüge i. H. von 10.000 € gekürzt und nach § 8b Abs. 5 KStG 500 € hinzugerechnet. Das verbleibende zuzurechnende Einkommen beträgt – 500 €.

696 Durch das Gesetz zur Umsetzung des EuGH-Urteils vom 20.10.2011 in der Rechtssache C-284/09[2] wurde § 15 Satz 1 Nr. 2 KStG um einen neuen Satz 4 ergänzt. Danach sind für die Anwendung der Beteiligungsgrenze i. S. des § 8b Abs. 4 KStG Beteiligungen der Organgesellschaft und Beteiligungen des Organträgers getrennt zu betrachten. Hintergrund der Neuregelung ist, dass durch dasselbe Gesetz § 8b Abs. 4 KStG, wenn auch mit einem völlig neuen Inhalt, reaktiviert wurde. Nach der Neuregelung sind sog. Streubesitzdividenden, die nach dem 28.2.2013 zufließen, abweichend von § 8b Abs. 1 KStG in voller Höhe steuerpflichtig. Streubesitzdividenden liegen vor, wenn die Beteiligung an der ausschüttenden Gesellschaft zu Beginn des Kalenderjahres weniger als 10 % des Grund- oder Stammkapitals betragen hat. Der neue Satz 4 in § 15 Satz 1 Nr. 2 KStG bedeutet, dass für die Frage, ob Streubesitzdividenden vorliegen, Beteiligungen des Organträgers und der Organgesellschaft an der ausschüttenden Gesellschaft getrennt betrachtet werden.

> **BEISPIEL** Die A-AG ist Organträgerin der B-GmbH. An der C-GmbH sind die die A-AG zu 92 % und die B-GmbH zu 8 % beteiligt. Die C-GmbH schüttet am 10.5.2013 den Gewinn i. H. von 1 Mio. € aus.

---

1 Vgl. BMF v. 26.8.2003 - S 2770, BStBl 2003 I S. 437, Tz. 25, unter Berücksichtigung der Neuregelung in § 8b Abs. 5 ab VZ 2004; Beispiele nach Müller in Mössner/Seeger/Oellerich, § 15 KStG Rz. 56 ff.
2 V. 21.3.2013, BGBl 2013 I S. 561.

IV. Sondertatbestände

LÖSUNG ▶ Die Gewinnausschüttung ist, soweit sie auf die B-GmbH entfällt, bei der A-AG steuerpflichtig.

BEISPIEL ▶ Organträgerin ist eine Personengesellschaft, an der die X-GmbH und die Y-GmbH zu je 50 % beteiligt sind. Die OrgT ist zu 100 % an der OG-GmbH beteiligt, die wiederum zu 10 % an der Z-GmbH beteiligt ist.

LÖSUNG ▶ Gewinnausschüttungen der Z-GmbH an die OG-GmbH sind zu 95 % steuerfrei. § 8b Abs. 4 KStG findet keine Anwendung (keine Durchrechnung).[1]

Ist im Beispiel Rz. 695 der **Organträger** eine **natürliche Person**, ergibt sich auf der Ebene der Organgesellschaft keine Änderung. Beim Organträger werden vom zugerechneten Einkommen i. H. von 9.000 € die nach § 3 Nr. 40 Satz 1 Buchst. d EStG steuerfreien Bezüge i. H. von 5.000 € (ab VZ 2009 4.000 €) abgezogen und nach § 3c Abs. 2 EStG die Hälfte (ab VZ 2009 40 %) der damit im Zusammenhang stehenden Betriebsausgaben zugerechnet. Das dem Organträger zuzurechnende Einkommen beträgt 4.500 € (ab VZ 2009 5.400 €).

Ist im Beispiel Rz. 695 **Organträgerin** eine **Personengesellschaft**, an der sowohl Kapitalgesellschaften als auch natürliche Personen beteiligt sind, erfolgt die Einkommensermittlung unter Anwendung beider vorstehend genannter Berechnungsmethoden.

Um die Durchführung der Bruttomethode sicherzustellen, müssen die unter § 15 Satz 1 Nr. 2 Satz 1 KStG fallenden Bezüge mit der Anlage MO von der Organgesellschaft an den Organträger hochgemeldet werden.

Nach § 15 Satz 1 Nr. 2 KStG i. d. F. des StVergAbG gilt die vorstehende Regelung auch für **Übernahmegewinne** i. S. des § 4 Abs. 7 UmwStG i. d. F. vor dem SEStEG, d. h., wenn die Übertragung vor dem 13.12.2006 zur Eintragung in das Handelsregister des übernehmenden Rechtsträgers (vgl. § 20 UmwG) angemeldet worden ist. Da die §§ 3 und 4 UmwStG die Verschmelzung einer Kapitalgesellschaft auf eine Personengesellschaft betreffen und eine Personengesellschaft nicht Organgesellschaft sein kann, kann hiermit nur der Fall gemeint sein, dass eine Kapitalgesellschaft auf eine Personengesellschaft verschmolzen wird, an der die Organgesellschaft als Mitunternehmerin beteiligt ist.

697

698

699

700

BEISPIEL ▶ Die X-GmbH und Co. KG, an der die X-GmbH als Komplementärin mit 10 % beteiligt ist, hält alle Anteile an der Z-GmbH. Die X-GmbH steht in einem Organschaftsverhältnis zu dem Einzelkaufmann A (zur Zulässigkeit siehe Rz. 442 ff.). Die Z-GmbH wird auf die KG verschmolzen. Hierbei entsteht ein Übernahmegewinn von 100. Der übrige Gewinn der KG beträgt 200.

---

1 Ebenso Zinowsky/Jochimsen, DStR 2016 S. 285; a. A. Walter in Ernst & Young, § 15 Rz. 49.

701 Nach § 4 Abs. 7 UmwStG bleibt ein Übernahmegewinn außer Ansatz, soweit er auf eine Kapitalgesellschaft als Mitunternehmerin der Personengesellschaft entfällt. Der neue § 15 Satz 1 Nr. 2 KStG stellt klar, dass auch in Bezug auf diesen Gewinn die Bruttomethode gilt, d. h., dass dieser Gewinn in dem dem Organträger zuzurechnenden Einkommen enthalten ist. Damit sind A als Organträger 10 + 20 = 30 als Einkommen der Organgesellschaft zuzurechnen. Da der Organträger im Beispielsfall eine natürliche Person ist, ist der Übernahmegewinn bei diesem zu 60 % zu erfassen und zu versteuern, d. h. mit 6.

702 Durch das SEStEG wurde § 15 Satz 1 Nr. 2 KStG für Umwandlungsvorgänge, die nach dem 12.12.2006 zur Eintragung in das Handelsregister des übernehmenden Rechtsträgers angemeldet werden, geändert. Der Hinweis auf die Anwendung der Vorschrift auf Übernahmegewinne ist entfallen. Dies führt allerdings nicht zu einer materiellen Änderung der Rechtslage, da nach § 4 Abs. 7 UmwStG n. F. auf Übernahmegewinne § 8b KStG bzw. §§ 3 Nr. 40, 3c EStG anzuwenden sind und damit der Bezug zu § 15 Satz 1 Nr. 2 Satz 1 KStG hergestellt ist.

Neu ist die Erwähnung des § 4 Abs. 6 UmwStG n. F. Diese Vorschrift, die die Berücksichtigung eines Übernahmeverlustes regelt, ist damit gemäß den vorstehenden Erläuterungen zu berücksichtigen.

703 Umstritten[1] ist, ob die Steuerbefreiung gem. § 12 Abs. 2 Satz 1 UmwStG in Organschaftsfällen wegen der Bruttomethode eine Hinzurechnung von 5 % des Übernahmegewinns nach § 8b Abs. 3 Satz 1 KStG bei der Ermittlung des Einkommens eines Kapitalgesellschafts-Organträgers ausschließt oder ob § 12 Abs. 2 Satz 2 UmwStG auch in Organschaftsfällen die Anwendung des Satzes 1 dahingehend einschränkt, dass, soweit der Gewinn i. S. des Satzes 1 abzüglich der anteilig darauf entfallenden Kosten für den Vermögensübergang dem Anteil der übernehmenden Körperschaft (OG) an der übertragenden Körperschaft entspricht, die Steuerfreistellung nur nach Maßgabe des § 8b KStG unter Einbezug der Regelung in § 15 Satz 1 Nr. 2 erfolgen soll.[2] U. E. ist es trotz des zur gewerbesteuerlichen Organschaft ergangenen BFH-Urteils[3] sachgerecht, die Bruttomethode mit der Folge anzuwenden, dass auf der Ebene des OrgT wie

---

1 Offengelassen auch von FG Münster v. 19.11.2015 - 9 K 3400/13 K,F, DAAAF-68729 = EFG 2016 S. 594, m. Anm. Rengers, s. auch BFH, Urteil v. 26.9.2018 - I R 16/16, TAAAH-10780, s. hierzu nachfolgend.
2 Zum Sachverhalt s. oben Rz. 412; zu den verschiedenen Auffassungen s. FG Münster, a. a. O., Rz. 80 ff.
3 BFH, Urteil v. 17.12.2014 - I R 39/12, BStBl 2015 II S. 1052.

im Beispiel Rz. 695 5 % als nichtabzugsfähige Betriebsausgaben hinzugerechnet werden.[1]

Demgegenüber hat der BFH mit Urteil vom 26.9.2018 entgegen der Auffassung des FG Münster und des BMF im UmwStErl 2011 entschieden, dass bei der Verschmelzung einer Kapitalgesellschaft auf eine Organgesellschaft keine 5 % als nichtabzugsfähige Betriebsausgaben zu versteuern sind, da in dem Einkommen der Organgesellschaft der Übernahmegewinn nicht enthalten ist.

Gravierender wird die Fragestellung bei einer Personengesellschaft als Organträgerin mit natürlichen Personen als Mitunternehmer; hier geht es um die Versteuerung von 60 % oder von „nichts".

BEISPIEL An der Organträger-Personengesellschaft X sind die natürlichen Personen A und B beteiligt. X ist zu 100 % an der OG-GmbH beteiligt, die wiederum zu 100 % an der Z-GmbH beteiligt ist. Der Buchwert der Beteiligung beträgt 300.000. Die Z-GmbH wird auf die OG-GmbH verschmolzen und es entsteht ein Übernahmegewinn von 200.000.

LÖSUNG

a) Der Organträger-Personengesellschaft wird ein Einkommen der OG-GmbH von 0 zugerechnet, wenn die Steuerfreiheit gem. § 12 Abs. 2 Satz 1 UmwStG bei der OG-GmbH endgültig ist (so Dallwitz, a. a. O.). Folge ist, dass A und B „nichts" versteuern.

b) Der Organträger-Personengesellschaft werden 200.000 zugerechnet, wenn gem. § 12 Abs. 2 Satz 2 UmwStG auf Ebene der OG-GmbH die Bruttomethode des § 15 Satz 1 Nr. 2 KStG zur Anwendung kommt.[2] Folge ist, dass A und B jeweils 60 % von 100.000 versteuern.

Für VZ vor 2009[3] ist unklar, ob bzw. inwieweit § 8b Abs. 7 KStG in Organschaftsfällen Anwendung findet.[4] Nach § 15 Satz 1 Nr. 2 Satz 1 KStG sind bei der Organgesellschaft (nur) die Absätze 1 bis 6 des § 8b nicht anzuwenden. Nach Satz 2 ist bei der Ermittlung des Einkommens des Organträgers (der gesamte) § 8b KStG anzuwenden, wenn im Organeinkommen Bezüge, Gewinne oder Gewinnminderungen i. S. des § 8b Abs. 1 bis 3 KStG enthalten sind. Dem

704

---

1 Ebenso UmwStErl 2011, Rz. 12.07; a. A. z. B. Dötsch in Dötsch/Pung/Möhlenbrock, § 14 KStG Tz. 65: Anwendung der Nettomethode mit der Folge, dass auf Ebene der OG der Übernahmegewinn im Umfang des § 12 Abs. 2 Satz 2 UmwStG zu nichtabziehbaren Betriebsausgaben i. H. von 5 % führt; weitergehend z. B. Dallwitz in Schnitger/Fehrenbacher, § 15 Rz. 92, wonach es zum vollständigen Außeransatzbleiben des Übernahmegewinns kommt.
2 So FG Münster v. 23.9.2015 - 9 K 4074/11 G, OAAAF-67441 = EFG 2016 S. 587, rkr. nach Rücknahme der Revision I R 3/16; Rz. 12.07 UmwStErl 2011; m. E. zutreffend.
3 Zur Neuregelung durch das JStG 2009 s. Rz. 705/1.
4 Siehe Herlinghaus in Herrmann/Heuer/Raupach, § 15 KStG Anm. 44.

Wortlaut nach ist damit § 8b Abs. 7 KStG sowohl auf der Ebene der Organgesellschaft als auch auf der Ebene des Organträgers anwendbar.

705 Es fragt sich, wie der Fall zu behandeln ist, dass im Organeinkommen Dividenden bzw. Anteilsveräußerungsgewinne bzw. -verluste enthalten sind und nur die Organgesellschaft oder nur der Organträger ein Finanzunternehmen i. S. des § 8b Abs. 7 Satz 2 KStG[1] und die jeweils andere Gesellschaft z. B. ein Produktionsunternehmen ist.

Fall 1: Die Organgesellschaft ist ein Finanzunternehmen.

§ 8b Abs. 7 KStG ist bei der Ermittlung des Einkommens der Organgesellschaft anzuwenden.[2] Da der Organträger kein Finanzunternehmen ist, sind die im zugerechneten Organeinkommen enthaltenen Dividenden bei ihm gem. § 8b KStG i. H. von 95 % steuerfrei.[3] Zur gesetzlichen Neuregelung ab 2009 s. unten Rz. 705.

Fall 2: Der Organträger ist ein Finanzunternehmen.

In Höhe der Dividenden liegt ein dem Organträger zuzurechnendes Einkommen vor, da nach § 15 Satz 1 Nr. 2 Satz 1 KStG § 8b Abs. 1 KStG bei der Ermittlung des Organeinkommens nicht anzuwenden ist. § 8b Abs. 7 KStG ist nicht einschlägig, da die Organgesellschaft kein Finanzunternehmen ist. Bei der Ermittlung des Einkommens des Organträgers kommt es m. E. ebenfalls nicht zur Anwendung des § 8b Abs. 7 KStG. Dem steht der Regelungszweck des § 15 Satz 1 Nr. 2 KStG entgegen. Dieser besteht darin, steuerliche Vergünstigungen, die nur einer Kapitalgesellschaft zustehen, einem Organträger anderer Rechtsform nicht zu gewähren. Steht die steuerliche Vergünstigung aber der Organgesellschaft zu, soll sie bei einer anderen Körperschaft als Organträger erhalten bleiben.

706 Mit dem JStG 2009 hat der Gesetzgeber in § 15 Satz 1 Nr. 2 KStG einen neuen Satz 3 eingefügt. Danach gilt Satz 2 nicht, soweit bei der Organgesellschaft § 8b Abs. 7, 8 oder 10 KStG anzuwenden ist.[4] U.E. hat die Vorschrift konstitutive Wirkung und gilt deshalb erst ab VZ 2009. Für die obigen Fälle bedeutet dies: Im Fall 1 (Organträger kein, Organgesellschaft aber ein Finanzunternehmen) tritt eine Änderung ein, als nunmehr gesetzlich geregelt ist, dass beim Organträger die Steuerbefreiung nach § 8b KStG nicht eingreift. Im Fall 2 (Or-

---

[1] Siehe hierzu Geißer in Mössner/Seeger/Oellerich, § 8b KStG Rz. 541 ff.
[2] Ebenso Herlinghaus, a. a. O.
[3] Unklar Dötsch in Dötsch/Pung/Möhlenbrock, § 15 KStG n. F. Tz. 30b; a. A. Rogall, DB 2006 S. 2310, 2313.
[4] Zur Neuregelung s. auch Heurung/Seidel, BB 2009 S. 472.

gantträger, nicht aber Organgesellschaft Finanzunternehmen) tritt keine Änderung ein.

Im **mehrstufigen Organkreis** gilt das Verbot der Anwendung des § 8b KStG für alle Gesellschaften, die Organgesellschaften sind, auch wenn sie zugleich Organträger sind.[1]

1.6 Die Anwendung der Zinsschranke in Organschaftsfällen (§ 15 Satz 1 Nr. 3 KStG)

1.6.1 Einführung

Durch das Unternehmensteuerreformgesetz 2008 hat der Gesetzgeber die bisher gem. § 8a KStG nur bei Kapitalgesellschaften anzuwendenden Regelungen zur Gesellschafter-Fremdfinanzierung durch eine allgemein geltende **Zinsschranke** (§ 4h EStG)[2] ersetzt. § 8a KStG neu beinhaltet (nur noch) ergänzende Regelungen. Die Frage, ob die Regelung verfassungsgemäß ist, hat der BFH mittlerweile dem BVerfG vorgelegt.[3]

Durch die Zinsschranke wird der Betriebsausgabenabzug von Zinsaufwendungen für sämtliche Fremdfinanzierungen eingeschränkt. Auf die Art der Beteiligung (Gesellschafter) kommt es nicht mehr an. In Höhe der Zinserträge sind Zinsaufwendungen uneingeschränkt abzugsfähig. Darüber hinaus sind Zinsen nur i. H. von 30 % des um die Zinsaufwendungen und -erträge bereinigten steuerlichen Gewinns (bei Kapitalgesellschaften des Einkommens) vor Abschreibungen (sog. Ebitda) abzugsfähig. Danach verbleibende, im Wirtschaftsjahr nicht abzugsfähige Zinsen sind vortragsfähig.

Die Zinsschranke ist nicht anzuwenden, wenn die die Zinserträge übersteigenden Zinsaufwendungen weniger als 3 Mio. € betragen, der Betrieb nicht oder nur anteilmäßig zu einem Konzern gehört oder der Betrieb zu einem Konzern gehört und seine Eigenkapitalquote am Schluss des vorangegangenen Abschlussstichtags die des Gesamtkonzerns nicht um mehr als 2 % unterschreitet.

Die Neuregelung tritt in Kraft für Wirtschaftsjahre, die nach dem 25.5.2007 beginnen und nicht vor dem 1.1.2008 enden. Entspricht das Wirtschaftsjahr dem Kalenderjahr, gilt die Neuregelung somit ab 2008.[4]

---

1 Dötsch in Dötsch/Pung/Möhlenbrock, § 15 KStG n. F. Tz. 29.
2 Zu europarechtlichen Bedenken s. Musil/Volmering, DB 2008 S. 12, 15.
3 Vorlagebeschluss v. 14. 10.2015 - I R 20/15, BStBl 2017 II S. 1240.
4 Zu Einzelheiten s. BMF v. 4.7.2008, BStBl 2008 I S. 718.

Durch das Wachstumsbeschleunigungsgesetz wurde in § 4h Abs. 1 Satz 3 EStG ein sog. **EBITDA-Vortrag** eingeführt. Damit wird die Zinsschranke krisenentschärft, da ein nicht verbrauchtes EBITDA vorgetragen werden kann.[1] Ebenso wie der Zinsvortrag kann auch der EBITDA-Vortrag nur auf der Ebene des Organträgers entstehen. Hier werden etwaige EBITDA aller Organkreismitglieder zusammengefasst und festgestellt.

1.6.2 Anwendung in Organschaftsfällen[2]

709 Die Zinsschranke ist nach der in § 15 Satz 1 KStG neu eingefügten Nr. 3 bei der Organgesellschaft nicht anzuwenden. Organgesellschaften und Organträger gelten als **ein Betrieb** i. S. des § 4h EStG. Sind in dem dem Organträger zugerechneten Einkommen der Organgesellschaften Zinsaufwendungen und -erträge enthalten, sind diese bei Anwendung des § 4h Abs. 1 EStG beim Organträger einzubeziehen.

Da die Organgesellschaften und der Organträger als ein Betrieb gelten, kommt die Zinsschranke, sofern keine schädliche Gesellschafterfremdfinanzierung gem. § 8a KStG neu vorliegt, nicht zur Anwendung.[3] Dies ergibt sich aus § 4h Abs. 2 Satz 1 Buchst. b EStG: Ein (als Zahlwort) Betrieb kann nicht gleichzeitig ein Konzern sein.[4] Als Zinsaufwendungen und Zinserträge kommen, wie sich aus Sinn und Zweck der Regelung gemäß der Gesetzesbegründung ergibt, damit nur solche Aufwendungen und Erträge in Betracht, die auf Rechtsbeziehungen zu Schuldnern und Gläubigern außerhalb des Organkreises beruhen.[5]

Hinsichtlich des EBITDA-Vortrags wird ein solcher, der noch nicht verbraucht ist, „eingefroren", wenn die Gesellschaft anschließend Organgesellschaft wird.[6] Dieser geht i. d. R. wegen der Beschränkung der Vortragsfähigkeit auf fünf Jahre verloren.

Entgegen der Auffassung der Finanzverwaltung[7] gehen Zinsvortrag und EBITDA-Vortrag nicht verloren, wenn die Organgesellschaft aus dem Organkreis ausscheidet.[8]

---

1 Zu Einzelheiten s. Herzig/Liekenbrock, DB 2010 S. 690; Rödder, DStR 2010 S. 529.
2 Zu Einzelheiten s. Bohn/Loose, DStR 2011 S. 1009.
3 Vgl. Gesetzesbegründung, BT-Drucks. 16/4841 S. 77.
4 Zu Einzelheiten s. Herzig/Liekenbrock, Zinsschranke im Organkreis, DB 2007 S. 2387.
5 So zu Recht Appl in Prinz/Witt, Steuerliche Organschaft, Rz. 19.31; ebenso Neumann in Gosch, § 15 Rz. 36; a. A. z. B. Dötsch/Krämer in Dötsch/Pung/Möhlenbrock, § 15 KStG Tz. 77.
6 Appl, a. a. O., Rz. 19.36.
7 BMF v. 4.7.2008, BStBl 2008 I S. 718, Tz. 47.
8 So zu Recht z. B. Herlinghaus in Herrmann/Heuer/Raupach, § 15 KStG Anm. 69; Herzig/Liekenbrock, DB 2009, 1949, 1952.

Findet die Zinsschranke (ausnahmsweise) Anwendung, kommt es ebenfalls zur Anwendung der Bruttomethode.[1] Für alle Unternehmen des Organkreises zusammen ist die Höhe der abzugsfähigen Zinsaufwendungen (und auch der Freigrenze von 3 Mio. €) zu ermitteln.[2] Verbleiben nichtabzugsfähige Zinsaufwendungen, erhöhen diese den (eigenen) steuerpflichtigen Gewinn des Organträgers (und nicht das zuzurechnende Einkommen), auch wenn sie von einer Organgesellschaft herrühren.

> **BEISPIEL** (nach Herzig/Liekenbrock, DB 2007, 2387, 2391 unter Berücksichtigung der Freigrenze von 3 Mio. €): Die Organgesellschaft erwirtschaftet ein Einkommen von 11 Mio. €, das sich aus einem operativen Gewinn von 15 Mio. € und Zinszahlungen i. H. von 4 Mio. € zusammensetzt. Der Organträger erzielt kein eigenes Einkommen. Bei einer isolierten Betrachtung der Organgesellschaft würde die Zinsschranke nicht greifen (30 % von 15 Mio. € = 4,5 Mio. €, Zinsaufwand 4 Mio. €). Nach Herzig/Liekenbrock[3] und Dötsch[4] kommt die Zinsschranke beim Organträger nicht zur Anwendung, da das abgeführte Einkommen in seine Bestandteile Abschreibungen, Zinsergebnis und um diese Werte erhöhtes/vermindertes Einkommen aufgespalten wird.

U. E. greift die Zinsschranke auf der Ebene des Organträgers. Das abgeführte (Netto-)Einkommen von 11 Mio. € wird mit dem separierten Zinsaufwand von 4 Mio. € abgeglichen. 0,7 Mio. € des Zinsaufwands (4 Mio. − 30 % von 11 Mio.) sind nicht abziehbar und werden beim Organträger gesondert festgestellt und vorgetragen.

1.7 Dauerverlustgeschäfte i. S. des § 8 Abs. 7 Satz 2 KStG (§ 15 Satz 1 Nr. 4 KStG)

Im JStG 2009 hat der Gesetzgeber durch einen neuen § 8 Abs. 7 KStG[5] entgegen der BFH-Rechtsprechung[6] entschieden, dass bei einer **strukturell dauerdefizitären Eigengesellschaft** einer juristischen Person des öffentlichen Rechts nicht bereits deshalb eine vGA vorliegt, weil sie ein Dauerverlustgeschäft ausübt. Die Vorschrift gilt nur bei Kapitalgesellschaften, bei denen die Mehrheit der Stimmrechte unmittelbar oder mittelbar auf juristische Personen des öffentlichen Rechts entfällt und nachweislich ausschließlich diese Gesellschafter

710

---

[1] Frotscher in Frotscher/Drüen, § 15 KStG Rz. 101; Walter in Ernst&Young, § 15 KStG Rz. 62.
[2] Anderes ergibt sich auch nicht aus BFH, Urteil v. 11.11.2015 - I R 57/13, BStBl 2017 II S. 319 = DStR 2016 S. 530.
[3] DB 2007 S. 2387, 2391 f.
[4] Dötsch in Dötsch/Pung/Möhlenbrock, § 15 KStG n. F. Tz. 56.
[5] Siehe hierzu Klein/Müller/Döpper in Mössner/Seeger/Oellerich, § 8 KStG Rz. 2782 ff.; Heurung/Seidel, BB 2009 S. 1786; diese kommunale Querfinanzierung verstößt nach FG Köln v. 9.3.2010 - 13 K 3181/05, FAAAD-45557, nicht gegen europäisches Beihilferecht.
[6] Urteil v. 22.8.2007 - I R 32/06, BStBl 2007 II S. 961.

die Verluste aus Dauerverlustgeschäften tragen. Ein **Dauerverlustgeschäft** liegt vor, soweit aus verkehrs-, umwelt-, sozial-, kultur-, bildungs- oder gesundheitspolitischen Gründen eine wirtschaftliche Betätigung ohne kostendeckendes Entgelt unterhalten wird oder das Geschäft Ausfluss einer Tätigkeit ist, die bei juristischen Personen des öffentlichen Rechts zu einem Hoheitsbetrieb gehören.

Mit der Nr. 4 in § 15 Satz 1 KStG, die nach § 34 Abs. 10 Satz 4 KStG auch in VZ vor 2009 anzuwenden ist, hat der Gesetzgeber auch für diesen Fall die Bruttomethode für anwendbar erklärt. Folge ist: Bei der Organgesellschaft sind auf Dauerverlustgeschäfte nicht anzuwenden § 8 Abs. 3 Satz 2 KStG und § 8 Abs. 7 KStG (also keine Annahme einer vGA bei Eigengesellschaften allein wegen der Ausübung eines Dauerverlustgeschäfts). In einem zweiten Schritt[1] sind die vorgenannten Vorschriften allerdings bei der Ermittlung des dem Organträger zuzurechnenden Einkommens anzuwenden, wenn in dem dem Organträger zugerechneten Organeinkommen Verluste aus Dauerverlustgeschäften enthalten sind.

1.8 Spartenbezogene Betrachtung bei Eigengesellschaften der öffentlichen Hand als Organgesellschaft (§ 15 Satz 1 Nr. 5 KStG)

711 Dauerverluste führen, da keine vGA anzunehmen ist, zu Verlustvorträgen. Diese Verluste könnten grds. mit anderen positiven Einkünften der Organgesellschaft verrechnet werden. Um dies zu verhindern, nimmt der Gesetzgeber in § 8 Abs. 9 KStG eine **Spartentrennung** vor. Ein negativer Gesamtbetrag der Einkünfte einer Sparte darf nicht mit einem positiven Gesamtbetrag der Einkünfte einer anderen Sparte ausgeglichen oder zurück- bzw. vorgetragen werden.

Korrespondierend zu § 8 Abs. 9 KStG hat der Gesetzgeber mit § 15 Satz 1 Nr. 5 Satz 1 KStG entschieden, dass § 8 Abs. 9 KStG bei der Organgesellschaft nicht anzuwenden ist. Das bedeutet:[2] Die Organgesellschaft meldet dem Organträger ein einheitliches und nicht spartenweise gegliedertes Einkommen. Nach Satz 2 der neuen Vorschrift kommt es dann auf der Ebene des Organträgers zur Anwendung von § 8 Abs. 9 KStG, wenn in dem dem Organträger zugerechneten Einkommen begünstigte Dauerverluste enthalten sind. Da dies wenig praktikabel ist, schlägt Dötsch[3] zu Recht vor, dass bereits auf der Ebene der Organgesellschaft jeweils für die einzelnen Sparten ein gesonderter Gesamt-

---

1 Siehe hierzu oben Rz. 696.
2 Vgl. Heurung/Seidel, BB 2009 S. 1786, 1789; Krämer in Dötsch/Pung/Möhlenbrock, § 15 KStG n. F. Tz. 74 f.
3 Dötsch, a. a. O.

betrag der Einkünfte ermittelt wird und dem Organträger die Teilbeträge mitgeteilt werden.

Da § 8 Abs. 9 KStG für **Organträger** ohne begünstigte Dauerverluste keine spartenweise Trennung ihres **eigenen Einkommens** vorsieht, kommt es in Bezug auf das ganze vom Organträger zu versteuernde Einkommen zu einer spartenübergreifenden Ergebnisverrechnung.[1]

2. Die steuerliche Behandlung der von der Organgesellschaft oder vom Organträger geleisteten Ausgleichszahlungen an außenstehende Gesellschafter

2.1 Rechtsgrundlagen, Rechtsentwicklung und Zweck der gesetzlichen Regelung

Die steuerliche Behandlung der von der Organgesellschaft oder vom Organträger im Rahmen eines Organschaftsverhältnisses an außenstehende Gesellschafter geleisteten Ausgleichszahlungen (**garantierte Dividenden**) bei der Organgesellschaft und beim Organträger ist in § 4 Abs. 5 Satz 1 Nr. 9 EStG und in § 16 KStG geregelt. Nach § 4 Abs. 5 Satz 1 Nr. 9 EStG dürfen Ausgleichszahlungen, die in den Fällen der §§ 14, 17 und 18 KStG an außenstehende Anteilseigner geleistet werden, den Gewinn nicht mindern; sie sind nichtabzugsfähige Betriebsausgaben. Nach § 16 KStG hat die Organgesellschaft ihr Einkommen i. H. von 20/17 (vor VZ 2008 4/3) der geleisteten Ausgleichszahlungen selbst zu versteuern, und zwar auch dann, wenn die Verpflichtung zum Ausgleich nicht von der Organgesellschaft, sondern vom Organträger erfüllt worden ist.

712

Die **Verwaltung** vertritt die Auffassung, dass organschaftliche **Ausgleichszahlungen keine Gewinnausschüttungen** seien, **die auf einem den gesellschaftsrechtlichen Vorschriften entsprechenden Gewinnverwendungsbeschluss beruhen.**[2] **Folge** dieser Auffassung ist, dass eine **Körperschaftsteuerminderung** nach § 37 Abs. 2 Satz 1 KStG **nicht gewährt** wird. Dies spielt allerdings ab 2007 nach der Umstellung von einer ausschüttungsabhängigen Körperschaftsteuerminderung auf eine ratierliche Auszahlung keine Rolle mehr (s. Rz. 860).

713

Hinsichtlich der Behandlung der Ausgleichszahlungen beim außenstehenden Gesellschafter ist zu unterscheiden: Handelt es sich um eine Körperschaft,

714

---

1 Heurung/Seidel, a. a. O.
2 BMF, Schreiben v. 22.11.2001, DStR 2001 S. 2116; a. A. BFH, Urteil v. 25.7.1961 - I 104/60 S, BStBl 1961 III S. 483, wonach vor der gesetzlichen Regelung der körperschaftsteuerlichen Organschaft die als garantierte Dividende gezahlten Beträge nur dem ermäßigten Steuersatz für berücksichtigungsfähige Ausschüttungen unterlagen.

bleiben die Zahlungen nach § 8b Abs. 1 KStG (i. V. m. Abs. 5 i. H. von 95 %) außer Ansatz. Bei einer natürlichen Person unterliegen sie entweder der Abgeltungsteuer (Halten der Beteiligung im Privatvermögen) oder dem Teileinkünfteverfahren (Halten der Beteiligung im Betriebsvermögen). Die Zahlung führt unabhängig davon, ob die OG oder der OrgT die Ausgleichszahlung leistet, zu Kapitaleinnahmen und nicht zu sonstigen Einkünften.[1]

Handelt es sich um Kapitaleinnahmen, ist **Kapitalertragsteuer** einzubehalten und abzuführen (§§ 43 Abs. 1 Satz 1 Nr. 1, 43a, 44 EStG). Einbehaltungs- und abführungspflichtig ist unabhängig davon, wer die Ausgleichszahlung leistet, immer die OG.[2]

2.2 Der Begriff der Ausgleichszahlungen

715 Der Begriff der Ausgleichszahlungen entstammt dem **Aktiengesetz**. Nach § 304 Abs. 1 Satz 1 AktG muss ein Gewinnabführungsvertrag i. S. des § 291 Abs. 1 des Aktiengesetzes „einen angemessenen Ausgleich für die außenstehenden Aktionäre durch eine auf die Anteile am Grundkapital bezogene wiederkehrende Geldleistung (Ausgleichszahlung) vorsehen". Genussscheininhaber sind keine (außenstehenden) Aktionäre, so dass der Abschluss eines GAV keine unmittelbaren Auswirkungen auf die von der Organgesellschaft zuvor begebenen Genussscheine hat und Ausgleichszahlungen nicht erforderlich sind.[3] Als Ausgleichszahlung ist mindestens die jährliche Zahlung des Betrags zuzusichern, der nach der bisherigen Ertragslage der Gesellschaft und ihren künftigen Ertragsaussichten unter Berücksichtigung angemessener Abschreibungen und Wertberichtigungen, jedoch ohne Bildung anderer Gewinnrücklagen, voraussichtlich als durchschnittlicher Gewinnanteil auf die einzelne Aktie verteilt werden könnte.[4]

Die Höhe der Ausgleichszahlungen kann wie folgt bestimmt werden:

Als Ausgleichszahlung ist mindestens die jährliche Zahlung des Betrags zuzusichern, der nach der bisherigen Ertragslage der Gesellschaft und ihren künftigen Ertragsaussichten unter Berücksichtigung angemessener Abschreibungen

---

[1] Rogall/Dreßler, DStR 2015 S. 449, 451, m. w. N.
[2] BMF v. 20.12.2012, BStBl 2013 I S. 36, Rz. 43; sehr str., zu den verschiedenen Auffassungen s. Rogall/Dreßler, a. a. O., S. 455.
[3] BGH, Urt. v. 28.5.2013 - II ZR 67/12, TAAAE-42324 = DB 2013 S. 1837; s. dieses Urteil auch zur Notwendigkeit der Anpassung der Genussscheinbedingungen an die veränderte Lage.
[4] § 304 Abs. 2 AktG; zur Berechnung vgl. BayObLG, Beschluss v. 11.9.2001 - 3Z BR 101/99, DB 2002 S. 36, m. w. N.; Stephan in K. Schmidt/Lutter, § 304 AktG Rz. 75 ff.; Hüffer, § 304 AktG Rz. 8 ff.

und Wertberichtigungen, jedoch ohne Bildung anderer Gewinnrücklagen, voraussichtlich als durchschnittlicher Gewinnanteil auf die einzelne Aktie verteilt werden könnte.

Ist der andere Vertragsteil eine SE, AG oder KGaA, so kann als Ausgleichszahlung auch die Zahlung des Betrags zugesichert werden, der auf Aktien dieser anderen Gesellschaft mit mindestens dem entsprechenden Nennbetrag jeweils als Gewinnanteil entfällt. Der entsprechende Nennbetrag bestimmt sich nach dem Verhältnis, in dem bei einer Verschmelzung auf eine Aktie der Gesellschaft Aktien der anderen Gesellschaft zu gewähren wären.

Ein GAV, der überhaupt keinen Ausgleich vorsieht, ist **zivilrechtlich nichtig** (§ 304 Abs. 3 Satz 1 AktG) und damit **steuerrechtlich unbeachtlich**. Ist hingegen der im Vertrag bestimmte Ausgleich unangemessen, führt dies weder zur Nichtigkeit noch zur Anfechtbarkeit des GAV. Vielmehr wird der angemessene Ausgleich gerichtlich festgesetzt (§ 304 Abs. 3 Satz 3 AktG).

Der aktienrechtliche Begriff der Ausgleichszahlungen ist auf **Leistungen an außenstehende Aktionäre** beschränkt, setzt also voraus, dass die beherrschte Gesellschaft die Rechtsform einer AG oder KGaA hat. Demgegenüber ist der **Begriff der Ausgleichszahlungen i. S. von § 4 Abs. 5 Satz 1 Nr. 9 EStG und § 16 KStG weiter**. Er umfasst auch die den Ausgleichszahlungen i. S. von § 304 AktG entsprechenden Zahlungen an außenstehende Gesellschafter von Kapitalgesellschaften anderer Rechtsform. Dies ergibt sich sowohl aus der allgemeinen Fassung des § 4 Abs. 5 Satz 1 Nr. 9 EStG („außenstehende Anteilseigner", und nicht etwa „Aktionäre") als auch aus der Verweisung in § 17 KStG auf § 16 KStG. Gesellschaftsrechtlich ist allerdings umstritten, ob der GAV mit einer GmbH als Organgesellschaft zwingend Ausgleichszahlungen entsprechend § 304 Aktiengesetz vorsehen muss.[1] Wenn man für den Abschluss des GAV die Zustimmung aller GmbH-Gesellschafter verlangt, bedarf es dieses Schutzes nicht. Lässt man hingegen die ¾-Mehrheit ausreichen, wird überwiegend verlangt, dass der GAV Regelungen entsprechend §§ 304, 305 AktG enthält.[2] Solange die Frage nicht höchstrichterlich geklärt ist, spricht manches dafür, den GAV mit einer GmbH als Organgesellschaft auch ohne Vereinbarung von Aus-

716

---

[1] Vgl. Scholz/Emmerich, GmbHG, Anhang § 13 Konzernrecht Anm. 158 ff.; Lutter/Hommelhoff, GmbHG, Anh. § 13 Rz. 66; Zöllner/Beurskens in Baumbach/Hueck, GmbHG, SchlAnhKonzernR Rz. 62.

[2] Lutter/Hommelhoff, a. a. O., Rz. 68; Rödder/Joisten in Rödder/Herlinghaus/Neumann, § 16 Rz. 24 f.

gleichszahlungen steuerlich anzuerkennen.[1] Als Ausgleichszahlung ist auch das **Entgelt** zu werten, das der Organträger an Minderheitsgesellschafter **für die Einräumung eines Nießbrauchs an deren Anteilsrechten** zahlt.[2]

717 Ausgleichszahlungen können auch in der **Form von verdeckten Gewinnausschüttungen** an außenstehende Gesellschafter vorkommen (siehe Rz. 532; R 14.6 Abs. 4 Satz 4 KStR). Keine Ausgleichszahlung, sondern eine **Fortsetzung der Beteiligung des Minderheitsgesellschafters am Ergebnis der Organgesellschaft** liegt vor, wenn nicht gleich bleibende Zahlungen vereinbart werden, sondern Zahlungen, die jeweils dem Anteil des Minderheitsgesellschafters am Gewinn und Verlust der Organgesellschaft entsprechen.[3] Deshalb hat der BFH[4] entgegen der großzügigeren Auffassung der Verwaltung[5] eine Vereinbarung verworfen, nach der durch eine **Vereinbarung von Festbetrag und variablem Betrag** dem außenstehenden Gesellschafter infolge der Ausgleichszahlung der Gewinn der Organgesellschaft in dem Verhältnis zufließt, in dem er ohne Organschaft mit GAV zu verteilen gewesen wäre. Mit dieser Entscheidung hat der BFH allerdings nicht generell eine Kombination von Festbetrag und variablem Betrag verworfen; der gesamte Ausgleichsanspruch darf sich nur nicht am hypothetischen Gewinnanteil des Außenstehenden orientieren.[6] Nach dem Nichtanwendungserlass des BMF hat der BFH gleichwohl in seiner Entscheidung vom 10.5.2017[7] an seiner engen Auffassung festgehalten und die großzügige Auffassung der Verwaltung verworfen.

Wegen der unterschiedlichen Auffassung von BFH und Finanzverwaltung hinsichtlich der Bemessung von Ausgleichszahlungen hat der Gesetzgeber die Frage mittlerweile in einem neuen § 14 Abs. 2 KStG gesetzlich geregelt, der einen Kompromiss aus den Auffassungen von BFH und Finanzverwaltung darstellt.[8] Neben der gem. § 304 Abs. 2 Satz 1 AktG zwingend erforderlichen Vereinbarung eines festen Ausgleichsbetrags ist die Vereinbarung einer zusätzlichen

---

1 Dötsch in Dötsch/Pung/Möhlenbrock, § 16 KStG n. F. Tz. 9; a. A. Danelsing in Blümich, § 16 KStG Rz. 5.
2 BFH, Urteil v. 25.7.1973 - I R 225/71, BStBl 1973 II S. 791; ob dieses Urteil auch heute noch einschlägig ist, vgl. Dötsch in Dötsch/Pung/Möhlenbrock, § 16 KStG n. F. Tz. 7 (eher ablehnend).
3 Vgl. BFH, Urteil v. 31.3.1976 - I R 123/74, BStBl 1976 II S. 510, 512.
4 BFH v. 4.3.2009 - I R 1/08, BStBl 2010 II S. 407; s. hierzu Nichtanwendungserlass durch BMF v. 20.4.2010, LAAAD-42185 = BStBl 2010 I S. 372.
5 BMF v. 13.9.1991, DB 1991 S. 2110.
6 Hubertus/Lüdemann, DStR 2009 S. 2136.
7 BFH v. 10.5.2017 - I R 93/15, BStBl 2019 II S. 278.
8 Zu Einzelheiten s. Müller in Mössner/Seeger/Oellerich, § 14 KStG Rz. 605 ff., m. w. N.; zu Tracking-Stock-Gestaltungen bei öffentlichen Unternehmen s. auch Belcke/Westermann, BB 2019, S. 1885.

variablen Ausgleichszahlung unschädlich. Die Ausgleichszahlungen (Kombination aus fester und variabler) dürfen jedoch insgesamt den dem Anteil am gezeichneten Kapital entsprechenden Gewinnanteil des Wirtschaftsjahrs nicht überschreiten, der ohne GAV hätte geleistet werden können. Die neue Vorschrift regelt u. E. nur den Fall kombinierter Ausgleichszahlungen. Nach § 14 Abs. 2 Satz 3 KStG muss der über den Mindestbetrag nach § 304 Abs. 2 Satz 1 AktG hinausgehende Betrag „nach vernünftiger kaufmännischer Beurteilung wirtschaftlich begründet sein". Dieser „Kaufmannstest" wird bei Vereinbarungen zwischen fremden Dritten keine praktische Bedeutung haben, da zwischen diesen ein natürlicher Interessengegensatz besteht.

Zur Auswirkung des Solidaritätszuschlags (Begünstigung außenstehender Anteilseigner) siehe Dötsch.[1] Die nachfolgenden Beispiele berücksichtigen aus Vereinfachungsgründen nicht den SolZ.

Wurden Ausgleichszahlungen vereinbart, diese aber tatsächlich nicht geleistet, steht dies u. E. der Anerkennung der Organschaft entgegen, und zwar unabhängig davon, auf welchen Gründen die Nichtleistung beruht, mit der Ausnahme, dass weder der Organträger noch die Organgesellschaft wirtschaftlich hierzu in der Lage sind.[2]

Ausgleichszahlungen müssen nur für „außenstehende Anteilseigner" vorgesehen sein. Aus dem Schutzgedanken des § 304 AktG folgt, dass zumindest dann **kein „außenstehender Anteilseigner" anzunehmen ist**, wenn

▶ an der Organgesellschaft neben dem Organträger noch eine Tochtergesellschaft beteiligt ist, die mit dem Organträger durch einen Beherrschungs- oder Gewinnabführungsvertrag verbunden ist **oder**

▶ die beteiligte Tochtergesellschaft sich im Alleinbesitz des Organträgers befindet.[3] Es ist steuerlich unschädlich, wenn ein GAV für solche Gesellschafter keine Ausgleichszahlungen vorsieht.[4]

718

---

1 Dötsch in Dötsch/Pung/Möhlenbrock, § 16 KStG n. F. Tz. 25.
2 A.A. Badde, DStR 2019 S. 194: Fordert der Minderheitsgesellschafter die Ausgleichszahlung nicht an und wird sie deshalb nicht geleistet, steht dies der Anerkennung der Organschaft nicht entgegen.
3 Koppensteiner in Kölner Kommentar, § 295 AktG Anm. 19 f., mit Beispielen.
4 Krauss, BB 1988 S. 528.

2.3 Die steuerliche Behandlung der Ausgleichszahlungen nach § 16 KStG und § 4 Abs. 5 Satz 1 Nr. 9 EStG

719 Wenn § 4 Abs. 5 Satz 1 Nr. 9 EStG die Ausgleichszahlungen zu **nichtabzugsfähigen Betriebsausgaben** erklärt, so soll dies nur sicherstellen, dass die Ausgleichszahlungen das Einkommen des Organkreises (Einkommen des Organträgers + Einkommen der Organgesellschaft) nicht mindern.[1] **Leistet** also die **Organgesellschaft selbst** die **Ausgleichszahlungen**, so sind diese bei ihr **nicht als Betriebsausgaben abzugsfähig**. **Leistet der Organträger** hingegen die **Ausgleichszahlungen**, so sind diese beim Organträger **ebenfalls nicht als Betriebsausgaben abzugsfähig**, dafür aber auch bei der Organgesellschaft nicht als fiktive Betriebseinnahmen anzusetzen.

720 **Das eigene Einkommen der Organgesellschaft beträgt** nach § 16 Satz 1 KStG 4/3 der geleisteten Ausgleichszahlungen. Dieser Bruch ermittelt sich nach Wegfall des Anrechnungsverfahrens und Senkung des Körperschaftsteuersatzes auf 25 % nach der Summe aus Ausgleichszahlungen + Körperschaftsteuersatz auf 100/75 = 4/3.

> **BEISPIEL** ▶ Die Organgesellschaft leistet Ausgleichszahlungen i. H. von 75. Bei ihr fällt Körperschaftsteuer an i. H. von 25 % des diesem Betrag entsprechenden Gewinns vor Abzug der Körperschaftsteuer, d. h. aus (75 + 1/3 von 75) 100, denn 100 abzüglich 25 % sind 75. Das eigene Einkommen der Organgesellschaft beläuft sich auf 100.

Ab 2008 beträgt der Bruch 20/17 = 100/85.

721 Für den VZ 2003 beträgt der Körperschaftsteuersatz nach § 34 Abs. 11a KStG i. d. F. des Gesetzes zur Änderung steuerrechtlicher Vorschriften und zur Errichtung eines Fonds „Aufbauhilfe" (Flutopfersolidaritätsgesetz) vom 19.9.2002[2] 26,5 %. Gleichwohl hat der Gesetzgeber den Bruch in § 16 KStG nicht verändert. Beließe man es bei diesem Bruch, wäre unklar, woher die Differenz von 1,5 Prozentpunkten kommen sollte. U. E. muss diese Inkongruenz für den VZ 2003 dadurch beseitigt werden, dass der Bruch an den Körperschaftsteuersatz angepasst wird. Für 2003 hat die Organgesellschaft deshalb folgendes Einkommen selbst zu versteuern:

$$\text{Eigenes Einkommen} = \frac{\text{Ausgleichszahlungen} \times 100}{100 - \text{Steuersatz}}$$

---

[1] Thiel, StbKRep 1971 S. 179, 206.
[2] BGBl 2002 I S. 3651.

Bei Ausgleichszahlungen i. H. von 75 ergibt dies ein eigenes, von der Organgesellschaft zu versteuerndes Einkommen von 102,04. Die Finanzverwaltung will es demgegenüber bei dem Bruch von 4/3 belassen.[1] Der überschießende Betrag von 1,5 % wird als nichtabzugsfähige Betriebsausgabe bei der Organgesellschaft behandelt. Dadurch wird der Gewinnabführungsbetrag vermindert, nicht aber das dem Organträger zuzurechnende Einkommen.

Zur Rechtslage unter Geltung des Anrechnungsverfahrens siehe 5. Auflage, Rz. 702 ff.

Die Besteuerung der Ausgleichszahlungen, und zwar als eigenes Einkommen der Organgesellschaft, vollzieht sich nach § 16 KStG entweder durch eine Verminderung des dem Organträger zuzurechnenden Einkommens der Organgesellschaft um die den Ausgleichszahlungen entsprechenden Einkommensteile oder durch eine gegenläufige Zurechnung entsprechender Teile des Einkommens des Organträgers bei der Organgesellschaft. 722

Hat die **Organgesellschaft** die **Ausgleichszahlungen** geleistet, so ist dem Organträger nur das um die Ausgleichszahlungen und die darauf entfallende KSt geminderte Einkommen der Organgesellschaft zuzurechnen (R 65 Abs. 2 KStR). 723

BEISPIEL (bis einschl. VZ 2007):

Einkommen des Organträgers	200
Handelsbilanzgewinn der Organgesellschaft nach Abzug von Ausgleichszahlungen i. H. von 30 und der darauf entfallenden KSt von 10 (= 25 % von 40 oder 4/3 von 30), also zusammen 40	80
Hinzurechnung der nichtabzugsfähigen Ausgleichszahlung und der nicht-abzugsfähigen Körperschaftsteuer	40
Einkommen der Organgesellschaft	120
Davon hat die Organgesellschaft als eigenes Einkommen zu versteuern	40
Dem Organträger sind zuzurechnen	80
Vom Organträger insgesamt zu versteuern 200 + 80	280
Vom Organkreis insgesamt zu versteuern 280 + 40	320

BEISPIEL (ab VZ 2008):

Einkommen des Organträgers	200
Handelsbilanzgewinn der Organgesellschaft nach Abzug von Ausgleichszahlungen i. H. von 34 und der darauf entfallenden KSt von 6 (= 15 % von 40 oder 20/17 von 34), also zusammen 40	80
anschließend weiter wie in obigem Beispiel	

---

1 Vgl. OFD Hannover v. 18.4.2005, DStR 2005 S. 1059.

724 Leistet die Organgesellschaft trotz eines **steuerlichen Verlustes** die Ausgleichszahlungen, erhöht sich ihr dem Organträger zuzurechnendes negatives Einkommen (R 16 Abs. 2 Satz 2 KStR).

725 **Geleistet** i. S. von § 16 Satz 1 KStG hat die Organgesellschaft die Ausgleichszahlungen **in dem Zeitpunkt**, in dem die **Ausgleichszahlungen** aus dem Betriebsvermögen der Organgesellschaft **abfließen**.[1]

726 Hat der **Organträger** die **Ausgleichszahlungen geleistet**, so ist ein den Ausgleichszahlungen entsprechender Teil des Gewinns, bevor dieser dem Einkommen des Organträgers zugrunde gelegt wird, der Organgesellschaft zuzurechnen.

BEISPIEL (bis einschl. VZ 2007):

Einkommen der Organgesellschaft	120
Handelsbilanzgewinn des Organträgers nach Abzug von Ausgleichszahlungen i. H. von 30 (200 ./. 30)	170
Hinzurechnung der nichtabzugsfähigen Ausgleichszahlungen	30
Steuerbilanzgewinn des Organträgers	200
davon sind der Organgesellschaft zuzurechnen	28
verbleiben	170
Das Einkommen der Organgesellschaft 120 ist dem Organträger abzüglich der KSt für die Ausgleichszahlungen von 10, 120 ./. 10 zuzurechnen i. H. von	110
Vom Organträger insgesamt als Einkommen zu versteuern 170 + 110	280
Von der Organgesellschaft zu versteuern 30 + 10	40
Vom Organkreis insgesamt zu versteuern	320

BEISPIEL (ab VZ 2008):

Einkommen der Organgesellschaft	120
Handelsbilanzgewinn des Organträgers nach Abzug von Ausgleichszahlungen i. H. von 34 (200 ./. 34)	166
Hinzurechnung der nichtabzugsfähigen Ausgleichszahlungen	34
Steuerbilanzgewinn des Organträgers	200
davon sind der Organgesellschaft zuzurechnen	34
verbleiben	166
Das Einkommen der Organgesellschaft 120 ist dem Organträger abzüglich der KSt für die Ausgleichszahlungen von 6, 120 ./. 6 zuzurechnen i. H. von	114

---

[1] BFH, Urteil v. 9.12.1987 - I R 260/83, BStBl 1988 II S. 460.

Vom Organträger insgesamt als Einkommen zu versteuern 170 + 110	280
Von der Organgesellschaft zu versteuern 34 + 6	40
Vom Organkreis insgesamt zu versteuern	320

2.4 Ausgleichszahlungen und Verlustabzug

Da § 15 Satz 1 Nr. 1 KStG einen Verlustabzug i. S. des § 10d EStG nicht nur bei der Ermittlung des dem Organträger zuzurechnenden Einkommens der Organgesellschaft, sondern schlechthin bei der Ermittlung des Einkommens der Organgesellschaft für unzulässig erklärt, kann **das den Ausgleichszahlungen entsprechende eigene Einkommen der Organgesellschaft (§ 16 KStG) nicht nach § 10d EStG um einen vorvertraglichen Verlustabzug gekürzt** werden. Diese Regelung erklärt sich daraus, dass die Vorschriften des § 16 KStG über die Besteuerung der Ausgleichszahlungen als eigenes Einkommen der Organgesellschaft eine Belastung der Ausgleichszahlungen mit Körperschaftsteuer gewährleisten sollen. Mit dieser Zwecksetzung wäre es nicht vereinbar, wenn der Organgesellschaft zugestanden würde, das den Ausgleichszahlungen entsprechende eigene Einkommen um einen vorvertraglichen Verlust zu kürzen und damit der Belastung mit Körperschaftsteuer zu entziehen.

727

2.5 Ausgleichszahlungen und internationales Schachtelprivileg

Zur früheren Rechtslage siehe 5. Auflage, Rz. 711. Mit der Streichung des § 15 Nr. 2 KStG in den Fassungen bis KStG 1999 sind diese Ausführungen für VZ 2001 und 2002 überholt.

728

Ab VZ 2003[1] gilt nach § 15 Satz 2 KStG für Gewinnanteile aus der Beteiligung an einer ausländischen Gesellschaft, die nach einem DBA von der Besteuerung auszunehmen sind, § 15 Satz 1 Nr. 2 KStG entsprechend. Deshalb kann ab diesem VZ auf Rz. 695 verwiesen werden.

2.6 Ausgleichszahlungen und sonstige steuerfreie Einnahmen

Aus der Zwecksetzung des § 16 KStG (Gewährleistung einer Belastung der Ausgleichszahlungen mit Körperschaftsteuer) i.V.m. der Entstehungsgeschichte dieser Vorschrift[2] ist zu folgern, dass die Organgesellschaft stets mit einem Einkommen in Höhe der Ausgleichszahlungen (zuzüglich KSt) körperschaftsteuerpflichtig ist, unabhängig davon, ob in ihrem Steuerbilanzgewinn steuer-

729

---

[1] BFH, Urteil v. 14.1.2009 - I R 47/08, BStBl 2011 II S. 131.
[2] Dazu BT-Drucks. 7/1470 S. 348.

freie Einnahmen enthalten sind und welcher Art diese Einnahmen sind, insbesondere, ob es sich um Einnahmen handelt, die aufgrund eines internationalen Schachtelprivilegs steuerfrei sind oder ob es sich um sonstige steuerfreie Einnahmen, z. B. Investitionszulagen usw., handelt, für die nicht ausdrücklich angeordnet ist, wie diese bei der Ermittlung des eigenen Einkommens der Organgesellschaft und des dem Organträger zuzurechnenden Einkommens der Organgesellschaft zu behandeln sind.

730 Damit ist freilich noch nicht entschieden, dass die Steuerfreiheit dieser sonstigen steuerfreien Einnahmen im Rahmen der organschaftlichen Einkommenszurechnung verloren geht. Auch wenn die Organgesellschaft stets ein eigenes Einkommen in Höhe der Ausgleichszahlungen (zuzüglich KSt) zu versteuern hat, kann sich die Steuerfreiheit bestimmter Einnahmen über die Ermittlung des dem Organträger zuzurechnenden Einkommens auf die Besteuerung des Organträgers auswirken (siehe Rz. 600 ff.).

BEISPIEL (ab VZ 2008)

Steuerfreie Einnahmen der OG	100.000 €
– Ausgleichszahlungen	8.500 €
– KSt	1.500 €
– SolZ (5,5 %)	82,50 €
handelsrechtlicher Gewinn der OG	**89.917,50 €**
Dem Organträger zuzurechnendes Einkommen	
Gewinnabführung	89.917,50 €
+ Ausgleichszahlungen (§ 4 Abs. 5 Satz 1 Nr. 9 EStG)	8.500 €
+ KSt	1.500 €
+ SolZ	82,50 €
– steuerfreie Einnahmen	100.000 €
– von der Organgesellschaft zu versteuerndes Einkommen	10.000 €
dem Organträger zuzurechnendes Einkommen	–10.000 €

2.7 Ausgleichszahlungen und besondere Tarifvorschriften

731 Das von der Organgesellschaft zu versteuernde Einkommen unterliegt immer dem vollen Steuersatz nach § 23 Abs. 1 KStG. Zu Einzelheiten siehe Rz. 577 ff.

2.8 Ausgleichszahlungen und Anrechnung von Steuerabzugsbeträgen

732 Siehe Rz. 571 ff.

3. Übernahme vorvertraglicher Verluste der Organgesellschaft

Ein GAV i. S. des § 291 AktG kann sich zivilrechtlich zwar nicht auf vorvertragliche Gewinne erstrecken, da vorvertragliche Gewinne nichts anderes als vorvertragliche Rücklagen sind, deren Abführung nach § 301 AktG unzulässig ist, wohl aber auf vorvertragliche Verluste. Der Organträger kann sich zivilrechtlich verpflichten, über die in § 302 AktG vorgesehene Übernahme der während der Vertragsdauer entstehenden Verluste hinaus auch einen vorvertraglichen Verlust auszugleichen. Steuerlich führt eine derartige **Rückbeziehung** aber nicht dazu, dass die vorvertraglichen Verluste der Organgesellschaft dem Organträger zuzurechnen sind. Eine **unmittelbare Zurechnung** ist schon deshalb nicht möglich, weil nach §§ 14, 17, 18 KStG die Organschaftsvoraussetzungen vom Beginn des Wirtschaftsjahrs der Organgesellschaft an erfüllt sein müssen, für das die Einkommenszurechnung erstmals Platz greifen soll, und der GAV bis zum Ende dieses Wirtschaftsjahrs (vgl. Rz. 212) wirksam werden muss.[1] Eine **mittelbare Zurechnung** scheitert daran, dass nach § 15 Satz 1 Nr. 1 KStG bei der Ermittlung des dem Organträger zuzurechnenden Einkommens der Organgesellschaft § 10d EStG nicht anwendbar ist (siehe Rz. 512 f.).

733

Demgemäß ist die vertragliche Übernahme vorvertraglicher Verluste nach allgemeinen bilanzsteuerrechtlichen und körperschaftsteuerrechtlichen Grundsätzen zu beurteilen (R 64 KStR).

734

Das bedeutet:

735

▶ Für die Organgesellschaft hat der Verlustausgleich steuerlich den Charakter einer verdeckten Einlage, die das steuerliche Ergebnis nicht erhöht.

▶ Beim Organträger sind die zum Ausgleich der vorvertraglichen Verluste gezahlten Beträge als nachträgliche Anschaffungskosten für die Beteiligung an der Organgesellschaft zu aktivieren mit der wenigstens theoretischen Möglichkeit einer späteren Teilwertabschreibung.

Die in Rz. 732 f. dargestellten Grundsätze gelten auch, wenn sich der Organträger im GAV **nicht** zur Übernahme der vorvertraglichen Verluste **verpflichtet** hat, diese aber **gleichwohl übernimmt**.

736

---

1 Vgl. auch BFH, Urteil v. 18.6.1969 - I R 110/68, BStBl 1969 III S. 569.

4. Auflösung der Organgesellschaft

4.1 Handelsrechtliche Grundlagen

737 Handelsrechtlich ist bei Kapitalgesellschaften zwischen ihrer Auflösung und ihrer **Beendigung** zu unterscheiden. Wird eine Kapitalgesellschaft aufgelöst (vgl. hierzu §§ 262 bis 274 AktG; §§ 60 bis 74 GmbHG), z. B. durch Beschluss der Hauptversammlung einer AG (§ 262 Abs. 1 Nr. 2 AktG) bzw. Beschluss der Gesellschafter einer GmbH (§ 60 Abs. 1 Nr. 2 GmbHG) oder durch Eröffnung des Insolvenzverfahrens über ihr Vermögen (§ 262 Abs. 1 Nr. 3 AktG bzw. § 60 Abs. 1 Nr. 4 GmbHG), so **ändert** die Kapitalgesellschaft damit zunächst nur ihren **Zweck**: Während der Zweck der Kapitalgesellschaft bisher auf eine „nutzbringende Tätigkeit", also auf Erwerb gerichtet war, hat die Gesellschaft fortan den bloßen Zweck der Abwicklung.[1] Die Kapitalgesellschaft besteht fort; es tritt jedoch eine Abwicklung (Liquidation) ein, mit deren Abschluss die Kapitalgesellschaft im Handelsregister gelöscht wird und **erlischt** (Beendigung).

4.2 Körperschaftsteuerrechtliche Problemstellung

738 Wird eine Organgesellschaft aufgelöst und abgewickelt, so **fragt** sich, ob der **Abwicklungsgewinn** gem. § 14 KStG dem **Organträger zuzurechnen** ist.

739 Ob die **insolvenzfreie Auflösung der Organgesellschaft** die automatische Beendigung des GAV zur Folge hat,[2] muss mittlerweile als offen bezeichnet werden.[3] Zivilrechtlich dürfte der GAV durch Auflösung der OG nicht automatisch beendet werden. Entgegen der bisher vertretenen Auffassung sind wir unter Berücksichtigung der Weiterentwicklung der zivilrechtlichen Auffassung nunmehr der Ansicht, dass auch ein Abwicklungsgewinn abzuführen ist, es sei denn, der GAV enthält eine eindeutige anderslautende Regelung.[4]

740 Der **BFH** hat zwar mit Urteil vom 18.10.1967[5] entschieden, dass der GAV trotz Auflösung der Organgesellschaft bestehen bleibe. Allerdings ist der BFH in dieser für die Zeit vor der gesetzlichen Regelung der körperschaftsteuerrecht-

---

1 Vgl. Hüffer, AktG, § 262 Rz. 2.
2 So BGH, Urteile v. 14.12.1987 - II ZR 170/87, BGHZ 103 S. 1 ff. = BB 1988 S. 361; v. 27.5.1974 - II ZR 109/72, WM 1974 S. 715; Letters, JbFfSt 1983/84 S. 369, m. w. N. in Fn. 79.
3 Dies mittlerweile ablehnend OLG München v. 20.6.2011 - 31 Wx 163/11, GmbHR 2011 S. 871, rkr.; s. auch Kroppen, JbFfSt 2010/11 S. 841; Hüffer/Koch, § 297 AktG Rz. 22a; Altmeppen in MüKo-AktG, § 297 Rz. 103.
4 A. A. BFH, Urteil v. 17.2.1971 - I R 148/68, BStBl 1971 II S. 411; Dötsch in Dötsch/Pung/Möhlenbrock, § 14 KStG Tz. 252; Frotscher in Frotscher/Drüen, § 14 KStG Rz. 462; Hierstetter, BB 2015 S. 859.
5 I 262/63, BStBl 1968 II S. 105.

lichen Organschaft ergangenen Entscheidung ebenfalls zu dem Ergebnis gekommen, dass der Abwicklungsgewinn nicht mit steuerlicher Wirkung im Rahmen eines EAV an den Organträger abgeführt werden könne. Nach Ansicht des BFH wird die Verpflichtung der Organgesellschaft zur Abführung des Gewinns durch die Auflösung der Organgesellschaft **beendet**.

Da der EAV zwischen Gesellschaften vor ihrer Auflösung (Erwerbsgesellschaften) geschlossen werde, sei er so auszulegen, dass er **auf die Abführung des Gewinns einer Erwerbsgesellschaft gerichtet** sei. Durch die Auflösung werde aber aus der Erwerbsgesellschaft eine Abwicklungsgesellschaft. Ihr Zweck sei nicht mehr auf Erwerb gerichtet. Ein EAV dürfe handelsrechtlich auch gar nicht bestimmen, dass der Abwicklungsgewinn abzuführen sei, denn dieser Gewinn sei kein verteilbarer Reingewinn, sondern gehöre zum Vermögen der Gesellschaft, das mangels abweichender Bestimmungen der Satzung oder des Gesellschaftsvertrags an die Gesellschafter zu verteilen sei. 741

Nach Auffassung der **Verwaltung** ist das vorgenannte BFH-Urteil auch im Geltungsbereich der gesetzlichen Regelung der körperschaftsteuerlichen Organschaft anzuwenden (H 61 KStH). Der **im Abwicklungszeitraum erzielte Gewinn** (§ 11 KStG) ist nicht dem Organträger zuzurechnen, sondern **von der Organgesellschaft selbst zu versteuern**. Zahlungen der Organgesellschaft an den Organträger sind vom Zeitpunkt der Auflösung der Organgesellschaft an Abschlagszahlungen auf den Liquidationserlös. 742

Die Auslegung des BFH vermag angesichts der Zivilrechtslage nicht zu überzeugen. Nach einem GAV, der keine Beschränkung vorsieht, ist jedes Ergebnis abzuführen, egal wann es erzielt wird. 743

Anders ist u. E. die Rechtslage bei **Eröffnung des Insolvenzverfahrens** über das Vermögen der OG. Zwar ist auch hier umstritten, ob die Eröffnung zur Beendigung des GAV führt.[1] Kahlert weist zutreffend darauf hin, dass bereits mit der Bestellung eines vorläufigen Insolvenzverwalters mit Zustimmungsvorbehalt (sog. starker vorläufiger Insolvenzverwalter) die Massesicherungspflicht Vorrang hat. Diese schließt es aus, dass Gewinne der OG noch an den OrgT abgeführt werden dürfen. 744

Wird die **Organgesellschaft** nicht zum Ende ihres Wirtschaftsjahres, z. B. zum 31.12.2010 bei einem mit dem Kalenderjahr übereinstimmenden Wirtschaftsjahr, sondern **im Laufe ihres Wirtschaftsjahres**, also z. B. zum 30.6.2010, **aufgelöst**, so soll nach Ansicht der Verwaltung nicht nur der Gewinn, der sich 745

---

[1] Bejahend Altmeppen in MüKo-AktG, § 297 Rz. 122 ff.; Dötsch in Dötsch/Pung/Möhlenbrock, § 14 KStG Tz. 251; verneinend Priester in Herzig, Organschaft, 56.

durch die mit der Abwicklung verbundene Realisierung der stillen Reserven ergibt, sondern auch der in der Zeit vom Beginn des Wirtschaftsjahres bis zum Zeitpunkt der Auflösung erzielte laufende Gewinn, also im Beispielsfall der vom 1.1. bis 30.6.2010 erwirtschaftete Gewinn von der Zurechnung ausgeschlossen sein, weil der steuerliche Begriff des Abwicklungsgewinns diesen Gewinn mitumfasse. Denn nach § 11 Abs. 2 KStG sei zur Ermittlung des im Zeitraum der Abwicklung erzielten Gewinns das zur Verteilung kommende Vermögen (Abwicklungs-Endvermögen) dem Vermögen am Schluss des der Auflösung vorangegangenen Wirtschaftsjahrs (Abwicklungs-Anfangsvermögen) – das sei im Beispielsfall also das Vermögen am 31.12.2009 – gegenüberzustellen.[1] Allerdings räumt die Verwaltung der Organgesellschaft ein **Wahlrecht** dahin gehend ein, dass diese ein **Rumpfwirtschaftsjahr** bis zum Zeitpunkt der Auflösung bilden kann (R 11 Abs. 1 Satz 3 KStR). Bildet die Organgesellschaft ein Rumpfwirtschaftsjahr, ist der Gewinn dieses Rumpfwirtschaftsjahres noch aufgrund des GAV an den Organträger abzuführen.[2]

746 U. E. fehlt es für ein solches Wahlrecht der Organgesellschaft an einer Rechtsgrundlage. Die Auflösung der Organgesellschaft im Laufe eines Wirtschaftsjahres führt vielmehr **zwingend** zur **Bildung eines Rumpfwirtschaftsjahres**, das vom Schluss des vorangegangenen Wirtschaftsjahres bis zur Auflösung reicht,[3] im Beispielsfall also vom 1.1. bis 30.6.2007. Für die körperschaftsteuerliche Organschaft folgt hieraus: Die wirtschaftliche Eingliederung entfällt mit dem **Auflösungsbeschluss**. Die organschaftlichen Voraussetzungen sind bis zum Ende des Rumpfwirtschaftsjahres der Organgesellschaft, das durch den Auflösungsbeschluss begründet wird, im Beispielsfall also bis zum 30.6.2010, gegeben. Der Gewinn dieses Rumpfwirtschaftsjahres ist dem Organträger zuzurechnen.

747–760 *(unbesetzt)*

---

1 R 11 Abs. 3 Satz 2 KStR; ebenso Dötsch in Dötsch/Pung/Möhlenbrock, § 14 KStG n. F. Tz. 252.
2 Für ein Wahlrecht ebenfalls Dötsch in Dötsch/Pung/Möhlenbrock, a. a. O.
3 BFH, Urteil v. 21.12.2005 - I R 66/05, BStBl 2006 II S. 469; vgl. auch BGH, Urteil v. 14.12.1987 - II ZR 170/87, BGHZ 103 S. 1 ff. = BB 1988 S. 361, 363; ebenso Kolbe in Herrmann/Heuer/Raupach, § 14 KStG Anm. 77.

5. Betriebseinstellung und Veräußerung des Betriebsvermögens der Organgesellschaft

5.1 Problemstellung

Stellt eine Organgesellschaft ohne förmlichen Auflösungsbeschluss ihre gewerbliche Tätigkeit nicht nur vorübergehend ein und veräußert sie ihr Vermögen, so stellt sich die Frage, ob auf den Veräußerungsgewinn die §§ 14 bis 19 KStG anzuwenden sind. Die Fragestellung lässt sich dahin differenzieren, dass

▶ die Organgesellschaft Teile des Betriebsvermögens nach und nach innerhalb eines längeren Zeitraums, also im Wege einer stillen Liquidation veräußert oder

▶ die Organgesellschaft ihren Betrieb als Ganzes veräußert.

761

5.2 BFH-Rechtsprechung

Der BFH hat mit Urteil vom 17.2.1971[1] für die Rechtslage vor der gesetzlichen Regelung der körperschaftlichen Organschaft in einem Fall, in dem die Organgesellschaft ihren Betrieb nicht als Ganzes veräußert, sondern nur den Betrieb nach Veräußerung des Anlagevermögens eingestellt und sich dann als im Wesentlichen vermögenslos erwiesen hat, folgende Auffassung vertreten:

762

Ein EAV im Rahmen einer Organschaft verpflichtet nicht zur Abführung des Abwicklungsgewinns. Ein EAV sei so auszulegen, dass er auf die Abführung des Gewinns einer Erwerbsgesellschaft gerichtet sei.

763

Die Einstellung des Geschäftsbetriebs und die Veräußerung des Vermögens der Organgesellschaft könne zwar für sich allein die Auflösung der Gesellschaft nicht herbeiführen (sofern nicht ausnahmsweise ein formloser Auflösungsbeschluss vorliege und nach den handelsrechtlichen Vorschriften zulässig sei).

764

Eine Gesellschaft sei wirtschaftlich gesehen aber auch dann keine Erwerbsgesellschaft mehr, wenn sie ohne Auflösungsbeschluss ihre gewerbliche Tätigkeit einstelle und ihr Vermögen in Geld umsetze. Demgemäß könne der hierbei erzielte Gewinn nicht mit steuerlicher Wirkung im Rahmen eines EAV abgeführt werden.

765

---

[1] I R 148/68, BStBl 1971 II S. 411; ebenso FG Baden-Württemberg, Außensenate Freiburg, v. 29.3.1979 - III 240/77, EFG 1979 S. 361, zu § 7a KStG a. F.

5.3 Verwaltungsauffassung

766 Nach Auffassung der Verwaltung sind diese Grundsätze auch im Geltungsbereich der gesetzlichen Regelung der körperschaftsteuerlichen Organschaft anzuwenden (H 61 KStH). Die zitierte Verwaltungsanweisung spricht allerdings in Anlehnung an das BFH-Urteil vom 17.2.1971 nur von dem Gewinn der Organgesellschaft, „den sie während der tatsächlichen Abwicklung erzielt". Es ist deshalb zweifelhaft, ob die Verwaltung auch einen Gewinn der Organgesellschaft aus einer Betriebsveräußerung im Ganzen von der Zurechnung nach § 14 KStG ausschließen will.

5.4 Kritische Würdigung

767 Entgegen der bisher vertretenen Auffassung sind wir unter Berücksichtigung der Weiterentwicklung der zivilrechtlichen Auffassung (s. hierzu oben Rz. 738) der Auffassung, dass auch ein ohne Auflösung der OG bei der Veräußerung des Geschäftsbetriebs erzielter Gewinn abzuführen ist.[1]

768–770 *(unbesetzt)*

771 Wird nur ein **Teilbetrieb** veräußert, so stellt dieser Vorgang die wirtschaftliche Eingliederung der Organgesellschaft im Allgemeinen nicht infrage. Auch wird man davon ausgehen müssen, dass der GAV Erlöse aus der Teilbetriebsveräußerung mitumfasst. Zu den hierbei auftretenden Tariffragen vgl. Rz. 590 ff.

5.5 Verpachtung

772 Die vorstehend dargestellten **Grundsätze gelten nicht**, wenn die Organgesellschaft ihren Betrieb nicht veräußert, sondern nur **verpachtet**.

6. Auflösung des Organträgers

773 Wird der Organträger aufgelöst, gelten die zuvor bei Auflösung bzw. bei Betriebseinstellung der Organgesellschaft dargestellten Grundsätze (vgl. Rz. 733 ff.) entsprechend. Insbesondere entfällt mit der Auflösung des Organträgers die wirtschaftliche Eingliederung der Organgesellschaft, so dass auch bei einer Kapitalgesellschaft als Organträger das Organschaftsverhältnis endet. Dies gilt zumindest dann, wenn der Organträger seine werbende Tätigkeit einstellt und keiner Tätigkeit mehr nachgeht, der die Organgesellschaft dient bzw. die sie fördert.[2]

---

[1] Für diesen Fall zustimmend Hierstetter, BB 2015 S. 859.
[2] BFH, Urteil v. 27.6.1990 - I R 62/89, BStBl 1990 II S. 992.

7. Organschaftsverhältnisse und Berlin-Vergünstigungen einschließlich Fördergebietsgesetz

7.1 Erhöhte Absetzungen für abnutzbare Wirtschaftsgüter des Anlagevermögens (§ 14 BerlinFG)

Nach § 14 BerlinFG in der Fassung vom 10.12.1986[1] können u. a. Gebäude, die in Berlin (West) errichtet werden und die zu mehr als 80 % Angehörigen des eigenen gewerblichen Betriebs zu Wohnzwecken dienen, anstelle der nach § 7 EStG zu bemessenden Absetzung für Abnutzung erhöhte Absetzungen bis zur Höhe von 75 % der Anschaffungs- oder Herstellungskosten vorgenommen werden (diese Möglichkeit entfällt für Gebäude, die nach dem 31.12.1989 angeschafft oder hergestellt werden, vgl. § 14 BerlinFG i. d. F. des Steuerreformgesetzes 1990). Besteht ein Organschaftsverhältnis, so kann es vorkommen, dass die Organgesellschaft ein Gebäude anschafft oder errichtet, das zu mehr als 80 % den Arbeitnehmern des Organträgers zu Wohnzwecken dient. Es stellt sich die Frage, ob in diesem Falle das Gebäude Angehörigen „des eigenen gewerblichen Betriebs" zu Wohnzwecken dient. Man ist versucht, die Frage zu bejahen, weil ja die Organgesellschaft von der Idee her unselbständige Betriebsabteilung des Organträgers ist und ihr Einkommen dem Organträger zur Versteuerung zuzurechnen ist.

774

Im Gegensatz zur gewerbesteuerrechtlichen und umsatzsteuerrechtlichen Organschaft ist **im Körperschaftsteuerrecht**, das hier zur Anwendung kommt, die **Organgesellschaft** jedoch **keine Betriebsstätte des Organträgers**, vielmehr bleiben Organträger und Organgesellschaft selbständige Steuersubjekte. Die Voraussetzung der Bindung des Wirtschaftsgutes an den „eigenen gewerblichen Betrieb" ist deshalb im Beispielsfall nicht erfüllt.[2]

775

Entsprechendes muss gelten, wenn der Organträger ein Gebäude anschafft oder errichtet, das zu mehr als 80 % den Arbeitnehmern der Organgesellschaft zu Wohnzwecken dient. Der Betrieb der Organgesellschaft ist nicht „eigener gewerblicher Betrieb" des Organträgers. Die Finanzverwaltung lässt generell eine Ausnahme von der Bindungsregelung bei Organschaftsverhältnissen nicht zu.[3]

776

---

1 BGBl 1986 I S. 2416.
2 BFH, Urteile v. 20.5.1988 - III R 85/83, BStBl 1988 II S. 739; v. 6.7.1978 - IV R 24/73, BStBl 1979 II S. 18, unter Aufgabe der im Urteil v. 2.4.1975 - VIII R 239/71, BStBl 1975 II S. 518 vertretenen Auffassung; vgl. auch BFH, Beschluss v. 26.3.1993 - III S 42/92, BStBl 1993 II S. 723.
3 Vgl. BMF, Schreiben v. 31.12.1986, BStBl 1987 I S. 51, Tz. 6; koordinierter Ländererlass aus dem Jahre 1970, DB 1970 S. 1513.

777 Nach § 14 BerlinFG i. d. F. vom 2.2.1990[1] können bei Gebäuden erhöhte Absetzungen vorgenommen werden, wenn diese „im Betrieb des Steuerpflichtigen" mindestens drei Jahre nach ihrer Anschaffung oder Herstellung zu mehr als 80 % bestimmten begünstigten Tätigkeiten dienen. Auch hier dürfte aufgrund der oben in Rz. 775 genannten BFH-Rechtsprechung nicht zweifelhaft sein, dass für die Frage, ob eine begünstigte Tätigkeit i. S. des § 14 Abs. 2 BerlinFG ausgeübt wird und ob die Verbleibensvoraussetzung erfüllt ist, der Betrieb des Organträgers und der Organgesellschaft getrennt zu sehen sind.

7.2 Steuerermäßigung für Darlehen zur Finanzierung von betrieblichen Investitionen (§ 16 BerlinFG)

778 Nach § 16 BerlinFG ermäßigt sich bei Steuerpflichtigen, die vor dem 1.7.1991 der Berliner Industriebank AG oder der Deutschen Industriebank in Berlin unter bestimmten Voraussetzungen Darlehen gewähren, die Einkommensteuer oder Körperschaftsteuer für den Veranlagungszeitraum um 12 % der hingegebenen Darlehen. Die Steuerermäßigung darf allerdings insgesamt 50 % der Einkommensteuer oder Körperschaftsteuer nicht übersteigen, die sich ohne die Ermäßigung ergeben würde (§ 16 Abs. 5 BerlinFG). Die Darlehen sind von den beiden Kreditinstituten an Unternehmungen zur Finanzierung von betrieblichen Investitionen in Berlin (West) weiterzugeben. Unter bestimmten Voraussetzungen können die Darlehen auch unmittelbar an Unternehmungen zu den bezeichneten Zwecken gegeben werden (§ 16 Abs. 4 BerlinFG).

779 Gibt der **Organträger** ein **Darlehen**, so kann es zweifelhaft sein, ob bei der Ermittlung des Höchstbetrags für die Steuerermäßigung (50 % der Einkommensteuer oder Körperschaftsteuer ohne die Ermäßigung) die Einkommensteuer oder Körperschaftsteuer anzusetzen ist, die sich nach Berücksichtigung der Einkommenszurechnung nach § 14 KStG ergibt. Die Frage ist zu bejahen, weil die Höchstbetragsvorschrift auf die Steuerschuld abstellt, eine solche aber erst nach der Einkommenszurechnung entstehen kann.[2] Von Nachteil ist diese Regelung für den Organträger nur, wenn dieser positive Einkünfte hat, das Einkommen der Organgesellschaft aber negativ ist.

780 Gibt die **Organgesellschaft** ein **Darlehen**, so ist im Hinblick auf § 19 Abs. 1 und 2 KStG der Steuerabzug von der Steuerschuld des Organträgers vorzunehmen, so als ob der Organträger das Darlehen gewährt hätte (siehe Rz. 581 ff.).

---

1 BGBl 1990 I S. 174.
2 Vgl. Hübl, DStZ A 1972 S. 145, 150; Jurkat, Tz. 757 bis 758.

Auch ein Darlehen, dass der **Organträger als Darlehensgeber der Organgesellschaft als Darlehensnehmerin** gewährt, ist unter den Voraussetzungen des § 16 Abs. 4 BerlinFG begünstigt, da Organträger und Organgesellschaft selbständige Steuersubjekte bleiben. Für die Ermittlung des Höchstbetrags der Steuerermäßigung ist wiederum die Einkommensteuer oder Körperschaftsteuer anzusetzen, die sich nach Berücksichtigung der Einkommenszurechnungen nach § 14 KStG errechnet; dass die Organgesellschaft gleichzeitig Darlehensnehmerin ist, kann hieran nichts ändern.[1] Entsprechendes dürfte für eine Darlehensgewährung der Organgesellschaft an den Organträger gelten, auch wenn der Steuerabzug im Hinblick auf § 19 KStG letztlich beim Organträger vorzunehmen ist.

781

7.3 Steuerermäßigung für Darlehen zur Finanzierung von Baumaßnahmen (§ 17 BerlinFG)

Die Ausführungen in Rz. 778 gelten sinngemäß für Darlehen zur Finanzierung von Baumaßnahmen nach § 17 BerlinFG. Hier muss die Darlehenshingabe vor dem 1.1.1992 erfolgt sein.

782

7.4 Ermäßigung der veranlagten Einkommensteuer und der Körperschaftsteuer (§§ 21 ff. BerlinFG)

Bei natürlichen Personen mit Wohnsitz in Berlin ermäßigt sich unter den Voraussetzungen des § 21 BerlinFG die Einkommensteuer um 30 % und bei Körperschaften mit Sitz und Geschäftsleitung in Berlin ermäßigt sich die Körperschaftsteuer um 22,5 % (bzw. für bestimmte Einkünfte um 10 %). Die vorgenannten Ermäßigungssätze gelten für den VZ 1990, sie fallen danach in den VZ bis 1994. Ab 1995 ist diese Ermäßigung weggefallen.

783

Die Steuerermäßigung wird u. a. gewährt für Einkünfte aus Gewerbebetrieb, die in einer Betriebsstätte in Berlin (West) erzielt worden sind, § 23 Nr. 2 BerlinFG. Hat ein Unternehmer sowohl in Berlin als auch im übrigen Bundesgebiet Betriebsstätten, so ist der Gewinn in einen begünstigten und einen nichtbegünstigten Teil nach den in den Betriebsstätten gezahlten Löhnen aufzuteilen. Das Verfahren ähnelt der Zerlegung bei der Gewerbesteuer. Nach § 24 Abs. 1 BerlinFG – diese Vorschrift gilt ausschließlich für die Ermäßigung der veranlagten Einkommensteuer und der Körperschaftsteuer gem. §§ 21 ff. BerlinFG und nicht für die anderen Teile des BerlinFG[2] – sind in den Fällen der

784

---

1 Vgl. Hübl, DStZ A 1972 S. 145, 150.
2 BFH, Urteil v. 6.7.1978 - IV R 24/73, BStBl 1979 II S. 18, 20.

§§ 14 bis 19 KStG für die Ermittlung der in Betriebsstätten in Berlin (West) erzielten Einkünfte aus Gewerbebetrieb Organgesellschaften als Betriebsstätten des Organträgers anzusehen.

7.5 Fördermaßnahmen nach dem Fördergebietsgesetz

785 Soweit das Fördergebietsgesetz (FörderG) gleichartige Voraussetzungen wie das BerlinFG bzw. das Investitionszulagengesetz enthält (siehe hinsichtlich Verbleibensvoraussetzung, § 2 Nr. 2 FörderG, begünstigter Gewerbezweig und Anzahl der Beschäftigten, § 8 Abs. 1a Satz 2 FörderG), kann auf die entsprechenden Ausführungen zum BerlinFG und InvZulG verwiesen werden. Dies gilt auch hinsichtlich der Ermittlung des Höchstbetrags für die Steuerermäßigung für Darlehen gem. § 7a FörderG (s. Rz. 779) mit der Besonderheit, dass diese Steuerermäßigung nur noch für natürliche Personen oder Personengesellschaften, bei denen natürliche Personen Mitunternehmer sind, als Organträger in Betracht kommt. Darlehenshingaben durch Körperschaften sind nicht mehr begünstigt.

8. Organschaftsverhältnisse und Investitionszulagen

786 Steuerpflichtige i. S. des EStG oder des KStG können nach den Vorschriften des Investitionszulagengesetzes 2010 für bestimmte Investitionen im Fördergebiet eine Investitionszulage erhalten.

787 Bei **Organschaftsverhältnissen** wird die **Investitionszulage der Organgesellschaft** gewährt, wenn diese begünstigte Investitionen vornimmt; werden begünstigte Investitionen vom Organträger vorgenommen, so hat dieser Anspruch auf die Investitionszulage.[1]

788 Da § 2 InvZulG nicht voraussetzt, dass die Anlagegüter in einer Betriebsstätte **des Steuerpflichtigen** verwendet werden, kann

- die Organgesellschaft für Investitionen in einem Betrieb, den sie an den Organträger verpachtet hat, und
- der Organträger für Investitionen, die der Organgesellschaft zur Nutzung überlassen sind,

---

1 Blümich/Selder, § 1 InvZulG Rz. 10.

Investitionszulage beanspruchen. Das Verbleiben in einem begünstigten Betrieb setzt bei Überlassung der Wirtschaftsgüter an einen anderen Betrieb voraus, dass sowohl der investierende als auch der nutzende Betrieb zu den begünstigten Betrieben gehören.[1] Im InvZulG 2010 ist in § 2 Abs. 1 Satz 4 ausdrücklich geregelt, dass es für die Investitionszulage unschädlich ist, wenn das Wirtschaftsgut innerhalb des Bindungszeitraum auf ein mit dem Anspruchsberechtigten verbundenes Unternehmen übergeht.

Die erhöhte Investitionszulage war u. a. davon abhängig, dass der Betrieb nicht mehr als 250 Arbeitnehmer beschäftigt, § 2 Abs. 7 InvZulG 1999 (gilt nicht für InvZulG 2010), und zu einem bestimmten Wirtschaftszweig gehört (gilt weiter), z. B. verarbeitendes Gewerbe. Da im Körperschaftsteuerrecht, das für den Bereich des Investitionszulagenrechts zur Anwendung kommt – anders als bei gewerbe- und umsatzsteuerlicher Organschaft –, Organträger und Organgesellschaft selbständige Steuersubjekte bleiben, werden die Beschäftigten des Organträgers und der Organgesellschaft nicht zusammengerechnet. Genauso bestimmt sich die Frage, ob ein Betrieb bzw. eine Betriebsstätte zum begünstigten Gewerbe gehört, nur nach den Gegebenheiten des Betriebs/der Betriebsstätte, für den (die) die begünstigten Wirtschaftsgüter angeschafft wurden. 789

9. Organschaftsverhältnisse und Verlustklausel

Die Verlustklauseln wurden mit Inkrafttreten des § 15a EStG außer Kraft gesetzt. Zur steuerlichen Behandlung siehe die 5. Auflage, Rz. 791 f. 790

(unbesetzt) 791–810

---

1 BFH, Urteil v. 7.3.2002 - III R 44/97, BStBl 2002 II S. 545, 547; zu weiteren Einzelheiten hierzu s. FG des Landes Brandenburg v. 12.10.1999 - 3 K 1125/98 I, GAAAB-06972 = EFG 2000 S. 393, rkr.; BMF, Schreiben v. 28.6.2001, BStBl 2001 I S. 379, insbesondere Tz. 58, 59, zum InvZulG 1999.

V. Die steuerlichen Folgen des anfänglichen Fehlens oder des späteren Wegfalls eines Tatbestandsmerkmals der körperschaftsteuerlichen Organschaft

811 Fehlt eines der Tatbestandsmerkmale der körperschaftsteuerlichen Organschaft (vgl. die §§ 14, 17, 18 KStG) von Anfang an oder fällt ein solches Tatbestandsmerkmal nachträglich weg, so ergeben sich hieraus für die (vermeintliche) Organgesellschaft und den (vermeintlichen) Organträger bestimmte Rechtsfolgen, die verschieden weitreichend sind, je nachdem, ob die in den §§ 14, 17, 18 KStG normierten tatbestandlichen Voraussetzungen schon in dem Wirtschaftsjahr nicht vorhanden waren, für das das Einkommen der Organgesellschaft erstmals dem Organträger zugerechnet werden sollte oder erst später weggefallen sind und zu welchem Zeitpunkt dies geschehen ist, und je nachdem, ob die Organgesellschaft gleichwohl ihren Gewinn ganz oder teilweise abgeführt hat, z. B. weil die Beteiligten irrtümlich die Voraussetzungen der körperschaftsteuerlichen Organschaft für gegeben erachtet haben (sog. verunglückte Organschaft) oder eine Gewinnabführung gänzlich unterblieben ist.

1. Das anfängliche Fehlen eines Tatbestandsmerkmals

812 War der Tatbestand der §§ 14 bis 19 KStG von Anfang an nicht erfüllt oder ist ein Tatbestandsmerkmal bereits im Laufe des Wirtschaftsjahrs der Organgesellschaft wieder entfallen, für das das Einkommen der Organgesellschaft erstmals dem Organträger zugerechnet werden sollte, hat die Organgesellschaft aber gleichwohl ihren Gewinn ganz oder teilweise an den Organträger abgeführt oder hat der Organträger gleichwohl die Verluste der Organgesellschaft übernommen, so gilt:

1.1 Organgesellschaft

813 Das Einkommen der Organgesellschaft kann dem Organträger **nicht** zur Versteuerung zugerechnet werden; die **Organgesellschaft** hat ihr **Einkommen** selbst zu **versteuern**.

814 Die **Gewinnabführung** an den Organträger wird regelmäßig als **Leistung auf gesellschaftsrechtlicher Grundlage** zu qualifizieren sein und kann als solche das Einkommen der Organgesellschaft nach §§ 7, 8 KStG nicht mindern. Die Gewinnabführung stellt dann aber eine **Gewinnausschüttung dar.** Nur bei Vorliegen besonderer Umstände kann sich die Gewinnabführung ausnahmsweise

als angemessene Leistung im Rahmen eines gegenseitigen Vertrags, also eines auf Leistungsaustausch gerichteten Schuldverhältnisses zwischen Organgesellschaft und Organträger und damit als Betriebsausgabe darstellen.

Soweit die Gewinnabführung an den Organträger dem Einkommen der Organgesellschaft hinzuzurechnen, von dieser zu versteuern und die Gewinnabführung als Gewinnausschüttung zu beurteilen ist, tritt die Frage auf, ob die Ausschüttung „auf einem den gesellschaftsrechtlichen Vorschriften entsprechenden Gewinnbeteiligungsbeschluss" beruht (vgl. § 37 Abs. 2 Satz 1 KStG) oder eine „andere" Gewinnausschüttung, also eine **verdeckte Gewinnausschüttung**, ist. Von der Beantwortung dieser Frage hing bis zur Umstellung der Auszahlung des Körperschaftsteuerguthabens ab 2007 (s. hierzu Rz. 860) ab, ob eine Körperschaftsteuerminderung in Betracht kommt. 815

Zu § 19 KStG a. F. hat der BFH mehrfach ausgesprochen, dass die **Gewinnabführung aufgrund eines GAV keine berücksichtigungsfähige Ausschüttung**, also keine Ausschüttung ist, die auf einem den gesellschaftsrechtlichen Vorschriften entsprechenden Beschluss beruht.[1] Es fehle an der Feststellung eines Bilanzgewinns und einem Beschluss über die Verteilung dieses Gewinns. Zu §§ 8 Abs. 3 Satz 2 und 27 Abs. 3 KStG in den Fassungen während der Geltung des Anrechnungsverfahrens gilt Entsprechendes, d. h., es handelt sich um eine verdeckte Gewinnausschüttung und damit eine „andere" Ausschüttung i. S. des § 27 Abs. 3 Satz 2 KStG.[2] Dies muss auch für die Zeit nach dem Systemwechsel zum Halbeinkünfteverfahren gelten. 816

Folge ist, dass die Gewinnausschüttung keine Körperschaftsteuerminderung bei der vermeintlichen Organgesellschaft auslöste. 817

Die vom Organträger übernommenen Verluste, die handelsrechtlich als Ertrag den Bilanzgewinn der Organgesellschaft erhöht haben, sind bei der Ermittlung des von der Organgesellschaft selbst zu versteuernden Einkommens körperschaftsteuerrechtlich als verdeckte Einlagen vom Handelsbilanzgewinn abzuziehen. Insoweit gilt für eine „verunglückte" Verlustübernahme nichts anderes als für eine Verlustübernahme im Rahmen der §§ 14 bis 19 KStG (siehe dazu Rz. 483). 818

---

[1] Zuletzt BFH, Urteil v. 30.1.1974 - I R 104/72, BStBl 1974 II S. 323; s. ferner die 2. Aufl. dieses Buches, S. 134 bis 135.
[2] BFH, Urteil v. 17.10.2007 - I R 39/06, DAAAC-726064 = BFH/NV 2008 S. 61, m.w. N.

1.2 Organträger

819 Die an den Organträger abgeführten Gewinne sind bei diesem **Betriebseinnahmen**. Ist Organträger eine Körperschaft, bleiben die Einnahmen bei der Ermittlung des Einkommens außer Ansatz, § 8b Abs. 1 KStG (unter Beachtung des § 8b Abs. 5 KStG!). Bei natürlichen Personen als Organträger unterliegen die Einnahmen dem Halbeinkünfteverfahren bzw. ab 2009 dem Teileinkünfteverfahren. Ist Organträger eine Personengesellschaft, kommt es auf die Rechtsform ihrer Gesellschafter an.

820 *(unbesetzt)*

821 Der BFH hat mit Urteil vom 26.1.1977[1] entschieden, dass im Rahmen einer Anwendung der §§ 14 bis 19 KStG die **Verlustübernahme beim Organträger nicht als nachträgliche Anschaffungskosten für die Beteiligung an der Organgesellschaft** auf dem Beteiligungskonto zu aktivieren sei. Dies gilt u. E. jedoch nicht, wenn eine steuerlich anzuerkennende Organschaft nicht vorliegt. In diesem Fall ist die Verlustübernahme, die gesellschaftsrechtlich veranlasst ist, auf dem **Beteiligungskonto zu aktivieren**.[2] Eine Teilwertabschreibung auf die Beteiligung an der Organgesellschaft ist wegen § 8b Abs. 3 Satz 3 KStG ohne Auswirkung auf das Einkommen des Organträgers.

2. Der spätere Wegfall eines Tatbestandsmerkmals, insbesondere die Beendigung oder Nichtdurchführung des GAV

822 Waren die in den §§ 14, 17 und 18 KStG normierten Tatbestandsmerkmale ursprünglich, d. h. mindestens für das Wirtschaftsjahr der Organgesellschaft erfüllt, für das das Einkommen der Organgesellschaft erstmals dem Organträger nach § 14 KStG zugerechnet wird, und ist eines der Tatbestandsmerkmale spä-

---

[1] I R 101/75, BStBl 1977 II S. 441.
[2] Ebenso BFH, Urteile v. 16.5.1990 - I R 96/88, BStBl 1990 II S. 797, 798, mit der allerdings unzutreffenden Behauptung, es handele sich um betrieblich veranlasste Aufwendungen; v. 24.1.2001 - I R 13/00, IAAAA-66716 = BFH/NV 2001 S. 1047; Sturm, DB 1991 S. 2055, 2056, der in der Verlustübernahme bei verunglückter Organschaft eine Steueroase für verbundene Unternehmen sieht; ähnlich Gonella/Starke, DB 1996 S. 248; Dötsch in Dötsch/Pung/Möhlenbrock, § 14 KStG n. F. Tz. 593; a. A. FG Düsseldorf, Urteil v. 12.4.1989 - 6 K 173/82 K, EFG 1989 S. 478, rkr., wonach die Aktivierung daran scheitern soll, dass durch die Verlustübernahme der Wert der Beteiligung nicht erhöht werde; ebenso Döllerer, Festschrift für L. Schmidt, S. 523, 534 f.; Knepper, DStR 1993 S. 1613, 1615; Wichmann, BB 1992 S. 394, wonach es sich um sofort abziehbare Betriebsausgaben handeln soll.

ter weggefallen, z. B. weil die finanzielle Eingliederung entfallen ist[1] oder der GAV nach zwei Jahren vertraglich aufgehoben wird oder der GAV im dritten Jahr nicht durchgeführt wird, so ergeben sich für das Wirtschaftsjahr, in dessen Verlauf das fragliche Tatbestandsmerkmal weggefallen ist, die in Rz. 812 bis 821 dargestellten Rechtsfolgen. Darüber hinaus tritt die Frage auf, ob sich der Wegfall auch auf die Besteuerung der Organgesellschaft und des Organträgers in den vorangegangenen Jahren und eventuell auch in den folgenden Jahren auswirkt. Diese Frage stellt sich deshalb, weil nach § 14 Abs. 1 Satz 1 Nr. 3 KStG der GAV auf mindestens fünf Jahre abgeschlossen und grds. diesen Zeitraum hindurch aufrechterhalten und durchgeführt werden muss (s. dazu Rz. 205 ff.). Demgemäß ist zu unterscheiden:

▶ Das Tatbestandsmerkmal fällt weg; der GAV ist bereits fünf Jahre abgeschlossen gewesen und durchgeführt worden. 823

Für das Wirtschaftsjahr der Organgesellschaft, in dessen Verlauf das Tatbestandsmerkmal wegfällt, sind die §§ 14 bis 19 KStG nicht mehr anzuwenden. Hingegen bleibt die Anwendung auf die vorangegangenen Wirtschaftsjahre **unberührt**. Hierüber sind sich Verwaltung und Schrifttum einig (R 14.5 Abs. 7 KStR).

Zweifelhaft ist hingegen, ob dann, wenn für die folgenden Jahre der Tatbestand der körperschaftsteuerlichen Organschaft (vgl. die §§ 14, 17, 18 KStG) wiederum erfüllt ist, der **GAV neuerdings auf fünf Jahre** abgeschlossen, während dieser Zeit aufrechterhalten und durchgeführt werden muss.

U. E. ist die Frage zu bejahen (ebenso R 14.5 Abs. 8 Satz 1 Nr. 2 Satz 2 KStR). Wird der GAV nämlich nach Ablauf von fünf Jahren aufgehoben und nach einem weiteren Jahr ein neuer GAV abgeschlossen, fehlt dieser also als Tatbestandsmerkmal der körperschaftsteuerlichen Organschaft für ein Jahr, so kann nicht zweifelhaft sein, dass der neue GAV wiederum auf fünf Jahre abgeschlossen und durchgeführt werden muss.[2] Dann kann aber für die Nichtdurchführung eines GAV nichts anderes gelten, weil alle Tatbestandsmerkmale der körperschaftsteuerlichen Organschaft **gleichwertig** sind.

▶ Das Tatbestandsmerkmal fällt weg; der **GAV ist noch keine fünf Jahre** aufrechterhalten gewesen und durchgeführt worden. 824

---

[1] Fällt die finanzielle Eingliederung nur in einzelnen Jahren weg, soll dies die Anerkennung der Organschaft in den anderen Jahren nicht hindern, so BFH, Urteil v. 10.5.2017 - I R 51/15, BStBl 2018 II S. 30.

[2] Ebenso Dötsch in Dötsch/Pung/Möhlenbrock, § 14 KStG n. F. Tz. 215; a. A. Sterner in Herrmann/Heuer/Raupach, § 14 KStG Anm. 208.

Nach zutreffender Auffassung der Verwaltung sind in diesem Falle die **§§ 14 bis 19 KStG** nicht nur für das Wirtschaftsjahr der Organgesellschaft, in dessen Verlauf das Tatbestandsmerkmal wegfällt, sondern grds. (Ausnahme siehe nachfolgend) **auch für die vorangegangenen Wirtschaftsjahre nicht mehr anzuwenden**.[1] Der Wegfall des Tatbestandsmerkmals hat also **rückwirkende Kraft** (ex tunc). Denn zum Tatbestand der körperschaftsteuerlichen Organschaft gehört ein Zeitelement, das mittelbar alle Tatbestandsmerkmale erfasst, weil der GAV ja nur so lange bestehen und durchgeführt werden kann, als alle Tatbestandsmerkmale vorhanden sind. Die Anwendung der §§ 14 bis 19 KStG erweist sich damit gewissermaßen solange als auflösend bedingt, als der Fünfjahreszeitraum des § 14 KStG nicht abgelaufen ist. Tritt die Bedingung ein, fällt also ein Tatbestandsmerkmal vorzeitig weg, so erweisen sich die §§ 14 bis 19 KStG rückwirkend auch für die vorangegangenen Wirtschaftsjahre als nicht anwendbar. Etwaige rechtskräftige Veranlagungen der Organgesellschaft und des Organträgers sind nach § 175 Abs. 1 Satz 1 Nr. 2 AO zu ändern.

Ist in den Folgejahren den Voraussetzungen der §§ 14 bis 19 KStG wiederum genügt, so muss der GAV aufs Neue auf fünf Jahre abgeschlossen, während dieser Zeit aufrechterhalten und durchgeführt werden.[2]

825 ▶ Sonderfall: Der GAV wird aus **wichtigem Grunde** durch Kündigung oder im gegenseitigen Einvernehmen beendigt.

Nach § 14 Abs. 1 Satz 1 Nr. 3 Satz 2 KStG ist eine vorzeitige Beendigung des GAV steuerlich unschädlich, wenn sie auf wichtigem Grunde beruht. Demgemäß sind in diesem Falle die §§ 14 bis 19 KStG zwar für das Wirtschaftsjahr der Organgesellschaft, in dessen Verlauf der GAV aus wichtigem Grunde beendigt wird, nicht mehr anzuwenden; für die vorangegangenen Jahre bleiben sie jedoch anwendbar. Die Beendigung des GAV aus wichtigem Grunde hat also keine rückwirkende Kraft (R 14.5 Abs. 6 Satz 1 KStR). Die steuerlichen Auswirkungen auf die folgenden Jahre entsprechen denen, die oben dargestellt sind.

Zur Frage, wann ein wichtiger Grund vorliegt, vgl. Rz. 217 ff. Der Grundsatz des § 14 Abs. 1 Satz 1 Nr. 3 Satz 2 KStG lässt sich auf den Wegfall anderer Tatbestandsmerkmale als des GAV nicht entsprechend anwenden.

---

[1] R 14.5 Abs. 8 Satz 1 Nr. 1 KStR; ebenso FG Düsseldorf v. 27.3.2007 - 3 K 4024/05 F, ZAAAC-48368 = EFG 2007 S. 1104, bestätigt durch BFH, Urteil v. 21.10.2010 - IV R 21/07, TAAAD-57533.
[2] A. A. Sterner in Herrmann/Heuer/Raupach, § 14 KStG Anm. 208, für den Fall der Nichtdurchführung des GAV, wenn die Zeitspanne vom Ende des Jahres der Nichtdurchführung des Vertrags bis zum Ende der vereinbarten Mindestlaufzeit noch mindestens fünf Jahre umfasst.

3. Die steuerlichen Folgen bei Organschaften aufgrund mittelbarer Beteiligung

Wird eine Organschaft, die durch mittelbare Beteiligung begründet ist, steuerlich nicht anerkannt, gelten die vorstehenden Ausführungen entsprechend. Daraus ergeben sich folgende Konsequenzen: 826

Besteht sowohl zwischen der Enkel- und der Muttergesellschaft als auch zwischen Tochter- und Muttergesellschaft ein GAV und wird nur die Organschaft zwischen Enkel- und Muttergesellschaft steuerlich nicht anerkannt, hat die Enkelgesellschaft ihr Einkommen selbst zu versteuern. Die an die Muttergesellschaft vorgenommene Gewinnabführung ist auf der 1. Stufe als Ausschüttung an die Tochtergesellschaft (verdeckte Gewinnausschüttung) und auf der 2. Stufe als Gewinnabführung der Tochtergesellschaft an die Muttergesellschaft zu werten. 827

Wird im vorgenannten Fall die Organschaft insgesamt nicht anerkannt, ist die Gewinnabführung als Ausschüttung der Enkel- an die Tochtergesellschaft und als weitere Ausschüttung der Tochter- an die Muttergesellschaft zu werten. 828

(unbesetzt) 829–849

VI. Das steuerliche Einlagekonto (§ 27 KStG), das Körperschaftsteuerguthaben (§ 37 KStG) und der Körperschaftsteuererhöhungsbetrag (§ 38 KStG)

1. Vorbemerkung

Mit dem Wegfall des Anrechnungsverfahrens und dem Systemwechsel zum Halbeinkünfteverfahren ist die Notwendigkeit der Gliederung des verwendbaren Eigenkapitals entfallen. Die bisherigen §§ 36, 37 KStG, die diese Gliederung in Organschaftsfällen regelten, sind aufgehoben worden. Zu Einzelheiten der früheren Regelung siehe 5. Auflage, Rz. 851 ff. 850

2. Das steuerliche Einlagekonto

Der Steuergesetzgeber hat jedoch nicht vollständig auf eine Gliederung des Eigenkapitals verzichtet. Eine unbeschränkt steuerpflichtige Kapitalgesellschaft hat gem. § 27 Abs. 1 Satz 1 KStG die nicht in das Nennkapital geleisteten Einlagen auf einem besonderen Konto, dem steuerlichen Einlagekonto, auszuweisen. Dieses Konto ist erforderlich, da sich nach dem Willen des Gesetzgebers durch den Systemwechsel die steuerliche Behandlung der Rückgewähr von Ein- 851 lagen gegenüber der bisherigen Praxis nicht ändern und im Grundsatz nicht zu steuerpflichtigen Beteiligungserträgen führen soll.[1]

852 In Organkreisen haben der Organträger und die Organgesellschaft jeweils ein eigenes Einlagekonto zu führen.

853 § 27 Abs. 1 KStG gilt auch für Einlagen eines Organträgers in das Betriebsvermögen der Organgesellschaft. Mehr- und Minderabführungen der Organgesellschaft beeinflussen dieses Einlagekonto (§ 27 Abs. 6 KStG). Zweck der Vorschrift ist, Unterschiede zwischen dem Einkommen der Organgesellschaft, das dem Organträger zuzurechnen ist, und dem tatsächlich abgeführten Handelsbilanzgewinn auszugleichen.[2] Der Gesetzgeber definiert den Begriff „Mehr- und Minderabführungen" in § 14 Abs. 4 Satz 4 KStG in der Fassung durch das JStG 2008 (s. hierzu oben Rz. 659) nur allgemein: Dementsprechend ist abzustellen auf die **Differenz zwischen handelsrechtlicher Gewinnabführung und steuerlicher Einkommenszurechnung**. Das dem Organträger zuzurechnende Einkommen übersteigt z. B. den abgeführten Gewinn (sog. Minderabführung), wenn die Organgesellschaft Beträge aus dem Jahresüberschuss in die Gewinnrücklagen einstellt oder bei von der Handelsbilanz abweichender Bewertung von Aktiv- oder Passivposten in der Steuerbilanz.[3] Die Minderabführung wirkt auf Seiten der OG wie eine Einlage, die zu einer Erhöhung des Einlagekontos führt. Bei einer Mehrabführung wird das Einlagekonto gemindert.

854 § 27 Abs. 6 KStG betrifft nur Mehr- und Minderabführungen, die ihre Ursache in organschaftlicher Zeit haben. Mehr- und Minderabführungen aus vororganschaftlicher Zeit werden nicht erfasst. Mehrabführungen aus vororganschaftlicher Zeit gelten gem. § 14 Abs. 3 KStG als Gewinnausschüttung der OG an den OrgT, Minderabführungen sind als Einlagen zu behandeln. Beides sind Leistungen i. S. von § 27 Abs. 1 Satz 3 KStG.

Das Einlagekonto kann nach der Neufassung der Vorschrift nunmehr aufgrund von Mehrabführungen auch negativ werden.[4]

855 Der Bestand des Einlagekontos ist am Schluss eines jeden Wirtschaftsjahres gesondert **festzustellen**, § 27 Abs. 1 und 2 KStG. Zur Erklärung ist das amtliche Formular zu verwenden. Ist der Bestand des steuerlichen Einlagekontos der Or-

---

[1] BT-Drucks. 14/2683 S. 125.
[2] Zu Einzelheiten s. Mössner in Mössner/Seeger/Oellerich, § 27 KStG Rz. 246 ff.
[3] Zu weiteren Fällen s. BMF v. 26.8.2003 - S 2770, BStBl 2003 I S. 437, Tz. 40; Mössner, a. a. O., Rz. 252.
[4] BMF v. 4.6.2003 - S 2836, BStBl 2003 I S. 366; Mössner, a. a. O., Rz. 255.

gangesellschaft unzutreffend festgestellt, ist hiergegen nur die **Organgesellschaft rechtsbehelfsbefugt**.[1]

3. Das Körperschaftsteuerguthaben

Eine Kapitalgesellschaft, die bereits unter Geltung des Anrechnungsverfahrens bestand, hatte ihr verwendbares Eigenkapital gegliedert. Soweit sie über EK 40 verfügte, ermittelt sich daraus nach § 37 Abs. 1 KStG ein Körperschaftsteuerguthaben i. H. von 1/6 des Endbestands. Dieses Körperschaftsteuerguthaben mindert sich um jeweils 1/6 der Gewinnausschüttungen, die in den folgenden Wirtschaftsjahren erfolgen und die auf einem den gesellschaftsrechtlichen Vorschriften entsprechenden Gewinnverteilungsbeschluss beruhen, § 37 Abs. 2 Satz 1 KStG. Entsprechend mindert sich auch die Körperschaftsteuer der ausschüttenden Gesellschaft. 856

Die vorgenannte Regelung gilt für Organgesellschaften nur eingeschränkt. Zwar erhält auch diese ein Körperschaftsteuerguthaben i. H. von 1/6 des Endbestands an EK 40. Sie schüttet jedoch im Regelfall keinen Gewinn aus, sondern führt diesen aufgrund des GAV an den Organträger ab. Schüttet sie ausnahmsweise ordnungsgemäß Gewinne aus, führt die Körperschaftsteuerminderung bei ihr zu Ertrag, den sie aufgrund des GAV an den Organträger abführen muss (siehe Rz. 627). Die Körperschaftsteuerminderung gilt – anders als unter Geltung des Anrechnungsverfahrens – nicht als für die Gewinnausschüttung verwendet. 857

Erhält eine Organgesellschaft von einer anderen Körperschaft Bezüge i. S. von § 8b Abs. 1 KStG, sind diese bei ihr zu erfassen und in dem dem Organträger zuzurechnenden Einkommen enthalten, § 15 Satz 1 Nr. 2 KStG. Die Steuerbefreiung kommt erst auf der Ebene des Organträgers zum Tragen. Entsprechendes sieht § 37 Abs. 3 Satz 2 i. V. m. Satz 1 KStG im Hinblick auf das Körperschaftsteuerguthaben vor. Ist Empfängerin der Bezüge eine Organgesellschaft und hat die Gewinnausschüttung bei der leistenden Köperschaft zu einer Körperschaftsteuerminderung geführt, erhöht sich beim Organträger dessen Körperschaftsteuer und Körperschaftsteuerguthaben um den Betrag der Körperschaftsteuerminderung bei der leistenden Körperschaft. Sinn des § 37 Abs. 3 KStG ist zu verhindern, dass während der 15-jährigen Übergangszeit im Verhältnis zwischen Tochter- und Muttergesellschaften steuerliche Vorteile dadurch erzielt werden, dass die Tochtergesellschaft ordentliche Gewinnausschüttungen an die Mutter vornimmt, die bei ihr nach § 37 Abs. 2 KStG zu ei- 858

---

1 BFH, Urteil v. 30.11.2005 - I R 1/05, BStBl 2006 II S. 471.

ner Körperschaftsteuerminderung führen, während die Mutter die Gewinnausschüttungen nach § 8b Abs. 1 KStG steuerfrei vereinnahmen kann. Gleiches soll auch in Organschaftsfällen gelten.

859 Durch das StVergAbG ist § 37 Abs. 2 KStG neu gefasst und ein neuer Abs. 2a eingefügt worden. Danach beträgt die Minderung für Gewinnausschüttungen vor dem 1.1.2006 0 €; für Gewinnausschüttungen nach dem 31.12.2005 ist sie ebenfalls in der Höhe begrenzt.

860 **Ab 2007 ist die ausschüttungsabhängige Auszahlung des Körperschaftsteuerguthabens auf eine ratierliche Auszahlung umgestellt worden** (s. oben Rz. 625). Verfügt die Organgesellschaft noch über Körperschaftsteuerguthaben, ist dieses in der Bilanz zum 31.12.2006 mit dem abgezinsten Wert anzusetzen. Dabei kommt die Nettomethode zur Anwendung, d. h., es wird unmittelbar der abgezinste Betrag angesetzt.[1] Erträge und Gewinnminderungen, die sich aus der Auszahlung des Guthabens ergeben, gehören nach § 37 Abs. 7 KStG neu nicht zu den Einkünften i. S. des EStG. Handelsrechtlich führt das Guthaben bei der Organgesellschaft durch die Aktivierung der Forderung zu Ertrag, den sie aufgrund des GAV an den Organträger abführen muss (Rz. 857). In dem zuzurechnenden Einkommen darf dieser Betrag nicht enthalten sein. § 37 Abs. 7 KStG gilt auch für den Organträger, unabhängig von dessen Rechtsform. Es handelt sich letztendlich um zurückgezahlte Körperschaftsteuer. Die Erträge aus der Rückzahlung der Körperschaftsteuer sind im Ergebnis wie steuerfreie Einnahmen zu behandeln.

4. Der Körperschaftsteuererhöhungsbetrag

861 Mit dem Jahressteuergesetz 2008 hat sich der Gesetzgeber nunmehr für eine dem Körperschaftsteuerguthaben vergleichbare ausschüttungsunabhängige Behandlung des Körperschaftsteuererhöhungsbetrags entschieden (s. oben Rz. 626).

862–890 *(unbesetzt)*

---

1 Vgl. Förster/Felchner, DStR 2007 S. 280, 282.

B. Die Organschaft im Gewerbesteuerrecht

Literatur: Aufgrund des engen Sachzusammenhangs zwischen körperschaftsteuerlicher und gewerbesteuerlicher Organschaft wird wegen weiterer Literatur auf das Literaturverzeichnis vor Teil A verwiesen.

Adrian, Gewerbesteuerliche Behandlung von Dividenden bei Organschaft, BB 2015 S. 1113; *Altehoefer*, Änderungen des Gewerbesteuergesetzes durch das Steuerreformgesetz 1990, NWB F. 5, S. 1121; *Behrens*, Keine sog. Organschaft über die Grenze aufgrund des DBA-Diskriminierungsverbots, BB 2012 S. 485; *Breidenbach*, Ausschüttungsbedingte Teilwertabschreibung im Falle der gewerbesteuerlichen Organschaft, DB 1991 S. 2157; *Broemel*, Gewerbesteuerliche Befreiungen in der Organschaft – Stolpersteine und Gestaltungspotenzial, Der Konzern 2016 S. 321; *Dötsch/Pung*, Organschaftsbesteuerung: Das Einführungsschreiben des BMF vom 26.8.2003 und weitere aktuelle Entwicklungen, DB 2003 S. 1970; *Herzig/Liekenbrock*, Zinsschranke im Organkreis, DB 2007 S. 2387; *Hofmeister*, Gewerbesteuerrechtliche Organschaft und gewinnabführungsbedingte Teilwertabschreibung, DStZ 1994 S. 389; *Hönle*, Gewerbesteuerliche Organschaft, Konzernrecht der Personengesellschaft und Ungleichheiten im Gewerbesteuerrecht, DB 1986 S. 1246; *Huland/Dickhöfer*, Reichweite und Möglichkeiten zur erweiterten Grundbesitzkürzung im Organkreis, BB 2013 S. 2583; *Jonas*, Keine Mitnahme von Organschaftsverlusten, DB 1990 S. 2394; *Kolhaas*, Gewerbesteuerrechtliche Behandlung der abführungsbedingten Teilwertabschreibung im Organkreis erneut auf dem Prüfstand, DStR 1998 S. 5; *Kollruss*, Kein pauschales Abzugsverbot nach § 8b Abs. 5 KStG für GewSt-Zwecke bei Bezug von Schachteldividenden über eine Organgesellschaft, DStR 2006 S. 2291; *Kreuzer*, Die Mehrmütterorganschaft, insbesondere gewerbesteuerliche Gestaltungsmöglichkeiten bei Darlehensgewährung an die Organgesellschaft, FR 1981 S. 398; *Lange*, Gewerbesteuerliche Organschaft und Teilwertabschreibung, BB 1990 S. 1039; *Milatz/Schäfers*, Ausgliederung im Gemeinnützigkeitssektor am Beispiel von Krankenhäusern – Können Betriebe gewerblicher Art oder gemeinnützige Körperschaften steuerliche Organschaften nutzen?, DB 2005 S. 1761; *Pöllath/Wenzel*, Gewerbesteuerliche Teilwertabschreibungen bei Organschaften?, DB 1989 S. 797; *Schiffers*, Gewerbesteuerliche Organschaft als steuerliches Gestaltungsinstrument, GmbHR 1997 S. 883; *Zacharias/Suttmeyer/Rinnewitz*, Zur gewerbesteuerlichen Organschaft unter Beteiligung einer GmbH & atypisch Still, DStR 1988 S. 128.

I. Grundlegung

1. Rechtsgrundlagen, Rechtsentwicklung, Verwaltungsanweisungen

Die gewerbesteuerliche Organschaft ist in § 2 Abs. 2 Sätze 2 und 3 GewStG geregelt. Diese Vorschriften knüpfen an den in § 2 Abs. 2 Satz 1 GewStG ausgesprochenen Grundsatz an, dass die Tätigkeit einer Kapitalgesellschaft stets und in vollem Umfange als Gewerbebetrieb gilt (Gewerbebetrieb kraft Rechtsform), und statuieren dazu eine Ausnahme: Eine Kapitalgesellschaft, die in ein

891

einziges anderes gewerbliches Unternehmen in der Weise eingegliedert ist, dass die Voraussetzungen des § 14 KStG erfüllt sind, gilt als **Betriebsstätte des anderen Unternehmens.**

892 Die frühere Fassung des § 2 Abs. 2 Sätze 2 und 3 GewStG ging zurück auf das Gesetz zur Änderung des Körperschaftsteuergesetzes und anderer Gesetze vom 15.8.1969,[1] das die körperschaftsteuerliche Organschaft durch Einfügung eines § 7a in das KStG (jetzt §§ 14 bis 19 KStG) erstmals gesetzlich regelte (siehe Rz. 2) und im Interesse einer Einheit der Rechtsordnung gleichzeitig die gesetzliche Regelung der gewerbesteuerlichen Organschaft, die bereits seit 1936 besteht, den gesetzlichen Vorschriften über die körperschaftsteuerliche Organschaft anpasste. Im Hinblick auf den Erlass eines neuen Körperschaftsteuergesetzes, des KStG 1977, ersetzte das Einführungsgesetz zum Körperschaftsteuerreformgesetz vom 6.9.1976[2] mit Wirkung vom Erhebungszeitraum 1977 an die in § 2 Abs. 2 Nr. 2 Satz 2 GewStG i. d. F. vom 15.8.1969 enthaltene Verweisung auf „§ 7a Abs. 1 Ziffer 1 und 2" durch die Verweisung auf „§ 14 Nr. 1 und 2" KStG.

893 In den letzten Jahren sind die Regelungen zur gewerbesteuerlichen Organschaft mehrmals geändert worden. Durch das **StSenkG** war die bis dahin weitgehend einheitliche Rechtslage für die körperschaft- und gewerbesteuerliche Organschaft dadurch verzerrt worden, als für die Körperschaftsteuer neben dem Abschluss eines wirksamen GAV nur noch die finanzielle Eingliederung zur Begründung eines Organschaftsverhältnisses notwendig ist. Außerdem wurde für die Körperschaftsteuer das Additionsverbot von unmittelbaren und mittelbaren Beteiligungen aufgehoben. Demgegenüber waren für die gewerbesteuerliche Organschaft neben der finanziellen Eingliederung, bei der das Additionsverbot fortgalt, weiterhin die wirtschaftliche und organisatorische Eingliederung erforderlich.

894 Durch das **UntStFG** findet für die **EZ ab 2002** eine **vollständige Angleichung der Voraussetzungen einer gewerbesteuerlichen Organschaft an diejenigen einer körperschaftsteuerlichen Organschaft** statt. Nunmehr bestimmt § 2 Abs. 2 Satz 2 GewStG, dass eine Kapitalgesellschaft, die Organgesellschaft i. S. der §§ 14, 17 oder 18 KStG ist, als Betriebsstätte des Organträgers gilt. Die nachfolgenden Ausführungen beziehen sich, wenn nichts anderes vermerkt ist, auf

---

1 BGBl 1969 I S. 1182, BStBl 1969 I S. 471; zur Rechtsentwicklung im Einzelnen s. Keß in Lenski/Steinberg, § 2 GewStG Rz. 3501.
2 BGBl 1976 I 2641.

die Rechtslage ab EZ 2002, wie sie sich aus dem GewStG in der Fassung des UntStFG ergibt.

Die **Mehrmütterorganschaft** hatte der Gesetzgeber abweichend von der BFH-Rechtsprechung in § 2 Abs. 2 Satz 3 GewStG dahin gehend geregelt, dass (wie auch im Körperschaftsteuerrecht) die **Personengesellschaft Organträger** ist. Damit kann ein Gewerbeverlust der Organgesellschaft nicht bei den Muttergesellschaften abgezogen werden. Diese Regelung soll auch für EZ vor 2002 anzuwenden sein (§ 36 Abs. 2 Satz 2 GewStG).[1] **Mit der Abschaffung der Mehrmütterorganschaft ab VZ 2003 durch das StVergAbG hat der Gesetzgeber neben § 14 Abs. 2 KStG auch § 2 Abs. 2 Satz 3 GewStG gestrichen.**   895

Verwaltungsanordnungen zum Vollzug des § 2 Abs. 2 Satz 2 GewStG enthalten die in Kapitel E dieses Buches abgedruckten R 2.3 und 7.1 Abs. 5 GewStR.   896

2. Zweck der Organschaft im Gewerbesteuerrecht

Nach der ständigen Rechtsprechung des BFH soll die Organschaft im Gewerbesteuerrecht in erster Linie den Zweck haben, „die am Aufkommen der Gewerbesteuer beteiligten Gemeinden davor zu schützen, dass verbundene Unternehmen durch interne Maßnahmen ihren Gewinn willkürlich verlagern".[2] „Es sollte gewissermaßen eine Poolung der Erträge erfolgen".[3] In neuerer Zeit betont die Rechtsprechung aber zunehmend auch, dass die gewerbesteuerlichen Vorschriften über die Organschaft „mit ihrer steuerlichen Berücksichtigung der wirtschaftlichen Einheit zweier rechtlich selbständiger Unternehmen" dazu dienen, „die ohne diese Berücksichtigung unvermeidbare zweimalige Erfassung des wirtschaftlich gleichen Ertrages durch die gleiche Steuerart auszuschließen".[4] Demgemäß spricht der BFH von einem „Verbot der doppelten Erfassung des Gewerbeertrags und des Gewerbekapitals" in Organschaftsfällen.[5]   897

---

1 Zu den verfassungsrechtlichen Bedenken gegen die Rückwirkung s. Kirchhof/Raupach, Die Unzulässigkeit einer rückwirkenden gesetzlichen Änderung der Mehrmütterorganschaft, Beilage Nr. 3/2001 zu DB, Heft 22; der BFH bejaht eindeutig die Verfassungsmäßigkeit der Rückwirkung, BFH, Beschluss v. 22.2.2006 - I B 145/05, CAAAB-81742 = BFH/NV 2006 S. 1219; ebenso BVerfG v. 10.7.2009 - 1 BvR 1416/06, TAAAD-26127 (Nichtannahmebeschluss).
2 BFH, Urteil v. 8.1.1963 - I 237/61, BStBl 1963 III S. 188; aus neuerer Zeit vgl. BFH, Urteil v. 27.6.1990 - I R 183/85, BStBl 1990 II S. 916, unter 7; Keß in Lenski/Steinberg, § 2 GewStG Rz. 3510, 3511.
3 BFH, Urteil v. 6.10.1953 - I 29/53, BStBl 1953 III S. 329; ferner z. B. BFH, Urteil v. 23.3.1965 - I 338/60 U, BStBl 1965 III S. 449.
4 BFH, Urteil v. 9.10.1974 - I R 5/73, BStBl 1975 II S. 179; s. auch BFH, Urteil v. 26.1.1972 - I R 171/68, BStBl 1972 II S. 358.
5 BFH, Urteil v. 23.10.1974 - I R 182/72, BStBl 1975 II S. 46.

898 Unabhängig von der Streitfrage, welchem Zweck die gewerbesteuerliche Organschaft dient, führt sie aber auf jeden Fall gewissermaßen automatisch – ebenso wie die körperschaftsteuerliche Organschaft – mindestens dazu, dass mehrere rechtlich selbständige Unternehmen Gewinne mit Verlusten und positives mit negativem Gewerbekapital ausgleichen können.[1]

II. Die Voraussetzungen der Organschaft im Gewerbesteuerrecht (der Tatbestand des § 2 Abs. 2 Satz 2 GewStG)

899 Nach § 2 Abs. 2 Satz 2 GewStG gilt eine Kapitalgesellschaft dann als Betriebsstätte eines anderen Unternehmens, wenn sie eine Organgesellschaft i. S. der §§ 14, 17 oder 18 KStG ist.

900 Die Tatbestandsmerkmale der gewerbesteuerlichen Organschaft stimmen also mit denen der körperschaftsteuerlichen Organschaft vollständig überein. **Dies gilt nunmehr auch hinsichtlich des Erfordernisses des Abschlusses und der Durchführung eines Gewinnabführungsvertrags.** Im Einzelnen gilt:

1. Die Organgesellschaft

901 Nach dem klaren und eindeutigen Wortlaut des § 2 Abs. 2 Satz 2 GewStG kann **nur eine Kapitalgesellschaft**, also eine SE, AG, eine KGaA oder eine GmbH, in einem gewerbesteuerlichen Organschaftsverhältnis zu einem anderen Unternehmen stehen. Erwerbs- und Wirtschaftsgenossenschaften und Versicherungsvereine auf Gegenseitigkeit können, obwohl sie gewerbesteuerpflichtig kraft Rechtsform sind, im Gewerbesteuerrecht ebenso wenig wie im Körperschaftsteuerrecht Organgesellschaften sein.

902 Nicht erforderlich ist, dass die Kapitalgesellschaft gewerblich tätig ist.[2]

903 Eine GmbH & Co. KG war nach der früheren ständigen Rechtsprechung des BFH bei Beteiligung einer GmbH als einziger persönlich haftenden Gesellschafterin schon wegen dieser Beteiligung gewerbesteuerpflichtig, weil die GmbH, die kraft Rechtsform gewerbesteuerpflichtig ist, der KG in diesem Falle das Gepräge gibt[3] und erzielt nach Aufgabe der Geprägerechtsprechung[4] gem. § 15

---

1 Vgl. auch Schiffers, GmbHR 1997 S. 883, mit Berechnungsbeispiel.
2 BFH, Urteil v. 8.12.1971 - I R 3/69, BStBl 1972 II S. 289.
3 Sog. Geprägerechtsprechung, vgl. BFH, Urteile v. 3.8.1972 - IV R 235/76, BStBl 1972 II S. 799; v. 18.2.1976 - I R 116/75, BStBl 1976 II S. 480.
4 Beschluss v. 25.6.1984 - GrS 4/72, BStBl 1984 II S. 751, 761.

Abs. 3 Nr. 2 EStG gewerbliche Einkünfte (sog. **Gepräge-Gesetz**), wenn ausschließlich eine oder mehrere Kapitalgesellschaften persönlich haftende Gesellschafter sind und nur diese oder Personen, die nicht Gesellschafter sind, zur Geschäftsführung befugt sind (**gewerblich geprägte Personengesellschaft**). Erzielt eine KG Einkünfte aus Gewerbebetrieb, führt dies grds. auch zur Gewerbesteuerpflicht. Die **GmbH & Co. KG** ist aber gleichwohl **keine Kapitalgesellschaft** und kann deshalb nicht Organgesellschaft sein.[1]

Die Folgen der gewerbesteuerlichen Organschaft treten nicht ein, wenn am Gewerbebetrieb einer Organgesellschaft ein atypisch stiller Gesellschafter beteiligt ist, z. B. bei einer **GmbH & atypisch Still**.[2] Der BFH lässt offen, ob eine solche Gesellschaft Organgesellschaft sein könnte. Die Wirkungen einer gewerbesteuerlichen Organschaft würden nach dem Wesen der Gewerbesteuer als Objektsteuer und dem Sinn und Zweck der Hinzurechnungs- sowie Kürzungsvorschriften durch die Mitunternehmerschaft verdrängt. 904

Im Gegensatz zum Körperschaftsteuerrecht war für EZ vor 2002 **nicht erforderlich**, dass die Kapitalgesellschaft **Geschäftsleitung und Sitz im Inland** hatte. Erforderlich war lediglich, dass sie im Inland einen Gewerbebetrieb betreibt, d. h. im Inland oder auf einem in einem inländischen Schifffahrtsregister eingetragenen Kauffahrteischiff eine Betriebsstätte i. S. von § 12 AO 1977 unterhielt (arg. § 2 Abs. 1 GewStG). Deshalb konnte auch eine **ausländische Kapitalgesellschaft**, also eine Kapitalgesellschaft mit Sitz im Ausland, Organgesellschaft i. S. von § 2 Abs. 2 Satz 2 GewStG sein.[3] 905

Mit der Angleichung der gewerbesteuerlichen an die körperschaftsteuerliche Organschaft ist dies nicht mehr möglich, weil das ausländische Unternehmen weder nach § 14 noch nach § 18 KStG Organgesellschaft sein kann. Die Voraussetzung, dass die **Organgesellschaft Sitz und Geschäftsleitung im Inland** haben muss, ist bestehen geblieben. 906

Organgesellschaft kann auch die Vorgesellschaft einer AG, KGaA oder GmbH sein.[4] 907

---

1 BFH, Urteile v. 7.1.1973 - I R 253/71, BStBl 1973 II S. 269; v. 7.3.1973 - I R 119/71, BStBl 1973 II S. 562; v. 10.11.1983 - IV R 56/80, BStBl 1984 II S. 150; v. 17.4.1986 - IV R 221/84, EAAAB-28818 = BFH/NV 1988 S. 116; Blümich/Drüen, § 2 GewStG Rz. 139; Sarrazin in Lenski/Steinberg, § 2 GewStG Anm. 2585; Popp in Meyer-Scharenberg/Popp/Woring, § 2 GewStG Rz. 549; kritisch zur Gesetzeslage, die er als willkürlich bezeichnet, Hönle, DB 1986 S. 1246 ff.
2 BFH, Urteile v. 25.7.1995 - VIII R 54/93, BStBl 1995 II S. 794; v. 25.10.1995 - I R 76/93, AAAAA-98430 = BFH/NV 1996 S. 504.
3 BFH, Urteil v. 28.3.1979 - I R 81/76, BStBl 1979 II S. 447.
4 FG Hamburg v. 28.11.1985 - II 118/83, EFG 1986 S. 414; Popp, a. a. O., Rz. 545 f.; zu Einzelheiten s. oben Rz. 34.

908 Ob eine Kapitalgesellschaft, die von der **Gewerbesteuer** (z. B. nach § 3 Nr. 20 GewStG) **befreit** ist, Organgesellschaft sein kann, hat der BFH bisher offengelassen.[1] Eine wegen **Gemeinnützigkeit** von der Gewerbesteuer befreite Kapitalgesellschaft kann nicht Organgesellschaft sein, da der Abschluss eines GAV mit dem Selbstlosigkeitsgebot nach § 55 Abs. 1 Nr. 1 AO unvereinbar ist.[2]

2. Der Organträger

909 Die Rechtsform des Organträgers ist für die gewerbesteuerliche Organschaft ohne Bedeutung. Der Inhaber des gewerblichen Unternehmens, in das die Organgesellschaft eingegliedert ist, kann also eine natürliche Person, eine Personengesellschaft oder eine juristische Person, insbesondere eine Kapitalgesellschaft sein.

910 Der Organträger muss Inhaber eines „gewerblichen Unternehmens" sein.

911 Der Begriff des gewerblichen Unternehmens i. S. des § 2 Abs. 2 Satz 2 GewStG stimmt mit dem Begriff des gewerblichen Unternehmens i. S. des § 14 KStG überein. Die Ausführungen in Rz. 58 ff. gelten daher in vollem Umfange auch für die gewerbesteuerliche Organschaft.

912 Nach Auffassung des BFH kann eine **gewerbesteuerbefreite Kapitalgesellschaft** Organträgerin sein, wenn es sich nicht um eine unbeschränkte persönliche Steuerbefreiung (wie z. B. § 5 Abs. 1 Nr. 1 KStG), sondern nur um eine beschränkte persönliche oder sachliche Steuerbefreiung (wie z. B. § 3 Nr. 20 GewStG) handelt.[3] Der der Organträgerin in diesem Fall zuzurechnende Gewerbeertrag der nicht gewerbesteuerbefreiten Organgesellschaft wird dann nicht von der Gewerbesteuerbefreiung umfasst.

913 Zweifelhaft konnte früher sein, was gewerbesteuerlich unter einem „inländischen" gewerblichen Unternehmen zu verstehen war (siehe hierzu Vorauflage, Rz. 911 ff.). Der BFH hat hierzu mit Urteil vom 10.11.1998[4] entschieden, dass eine Kapitalgesellschaft mit Sitz im Ausland, aber Geschäftsleitung im Inland als inländisches gewerbliches Unternehmen Organträger i. S. von § 2 Abs. 2 Satz 2 GewStG sein könne.

914 Dies ergibt sich nunmehr eindeutig aus der Streichung des Wortes „inländisch" in § 14 Abs. 1 Einleitungssatz KStG (siehe hierzu oben, Rz. 72).

---

1 Vgl. BFH, Urteil v. 4.6.2003 - I R 100/01, BStBl 2004 II S. 244.
2 Milatz/Schäfers, DB 2005 S. 1761.
3 BFH, Urteil v. 10.3.2010 - I R 41/09, BStBl 2011 II S. 181.
4 I R 91, 102/97, BStBl 1999 II S. 306.

Nach § 2 Abs. 2 Satz 2 GewStG i. V. m. § 18 KStG genügt es aber auch, wenn der Organträger Inhaber eines ausländischen gewerblichen Unternehmens ist, sofern die **Eingliederung der Organgesellschaft im Verhältnis zu einer inländischen im Handelsregister eingetragenen Zweigniederlassung dieses ausländischen gewerblichen Unternehmens** besteht. 915

Zur Personengesellschaft als Organträger siehe Rz. 925. 916

Organträger kann auch die **Vorgesellschaft** einer Kapitalgesellschaft sein. 917

3. Die finanzielle Eingliederung

Die tatbestandlichen Voraussetzungen der gewerbesteuerlichen Organschaft stimmen insoweit mit denen der körperschaftsteuerlichen Organschaft voll und ganz überein. Es kann deshalb in vollem Umfange auf die Ausführungen in Rz. 75 ff. verwiesen werden. 918

(unbesetzt) 919

4. Die wirtschaftliche und organisatorische Eingliederung

Diese Erfordernisse sind ab EZ 2002 weggefallen. Für 2001 war die wirtschaftliche und organisatorische Eingliederung hingegen gewerbesteuerlich noch erforderlich. 920

(unbesetzt) 921

5. Zeitliche Voraussetzungen der organschaftlichen Eingliederung

Aus der Verweisung in § 2 Abs. 2 Satz 2 GewStG auf das KStG ergibt sich nicht nur, dass zu den Voraussetzungen einer gewerbesteuerlichen Organschaft die finanzielle Eingliederung der Organgesellschaft in das gewerbliche Unternehmen des Organträgers gehört, sondern auch, dass diese Eingliederung den zeitlichen Voraussetzungen des § 14 Abs. 1 Satz 1 Nr. 1 KStG genügen, d. h. „vom Beginn des Wirtschaftsjahrs der Organgesellschaft an ununterbrochen" gegeben sein muss. Lediglich die **Wirkungen dieser zeitlichen Anforderungen** sind gewerbesteuerlich insofern **weitreichender**, als, wie im Einzelnen noch auszuführen sein wird (siehe Rz. 961 ff.), mit der Begründung des Organschaftsverhältnisses gewerbesteuerlich anders als im Körperschaftsteuerrecht 922 die persönliche Steuerpflicht der Organgesellschaft wegfällt und mit der Beendigung des Organschaftsverhältnisses die persönliche Steuerpflicht neu entsteht.[1]

BEISPIEL 1 Das Wirtschaftsjahr der O-GmbH entspricht dem Kalenderjahr. Der Einzelkaufmann A erwirbt am 1.7.2010 eine Mehrheitsbeteiligung an der O-GmbH; gleichzeitig wird ein GHV abgeschlossen. – Die O-GmbH steht erst ab 1.1.2011 in einem gewerbesteuerlichen Organschaftsverhältnis zu A. Erst von diesem Zeitpunkt an fällt die persönliche Gewerbesteuerpflicht weg. Für das gesamte Ergebnis des Jahres 2010 bleibt die O-GmbH selbst gewerbesteuerpflichtig; eine Zusammenrechnung mit dem Ergebnis des A ist insoweit nicht möglich. Etwas anderes gilt nur, wenn die O-GmbH ihr Wirtschaftsjahr auf den 1.7. umstellt.

BEISPIEL 2 Das Wirtschaftsjahr der O-GmbH entspricht dem Kalenderjahr. Die O-GmbH steht in einem gewerbesteuerlichen Organschaftsverhältnis zum Einzelkaufmann A. Dieser veräußert seine Beteiligung an der O-GmbH am 30.6.2010. – Da die finanzielle Eingliederung für das Jahr 2010 nicht ununterbrochen bestanden hat, ist § 2 Abs. 2 Satz 2 GewStG für dieses Jahr nicht anwendbar. Das Organschaftsverhältnis ist mit Wirkung vom 31.12.2009 beendet. Die O-GmbH ist bereits ab 1.1.2010 wiederum persönlich gewerbesteuerpflichtig. Sie hat das Ergebnis des gesamten Wirtschaftsjahrs 2010 selbst zu versteuern. Etwas anderes gilt wiederum nur, wenn die O-GmbH ihr Wirtschaftsjahr auf den 1.7. umstellt.

923 Im Übrigen gelten Rz. 163 ff. auch für die gewerbesteuerliche Organschaft.

6. Der Gewinnabführungsvertrag und seine Durchführung

924 Da ab EZ 2002 der Abschluss und die Durchführung eines GAV auch Tatbestandsmerkmal der gewerbesteuerlichen Organschaft sind, kann insoweit auf die Ausführungen oben Rz. 191 ff. verwiesen werden.

7. Die Personengesellschaft als Organträger

925 Auch hier ergeben sich nach der Angleichung der gewerbesteuerlichen an die körperschaftsteuerliche Organschaft keine Abweichungen mehr (zu Problemen vor EZ 2002 siehe 5. Auflage, Rz. 924 ff.). Die Ausführungen in Rz. 311 ff. gelten auch hier.

926–929 *(unbesetzt)*

---

[1] Unklar R 2.3 Abs. 1 GewStR, die nicht zwischen persönlicher und sachlicher Steuerpflicht trennt; vgl. hierzu BFH, Urteil v. 16.2.1977 - I R 183/74, BStBl 1977 II S. 560.

8. Das Holding-Unternehmen als Organträger

Die in Rz. 328 ff. dargestellten Grundsätze zur Frage, ob ein Organschaftsverhältnis zu einer Holding möglich ist, gelten in gleicher Weise für den Bereich der Gewerbesteuer. 930

9. Betriebsaufspaltung und Organschaft

Die in Rz. 391 ff. dargestellten Grundsätze zur Frage, unter welchen Voraussetzungen in Fällen der Betriebsaufspaltung ein Organschaftsverhältnis zwischen dem Besitzunternehmen als Organträger und der Betriebskapitalgesellschaft als Organgesellschaft möglich ist, gelten in gleicher Weise für den Bereich der Gewerbesteuer. Demgemäß liegt bei einer Betriebsaufspaltung zwischen dem Besitzunternehmen und der Betriebskapitalgesellschaft regelmäßig kein Organschaftsverhältnis vor. 931

Den tatbestandlichen Voraussetzungen eines Organschaftsverhältnisses i. S. von § 2 Abs. 2 Satz 2 GewStG ist jedoch ausnahmsweise genügt, wenn 932

▶ das Besitzunternehmen nicht nur Besitzunternehmen ist, sondern auch die Voraussetzungen erfüllt, unter denen nach den oben zitierten BFH-Urteilen ein Organschaftsverhältnis zu einer Holding anzuerkennen ist, insbesondere also, wenn das Besitzunternehmen die einheitliche Konzernleitung gegenüber mehreren abhängigen Gesellschaften in äußerlich erkennbarer Weise ausübt oder

▶ das Besitzunternehmen nicht nur reines Besitzunternehmen ist, sondern eine eigene gewerbliche Tätigkeit i. S. des § 15 Abs. 2 EStG entfaltet (z. B. die von der Betriebskapitalgesellschaft hergestellten Waren vertreibt) und damit selbst einen Gewerbebetrieb unterhält, in den die Betriebskapitalgesellschaft wirtschaftlich eingegliedert ist.[1]

Auch in Fällen einer „umgekehrten Betriebsaufspaltung", d. h. bei Ausgliederung des Betriebs einer Kapitalgesellschaft auf eine Personengesellschaft und Beschränkung der Tätigkeit der Kapitalgesellschaft auf Vermögensverwaltung (z. B. Verpachtung des Grundbesitzes), kann zwischen der Personengesellschaft als Organträgerin und der Kapitalgesellschaft als Organgesellschaft gewerbesteuerlich ein Organschaftsverhältnis bestehen.[2] 933

---

[1] BFH, Urteile v. 18.4.1973 - I R 120/70, BStBl 1973 II S. 740; v. 21.1.1988 - IV R 100/85, BStBl 1988 II S. 456, 457.

[2] Niedersächsisches FG v. 8.7.1975 - VI Kö 11/73, EFG 1976 S. 146, bestätigt durch BFH, Urteil v. 12.1.1977 - I R 204/75, BStBl 1977 II S. 357.

10. Organschaft im Beitrittsgebiet

934 Das Recht der Besitz- und Verkehrsteuern der Bundesrepublik Deutschland, damit auch das GewStG, gilt auf dem Gebiet der ehemaligen DDR erst ab dem 1.1.1991. Das GewStG der DDR sah keine dem § 2 Abs. 2 Satz 2 GewStG entsprechende Regelung vor. Deshalb war im Jahr 1990 im Beitrittsgebiet eine gewerbesteuerliche Organschaft nicht möglich.[1]

11. Verfahrensfragen

935 Siehe zunächst Rz. 964, 971.

936 Über das Vorliegen einer gewerbesteuerlichen Organschaft ist verbindlich im Gewerbesteuermessbescheid des – vermeintlichen – Organträgers zu entscheiden, nicht im Zerlegungsverfahren.[2]

937 Zweifelhaft ist, ob die Organgesellschaft selber befugt ist, **Rechtsbehelf** gegen den Gewerbesteuermessbescheid einzulegen, weil sie gem. § 73 AO für die Steuern des Organträgers haftet, für welche die Organschaft zwischen beiden steuerlich von Bedeutung ist.[3] U. E. ist dies zu verneinen. Es gibt keine generelle Rechtsbehelfsbefugnis eines möglichen Haftungsschuldners gegen den seiner Haftung „zugrunde liegenden" Steuerbescheid. Das Steuerfestsetzungs- und das Haftungsverfahren stehen grds. getrennt nebeneinander.

938 **Verneint** die Verwaltung das Vorliegen einer Organschaft, ergehen getrennte Gewerbesteuermessbescheide gegen beide Rechtsträger. Die vermeintliche Organgesellschaft kann gegen den Gewerbesteuermessbescheid Einspruch einlegen und dessen Aufhebung wegen fehlender persönlicher Gewerbesteuerpflicht begehren. Der vermeintliche Organträger ist, wenn der Gewerbeertrag der vermeintlichen Organgesellschaft positiv ist, durch den an ihn ergangenen Bescheid nicht beschwert. Aufgrund des Prinzips der Abschnittsbesteuerung wird in jedem Gewerbesteuermessbescheid ohne Bindungswirkung für die Folgejahre entschieden, ob die Voraussetzungen der Organschaft vorliegen. Ist der Gewerbeertrag hingegen negativ, kann der vermeintliche Organträger Ein-

---

[1] BFH, Urteil v. 18.2.1999 - I R 58/98, in Bestätigung des Urteils des FG Berlin v. 23.2.1998 - 8 K 8299/95, EFG 1998 S. 1277; a. A. FG des Landes Sachsen-Anhalt, Urteil v. 27.2.1998 - II 219/96, EFG 1998 S. 1278.

[2] BFH, Urteile v. 21.1.1988 - IV R 100/85, BStBl 1988 II S. 456; v. 12.5.1992 - VIII R 45/90, UAAAB-33320 = BFH/NV 1993 S. 191; Güroff in Glanegger/Güroff, § 2 GewStG Anm. 394; zur Einschränkung des Rechtsschutzes der Gemeinde s. FG Münster, Urteil v. 23.9.1997 - 7 K 3613/92 G, EFG 1998 S. 226, rkr.

[3] Bejahend BVerwG, Urteil v. 12.3.1993 - 8 C 20/90, NJW 1993 S. 2453; Kunz in Beermann, Steuerliches Verfahrensrecht, § 184 AO Rz. 25.

spruch einlegen mit dem Ziel, ihm diesen negativen Gewerbeertrag zuzurechnen.

Bejaht die Verwaltung hingegen ein Organschaftsverhältnis, kann sich nur der von ihr als Organträger angesehene Rechtsträger gegen den an ihn gerichteten Gewerbesteuermessbescheid, in den das Ergebnis der Organgesellschaft einbezogen ist, wehren. In diesem Verfahren wird verbindlich, d. h. auch mit Wirkung gegenüber der Organgesellschaft, entschieden, ob eine Organschaft vorliegt. Eine Rechtsbehelfsbefugnis der Organgesellschaft ist u. E. nicht gegeben. 939

Will die Verwaltung für den Fall, dass das Gericht ihrer Auffassung nicht folgt, bei dem anderen Rechtsträger die daraus folgenden Konsequenzen ziehen, muss sie dessen **Beiladung** zu dem Verfahren nach § 174 Abs. 5 Satz 2 AO beantragen.[1] Ein Fall einer notwendigen Hinzuziehung (§ 360 Abs. 3 AO) oder Beiladung (§ 60 Abs. 3 FGO) liegt in den zuvor geschilderten möglichen Rechtsbehelfsverfahren wohl nicht vor. 940

Zur Zuständigkeit für die **Verlustfeststellung** nach § 10a GewStG in Organschaftsfällen siehe Bayerisches Staatsministerium der Finanzen, Erlass vom 20.10.1993.[2] 941

Nach Auffassung des Bundesfinanzhofs ist auch in Organschaftsfällen § 35b GewStG anwendbar.[3] Das bedeutet: Wird der Klage des Organträgers gegen den (Einkommen- oder Körperschaftsteuerbescheid bzw. den Gewinnfeststellungs-)Bescheid stattgegeben, weil die Höhe des zuzurechnenden Einkommens der Organgesellschaft fehlerhaft war, ist auch ein bestandskräftiger Gewerbesteuermessbescheid zu ändern. Entsprechendes muss ab EZ 2014 für den Bescheid über die gesonderte und einheitliche Feststellung nach § 14 Abs. 5 KStG i. d. F. des Organschaftsreformgesetzes gelten.[4] 942

(unbesetzt) 943–960

---

1 Zur Zulässigkeit dieser „Antragsbeiladung" bei Streit über das Bestehen eines Organschaftsverhältnisses s. BFH, Beschlüsse v. 30.1.1996 - VIII B 20/95, FAAAB-38341 = BFH/NV 1996 S. 524; v. 4.3.1998 - V B 3/98, BAAAB-39819 = BFH/NV 1998 S. 1056.
2 DB 1993, 2262.
3 BFH, Urteil v. 21.10.2009 - I R 29/09, BStBl 2010 II S. 644.
4 Siehe hierzu oben Rz. 472.

III. Die Rechtswirkungen der Organschaft im Gewerbesteuerrecht (die Rechtsfolgen des § 2 Abs. 2 Satz 2 GewStG)

1. Grundlegung

961 Nach § 2 Abs. 2 Satz 2 GewStG gilt die **Organgesellschaft als Betriebsstätte des Organträgers**. Die rechtliche Tragweite dieser knappen gesetzlichen Aussage über die gewerbesteuerlichen Rechtsfolgen eines Organschaftsverhältnisses ist bis heute nicht restlos geklärt. Eckwerte der denkbaren Interpretationsmöglichkeiten sind

▶ einmal die Auffassung, die Wirkungen eines Organschaftsverhältnisses im Gewerbesteuerrecht seien auf die Zusammenrechnung der Gewerbeerträge und Gewerbekapitalien von Organträger und Organgesellschaft nur für die Zwecke der Zerlegung beschränkt und

▶ zum anderen eine mit allen Konsequenzen durchgeführte Einheits- oder Filialtheorie, derzufolge die Organgesellschaft schlechthin unselbständige Betriebsstätte des Organträgers ist und daher bereits die Begründung des Organschaftsverhältnisses gewerbesteuerlich den Charakter einer Auflösung der Organgesellschaft oder einer Umwandlung der Organgesellschaft auf den Organträger und umgekehrt die Beendigung des Organschaftsverhältnisses gewerbesteuerlich den Charakter einer Einbringung eines Teilbetriebs in eine Kapitalgesellschaft hat.

962 Der **Bundesfinanzhof** bekennt sich in ständiger Rechtsprechung zu einer **eingeschränkten** (gebrochenen) **Einheits- oder Filialtheorie**;[1] er hat aber hierfür bislang noch keine dogmatische Grundlage entwickelt, aus der sich die Lösung offener Einzelfragen einwandfrei ableiten ließe. Der BFH begnügt sich damit, das Wesen der von ihm praktizierten eingeschränkten Einheitstheorie mit der Feststellung zu umschreiben, die Organgesellschaft gelte zwar als Betriebsstätte des Organträgers, werde aber nicht in jeder Hinsicht als bloße Betriebsstätte behandelt.

963 Die Verwaltungspraxis folgt im Wesentlichen der Rechtsprechung des BFH. Im Einzelnen sind folgende Grundsätze anerkannt:

964 Die **Organgesellschaft** selbst ist **nicht gewerbesteuerpflichtig**. Mit der Begründung eines gewerbesteuerlichen Organschaftsverhältnisses erlischt die **per-**

---

[1] Vgl. z. B. BFH, Urteil v. 21.10.2009 - I R 29/09, BAAAD-37694.

sönliche – jedoch nicht die sachliche[1] – **Steuerpflicht** der Organgesellschaft.[2] Gegen die Organgesellschaft ergeht weder ein Gewerbesteuermessbescheid noch ein Gewerbesteuerbescheid. Besteuert wird nur noch der Organträger.[3]

Organgesellschaft und Organträger bleiben aber **zivilrechtlich selbständig und bilanzierungspflichtig**, sie bilden also kein einheitliches Unternehmen. Deshalb ist der Gewerbeertrag von Organgesellschaft und Organträger grds. getrennt nach den für das einzelne Unternehmen maßgebenden Vorschriften zu ermitteln.[4] Zur Ermittlung des Gewerbeertrags von Organgesellschaft und Organträger wird also keine gewerbesteuerliche Einheitsbilanz aufgestellt. Vielmehr ist für die Gewinnermittlung als Grundlage des Gewerbeertrags gem. § 7 GewStG Ausgangspunkt jeweils die Einkommen- bzw. Körperschaftsteuerbilanz der Organgesellschaft und des Organträgers, die grds. so zu erstellen sind, wie wenn kein Organschaftsverhältnis bestünde (R 2.3 Abs. 1 Satz 4 GewStR). Dies ist z. B. wichtig im Hinblick auf den Freibetrag des § 8 Nr. 1 GewStG, den Organträger und Organgesellschaft jeweils gesondert in Anspruch nehmen können.[5] Ebenso wird zur Ermittlung des Gewerbekapitals[6] von Organgesellschaft und Organträger nicht etwa ein einheitlicher Einheitswert des gewerblichen Betriebs des Organkreises festgestellt. Vielmehr ist Ausgangspunkt für die Ermittlung des Gewerbekapitals jeweils der für Organgesellschaft und Organträger **getrennt festgesetzte Einheitswert des Gewerbebetriebs** (Abschnitt 83 GewStR 1998).

965

Bei der Ermittlung der Gewerbeerträge von Organträger und Organgesellschaft, die dann bei der Festsetzung eines einheitlichen Steuermessbetrags für den Organträger zusammengerechnet werden (siehe Rz. 968), sind allerdings **Hinzurechnungen** nach § 8 GewStG insoweit nicht vorzunehmen, als die infrage kommenden Beträge (z. B. Zinsen, Mieten, Schulden und Forderungen) bereits in einem der zusammenzurechnenden Gewerbeerträge enthalten sind und die Hinzurechnungen daher zur doppelten Erfassung dieser Beträge im

966

---

1 Keß in Lenski/Steinberg, § 2 GewStG Rz. 3707.
2 Einschränkend BFH, Urteil v. 21.10.2009 - I R 29/09, BAAAD-37694, unter Hinweis auf frühere Urteile, wonach die Gewerbesteuerpflicht nicht untergeht, sondern lediglich für die Dauer der Organschaft dem Organträger zugerechnet wird.
3 Vgl. RFH, Urteil v. 12.12.1939 - 205/38, RStBl 1940 S. 29; BFH, Urteil v. 6.10.1953 - I 29/53 U, BStBl 1953 III S. 329; Abschnitt 14 GewStR 1998.
4 Ständige BFH-Rechtsprechung seit dem Urteil v. 6.10.1953 - I 29/53 U, BStBl 1953 III S. 329; vgl. aus jüngerer Zeit BFH, Urteil v. 21.10.2009 - I R 29/09, BStBl 2011 II S. 116.
5 Blümich/Drüen, § 2 GewStG Rz. 158.
6 Aufgehoben mit Wirkung ab Erhebungszeitraum 1998 durch das Gesetz zur Fortsetzung der Unternehmenssteuerreform v. 29.10. 1997, BGBl 1997 I, 2590.

Organkreis führen würden.[1] Rechtsgrundlage der Korrekturen ist § 2 Abs. 2 Satz 2 GewStG.[2] Dies gilt nach Auffassung des BFH[3] jedoch dann nicht, wenn eine doppelte Erfassung – wie im Fall der § 8 Nr. 7 und 9 Nr. 4 GewStG a. F. – deswegen ausscheidet, weil eine der Hinzurechnung entsprechende Kürzung bei dem anderen Gewerbetreibenden vorzunehmen ist.[4] Grundsätzlich seien die Hinzurechnungs- und Kürzungsvorschriften auch in Organschaftsfällen vorrangig anzuwenden.[5]

967 Für Erhebungszeiträume ab 2008 wird die Frage sehr bedeutsam, ob die vorgenannte Rechtsprechung weiterhin gültig bleibt. Der Gesetzgeber hat in dem Unternehmensteuerreformgesetz 2008 die Hinzurechnungen stark ausgeweitet. In § 8 Nr. 1 GewStG n. F. werden die bisherigen Nr. 1, 2, 3 und 7 zusammengefasst und um weitere Tatbestände ergänzt. Die mit § 8 Nr. 7 GewStG korrespondierende Kürzungsvorschrift des § 9 Nr. 4 GewStG wird ersatzlos gestrichen. Damit kommt es bei Mieten, Pachten oder Leasingraten in Höhe des Finanzierungsanteils zu einer doppelten Gewerbesteuerbelastung, da die Hinzurechnung künftig unabhängig von der steuerlichen Behandlung beim Vermieter, Verpächter oder Leasinggeber erfolgt und korrespondierende Kürzungsvorschriften, die eine derartige Doppelbesteuerung vermeiden, nicht vorgesehen sind bzw. sogar noch gestrichen wurden. Ob die **Doppelbesteuerung** durch ein Organschaftsverhältnis vermieden werden kann, ergibt sich aus dem Gesetz nicht. U. E. bleibt es bei der in Rz. 966 wiedergegebenen Rechtsprechung und Verwaltungsauffassung, wonach **Hinzurechnungen im Organkreis unterbleiben, soweit diese zu einer doppelten steuerlichen Belastung führen**.[6] Weder aus dem Gesetz selbst noch aus der Gesetzesbegründung ergibt sich, dass der Gesetzgeber die bisherige Rechtslage in Organschaftsfällen verändern wollte.

968 Der Gewerbeertrag der Organgesellschaft wird beim Organträger zur Besteuerung herangezogen, wie wenn der Gewerbebetrieb der Organgesellschaft ein unselbständiger Teil des Gewerbebetriebs des Organträgers wäre. Der ge-

---

1 BFH-Urteile v. 6. 10. 1953 – I 29/53 U, BStBl 1953 III, 329; v. 29. 5. 1968 – I 198/ 65, BStBl 1968 III, 807; v. 9. 10. 1974 – I R 5/73, BStBl 1975 II, 179; v. 23. 10. 1974 – I R 182/72, BStBl 1975 II, 46; v. 6. 11. 1985 – I R 56/82, BStBl 1986 II, 73, 75; Meyer-Scharenberg, a. a. O.; Abschn. 41 Abs. 1 und Abschn. 83 Abs. 2 GewStR 1998.
2 BFH-Urteil v. 2. 2. 1994 – I R 10/93, BStBl 1994 II, 768.
3 Urteil v. 23. 1. 1992 – XI R 47/89, BStBl 1992 II, 630.
4 Zustimmend Güroff in Glanegger/Güroff, 6. Aufl., § 8 Nr. 7 GewStG, Anm. 23.
5 BFH, Urteil v. 30.1.2002 - I R 73/01, BStBl 2003 II S. 354.
6 Ebenso R 7.1 Abs. 5 Satz 3 GewStR; vgl. hierzu auch BMF v. 4.7.2008, BStBl 2008 I S. 730, insbesondere Tz. 4, 45.

trennt ermittelte **Gewerbeertrag** der Organgesellschaft ist zu diesem Zwecke im Wege einer **Addition** dem ebenfalls getrennt ermittelten Gewerbeertrag des Organträgers hinzuzurechnen.[1] Die Addition führt immer dann, wenn einer der zu addierenden Beträge, also der Gewerbeertrag der Organgesellschaft oder des Organträgers, negativ ist, zu einem Ausgleich zwischen positivem und negativem Gewerbeertrag von Organgesellschaft und Organträger. Bei der Ermittlung des Steuermessbetrags nach dem Gewerbeertrag durch Anwendung der Steuermesszahl auf den Gewerbeertrag (§ 11 GewStG) ist dann auf die Summe aus Gewerbeertrag der Organgesellschaft und des Organträgers die Steuermesszahl anzuwenden, die nach § 11 GewStG für den Organträger maßgebend ist. Der Gewerbesteuermessbetrag ist für den Organträger festzusetzen. **Der Gewerbesteuermessbescheid ergeht nur gegen den Organträger.**

(unbesetzt) 969

Der gegen den Organträger festgesetzte Gewerbesteuermessbetrag wird gem. 970 § 28 GewStG auf alle Gemeinden **zerlegt**, in denen der Organträger und die Organgesellschaft im Erhebungszeitraum Betriebsstätten unterhalten haben. Wenn § 2 Abs. 2 Satz 2 GewStG bestimmt, dass die Organgesellschaft als Betriebsstätte des Organträgers gilt, so heißt das zwar nicht, dass die Organgesellschaft stets und unabhängig vom allgemeinen Betriebsstättenbegriff als Betriebsstätte anzusehen ist, wohl aber, dass die Betriebsstätten der Organgesellschaft für die Zerlegung als Betriebsstätten des Organträgers zu behandeln sind. Es sind also alle Gemeinden, in denen sich Betriebsstätten der Organgesellschaft befinden, an der Zerlegung des Gewerbesteuermessbetrags zu beteiligen, der für den Organträger unter Einbeziehung des Gewerbeertrags und des Gewerbekapitals der Organgesellschaft festgesetzt wird. Maßgebend ist dabei der jeweils einschlägige Zerlegungsmaßstab, bei dessen Anwendung die Betriebsstätten der Organgesellschaft wiederum als Betriebsstätten des Organträgers gelten. Einwendungen gegen die Annahme einer gewerbesteuerlichen Organschaft können im Verfahren über die Zerlegung des Gewerbesteuermessbetrags nicht erfolgreich erhoben werden, weil hierüber allein bei der Gewerbesteuermessbetragsfestsetzung zu entscheiden ist und diese Festsetzung für das Zerlegungsverfahren bindend ist.[2]

---

1 BFH, Urteil v. 18.9.1996 - I R 44/95, BStBl 1997 II S. 181.
2 FG Münster, Urteil v. 14.8.2000 - 4 K 3886/98 Zerl, UAAAB-11025 = EFG 2001 S. 6, rkr. nach Zurücknahme der Revision, Az. des BFH: X R 60/00.

971 Auf der Grundlage des durch den Gewerbesteuermessbescheid gegen den Organträger festgesetzten Steuermessbetrags und in Zerlegungsfällen außerdem auf der Grundlage des durch den Zerlegungsbescheid festgestellten Zerlegungsanteils setzen die hebeberechtigten Gemeinden durch **Steuerbescheid gegen den Organträger** die Gewerbesteuer fest. **Steuerschuldner** ist ausschließlich der **Organträger**. Die **Organgesellschaft haftet** aber für die Gewerbesteuerschuld des Organträgers (vgl. § 73 AO). Wo im Organkreis die Steuern verursacht worden sind, spielt keine Rolle. Die Organgesellschaft haftet folglich auch für die Steuern, die im Betrieb einer anderen Organgesellschaft (Schwestergesellschaft) verursacht worden sind.[1]

Zur Zerlegung bei vom Erhebungszeitraum abweichenden Wirtschaftsjahren siehe Rz. 985.

2. Einzelfragen zur Ermittlung des Gewerbeertrags bzw. des Gewerbekapitals von Organgesellschaft und Organträger und zur Zusammenrechnung dieser Gewerbeerträge

2.1 Hinzurechnungen nach § 8 GewStG

972 Zur **Vermeidung einer doppelten steuerlichen Belastung** unterbleiben Hinzurechnungen nach § 8 GewStG, soweit die in Betracht kommenden Beträge bereits bei den zusammenzurechnenden Gewerbeerträgen gewinnerhöhend berücksichtigt sind (siehe Rz. 966 und 967). Demgemäß sind z. B. Dauerschuldzinsen **nicht** nach § 8 Nr. 1 GewStG bzw. generell Finanzierungsanteile nach § 8 Nr. 1 GewStG in der ab EZ 2008 gültigen Fassung hinzuzurechnen, wenn es sich um Schuldverhältnisse zwischen dem Organträger und der Organgesellschaft handelt.

> **BEISPIEL** ▶ Der Organträger hat der Organgesellschaft ein langfristiges verzinsliches Darlehen gewährt. Die Zinsen für dieses Darlehen sind im Gewerbeertrag des Organträgers enthalten. Die Zinsen sind bei der Ermittlung des Gewerbeertrags der Organgesellschaft nicht zuzurechnen.

973 Diese Grundsätze gelten in gleicher Weise für Schulden zwischen zwei Organgesellschaften desselben Organträgers.[2]

974 Die mit dem Erwerb einer **Schachtelbeteiligung** an einem zum Organkreis gehörenden Gewerbebetrieb wirtschaftlich zusammenhängenden Schulden ge-

---

[1] Loose in Tipke/Kruse, AO/FGO, § 73 AO Tz. 4.
[2] BFH, Urteil v. 23.10.1974 - I R 182/72, BStBl 1975 II S. 46; Güroff in Glanegger/Güroff, § 2 GewStG Anm. 387.

genüber einem nicht zum Organkreis gehörenden Gläubiger (**Außenschulden des Organkreises**) sind bei der Ermittlung des Gewerbekapitals des Organkreises abzuziehen.[1]

Hingegen sind nach bisheriger BFH-Rechtsprechung dann, wenn eine nach § 5 Abs. 1 Nr. 3 KStG und § 3 Nr. 9 GewStG **steuerfreie Unterstützungskasse in der Rechtsform einer GmbH** dem Trägerunternehmen darlehensweise die nicht selbst benötigten Mittel überlässt, die Zinsen, die das Trägerunternehmen an die Unterstützungskasse zahlt, bei der Ermittlung des Gewerbeertrags des Trägerunternehmens auch dann gem. § 8 Nr. 1 GewStG hinzuzurechnen, wenn man unterstellt, dass zwischen dem Trägerunternehmen als Organträger und der Unterstützungskasse als Organgesellschaft trotz deren Gewerbesteuerfreiheit ein gewerbesteuerrechtliches Organschaftsverhältnis bestehen kann (s. hierzu Rz. 908); denn infolge der Freistellung der GmbH von der Steuerpflicht findet eine doppelte Erfassung dieser Zinsen durch die Gewerbesteuer nicht statt.[2]

975

Dies gilt nach BFH[3] auch für die Steuerbefreiung nach § 3 Nr. 20 GewStG. Betreibe im Organkreis eine Organgesellschaft ein Krankenhaus und eine andere – im baulichen Zusammenhang – eine Einrichtung zur ambulanten Versorgung von Patienten, sind die letztgenannten Erträge nicht gewerbesteuerfrei (**Kein Überspringen der Gewerbesteuerfreiheit im Organkreis**). Die Befreiung einer Organgesellschaft von der Gewerbesteuer erstreckt sich auch dann nicht auf eine andere Organgesellschaft desselben Organkreises, die die Befreiungsvoraussetzungen ihrerseits nicht erfüllt, wenn die Tätigkeiten der Gesellschaften sich gegenseitig ergänzen. Die tatbestandlichen Voraussetzungen einer gesetzlichen Steuerbefreiung müssen von der jeweiligen Organgesellschaft selbst erfüllt werden. Mit der vorgenannten Entscheidung hat der BFH aber nicht die Frage beantwortet, ob die **Gewerbesteuerfreiheit der Organgesellschaft** dazu führt, dass der **zugerechnete Gewerbeertrag beim Organträger gewerbesteuerfrei** bleibt, auch wenn dieser den Tatbestand der Befreiungsvorschrift nicht erfüllt. Diese Frage ist m. E. eindeutig **zu bejahen**, insbesondere nachdem der BFH seine langjährige Rechtsprechung zum Überspringen der Gewerbesteuerfreiheit in Fällen der Betriebsaufspaltung geändert hat und

---

1 BFH, Urteil v. 18.9.1996 - I R 44/95, BStBl 1997 II S. 181; zu Problemen der parallelen Anwendung von Zinsschranke und gewerbesteuerlichen Hinzurechnungen in der Organschaft s. Schuck/Faller, DB 2010 S. 2186.
2 BFH, Urteil v. 9.10.1974 - I R 5/73, BStBl 1975 II S. 179.
3 BFH, Urteil v. 5.6.2003 - I R 100/01, BStBl 2004 II S. 244, entgegen FG des Saarlandes v. 14.11.2001 - 1 K 347/98, ZAAAB-12526 = EFG 2002 S. 214.

nunmehr auch die Befreiung des Besitzunternehmens von der Gewerbesteuer bejaht.[1]

976 Hat der Organträger nicht in Grundbesitz bestehende Wirtschaftsgüter von der Organgesellschaft gepachtet, greift für den Organträger die Hinzurechnungsvorschrift des § 8 Nr. 7 GewStG und für die Organgesellschaft die Kürzungsvorschrift des § 9 Nr. 4 GewStG ein. Von der Hinzurechnung und Kürzung kann nach dem BFH-Urteil vom 23.1.1992[2] nicht aus steuertechnischen Vereinfachungsgründen abgesehen werden. Wird durch die Kürzung der Gewerbeertrag der Organgesellschaft negativ, können deshalb vor-organschaftliche Verluste nicht nach § 10a GewStG ausgeglichen werden. **Ab EZ 2008 sind beide Vorschriften gestrichen worden** (s. Rz. 967).

2.2 Maßgeblicher Zeitraum für die Zusammenrechnung der Gewerbeerträge von Organgesellschaft und Organträger

977 Nach § 14 Satz 1 GewStG wird der Steuermessbetrag für den **Erhebungszeitraum** nach dessen Ablauf festgesetzt. Erhebungszeitraum ist das **Kalenderjahr** (§ 14 Satz 2 GewStG). Nach § 10 GewStG ist für die Anwendung der Steuermesszahlen zur Ermittlung des Gewerbesteuermessbetrags der Gewerbeertrag des Erhebungszeitraums, also des Kalenderjahrs maßgebend, für den der Steuermessbetrag festgesetzt wird. Weicht bei einem Unternehmen, das Bücher nach den Vorschriften des HGB zu führen verpflichtet ist, das Wirtschaftsjahr vom Kalenderjahr ab, so gilt nach § 10 Abs. 2 GewStG der Gewerbeertrag des ganzen Wirtschaftsjahrs als in dem Erhebungszeitraum bezogen, in dem das Wirtschaftsjahr endet.

> **BEISPIEL** Das Wirtschaftsjahr des Einzelkaufmanns A läuft vom 1.10. bis 30.9. Bei der Ermittlung des einheitlichen Gewerbesteuermessbetrags für den Erhebungszeitraum 2010 (= Kalenderjahr 2010) ist von dem Gewerbeertrag und damit gem. § 7 GewStG von dem Steuerbilanzgewinn auszugehen, den A im Wirtschaftsjahr 1.10.2009 bis 30.9.2010 erzielt hat.

978 Steht eine Kapitalgesellschaft in einem gewerbesteuerlichen Organschaftsverhältnis zu einem anderen Unternehmen, so ist zwar, wie ausgeführt, der Gewerbeertrag der Organgesellschaft dem Gewerbeertrag des Organträgers hinzuzurechnen und dessen Veranlagung zur Gewerbesteuer zugrunde zu legen. Die Gewerbeerträge von Organgesellschaft und Organträger werden aber vor-

---

[1] BFH, Urteile v. 29.3.2006 - X R 59/00, BStBl 2006 II S. 661, zu § 3 Nr. 20 GewStG; v. 19.10.2006 - IV R 22/02, RAAAC-28426 = BFH/NV 2007 S. 149, zu § 3 Nr. 6 GewStG; ebenso Broemel, DK 2016 S. 321, 324.

[2] XI R 47/89, BStBl 1992 II S. 630.

her getrennt ermittelt. Eine gewerbesteuerliche Einheitsbilanz ist nicht zu erstellen. Hieraus folgt, dass **Organgesellschaft und Organträger**, obwohl die Organgesellschaft als Betriebsstätte des Organträgers gilt und nicht persönlich gewerbesteuerpflichtig ist, weiterhin **verschiedene Wirtschaftsjahre** haben können. Sind die Bilanzstichtage der Organgesellschaft und des Organträgers verschieden, so stellt sich die Frage, welche Gewerbeerträge zusammenzurechnen sind.

Nach mittlerweile einheitlicher Auffassung sind die Gewerbeerträge derjenigen Wirtschaftsjahre des Organträgers und der Organgesellschaft zusammenzurechnen, die in dem jeweiligen Erhebungszeitraum enden.[1] 979

> **BEISPIEL** Wirtschaftsjahr der Organgesellschaft 1.12. bis 30.11.; Wirtschaftsjahr des Organträgers 1.10. bis 30.9. Bei der Ermittlung des einheitlichen Steuermessbetrags für den Erhebungszeitraum 2010 (= Kalenderjahr 2010) sind zusammenzurechnen der Gewerbeertrag der Organgesellschaft vom 1.12.2009 bis 30.11.2010 und der Gewerbeertrag des Organträgers vom 1.10.2009 bis 30.9.2010.

(unbesetzt) 980–982

Mit Beginn des Erhebungszeitraumes 1986 ist § 10 Abs. 2 Satz 2 GewStG weggefallen. Das hat zur Folge, dass ab 1986 bei Neugründungen mit abweichendem Wirtschaftsjahr im Erhebungszeitraum der Eröffnung des Gewerbebetriebs keine Gewerbeertragsteuer mehr erhoben wird.[2] Etwas anderes gilt nur dann, wenn das erste abweichende Wirtschaftsjahr ein Rumpfwirtschaftsjahr ist und noch im ersten Erhebungszeitraum endet. 983

Im Zusammenhang mit der Streichung des § 10 Abs. 2 Satz 2 GewStG steht die Streichung des § 10 Abs. 3 GewStG ab Erhebungszeitraum 1986. Danach war der Gewerbeertrag auf einen **Jahresbetrag umzurechnen**, wenn bei Beginn der Steuerpflicht, bei Beendigung der Steuerpflicht oder infolge Umstellung des Wirtschaftsjahres der für die Ermittlung des Gewerbeertrags maßgebende Zeitraum mehr oder weniger als 12 Monate umfasste. Maßgebend ist nunmehr immer der Gewerbeertrag des im Kalenderjahr endenden Wirtschaftsjahres, mag sich daraus auch ein Zeitraum von weniger oder mehr als 12 Monaten ergeben. Zu Einzelheiten des § 10 Abs. 3 GewStG a. F. siehe die 6. Auflage S. 189.[3] 984

---

1 R 7.1 Abs. 5 Satz 11 GewStR; Güroff in Glanegger/Güroff, § 2 GewStG Anm. 391.
2 Vgl. Entwurf und Begründung der Bundesregierung, BT-Drucks. 10/1636 S. 69.
3 Güroff in Glanegger/Güroff, 6. Aufl., § 10 GewStG Anm. 8 ff.; zur Umrechnung auch negativer Gewerbeerträge vgl. BFH, Urteile v. 26.2.1987 - IV R 26/85, BStBl 1987 II S. 579; v. 24.1.1990 - I R 133/86, NAAAB-31575 = BFH/NV 1990 S. 669.

985 Zur **Zerlegung** des Gewerbesteuermessbetrages gem. § 28 Abs. 1 GewStG vertritt der BFH[1] folgende Auffassung: Sowohl für die Frage, ob ein (einheitlicher) Gewerbesteuermessbetrag zu zerlegen sei, als auch für den Zerlegungsmaßstab komme es auf die Verhältnisse im Erhebungszeitraum an. Dies gelte auch dann, wenn das Wirtschaftsjahr vom Erhebungszeitraum abweiche. Auch dann, wenn eine gewerbesteuerliche Organschaft während eines im folgenden Erhebungszeitraums endenden Wirtschaftsjahrs des Organträgers begründet werde und der für den Erhebungszeitraum der Begründung der Organschaft für den Betrieb des Organträgers festgesetzte (einheitliche) Gewerbesteuermessbetrag somit ausschließlich auf vororganschaftlichen Besteuerungsgrundlagen beruhe, müssten bei der Zerlegung dieses Messbetrags die Betriebsstätten und Lohnzahlungen der Organgesellschaft berücksichtigt werden.

> **BEISPIEL** Ab 1.4.2010 besteht zwischen der S-GmbH, die eine Betriebsstätte in der Gemeinde A hat, als Organträgerin und der R-GmbH, die eine Betriebsstätte in der Gemeinde B hat, als Organgesellschaft eine gewerbesteuerliche Organschaft. Im Hinblick auf die Organschaft stellen S-GmbH und R-GmbH ihre bereits zuvor vom Kalenderjahr abweichenden Wirtschaftsjahre auf den Zeitraum 1.4. bis 31.3. um und bilden zum 31.3.2010 endende Rumpfwirtschaftsjahre.

Nach dem vorgenannten BFH-Urteil ist der noch von der Organschaft unbeeinflusste Gewerbeertrag des am 31.3.2010 endenden Rumpfwirtschaftsjahrs der S-GmbH auf die Gemeinden A und B zu zerlegen, da die S-GmbH im Erhebungszeitraum 2010 ab dem 1.4. auch in B eine Betriebsstätte hatte.

2.3 Die Auswirkungen vororganschaftlicher Verluste der Organgesellschaft auf die Ermittlung des Gewerbeertrags der Organgesellschaft

986 Nach § 10a GewStG wird der maßgebende Gewerbeertrag um die **Fehlbeträge** gekürzt, die sich bei der Ermittlung des maßgebenden Gewerbeertrags für die vorangegangenen Erhebungszeiträume nach den Vorschriften der §§ 7 bis 10 GewStG ergeben haben. Haben sich bei der Ermittlung des maßgebenden Gewerbeertrags einer Kapitalgesellschaft derartige Fehlbeträge i.S. von § 10a GewStG ergeben und tritt die Kapitalgesellschaft später als Organgesellschaft in ein Organschaftsverhältnis zu einem anderen Unternehmen, so stellt sich die Frage, ob sich der Gewerbeverlustabzug i.S. von § 10a GewStG noch bei der Ermittlung der zusammenzurechnenden Gewerbeerträge von Organgesellschaft und Organträger auswirkt.

---

[1] Urteil v. 17.2.1993 - I R 19/92, BStBl 1993 II S. 679, m. Anm. Müller in KFR F. 5 GewStG § 28, 1/93, S. 309.

Zur Rechtslage bis einschließlich EZ 2003 s. die 6. Auflage Rz. 987 bis 993.　987

Ab EZ 2004 hat der Gesetzgeber die Frage durch § 10a Satz 3 GewStG geklärt.[1]　988
Danach kann die Organgesellschaft den maßgebenden Gewerbeertrag nicht um Fehlbeträge kürzen, die sich vor dem Rechtswirksamwerden des GAV ergeben haben. Damit entspricht die Rechtslage derjenigen in der körperschaftsteuerlichen Organschaft (§ 15 Satz 1 Nr. 1 KStG).

(unbesetzt)　989–993

2.4 Vor-, inner- und außerorganschaftliche Verluste des Organträgers

Innerorganschaftliche Gewerbeverluste des Organträgers können unproblematisch mit positiven Gewerbeerträgen der Organgesellschaften verrechnet werden.　994

Gleiches gilt auch für **vororganschaftliche Gewerbeverlustvorträge** des Organträgers. Die Finanzverwaltung hat ihre entgegenstehende Auffassung (vgl. Abschnitt 68 Abs. 5 Sätze 6 bis 8 GewStR 1998) durch koordinierten Ländererlass vom 14.12.1999[2] aufgegeben.　995

Zur Behandlung von Verlusten bei mehrstufigen Gewerbesteuer-Organschaften siehe z. B. OFD Kiel, Vfg. v. 3.2.2000,[3] es gelten die vorstehenden Regeln entsprechend. Dabei ist im Normalfall zunächst die Tochter als Organträgerin für die Enkelin als Organgesellschaft und dann die Mutter als Organträgerin für die Tochter als Organgesellschaft zu behandeln.　996

(unbesetzt)　997

2.5 Die Bedeutung einer Gewinnabführung der Organgesellschaft an den Organträger und der Verlustübernahme durch den Organträger für die Ermittlung des Gewerbeertrags der Organgesellschaft

Nach § 7 GewStG ist Ausgangspunkt für die Ermittlung des Gewerbeertrags der nach den Vorschriften des Einkommensteuergesetzes oder des Körperschaftsteuergesetzes zu ermittelnde Gewinn aus Gewerbebetrieb. Wie in Rz. 483 ff. ausgeführt, sind die Gewinnabführung und die Verlustübernahme aufgrund eines GAV i. S. der §§ 14 bis 19 KStG ihrem Wesen nach Gewinnausschüttungen und Einkommensverwendung, die gem. § 8 Abs. 3 KStG das zu versteuernde Einkommen nicht mindern dürfen. Umgekehrt sind die übernom-　998

---

1 Siehe hierzu BMF v. 10.11.2005 - S 2770, BStBl 2005 I S. 1038, Tz. 25.
2 BStBl 1999 I S. 1134.
3 DStR 2000 S. 823.

menen Verluste für die **Organgesellschaft** nicht Erträge, sondern gesellschaftsrechtliche Einlagen, die als solche nicht zu steuerpflichtigen Einnahmen und damit nicht zu einer Minderung des Verlusts der Organgesellschaft führen. Da das GewStG für die Ermittlung des Gewinns einer Organgesellschaft als Ausgangspunkt des Gewerbeertrags keine besonderen Vorschriften enthält, ist auch bei einer Organgesellschaft i. S. von § 2 Abs. 2 Satz 2 GewStG, die zur Abführung ihres ganzen Gewinns verpflichtet ist, als **Gewinn i. S. des § 7 GewStG** stets der **Gewinn vor Gewinnabführung oder Verlustübernahme** zu verstehen,[1] so wie auch bei einer nicht zur Gewinnabführung verpflichteten Organgesellschaft bei der Ermittlung des Gewinns etwaige offene Ausschüttungen unberücksichtigt bleiben.

2.6 Die Bedeutung einer Gewinnabführung oder Gewinnausschüttung der Organgesellschaft für die Ermittlung des Gewerbeertrags des Organträgers bei Organschaftsverhältnissen mit oder ohne GAV

999 Besteht zwischen Organgesellschaft und Organträger kein GAV (**nur noch bedeutsam für EZ vor 2002**), schüttet aber die Organgesellschaft an ihre Gesellschafter und damit auch an den Organträger Gewinn aus, so erhöht die Ausschüttung den Handels- und damit auch den Steuerbilanzgewinn des Organträgers, der gem. § 7 GewStG Grundlage für die Ermittlung des Gewerbeertrags ist. Dies gilt auch dann, wenn die Organgesellschaft Gewinn ausschüttet, den sie während des Bestehens der Organschaft erwirtschaftet, zunächst aber in eine Rücklage eingestellt hat und der deshalb durch die Zusammenrechnung der Gewerbeerträge von Organgesellschaft und Organträger und Besteuerung der Summe beim Organträger bereits von diesem versteuert worden ist.

Gleichwohl muss der Organträger derartige ausgeschüttete nachorganschaftliche Gewinne nicht nochmals der Gewerbesteuer unterwerfen. Vielmehr ist der **Gewerbeertrag des Organträgers um den ausgeschütteten Gewinn zu kürzen**.[2] Diese Korrektur hat ihre gesetzliche Grundlage in der Fiktion des § 2 Abs. 2 Satz 2 GewStG, wonach jede Organgesellschaft als Betriebsstätte und damit als unselbständiger Teilbetrieb des Organträgers zu behandeln ist. Diese Fiktion zwingt dazu, doppelte Belastungen auszuscheiden.[3] § 9 Nr. 2a GewStG wird im Rahmen der gewerbesteuerlichen Organschaft nicht benötigt, um Ge-

---

[1] R 7.1 Abs. 5 Satz 10 GewStR.
[2] BFH, Urteil v. 26.1.1972 - I R 171/68, BStBl 1972 II S. 358.
[3] BFH, Urteile v. 6.11.1985 - I R 56/82, BStBl 1986 II S. 73, 75; v. 2.2.1994 - I R 10/93, BStBl 1994 II S. 768; v. 8.9.1996 - II R 44/95, BStBl 1997 II S. 181.

winnausschüttungen oder -abführungen von der Beeinflussung des Gewerbeertrags beim Organträger auszuschließen.[1]

Besteht zwischen Organgesellschaft und dem **Organträger** ein **GAV** und führt die Organgesellschaft demgemäß an den Organträger Gewinne ab, so erhöht die Abführung ebenso wie eine Ausschüttung den Handels- und damit auch den Steuerbilanzgewinn des Organträgers, der gem. § 7 GewStG Grundlage für die Ermittlung des Gewerbeertrags ist. Die **Gewinnerhöhung** beim Organträger aufgrund einer Gewinnabführung ist wegen des Verbots der Doppelerfassung ebenso wie bei Gewinnausschüttungen **rückgängig** zu machen.[2]   1000

2.7 Die Anwendung des § 15 Satz 1 Nr. 2 KStG (sog. Bruttomethode)

Nach überwiegender, u. E. aber bedenklicher Auffassung enthält § 15 Satz 1 Nr. 2 KStG eine Einkommensermittlungsvorschrift, die über § 7 Satz 1 GewStG Anwendung bei der Ermittlung des Gewerbeertrags der Organgesellschaft findet.[3] Die Anwendung der Bruttomethode auf die GewSt führt zu folgenden Ergebnissen (zu Einzelheiten s. oben Rz. 694 bzgl. KSt):   1001

Dividendeneinnahmen der **Organgesellschaft** sind in ihrem Gewerbeertrag noch enthalten. Bei **Schachtelbeteiligungen** (zu deren Voraussetzungen s. Rz. 1035) sind die Kürzungsvorschriften des § 9 Nr. 2a und Nr. 7 GewStG bei der Organgesellschaft zu beachten, d. h. die in dem Gewinn der Organgesellschaft enthaltenen Schachteldividenden unterliegen nicht der GewSt. § 8b Abs. 5 KStG ist trotz der gesetzlichen Klarstellung durch das JStG 2007 in § 9 Nr. 2a Satz 4 GewStG nicht anzuwenden, da § 8b Abs. 1 bis 6 KStG bei der Organgesellschaft nicht zur Anwendung kommen.[4]   1002

Hat die Organgesellschaft Aufwendungen auf die Beteiligung der Dividenden ausschüttenden Gesellschaft (z. B. Zinsaufwand), mindern diese zunächst in

---

1 Str.; zu den verschiedenen Auffassungen s. die Zusammenstellung in BFH, Beschluss v. 3.3.1998 - IV B 49/97, BStBl 1998 II S. 608 = HFR 1998 S. 650 = DB 1998 S. 1211, unter 2.b, wobei der BFH allerdings die beiden vorgenannten Urteile des I. Senats nicht erwähnt.
2 Vgl. auch Blümich/Drüen, § 2 GewStG Rz. 174.
3 BFH, Urteil v. 17.12.2014 - I R 39/14, BStBl 2015 II S. 1052; BMF v. 26.8.2003 - S 2770, BStBl 2003 I S. 437, Tz. 28 bis 34; Kollruss, DStR 2006 S. 2291, 2292; Dötsch/Pung, DB 2003 S. 1970, 1978; eine schaubildartige Darstellung der Folgen enthält die Vfg. der OFD Koblenz v. 11.9.2003, DB 2003 S. 2041; ablehnend z. B. Sarrazin in Lenski/Steinberg, § 2 GewStG Rz. 2653; offen nunmehr Keß in Lenski/Steinberg, § 2 GewStG Rz. 3764; zu den Auswirkungen der unterschiedlichen Auffassungen auf die **Zinsschranke** nach § 15 Satz 1 Nr. 3 KStG bei der GewSt s. Herzig/Liekenbrock, DB 2007 S. 2387, 2393 f.
4 BFH, Urteil v. 17.12.2014 - I R 39/14, BStBl 2015 II S. 1052; Kollruss, DStR 2006 S. 2291, 2293; ebenso ohne Berücksichtigung der gesetzlichen Regelung BMF v. 26.8.2003 - S 2770, BStBl 2003 I S. 437, Tz. 30.

voller Höhe den Gewinn aus Gewerbebetrieb der Organgesellschaft. Die Betriebsausgaben werden, liegen die Voraussetzungen des gewerbesteuerlichen Schachtelprivilegs vor, vom Kürzungsbetrag nach § 9 Nr. 2a Satz 3 GewStG abgezogen, eine Hinzurechnung des Zinsaufwands scheidet nach Halbsatz 2 dieser Vorschrift aus. Damit mindern die Betriebsausgaben letztlich, anders als bei der Körperschaftsteuer, nicht den Gewerbeertrag. Zu einer negativen Kürzung = Hinzurechnung (weil die Aufwendungen höher sind als der Betrag der Ausschüttungen) nach § 9 Nr. 2a Satz 3 GewStG kommt es nicht.[1] Nur ein überschießender Zinsaufwand unterliegt der Hinzurechnung nach § 8 Nr. 1 Buchst. a GewStG.

Liegen die Voraussetzungen für eine Kürzung nach § 9 Nr. 2a, 7 oder 8 GewStG nicht vor, kommt es auf der Ebene der Organgesellschaft nicht zu einer Kürzung; die mit der Ausschüttung unmittelbar zusammenhängenden Aufwendungen unterliegen bei ihr uneingeschränkt der Hinzurechnung nach § 8 Nr. 1 GewStG.

Gewinne aus der Veräußerung von Beteiligungen an Körperschaften sind im Gewinn der Organgesellschaft noch enthalten. Eine gewerbesteuerliche Kürzungsvorschrift gibt es nicht (s. die Fundstellen in Rz. 1005).

1003 Auf der Ebene des **Organträgers** ist § 15 Satz 1 Nr. 2 **Satz 2** KStG anzuwenden. Der dem Organträger zugerechnete zu hohe Gewerbeertrag der Organgesellschaft wird um die darin enthaltenen steuerfreien Veräußerungsgewinne korrigiert.

1004 Zu beachten ist, dass es durch die Anwendung der Kürzung nach § 9 Nr. 2a GewStG auf der Stufe der Organgesellschaft und des § 8b Abs. 1 KStG auf der Stufe des Organträgers nicht zu einer zweimaligen Kürzung von Schachteldividenden kommen darf. Die Kürzung ist nur einmal, und zwar auf der Stufe der Organgesellschaft, vorzunehmen. Dividendeneinnahmen aus Streubesitz sind demgegenüber auf der Stufe des Organträgers aus dem zuzurechnenden Gewerbeertrag herauszurechnen. Der eigene Gewerbeertrag des Organträgers wird nicht um 5 % der Schachteldividende nach § 8b Abs. 5 KStG erhöht.[2]

---

[1] Roser in Lenski/Steinberg, § 9 GewStG Rz. 45.
[2] BFH, Urteil v. 17.12.2014 - I R 39/14, BStBl 2015 II S. 1052; der BFH hat damit die bisher von der Finanzverwaltung vertretene Korrekturpostenmethode verworfen; dem BFH jetzt folgend die bundeseinheitlich abgestimmte Auffassung der Finanzverwaltung, s. OFD Karlsruhe v. 17.2.2016, DB 2016 S. 741; zur Ermittlung im sog. Aufwandsfall für EZ vor 2017 s. auch OFD NRW, Vfg. v. 2.10.2017, DB 2017 S. 2640.

III. Die Rechtswirkungen der Organschaft

BEISPIEL ZU DIVIDENDENEINNAHMEN AUS SCHACHTELBETEILIGUNGEN[1] Die O-GmbH hat einen Gewinn aus Gewerbebetrieb i. H. von 100.000 €. Darin enthalten sind Dividenden aus der 15%igen Beteiligung an der E-AG i. H. von 10.000 €. Es besteht ein Organschaftsverhältnis mit der M-AG als Organträger.

LÖSUNG Nach § 15 Satz 1 Nr. 2 Satz 1 KStG ist bei der O-GmbH der Gewinn in voller Höhe von 100.000 € anzusetzen, weil § 8b Abs. 1 KStG bei ihr nicht zu berücksichtigen ist. Bei der Ermittlung des Gewerbeertrags ist der Gewinn nach § 9 Nr. 2a GewStG um die darin enthaltenen Einnahmen aus der Schachtelbeteiligung zu kürzen. Der Gewerbeertrag der O-GmbH beträgt somit 90.000 €. Dieser Gewerbeertrag ist der M-AG zuzurechnen. Auf der Stufe der M-AG ist keine weitere Korrektur vorzunehmen, da in dem zugerechneten Betrag keine Einnahmen i. S. des § 8b Abs. 1 KStG enthalten sind.

Die Entscheidung des BFH betraf einen Fall, in dem bei der Organgesellschaft im Rahmen der Kürzung keine Betriebsausgaben gem. § 9 Nr. 2a Satz 3 GewStG gegengerechnet wurden. Unklar ist, welche Auswirkungen Aufwendungen der Organgesellschaft im Zusammenhang mit der Ausschüttung haben.

BEISPIEL[2] Die Organträger-AG ist zu 100 % an der Organgesellschaft-GmbH (OG-GmbH) beteiligt. Die OG-GmbH ist alleinige Anteilseignerin der T-GmbH. Die T-GmbH schüttet 800.000 € brutto (= 600.000 € netto) an die OG-GmbH aus. Diese hat Betriebsausgaben (Zinsaufwand) im Zusammenhang mit der Beteiligung i. H. von 500.000 €.

LÖSUNG BISHER NACH FINANZVERWALTUNG (KORREKTURPOSTENMETHODE) Ebene der OG-GmbH:

Da nach § 15 Satz 1 Nr. 2 Satz 1 KStG auf Ebene der Organgesellschaft § 8b KStG nicht zur Anwendung kommt, ist im Einkommen und Gewerbeertrag die Ausschüttung enthalten; der Zinsaufwand mindert den Betrag, so dass das Einkommen und der Gewerbeertrag 300.000 € betragen. Bei der Gewerbesteuer unterliegt die Ausschüttung nach § 9 Nr. 2a Satz 1 GewStG der Kürzung; nach Satz 3 ist vom Kürzungsbetrag der Zinsaufwand abzuziehen, der Kürzungsbetrag beträgt also 800.000 € – 500.000 € = 300.000 €, der Gewerbeertrag folglich 0 €. Eine Hinzurechnung der 500.000 € nach § 8 Nr. 1 Buchst. a GewStG scheidet wegen § 9 Nr. 2a Satz 3 Halbsatz 2 GewStG aus.

Diese Lösung galt vor dem BFH-Urteil vom 17.12.2014 - I R 39/14 und gilt unstreitig weiter fort.

Ebene der OrgT-AG:

Der OrgT-AG ist ein körperschaftsteuerliches Einkommen von 300.000 € zuzurechnen,[3] aber nur ein Gewerbeertrag von 0 €.

---

1 Nach BMF v. 26.8.2003 - S 2770, BStBl 2003 I S. 437, Tz. 30.
2 Nach Breier, Bonner Bp-Nachrichten 03/2016 S. 27.
3 Zur körperschaftsteuerlichen Behandlung s. oben Rz. 695.

Korrekturposten:

5 % von 800.000 €	40.000 €
./. Aufwendungen der OG-GmbH	500.000 €
	−460.000 €
Hinzurechnung gem. § 8 Nr. 1 Buchst. a GewStG	500.000 €
x 25 %	125.000 €
./. Freibetrag	100.000 €
25.000 €	+25.000 €
	−435.000 €
Gewerbeertrag der OrgT-AG (ohne den eigenen)	**−435.000 €**

Nachdem der BFH die Korrekturpostenmethode verworfen hat, ist die Lösung des vorgenannten Beispiels offen. Zum Teil wird die Auffassung vertreten, dass es auf Ebene des Organträgers doch teilweise zur gewerbesteuerlichen Erfassung des pauschalierten Betriebsausgabenabzugs gem. § 8b Abs. 5 Satz 1 KStG kommt (und zwar i.H. von 5 % des Zinsaufwands), allerdings ohne Hinzurechnung der Aufwendungen gem. § 8 Nr. 1 Buchst. a GewStG;[1] nach dieser Lösung beträgt der Gewerbeertrag der OrgT-AG ./. 475.000 €.

Das BMF scheint, ohne dass es dazu eine amtliche Aussage gibt, dazu zu tendieren, dass die gewerbesteuerlich bereits bei der Organgesellschaft erfassten Auswirkungen der Ausschüttung und der damit zusammenhängenden Aufwendungen bei der Ermittlung des Gewerbeertrags des Organträgers vollständig unberücksichtigt bleiben; nach dieser Auffassung beträgt in vorgenanntem Beispiel der Gewerbeertrag der OrgT-AG 0 €.

Eine mittlere Lösung will beim Organträger neben den 5 % auf die Aufwendungen die tatsächlichen Aufwendungen der Organgesellschaft gem. § 8 Nr. 1 GewStG in voller Höhe (unter Berücksichtigung des Freibetrags) hinzurechnen; der Gewerbeertrag der OrgT-AG beträgt dann - 375.000 €. Die letzte Lösung hat, auch wenn der BFH dieses Argument verworfen hat, den Charme für sich, dass Gewinnausschüttungen mit und ohne Organschaft gleich behandelt werden.

1006 Für Gewinnausschüttungen, die nach dem 31.12.2016 zufließen, wird mit einem neuen § 7a GewStG die Problematik völlig neu geregelt.[2]

BEISPIEL (NACH DER GESETZESBEGRÜNDUNG, S. 69) Die OrgT-GmbH ist Organträgerin der Organgesellschaft OG-GmbH. Die OG-GmbH erhält eine Dividende von 100.000 € durch die T-GmbH; die OG-GmbH hat keine Aufwendungen im Zusammenhang mit der Beteiligung (Grundfall).

1. Alternative: Die OG-GmbH hat einen unmittelbar mit der Beteiligung zusammenhängenden Zinsaufwand von 12.000 €.

2. Alternative: Der Zinsaufwand beträgt 160.000 €.

---

[1] OFD Karlsruhe v. 17.2.2016, DB 2016 S. 741 = DK 2016 S. 153; Adrian, BB 2015 S. 1113.
[2] Gesetz zur Umsetzung der Änderungen der EU-Amtshilferichtlinie und von weiteren Maßnahmen gegen Gewinnkürzungen und -verlagerungen v. 20.12.2016.

III. Die Rechtswirkungen der Organschaft

LÖSUNG GRUNDFALL ▶ OG-GmbH

§ 7a Abs. 1 GewStG neu	
Dividende	100.000 €
./. Aufwand	0 €
Einkommen = Gewinn gem. § 7 Satz 1 GewStG	100.000 €
Gewerbeertrag	100.000 €
§ 7a Abs. 2 GewStG neu	
§ 8b Abs. 1 KStG	./. 100.000 €
§ 8b Abs. 5 Satz 1 KStG	+ 5.000 €
§ 9 Nr. 2a GewStG	./. 0 €
§ 8 Nr. 1 GewStG	+ 0 €
Zurechnung bei OrgT-GmbH	**5.000 €**

LÖSUNG 1. ALTERNATIVE ▶ OG-GmbH

§ 7a Abs. 1 GewStG neu	
Dividende	100.000 €
./. Aufwand	12.000 €
Einkommen = Gewinn gem. § 7 Satz 1 GewStG	88.000 €
Gewerbeertrag	88.000 €
§ 7a Abs. 2 GewStG neu	
§ 8b Abs. 1 KStG	./. 100.000 €
§ 8b Abs. 5 Satz 1 KStG	+ 5.000 €
§ 9 Nr. 2a GewStG	./. 0 €
§ 8 Nr. 1 GewStG	+ 3.000 €
Zurechnungsbetrag OrgT-GmbH	**./. 4.000 €**

LÖSUNG 2. ALTERNATIVE ▶ OG-GmbH

§ 7a Abs. 1 GewStG neu	
Dividende	100.000 €
./. Aufwand	./. 160.000 €
Einkommen = Gewinn gem. § 7 Satz 1 GewStG	./. 60.000 €
Gewerbeertrag	./. 60.000 €
§ 7a Abs. 2 GewStG neu	
§ 8b Abs. 1 KStG	./. 100.000 €
§ 8b Abs. 5 Satz 1 KStG	+ 5.000 €
./. § 9 Nr. 2a GewStG	0 €
§ 8 Nr. 1 GewStG	+ 40.000 €
Zurechnungsbetrag OrgT-GmbH	**./. 115.000 €**

Ist **Organträgerin** eine **Personengesellschaft**, an der nur natürliche Personen beteiligt sind, sind die Lösungen wie folgt:

Grundfall: unverändert

1. Alternative: Gewerbeertrag OG-GmbH unverändert	88.000 €
§ 7a Abs. 2 GewStG neu	
§ 3 Nr. 40 EStG (40 % von 100.000 € steuerfrei)	./. 40.000 €
§ 3c Abs. 2 Satz 1 EStG (40 % von 12.000 €)	+ 4.800 €
§ 9 Nr. 2a GewStG	./. 52.800 €
§ 8 Nr. 1 GewStG	+ 0 €
Zurechnungsbetrag bei OrgT-PersGes	**0 €**
2. Alternative:	
Gewerbeertrag OG-GmbH unverändert	./. 60.000 €
§ 7a Abs. 2 GewStG neu	
§ 3 Nr. 40 EStG	./. 40.000 €
§ 3c Abs. 2 Satz 1 EStG	+ 64.000 €
§ 9 Nr. 2a GewStG	./. 0 €
§ 8 Nr. 1 GewStG (25 % von [60 % von 100.000 € – 60 % von 160.000 €])	+ 9.000 €
Zurechnungsbetrag bei OrgT-PerGes	**./. 27.000 €**

1007   Nach u. E. unzutreffender Auffassung der Finanzverwaltung[1] fanden, wenn der **Organträger eine Personengesellschaft** ist, § 8b KStG und § 3 Nr. 40 EStG keine Anwendung.[2] Begründet wurde dies damit, dass die Personengesellschaft ein eigenes Gewerbesteuersubjekt ist. Die Verwaltung übersah jedoch, dass nach § 8b Abs. 6 KStG die Abs. 1 bis 5 des § 8b KStG auch für die dort genannten Bezüge, Gewinne und Gewinnminderungen gelten, die dem Steuerpflichtigen im Rahmen des Gewinnanteils aus einer Mitunternehmerschaft zugerechnet werden. Durch das EURLUmsG ist mit Wirkung ab EZ 2004 in § 7 GewStG ein Satz 4 eingefügt worden. Danach sind § 3 Nr. 40 EStG und § 8b KStG bei der Ermittlung des Gewerbeertrags einer Mitunternehmerschaft anzuwenden. U. E. handelt es sich nur um eine **Klarstellung**.

---

[1] BMF v. 26.8.2003 - S 2770, BStBl 2003 I S. 437, Tz. 34.
[2] Siehe hierzu Dötsch/Pung, DB 2003 S. 1970, 1980.

2.8 Die Besteuerung der Gewinne und Verluste des Organträgers aus einer Veräußerung der Beteiligung an der Organgesellschaft

Nach der Rechtsprechung des BFH ist der Gewinn des Organträgers aus der Veräußerung der Beteiligung an der Organgesellschaft grds. gewerbesteuerpflichtig, weil die Organgesellschaft und der Organträger zivilrechtlich getrennte Unternehmen bleiben, keine Einheitsbilanz erstellt wird und das gewerbesteuerliche Schachtelprivileg gem. § 9 Nr. 2a GewStG nicht für Veräußerungsgewinne gilt.[1] Umgekehrt müssen dann aber auch Verluste aus der Veräußerung der Beteiligung an der Organgesellschaft beim Organträger steuerlich berücksichtigt werden.

1008

Diese Grundsätze gelten allerdings nach Auffassung des BFH und der Verwaltung (R 7.1 Abs. 5 Satz 5 GewStR) insoweit nicht, als ein Veräußerungsgewinn des Organträgers auf nicht ausgeschütteten Gewinnen der Organgesellschaft beruht, die der Organträger bereits in früheren Jahren durch Zusammenrechnung des Gewerbeertrags der Organgesellschaft versteuert hat, oder soweit ein Veräußerungsverlust auf Verlusten der Organgesellschaft beruht, die sich auf die Besteuerung des Organträgers bereits in früheren Jahren durch Zusammenrechnung des negativen Gewerbeertrags der Organgesellschaft mit dem Gewerbeertrag des Organträgers ausgewirkt haben (siehe dazu Rz. 1011 ff.).

1009

Ab **EZ 2001** sind § 8b Abs. 2 KStG bzw. § 3 Nr. 40 Satz 1 Buchst. a EStG zu beachten. Danach bleiben Gewinne und Verluste aus der Veräußerung von Anteilen an der Organgesellschaft ganz (bei Körperschaften als Organträgern) bzw. zur Hälfte/40 % ab 2009 (bei natürlichen Personen als Organträgern; bei Personengesellschaften kommt es auf die Rechtsform der Gesellschafter an) außer Ansatz. Von dem Gewinn gelten nach § 8b Abs. 3 KStG jedoch 5 % als Ausgaben, die nicht als Betriebsausgaben abgezogen werden dürfen. Diese Vorschriften sind als Gewinnkorrekturvorschriften[2] auch im Gewerbesteuerrecht anzuwenden.[3] Damit scheidet jedoch eine Teilwertabschreibung auf die Organbeteiligung ebenfalls aus, § 8b Abs. 3 Satz 3 KStG.

1010

---

1 BFH, Urteile v. 6.10.1953 - I 29/53 U, BStBl 1953 III S. 329; v. 7.12.1971 - VIII R 3/70, BStBl 1972 II S. 468; v. 2.2.1972 - I R 217/69, BStBl 1972 II S. 470; vgl. ferner zu § 9 Nr. 7 GewStG a. F. BFH, Urteil v. 29.8.1984 - I R 154/81, BStBl 1985 II S. 160.
2 BFH, Beschluss v. 6.7.2000 - I B 34/00, BStBl 2002 II S. 490 = IStR 2000 S. 681; Dötsch/Pung in Dötsch/Pung/Möhlenbrock, § 8b KStG n. F. Tz. 6.
3 Selder in Glanegger/Güroff, § 7 GewStG Anm. 5.

2.9 Die Bedeutung einer Umwandlung der Organgesellschaft auf den Organträger für die Ermittlung des Gewerbeertrags von Organgesellschaft und Organträger bzw. einen anderen Rechtsträger

1011 Obwohl die persönliche Steuerpflicht der Organgesellschaft mit der Begründung eines gewerbesteuerlichen Organschaftsverhältnisses wegfällt, die Organgesellschaft also als Gewerbesteuersubjekt erlischt, ist die **Begründung eines Organschaftsverhältnisses** nach der Rechtsprechung des BFH[1] **nicht als Auflösung einer Kapitalgesellschaft oder Verschmelzung einer Kapitalgesellschaft auf den Organträger zu beurteilen.** Umgekehrt ist dann die Beendigung eines Organschaftsverhältnisses nicht als Einbringung eines Teilbetriebs des Organträgers in eine neu gegründete Kapitalgesellschaft mit entsprechenden steuerlichen Folgen zu beurteilen.

1012 Folgerichtig ist dann aber, wenn die Organgesellschaft während des Bestehens eines Organschaftsverhältnisses bürgerlich-rechtlich auf den Organträger nach Maßgabe der Vorschriften des handelsrechtlichen Umwandlungsgesetzes 1995 verschmolzen wird und der Organträger eine Personengesellschaft oder eine natürliche Person ist, ein etwaiger **Übertragungsgewinn**, der bei der Organgesellschaft gem. § 18 i.V.m. §§ 3 bis 9 UmwStG 1995 bzw. 2007 durch Realisierung der im Buchwert des Betriebsvermögens der Kapitalgesellschaft enthaltenen stillen Reserven entsteht, **gewerbesteuerpflichtig** und ist durch Zurechnung beim Organträger zu erfassen. Die Übernahme der vortragsfähigen Verluste der übertragenden Körperschaft i.S. des § 10a GewStG ist ausgeschlossen (§ 18 Abs. 1 Satz 2 UmwStG 1995).

Durch § 18 Abs. 1 Satz 2 UmwStG 2007 ist dies auf die Fehlbeträge des laufenden EZ ausgedehnt worden. Die früher vorgesehene Möglichkeit, den auf den Übertragungsgewinn entfallenden Teil der Gewerbesteuer zu stunden (§ 18 Abs. 4 UmwStG 1977), ist infolge der möglichen Buchwertfortführung ersatzlos entfallen. Ein beim Organträger entstehender **Übernahmegewinn** in Höhe der Differenz zwischen den Teilwerten (bzw. gemeinen Werten nach UmwStG 2007) des Betriebsvermögens der umgewandelten Organgesellschaft und dem Buchwert der untergehenden Anteilsrechte an der Organgesellschaft ist – anders als nach dem UmwStG 1977 – nicht zu erfassen, § 18 Abs. 2 UmwStG 1995/2007.[2] Entsprechendes gilt bei der Umwandlung der Organgesellschaft auf die Organträgerin in der Rechtsform einer Körperschaft, § 19 UmwStG; allerdings mit der Besonderheit, dass die vortragsfähigen Fehlbeträge der über-

---

[1] BFH, Urteil v. 27.9.1960 - I 162/62 U, BStBl 1960 III S. 471.
[2] H 7.1 Abs. 5 GewStH.

tragenden Körperschaft bei der übernehmenden Körperschaft unter bestimmten Voraussetzungen, die durch das StEntlG 1999/2000/2002 verschärft worden sind, abzugsfähig sind, § 19 Abs. 2 UmwStG 1995. Diese Möglichkeit ist durch das UmwStG 2007 entfallen, da Verlustvorträge in keinem Fall mehr übergehen.

Wird die Organgesellschaft nach § 123 UmwG auf mehrere neu gegründete Kapitalgesellschaften aufgespalten, ist ein eventuell entstandener gewerbesteuerrechtlicher Übertragungsgewinn i. S. von § 11 Abs. 2 UmwStG nach Auffassung des FG Berlin-Brandenburg vom Organträger zu versteuern.[1]

Veräußert der Organträger seine Alleinbeteiligung an der Organgesellschaft im laufenden Wirtschaftsjahr, entfällt für das gesamte Wirtschaftsjahr die gewerbesteuerliche Organschaft, da die Eingliederungsvoraussetzung nicht „ununterbrochen" im ganzen Wirtschaftsjahr bestanden hat. Wird allerdings die bisherige Organgesellschaft rückwirkend auf den Erwerber verschmolzen, so entsteht zwingend vom 1.1. bis zum steuerlichen Übertragungsstichtag ein Rumpfwirtschaftsjahr mit der Folge, dass damit ein abgekürzter Erhebungszeitraum entsteht. Das Entstehen des Rumpfwirtschaftsjahrs ist weder von der Zustimmung des Finanzamts noch der Eintragung in das Handelsregister abhängig. Der in diesem Zeitraum von der Organgesellschaft erzielte Gewerbeertrag ist (noch) dem bisherigen Organträger zuzurechnen.[2]

BEISPIEL ▶ Die X-GmbH ist Organgesellschaft der Y-AG, der alleinigen Anteilseignerin. Das Wirtschaftsjahr beider Gesellschaften entspricht dem Kalenderjahr. Zum 30.9.2010 veräußert die Y-AG die Beteiligung an die Z-SE. Anschließend wird die X-GmbH rückwirkend zum 30.4.2010 auf die Z-SE verschmolzen.

Durch die Veräußerung der Beteiligung während des laufenden Wirtschaftsjahrs der Organgesellschaft entfällt die Organschaft grds. zum 31.12.2009. Die Z-SE müsste als Rechtsnachfolgerin der X-GmbH deren Gewerbeertrag von Januar bis April 2010 versteuern. Durch die rückwirkende Umwandlung zum 30.4.2010 und die damit zwingende Bildung eines Rumpfwirtschaftsjahrs besteht die finanzielle Eingliederung allerdings „ununterbrochen" bis zu dem steuerlichen Umwandlungsstichtag fort; der Gewerbeertrag des Rumpfwirtschaftsjahrs ist noch der Y-AG als Organträgerin zuzurechnen.

---

[1] FG Berlin-Brandenburg, Urteil v. 31.5.2018 - 9 K 9143/16, UAAAG-94354 = EFG 2018 S. 1681, BFH-Az.: I R 27/18; a. A. BMF, Schreiben v. 11.11.2011 – UmwStErl 2011 –, Rz. Org 27.
[2] BFH, Urteil v. 21.12.2005 - I R 66/05, BStBl 2006 II S. 469.

2.10 Die Bedeutung nicht ausgeschütteter nachorganschaftlicher Gewinne der Organgesellschaft für die Besteuerung des Organträgers bei Organschaftsverhältnissen ohne Gewinnabführungsvertrag (bis einschließlich EZ 2001)

1014 Gewerbeertrag von Organgesellschaft und Organträger sind, wie ausgeführt, getrennt zu ermitteln, und zwar grds. so, als ob kein Organschaftsverhältnis bestünde. Die getrennt ermittelten Gewerbeerträge von Organgesellschaft und Organträger sind dann zusammenzurechnen und vom Organträger zu versteuern.

1015 Erwirtschaftet die Organgesellschaft nach Begründung des Organschaftsverhältnisses Gewinne, so sind diese demgemäß nicht von der Organgesellschaft, sondern über die Zurechnung des Gewerbeertrags der Organgesellschaft beim Organträger von diesem zu versteuern. Gleichzeitig erhöhen diese Gewinne, wenn sie nicht aufgrund eines GAV an den Organträger abgeführt und auch nicht ausgeschüttet werden, den Wert der Beteiligung des Organträgers an der Organgesellschaft. Veräußert der Organträger die Beteiligung, so erhöht sich damit der Veräußerungsgewinn entsprechend. Es stellt sich die Frage, ob dieser Veräußerungsgewinn beim Organträger, soweit er auf nicht ausgeschüttete nachorganschaftliche und beim Organträger über die Zusammenrechnung der Gewerbeerträge bereits versteuerte Gewinne zurückgeht, nochmals steuerpflichtig ist mit der Folge, dass die fraglichen Gewinne letztlich im Organkreis zweimal zu versteuern sind.

1016 Die Frage ist nach einhelliger Auffassung der Finanzverwaltung (Abschnitt 41 Abs. 1 Satz 7 GewStR 1998) und der Rechtsprechung[1] zu **verneinen**, weil der Sinn und Zweck der Vorschrift über die gewerbesteuerliche Organschaft u. a. darin besteht, die im Organkreis erwirtschafteten Erträge nur einmal der Gewerbesteuer zu unterwerfen[2] und weil Organschaftsverhältnisse mit und ohne Gewinnabführung im Gewerbesteuerrecht gleichzubehandeln sind.[3]

1017 **Während des Organschaftsverhältnisses erwirtschaftete, aber nicht ausgeschüttete Gewinne** sind somit, soweit sie in den Vorjahren im Organkreis der Gewerbesteuer unterlegen haben, bei der Ermittlung des Gewerbeertrags des Wirtschaftsjahres des Organträgers **abzuziehen**, in dem die Beteiligung veräußert wird.

---

[1] BFH, Urteile v. 26.1.1972 - I R 171/68, BStBl 1972 II S. 358; v. 17.2.1972 - IV R 17/68, BStBl 1972 II S. 582; vgl. auch BFH, Urteil v. 6.11.1985 - I R 56/82, BStBl 1986 II S. 73.
[2] So BFH, Urteil v. 26.1.1972 - I R 171/68, BStBl 1972 II S. 358.
[3] So BFH, Urteil v. 17.2.1972 - IV R 17/68, BStBl 1972 II S. 582.

Die zuvor dargestellte Auffassung erfordert zu ihrer praktischen Durchführung für gewerbesteuerliche Organschaftsverhältnisse ohne Gewinnabführung die **Bildung aktiver Ausgleichsposten** beim Organträger ähnlich den Ausgleichsposten, die nach Auffassung der Verwaltung für den Bereich der Körperschaftsteuer und folgerichtig auch für den Bereich der Gewerbesteuer bei Organschaftsverhältnissen mit Gewinnabführung für nicht abgeführte nachvertragliche Gewinne zu bilden sind (siehe Rz. 651 ff.). 1018

Demgemäß sind bei einer gewerbesteuerlichen Organschaft ohne Gewinnabführung in einer nur für Zwecke der Ermittlung des Gewerbeertrags erstellten Steuerbilanz des Organträgers für die während der Organschaft erzielten nicht ausgeschütteten Gewinne erfolgsneutral aktive Ausgleichsposten anzusetzen, die sich bei einer Veräußerung der Beteiligung und bei einer Umwandlung der Organgesellschaft wie eine Korrektur des Buchansatzes für diese Beteiligung auswirken. Die Ausgleichsposten sind ebenso wie die für Organschaftsverhältnisse mit Gewinnabführung erforderlichen Ausgleichsposten nur nach Maßgabe des Beteiligungsverhältnisses zu bilden (siehe dazu Rz. 655 ff.).[1] 1019

2.11 Die Bedeutung nachorganschaftlicher Verluste der Organgesellschaft für die Besteuerung des Organträgers bei Organschaftsverhältnissen ohne GAV (bis einschließlich EZ 2001)

Erleidet die Organgesellschaft nach Begründung des Organschaftsverhältnisses Verluste, so mindern diese über die Zurechnung eines negativen Gewerbeertrags der Organgesellschaft den vom Organträger zu versteuernden Gewerbeertrag. Gleichzeitig verringern diese Verluste, wenn sie nicht aufgrund eines GAV vom Organträger übernommen werden, den Wert der Beteiligung des Organträgers an der Organgesellschaft. Veräußert der Organträger später die Beteiligung, so entsteht ein entsprechend geringerer Veräußerungsgewinn oder gar ein Veräußerungsverlust. Wird die Organgesellschaft auf den Organträger verschmolzen, so verringert sich ein etwaiger Übernahmegewinn entsprechend. Es stellt sich die **Frage**, ob diese Minderung eines Veräußerungsgewinns oder eines Übernahmegewinns oder ein entsprechender Veräußerungs- oder Übernahmeverlust, soweit diese auf nachorganschaftliche und bei der Besteuerung des Organträgers über die Zusammenrechnung der Gewerbeerträge bereits berücksichtige Verluste zurückgehen, steuerlich nochmals zu berücksichtigen sind, mit der Folge, dass die fraglichen Verluste im Organkreis 1020

---

[1] FG Münster v. 23.9.2015 - 9 K 4074/11 G, OAAAF-67441 = EFG 2016 S. 587, Rz. 51, rkr. nach Rücknahme der Revision I R 3/16.

letztlich zweimal zur Geltung kommen. Entsprechendes gilt, wenn der Organträger die Beteiligung nicht veräußert, aber darauf eine **Teilwertabschreibung** vornimmt.

1021 Die Frage ist nach Auffassung der Finanzverwaltung zu verneinen (Abschnitt 41 Abs. 1 Satz 8 GewStR 1998). Der Ansicht der Finanzverwaltung ist beizupflichten. Wenn der Sinn und Zweck der Vorschriften über die gewerbesteuerliche Organschaft u. a. darin besteht, die im Organkreis erwirtschafteten Erträge nur einmal der Gewerbesteuer zu unterwerfen, so dürfen sich folgerichtig auch die im Organkreis eingetretenen Verluste gewerbesteuerrechtlich nur einmal auswirken. Auch der Gesichtspunkt, dass Organschaftsverhältnisse mit und ohne GAV gewerbesteuerrechtlich gleichwertig sind, spricht für diese Lösung.[1] **Verlustbedingte Teilwertabschreibungen** auf die Beteiligung an der Organgesellschaft – auch wenn sie bilanzsteuerrechtlich gerechtfertigt sein sollten – dürfen sich demnach auf den Gewerbeertrag des Organträgers nicht mindernd auswirken, soweit die Verluste in den Vorjahren im Organkreis berücksichtigt worden sind.[2] Der Bundesfinanzhof[3] lässt allerdings eine Abschreibung von dem den Anschaffungskosten entsprechenden Buchwert einer Beteiligung auf den niedrigeren Teilwert zu, wenn diese nicht dazu dient, Verluste, die die Beteiligungsgesellschaft in den Vorjahren erlitten hat, durch den Teilwertansatz noch einmal zur Geltung zu bringen, sondern allein bezweckt, dem aufgrund mangelnder Rentabilität der Beteiligungsgesellschaft eingetretenen Wertverlust Rechnung zu tragen.[4]

1022 Der Bundesfinanzhof hat seine Rechtsprechung zur Hinzurechnung verlustbedingter Teilwertabschreibungen auf die Beteiligung an der Organgesellschaft mittlerweile sogar auf **Teilwertabschreibungen auf Darlehensforderungen** des Organträgers gegen eine Organgesellschaft ausgedehnt.[5] Danach sind Gewinnminderungen infolge einer Teilwertabschreibung bei der Ermittlung des organschaftlichen Gewerbeertrags durch entsprechende Hinzurechnungen zu neutralisieren, soweit die Teilwertabschreibung zumindest auch durch erlittene Verluste der Organgesellschaft bedingt ist. Die Teilwertabschreibung beruht nach Auffassung des Bundesfinanzhofs dabei stets zumindest auch auf

---

1 Ebenso BFH, Urteile v. 6.11.1985 - I R 56/82, BStBl 1986 II S. 73, 75 und – jedoch nur beiläufig – v. 17.12.1972 - IV R 17/68, BStBl 1972 II S. 582.
2 BFH, Urteil v. 23.1.1992 - XI R 47/89, BStBl 1992 II S. 630; Popp, a. a. O., § 2 GewStG Rz. 599.
3 Urteil v. 22.4.1998 - I R 109/97, BStBl 1998 II S. 748.
4 Abschnitt 41 Abs. 1 Satz 9 GewStR 1998; Blümich/Drüen, § 2 GewStG Rz. 175; Güroff in Glanegger/Güroff, § 2 GewStG Anm. 389 f.
5 BFH, Urteil v. 5.11.2009 - IV R 57/06, BStBl 2010 II S. 646.

erlittenen Verlusten der Organgesellschaft, soweit der Betrag der Teilwertabschreibung den Betrag dieser Verluste nicht übersteigt.

Entsprechendes gilt für **nicht aktivierte Zuschüsse des Organträgers** zur Abdeckung von im Organkreis erfassten Verlusten der Organgesellschaft. Wird eine Teilwertabschreibung nicht vorgenommen, die Beteiligung an der Organgesellschaft aber später zu einem entsprechend geringeren Verkaufspreis veräußert, so ist bei der Ermittlung des Gewerbeertrags ein Betrag in Höhe des bei der Zusammenrechnung der Gewerbeerträge berücksichtigten Verlustes der Organgesellschaft hinzuzurechnen (Abschnitt 41 Abs. 1 Satz 14 GewStR 1998). 1023

Die zuvor dargestellte Auffassung erfordert zu ihrer rechtstechnischen Durchführung die **erfolgsneutrale Bildung passiver Ausgleichsposten** beim Organträger in Höhe nachorganschaftlicher Verluste der Organgesellschaft, die sich bei einer Veräußerung der Beteiligung, einer Umwandlung der Organgesellschaft an einer Teilwertabschreibung auf die Beteiligung an der Organgesellschaft wie eine Korrektur des Buchansatzes für diese Beteiligung auswirken. Die Ausführungen in Rz. 1015 f. gelten sinngemäß. 1024

Im Rahmen des Steuerreformgesetzes 1990 ist § 8 Nr. 10 GewStG eingefügt worden, der eine Neuregelung zur sog. **ausschüttungsbedingten Teilwertabschreibung** zum Inhalt hat. Zum Problem der ausschüttungsbedingten Teilwertabschreibung allgemein siehe Rz. 628 bis 632. Die Finanzverwaltung ist der Auffassung, dass eine Teilwertabschreibung auf die Beteiligung an der Organgesellschaft die auf einer Gewinnausschüttung oder Gewinnabführung beruht, sich nicht mindernd auf den Gewerbeertrag des Organträgers auswirken darf.[1] Dies soll sich nicht aus § 8 Nr. 10 GewStG ergeben, der zu Recht wegen seiner einschränkenden Voraussetzungen für nicht einschlägig gehalten wird,[2] sondern unmittelbar aus § 2 Abs. 2 Satz 2 GewStG, der die vollständige Erfassung des Gewerbeertrages des Organkreises gebiete.[3] 1025

Der BFH hat die Auffassung der Finanzverwaltung in mehreren Urteilen[4] bestätigt. Zur Begründung führt er im Wesentlichen aus, dass es für die Ermittlung des Gewerbeertrags des Organkreises ohne Bedeutung sei, ob eine Or- 1026

---

1 Abschnitt 41 Abs. 1 Satz 10 GewStR 1998; zu dieser Änderung der GewStR s. Breidenbach, DB 1991 S. 2157.
2 Pauka, DB 1988 S. 2224, 2227; Altehoefer, NWB F. 5, S. 1121, 1122 f.; Pöllath/Wenzel, DB 1989 S. 797.
3 FinMin Nordrhein-Westfalen, Erlass v. 14.3.1989, DB 1989 S. 656; kritisch hierzu Pöllath/Wenzl, a. a. O.; Lange, BB 1990 S. 1039.
4 BFH, Urteile v. 2.2.1994 - I R 10/93, BStBl 1994 II S. 768, m. Anm. Hofmeister, DStZ 1994 S. 389; v. 28.10.1999 - I R 111/97, HAAAA-65351 = BFH/NV 2000 S. 896; v. 19.11.2003 - I R 88/02, BStBl 2004 II S. 751.

gangesellschaft ihren Gewinn abführe oder thesauriere. Da die Gewinnabführung ohne Einfluss auf den Gewerbeertrag des Organkreises sei, dürften weder die auf ihr beruhenden bilanziellen Vermögensmehrungen noch die auf ihr beruhenden Vermögensminderungen den Gewerbeertrag des Organkreises beeinflussen. Auch nach Auffassung des BFH ist § 8 Nr. 10 GewStG nicht einschlägig.

1027 U. E. ist diese Meinung bis einschließlich Erhebungszeitraum 1998 abzulehnen. Aus § 2 Abs. 2 Satz 2 GewStG ist zwar das Verbot der Doppelbelastung bzw. Doppelentlastung zu entnehmen. Er enthält aber kein Gebot, das eine Neutralisierung des Gewerbeertrags der Organgesellschaft beim Organträger verbietet.[1] Die Teilwertabschreibung ist daher gewerbesteuerlich anzuerkennen. Dies gilt gleichermaßen für die ausschüttungs- wie die abführungsbedingte Teilwertabschreibung, da Organschaften mit und ohne GAV im Gewerbesteuerrecht gleich zu behandeln sind. Es gab bis 1998 keine § 50c EStG entsprechende Vorschrift im Gewerbesteuerrecht. Mittlerweile hat der **Gesetzgeber** durch das StEntlG 1999/2000/2002 mit Wirkung **ab Erhebungszeitraum 1999** durch eine **Neufassung des § 8 Nr. 10 GewStG** entschieden, dass Gewinnminderungen, die durch den Ansatz des niedrigeren Teilwerts an einer Körperschaft entstanden sind, dem Gewerbeertrag hinzuzurechnen sind, soweit der Ansatz des niedrigeren Teilwerts auf Gewinnausschüttungen oder organschaftliche Gewinnabführungen der Körperschaft zurückzuführen ist. Damit hat er ab 1999 die Auffassung der Verwaltung ins Gesetz übernommen.

2.12 Die Berechtigung zum Abzug nachorganschaftlicher Verluste der Organgesellschaft nach Beendigung der Organschaft

1028 Verluste, die während der Dauer der gewerbesteuerlichen Organschaft bei der Organgesellschaft entstehen, werden dem Organträger zugerechnet und mit dessen positivem Gewerbeertrag (nach Hinzurechnungen und Kürzungen) saldiert. Hat der Organträger nicht genügend positiven Gewerbeertrag, wirkt sich der Gewerbeverlust der Organgesellschaft nur zum Teil oder bei eigenen Verlusten des Organträgers eventuell überhaupt nicht aus. Es ist zweifelhaft, wem der Verlustvortrag gem. § 10a GewStG aus noch nicht ausgeglichenen Verlusten der Organgesellschaft nach Beendigung der Organschaft zusteht.

---

1 Ebenso Niedersächsisches FG, Urteil v. 21.4.1998 - VI 27/95, EFG 1998 S. 1425, aufgehoben durch BFH, Urteil v. 28.10.1999 - I R 79/98, DAAAA-65374 = BFH/NV 2000 S. 745; Güroff in Glanegger/Güroff, § 2 GewStG Anm. 390; Kohlhaas, DStR 1998 S. 5, jeweils m.w. N.

III. Die Rechtswirkungen der Organschaft

> **BEISPIEL** Die X-GmbH steht 2009 in einem Organschaftsverhältnis zum Einzelkaufmann A. Die X-GmbH erzielt einen Gewerbeverlust von 100, A erzielt einen Verlust von 50. Im Jahre 2010, in dem kein Organschaftsverhältnis mehr besteht, erzielen die X-GmbH und A jeweils einen Gewerbeertrag von 150.

In der **Literatur** wird der Fall teilweise wie folgt gelöst:[1]

Die **Verluste**, die während der Organschaftszeit bei der Organgesellschaft entstanden und nicht ausgeglichen worden sind, seien **nach Beendigung des Organschaftsverhältnisses bei der Organgesellschaft** gem. § 10a GewStG vortragsfähig.[2] Das bedeutet, dass die X-GmbH den Fehlbetrag vom Gewerbeertrag abziehen kann und bei ihr 2010 der Gewerbeertrag, auf den gem. § 11 Abs. 1 GewStG die Steuermesszahl anzuwenden ist, 50 beträgt. Für A beträgt der maßgebende Gewerbeertrag 100.

1029

Demgegenüber hat der **BFH** mit Urteilen vom 27.6.1990[3] entschieden, dass **Verluste einer Organgesellschaft, die während der Dauer einer gewerbesteuerlichen Organschaft entstanden sind, auch nach Beendigung der Organschaft nur vom maßgebenden Gewerbeertrag des Organträgers abgesetzt werden können.**[4] Der BFH leitet u. E. zu Recht aus dem Begriff „maßgebender Gewerbeertrag" in §§ 10 Abs. 1 und 10a GewStG ab, dass, da der einheitliche Steuermessbetrag gem. § 14 GewStG während der Dauer der Organschaft nur gegenüber dem Organträger festgesetzt wird, während dieser Zeit unter dem „maßgebenden Gewerbeertrag" nur derjenige verstanden werden kann, der gegenüber dem Organträger zu ermitteln und festzusetzen ist. Ergibt sich hierbei ein Fehlbetrag, so ist dieser Fehlbetrag wegen der Regelung in § 2 Abs. 2 Satz 2 GewStG als ein solcher des Organträgers zu behandeln. Der Fall ist deshalb wie folgt zu lösen:

1030

Der maßgebende Gewerbeertrag 2010 beträgt für die X-GmbH 150 und für A 0.

---

1 Vgl. Popp, a. a. O., § 2 GewStG Rz. 593.
2 Ebenso FG Münster v. 6.8.1985 - X 2986/81 G, EFG 1985 S. 622; Schleswig-Holsteinisches FG v. 9.9.1987 - I 75/85, EFG 1988 S. 82, beide aufgehoben durch die nachstehend genannten Urteile des BFH.
3 I R 183/85, BStBl 1990 II S. 916, und I R 158/87, HAAAB-31577 = BFH/NV 1991 S. 116.
4 Zustimmend Jonas, DB 1990 S. 2394; Blümich/Drüen, § 2 GewStG Rz. 96; Güroff in Glanegger/Güroff, § 10a GewStG Anm. 106; ebenso H 10a.4 GewStH.

2.13 Auswirkungen der „gebrochenen" Einheitstheorie auf verschiedene Einzelfragen

1031 Der BFH ist der Auffassung, dass die Filialtheorie (Einheitstheorie) in ihrer reinen Form für das Gewerbesteuerrecht nicht anerkannt werden könne. Organträger und Organgesellschaft seien rechtlich selbständige Unternehmen, die als solche getrennt bilanzieren, auch wenn ihr Gewerbeertrag zum Zwecke der Festsetzung eines einheitlichen Gewerbesteuermessbetrags für den Organträger zusammengerechnet werde. Das Organ dürfe **nicht in jeder Hinsicht** als bloße Betriebsstätte des Organträgers behandelt werden. Diese Einschränkung der reinen Filialtheorie (Einheitstheorie) hat nach Ansicht des BFH folgende Konsequenzen:

1032 ▶ Die Anwendung des § 10a GewStG setzt **Unternehmens- und Unternehmergleichheit** voraus (vgl. R 10a.2 und 10a.3 GewStR). Ein Gesellschafterwechsel in einer Personengesellschaft führt deshalb nach Maßgabe des Beteiligungsverhältnisses des ausscheidenden Gesellschafters zum Untergang des Verlustabzugs nach § 10a GewStG,[1] mittlerweile gesetzlich geregelt in § 10a Sätze 4 und 5 GewStG in der Fassung des JStG 2007. Dies gilt auch dann, wenn zwischen dem früheren und dem jetzigen Gesellschafter der Personengesellschaft ein gewerbesteuerliches Organschaftsverhältnis bestand, weil Organträger und Organgesellschaft verschiedene Unternehmen sind.[2] Die Finanzverwaltung hat in R 10a.4 GewStR ihre Auffassung zu der Frage niedergelegt, inwieweit Verluste einer Personengesellschaft, die im Zuge der Anwachsung der Personengesellschaft auf eine Organgesellschaft übergehen, innerhalb des Organkreises nutzbar sind. Danach kann die Organgesellschaft die nach rechtswirksamem Abschluss des GAV entstandenen Verluste mit eigenen Gewinnen verrechnen. Die vorher entstandenen Verluste sind eingefroren (vgl. § 10a Satz 3 GewStG)

1033 ▶ Die Vorschriften des § 19 GewStDV über den **Dauerschuldenansatz bei Kreditinstituten** können im Organkreis nur demjenigen Unternehmen zugute kommen, das Kreditinstitut i. S. dieser Bestimmung ist.[3]

1034 ▶ Der Organträger kann die **erweiterte Kürzung für Grundstücksunternehmen** nach § 9 Nr. 1 Sätze 2 und 3 GewStG für die Ermittlung des eigenen

---

[1] BFH, Beschluss v. 3.5.1993 - GrS 3/92, BStBl 1993 II S. 616; Urteil v. 7.12.1993 - VIII R 4/88, QAAAB-34114 = BFH/NV 1994 S. 573; zu Einzelheiten s. R 10a.3 Abs. 3 GewStR.
[2] BFH, Urteile v. 8.1.1963 - I 237/61 U, BStBl 1963 III S. 188; v. 29.8.2000 - VIII R 1/00, BStBl 2001 II S. 114; Güroff in Glanegger/Güroff, § 10a GewStG Anm. 98.
[3] BFH, Urteil v. 29.5.1968 - I 198/65, BStBl 1968 II S. 807; Meyer-Scharenberg, § 8 Nr. 1 GewStG Rz. 29.

Gewerbeertrags auch dann in Anspruch nehmen, wenn die Organgesellschaft steuerschädlich i. S. dieser Vorschrift tätig ist.[1] Nach Auffassung des FG München[2] dient ein Grundstück nicht bereits deshalb dem Gewerbebetrieb eines Gesellschafters i. S. des § 9 Nr. 1 Satz 5 Nr. 1 GewStG, weil dieser Organträger ist, wenn er nur mittelbar an der Grundstücksgesellschaft beteiligt ist. Deshalb ist die Kürzung bei der Grundstücksgesellschaft vorzunehmen. Ist das Grundstück jedoch an eine andere Organgesellschaft vermietet, ist die Kürzung auf der Ebene des Organträgers rückgängig zu machen, wenn nach Zusammenrechnung der Gewerbeerträge aller Organgesellschaften im Organkreis auf der Ebene des Organträgers kein Gewinn" i. S. des § 9 GewStG mehr verbleibt.[3]

▶ Die Eigenschaft einer Kapitalgesellschaft als Organgesellschaft lässt ihre **Mitunternehmer-Stellung** als Beteiligte an einer Personengesellschaft unberührt.[4] Anteilige Gewerbeverluste aus einer aufgelösten Mitunternehmerschaft kann die Organgesellschaft wie vororganschaftliche Verluste nur mit eigenen Gewerbeerträgen verrechnen. Eine Verrechnung mit Gewerbeerträgen des Organträgers ist nicht möglich.[5] 1035

Folgt man der Auffassung des BFH, dass die Filial- oder Einheitstheorie in einer reinen Form für das Gewerbesteuerrecht nicht gilt, so ergeben sich hieraus weitere Konsequenzen. 1036

Lieferungen und Leistungen zwischen Organgesellschaft und Organträger sind nach Maßgabe der allgemeinen Vorschriften des EStG und des KStG über die Gewinnermittlung einschließlich der Vorschriften über verdeckte Gewinnausschüttungen zu Preisen abzurechnen, wie sie unter Fremden vereinbart würden; auch **Lieferungen und Leistungen im Organkreis** führen demnach zur **Gewinnrealisierung**.[6] 1037

---

1 BFH, Urteile v. 30.7.1969 - I R 21/67, BStBl 1969 II S. 629; v. 1.8.1979 - I R 111/78, BStBl 1980 II S. 77; H 9.2 Abs. 2 Organschaft GewStH.
2 FG München v. 14.11.2005 - 7 K 2699/03, HAAAB-75418 = EFG 2006 S. 578, rkr. nach Rücknahme der Revision I R 109/05.
3 Weitergehend für Rückgängigmachung in jedem Fall FG Berlin-Brandenburg, Urteil v. 18.1.2011 - 6 K 6038/06 B, YAAAD-76413 = EFG 2011 S. 1178, bestätigt durch BFH, Urteil v. 30.10.2014 - IV R 9/11, TAAAE-81775 = BFH/NV 2015 S. 227; ebenso BFH, Urteil v. 18.5.2011 - X R 4/10, BStBl 2011 II S. 887; zu Letzterem s. Huland/Dickhöfer, BB 2013 S. 2583.
4 BFH, Urteil v. 10.11.1983 - IV R 56/80, BStBl 1984 II S. 150.
5 OFD Frankfurt a. M., Vfg. v. 6.7.2000, DStR 2000 S. 1436.
6 So FG Düsseldorf v. 15.3.1966 - IX 41/65 C, EFG 1966 S. 425; Güroff in Glanegger/Güroff, § 2 GewStG Anm. 382.

1038 Nach § 9 Nr. 2a GewStG (zur gesetzlichen Regelung hinsichtlich der Anwendbarkeit der Vorschrift s. oben Rz. 1006) wird bei der Ermittlung des Gewerbeertrags die Summe des Gewinns und der Hinzurechnungen **gekürzt um die Gewinne aus Anteilen an Kapitalgesellschaften**, an denen das Unternehmen „mindestens zu einem Zehntel am Grund- oder Stammkapital beteiligt ist" (ab EZ 2008: 15 %). Besitzen sowohl die Organgesellschaft als auch der Organträger Anteile an einer Kapitalgesellschaft, so können diese für die Anwendung des § 9 Nr. 2a GewStG nicht zusammengerechnet werden.[1] Der Hinweis in dem vorgenannten FG-Urteil auf BFH v. 21.8.1996[2] geht u. E. fehl, da der BFH maßgeblich auf § 9 Nr. 7 Satz 3 GewStG abstellt und eine vergleichbare Vorschrift in § 9 Nr. 2a GewStG fehlt.

> **BEISPIEL** ▸ Die X-GmbH steht in einem Organschaftsverhältnis zum Einzelkaufmann A. Die X-GmbH (Organgesellschaft) und der A (Organträger) besitzen je 8 % der Anteile an der Y-GmbH. Für die Gewinnausschüttung der Y-GmbH an X und an A kann das gewerbesteuerliche Schachtelprivileg nicht gewährt werden.

1039 Der **Veräußerungsgewinn** einer Organgesellschaft i. S. des § 16 EStG bewirkt bei einer natürlichen Person oder Personengesellschaft als Organträgerin keine Tarifbegünstigung nach § 34 EStG, weil diese Vorschrift auf Kapitalgesellschaften nicht anzuwenden ist (s. Rz. 591). Damit ist u. E. auch die Gewerbesteuerfreiheit zu versagen.

1040 Die Voraussetzungen einer **Steuerbefreiung** nach § 3 GewStG müssen in der Person des Organträgers bzw. der Organgesellschaft erfüllt sein. Die Steuerbefreiung beschränkt sich in ihrer Wirkung auf das Unternehmen, das die Voraussetzungen des § 3 GewStG erfüllt, allerdings mit Weiterleitung der Steuerbefreiung der Organgesellschaft auf den Organträger, siehe oben Rz. 975.

1041–1050 *(unbesetzt)*

---

1 A. A. FG Köln v. 30.10.2002 - 4 K 5915/97 KAAAB-20375 = EFG 2003 S. 1265; 4 K 5914/97, ZAAAB-09092 = EFG 2003 S. 946, wonach bei der Berechnung des gewerbesteuerlichen Schachtelprivilegs alle Anteile zusammenzurechnen sind, die der Organträger selbst oder durch Organgesellschaften unmittelbar hält; aus formellen Gründen aufgehoben durch BFH v. 25.2.2004 - I R 1/03, I R 2/03, I R 3/03, HAAAB-25298, neues Az.: 13 K 3406-3408/04; diese Verfahren wurden außergerichtlich erledigt.
2 BFH, Urteil v. 21.8.1996 - I R 186/94, BStBl 1997 II S. 434.

3. Besonderheiten der Ermittlung des Gewerbeertrags bei Personengesellschaften als Organträger

3.1 Verluste der Organgesellschaft

Ist eine Personengesellschaft Organträger, die keinen eigenen Gewerbebetrieb unterhält und damit auch keine eigenen Gewinne erwirtschaftet (sog. Mehrmütterorganschaft), und erleidet die Organgesellschaft Verluste, die der Personengesellschaft als Organträger zuzurechnen sind, so können diese **Verluste anders als bei der Körperschaftsteuer nicht mit Gewinnen verrechnet werden, die die Gesellschafter der Personengesellschaft aus eigener gewerblicher Betätigung erwirtschaften**. Die Verluste mindern zwar entsprechend dem für die Personengesellschaft gültigen Maßstab für die Verteilung von Gewinnen und Verlusten auf die Gesellschafter den Steuerbilanzgewinn der Gesellschafter, sind aber bei der Ermittlung des Gewerbeertrags der Gesellschafter der Personengesellschaft nach § 8 Nr. 8 GewStG wieder hinzuzurechnen.

1051

Ein **Verlustausgleich** zwischen der Organgesellschaft und den Gesellschaftern der BGB-Gesellschaft **findet nicht statt**, da bei der Mehrmütterorganschaft der Organkreis aus der BGB-Gesellschaft und der Kapitalgesellschaft besteht, § 2 Abs. 2 Satz 3 GewStG (s. oben Rz. 895). **Mit der Aufhebung der Mehrmütterorganschaft (siehe Rz. 895) ab EZ 2003 ist dieses Thema entfallen.** Die Finanzverwaltung lässt aus Billigkeitsgründen auf übereinstimmenden, unwiderruflichen, beim für die Besteuerung der Organgesellschaft zuständigen Finanzamt zu stellenden Antrag der Gesellschafter der Willensbildungs-GbR und der Organgesellschaft eine Übertragung des Verlustvortrags auf die bisherige verlustverursachende Organgesellschaft zu.[1]

3.2 Dauerschulden im Verhältnis zwischen den Gesellschaftern einer Personengesellschaft als Organträger und der Organgesellschaft

Ist eine Personengesellschaft Organträger, so ist diese selbständiges Gewerbesteuersubjekt; die Gesellschafter der Personengesellschaft sind nicht Mitglieder des Organkreises. Demgemäß gilt der Grundsatz, dass zur Vermeidung einer doppelten steuerlichen Belastung Hinzurechnungen nach § 8 GewStG unterbleiben (siehe Rz. 972 f.), nur für Dauerschuldverhältnisse zwischen der Personengesellschaft, also dem Organträger, und der Organgesellschaft, nicht

1052

---

1 BMF v. 10.11.2005 - S 2770, BStBl 2005 I S. 1038, Tz. 10.

hingegen für Dauerschuldverhältnisse zwischen einem Gesellschafter der Personengesellschaft und der Organgesellschaft.[1]

> **BEISPIEL** Die Y-GmbH steht als Organgesellschaft in einem gewerbesteuerlichen Organschaftsverhältnis zur Personengesellschaft X, deren Gesellschafter die Einzelkaufleute A, B und C sind. Der Einzelkaufmann A hat der Y-GmbH ein langfristiges Darlehen gewährt. Bei der Ermittlung des Gewerbeertrags der Y-GmbH sind die Darlehenszinsen gem. § 8 Nr. 1 GewStG hinzuzurechnen.

Vorstehende Ausführung sind durch die Neuregelung der Hinzurechnung nach § 8 Nr. 1 GewStG durch das Unternehmensteuerreformgesetz 2008 ab EZ 2008 überholt (s. oben Rz. 967).

3.3 Die Beteiligung an der Organgesellschaft

1053 Ist eine Personengesellschaft Organträger, sind die Anteile an der Organgesellschaft aber nicht Gesamthandseigentum der Personengesellschaft, sondern Eigentum der Gesellschafter, so stellte sich **bis EZ 1997** die Frage, ob die Anteile an der Organgesellschaft beim Gewerbekapital der Gesellschafter der Personengesellschaft und das den Anteilen entsprechende Vermögen beim Gewerbekapital der Organgesellschaft, im Ergebnis also doppelt erfasst werden.

> **BEISPIEL** Organträger ist eine Personengesellschaft, deren Gesellschafter 12 Einzelkaufleute sind, die zu je 8,5 % an der Organgesellschaft beteiligt sind. Die Anteile an der Organgesellschaft sind nicht Gesamthandseigentum der Personengesellschaft, wohl aber notwendiges Sonderbetriebsvermögen der Gesellschafter.

1054 Die Frage ist zu bejahen, wenn die Anteile an der Organgesellschaft Bestandteil des Einheitswerts des Betriebsvermögens der einzelnen Gesellschafter der Personengesellschaft sind, soweit der einzelne Gesellschafter mit weniger als 10 % an der Kapitalgesellschaft beteiligt ist. Denn in diesem Falle kann bei der Ermittlung des Gewerbekapitals der Gesellschafter der Personengesellschaft § 12 Abs. 3 Nr. 2a GewStG nicht angewendet werden; die Kürzungsvorschrift des § 12 Abs. 3 Nr. 2 GewStG hingegen führt nur dazu, dass das Gewerbekapital der Organgesellschaft nicht nochmals bei den Gesellschaftern der Personengesellschaft erfasst wird, kann aber den Nichtansatz der Beteiligung an der Organgesellschaft nicht rechtfertigen.[2]

1055 Nach der Rechtsprechung des BFH sind allerdings **Anteile an einer Kapitalgesellschaft**, die zwar nicht im Gesamthandsvermögen der Personengesellschaft, sondern im Eigentum der Gesellschafter stehen, aber Sonderbetriebsvermö-

---

[1] Vgl. Kreuzer, FR 1981 S. 398, 400; Güroff in Glanegger/Güroff, § 2 GewStG Anm. 387.
[2] Blümich/Gosch, § 12 GewStG a. F. Rz. 165.

gen der Gesellschaft sind, dann nicht den Gesellschaftern, sondern nur der Personengesellschaft bei der Einheitsbewertung des Betriebsvermögens zuzurechnen, wenn sich die Kapitalgesellschaft auf die Geschäftsführung für die Personengesellschaft beschränkt oder wenn ein daneben bestehender eigener Geschäftsbetrieb von ganz untergeordneter Bedeutung ist.[1] Die Anteile sind dann nur im **Einheitswert des Betriebsvermögens der Personengesellschaft**, nicht auch (oder nur) im Einheitswert des Betriebsvermögens der Gesellschafter enthalten.

Bei der Ermittlung des Gewerbekapitals für den Organkreis bleibt die Beteiligung an der Organgesellschaft gem. § 12 Abs. 3 Nr. 2a GewStG außer Ansatz; erfasst wird also nur das dieser Beteiligung entsprechende Vermögen der Organgesellschaft bei der Ermittlung des Gewerbekapitals der Organgesellschaft. Bei der Ermittlung des Gewerbekapitals der Gesellschafter der Personengesellschaft sind die Anteile an der Personengesellschaft, also der anteilige Einheitswert des Betriebsvermögens der Personengesellschaft, in dem die Beteiligung an der Organgesellschaft enthalten ist, gem. § 12 Abs. 3 Nr. 2 GewStG abzuziehen. Bei der Besteuerung der Personengesellschaft, der Gesellschafter und der Organgesellschaft nach dem Gewerbekapital wird also letztlich nur das Vermögen der Organgesellschaft, und zwar beim Organträger durch Zurechnung erfasst; die Beteiligung an der Organgesellschaft bleibt unversteuert.[2]

4. Auflösung der Organgesellschaft – Betriebseinstellung und Veräußerung des Betriebsvermögens der Organgesellschaft

Wird eine Organgesellschaft aufgelöst und abgewickelt, so fragt sich, ob der dem **Abwicklungsgewinn** entsprechende Gewerbeertrag der Organgesellschaft mit dem Gewerbeertrag des Organträgers zusammenzurechnen ist. Folgt man der in Rz. 738 und 741 dargestellten Auffassung, ist die gestellte Frage mittlerweile zu bejahen.

1056

Stellt eine Organgesellschaft **ohne förmlichen Auflösungsbeschluss** ihre gewerbliche Tätigkeit nicht nur vorübergehend ein und veräußert sie ihr Vermögen, so stellt sich die Frage, ob der dem Veräußerungsgewinn entsprechende Gewerbeertrag dem Gewerbeertrag des Organträgers zur Versteuerung zu-

1057

---

1 BFH, Urteil v. 7.12.1984 - III R 91/81, BStBl 1985 II S. 241, in Änderung der früheren Rechtsprechung; vgl. auch § 97 Abs. 1 Nr. 5 Satz 2 BewG.
2 Ebenso Güroff in Glanegger/Güroff, 3. Aufl., § 2 GewStG Anm. 202.

zurechnen ist. Folgt man der in Rz. 767 dargestellten Auffassung, ist auch diese Frage zu bejahen.

1058 § 14 Abs. 1 Satz 1 Nr. 5 KStG[1] dürfte trotz des umfassenden Verweises in § 7 Satz 1 GewStG aufgrund des bei der Gewerbesteuer geltenden Territorialprinzips nicht zur Anwendung kommen.[2]

1059–1090 *(unbesetzt)*

---

[1] Siehe hierzu oben Rz. 614 ff.
[2] Keß in Lenski/Steinberg, § 2 GewStG Rz. 3781, m.w. N.; mit anderer Begründung ebenso M. Müller in Prinz/Witt, Rz. 28.10.

C. Die Organschaft im Umsatzsteuerrecht

Literatur: *Alvermann,* Die umsatzsteuerliche Organschaft auf dem Prüfstand, AG 2009 S. 28; *Balbinot/Berner,* Holdinggesellschaften in der Umsatzsteuer: Umfang der Berechtigung zum Vorsteuerabzug, DStR 2018 S. 648; *Beck,* Die Auswirkung der Insolvenz auf den Fortbestand von Organschaft und Konzern, MwStR 2014 S. 359; *Becker,* Die umsatzsteuerliche Organschaft, UStB 2013 S. 180; *Behrens,* Umsatzsteuerliche Organschaft bei Zwischen-Holdings, AG 2006 S. 927; *Behrens/Wagner,* Wirtschaftliche Eingliederung bei umsatzsteuerlicher Organschaft, BB 2009 S. 2522; *Binger,* Wirtschaftliche Eingliederung bei umsatzsteuerlichen Organschaften zwischen Krankenhäusern, KH 2015 S. 757; *Birkenfeld,* Umsatzsteuerrechtliche Organschaft und Gemeinschaftsrecht – GmbH & Co. KG als Organträger und als Organgesellschaft, UR 2008 S. 2; *Birkenfeld,* Organschaft als Mehrwertsteuergruppe, UR 2014 S. 120; *Boochs/Dauernheim,* Steuerrecht in der Insolvenz, 3. Aufl., Neuwied 2007; *Braun,* Wirtschaftliche Eingliederung bei der umsatzsteuerlichen Organschaft – BFH klärt Grenzfälle, NWB 2005 F. 7 S. 6477; *Büchter-Hole,* Zusammenhang von Vorsteuerberichtigung gem. § 15a UStG und Organschaft, EFG 2003 S. 276; *Büchter-Hole,* Zur Organträgereigenschaft natürlicher Personen ohne eigene Umsätze, EFG 2004 S. 457;*Büchter-Hole,* Umsatzsteuerliches Organschaftsverhältnis bei Betriebsaufspaltung, EFG 2006 S. 772; *Carl,* Zusammenfassung von Beteiligungen im kommunalen Bereich, ZKF 1989 S. 194; *Eisolt,* Ende der USt-Organschaft in der Doppelinsolvenz von Organträger und Organgesellschaft, ZInsO 2015 S. 1429; *Endres,* Nichtsteuerpflichtige in der Mehrwertsteuergruppe nach Art. 11 MwStSystRL, UR 2015 S. 853; *Englisch,* Umsatzsteuerrechtliche Behandlung gesellschaftsrechtlicher Beteiligungen, UR 2007 S. 290; *Feldgen,* Die umsatzsteuerliche Organschaft im Konzern, BB 2010 S. 285; *Feldgen,* Umsatzsteuerliche Organschaft – Neuordnung der Konzernbesteuerung?, BB 2016 S. 606; *Forst/Ruppel,* Grunderwerbsteuer und Organschaft, EStB 2006 S. 223; *Forster,* Komplementär-GmbH als Organgesellschaft einer Kommanditgesellschaft?, UStB 2003 S. 115; *Fröschl,* Organschaft: Wirtschaftliche Eingliederung, HFR 2003 S. 895; *Fuhrmann,* Organschaft als steuerliches Gestaltungsinstrument – Körperschaft-, Gewerbe- und Umsatzsteuer, KÖSDI 2008 S. 15989; *Gehm,* Haftung für Steuern bei Organschaft nach § 73 AO, BuW 2003 S. 406; *Gehm,* Die Haftung bei Organschaft gemäß § 73 AO – Risikoprofil in der Praxis, StBp 2016 S. 37; *Gold,* Umsatzsteuerliche Organschaft – Vergleich zur Organschaft in der Körperschaft- und Gewerbesteuer, Stbg 2004 S. 267; *Grube,* Organschaft – neuere Entwicklungen infolge der Rechtsprechung des EuGH und des BFH, MwStR 2015 S. 202; *Grünwald,* Umsatzsteuerrechtliche Organschaft: Organisatorische Eingliederung, MwStR 2013 S. 139; *Gurtner,* Die umsatzsteuerliche Optimierung von Leistungsströmen im Konzern, Umsatzsteuer im Konzern 2003 S. 115; *Hahne,* Umsatzsteuerliche Organschaft mit Personengesellschaften europarechtlich geboten? – Analyse der EuGH-Rechtsprechung zur wettbewerbsneutralen Umsetzung von Mitgliedstaatenwahlrechten, DStR 2008 S. 910; *Hahne,* Umsatzsteuerliche Organschaft zwischen einer GmbH & Co. KG und ihrer Komplementär-GmbH – Praxisfolgen des Urteils des FG Niedersachsen vom 12.2.2009 - 15 K 311/07, BB 2009 S. 1794; *Hamacher/Grundt,* Ein Grund, die grenzüberschreitende mehrwertsteuerliche Organschaft endlich europaweit zu normieren?, DStR 2006 S. 2157; *Hartman,* Umsatzsteuerrechtliche Organschaft – quo vadis?, NWB 2015 S. 1249; *Hartman,* Umsatzsteuerrechtliche Organschaft gem. § 2 Abs. 2 Nr. 2 UStG verstößt gegen das Unionsrecht, Stbg 2016 S. 18; *Hausch,* Gruppeninterne Funktionsausgliederungsverträge und umsatzsteuerrechtliche Organschaft,

C. Die Organschaft im Umsatzsteuerrecht

VersR 2016 S. 827; *Heine,* Die Organschaft im Grunderwerbsteuerrecht – Eine Besprechung der Verfügung der Oberfinanzdirektion Münster vom 7.12.2000 S 4500 - 49 - St 24 - 35, UVR 2001, 366, UVR 2001 S. 349; *Hering,* Organschaft zwischen Architekt und Bauträger-GmbH, GmbHR 2003 S. 906; *Hölzle,* Umsatzsteuerliche Organschaft und Insolvenz der Organgesellschaft, DStR 2006 S. 1210; *Horst,* Organschaft in Körperschaftsteuer, Gewerbesteuer und Umsatzsteuer, StW 2007 S. 91; *Hubertus/Fetzer,* Umsatzsteuerliche Organschaft: Personengesellschaft kann Organgesellschaft sein, DStR 2013 S. 1468; *Hummel,* Begriff der juristischen Person im Rahmen der umsatzsteuerrechtlichen Organschaftsregelungen aus verfassungsrechtlicher Sicht, UR 2010 S. 207; *Hummel,* Missbrauch der umsatzsteuerlichen Organschaft bei Kooperationen im Gesundheitswesen?, MwStR 2013 S. 294; *Hünnekens,* Einschränkung der grenzüberschreitenden Organschaft, NWB F. 7 S. 3847; *Jorczyk,* Verrechnung negativer Margen in der Organschaft, StBT 2007, Nr. 4, 10; *Korn,* Neue Verwaltungsanweisungen zur organisatorischen Eingliederung bei umsatzsteuerlicher Organschaft, NWB 2013 S. 1881; *Krebühl,* Besteuerung der Organschaft im neuen Unternehmenssteuerrecht, DStR 2002 S. 1241; *Krüger/Schmatz,* Handlungsbedarf bei der umsatzsteuerlichen Organschaft durch das BMF-Schreiben vom 7.3.2013, BBK 2013 S. 512; *Küffner,* Umsatzsteuerfalle Organschaft, StC 2010 S. 23; *Küffner/Maunz/Rust,* Organschaft: Organisatorische Eingliederung, MwStR 2013 S. 221; *Küffner/Zugmaier,* Umsatzsteuerliche Organschaft im Umbruch, StC 2009 S. 36; *Kußmaul/Ruiner/Pfeifer,* Vorsteuerberichtigungsansprüche aus uneinbringlichen Forderungen bei Insolvenz der Organgesellschaft, Ubg 2012 S. 239; *Lange,* Umsatzsteuerrechtliche Organschaft und Unionsrecht, UR 2016 S. 297; *Lehr,* Einheitsunternehmen – Umsatzsteuerliche Organschaft: Voraussetzungen, Bedeutung im GmbH-Bereich, Gestaltungsmöglichkeiten und Praxishinweise GmbH-Stpr. 2006 S. 68; *Lieb,* Steuerliche Sonderfragen bei Organschaftsverhältnissen, NWB F. 2 S. 5993; *Meurer,* Aktuelle Brennpunkte bei der umsatzsteuerrechtlichen Organschaft, StBW 2015 S. 624; *Milatz/Schäfers,* Ausgliederung im Gemeinnützigkeitssektor am Beispiel von Krankenhäusern – Können Betriebe gewerblicher Art oder gemeinnützige Körperschaften steuerliche Organschaften nutzen?, DB 2005 S. 1761; *Mitsch,* Die grunderwerbsteuerliche Organschaft – Beratungskonsequenzen aus der Verfügung der OFD Münster vom 7.12.2000 insbesondere für Konzernsachverhalte, DB 2001 S. 2165; *Müller,* Beendigung der umsatzsteuerlichen Organschaft bei Bestellung eines vorläufigen Insolvenzverwalters, EFG 2003 S. 1583; *Nöcker,* Die gewerbesteuerliche Organschaft im Mutter-Enkel-Konzern – Zur Einheitlichkeit des Organkreises und zur Haftung für Steuerschulden, INF 2001 S. 648; *Onusseit,* Die umsatzsteuerliche Organschaft in der Insolvenz, ZIP 2003 S. 743; *Orth,* Schritte in Richtung einer „Grenzüberschreitenden Organschaft", IStR Beihefter zu Heft 9/2002; *Orth,* Geschäftsleitende Holding – Personengesellschaft als Organträger, DB 2005 S. 741; *Prätzler,* Umsatzsteuerliche Organschaft im Umbruch, BB 2018 S. 599; *Prechtl,* Die umsatzsteuerliche Organschaft, Umsatzsteuer im Konzern 2003 S. 27; *Raupach,* Was hat die Gepräge-Theorie mit der Mehrmütterorganschaft zu tun? – Ein Beitrag zum Vertrauensschutz bei Änderung langjähriger Rechtsprechung mit nachfolgendem „Nichtanwendungsgesetz", DStR 2001 S. 1325; *Rondorf,* Auswirkungen der Insolvenz auf die umsatzsteuerliche Organschaft, INF 2003 S. 463; *Roth/Germer,* Umsatzsteuerliche Organschaft – Wegfall schon bei Eintritt der Krise der Organgesellschaft?, NWB 2005 F. 7 S. 6539; *Rüth,* Die mehrstufige Organschaft, UStB 2005 S. 349; *Scherf/Greil,* Die umsatzsteuerliche Organschaft – Voraussetzungen und Rechtsfolgen, StBp 2013 S. 112; *Schieß,* Zur organisatorischen Eingliederung bei der umsatzsteuerlichen Organschaft, StuB 2013 S. 363; *Schmidt,* Unternehmereigenschaft und Vorsteuerabzug bei Holdings, UVR 2006 S. 269; *Schmittmann*, Gefahren für die Organschaft in der Insolvenz, ZSteu 2007 S. 191; *Schmittmann*, Organschaft im umsatzsteuerlichen Sinne in der Rechtsprechung, StuB 2009 S. 71; *Scholz/Nattkämper*, Organisatorische Eingliederung im Rahmen der umsatzsteuerlichen Organschaft – Zugleich Anmerkungen zu den BFH-Urteilen vom 5.12.2007 - V R 26/06 und vom 3.4.2008 - V R 76/05, UR 2008 S. 716; *Schultes*, Voraussetzung der finanziellen Eingliederung bei einer Organschaft, sj 2005, Nr. 22, S. 13; *Schumann*, Organschaft zwischen Architekt und seiner Bauträger-GmbH, KFR F. 7 UStG § 2, 2/03, S. 343; *Schütze/Winter*, Organisierte Eingliederung in der umsatzsteuerlichen Organschaft, UR 2009 S. 397; *Schwarze*, Beendigung der umsatzsteuerlichen Organschaft, JbFfSt 2003/2004 S. 530; *Schwer*, Unternehmens-Verbund – Organschaft als Steuergestaltungs-Modell: Neuerungen auf Grund des Steuersenkungsgesetzes, GmbH-Stpr 2001 S. 119; *Schwerin/Ahrens*, Umsatzsteuerliche Organschaft – organisatorische Eingliederung, UR 2013 S. 481; *Serafini*, Zur wirtschaftlichen Eingliederung bei der umsatzsteuerlichen Organschaft, GStB 2003 S. 443; *Slapio*, Gestaltungsmöglichkeiten bei umsatzsteuerlicher Organschaft, DStR 2000 S. 999; *Stadie*, Modifizierung der Rechtsprechung des EuGH zur Unternehmereigenschaft der Holding im Umsatzsteuerrecht?, UR 2007 S. 1; *Stahl*, Neues Recht der Organschaft, KÖSDI 7/2002, S. 13209; *Stapperfend*, Umsatzsteuerrechtliche Behandlung von Holdinggesellschaften, UR 2006 S. 112; *Sterzinger*, Notwendige Einbeziehung von Nichtsteuerpflichtigen in einen Organkreis, UR 2014 S. 133; *Stöcker*, Umsatzsteuerliche Organschaft bei mittelbarer und unmittelbarer Beteiligung, EFG 2000 Beilage 15 S. 117; *Stöcker*, Organschaft bei Bestellung eines vorläufigen Verwalters; Zeitpunkt der Entstehung des Vorsteueranspruchs, EFG 2000 Beilage 23 S. 183; *Streck/Binnewies*, Der faktische Konzern als hinreichende Voraussetzung für eine organisatorische Eingliederung im Rahmen einer umsatzsteuerlichen Organschaft – Zugleich Anmerkung zum Urteil des FG Berlin vom 13.5.1998 - 6 K 6294/9, DB 2001 S. 1578; *Tietz-Bartram*, Die umsatzsteuerliche Organschaft auf europarechtlichem Prüfstand, DB 2009 S. 1784; *Trinks*, Ausweitung der umsatzsteuerlichen Organschaft, NWB 2013 S. 268; *von Streit*, Organschaft bei Beteiligung nicht unternehmerisch tätiger Gesellschaften, UStB 2006 S. 255; *Wäger*, Unionsrechtliche Grundlagen der Organschaft unter Berücksichtigung aktueller EuGH-Rechtsprechung, UVR 2013 S. 205; *Wäger*, Organschaft, UR 2016 S. 173; *Walkenhorst*, Organschaft, KFR F. 7 UStG § 2, 4/97, S. 331; *Walkenhorst*, Juristische Person des öffentlichen Rechts als Organträger, KFR F. 7 UStG § 2, 1/03, S. 95; *Walter/Groschupp*, Umsatzsteuerliche Mehrmütterorganschaft als Gestaltungsinstrument für Körperschaften des öffentlichen Rechts, UR 2000 S. 449; *Walter/Jörg*, Neuregelungen bei der ertrag- und umsatzsteuerlichen Organschaft, BBK 2013 S. 309; *Walter/Stümper*, Überraschende Gefahren nach Beendigung einer Organschaft, GmbHR 2006 S. 68; *de Weerth*, Umsatzsteuerliche Organschaft und Insolvenz – Anmerkungen zum BFH-Urteil vom 22.10.2009 - V R 14/08, DStR 2010 S. 590; *Welling/H. Schnittker*, Keine Organschaftsbesteuerung von Versicherungsunternehmen – verfassungswidrig?, StB 2002 S. 276; *Weßling*, Umsatzsteuerliche Organschaft bei Personengesellschaften und Vertrauensschutz nach § 176 AO, DStR 2016 S. 1151; *Wilke*, Der vorläufige Insolvenzverwalter und die Gefahr im Fall einer umsatzsteuerlichen Organschaft, INF 2006 S. 355.

I. Grundlagen zur umsatzsteuerlichen Organschaft

1. Rechtsgrundlagen

1.1 Regelung des § 2 Abs. 2 Nr. 2 UStG

1091 Die umsatzsteuerliche Organschaft ist in § 2 Abs. 2 Nr. 2 UStG geregelt, der an den in § 2 Abs. 1 Satz 1 UStG zum Ausdruck kommenden Grundsatz anknüpft, dass juristische Personen Unternehmer im umsatzsteuerlichen Sinne sind, wenn sie eine gewerbliche oder berufliche Tätigkeit selbständig ausüben. Als Ausnahme davon bestimmt § 2 Abs. 2 Nr. 2 UStG, dass eine gewerbliche oder berufliche Tätigkeit nicht selbständig ausgeübt wird, also kein umsatzsteuerlich selbständiges Rechtssubjekt auftritt, „wenn eine juristische Person nach dem Gesamtbild der tatsächlichen Verhältnisse finanziell, wirtschaftlich und organisatorisch in das Unternehmen des Organträgers eingegliedert ist (Organschaft)". Die juristische Person ist dann umsatzsteuerlich (nicht zivilrechtlich, s. Rz. 1093) ein unselbständiger Teil des Unternehmens, in das sie eingegliedert ist. Alle ihre Handlungen werden umsatzsteuerrechtlich dem Organträger zugerechnet: Der von der Organgesellschaft ausgeführte Leistungsaustausch stellt einen Umsatz des Organträgers dar; Leistungsbeziehungen zwischen dem Organ und dem Organträger sind steuerlich unbeachtliche Innenumsätze. Das Umsatzsteuerrecht knüpft damit an den Organträger als dem einzigen Unternehmer des Organkreises an.

Umsatzsteuerrechtlich begründet die Organschaft i. S. von § 2 Abs. 2 Nr. 2 UStG eine Zusammenfassung der Unternehmen mehrerer Personen zu einem Unternehmen.[1] Sie soll der Verwaltungsvereinfachung dienen[2] und führt zu einer Zusammenfassung zu einem umsatzsteuerlichen Unternehmen beim Organträger. Der Organträger ist entsprechend dem Vereinfachungszweck Steuerschuldner auch für die aufgrund der Organschaft unselbständig tätige Person. Die Rechtsfolgen der Organschaft treten von Gesetzes wegen ein. Hinsichtlich der Voraussetzungen der Organschaft ist nicht danach zu unterscheiden, ob ein Steuerschuldner oder der Steuergläubiger Rechtsfolgen aus der Organschaft zu seinen Gunsten ableitet.[3] Die Fassung von § 2 Abs. 2 Nr. 2 Satz 1 UStG ist seit dem 1.1.1968 unverändert. Seit 1.1.1987 ist die Wirkung der Or-

---

[1] BFH, Beschluss v. 19.3.2014 - V B 14/14, NAAAE-61854 = BFH/NV 2014 S. 999, Rz. 16.
[2] Vgl. BT-Drucks. V/48, § 2, BT-Drucks. IV/1590 S. 36, zum gesetzlichen Festhalten an der vorkonstitutionellen Organschaft des UStG 1934, RStBl 1934 S. 1549 ff.; zum Unionsrecht EuGH, Urteil v. 16.7.2015 - Rs. C-108-109/14 „Larentia + Minerva", RAAAE-97099 = HFR 2015, 901.
[3] BFH, Urteil v. 2.12.2015 - V R 15/14, BStBl 2017 II S. 553 = ZAAAF-48787.

ganschaft durch Einfügung der Sätze 2 bis 4 in § 2 Abs. 2 Nr. 2 UStG auf das Inland beschränkt (siehe Rz. 1486).

1.2 Definitionen

Nach der Legaldefinition des § 2 Abs. 2 Nr. 2 UStG heißt das übergeordnete Unternehmen **Organträger**. Die eingegliederten juristischen Personen werden üblicherweise **Organgesellschaften** genannt. Sie bilden zusammen mit dem Organträger den **Organkreis**. Das Innenverhältnis betrifft die Beziehungen zwischen Organträger und einer Organgesellschaft oder zwischen mehreren Organgesellschaften desselben Organträgers, das Außenverhältnis die Beziehungen des Organkreises zu Dritten.

1092

1.3 Bedeutung des Zivilrechts

Die Organschaft ist eine **Ausnahme von der Maßgeblichkeit des Zivilrechts.** Denn grds. knüpft auch das Umsatzsteuerrecht an die zivilrechtlichen Beziehungen an.[1] Da die Organgesellschaft gegenüber Dritten in eigenem Namen auftritt, wird zivilrechtlich grds. sie und nicht der Organträger Vertragspartner. Umsatzsteuerlich fehlt der Organgesellschaft aufgrund der ausdrücklichen Ausnahmeregelung in § 2 Abs. 2 Nr. 2 UStG aber die für den Unternehmerbegriff gem. § 2 Abs. 1 Satz 1 UStG erforderliche Selbständigkeit.

1093

Ist eine juristische Person gegenüber Dritten **in fremdem Namen** aufgetreten, stellt sich die Frage der Organschaft hinsichtlich der vermittelten Leistung nicht. Sie gewinnt immer erst Bedeutung, wenn die juristische Person **in eigenem Namen** gehandelt hat. Das Handeln in eigenem Namen kann deshalb auch kein Beweisanzeichen für oder gegen das Vorliegen einer Organschaft sein. Zivilrechtlich ist eine umsatzsteuerliche Organgesellschaft voll geschäftsfähig und daher in der Lage, Umsatzgeschäfte abzuschließen. Lediglich umsatzsteuerrechtlich erfolgt eine Zuordnung dieser Geschäfte beim Organträger.

1094

1.4 Bedeutung des Konzernrechts

Da § 2 Abs. 2 Nr. 2 UStG eine eigenständige Regelung der Organschaft enthält, haben **Beherrschungsverträge** oder Eingliederungen von Unternehmen nach den konzernrechtlichen Vorschriften des Aktiengesetzes umsatzsteuerlich nur Indizwirkung.[2]

1095

---

1 Vgl. BFH, Beschluss v. 13.9.1984 - V B 10/84, BStBl 1985 II S. 21.
2 Vgl. BdF, Erlass v. 18.7.1966, U-Kartei S 4105, K 54.

1.5 Abschließende Regelung

1096 § 2 Abs. 2 Nr. 2 UStG regelt die Unselbständigkeit juristischer Personen des Privatrechts für die Umsatzsteuer abschließend.[1] Die Vorschrift darf grds. nicht über ihren Wortlaut hinaus ausgelegt werden.[2]

1.6 Keine Übertragung auf andere Rechtsbereiche

1097 Bei der Organschaft handelt es sich um eine steuerrechtliche Zweckschöpfung, die nicht ohne weiteres auf andere Rechtsbereiche übertragbar ist. Deshalb kommt z. B. der umsatzsteuerlichen Behandlung der beiden dort betroffenen Gesellschaften als Organschaft keine Bindungswirkung für die Frage zu, ob das eine Unternehmen (Mit-)Unternehmer des anderen in unfallversicherungsrechtlichem Sinne ist.[3]

2. Organschaft als einheitliches Rechtsinstitut im Steuerrecht

1098 Für die Körperschaftsteuer ist die Organschaft in §§ 14 bis 19 KStG („Sondervorschriften für die Organschaft") und für die Gewerbesteuer in § 2 Abs. 2 Satz 2 und 3 GewStG geregelt. Die Organschaft stellte vor 2001 **im Steuerrecht ein grds. einheitliches Rechtsinstitut** dar.[4] Für alle Formen der Organschaft war nach dem Gesamtbild der tatsächlichen Verhältnisse die finanzielle, wirtschaftliche und organisatorische Eingliederung einer juristischen Person in das Unternehmen des Organträgers erforderlich. Bei der Gewerbesteuer musste der Organträger anders als bei der Umsatzsteuer allerdings **einen nach außen in Erscheinung tretenden Gewerbebetrieb** unterhalten (siehe Rz. 910), weil die Gewerbesteuer anders als die Umsatzsteuer auf den Betrieb als Objekt abstellt.[5] Im Körperschaftsteuerrecht setzte die Organschaft auch schon immer den Abschluss eines **Gewinnabführungsvertrages** voraus.

1099 Seit dem Veranlagungszeitraum 2001 sind die Voraussetzungen der körperschaftlichen Organschaft durch das StSenkG[6] **wesentlich geändert** worden. Es genügt gem. § 14 Abs. 1 Nr. 1 KStG n. F. neben einem Gewinnabführungsver-

---

1 Vgl. BFH, Urteile v. 19.7.1973 - V R 157/71, BStBl 1973 II S. 764; v. 14.12.1978 - V R 85/74, BStBl 1979 II S. 288; Niedersächsisches FG v. 13.3.1970 - V 28/66, EFG 1970 S. 633; Weiß, UR 1979 S. 97, 101; Weiß, UR 1981 S. 123.
2 Vgl. aber Rz. 1158.
3 BSG, Urteil v. 16.10.2002 - B 10 LW 17/01 R, MAAAC-14613 = BFH/NV Beilage 2003 S. 141, m.w.N.
4 FG des Saarlandes v. 14.11.2001 - 1 K 347/98, ZAAAB-12526.
5 Vgl. BFH, Urteile v. 17.4.1969 - V 44/65, BStBl 1969 II S. 413; v. 14.1.1988 - V B 115/87, CAAAB-29980 = BFH/NV 1988 S. 471 = DVR 1988 S. 123; Hönle, DB 1986 S. 1246.
6 BGBl 2000 I S. 1433.

trag die finanzielle Eingliederung (Mehrheit der Stimmrechte aus den Anteilen an der Organgesellschaft). Eine wirtschaftliche Eingliederung und eine organisatorische Eingliederung sind nicht mehr erforderlich (siehe Rz. 121 und 123). Ab dem Veranlagungszeitraum 2002 sind die **Voraussetzungen der gewerbesteuerlichen Organschaft** durch das UntStFG[1] denen der körperschaftlichen Organschaft angeglichen worden (siehe Rz. 894). Für die gewerbesteuerliche Organschaft ist einerseits das Erfordernis der wirtschaftlichen und organisatorischen Eingliederung nunmehr ebenfalls entfallen. Jedoch setzt andererseits ab dem Veranlagungszeitraum 2002 auch die gewerbesteuerliche Organschaft stets einen Gewinnabführungsvertrag voraus (siehe Rz. 923).

Für die umsatzsteuerliche Organschaft ist es bei der bisherigen Regelung in § 2 Abs. 2 Nr. 2 UStG, d. h. insbesondere bei dem Erfordernis auch einer wirtschaftlichen und organisatorischen Eingliederung, geblieben. Die Übernahme des ertragsteuerlichen Erfordernisses eines Ergebnisabführungsvertrags als Voraussetzung auch für die umsatzsteuerliche Organschaft wäre unionsrechtlich wohl problematisch, da die Mitgliedstaaten bei Ausübung des Wahlrechts nach Art. 11 MwStSystRL grds. nicht berechtigt sind, die Anerkennung einer Mehrwertsteuergruppe von weiteren Voraussetzungen abhängig zu machen (siehe Rz. 1123).[2]

Die jetzt unterschiedlichen Voraussetzungen machen es ohne weiteres möglich, die **Organschaft auf eine Steuerart zu beschränken**. Ohne eine wirtschaftliche oder organisatorische Eingliederung bleibt die umsatzsteuerliche Organschaft ausgeschlossen. Ohne volle Gewinnabführung kann es keine körperschaft- oder gewerbesteuerliche Organschaft geben.

Als ein einheitliches Rechtsinstitut erweist sich die Organschaft nach wie vor hinsichtlich der **Haftung**. Denn gem. § 73 AO haftet eine Organgesellschaft für alle Steuern des Organträgers, für die die Organschaft zwischen ihnen steuerlich von Bedeutung ist, wobei Ansprüche auf Erstattung von Steuervergütungen den Steuern gleichstehen (siehe Rz. 1426).

1100

3. Unteilbarkeit der Selbständigkeit

Die **juristischen Personen** des § 2 Abs. 2 Nr. 2 UStG können anders als die natürlichen des § 2 Abs. 2 Nr. 1 UStG („soweit") nur insgesamt **selbständig oder insgesamt unselbständig tätig sein.** Juristische Personen können nicht mit besonderen Abteilungen unselbständig (Organ) und selbständig (Unternehmer)

1101

---

1 BGBl 2001 I S. 3858.
2 Vgl. EuGH, Urteil v. 25.4.2013 - Rs. C-480/10, KAAAE-34950.

sein. Dies beruht darauf, dass die Beherrschung juristischer Personen z. B. über die Haupt-, die Gesellschafterversammlung oder den Aufsichtsrat unteilbar ist. Teilbar wäre die Tätigkeit einer juristischen Person erst dann, wenn die Regelung in § 2 Abs. 2 Nr. 2 UStG an die in § 2 Abs. 2 Nr. 1 UStG angeglichen würde. Die Unteilbarkeit bezieht sich nach dem Einleitungssatz zu § 2 Abs. 2 UStG allerdings nur auf die unternehmerische Tätigkeit der Organgesellschaft; **ein nichtunternehmerischer Teil** wird dem Organträger nicht zugerechnet.[1] Auch bei Leistungen im Rahmen einer **grenzüberschreitenden Organschaft** kann die Organgesellschaft ausnahmsweise selbständig tätig sein.

4. Verhältnis zum Unternehmerbegriff

1102 § 2 Abs. 2 Nr. 2 UStG enthält ebenso wie § 2 Abs. 2 Nr. 1 UStG **keine systemwidrige Durchbrechung der Legaldefinition des Unternehmerbegriffs** in § 2 Abs. 1 Satz 1 UStG,[2] sondern legt nur die Kriterien fest, nach denen die Selbständigkeit zu verneinen ist. Auch ohne die Regelung in § 2 Abs. 2 Nr. 1 und Nr. 2 Satz 1 UStG müsste sich, wie schon die historische Entwicklung lehrt (s. Rz. 1106), die Rechtsprechung damit auseinandersetzen, ob in den entsprechenden Fällen die Tätigkeit selbständig i. S. von § 2 Abs. 1 Satz 1 UStG ausgeübt wird. Im Wege der Auslegung könnte die Rechtsprechung zu denselben Kriterien gelangen, wie sie jetzt in § 2 Abs. 2 Nr. 1 und 2 Satz 1 UStG festgelegt sind. Die Bedeutung dieser Vorschriften besteht deshalb lediglich darin, die Rechtsprechung hinsichtlich der Selbständigkeit an bestimmte **Auslegungsmaßstäbe** zu binden.

5. Verhältnis zur Unselbständigkeit natürlicher Personen (§ 2 Abs. 2 Nr. 1 UStG)

1103 Sowohl Nr. 1 als auch Nr. 2 von § 2 Abs. 2 UStG beruhen entgegen Weiß,[3] der die Organschaft möglichst einschränken und abschaffen will,[4] nicht nur auf empirischen Beobachtungen, sondern auf einer gemeinsamen systematischen Grundlage. Dass natürliche Personen, für die § 2 Abs. 2 Nr. 1 UStG gilt, teils selbständig, teils unselbständig tätig sein können und dass ihr Status der Un-

---

[1] Im Ergebnis ebenso Stadie in Rau/Dürrwächter, § 2 UStG Tz. 844, 932–934, 182. Lieferung 05.2019.
[2] Vgl. aber BFH, Urteile v. 8.2.1979 - V R 101/78, BStBl 1979 II S. 362, a. E.; v. 19.10.1995 - V R 71/93, LAAAB-37675 = BFH/NV 1996 S. 273; Steppert, UR 1994 S. 343.
[3] Weiß, UR 1979 S. 82, m. w. N.
[4] Ähnlich Steppert, UR 1994 S. 343.

selbständigkeit auf eigenem und änderbarem Willensentschluss beruht,[1] ist für die Frage der Selbständigkeit unerheblich und begründet keinen systematischen Unterschied zwischen den Nrn. 1 und 2 in § 2 Abs. 2 UStG.[2] Der Unterschied zwischen Nr. 1 und Nr. 2 in § 2 Abs. 2 UStG 1980 besteht lediglich darin, dass **für eine unselbständige Tätigkeit juristischer Personen und ihnen ausnahmsweise gleichgestellte Personengesellschaften (vgl. Rz. 1158f) schärfere Anforderungen** gelten als für eine solche natürlicher Personen, indem für die Ersteren eine bloße Weisungsgebundenheit nicht ausreicht. Damit wird entgegen Weiß (a. a. O.) bei juristischen Personen nicht die Selbständigkeit, sondern die Unselbständigkeit eingeengt, woraus dann auch abzuleiten ist, dass § 2 Abs. 2 Nr. 2 UStG eine abschließende Regelung der Unselbständigkeit juristischer Personen enthält.[3]

(unbesetzt) 1104–1105

6. Rechtsentwicklung

Die umsatzsteuerliche Organlehre geht fast bis zu den **Anfängen der Umsatzsteuer** zurück, die 1916 im Deutschen Reich als Allphasenbruttosteuer eingeführt wurde.[4] Nachdem der RFH zunächst entschieden hatte, die Abhängigkeit juristischer Personen könne nicht zu ihrer Unselbständigkeit führen,[5] stellte er bereits durch Urteil vom 27.1.1923[6] fest, dass juristische Personen zwar grds. selbständige Unternehmer sind, dass sie aber unter bestimmten Voraussetzungen auch unselbständig sein können.[7] Nach der Organlehre des RFH ist die Fähigkeit, Träger von Umsätzen zu sein, nicht nach der bürgerlich-rechtlichen Selbständigkeit zu beurteilen, sondern allein nach der gewerblich-rechtlichen Selbständigkeit, d. h. der Fähigkeit, eigene wirtschaftliche Ziele und Zwecke verfolgen zu können; einem Organ sei dies nicht möglich, weil es nur die wirtschaftlichen Ziele des ihn Beherrschenden verwirklichen müsse. 1106

Nachdem sich der RFH im Urteil vom 23.2.1934[8] erneut mit der Organschaft im Umsatzsteuerrecht grundlegend auseinandergesetzt hatte, wurde diese in 1107

---

1 Vgl. Birkholz, UR 1979 S. 5.
2 A. A. Weiß, UR 1979 S. 82.
3 Vgl. Rz. 1096 und BFH, Urteil v. 14.12.1978 - V R 85/74, BStBl 1979 II S. 288 = UR 1979 S. 81; insoweit im Ergebnis auch Weiß, a. a. O.
4 Vgl. Stöcker in Peter/Burhoff/Stöcker, § 2 UStG Tz. 519.
5 RFH, Urteil v. 10.11.1921 - V A 12/21, RFHE 7 S. 207.
6 V A 11/23, RFHE 11 S. 265.
7 Vgl. auch RFH, Urteil v. 26.9.1927 - V A 417/27, RFHE 22 S. 69; weitere Fundstellen von einschlägigen RFH-Urteilen bei Weiß, UR 1979 S. 97, Fn. 6.
8 V A 480/33, RStBl 1934 S. 623 = RFHE 36 S. 39.

das Umsatzsteuergesetz vom 16.10.1934[1] aufgenommen. Der einschlägige § 2 Abs. 2 Nr. 2 UStG 1934 erhielt dabei die Fassung:

„Die gewerbliche oder berufliche Tätigkeit wird nicht selbständig ausgeübt, wenn eine juristische Person dem Willen eines Unternehmens derart untergeordnet ist, dass sie keinen eigenen Willen hat."

1108 Diese Regelung sollte die damalige Rechtsprechung zur Frage der Organschaft wiedergeben.[2] Eine Ergänzung brachte § 17 UStDB 1938, der bereits ganz ähnlich wie § 2 Abs. 2 Nr. 2 Satz 1 UStG wie folgt lautete:

„Eine juristische Person ist dem Willen eines Unternehmers derart untergeordnet, dass sie keinen eigenen Willen hat (Organgesellschaft), wenn sie nach dem Gesamtbild der tatsächlichen Verhältnisse finanziell, wirtschaftlich und organisatorisch in sein Unternehmen eingegliedert ist."

1109 Die gesetzliche Normierung der Organschaft durch § 17 UStDB blieb unverändert, bis der Kontrollrat in Art. II Kontrollratsgesetz Nr. 15 vom 11.2.1946[3] für die Zeit ab 1.1.1946 folgende Regelung traf:

„1. Alle zwischen einer Muttergesellschaft und ihren Tochtergesellschaften oder zwischen mehreren Tochtergesellschaften derselben Muttergesellschaft getätigten Transaktionen unterliegen der Umsatzsteuerpflicht in allen Fällen, in denen sie umsatzsteuerpflichtig wären, wenn es sich um unabhängige Unternehmen gehandelt hätte.

2. § 2 Abs. 2 UStG vom 16.10.1934 und § 17 UStDB vom 23.12.1938 sowie alle anderen einschlägigen Bestimmungen der Umsatzsteuergesetzgebung treten außer Kraft oder werden hiermit nach Maßgabe der Vorschriften des Abs. 1 dieses Paragraphen geändert."

1110 Damit war die Organschaft, soweit sie sich auf Verhältnisse zwischen Gesellschaften bezog, umsatzsteuerlich außer Kraft gesetzt.[4] Sie blieb dagegen entsprechend dem Wortlaut von Art. II Kontrollratsgesetz Nr. 15 auch weiterhin möglich, wenn der Organträger eine Nichtgesellschaft war, nämlich z. B. eine natürliche Person,[5] eine Erbengemeinschaft oder eine Körperschaft des öffentlichen Rechts.[6]

---

1 RStBl 1934 S. 1166.
2 Gesetzesbegründung, RStBl 1934 S. 1550.
3 ABl. des Kontrollrats in Deutschland 1946 S. 75 = Steuer- und Zollblatt 1946 S. 21.
4 Vgl. BFH, Urteil v. 17.7.1952 - V 17/52 S, BStBl 1952 III S. 234 = BFHE 56 S. 604.
5 BFH, Urteil v. 26.5.1955 - V 104/54 S, BStBl 1955 III S. 234 = BFHE 61 S. 95.
6 BFH, Urteil v. 18.2.1965 - V 189/62 U, BStBl 1965 III S. 272 = BFHE 82 S. 72.

Bei diesem Rechtszustand verblieb es, bis durch Art. 2 Neuntes UStÄndG vom 18.10.1957[1] Art. II Kontrollratsgesetz Nr. 15 ab 1.4.1958 außer Kraft gesetzt und damit die Rechtslage von vor 1946 wiederhergestellt wurde. Um alle Zweifel auszuschließen, wurde gleichzeitig bestimmt, dass § 2 Abs. 2 Nr. 2 UStG wieder in vollem Umfang anwendbar sei, woraus sich auch ergab, dass § 17 UStDB 1938, dessen einziger Absatz unverändert als zweiter Absatz in § 18 UStDB 1951 übernommen worden war, wieder Geltung hatte. Der Gesetzgeber ging dabei davon aus, dass durch das Kontrollratsgesetz Nr. 15 die Organschaft nicht aufgehoben, sondern lediglich eine Besteuerung ihrer Innenumsätze eingeführt worden war.[2]

1111

Eingeschränkt wurde die umsatzsteuerliche Organschaft wieder durch Art. 1 Nr. 1 Elftes UStÄndG vom 16.8.1961.[3] Danach setzte eine Organschaft voraus, dass dem Organträger sowohl mehr als 75 % der Anteile an der juristischen Person gehörten als auch mehr als 75 % der Stimmrechte zustanden. Diese Verschärfung beruhte auf dem Bestreben, die durch die Organschaft im System der kumulativen Allphasenbesteuerung auftretende **Konzentrationsförderung und Wettbewerbsstörung** zu erschweren.[4]

1112

Auch das **Bundesverfassungsgericht** stellte in seinen Entscheidungen vom 20.12.1966[5] fest, dass die Organschaft im System der kumulativen Allphasenumsatzsteuer gegenüber „einstufigen" Unternehmen die **Wettbewerbsneutralität verletze** und der Gesetzgeber deshalb im Rahmen der eingeleiteten Umsatzsteuerreform gehalten sei, die verfassungswidrige Ungleichheit zu beseitigen (siehe Rz. 1651).

1113

Den verfassungsrechtlichen Bedenken ist durch das mit **Gesetz vom 29.5.1967**[6] eingeführte **System der Nettoumsatzsteuer mit Vorsteuerabzug** Rechnung getragen worden, obwohl hinsichtlich der Organschaft sogar unter **Aufhebung der Einengung durch die Grenze von 75 %** wieder zu dem Rechtszustand des Neunten UStÄndG vom 18.10.1957 zurückgekehrt wurde. Die Änderung des Umsatzsteuersystems zum 1.1.1968 hat damit keine grundsätzliche Änderung in der umsatzsteuerrechtlichen Betrachtung der Organschaft

1114

---

1 BGBl 1957 I S, 1743 = BStBl 1957 I S. 506.
2 Vgl. BMF, Erlass v. 1.8.1951 - S 4015, BStBl 1951 I S. 429.
3 BGBl 1961 I S. 1330 = BStBl 1961 I S. 605.
4 BT-Drucks. 3/730; vgl. auch BFH, Urteil v. 23.7.1970 - V R 77/67, BStBl 1970 II S. 774 = BFHE 99 S. 562.
5 1 BvR 320/57 und 1 BvR 70/63, BStBl 1967 III S. 7 = BVerfGE 21 S. 42.
6 BStBl 1967 I S. 224.

gebracht.¹ Die Wettbewerbsneutralität wurde jedoch dadurch hergestellt, dass nach dem Nettoumsatzsteuersystem es für die Höhe der Steuer unerheblich ist, ob eine Ware eine Kette mehrerer (selbständiger) Unternehmer oder mehrere Stufen innerhalb eines Organkreises durchläuft. Die im Organkreis nicht angefallene Umsatzsteuer wird in dem Zeitpunkt nachgeholt, in dem die Ware den Organkreis verlässt.²

1115 Durch Art. 4 Abs. 4 Sechste Richtlinie des Rates der Europäischen Gemeinschaften zur Harmonisierung der Rechtsvorschriften der Mitgliedstaaten über die Umsatzsteuer vom 17.5.1977³ wurde die Bundesrepublik Deutschland verpflichtet, spätestens bis zum 1.1.1978 auch hinsichtlich der Organschaft Anpassungsregelungen zu treffen. Art. 4 Abs. 4 Satz 2 der Richtlinie lautete:

„Vorbehaltlich der Konsultation nach Artikel 29 steht es jedem Mitgliedstaat frei, im Inland ansässige Personen, die zwar rechtlich unabhängig, aber durch gegenseitige finanzielle, wirtschaftliche und organisatorische Beziehungen eng miteinander verbunden sind, zusammen als einen Steuerpflichtigen zu behandeln."

1116 Daraus ergibt sich, dass es dem Gesetzgeber des einzelnen Mitgliedstaates vom Grundsatz her freisteht, ob er die Organschaft in sein Umsatzsteuergesetz aufnehmen will oder nicht. Die vorgesehenen Konsultationen haben stattgefunden und nicht zu einer grundsätzlichen Beanstandung der Organschaft geführt (siehe aber auch Rz. 1123).⁴ Durch die Beschränkung auf im Inland ansässige Personen wurde jedoch eine **grenzüberschreitende Organschaft ausgeschlossen**. Nach herrschender Meinung war eine solche durch § 2 Abs. 2 Nr. 2 UStG 1967 zugelassen.⁵

1117 Aber auch im Rahmen des Umsatzsteuergesetzes 1980 sah sich der Gesetzgeber durch Art. 4 Abs. 4 Satz 2 der EG-Richtlinie nicht veranlasst, den Wort-

---

1 BFH, Urteil v. 14.1.1988 - V B 115/87, CAAAB-29980 = BFH/NV 1988 S. 471 = DVR 1988 S. 123.
2 Siehe Rz. 1652.
3 ABl. EG Nr. L 145 v. 13.6.1977 S. 1.
4 Vgl. BFH, Urteil v. 19.10.1995 - V R 71/93, LAAAB-37675 = BFH/NV 1996 S. 273; Klezath, DStZ 1986 S. 112.
5 Vgl. BFH, Urteile v. 24.2.1966 - V 115/63, BStBl 1966 III S. 261 = BFHE 85 S. 140; v. 10.3.1966 - V 121/64, BStBl 1966 III S. 412 = BFHE 66 S. 91; vgl. ferner Beyer, UR 1972 S. 69; Heidner, DStR 1988 S. 90; a. A. FG Freiburg v. 31.1.1964 - I 173-174/61, UR 1964 S. 220; FG Baden-Württemberg v. 27.10.1970 - III 130/69, EFG 1971 S. 159 = UR 1971 S. 232; Martin, UR 1962 S. 138; Benda, UR 1979 S. 230; Wenzel, DB 1979 S. 2151.

laut von § 2 Abs. 2 Nr. 2 UStG 1967 zu ändern.[1] Verwaltung,[2] Rechtsprechung[3] und teilweise auch das Schrifttum[4] gingen weiterhin von einem uneingeschränkten Fortbestehen der grenzüberschreitenden Organschaft aus. Die Gegenmeinung war der Auffassung, dass § 2 Abs. 2 Nr. 2 UStG 1967/1973 nunmehr richtlinienkonform dahin auszulegen sei, dass die Wirkungen der Organschaft auf das Erhebungsgebiet begrenzt sind.[5]

Nachdem jedoch die EG-Kommission gegen die Bundesrepublik Deutschland ein Verstoßverfahren[6] eingeleitet hatte, beschränkte der deutsche Gesetzgeber mit Art. 14 Nr. 2 Steuerbereinigungsgesetz 1986[7] durch Einfügung der Sätze 2 bis 4 in § 2 Abs. 2 Nr. 2 UStG die Wirkungen der Organschaft ab 1.1.1987 auf das Erhebungsgebiet.[8] Nach der Wiedervereinigung ist der Begriff des Erhebungsgebietes durch den des Inlands bzw. Auslands ersetzt worden.

1118

8. Organschaft de lege ferenda

Der nationale **Gesetzgeber ist nicht generell gehindert, die Anforderungen an eine Organschaft,** wie dies in der Rechtsentwicklung zeitweise geschehen ist (siehe Rz. 1109 und 1110), **weiter zu verschärfen oder eine solche (systemwidrig) gänzlich auszuschließen,** wozu jedoch eine ersatzlose Streichung des § 2 Abs. 2 Nr. 2 UStG nicht ausreicht.[9]

1119

Gestaltungsspielraum steht dem nationalen Gesetzgeber auch unter Berücksichtigung des EG-Rechts zur Verfügung. Die Möglichkeit zur Abschaffung der Organschaft ergibt sich insoweit schon aus dem den Mitgliedstaaten eingeräumten Wahlrecht des Art. 11 MwStSystRL zur Anerkennung bzw. Bildung von Mehrwertsteuergruppen. Darüber hinaus hat der EuGH entschieden, dass die Regelungen zur Mehrwertsteuergruppe „einer Präzisierung auf nationaler Ebene" bedürfen,[10] was dahingehend interpretiert werden darf, dass entspre-

---

1 Vgl. BT-Drucks. 8/1779 S. 29; Klezath, DStZ 1986 S. 113.
2 Vgl. BMF-Schreiben v. 10.7.1980 - S 7104, BStBl 1980 I S. 421 = UR 1980 S. 164.
3 Vgl. BFH, Urteile v. 17.9.1981 - V R 6/76, BStBl 1982 II S. 47; v. 20.4.1987 - X R 20/81, TAAAB-30643 = BFH/NV 1987 S. 742.
4 Vgl. Matheja, UR 1981 S. 191.
5 Vgl. Wenzel, DB 1979 S. 2151; Reiß, StuW 1979 S. 343.
6 Klage beim EuGH - Rs. C-298/85, ABl. EG 1985 Nr. C 285 S. 6.
7 V. 19.12.1985, BStBl 1985 I S. 735.
8 Siehe Rz. 1486 ff. und vgl. Klezath, DStZ 1986 S. 112, 113; Tüchelmann, UR 1989 S. 109, 111; Stöcker in Peter/Burhoff/Stöcker, § 2 UStG Tz. 521.
9 Vgl. Rz. 1102 und Klezath, DStZ 1980 S. 87; a. A. Reiß, StuW 1979 S. 343.
10 EuGH, Urteile v. 16.7.2015 - Rs. C-108/14, Rs. C-109/14 „Larentia + Minerva und Marenave Schiffahrt", BStBl 2017 II S. 604 = EU:C:2015:496, Rz. 50.

chende Gestaltungsspielräume auch weiterhin bestehen sollten (siehe jedoch Rz. 1125 f.).

9. Verfassungsmäßigkeit der Organschaft

1120 Die Regelung des § 2 Abs. 2 Nr. 2 UStG 1980 verstößt nicht gegen Verfassungsrecht, insbesondere nicht gegen Art. 2 Abs. 1 GG. Nach dieser Vorschrift hat jeder das Recht auf freie Entfaltung seiner Persönlichkeit, soweit er nicht die Rechte anderer verletzt und nicht gegen die verfassungsmäßige Ordnung oder das Sittengesetz verstößt. Die Vorschrift schützt zwar auch die Freiheit des Unternehmers.[1] Diese wird aber nicht in verfassungswidriger Weise dadurch eingeschränkt, dass das UStG die Organgesellschaften als unselbständig behandelt, so dass der Organträger als selbständiger Unternehmer die Umsatzsteuer für die gesamte Organschaft schuldet. Nach dem GG muss der Einzelne diejenigen Schranken seiner Handlungsfreiheit hinnehmen, die der Gesetzgeber zur Pflege und Förderung des gemeinsamen Zusammenlebens in den Grenzen des bei dem gegebenen Sachverhalt Zumutbaren zieht, vorausgesetzt, dass dabei die Eigenständigkeit der Person gewahrt wird.[2] Auch wenn Organträger und Organgesellschaft im Rahmen des § 2 Abs. 2 Nr. 2 UStG nur ein Unternehmen haben, bleibt ansonsten ihre Eigenständigkeit gewahrt; die sich aus § 2 Abs. 2 Nr. 2 UStG 1980 für den Organträger ergebenden Steuerbelastungen, Steuerentlastungen und Steuererklärungspflichten halten sich im Rahmen des Zumutbaren.[3]

1121 Nach dem BVerfG-Urteil vom 20.12.1966[4] ist die Beibehaltung der Organschaft seit Einführung der Mehrwertsteuer verfassungsrechtlich unbedenklich. Mit diesem Urteil hat das BVerfG zwei Verfassungsbeschwerden, die u. a. auch die Vorschrift des § 2 Abs. 2 Nr. 2 UStG 1951 i. d. F. des Art. 1 Nr. 1 des Elften Gesetzes zur Änderung des Umsatzsteuergesetzes vom 16.8.1961[5] betrafen, zurückgewiesen. Nach dem Urteil musste die tendenzielle Bevorzugung der Organschaft im System der Allphasenbruttoumsatzsteuer bis zur damals bereits beabsichtigten Einführung der Mehrwertsteuer (Allphasennettoumsatzsteuer mit Vorsteuerabzug) hingenommen werden (siehe Rz. 1113 f.). Für die Zeit nach Einführung der Mehrwertsteuer erschien dem BVerfG die Beibehal-

---

1 Vgl. Maunz/Dürig/Herzog, GG, Art. 2 Abs. 1 Rz. 43 ff.
2 Ständige Rechtsprechung, z. B. BVerfG, Beschluss v. 26.1.1982 - 1 BvR 1295/80, BVerfGE 59 S. 275, 279.
3 Vgl. BFH, Urteil v. 19.10.1995 - V R 71/93, LAAAB-37675 = BFH/NV 1996 S. 273.
4 1 BvR 320/57 und 1 BvR 70/63, BStBl 1967 III S. 7.
5 BGBl 1961 I S. 1330.

tung der Organschaft verfassungsrechtlich unbedenklich. Die Nichtbesteuerung der Innenleistungen bei der Organschaft führt seither grds. nicht mehr zu einer Steuerentlastung und demzufolge nicht zu Wettbewerbsverzerrungen. Nur bei Organschaften mit vorsteuerabzugschädlichen Leistungen i. S. des § 15 Abs. 2 UStG kann die Organschaft noch erhebliche Steuerersparnisse mit sich bringen.[1] Dadurch entstehende Wettbewerbsverzerrungen betreffen jedoch nur einen beschränkten Kreis von Steuerpflichtigen und müssen als Folge der vom Gesetzgeber für zweckmäßig erachteten Regelung hingenommen werden. § 2 Abs. 2 Nr. 2 UStG ist deshalb von Verfassungs wegen nicht zu beanstanden.[2]

10. EG-Recht

10.1 Gemeinschaftsrechtliche Grundlage der Organschaft

Gemeinschaftsrechtliche Grundlage des § 2 Abs. 2 Nr. 2 UStG ist Art. 11 MwStSystRL (zuvor Art. 4 Abs. 4 2.Unterabsatz der 6. EG-Richtlinie). Gemäß Art. 11 MwStSystRL steht es, vorbehaltlich der Konsultation des Ausschusses für die Mehrwertsteuer i. S. des Art. 398 MwStSystRL,[3] jedem Mitgliedstaat frei, im Inland ansässige Personen, die zwar rechtlich unabhängig, aber durch gegenseitige finanzielle, wirtschaftliche und organisatorische Beziehungen eng miteinander verbunden sind, zusammen als einen Steuerpflichtigen zu behandeln. Ein Mitgliedstaat, der diese Möglichkeit in Anspruch nimmt, kann die erforderlichen Maßnahmen treffen, um Steuerhinterziehungen oder -umgehungen durch die Anwendung dieser Bestimmung vorzubeugen. Die Ausübung der hiernach für den Mitgliedstaat eröffneten Ermächtigung, Personen als einen Steuerpflichtigen zu behandeln, führt zu einer **„Verschmelzung zu einem einzigen Steuerpflichtigen"**,[4] die es ausschließt, dass die untergeordneten Personen weiterhin getrennt Mehrwertsteuererklärungen abgeben und innerhalb und außerhalb ihres Konzerns weiter als Steuerpflichtige angesehen werden,

1122

---

[1] Siehe Rz. 1654 ff.; vgl. ferner Klezath, DStZ 1986 S. 112; Steppert, UR 1994 S. 343.
[2] So BFH, Urteil v. 19.10.1995 - V R 71/93, LAAAB-37675 = BFH/NV 1996 S. 273; vgl. auch BFH, Beschluss v. 1.4.1998 - V B 108/97, GAAAD-31285 = BFH/NV 1998 S. 1272; BVerfG, Beschluss v. 2.4.1996 - 1 BvR 2604/95, UVR 1996 S. 212 = StE 1996 S. 329; FG Baden-Württemberg v. 10.5.1994 - 1 K 262/89, EFG 1994 S. 1021; Klezath, DStZ 1980 S. 5; a. A. Fasold, BB 1967 S. 1205; Teichmann, StuW 1975 S. 189; Reiß in Reiß/Kraeusel/Langer, § 2 UStG Tz. 103.
[3] Zuvor nach Art. 29 6. EG-Richtlinie.
[4] EuGH, Urteil v. 22.5.2008 - Rs. C-162/07 „Ampliscientifica und Amplifin", ZAAAC-80207 = Slg. 2008 S. I-4019, Rz. 19; BFH, Beschluss v. 19.3.2014 - V B 14/14, NAAAE-61854 = BFH/NV 2014 S. 999, Rz. 18.

da nur der einzige Steuerpflichtige befugt ist, diese Erklärungen abzugeben.[1] Aufgrund der Verschmelzung hat der Organträger als Unternehmer die Aufgabe als „Steuereinnehmer" für den gesamten Organkreis wahrzunehmen.[2]

Mit der Vorschrift des § 2 Abs. 2 Nr. 2 UStG hat der deutsche Gesetzgeber von der Ermächtigung Gebrauch gemacht. Die Konsultation nach Art. 29 der 6. EG-Richtlinie ist erfolgt.[3] Wie die Organschaft im Einzelnen auszugestalten ist, wird der Auslegung durch die EU-Mitgliedstaaten überlassen. Bestimmt wird lediglich, dass die beteiligten Unternehmen rechtlich unabhängig sein müssen und eine finanzielle, wirtschaftliche und organisatorische Verbindung bestehen muss. Eine Legaldefinition dieser Begriffe fehlt.

10.2 Keine unmittelbare Wirkung für nationales Recht

1123 Die in Art. 11 Abs. 1 MwStSystRL aufgestellte Voraussetzung, nach der die Bildung einer Mehrwertsteuergruppe davon abhängt, dass zwischen den betreffenden Personen enge Verbindungen in finanzieller, wirtschaftlicher und organisatorischer Hinsicht bestehen, bedarf einer Präzisierung auf nationaler Ebene.[4] Dieser Artikel hat daher insoweit einen bedingten Charakter, als er die Anwendung nationaler Rechtsvorschriften voraussetzt, die den konkreten Umfang solcher Verbindungen bestimmen. Es kann deshalb nicht davon ausgegangen werden, dass er unmittelbare Wirkung hat, so dass Steuerpflichtige dessen Inanspruchnahme gegenüber ihrem Mitgliedstaat geltend machen könnten, falls dessen Rechtsvorschriften nicht mit dieser Bestimmung vereinbar wären und nicht in mit ihr zu vereinbarender Weise ausgelegt werden könnten.[5] Der Steuerpflichtige kann sich also gegenüber dem nationalen Recht nicht auf Art. 11 Abs. 1 MwStSystRL und Art. 4 Abs. 4 Unterabs. 2 der Richtlinie 77/388/EWG berufen.[6]

---

[1] EuGH, Urteil v. 22.5.2008 - Rs. C-162/07, ZAAAC-80207 = UR 2008 S. 534, Rz. 19; BFH, Urteile v. 7.7.2011 - V R 53/10, BStBl 2013 II S. 218 = UR 2011 S. 943, unter II.1., m.w.N.; v. 14.3.2012 - XI R 28/09, RAAAE-14520 = BFH/NV 2012 S. 1493, Rz. 27.

[2] BFH, Urteil v. 8.8.2013 - V R 18/13, XAAAE-43792 = BStBl 2017 II S. 543, m.w.N. zur EuGH-Rechtsprechung.

[3] Vgl. BFH, Urteil v. 19.10.1995 - V R 71/93, LAAAB-37675 = BFH/NV 1996 S. 273; Klezath, DStZ 1986 S. 112.

[4] EuGH, Urteil v. 16.7.2015 - Rs. C-108/14, C-109/14 „Larentia + Minerva und Marenave Schiffahrt", BStBl 2017 II S. 604 = EU:C:2015:496, Rz. 50f.

[5] EuGH, Urteil v. 16.7.2015 - Rs. C-108/14, Celex-Nr. 62014CJ0108.

[6] BFH, Urteile v. 2.12.2015 - V R 25/13, BStBl 2017 II S. 547 = JAAAF-48788, Rz. 52; v. 2.12.2015 - V R 67/14, QAAAF-48790 = BFH/NV 2016 S. 511.

10.3 Einbeziehung von Nichtsteuerpflichtigen in die Organschaft

Eine Eingliederung von Nichtunternehmern in Organkreise ist durch § 2 Abs. 2 Nr. 2 UStG ausgeschlossen.[1] Für den EuGH ergibt sich dagegen aus Art. 11 Abs. 1 MwStSystRL, dass dieser nach seinem Wortlaut seine Anwendung nicht von weiteren Voraussetzungen und insbesondere nicht davon abhängig macht, dass die miteinander verbundenen Personen selbst einzeln die Eigenschaft eines Steuerpflichtigen i. S. von Art. 9 Abs. 1 MwStSystRL haben. Da das Wort „Personen" und nicht das Wort „Steuerpflichtige" verwendet wird, werde kein Unterschied zwischen steuerpflichtigen und nichtsteuerpflichtigen Personen gemacht. Aus der Wendung „zusammen als einen Steuerpflichtigen" könne nicht abgeleitet werden, dass Art. 11 MwStSystRL nur darauf abzielt, dass mehrere Steuerpflichtige als eine einzige Einheit behandelt werden können, da sich diese Wendung nicht auf eine Anwendungsvoraussetzung dieses Artikels bezieht, sondern auf sein Ergebnis, das darin besteht, dass mehrere Personen als ein einziger Steuerpflichtiger behandelt werden. Demzufolge gehe aus dem Wortlaut von Art. 11 MwStSystRL nicht hervor, dass nichtsteuerpflichtige Personen nicht in eine Mehrwertsteuergruppe einbezogen werden können.[2] Die fehlende Unternehmereigenschaft einer nichtunternehmerischen Zwischenholding würde danach deren Einbeziehung in den Organkreis nicht entgegenstehen.

1124

Nichtsteuerpflichtige Personen sind alle Nichtunternehmer, also solche Personen, die die Voraussetzungen des § 2 Abs. 1 UStG nicht erfüllen. Dazu gehört insbesondere der private Endverbraucher. Auch einen solchen in eine Mehrwertsteuergruppe (Organkreis) einzubeziehen, macht jedoch keinerlei Sinn. Denn die Organschaft dient der Vereinfachung für Verwaltung und Steuerpflichtige, indem sie zu einer Zusammenfassung mehrerer Steuerpflichtiger zu einem Unternehmen beim Organträger führt. Der Organträger ist entsprechend dem Vereinfachungszweck Steuerschuldner auch für die aufgrund der Organschaft unselbständig tätige Person.[3] Handelte es sich um einen Nichtsteuerpflichtigen, entfällt dieser Zweck. Dies gilt gleichermaßen für nichtsteuerpflichtige Personengesellschaften, mögen sie auch mittelbar für die Herstel-

---

1 BMF v. 5.5.2014 - IV D 2 - S 7105/11/10001/IV D 2 - S 7105/13/10003, BStBl 2014 I S. 820; BFH, Urteil v. 2.12.2015 - V R 67/14, QAAAF-48790 = BStBl 2017 II S. 560 = BFH/NV 2016 S. 511.
2 EuGH, Urteil v. 9.4.2013 - Rs. C-85/11, XAAAE-33738 = DStR 2013 S. 806 Rz. 36.
3 Vgl. Rz. 1091.

lung einer engen Verbindung zwischen Organträger und Organgesellschaft eine Rolle spielen können.[1]

Der Ausschluss von Nichtunternehmern durch § 2 Abs. 2 Nr. 2 UStG beruht zudem auf Art. 11 Abs. 2 MwStSystRL, wonach ein Mitgliedstaat, der die Gruppenregelung umgesetzt hat, die erforderlichen Maßnahmen treffen kann, um Steuerhinterziehungen oder -umgehungen durch die Anwendung dieser Bestimmung vorzubeugen. Die nationale Beschränkung der Organschaft auf Unternehmer verhindert, dass durch Einbeziehung von Nichtunternehmern in den Anwendungsbereich des Umsatzsteuersystems insbesondere der Vorsteuerabzug entgegen der Bestimmungen des § 15 UStG auf von diesem Personenkreis bezogene Leistungen missbräuchlich ausgeweitet wird. Zu solchen Missbräuchen käme es, wenn jedwede (Privat-)Person Mitglied einer Mehrwertsteuergruppe, d. h. Teil eines Organkreises werden könnte. Denn die innerhalb des Organkreises bewirkten Erwerbe wirken sich umsatzsteuerlich nicht aus. An nichtsteuerpflichtige Personen könnten Gegenstände geliefert oder Dienstleistungen erbracht werden, ohne Mehrwertsteuer in Rechnung zu stellen. Und obendrein könnten die in diese Leistungen eingegangenen Vorsteuern abgezogen werden. Entgegen dem Zweck der Mehrwertsteuer, grds. jeden Endverbrauch zu erfassen, bliebe ein solcher innerhalb der Gruppe nicht nur unversteuert, sondern es käme bei ihr sogar durch den Abzug der Vorsteuer zu einem Nettoverlust bei der Mehrwertsteuer.[2]

Ob dem mit einer unentgeltlichen Wertabgabe i. S. des § 3 Abs. 1b, Abs. 9a UStG oder mit einer Beschränkung des Vorsteuerabzugs[3] begegnet werden kann, ist rechtlich sehr zweifelhaft[4] und verlangt jedenfalls einen hohen Verwaltungsaufwand, wie er gerade nach dem Zweck der Organschaft vermieden werden soll. § 2 Abs. 2 Nr. 2 UStG steht danach auch unter Berücksichtigung des EuGH-Urteils vom 9.4.2013 - Rs. C-85/11 im Einklang mit Art. 11 MwStSystRL.[5] Möglich erscheint allerdings, dass nunmehr bei einer Organschaft zwischen Mutter- und Enkelgesellschaft auch die Tochtergesellschaft (Zwischenholding) in den Organkreis einbezogen wird, auch wenn sie nichtunternehmerisch tätig ist, und dass mittelbare finanzielle Eingliederungen

---

[1] Vgl. aber auch Küffner/Streit, Einbeziehung eines Nichtsteuerpflichtigen in eine Organschaft, UR 2013 S. 401; Langer, Anm. zum EuGH-Urteil v. 9.4.2013, DStR 2013 S. 808; Grünwald, Anm. zum EuGH-Urteil v. 9.4.2013, MwStR 2013 S. 241.
[2] Vgl. Europäische Kommission im EuGH, Urteil v. 9.4.2013 - Rs. C-85/11, XAAAE-33738 Rz. 24.
[3] Vgl. Slapio, UR 2013 S. 407; Prätzler, jurisPR-SteuerR 50/2013.
[4] So Küffner/Streit, UR 2013 S. 401.
[5] BMF v. 5.5.2014 - IV D 2 - S 7105/11/10001/IV D 2 - S 7105/13/10003, BStBl 2014 I S. 820.

neu zu beurteilen sind.[1] Die Sicherstellung der Vermeidung eines unversteuerten Letztverbrauchs auf Ebene der nichtunternehmerischen Zwischengesellschaft dürfte allerdings zu erheblichen praktischen Schwierigkeiten führen.

10.4 Beschränkung der Organschaft auf eine bestimmte Tätigkeit oder eine bestimmte Branche

Im EuGH-Urteil vom 25.4.2013 - Rs. C-480/10[2] hatte die Europäische Kommission gerügt, dass das Königreich Schweden dadurch gegen Art. 11 MwStSystRL verstoßen habe, dass es die Möglichkeit, eine Personengruppe zu bilden, die als ein einziger Mehrwertsteuerpflichtiger behandelt werden kann, auf die Erbringer von Finanz- und Versicherungsdienstleistungen beschränkt hat. Der EuGH hat in seinem Urteil vom 25.4.2013 entschieden, dass Art. 11 Abs. 1 MwStSystRL für die Mitgliedstaaten nicht die Möglichkeit vorsehe, den Wirtschaftsteilnehmern weitere Bedingungen für die Bildung einer Mehrwertsteuergruppe aufzubürden, wie etwa diejenige, dass sie einer bestimmten Tätigkeit nachgehen oder zu einer bestimmten Branche gehören müssen. Dennoch wurde die Klage der Kommission abgewiesen. Denn die Kommission habe nicht nachgewiesen, dass auch gegen Art. 11 Abs. 2 MwStSystRL verstoßen worden sei, auf den sich das Königreich Schweden berufen hatte. Diese Regelung ermöglicht es den Mitgliedstaaten, alle erforderlichen Maßnahmen zu treffen, um zu verhindern, dass die Anwendung von Art. 11 Abs. 1 MwStSystRL Steuerhinterziehungen oder Steuerumgehungen möglich macht. Unter diesem Vorbehalt bleibe es den Mitgliedstaaten unbenommen, die Anwendung der in Art. 11 Abs. 1 MwStSystRL vorgesehenen Regelung zu beschränken, um Steuerhinterziehungen oder Steuerumgehungen entgegenzutreten.

1125

Das EuGH-Urteil vom 25.4.2013 - Rs. C-480/10[3] hat unmittelbar keine Konsequenzen für die Anwendung des § 2 Abs. 2 Nr. 2 UStG. Denn dieser enthält keine Beschränkungen auf Steuerpflichtige, die einer bestimmten Tätigkeit nachgehen oder zu einer bestimmten Branche gehören, und steht insoweit nicht in Widerspruch zu Art. 11 Abs. 1 MwStSystRL.

---

[1] So Küffner/Streit, UR 2013 S. 401; Boor, UR 2013 S. 729; Slapio, UR 2013 S. 407; Grünwald, MwStR 2013 S. 241.
[2] EuGH, Urteil v. 25.4.2013 - Rs. C-480/10, KAAAE-34950 = MwStR 2013 S. 276.
[3] EuGH, Urteil v. 25.4.2013 - Rs. C-480/10, KAAAE-34950 = MwStR 2013 S. 276.

10.5 Beschränkung auf die Voraussetzungen der Organschaft nach Art. 11 Abs. 1 MwStSystRL

1126 In der Urteilsbegründung des EuGH-Urteils vom 25.4.2013 - Rs. C-480/10[1] wird nicht nur wie im EuGH-Urteil vom 9.4.2013 - Rs. C-85/11[2] ausgeführt, dass Art. 11 Abs. 1 MwStSystRL nach seinem Wortlaut seine Anwendung nicht von weiteren Voraussetzungen abhängig macht, als dass Personen durch gegenseitige finanzielle, wirtschaftliche und organisatorische Beziehungen eng miteinander verbunden sind. Vielmehr wird auch geäußert, dass den Mitgliedstaaten allgemein nicht gestattet sei, den Wirtschaftsteilnehmern weitere Bedingungen für die Bildung einer Mehrwertsteuergruppe aufzuerlegen. Denn wegen der gebotenen einheitlichen Anwendung des Unionsrechts und der Beachtung des Gleichheitsgrundsatzes müssten die Begriffe einer unionsrechtlichen Bestimmung, die für die Ermittlung ihres Sinnes und ihrer Bedeutung nicht ausdrücklich auf das Recht der Mitgliedstaaten verweist, i. d. R. in der gesamten Europäischen Union autonom und einheitlich ausgelegt werden (Grundsatz der unionsautonomen Auszulegung). Dies gelte auch dann, wenn eine Regelung wie Art. 11 Abs. 1 MwStSystRL für die Mitgliedstaaten fakultativ ist.[3] Denn wenn von der Regelung Gebrauch gemacht werde, müsse vermieden werden, dass bei ihrer Anwendung Abweichungen von einem Mitgliedstaat zum anderen auftreten.

Problematisch ist, ob dies mit der deutschen Auffassung in Einklang steht, das deutsche Recht könne einen Spielraum des Art. 11 Abs. 1 MwStSystRL nur teilweise ausnutzen, indem ein Verhältnis der Über- und Unterordnung im Organkreis verlangt wird und nur juristische Personen Organgesellschaften sein können.[4] Gerade hierzu hat der EuGH dann in seinem Urteil vom 16.7.2015 - Rs. C-108/14[5] ausgeführt, dass Art. 4 Abs. 4 Unterabs. 2 der Sechsten Richtlinie bzw. Art. 11 Abs. 1 MwStSystRL dahin auszulegen ist, dass er einer nationalen Regelung entgegensteht, die die in dieser Bestimmung vorgesehene Möglichkeit, eine Mehrwertsteuergruppe zu bilden, allein den Einheiten vorbehält, die juristische Personen sind und mit dem Organträger dieser Gruppe durch ein Unterordnungsverhältnis verbunden sind, es sei denn, dass diese beiden Anforderungen Maßnahmen darstellen, die für die Erreichung der Ziele der Ver-

---

1 EuGH, Urteil v. 25.4.2013 - Rs. C-480/10, KAAAE-34950 = MwStR 2013 S. 276.
2 EuGH, Urteil v. 9.4.2013 - Rs. C-85/11, XAAAE-33738.
3 Vgl. hierzu Küffner/Streit, UR 2013 S. 401; Slapio, UR 2013 S. 407.
4 BFH, Urteile v. 19.5.2005 - V R 31/03, BStBl 2005 II S. 671; v. 14.2.2008 - V R 12/06, V R 13/06, LAAAC-83317 = BFH/NV 2008 S. 1365.
5 Celex-Nr. 62014CJ0108; s. dazu auch BFH, Vorlagebeschluss v. 11.12.2013 - XI R 17/11, BStBl 2014 II S. 417.

hinderung missbräuchlicher Praktiken oder Verhaltensweisen und der Vermeidung von Steuerhinterziehung oder -umgehung erforderlich und geeignet sind.[1] Dem Argument, wenn es einem Mitgliedstaat freistehe, eine Regelung zu treffen, könne er diese auch ohne weiteres mit Einschränkungen einführen,[2] folgt der EuGH danach nicht. Dies scheint zutreffend, da die MwStSystRL für das Wahlrecht nach Art. 11 keine expliziten Freiheiten hinsichtlich der Umsetzung einräumt, wie es bspw. bei dem Wahlrecht gem. Art. 194 MwStSystRL der Fall ist.

Aber auch wenn die Mitgliedstaaten bei der Ausübung der ihnen zustehenden Präzisierungsbefugnis die hierfür unionsrechtlich bestehenden Anforderungen berücksichtigen müssen, haben die auf der Grundlage von Art. 11 Abs. 1 MwStSystRL bzw. Art. 4 Abs. 4 Unterabs. 2 der Richtlinie 77/388/EWG getroffenen Regelungen den Grundsatz der Rechtssicherheit zu beachten. Danach müssen „die Vorschriften des Unionsrechts eindeutig sein" und ihre Anwendung muss für die Betroffenen vorhersehbar sein, „wobei dieses Gebot der Rechtssicherheit in besonderem Maß gilt, wenn es sich um Vorschriften handelt, die finanzielle Konsequenzen haben können, denn die Betroffenen müssen in der Lage sein, den Umfang der ihnen durch diese Vorschriften auferlegten Verpflichtungen genau zu erkennen".

Zudem „müssen die Rechtsnormen der Mitgliedstaaten auf den vom Unionsrecht erfassten Gebieten eindeutig formuliert sein, so dass den betroffenen Personen die klare und genaue Kenntnis ihrer Rechte und Pflichten ermöglicht wird, und die innerstaatlichen Gerichte in die Lage versetzt werden, deren Einhaltung sicherzustellen".[3] Bei der Regelung zur Organschaft als Zusammenfassung zu einem Steuerpflichtigen handelt es sich aufgrund der damit verbundenen Verlagerung der Steuerschuld von der Organgesellschaft auf den Organträger „um Vorschriften, die finanzielle Konsequenzen haben." Die grundsätzliche Einschränkung der Organschaft auf die Eingliederung juristischer Personen soll in diesem Sinne den unionsrechtlich auch vom EuGH anerkannten Präzisierungsvorbehalt rechtssicher ausfüllen und dient nicht dazu, die Umsatzbesteuerung unionswidrig rechtsformabhängig auszugestalten. Unter Berücksichtigung der Erfordernisse der Rechtssicherheit und unter Einbeziehung von Personengesellschaften, die wie juristischen Personen von einem Organträger beherrschbar sind (teleologische Extension), besteht für den nationalen Gesetzgeber eine hinreichende unionsrechtliche Grundlage, die Regelung zur

---

[1] Vgl. auch EuGH, Urteil v. 16.7.2015 - Rs. C-108-109/14, RAAAE-97099 = HFR 2015 S. 901.
[2] So BMF v. 5.5.2014 - IV D 2 - S 7105/11/10001/IV D 2 - S 7105/13/10003, BStBl 2014 I S. 820.
[3] EuGH, Urteil v. 9.7.2015 - Rs. C-144/14, VAAAF-09197 = HFR 2015 S. 822.

Organschaft im Grundsatz auf die Eingliederung juristischer Personen zu beschränken.[1]

Ein Verhältnis der Über- und Unterordnung im Organkreis gehört nicht zur gesetzlichen Definition der Organschaft nach deutschem Recht. § 2 Abs. 2 Nr. 2 UStG begnügt sich mit dem Erfordernis der finanziellen, wirtschaftlichen und organisatorischen Eingliederung. Diese muss aber zu dem Ergebnis führen, dass der Organträger seinen Willen gegenüber der Organgesellschaft durchsetzen kann (vgl. Rz. 1200). Wenn der Organträger auch mit sämtlichen umsatzsteuerlichen Pflichten der Organgesellschaft belastet wird, muss er auf deren Geschäftsführung maßgeblichen Einfluss nehmen können. Ein solcher Einfluss ist das notwendige Pendant zur steuerlichen Belastung.

10.6 GmbH & Co KG als Organgesellschaft

1127 Die Regelung des § 2 Abs. 2 Nr. 2 Satz 1 UStG ist allerdings unionsrechtskonform dahingehend zu erweitern, dass auch eine Personengesellschaft in der Rechtsform einer GmbH & Co KG in das Unternehmen eines Organträgers eingegliedert sein kann. Nach der Rechtsprechung des EuGH, der sich der BFH angeschlossen hat, müssen die Mitgliedstaaten bei der Umsetzung der Bestimmungen der Richtlinie die ihr zugrunde liegenden allgemeinen Grundsätze, insbesondere den Grundsatz der steuerlichen Neutralität, beachten. Dies gilt auch, wenn Mitgliedstaaten von Ermächtigungen Gebrauch machen, die ihnen die Richtlinie einräumt.

Der **Grundsatz der Steuerneutralität** verlangt in seiner Ausprägung der Rechtsformneutralität, dass die Rechtsform des Steuerpflichtigen im Umsatzsteuerrecht grds. unerheblich ist und gebietet eine weitgehende Gleichbehandlung von Kapital- und Personengesellschaften. Deshalb ist es nicht mit dem Grundsatz der Rechtsformneutralität vereinbar, die Wirkung der Organschaft auf eine juristische Person als Organgesellschaft zu beschränken. Die für eine Organschaft erforderliche Beherrschung der Organgesellschaft durch den Organträger ist jedenfalls bei der vom gesetzlichen Leitbild der Personengesellschaft abweichenden, kapitalistisch strukturierten Personengesellschaft ebenfalls vorhanden. Denn eine Personengesellschaft in der Rechtsform einer GmbH & Co KG kann wie eine juristische Person – anders als eine natürliche Person oder eine lediglich aus natürlichen Personen bestehende Personengesellschaft – unselbständig dem Willen eines anderen Rechtsträgers (nämlich des Organ-

---

[1] BFH, Urteil v. 2.12.2015 - V R 25/13, JAAAF-48788 = BStBl 2017 II S. 547, Rz. 40 und 53.

trägers) unterworfen sein, da bei ihr lediglich eine GmbH und damit eine juristische Person als Komplementärin gem. § 164 HGB die Geschäfte führt.[1]

10.7 Kein Wahlrecht

Ein Wahlrecht über den Eintritt der Rechtsfolgen einer umsatzsteuerlichen Organschaft besteht nicht. Sind die tatbestandlichen Voraussetzungen einer umsatzsteuerlichen Organschaft erfüllt, so führt dies zwingend zum Eintritt der damit einhergehenden Rechtsfolgen. Weder das UStG noch das Gemeinschaftsrecht sehen für finanziell, wirtschaftlich und organisatorisch verbundene Unternehmen ein Wahlrecht für den Eintritt der Rechtsfolgen einer umsatzsteuerlichen Organschaft vor.[2]   1128

10.8 Beschränkung auf das Inland

Nachdem ab 1.1.1987 durch § 2 Abs. 2 Nr. 2 Satz 2 bis 4 UStG die Wirkungen der **Organschaft auf das Erhebungsgebiet bzw. Inland beschränkt** worden sind (siehe Rz. 1116 ff. und 1486 ff.), entspricht die Regelung des § 2 Abs. 2 Nr. 2 UStG insoweit dem Gemeinschaftsrecht.[3]   1129

(unbesetzt)   1130–1150

II. Die Voraussetzungen der Organschaft im Umsatzsteuerrecht

Nach § 2 Abs. 2 Nr. 2 Satz 1 UStG wird die gewerbliche oder berufliche Tätigkeit „nicht selbständig ausgeübt, ... wenn eine juristische Person nach dem Gesamtbild der tatsächlichen Verhältnisse finanziell, wirtschaftlich und organisatorisch in das Unternehmen des Organträgers eingegliedert ist (Organschaft)". Diese Tatbestandsmerkmale der umsatzsteuerlichen Organschaft stimmen mit denen der körperschaft- und gewerbesteuerlichen Organschaft nur insoweit überein, als eine Organgesellschaft finanziell eingegliedert sein   1151

---

1 Vgl. BFH v. 2.12.2015 - V R 25/13, JAAAF-48788 = BStBl 2017 II S. 547, m.w.H.; FG München v. 13.3.2013 - 3 K 235/10, VAAAE-41373; BFH v. 19.1.2016 - XI R 38/12, GAAAF-68579, m.w.H.; vgl. auch Rz. 1157.

2 BFH, Urteile v. 17.1.2002 - V R 37/00, BStBl 2002 II S. 373; v. 29.10.2008 - XI R 74/07, BStBl 2009 II S. 256; Beschluss v. 28.11.2002 - V B 126/02, MAAAA-70532 = BFH/NV 2003 S. 515; Nds. FG v. 4.3.2010 - 16 K 305/08, DAAAD-42743 = EFG 2010 S. 1259; zustimmend Birkenfeld, UR 2008 S. 2, 6; a. A. FG Rheinland-Pfalz v. 11.3.2008 - 6 V 2395/07, IAAAC-80590 = UR 2008 S. 542.

3 Vgl. BFH, Urteile v. 19.10.1995 - V R 71/93, LAAAB-37675 = BFH/NV 1996 S. 273; V R 128/93, QAAAB-37661 = BFH/NV 1996 S. 275; Beschluss v. 1.4.1998 - V B 108/97, GAAAD-31285 = BFH/NV 1998 S. 1272; FG Münster v. 15.10.1992 - 5 K 590/86, n.v.; FG Baden-Württemberg v. 10.5.1994 - 1 K 262/89, EFG 1994 S. 1021, a. E.

muss. Insoweit schließen die gesetzlichen Regelungen zur Organschaft die Annahme unterschiedlicher Organträger aus; es ist nicht möglich, im Umsatzsteuerrecht eine finanzielle Eingliederung der Gesellschaft X in die Gesellschaft Y und im Ertragsteuerrecht umgekehrt eine (finanzielle) Eingliederung der Gesellschaft Y in die Gesellschaft X anzunehmen.[1]

Eine wirtschaftliche und organisatorische Eingliederung ist bei der körperschaftsteuerlichen Organschaft seit 1.1.2001 und bei der gewerbesteuerlichen Organschaft seit 1.1.2002 nicht mehr erforderlich (siehe Rz. 1098). Dagegen brauchen umsatzsteuerlich – anders als bei der Körperschaft- und Gewerbesteuer – keine **bestimmten zeitlichen Voraussetzungen erfüllt zu sein**. Auch der – bei der Körperschaft- und Gewerbesteuer notwendige – **Abschluss eines Gewinnabführungsvertrages** und dessen Durchführung sind **grds. ohne Bedeutung** für die umsatzsteuerliche Organschaft.[2] Diese besteht vielmehr von dem Zeitpunkt an, ab dem die Voraussetzungen des § 2 Abs. 2 Nr. 2 Satz 1 UStG (finanzielle, wirtschaftliche und organisatorische Eingliederung) erfüllt sind.

1152 **Ein Organschaftsvertrag ist nicht erforderlich; maßgeblich sind** vielmehr, wie § 2 Abs. 2 Nr. 2 Satz 1 UStG hervorhebt, **die tatsächlichen Verhältnisse**, so dass es auch zu einer **ungewollten** (und wegen der Haftung und Verschiebung der Steuerschuldnerschaft gefährlichen; siehe Rz. 1672) **Organschaft** kommen kann. Besondere Formerfordernisse bestehen für die Begründung einer Organschaft nicht; da ausschließlich auf die tatsächlichen Verhältnisse abzustellen ist, ist der Abschluss eines „Organschaftsvertrags" für Zwecke der Umsatzsteuer ohne Bedeutung.

1. Die Organgesellschaften

1153 **Organgesellschaft kann** nach gemäß des Gesetzeswortlauts in § 2 Abs. 2 Nr. 2 UStG grds.[3] **nur eine juristische Person sein**.[4] Juristische Personen gibt es sowohl im privaten als auch im öffentlichen Recht.

---

1 BFH, Beschluss v. 3.9.2001 - V B 228/00, FAAAA-68444 = BFH/NV 2002 S. 376.
2 Vgl. BFH, Urteil v. 1.12.2010 - XI R 43/087, BStBl 2011 II S. 600; Abschnitt 2.8 Abs. 5 Satz 8 UStAE.
3 Vgl. aber auch Rz. 1158 ff.
4 Vgl. BFH, Urteil v. 8.2.1979 - V R 101/78, BStBl 1979 II S. 362; Abschnitt 2.8 Abs. 2 Satz 1 UStAE; zu organschaftsähnlichen Verhältnissen bei Personengesellschaften s. Rz. 1160 ff.

1.1 Juristische Personen des öffentlichen Rechts

Juristische Personen des öffentlichen Rechts (Gebietskörperschaften, Anstalten, Stiftungen und öffentlich-rechtliche Kammern) **können keine Organgesellschaften sein,** weil juristische Personen des öffentlichen Rechts autonom die ihnen zugewiesenen Aufgaben zu erfüllen haben und sich deshalb nicht einem privaten Unternehmen ausliefern oder seinem Willen unterordnen können. Eine Beherrschung über Anteils- und Stimmrechte ist bei ihnen nicht möglich.[1] Aus § 2 Abs. 3 UStG lässt sich allerdings kein Argument dafür entnehmen, dass juristische Personen des öffentlichen Rechts keine Organgesellschaften sein können; denn § 2 Abs. 3 UStG enthält nur gegenüber § 2 Abs. 1 UStG, nicht aber gegenüber § 2 Abs. 2 Nr. 2 UStG eine Spezialregelung. Auch eine in der Rechtsform einer Anstalt des öffentlichen Rechts geführte **Sparkasse** kann nach Auffassung des BFH keine Organgesellschaft sein.[2]

1154

Ein Betrieb gewerblicher Art i. S. von § 2 Abs. 3 UStG und §§ 1 Abs. 1 Nr. 6 und 4 KStG, der in der Rechtsform einer juristischen Person betrieben wird, kann Organgesellschaft eines anderen Betriebs gewerblicher Art derselben Körperschaft des öffentlichen Rechts sein.[3] Der Aspekt der Autonomie solcher Körperschaften steht hier der Anerkennung einer Organgesellschaft nicht entgegen.

1155

1.2 Juristische Personen des Privatrechts

Zu den juristischen Personen des Privatrechts, die allein Organgesellschaften i. S. von § 2 Abs. 2 Nr. 2 UStG darstellen können, sind insbesondere die GmbH, die AG, die KGaA und die bergrechtliche Gewerkschaft zu zählen. Genossenschaften, die nach § 17 Abs. 1 GenG juristische Personen sind, können ebenfalls Organgesellschaften sein.[4] Eine finanzielle Eingliederung ist bei Genossenschaften jedoch besonders problematisch (siehe Rz. 1230) und kann auch durch eine intensivere wirtschaftliche und organisatorische Eingliederung nicht ohne weiteres kompensiert werden.

1156

Ein gemeinnütziges Wohnungsunternehmen oder ein Versicherungsverein auf Gegenseitigkeit kann ebenfalls Organgesellschaft sein.[5] Von den gem. §§ 21 ff.

---

1 Vgl. BFH, Urteil v. 20.12.1973 - V R 87/70, BStBl 1974 II S. 311; Niedersächsisches FG v. 13.3.1970 - V 28/66, EFG 1970 S. 633.
2 So BFH, Urteil v. 20.12.1973 - V R 87/70, BStBl 1974 II S. 311; Stadie in Rau/Dürrwächter, § 2 UStG Tz. 840 bis 843, 182. Lieferung 5.2019; Flückiger in Plückebaum/Malitzky, § 2 Abs. 2 UStG Tz. 273.
3 Abschnitt 2.8 Abs. 2 Satz 6 UStAE.
4 BFH, Urteil v. 23.4.1964 - V 184/61 U, BStBl 1964 III S. 346; Stöcker in Peter/Burhoff/Stöcker, § 2 UStG Tz. 541; a. A. Stadie in Rau/Dürrwächter, § 2 UStG Tz. 842, 182. Lieferung 5.2019.
5 Vgl. Weigel/Baer, VersR 1993 S. 777.

BGB zu den juristischen Personen gehörenden rechtsfähigen Vereinen kommt nur der wirtschaftliche Verein als Organgesellschaft in Betracht, weil beim nichtwirtschaftlichen Verein begrifflich eine wirtschaftliche Eingliederung unmöglich ist. Aber auch beim wirtschaftlichen Verein ist das Problem der finanziellen Eingliederung noch schwerer zu lösen als bei der Genossenschaft. Da bei einer Stiftung die Erträge einem bestimmten dauernden Zweck gewidmet sind (§§ 80 ff. BGB), kann sie nicht wirtschaftlich und finanziell in ein anderes Unternehmen eingegliedert werden und deshalb keine Organgesellschaft sein.

1.3 GmbH & Co KG

1157 Die für eine Organschaft erforderliche Beherrschung der Organgesellschaft durch den Organträger ist bei der vom gesetzlichen Leitbild der Personengesellschaft abweichenden, kapitalistisch strukturierten Personengesellschaft ebenfalls möglich.[1] Denn eine Personengesellschaft in der Rechtsform einer GmbH & Co KG kann wie eine juristische Person (anders als eine natürliche Person oder eine lediglich aus natürlichen Personen bestehende Personengesellschaft) unselbständig dem Willen eines anderen Rechtsträgers (des Organträgers) unterworfen und damit eine Organgesellschaft sein, weil bei ihr lediglich eine GmbH und damit eine juristische Person als Komplementärin gem. § 164 HGB die Geschäfte führt (siehe Rz. 1125). Eine Personengesellschaft in der Rechtsform einer GmbH & Co. KG hat eine „kapitalistische Struktur". Steuerrechtlich sind die ehemals erheblichen Unterschiede zwischen einer GmbH und einer GmbH & Co. KG in vieler Hinsicht mittlerweile durch den Gesetzgeber eingeebnet worden.[2]

Der V. und der XI. Senat des BFH vertreten zur Behandlung einer GmbH & Co. KG als Organgesellschaft unterschiedliche Auffassungen. Nach der Entscheidung V R 25/13[3] kann KG nur dann Organgesellschaft sein, wenn an ihr nur der Organträger oder Personen beteiligt sind, die finanziell in den OT eingegliedert sind. Nach der Entscheidung XI R 38/12[4] ist dies nicht erforderlich, so dass der XI. Senat eine Eingliederung auch dann für möglich hält, wenn es außenstehende Gesellschafter gibt.[5]

---

1 BFH, Urteile v. 19.1.2016 - XI R 38/12, GAAAF-68579 = BStBl 2017 II S. 567; v. 1.6.2016 - XI R 17/11, BStBl 2017 II S. 581.
2 BFH, Urteil v. 19.1.2016 - XI R 38/12, GAAAF-68579 = BStBl 2017 II S. 567.
3 BFH v. 2.12.2015 - V R 25/13, JAAAF-48788 = BStBl 2017 II S. 547, m. w. H.
4 BFH v. 19.1.2016 - XI R 38/12, GAAAF-68579 = BStBl 2017 II S. 567, m. w. H.
5 Ebenso entschieden in BFH, Urteil v. 1.6.2016 - XI R 17/11, BStBl 2017 II S. 581.

Die Finanzverwaltung hat sich für die Lösung des V. Senats entschieden.[1] Die Finanzverwaltung lässt somit eine GmbH & Co. KG nur in den Fällen zu, in denen sämtliche Gesellschafter der Personengesellschaft neben dem Organträger nur Personen sind, die nach § 2 Abs. 2 Nr. 2 UStG in das Unternehmen des Organträgers finanziell eingegliedert sind.[2]

> **BEISPIEL 1:**[3] Gesellschafter einer GmbH & Co. KG sind die Komplementär-GmbH und eine weitere GmbH als Kommanditistin. Die A-AG hält an beiden GmbHs jeweils einen Anteil von mehr als 50 %. Alle Gesellschafter der GmbH & Co. KG sind finanziell in das Unternehmen der A-AG eingegliedert. Damit ist auch die GmbH & Co. KG in das Unternehmen der A-AG finanziell eingegliedert.

> **BEISPIEL 2:**[4] Gesellschafter einer GmbH & Co. KG sind die Komplementär-GmbH K1 sowie die GmbH K2 und eine weitere Person P (Beteiligungsquote 0,1 %) als Kommanditisten. Die A-AG hält an K1 und K2 jeweils einen Anteil von mehr als 50 %. An P ist die A-AG nicht beteiligt. Da nicht alle Gesellschafter der GmbH & Co. KG finanziell in das Unternehmen der A-AG eingegliedert sind, ist auch die GmbH & Co. KG nicht finanziell in das Unternehmen der A-AG eingegliedert.

Aus diesen Beispielen der Finanzverwaltung ist ersichtlich, dass bereits eine minimale Beteiligung einer nicht in den Organträger eingegliederten Person an der GmbH & Co. KG der Begründung einer Organschaft entgegensteht. Dies kann einerseits als Ärgernis gesehen werden, stellt andererseits allerdings ein Gestaltungsinstrument dar, um ungewollte Organschaften zu vermeiden. Es bleibt indes abzuwarten, ob der XI. Senat trotz der Übernahme der Auffassung des V. Senats durch die Finanzverwaltung an seiner weiteren Auslegung zur Organschaft bei Personengesellschaften in zukünftigen Fällen festhalten wird.

1.4 Andere Personengesellschaften

Trotz des von § 2 Abs. 2 Nr. 2 UStG grds. vorgesehenen Ausschlusses der Personengesellschaft aus dem Kreis der eingliederungsfähigen Personen kann eine Personengesellschaft unter Berücksichtigung der Rechtsprechung des BFH zur GmbH & Co. KG[5] auf der Grundlage einer teleologischen Erweiterung von § 2 Abs. 2 Nr. 2 UStG wie eine juristische Person als eingegliedert angesehen

1158

---

1 BMF, Schreiben v. 26.5.2017 - III C 2 - S 7105/15/10002, BStBl 2017 I S. 790; Prätzler, BB 2018 S. 599.
2 Abschnitt 2.8 Abs. 5a UStAE.
3 Abschnitt 2.8 Abs. 5a UStAE.
4 Abschnitt 2.8 Abs. 5a UStAE.
5 Vgl. insbesondere BFH v. 2.12.2015 - V R 25/13, JAAAF-48788 = BStBl 2017 II S. 547, sowie BFH v. 19.1.2016 - XI R 38/12, GAAAF-68579 = BStBl 2017 II S. 567.

werden. Erforderlich ist, dass die finanzielle Eingliederung wie bei einer juristischen Person zu bejahen ist. Dies setzt voraus, dass Gesellschafter der Personengesellschaft neben dem Organträger nur Personen sind, die nach § 2 Abs. 2 Nr. 2 UStG in das Unternehmen des Organträgers finanziell eingegliedert sind, so dass die erforderliche Durchgriffsmöglichkeit auch bei Anwendung des Einstimmigkeitsprinzips jederzeit gewährleistet ist. So wie das Gebot einer rechtsformneutralen Besteuerung unter gleichzeitiger Berücksichtigung des Gesetzeszwecks den Anwendungsbereich einer gesetzlichen Vorschrift einzuschränken vermag, kann es umgekehrt den Regelungsbereich einer nach ihrem Gesetzeswortlaut zu eng gefassten Norm erweitern.[1]

§ 2 Abs. 2 Nr. 2 UStG stellt mit dem Erfordernis der Eingliederung einer juristischen Person nur vordergründig auf ein rechtsformbezogenes Merkmal ab, das aber nach dem Normzweck dieser Regelung dazu dient, die Voraussetzungen der Organschaft leicht und einfach festzustellen und damit zu der mit der Organschaft angestrebten Verwaltungsvereinfachung und Missbrauchsvermeidung beiträgt. Dementsprechend trifft das Gesetz in § 2 Abs. 2 Nr. 2 UStG grds. eine Unterscheidung danach, ob die einzugliedernde Gesellschaft eine juristische Person ist.

Erlauben die mit § 2 Abs. 2 Nr. 2 UStG verfolgten Regelungsziele unter Berücksichtigung der Besonderheiten des nationalen Gesellschaftsrechts im Allgemeinen die Begrenzung auf eingegliederte juristische Personen und damit einen Ausschluss der Personengesellschaft, rechtfertigt dies jedoch nicht den Ausschluss der Personengesellschaften, bei denen das grds. bestehende Einstimmungsprinzip von vornherein ohne Bedeutung ist und daher bereits abstrakt einer finanziellen Eingliederung nicht entgegenstehen kann. Ein Ausschluss auch derartiger Personengesellschaften ist mit dem Regelungsziel des § 2 Abs. 2 Nr. 2 UStG sowie mit der unionsrechtlichen Vorgabe einer rechtsformneutralen Umsatzbesteuerung nicht zu vereinbaren. Damit liegt eine Regelungslücke vor, da ein bestimmter Sachbereich zwar gesetzlich geregelt ist, aber keine Vorschrift für die Fälle enthält, die nach dem Grundgedanken und dem System des Gesetzes hätten mitgeregelt werden müssen. Es handelt sich daher um eine Regelung, die gemessen an ihrem Zweck unvollständig und ergänzungsbedürftig ist.

Mit dieser Begründung hat der BFH seine Rechtsprechung zu Personengesellschaften als Organgesellschaften geändert.[2] Neben einer juristischen Person

---

[1] BFH, Urteil v. 2.12.2015 - V R 25/13, JAAAF-48788 = BStBl 2017 II S. 547.
[2] BFH, Urteil v. 2.12.2015 - V R 25/13, JAAAF-48788 = BStBl 2017 II S. 547.

kann demnach auch eine Personengesellschaft in das Unternehmen des Organträgers eingegliedert sein, wenn Gesellschafter der Personengesellschaft neben dem Organträger nur Personen sind, die nach § 2 Abs. 2 Nr. 2 UStG in das Unternehmen des Organträgers finanziell eingegliedert sind. Deren finanzielle Eingliederung muss ausnahmslos in einer bis zum Organträger reichenden Organkette zu bejahen sein.[1]

Die Rechtsprechung des BFH und die als Reaktion darauf erfolgte Anpassung der Verwaltungsauffassung durch das BMF haben die bestehende Regelungslücke zwar insoweit geschlossen, als dass finanziell eingegliederte Personengesellschaften – entgegen dem expliziten Wortlaut des Gesetzes – als Organgesellschaften zu behandeln ist. Dennoch besteht insoweit dringender Handlungsbedarf seitens der Legislative, die gesetzliche Regelung entsprechend anzupassen und für eine klare Rechtslage zu sorgen.[2]

1.5 Gründergesellschaften

Die eine Personengesellschaft darstellende Gründergesellschaft zur Errichtung einer Kapitalgesellschaft wird (zwischen Abschluss des Gesellschaftsvertrages und Eintragung in das Handelsregister) bereits als juristische Person i. S. von § 2 Abs. 2 Nr. 2 UStG behandelt und kann damit eine Organgesellschaft sein.[3]

1159

1.6 Nichtrechtsfähige Personenvereinigungen (organschaftsähnliches Verhältnis)

Die nichtrechtsfähigen Personenvereinigungen (Gesellschaft des bürgerlichen Rechts, OHG, KG, GmbH & Co. KG, nichtrechtsfähige Vereine usw.) sind keine juristischen Personen und können daher grds. (vgl. Rz. 1158 ff.) keine Organgesellschaften i. S. von § 2 Abs. 2 Nr. 2 UStG sein. Trotzdem war nach der früheren Rechtsprechung eine Eingliederung der nichtrechtsfähigen Personenvereinigungen in ein anderes Unternehmen unter Verlust der eigenen Unternehmereigenschaft nicht ausgeschlossen. Diese Eingliederung, die als **organschaftsähnliches Verhältnis** bezeichnet wird, wurde nicht auf § 2 Abs. 2 Nr. 2 UStG gestützt, sondern auf § 2 Abs. 2 Nr. 1 UStG, wobei allerdings die Eingliederungs-

1160

---

1 BFH, Urteil v. 2.12.2015 - V R 25/13, JAAAF-48788 = BStBl 2017 II S. 547.
2 Vgl. Prätzler, BB 2018 S. 599.
3 Vgl. BFH, Urteil v. 9.3.1978 - V R 90/74, BStBl 1978 II S. 486.

grundsätze des § 2 Abs. 2 Nr. 2 UStG (finanzielle, wirtschaftliche und organisatorische Eingliederung) entsprechend anzuwenden waren.[1]

1161 Diese **Rechtsprechung ist aufgegeben**.[2] Verneint wird ein auf § 2 Abs. 2 Nr. 1 UStG gestütztes organschaftsähnliches Verhältnis deshalb, weil nichtrechtsfähige Personenvereinigungen sich nicht wie Angestellte durch einen Akt freier Entscheidung aus einem frei gewählten Abhängigkeitsverhältnis wieder lösen könnten. Einen solchen Freiraum genössen Personenvereinigungen, deren Willensbildung aufgrund maßgeblicher Beteiligung fremdbestimmt ist, nicht und könnten deshalb nicht zu dem von § 2 Abs. 2 Nr. 1 UStG erfassten Personenkreis gehören.[3]

1162 Die Änderung der Rechtsprechung beruht, wie dies insbesondere in den Aufsätzen von Weiß (a. a. O.), zum Ausdruck kommt, auf dem Bestreben, die Organschaft einzuschränken und möglichst abzuschaffen, also weniger auf einem Erkenntnis- als auf einem Willensakt nach Art eines Quasigesetzgebers. Es kann nicht richtig sein, den Zusammenschluss i. S. von § 2 Abs. 2 Nr. 1 UStG auf etwas, was so gut wie nie vorkommt, nämlich einen solchen von Arbeitnehmern gegenüber ihrem Arbeitgeber, zu beschränken und damit in rechtsstaatlich bedenklicher Weise ein Tatbestandsmerkmal („oder zusammengeschlossen") faktisch aus dem Gesetz zu streichen, dieses also insoweit nicht anzuwenden. Dass eine durch Beteiligungen beherrschte Personengesellschaft ihre Abhängigkeit anders als eine einzelne Person nicht einseitig beenden kann, ist kein Argument gegen ein organschaftsähnliches Verhältnis, sondern für ein solches. Denn die Unselbständigkeit ist unter diesen Umständen nur desto stärker.[4] Bei einem befristeten Abhängigkeitsverhältnis würde das gegen ein organschaftsähnliches Verhältnis angeführte Argument ohnehin ins Leere gehen.

---

1 RFH, Urteil v. 13.12.1940 - V 25/39, RStBl 1941 S. 320; BFH, Urteile v. 19.11.1964 - V 245/61, BStBl 1965 III S. 182; v. 2.2.1967 - V 35/64, BStBl 1967 III S. 499; v. 18.11.1971 - V R 26/68, BStBl 1972 II S. 235 = BFHE 104 S. 118; Abschnitt 2.8 Abs. 1 Satz 8 UStAE; vgl. auch Herting, DStZ 1940 S. 320; Sölch, StuW 1940 Sp. 839.
2 BFH, Urteile v. 7.12.1978 - V R 22/74, BStBl 1979 II S. 356; v. 8.2.1979 - V R 101/78, BStBl 1979 II S. 362; v. 15.7.1987 - X R 19/80, BStBl 1987 II S. 746; v. 28.9.1988 - X R 6/82, BStBl 1989 II S. 122; FG Baden-Württemberg v. 10.5.1994 - 1 K 262/89, EFG 1994 S. 1021; vgl. auch Weiß, UR 1979 S. 82, 97; Birkholz, UR 1979 S. 5.
3 Vgl. Weiß, UR 1979 S. 101.
4 Zur verfassungsrechtlichen Beurteilung vgl. FG Baden-Württemberg v. 10.5.1994 - 1 K 262/89, EFG 1994 S. 1021; Reiß, StuW 1979 S. 341.

1.7 Auftreten nach außen

Wie die Organgesellschaft nach außen auftritt, ist unerheblich; denn maßgeblich für das Bestehen einer Organschaft ist allein das Innenverhältnis in der von § 2 Abs. 2 Nr. 2 UStG geforderten Ausprägung.[1]

1163

1.8 Strohmanngesellschaft

Ein Strohmann wird wie ein Treuhänder im eigenem Namen und für fremde Rechnung tätig, unterscheidet sich von diesem aber dadurch, dass der Geschäftsherr (Hintermann) geheim bleiben soll. Strohmann kann auch eine juristische Person sein.[2] Die von einer weisungsabhängigen Strohmanngesellschaft bewirkten Leistungen sind, ohne dass die Voraussetzungen der Organschaft vorliegen müssten, dem Hintermann (auch einer Gesellschaft) zuzurechnen, soweit die Strohmanngesellschaft wirtschaftlich nicht selbst Leistungen gegen Entgelt ausführt[3] und dies dem Leistungsempfänger bekannt ist.[4] Die Konsequenz besteht im Verlust des Vorsteuerabzugs bei beiden Gesellschaften. Denn Rechnungsaussteller und (tatsächlich) leistender Unternehmer müssen grds. identisch sein.[5]

1164

Wird dem Vertragspartner die Strohmann-Eigenschaft der Gesellschaft verschwiegen, ist grds., nämlich wenn keine Organschaft besteht, der Strohmann Leistender oder Leistungsempfänger. Denn wenn jemand im Rechtsverkehr im eigenen Namen, aber für Rechnung eines anderen auftritt, der aus welchen Gründen auch immer nicht selbst als berechtigter bzw. verpflichteter Vertragspartner in Erscheinung treten will, ist zivilrechtlich grds. nur der „Strohmann" aus dem Rechtsgeschäft berechtigt und verpflichtet;[6] dementsprechend sind auch dem sog. Strohmann die Leistungen zuzurechnen, die der sog. Hintermann berechtigterweise im Namen des Strohmanns tatsächlich ausgeführt hat.[7]

---

1 Das zur Körperschaftsteuer ergangene BFH-Urteil v. 13.9.1989 - I R 110/88, BStBl 1990 II S. 24, kann nicht auf die Umsatzsteuer übertragen werden.
2 BFH, Urteil v. 13.7.1994 - XI R 97/92, FAAAB-35373 = BFH/NV 1995 S. 168.
3 Vgl. BFH, Urteile v. 15.9.1994 - XI R 56/93, BStBl 1995 II S. 277; v. 13.7.1994 - XI R 97/92, FAAAB-35373 = BFH/NV 1995 S. 168.
4 BFH, Beschluss v. 31.1.2002 - V B 108/01, FAAAA-69215 = BFH/NV 2002 S. 835.
5 Ständige Rspr., vgl. z. B. BFH, Urteile v. 1.2.2001 - V R 6/00, IAAAA-67189 = BFH/NV 2001 S. 941; v. 5.4.2001 - V R 5/00, OAAAA-67187 = BFH/NV 2001 S. 1307, m. w. N.
6 Vgl. z. B. BGH, Urteil v. 29.10.1996 - XI ZR 319/95, NJW-RR 1997 S. 238.
7 BFH, Beschlüsse v. 18.7.2001 - V B 198/00, GAAAA-67129 = BFH/NV 2002 S. 78, unter 3.b; v. 25.6.1999 - V B 107/98, PAAAA-63374 = BFH/NV 1999 S. 1649; an dem Urteil des XI. Senats des BFH v. 13.7.1994 - XI R 97/92, FAAAB-35373 = BFH/NV 1995 S. 168, hat der BFH nicht festgehalten, vgl. BFH, Beschluss v. 31.1.2002 - V B 108/01, FAAAA-69215 = BFH/NV 2002 S. 835.

1.9 Unteilbarkeit der Beherrschung

1165 Juristische Personen sind als Organgesellschaften insgesamt unselbständig; anders als bei natürlichen Personen ist bei ihnen eine teilweise Selbständigkeit unmöglich.[1] Dass eine juristische Person mit einer besonderen Abteilung für einen anderen Unternehmer nach dessen Weisungen wie ein Angestellter tätig wird, macht sie auch nicht teilweise zu einer Organgesellschaft. Denn eine juristische Person kann nur (unteilbar) über ihre Organe beherrscht werden.

1.10 Keine Beherrschung durch mehrere Organträger

1166 Eine juristische Person kann stets nur Organ eines Unternehmens sein.[2] Eine natürliche Person kann dagegen Angestellter mehrerer Unternehmen sein. Möglich ist jedoch ein Organschaftsverhältnis mit dem Zusammenschluss von mehreren Unternehmen. Die juristische Person als Organgesellschaft hat dann nicht mehrere Organträger, sondern nur einen, nämlich den Zusammenschluss, wie er z. B. durch eine Gesellschaft bürgerlichen Rechts gebildet sein kann.[3] Zulässig ist also, dass sich mehrere Unternehmen zu einer Gesellschaft bürgerlichen Rechts zusammenschließen, um zur gemeinsamen Beherrschung einer juristischen Person ihren Willen zu koordinieren. Umsätze zwischen den Gesellschaftern bürgerlichen Rechts, zwischen ihnen und der juristischen Person sowie zwischen ihnen und der Gesellschaft bürgerlichen Rechts vollziehen sich allerdings außerhalb des Organkreises.

1167 Gewerbesteuerlich sollten nach geänderter Rechtsprechung bei einer sog. Mehrmütterorganschaft die Beteiligungen der lediglich zur einheitlichen Willensbildung in einer GbR zusammengeschlossenen Gesellschaften an der nachgeschalteten Organgesellschaft unmittelbar den Müttergesellschaften zugerechnet werden (sog. Lehre von der mehrfachen Abhängigkeit). Die Organschaft bestehe danach zu den Müttergesellschaften und nicht zu der GbR.[4] Die den jeweiligen Muttergesellschaften anteilig zuzurechnenden Gewerbeerträge und Gewerbekapitalien sollen in entsprechender Anwendung von § 180 Abs. 1 Nr. 2 Buchst. a AO einheitlich und gesondert festgestellt werden.[5]

---

1 RFH, Urteil v. 28.1.1938 - V 387/37, RStBl 1938 S. 286.
2 Vgl. RFH, Urteil v. 23.2.1934 - V A 145/33, RStBl 1934 S. 831; BFH, Urteil v. 25.6.1957 - I 22/55 U, BStBl 1958 III S. 174.
3 Vgl. RFH, Urteile v. 21.11.1930 - V A 961/30, RStBl 1932 S. 359; v. 11.1.1935 - V A 136/34, RStBl 1935 S. 636; v. 30.11.1934 - V A 687/33, RStBl 1935 S. 660; Hübl, BB 1962 S. 41.
4 BFH, Urteil v. 9.6.1999 - I R 43/97, BStBl 2000 II S. 695.
5 BFH, Urteil v. 9.6.1999 - I R 43/97, BStBl 2000 II S. 695.

Auf die Umsatzsteuer kann dies nicht übertragen werden.[1] Denn die Umsätze und Vorsteuern der Organgesellschaft können nur einem einheitlichen Umsatzsteuersubjekt als Organträger zugerechnet werden. Ein ausdrückliches Verbot einer umsatzsteuerrechtlichen Mehrmütterorganschaft ergibt sich aus § 2 Abs. 2 Nr. 2 Satz 3 UStG. Danach sind die im Inland gelegenen Unternehmensteile als ein Unternehmen zu behandeln. Gegen die Anerkennung einer umsatzsteuerrechtlichen Mehrmütterorganschaft sprechen weiter die Besonderheiten der Umsatzsteuer. Eine Mehrmütterorganschaft im Umsatzsteuerrecht würde sich anders als im Gewerbesteuerrecht nicht auf eine anteilige Zurechnung des Gewerbeertrags beschränken, sondern dazu führen, dass jeder einzelne Steuerentstehungstatbestand (§ 13 UStG) und jede einzelne Berechtigung zum Vorsteuerabzug (§ 15 UStG) mehreren Organträgern anteilig zuzurechnen wäre. 1168

Weiter wäre über den Vorsteuerabzug aus den von der Organgesellschaft bezogenen Leistungen nach den Verhältnissen mehrerer Organträger zu entscheiden, wenn die durch die Organgesellschaft bezogene Leistung dazu dient, nichtsteuerbare Innenleistungen an mehrere Organträger zu erbringen. Daher kommt auch eine auf das Innenverhältnis zwischen der Organgesellschaft und den mehreren Organträgern beschränkte Organschaft, die zu einer Steuerschuldnerschaft der Organgesellschaft für die von ihr gegenüber Dritten (Nichtgesellschaftern) erbrachten Leistungen führt, nicht in Betracht. Im Übrigen scheidet die Annahme einer Organschaft auch bei richtlinienkonformer Auslegung des § 2 Abs. 2 Nr. 2 UStG aus. Nach Art. 4 Abs. 4 Unterabs. 2 der Richtlinie 77/388/EWG sind die Mitgliedstaaten berechtigt, mehrere Personen als einen Steuerpflichtigen zu behandeln. Macht ein Mitgliedstaat von dieser Regelung Gebrauch, erfordert dies nach dem Urteil des EuGH vom 22.5.2008,[2] dass die nationale Umsetzungsregelung einen einzigen Steuerpflichtigen vorsieht.[3] Der BFH hält auch unter Berücksichtigung EU-Rechts an seiner Rechtsprechung fest, nach der es keine sog. Mehrmütterorganschaft gibt.[4]

1.11 Vertikale Verbindung mehrerer Organgesellschaften

Möglich ist, dass eine juristische Person Organgesellschaft einer anderen juristischen Person ist, die ihrerseits wieder Organgesellschaft eines Organträgers 1169

---

[1] Abschnitt 2.8 Abs. 3 UStAE.
[2] Rs. C-162/07 "Ampliscientifica Srl, Amplifin SpA", ZAAAC-80207 = BFH/NV Beilage 2008 S. 217, Rz. 20.
[3] BFH, Urteil v. 30.4.2009 - V R 3/08, BStBl 2013 II S. 873.
[4] BFH, Urteile v. 30.4.2009 - V R 3/08, BStBl 2013 II S. 873; v. 3.12.2015 - V R 36/13, TAAAF-48789 = BFH/NV 2016 S. 514.

ist; die erste Organgesellschaft ist dann Organ auch dieses Organträgers.[1] Der Organkreis einer solchen mehrstöckigen Organschaft umfasst hierbei sämtliche Organstufen, d. h., alle Umsätze sämtlicher Organgesellschaften werden dem obersten Organträger zugerechnet.

1.12 Horizontale Verbindung mehrerer Organgesellschaften

1170 **Mehrere** oder sogar zahlreiche **Organgesellschaften können einen gemeinsamen Organträger haben.** Die Gesellschaften sind dann nicht (vertikal) auf mehreren Stufen hintereinander angeordnet, sondern bilden (horizontal) jeweils unmittelbar mit dem Organträger ein Organschaftsverhältnis. Auch wenn die Organgesellschaften nebengeordnet sind, sind sämtliche (Außen-)Umsätze dem Organträger zuzurechnen. Die Innenumsätze zwischen den Organgesellschaften sowie zwischen ihnen und dem Organträger sind nicht steuerbar. Voraussetzung ist jedoch, dass der gemeinsame Organträger, über den die horizontale Verbindung hergestellt wird, den Organgesellschaften jeweils übergeordnet ist, da zwischen Schwestergesellschaften keine Organschaft möglich ist.[2]

1.13 Kombination einer vertikalen und horizontalen Verbindung

1171 Möglich ist ebenfalls die **Verbindung einer vertikalen und horizontalen Gliederung** im Organkreis, d. h. einer der Organgesellschaften auf der gleichen Ebene ist mindestens eine Organgesellschaft (Enkelgesellschaft) untergeordnet. Auch hier sind sämtliche Umsätze dem Organträger zuzuordnen.

1.14 Komplementär-GmbH als Organgesellschaft der KG

1172 Die **Komplementär-GmbH einer KG kann grds. nicht Organgesellschaft dieser KG sein;**[3] denn i. d. R. beherrscht nicht die KG die GmbH, sondern diese aufgrund ihrer Rechtsstellung als Komplementärin die KG.[4] Organschaftliche Gebundenheit und eigene gesellschaftsrechtliche Beteiligung schließen sich grds.

---

1 Enkelgesellschaft; vgl. Hessisches FG, Urteil v. 1.2.1960 - VI 555/58, EFG 1960 S. 234.
2 BFH, Urteil v. 24.9.2016 - V R 36/15, BStBl 2017 II S. 595.
3 BFH, Urteil v. 19.9.2011 - XI B 85/10, ZAAAD-99013 = BFH/NV 2012 S. 283, Rz. 11; Abschnitt 2.8 Abs. 2 Satz 3 UStAE.
4 Vgl. BFH, Urteile v. 14.12.1978 - V R 85/74, BStBl 1979 II S. 288; v. 8.2.1979 - V R 101/78, BStBl 1979 II S. 362; Abschnitt 2.8 Abs. 2 Satz 3 UStAE; BMF v. 13.12.2002 - S 7100, BStBl 2003 I S. 68; v. 23.12.2003 - S 7100, BStBl 2004 I S. 240; Stöcker in Peter/Burhoff/Stöcker, § 2 UStG Tz. 547; Birkholz, UR 1979 S. 5; a. A. FG Münster v. 15.12.1976 - V 1004/75 U, EFG 1977 S. 197 = DStZ/E 1977 S. 104; Niedersächsisches FG v. 12.2.2009 - 16 K 311/07, IAAAD-18891 = EFG 2009 S. 792, aber aufgehoben durch BFH, Urteil v. 22.4.2010 - V R 9/09, BStBl 2011 II S. 597.

gegenseitig aus.[1] Da nicht die KG an der GmbH, sondern diese an der KG beteiligt ist, kann regelmäßig allein die GmbH die Willensbildung der KG und nicht etwa diese die der GmbH bestimmen. Die Beherrschung der GmbH durch einen Kommanditisten kann nur dazu führen, dass Organträger gegenüber der GmbH dieser Kommanditist ist. Eine Komplementär-GmbH, deren Allein-Gesellschafter-Geschäftsführer auch der einzige Kommanditist der KG ist, kann aufgrund eines fehlenden Überordnungsverhältnisses nicht als Organgesellschaft der KG angesehen werden. Für die finanzielle Eingliederung der Komplementär-GmbH in die KG reicht die alleinige Beteiligung des Kommanditisten an der GmbH nicht aus.[2] Wird die GmbH von mehreren Kommanditisten beherrscht, können diese nur in einem Zusammenschluss neben der KG, etwa in Form einer Gesellschaft bürgerlichen Rechts, Organträger sein.

Bei einer sog. Einheits-GmbH & Co. KG, bei der die KG alleinige Inhaberin der Geschäftsanteile an der GmbH ist, kann allerdings eine umsatzsteuerliche Organschaft nach § 2 Abs. 2 Nr. 2 UStG bestehen. Die Beteiligung der KG an der GmbH begründet eine finanzielle Eingliederung. Durch die außerordentliche Gesellschafterstellung kann die KG zudem sicherstellen, dass in der GmbH ihr Wille durchgesetzt wird (organisatorische Eingliederung). Dies wird unter den besonderen Voraussetzungen bei der Einheits-GmbH & Co. KG auch nicht dadurch überlagert, dass die GmbH ihrerseits Geschäftsführerin der KG ist und dadurch auf die Willensbildung des möglichen Organträgers einwirkt. Sofern zusätzlich zur finanziellen und organisatorischen Eingliederung die Voraussetzung der wirtschaftlichen Eingliederung erfüllt wird, ist eine Organschaft i. S. von § 2 Abs. 2 Nr. 2 UStG zu bejahen. Die Geschäftsführungs- und Vertretungsleistungen erbringt die Komplementär-GmbH folglich nicht selbständig.[3] Die GmbH & Co. KG kann ihrerseits Organgesellschaft eines anderen Organträgers sein (siehe Rz. 1157).

1173

1.15 Holding als Organgesellschaft

Für eine juristische Person, die lediglich Vermögen verwaltet und Beteiligungen hält (Holding) gelten keine Besonderheiten. Sie ist eine Organgesellschaft, wenn sie nach dem Gesamtbild der tatsächlichen Verhältnisse finanziell, wirt-

1174

---

1 Birkholz, a. a. O.
2 FG München v. 28.5.2014 - 14 K 311/13, BAAAE-72028 = UStB 2014 S. 285.
3 Abschnitt 2.8 Abs. 2 Satz 5 UStAE; BMF v. 31.5.2007 - IV A 5 - S 7100/07/0031, BStBl 2007 I S. 503, Rz. 6; OFD Münster v. 2.2.2005 - S 7100, DStR 2005 S. 381; OFD Karlsruhe v. 29.4.2005 - S 7100, DStR 2005 S. 1143; OFD Hannover v. 27.5.2005 - S 7100, KAAAB-55601; OFD Frankfurt v. 9.8.2006 - S 7100, NAAAC-09511; OFD Frankfurt v. 29.9.2006 - S 7100, UAAAC-19502.

schaftlich und organisatorisch in das Unternehmen eines Organträgers eingegliedert ist. Nicht erforderlich ist, dass sie Beteiligungen verwaltet, die den Geschäften des übergeordneten Unternehmens dienlich sind.[1] Zur (Nicht-)Einbeziehung einer nichtsteuerpflichtigen Holding in eine Organschaft siehe Rz. 1124.

2. Die Organträger

2.1 Rechtsform des Organträgers

1175 Die Rechtsform des Organträgers ist im Umsatzsteuergesetz nicht ausdrücklich geregelt. Dem Wortlaut des § 2 Abs. 2 Nr. 2 UStG „... in das Unternehmen des Organträgers eingegliedert..." ist jedoch zu entnehmen, dass Organträger **jedes Unternehmen i. S. des § 2 Abs. 1 Satz 1 UStG** sein kann.[2] Organträger können daher, wenn sie Unternehmer sind, insbesondere sein: **natürliche Personen, juristische Personen** des privaten und des öffentlichen Rechts,[3] bergrechtliche Gewerkschaften, Genossenschaften, rechtsfähige Vereine sowie **nichtrechtsfähige Personenvereinigungen** wie OHG, KG, Gesellschaften bürgerlichen Rechts, nichtrechtsfähige Vereine, Erbengemeinschaften usw. Wenn und soweit eine juristische Person des öffentlichen Rechts allerdings öffentliche Gewalt ausübt, ist sie nicht wirtschaftlich tätig (Art. 4 Abs. 5 Richtlinie 77/388/EWG) und kann insoweit auch nicht Organträger sein.[4] Besonders häufig sind **Gesellschaften bürgerlichen Rechts** Organträger, so z. B. die Unternehmerzusammenschlüsse zum Zweck der Absatzregulierung durch Kartelle und Syndikate.

2.2 Unternehmereigenschaft des Organträgers

1176 Die Organschaft setzt nach § 2 Abs. 2 Nr. 2 UStG die Eingliederung in das Unternehmen des Organträgers voraus. Der Organträger muss also Unternehmer sein.[5] Auch juristische Personen des öffentlichen Rechts können nur Organträger sein, wenn und soweit sie selbst Unternehmer sind. Dafür besteht eine hinreichende Grundlage im Unionsrecht. Nach Art. 11 MwStSystRL kann jeder Mitgliedstaat in seinem Gebiet ansässige Personen, die zwar rechtlich unab-

---

1 Das zur Körperschaftsteuer ergangene BFH-Urteil v. 13.9.1989 - I R 110/88, BStBl 1990 II S. 24, kann nicht auf die Umsatzsteuer übertragen werden.
2 BFH, Urteil v. 9.10.2002 - V R 64/99, BStBl 2003 II S. 375; Abschnitt 2.8 Abs. 2 Satz 2 UStAE.
3 BFH, Urteil v. 9.10.2002 - V R 64/99, BStBl 2003 II S. 375; Abschnitt 2.8 Abs. 2 Satz 5 UStAE.
4 BFH, Urteil v. 9.10.2002 - V R 64/99, BStBl 2003 II S. 375.
5 Abschnitt 2.8 Abs. 2 Satz 9 UStAE; BFH, Urteil v. 10.8.2016 - XI R 41/11, BStBl 2017 II S. 590.

hängig, aber durch gegenseitige finanzielle, wirtschaftliche und organisatorische Beziehungen eng miteinander verbunden sind, zusammen als einen Steuerpflichtigen behandeln.

Die Mitgliedstaaten können dabei die erforderlichen Maßnahmen treffen, um Steuerhinterziehungen oder -umgehungen durch die Anwendung dieser Bestimmung vorzubeugen. Zudem bedarf die enge Verbindung in finanzieller, wirtschaftlicher und organisatorischer Hinsicht einer „Präzisierung auf nationaler Ebene", was die „Anwendung nationaler Rechtsvorschriften voraussetzt, die den konkreten Umfang dieser Verbindungen bestimmen".[1] Dies gilt auch für Art. 11 MwStSystRL. Die Zusammenfassung zu einem Steuerpflichtigen kann als missbräuchlich anzusehen sein, wenn die Zusammenfassung nicht bloßen Vereinfachungscharakter hat, sondern dazu dient, „in den Genuss einer Sonderregelung zu gelangen", die darin besteht, dass wie bei den Leistungen zwischen unterschiedlichen Betriebsabteilungen eines Einheitsunternehmens Innenleistungen zwischen den organschaftlich zusammengefassten Unternehmen nicht steuerbar sind, so dass Innenleistungen für nichtunternehmerische Zwecke nichtsteuerbar erbracht werden können und das Entstehen einer nach § 15 UStG nicht abziehbaren Vorsteuer vermieden wird. Die Unternehmereigenschaft des Organträgers verhindert das Entstehen derartiger Vorteile.

Die Beschränkung der Organschaft auf Unternehmer bewirkt somit, dass die Organschaft nicht entgegen ihrem Vereinfachungszweck als reines steuerrechtliches Gestaltungsinstrument zur Vermeidung nichtabziehbarer Vorsteuerbeträge in Anspruch genommen werden kann.[2] Allein aufgrund der Beteiligung an der Organgesellschaft wird auch eine juristische Person des öffentlichen Rechts nicht zum Unternehmer. Die Unternehmereigenschaft des Organträgers gehört zu den Voraussetzungen, nicht aber zu den Rechtsfolgen der Organschaft.[3]

(unbesetzt) 1177–1178

Ein Organträger kann mehrere Organgesellschaften beherrschen und zu einem Organkreis vereinigen. Die Organgesellschaften können als Tochtergesellschaf- 1179

---

[1] EuGH, Urteil v. 16.7.2015 - Rs. C-108/14, C-109/14, „Larentia + Minerva und Marenave Schiffahrt", RAAAE-97099 = HFR 2015 S. 901, Rz. 50 f.

[2] BFH, Urteil v. 2.12.2015 - V R 67/14, QAAAF-48790 = BFH/NV 2016 S. 511; anders noch BFH, Urteil v. 19.10.1995 - V R 71/93, LAAAB-37675 = BFH/NV 1996 S. 273; FG des Saarlandes v. 9.7.1993 - 1 K 192/92, EFG 1994 S. 175; offengelassen in BFH, Urteil v. 22.5.2003 - V R 94/01, BStBl 2003 II S. 954, unter II.1., m.w. N., zur Holding und BFH, Urteil v. 7.7.2005 - V R 78/03, BStBl 2005 II S. 849.

[3] BFH, Urteil v. 2.12.2015 - V R 67/14, QAAAF-48790 = BFH/NV 2016 S. 511; Sächsisches FG, Urteil v. 2.9.2014 - 3 K 808/11, HAAAE-79119 = EFG 2015 S. 1033, Rz. 92.

ten nebengeordnet oder als Tochter- und Enkelgesellschaften nachgeordnet sein, siehe hierzu Rz. 1169 bis 1171.[1]

3. Besondere Formen des Organträgers

1180 In der Regel lässt sich die Frage, ob die in Betracht kommenden Gebilde Unternehmer sind und deshalb Organträger sein können, nach § 2 Abs. 1 UStG verhältnismäßig leicht beantworten. Bei einigen Gebilden bereitet die Entscheidung jedoch Schwierigkeiten. Es handelt sich dabei insbesondere um:

3.1 Holding-Gesellschaften

1181 Unter einer Holding versteht man eine Gesellschaft, deren Unternehmensgegenstand darin besteht, unmittelbar oder mittelbar auf Dauer Beteiligungen an einem oder mehreren rechtlich selbständigen Unternehmen zu halten. In der Praxis werden drei Formen von Holdings unterschieden:

- ▶ Eine sog. Finanzholding ist eine Holding, deren Zweck sich auf das Halten und Verwalten gesellschaftsrechtlicher Beteiligungen beschränkt und die keine Leistungen gegen Entgelt erbringt.[2]
- ▶ Eine sog. Führungs- oder Funktionsholding ist eine Holding, die i. S. einer einheitlichen Leitung aktiv in das laufende Tagesgeschäft ihrer Tochtergesellschaften eingreift.[3]
- ▶ Eine sog. gemischte Holding ist eine Holding, die nur gegenüber einigen Tochtergesellschaften geschäftsleitend tätig wird, während sie Beteiligungen an anderen Tochtergesellschaften lediglich hält und verwaltet.[4]

Nach der Rechtsprechung des EuGH und des BFH ist eine Holding, deren einziger Zweck im Erwerb und dem Halten von Beteiligungen an anderen Unternehmen besteht, ohne dass sie (unbeschadet ihrer Rechte als Aktionärin oder Gesellschafterin) unmittelbar oder mittelbar in die Verwaltung dieser Gesell-

---

1 Siehe Rz. 1167 ff.
2 Vgl exemplarisch Korn in Bunjes, § 2 UStG Rz. 83.
3 Vgl. exemplarisch Korn in Bunjes, § 2 UStG Rz. 86; EuGH, Urteile v. 12.1.2017 - Rs. C-28/16 „MVM", DStR 2017 S. 2806; v. 16.7.2015 - Rs. C-108/14, Rs. C-109/14 „Larentia + Minerva" und „Marenave Schiffahrt", RAAAE-97099; v. 27.9.2001 - Rs. C-16/00 „Cibo Participations", FAAAB-79399 = DStR 2001 S. 1795.
4 Balbinot/Berner, DStR 2018 S. 648.

schaften eingreift (Finanzholding), kein Mehrwertsteuerpflichtiger,[1] d. h. kein Unternehmer i. S. des § 2 Abs. 2 Nr. 2 UStG.[2] Die Eigenschaft als Unternehmer kann sie durch eine bloße Beteiligung, durch eine unentgeltliche Tätigkeit und durch die Tätigkeit der mit ihr verbundenen Gesellschaften nicht erlangen. Erst wenn die Voraussetzungen für ein Unternehmen vorliegen, kann als Folge davon geprüft werden, ob und in welchem Umfang und mit welchen umsatzsteuerrechtlichen Folgen Organschaft besteht.

Für die Unternehmereigenschaft ist es unerheblich, an wen die entgeltlichen Leistungen erbracht werden. Sie können auch an eine Gesellschaft erbracht werden, mit der als Folge dieser Leistungstätigkeit eine enge finanzielle, organisatorische und wirtschaftliche (organschaftliche) Verbindung besteht oder entsteht.[3] Wenn die Beteiligung mit unmittelbaren oder mittelbaren Eingriffen in die Verwaltung der Gesellschaften, an denen die Beteiligung besteht, einhergeht, die mit diesen Eingriffen verbundenen Leistungen gegen Entgelt erfolgen und auch die übrigen Voraussetzungen der Organschaft erfüllt sind, wird die Holding zum Organträger.[4] Eingriffe bestehen in administrativen, finanziellen, kaufmännischen und technischen Dienstleistungen der Holdinggesellschaft an ihre Tochtergesellschaften.[5]

(unbesetzt) 1182–1184

Aufgrund dieser Rechtsprechung reicht es also nicht aus, dass eine Holdinggesellschaft keine entgeltliche Tätigkeit ausübt, ansonsten aber die Eingliederungsvoraussetzungen erfüllt sind. Eine Holding, die unmittelbar oder mittelbar in die Verwaltung ihrer Gesellschaften eingreift, ist dann Unternehmer, wenn die Eingriffe in Form von **entgeltlichen** Dienstleistungen erfolgen. Erhält eine Holding keine Vergütung für ihre Tätigkeit, kann sie nicht als Unternehmerin und deshalb auch nicht als Organträgerin angesehen werden.[6] Ein un- 1185

---

1 BFH, Urteil v. 30.7.1992 - V R 95/87, JAAAB-33516 = BFH/NV 1993 S. 202, Rz. 21.
2 EuGH, Urteile v. 20.6.1991 - Rs. C-60/90 „Polysar Investments", HFR 1993 S. 48, Rz. 17; v. 14.11.2000 - Rs. C-142/99 „Floridienne und Berginvest", WAAAB-72578 = BFH/NV Beilage 2001 S. 37, Rz. 17; v. 27.9.2001 - Rs. C-16/00 „Cibo Participations", FAAAB-79399 = BFH/NV Beilage 2002 S. 6, Rz. 18; v. 6.9.2012 - Rs. C-496/11 „Portugal Telecom", FAAAE-62684 = HFR 2012 S. 1119 = UR 2012 S. 762, Rz. 31; v. 16.7.2015 - Rs. C-108/14 und Rs. C-109/14, BStBl 2017 II S. 604 = HFR 2015 S. 901; BFH, Urteile v. 30.7.1992 - V R 95/87, JAAAB-33516 = BFH/NV 1993 S. 202, unter II.2. zu a; v. 3.4.2008 - V R 76/05, BStBl 2008 II S. 905, unter II.2.; v. 9.2.2012 - V R 40/10, BStBl 2012 II S. 844, Rz. 28; BFH, EuGH-Vorlage v. 11.12.2013 - XI R 38/12, BStBl 2014 II S. 428, Rz. 33.
3 BFH, Urteil v. 9.10.2002 - V R 64/99, BStBl 2003 II S. 375.
4 BFH, Urteil v. 3.4.2008 - V R 76/05, BStBl 2008 II S. 905, Rz. 35.
5 EuGH, Urteil v.16.7.2015 - Rs. C-108/14 und Rs. C-109/14, BStBl 2017 II S. 604 = HFR 2015 S. 901.
6 Vgl. EuGH, Beschluss v. 12.7.2001 - Rs. C-102/00 „Welthgrove BV", UR 2001 S. 533.

mittelbares oder mittelbares Eingreifen der Holding in die Verwaltung der Beteiligungsgesellschaften ist zwar als wirtschaftliche Tätigkeit i. S. des Art. 4 Abs. 2 der 6. EG-Richtlinie anzusehen. Hierfür ist aber erforderlich, dass sie Tätigkeiten ausübt, die nach Art. 2 der 6. EG-Richtlinie der Mehrwertsteuer unterliegen,[1] wozu allerdings ausreiche, dass **entgeltliche** Leistungen – sei es auch durch eine in ihrem Namen ausgeführte Geschäftsführungstätigkeit – an eine Gesellschaft erbracht werden, mit der als Folge dieser Leistungstätigkeit eine enge finanzielle, organisatorische und wirtschaftliche (organschaftliche) Verbindung besteht.[2] Die Tätigkeit des Organträgers kann in (unmittelbaren) Lieferungen oder sonstige Leistungen bestehen, zumindest jedoch – mittelbar – in Eingriffen in die Verwaltung der Organgesellschaften. Unter solchen Umständen werden die im eigenen Namen von der Organgesellschaft ausgeführten Außenumsätze im Unternehmen des Organträgers bewirkt.[3] Ausreichend ist auch die Gewährung verzinslicher Darlehen durch eine Holdinggesellschaft an ihre Beteiligungsgesellschaften, unabhängig davon, ob diese Darlehen als wirtschaftliche Unterstützung der Beteiligungsgesellschaften, als Anlage von Finanzüberschüssen oder aus anderen Gründen gewährt werden.[4]

1186 Klarzustellen ist, dass der Organträger, um Unternehmer zu sein, nicht unmittelbar Leistungen an Dritte erbringen muss. Es genügen entgeltliche Leistungen an eine Organgesellschaft, also Leistungen innerhalb des Organkreises. Ein Organträger muss hier also nicht schon unabhängig von der Organschaft Unternehmer sein; er kann auch erst im Zusammenhang mit der Organschaft Unternehmer werden. So heißt es in Abschnitt 2.8 Abs. 2 Satz 7 UStAE: „Die die Unternehmereigenschaft begründenden entgeltlichen Leistungen können auch gegenüber einer Gesellschaft erbracht werden, mit der als Folge dieser Leistungstätigkeit eine organschaftliche Verbindung besteht." Die erforderliche Entgeltlichkeit ist unter diesen Umständen ein Gestaltungsmittel, um eine umsatzsteuerliche Organschaft entstehen zu lassen oder nicht. Die organisatorische Eingliederung verlangt ohnehin, dass der Organträger die Organgesellschaft durch die Art und Weise der Geschäftsführung beherrscht (siehe Rz. 1298 ff.). Je nachdem ob die entsprechende Tätigkeit entgeltlich oder unentgeltlich ist, kommt eine Organschaft zustande.

---

[1] EuGH, Beschluss v. 12.7.2001 - Rs C-102/00 „Welthgrove BV", UR 2001 S. 533.
[2] Vgl. auch FG Berlin-Brandenburg v. 10.5.2012 - 5 K 5264/09, OAAAE-14213 = EFG 2012 S. 1794.
[3] Hessisches FG v. 17.2.2003 - 6 K 493/99, JAAAB-08646 = EFG 2003 S. 1046.
[4] EuGH, Urteil v. 29.4.2004 - Rs. C-77/01, HAAAB-72865 = UR 2004 S. 292; OFD Karlsruhe v. 25.8.2004 - S 7104, DB 2004 S. 2191; OFD Karlsruhe v. 11.4.2006 - S 7104/4, UR 2007 S. 35.

3.2 Private Vermögensverwaltung

Ein **lediglich seine Beteiligungen verwaltender Privatmann ist kein Organträger**. Die private Vermögensverwaltung allein kann keine finanzielle, wirtschaftliche und organisatorische Eingliederung begründen.[1] Der private Vermögensverwalter kann sich jedoch zu einem Organträger entwickeln, wenn er gegenüber einer juristischen Person durch zusätzliche Aktivitäten die Voraussetzungen des § 2 Abs. 2 Nr. 2 UStG erfüllt.

1187

3.3 Besitzgesellschaften bei Betriebsaufspaltung

Für Besitzgesellschaften bei der Betriebsaufspaltung hat der BFH in einer Reihe von Urteilen[2] **zu Recht festgestellt, dass sie umsatzsteuerlich Organträger sein können**.[3] Dabei spielt es keine Rolle, ob derartigen Gesellschaften die Organträgereigenschaft auch auf anderen Steuerrechtsgebieten zugebilligt wird; denn die Umsatzsteuer stellt auf die unternehmerische Tätigkeit ab, die auch durch die Organgesellschaft erbracht werden kann.[4] Im Umsatzsteuerrecht braucht der Organträger selbst keinen nach außen in Erscheinung tretenden Gewerbebetrieb zu unterhalten und kann auch erst durch das Organschaftsverhältnis zum Unternehmer werden, wenn er in die Verwaltung der Organgesellschaft mit entgeltlichen Leistungen eingreift.[5]

1188

Umsatzsteuerrechtlich entsteht bei einer Betriebsaufspaltung eine Organschaft, wenn der Organträger als Besitzunternehmer einer Betriebskapitalgesellschaft die für ihre Tätigkeit verwendeten Grundstücke oder Räume verpachtet, sofern die dadurch vorhandene wirtschaftliche Eingliederung durch die finanzielle und organisatorische Eingliederung der Organgesellschaft in das Unternehmen des Organträgers ergänzt wird,[6] so z. B. bei Mobiliarvermietung und Untervermietung gemieteter Räumlichkeiten zum Betrieb eines Bor-

1189

---

1 Vgl. RFH, Urteile v. 17.10.1930 - V A 95/30, RStBl 1931 S. 158; v. 11.11.1932 - V A 948/31, RStBl 1933 S. 295.
2 BFH v. 13.4.1961 - V 81/59, BStBl 1961 III S. 343; v. 6.12.1962 - V 27/60 U, BStBl 1963 III S. 107; v. 24.10.1963 - V 24/61, HFR 1964 S. 143; v. 28.1.1965 - V 126/62 U, BStBl 1965 III S. 243; v. 26.4.1966 - I 44/64, BStBl 1966 III S. 376; v. 25.1.1968 - V 25/65, BStBl 1968 II S. 421.
3 Vgl. auch OFD Frankfurt, Vfg. v. 27.10.1987 - S 7105 A - 8 - St IV, StEK UStG 1980 § 2 Nr. 8; OFD Koblenz, Vfg. v. 30.12.1987 - S 7527 A St 51 1-3, StEK UStG 1980 § 2 Nr. 9; Veigel, INF 1986 S. 439; a. A. FG Rheinland-Pfalz v. 12.3.1987 - 3 K 246/86, EFG 1987 S. 430.
4 BFH, Urteil v. 9.10.2002 - V R 64/99, BStBl 2003 II S. 375, und v. 26.2.1959 - V 209/56 U, BStBl 1959 III S. 204.
5 Siehe Rz. 1181 ff. und OFD Frankfurt, Vfg. v. 27.10.1987 - S 7105 A - 8 - St IV, StEK UStG 1980 § 2 Nr. 8; Heidner, DStR 1988 S. 90; das zur Körperschaftsteuer ergangene BFH-Urteil v. 13.9.1989 - I R 110/88, BStBl 1990 II S. 24, kann nicht auf die Umsatzsteuer übertragen werden.
6 BFH, Beschluss v. 28.1.2002 - V B 39/01, UAAAA-68452 = BFH/NV 2002 S. 823, m. w. N.

dells, Fahrdiensten für die Prostituierten sowie Überlassung von Internet-Domains zur Werbung mit der Folge, dass die vollen Prostitutionseinnahmen, auch wenn Bordellbetrieb nach außen nicht erkennbar ist, dem Organträger als Bordellbetrieb zuzurechnen sind.[1]

Hinsichtlich der finanziellen Eingliederung im Rahmen von Betriebsaufspaltungen ist die Änderung der Rechtsprechung des BFH ab dem Jahr 2010 zu beachten. Danach muss der Organträger (i. d. R. eine KG oder GbR) unmittelbar oder mittelbar an der potenziellen Organgesellschaft mehrheitlich beteiligt sein, d. h., die Anteile selbst halten.[2] Beteiligungen der Gesellschafter der potenziellen Organträgerin (Gesellschafter der Besitzpersonengesellschaft) an der potenziellen Organgesellschaft (Betriebskapitalgesellschaft) sind für die finanzielle Eingliederung selbst dann nicht ausreichend, wenn diese Anteile ertragsteuerlich dem Sonderbetriebsvermögen der Gesellschafter zuzurechnen sind. Daher scheitert bei Betriebsaufspaltungen die Organschaft in solchen Konstellationen regelmäßig an der finanziellen Eingliederung, sofern die Anteile der Betriebskapitalgesellschaft nicht von der Besitzkapitalgesellschaft gehalten werden, wie dies z. B. bei der Einheits-GmbH & Co. KG der Fall ist.

3.4 Körperschaften des öffentlichen Rechts

1190 Körperschaften des öffentlichen Rechts sind, soweit sie nur Hoheitsgewalt ausüben, keine Unternehmen (Art. 13 Abs. 1 Satz 1 MwStSystRL; früher Art. 4 Abs. 5 Richtlinie 77/388/EWG). Betätigen sich Körperschaften des öffentlichen Rechts jedoch wirtschaftlich, insbesondere im Rahmen eines Betriebs gewerblicher Art oder eines land- oder forstwirtschaftlichen Betriebs, so sind sie gem. § 2 Abs. 3 UStG insoweit Unternehmer. Eine juristische Person des öffentlichen Rechts kann neben der Ausübung öffentlicher Gewalt eine wirtschaftliche Tätigkeit ausüben, die in den Anwendungsbereich des Umsatzsteuerrechts fällt. Der Anwendungsbereich des UStG auf juristische Personen des öffentlichen Rechts wird somit durch die Art ihrer Betätigung begründet und begrenzt.

Eine wirtschaftliche Tätigkeit führt eine juristische Person des öffentlichen Rechts aus, wenn sie im eigenen Namen gegen Entgelt Lieferungen oder sonstige Leistungen erbringt. Sie muss dabei auf privatrechtlicher Grundlage und nicht im Rahmen der eigens für sie geltenden öffentlich-rechtlichen Regelungen tätig sein (Art. 4 Abs. 5 Unterabs. 1 der Richtlinie 77/388/EWG). Die Moda-

---

1 Sächsisches FG v. 27.4.2006 - 2 K 428/05, QAAAC-42571.
2 BFH, Urteil v. 22.4.2010 - V R 9/09, BStBl 2011 II S. 597.

litäten ihrer Tätigkeit dürfen nicht durch ihr Sonderrecht bestimmt sein.[1] Auch wenn die juristische Person des öffentlichen Rechts danach im Rahmen der öffentlichen Gewalt tätig wird, kann sie als Unternehmer behandelt werden, wenn anderenfalls größere Wettbewerbsverzerrungen[2] eintreten würden (Art. 13 Abs. 1 Satz 2 MwStSystRL; früher Art. 4 Abs. 5 Unterabs. 2 der Richtlinie 77/388/EWG) oder in Bezug auf die in Anhang D der Richtlinie 77/388/EWG aufgeführten Tätigkeiten, sofern deren Umfang nicht unbedeutend ist (Art. 4 Abs. 5 Unterabs. 3 der Richtlinie 77/388/EWG). Schließlich können auch bestimmte steuerfreie Tätigkeiten so behandelt werden, als oblägen sie den öffentlichen Einrichtungen im Rahmen der öffentlichen Gewalt (Art. 13 Abs. 2 MwStSystRL; früher Art. 4 Abs. 5 Unterabs. 4 der Richtlinie 77/388/EWG).

Die Umsetzung dieser europäischen Vorgaben erfolgte durch den deutschen Gesetzgeber durch Einführung des § 2b UStG, der gem. § 27 Abs. 22 Satz 2 UStG für nach dem 31.12.2016 ausgeführte Umsätze anzuwenden ist. Allerdings hat der Gesetzgeber den Körperschaften des öffentlichen Rechts eine großzügige Übergangsfrist gewahrt, da diese bei Abgabe einer entsprechenden Erklärung gegenüber dem Finanzamt die mit Einführung des § 2b UStG abgeschaffte Vorgänger-Regelung des § 2 Abs. 3 UStG für bis zum 31.12.2020 ausgeführte Umsätze weiter anwenden dürfen (§ 27 Abs. 22 Satz 3 UStG). Während § 2 Abs. 3 UStG eine steuerbare unternehmerische Tätigkeit für juristische Personen des öffentlichen Rechts lediglich in den Grenzen des im KStG definierten Betriebs gewerblicher Art vorsah, definiert § 2b UStG lediglich Ausnahmen, in denen die selbständige Ausübung einer gewerblichen oder beruflichen Tätigkeit durch eine juristische Person des öffentlichen Rechts nicht als unternehmerisch anzusehen ist.[3]

Die Frage, ob eine Körperschaft des öffentlichen Rechts als umsatzsteuerlicher Unternehmer agiert und damit als Organträgerin in Betracht kommt, ist stets vorgelagert zu den Eingliederungsvoraussetzungen zu prüfen, da eine juristische Person des öffentlichen Rechts nicht Organträger sein kann, wenn es ihr an einer Unternehmereigenschaft fehlt.[4] Durch die Änderung der nationalen

1191

---

1 Vgl. dazu EuGH, Urteile v. 14.12.2000 - Rs. C-446/98 „Camara Municipal do Porto", NAAAB-72824 = UR 2001 S. 108; v. 12.9.2000 - Rs. C-408/97 „Kommission/Niederland", GAAAB-72793 = UR 2000 S. 527; Rs. C-359/97 „Kommission/Vereinigtes Königreich", LAAAB-72748 = UR 2000 S. 518.
2 Vgl. dazu EuGH, Urteil v. 6.2.1997 - Rs. C-247/95 „Marktgemeinde Welden", BStBl 1999 II S. 426 = UR 1997 S. 261.
3 Vgl. Korn in Bunjes, § 2b UStG Rz. 5.
4 BFH, Urteil v. 15.12.2016 - V R 44/15, IAAAG-40813 = BFH/NV 2017 S. 707.

Regelung zur Unternehmereigenschaft einer juristischen Person des öffentlichen Rechts dürfte die Organschaft im öffentlich-rechtlichen Sektor an Bedeutung gewinnen.

1192 In ihrer Eigenschaft als Unternehmer können Körperschaften des öffentlichen Rechts auch Organträger sein.[1] So ist es z. B. möglich, dass ein in die privatrechtliche Form einer GmbH gekleideter gewerblicher Betrieb einer Körperschaft des öffentlichen Rechts Organgesellschaft eines anderen, nicht in privatrechtliche Form gekleideten Betriebs gewerblicher Art einer Körperschaft des öffentlichen Rechts ist.[2] Keine Organschaft entsteht z. B. bei einer hoheitlichen Tätigkeit, bei der entweder keine entgeltlichen Leistungen erbracht werden oder es aber zumindest an einem wettbewerbsrelevanten Verhalten fehlt.[3]

1193 Nach der Rechtsprechung kann die juristische Person des öffentlichen Rechts nur durch **eigene entgeltliche Leistungen** wirtschaftlich tätig sein. Die Eigenschaft als Unternehmer kann sie durch eine bloße Beteiligung, durch eine unentgeltliche Tätigkeit und durch die Tätigkeit der mit ihr verbundenen Gesellschaften nicht erlangen (vgl. insoweit zur Holding Rz. 1181 ff.). Erst wenn die Voraussetzungen für ein Unternehmen erfüllt sind, kann als Folge davon geprüft werden, ob und in welchem Umfang und mit welchen umsatzsteuerrechtlichen Folgen Organschaft besteht. Für die Erreichung der Unternehmereigenschaft sei es unerheblich, an wen die entgeltlichen Leistungen erbracht werden. Sie könnten auch an eine Gesellschaft erbracht werden, mit der als Folge dieser Leistungstätigkeit eine enge finanzielle, organisatorische und wirtschaftliche (organschaftliche) Verbindung besteht.[4] Die organisatorische Eingliederung verlangt ohnehin, dass der Organträger die Organgesellschaft durch die Art und Weise der Geschäftsführung beherrscht (siehe Rz. 1298 ff.). Je nachdem, ob die entsprechende Tätigkeit entgeltlich oder unentgeltlich ist, kommt eine Organschaft zustande.

1194 Die finanzielle Eingliederung wird nicht dadurch ausgeschlossen, dass die Anteile an der juristischen Person nicht im Unternehmensbereich, sondern im nichtunternehmerischen Bereich der juristischen Person des öffentlichen

---

1 BFH, Urteil v. 18.2.1965 - V 189/62 U, BStBl 1965 III S. 272; vgl. auch Meier, FR 1993 S. 564.
2 Vgl. Abschnitt C BMF-Erlass v. 3.1.1968 - V A/2 S 7106 - 12/67 und IV A/3 - S 7300 - 27/67, BStBl 1968 I S. 182.
3 BFH, Urteile v. 13.2.2014 - V R 5/13, BStBl 2017 II S. 846 = BFHE 245 S. 92, unter II.1.a, m. w. N; v. 2.12.2015 - V R 67/14, QAAAF-48790 = BFH/NV 2016 S. 511.
4 BFH, Urteile v. 9.10.2002 - V R 64/99, BStBl 2003 II S. 375; v. 2.12.2015 - V R 67/14, QAAAF-48790 = BFH/NV 2016 S. 511; FG Köln v. 23.6.2004 - 13 K 403/02, GAAAB-27585 = EFG 2004 S. 1715.

Rechts verwaltet werden (Abschnitt 2.11 Abs. 20 Satz 5 UStAE). Tätigkeiten, die der Erfüllung öffentlich-rechtlicher Aufgaben dienen, können grds. eine wirtschaftliche Eingliederung in den Unternehmensbereich nicht begründen (Abschnitt 2.11 Abs. 20 Satz 8 UStAE).

3.5 Unternehmenszusammenschlüsse

Auch Unternehmenszusammenschlüsse (Syndikate, Kartelle und ähnliche Rechtsgebilde), die z. B. zum Zweck des Einkaufs oder Absatzes von Waren gebildet werden, können Organträger sein. Zu beachten ist allerdings, dass immer nur ein Unternehmer beherrschend sein kann, Organgesellschaften innerhalb desselben Organkreises also nicht unmittelbar mehrere Organträger haben können.[1] Mehrere voneinander unabhängige Unternehmen können deshalb nicht Organträger derselben Organgesellschaft sein. Sie müssen sich vielmehr hierzu erst zu einem Gebilde zusammenschließen, das ein Unternehmen i. S. des § 2 Abs. 1 UStG ist, wozu insbesondere eine Gesellschaft bürgerlichen Rechts in Betracht kommt.[2] Der Zusammenschluss muss nicht stets in einer Gesellschaft bürgerlichen Rechts bestehen.

1195

Für die Anerkennung als Organträger ist nicht erforderlich, dass die Gesellschaft bürgerlichen Rechts oder **der** sonstige **Zusammenschluss selbst durch Umsätze an Dritte am Wirtschaftsleben teilnimmt**. Es reicht vielmehr aus, dass der Organträger entgeltliche Leistungen (Verwaltungsaufgaben) an die Organgesellschaft erbringt und diese im eigenen Namen nach außen in Erscheinung tritt, weil die von ihr getätigten Umsätze dem Zusammenschluss zugerechnet werden (siehe Rz. 1181 ff.). Eine bloße Innengesellschaft ohne eigenes Vermögen, ohne Betrieb, ohne Rechtsfähigkeit und ohne Firma kann jedoch umsatzsteuerlich keine Leistungen an potenzielle Organgesellschaften erbringen, so dass es ihr an der für die Rechtsstellung als Organträger an der Unternehmereigenschaft fehlt. Bei einer echten Innengesellschaft fehlt es an einem solchen Leistungsaustausch zwischen Gesellschaft und Gesellschaftern, da der Leistungsaustausch in diesen Fällen unmittelbar zwischen den beteiligten Gesellschaftern stattfindet.[3]

1196

Zu beachten ist ferner, dass der **Organkreis** nur die Gesellschaft des bürgerlichen Rechts oder den sonstigen Zusammenschluss als Organträger und die Organgesellschaft **umfasst, nicht** jedoch **auch die Gesellschafter** der Gesellschaft

1197

---

[1] Siehe Rz. 1166 und RFH, Urteil v. 23.2.1934 - V A 145/33, RStBl 1934 S. 831; BFH, Urteile v. 25.6.1957 - I 22/55 U, BStBl 1958 III S. 174; v. 2.8.1979 - V R 111/77, BStBl 1980 II S. 20.
[2] Vgl. RFH, Urteil v. 11.1.1935 - V A 140/34, RStBl 1935 S. 661.
[3] V R 50/66, BStBl 1970 II S. 477.

des bürgerlichen Rechts oder die Mitglieder des sonstigen Zusammenschlusses, so dass Lieferungen oder sonstige Leistungen des Organkreises an diese Personen steuerbar sind.

3.6 Bruchteilsgemeinschaften

1198 Der BFH hat kürzlich entgegen der bisher geltenden Verwaltungsauffassung[1] entschieden, dass Bruchteilsgemeinschaften nicht als umsatzsteuerliche Unternehmer anzusehen sind.[2] Mangels Unternehmereigenschaft kommen Bruchteilsgemeinschaften damit zukünftig auch nicht mehr als Organträger in Betracht. Die Reaktion der Finanzverwaltung auf diese Rechtsprechung bleibt insoweit abzuwarten.

4. Die Eingliederung als Unterordnung

1199 Während des Geltungszeitraums des **UStG 1934/1951** (siehe Rz. 1107) bestand eine Organschaft, „wenn eine juristische Person dem Willen eines Unternehmens derart **untergeordnet**" war, „dass sie **keinen eigenen Willen**" hatte. Diese Voraussetzung war nach der Rechtsprechung und den Verwaltungsanweisungen dann erfüllt, „wenn sie nach dem Gesamtbild der tatsächlichen Verhältnisse finanziell, wirtschaftlich und organisatorisch in ein Unternehmen eingegliedert" war.[3] Der gesetzliche Wortlaut des § 2 Abs. 2 Nr. 2 UStG 1934/1951 war fragwürdig, weil der eingegliederten juristischen Person kaum ein eigener Wille abgesprochen werden kann; vielmehr ist sie nur in ihrer Handlungsfreiheit aufgrund der Beherrschung durch den Organträger fremdbestimmt.[4]

1200 Seit dem Umsatzsteuergesetz 1967 kommt in § 2 Nr. 2 UStG das Merkmal der „Unterordnung unter den Willen eines anderen Unternehmers" nicht mehr vor. Der Gesetzgeber begnügt sich seitdem mit der finanziellen, wirtschaftlichen und organisatorischen Eingliederung. In der Sache hat sich dadurch nichts geändert.[5] Die gesetzliche Definition der Organschaft ist lediglich bereinigt worden, indem ein überflüssiges (Ober-)Kriterium gestrichen wurde. Die Organgesellschaften sind nach wie vor ähnlich wie Angestellte des übergeordneten Unternehmens (Organträger) als unselbständig anzusehen.[6] Die vor

---

1 Vgl. BMF v. 9.5.2008 . IV A 5 - S 7300/07/0017, BStBl 2008 I S. 675.
2 BFH v. 22.11.2018 - V R 65/17, QAAAH-06916 = BFH/NV 2019 S. 359.
3 Siehe Rz. 1106 ff. sowie § 17 Abs. 2 UStDB 1938/51; vgl. ferner Birkholz, UR 1979 S. 5.
4 Vgl. BFH, Urteil v. 14.12.1978 - V R 85/74, BStBl 1979 II S. 289; Weiß, UR 1979 S. 83.
5 Vgl. BFH, Urteil v. 18.12.1996 - XI R 25/94, BStBl 1997 II S. 441.
6 Abschnitt 2.8 Satz 6 UStAE.

1968 von Rechtsprechung und Literatur entwickelten Grundsätze haben deshalb auch weiterhin Bedeutung.[1] Der Übergang der Steuerlast auf den Organträger setzt voraus, dass er seinen Willen gegenüber der (insoweit untergeordneten) Organgesellschaft durchsetzen kann; eine Eingliederung mit Durchgriffsrechten ist unverzichtbar und hat eine hinreichende Grundlage im Unionsrecht.[2]

Auch durch die Beschränkung der Organschaft auf das Erhebungsgebiet bzw. Inland seit 1.1.1987[3] und dem entsprechend geänderten Wortlaut des § 2 Abs. 2 Nr. 2 UStG sind die Voraussetzungen der Organschaft nicht geändert worden. 1201

Die nach wie vor erforderliche, durch die finanzielle, wirtschaftliche und organisatorische Eingliederung definierte Unterordnung der Organgesellschaft unter den sie beherrschenden Organträger führt zunächst dazu, dass ihre Unternehmereigenschaft verloren geht. Ab dem Zeitpunkt einer derartigen Unterordnung besteht daher umsatzsteuerlich nur noch ein Unternehmen. Darüber hinaus ergibt sich aus der Unterordnung, dass die Organgesellschaft **nur einem Organträger eingegliedert** sein kann.[4] Damit darf jedoch nicht der Fall verwechselt werden, dass eine juristische Person **Organgesellschaft für eine Mehrheit von Unternehmen** ist, **wenn sich diese** z. B. in der Form einer Gesellschaft bürgerlichen Rechts **zusammengeschlossen haben;** denn Organträger ist hier der Zusammenschluss selbst, also die Gesellschaft des bürgerlichen Rechts (siehe Rz. 1195 ff.). 1202

Das Verhältnis der Über- und Unterordnung schließt andererseits nicht aus, dass einem Unternehmen mehrere Organgesellschaften eingegliedert sein können. Der Organkreis umfasst in diesem Fall den Organträger und sämtliche Organgesellschaften mit der Folge, dass nicht nur die Lieferungen und Leistungen zwischen dem Organträger und den Organgesellschaften nicht steuerbare 1203

---

1 Vgl. dazu Nr. 5 Abs. 1 BMF, Erlass v. 14.2.1968 - IV A/2 - S 7015 - 2/68, BStBl 1968 I S. 401.
2 BFH, Urteil v. 2.12.2015 - V R 15/14, ZAAAF-48787 = BStBl 2017 II S. 553, Rz. 34; FG Münster, Urteil v. 12.2.2013 - 15 K 4005/11 U,AO, RAAAE-67015 = EFG 2014 S. 1344; zweifelnd unter Hinweis auf die EuGH-Rspr. BFH, Urteil v. 19.1.2016 - XI R 38/12, GAAAF-68579 = BFH/NV 2016 S. 706, Rz. 101 ff.; laut EuGH, Urteil v. 16.7.2015 - Rs. C-108/14 und Rs. C-109/14, BStBl 2017 II S. 604 = HFR 2015 S. 901, Rz. 44 hat der Unionsgesetzgeber die Regelung über die Mehrwertsteuergruppe nicht allein den Einheiten vorbehalten wollen, die sich in einem Unterordnungsverhältnis zum Organträger der betreffenden Unternehmensgruppe befinden.
3 Art. 14 Nr. 2 i.V.m. Art. 25 Abs. 1 Steuerbereinigungsgesetz 1986 v. 19.12.1985, BStBl 1985 I S. 735.
4 Siehe Rz. 1166 sowie BFH, Urteile v. 25.6.1957 - I 22/55 U, BStBl 1958 III S. 174; v. 14.12.1961 - V 111/59, HFR 1962 S. 286; v. 2.8.1979 - V R 111/77, BStBl 1980 II S. 20 = BFHE 128 S. 557 = DStZ/E 1979 S. 336.

Innenumsätze darstellen, sondern auch die zwischen den einzelnen Organgesellschaften (siehe Rz. 1376 ff.).

1204 Die der finanziellen, wirtschaftlichen und organisatorischen Eingliederung gleichzusetzende Unterordnung ist in Zweifelsfällen entscheidendes Abgrenzungsmerkmal gegenüber der auf Nebenordnung beruhenden Unternehmereinheit.[1] Nach dem von RFH und BFH entwickelten Begriff der Unternehmereinheit[2] waren Personengesellschaften und juristische Personen Teile eines (zentral gesteuerten) Gesamtunternehmens, wenn dieselben Gesellschafter im gleichen Verhältnis an ihnen beteiligt waren und die Willensbildung bei den Gesellschaften und juristischen Personen, ohne dass eine von ihnen der anderen untergeordnet war, einheitlich von diesen Gesellschaftern ausgeübt wurde.[3] In diesen Fällen handelt es sich vielmehr um gleichgeordnete Schwestergesellschaften.[4]

1205 Nach der Aufgabe der Rechtsprechung zur Unternehmereinheit[5] erhält wegen der nunmehr unterschiedlichen Rechtsfolgen die Abgrenzung der Organschaft von der Unternehmereinheit umso **größere Bedeutung**. Die Organschaft gemäß § 2 Abs. 2 Nr. 2 UStG und die umsatzsteuerlich jetzt wirkungslos bleibende Unternehmereinheit unterscheiden sich durch Über- und Unterordnung einerseits sowie Gleich- oder Nebenordnung andererseits und schließen sich deshalb gegenseitig aus.[6]

1206 Dem BFH-Urteil vom 20.1.1999[7] kann nichts Gegenteiliges entnommen werden. Dort hat der erkennende Senat lediglich die im BFH-Urteil vom 18.12.1996[8] offengelassene Frage bejaht, ob eine Personengesellschaft Organträgerin sein kann, wenn deren Gesellschafter auch die Kapitalgesellschaft beherrschen, jedoch ausdrücklich daran festgehalten, dass bei Schwesterkapitalgesellschaften ein Organschaftsverhältnis ausgeschlossen ist.

---

1 Vgl. Flückiger in Plückebaum/Malitzky, § 2 Abs. 2 UStG Tz. 277.
2 Vgl. Rz. 1104 f. sowie die Aufstellung bei Flückiger in Plückebaum/Malitzky, § 2 Abs. 2 UStG Tz. 364 ff.
3 Vgl. Flückiger in Plückebaum/Malitzky, § 2 Abs. 2 UStG Tz. 365.
4 BFH, Urteil v. 18.12.1996 - XI R 25/94, BStBl 1997 II S. 441.
5 Vgl. BFH, Urteile v. 16.11.1978 - V R 22/73, BStBl 1979 II S. 347; v. 23.11.1978 - V R 36/78, BStBl 1979 II S. 350; v. 30.11.1978 - V R 29/73, BStBl 1979 II S. 352; vgl. dazu auch Weiß, UR 1979 S. 82 und 97.
6 Vgl. BFH, Urteile v. 8.2.1955 - V 162/525, BStBl 1955 III S. 113; v. 26.2.1959 - V 209/56 U, BStBl 1959 III S. 204.
7 XI R 69/97, DAAAA-62944 = BFH/NV 1999 S. 1136.
8 XI R 25/94, BStBl 1997 II S. 441.

Nach dem zugrundeliegenden Sachverhalt handelte es sich um den Sonderfall der Aufspaltung einer Kommanditgesellschaft in eine Gesellschaft des bürgerlichen Rechts (Besitzgesellschaft) und in eine Betriebs-GmbH, für die kennzeichnend war, dass die GmbH-Anteile des beherrschenden Gesellschafters im Unternehmensvermögen der Personengesellschaft als notwendiges Sonderbetriebsvermögen gebunden waren. Weiterhin war der Sachverhalt darüber hinaus so gelagert, dass der beherrschende Gesellschafter der Betriebs-GmbH mit einer Beteiligung von 100 % das alleinige Sagen hatte und auch in der Personengesellschaft (Besitzgesellschaft) mit 95 % die absolute Majorität hatte und ungeachtet des dort möglicherweise geltenden Einstimmigkeitsprinzips jedenfalls nicht überstimmt werden konnte. Das Erfordernis eines Über- und Unterordnungsverhältnisses und den damit einhergehenden Ausschluss eines Organschaftsverhältnisses zwischen Schwestergesellschaften hat der BFH in seinem Urteil vom 24.9.2016 bestätigt.[1]

(unbesetzt) 1207

5. Die finanzielle Eingliederung

5.1 Bedeutung der finanziellen Eingliederung

Die finanzielle Eingliederung ist **unter den drei vom Gesetz** für die Eingliederung einer juristischen Person genannten Merkmalen grds. am einfachsten bestimmbar. Aus diesem Merkmal ergibt sich eindeutig, ob die juristische Person in ihrer Willensbildung fremdbestimmt ist.[2] Maßgebend für die Eingliederung ist zwar nach § 2 Abs. 2 Nr. 2 Satz 1 UStG das Gesamtbild der tatsächlichen Verhältnisse, doch darf die finanzielle Beteiligung als Hauptmerkmal der Eingliederung nicht fehlen; sie **kann nicht** durch eine umso deutlicher verwirklichte wirtschaftliche und organisatorische Eingliederung ersetzt werden; **eine unvollkommene finanzielle Eingliederung reicht nicht aus.** Nur die wirtschaftliche und organisatorische Eingliederung können schwächer ausgeprägt sein.[3]

1208

---

1 BFH, Urteil v. 24.9.2016 - V R 36/15, BStBl 2017 II S. 595.
2 Vgl. Weiß, UR 1980 S. 51.
3 Siehe Rz. 1211 und 1320 f.; vgl. BFH, Urteile v. 21.12.1961 - V 234/59, StRK UStG § 2 Abs. 1 R. 104; v. 26.4.1966 - I R 44/64, BStBl 1966 III S. 376; v. 18.1.1967 - I R 130/66, BStBl 1967 III S. 259; v. 18.12.1996 - XI R 25/94, BStBl 1997 II S. 441; FG München v. 17.9.1987 - III 275/81 U, UR 1988 S. 195; FG Hamburg v. 4.6.1998 - II 179/96, GmbHR 1998 S. 1188; FG Baden-Württemberg v. 28.11.2005 - 14 K 79/04, YAAAB-82695 = EFG 2006 S. 1110; FG Baden-Württemberg v. 2.3.2006 - 14 K 157/04, VAAAB-90462 = EFG 2006 S. 1462; OFD Koblenz, Vfg. v. 17.11.1986 - S 7527 A St 51 1-3, StEK UStG 1980 § 2 Nr. 6; OFD Koblenz, Vfg. v. 30.12.1987 - S. 7527 A St 51 1 - 3, StEK UStG 1980 § 2 Nr. 9; a. A.: FG Schleswig-Holstein v. 6.2.2018 - 4 K 35/15, Revision anhängig beim BFH - XI R 16/18.

C. Die Organschaft im Umsatzsteuerrecht

5.2 Keine gesetzliche Definition

1209 Im geltenden Umsatzsteuerrecht ist im Gegensatz zur Körperschaft- und zur Gewerbesteuer (siehe Rz. 75 ff.) nicht ausdrücklich festgelegt, wann eine finanzielle Eingliederung i. S. des § 2 Abs. 2 Nr. 2 UStG gegeben ist. Anders war dies für die Zeit vom 1.10.1961 bis zum 31.12.1967, als durch das Elfte UStÄndG vom 16.8.1961[1] bestimmt war, dass eine finanzielle Eingliederung mehr als 75 % der Anteile an der juristischen Person und mehr als 75 % der Stimmrechte erforderte (siehe dazu Rz. 1112). Beide Grenzen mussten kumulativ eingehalten sein.

5.3 Mehrheit der Anteile

1210 Nach dem Wegfall der Grenze von 75 % ab dem 1.1.1968 bestimmt sich die finanzielle Eingliederung wieder nach den von der Rechtsprechung vor 1961 und nach 1967 entwickelten Grundsätzen. Danach ist es nicht erforderlich, dass der Organträger sämtliche Kapitalanteile oder eine qualifizierte Anteilsmehrheit an der Organgesellschaft besitzt. Es genügt ein Kapitalanteil, der ausreicht, um die Organgesellschaft finanziell zu beherrschen, d. h. dem Organträger muss seine kapitalmäßige Beteiligung an der Organgesellschaft es ermöglichen, bei der Willensbildung der Organgesellschaft seinen eigenen Willen durchzusetzen.[2] Der Organträger muss so viele Anteile in seiner Hand vereinigen, wie nach der Satzung der beherrschten juristischen Person erforderlich sind, um alle Beschlüsse in seinem Sinne treffen zu können.[3] Für die Berechnung des Anteils ist nicht der gemeine Wert, sondern der Nennbetrag maßgeblich.[4]

1211 Wie bei der Körperschaft- und Gewerbesteuer (siehe Rz. 75 ff.) ist auch bei der Umsatzsteuer für die finanzielle Eingliederung eine kapitalmäßige Beteiligung an der juristischen Person unentbehrlich.[5] Es genügt nicht, dass ein Unternehmer sie durch Hingabe von Darlehen unter entsprechenden Bedingungen (die

---

1 BGBl 1961 I S. 1330 = BStBl 1961 I S. 605.
2 BFH, Beschluss v. 26.2.1998 - V B 97/97, BAAAB-39832 = BFH/NV 1998 S. 1267; Urteile v. 17.1.2002 - V R 37/00, BStBl 2002 II S. 373; v. 19.5.2005 - V R 31/03, BStBl 2005 II S. 671; v. 2.12.2015 - V R 15/14, BStBl 2017 II S. 553.
3 Vgl. BFH, Urteile v. 14.12.1978 - V R 85/74, BStBl 1979 II S. 288; v. 20.4.1988 - X R 3/82, BStBl 1988 II S. 792; Niedersächsisches FG v. 26.1.2006 - 5 K 272/01, PAAAB-83819 = EFG 2006 S. 771; im BFH-Urteil v. 18.12.1996 - XI R 25/94, BStBl 1997 II S. 441, ist von einer „jedenfalls nicht unwesentlichen Beteiligung" die Rede; vgl. ferner Abschnitt 2.8 Abs. 5 Satz 1 UStAE; Birkholz, UR 1979 S. 5; Tischer, UR 1985 S. 77.
4 Vgl. BFH, Urteil v. 23.7.1970 - V R 77/67, BStBl 1970 II S. 774.
5 Abschnitt 2.8 Abs. 5 Satz 9 UStAE.

juristische Person muss z. B. alle produzierten Waren über ihn absetzen) in völlige wirtschaftliche Abhängigkeit gebracht hat.[1] Ist ein Unternehmen überhaupt nicht oder nicht mit einer hinreichenden Mehrheit an einer juristischen Person beteiligt, kann diese nicht in das Unternehmen finanziell eingegliedert sein.[2]

5.4 Erfordernis der Stimmenmehrheit

Da sich die mit der Organschaft verbundene Verlagerung der Steuerschuld auf den Organträger finanziell belastend auswirken kann, müssen die Voraussetzungen der Organschaft rechtssicher bestimmbar sein. Dementsprechend erfordert die finanzielle Eingliederung eine Mehrheitsbeteiligung des Organträgers an der juristischen Person. Zur finanziellen Beherrschung ist nicht nur ein entsprechender Teil des Kapitals, sondern wie bei der Körperschaft- und Gewerbesteuer die Mehrheit der Stimmrechte erforderlich (vgl. Abschnitt 2.8 Abs. 5 UStAE). Weichen Kapital- und Stimmrechtsanteil voneinander ab, ist der letztere entscheidend. Es kommt darauf an, ob der Kapitalanteil die erforderliche Stimmenmehrheit vermittelt. Für die finanzielle Eingliederung einer GmbH in das Unternehmen einer GbR kommt es auf die rechtlichen Durchsetzungsmöglichkeiten an, die der GbR kraft ihres Stimmrechts in der GmbH zustehen. Die Art und Weise der Willensbildung in der Gesellschafterversammlung der GbR aufgrund einer Stimmrechtsverteilung, die von den Kapitalanteilen der GbR-Gesellschafter abweicht, spielt für die finanzielle Eingliederung der GmbH in das Unternehmen der GbR keine Rolle.[3]

1212

Die Mehrheit der Stimmrechte aus Anteilen an der juristischen Person als Organgesellschaft muss über 50 % der gesamten Stimmrechte betragen.[4] Auch eine geringere kapitalmäßige Beteiligung als 51 % reicht deshalb für eine finanzielle Eingliederung aus, wenn sie mit einer Stimmenmehrheit verbunden ist. Ein Stimmengleichstand erlaubt nur, unerwünschte Beschlüsse zu verhindern, und genügt deshalb nicht für eine finanzielle Eingliederung.[5] Eine nur kurzfristige Stimmenmehrheit (etwa 6 Wochen) genügt nicht.[6]

---

[1] Vgl. BFH, Urteil v. 26.4.1966 - I R 44/64, BStBl 1966 III S. 376.
[2] RFH, Urteil v. 3.11.1933 - V A 867/32, RStBl 1934 S. 524 = RFHE 34 S. 320.
[3] BFH, Urteil v. 16.12.2010 - V B 46/10, AAAAD-74759 = BFH/NV 2011 S. 857.
[4] BFH, Urteil v. 22.11.2001 - V R 50/00, VAAAA-89150 = BFH/NV 2002 S. 972; Niedersächsisches FG v. 12.2.2009 - 16 K 311/07, IAAAD-18891 = EFG 2009 S. 792.
[5] Vgl. BFH, Urteile v. 26.5.1955 - V 104/54 S, BStBl 1955 III S. 234 = BFHE 61 S. 95; v. 23.7.1964 - V 180/61, StRK UStG § 2 Abs. 2 Nr. 2 R. 36; OFD Koblenz, Vfg. v. 17.11.1986 - S 7527 A St 51 1-3, StEK UStG 1980 § 2 Nr. 6; Flückiger in Plückebaum/Malitzky, § 2 Abs. 2 UStG Tz. 280.
[6] FG Hamburg v. 4.6.1998 - II 179/96, GmbHR 1998 S. 1188.

Das FG Schleswig-Holstein vertritt indes die Auffassung, dass eine finanzielle Eingliederung bei einer Mehrheitsbeteiligung auch ohne Stimmrechtsmehrheit gegeben ist, wenn die Durchgriffsmöglichkeit durch eine stark ausgeprägte organisatorische Eingliederung gewährlistet ist.[1] Vor dem Hintergrund, dass eine unvollständige finanzielle Eingliederung nach bisheriger Rechtsprechung nicht durch besonders stark ausgeprägte wirtschaftliche und organisatorische Verflechtung von Organträger und Organgesellschaft ausgeglichen werden kann (siehe Rz. 1208), bleibt insoweit allerdings die Entscheidung im Revisionsverfahren abzuwarten.

1213 **Verlangt die Satzung für bestimmte Beschlussgegenstände eine qualifizierte Mehrheit** z. B. von 75 % oder 100 %, **ist diese auch für die finanzielle Eingliederung erforderlich.**[2] Betreffen solche qualifizierten Mehrheiten allerdings nur die Änderung der Satzung oder des Gesellschaftsvertrages, so sind sie für die finanzielle Eingliederung unbeachtlich. Denn für diese kann nur die derzeitige Fassung der Satzung oder des Gesellschaftsvertrages maßgeblich sein.

1214 In Einzelfällen sollte es nach früherer und überholter Rechtsprechung ausreichen, wenn dem Organträger die rechnerisch nicht vorhandene Stimmrechtsmehrheit nach dem Gesamtbild der Verhältnisse auf andere Weise eindeutig und nicht nur nach der Erfahrung des täglichen Lebens sicher war.[3] Diese sog. Personengruppentheorie war insbesondere für die Betriebsaufspaltung entwickelt worden und beruhte auf einem unterstellten einheitlichen Abstimmungsverhalten, weil die Gesellschafter in beiden Gesellschaften stets gleich gerichtete Interessen verfolgen und entsprechend abstimmen, wenn nicht extrem konträre Beteiligungsverhältnisse bestehen.[4]

Das Fehlen einer eigenen unmittelbaren oder mittelbaren Beteiligung der Gesellschaft kann nicht durch einen Beherrschungsvertrag (Stimmbindungsvereinbarung) und Gewinnabführungsvertrag ersetzt werden.[5]

---

[1] FG Schleswig-Holstein v. 6.2.2018 - 4 K 35/15, Revision anhängig beim BFH - XI R 16/18.
[2] Vgl. BFH, Urteile v. 19.5.2005 - V R 31/03, BStBl 2005 II S. 671; v. 1.12.2010 - XI R 43/08, BStBl 2011 II S. 600; Tischer, UR 1985 S. 77.
[3] Vgl. BFH, Urteil v. 23.7.1964 - V 180/61, StRK UStG 1951, § 2 Abs. 2 Nr. 2 R. 36.
[4] Vgl. BFH, Urteil v. 2.8.1972 - IV 87/65, BStBl 1972 II S. 796.
[5] BFH, Urteil v. 1.12.2010 - XI R 43/08, BStBl 2011 II S. 600; FG Münster, Urteil v. 12.2.2013 - 15 K 4005/11 U,AO, RAAAE-67015 = EFG 2014 S. 1344.

5.5 Wirtschaftliches Eigentum (Treuhänder)

Weichen juristisches und wirtschaftliches Eigentum i. S. von § 39 Abs. 2 Nr. 1 Satz 1 AO voneinander ab, ist das wirtschaftliche Eigentum an den Anteilen maßgeblich.[1] Treuhandbeteiligungen sind nach § 39 Abs. 2 Nr. 1 Satz 2 AO dem Treugeber zuzurechnen.[2] Entsprechendes gilt für den Sicherungsgeber.[3]

1215

5.6 Wirtschaftliche Abhängigkeit

Auf das Verhältnis von Kapital und Bilanzsummen kommt es bei der Organgesellschaft und dem Organträger für die finanzielle Eingliederung nicht an. Die Organgesellschaft muss finanziell nicht auf den Organträger angewiesen sein; ein finanzielles Übergewicht der einen oder anderen Gesellschaft ist unerheblich.[4] Ein Ergebnisausschluss oder ein Gewinnabführungsvertrag haben im Umsatzsteuer- anders als im Körperschaftsteuerrecht für die finanzielle Eingliederung keine Bedeutung.[5]

1216

5.7 Mittelbare finanzielle Beteiligung

5.7.1 Mittelbare Beteiligung über Gesellschafter

Der Organträger muss über eine eigene Mehrheitsbeteiligung an der juristischen Person verfügen, die sich entweder aus einer unmittelbaren Beteiligung oder mittelbar aus einer über eine Tochtergesellschaft gehaltenen Beteiligung ergibt.[6] **Nach früherer Rechtsprechung** genügte für die finanzielle Eingliederung zwischen einer GmbH als Organgesellschaft und der Personengesellschaft als Organträger, dass die Mehrheit der Anteile an der GmbH von den Gesellschaftern einer Personengesellschaft gehalten wurde, so dass in beiden Gesellschaften dieselben Gesellschafter zusammen über die Mehrheit der Anteile oder Stimmrechte verfügten.[7] Dabei bejahte der BFH die finanzielle Eingliederung über einen gemeinsamen Gesellschafter, der in GmbH und Per-

1217

---

1 Vgl. Scharpenberg in Hartmann/Metzenmacher, § 2 UStG Tz. 383.
2 FG Rheinland-Pfalz v. 17.3.1997 - 5 K 1998/94, n.v.; Scharpenberg in Hartmann/Metzenmacher, § 2 UStG Tz. 384.
3 Vgl. BFH, Urteil v. 17.4.1969 - V R 123/68, BStBl 1969 II S. 505 = BFHE 95 S. 558.
4 Vgl. RFH, Urteil v. 12.7.1940 - V 426/38, RStBl 1940 S. 910; BFH, Urteil v. 17.4.1969 - V R 123/68, BStBl 1969 II S. 505 = BFHE 95 S. 558; Flückiger in Plückebaum/Malitzky, § 2 Abs. 2 UStG Tz. 284.
5 Vgl. Flückiger in Plückebaum/Malitzky, § 2 Abs. 2 UStG Tz. 287.
6 BFH, Urteil v. 2.12.2015 - V R 12/14, BAAAF-48782 = BFH/NV 2016 S. 437, Rz. 22.
7 BFH, Urteile v. 20.1.1999 - XI R 69/97, DAAAA-62944 = BFH/NV 1999 S. 1136, unter II.2.; v. 16.8.2001 - V R 34/01, AAAAA-67183 = BFH/NV 2002 S. 223, unter II.2; v. 14.2.2008 - V R 12/06, V R 13/06, LAAAC-83317 = BFH/NV 2008 S. 1365.

sonengesellschaft über eine Anteilsmehrheit von jeweils mindestens 95 % verfügte und auch Geschäftsführer der GmbH war[1] ebenso wie über zwei Gesellschafter, denen gemeinsam eine Anteilsmehrheit in beiden Gesellschaften zustand.[2]

Diese Rechtsprechung beruhte u. a. auf der ertragsteuerrechtlichen Überlegung, dass es sich bei der Beteiligung an der Kapitalgesellschaft für die Gesellschafter der Organträger-Personengesellschaft um Sonderbetriebsvermögen handele. Eine finanzielle Eingliederung einer GmbH in eine Personengesellschaft lehnte die Rechtsprechung aber dann ab, wenn den Gesellschaftern zwar an der GmbH eine Mehrheitsbeteiligung zustand, sie aber in der Personengesellschaft Minderheitsgesellschafter waren. Dies galt selbst dann, wenn die GmbH über eine Anteilsmehrheit an der Personengesellschaft verfügte.

1218 Für den Fall, dass nur mehreren Gesellschaftern gemeinsam eine Mehrheitsbeteiligung an GmbH und Personengesellschaft zusteht, hat der BFH seine frühere **Rechtsprechung** zur finanziellen Eingliederung **im Jahre 2010 geändert**. Denn eine finanzielle Eingliederung einer GmbH in eine Personengesellschaft liegt im Hinblick auf das für die Organschaft erforderliche Über- und Unterordnungsverhältnis aufgrund einer Beteiligung mehrerer Gesellschafter, die nur gemeinsam über eine Anteilsmehrheit an beiden Gesellschaften verfügen, nicht vor.[3]

Bei einer Beteiligung mehrerer Gesellschafter an zwei Schwestergesellschaften ist nicht rechtssicher bestimmbar, ob und unter welchen Voraussetzungen der Beteiligungsbesitz einer unter Umständen großen unbestimmten Anzahl von Gesellschaftern zusammengerechnet werden kann, um eine finanzielle Eingliederung der einen in die andere Schwestergesellschaft zu begründen. Die bloße Anteilsmehrheit mehrerer Gesellschafter an zwei Schwestergesellschaften reicht hierfür nicht aus, da diese Gesellschafter die ihnen zustehenden Stimmrechte nicht einheitlich ausüben müssen.[4] Aber auch darüber hinaus ist die finanzielle Eingliederung einer GmbH in eine Personengesellschaft auch dann zu verneinen, wenn nur ein Gesellschafter über die Stimmenmehrheit an den beiden Schwestergesellschaften verfügt.[5]

---

1 BFH, Urteil v. 20.1.1999 - XI R 69/97, DAAAA-62944 = BFH/NV 1999 S. 1136.
2 BFH, Urteil v. 14.2.2008 - V R 12/06, V R 13/06, LAAAC-83317 = BFH/NV 2008 S. 1365.
3 BFH, Urteil v. 22.4.2010 - V R 9/09, BStBl 2011 II S. 597; ebenso FG Schleswig-Holstein v. 17.5.2018 - 4 K 38/17, CAAAG-88697.
4 BFH, Urteil v. 2.12.2015 - V R 15/14, ZAAAF-48787 = BStBl 2017 II S. 553.
5 BFH, Urteil v. 2.12.2015 - V R 15/14, ZAAAF-48787 = BStBl 2017 II S. 553.

Auch nur familiäre Beziehungen zwischen mehreren Gesellschaftern sind kein hinreichendes Indiz für eine Zusammenfassung des ihnen zustehenden Beteiligungsbesitzes. Im Übrigen ist auch nicht rechtssicher bestimmbar, unter welchen Voraussetzungen mehrere Gesellschafter gleichgerichtete oder widerstreitende Interessen verfolgen. Da die Organschaft mit der Verwirklichung ihrer Voraussetzungen beginnt und mit deren Entfallen von Gesetzes wegen endet, kann es für die Organschaft und den Eintritt der mit ihr verbundenen Rechtsfolgen (wie z. B. Umsatzzurechnung und Nichtbesteuerung von Innenumsätzen) darüber hinaus nicht darauf ankommen, für welche Zeiträume z. B. mehrere Familiengesellschafter gleichgerichtete Interessen verfolgen und für welche Zeiträume dies aufgrund von Meinungsverschiedenheiten oder Familienstreitigkeiten nicht der Fall ist. Ob im konkreten Einzelfall von einem Fehlen widerstreitender Interessen auszugehen sein kann, ist daher unerheblich.[1] Die notwendige finanzielle Eingliederung einer Kapitalgesellschaft in eine Personengesellschaft als Organträger ist nicht gegeben, wenn die beide Gesellschaften beherrschenden natürlichen Personen lediglich rein tatsächlich in der Lage sind, ihren Willen in beiden Gesellschaften durchzusetzen.[2]

Für die Änderung der Rechtsprechung war von Bedeutung, dass wegen der sich aus der Verlagerung der Steuerschuld auf den Organträger ergebenden finanziellen Auswirkungen der Grundsatz der Rechtssicherheit bei der Auslegung der Organschaftsvoraussetzungen besondere wichtig ist. Da die Organschaft nicht von einem Antrag des Organträgers abhängt, muss der Organträger in der Lage sein, anhand der Eingliederungsvoraussetzungen das Bestehen einer Organschaft rechtssicher feststellen zu können.[3]

Die **Finanzverwaltung** ist der geänderten Rechtsprechung gefolgt. Auch nach Abschnitt 2.8 Abs. 5 Satz 6 UStAE reicht es für die finanzielle Eingliederung nicht aus, dass nur ein oder mehrere Gesellschafter auch mit Stimmenmehrheit an der Organgesellschaft beteiligt sind. Dies gilt auch dann, wenn die Beteiligung eines Gesellschafters an einer Kapitalgesellschaft ertragsteuerlich zu dessen Sonderbetriebsvermögen bei einer Personengesellschaft gehört.[4] Das Fehlen einer eigenen unmittelbaren oder mittelbaren Beteiligung der Gesell-

---

1 BFH, Urteile v. 22.4.2010 - V R 9/09, BStBl 2011 II S. 597; v. 6.5.2010 - V R 24/09, SAAAD-55601 = BFH/NV 2011 S. 76; v. 10.6.2010 - V R 62/09, MAAAD-55603 = BFH/NV 2011 S. 79; v. 24.11.2011 - V R 45/10, VAAAE-09991 = BFH/NV 2012 S. 1184; v. 1.12.2010 - XI R 43/08, BStBl 2011 II S. 600.
2 Niedersächsisches FG, Urteil v. 22.8.2013 - 16 K 128/13, BAAAE-70502 = DStRE 2016 S. 32.
3 BFH, Urteil v. 22.4.2010 - V R 9/09, BStBl 2011 II S. 597, Rz. 25.
4 Abschnitt 2.8 Abs. 5 Satz 8 UStAE; OFD Niedersachsen v. 14.6.2012 - S 7105 - 94 - St 171, TAAAE-12665 = UR 2012 S. 938.

schaft kann nicht durch einen Beherrschungsvertrag und Gewinnabführungsvertrag ersetzt werden.[1]

5.7.2 Mittelbare Beteiligung über Gesellschaften

1220 Der Organträger muss nicht unmittelbar am Kapital der Organgesellschaft beteiligt sein; es genügt auch (in direkter Linie) eine mittelbare Beteiligung über eine andere Gesellschaft, soweit sich nach dem Gesamtbild der tatsächlichen Verhältnisse, also unter Einbezug des wirtschaftlichen und organisatorischen Elements, eine Eingliederung der Organgesellschaft ergibt.[2]

1221 **Die finanzielle Eingliederung ist gegeben,** wenn der Organträger auf diese Weise mittelbar seinen Willen in der Organgesellschaft durchsetzen kann. Maßgebend ist, dass die Stimmenmehrheit allgemein und nicht nur im Einzelfall erreicht werden kann.[3]

1222 Eindeutig und unbestritten ist dies bei der **Beherrschung einer Enkelgesellschaft.** Die finanzielle Eingliederung kann sich bei ihr sowohl daraus ergeben, dass die Tochtergesellschaft die Stimmenmehrheit an der Enkelgesellschaft und die Muttergesellschaft die Stimmenmehrheit an der Tochtergesellschaft hat, als auch daraus, dass neben der Tochtergesellschaft auch die Muttergesellschaft an der Enkelgesellschaft beteiligt ist und sich erst durch die Zusammenrechnung dieser unmittelbaren und mittelbaren Beteiligung eine Stimmenmehrheit der Muttergesellschaft und damit die Beherrschung der Enkel- durch die Muttergesellschaft ergibt.[4]

1223 Für die finanzielle Eingliederung einer Organgesellschaft in das Unternehmen des Organträgers ist es ausreichend, wenn die finanzielle Eingliederung mittelbar über eine **nichtunternehmerisch tätige Tochtergesellschaft** des Organträgers oder einer Organgesellschaft erfolgt. Die nichtunternehmerisch tätige Tochtergesellschaft wird dadurch jedoch nicht Bestandteil des Organkreises.[5]

Diese Rechtsauffassung findet sich auch in Abschnitt 2.8. Abs. 5 Satz 5 UStAE. Die explizite Nennung einer **nichtunternehmerisch** tätigen Tochtergesellschaft in der Verwaltungsanweisung wirft die Frage auf, ob eine solche Klammerorganschaft zwischen Mutter- und Enkelgesellschaft auch dann vorliegen

---

1 Abschnitt 2.8 Abs. 5 Satz 9 UStAE.
2 Hessisches FG v. 28.4.2003 - 6 K 834/01, UAAAB-08651 = EFG 2003 S. 1426; Abschnitt 2.8 Abs. 5 Satz 4 UStAE.
3 BFH, Urteil v. 19.5.2005 - V R 31/03, BStBl 2005 II S. 671.
4 Vgl. FG Rheinland-Pfalz v. 17.3.1997 - 5 K 1998/94, n.v.; Weiß, UR 1980 S. 51.
5 BMF v. 26.1.2007 - IV A 5 - S 7300 - 10/07, BStBl 2007 I S. 211; Abschnitt 2.8 Abs. 5 Satz 5 UStAE.

kann, wenn die zwischengeschaltete Tochtergesellschaft zwar unternehmerisch tätig ist, aber selbst nicht die Voraussetzungen für eine Eingliederung in das Unternehmen der Muttergesellschaft erfüllt. Da eine mittelbare Beteiligung für die Begründung der finanziellen Eingliederung nach ständiger Rechtsprechung ausreichend ist und die Beteiligungsstruktur für die anderen Eingliederungsvoraussetzungen lediglich von untergeordneter Bedeutung sind, bestehen keine validen Argumente dafür, dass die Zwischenschaltung einer nicht eingegliederten, unternehmerisch tätigen Tochtergesellschaft einer Organschaft zwischen Mutter- und Enkelgesellschaft entgegensteht. Der Wortlaut der Verwaltungsanweisung scheint daher an dieser Stelle zu eng gefasst.

Zu berücksichtigen ist allerdings, dass durch den veränderten Wortlaut des Gesetzes (vgl. Rz. 1199) keine sachliche Änderung bewirkt werden sollte (siehe Rz. 1107 ff.) Indem die Unterordnung unter den Willen nicht mehr aufgeführt, sondern lediglich die Definition des Begriffs der Unterordnung im Gesetzeswortlaut beibehalten wurde, sollte die Unterordnung im Willen nicht für überflüssig erklärt werden. Ohne eine finanzielle Beteiligung, die die maßgebliche Stimmenmehrheit vermittelt, ist jedoch eine Unterordnung des Willens nicht möglich (siehe Rz. 1212 f.). Auch im Zusammenhang mit einer mittelbaren Beteiligung darf deshalb nie offenbleiben, welcher Unternehmer der beherrschende ist. Daran fehlt es, wenn die finanzielle Verbundenheit der Gesellschaften lediglich darin besteht, dass ihre Gesellschafter ganz oder überwiegend identisch sind, indem etwa die Anteile zweier Kapitalgesellschaften ausschließlich von natürlichen Personen im Privatvermögen gehalten werden.[1] Unter solchen Umständen lässt sich m. E. nicht entscheiden, welche der beiden Gesellschaften der anderen in ihrem Willen untergeordnet ist; eine Organschaft entfällt, weil das unverzichtbare und nicht kompensationsfähige Erfordernis einer finanziellen Eingliederung sich nicht feststellen lässt.[2] Klar ist dagegen das Beherrschungsverhältnis, wenn sich eine Stimmenmehrheit nur bei der einen Gesellschaft insbesondere durch die Zusammenrechnung einer unmittelbaren Beteiligung mit mittelbaren Beteiligungen ergibt. Hier ist dem Erfordernis einer finanziellen Eingliederung genügt.   1224

(unbesetzt)   1225–1226

---

[1] Abschnitt 2.8 Abs. 5 Satz 6 UStAE.
[2] Vgl. BFH, Urteil v. 18.12.1996 - XI R 25/94, BStBl 1997 II S. 441, m.w.N.; FG München v. 20.1.1994 - 14 K 3745/90, EFG 1994 S. 1020; Sächsisches FG v. 12.3.2008 - 8 K 560/05, MAAAD-13826 = EFG 2009 S. 879; OFD Berlin v. 16.7.1998 - St 431 - S 7105 - 1/97.

5.8 Stille Gesellschafter

1227 Stille Gesellschafter einer OHG können dieser keine mittelbare Beteiligung an einer GmbH vermitteln. Denn sie wirken an der Willensbildung der OHG nicht mit, so dass es an der Bildung eines einheitlichen Willens, dem die GmbH unterworfen wäre, fehlt.[1]

1228 *(unbesetzt)*

5.9 Mittelbare Beteiligung über Angehörige

1229 Eine mittelbare Beteiligung über Anteile von Angehörigen (§ 15 AO) reicht genauso wie bei der Körperschaftsteuer (siehe Rz. 97) nicht aus. Bei der Umsatzsteuer steht das Unternehmerprinzip im Vordergrund, das die Einbeziehung von Angehörigen ausschließt.[2]

> **BEISPIEL:** Ein Einzelunternehmer verpachtet die für das Unternehmen einer GmbH wesentlichen Betriebsgrundlagen an die GmbH. Unstreitig ist die GmbH wirtschaftlich und organisatorisch in das Einzelunternehmen eingegliedert. An der GmbH sind beteiligt: 1. Der Einzelunternehmer (Ehemann) zu 45 %, 2. die Ehefrau des Einzelunternehmers zu 45 %, 3. ein fremder Dritter zu 10 %. Die Stimmrechte entsprechen den Beteiligungsrechten.
>
> Unter finanzieller Eingliederung ist der Besitz der entscheidenden Anteilsmehrheit an der Organgesellschaft zu verstehen, die es ermöglicht, Beschlüsse in der Organgesellschaft durchzusetzen. Entsprechen die Beteiligungsverhältnisse den Stimmrechtsverhältnissen, so ist die finanzielle Eingliederung gegeben, wenn die Beteiligung mehr als 50 % beträgt. Da der Einzelunternehmer nur zu 45 % an der GmbH beteiligt ist, ist diese nicht organschaftlich in das Einzelunternehmen eingegliedert. Die Zusammenrechnung der Anteile des Einzelunternehmers (Ehemannes) und der Ehefrau ist nicht zulässig; denn mit Art. 3 Abs. 1 GG i.V.m. Art. 6 Abs. 1 GG ist es unvereinbar, wenn bei der Beurteilung von personellen Verflechtungen von der Vermutung ausgegangen wird, Ehegatten verfolgten gleichgerichtete wirtschaftliche Interessen.[3]

5.10 Genossenschaften und rechtsfähige Vereine

1230 Auch eine Genossenschaft kann finanziell in ein anderes Unternehmen eingegliedert sein. Als ein solches Unternehmen kommt jedoch praktisch nur wieder eine andere Genossenschaft in Betracht, weil die Willensbildung bei der Genossenschaft durch das besonders gestaltete Stimmrecht (§ 43 Abs. 2 GenG)

---

1 BFH, Urteil v. 2.8.1979 - V R 111/77, BStBl 1980 II S. 20 = UR 1980 S. 50; Stadie in Rau/Dürrwächter, § 2 UStG Rz. 871 ff., 182. Lieferung 05.2019; Klenk in Sölch/Ringleb, § 2 UStG Tz. 185.
2 Vgl. BFH, Urteil v. 21.12.1961 - V 234/59, HFR 1962 S. 214; OFD Koblenz, Vfg. v. 17.11.1986 - S 7527 A St 51 1-3, StEK UStG 1980, § 2 Nr. 6.
3 Vgl. OFD Koblenz v. 17.11.1986 - S 7527 A St 51 1-3, StEK UStG 1980, § 2 Nr. 6.

ein Organschaftsverhältnis mit einem anderen Unternehmen weitgehend ausschließt.[1] Unabhängig von seiner Einlage hat der Genosse in der Generalversammlung nur eine Stimme. Finanziell eingegliedert ist eine Genossenschaft in eine andere, wenn die Genossen der letzteren in der ersteren die Stimmenmehrheit haben, nicht aber umgekehrt. Gleiches gilt für die Eingliederung rechtsfähiger Vereine.

5.11 Juristische Personen des öffentlichen Rechts

Juristische Personen des öffentlichen Rechts, die als Unternehmer tätig sind (§ 2 Abs. 3 bzw. § 2b UStG), können nicht finanziell eingegliedert und deshalb keine Organgesellschaften sein.[2] Eine juristische Person des öffentlichen Rechts kann in ihrer Willensbildung nicht durch Anteile und Stimmrechte Dritter beherrscht werden.

1231

(unbesetzt) 1232–1250

6. Die wirtschaftliche Eingliederung

Unter den Erfordernissen einer Organschaft ist das der wirtschaftlichen Eingliederung besonders vielgestaltig. Wirtschaftlich eingegliedert ist eine juristische Person in ein Unternehmen, wenn sie nach dessen Willen und in engem Zusammenhang mit ihm, es fördernd und ergänzend, wirtschaftlich tätig ist.[3] Zwischen der juristischen Person und dem Unternehmen muss ein vernünftiger betriebswirtschaftlicher Zusammenhang bestehen im Sinne einer wirtschaftlichen Einheit, Kooperation oder Verflechtung, wobei die Wirtschaftszweige auch verschieden sein können.[4] Die Tätigkeiten von Organträger und Organgesellschaft müssen aufeinander abgestimmt sein.[5] Für die wirtschaftliche Eingliederung ist charakteristisch, dass die Organgesellschaft im Gefüge des übergeordneten Organträgers als dessen Bestandteil erscheint.[6] Organträ-

1251

---

[1] Vgl. BFH, Urteil v. 23.4.1964 - V 184/61 U, BStBl 1964 III S. 346.
[2] Siehe Rz. 1154 f.; Niedersächsisches FG v. 3.3.1970 - V 28/66, EFG 1970 S. 433.
[3] Vgl. BFH, Urteile v. 22.6.1967 - V R 89/66, BStBl 1967 III S. 715; v. 13.9.1989 - I R 110/88, BStBl 1990 II S. 24; v. 9.9.1993 - V R 124/89, BStBl 1994 II S. 129; v. 3.4.2003 - V R 63/01, BStBl 2004 II S. 434; v. 18.3.2010 - V B 57/08, CAAAD-43387 = BFH/NV 2010 S. 1312; Abschnitt 2.8 Abs. 6 UStAE; FG München v. 18.3.1987 - III 280/79 U, EFG 1987 S. 480.
[4] Vgl. BFH, Urteile v. 3.4.2003 - V R 63/01, BStBl 2004 II S. 434, unter II.1.C; v. 18.6.2009 - V R 4/08, BStBl 2010 II S. 310.
[5] Vgl. BFH, Urteile v. 26.7.1962 - V 42/60, StRK UStG § 2 Abs. 2 Nr. 1 R. 22; v. 27.8.1964 - V 101/62 U, BStBl 1964 III S. 539 = BFHE 80 S. 181; v. 17.4.1969 - V 44/65, BStBl 1969 II S. 413; v. 25.6.1998 - V R 76/97, UAAAA-62532 = BFH/NV 1998 S. 1534.
[6] BFH, Urteile v. 20.1.1999 - XI R 69/97, DAAAA-62944 = BFH/NV 1999 S. 1136, zu II.3., m. w. N.; v. 17.1.2002 - V R 37/00, BStBl 2002 II S. 373; v. 20.8.2009 - V R 30/06, BStBl 2010 II S. 863.

ger und Organgesellschaft müssen eine wirtschaftliche Einheit bilden.[1] Sie müssen wirtschaftlich kooperieren; ihre Geschäftstätigkeiten müssen miteinander verflochten[2] und aufeinander abgestimmt sein.[3] Die konkrete betriebliche Tätigkeit der Organgesellschaft muss unmittelbar einzelne Aufgaben im betriebswirtschaftlichen Zusammenhang des gesamten Unternehmens betreffen.[4] Entscheidend ist, dass auf die Organgesellschaft wirtschaftlich ein tatsächlicher Einfluss ausgeübt wird, was i.d.R. aber nur möglich ist, wenn entsprechende vertragliche Bindungen oder auf Dauer angelegte wirtschaftliche Beziehungen bestehen.

Mehr als nur unerhebliche Beziehungen zwischen Organträger und Organgesellschaft reichen aus.[5] Das gilt insbesondere bei deutlicher Ausprägung der finanziellen und organisatorischen Eingliederung.[6] Sind finanzielle und organisatorische Eingliederung deutlich ausgeprägt, weil der Organträger Alleingesellschafter und Geschäftsführer der Organgesellschaften ist, liegt eine Organschaft auch dann vor, wenn die wirtschaftliche Eingliederung weniger deutlich zu Tage tritt. Es genügt dann, dass zwischen der Organgesellschaft und dem Unternehmen des Organträgers ein vernünftiger wirtschaftlicher Zusammenhang i.S. einer wirtschaftlichen Einheit, Kooperation oder Verflechtung vorhanden ist.[7]

Die für eine Organschaft erforderliche wirtschaftliche Eingliederung besteht bereits dann, wenn die vom Organträger der Organgesellschaft überlassenen Wirtschaftsgüter von nicht nur geringer Bedeutung sind.[8] Dies ist aber nicht mehr möglich, wenn der Mietvertrag gekündigt worden ist und die Geschäftsräume, in denen die Organgesellschaft ihren Geschäftsbetrieb ausgeübt hat, wieder an den Organträger übergeben worden sind und der Geschäftsbetrieb eingestellt worden ist.[9]

---

1 Vgl. BFH, Beschlüsse v. 16.8.1994 - V B 146/92, EAAAB-34935 = BFH/NV 1995 S.1105; v. 17.8.1994 - V B 147/92, OAAAB-34936 = BFH/NV 1995 S.750; OFD Hannover v. 9.8.1994 - S 7105-90-StH 542.
2 Vgl. OFD Hannover v. 9.8.1994 - S 7105-90-StH 542.
3 BFH, Urteil v. 25.6.1998 - V R 76/97, UAAAA-62532 = BFH/NV 1998 S.1534.
4 FG Baden-Württemberg v. 31.7.1997 - 3 K 264/92, EFG 1997 S.1561.
5 BFH, Urteil v. 29.10.2008 - XI R 74/07, BStBl 2009 II S. 256.
6 BFH, Urteile v. 29.10.2008 - XI R 74/07, BStBl 2009 II S.256; v. 18.3.2010 - V B 57/08, CAAAD-43387 = BFH/NV 2010 S. 1312.
7 FG des Landes Sachsen-Anhalt, Urteil v. 24.8.2015 - 1 K 981/13, OAAAF-75207.
8 BFH, Beschluss v. 13.5.2008 - XI B 195/07, MAAAC-86756 = BFH/NV 2008 S.1543.
9 FG München v. 26.2.2010 - 14 K 1705/07, TAAAD-43633 = EFG 2010 S. 1270.

Beruht die wirtschaftliche Eingliederung auf Leistungen des Organträgers gegenüber seiner Organgesellschaft, müssen die Leistungen entgeltlich sein und ihnen für das Unternehmen der Organgesellschaft mehr als nur unwesentliche Bedeutung zukommen.[1] Stellt der Organträger für eine von der Organgesellschaft bezogene Leistung unentgeltlich Material bei, reicht dies zur Begründung der wirtschaftlichen Eingliederung nicht aus.[2]

Eine **wirtschaftliche Zweckabhängigkeit der Organgesellschaft** wie sie nach § 14 KStG gefordert wurde,[3] ist im Umsatzsteuerrecht allerdings nicht erforderlich; nach ständiger Rechtsprechung des BFH gelten für die umsatzsteuerrechtliche Organschaft andere Voraussetzungen als für die Organschaft im Ertragsteuerrecht.[4] Bestehen mehr als nur unerhebliche wirtschaftliche Beziehungen, braucht die Organgesellschaft nicht vom Organträger abhängig zu sein.[5] Für die Annahme einer wirtschaftlichen Eingliederung genügt ein vernünftiger wirtschaftlicher Zusammenhang im Sinne einer wirtschaftlichen Einheit, Kooperation oder Verflechtung. Eine **dienende Funktion** im Sinne einer wirtschaftlichen Zweckabhängigkeit der Organgesellschaft gegenüber dem Organträger **ist nicht erforderlich**; die Tätigkeiten müssen aber aufeinander abgestimmt sein, sie müssen sich fördern und ergänzen.[6] Eine derartige Verflechtung kann z.B. aus dem gemeinsamen Auftreten am Markt gegenüber Kunden unter derselben Firma und unter Verwendung desselben Firmenlogos sowie dem Hinweis auf „das dreißigjährige Bestehen des Betriebs" hergeleitet.[7]

1252

Eine das Unternehmen der Untergesellschaft **fördernde Tätigkeit der Obergesellschaft** kann ausreichen.[8] So genügt z.B. die **Vermietung eines Betriebsgrundstückes**, wenn dieses für die Organgesellschaft von nicht nur geringer Bedeutung ist, da es die räumliche und funktionale Grundlage der Unternehmenstätigkeit der Organgesellschaft bildet,[9] oder wenn die Organgesellschaft als Bauträgerin sämtliche für sie wesentlichen Architektenleistungen vom Or-

1253

---

1 BFH, Urteil v. 18.6.2009 - V R 4/08, BStBl 2010 II S. 310; v. 6.5.2010 - V R 26/09, BStBl 2010 II S. 1114.
2 BFH, Urteil v. 20.8.2009 - V R 30/06, BStBl 2010 II S. 863.
3 Vgl. BFH, Urteil v. 24.1.2001 - I R 13/00, IAAAA-66716 = BFH/NV 2001 S. 1047.
4 Vgl. BFH, Beschluss v. 3.9.2001 - V B 228/00, FAAAA-68444 = BFH/NV 2002 S. 376, zu II. 2; Urteile v. 3.4.2003 - V R 63/01, BStBl 2004 II S. 434; v. 20.8.2009 - V R 30/06, BStBl 2010 II S. 863.
5 Abschnitt 2.8 Abs. 6 Satz 3 UStAE.
6 BFH, Beschluss v. 20.9.2006 - V B 138/05, HAAAC-31830 = BFH/NV 2007 S. 281.
7 BFH, Beschluss v. 20.9.2006 - V B 138/05, HAAAC-31830 = BFH/NV 2007 S. 281.
8 BFH, Urteil v. 17.4.1969 - V 44/65, BStBl 1969 II S. 413.
9 Vgl. BFH, Urteil v. 16.8.2001 - V R 34/01, AAAAA-67183 = BFH/NV 2002 S. 223; Beschluss v. 25.4.2002 - V B 128/01, VAAAA-68404 = BFH/NV 2002 S. 1058.

gantträger bezieht und der Organträger als Architekt ausschließlich für die Organgesellschaft tätig ist.[1]

Entscheidend sind für die wirtschaftliche Eingliederung somit die Art und der Umfang der zwischen den Unternehmensbereichen von Organträger und Organgesellschaft bestehenden Verflechtungen. Daher fehlt eine wirtschaftliche Eingliederung, wenn den entgeltlichen Leistungen des Gesellschafters für die Unternehmenstätigkeit der Untergesellschaft nur unwesentliche Bedeutung zukommt. So ist die wirtschaftliche Eingliederung zu verneinen, wenn z. B. die abhängige Gesellschaft eine Krankenstation und ihr Gesellschafter Kur- und Bädereinrichtungen betreibt und der Gesellschafter für die Gesellschaft lediglich Verwaltungsaufgaben in den Bereichen Buchführung und laufende Personalverwaltung übernimmt.[2]

Stellt der Organträger für eine von der Organgesellschaft bezogene Leistung unentgeltlich Material bereit, reicht dies zur Begründung der wirtschaftlichen Eingliederung nicht aus.[3] Beruht die wirtschaftliche Eingliederung auf Leistungen des Organträgers gegenüber seiner Organgesellschaft, müssen diese laut Abschnitt 2.8 Abs. 6 Satz 6 UStAE entgeltlich sein und ihnen für das Unternehmen der Organgesellschaft mehr als nur unwesentliche Bedeutung zukommen.[4] Auch die unentgeltliche Gewährung von Darlehen oder Bürgschaften durch den potenziellen Organträger an die Organgesellschaft begründet keine Organschaft.[5]

1254 Ebenso wie sich die finanzielle Eingliederung nicht aus einer unmittelbar vom Organträger gehaltenen Beteiligung zu ergeben hat, sondern auch auf einer (mittelbaren) Beteiligung über eine andere Tochtergesellschaft beruhen kann, muss auch die wirtschaftliche Eingliederung nicht aufgrund unmittelbarer Beziehungen zum Organträger bestehen, sondern kann auch auf der Verflechtung zwischen zwei Organgesellschaften beruhen.[6]

1255 Eine bloß kapitalmäßige Verflechtung genügt nicht. Eine solche kann nur die finanzielle, nicht aber die wirtschaftliche Eingliederung begründen.[7] Aus der

---

1 Vgl. BFH, Urteil v. 3.4.2003 - V R 63/01, BStBl 2004 II S. 434.
2 Vgl. BFH, Urteil v. 25.6.1998 - V R 76/97, UAAAA-62532 = BFH/NV 1998 S. 1534.
3 Vgl. BFH, Urteil v. 20.8.2009 - V R 30/06, BStBl 2010 II S. 863.
4 Vgl. BFH, Urteile v. 18.6.2009 - V R 4/08, BStBl 2010 II S. 310; v. 6.5.2010 - V R 26/09, BStBl 2010 II S. 1114; Abschnitt 2.8 Abs. 6 Satz 5 UStAE.
5 FG München v. 13.9.2018 - 3 K 949/16, MAAAG-98810 = EFG 2018 S. 2077, anhängig beim BFH, V R 30/18.
6 Vgl. BFH, Urteil v. 20.8.2009 - V R 30/06, BStBl 2010 II S. 863; FG Münster v. 13.6.2017 - 15 K 2617/13 U, VAAAG-53553 = EFG 2017 S. 1300; Abschnitt 2.8 Abs. 6 Satz 4 UStAE.
7 Vgl. BFH, Urteil v. 17.4.1969 - V 44/65, BStBl 1969 II S. 413.

finanziellen Eingliederung kann nicht zwingend auf die wirtschaftliche Eingliederung geschlossen werden. Für die Organschaft reicht es nicht aus, dass die Eingliederung nur in Beziehung auf zwei der genannten Merkmale besteht.[1] An der Voraussetzung einer wirtschaftlichen Eingliederung der Kapitalgesellschaft fehlt es regelmäßig, wenn die gesellschaftsrechtliche **Beteiligung nicht im unternehmerischen Bereich** des Anteilseigners gehalten wird.[2]

Eine langfristige Darlehensforderung der Organgesellschaft gegen die Muttergesellschaft bewirkt für sich noch keine wirtschaftliche Eingliederung der Organgesellschaft, selbst wenn das Darlehen zur finanziellen Stützung des Organträgers erheblich beiträgt.[3] Bei einem umgekehrten Darlehensverhältnis gilt das Gleiche. Die wirtschaftliche Eingliederung erfordert zwar, dass die Organgesellschaft gemäß dem Willen des Unternehmers im Rahmen des Gesamtunternehmens in engem wirtschaftlichen Zusammenhang mit diesem, es fördernd und ergänzend, wirtschaftlich tätig ist.[4] Dies ist aber auch dann der Fall, wenn die Organgesellschaft wegen finanzieller Schwierigkeiten die vereinbarten **Pachtzahlungen schuldig bleibt**.[5] Die wirtschaftliche Eingliederung wird daher nicht durch Liquiditätsprobleme der Organtochter beendet (Abschnitt 2.8 Abs. 6c Satz 1 UStAE).

1256

Die wirtschaftliche Eingliederung kann in der **Überlassung wesentlicher Betriebsgrundlagen** bestehen, z. B. des Büros, der Lagerhalle, der Werkstatt und der Abstellplätze.[6] Durch die Rechtsprechung ist geklärt, dass bereits die **Vermietung eines Verwaltungsgebäudes** an die Tochtergesellschaft deren wirtschaftliche Eingliederung in das Unternehmen des Vermieters begründen kann.[7] Dies gilt auch dann, wenn die Organgesellschaft ein Baugeschäft betreibt. Die Tatsache, dass die Wertschöpfung im Wesentlichen auf den Baustellen und nicht im Verwaltungsgebäude stattfindet, ist insoweit ohne Bedeutung.[8] Eine umsatzsteuerrechtliche Organschaft besteht auch, wenn der Alleingesellschafter und Alleingeschäftsführer einer GmbH im Rahmen seiner

1257

---

1 BFH, Urteile v. 25.6.1998 - V R 76/97, UAAAA-62532 = BFH/NV 1998 S. 1534; v. 20.2.1992 - V R 80/85, EAAAB-33509 = BFH/NV 1993 S. 133.
2 BMF v. 26.1.2007 - IV A 5 - S 7300- 10/07, BStBl 2007 I S. 211 = DB 2007 S. 315.
3 FG Münster v. 10.12.1974 - VI 389/71 E, EFG 1975 S. 278.
4 BFH, Urteile v. 22.6.1967 - V R 89/66, BStBl 1967 III S. 715; v. 19.10.1995 - V R 128/93, QAAAB-37661 = BFH/NV 1996 S. 275.
5 BFH, Urteil v. 19.10.1995 - V R 128/93, QAAAB-37661 = BFH/NV 1996 S. 275.
6 Vgl. BFH, Urteil v. 9.1.1992 - V R 82/85, LAAAB-33511 = BFH/NV 1993 S. 63.
7 Vgl. z. B. BFH, Beschluss v. 25.4.2002 - V B 128/01, VAAAA-68404 = BFH/NV 2002 S. 1058, i.V. m. dem dort zitierten Urteil v. 23.1.2001 - VIII R 71/98, AAAAA-67601 = BFH/NV 2001 S. 894; vgl. ferner BFH, Urteil v. 3.4.2003 - V R 63/01, BStBl 2004 II S. 434.
8 BFH, Beschluss v. 13.10.2004 - V B 55/04, ZAAAB-40523 = BFH/NV 2005 S. 390.

Einzelfirma der GmbH den für ihr Abbruchunternehmen benötigten **Fuhrpark mit Maschinen vermietet.**[1]

1258 Charakteristisch für eine wirtschaftliche Eingliederung ist, dass sich die Organgesellschaft als Bestandteil im wirtschaftlichen Gefüge des Organträgers darstellt.[2] Dies ist insbesondere dann der Fall, wenn sie die **Stellung einer Abteilung im Geschäftsbetrieb des Organträgers** hat.[3] Eine solche Stellung ist jedoch **nicht stets erforderlich,** um eine wirtschaftliche Eingliederung zu begründen; diese kann sich **auch durch** andere Umstände ergeben. Derartige Umstände können in einer **einheitlichen wirtschaftlichen Gesamtkonzeption** bestehen,[4] im Einzelnen aber auch in der **Bestimmung der Kalkulation, der Festlegung der Preise, der Bereitstellung von Produktionsmitteln** (Maschinen und Inventar), der **Verpachtung von Anlagegegenständen,** in **Bindungen beim Warenbezug und beim Warenabsatz,** in der **Bestimmung des Fertigungs- oder Absatzprogramms,** der **Genehmigungspflicht für Investitionen und größere Geschäftsabschlüsse,** in der **Festlegung der Geschäftsbedingungen** und in einem **Gewinnabführungsvertrag.**[5] Einzelne Merkmale wie die Aufteilung der Produktion und des Vertriebs derselben Ware auf zwei Gesellschaften, das Bestehen eines Pachtverhältnisses oder das Überwiegen des Vertriebs der Erzeugnisse der Produktionsgesellschaft durch die Vertriebsgesellschaft brauchen noch nicht zur wirtschaftlichen Eingliederung zu führen, wohl aber die Häufung solcher Umstände.[6] Die Beherbergung von Patienten einer Krankenhausstation ist für eine Kurverwaltungs-GmbH keine „Betriebsabteilung" i.S. der wirtschaftlichen Eingliederung, auch wenn dies den infrastrukturellen Interessen der Gemeinde als Gesellschafterin der Obergesellschaft entspricht.[7]

1259 Für die wirtschaftliche Eingliederung ist nicht erforderlich, dass die Organgesellschaft ausschließlich für den Organträger arbeitet.[8] **Die Organgesellschaft braucht nicht wirtschaftlich vom Organträger abhängig zu sein.**[9] Die Geschäftsbeziehungen zwischen dem Organträger und der Organgesellschaft

---

1 FG Köln v. 13.7.2010 - 8 V 887/10, ZAAAD-54242 = EFG 2010 S. 1974.
2 BFH, Urteil v. 20.1.1999 - XI R 69/97, DAAAA-62944 = BFH/NV 1999 S. 1136.
3 Vgl. BMF v. 3.4.1996 - IV C 3 - S 7100-6/96; FinMin Thüringen v. 19.4.1996 - S 7100 A-16-2022.
4 Vgl. BFH, Urteil v. 21.1.1976 - I R 21/74, BStBl 1976 II S. 389; FG Rheinland-Pfalz v. 28.11.1996 - 6 K 3100/94, EFG 1997 S. 567.
5 Vgl. RFH, Urteil v. 14.12.1923 - V A 141 und 150/21, RFHE 13 S. 146.
6 Vgl. BFH, Beschluss v. 14.1.1988 - V B 115/87, CAAAB-29980 = BFH/NV 1988 S. 471.
7 FG Baden-Württemberg v. 31.7.1997 - 3 K 264/92, EFG 1997 S. 1561 = UVR 1998 S. 22.
8 Vgl. Abschnitt 2.8 Abs. 6a Satz 2 UStAE.
9 BFH, Urteil v. 3.4.2003 - V R 63/01, BStBl 2004 II S. 434; Beschluss v. 30.10.2003 - V B 158/03, S 16/03, SAAAB-13843 = BFH/NV 2004 S. 236.

müssen auch nicht gegenüber deren sonstigen Geschäftsbeziehungen überwiegen.[1] Zwischen dem Organträger und der Organgesellschaft müssen aufgrund gegenseitiger Förderung und Ergänzung lediglich **mehr als nur unerhebliche wirtschaftliche Beziehungen** bestehen.[2] In früheren Urteilen hatte der BFH hinsichtlich der (überwiegenden) Fremdumsätze eine (andere) wirtschaftliche Verknüpfung nicht feststellen können, eine solche aber auch nicht generell ausgeschlossen.[3]

Seit dem BFH-Urteil vom 9.9.1993[4] kann ein Überwiegen von „Innenumsätzen" jedenfalls nicht mehr als zwingende Voraussetzung angesehen werden. Dies wäre auch unvereinbar mit Sinn und Zweck der Organschaft sowie damit, dass nach ständiger Rechtsprechung die Betriebsaufspaltung, bei der die Betriebsgesellschaft nichts an die Besitzgesellschaft leistet, ein typischer Fall der Organschaft ist (siehe Rz. 1269 ff.). Wenn eine juristische Person überwiegend fremdbezogene Waren verkauft, muss dies eine wirtschaftliche Eingliederung nicht ausschließen. Denn auch sonst ist es nicht unüblich, mit unterschiedlichem Anteil fremde und eigene Waren nebeneinander zu vertreiben.[5] Die wirtschaftliche Beherrschung kann sich hier in vielfältiger Weise auch aus sonstigen Umständen ergeben (Preisbindung usw.). Für eine Organschaft **kann sogar unschädlich sein,** dass zwischen dem Organträger und der Organgesellschaft, wenn diese z. B. als Produktionsgesellschaft zur Versorgung eines bestimmten Marktes gegründet worden ist, **nur geringe oder überhaupt keine Warenlieferungen** vorkommen.[6] Die sonstigen Geschäftsbeziehungen müssen allerdings mit Kenntnis und Zustimmung des Organträgers unterhalten werden.

1260

Der Schwerpunkt der wirtschaftlichen Tätigkeit des Organkreises muss nicht bei dem herrschenden Unternehmen liegen.[7] Das ergibt sich bereits daraus, dass unter weiteren Voraussetzungen auch die Leitung mehrerer abhängiger Unternehmen i. S. einer geschäftsleitenden Holding als unternehmerische Be-

1261

---

1 So ausdrücklich BFH, Urteil v. 9.9.1993 - V R 124/89, BStBl 1994 II S. 129; vgl. auch BFH, Urteil v. 15.6.1972 - V R 15/69, BStBl 1972 II S. 840; Wauer, BB 1966 S. 2848.
2 BFH, Beschluss v. 30.10.2003 - V B 158/03, V S 16/03, SAAAB-13843 = BFH/NV 2004 S. 236; BMF v. 26.1.2007 - IV A 5 - S 7300- 10/07, BStBl 2007 I S. 211 = DB 2007 S. 315.
3 BFH, Urteile v. 23.7.1959 - V 176/55 U, BStBl 1959 III S. 376; v. 26.7.1962 - V 42/60, StRK UStG § 2 Abs. 2 Nr. 1 R. 22; v. 27.8.1964 - V 101/62 U, BStBl 1964 III S. 539 = BFHE 80 S. 181; vgl. auch noch Abschnitt 2.8 Abs. 6a Satz 3 UStAE.
4 V R 124/89, BStBl 1994 II S. 129.
5 Vgl. RFH, Urteile v. 11.11.1932 - V A 948/31, RStBl 1933 S. 925; v. 30.11.1934 - V A 687/33, RStBl 1935 S. 660; v. 12.7.1940 - V 426/38, RStBl 1940 S. 910.
6 Vgl. BFH, Urteil v. 15.6.1972 - V R 15/69, BStBl 1972 II S. 840; Abschnitt 2.8 Abs. 6a Satz 3 UStAE; a. A. FG München v. 18.3.1987 - II 280/79 K, EFG 1987 S. 480.
7 BFH, Urteil v. 18.4.1973 - I R 120/70, BStBl 1973 II S. 740.

tätigung des Organträgers ausreicht.[1] Das beherrschende Unternehmen braucht nicht einmal, wie die Beispiele der Holding und der Betriebsaufspaltung zeigen (vgl. Rz. 1269 ff. und 1318 ff.), eine über die Tätigkeiten für die Organgesellschaft hinausgehende unternehmerische bzw. gewerbliche Tätigkeit auszuüben, die durch den Betrieb der Organgesellschaft gefördert wird.[2] Kriterien der ertragsteuerlichen Organschaft können insoweit nicht auf die umsatzsteuerliche übertragen werden.[3]

1262 An einer für die umsatzsteuerliche Organschaft erforderlichen wirtschaftlichen Eingliederung fehlt es deshalb auch dann nicht, wenn das herrschende Unternehmen nur Gewerbebetrieb kraft Rechtsform ist.[4] Eine im Baugewerbe tätige GmbH ist auch nicht deshalb in das als Einzelunternehmen ihres Alleingesellschafters betriebene Architekturbüro wirtschaftlich nicht eingegliedert, weil die GmbH ihre Leistungen nachhaltig überwiegend an fremde Kunden erbringt, die Leistungen des Architekturbüros nur etwa 10 % der Wertschöpfung der GmbH ausmachen und allein die Wünsche der Kunden, also der Bauherren sowohl für die GmbH als auch für das Architekturbüro maßgeblich sind. Denn auf „eigene Umsätze" des Organträgers kommt es nicht an und so auch nicht auf ein bestimmtes Verhältnis zu den Umsätzen der Organgesellschaft.[5]

1263 Nach den BFH-Urteilen vom 23.4.1959,[6] vom 24.10.1963[7] und vom 15.12.1966[8] soll eine wirtschaftliche Eingliederung zu bejahen sein, wenn bei Warengeschäften die Gesellschaften nacheinander tätig werden, nicht dagegen bei einem parallelen Warenlauf. Richtig daran ist aber nur, dass im ersten Fall eher eine wirtschaftliche Eingliederung bejaht werden kann.

1264 Einer wirtschaftlichen Eingliederung steht nicht entgegen, dass Organträger und Organgesellschaft in verschiedenen Wirtschaftszweigen tätig sind.[9] Eine

---

1 BFH, Urteile v. 15.4.1970 - I R 122/66, BStBl 1970 II S. 554; v. 14.10.1987 - I R 26/84, WAAAB-29648 = BFH/NV 1989 S. 192.
2 Vgl. Stadie in Rau/Dürrwächter, § 2 UStG Rz. 831 bis 833, 182. Lieferung 05.2019; a. A. Niedersächsisches FG, Urteil v. 31.7.2001 - 6 K 821/97, MAAAB-11567.
3 Vgl. Rz. 1097, 1172; BFH, Urteile v. 26.2.1959 - V 209/56 U, BStBl 1959 III S. 205; v. 13.4.1961 - V 81/59, BStBl 1961 III S. 343; v. 22.4.1998 - I R 132/97, BStBl 1998 II S. 687; v. 7.8.2002 - I R 83/01, XAAAA-70067.
4 Niedersächsisches FG, Urteil v. 28.8.2001 - 6 K 92/97, n.v.
5 A. A. FG Baden-Württemberg, Urteil v. 17.5.2000 - 13 K 83/96, LAAAB-06162 = EFG 2002 S. 290.
6 V 66/57, BStBl 1959 III S. 256 = BFHE 68 S. 677.
7 V 300/60 U, BStBl 1964 III S. 222 = BFHE 78 S. 587.
8 V 51/63, BStBl 1967 III S. 191 = BFHE 87 S. 462.
9 Vgl. RFH, Urteile v. 13.12.1940 - V 25/39, RStBl 1941 S. 313; v. 13.12.1940 - V 25/40, RStBl 1941 S. 320; BFH, Urteil v. 25.6.1998 - V R 76/97, UAAAA-62532 = BFH/NV 1998 S. 1534; OFD Hannover v. 9.8.1994 - S 7105 - 90 - StH 542; Asseyer, DStZ 1941 S. 339.

wirtschaftliche Eingliederung fehlt jedoch, wenn in Form einer Organgesellschaft primäre staatliche Aufgaben (Wirtschaftsförderung) erfüllt werden und die Organträgerin lediglich durch eine Vergrößerung des Abnehmerkreises aufgrund der Neuansiedlung neuer Unternehmer wirtschaftlich begünstigt wird.[1]

Anhaltspunkte für eine wirtschaftliche Eingliederung können sich aus der Entstehungsgeschichte der Organgesellschaft ergeben, indem diese etwa durch Ausgliederung aus dem Organträger entstanden ist.[2] Anlass für die wirtschaftliche Eingliederung als Organgesellschaft kann die Stilllegung eines Werks sein.[3]

1265

Maßgeblich ist das Gesamtbild der Verhältnisse. Dabei ist die **Entwicklung während mehrerer Jahre zu berücksichtigen**. Die wirtschaftliche Eingliederung ist nicht deswegen zu verneinen, weil die Eingliederung zu Beginn nur unvollkommen angelegt war und sich erst in der Folgezeit – dem ursprünglichen Plan entsprechend – verstärkte.[4] Der zu einer wirtschaftlichen Eingliederung führende wirtschaftliche Zusammenhang einzelner Gesellschaften besteht, wenn auf einem Gesamtkonzept basierende Teilzuständigkeiten der zu der Firmengruppe gehörenden Einzelgesellschaften erkennbar werden.[5]

1266

Durch die **Zuteilung eines besonderen Arbeitsgebietes** und eine **weitgehende wirtschaftliche Entschließungsfreiheit** bei der Abwicklung der laufenden Verkaufsgeschäfte wird eine wirtschaftliche Eingliederung nicht ausgeschlossen.[6] Ausreichend ist, dass die **Gesellschaften zum Zweck des Risikoausgleichs** gebildet worden sind und **wesentliche Anlagegegenstände**, deren die Organgesellschaft bedarf, **Eigentum des Organträgers** sind.[7]

1267

Die Kapitalausstattung der Organgesellschaft und das Verhältnis der Bilanzsummen ist für die wirtschaftliche Eingliederung unerheblich.[8] Einer wirtschaftlichen Eingliederung steht auch nicht entgegen, dass die Organgesell-

---

1 Niedersächsisches FG, Urteil v. 30.11.1999 - 6 K 256/96, BAAAB-11536 = EFG 2000 S. 650.
2 Rechtliche Verselbständigung einer Betriebsabteilung; vgl. BFH, Urteile v. 30.6.1960 - V 86/58, HFR 1961 S. 114; v. 13.4.1961 - V 81/59 U, BStBl 1961 III S. 343 = BFHE 73 S. 209; v. 2.2.1967 - V 35/64, BStBl 1967 III S. 499 = BFHE 89 S. 3; Abschnitt 2.8 Abs. 6a Satz 1 UStAE.
3 Vgl. RFH, Urteil v. 13.10.1933 - V A 835/32, RStBl 1934 S. 556.
4 Vgl. BFH, Beschluss v. 5.6.1996 - I B 113/95, BFH/NV 1996 S. 928; Niedersächsisches FG, Urteil v. 31.7.2001 - 6 K 821/97, MAAAB-11567.
5 FG Rheinland-Pfalz, Urteil v. 28.11.1996 - 6 K 3100/94, EFG 1997 S. 567.
6 Vgl. RFH, Urteil v. 26.11.1943 - V 124/41, RStBl 1944 S. 6.
7 Vgl. FG Nürnberg, v. 3.10.1961 - I 227/61, EFG 1962 S. 326.
8 Vgl. BFH, Urteil v. 2.2.1967 - V 35/64, BStBl 1967 III S. 499 = BFHE 89 S. 3.

C. Die Organschaft im Umsatzsteuerrecht

schaft berechtigt ist, Maschinen und Einrichtungsgegenstände auf eigene Kosten anzuschaffen.[1]

1268 Mit der **Eröffnung des Insolvenzverfahrens** geht das Verfügungs- und Verwaltungsrecht über das Gesellschaftsvermögen auf den Insolvenzverwalter über, so dass sowohl die wirtschaftliche als auch die organisatorische Eingliederung der juristischen Person endet.[2] Im Fall der **Liquidation** kann bis zu deren Abschluss die wirtschaftliche Eingliederung fortdauern. Eine wirtschaftliche **Einflussnahme durch die Gläubigerbanken** auf die Organgesellschaft führt im Regelfall nicht zum Wegfall der wirtschaftlichen Eingliederung.[3]

6.1 Betriebsaufspaltung

1269 Die Voraussetzungen einer ertragsteuerlichen Betriebsaufspaltung entsprechen nicht denjenigen einer umsatzsteuerlichen Organschaft. Während die Betriebsaufspaltung eine sachliche und personelle Verflechtung zwischen Besitz- und Betriebsgesellschaft erfordert, setzt die Organschaft eine finanzielle, wirtschaftliche und organisatorische Eingliederung voraus und stellt dabei auch auf das Gesamtbild der Verhältnisse ab.[4] **Auch auf der Verpachtung von Betriebsgrundstücken und -einrichtungen kann** jedoch als eines der maßgeblichen Merkmale **die wirtschaftliche Eingliederung beruhen.**[5] In seinem Urteil vom 13.4.1961[6] hat der BFH zur Begründung der wirtschaftlichen Eingliederung durch eine Betriebsaufspaltung ausgeführt:

„Ein solches Abhängigkeitsverhältnis kann auch bei einer Betriebsaufspaltung in eine Besitz-Personengesellschaft und in eine Betriebskapitalgesellschaft vorliegen. Es mag richtig sein, auf anderen Steuerrechtsgebieten, insbesondere bei der Gewerbesteuer, für die Annahme eines Organschaftsverhältnisses zu verlangen, dass die Obergesellschaft einen nach außen in Erscheinung tretenden Gewerbebetrieb unterhält, in den die Untergesellschaft nach Art einer blo-

---

1 Vgl. BFH, Urteil v. 25.1.1968 - V 25/65, BStBl 1968 II S. 421.
2 Vgl. FinMin Nordrhein-Westfalen, Erlass v. 9.11.1976 - S 7105 - 6 - V C 6, StEK UStG 1967 § 2 Nr. 100; BFH, Urteile v. 24.8.2016 - V R 36/15, BStBl 2017 II S. 595; v. 15.12.2016 - V R 14/16, BStBl 2017 II S. 600; Abschnitt 2.8 Abs. 12 UStAE.
3 FG Münster, Urteil v. 6.2.1996 - 15 K 2744/93 U, EFG 1996 S. 612; Rev. abgelehnt durch BFH, Urteil v. 13.3.1997 - V R 96/96, BStBl 1997 II S. 580.
4 Vgl. BFH, Beschluss v. 11.11.2008 - XI B 65/08, YAAAD-02634 = BFH/NV 2009 S. 235.
5 Vgl. RFH, Urteil v. 6.7.1934 - V A 432/32, RStBl 1934 S. 1145; BFH, Urteil v. 23.7.1959 - V 47/56, BStBl 1959 III S. 394 = BFHE 69 S. 356; Beschluss v. 14.1.1988 - V B 115/87, CAAAB-29980 = BFH/NV 1988 S. 471; FG Nürnberg v. 3.10.1961 - I 227/61, EFG 1962 S. 326; OFD Koblenz, Vfg. v. 30.12.1987 - S 7527 A St 51 1–3, StEK UStG 1980 § 2 Nr. 9; OFD Koblenz, Vfg. v. 1.9.1989 - S 7527 A St 51 1–3, StEK UStG 1980 § 2 Nr. 10.
6 V 81/59, BStBl 1961 III S. 343.

ßen Geschäftsabteilung (angestelltenähnlich, dienend) eingeordnet ist, und anzunehmen, dass die den Betrieb der Untergesellschaft fördernde Tätigkeit einer Obergesellschaft für die Anerkennung der Organeigenschaft der Untergesellschaft nicht genüge (so Urteil des Bundesfinanzhofs I 119/56 U vom 25. Juni 1957 BStBl 1957 III S. 303, Slg. Bd. 65 S. 181). Für das Gebiet der Umsatzsteuer ist eine solche Einengung des Organschaftsbegriffs nicht gerechtfertigt. Bei den unterschiedlichen Zielsetzungen der Umsatzsteuer als allgemeiner Verbrauchsteuer und der Gewerbesteuer als Ertrag (Real-) Steuer ist eine Gleichsetzung des Organschaftsbegriffs in vollem Umfang für beide Steuerarten nicht möglich. Während die Gewerbesteuer grds. auf den Betrieb abstellt, kommt es bei der Umsatzsteuer nur auf die Lieferungen und Leistungen an, gleichviel, von welchem Gebilde diese ausgehen.[1]

Für die Frage der wirtschaftlichen Eingliederung kommt es vielmehr darauf an, ob das beherrschende Unternehmen und die Organgesellschaft eine wirtschaftliche Einheit bilden. In dieser Hinsicht ist festzustellen, dass die Besitz-Personengesellschaft der GmbH die zur Fortführung ihres Betriebes erforderlichen Anlagegegenstände (Grundstücke, Fabrikations- und Büroräume, Maschinen, Einrichtungsgegenstände) pachtweise zur Verfügung stellt. Die GmbH erhält also von der Besitz-Personengesellschaft die notwendigen wirtschaftlichen Grundlagen, die ihr durch Auflösung des Pachtverhältnisses wieder entzogen werden können. Auch ergibt sich aus der Entstehungsgeschichte der GmbH bei einer Betriebsaufspaltung, dass diese aus dem zuvor von der Besitz-Personengesellschaft geführten Unternehmen hervorgegangen ist und deren Betrieb nach dem Willen dieser Gesellschaft fortführt. Diese engen Beziehungen lassen die beiden Unternehmen als wirtschaftliche Einheit erscheinen, so dass nach Auffassung des BFH die wirtschaftliche Eingliederung der GmbH in die Personengesellschaft als gegeben anzusehen ist.

---

[1] BFH, Urteil v. 26.2.1959 - V 209/56 U, BStBl 1959 III S. 204 = Slg. Bd. 68 S. 538.

C. Die Organschaft im Umsatzsteuerrecht

1270 An dieser Auffassung hat der BFH in weiteren Urteilen festgehalten.[1] Die der Betriebsgesellschaft überlassenen Anlagegüter müssen allerdings für diese nach ihrer Funktion eine wesentliche Betriebsgrundlage bilden.[2] Die für eine umsatzsteuerrechtliche Organschaft notwendige wirtschaftliche Eingliederung kann bei einer Betriebsaufspaltung auch dann gegeben sein, wenn das Betriebsunternehmen als Organgesellschaft vom Besitzunternehmen als Organträger ein Grundstück mietet, welches (obwohl es jederzeit am Markt ein für seine Belange gleichwertiges Grundstück mieten oder kaufen könnte) als wesentliche Betriebsgrundlage anzusehen ist. Für die wirtschaftliche Eingliederung ist charakteristisch, dass die Organgesellschaft im Gefüge des übergeordneten Organträgers als dessen Bestandteil erscheint. Insbesondere in den Fällen der Betriebsaufspaltung kann das der Fall sein, wenn der Organträger der Organgesellschaft die wesentlichen Betriebsgrundlagen überlässt.[3] Bei einem Speditionsunternehmen genügen dazu Büro, Lagerhalle, Werkstatt und Abstellplätze; Fuhrpark, Konzessionen und Kundenbeziehungen brauchen nicht mitübertragen zu werden.[4] Es brauchen nicht sämtliche Betriebsgrundlagen verpachtet zu werden.[5] Bei einem Bauunternehmen können ein gepachteter Bauhof und ein Bagger ausreichen.[6]

1271 Eine wirtschaftliche Eingliederung im Rahmen einer umsatzsteuerlichen Organschaft kann auch dann bestehen, wenn wesentliche Betriebsgrundlagen

---

1 Vgl. Urteile v. 6.12.1962 - V 27/60 U, BStBl 1963 III S. 107; v. 24.10.1963 - V 24/61, HFR 1964 S. 143; v. 28.1.1965 - V 126/62 U, BStBl 1965 III S. 243; v. 17.11.1966 - V 113/65, BStBl 1967 III S. 103 = BFHE 87 S. 231; v. 25.1.1968 - V 25/65, BStBl 1968 II S. 421 = BFHE 92 S. 46; v. 14.1.1988 - V B 115/87, CAAAB-29980 = BFH/NV 1988 S. 471; v. 2.10.1990 - V B 80/90, EAAAB-31766 = BFH/NV 1991 S. 417; v. 12.8.1993 - V B 230/91, KAAAB-33987 = BFH/NV 1994 S. 277; v. 16.8.1994 - V B 146/92, EAAAB-34935 = BFH/NV 1995 S. 1105; v. 25.8.1998 - V B 11/98, UAAAA-62477 = BFH/NV 1999 S. 334; v. 12.11.1998 - V B 119/98, IAAAA-63385 = BFH/NV 1999 S. 684; das zur Körperschaftsteuer ergangene BFH-Urteil v. 13.9.1989 - I R 110/88, BStBl 1990 II S. 24, kann nicht auf die Umsatzsteuer übertragen werden; bejahend nach FG des Saarlandes v. 9.7.1993 - 1 K 192/92, EFG 1994 S. 175; Abschnitt 2.8 Abs. 6b Satz 2 UStAE; OFD Frankfurt, Vfg. v. 27.10.1987 - S 7105 A - 8 - St IV 11, UR 1988 S. 199; OFD Koblenz, Vfg. v. 30.11.1987 - S 7527 A - St 511/St 512/St 513, UR 1988 S. 396; Korn, Stbg 1996 S. 443.
2 Vgl. BFH, Urteile v. 24.8.1989 - IV R 135/86, BStBl 1989 II S. 1014, m.w. Fundstellen; v. 9.3.1993 - V R 124/89, BStBl 1994 II S. 129; v. 19.10.1995 - V R 71/93, LAAAB-37675 = BFH/NV 1996 S: 273; v. 19.10.1995 - V R 128/93, QAAAB-37661 = BFH/NV 1996 S. 275; v. 20.1.1999 - XI R 69/97, DAAAA-62944 = BFH/NV 1999 S. 1136, Beschluss v. 17.8.1994 - V B 147/92, OAAAB-34936 = BFH/NV 1995 S. 750; FG Düsseldorf, Urteil v. 18.12.1986 - III 334/86 A, EFG 1987 S. 264 = DVR 1987 S. 125.
3 BFH, Urteil v. 9.3.1993 - V R 124/89, BStBl 1994 II S. 129; Beschluss v. 17.8.1994 - V B 147/92, OAAAB-34936 = BFH/NV 1995 S. 750, m.w. N.; Sächsisches FG, Urteil v. 10.3.2003 - 3 K 421/99, LAAAB-20421.
4 Vgl. BFH, Urteil v. 9.1.1992 - V R 82/85, LAAAB-33511 = BFH/NV 1993 S. 63, .
5 FG Münster v. 15.10.1992 - 5 K 590/86 U, n.v.
6 FG Rheinland-Pfalz v. 16.11.1992 - 5 K 1237/91, EFG 1993 S. 497.

II. Die Voraussetzungen der Organschaft

nicht allein von der Besitzgesellschaft, sondern von dieser gemeinsam mit einer dritten Person der Betriebsgesellschaft überlassen werden. Es kann ausreichen, dass der Organträger nicht Alleineigentümer, sondern ihm das an die Betriebsgesellschaft verpachtete Grundstück nur zur Hälfte gehört (Miteigentum der Ehefrau). Denn auch aufgrund einer im Betriebsvermögen gehalten hälftigen Beteiligung können bereits in nennenswertem Umfang wesentliche Betriebsgrundlagen zur Verfügung gestellt werden. Ohne Mitwirkung des Organträgers kann der Organgesellschaft die wesentliche Betriebsgrundlage nicht entzogen und die wirtschaftliche Eingliederung nicht gegen seinen Willen beendet werden.[1]

Eine Organschaft ist auch dann anzunehmen, wenn das an die Organgesellschaft verpachtete Grundstück des Organträgers zur Sicherung von Verbindlichkeiten der Organgesellschaft mit Grundpfandrechten belastet ist. Ebenso wenig wie die Organschaft durch bloße Illiquidität (Pachtrückstände) der Organgesellschaft entfällt,[2] wird sie durch eine Belastung des Pachtgrundstücks für Verbindlichkeiten der Organgesellschaft beeinträchtigt. Auf das wirtschaftliche Eigentum (§ 39 Abs. 2 Nr. 1 AO) an dem Pachtgrundstück kommt es für die Annahme einer Organschaft nicht an.[3]

1272

BEISPIEL:[4] Gegenstand des Unternehmens eines Einzelunternehmers (A) war bisher die Herstellung und der Vertrieb eines bestimmten Produktes. Zur Haftungsbegrenzung gründete A eine GmbH, deren Anteile er zuletzt allein hielt. A ist Geschäftsführer der GmbH. Nach Gründung der GmbH verbleiben die Betriebsanlagen und Grundstücke des Einzelunternehmens im Eigentum des A und werden von diesem an die GmbH verpachtet.

Außer den Betriebsanlagen und Grundstücken des Einzelunternehmers A pachtete die GmbH von einer Grundstücksgemeinschaft − an der A mit 50% beteiligt ist − weitere Betriebsanlagen und Grundstücke. Die von dem Einzelunternehmer A und von der Grundstücksgemeinschaft gepachteten Betriebsanlagen und Grundstücke stellen bei der GmbH etwa je 50% (zusammen 100%) ihrer für den Betrieb ihres Unternehmens erforderlichen Betriebsanlagen und Grundstücke dar.

Da A 100% der Geschäftsanteile der GmbH hält, sind die Voraussetzungen zur Annahme der finanziellen Eingliederung der GmbH in das als Verpachtungsunternehmen fortbestehende Einzelunternehmen des A erfüllt. Die wirtschaftliche Eingliederung ist zu bejahen, wenn die für den Betrieb des Organs notwendigen Werksanlagen und Grundstücke von einem anderen Unternehmer gepachtet worden sind. Dies

---

1 Vgl. FG Köln v. 20.2.2008 - 7 K 3972/02, HAAAC-80145 = EFG 2008 S. 905.
2 BFH, Urteile v. 19.10.1995 - V R 128/93, QAAAB-37661 = BFH/NV 1996 S. 275; v. 16.8.2001 - V R 34/01, AAAAB-67183 = BFH/NV 2002 S. 223.
3 BFH, Beschluss v. 22.11.2001 - V B 141/01, QAAAA-68410 = BFH/NV 2002 S. 550.
4 Laut OFD Koblenz, Vfg.v. 30.12.1987 - S 7527 A - St 51 1, St 51 2, St 51 3.

C. Die Organschaft im Umsatzsteuerrecht

ist im Verhältnis zu A nur i. H. von 50 % der für den Betrieb der GmbH notwendigen Betriebsanlagen und Grundstücke der Fall.

Das Erfordernis der wirtschaftlichen Eingliederung ist damit – bezogen auf A allein – schwach ausgebildet. Berücksichtigt man jedoch zusätzlich, dass A über seine 50-%-Beteiligung an der Grundstücksgemeinschaft auch Einfluss auf die übrige Hälfte der angepachteten Werksanlagen und Betriebsgrundstücke ausüben kann, erscheint auch die wirtschaftliche Eingliederung der GmbH in das Einzelunternehmen des A als gegeben. Die organisatorische Eingliederung ergibt sich aus der Geschäftsführertätigkeit des A bei der GmbH. Die GmbH ist damit Organ des Einzelunternehmers A. Es besteht nur ein umsatzsteuerliches Unternehmen. Unternehmer ist der Organträger, der Einzelunternehmer A.

1273 Nach dem Urteil des FG Rheinland-Pfalz vom 12.3.1987[1] soll dagegen bei einer Betriebsaufspaltung i. d. R. auch umsatzsteuerrechtlich keine Organschaft bestehen. Nach Einführung der Mehrwertsteuer sei nicht mehr zu rechtfertigen, den Begriff der Organschaft im Umsatzsteuerrecht weiter auszulegen als im Ertragsteuerrecht. Auch umsatzsteuerrechtlich könne deshalb eine Organschaft nur bejaht werden, wenn der Organträger selbst schon Unternehmer i. S. des § 2 Abs. 1 UStG ist, d. h. eigene Außenumsätze gegenüber Dritten tätige.[2] Diese Auffassung widerspricht Grundprinzipien des Umsatzsteuerrechts. Die Finanzverwaltung hält das Urteil für unbeachtlich.[3] Der BFH hat in einem anderen Verfahren mit Beschluss vom 14.1.1988[4] eine entsprechende Nichtzulassungsbeschwerde zurückgewiesen, weil die Frage, ob eine Betriebsaufspaltung eine umsatzsteuerrechtliche Organschaft begründe, keine grundsätzliche Bedeutung habe.

Lohse[5] rät im Hinblick auf das Urteil des FG Rheinland-Pfalz (a. a. O.) Steuerpflichtigen, die eine Haftung für die Umsatzsteuer der Betriebsgesellschaft vermeiden wollen, das Betriebsunternehmen nicht als Kapitalgesellschaft, sondern als GmbH & Co. KG zu führen, so dass mangels einer juristischen Person eine Anwendung des § 2 Abs. 2 UStG entfällt. Dieser Gestaltungshinweis bedarf aufgrund der geänderten Rechtsprechung zu Personengesellschaften als Organgesellschaften einer Präzisierung (siehe Rz. 1157 f.). Da eine GmbH & Co. KG nach Maßgabe der geänderten Rechtsprechung und Verwaltungsauffassung als Organgesellschaft in Betracht kommt, muss sichergestellt werden, dass die GmbH & Co. KG nicht finanziell in das Besitzunternehmen eingeglie-

---

1 3 K 246/86, EFG 1987 S. 430.
2 So auch FG München, Beschluss v. 12.9.2000 - 6 V 1040/00, PAAAB-10487 = EFG 2001 S. 36.
3 OFD Frankfurt, Vfg. v. 27.10.1987 - S 7105 A - 8 - St IV 11; OFD Koblenz, Vfg. v. 30.12.1987 - S 7527 A - St 51 1, St 51 2, St 51 3.
4 V B 115/87, CAAAB-29980 = BFH/NV 1988 S. 471.
5 DStR 1988 S. 567.

dert ist. Nach Auffassung der Finanzverwaltung reicht es hierfür bereits aus, wenn neben dem Besitzunternehmen eine weitere Person an der GmbH & Co. KG beteiligt ist, die nicht selbst in das Besitzunternehmen eingegliedert ist. Auf die Höhe der Beteiligung kommt es hierbei nicht an, so dass bspw. eine 0,1 %-Beteiligung einer natürlichen Person bereits ausreichen würde, um die finanzielle Eingliederung der GmbH & Co. KG – und damit eine umsatzsteuerliche Organschaft mit dem Besitzunternehmen – zu verhindern.[1]

Bei Betriebsaufspaltungen spricht, insbesondere wenn die Organgesellschaft aus einer unselbständigen Abteilung des Organträgers entstanden ist, **eine Vermutung für die wirtschaftliche Eingliederung** der Betriebs- in die Besitzgesellschaft.[2] Wenn die Betriebsführung durch eine KG an eine zu diesem Zweck neu gegründete GmbH übertragen wird bei gleichzeitiger Verpachtung der zur Fortsetzung des Betriebs notwendigen Anlagegegenstände, ist nach BFH vom 24.10.1963[3] eine wirtschaftliche Eingliederung der GmbH in die KG anzunehmen.

1274

Das Eigentum am Anlagevermögen verschafft der Besitz-Personengesellschaft (Verpächterin) gegenüber der Betriebs-Kapitalgesellschaft (Pächterin) bei deren gleichzeitiger finanzieller und organisatorischer Beherrschung ein so **großes wirtschaftliches Übergewicht,** dass von einer Nebenordnung der Pächterin im Verhältnis zur Verpächterin nicht gesprochen werden kann. Unter diesen Umständen spielt es auch keine Rolle, dass sich die Besitzgesellschaft regelmäßig im Wesentlichen auf die Verwaltung ihres Eigentums beschränkt und der Betriebsgesellschaft hinsichtlich der Betriebsführung freie Hand lässt.[4]

1275

Die Betriebsaufspaltung führt zur wirtschaftlichen Eingliederung selbst dann, wenn es dem Organträger nicht möglich ist, den Pachtvertrag zu kündigen.[5] Es ändert sich nichts dadurch, dass das Pachtverhältnis zwischen Besitz- und Betriebsgesellschaft auf die Dauer von vielen Jahren nicht aufgehoben werden kann; die bloße Möglichkeit der Kündigung gibt dem Vermieter oder Verpächter eine beherrschende Stellung, auch wenn ein langfristiger, grds. nicht künd-

1276

---

1 Vgl. Abschnitt 2.8. Abs. 5a UStAE.
2 Vgl. BFH, Urteil v. 30.6.1960 - V 86/58, HFR 1961 S. 114; FG Münster v. 31.1.1991 - 5 K 3761/88 U, UR 1992 S. 378; zweifelnd Schuhmann, UVR 1997 S. 68.
3 V 24/61, HFR 1964 S. 143.
4 Vgl. BFH, Urteil v. 6.12.1962 - V 27/60 U, BStBl 1963 III S. 107.
5 Vgl. BFH, Urteil v. 25.1.1968 - V 25/65, BStBl 1968 II S. 421 = BFHE 92 S. 46 = HFR 1968 S. 365 = UR 1968 S. 201; einschränkend Hollatz, DB 1994 S. 855.

barer Vertrag besteht.[1] Unschädlich ist ferner, dass die untergeordnete Gesellschaft zur Anschaffung von Maschinen und Einrichtungsgegenständen auf eigene Rechnung berechtigt ist.[2]

1277 Auch wenn das Betriebsgrundstück ohne andere Anlagegegenstände verpachtet wird, kann die Betriebsgesellschaft wirtschaftlich eingegliedert sein.[3] Das Betriebsgrundstück muss in diesen Fällen für die Betriebsgesellschaft allerdings von nicht nur geringer Bedeutung sein, indem dort das Unternehmen betrieben wird, es besonders gestaltet,[4] ihrem Betriebsablauf angepasst und dafür nach Lage, Größe, also die räumliche und funktionale Grundlage der Geschäftstätigkeit der Betriebsgesellschaft bildet.[5] Dies ist der Fall, wenn es für deren Umsatztätigkeit Bauart und Gliederung besonders zugeschnitten, d. h. geeignet ist.[6] Maßgeblich ist das Gesamtbild der Verhältnisse der wirklichen oder der beabsichtigten Nutzung. Wichtiger als die jederzeitige Möglichkeit, ein vergleichbares Grundstück an anderer Stelle zu mieten, ist die Bedeutung des gemieteten Betriebsgrundstücks aufgrund der inneren betrieblichen Struktur des Betriebsunternehmens.[7] Dabei ist von Bedeutung, ob die darauf befindlichen Gebäude für die Zwecke des Betriebsunternehmens hergerichtet oder eingerichtet worden sind oder ob das Betriebsunternehmen seine Tätigkeit aus anderen innerbetrieblichen Gründen ohne das gemietete Grundstück nicht oder nur nach Überwindung von nicht nur unerheblichen Schwierigkeiten fortsetzen könnte.[8] Es muss sich nicht um ein Fabrikgrundstück handeln.[9]

---

1 BFH, Urteile v. 28.1.1965 - V 126/62 U, BStBl 1965 III S. 243, 30-jährige Unkündbarkeit eines Pachtvertrages; v. 25.1.1968 - V 25/65, BStBl 1968 II S. 421; Beschlüsse v. 1.4.1998 - V B 108/97, GAAAD-31285 = BFH/NV 1998 S. 1272; v. 12.11.1998 - V B 119/98, IAAAA-63385 = BFH/NV 1999 S. 684.
2 Vgl. BFH, Urteil v. 28.1.1965 - V 126/62 U, BStBl 1965 III S. 243.
3 BFH, Urteile v. 9.9.1993 - V R 124/89, BStBl 1994 II S. 129, zu II.1.B; v. 16.8.2001 - V R 34/01, AAAAA-67183 = BFH/NV 2002 S. 223.
4 Vgl. BFH, Beschluss v. 12.11.1998 - V B 119/98, IAAAA-63385 = BFH/NV 1999 S. 684.
5 Vgl. BFH, Urteile v. 23.5.2000 - VIII R 11/99, BStBl 2000 II S. 621; v. 23.1.2001 - VIII R 71/98, AAAAA-67601 = BFH/NV 2001 S. 894; Beschluss v. 25.4.2002 - V B 128/01, VAAAA-68404 = BFH/NV 2002 S. 1058.
6 BFH, Beschlüsse v. 6.3.1998 - V B 35/97, RAAAB-39818 = BFH/NV 1998 S. 1268; v. 25.8.1998 - V B 11/98, UAAAA-62477 = BFH/NV 1999 S. 334; v. 12.11.1998 - V B 119/98, IAAAA-63385 = BFH/NV 1999 S. 684; v. 22.11.2001 - V B 141/01, QAAAA-68410 = BFH/NV 2002 S. 550; FG Hamburg v. 24.11.2000 - II 58/00, DAAAB-07851; OFD Saarbrücken, Vfg. v. 4.3.1994 - S 7105 - 11 - St 24 1.
7 Vgl. BFH, Urteil v. 26.5.1993 - X R 78/91, BStBl 1993 II S. 718.
8 So BFH, Urteile v. 9.9.1993 - V R 124/89, BStBl 1994 II S. 129; v. 16.8.1994 - V B 146/92, EAAAB-34935 = BFH/NV 1995 S. 1105; v. 17.8.1994 - V B 147/92, OAAAB-34936 = BFH/NV 1995 S. 750; vgl. auch FG Rheinland-Pfalz v. 21.8.1992 - 3 K 2381/89, EFG 1993 S. 346; Abschnitt 2.8 Abs. 6b Satz 2 UStAE; OFD Hannover v. 9.8.1994 - S 7105 - 90 - StH 542.
9 BFH, Beschluss v. 6.3.1998 - V B 35/97, RAAAB-39818 = BFH/NV 1998 S. 1268.

II. Die Voraussetzungen der Organschaft

BEISPIEL: Eine GmbH, an der A als alleiniger Gesellschafter und Geschäftsführer beteiligt ist, betreibt die Produktion elektronischer Teile und Geräte. Die Produktion wird mit eigenen Maschinen in zwei der GmbH gehörenden Gebäuden ausgeübt. Bedingt durch die Ausweitung des Betriebes beabsichtigte die GmbH zunächst, ein drittes Gebäude (eine größere Halle) von fremden Dritten anzumieten. Dieser Gedanke wurde aber aufgegeben. Stattdessen erwarb A ein Baugrundstück, errichtet hierauf eine Mehrzweckhalle, die er nach Fertigstellung an die GmbH für deren Produktionszwecke vermietet.

Mit der Vermietung der neu errichteten Mehrzweckhalle durch A an die GmbH wird A Unternehmer. Er hält als alleiniger Gesellschafter mehr als 50 % (hier: 100 %) der Anteile der GmbH. Damit ist das Merkmal der finanziellen Eingliederung der GmbH in das Unternehmen des A voll erfüllt. Die wirtschaftliche Eingliederung der GmbH könnte sich aus der für die Produktionsausweitung erforderlichen Anmietung der Mehrzweckhalle von A ergeben. Ohne die Anmietung der Mehrzweckhalle müsste die GmbH auf dem früheren niedrigeren Produktions- und Umsatzniveau verharren. Da es sich um eine Mehrzweckhalle handelt, ist das Grundstück jedoch nicht ohne weiteres auf den Betrieb der GmbH zugeschnitten. Dies wäre aber der Fall, wenn es sich um ein Nachbargrundstück handelt, das mit den zwei der GmbH gehörenden ein einheitliches Betriebsgelände bildet. Unter diesen Umständen wäre eine wirtschaftliche Eingliederung der GmbH in das Unternehmen des A unter Berücksichtigung auch der besonders ausgeprägten finanziellen Eingliederung zu bejahen.[1]

(unbesetzt) 1278–1283

6.2 Einzelfälle aus der Rechtsprechung

Abgesehen von den angeführten Sonderfällen der Betriebsaufspaltung und der Holding sind zahlreiche Entscheidungen zur wirtschaftlichen Eingliederung in Einzelfällen ergangen, aus denen sich folgende Gruppen bilden lassen: 1284

6.2.1 Organgesellschaft als Vertriebsabteilung

Ein **typischer und häufiger Fall** der Organschaft besteht darin, dass die juristische Person die Aufgaben einer Vertriebsabteilung des Unternehmens erfüllt.[2] Ein Anzeichen für wirtschaftliche Eingliederung ist insbesondere, dass eine Gesellschaft ihren Hauptabsatzartikel, der einen hohen Hundertsatz ihres 1285

---

1 Vgl. aber zur Lösung des Falles auch OFD Koblenz, Vfg. v. 1.9.1989 - S 7527 A - St 51 1, St 51 2, St 51 3.
2 Vgl. RFH, Urteile v. 11.11.1932 - V A 948/31, RStBl 1933 S. 295; v. 30.11.1934 - V A 687/33, RStBl 1935 S. 660; BFH, Urteil v. 22.6.1967 - V R 89/66, BStBl 1967 III S. 715 = BFHE 89 S. 402; v. 17.1.2002 - V R 37/00, BStBl 2002 II S. 373.

gesamten Warenangebotes ausmacht, ausschließlich und ständig von einer anderen Gesellschaft bezieht.¹

1286 Es spielt keine Rolle, ob die Vertriebsgesellschaft **im eigenen Namen oder im Namen des Organträgers** auftritt. Das Gleiche gilt für die Überlassung weitgehender **wirtschaftlicher Entschließungsfreiheit** bei der Abwicklung der laufenden Verkaufsgeschäfte.² Die wirtschaftliche Eingliederung wird auch nicht dadurch ausgeschlossen, dass die Vertriebsgesellschaft zur Ergänzung ihres Warenangebots **Waren anderer Firmen absetzt,** wenn dies dem Willen des beherrschenden Unternehmens entspricht.³ Ein bestimmter Eigenanteil ist dazu nicht erforderlich (siehe Rz. 1259 f.). Sinnvoll kann insbesondere sein, dass der Organträger ein **gleiches oder ähnliches Produkt in anderer Aufmachung oder Qualität** zu einem höheren oder niedrigeren Preis, ohne nach außen in Erscheinung zu treten, über eine Organgesellschaft vertreibt.⁴

1287 Die bestimmungsgemäße **Vertriebstätigkeit braucht noch nicht aufgenommen worden zu sein.** Es genügt, dass mit dem Erwerb des entsprechenden Betriebsvermögens nur Vorbereitungshandlungen getroffen worden sind. Darin liegt bereits der Beginn der wirtschaftlichen Eingliederung.⁵

1288 Nach einem nicht veröffentlichten Urteil des BFH⁶ soll es an einer wirtschaftlichen Eingliederung nach Art einer Vertriebsabteilung dagegen fehlen, wenn innerhalb derselben Branche **die eine Gesellschaft Import und Großhandel, die andere** den **Einzelhandel** betreibt. Gerade in einem solchen Verhältnis kann jedoch aufgrund der in Rz. 1271 f. angeführten Kriterien eine wirtschaftliche Eingliederung zu bejahen sein.⁷

6.2.2 Organgesellschaft als Einkaufsabteilung

1289 Als **Einkaufsabteilung** ist eine juristische Person Organgesellschaft, wenn ihr Zweck darauf gerichtet ist, die vom Organträger für dessen betriebliche Zwecke benötigten Produkte einzukaufen. Die Organgesellschaft kann beispiels-

---

1 Vgl. BFH, Urteil v. 22.6.1967 - V R 89/66, BStBl 1967 III S. 715.
2 Vgl. RFH, Urteil v. 26.11.1943 - V 124/41, RStBl 1944 S. 6.
3 Vgl. RFH, Urteil v. 13.12.1940 - V 25/39, RStBl 1941 S. 320.
4 Vgl. BFH, Urteil v. 9.6.1960 - V 119/58, HFR 1961 S. 112, Vertrieb von Tapeten unterschiedlicher Qualität.
5 Vgl. BFH, Urteile v. 17.9.1998 - V R 28/98, BStBl 1999 II S. 146; v. 17.1.2002 - V R 37/00, BStBl 2002 II S. 373.
6 V. 30.9.1959 - V 248/57.
7 Vgl. auch Rz. 1280 f.; wie hier Eberhardt, UR 1959 S. 164.

weise den Rohstoffeinkauf für den Organträger besorgen. Umfangreiche Warenlieferungen der juristischen Person allein genügen aber nicht.[1]

Auch in diesen Fällen steht der wirtschaftlichen Eingliederung nicht entgegen, dass die juristische Person teilweise die von ihr eingekauften Produkte **an Dritte** verkauft, wenn dies dem Willen des beherrschenden Unternehmens entspricht (siehe Rz. 1259 f.). Ein **bestimmter (überwiegender) Anteil** der Lieferungen an das beherrschende Unternehmen ist auch hier nicht zwingend, weil bei der Organschaft im Umsatzsteuerrecht Innenumsätze zwischen Organgesellschaft und Organträger auch ganz entbehrlich sein können.[2]

1290

6.2.3 Organgesellschaft als Fabrikations- und Fertigungsbetrieb

Häufig erfüllt eine Organgesellschaft auch die Aufgaben eines **Fabrikations- oder Fertigungsbetriebs des Organträgers**.[3] In einem solchen Fall ist die juristische Person insbesondere Organgesellschaft des Unternehmens, wenn sie hauptsächlich **im Interesse des Unternehmens ins Leben gerufen** wurde und ihre Produkte an dieses Unternehmen liefert. Eine Organschaft kann auch zwischen einer Vertriebs-OHG und einer Besitz-OHG als Muttergesellschaft einerseits und einer Produktions-GmbH und einer Betriebs-GmbH als Tochtergesellschaft andererseits bestehen.[4]

1291

Dass die juristische Person einen **Teil ihrer Erzeugnisse auf dem freien Markt** absetzt, steht der wirtschaftlichen Eingliederung nicht entgegen. **Ein bestimmter Eigenanteil des Innenumsatzes ist** entgegen dem BFH-Urteil vom 27.8.1964[5] bei der umsatzsteuerlichen Organschaft **nicht erforderlich**. Denn Innenumsätze sind für die umsatzsteuerliche Organschaft nicht zwingend (siehe Rz. 1280 und 1290); die wirtschaftliche Eingliederung kann sich auch durch andere und zusätzliche Elemente ergeben, wie z. B. durch Preisfestsetzung oder die Bestimmung sonstiger Geschäftsbedingungen. So ist eine Produktionsgesellschaft auch dann wirtschaftlich eingegliedert, wenn zwischen ihr und der Muttergesellschaft Warenlieferungen nur in geringem Umfang oder überhaupt nicht vorkommen, die Produktionsgesellschaft aber zur Ver-

1292

---

[1] Vgl. BFH, Urteil v. 26.7.1962 - V 42/60, HFR 1963 S. 157.
[2] Siehe Rz. 1280 und 1292; vgl. aber auch BFH, Urteil v. 26.7.1962 - V 42/60, StRK UStG § 2 Abs. 2 Nr. 1 R. 22.
[3] Vgl. BFH, Urteil v. 23.4.1959 - V 66/57 U, BStBl 1959 III S. 256 = BFHE 68 S. 677.
[4] Vgl. BFH, Urteil v. 28.3.1963 - V 143/60, StRK UStG § 2 Abs. 2 Nr. 2 R. 28 = NWB F. 1 S. 169 (1963).
[5] V 101/62 U, BStBl 1964 III S. 539.

sorgung eines bestimmten Marktes von der Muttergesellschaft gegründet worden ist.[1]

1293 Die wirtschaftliche Eingliederung der Produktionsgesellschaft wird nicht dadurch ausgeschlossen, dass sie berechtigt ist, Maschinen und Einrichtungsgegenstände auf eigene Kosten anzuschaffen, und von diesem Recht Gebrauch macht.[2]

6.2.4 Organgesellschaft als Verarbeitungsbetrieb

1294 Die wirtschaftliche Eingliederung einer juristischen Person kann auch darauf beruhen, dass sie zum Zweck der Be- oder Verarbeitung von Rohprodukten des Unternehmens gegründet wurde. Dass die juristische Person im Wesentlichen Rohprodukte von dritter Seite bezieht, steht der wirtschaftlichen Eingliederung nicht entgegen.[3] Denn die wirtschaftliche Eingliederung kann sich auch durch andere Umstände ergeben (siehe Rz. 1259 f.).

6.2.5 Organgesellschaft als Wohnungsunternehmen

1295 Eine juristische Person kann Organgesellschaft sein, wenn sie für den Organträger die Aufgabe eines gemeinnützigen Wohnungsunternehmens übernimmt. Durch das Gemeinnützigkeitsrecht wird zwar der Tätigkeitsbereich der gemeinnützigen Wohnungsunternehmen begrenzt und von Auflagen abhängig gemacht, dadurch wird jedoch die wirtschaftliche Betätigung, wie sie das UStG für einen Unternehmer voraussetzt, in ihrem Kern nicht berührt. Innerhalb der vom Gemeinnützigkeitsrecht gesetzten Grenzen kann die juristische Person wirtschaftlich fremdbestimmt sein.[4]

6.2.6 Organgesellschaft als Grundstücksmieterin

1296 Die Vermietung eines Betriebsgrundstücks genügt für die wirtschaftliche Eingliederung, wenn es für die Organgesellschaft von nicht nur geringfügiger Bedeutung ist, etwa weil es als Firmensitz vermietet wird und beispielsweise für die Umsatztätigkeit der Organgesellschaft besonders gestaltet, ihrem Be-

---

1 Vgl. BFH, Urteil v. 15.6.1972 - V R 15/69, BStBl 1972 II S. 840 = BFHE 106 S. 475 = BB 1972 S. 1174 = HFR 1972 S. 600 = UR 1972 S. 362.
2 Vgl. BFH, Urteil v. 25.1.1968 - V 25/65, BStBl 1968 II S. 421 = BFHE 92 S. 46 = HFR 1968 S. 365 = UR 1968 S. 201.
3 A. A. FG Hannover v. 19.9.1961 - V U 169/58, EFG 1962 S. 282.
4 Vgl. FG Münster v. 26.8.1970 - V 107/70 U, EFG 1971 S. 47; BMF, Schreiben v. 1.3.1972 - F/IV A 2 - S 7105 - 6/71, UR 1972 S. 92; v. 7.11.1973 - IV A 2 - S 7105 - 2/73, BStBl 1973 I S. 683; a. A. FG Freiburg v. 23.11.1964 - I 45/64, DStZ/E 1964 S. 126.

triebsablauf angepasst und dafür nach Lage, Größe, Bauart und Gliederung besonders zugeschnitten ist,[1]

6.2.7 Körperschaften des öffentlichen Rechts

Organträger können auch juristische Personen des öffentlichen Rechts sein, wenn sie Unternehmer sind.[2] Von den Betrieben gewerblicher Art einer juristischen Person des öffentlichen Rechts sind die Betriebe zu unterscheiden, die in eine privatrechtliche Form (z. B. AG, GmbH) gekleidet sind. Solche **Eigengesellschaften** sind grds. selbständige Unternehmer. Sie können jedoch nach den umsatzsteuerrechtlichen Vorschriften über die Organschaft unselbständig sein, und zwar auch gegenüber der juristischen Person des öffentlichen Rechts. Da Organschaft die Eingliederung in ein Unternehmen voraussetzt, kann eine Kapitalgesellschaft nur dann Organgesellschaft einer juristischen Person des öffentlichen Rechts sein, wenn sie in den Unternehmensbereich dieser juristischen Person des öffentlichen Rechts eingegliedert ist (Abschnitt 2.11 Abs. 20 UStAE).

1297

Eine juristische Person ist in den unternehmerischen Bereich einer Körperschaft des öffentlichen Rechts wirtschaftlich eingegliedert, wenn die juristische Person einem oder mehreren Betrieben gewerblicher oder land- und forstwirtschaftlicher Art der Körperschaft des öffentlichen Rechts wirtschaftlich untergeordnet ist.[3] Die wirtschaftliche Eingliederung wird häufig darauf beruhen, dass die Körperschaft des öffentlichen Rechts aus sozialen Gründen der juristischen Person die Preisgestaltung vorschreibt. Organgesellschaft kann z. B. ein Elektrizitätswerk sein, dass das als AG betriebene öffentliche Verkehrsnetz mit Strom versorgt. Tätigkeiten, die der Erfüllung öffentlich-rechtlicher Aufgaben dienen, können grds. eine wirtschaftliche Eingliederung in den Unternehmensbereich nicht begründen.[4]

Die entgeltlichen Leistungen, die eine Unternehmereigenschaft der juristischen Person des öffentlichen Rechts begründen, können auch an eine Gesell-

---

[1] BFH, Urteil v. 6.5.2010 - V R 26/09, BStBl 2010 II S. 1114; FG Sachsen-Anhalt, Urteil v. 30.5.2013 - 6 K 1146/12, RAAAE-46428; FG Hamburg, Beschluss v. 11.2.2014 - 3 V 247/13, FAAAE-62068, Rz. 72.
[2] Vgl. BFH, Urteile v. 9.10.2002 - V R 64/99, BStBl 2003 II S. 375; v. 18.6.2009 - V R 4/08, BStBl 2010 II S. 310.
[3] Vgl. BFH, Urteil v. 25.4.1968 - V 120/64, BStBl 1969 II S. 94 = BFHE 93 S. 393; Abschnitt 2.11 Abs. 20 Satz 6 UStAE; vgl. aber auch RFH, Urteil v. 8.11.1940 - V 19/40, RStBl 1942 S. 28 = RFHE 51 S. 120.
[4] Vgl. Abschnitt 2.11 Abs. 20 Satz 8 UStAE; BMF-Erlass v. 3.1.1968 - IV A/2 - S 7106 - 12/67 und IV A/3 - S 7300 - 27/67 Abschnitt C Abs. 2, BStBl 1968 I S. 182.

schaft erbracht werden, mit der als Folge dieser Leistungstätigkeit eine Organschaft besteht. Aufgrund einer bloßen Beteiligung, einer unentgeltlichen Tätigkeit oder durch die Tätigkeit einer mit ihr verbundenen Gesellschaft wird allerdings die juristische Person des öffentlichen Rechts nicht zum Unternehmer.[1]

7. Die organisatorische Eingliederung

7.1 Bedeutung und Definition

1298 Unter den drei Eingliederungsarten hat die organisatorische das **geringste Gewicht**. Gerade das Merkmal der organisatorischen Eingliederung ist (nur) nach dem Gesamtbild der tatsächlichen Verhältnisse (§ 2 Abs. 2 Nr. 2 Satz 1 UStG) zu beurteilen, muss also nicht voll ausgeprägt sein.[2] Die organisatorische Eingliederung verlangt allerdings, dass sich der Wille des Organträgers **in der Geschäftsführung der Organgesellschaft laufend realisiert**, indem seine Anordnungen in der Organgesellschaft tatsächlich laufend ausgeführt werden.[3] Es kommt darauf an, dass der Organträger die Organgesellschaft durch die Art und Weise der Geschäftsführung beherrscht oder aber zumindest durch die Gestaltung der Beziehungen zwischen dem Organträger und der Organgesellschaft sichergestellt ist, dass eine vom Willen des Organträgers abweichende Willensbildung bei der Organtochter nicht stattfindet.[4]

1299 Aus der finanziellen Eingliederung soll in aller Regel die organisatorische Eingliederung folgen.[5] Die organisatorische Eingliederung setzt jedoch voraus, dass der Organträger durch organisatorische Maßnahmen sicherstellt, dass in der Organgesellschaft sein Wille tatsächlich durchgeführt wird und eine von seinem Willen abweichende Willensbildung bei der Organgesellschaft nicht stattfindet.[6] Die organisatorische Eingliederung verlangt, dass die mit der fi-

---

1 Vgl. BFH, Urteil v. 18.6.2009 - V R 4/08, BStBl 2010 II S. 310.
2 BFH, Urteil v. 17.1.2002 - V R 37/00, BStBl 2002 II S. 373; FG Baden-Württemberg v. 2.3.2006 - 14 K 157/04, VAAAB-90462 = EFG 2006 S. 1462.
3 BFH, Urteile v. 20.2.1992 - V R 80/85, EAAAB-33509 = BFH/NV 1993 S. 133; v. 28.1.1999 - V R 32/98, BStBl 1999 II S. 258; v. 2.12.2015 - V R 15/14, ZAAAF-48787 = BStBl 2017 II S. 553, BMF v. 7.3.2013 - S 7105/11/10001, BStBl 2013 I S. 333.
4 BMF v. 7.3.2013 - S 7105/11/10001, BStBl 2013 I S. 333.
5 FG Baden-Württemberg v. 28.11.2005 - 14 K 79/04, YAAAB-82695 = EFG 2006 S. 1110; v. 2.3.2006 - 14 K 157/04, VAAAB-90462 = EFG 2006 S. 1462; FG des Saarlandes v. 20.3.2006 - 1 V 26/06, RAAAB-88668.
6 Vgl. BFH, Beschluss v. 20.9.2006 - V B 138/05, HAAAC-31830 = BFH/NV 2007 S. 281; Urteile v. 20.2.1992 - V R 80/85, EAAAB-33509 = BFH/NV 1993 S. 133; v. 14.2.2008 - V R 12/06, V R 13/06, LAAAC-83317 = BFH/NV 2008 S. 1365.

nanziellen Eingliederung (Anteilsmehrheit) verbundene Möglichkeit der Beherrschung in der laufenden Geschäftsführung wirklich wahrgenommen wird,[1] sei es durch eine personelle Verflechtung oder durch andere organisatorische Maßnahmen, die in den Kernbereich der laufenden Geschäftsführung eingreifen, so dass die Geschäftsführer die gewöhnlich anfallenden Geschäfte nicht selbständig und eigenverantwortlich ausüben können wie ein ordentlicher Kaufmann.[2]

Es kommt darauf an, dass der Organträger die Organgesellschaft durch die Art und Weise der Geschäftsführung beherrscht. Die bloße Sicherstellung, dass eine vom Willen des Organträgers abweichende Willensbildung bei der Organtochter nicht stattfindet, ist nicht ausreichend.[3] Die organisatorische Eingliederung geschieht in aller Regel durch die personelle Verflechtung der Geschäftsführungen.[4] Eine förmliche vertragliche Gestaltung der organisatorischen Maßnahmen oder schriftlichen Richtlinien sind für die organisatorische Eingliederung nicht erforderlich; Gleiches gilt für Gesellschafterbeschlüsse o. Ä.[5]

Die **aktienrechtliche Regelung des § 17 AktG** ist für die organisatorische Eingliederung ohne Bedeutung. Unter welchen Voraussetzungen eine juristische Person eine wirtschaftliche Tätigkeit für Zwecke der Umsatzsteuer nicht selbständig ausübt, ergibt sich aus § 2 Abs. 2 Nr. 2 UStG, nicht aber aus § 17 AktG. Nach § 17 Abs. 1 AktG handelt es sich bei abhängigen Unternehmen um rechtlich selbständige Unternehmen, auf die ein anderes Unternehmen (herrschendes Unternehmen) unmittelbar oder mittelbar einen beherrschenden Einfluss ausüben kann. Nach § 17 Abs. 2 AktG wird von einem in Mehrheitsbesitz stehenden Unternehmen vermutet, dass es von dem an ihm mit Mehrheit beteiligten Unternehmen abhängig ist. § 2 Abs. 2 Nr. 2 UStG definiert die umsatzsteuerrechtliche Organschaft demgegenüber eigenständig, ohne auf andere z. B. aktienrechtliche Regelungen zu verweisen.[6]

1300

---

1 Vgl. BFH, Urteil v. 3.4.2008 - V R 76/05, BStBl 2008 II S. 905; Beschluss v. 27.8.2009 - V B 76/08, EAAAD-32813 = BFH/NV 2010 S. 8.
2 Schleswig-Holsteinisches FG, Urteil v. 5.12.2000 - IV 104/96, KAAAB-12998.
3 Vgl. BFH, Urteile v. 8.8.2013 - V R 18/13, BStBl 2017 II S. 543; v. 2.12.2015 - V R 15/14, BStBl 2017 II S. 553; Abschnitt 2.8 Abs. 7 Satz 3 UStAE.
4 Vgl. BFH, Urteil v. 3.4.2008 - V R 76/05, BStBl 2008 II S. 905; Beschluss v. 27.8.2009 - V B 76/08, EAAAD-32813 = BFH/NV 2010 S. 8.
5 FG Baden-Württemberg v. 28.11.2005 - 14 K 79/04, YAAAB-82695 = EFG 2006 S. 1110; v. 2.3.2006 - 14 K 157/04, VAAAB-90462 = EFG 2006 S. 1462.
6 Vgl. BFH, Urteile v. 11.4.1991 - V R 126/87, SAAAB-32635 = BFH/NV 1992 S. 140; v. 3.4.2008 - V R 76/05, BStBl 2008 II S. 905; a. A. FG Baden-Württemberg v. 28.11.2005 - 14 K 79/04; YAAAB-82695 = EFG 2006 S. 1110; v. 2.3.2006 - 14 K 157/04, VAAAB-90462 = EFG 2006 S. 1462.

1301 Die organisatorische Eingliederung i. S. einer engen Verflechtung mit Über- und Unterordnung kann in vielerlei Gestalt auftreten.[1] Die bloße Möglichkeit, dass der Organträger (etwa aufgrund der finanziellen Beherrschung) seinen Willen durchsetzen kann, reicht nicht aus; durch organisatorische Maßnahmen muss vielmehr die Beherrschungsmacht tatsächlich verwirklicht sein. Aus der finanziellen folgt nicht notwendigerweise die organisatorische Eingliederung. Für diese ist vielmehr erforderlich, dass die mit der finanziellen Eingliederung verbundene Möglichkeit einer Beherrschung der Organgesellschaft durch den Organträger in der laufenden Geschäftsführung der Organgesellschaft wirklich wahrgenommen wird.[2] Ist z. B. im Geschäftsführer-Anstellungsvertrag vereinbart, dass der Geschäftsführer der 100%igen Tochter-Gesellschaft einer GmbH für den Kernbereich der laufenden Geschäftsführung der Einwilligung der Gesellschafterversammlung bedarf, so dass die Gesellschafterversammlung die laufende Geschäftsführung der Tochtergesellschaft jedenfalls mittelbar wahrnehmen und eine abweichende Willensbildung verhindern konnte, ist bei mangelnder Durchführung des Vertrages und der Ausübung der Geschäftsführertätigkeit durch den mehrheitsbeteiligten Geschäftsführer der Muttergesellschaft eine organisatorische Eingliederung i. S. des § 2 Abs. 2 Nr. 2 UStG zu verneinen.[3]

Durch die Gestaltung der Beziehungen zwischen dem Organträger und der Organgesellschaft muss sichergestellt sein, dass eine vom Willen des Organträgers abweichende Willensbildung bei der Organgesellschaft nicht stattfindet.[4] **Eine unmittelbare organisatorische Eingliederung ist nicht erforderlich**, sie kann auch durch eine Zwischengesellschaft[5] oder die Gesellschafter der Obergesellschaft vermittelt werden. Die Weisungsmacht kann ferner von einer noch über dem Organträger stehenden Konzernspitze (in den USA) ausgehen.[6]

Die organisatorische Eingliederung kann auch über eine Beteiligungskette zum Organträger vermittelt werden. Sofern sichergestellt ist, dass der Organträger die Organgesellschaften durch die Art und Weise der Geschäftsführung beherrscht, ist es ausreichend, wenn die der organisatorischen Eingliederung dienenden Maßnahmen zwischen zwei Organgesellschaften ergriffen werden.

---

1 BFH, Urteil v. 20.2.1992 - V R 80/85, EAAAB-33509 = BFH/NV 1993 S. 133.
2 FG Baden-Württemberg v. 2.3.2006 - 14 K 157/04, VAAAB-90462 = EFG 2006 S. 1462; FG des Saarlandes v. 20.3.2006 - 1 V 26/06, RAAAB-88668.
3 FG Münster v. 25.4.2013 - 5 K 1401/10 U, YAAAE-73160 = UStB 2013 S. 320.
4 BFH, Urteile v. 20.2.1992 - V R 80/85, EAAAB-33509 = BFH/NV 1993 S. 133; v. 28.1.1999 - V R 32/98, BStBl 1999 II S. 258.
5 Abschnitt 2.8 Abs. 10a UStAE mit Beispielen.
6 Niedersächsisches FG, Urteil v. 31.7.2001 - 6 K 821/97, MAAAB-11567.

Dies gilt auch dann, wenn diese Maßnahmen nicht der Struktur der finanziellen Eingliederung folgen (z. B. bei Schwestergesellschaften). Es ist zudem ausreichend, wenn die organisatorische Eingliederung mittelbar über eine unternehmerisch oder nichtunternehmerisch tätige Tochtergesellschaft des Organträgers erfolgt. Eine nichtunternehmerisch tätige Tochtergesellschaft wird dadurch jedoch nicht zum Bestandteil des Organkreises.

Wird die organisatorische Eingliederung bestritten, so muss nachgewiesen werden, dass entgegen der in der Verwaltungsauffassung verankerten Vermutung trotz der Beherrschungsmöglichkeit tatsächlich keine unmittelbare oder mittelbare Beherrschung der Gesellschaft in Gestalt von Einwirkungen auf die Geschäftsführung stattfindet. 1302

Um bei der Übertragung von Wirtschaftsgütern organisatorisch eingegliedert zu sein, braucht die Organgesellschaft nicht schon ihre Geschäftstätigkeit aufgenommen zu haben. Der BFH hat eine (auch organisatorische) Eingliederung bei einer Sachverhaltsgestaltung angenommen, deren Ziel eine „übertragende Sanierung" war und es um den die laufende Geschäftstätigkeit vorbereitenden Kauf von Betriebsvermögen ging.[1] Dabei ist auch unerheblich, ob nach dem praktizierten Sanierungskonzept nicht in das Unternehmen des Organträgers ein-, sondern dass ein Teil seiner Geschäftstätigkeit auf die Organgesellschaft ausgegliedert werden soll.[2] Werden während des Vergleichsverfahrens bei einer GmbH alle Anteile einer anderen Kapitalgesellschaft als Auffanggesellschaft erworben, die die Vertriebs- und Einkaufsaktivitäten des Unternehmens übernehmen solle, so fehlt es bei Personengleichheit der Geschäftsführer bei der Mutter- und der Tochtergesellschaft also nicht an einer organisatorischen Eingliederung der Tochtergesellschaft als Voraussetzung für eine umsatzsteuerliche Organschaft, auch wenn bei der Auffanggesellschaft noch keine Geschäftstätigkeit und damit auch keine Geschäftsführung stattfindet.[3] 1303

Die organisatorische Eingliederung einer Organgesellschaft ist nicht deshalb ausgeschlossen, weil sie mehr als 50 % ihres Umsatzes mit einem Auftraggeber abwickelt, dem in Bezug auf die Vertragserfüllung eine weitreichende Weisungsbefugnis zusteht. Ein solches schuldrechtliches Pflichten- und Weisungsverhältnis tritt in jedem Auftrags- oder Dienstverhältnis in unterschiedlich starkem Maße auf. Die Möglichkeit der Einflussnahme ist aber auf das konkrete Vertragsverhältnis begrenzt. Die gesellschaftsrechtliche Entschei- 1304

---

[1] BFH, Urteil v. 28.1.1999 - V R 32/98, BStBl 1999 II S. 258.
[2] BFH, Urteil v. 17.1.2002 - V R 37/00, BStBl 2002 II S. 373.
[3] A. A. FG Baden-Württemberg, Urteil v. 28.1.2000 - 9 K 241/99, 9 K 171/94, IAAAB-06591 = EFG 2000 S. 1354.

C. Die Organschaft im Umsatzsteuerrecht

dungsbefugnis, die Vertragsbeziehungen zu dem jeweiligen Kunden zu verlängern, zu beenden oder zu modifizieren, bleibt hiervon unberührt.[1]

7.2 Formen

7.2.1 Identität der Geschäftsführung

1305 Für die Durchsetzung des Willens kommen vielfältige Formen infrage.[2] Sie kann sich vor allem, ohne dass dies zwingend ist,[3] aus der völligen oder teilweisen Identität der Geschäftsführung ergeben, so etwa wenn der Komplementär der KG (Organträger) alleinvertretungsberechtigter Geschäftsführer der GmbH als Organgesellschaft ist.[4] Im BFH-Urteil vom 17.4.1969[5] wird ausgeführt:

„Zutreffend hat es das FG für die organisatorische Eingliederung der Steuerpflichtigen in die GmbH als entscheidend angesehen, dass einer der beiden Geschäftsführer der GmbH zugleich Geschäftsführer der Steuerpflichtigen war, dass beide Geschäftsführer in den Gesellschaftsversammlungen beider Gesellschaften aufgetreten sind, dass sie sich wiederholt zu Fragen beider Gesellschaften gemeinsam geäußert haben und dass zahlreiche Schreiben an das FA von ihnen gemeinsam unterschrieben worden sind. Diese Tatsachen sind so wichtig, dass sie nach Ansicht des Senats allein schon zur Annahme einer organisatorischen Verflechtung der beiden Gesellschaften ausreichen würden. Dem steht nicht entgegen, dass die Firmen getrennte Einkaufsabteilungen, Vertriebsapparate, Buchführungen und Betriebsabrechnungen hatten."

1306 Die organisatorische Eingliederung besteht zwischen zwei GmbHs insbesondere bei einer Personenidentität in den Geschäftsführungsorganen der beiden Gesellschaften.[6] Die für die Annahme einer umsatzsteuerlichen Organschaft erforderliche Einheit durch organisatorische Eingliederung wird dadurch hergestellt, dass beide Unternehmensteile einer einheitlichen Leitung unterste-

---

1 Niedersächsisches FG, Urteil v. 30.11.1999 - 6 K 256/96, BAAAB-11536 = EFG 2000 S. 650.
2 Vgl. BFH, Urteile v. 17.4.1969 - V R 123/68, BStBl 1969 II S. 505; v. 20.2.1992 - V R 80/85, EAAAB-33509 = BFH/NV 1993 S. 133.
3 BFH, Urteil v. 28.1.1999 - V R 32/98, BStBl 1999 II S. 258; v. 17.1.2002 - V R 37/00, BStBl 2002 II S. 373; FG Baden-Württemberg v. 2.3.2006 - 14 K 157/04, VAAAB-90462 = EFG 2006 S. 1462.
4 Vgl. Niedersächsisches FG v. 2.12.1993 - V 322/92, n.v.; v. 31.7.2001 - 6 K 821/97, MAAAB-11567; BMF v. 7.3.2013 - S 7105/11/10001, BStBl 2013 I S. 333; Abschnitt 2.8 Abs. 7 Satz 4 UStAE, m.w.N.
5 BFH, Urteil v. 17.4.1969 - V R 123/68, BStBl 1969 II S. 505; vgl. auch BFH, Urteil v. 20.2.1992 - V R 80/85, EAAAB-33509 = BStBl 1993 II S. 133.
6 BFH, Urteile v. 17.1.2002 - V R 37/00, BStBl 2002 II S. 373; v. 7.7.2011 - V R 53/10, BStBl 2013 II S. 218.

hen, indem für beide dieselbe Person handelt, nämlich für den Organträger (Einzelunternehmer) als Generalbevollmächtigter und für die Organgesellschaft als Geschäftsführer.[1] Es genügt, dass nur einzelne Geschäftsführer des Organträgers Geschäftsführer der Organgesellschaft sind.[2]

Die organisatorische Eingliederung kann sich auch aus einer **teilweisen personellen Verflechtung** über diese Geschäftsführungsorgane ergeben, wenn dem Organträger eine Willensdurchsetzung in der Geschäftsführung der Organgesellschaft möglich ist.[3] Sind für die Organ-GmbH z. B. mehrere einzelvertretungsberechtigte Geschäftsführer bestellt, reicht es aus, dass zumindest einer von ihnen auch Geschäftsführer der Organträger-GmbH ist, der Organträger über ein umfassendes Weisungsrecht gegenüber der Geschäftsführung der Organ-GmbH verfügt und zur Bestellung und Abberufung aller Geschäftsführer der Organ-GmbH berechtigt ist.[4] Es genügt nicht, dass die Geschäftsführung nur aus wichtigem Grund von ihrer Vorstandstätigkeit abberufen werden und ansonsten über alle nicht der Gesellschafterversammlung vorbehaltenen Angelegenheiten beschließen kann, also unmittelbare Eingriffsmöglichkeiten in die laufende Geschäftstätigkeit der Organgesellschaft fehlen.[5]

Ob eine organisatorische Eingliederung besteht, wenn die Tochtergesellschaft über mehrere Geschäftsführer verfügt, die nur zum Teil auch in dem Leitungsgremium der Muttergesellschaft vertreten sind, hängt von der Ausgestaltung der Geschäftsführungsbefugnis in der Tochtergesellschaft ab. Ist in der Organgesellschaft eine Gesamtgeschäftsführungsbefugnis vereinbart und werden die Entscheidungen durch Mehrheitsbeschluss getroffen, kann eine organisatorische Eingliederung nur bestehen, wenn die personenidentischen Geschäftsführer über die Stimmenmehrheit verfügen.

Bei einer Stimmenminderheit der personenidentischen Geschäftsführer oder bei Einzelgeschäftsführungsbefugnis der fremden Geschäftsführer sind dagegen zusätzliche institutionell abgesicherte Maßnahmen erforderlich, um ein Handeln gegen den Willen des Organträgers zu verhindern. So kann auch bei Einzelgeschäftsführungsbefugnis des fremden Geschäftsführers ein bei Meinungsverschiedenheiten eingreifendes, aus Gründen des Nachweises und der

---

[1] BFH, Urteil v. 9.1.1992 - V R 82/85, LAAAB-33511 = BFH/NV 1993 S. 63; vgl. auch BFH, Urteil v. 17.1.2002 - V R 37/00, BStBl 2002 II S. 373.
[2] BFH, Urteil v. 28.1.1999 - V R 32/98, BStBl 1999 II S. 258; Niedersächsisches FG v. 2.3.2009 - 16 K 226/08, WAAAD-24639.
[3] FG München, Urteil v. 21.3.2013 - 14 K 3608/11, AAAAE-47744 = DStRE 2014 S. 744.
[4] BFH, Urteile v. 7.7.2011 - V R 53/10, BStBl 2013 II S. 218; v. 2.12.2015 - V R 15/14, ZAAAF-48787 = BStBl 2017 II S. 553; BMF v. 7.3.2013 - S 7105/11/10001, BStBl 2013 I S. 333.
[5] FG München, Urteil v. 21.3.2013 - 14 K 3608/11, AAAAE-47744 = DStRE 2014 S. 744.

C. Die Organschaft im Umsatzsteuerrecht

Inhaftungnahme schriftlich vereinbartes Letztentscheidungsrecht des personenidentischen Geschäftsführers eine vom Willen des Organträgers abweichende Willensbildung bei der Organgesellschaft ausschließen und so die organisatorische Eingliederung herstellen. Soweit im Einzelfall auf eine „institutionell abgesicherte unmittelbare Eingriffsmöglichkeit in den Kernbereich der laufenden Geschäftsführung"[1] abgestellt worden ist, folgt hieraus allerdings nichts anderes, als dass im Regelfall eine personelle Verflechtung über die Geschäftsführung der juristischen Person als Organgesellschaft bestehen muss. Nicht ausreichend sind Weisungsrechte, Berichtspflichten oder ein Zustimmungsvorbehalt zugunsten der Gesellschafterversammlung oder zugunsten des Mehrheitsgesellschafters. Gegen diese Anforderungen bestehen keine Bedenken in unionsrechtlicher Hinsicht. Auch das Erfordernis einer in organisatorischer Hinsicht bestehenden Durchgriffsmöglichkeit dient insbesondere der rechtssicheren Bestimmung der Eingliederungsvoraussetzungen, der Verwaltungsvereinfachung und der Missbrauchsverhinderung.[2]

Durch die personelle Verflechtung von Aufsichtsratsmitgliedern kann keine organisatorische Eingliederung hergestellt werden.[3] Die Personenidentität wird auch schon dann bejaht, wenn ein Einzelunternehmer als Organträger bei der abhängigen juristischen Person über eine organschaftliche Vertretungsberechtigung nach § 35 GmbHG verfügt. Es reicht aus, wenn der Organträger Geschäftsführer ist, auch wenn es neben ihm noch andere gibt. Das gilt jedenfalls dann, wenn der Organträger zugleich der alleinige Gesellschafter ist.[4] Die organisatorische Eingliederung als Voraussetzung einer umsatzsteuerlichen Organschaft zwischen einer GbR als Organträger und einer GmbH als Organgesellschaft ist zu bejahen, wenn die beiden je zur Hälfte an der GbR und der GmbH beteiligten Gesellschafter nach dem Gesamtbild der tatsächlichen Verhältnisse bei beiden Gesellschaften jeweils Alleinvertretungsvollmacht haben und bei der GmbH zwar nicht als Geschäftsführer, dafür aber **als Prokuristen** bestellt sind. Die gem. § 35 GmbHG geregelte gesetzliche Vertretung der GmbH durch Geschäftsführer stellt eine organschaftliche Vertretung der GmbH dar. Daneben ist aber auch eine Vertretung durch rechtsgeschäftlich bestellte Vertreter wie z. B. Prokuristen zulässig. Wenn die Gesellschafterversammlung die Prokuristen mit Alleinvertretungsvollmacht ausgestattet haben, stehen sie im Außenverkehr den jeweiligen Geschäftsführern gleich.[5]

---

1 BFH, Urteil v. 3.4.2008 - V R 76/05, BStBl 2008 II S. 905.
2 BFH, Urteil v. 2.12.2015 - V R 15/14, ZAAAF-48787 = BStBl 2017 II S. 553.
3 BMF v. 7.3.2013 - S 7105/11/10001, BStBl 2013 I S. 333.
4 FG Sachsen-Anhalt v. 30.5.2013 - 6 K 1146/12, RAAAE-46428.
5 Vgl. Thüringer FG v. 1.10.2008 - III 235/05, JAAAD-40784.

Sind die Befugnisse der Geschäftsführer einer GmbH im Vergleich zu den Geschäftsführern nach den gesetzlichen Bestimmungen allgemein zustehenden Rechten ganz erheblich eingeschränkt (z. B. durch ein ungewöhnlich weitgehendes Erfordernis der vorherigen Zustimmung der Gesellschafterversammlung), kann auch dann eine organisatorische Eingliederung der GmbH in einen Konzern bestehen, wenn der den Konzern beherrschende Steuerpflichtige nominell nicht Geschäftsführer der GmbH ist.[1]

Bei einer organisatorischen Eingliederung durch Personalunion ist nicht darauf abzustellen, ob und inwieweit der Geschäftsführer sein Amt in der Organgesellschaft tatsächlich auch selbst ausübt. Andernfalls wäre festzustellen, inwieweit die Untätigkeit des Geschäftsführers darauf beruht, dass die mit der Geschäftsführung beauftragte Person ohnehin die Geschäfte i. S. des „untätigen" Geschäftsführers erledigt. Solche Differenzierungen würden zur Ausuferung des Merkmals der organisatorischen Eingliederung führen.[2]

1307

7.2.2 Geschäftsführung durch Angestellte des Organträgers

Am stärksten ist die organisatorische Eingliederung, wenn der übergeordnete Unternehmer selbst die Geschäftsführung der Organgesellschaft übernimmt.[3] Es genügt jedoch, wenn es sich bei den Geschäftsführern der Organgesellschaft um **leitende Angestellte** des Organträgers handelt.[4] Unerheblich ist insoweit, ob die Geschäftsführer der Organgesellschaft auch für den Organträger organschaftlich geschäftsführungsbefugt sind. Zwar setzt die organisatorische Eingliederung in aller Regel die personelle Verflechtung der Geschäftsführungen des Organträgers und der Organgesellschaft voraus.[5] Neben diesem Regelfall kann sich die organisatorische Eingliederung aber auch daraus ergeben, dass leitende Mitarbeiter des Organträgers als Geschäftsführer der Organgesellschaft tätig sind. Denn der Organträger kann über seine leitenden

1308

---

1 FG Münster v. 5.10.2010 - 15 K 3961/07 U, DAAAD-56186 = EFG 2011 S. 578.
2 Vgl. FG Saarland v. 20.7.2004 - 1 V 131/04, UAAAB-26150 = EFG 2004 S. 1785, Hessisches FG v. 30.4.2007 - 6 V 3872/06, AAAAC-50539.
3 Vgl. RFH, Urteile v. 5.9.1930 - V A 14/30, RStBl 1931 S. 152; v. 7.11.1930 - V A 632/30, RStBl 1931 S. 164; v. 2.10.1931 - V A 657/30, RStBl 1932 S. 371; v. 11.11.1932 - V A 948/31, RStBl 1933 S. 295; v. 13.10.1933 - V A 835/32, RStBl 1934 S. 556 = RFHE 34 S. 176; v. 30.11.1934 - V A 687/33, RStBl 1935 S. 660; BFH, Urteile v. 23.4.1959 - V 66/57 U, BStBl 1959 III S. 256 = BFHE 68 S. 677; v. 23.7.1959 - V 176/55 U, BStBl 1959 III S. 376; v. 9.6.1960 - V 119/58, HFR 1961 S. 112; v. 30.6.1960 - V 86/58, HFR 1961 S. 114; v. 28.3.1963 - V 143/60; StRK UStG § 2 Abs. 2 Nr. 2 R. 28; v. 13.4.1969 - V R 123/68, BStBl 1969 II S. 501.
4 BFH, Urteil v. 20.8.2009 - V R 30/06, BStBl 2010 II S. 863.
5 Vgl. BFH, Urteil v. 3.4.2008 - V R 76/05, BStBl 2008 II S. 905.

Mitarbeiter dieselben Einflussmöglichkeiten auf die Geschäftsführung der Organgesellschaft ausüben wie bei einer personellen Verflechtung über die Geschäftsführung von Organträger und Organgesellschaft.[1]

Die Finanzverwaltung vertritt hier gegenüber der Rechtsprechung eine weitergehende Rechtsauffassung und setzt nicht voraus, dass es sich **um einen leitenden Angestellten** des Organträgers handelt, der die Geschäftsführung der Organgesellschaft übernimmt.[2]

1309 Die Berücksichtigung der Mitarbeiter des Organträgers bei der organisatorischen Eingliederung beruht auf der Annahme, dass der Mitarbeiter des Organträgers dessen Weisungen bei der Geschäftsführung der Organgesellschaft aufgrund eines zum Organträger bestehenden Anstellungsverhältnisses und einer sich hieraus ergebenden persönlichen Abhängigkeit befolgen wird und er bei weisungswidrigem Verhalten vom Organträger als Geschäftsführer der Organgesellschaft abberufen werden kann.[3] Da sich die Argumentation auf das Abhängigkeitsverhältnis des Angestellten stützt, scheint die weitergehende Auslegung der Finanzverwaltung nur logisch, da die Frage, ob der Angestellte eine Leitungsfunktion beim Organträger übernimmt oder nicht, keine Auswirkungen auf den Grad seiner wirtschaftlichen Abhängigkeit vom Organträger hat.

1310 Eine **Prokura bei dem Organträger** für den Geschäftsführer der Organgesellschaft kann danach keine organisatorische Eingliederung begründen, wenn der Organträger nach den Verhältnissen des Einzelfalls seinen Willen gegenüber ihrem Prokuristen bei der Geschäftsführung der Organgesellschaft bereits deshalb nicht durchsetzen kann, weil der Geschäftsführer der Organgesellschaft nach deren Satzung (entgegen § 46 Nr. 5 GmbHG) nicht gegen seinen Willen durch Mehrheitsbeschluss in der Gesellschafterversammlung abberufen werden kann. Ohne Bedeutung für die organisatorische Eingliederung ist, ob gem. § 38 Abs. 2 GmbHG gleichwohl zumindest eine Abberufung aus wichtigem Grund möglich war.[4] Denn die organisatorische Eingliederung setzt die Möglichkeit der Beherrschung in der laufenden Geschäftsführung voraus.

---

1 Vgl. BFH, Urteil v. 20.8.2009 - V R 30/06, BStBl 2010 II S. 863.
2 Abschnitt 2.8 Abs. 9 UStAE; Grube, MwStR 2015 S. 202; Küffner/Maunz/Rust, MwStR 2013 S. 221.
3 BMF v. 7.3.2013 - S 7105/11/10001, BStBl 2013 I S. 333.
4 Vgl. hierzu z. B. BGH, Urteile v. 20.12.1982 - II ZR 110/82, BGHZ 86 S. 177, unter I.1.; v. 27.4.2009 - II ZR 167/07, NJW 2009 S. 2300, unter II.3.a; v. 21.6.2010 - II ZR 230/08, IAAAD-48456 = NJW 2010 S. 3027, unter II.1.

Dies erfordert ein **uneingeschränktes Abberufungsrecht**, das nicht nur bei einem wichtigen Grund besteht.[1]

7.2.3 Institutionell abgesicherte unmittelbare Eingriffsmöglichkeiten

In Ausnahmefällen kann eine organisatorische Eingliederung auch ohne personelle Verflechtung in den Leitungsgremien des Organträgers und der Organgesellschaft bestehen. Voraussetzung für diese schwächste Form der organisatorischen Eingliederung ist jedoch, dass institutionell abgesicherte unmittelbare Eingriffsmöglichkeiten in den Kernbereich der laufenden Geschäftsführung der Organgesellschaft gegeben sind.[2] Der Organträger muss durch schriftlich fixierte Vereinbarungen (z. B. Geschäftsführerordnung, Konzernrichtlinie) in der Lage sein, gegenüber Dritten seine Entscheidungsbefugnis nachzuweisen und den Geschäftsführer der Organgesellschaft bei Verstößen gegen seine Anweisungen haftbar zu machen.[3] Insbesondere bei Abschluss eines Beherrschungsvertrags nach § 291 AktG ist von einer institutionell abgesicherten unmittelbaren Eingriffsmöglichkeit auszugehen.[4]

1311

Ferner kann sich die organisatorische Eingliederung aus dem Anstellungsvertrag zwischen der Organgesellschaft und ihrem nominell bestellten Geschäftsführer ergeben. Ist der Geschäftsführer der Organgesellschaft lt. Vertrag verpflichtet, die Weisungen der Gesellschafterversammlung bzw. dem alleinvertretungsberechtigten Geschäftsführer des Organträgers zu folgen, kann der Organträger auch ohne personelle Verflechtung der Geschäftsführung seinen Willen in der Organgesellschaft durchsetzen.[5]

7.2.4 Einzelfälle

Die organisatorische Eingliederung kann sich daraus ergeben, dass der Organträger das Personal der Organgesellschaft einstellt und entlässt[6] oder die **Bücher der Organgesellschaft führt und die Bilanz erstellt**[7] oder dass Organträger

1312

---

1 BFH, Urteil v. 7.7.2011 - V R 53/10, BStBl 2013 II S. 218; BMF v. 7.3.2013 - S 7105/11/10001, BStBl 2013 I S. 333.
2 Abschnitt 2.8 Abs. 10 UStAE; BFH, Urteil v. 3.4.2008 - V R 76/05, BStBl 2008 II S. 905.
3 BMF v. 7.3.2013 - S 7105/11/10001, BStBl 2013 I S. 333.
4 BFH, Urteil v. 10.5.2017 - V R 7/16, BStBl 2017 II S. 126.
5 BFH, Urteil v. 12.10.2016 - XI R 30/14, BStBl 2017 II S. 198.
6 Vgl. RFH, Urteil v. 24.7.1931 - V A 350/30, RStBl 1932 S. 365 = RFHE 29 S. 132; Klenk in Sölch/Ringleb, § 2 UStG Tz. 125.
7 Vgl. RFH, Urteil v. 13.10.1933 - V A 835/N32, RStBl 1934 S. 556 = RFHE 34 S. 176; BFH, Urteile v. 23.4.1964 - V 184/61 U, BStBl 1964 III S. 346 = BFHE 69 S. 316; v. 16.12.1965 - V 82/60 S, BStBl 1966 III S. 300 = BFHE 85 S. 250; v. 22.7.1967 - V R 89/66, BStBl 1967 III S. 715 = BFHE 89 S. 402.

und Organgesellschaft dieselbe Adresse und Telefonnummer haben und in denselben Geschäftsräumen tätig sind. Aus der Übernahme der Buchführung allein folgt allerdings nicht zwangsläufig die organisatorische Eingliederung.[1]

1313 Hat die untergeordnete Gesellschaft **kein eigenes Büropersonal und keine eigenen Büroräume**[2] oder sind **bestimmte Arbeitsgebiete** den Gesellschaften aufeinander abgestimmt **zugewiesen** worden[3] oder ist die **Produktion der Organgesellschaft** an die des Organträgers **angeglichen** worden,[4] so spricht dies für eine organisatorische Eingliederung. Zum Funktionsausgliederungsvertrag zwischen Versicherungsunternehmen vgl. BMF-Schreiben vom 15.1.1992.[5]

1314 Für die organisatorische Eingliederung ist im Umsatzsteuerrecht nicht erforderlich, dass die Organgesellschaft nach Art einer Geschäftsabteilung in das herrschende Unternehmen eingefügt ist.[6] Auch getrennte Einkaufsabteilungen, Vertriebsapparate, Buchführungen und Betriebsabrechnungen können unschädlich sein.[7] Die organisatorische Eingliederung scheitert nicht daran, dass bei der Organgesellschaft ein Wirtschaftsausschuss, ein Aufsichtsrat oder ein Generalbevollmächtigter vorhanden ist.[8] Fehlen einzelne Merkmale einer organisatorischen Eingliederung wie z. B. eine gemeinsame Buchführung oder gemeinsame Geschäfts- und Büroräume, so kann dies im Rahmen einer Abwägung durch andere Anzeichen einer organisatorischen Eingliederung ausgeglichen werden. Die arbeitsrechtliche Mitbestimmung steht der organisatorischen Eingliederung nicht entgegen. Auch die wirtschaftliche Einflussnahme durch Gläubigerbanken lässt die organisatorische Eingliederung unberührt.[9]

1315 Soll ein gemeinnütziger Verein Organträger einer GmbH sein, reicht es für eine organisatorische Eingliederung nicht aus, dass einer der Geschäftsführer der GmbH Mitglied des Vereins ist; erforderlich ist grds., dass einer der GmbH-Geschäftsführer der Geschäftsführung oder dem Vorstand des Vereins angehört. Es genügt auch nicht die Einschränkung im Gesellschaftsvertrag der GmbH, dass für alle über den gewöhnlichen Betrieb des Unternehmens hinausgehenden Geschäfte die vorherige Einwilligung der Gesellschafterver-

---

1 Vgl. RFH, Urteil v. 3.11.1933 - V A 867/32, RStBl 1934 S. 524 = RFHE 34 S. 320; vgl. aber auch BFH, Urteil v. 22.6.1967 - V R 89/66, BStBl 1967 III S. 715.
2 Vgl. BFH, Urteil v. 23.4.1964 - V 184/61 U, BStBl 1964 III S. 346 = BFHE 79 S. 316.
3 Vgl. RFH, Urteil v. 26.11.1943 - V 124/41, RStBl 1944 S. 6.
4 RFH, Urteil v. 13.10.1933 - V A 835/32, RStBl 1934 S. 556 = RFHE 34 S. 176.
5 IV B 7 - S 2770 - 1/92, DStZ 1992 S. 159.
6 Vgl. BFH, Urteil v. 17.4.1969 - V 44/65, BStBl 1969 II S. 413.
7 Vgl. BFH, Urteil v. 17.4.1969 - V R 123/68, BStBl 1969 II S. 505 = BFHE 95 S. 558.
8 Vgl. FG Münster v. 15.10.1992 - 5 K 590/86 U, n.v.
9 Vgl. FG Münster v. 6.2.1996 - 15 K 2744/93 U, EFG 1996 S. 612.

sammlung erforderlich ist, also die Einwilligung des Vereins. Denn diese Regelung betrifft nicht den Kernbereich der laufenden Geschäftsführung und begründet keine Weisungsabhängigkeit i. S. einer organisatorischen Eingliederung.[1]

Nicht jede **Bestellung eines Notgeschäftsführers** schließt von vornherein eine organisatorische Eingliederung einer Gesellschaft in einen Organträger aus. Insoweit kommt es darauf an, ob unter den durch die Bestellung eines Notgeschäftsführers geänderten tatsächlichen Gegebenheiten weiterhin von einer Einflussnahme auf die Willensbildung in der Gesellschaft ausgegangen werden kann. Ein Notgeschäftsführer erlangt mit seiner Bestellung durch das Gericht die Stellung eines Gesellschaftsorgans mit den entsprechenden Kompetenzen (wie etwa der Vertretung der Gesellschaft, § 35 GmbHG). Soweit indessen der Notgeschäftsführer nicht entsprechend dem Willen des Gesellschafters handelt, haben diese weder die Möglichkeit, den Notgeschäftsführer nach § 38 Abs. 2 GmbHG aus wichtigem Grund vorzeitig abzuberufen, noch gar seine Bestellung frei nach § 38 Abs. 1 GmbHG zu widerrufen. Dies schwächt die Position der Gesellschafter und stärkt die des Notgeschäftsführers.[2]

1316

7.2.5 Eröffnung des Insolvenzverfahrens und Liquidation

Mit der Eröffnung des Insolvenzverfahrens über das Vermögen der Organgesellschaft endet neben der wirtschaftlichen auch die organisatorische Eingliederung, weil die Verwaltungsbefugnis gem. § 80 InsO auf den Insolvenzverwalter übergeht.[3] Dies ist selbst dann der Fall, wenn durch das Insolvenzgericht Eigenverwaltung nach § 270 Abs. 1 InsO angeordnet wird.[4] Bei Liquidation der Organgesellschaft hängt die Fortdauer der organisatorischen Eingliederung davon ab, ob der Organträger auch gegenüber den Liquidatoren seinen Willen durchsetzen kann.[5]

1317

---

1 Vgl. BFH, Urteil v. 20.2.1992 - V R 80/85, EAAAB-33509 = BFH/NV 1993 S. 133.
2 FG des Saarlandes v. 20.3.2006 - 1 V 26/06, RAAAB-88668.
3 Vgl. BFH, Urteil v. 13.3.1997 - V R 96/96, BStBl 1997 II S. 580, a. E.; FG Münster v. 6.2.1996 - 15 K 2744/93 U, EFG 1996 S. 612; FG Baden-Württemberg v. 4.3.1994 - 9 K 167/88, EFG 1995 S. 186, m. w. N.; Stadie in Rau/Dürrwächter, § 2 UStG Rz. 1012, 182. Lieferung 05.2019.
4 BFH, Urteil v. 15.12.2016 - V R 14/16, BStBl 2017 II S. 600.
5 Vgl. FinMin Nordrhein-Westfalen, Erlass v. 9.11.1976 - S 7105 - 6 - V C 6, UR 1979 S. 130.

7.2.6 Bedeutung eines Beherrschungsvertrages und einer aktienrechtlichen Eingliederung

1318 Bei der Körperschaftsteuer ist kraft Gesetzes (§ 14 Nr. 2 Satz 2 KStG in der bis 2000 geltenden Fassung) eine organisatorische Eingliederung stets gegeben, wenn die Organgesellschaft durch einen Beherrschungsvertrag i. S. des § 291 Abs. 1 AktG die Leitung ihres Unternehmens dem Unternehmen des Organträgers unterstellt oder wenn die Organgesellschaft eine nach den Vorschriften der §§ 319 bis 327 AktG eingegliederte Gesellschaft ist.[1] Bei der Umsatzsteuer fehlte eine entsprechende gesetzliche Vorschrift. Daraus durfte jedoch nicht geschlossen werden, dass umsatzsteuerrechtlich der Abschluss eines Beherrschungsvertrages sowie die aktienrechtliche Eingliederung für die Annahme einer organisatorischen Eingliederung nicht ausreicht. Beide Rechtsgestaltungen führen, wenn der Beherrschungsvertrag auch tatsächlich durchgeführt wird, dazu, dass der Wille der beherrschenden AG in der Organgesellschaft realisiert wird, was für eine organisatorische Eingliederung ausreicht, zumal eine gewisse Selbständigkeit bei der Geschäftsführung der Organgesellschaft nicht unbedingt schädlich ist.[2]

1319 Seit dem Veranlagungszeitraum 2001 sind die Voraussetzungen der körperschaftlichen Organschaft durch das StSenkG[3] wesentlich geändert worden. Es genügt gem. § 19 Abs. 1 Satz 1 Nr. 1 KStG n. F. neben einem Gewinnabführungsvertrag die finanzielle Eingliederung (Mehrheit der Stimmrechte aus den Anteilen an der Organgesellschaft). Eine wirtschaftliche Eingliederung und eine organisatorische Eingliederung sind nicht mehr erforderlich. Dementsprechend wird auch ein Beherrschungsvertrag nicht mehr erwähnt. An dessen Bedeutung für die organisatorische Eingliederung bei der umsatzsteuerlichen Organschaft hat sich dadurch nichts geändert. Das Maß einheitlicher Leitung, das ein faktischer Konzern i. S. des Aktienrechts voraussetzt, reicht jedenfalls dann, wenn seine Annahme nicht lediglich auf der Vermutung des § 18 Abs. 1 Satz 2 AktG beruht, aus, um auch steuerlich von einer organisatorischen Eingliederung des beherrschten Unternehmens ausgehen zu können.[4]

---

1 Vgl. BFH, Urteil v. 13.9.1989 - I R 110/88, BStBl 1990 II S. 24.
2 Vgl. BFH, Urteil v. 22.6.1967 - V R 89/66, BStBl 1967 III S. 715; FG Rheinland-Pfalz, Urteil v. 23.7.2015 - 6 K 1352/14, DAAAF-71275 = EFG 2016 S. 844; BFH, Urteil v. 10.5.2017 - V R 7/16, BStBl 2017 II S. 126.
3 BGBl 2000 I S. 1433.
4 FG Berlin, Urteil v. 13.5.1998 - 6 K 6294/93, EFG 1999 S. 82.

8. Die Eingliederung nach dem Gesamtbild der tatsächlichen Verhältnisse

8.1 Bedeutung der additiven Aufzählung

Nach § 2 Abs. 2 Nr. 2 UStG entscheidet das „Gesamtbild der tatsächlichen Verhältnisse" darüber, ob eine juristische Person finanziell, wirtschaftlich und organisatorisch in das Unternehmen eines Organträgers eingegliedert ist. Aus der additiven, nicht alternativen Aufzählung der drei Eingliederungsmerkmale ergibt sich, dass keines von ihnen ganz fehlen darf.[1] Dies gilt auch für die wirtschaftliche Eingliederung.[2] Indem der Gesetzgeber jedoch ausdrücklich auf das Gesamtbild abstellt, zeigt sich, dass die drei Eingliederungsformen nicht gleichermaßen ausgeprägt sein müssen. Nicht jede von ihnen muss in gleicher Intensität realisiert sein. Die eine oder andere Eingliederungsform kann auch weniger stark in Erscheinung treten, wenn sich die Eingliederung im Übrigen umso deutlicher zeigt.[3] Treten zwei Eingliederungsmerkmale, wie z. B. die finanzielle Eingliederung durch eine 90%ige Beteiligung an der GmbH und die organisatorische Eingliederung durch die Stellung als Geschäftsführer, deutlich hervor, so steht es der Annahme einer Organschaft nicht entgegen, wenn das dritte Eingliederungsmerkmal weniger stark ausgeprägt ist.[4]

1320

Die Maßgeblichkeit des Gesamtbildes bedeutet, dass ein Eingliederungsmerkmal nicht einzeln, sondern nur im Zusammenwirken mit den anderen aufgeführten Eingliederungsformen beurteilt werden darf. Maßgeblich für diese

1321

---

1 Vgl. BFH, Urteile v. 13.9.1989 - I R 110/88, BStBl 1990 II S. 24; v. 20.2.1992 - V R 80/85, EAAAB-33509 = BFH/NV 1993 S. 133; v. 18.12.1996 - XI R 25/94, BStBl 1997 II S. 441; v. 26.2.1998 - V B 97/97, BAAAB-39832 = BFH/NV 1998 S. 1267; v. 25.6.1998 - V R 76/97, UAAAA-62532 = BFH/NV 1998 S. 1534; v. 14.2.2008 - V R 12/06, V R 13/06, LAAAC-83317 = BFH/NV 2008 S. 1365; Beschluss v. 24.2.2003 - V B 84/01, KAAAA-70696 = BFH/NV 2003 S. 949; Urteil v. 19.5.2005 - V R 31/03, BStBl 2005 II S. 671; FG Hamburg v. 4.6.1998 - II 179/96, GmbHR 1998 S. 1188; FG Baden-Württemberg v. 28.1.2000 - 9 K 241/99, 9 K 171/94, IAAAB-06591 = EFG 2000 S. 1354; v. 17.5.2000 - 13 K 83/96, LAAAB-06162 = EFG 2000 S. 290.
2 Niedersächsisches FG v. 30.11.1999 - 6 K 256/96, BAAAB-11536 = EFG 2000 S. 650.
3 Vgl. BFH, Urteile v. 23.4.1964 - V 164/61U, BStBl 1964 III S. 346 = BFHE 79 S. 316; v. 23.7.1964 - V 180/61, HFR 1965 S. 242 = UR 1965 S. 178 = NWB F. 1 S. 228; v. 22.6.1967 - V R 89/66, BStBl 1967 III S. 715 = BFHE 89 S. 402 = BB 1967 S. 1238 = DStZ 1968 S. 94 = HFR 1967 S. 613; v. 15.6.1972 - V R 15/69, BStBl 1972 II S. 840; v. 20.2.1992 - V R 80/85, EAAAB-33509 = BFH/NV 1993 S. 133; v. 18.12.1996 - XI R 25/94, BStBl 1997 II S. 441; v. 25.6.1998 - V R 76/97, UAAAA-62532 = BFH/NV 1998 S. 1534; v. 28.1.1999 - V R 32/98, BStBl 1999 II S. 258; v. 14.2.2008 - V R 12/06, V R 13/06, LAAAC-83317 = BFH/NV 2008 S. 1365; Beschluss v. 24.2.2003 - V B 84/01, KAAAA-70696 = BFH/NV 2003 S. 949; Urteil v. 19.5.2005 - V R 31/03, BStBl 2005 II S. 671; FG Rheinland-Pfalz v. 17.3.1997 - 5 K 1998/94, n.v.; FG Baden-Württemberg v. 17.5.2000 - 13 K 83/96, LAAAB-06162 = EFG 2002 S. 290; Abschnitt 2.8 Abs. 1 Satz 2 und 3 UStAE; Heidner, DStR 1988 S. 90.
4 BFH, Beschluss v. 20.9.2006 - V B 138/05, HAAAC-31830 = BFH/NV 2007 S. 281.

Beurteilung ist die Verkehrsauffassung. Die Prüfung der einzelnen Tatbestandsmerkmale hat (unbeschadet einer abschließenden Gesamtwürdigung) allerdings voneinander unabhängig zu erfolgen. Die Bejahung eines Eingliederungsmerkmals kann somit nicht der Bejahung eines anderen Eingliederungsmerkmals entgegenstehen. Dies gilt insbesondere dann, wenn die finanzielle Eingliederung (nur) als mittelbar erfüllt angesehen wird. Der wirtschaftlichen Eingliederung der beherrschten Gesellschaft steht dann nicht entgegen, dass die Verbindung zwischen ihr und der Obergesellschaft „über eine natürliche Person verläuft", die deren Gesellschafter ist.[1]

8.2 Gleichwertigkeit der Eingliederungsmerkmale

1322 Es ist grds. ohne Bedeutung, welches der drei Eingliederungsmerkmale weniger stark ausgeprägt ist. So hat der BFH in einem Fall trotz einer nicht vollkommenen finanziellen Eingliederung,[2] in einem anderen Fall trotz einer nicht ganz ausgeprägten organisatorischen Eingliederung[3] und in einem weiteren Fall trotz einer nicht ausgeprägten wirtschaftlichen Eingliederung[4] die Organschaft anerkannt. Für das Merkmal der finanziellen Eingliederung gelten insoweit keine Besonderheiten (siehe Rz. 1208). Die Auffassung dass jedenfalls die finanzielle Eingliederung vollkommen sein müsse,[5] findet im Gesetz keine Stütze. Ist die Eingliederung einer GmbH in ein Einzelunternehmen auf wirtschaftlichem und organisatorischem Gebiet völlig eindeutig, ist eine schwache finanzielle Eingliederung ausreichend. Gleichwohl ist festzuhalten, dass eine fehlende Anteilmehrheit des Organträgers bei der Organgesellschaft nicht etwa zu einer schwachen Ausprägung der finanziellen Eingliederung führt, sondern vielmehr dazu, dass es an dieser Eingliederungsvoraussetzung gänzlich fehlt.

8.3 Mindestzahl der vollkommen ausgeprägten Eingliederungsmerkmale

1323 Auch wenn in den angeführten BFH-Urteilen immer zum Ausdruck gebracht wurde, dass sich die beiden anderen Eingliederungsmerkmale deutlich realisiert hatten, kann daraus doch noch nicht geschlossen werden, dass eine Organschaft nur anerkannt werden kann, wenn sich die Eingliederung wenigs-

---

1 BFH, Beschluss v. 24.2.2003 - V B 84/01, KAAAA-70696 = BFH/NV 2003 S. 949.
2 Vgl. BFH, Urteil v. 23.7.1964 - V 180/61, HFR 1965 S. 242 = UR 1965 S. 178 = NWB F. 1 S. 228.
3 Vgl. BFH, Urteil v. 22.6.1967 - V R 89/66, BStBl 1967 III S. 715 = BFHE 89 S. 402 = BB 1967 S. 1238 = DStZ 1968 S. 94 = HFR 1967 S. 613.
4 Vgl. BFH, Urteil v. 15.6.1972 - V R 15/69, BStBl 1972 II S. 840.
5 Vgl. auch BFH, Urteil v. 21.12.1961 - V 234/59, StRK UStG § 2 Abs. 1 R. 104.

tens in zwei Merkmalen vollkommen ausgeprägt hat. Ein solcher Formalismus findet im Gesetz keine Stütze.

8.4 Bedeutung zivilrechtlicher Verträge

Da das Gesetz ausdrücklich für die finanzielle, wirtschaftliche und organisatorische Eingliederung auf die tatsächlichen Verhältnisse abstellt, sind die bürgerlich-rechtlichen Verträge zwischen dem Organträger und der Organgesellschaft nicht ausschlaggebend. Es kommt also nicht darauf an, ob das Abhängigkeitsverhältnis auf einem Mietvertrag, Pachtvertrag, Dienstleistungsvertrag usw. beruht und ob ein solcher Vertrag wirksam ist. Auch ein Beherrschungsvertrag i. S. von § 291 Abs. 1 AktG erfüllt für sich allein noch nicht die Voraussetzungen für die Anerkennung einer Organschaft (siehe Rz. 1318). Andererseits können bürgerlich-rechtliche Verträge auch nicht dazu führen, dass die Organgesellschaft zu einem selbständigen Unternehmen wird, wenn nach den tatsächlichen Verhältnissen alle Eingliederungsmerkmale gegeben sind. Die Maßgeblichkeit der tatsächlichen Verhältnisse entspricht allgemeinen Grundsätzen des Umsatzsteuerrechts. Soweit sie ernstlich durchgeführt werden, können Verträge allerdings tatsächliche Verhältnisse schaffen, die zu einer organschaftlichen Eingliederung führen. 1324

9. Maßgeblicher Zeitraum

Für die Beurteilung der Frage, ob die Voraussetzungen einer Organschaft erfüllt sind, sind allein die Verhältnisse im Veranlagungsjahr maßgeblich. Ohne Bedeutung ist, warum sie in der Vergangenheit nicht erfüllt waren.[1] Es ist mithin unerheblich, ob ein Grundstück bereits bei der Vermietung oder Verpachtung auf die besonderen Belange der Organgesellschaft abgestimmt war, oder ob dies erst danach geschah. Entscheidend für das Vorliegen einer wirtschaftlichen Eingliederung ist vielmehr, ob der Organträger durch die Stellung als Verpächter des Grundstücks im Veranlagungsjahr auf die Organgesellschaft Einfluss nehmen und ihr durch Kündigung dieser Rechtsbeziehungen wesentliche Grundlagen für ihre Umsatztätigkeit entziehen konnte.[2] 1325

(unbesetzt) 1326–1371

---

[1] BFH, Beschlüsse v. 1.4.1998 - V B 108/97, GAAAD-31285 = BFH/NV 1998 S. 1272, zu II.1.b; v. 25.4.2002 - V B 128/01, VAAAA-68404 = BFH/NV 2002 S. 1058.
[2] BFH, Beschluss v. 1.4.1998 - V B 108/97, GAAAD-31285 = BFH/NV 1998 S. 1272; vgl. auch FG Baden-Württemberg v. 28.1.2000 - 9 K 241/99, 9 K 171/94, IAAAB-06591 = EFG 2000 S. 1354.

III. Die Rechtswirkungen der Organschaft im Umsatzsteuerrecht

1. Kein Wahlrecht

1372 Es besteht kein Wahlrecht hinsichtlich der Rechtsfolgen der Organschaft.[1] Sind die tatbestandlichen Voraussetzungen einer umsatzsteuerlichen Organschaft erfüllt, führt dies europarechtskonform zwingend zum Eintritt der damit einhergehenden Rechtsfolgen.[2] Nach der Rspr. des BFH ist es „zweifelsfrei", dass das Gemeinschaftsrecht für die finanziell, wirtschaftlich und organisatorisch verbundenen Unternehmen kein Wahlrecht vorschreibt, von den Regeln der umsatzsteuerrechtlichen Organschaft Gebrauch zu machen.[3] Dies ergibt sich aus dem Wortlaut von Art. 11 MwStSystRL (ehemals Art. 4 Abs. 4 Unterabs. 2 der Richtlinie 77/388/EWG). Ein solches Wahlrecht bei der Organschaft, wie es z. B. in Großbritannien und der Schweiz vorgesehen ist, ist rechtspolitisch sinnvoll. Es obläge aber dem Gesetzgeber, es vorzusehen.[4] Die Einführung eines Wahlrechts oder die Normierung eines zeitnahen Feststellungsverfahrens kann viele Probleme beseitigen. Die Prüfung, ob eine umsatzsteuerliche Organschaft besteht, würde zeitlich früher erfolgen. Dies könnte Unternehmen von einer erheblichen Rechtsunsicherheit befreien und diesen mehr Planungssicherheit verschaffen.

Ein Wahlrecht des Steuerpflichtigen ergibt sich auch nicht aus dem EuGH-Urteil vom 22.5.2008.[5] Der Wortlaut der Nr. 1 („Bei Art. 4 Abs. 4 Unterabs. 2 ... handelt es sich um eine Norm, ... die es ... Personen ... gestattet, ...") erweckt zwar den Anschein eines Wahlrechts. Eine derartige Auslegung widerspräche jedoch nicht nur dem klaren Wortlaut der zitierten Norm, sondern auch Rz. 20 der Urteilsgründe: „Art. 4 Abs. 4 Unterabs. 2 der Sechsten Richtlinie setzt somit, wenn ein Mitgliedstaat von ihm Gebrauch macht, zwingend vo-

---

1 BFH, Urteile v. 17.1.2002 - V R 37/00, BStBl 2002 II S. 373; v. 29.10.2008 - XI R 74/07, BStBl 2009 II S. 256; a. A. FG Rheinland-Pfalz v. 11.3.2008 - 6 V 2395/07, IAAAC-80590 = UR 2008 S. 542.
2 Niedersächsisches FG v. 4.3.2010 - 16 K 305/08, DAAAD-42743 = EFG 2010 S. 1259; Birkenfeld, UR 2008 S. 2.
3 Die Verfassungsbeschwerde gegen das Urteil wurde nicht zur Entscheidung angenommen, BVerfG, Beschluss v. 31.10.2002 - 1 BvR 844/02, n.v.
4 BFH, Beschluss v. 28.11.2002 - V B 126/02, MAAAA-70532 = BFH/NV 2003 S. 515; vgl. auch FG Thüringen v. 5.5.1999 - I 443/98, EFG 1999 S. 1050; a. A. Stadie in Rau/Dürrwächter, § 2 UStG Rz. 816 f., 910 ff., 182. Lieferung 05.2019.
5 Rs. C-162/07 „Ampliscientifica und Amplifin", ZAAAC-80207 = HFR 2008, 878.

raus, dass die nationale Umsetzungsregelung einen einzigen Steuerpflichtigen vorsieht ...".[1]

Das fehlende Wahlrecht wirkt sich besonders belastend aus, wenn eine Kapitalgesellschaft insolvent wird und das Finanzamt aus diesem Anlass das Bestehen einer Organschaft prüft und bejaht. Denn die sonst mit einer Kapitalgesellschaft verbundene Haftungsbeschränkung wird dann steuerlich insoweit unterlaufen als nunmehr die Umsätze (und die Umsatzsteuerschulden) dem Organträger zugerechnet werden. 1373

Aufgrund der sich aus der Verlagerung der Steuerschuld auf den Organträger ergebenden finanziellen Auswirkungen kommt dem **Grundsatz der Rechtssicherheit** bei der Auslegung der Organschaftsvoraussetzungen besondere Bedeutung zu. Da die Organschaft nicht von einem Antrag des Organträgers abhängt, muss der Organträger in der Lage sein, anhand der Eingliederungsvoraussetzungen das Bestehen einer Organschaft rechtssicher feststellen zu können.[2] 1374

(unbesetzt) 1375

2. Verlust der Selbständigkeit

Durch die Eingliederung fehlt der Organgesellschaft eine wesentliche Voraussetzung, um als Unternehmer i.S. des § 2 Abs. 1 UStG anerkannt werden zu können, nämlich die Selbständigkeit. Nur der Organträger ist umsatzsteuerlicher Unternehmer.[3] Organgesellschaften sind (ähnlich wie Angestellte) unselbständige Teile des jeweiligen Organträgers mit der Folge, dass nur ein den gesamten Organkreis umfassendes Unternehmen besteht und daher zunächst einmal alle Umsätze, die die Organgesellschaften mit Dritten tätigen, dem Organträger zugerechnet werden.[4] Dies bedeutet, dass der Organträger selbst die fraglichen Lieferungen und Leistungen im Rahmen seines Unternehmens erbringt, indem er sich hierzu – wie ansonsten ein Arbeitgeber seiner Arbeitnehmer – seiner Organgesellschaften bedient.[5] 1376

---

1 Vgl. BFH, Urteil v. 29.10.2008 - XI R 74/07, BStBl 2009 II S. 256.
2 BFH, Urteil v. 22.4.2010 - V R 9/09, BStBl 2011 II S. 597, Rz. 25.
3 FG des Saarlandes v. 14.11.2001 - 1 K 348/98, JAAAB-12527.
4 Vgl. BFH, Urteile v. 15.7.1987 - X R 19/80, BStBl 1987 II S. 746; v. 9.1.1992 - V R 82/85, LAAAB-33511 = BFH/NV 1993 S. 63; v. 20.2.1992 - V R 80/85, EAAAB-33509 = BFH/NV 1993 S. 133; Abschnitt 2.8 Abs. 1 Satz 4 UStAE.
5 FG des Saarlandes v. 14.11.2001 - 1 K 348/98, JAAAB-12527.

C. Die Organschaft im Umsatzsteuerrecht

Darüber hinaus stellen alle Lieferungen oder sonstigen Leistungen zwischen dem Organträger und den Organgesellschaften oder umgekehrt sowie alle Lieferungen oder sonstige Leistungen zwischen mehreren Organgesellschaften desselben Organträgers nicht steuerbare Innenumsätze dar, weil es an einem Leistungsaustausch mit einem Dritten fehlt (§ 1 Abs. 1 Nr. 1 UStG). So handelt es sich z. B. nicht um einen umsatzsteuerbaren Leistungsaustausch, wenn der Organträger gegen einen entsprechenden Verrechnungspreis Waren an die Organgesellschaft liefert oder wenn diese gegen eine Verrechnungsgutschrift dem Organträger Maschinen zur mietfreien Nutzung überlässt. Leistungen der Organgesellschaft an den Organträger sind auch dann als sog. Innenleistung nichtsteuerbar, wenn der Organträger die Leistungen für nichtunternehmerische Zwecke verwendet.[1]

Auch **bei nicht erkannter Organschaft** entsteht für Leistungen im Organkreis keine Umsatzsteuer.[2] Diese Rechtswirkungen bestanden vor dem Inkrafttreten des Nettoumsatzsteuersystems mit Vorsteuerabzug in gleicher Weise und führten seinerzeit zu erheblichen Steuerersparnissen. Aber auch heute noch können durch Organschaft wesentliche Steuervorteile erreicht werden (siehe Rz. 1654 ff.).

1377   Die Umsätze einer Organgesellschaft sind in jedem Falle dem Organträger unabhängig von dessen Willen als eigene zuzurechnen. Dabei bleibt es auch, wenn sich die Zurechnung ungünstig auswirkt, indem durch sie z. B. Grenzen überschritten werden, innerhalb derer die Umsatzsteuer nicht erhoben wird.[3]

1378   Die Organgesellschaft wird wie ein Betrieb im Unternehmen des Organträgers behandelt. Zu Lieferungen und sonstigen Leistungen gleichgestellten Wertabgaben i. S. des § 3 Abs. 1b und 9a UStG kann es nicht kommen, weil Gegenstände oder sonstige Leistungen nicht aus dem Geschäftsbereich des Organträgers in den der Organgesellschaft für Zwecke außerhalb des Unternehmens entnommen werden.

---

1 Vgl. BFH, Urteil v. 20.8.2009 - V R 30/06, BStBl 2010 II S. 863.
2 Mecklenburg-Vorpommern, Erlass v. 6.2.1992 - IV - 320 - S 7105 - 2/91.
3 Z. B. bei § 19 Abs. 1 Satz 1 UStG.

3. Wirkungen bei Begründung und Beendigung der Organschaft (§ 1 UStG)

3.1 Begründung der Organschaft

Die Begründung der Organschaft ist ebenso wie ihre Auflösung kein umsatzsteuerbarer Vorgang. Dies beruht darauf, dass der Aufnahme oder Entlassung der Organgesellschaft kein Leistungsaustausch zugrunde liegt, weil es seitens der Organgesellschaft an einer Leistung und seitens des Organträgers an einer Gegenleistung fehlt (vgl. Einzelheiten und Beispiele zu Steuervorteilen durch nichtsteuerbaren Vermögensübergang in Rz. 1658 ff.).

1379

Die Begründung einer steuerrechtlichen Organschaft i. S. von § 2 Abs. 2 Nr. 2 UStG hat nicht zur Folge, dass die an der Organschaft beteiligten Unternehmen einen gemeinsamen Betrieb i. S. von § 1 BetrVG führen. Die nach § 2 Abs. 2 Nr. 2 UStG erforderliche organisatorische Eingliederung betrifft lediglich die Unternehmensebene, nicht aber die für den Betriebsbegriff des § 1 BetrVG maßgebliche betriebliche Ebene. Für den Betriebsbegriff i. S. von § 1 BetrVG ist vielmehr das Bestehen einer einheitlichen Leitung in mitbestimmungsrelevanten Angelegenheiten maßgebend. Diese Angelegenheiten können auch bei mehreren Unternehmen, die eine Organschaft i. S. von § 2 Abs. 2 Nr. 2 UStG bilden, organisatorisch getrennt wahrgenommen werden. Das wird nicht dadurch ausgeschlossen, dass bei der Organgesellschaft auf unternehmerischer Ebene eine vom Willen des Organträgers unabhängige Willensbildung nicht stattfinden darf. Denn es kann durchaus dem Willen des Organträgers entsprechen, für die dem Organkreis angehörenden Unternehmen jeweils unabhängige, voneinander getrennte Leitungen in personellen und sozialen Angelegenheiten zu institutionalisieren. Deshalb ist das Bestehen einer Organschaft i. S. von § 2 Abs. 2 Nr. 2 UStG allenfalls ein Indiz für die Führung eines gemeinsamen Betriebs durch den Organträger und die Organgesellschaft.[1]

1380

3.2 Beendigung der Organschaft

Beendet wird die Organschaft insbesondere durch Auflösung oder Veräußerung[2] der Organgesellschaften oder des Organträgers sowie durch Insolvenz (siehe Rz. 1384), nicht aber bereits ohne weiteres durch Eröffnung des Liquidationsverfahrens (siehe Rz. 1383).

1381

---

1 BAG, Beschluss v. 25.5.2005 - 7 ABR 38/04, EAAAB-94613 = BFH/NV Beilage 2006 S. 108.
2 BFH, Urteil v. 6.5.2010 - V R 26/09, BStBl 2010 II S. 1114.

C. Die Organschaft im Umsatzsteuerrecht

3.2.1 Durch Auflösung der Organgesellschaft oder des Organträgers

1382 Bei der Beendigung einer Organschaft durch Auflösung der Organgesellschaft oder des Organträgers oder durch die Übertragung des Vermögens der Organgesellschaft auf den Organträger kommt es nicht zu einem steuerbaren Umsatz, wenn die Eingliederung nach § 2 Abs. 2 Nr. 2 UStG bis zu der Übertragung fortbesteht (Einzelheiten in Rz. 1661 f.).

3.2.2 Durch Liquidation

1383 Dem Grundsatz der Einheit des Unternehmens entsprechend werden bei der umsatzsteuerlichen Organschaft Organträger und Organgesellschaften insgesamt als eine Einheit betrachtet. Wird bei einer Organgesellschaft die Liquidation beschlossen oder das Liquidationsverfahren eröffnet, so hat dies umsatzsteuerlich grds. die gleiche Wirkung wie die Auflösung eines von mehreren Betrieben (Betriebsstätten) bei einem Einzelunternehmer. **Bis die Liquidation abgeschlossen und das vorhandene Gesellschaftsvermögen veräußert ist, rechnet die Organgesellschaft, wenn sich an der Eingliederung sonst nichts ändert, zum Unternehmen des Organträgers.**[1]

3.2.3 Durch Eröffnung des Insolvenzverfahrens

1384 Die Eröffnung des Insolvenzverfahrens über das Vermögen der Organgesellschaft beendet die Organschaft. Die Organgesellschaft ist mit der Eröffnung des Insolvenzverfahrens kraft Gesetzes aufgelöst (§ 262 Abs. 1 Nr. 3 AktG; § 60 Abs. 1 Nr. 4 GmbHG) und damit dem Einfluss des Organträgers entzogen. Das Verfügungs- und Verwaltungsrecht über das Gesellschaftsvermögen steht gem. § 80 InsO dem Insolvenzverwalter zu, so dass sowohl die wirtschaftliche als auch die organisatorische Eingliederung i. S. des § 2 Abs. 2 Nr. 2 UStG in das Unternehmen des Organträgers entfällt.[2] Vom Zeitpunkt der Eröffnung des Insolvenzverfahrens an sind deshalb die Umsätze zwischen dem bisherigen Organträger und der bisherigen Organgesellschaft als Außenumsätze steuerbar. Die Uneinbringlichkeit der vereinbarten Entgelte richtet sich nach den Verhältnissen der Organgesellschaft, wenn diese zivilrechtlich Schuldnerin der Entgelte ist.[3] Durch die Einleitung des früheren Vergleichsverfahrens bei der Organ-

---

1 Vgl. FinMin Nordrhein-Westfalen, Erlass v. 9.11.1976 - S 7105 - 6 - VC 6, UR 1979 S. 130; zu Einzelheiten s. auch Rz. 1546 f.
2 BFH, Urteile v. 24.8.2016 - V R 36/15, BStBl 2017 II S. 595; v. 15.12.2016 - V R 16/14, BStBl 2017 II S. 600.
3 Vgl. FG München v. 27.5.1987 - VIII (III) 145/85 AO, UR 1988 S. 58.

gesellschaft brauchte die Organschaft nicht beendet zu sein.[1] Gleiches gilt für die Eröffnung des Insolvenzverfahrens über das Vermögen des Organträgers (siehe Rz. 1535 ff.). Der insolvenzrechtliche Einzelverfahrensgrundsatz spricht gegen den Fortbestand der Organschaft bei einer Insolvenzeröffnung über das Vermögen des Organträgers.[2]

Bei Organschaftsverhältnissen wird die Umsatzsteuer vom Organträger geschuldet. Wird über das Vermögen der Organgesellschaft das Insolvenzverfahren eröffnet, kann zwar die **Haftungsforderung** nach § 73 AO zum Verfahren angemeldet werden. Ein Haftungsbescheid mit Zahlungsaufforderung zu einem bestimmten Fälligkeitstag kann aber nach Eröffnung des Verfahrens nicht mehr erteilt werden. Nach § 95 InsO ist eine **Aufrechnung** ausgeschlossen, wenn die Forderung, gegen die aufgerechnet werden soll (z. B. Forderung aus Bauleistungen gegen öffentlich-rechtliche Körperschaften), fällig wird, bevor die Aufrechnung erfolgen kann. Zur Sicherung von Aufrechnungsmöglichkeiten will die Verwaltung daher Haftungsansprüche nach § 73 AO möglichst schon vor Eröffnung des Insolvenzverfahrens unter Setzung eines frühestmöglichen Zahlungstermins geltend machen.[3]   1385

(unbesetzt)   1386-1387

4. Umfang der Steuerbefreiung bei Grundstücksveräußerungen im Rahmen einer Organschaft (§ 4 Nr. 9a UStG)

Bei Organschaften kommt es vor, dass ein Mitglied eines Organkreises ein Grundstück veräußert, dessen Veräußerung durch ein anderes Mitglied des Organkreises (Makler i. S. des § 652 BGB) vermittelt wurde, und dass der Vermittler vom Erwerber einen Maklerlohn erhält. In einem solchen Fall werden die Veräußerung (Lieferung nach § 3 Abs. 1 UStG) und die Vermittlung (sonstige Leistung nach § 3 Abs. 9 UStG) vom selben Unternehmer durchgeführt. Es stellt sich daher die Frage, ob die Vermittlung als unselbständige Nebenleistung das umsatzsteuerliche Schicksal der nach § 4 Nr. 9a UStG umsatzsteuerfreien Grundstücksveräußerung teilt.   1388

---

1 Siehe Rz. 1546 f.; vgl. ferner FG Rheinland-Pfalz v. 17.3.1997 - 5 K 1998/94, n.v.
2 BFH, Beschluss v. 19.3.2014 - V B 14/14, NAAAE-61854 = BFH/NV 2014 S. 999.
3 OFD Hannover v. 11.4.2002 - S 0015 - 85 - StH 561/S 0550 - 470 - StO 322, StEK AO 1977 § 251/15.

C. Die Organschaft im Umsatzsteuerrecht

1389 Die Verwaltung vertritt zu Recht die Auffassung, dass die Steuerfreiheit nach § 4 Nr. 9a UStG die Vermittlungsleistung nicht umfasst.[1] Denn die Befreiung nach § 4 Nr. 9a UStG kommt für Geschäfte des Organkreises nur insoweit in Betracht, als sie unter das Grunderwerbsteuergesetz fallen. Da die Vermittlungsleistung nicht vom Grunderwerbsteuergesetz erfasst wird, ist die Steuerfreiheit insoweit ausgeschlossen. Zahlt in dem angeführten Beispiel der Veräußerer den Maklerlohn, stellt die Vermittlung einen nicht steuerbaren Innenumsatz im Organkreis dar. Zur Grunderwerbsteuerpflicht im Organkreis vgl. FG München vom 28.7.1966.[2]

1390 Die **Übertragung eines Grundstücks(-anteils) und die schlüsselfertige Errichtung eines Wohnhauses** darauf ist keine einheitliche (nach § 4 Nr. 9a UStG steuerfreie) Leistung, wenn die Grundstückslieferung und die Bauleistung von verschiedenen Rechtspersonen erbracht werden, selbst wenn diese Leistungen in einem einheitlichen Vertrag vereinbart worden sind und die GmbH, die die Bauleistungen ausführt, Organgesellschaft des Grundstücksveräußerers ist. Nach inzwischen ständiger Rechtsprechung ist für die Frage, ob eine oder mehrere Leistungen vorliegen, nicht auf die Sicht des Leistenden sondern auf die Sicht des Leistungsempfängers i. S. eines Durchschnittsverbrauchers abzustellen.[3] Ein Durchschnittsverbraucher wird aber angesichts dessen, dass er sich hinsichtlich der Grundstückslieferungen und der Bauleistungen Vertragsverhältnissen mit unterschiedlichen Leistungspartnern gegenübersieht, von mehreren Leistungen ausgehen, mögen sie auch rechtlich und tatsächlich in einem einheitlichen Vertrag untrennbar gebündelt sein. Denn sollten Gewährleistungsansprüche hinsichtlich der Bauleistungen auftreten, wird sich der Besteller nur an die GmbH und nicht an den Einzelunternehmer als Organträger halten können. Die Sicht des Durchschnittsverbrauchers wird nicht dadurch beeinflusst, dass beide Leistungspartner umsatzsteuerrechtlich als Organschaft eine Einheit bilden, da vor allem die erforderliche finanzielle Eingliederung der GmbH in den Organträger regelmäßig nicht nach außen hervortritt.[4]

---

[1] Vgl. OFD Düsseldorf, Vfg. v. 14.3.1974 - S 7162 A - St 533; Reinhard, Mehrwertsteuer-DienstV 16 R. 10.
[2] IV 108/65, EFG 1967 S. 88.
[3] EuGH, Urteil v. 25.2.1999 - Rs. C-349/96 „Card Protection Plan", FAAAC-43256 = UVR 1999 S. 157, Rz. 29 und z. B. BFH, Urteil v. 31.5.2001 - V R 97/98, BStBl 2001 II S. 658.
[4] FG München v. 30.1.2003 - 14 K 3659/02, AAAAB-10654.

III. Die Rechtswirkungen der Organschaft

5. Steuerbefreiung und Ausschluss vom Vorsteuerabzug bei der Vermittlung von Versicherungen (§ 4 Nr. 11 UStG)

Vermittelt eine Organgesellschaft Versicherungen an den Organträger oder andere Gesellschaften im Organkreis, sind die dafür von den außerhalb des Organkreises stehenden Versicherungsunternehmen gezahlten Provisionen steuerfrei nach § 4 Nr. 11 UStG. Dies führt auch dann zu einem Ausschluss des Vorsteuerabzuges nach § 15 Abs. 2 Nr. 1 UStG, wenn die Provisionen aufgrund eines Gewinnabführungsvertrages dem Organträger zufließen.[1]

1391

6. Option bei der Organschaft (§ 9 UStG)

Nach § 9 UStG kann ein Unternehmer in bestimmten Fällen auf eine Umsatzsteuerbefreiung verzichten. Zu diesem Zweck muss er gegenüber dem Finanzamt eine entsprechende Erklärung abgeben. Die Verzichtserklärung gilt für das gesamte Unternehmen und kann nicht auf bestimmte Betriebe oder Betriebsteile beschränkt werden.[2] So sind auch alle in einem Organkreis unter die jeweilige Befreiungsvorschrift fallenden Umsätze zu versteuern, wenn der Organträger auf die Anwendung einer oder mehrerer der in § 9 UStG genannten Befreiungen verzichtet. Gewisse Erleichterungen sind allerdings zugelassen.[3]

1392

7. Steuerschuldner bei der Organschaft (§ 13a UStG)

Schuldner der Umsatzsteuer für Lieferungen und sonstige Leistungen sowie für gleichgestellte Wertabgaben i. S. von § 3 Abs. 1b und 9a UStG ist grundsätzlich der Unternehmer (§ 13a Abs. 1 Nr. 1 UStG), also der Organträger. Er ist Steuerschuldner für alle vom Organkreis gem. § 1 Abs. 1 Nr. 1 UStG getätigten Umsätze und die gem. § 14c Abs. 1 UStG geschuldete Steuer.[4] Auch wenn die Organgesellschaft in eigenem Namen aufgetreten ist, wozu sie i. d. R. verpflichtet ist, ist der Organträger Steuerschuldner.

1393

Nach dem Urteil des FG Münster vom 20.10.1971[5] sind einem Organträger die Umsätze der Organgesellschaft selbst dann zuzurechnen, wenn diese bereits

1394

---

1 FG Düsseldorf v. 18.12.1997 - 1 K 5485/93 U, EFG 1998 S. 694, rkr.
2 Vgl. Abschnitt B Nr. 33 des BMF-Erlasses v. 14.2.1968 - IV A/2 - S 7015 - 2/68, BStBl 1968 I S. 401.
3 Vgl. BMF, Erlass v. 28.6.1969 - IV A/2 - S 7198 - 2/69, BStBl 1969 I S. 363.
4 Vgl. BFH, Beschluss v. 12.8.1993 - V B 230/91, KAAAB-33987 = BFH/NV 1994 S. 277; FG Münster v. 15.10.1992 - 5 K 590/86 U, n.v.; FG Düsseldorf v. 23.4.1993 - 5 K 531/90 U, EFG 1993 S. 747.
5 V 1574/69 U, EFG 1972 S. 264.

zur Umsatzsteuer veranlagt und der entsprechende Bescheid bestandskräftig geworden ist. Erst wenn der den Organträger betreffende Umsatzsteuerbescheid bestandskräftig geworden sei, ende die Zurechnung von Umsätzen einer Organgesellschaft. Richtig daran ist, dass es aufgrund besserer Erkenntnis zu einer widerstreitenden Steuerfestsetzung kommen kann. Diese ist jedoch gem. § 174 AO zu korrigieren, indem der gegen die verkannte Organgesellschaft ergangene bestandskräftige Bescheid aufgehoben wird (siehe Rz. 1595 ff.). Der gegen den nicht als solchen erkannten Organträger ergangene bestandskräftige Bescheid kann noch nach den §§ 172 und 173 AO durch Hinzurechnung weiterer Umsätze geändert werden.

1395 Umsätze, die von der Organgesellschaft (noch) vor Beendigung der Organschaft ausgeführt wurden, sind stets dem Organträger zuzurechnen und von diesem zu versteuern, auch wenn die hierauf entfallende Umsatzsteuer (z. B. in den Fällen der Ist-Besteuerung oder bei Insolvenz der Organgesellschaft) erst nach Beendigung der Organschaft entsteht.[1] Berichtigungsansprüche nach § 17 UStG, die diese Umsätze betreffen, richten sich ebenfalls ausschließlich gegen den Organträger als leistenden Unternehmer.[2]

1396 Umsätze, die nach Beendigung der Organschaft allein von der bisherigen Organgesellschaft ausgeführt worden sind, sind in vollem Umfang von dieser als leistendem Unternehmer zu versteuern.

1397 Von einem Organträger versteuerte Anzahlungen für Leistungen, die erst nach Beendigung der Organschaft abschließend erbracht werden, sind bei der Steuerfestsetzung gegenüber der vormaligen Organgesellschaft steuermindernd zu berücksichtigen. Denn § 13 Abs. 1 Nr. 1a Satz 4 UStG enthält einen selbständigen und abschließenden Steuerentstehungstatbestand. Die Entstehung der Steuerschuld nach § 13 Abs. 1 Nr. 1a Satz 4 UStG führt zu einer Vorverlagerung der Entstehung des Steueranspruchs. Die Vorschrift beseitigt den Zinsvorteil, den der leistende Unternehmer bei Vereinnahmung des Entgelts oder Teilentgelts (zzgl. Umsatzsteuer) vor Ausführung der Leistung ohne diese Regelung hätte. Dass die Anzahlungen nicht von der Organgesellschaft, sondern (zu Recht) von ihrem (früheren) Organträger gem. § 13 Abs. 1 Nr. 1a Satz 4 UStG versteuert worden sind, während der Steuertatbestand des § 1 Abs. 1 Nr. 1 Satz 1 UStG erst nach der Beendigung der Organschaft von der inzwischen

---

[1] FG Düsseldorf v. 23.4.1993 - 5 K 531/90 U, EFG 1993 S. 747.
[2] OFD Hannover, Vfg. v. 19.5.1999 - S 7105 - 101 - StH 542, S 7105 - 40 - StO 355, unter 2.2.

selbständigen Organgesellschaft verwirklicht worden ist, rechtfertigt kein anderes Ergebnis.[1]

(unbesetzt) 1398–1405

8. Steuerabzugsverpflichteter und Freistellungsbescheinigung

Organgesellschaften einer umsatzsteuerlichen Organschaft sind keine Unternehmer. Bei **Innensätzen** zwischen verschiedenen Organgesellschaften beziehungsweise zwischen der Organgesellschaft und dem Organträger besteht daher **keine Abzugsverpflichtung**. Im Rahmen einer umsatzsteuerlichen Organschaft ist der Organträger Unternehmer. Bei Bauleistungen, die **von Leistenden außerhalb des Organkreises** an die Organgesellschaft erbracht werden, ist deshalb der Organträger Leistungsempfänger und **zur Durchführung des Steuerabzugs** verpflichtet. Er haftet für das Unterlassen des Steuerabzugs. Es wird jedoch nicht beanstandet, wenn die Durchführung des Steuerabzugs durch die Organgesellschaft im Auftrage des Organträgers erfolgt.[2] 1406

(unbesetzt) 1407

Bei einer umsatzsteuerlichen Organschaft ist ausschließlich das steuerliche Verhalten der Organgesellschaft, die nach außen als Leistender auftritt, für die Erteilung der **Freistellungsbescheinigung** maßgebend. Ist die Organgesellschaft Leistender, weicht die in der Freistellungsbescheinigung aufgeführte Steuernummer von der in der Rechnung bezeichneten Steuernummer ab, weil die Organgesellschaft in ihren Rechnungen die für Zwecke der Umsatzbesteuerung erteilte Steuernummer des Organträgers anzugeben hat.[3] 1408

Nimmt in den Fällen der umsatzsteuerlichen Organschaft die Organgesellschaft den Steuerabzug im Auftrag des Organträgers für Bauleistungen von Leistenden außerhalb des Organkreises vor, sind die **Freigrenzen** nur zu beachten, wenn eine zentrale Überwachung der Freigrenzen im Organkreis erfolgt.[4] 1409

---

1 BFH, Urteil v. 21.6.2001 - V R 68/00, BStBl 2002 II S. 255, VAAAA-89176; a. A. FG Münster v. 26.9.2000 - 15 K 3929/96 U, BAAAB-10885; OFD Hannover, Vfg. v. 19.5.1999 - S 7105 - 101 - StH 542, S 7105 - 40 - StO 355, unter 2.3.
2 BMF v. 27.12.2002 - IV A 5 - S 2272 - 1/02, BStBl 2002 I S. 1399.
3 Vgl. BMF, Schreiben v. 28.6.2002, BStBl 2002 I S. 660.
4 BMF v. 27.12.2002 - IV A 5 - S 2272 - 1/02, BStBl 2002 I S. 1399, Tz. 49.

9. Anrechnung und Erstattung von Umsatzsteuer, die die Organgesellschaft gezahlt hat

1410 Aus der Regelung des § 2 Abs. 2 Nr. 2 UStG folgt, dass die von der Organgesellschaft bewirkten Umsätze an Dritte dem Organträger zuzurechnen sind. Gleiches gilt für den Vorsteuerabzug aufgrund von Leistungsbezügen der Organgesellschaft. Diese Rechtsfolgen können nicht im Hinblick darauf negiert werden, dass die Umsatzsteuer (im Voranmeldungsverfahren) durch die Organgesellschaft bereits entrichtet ist und sich das Umsatzsteueraufkommen im Ergebnis nicht verändert, ob man nun Umsätze und Vorsteuern dem Organträger oder der Organgesellschaft zurechnet. Wenn die Voraussetzungen der Organschaft erfüllt sind, sind auch in vollem Umfang die rechtlichen Konsequenzen zu ziehen.[1]

1411 Für das BFH-Urteil vom 16.12.1965[2] war es allerdings selbstverständlich, dass die bereits von der Organgesellschaft (irrtümlich) gezahlte Umsatzsteuer auf die Mehrsteuer des Organträgers „irgendwie angerechnet werden muss, weil es rechtsstaatlichen Grundsätzen widersprechen würde, dieselben Umsätze doppelt zu besteuern". Daraus ist hergeleitet worden, dass eine etwaige Erstattungsforderung dem Organträger selbst dann zusteht, wenn die Organgesellschaft Umsatzsteuer aufgrund eines an sie gerichteten Umsatzsteuerbescheides gezahlt hat, sofern die Berufung der Organgesellschaft auf den Wegfall der Steuerschuld nach einer Aufhebung der Steuerfestsetzungsbescheide gegen Treu und Glauben verstoßen würde.[3] Siehe aber Rz. 1412 ff.

9.1 Anrechnung und Erstattung bei Steuerfestsetzung gegenüber der Organgesellschaft

1412 Zahlungen können dem Organträger jedenfalls nicht angerechnet werden, solange die Steuerfestsetzungen gegenüber der Organgesellschaft noch nicht aufgehoben worden sind; denn bis zu diesem Zeitpunkt besteht formell eine eigene Steuerschuld der Organgesellschaft, so dass die von ihr geleisteten Zahlungen zur Tilgung der Steuerschuld des Organträgers nicht zur Verfügung stehen. Die Verwirklichung von Ansprüchen aus dem Steuerschuldverhältnis richtet sich nicht nach der materiellen, sondern nach der formellen Rechtslage.

---

1 FG Sachsen-Anhalt v. 22.4.2013 - V 173/10, SAAAE-02056. Rz. 31.
2 V 82/60 S, BStBl 1966 III S. 300.
3 BFH, Urteil v. 17.9.1981 - V R 35/79, n.v.; Beschluss v. 31.8.1987 - V B 53/87, ZAAAB-30025 = BFH/NV 1988 S. 201.

Grundlage für die Verwirklichung von Ansprüchen aus dem Steuerschuldverhältnis sind nach § 218 Abs. 1 AO die Steuerbescheide und sonstige Festsetzungsverwaltungsakte. Im Verfahren über Abrechnungsbescheide ist das Bestehen der umsatzsteuerrechtlichen Organschaft jedenfalls solange ohne Bedeutung, wie die Umsatzsteuerfestsetzungen (Jahresbescheide und Vorauszahlungsbescheide) gegenüber der Organgesellschaft nicht aufgehoben worden sind. Bis zu diesem Zeitpunkt sind aufgrund der formellen Bescheidlage die Zahlungen der Organgesellschaft als auf ihre eigene, durch Bescheid festgesetzte Steuerschulden geleistet anzusehen, auch wenn dies der materiellen Rechtslage widerspricht. Die Zahlungen der Organgesellschaft stehen deshalb als Zahlung eines Dritten auf dessen eigene Steuerschulden für eine Anrechnung auf die Umsatzsteuerschulden des Organträgers nicht zur Verfügung. 1413

Wenn schon ein und derselbe Steuerpflichtige, der aufgrund eines zu Unrecht ergangenen Steuerbescheids Zahlungen auf die materiell-rechtlich nicht geschuldete Steuerschuld geleistet hat, nicht deren Erstattung oder Verrechnung mit anderen Steuerschulden verlangen kann, solange der unrechtmäßige Steuerbescheid Bestand hat, so muss dies umso mehr gelten für das Anrechnungsbegehren des Organträgers für Zahlungen, die die Organgesellschaft aufgrund des gegen sie ergangenen Umsatzsteuerbescheids geleistet hat. Denn hier ist aufgrund der Beteiligung mehrerer Gesellschaften eine strenge Beachtung der formellen Bescheidlage geboten. 1414

Dass bei der Organschaft umsatzsteuerrechtlich nur ein Steuerpflichtiger (Unternehmer) vorhanden ist, muss als Ausfluss der hier unerheblichen materiellen Rechtslage außer Betracht bleiben. Solange die Bescheide gegenüber der Organgesellschaft nicht aufgehoben worden sind, das zuständige FA also Umsatzsteueransprüche gegen sie geltend macht, ist diese Beteiligte eines Steuerschuldverhältnisses. Das FA hat somit aufgrund der gegen diese ergangenen Steuerfestsetzungen die Zahlungen der Organgesellschaft mit Rechtsgrund erlangt. Dieser sich aus der formellen Rechtslage ergebende Rechtsgrund wirkt auch gegenüber dem Organträger.[1] 1415

9.2 Anrechnung und Erstattung nach Aufhebung der Steuerfestsetzung gegenüber der Organgesellschaft

Wird das Bestehen der Organschaft erst nachträglich festgestellt, so ist die formelle Bescheidlage der materiellen Rechtslage anzupassen: d. h. bereits ergangene Umsatzsteuerfestsetzungen gegenüber der Organgesellschaft sind auf- 1416

---

1 So BFH, Urteil v. 17.1.1995 - VII R 28/94, WAAAB-37586 = BFH/NV 1995 S. 580.

C. Die Organschaft im Umsatzsteuerrecht

zuheben und bisher bei der Organgesellschaft erfasste Umsätze und Vorsteuerabzüge sind im Wege der Änderung der bisherigen Steuerfestsetzungen dem Organträger zuzurechnen.[1]

1417 Der Organträger hat auch nach Aufhebung der gegenüber einer vermeintlichen Organgesellschaft ergangenen Umsatzsteuerbescheide keinen unmittelbaren Anspruch auf Erstattung oder Anrechnung der Umsatzsteuer, die die Organgesellschaft zugunsten ihres eigenen Umsatzsteuerkontos gezahlt hat. Denn nach § 37 Abs. 2 AO ist Erstattungsgläubiger, auf wessen Rechnung eine Zahlung ohne rechtlichen Grund bewirkt worden ist. Das ist nach der Rechtsprechung des BFH derjenige, dessen (möglicherweise nur vermeintliche) Steuerschuld nach dem Willen des Zahlenden, wie er im Zeitpunkt der Zahlung dem FA gegenüber erkennbar geworden ist, getilgt werden sollte.[2]

Dadurch soll den Finanzbehörden eine Prüfung zivilrechtlicher Beziehungen, etwa zwischen dem Steuerschuldner und einem zahlenden Dritten oder zwischen Personen, die eine Steuer als Gesamtschuldner zu leisten haben, erspart werden; ein Erstattungsanspruch soll nicht davon abhängen, wer von ihnen im Innenverhältnis auf die zu erstattenden Beträge materiell-rechtlich einen Anspruch hat.[3] Eine von einem (wirklichen oder vermeintlichen) Steuerschuldner geleistete Zahlung kann auch grds. nicht auf die Steuerschuld eines anderen Steuerschuldners angerechnet werden,[4] sondern ist ggf. demjenigen zu erstatten, der als Leistender aufgetreten ist. Dementsprechend können auch Umsatzsteuerzahlungen, die die Organgesellschaft auf ihre vermeintlich eigene Steuerschuld geleistet hat, nicht auf die Umsatzsteuerschuld des Organträgers angerechnet werden, sobald entsprechende Steuerfestsetzungen erfolgt sind.

1417a Diese Grundsätze gelten auch für den Fall, dass die Organschaft Steuerzahlungen auf die gegenüber dem Organträger festgesetzte Umsatzsteuerschuld leistet und sich später herausstellt, dass keine Organschaft bestand und die Umsatzsteuer nicht gegenüber dem Organträger, sondern gegenüber der Organgesellschaft hätte festgesetzt werden müssen. Die Herabsetzung der Steuerfestsetzung gegenüber dem (bisher irrtümlich als solchen behandelten) Organträger führt zu einem Erstattungsanspruch des Organträgers nach § 37 Abs. 2 AO, da auf dessen Rechnung Zahlungen an das Finanzamt geleistet

---

1 Vgl. BFH, Urteil v. 17.1.1995 - VII R 28/94, WAAAB-37586 = BFH/NV 1995 S. 580; FG Berlin v. 17.6.2003 - 5 K 5358/01, HAAAB-06843 = EFG 2003 S. 1363.
2 Vgl. BFH, Urteil v. 25.7.1989 - VII R 118/87, BStBl 1990 II S. 41; FG Berlin-Brandenburg v. 5.7.2007 - 2 K 7465/05 B, RAAAD-21570.
3 Vgl. BFH, Urteil v. 25.7.1989 - VII R 118/87, BStBl 1990 II S. 41, 42.
4 Vgl. BFH, Urteil v. 4.4.1995 - VII R 82/94, BStBl 1995 II S. 492.

III. Die Rechtswirkungen der Organschaft

wurden.[1] Eine „Umwidmung" der Zahlungen der Organgesellschaft dahingehend, dass sie diese Zahlungen zur Tilgung ihrer eigenen, bisher irrtümlich nicht festgesetzten Steuerschuld geleistet hat, kommt nicht in Betracht.

Dass eine „Anrechnung" gegen eine Organgesellschaft festgesetzter und von dieser gezahlter Umsatzsteuer auf die Umsatzsteuerschuld des Organträgers von vornherein nicht in Betracht kommt, wenn die Umsatzsteuerfestsetzungen gegenüber der Organgesellschaft, auf die von dieser Zahlungen erbracht worden sind, (noch) nicht aufgehoben worden sind,[2] lässt nicht den Umkehrschluss zu, nach Änderung der betreffenden Steuerfestsetzung sei ein Erstattungsanspruch des Organträgers gegeben, der die betreffenden Steuerzahlungen nicht geleistet hat und auf dessen Umsatzsteuerkonto sie auch von der (vom FA überhaupt erst später als solche erkannten) Organgesellschaft nicht geleistet worden sind.

1418

Die Maßgeblichkeit der bestandskräftigen Verwaltungsakte und der zu deren Verwirklichung geleisteten Zahlungen der Beteiligten schließt es nicht nur aus, gegen eine Organgesellschaft festgesetzte und von dieser gezahlte Umsatzsteuer auf die Umsatzsteuerschulden des Organträgers anzurechnen, ohne dass die Umsatzsteuerfestsetzungen gegenüber der Organgesellschaft aufgehoben worden sind. Auch nach Aufhebung der Umsatzsteuerbescheide gegenüber der Organgesellschaft besteht kein unmittelbarer Erstattungsanspruch des Organträgers. Für eine Berücksichtigung von Vorschriften des materiellen Steuerrechts (nämlich der umsatzsteuerrechtlichen Grundsätze der Organschaft) ist insofern grds. kein Raum.

Die im Festsetzungsverfahren vorzunehmende „Umbuchung" der vermeintlichen eigenen Umsätze der Organgesellschaft auf die Muttergesellschaft hat also nicht etwa Auswirkung auf das Steuererhebungsverfahren dahin, dass die wegen der angeblichen Umsätze geleisteten Steuer(voraus)zahlungen ebenfalls als (fiktiv) von der Muttergesellschaft geleistet „umzubuchen", d. h. mit deren Steuerschulden zu verrechnen oder dieser zu erstatten wären.[3] Soweit frühere BFH-Entscheidungen[4] hiervon abweichen, sind sie jedenfalls überholt.

---

1 FG Hessen v. 5.12.2017 - 1 K 1239/15, PAAAG-77457 = EFG 2018 S. 616.
2 Siehe Rz. 1412; vgl. auch BFH, Urteil v. 26.11.1996 - VII R 49/96, UAAAB-38456 = BFH/NV 1997 S. 537.
3 So BFH, Urteil v. 23.8.2001 - VII R 94/99, OAAAA-89203 = BFH/NV 2002 S. 86; vgl. auch BFH, Beschluss v. 21.6.1994 - VII R 68/93, FAAAB-35172 = BFH/NV 1995 S. 91.
4 Urteile v. 16.12.1965 - V 82/60 S, BStBl 1966 III S. 300; v. 17.9.1981 - V R 35/79, n.v.; v. 30.10.1984 - VII R 70/81, BStBl 1985 II S. 114 = BFHE 142 S. 207; Beschluss v. 31.8.1987 - V B 53/87, ZAAAB-30025 = BFH/NV 1988 S. 201; Urteil v. 17.1.1995 - VII R 28/94, WAAAB-37586 = BFH/NV 1995 S. 580; anders auch noch FG des Landes Brandenburg v. 16.12.1998 - 1 K 695/97 U, ZAAAB-06863 = EFG 2000 S. 154.

C. Die Organschaft im Umsatzsteuerrecht

1419 Zahlt die Organgesellschaft auf die werthaltige Umsatzsteuerschuld der Organträgerin, tilgt sie eine fremde Verbindlichkeit. Grundsätzlich ist in einer solchen Konstellation nach dem Urteil des Hessisches FG v. 16.10.2012[1] nicht davon auszugehen, dass die Organgesellschaft und spätere Insolvenzschuldnerin auf eine eigene Verbindlichkeit zahlt und das FA demnach als Insolvenzgläubiger angesehen werden könnte, dessen gesicherter oder befriedigter Vermögensanspruch insolvenzrechtlich angefochten werden kann. Daraus folgend führe die Zahlung des FA aufgrund eines irrtümlich angenommenen Anfechtungsgrundes an den Insolvenzverwalter der Organgesellschaft nicht zur Erfüllung des Umsatzsteuererstattungsanspruchs der Organträgerin.

9.3 Aufrechnung durch Organträger oder FA

1420 Schwierigkeiten, die sich daraus ergeben, dass dem Organträger kein Erstattungs- oder Anrechnungsanspruch hinsichtlich der von der Organgesellschaft (irrtümlich) gezahlten Umsatzsteuer zusteht, lassen sich dadurch beheben, dass sich der Organträger die Erstattungsforderung der Organgesellschaft von dieser abtreten lässt und mit dieser Forderung gegen eine Umsatzsteuerforderung des FA aufrechnet.

Das FA wird der Organgesellschaft keine Umsatzsteuer erstatten wollen, wenn es diese beim Organträger wegen dessen Zahlungsunfähigkeit nicht wieder eintreiben kann. Der Ausweg besteht hier darin, dass die Organgesellschaft nach § 73 AO für die Steuerschuld ihres Organträgers haftet und das FA nach (rechtzeitiger) Haftungsinanspruchnahme der Organgesellschaft mit der Haftungsforderung gegen deren Steuererstattungsforderung aufrechnen kann.[2] Dies zeigt aber auch, dass es grds. nicht treuwidrig ist, wenn die Organgesellschaft ungeachtet einer etwaigen Zahlungsunfähigkeit des Organträgers für dessen Steuerschulden im Erhebungsverfahren nicht unmittelbar einstehen will, sondern an sich unzweifelhaft entstandene eigene Steuererstattungsansprüche für sich beansprucht. Es ist im Allgemeinen mit dem Grundsatz von Treu und Glauben vereinbar, das FA auf die Durchsetzung seiner Steuerforderungen im Organkreis durch Geltendmachung der Haftung und Erklärung der Aufrechnung zu verweisen.[3]

1421 Hebt das FA, nachdem es das Bestehen eines Organschaftsverhältnisses festgestellt hat, die Umsatzsteuerfestsetzungen gegenüber der Organgesellschaft

---

1 6 K 721/10, DAAAE-36688 = EFG 2013 S. 1084.
2 Vgl. BFH, Urteil v. 23.8.2001 - VII R 94/99, OAAAA-89203 = BFH/NV 2002 S. 86.
3 Vgl. BFH, Urteil v. 23.8.2001 - VII R 94/99, OAAAA-89203 = BFH/NV 2002 S. 86.

auf, über deren Vermögen zwischenzeitlich das Gesamtvollstreckungsverfahren eröffnet wurde, und nimmt diese für Umsatzsteuern der Organträgerin durch Haftungsbescheid in Anspruch, ist eine Aufrechnung der Haftungsschuld mit dem Umsatzsteuererstattungsanspruch ausgeschlossen, da die Aufrechnungslage erst nach Eröffnung des Gesamtvollstreckungsverfahrens begründet wurde. § 7 Abs. 5 GesO erlaubt die Aufrechnung nur, wenn der Gläubiger zum Zeitpunkt der Eröffnung des Gesamtvollstreckungsverfahrens zur Aufrechnung befugt war. Damit ist eine Aufrechnung ausgeschlossen, wenn die Aufrechnungslage erst nach Verfahrenseröffnung begründet wurde.[1]

9.4 Billigkeitserlass

Eine Doppelzahlung von Umsatzsteuer durch die Organgesellschaft und den Organträger ist jedenfalls letztlich im Wege des Erlasses gem. § 227 AO zu verhindern.[2] Dagegen ist es weder systemwidrig noch widerspricht es grundlegenden Wertungen des UStG, wenn ein FA die von einer Organgesellschaft bis zur Insolvenzeröffnung verursachte Umsatzsteuer gegenüber dem Organträger festsetzt, obwohl dieser von der Organgesellschaft keine Mittel erhalten hat, um die Steuer zu entrichten.[3] Vgl. auch Rz. 1609.

1422

9.5 Erstattungs- und Nachzahlungszinsen

Stellt das FA im Veranlagungsverfahren fest, dass keine umsatzsteuerliche Organschaft vorliegt und daher für die „Organgesellschaft" eine eigenständige Steuerfestsetzung durchzuführen ist, führt dies bei der „Organgesellschaft" wegen unterbliebener Voranmeldungen und Vorauszahlungen zur Nachzahlung der kompletten Umsatzsteuer für das entsprechende Jahr; bei dem „Organträger" i. d. R. aber zu einer Umsatzsteuererstattung. Die „Organgesellschaft" muss daher Nachzahlungszinsen entrichten, während der „Organträger" Erstattungszinsen erhält. Da die Verzinsung nach § 233a AO den Liquiditätsvorteil des Steuerschuldners und den Nachteil des Steuergläubigers der individuellen Steuerforderung ausgleichen soll, kann eine Billigkeitsmaßnahme in Betracht kommen, wenn und soweit dieser Schuldner keine Zinsvorteile hatte oder haben konnte.[4]

1423

---

1 FG des Landes Brandenburg v. 6.3.2003 - 5 V 131/03, ZAAAB-07031 = EFG 2003 S. 752.
2 Einschränkend AO-AnwE 70.2.5.
3 BFH, Urteil v. 14.3.2012 - XI R 28/09, RAAAE-14520 = BFH/NV 2012 S. 1493.
4 AO-AnwE 70.2.5; vgl. auch FG Berlin v. 17.6.2003 - 5 K 5358/01, HAAAB-06843 = EFG 2003 S. 1363.

1424 Wird umgekehrt festgestellt, dass entgegen der ursprünglichen Annahme eine umsatzsteuerliche Organschaft besteht, so ist die USt-Festsetzung gegenüber der GmbH (Organgesellschaft) aufzuheben, so dass i. d. R. Erstattungszinsen festgesetzt werden. Sämtliche Umsätze sind laut AO-AnwE 70.2.6 dem Organträger zuzurechnen, so dass diesem gegenüber i. d. R. Nachzahlungszinsen festgesetzt werden. Entstehen aufgrund der Entscheidung, dass eine umsatzsteuerliche Organschaft vorliegt, insgesamt höhere Nachzahlungszinsen als Erstattungszinsen, können die übersteigenden Nachzahlungszinsen insoweit aus sachlichen Billigkeitsgründen erlassen werden, wenn und soweit der Schuldner keine Zinsvorteile hatte oder haben konnte.[1]

1425 Die beschriebenen Erstattungs- oder Nachzahlungszinsen entstehen aus der Berichtigung von nicht erkannten oder irrtümlich angenommenen Organschafts-Verhältnissen. Aus Vereinfachungsgründen kann im Einvernehmen mit der Finanzverwaltung auf eine solche Rückabwicklung verzichtet werden, sofern die Steuererhebung nicht gefährdet ist und keine Rechtsbehelfsverfahren wegen Umsatzsteuer-Festsetzungen gegenüber der Organgesellschaft anhängig sind.[2]

10. Haftung der Organgesellschaften für Umsatzsteuerschulden des Organträgers

1426 Die **Organgesellschaften** sind hinsichtlich der Umsatzsteuer nicht Steuerschuldner, haften jedoch nach § 73 AO **für Umsatzsteuern des Organträgers**, so z. B. bei Insolvenz der Besitzgesellschaft im Rahmen der Betriebsaufspaltung. Denn für die Umsatzsteuer ist die Organschaft i. S. von § 73 AO selbstverständlich steuerlich von Bedeutung.[3] Endet die Organschaft z. B. am 30.9., haftet die Organgesellschaft für alle bis zu diesem Zeitpunkt entstandenen und fällig gewordenen Umsatzsteuern.[4] Geltend gemacht werden kann der entstandene Haftungsanspruch auch noch danach.[5] Die Haftungsansprüche sind ggf. zur Insolvenztabelle der Organgesellschaft anzumelden.[6]

1427 Die Haftung bezieht sich auf die Steuern, für die die Organschaft gilt. Besteht z. B. nur hinsichtlich der Umsatzsteuer Organschaft, so erstreckt sich die Haf-

---

1 So auch BMF v. 22.12.2000 - IV A 4 - S- 0062 - 7/00, BStBl 2000 I S. 1549; FG Berlin v. 17.6.2003 - 5 K 5358/01, HAAAB-06843 = EFG 2003 S. 1363.
2 OFD Frankfurt v. 11.7.2017 - S 7105 A - 22 - St 110, QAAAG-53345.
3 Vgl. BFH, Urteil v. 11.4.1991 - V R 126/87, SAAAB-32635 = BFH/NV 1992 S. 140.
4 Vgl. FG München v. 18.9.1991 - 3 K 4202/88, EFG 1992 S. 373.
5 Braun, EFG 2000, Beilage 6 S. 33.
6 OFD Koblenz v. 15.6.2000 - S 0550 A - St 52 3, VAAAB-26488 = StEK AO 1977 § 251 Nr. 13.

III. Die Rechtswirkungen der Organschaft

tung der Organgesellschaft nicht auch auf die Körperschaftsteuer oder Gewerbesteuer des Organträgers (AO-AnwE zu § 73 – Haftung bei Organschaft). Ob Organschaft besteht, richtet sich nach dem jeweiligen Steuergesetz, das für die einzelne Steuer von Bedeutung ist.[1]

Den Steuern stehen die Ansprüche auf Erstattung von Steuervergütungen gleich (§ 73 Satz 2 AO). Die **Haftung** der Organgesellschaften erstreckt sich allerdings nicht auf die gesamten Umsatzsteuerschulden des Organträgers; sie beschränkt sich vielmehr auf solche Steuern, die bei der Organgesellschaft ohne die Organschaft, also bei unterstellter Selbständigkeit, angefallen wären.[2] Auch nach Beendigung der Organschaft haftet die Organgesellschaft gem. § 73 Satz 2 AO für die vom Organträger geschuldeten Umsatzsteuerbeträge nach § 73 AO, soweit diese vor Beendigung der Organschaft entstanden sind,[3] und für einen gegen den Organträger gerichteten Vorsteuerberichtigungsanspruch, soweit die zu berichtigenden Vorsteuern faktisch die Organgesellschaft betreffen.[4]

1428

Anders als bei einer auf zweipersonalen Organschaftsverhältnissen aufbauenden mehrstufigen körperschaftsteuerlichen Organschaft ist die umsatzsteuerliche Organschaft zwischen allen an der Organschaft beteiligten Gesellschaften von unmittelbarer steuerlicher Bedeutung, weil diese wie ein einheitliches Unternehmen behandelt werden. Die organschaftliche Verbundenheit rechtfertigt es daher, dass nicht nur Tochter-Organgesellschaften, sondern auch mehrstufig eingegliederte Organgesellschaften (Enkel-Organgesellschaften, Ur-Enkel-Organgesellschaften etc.) für die durch sie verursachten Umsatzsteuerschulden des Organträgers gem. § 73 AO in Anspruch genommen werden. Eine entsprechende Anwendung der Haftungsbeschränkung bei mehrstufiger körperschaftsteuerlicher Organschaft[5] kommt bei der umsatzsteuerlichen Organschaft somit nicht in Betracht.[6]

1428a

Ob eine Organgesellschaft nur für die durch eigene Tätigkeit entstandene Umsatzsteuer während des Bestehens der Organschaft haftet oder auch für Um-

1429

---

1 BMF v. 15.7.1998 - IV A 4 - S 0062 - 13/98, BStBl 1998 I S. 630; v. 4.2.2000 - IV A 4 - S 0062 - 1/00; Braun, EFG 2000, Beilage 5 S. 33.
2 Vgl. Reiß, StuW 1979 S. 343; Probst, BB 1987 S. 1992; Sturm, StuW 1992 S. 252; a. A. Mösbauer, UR 1995 S. 321.
3 FG München v. 18.9.1991 - 3 K 4202/88, EFG 1992 S. 373; OFD Hannover, Vfg. v. 19.5.1999 - S 7105 - 101 - StH 542, S 7105 - 40 - StO 355.
4 Vgl. FG München v. 27.5.1987 - XIII (III) 145/85, EFG 1988 S. 48.
5 BFH, Urteil v. 31.5.2017 - I R 54/15, BStBl 2018 II S. 54.
6 FG Düsseldorf. v. 22.2.2018 - 9 K 280/15 H(U), MAAAG-79723, Revision anhängig beim BFH, VII R 19/18.

satzsteuer einstehen muss, die durch die Tätigkeit anderer Organteile verursacht worden ist, ist nicht klärungsbedürftig, wenn eine Trennung der Vermögenssphären der Organteile nicht mehr möglich ist und der Geschäftsführer Vermögenswerte auf die Organgesellschaft verschoben hatte.[1]

1430 Zieht das Finanzamt in Fällen einer umsatzsteuerrechtlichen Organschaft der Steuerschuld des Organträgers entsprechende Beträge aufgrund einer Lastschriftermächtigung vom Konto der Organgesellschaft ein, so macht es den steuerrechtlichen Haftungsanspruch aus § 73 AO gegen die Organgesellschaft geltend. Gerät diese in Insolvenz, erlangt das Finanzamt die Zahlung als deren Insolvenzgläubiger. Dies entspricht der rechtlichen Eigenart des steuerrechtlichen Haftungsanspruchs. Mit dem Steueranspruch gegen den Organträger wird zugleich der Haftungsanspruch gegen die Organgesellschaft begründet.

Ein **Haftungsanspruch entsteht**, sobald der Tatbestand verwirklicht ist, an den das Gesetz die Haftungsfolge knüpft. Wegen der Akzessorietät des Haftungsanspruchs ist hierfür im Regelfall erforderlich, dass auch die Steuerschuld, für die gehaftet werden soll, entstanden ist und noch besteht. Für die Entstehung des Haftungsanspruchs als abstrakten, materiell-rechtlichen Anspruch aus dem Steuerschuldverhältnis bedarf es nicht des Erlasses eines **Haftungsbescheids**. Der Haftungsbescheid konkretisiert lediglich den bereits entstandenen Haftungsanspruch und bildet die Grundlage für die Verwirklichung dieses Anspruchs. Der Haftungsbescheid hat ebenso wie der Steuerbescheid keine konstitutive, sondern nur deklaratorische Bedeutung.[2] Die Entstehung des Haftungstatbestandes als materiell-rechtlicher Anspruch aus dem Steuerverhältnis erfordert danach also nicht den Erlass eines Haftungsbescheides.[3]

11. Keine Haftung des Organträgers für Umsatzsteuerschulden der Organgesellschaft

1431 Der Organträger schuldet die Umsatzsteuer der Organgesellschaft unmittelbar und nicht nur im Wege der Durchgriffshaftung.[4] Eine **Haftung des Organträgers** für Steuerschulden einer Organgesellschaft ist nicht möglich, weil bei der Organgesellschaft keine Umsatzsteuerschulden entstehen können.[5] Die

---

1 BFH, Beschluss v. 21.11.2003 - V B 104/02, SAAAB-14893.
2 BFH, Urteil v. 15.10.1996 - VII R 46/96, BStBl 1997 II S. 171 = BFHE 181 S. 392, 394 f.
3 BGH, Urteil v. 19.1.2012 - IX ZR 2/11, VAAAE-02282.
4 Vgl. FG Rheinland-Pfalz v. 25.10.1983 - V 29/82, EFG 1983 S. 525 = DVR 1984 S. 176.
5 A. A. FG Baden-Württemberg v. 22.2.2001 - 14 K 269/97, BAAAB-06187 = EFG 2001 S. 931.

Geschäftsführer des Organträgers haften persönlich für die im Organkreis angefallenen Umsatzsteuern gem. §§ 34 und 69 AO.[1]
Bei einer umsatzsteuerrechtlichen Organschaft ist auch im Steuerabzugsverfahren gem. §§ 51 ff. UStDV die Leistungsbeziehung zwischen der Organgesellschaft und dem ausländischen Unternehmer unmittelbar dem Organträger zuzurechnen. Bei seiner Inhaftungsnahme nach § 55 UStDV und § 191 AO bedarf es keiner Darlegung besonderer Ermessenserwägungen.[2]

12. Zivilrechtliche Ausgleichsansprüche im Organkreis

Organträger und Organgesellschaft sind aufgrund ihrer Stellung als Steuerschuldner (Organträger) und Haftungsschuldner (Organgesellschaft) nach der Rechtsprechung des BGH Gesamtschuldner i. S. von § 421 BGB. Aufgrund seiner Steuerschuldnerschaft für die Umsätze des gesamten Organkreises steht dem Organträger daher zivilrechtlich ein Ausgleichsanspruch i. S. von § 426 BGB gegen die Organgesellschaft auf Zahlung der Umsatzsteuer zu, die auf ihre Umsatztätigkeit entfällt.

1432

Dieser Ausgleichsanspruch beruht nach der BGH-Rechtsprechung darauf, dass der Beteiligte am Organkreis, aus dessen Umsätzen die an das FA gezahlten Umsatzsteuerbeträge herrühren, im Innenverhältnis zwischen den dem Organkreis angehörenden Personen auch die Steuerlast zu tragen hat. Der BGH führt hierfür zutreffend an, dass die Umsatzzurechnung zum Organträger ohne zivilrechtlichen Innenausgleich dem Grundsatz der Belastungsneutralität widerspräche, da es sonst zu erheblichen Vermögensverschiebungen zwischen den am Organkreis beteiligten Rechtsträgern käme.[3] Ebenso würde der Grundsatz der Belastungsneutralität auf Unternehmensebene systemwidrig durchbrochen, wenn das Recht zum Vorsteuerabzug für die an eine Organgesellschaft erbrachten Lieferungen und Leistungen zivilrechtlich dem Organträger zugewiesen würde. Somit erfolgt die Verteilung von Umsatzsteuerlast und Vorsteuerabzugsrecht gleichermaßen nach dem Verursacherprinzip.[4]

Gegenstand des Ausgleichsanspruchs ist dabei ein Saldobetrag, der sich zulasten oder zugunsten der Organgesellschaft aus einer fiktiven auf die Organgesellschaft bezogenen Steuerberechnung ergibt. Dementsprechend geht der BGH von einem Ausgleichsanspruch in Höhe des Betrages aus, der sich aus

---

1 Vgl. FG Rheinland-Pfalz v. 16.11.1992 - 5 K 1237/91, EFG 1993 S. 497.
2 FG des Landes Brandenburg v. 6.2.1997 - 1 V 1319/96 KV, EFG 1997 S. 642.
3 BGH, Urteil v. 29.1.2013 - II ZR 91/11, XAAAE-30504 = HFR 2013 S. 537, unter II.2.b.
4 BGH, Urteil v. 29.1.2013 - II ZR 91/11, XAAAE-30504 = HFR 2013 S. 537, unter II.2.c bb.

den „internen" Umsatzsteuervoranmeldungen der Organgesellschaft nach Saldierung von Vorsteuerbeträgen und „Umsatzsteuerschulden" ergibt.[1]

13. Insolvenzanfechtung

1433 Bezahlt in einer umsatzsteuerlichen Organschaft die Organgesellschaft kurz vor Eröffnung des Insolvenzverfahrens über ihr Vermögen die Steuerschuld des Organträgers, so ist die Zahlung nach § 134 InsO anfechtbar, wenn die Steuerforderung gegenüber dem Organträger nicht werthaltig (uneinbringlich) war. Nach § 134 InsO ist eine **unentgeltliche Leistung**, sofern sie innerhalb von vier Jahren vor Insolvenzeröffnung vorgenommen worden ist, anfechtbar (Schenkungsanfechtung). Eine unentgeltliche Leistung liegt auch in der Zuwendung an einen Dritten, wenn dessen Forderung gegen den Schuldner nicht werthaltig war. War nämlich die Forderung nicht werthaltig, verliert der Dritte mit dem Erlöschen dieser Forderung durch die Zahlung des späteren Insolvenzschuldners (§ 47 AO i.V. m. § 267 BGB) wirtschaftlich nichts, was als Gegenleistung für die Zuwendung angesehen werden kann.[2]

1434 Hat die Organgesellschaft die Steuerschuld des Organträgers **vor Fälligkeit bezahlt**, obwohl der Organträger leistungsfähig war, ist diese Zahlung gegenüber dem FA nicht gem. § 131 Abs. 1 Nr. 1 InsO anfechtbar, weil das FA nicht Insolvenzgläubiger ist. Nach dieser Vorschrift ist eine Rechtshandlung anfechtbar, die einem Insolvenzgläubiger eine Befriedigung gewährt hat, die er nicht zu der Zeit zu beanspruchen hatte, wenn die Handlung im letzten Monat vor dem Antrag auf Eröffnung des Insolvenzverfahrens vorgenommen worden ist. Die Zahlung der Organgesellschaft ist hier Tilgung einer fremden Verbindlichkeit. Eine solche ist aus insolvenzrechtlicher Sicht grds. nicht im Wege der Anfechtung der Zahlung der Organgesellschaft an das FA rückgängig zu machen, weil zur Masse ein Befreiungs- oder Rückgriffsanspruch gegen den Schuldner gehört, dessen Schuld der Insolvenzschuldner erfüllt hat, und weil deshalb die Insolvenzgläubiger nicht benachteiligt sind. Bei einer umsatzsteuerlichen Organschaft zwischen der Insolvenzschuldnerin als Organgesellschaft und einem Organträger ist bei Zahlung der Umsatzsteuer durch die Organgesellschaft das FA nicht stets Insolvenzgläubiger i. S. des § 131 InsO.[3] Ein theoretisch be-

---

1 BGH, Urteil v. 29.1.2013 - II ZR 91/11, XAAAE-30504 = HFR 2013 S. 537, unter II.3.
2 Vgl. BGH, Urteile v. 5.2.2004 - IX ZR 473/00, JAAAC-00902 = ZInsO 2004 S. 499, m.w. N.; v. 16.11.2007 - IX ZR 194/04, NAAAC-68042 = BGHZ 174 S. 228; BFH v. 23.9.2009 - VII R 43/08, AAAAD-33325 = BFH/NV 2010 S. 276.
3 Vgl. BFH, Urteil v. 23.9.2009 - VII R 43/08, AAAAD-33325 = BFH/NV 2010 S. 276; a. A. OLG Köln v. 14.12.2005 - 2 U 89/05, ZInsO 2006 S. 1329; OLG Nürnberg v. 9.3.2009 - 4 U 2506/08, n.v.

stehender Haftungsanspruch reicht dafür nicht aus. Denn der Haftungsanspruch nach § 73 AO ist gegenüber dem Steueranspruch subsidiär, wenn feststeht, dass der Steuerschuldner zur Zahlung in der Lage ist.[1]

14. Unberechtigter Steuerausweis

14.1 Durch den Organträger

Der Organträger ist auch insoweit Steuerschuldner, als er selbst in einer Rechnung für eine Lieferung oder sonstige Leistung gegenüber einem Dritten einen höheren Steuerbetrag ausweist, als nach dem UStG geschuldet wird. Dies ergibt sich aus dem Wortlaut des § 14c Abs. 1 UStG („Hat der Unternehmer ... so schuldet er auch den Mehrbetrag"); eine Organgesellschaft haftet für eine derartige Steuer nach § 73 AO, soweit sie von dem Vorgang betroffen ist (siehe Rz. 1426). 1435

14.2 Durch eine Organgesellschaft

Weisen Organgesellschaften in Rechnungen, die sie in eigenem Namen erstellen, Umsatzsteuer aus, so schulden sie diese lt. Gesetzeswortlaut nach § 14c Abs. 2 UStG, weil sie keine Unternehmer sind. Diese Steuerbeträge werden allerdings nicht geschuldet, weil sie auf Umsätze entfallen, die vom Organträger versteuert werden (siehe Rz. 1439). Soweit die in den Rechnungen der Organgesellschaften ausgewiesenen Steuerbeträge nicht gleichzeitig vom Organträger geschuldet werden (z. B. Ausweis einer zu hohen Steuer in den Rechnungen der Organgesellschaft oder Ausweis einer Steuer in einer Rechnung der Organgesellschaft, der keine Lieferung zugrunde liegt), schulden die Organgesellschaften diese Beträge nach § 14c Abs. 2 UStG selbst.[2] Er „... schuldet den ausgewiesenen Betrag ..., obwohl er nicht Unternehmer ist oder eine Lieferung oder sonstige Leistung nicht ausführt".[3] Als Haftender kann der Organträger nicht herangezogen werden (siehe Rz. 1431). 1436

---

1 Vgl. BFH, Urteil v. 23.9.2009 - VII R 43/08, AAAAD-33325 = BFH/NV 2010 S. 276.
2 FG Düsseldorf v. 17.5.2006 - 4 K 4757/01 AO, YAAAC-74433.
3 A.A. FG Münster v. 25.3.1994 - 15 V 896/94 U, EFG 1994 S. 590; v. 24.1.1995 - 15 K 485/94 U, EFG 1996 S. 294.

C. Die Organschaft im Umsatzsteuerrecht

15. Rechnungsausstellung bei der Organschaft (§ 14 UStG)

15.1 Rechnungen gegenüber Dritten

1437 Im Fall der umsatzsteuerlichen Organschaft kann der Name und die Anschrift der Organgesellschaft angegeben werden, wenn der leistende Unternehmer oder der Leistungsempfänger unter dem Namen und der Anschrift der Organgesellschaft die Leistung erbracht bzw. bezogen hat.[1]

1438 Nach § 14 Abs. 1 UStG ist allerdings nur der Unternehmer, d. h. der Organträger, berechtigt und ggf. verpflichtet, bei Außenumsätzen (Umsätze gegenüber Dritten) Rechnungen mit gesondertem Steuerausweis auszustellen.

Die Organgesellschaften haben diese Pflicht und dieses Recht nicht. Bürgerlich-rechtlich schließen die Organgesellschaften jedoch ihre Verträge mit Dritten in eigenem Namen ab und erteilen im Regelfall auch dementsprechende Rechnungen mit gesondertem Steuerausweis. Der Leistungsempfänger kann die von Organgesellschaften ausgewiesene Steuer auch grds. als Vorsteuer absetzen, zumal er oft nicht weiß, dass es sich bei den Organgesellschaften nicht um selbständige Unternehmer handelt.

15.1.1 Umsatzsteuerrechtliche Folgen aus Rechnungen einer Organgesellschaft

1439 Umsatzsteuerrechtlich schulden in derartigen Fällen die Organgesellschaften die in der Rechnung ausgewiesene Steuer lt. Gesetzeswortlaut nach § 14c Abs. 2 UStG. Die von Organgesellschaften ausgestellten Rechnungen i. S. des § 14 UStG wirken jedoch für und gegen den Organträger. Dogmatisch lässt sich dies damit begründen, dass die Zurechnung auch den Rechnungsverkehr erfasst, wenn kraft Gesetzes (§ 2 Abs. 2 Nr. 2 UStG) Umsätze einem nicht nach außen auftretenden Unternehmer wie dem Organträger zuzurechnen sind.[2] Insoweit handelt es sich daher nicht um Rechnungen eines Nichtunternehmers, weil die Organschaft – als Organ des Organkreises – Leistende ist und dementsprechend abrechnen darf.[3] Ein unberechtigter Steuerausweis im materiell-rechtlichen Sinne liegt bei Rechnungsstellung durch die Organgesellschaft somit nicht vor.

---

1 BMF v. 29.1.2004 - IV B 7 - S 7280 - 19/04, BStBl 2004 I S. 258.
2 Vgl. Schleswig-Holsteinisches FG v. 3.4.1979 - VI 11/76, UR 1979 S. 170; Stadie in Rau/Dürrwächter, § 2 UStG Rz. 936, 938, 182. Lieferung 05.2019.
3 Korn in Bunjes, § 2 UStG Rz. 38; BFH, Urteil v. 28.10.2010 - V R 7/10, BStBl 2011 II S. 391.

III. Die Rechtswirkungen der Organschaft

Ohne eine korrespondierende Steuerentstehung auf Ebene des Organträgers (z. B. bei dem Ausweis einer Steuer in einer Rechnung der Organgesellschaft, der keine Lieferung oder Leistung zugrunde liegt) werden die Steuerbeträge jedoch nach § 14c Abs. 2 UStG von der Organgesellschaft geschuldet.[1]

Bei Bestehen einer Organschaft würde die Organgesellschaft mit Ausnahme der Selbständigkeit (§ 2 Abs. 2 Nr. 2 UStG) alle Unternehmervoraussetzungen erfüllen. Organgesellschaften sind als Teil eines unternehmerischen Organkreises grds. zum Steuerausweis berechtigt. Denn bei steuerpflichtigen Leistungen an Dritte besteht keine Verpflichtung, eine durch eine Organgesellschaft erbrachte Leistung durch den Organträger abzurechnen. Die Rechnungserteilung kann vielmehr auch durch die Organgesellschaft im eigenen Namen erfolgen. Dies ergibt sich daraus, dass es sich bei der Organgesellschaft und ihrer Firma um einen Unternehmensteil des Organträgers und damit um eine zusätzliche Firmenbezeichnung des Organträgers handelt.[2]

1440

15.1.2 Zivilrechtliche Lage

Ist die Organgesellschaft wie üblich bei einem Umsatz gegenüber Dritten in eigenem Namen aufgetreten, so richtet sich der zivilrechtliche Anspruch des Dritten auf Rechnungserteilung gem. § 14 Abs. 1 UStG nur gegen die Organgesellschaft als dem zivilrechtlichen Vertragspartner, obwohl diese umsatzsteuerrechtlich nicht Unternehmerin ist und deshalb bei wörtlicher Auslegung des Gesetzes grds. keine Rechnung ausstellen dürfte. Der Schutz des Leistungsempfängers zwingt jedoch dazu, § 14 Abs. 1 UStG so auszulegen, dass für den Anspruch auf Rechnungserteilung die Unternehmereigenschaft und die Zurechnung von Umsätzen nach dem Außenverhältnis zu beurteilen sind, wobei auch auf das Rechtsinstitut der mittelbaren Stellvertretung zurückgegriffen werden kann.[3] Die „völlig überflüssigen Differenzierungen" gegenüber dem Zivilrecht[4] sind mit der Organschaft zwangsläufig verbunden, mussten dem Gesetzgeber deshalb bekannt sein und haben in jahrzehntelanger Praxis auch zu keinen Schwierigkeiten geführt.

1441

---

1 Siehe auch Rz. 1436.
2 BFH, Urteil v. 28.10.2010 - V R 7/10, BStBl 2011 II S. 391.
3 Handeln in eigenem Namen, aber in fremdem Interesse; vgl. Stadie, UR 1988 S. 19.
4 So Reiß, StuW 1979 S. 344.

15.1.3 Angabe der Steuernummer oder Umsatzsteuer-Identifikationsnummer

1442 Nach dem durch Art. 1 Nr. 2 Steuerverkürzungsbekämpfungsgesetz vom 19.12.2001 eingefügten § 14 Abs. 1a UStG (jetzt § 14 Abs. 4 Nr. 2 UStG) hat der leistende Unternehmer in nach dem 30.6.2002 ausgestellten Rechnungen die ihm vom FA erteilte Steuernummer anzugeben. Im Falle der Organschaft besteht für die Organgesellschaft nach Abschnitt 14.5. Abs. 7 UStAE ein Wahlrecht, ob sie ihre eigene Steuernummer oder Umsatzsteuer-Identifikationsnummer oder die des Organträgers angibt. Da die Organgesellschaft selbst zum Ausstellen von Rechnungen berechtigt ist, besteht kein Grund zur Verwendung der Steuernummer oder Umsatzsteuer-Identifikationsnummer des Organträgers.[1]

1442a Bei Abrechnung von innergemeinschaftlichen Lieferungen und sonstigen Leistungen hat die Organgesellschaft zwingend ihre eigene Umsatzsteuer-Identifikationsnummer zu verwenden, da die Wirkungen der Organschaft auf das Inland beschränkt sind (siehe hierzu Rz. 1485 ff.) und die Organgesellschaft diese Umsätze in ihrer eigenen Zusammenfassenden Meldung deklarieren muss (siehe hierzu Rz. 1500 ff.). Würde die Organgesellschaft für solche Umsätze die Umsatzsteuer-Identifikationsnummer des Organträgers verwenden, würde die Angabe auf der Rechnung nicht zu der Umsatzsteuer-Identifikationsnummer passen, unter welcher der entsprechende Umsatz in der Zusammenfassenden Meldung gemeldet wird. Dies würde die Auswertung und Aufarbeitung von Differenzen hinsichtlich des auf Basis der Zusammenfassenden Meldungen erstellten Kontrollmaterials erheblich erschweren.

15.2 Rechnungen innerhalb des Organkreises

1443 Innerhalb des Organkreises dürfen, da es sich nur um ein einziges Unternehmen handelt, eigentlich keine Rechnungen ausgestellt werden. Rechnungen ohne Steuerausweis innerhalb des Organkreises aus Gründen der betrieblichen Leistungsabrechnung bleiben aber natürlich zulässig.[2] Kommt es darüber hinaus zu Rechnungen mit gesondertem Steuerausweis (z. B. für Warenbewegungen von einer Organgesellschaft zur anderen), so ist in den Rechnungen ein Steuerbetrag ausgewiesen, der als nicht steuerbarer Innenumsatz nicht geschuldet wird. **§ 14c Abs. 2 UStG findet keine Anwendung**, weil der Begriff der Rechnung hier nicht nach Handelsrecht, sondern nach umsatzsteuerlichen

---

1 So auch Korn in Bunjes, § 14 UStG Rz. 75.
2 Vgl. Reiß, StuW 1979 S. 344.

Grundsätzen zu definieren ist. § 14c Abs. 2 UStG ist so zu verstehen, dass nur Rechnungen mit unzulässigem Steuerausweis gegenüber einem (außerhalb des Organkreises stehenden) Dritten betroffen sind.[1] Buchungen und Abrechnungen innerhalb des Organkreises sind umsatzsteuerrechtlich ohne Bedeutung; gegenseitige Rechnungen innerhalb des Organkreises aus Abrechnungsgründen sind nur innerbetrieblicher Natur.[2] Denn um eine Rechnung i. S. von § 14c Abs. 2 UStG handelt es sich bei Innenumsätzen nicht, weil eine solche die Abrechnung eines Leistenden über eine Leistung gegenüber einem Leistungsempfänger voraussetzt; Rechnungen über Innenumsätze sind umsatzsteuerlich jedoch nur unternehmensinterne Belege.

Bei Rechnungen innerhalb des Organkreises fällt demnach weder eine Umsatzsteuer an, noch kann die in derartigen Rechnungen ausgewiesene Steuer als Vorsteuer nach § 15 Abs. 1 UStG abgezogen werden.[3] Als Vorsteuer ist die bei Innenumsätzen ausgewiesene Steuer nicht abziehbar, weil keine Lieferung oder sonstige Leistung von dem einen an den anderen Unternehmer i. S. von § 15 Abs. 1 UStG ausgeführt worden ist. 1444

(unbesetzt) 1445–1455

16. Vorsteuerabzug bei der Organschaft (§ 15 UStG)

16.1 Aus Rechnungen Dritter

Nach § 15 Abs. 1 UStG steht der Vorsteuerabzug nur dem Unternehmer, d. h. dem Organträger zu; die Organgesellschaften sind also nicht zum Vorsteuerabzug berechtigt. Bürgerlich-rechtlich kaufen jedoch die Organgesellschaften Waren, Anlagegegenstände usw. in eigenem Namen und erhalten dementsprechend vielfach Rechnungen, die nicht auf den Organträger, sondern auf die Organgesellschaft lauten. Der Organträger kann die in diesen Rechnungen ausgewiesenen Vorsteuerbeträge trotzdem nach § 15 UStG abziehen, weil sein Unternehmen den gesamten Organkreis umfasst. Die Lieferung oder sonstige Leistung ist i. S. von § 15 Abs. 1 Nr. 1 UStG „für sein Unternehmen ausgeführt worden". 1456

---

1 Siehe Rz. 1436; BdF, Erlass v. 16.9.1968 - IV A/3 - 7300 - 65/68; Abschnitt C I 3 BdF, Erlass v. 28.6.1969 - IV A/3 S 7300 - 48/69, BStBl 1969 I S. 349; OFD Saarbrücken v. 2.1.1969 - S 7283 - 2 - St 32, BB 1969 S. 395; zweifelnd List, UR 1969 S. 145.
2 Vgl. Reiß, StuW 1979 S. 344.
3 Vgl. USt-Gruppenleiterbesprechung Oktober 1968, UR 1968 S. 351; Abschnitt C I 3 BMF, Erlass v. 28.6.1969 - IV A 3 - S 7300 - 48/69, BStBl 1969 I S. 349; Abschnitt 14.1 Abs. 4 UStAE.

Der Vorsteuerabzug aus Leistungsbezügen der Organgesellschaft vor Beendigung der Organschaft steht auch dann nur dem Organträger zu, wenn die Rechnung erst nach Beendigung der Organschaft bei der Organgesellschaft eingeht und von dieser beglichen wird.[1] Vorsteuern aus Leistungen, die die Organgesellschaft nach Beendigung der Organschaft bezieht, können nur von der Organgesellschaft abgezogen werden; ein von dem Organträger vorgenommener Vorsteuerabzug nach § 15 Abs. 1 Nr. 1 Satz 2 UStG aus geleisteten An- oder Vorauszahlungen ist zu berichtigen.[2]

1457 Wechselt der Organträger infolge einer Veräußerung der Anteile an der Organgesellschaft, nachdem die Organgesellschaft eine Leistung bezogen hat, aber noch vor Erhalt der Rechnung, steht das Recht zum Vorsteuerabzug aus diesem Leistungsbezug nicht dem neuen Organträger zu. Denn die Berechtigung des Organträgers zum Vorsteuerabzug aus Eingangsleistungen der Organgesellschaft richtet sich nach den **Verhältnissen im Zeitpunkt des Leistungsbezugs**, nicht der Rechnungserteilung. Leistungsbezüge der Organgesellschaft von Dritten werden während des Bestehens der Organschaft dem Organträger zugerechnet.[3] Die Folge ist, dass die Leistungen insoweit umsatzsteuerrechtlich für das Unternehmen des Organträgers ausgeführt werden und bei diesem das Recht auf Vorsteuerabzug entsteht. Da die Organgesellschaft nicht selbst Inhaberin dieses Rechts sein kann, weil sie nicht Unternehmerin ist,[4] muss das Vorsteuerabzugsrecht unmittelbar beim Organträger entstehen, und zwar unabhängig von einer Rechnung.[5]

Kosten, die im Zusammenhang mit dem Erwerb von Beteiligungen an ihren Tochtergesellschaften von einer Holdinggesellschaft getragen werden, die an deren Verwaltung teilnimmt und insoweit eine wirtschaftliche Tätigkeit ausübt, sind als Teil der allgemeinen Aufwendungen der Holdinggesellschaft anzusehen, und die für diese Kosten bezahlte Mehrwertsteuer ist grds. vollständig abzuziehen, es sei denn, dass bestimmte nachgelagerte Umsätze mehrwertsteuerfrei sind.[6]

---

1 OFD Hannover, Vfg. v. 19.5.1999 - S 7105 - 101 - StH 542, S 7105 - 40 - StO 355, unter 2.4.
2 OFD Hannover, Vfg. v. 19.5.1999 - S 7105 - 101 - StH 542, S 7105 - 40 - StO 355, unter 2.5.
3 Vgl. BFH, Urteil v. 19.10.1995 - V R 71/93, LAAAB-37675 = BFH/NV 1996 S. 273.
4 Vgl. BFH, Urteil v. 17.1.2002 - V R 37/00, BStBl 2002 II S. 373, unter II.2.b aa.
5 Vgl. BFH, Urteil v. 13.5.2009 - XI R 84/07, BStBl 2009 II S. 868: Schleswig-Holsteinisches FG v. 2.10.2007 - 4 K 9/06, QAAAC-67364 = EFG 2008 S. 341.
6 EuGH, Urteil v. 16.7.2015 - Rs. C-108, 109/14 „Larentia + Minerva", RAAAE-97099 = BStBl 2017 II S. 604 = HFR 2015 S. 901.

16.2 Klage auf Rechnungserteilung

Auf Rechnungserteilung klagen kann nur die Organgesellschaft als bürgerlich-rechtlicher Vertragspartner des Dritten. Sie kann entgegen Weiß[1] nur auf Erteilung einer Rechnung an sich selbst, nicht aber auf den Namen des Organträgers als Leistungsempfänger klagen. 1458

16.3 Kein Vorsteuerabzug aus Rechnungen innerhalb des Organkreises

Werden Rechnungen innerhalb eines Organkreises ausgestellt, so können die darin gesondert ausgewiesenen Steuerbeträge nicht als Vorsteuern abgezogen werden, weil keine Lieferung oder sonstige Leistung von dem einen an den anderen Unternehmer i. S. von § 15 Abs. 1 UStG ausgeführt worden ist.[2] 1459

16.4 Ausschluss des Vorsteuerabzugs

Vom Vorsteuerabzug ausgeschlossen sind gem. § 15 Abs. 2 UStG u. a. (empfangene) Leistungen, die der Unternehmer für steuerfreie Umsätze verwendet (zu Ausnahmen siehe § 15 Abs. 3 UStG). So kann ein von der Umsatzsteuer nach § 4 Nr. 16 UStG befreites Krankenhaus als Organträger nicht Vorsteuern abziehen, die der ausschließlich für das Krankenhaus als Reinigungsbetrieb tätigen Organgesellschaft von ihren Lieferanten in Rechnung gestellt werden. Das Abzugsverbot bezieht sich dabei nicht nur auf steuerfreie Umsätze, die der Organträger unmittelbar ausführt, sondern erfasst auch alle anderen, ihm zuzurechnenden Umsätze des Organkreises gegenüber Dritten. 1460

16.5 Aufteilung bei teilweisem Ausschluss des Vorsteuerabzugs (§ 15 Abs. 4 UStG)

Ist ein Reinigungsbetrieb sowohl für ein Krankenhaus als Organträger als auch gegenüber umsatzsteuerpflichtigen Dritten tätig, beschränkt sich das Abzugsverbot für die dem Reinigungsbetrieb von seinen Lieferanten in Rechnung gestellte Vorsteuer gem. § 15 Abs. 4 UStG auf den Leistungsanteil gegenüber dem Organträger. Maßgeblich ist also das Umsatzverhältnis bei der Organgesellschaft. Den Vorsteueranteil, der den gegenüber Dritten umsatzsteuerpflichtig erbrachten Leistungen entspricht, kann der Organträger abziehen. Im Voranmeldungsverfahren kann der Unternehmer die Aufteilung aus Vereinfachungsgründen statt nach den Verhältnissen des betreffenden Voranmeldungszeitraums nach den Verhältnissen eines vorangegangenen Besteue- 1461

---

[1] UR 1979 S. 101.
[2] Einzelheiten in Rz. 1443 f.; vgl. ferner Heidner, DStR 1988 S. 90.

rungszeitraums oder nach den voraussichtlichen Verhältnissen des laufenden Besteuerungszeitraums.

1462 Erbringt der Organträger, teils steuerpflichtige, teils steuerfreie Leistungen, so ist bei der Aufteilung der Vorsteuern nach § 15 Abs. 4 UStG in abzugsfähige und nicht abzugsfähige Beträge grds. von den Verhältnissen des gesamten Unternehmens (Organkreises) auszugehen. Hat der Organträger keine Aufteilung vorgenommen, hat das FA die Aufteilung durch sachgemäße wirtschaftliche Zuordnung im Wege der Schätzung vorzunehmen.[1] Kompliziert wird die Aufteilung von Vorsteuerbeträgen, wenn der Organträger sowohl unmittelbar als auch mittelbar über Organgesellschaften teils steuerpflichtige, teils steuerfreie Leistungen erbringt. Eine sachgerechte Schätzung ist zulässig (§ 15 Abs. 4 Satz 2 UStG; zu Einzelheiten vgl. Abschnitt 15.17. Abs. 3 UStAE). Die nicht steuerbaren Innenumsätze bleiben bei der Aufteilung außer Betracht.[2]

17. Berichtigung des Vorsteuerabzugs bei der Organschaft (§ 15a UStG)

1463 Ändern sich bei einem Wirtschaftsgut die Verhältnisse, die im Kalenderjahr der erstmaligen Verwendung für den Vorsteuerabzug maßgebend waren, innerhalb von fünf bzw. zehn Jahren seit dem Beginn der Verwendung, so ist für jedes Kalenderjahr der Änderung ein Ausgleich durch eine Berichtigung des Abzugs der auf die Anschaffungs- oder Herstellungskosten entfallenden Vorsteuerbeträge vorzunehmen (§ 15a Abs. 1 UStG). Eine Veräußerung zwischen Organträger und Organgesellschaft kann erst nach Beendigung der Organschaft relevant werden.[3]

Eine **Änderung der Verhältnisse** i. S. von § 15a Abs. 1 UStG **tritt nicht bereits durch die Begründung oder den Wegfall eines Organschaftsverhältnisses ein**, ohne dass das Wirtschaftsgut selbst auf eine andere Rechtsperson übertragen wird.[4] Unausgesprochen vorausgesetzt für eine Vorsteuerberichtigung nach § 15a UStG ist, dass eine Änderung der Verhältnisse innerhalb des Unternehmens stattfindet, das den Vorsteuerabzug in Anspruch genommen hat. Diese erforderliche Unternehmensidentität wird durch den Umstand, dass das die Vorsteuer in Anspruch nehmende Unternehmen Teil eines Organkreises wird und dadurch seine umsatzsteuerliche Selbständigkeit verliert, nicht berührt.

---

1 FG Berlin-Brandenburg, Urteil v. 30.4.2013 - 2 K 2191/08, JAAAE-75015 = UStB 2014 S. 313.
2 EuGH, Urteil v. 16.7.2015 - Rs. C-108, 109/14, Larentia + Minerva, RAAAE-97099 = BStBl 2017 II S. 604 = HFR 2015 S. 901.
3 Vgl. BFH, Urteil v. 11.1.1990 - V R 156/84, JAAAB-32022 = BFH/NV 1990 S. 741.
4 BMF v. 6.12.2005 - IV A 5 - S 7316 - 25/05, BStBl 2005 I S. 1068.

Für die Beurteilung der konkreten Verwendung eines Wirtschaftsgutes kommt es auf die Verhältnisse bei dem nach § 2 UStG maßgeblichen Unternehmen an. Nach § 2 Abs. 2 Nr. 2 Satz 3 UStG sind die Unternehmensteile einer Organschaft – also hier Organträgerin und Organgesellschaften – als ein Unternehmen zu behandeln. Die Organgesellschaften sind keine selbständigen Unternehmen i. S. von § 2 Abs. 1 Satz 1 UStG, sondern sind nach § 2 Abs. 2 Nr. 2 UStG als nicht selbständig anzusehen. Unternehmer i. S. des § 2 Abs. 1 Satz 1 UStG ist allein die Organträgerin. Im Hinblick auf die für den Vorsteuerabzug nach § 15 UStG maßgebliche Verwendung von Wirtschaftsgütern kommt es daher darauf an, welche Außenumsätze dieses Unternehmen, also die Organträgerin selbst oder durch die Organgesellschaften, unter Nutzung dieser Wirtschaftsgüter tätigt.[1]

18. Vorsteuerrückforderungsanspruch nach § 17 Abs. 2 UStG

Gemäß § 17 Abs. 1 Satz 2 UStG hat bei Änderung der Bemessungsgrundlage der Unternehmer, an den der Umsatz ausgeführt worden ist, den dafür vorgesehenen Vorsteuerabzug entsprechend zu berichtigen. Diese Regelung gilt gem. § 17 Abs. 2 Nr. 1 UStG sinngemäß, wenn das vereinbarte Entgelt uneinbringlich geworden ist. Es ist gesetzlich nicht geregelt, ob dieser Rückforderungsanspruch bei Beendigung einer Organschaft gegen den (ehemaligen) Organträger oder die (nunmehr selbständige) Organgesellschaft besteht, wenn deren Leistungsbezüge während des Bestehens der Organschaft betroffen sind. Strittig ist, ob sich Vorsteuerrückforderungsansprüche nach § 17 UStG unabhängig von ihrem Begründungs- und Entstehungszeitpunkt gegen den (ehemaligen) Organträger richten, dem der Vorsteuerabzug zustand oder ob nicht entscheidend auf den Zeitpunkt des die Rückforderung auslösenden Ereignisses (Uneinbringlichkeit der von der ehemaligen Organgesellschaft geschuldeten Entgelte) abzustellen ist. 1464

Der BFH hat zunächst entschieden, dass sich der Vorsteuerrückforderungsanspruch auch dann gegen den Organträger richtet, wenn der Anspruch auf der Uneinbringlichkeit der Entgelte infolge einer Insolvenzeröffnung bei der Organgesellschaft beruht und damit erst nach Eröffnung des Insolvenzverfahrens entsteht.[2] Andererseits wird die Meinung vertreten, dass beim Vorsteuerrückforderungsanspruch nach § 17 UStG entscheidend auf den Zeitpunkt des 1465

---
[1] FG Hamburg v. 30.8.2002 - V 22/02, LAAAB-08226 = EFG 2003 S. 274.
[2] Urteile v. 11.4.1991 - V R 126/87, SAAAB-32635 = BFH/NV 1992 S. 140, zu II.4.; v. 6.6.2002 - V R 22/01, PAAAA-68500; Beschlüsse v. 12.8.1993 - V B 230/91, KAAAB-33987 = BFH/NV 1994 S. 277; v. 7.9.1998 - V B 34/98, EAAAA-62491 = BFH/NV 1999 S. 226.

die Rückforderung auslösenden Ereignisses (Uneinbringlichkeit der von der GmbH geschuldeten Entgelte) abzustellen ist.[1]

Im BFH-Beschluss vom 6.6.2002,[2] wird die rechtliche Beurteilung für ernstlich zweifelhaft gehalten. Mit Urteil vom 7.12.2006[3] hat der BFH sodann entschieden, dass § 17 UStG gegenüber dem bisherigen Organträger nicht greift, wenn die Uneinbringlichkeit des Entgelts erst nach Beendigung der Organschaft eingetreten ist.[4] Verwaltungsvereinfachungszwecke, wie sie den Organschaftsregelungen zugrunde liegen, sollen es nicht rechtfertigen können, den früheren Organträger für Steueransprüche als Steuerschuldner in Anspruch zu nehmen, deren tatsächliche Voraussetzungen durch ein selbständiges Unternehmen verwirklicht werden und diesem umsatzsteuerrechtlich auch zuzurechnen sind. Dass umsatzsteuerrechtlich aus Vereinfachungsgründen während des Bestehens der Organschaft die Umsätze und Vorsteuerbeträge zusammengefasst und nur gegenüber dem Organträger festgesetzt werden, ändere nichts daran, dass der betreffende Steueranspruch tatsächlich durch die Tätigkeit der Organgesellschaft verwirklicht worden ist und mit dem Ende der Organschaft, die umsatzsteuerrechtliche Vereinfachungsregelung nicht mehr gilt.

Vorsteuerrückforderungsansprüche nach § 17 UStG müssen sich jedoch allgemein unabhängig von ihrem Begründungs- und Entstehungszeitpunkt gegen den (ehemaligen) Organträger richten, dem der Vorsteuerabzug zustand.[5] Etwas anderes ist mit § 37 Abs. 2 AO nicht zu vereinbaren. Denn Empfänger der wegen Wegfall der rechtlichen Grundes zurück zu gewährenden Vorsteuervergütung war der Organträger.

1466 Werden z. B. Verbindlichkeiten, für die der Organträger bereits den Vorsteuerabzug geltend gemacht hat, von der Organgesellschaft infolge der Anordnung der Sequestration für deren Unternehmen nicht mehr beglichen, entsteht der Vorsteuerrückforderungsanspruch nach § 17 Abs. 2 Nr. 1 UStG mit Ablauf des Voranmeldungszeitraums, in dem die Sequestration angeordnet worden ist.

---

1 FG Nürnberg v. 22.2.1990 - II 169/86, EFG 1990 S. 543; FG Brandenburg v. 19.7.1996 - 1 V 857/96, EFG 1996 S. 1061.
2 V B 110/01, ZAAAA-69217 = BFH/NV 2002 S. 1267; vgl. auch BFH, Beschluss v. 30.10.2003 - V B 158/03, V S 16/03, SAAAB-13843 = BFH/NV 2004 S. 236.
3 V R 2/05, VAAAC-38820 = BFH/NV 2007 S. 839.
4 Ebenso BFH, Beschluss v. 5.12.2008 - V B 101/07, WAAAD-03663 = BFH/NV 2009 S. 432.
5 FG Düsseldorf v. 23.4.1993 - 5 K 531/90 U, EFG 1993 S. 747; FG des Landes Brandenburg, Beschluss des Vorsitzenden v. 19.7.1996 - 1 V 857/96, EFG 1996 S. 1061; OFD Hannover v. 19.5.1999 - S 7105 - 101 - StH 542/S 7105 - 40 - StO 355 zu 2.4; v. 6.8.2007 - S 7105 - 49 - StO 172, NAAAC-53170.

Schuldner des Rückforderungsanspruchs ist der Organträger. Dies folgt zum einen daraus, dass es sich bei dem Rückforderungsanspruch um die Korrektur eines bereits genossenen steuerlichen Vorteils handelt, der dem Organträger zugute gekommen war. Die Rückabwicklung ist in diesem Fall so vorzunehmen, wie die Berechtigungen ursprünglich bestanden hatten. Das bedeutet, dass die Vergünstigung, deren Berechtigung nachträglich weggefallen ist, bei demjenigen Steuersubjekt zu korrigieren ist, bei dem sie sich zuvor ausgewirkt hatte. Dies ist der Organträger. Abgesehen davon entspricht es nicht dem Zweck des § 17 UStG, dass der Organträger endgültig die Vorteile aus dem sich nachträglich als unberechtigt herausstellenden Vorsteuerabzug ziehen darf, während der Fiskus bei der Rückforderung gegen die insolvent gewordene Organgesellschaft regelmäßig ausfällt.[1]

Vorsteuerberichtigungsansprüche nach § 17 UStG zugunsten des Unternehmers stehen der Organgesellschaft zu, wenn die vorsteuerbelasteten Leistungen von der Organgesellschaft zwar vor Beendigung der Organschaft bezogen wurden, das die Vorsteuerberichtigung nach § 17 UStG auslösende Ereignis aber erst nach Beendigung der Organschaft eintrat. Da es sich hier nicht um einen Erstattungsanspruch i.S. von § 37 Abs. 2 AO handelt, entsteht kein Widerspruch gegenüber dem Vorsteuerberichtigungsanspruch zulasten des Unternehmers.[2]

19. Anrechnung bei der Organgesellschaft berücksichtigter Vorsteuern

Der Organträger muss sich die vom FA fälschlich der Organgesellschaft ausgezahlte oder bei ihr sonst berücksichtigte Vorsteuer nicht auf einen Umsatzsteuererstattungsanspruch anrechnen lassen, der sich nach den gesamten Umsätzen des Organkreises ergibt. Das FA muss vielmehr die Vorsteuer nach Aufhebung des entsprechenden Umsatzsteuerbescheids von der Organgesellschaft zurückfordern.[3] Umgekehrt richtet sich im Fall der Insolvenz oder der Sequestration der Organgesellschaft der Vorsteuerrückforderungsanspruch

1467

---

[1] FG des Landes Brandenburg v. 16.10.2000 - 1 K 169/99 U, PAAAB-06888.
[2] Stadie in Rau/Dürrwächter, § 2 UStG Rz. 1044, 182. Lieferung 05.2019; Bedenken aber im BFH-Beschluss v. 6.6.2002 - V B 110/01, ZAAAA-69217 = BFH/NV 2002 S. 1267.
[3] Vgl. BFH, Urteile v. 30.10.1984 - VII R 70/81, BStBl 1985 II S. 114; v. 23.8.2001 - VII R 94/99, OAAAA-89203 = BFH/NV 2002 S. 86; FG Münster, Urteil v. 30.8.2005 - 6 K 867/02 AO, FAAAB-71619 = EFG 2006 S. 237.

des FA gegen den Organträger, auch wenn der Vorsteuerüberschuss an die Organgesellschaft ausgezahlt worden war (vgl. auch Rz. 1433 f.).[1]

20. Veranlagungszeitraum bei der Organschaft (§ 16 UStG)

1468 Wird die Organschaft im Laufe eines Kalenderjahres begründet, so bleibt für den Organträger, wenn er schon Unternehmer war, das Kalenderjahr gem. § 16 Abs. 1 Satz 2 UStG Veranlagungszeitraum. Seinen eigenen Umsätzen sind die Umsätze der Organgesellschaft, die diese vom Zeitpunkt der Begründung der Organschaft an ausführt, zuzurechnen. Für die Organgesellschaft endet das Unternehmerdasein mit der Eingliederung in das Unternehmen der Organträgerin. Ihr Veranlagungszeitraum bestimmt sich nach § 16 Abs. 3 UStG. Das Gleiche gilt, wenn der Organträger erst durch die Organschaft im Laufe eines Kalenderjahres zum Unternehmer wurde oder die Organgesellschaft durch Beendigung der Organschaft während des Kalenderjahres (selbständige) Unternehmerin wird.

21. Steuererklärungen, zusammenfassende Meldungen, Zahlungen und Erstattungen bei der Organschaft (§ 18 UStG)

1469 Die Pflicht zur Abgabe der Steuererklärungen (Voranmeldungen und Jahreserklärung) und die Verpflichtung zur Leistung der Zahlungen (Vorauszahlungen und Abschlusszahlungen) trifft gem. § 18 UStG den Organträger als den einzigen Unternehmer im Organkreis. Für den gesamten Organkreis (Unternehmen) ist nur jeweils eine Voranmeldung oder Erklärung für den Voranmeldungs- oder Veranlagungszeitraum abzugeben.[2] Neben dem Organträger hat allerdings jede einzelne Organgesellschaft gem. § 18a Abs. 5 Satz 4 UStG über innergemeinschaftliche Warenlieferungen und sonstige Leistungen zusammenfassende Meldungen an das Bundeszentralamt für Steuern (BZSt) abzugeben (vgl. Rz. 1500 ff.).

1470 Der Organträger ist mit den Umsätzen des gesamten Organkreises zu veranlagen und führt die diesen betreffenden Rechtsbehelfsverfahren. Solange der Organträger nicht anderweitig rechtskräftig zur Umsatzsteuer veranlagt worden ist, sind ihm die Umsätze der Organgesellschaften zuzurechnen, auch wenn

---

1 BFH, Beschluss v. 7.9.1998 - V B 34/98, EAAAA-62491 = BFH/NV 1999 S. 226; FG Münster v. 15.10.1992 - 5 K 590/86, n.v.
2 Vgl. Heidner, DStR 1988 S. 90.

diese bereits zur Umsatzsteuer veranlagt und die entsprechenden Bescheide bestandskräftig geworden sind.[1]

22. Besteuerung der Kleinunternehmer (§ 19 UStG)

Ob die in § 19 UStG bezeichneten Umsatzgrenzen eingehalten sind, bestimmt sich nach den Umsätzen **des gesamten Organkreises**. Eine Erklärung nach § 19 Abs. 2 UStG ist vom Organträger als dem einzigen Unternehmer im Organkreis abzugeben. Sie **bindet** diesen wie auch **die Organgesellschaften**, Letztere jedoch **nur bis zu ihrem Ausscheiden aus dem Organkreis**. Nachteilig kann sich die gebotene Zusammenrechnung von Besteuerungsmerkmalen im Organkreis auch auswirken im Zusammenhang mit § 4 Nr. 19 Buchst. a UStG (Zahl der Arbeitnehmer).

1471

23. Versteuerung nach vereinnahmten Entgelten bei der Organschaft (§ 20 UStG)

Eine Ist-Versteuerung kommt bei der Organschaft praktisch nur dann in Betracht, wenn der Gesamtumsatz im vorangegangenen Kalenderjahr nicht mehr als 500.000 € betragen hat (§ 20 Abs. 1 Nr. 1 UStG). Diese Umsatzgrenze bestimmt sich nach den Verhältnissen des gesamten Organkreises. Ist die Genehmigung einer Ist-Versteuerung gem. § 20 Abs. 1 Satz 2 UStG auf eine Organgesellschaft als einzelnem Betrieb des Unternehmers beschränkt, so gilt die Genehmigung nur bis zum Ausscheiden der Gesellschaft aus dem Organkreis.

1472

24. Aufzeichnungspflichten bei der Organschaft (§ 22 UStG)

Die Aufzeichnungspflichten sind nach § 22 Abs. 1 UStG grds. vom Organträger als dem einzigen Unternehmer im Organkreis zu erfüllen.[2] Zu einem Verstoß gegen diese Pflichten kommt es aber dann nicht, wenn die entsprechenden Aufzeichnungen von den Organgesellschaften für ihren jeweiligen Bereich gemacht werden.

1473

---

1 Vgl. FG Münster v. 20.10.1971 - V 1574/69 U, EFG 1972 S. 264 und Rz. 1400.
2 Vgl. Heidner, DStR 1988 S. 90.

25. Durchschnittssätze für land- und forstwirtschaftliche Betriebe bei der Organschaft (§ 24 UStG)

1474 Die Durchschnittssätze für land- und forstwirtschaftliche Betriebe nach § 24 Abs. 1 UStG können nach Änderung des § 24 Abs. 2 Satz 3 UStG durch Art. 36 Nr. 4 Zweites Haushaltsstrukturgesetz vom 22.12.1981[1] von Gewerbebetrieben kraft Rechtsform (§ 2 Abs. 2 GewStG) nicht mehr in Anspruch genommen werden, auch wenn im Übrigen die Voraussetzungen eines land- und forstwirtschaftlichen Betriebes erfüllt sind. Vorher galt als land- und forstwirtschaftlicher Betrieb auch ein Gewerbebetrieb kraft Rechtsform, wenn im Übrigen die Merkmale eines land- und forstwirtschaftlichen Betriebes gegeben waren.[2] Hinsichtlich der Beschränkung des § 24 Abs. 2 Satz 3 UStG bestehen erhebliche unionsrechtliche Zweifel, so dass der BFH die Besteuerung nach Durchschnittssätzen für Gewerbebetriebe kraft Rechtsform entgegen der gesetzlichen Regelung für anwendbar hält.[3]

1475 Zu den Gewerbebetrieben kraft Rechtsform zählen u. a. die Kapitalgesellschaften sowie Erwerbs- und Wirtschaftsgenossenschaften. Nach § 2 Abs. 3 GewStG gilt auch die Tätigkeit der sonstigen juristischen Personen des privaten Rechts (z. B. eingetragene Vereine, rechtsfähige Stiftungen und Anstalten) als Gewerbebetrieb, soweit sie einen wirtschaftlichen Geschäftsbetrieb unterhalten, falls es sich dabei nicht um Land- und Forstwirtschaft handelt. Für den letzteren Bereich bleibt deshalb § 24 UStG weiterhin anwendbar.

1476 Im Übrigen kommt eine Besteuerung nach Durchschnittssätzen grds. nur für den Organträger in Betracht, soweit dieser selbst einen land- oder forstwirtschaftlichen Betrieb führt. Hinsichtlich der übrigen Umsätze, nämlich der ihm zuzurechnenden Umsätze der Organgesellschaft, bleibt es prinzipiell bei der Regelbesteuerung. Die Zulässigkeit einer solchen Aufteilung ergibt sich aus § 24 Abs. 3 UStG. Die Sonderregelung des § 24 UStG ist allerdings für die Umsätze der Organgesellschaften ebenfalls anwendbar, soweit die Organgesellschaften die landwirtschaftlichen Produkte des Organträgers vertreiben.[4]

1477–1484 *(unbesetzt)*

---

1 BGBl 1981 I S. 1523 = BStBl 1982 I S. 235.
2 Vgl. zur früheren Rechtslage OFD Saarbrücken v. 14.12.1967 - S 7416 - 3 - St 32, UR 1969 S. 78; BFH, Urteil v. 23.3.1972 - V R 140/71, BStBl 1972 II S. 406.
3 BFH, Urteil v. 16.4.2008 - XI R 73/07, BStBl 2009 II S. 1024.
4 BFH, Urteil v. 10.8.2017 - V R 64/16, PAAAG-61399 = BFH/NV 2018 S. 158.

26. Beschränkung der Wirkung der Organschaft auf das Inland – Abschaffung der grenzüberschreitenden Organschaft

26.1 Früherer Rechtszustand

Nach herrschender Meinung war für das UStG 1967, 1973 und 1980 die grenzüberschreitende Organschaft zugelassen.[1] Die Wirkungen der Organschaft erstreckten sich danach auch auf im Außengebiet (heute Ausland, § 1 Abs. 2 Satz 2) ansässige Organträger und Organgesellschaften. Die Gegenmeinung war der Auffassung, dass § 2 Abs. 2 Nr. 2 UStG 1967/1973 gem. Art. 4 Abs. 4 Sechste Richtlinie des Rates der Europäischen Gemeinschaften zur Harmonisierung der Rechtsvorschriften der Mitgliedsstaaten über die Umsatzsteuern vom 17.5.1977[2] richtlinienkonform dahin auszulegen sei, dass die Wirkungen der Organschaft auf das Erhebungsgebiet (heute Inland, § 1 Abs. 2 Satz 1 UStG) begrenzt sind.[3]

1485

26.2 Änderung durch das Steuerbereinigungsgesetz 1986

Nach Art. 11 Abs. 1 MwStSystRL, der Art. 4 Abs. 4 Sechste Richtlinie abgelöst hat, kann jeder Mitgliedstaat in seinem Gebiet ansässige Personen, die zwar rechtlich unabhängig, aber durch gegenseitige finanzielle, wirtschaftliche und organisatorische Beziehungen eng miteinander verbunden sind, zusammen als einen Steuerpflichtigen behandeln. Diese Regelung lässt keine Regelung zu, die die Wirkungen der Organschaft über das Erhebungsgebiet hinaus erstreckt.[4]

1486

Aufgrund einer Klage der EG-Kommission gegen die Bundesrepublik Deutschland beim EuGH[5] beschränkte der deutsche Gesetzgeber deshalb mit Art. 14 Nr. 2 Steuerbereinigungsgesetz 1986 vom 19.12.1985[6] durch Einfügung der Sätze 2 bis 4 in § 2 Abs. 2 Nr. 2 UStG die Wirkungen der Organschaft ab 1.1.1987 auf das Erhebungsgebiet bzw. Inland, d. h. auf Innenleistungen zwi-

---

1 Vgl. BMF-Schreiben v. 10.7.1980 - IV A/2 - S 7104 - 14/80, BStBl 1980 I S. 421 = UR 1980 S. 164; BFH, Urteile v. 17.9.1981 - V R 6/76, BStBl 1982 II S. 47; v. 29.4.1987 - X R 20/81, TAAAB-30643 = BFH/NV 1987 S. 742; Matheja, UR 1981 S. 191.
2 ABl. Nr. L 145 v. 13. 6. 1977, S. 1.
3 Vgl. Martin, UR 1962 S. 137; Wenzel, DB 1979 S. 2151; Reiß, StuW 1979 S. 343; vgl. ferner auch FG Freiburg v. 31.1.1964 - I R 173-174/61, UR 1964 S. 220; FG Baden-Württemberg v. 27.10.1970 - III 130/69, UR 1971 S. 232.
4 BFH, Urteil v. 19.10.1995 - V R 71/93, LAAAB-37675 = BFH/NV 1996 S. 273; FG Düsseldorf v. 12.11.2010 - 1 K 1245/09 U, PAAAD-60828.
5 Rs. C-298/85, ABl. EG 1985 Nr. C 285 S. 6.
6 BStBl 1985 I S. 735; zur Rückwirkung vgl. OFD Frankfurt, Vfg. v. 9.7.1986 - S 7000 A - St IV 11, StEK UStG 1980 § 2 Abs. 2 Nr. 5.

C. Die Organschaft im Umsatzsteuerrecht

schen den im Inland gelegenen Unternehmensteilen.[1] Diese Unternehmensteile sind als ein Unternehmen zu behandeln (§ 2 Abs. 2 Nr. 2 Satz 3 UStG). Hat der Organträger seine Geschäftsleitung im Ausland, gilt der wirtschaftlich bedeutendste Unternehmensteil im Inland als der Unternehmer (§ 2 Abs. 2 Nr. 2 Satz 4 UStG). Die Wirkungen einer Organschaft treten also nicht ein zwischen Unternehmensteilen im Ausland sowie zwischen Unternehmensteilen im Inland und solchen im Ausland (vgl. Abschnitt 2.9 Abs. 1 Satz 2 UStAE). Jede im Ausland ansässige Organgesellschaft ist im Verhältnis zu ihrem im Inland ansässigen Organträger als selbständiger Unternehmer anzusehen. Umgekehrt gilt auch eine im Inland ansässige Organgesellschaft gegenüber ihrem im Ausland ansässigen Organträger als selbständiger Unternehmer, wobei aber mehrere solcher Organgesellschaften wieder zu einem Unternehmen, dem der wirtschaftlich bedeutendsten Gesellschaft, zusammengefasst werden. Die im Inland gelegenen Unternehmensteile sind auch dann als ein Unternehmen zu behandeln, wenn es zu Innenleistungen zwischen ihnen nicht kommt.[2]

1487 Daraus, dass der Gesetzgeber die grenzüberschreitende Organschaft ausdrücklich ausgeschlossen hat, ist zu entnehmen, dass eine solche Organschaft entgegen früheren Bedenken im Schrifttum begrifflich und systematisch möglich ist. Auf die Voraussetzungen und den Begriff der Organschaft hat sich die Gesetzesänderung nicht ausgewirkt.[3] Durch die Neuregelung wird das in § 2 Abs. 1 Satz 2 UStG verankerte Prinzip der Unternehmenseinheit nicht durchbrochen. Innenumsätze auch über die Grenze hinweg im Bereich eines Unternehmens – unabhängig von einem Organkreis – bleiben, abgesehen von einem innergemeinschaftlichen Verbringen i. S. von § 3 Abs. 1a UStG, nicht steuerbar. Auch grenzüberschreitende Lieferungen und Leistungen zwischen einem Organträger und seiner Betriebsstätte sind deshalb weiterhin, da diese Rechtsfolge nicht organschaftlich begründet ist, mit der genannten Ausnahme nicht steuerbare Innenumsätze.[4] Nur innerhalb eines Organkreises haben die durch § 2 Abs. 2 Nr. 2 Satz 2 bis 4 UStG eingeführten Beschränkungen Bedeutung.

Der Begriff des Unternehmens in § 2 Abs. 1 Satz 2 UStG bleibt von der Beschränkung der Organschaft auf das Inland unberührt. Daher sind grenzüberschreitende Leistungen innerhalb des einzelnen Unternehmens, insbesondere

---

1 Vgl. Klezath, DStZ 1986 S. 112, 113; Tüchelmann, UR 1989 S. 109, 111.
2 Vgl. OFD Frankfurt, Vfg. v. 9.7.1986 - S 7000 A - St IV 11, StEK UStG 1980 § 2 Abs. 2 Nr. 5.
3 Vgl. Abschnitt 2.9 Abs. 2 Satz 1 UStAE; OFD Frankfurt, Vfg. v. 9.7.1986 - S 7000 A - St IV 11, StEK UStG § 2 Abs. 2 Nr. 5; Klezath, DStZ 1986 S. 112, 113.
4 Vgl. Abschnitt 2.9 Abs. 2 Satz 2 UStAE; Abschnitt I Abs. 3 BMF-Schreiben v. 13.8.1987 - IV A 2 - S 7105 - 13/87, BStBl 1987 I S. 624.

zwischen dem Unternehmer, z. B. Organträger oder Organgesellschaft, und seinen Betriebsstätten oder umgekehrt – mit Ausnahme von Warenbewegungen aufgrund eines innergemeinschaftlichen Verbringens – nicht steuerbare Innenumsätze.[1]

Unternehmensteile im Ausland behalten für die Organschaft weiter Bedeutung, weil sie bei mehreren Unternehmensteilen im Inland in die Prüfung, ob eine Organschaft besteht und weshalb die Umsätze zwischen den Unternehmensteilen im Inland nicht steuerbar sind, einzubeziehen sind.[2] 1488

Nachteile hat die Gesetzesänderung vor allem für Versicherungsunternehmen mit sich gebracht, indem bislang nicht steuerbare Leistungen ausländischer Organgesellschaften an einen inländischen Organträger nunmehr besteuert werden, der gem. § 4 Nr. 10a und § 15 Abs. 2 Nr. 1 UStG nicht zum Vorsteuerabzug berechtigt ist.[3] Ein entsprechender Nachteil ergibt sich, wenn eine ausländische Organgesellschaft für ihren im Inland ansässigen Organträger im Inland ein Wohngebäude errichtet. Die dem Organträger nunmehr in Rechnung zu stellende Umsatzsteuer kann von diesem gem. §§ 4 Nr. 12a und 15 Abs. 2 Nr. 1 UStG nicht als Vorsteuer abgezogen werden.[4] 1489

Vermeiden lässt sich ein solcher Nachteil dadurch, dass die ausländische Organgesellschaft zur ausländischen Betriebsstätte des im Inland ansässigen Organträgers gemacht wird (unechte Fusion) oder die Organgesellschaft im Inland eine Betriebsstätte gründet und das Gebäude von dieser errichten lässt.[5] Innerhalb des Versicherungsverbundes kann beispielsweise die bisher von der ausländischen Organgesellschaft besorgte Datenverarbeitung einer ausländischen Betriebsstätte des im Inland ansässigen Organträgers übertragen werden. Nichtsteuerbare Innenumsätze sind allerdings nur die Umsätze dieser Betriebsstätte mit dem Organträger, nicht aber entgegen Tüchelmann[6] die mit dessen sonstigen Organgesellschaften im Inland (siehe Rz. 1497 ff.). 1490

Bei einer grenzüberschreitenden Organschaft sind Warenbewegungen zwischen den im Inland und den im übrigen Gemeinschaftsgebiet gelegenen Unternehmensteilen Lieferungen, die beim liefernden inländischen Unterneh- 1491

---

1 Abschnitt 2.9 Abs. 2 UStAE.
2 Vgl. Abschnitt I Abs. 2 BMF-Schreiben v. 13.8.1987 - IV A 2 - S 7105 - 13/87, BStBl 1987 I S. 624; Tüchelmann, UR 1989 S. 109, 111.
3 Vgl. Klezath, DStZ 1986 S. 112, 113.
4 Vgl. Tüchelmann, UR 1989 S. 109, 111 f.
5 Siehe Rz. 1654 ff. und 1497 ff.; Tüchelmann, UR 1989 S. 109, 111 f.
6 UR 1989 S. 109, 111 f.

menstanteil nach § 3 Abs. 1 i.V. m. § 6a Abs. 1 UStG, beim erwerbenden inländischen Unternehmensteil nach § 1a Abs. 1 Nr. 1 UStG zu beurteilen sind.

26.3 Unternehmensteile

1492 Der Begriff des Unternehmensteils stammt aus dem zu Berlin-Präferenzen ergangenen BFH-Urteil vom 27.8.1970.[1] Unternehmensteile sind der Organträger, die Organgesellschaften und unter den Voraussetzungen des § 12 AO rechtlich unselbständige Betriebsstätten. Nach Abschnitt I Abs. 5 BMF-Schreiben vom 13.8.1987[2] sowie Abschnitt 2.9 Abs. 4 Satz 2 UStAE sind im Inland gelegene und vermietete Grundstücke wie Betriebsstätten zu behandeln. Die im Inland gelegenen Unternehmensteile sind auch dann als ein Unternehmen zu behandeln, wenn zwischen ihnen keine Innenleistungen ausgeführt werden. Das gilt aber nicht, soweit im Ausland Betriebsstätten unterhalten werden.[3]

1493 Im Inland gelegene Unternehmensteile sind:[4]

(1) der Organträger, wenn er im Inland ansässig ist,

(2) die im Inland ansässigen Organgesellschaften des in Nr. 1 bezeichneten Organträgers,

(3) die im Inland gelegenen Betriebsstätten (z. B. auch Zweigniederlassungen) des in Nr. 1 bezeichneten Organträgers und seiner im In- und Ausland ansässigen Organgesellschaften,[5]

(4) die im Inland ansässigen Organgesellschaften eines Organträgers, der im Ausland ansässig ist und

(5) die im Inland gelegenen Betriebsstätten (z. B. auch Zweigniederlassungen) des im Ausland ansässigen Organträgers und seiner im In- und Ausland ansässigen Organgesellschaften.

26.4 Ansässigkeit

1494 Die Ansässigkeit des Organträgers und der Organgesellschaften beurteilt sich danach, wo sie ihre Geschäftsleitung haben. Erbringt eine Muttergesellschaft (Organträger) gegenüber einer in ihr Unternehmen eingegliederten, im Freihafen ansässigen Tochtergesellschaft (Organgesellschaft) sonstige Leistungen,

---

1 V R 119/66, BStBl 1971 II S. 122; vgl. auch Hünnekens, NWB (1987) F. 1 S. 3847.
2 IV A 2 - S 7105 - 13/87, BStBl 1987 I S. 624.
3 Abschnitt 2.9 Abs. 5 UStAE.
4 Abschnitt 2.9 Abs. 3 UStAE.
5 Vgl. zu gemeinschaftsrechtlichen Bedenken Steppert, UR 1994 S. 343.

die aufgrund der Fiktion des § 1 Abs. 3 Nr. 2b UStG „wie Umsätze im Inland" behandelt werden, sind diese steuerpflichtig und nicht als innerorganschaftliche Umsätze nicht umsatzsteuerbar, da trotz Fiktion des § 1 Abs. 3 UStG die Tochtergesellschaft nicht gem. § 2 Abs. 2 Nr. 2 Satz 2 UStG im Inland gelegen ist.[1]

26.5 Organträger im Inland ansässig

Ist der Organträger im Inland ansässig, so umfasst sein Unternehmen seine im Inland ansässigen Organgesellschaften, seine im In- und Ausland gelegenen Betriebsstätten sowie die im In- und Ausland gelegenen Betriebsstätten seiner im Inland ansässigen Organgesellschaften (Nr. 1 bis 3 der vorstehenden Aufzählung). Insoweit ist der Organträger insgesamt Unternehmer und damit Steuerschuldner i. S. von § 13a Abs. 1 Satz 1 UStG.[2]

1495

Die im Ausland ansässigen Organgesellschaften gehören umsatzsteuerlich nicht zum Unternehmen des Organträgers. Im Ausland gelegene Betriebsstätten von im Inland ansässigen Organgesellschaften sind den jeweiligen Organgesellschaften nach § 2 Abs. 1 Satz 2 UStG zuzurechnen. Sie gehören somit nicht zum (inländischen) Unternehmen des Organträgers,[3] gleichwohl sind Umsätze der jeweiligen Organgesellschaft mit ihrer ausländischen Betriebsstätte nicht umsatzsteuerbar.

1496

BEISPIELE[4] ▶ **BEISPIEL 1:** ▶ Der im Inland ansässige Organträger O hat im Inland eine Organgesellschaft T 1, in Frankreich eine Organgesellschaft T 2 und in der Schweiz eine Betriebsstätte B. O versendet Waren an T 1, T 2 und B.

Zum Unternehmen des O (Unternehmer) gehören T 1 und B. Zwischen O und T 1 sowie zwischen O und B liegen nicht steuerbare Innenleistungen vor. O bewirkt an T 2 steuerbare Lieferungen, die unter den Voraussetzungen der § 4 Nr. 1 Buchstabe b, § 6a UStG als innergemeinschaftliche Lieferungen steuerfrei sind.

BEISPIEL 2: ▶ Sachverhalt wie Beispiel 1. T 2 errichtet im Auftrag von T 1 eine Anlage im Inland. Sie befördert dazu Gegenstände aus Frankreich zu ihrer Verfügung in das Inland.

T 2 bewirkt eine steuerbare und steuerpflichtige Werklieferung (§ 13b Abs. 2 Nr. 1 UStG) an O. O schuldet die Steuer für diese Lieferung nach § 13b Abs. 5 Satz 1 UStG. Die Beförderung der Gegenstände in das Inland ist kein innergemeinschaftliches Verbringen (vgl. Abschnitt 1a.2 Abs. 10 Nr. 1 UStAE).

---

1 FG Hamburg, Urteil v. 6.8.2014 - 2 K 189/13, BAAAE-76983; Revision eingelegt unter Az. XI R 13/15.
2 Abschnitt 2.9 Abs. 6 UStAE.
3 Abschnitt 2.9 Abs. 6 Satz 7 UStAE.
4 Abschnitt 2.9 Abs. 6 UStAE.

C. Die Organschaft im Umsatzsteuerrecht

BEISPIEL 3: Sachverhalt wie in Beispiel 1, aber mit der Abweichung, dass B die (schweizerische) Betriebsstätte der im Inland ansässigen Organgesellschaft T 1 ist. O versendet Waren an B und an T 1. T 1 versendet die ihr von O zugesandten Waren an B.

O bewirkt an B steuerbare Lieferungen, die unter den Voraussetzungen der § 4 Nr. 1 Buchstabe a, § 6 UStG als Ausfuhrlieferungen steuerfrei sind. Zwischen O und T 1 sowie T 1 und B werden durch das Versenden von Waren nicht steuerbare Innenleistungen bewirkt.

26.6 Organträger im Ausland ansässig

1497 Vermittelt eine inländische Organgesellschaft Reiseleistungen im Namen ihres ausländischen Organträgers, können die Reiseleistungen des Organträgers nicht der Organgesellschaft zugerechnet werden.[1] Ist der Organträger im Ausland ansässig, so sind nur die im Inland ansässigen Organgesellschaften und die hier gelegenen Betriebsstätten nach § 2 Abs. 2 Nr. 2 Satz 3 UStG als ein Unternehmen zu behandeln. Der wirtschaftlich bedeutendste Unternehmensteil von ihnen ist gem. § 2 Abs. 2 Nr. 2 Satz 4 UStG der Unternehmer und damit auch der Steuerschuldner i. S. von § 13 Abs. 2 UStG. Die Voraussetzungen des § 18 KStG brauchen entgegen Abschnitt I Abs. 8 BMF-Schreiben vom 13.8.1987[2] nicht erfüllt zu sein. Denn eine gesetzliche Bezugnahme oder eine systematische Verbindung fehlt insoweit. Insbesondere ist die Voraussetzung eines Gewinnabführungsvertrages der umsatzsteuerlichen Organschaft fremd. In Abschnitt 2.9 Abs. 7 Satz 3 UStAE ist der Hinweis auf eine Zweigniederlassung mit Bezugnahme auf § 18 KStG durch BMF-Schreiben vom 15.12.2015 - III C 3 - S 7015/15/10003 (2015/1045194) gestrichen worden.

1498 Wer der wirtschaftlich bedeutendste Unternehmensteil ist, darf nicht nach den Eingliederungskriterien für Organgesellschaften festgestellt werden. Denn eine Unterordnung durch wirtschaftliche, finanzielle und organisatorische Eingliederung kann für die wirtschaftliche Bedeutung der Unternehmensteile nicht entscheidend sein. Maßgeblich kann insoweit nur die Höhe des Gewinns sein, hilfsweise die des Umsatzes.[3] Wenn die Feststellung des wirtschaftlich bedeutendsten Unternehmensteils Schwierigkeiten macht oder es aus anderen Gründen geboten ist, kann zugelassen werden, dass der im Ausland ansässige Organträger als Bevollmächtigter für den wirtschaftlich bedeutendsten Unternehmensteil dessen steuerliche Pflichten erfüllt. Ist der Organträger ein

---

1 BFH, Urteil v. 7.10.1999 - V R 79, 80/98, BStBl 2004 II S. 308 = UR 2000 S. 26.
2 IV A 2 - S 7105 - 13/87, BStBl 1987 I S. 624.
3 Vgl. Abschnitt 2.9 Abs. 7 Satz 4 UStAE; Abschnitt I Abs. 8 BMF-Schreiben v. 13.8.1987 - IV A 2 - S 7105 - 13/87, BStBl 1987 I S. 624.

ausländisches Versicherungsunternehmen im Sinne des VAG, gilt als wirtschaftlich bedeutendster Unternehmensteil im Inland die Niederlassung, für die nach § 106 Abs. 3 VAG ein Hauptbevollmächtigter bestellt ist.[1]

Unterhalten die im Inland ansässigen Organgesellschaften eines ausländischen Organträgers **Betriebsstätten im Ausland,** so sind diese der jeweiligen Organgesellschaft zuzurechnen, gehören aber nicht zur Gesamtheit der im Inland gelegenen Unternehmensteile. Leistungen zwischen den Betriebsstätten und den anderen Unternehmensteilen sind daher keine Innenumsätze.[2] Umsätze zwischen der ausländischen Betriebsstätte und „ihrer" Organgesellschaft im Inland sind nicht steuerbare Innenumsätze gem. § 2 Abs. 1 Satz 2 UStG und dem wirtschaftlich bedeutendsten Unternehmensteil als Unternehmer gem. § 2 Abs. 2 Nr. 2 Sätze 3 und 4 UStG zuzurechnen. Insoweit wirkt sich die Organschaft nicht grenzüberschreitend aus. Im Verhältnis zwischen der ausländischen Betriebsstätte und anderen inländischen Organgesellschaften im Inland greift die Beschränkung der Wirkung der Organschaft auf das Inland, so dass entsprechende Leistungsbeziehungen grds. steuerbar sind. Beispiele zu den unterschiedlichen Fallgestaltungen, wenn der Organträger im Ausland ansässig ist, bringen Abschnitt 2.9 Abs. 9 UStAE und Abschnitt I Abs. 10 BMF-Schreiben vom 13.8.1987.[3]

1499

27. Auswirkungen des europäischen Binnenmarkts

Das Umsatzsteuer-Binnenmarktgesetz vom 25.8.1992[4] diente der Anpassung des Umsatzsteuergesetzes und anderer Rechtsvorschriften an den EG-Binnenmarkt zum 1.1.1993. Seit diesem Zeitpunkt gilt das UStG in einer neuen Fassung (UStG 1993). Für die Organschaft ergaben sich aus der sonst tiefgreifenden Gesetzesänderung keine wesentlichen Folgen. Denn der maßgebliche Gesetzeswortlaut in § 2 Abs. 2 Nr. 2 UStG blieb unverändert. Neu zu beachten waren lediglich § 18a Abs. 1 Satz 5 und § 27a Abs. 1 Satz 4 UStG 1993.

1500

Nach § 27a Abs. 1 Satz 3 UStG 1993 wird im Falle der Organschaft auf Antrag für jede juristische Person eine eigene Umsatzsteuer-Identifikationsnummer erteilt. Sie dient der Überprüfung, ob sich innergemeinschaftliche Lieferungen und innergemeinschaftliche Erwerbe entsprechen und kann Auswirkungen auf

1501

---

1 Abschnitt 2.9 Abs. 7 UStAE.
2 Abschnitt 2.9 Abs. 8 UStAE; Abschnitt I Abs. 9 BMF-Schreiben v. 13.8.1987 - IV A 2 - S 7105 - 13/87, BStBl 1987 I S. 624.
3 IV A 2 - S 7105 - 13/87, BStBl 1987 I S. 624.
4 BStBl 1992 I S. 1548.

den Ort des Erwerbs oder einer sonstigen Leistung haben.[1] Innergemeinschaftliche Umsätze können seit dem 1.1.1993 grds. nur noch unter Angabe dieser Nummer abgewickelt werden, die vom Bundesamt für Finanzen vergeben wird. Da Organgesellschaften im Geschäftsleben regelmäßig in eigenem Namen auftreten, ihre Umsätze aber vom Organträger versteuert werden, wurde es als zweckmäßig angesehen, Organgesellschaften eine eigene Umsatzsteuer-Identifikationsnummer zu geben, ohne dass dies etwas an ihrer umsatzsteuerlichen Unselbständigkeit ändert.[2] Es soll lediglich leichter kontrolliert werden können, ob eine innergemeinschaftliche Lieferung an die Organgesellschaft tatsächlich stattgefunden hat, ob die Steuerfreiheit vom Lieferer zu Recht in Anspruch genommen und ob der Erwerb versteuert wurde.

1502 Als Kontrollinstrument eingesetzt wird die Umsatzsteuer-Identifikationsnummer bei der zusammenfassenden Meldung des § 18a UStG. Zusammenfassende Meldungen sind auch von den unselbständigen Organgesellschaften einzureichen,[3] denen hierfür gem. § 27a Abs. 1 Satz 3 UStG eine eigene Umsatzsteuer-Identifikationsnummer erteilt wird. Die Meldung hat gem. § 18a Abs. 1 Satz 1 UStG grds. monatlich zu erfolgen. Abgabefrist ist der 25. des jeweiligen Folgemonats, in dem die entsprechenden Umsätze ausgeführt wurden. Die Möglichkeit einer Dauerfristverlängerung ist seit dem 1.7.2010 entfallen.[4] Bei Unterschreiten bestimmter Umsatzgrenzen ist auch eine quartalweise (§ 18 Abs. 1 Satz 2 UStG) oder lediglich jährliche Meldung (§ 18a Abs. 9 UStG) möglich, wobei die jährliche Meldung voraussetzt, dass keine Abgabepflicht für Umsatzsteuervoranmeldungen besteht. Diese Voraussetzungen ist bei Organgesellschaften zwingend erfüllt, da sowohl Umsatzsteuervoranmeldungen als auch Umsatzsteuerjahreserklärungen ausschließlich vom Organträger eingereicht werden.

28. Auswirkungen auf die betriebsverfassungsrechtliche Mitbestimmung

1503 Die nach § 2 Abs. 2 Nr. 2 UStG erforderliche organisatorische Eingliederung betrifft lediglich die Unternehmensebene, nicht aber die für den Betriebsbegriff des § 1 BetrVG maßgebliche betriebliche Ebene. Bei einer Organschaft muss sichergestellt sein, dass die unternehmerische Tätigkeit der Organgesellschaft nicht vom Willen des Organträgers abweicht. Ist das der Fall, wird die Organ-

---

1 Vgl. Widmann, UR 1992 S. 265 f.; Kraeusel, UVR 1992 S. 135 f.
2 Widmann, UR 1992 S. 266.
3 Abschnitt 18a.1 Abs. 2 UStAE.
4 Leonard in Bunjes, § 18a UStG Rz. 17.

gesellschaft umsatzsteuerrechtlich als Teil des Organträgers behandelt, d. h. beide Gesellschaften gelten umsatzsteuerrechtlich als ein Unternehmen. Das führt aber nicht zwingend dazu, dass bei einer Organschaft auch eine einheitliche Organisation auf betrieblicher Ebene, insbesondere ein einheitlicher Leitungsapparat in personellen und sozialen Angelegenheiten, besteht. Auch ein einzelnes Unternehmen kann mehrere selbständige Betriebe i. S. von § 1 BetrVG führen. Für das Bestehen einer einheitlichen Organisation in betriebsverfassungsrechtlicher Hinsicht kommt es nicht darauf an, an welcher Stelle die maßgeblichen Entscheidungen in wirtschaftlichen Angelegenheiten getroffen werden. Denn diese unternehmerischen Entscheidungen sind der betriebsverfassungsrechtlichen Mitbestimmung weitgehend entzogen. Es ist auch nicht entscheidend, ob auf Arbeitgeberseite interne Bindungen bestehen. Für den Betriebsbegriff i. S. von § 1 BetrVG ist vielmehr das Bestehen einer einheitlichen Leitung in mitbestimmungsrelevanten Angelegenheiten maßgebend. Diese Angelegenheiten können auch bei mehreren Unternehmen, die eine Organschaft i. S. von § 2 Abs. 2 Nr. 2 UStG bilden, organisatorisch getrennt wahrgenommen werden.

Das wird nicht dadurch ausgeschlossen, dass bei der Organgesellschaft auf unternehmerischer Ebene eine vom Willen des Organträgers unabhängige Willensbildung nicht stattfinden darf. Denn es kann durchaus dem Willen des Organträgers entsprechen, für die dem Organkreis angehörenden Unternehmen jeweils unabhängige, voneinander getrennte Leitungen in personellen und sozialen Angelegenheiten zu institutionalisieren. Deshalb ist das Bestehen einer Organschaft i. S. von § 2 Abs. 2 Nr. 2 UStG allenfalls ein Indiz für die Führung eines gemeinsamen Betriebs durch den Organträger und die Organgesellschaft. Zwingend folgt dies daraus jedoch nicht.[1]

(unbesetzt) 1504–1520

IV. Beginn und Beendigung der Organschaft

1. Beginn

Die Begründung der Organschaft ist kein umsatzsteuerbarer Vorgang. Dies beruht darauf, dass der Aufnahme bzw. Bildung der Organgesellschaft kein Leistungsaustausch zugrunde liegt, weil der Organträger und die Organgesellschaft wechselseitig weder eine Leistung noch eine Gegenleistung erbringen 1521

---

1 Vgl. BAG, Beschluss v. 25.5.2005 - 7 ABR 38/04, EAAAB-94613 = BFH/NV Beilage 2006 S. 108.

(Einzelheiten und Beispiele zu Steuervorteilen durch nichtsteuerbaren Vermögensübergang in Rz. 1658 ff.).

1522 Um eine Organschaft zu begründen, braucht der Organträger nicht bereits Unternehmer zu sein. Es genügt, dass er dazu erst durch die Organschaft wird, d. h. durch Zurechnung der von der Organgesellschaft getätigten Umsätze. Er muss dann aber entgeltliche Leistungen zumindest an die Organgesellschaft erbringen (vgl. Rz. 1176 ff.). Die Organschaft entsteht nicht erst mit der Eintragung der Organgesellschaft in das Handelsregister, sondern bereits mit Abschluss des Gesellschaftsvertrages. Als Vorläuferin der Kapitalgesellschaft ist schon die Gründergesellschaft eine Organgesellschaft (siehe Rz. 1159).

2. Beendigung

1523 Beendet wird die Organschaft durch Auflösung der Organgesellschaft, durch Veräußerung ihres Betriebs, ihre Umwandlung in eine Personengesellschaft, durch eine entscheidende Änderung der Stimmverhältnisse bei ihr durch Aufnahme weiterer Gesellschafter, durch Auflösung des Organträgers, durch Veräußerung seines Betriebs oder dadurch, dass sonst eine der Voraussetzungen für die finanzielle, wirtschaftliche und organisatorische Eingliederung nicht mehr erfüllt ist.[1] Bleibt die Einordnung bis zu diesem Zeitpunkt gewahrt, stellt die Übertragung des Vermögens auf die verbleibende Gesellschaft einen letzten innerorganschaftlichen und deshalb nicht steuerbaren Vorgang dar (siehe Rz. 1661 f.).

1524 Ab dem Zeitpunkt der Beendigung der Organschaft stellen Organträger und Organgesellschaft zwei selbständige umsatzsteuerliche Rechtssubjekte dar, die zueinander in Leistungsaustauschbeziehungen treten können.[2] Die damit verbundene Trennung des Organkreises in verschiedene Unternehmen beinhaltet keine (Teil-)Geschäftsveräußerung.[3]

Eine nicht umsatzsteuerbare **Geschäftsveräußerung des Organkreises** setzt voraus, dass der Erwerber die vom Veräußerer ausgeübte Unternehmenstätigkeit fortsetzt oder dies zumindest beabsichtigt. Dabei ist das Bestehen einer Organschaft zu berücksichtigen.[4] Werden deshalb Anteile an einer Gesellschaft übertragen, die im Zeitpunkt der Veräußerung beim Veräußerer umsatzsteuer-

---

1 Vgl. OFD Hannover v. 19.5.1999 - S 7105 - 101 - StH 542, S 7105 - 40 - StO 355; OFD Hannover v. 11.10.2004 - S 7105 - 49 - StO 171, LAAAB-40584 = DStR 2005 S. 157.
2 BFH, Urteil v. 11.1.1990 - V R 156/84, JAAAB-32022 = BFH/NV 1990 S. 741.
3 OFD Hannover v. 11.10.2004 - S 7105 - 49 - StO 171, LAAAB-40584 = DStR 2005 S. 157.
4 BFH, Urteil v. 6.5.2010 - V R 26/09, BFHE 230 S. 256 = BStBl 2010 II S. 1114.

rechtlich als Organgesellschaft eingegliedert war, können die Voraussetzungen einer Geschäftsveräußerung i. S. von § 1 Abs. 1a UStG nur erfüllt sein, wenn eine Anteilsmehrheit übertragen wird, die eine finanzielle Eingliederung begründet und wenn der neue Mehrheitsgesellschafter seinerseits (für den Veräußerer objektiv erkennbar) beabsichtigt, eine Organschaft zu der Gesellschaft, an der die übertragenen Anteile bestehen, zu begründen. Erst die Begründung einer Organschaft zum Erwerber der Anteile kann aufgrund der damit verbundenen Zurechnung des Unternehmensvermögens der Gesellschaft, an der die übertragenen Anteile bestehen, die Annahme rechtfertigen, dass die Übertragung der Gesellschaftsanteile der Übertragung des Unternehmensvermögens der Gesellschaft, an der die Anteile bestehen, gleichsteht. Eine Anteilsübertragung, durch die lediglich die finanzielle Eingliederung beim bisherigen Organträger beendet wird, ohne dass es zugleich zu einer Organschaft zum neuen Mehrheitsgesellschafter kommt, reicht nicht aus.[1]

2.1 Beendigung durch Eröffnung des Insolvenzverfahrens

Das Insolvenzrecht enthält bislang keine Regelungen, die im Fall einer Konzerninsolvenz ein einheitliches Insolvenzverfahren für mehrere Konzerngesellschaften ermöglichen. Sowohl hinsichtlich der Feststellung des Insolvenzgrundes als auch in Bezug auf die Abwicklung des Insolvenzverfahrens bleiben verbundene Unternehmen daher insolvenzrechtlich selbständig. Dabei scheidet die Bildung einer einheitlichen Haftungsmasse bestehend aus mehreren rechtlich selbständigen Konzerngesellschaften aus, da ansonsten der unterschiedliche Umfang der Gläubigerrechte, wie sie im Verhältnis zu den einzelnen Insolvenzschuldnern bestehen, missachtet würde. Die Insolvenz eines herrschenden Unternehmens erstreckt sich daher nach geltendem Recht nur auf dessen Vermögen, nicht dagegen auf das Vermögen seiner Tochtergesellschaften.

Die Vermögensmassen insolvenzfähiger Gesellschaften und Personen sind dementsprechend trotz konzernmäßigen Verbundes getrennt abzuwickeln, so dass es keine Konzerninsolvenz gibt. Folge dieser insolvenzrechtlichen Einzelbetrachtung ist, dass Ansprüche, die zwischen den Personen bestehen, die umsatzsteuerrechtlich einem Organkreis angehören, im Insolvenzfall nur nach den allgemeinen insolvenzrechtlichen Regelungen geltend gemacht werden können. Daher ist zwischen Insolvenzforderungen (§ 38 InsO), die zur Insolvenztabelle anzumelden sind (§§ 174 ff. InsO), und bevorrechtigten Masseverbindlichkeiten (§ 55 InsO) zu unterscheiden. Dies gilt auch für die Ansprüche

1525

---

[1] BFH, Urteil v. 27.1.2011 - V R 38/09, BStBl 2012 II S. 68.

Dritter gegen die dem Organkreis angehörigen Personen. So bestehen auch für das FA im Insolvenzfall nach § 251 Abs. 2 Satz 1 AO keine Vorrechte, so dass es Ansprüche aus dem Steuerschuldverhältnis (§ 37 Abs. 1 AO) ebenfalls nur als Insolvenzforderung oder Masseverbindlichkeit geltend machen kann.[1]

2.1.1 Insolvenz der Organgesellschaft

1526 An der fortbestehenden Verfügungs- und Verwaltungsbefugnis eines Organträgers als Geschäftsführer einer GmbH und damit am Fortbestehen der organisatorischen Eingliederung i. S. des § 2 Abs. 2 Nr. 2 Satz 1 UStG vermag § 283 StGB nichts zu ändern. Danach unterliegt der Geschäftsführer bei Überschuldung oder bei drohender oder eingetretener Zahlungsunfähigkeit, also **bei Eintritt der Krise der GmbH**, zwar gewissen Verboten oder Einschränkungen, so darf er insbesondere das Vermögen der GmbH nicht beiseite schaffen oder zerstören. Dadurch, dass die Verwaltungs- und Verfügungsbefugnis des Geschäftsführers in der Krise gesetzlichen Einschränkungen unterliegt, ist sie aber nicht entfallen. Dies wäre erst dann der Fall, wenn sie auf eine andere Person überginge.[2]

Bei **Bestellung eines vorläufigen Insolvenzverwalters** bleibt die Organschaft regelmäßig bis zur Eröffnung des Insolvenzverfahrens bestehen, wenn die Verwaltungs- und Verfügungsbefugnis über das Vermögen des Schuldners nicht auf den vorläufigen Insolvenzverwalter übergeht und deshalb der Organträger weiterhin als Geschäftsführer der von der Insolvenz bedrohten Organgesellschaft tätig ist.[3] Dies gilt auch dann, wenn das Insolvenzgericht gem. § 21 Abs. 2 Satz 1 Nr. 2 2. Alt. InsO anordnet, dass Verfügungen des Schuldners nur mit Zustimmung des vorläufigen Insolvenzverwalters wirksam sind.[4] Vgl. zu Einzelheiten Rz. 1548 ff.

1527 Die **Eröffnung des Insolvenzverfahrens** über das Vermögen der Organgesellschaft beendet grds. die Organschaft.[5] Die Organgesellschaft ist mit der Eröffnung des Insolvenzverfahrens kraft Gesetzes aufgelöst (§ 262 Abs. 1 Nr. 3 AktG, § 60 Abs. 1 Nr. 4 GmbHG). Da das Verfügungs- und Verwaltungsrecht über das

---

1 BFH, Urteil v. 13.5.2009 - XI R 63/07, BStBl 2010 II S. 11, unter II.2.a aa; Beschluss v. 19.3.2014 - V B 14/14, NAAAE-61854 = BFH/NV 2014 S. 999.
2 Vgl. BFH, Beschluss v. 10.3.2009 - XI B 66/08, VAAAD-18985 = BFH/NV 2009 S. 977.
3 Vgl. BFH, Urteil v. 1.4.2004 - V R 24/03, BStBl 2004 II S. 905; Beschlüsse v. 27.6.2008 - XI B 224/07, WAAAC-86757; v. 11.11.2008 - XI B 65/08, YAAAD-02634 = BFH/NV 2009 S. 235, m.w.N.
4 Vgl. BFH, Beschlüsse v. 13.6.2007 - V B 47/06, GAAAC-54153 = BFH/NV 2007 S. 1936; v. 10.3.2009 - XI B 66/08, VAAAD-18985 = BFH/NV 2009 S. 977.
5 Abschnitt 2.8 Abs. 12 UStAE; BFH, Urteil v. 15.12.2016 - V R 14/16, BStBl 2017 II S. 600.

Gesellschaftsvermögen gem. § 80 InsO dem Insolvenzverwalter zusteht, kann die Gesellschaft nicht mehr i. S. des § 2 Abs. 2 Nr. 2 UStG wirtschaftlich und organisatorisch in das Unternehmen des Organträgers eingegliedert sein.[1] Vom Zeitpunkt der Eröffnung des Insolvenzverfahrens sind deshalb die Umsätze zwischen dem bisherigen Organträger und der bisherigen Organgesellschaft als Außenumsätze steuerbar. Schuldner der Umsatzsteuer für vorher ausgeführte Umsätze ist der Organträger, auch wenn der Steueranspruch erst nach Eröffnung des Insolvenzverfahrens entsteht.[2] Die Uneinbringlichkeit der vereinbarten Entgelte richtet sich nach den Verhältnissen der Organgesellschaft, wenn diese zivilrechtlich Schuldnerin der Entgelte ist.[3] Gegenüber dem früheren Recht hat sich durch die am 1.1.1999 in Kraft getretene Insolvenzordnung an diesen Grundsätzen nichts geändert (vgl. auch Rz. 1433 f.).[4]

Etwas anderes gilt nur in den Fällen, in denen das Insolvenzgericht in dem Beschluss über die Eröffnung des Insolvenzverfahrens gem. §§ 270 ff. InsO die Eigenverwaltung der Insolvenzmasse durch den Schuldner unter Aufsicht eines Sachwalters anordnet. Hier besteht die Organschaft regelmäßig auch nach Eröffnung des Insolvenzverfahrens fort, weil die Verfügungs- und Verwertungsbefugnis über das Vermögen der Organgesellschaft im Wesentlichen beim Schuldner und damit beim Organträger verbleibt (§ 270 Abs. 1 InsO). Die Organschaft endet jedoch auch in den Fällen der Eigenverwaltung mit der Eröffnung des Insolvenzverfahrens, wenn dem Sachwalter derart weitreichende Verwaltungs- und Verfügungsbefugnisse eingeräumt werden, dass eine vom Willen des Organträgers abweichende Willensbildung möglich ist.[5] Ein solcher (Ausnahme-)Fall liegt insbesondere vor, wenn der Sachwalter die Kassenführungsbefugnis gem. § 275 Abs. 2 InsO an sich zieht, es der Organgesellschaft verboten ist, ohne Zustimmung des Sachwalters Verbindlichkeiten einzugehen (§ 275 Abs. 1 InsO) und auch die übrigen Rechtsgeschäfte der Organgesellschaft gem. § 277 Abs. 1 InsO auf Anordnung des Insolvenzgerichts weitgehend der Zustimmung des Sachwalters bedürfen.[6]

1528

---

1 Vgl. BFH, Urteile v. 27.9.1991 - V B 78/91, DAAAB-32426 = BFH/NV 1992 S. 346; v. 19.10.1995 - V R 128/93, QAAAB-37661 = BFH/NV 1996 S. 275; v. 13.3.1997 - V R 96/96, BStBl 1997 II S. 580; v. 28.1.1999 - V R 32/98, BStBl 1999 II S. 258; FG Rheinland-Pfalz v. 13.12.1988 - 2 K 128/88, EFG 1989 S. 210; FG Nürnberg v. 22.2.1990 - II 169/86, EFG 1990 S. 543; FG Düsseldorf v. 23.4.1993 - 5 K 531/90 U, EFG 1993 S. 747; OFD Frankfurt v. 11.6.2014 - S 7105 A - 21 - St 110, TAAAE-68141 = UR 2014 S. 783.
2 FG Düsseldorf v. 23.4.1993 - 5 K 531/90 U, EFG 1993 S. 747.
3 Vgl. FG München v. 27.5.1987 - VIII 145/85 AO, UR 1988 S. 58.
4 BFH, Beschluss v. 27.10.2000 - V B 102/00, XAAAA-67077.
5 OFD Hannover v. 11.10.2004 - S 7105 - 49 - StO 171, LAAAB-40584 = DStR 2005 S. 157.
6 OFD Hannover, Vfg. v. 19.5.1999 - S 7105 - 101 - StH 542, S 7105 - 40 - StO 355.

C. Die Organschaft im Umsatzsteuerrecht

Nach der zwischenzeitlich von der Finanzverwaltung übernommenen Rechtsauffassung des BFH kommt es für den Fortbestand der Organschaft allerdings nicht mehr darauf an, ob für die Organgesellschaft Eigenverwaltung angeordnet wurde und für einen im Rahmen der Eigenverwaltung tätigen Sachwalter besondere Befugnisse wie Kassenführung oder Zustimmungsbedürftigkeit bestehen.[1] Soweit demgegenüber von einem Fortbestand der Organschaft für den Fall ausgegangen wird, dass Eigenverwaltung ohne Sonderbefugnisse für den Sachwalter angeordnet wird,[2] erfolge dies ohne Berücksichtigung des insolvenzrechtlichen Einzelverfahrensgrundsatzes. Dass dieser hier Bedeutung haben könnte, ist aber nicht einzusehen.

2.1.2 Insolvenz des Organträgers

1529 Die Eröffnung des Insolvenzverfahrens über das Vermögen des Organträgers beendet die umsatzsteuerliche Organschaft.[3] Die bisherige Rechtsprechung und Verwaltungsauffassung, nach der es auf die jeweiligen Umstände des Einzelfalls ankommt und insbesondere weiterhin eine organisatorische Eingliederung besteht, ist als überholt anzusehen.[4]

1530 Die Eröffnung des Insolvenzverfahrens über das Vermögen des Organträgers kann die Organschaft insbesondere auch deswegen beenden, weil die wirtschaftliche Einordnung entfällt. Der vernünftige betriebswirtschaftliche Zusammenhang (siehe Rz. 1251) wird häufig nicht mehr in der bisherigen Form bestehen. Der Kapitalgesellschaft wird man meist nicht mehr die Stellung einer Abteilung im Geschäftsbetrieb des insolventen Unternehmens beimessen können, und auch an einer einheitlichen wirtschaftlichen Gesamtkonzeption wird es nunmehr fehlen.[5]

2.1.3 Insolvenz sowohl des Organträgers als auch der Organgesellschaft

1531 Die Organschaft endet mit der Eröffnung des Insolvenzverfahrens über das Vermögen des Organträgers auch dann, wenn sich das Insolvenzverfahren

---

1 BFH, Urteil v. 15.12.2016 - V R 14/16, BStBl 2017 II S. 600; Beschluss v. 19.3.2014 - V B 14/14, NAAAE-61854 = BFH/NV 2014 S. 999.
2 So OFD Hannover v. 6.8.2007 - S 7105-49-StO 172; vgl. auch OFD Frankfurt v. 11.6.2014 - S 7105 A - 21 - St 110, TAAAE-68141 = UR 2014 S. 783.
3 Abschnitt 2.8 Abs. 12 UStAE; BFH, Urteil v. 15.12.2016 - V R 14/16, BStBl 2017 II S. 600.
4 Vgl. zur bisherigen Rechtsauffassung insbesondere OFD Frankfurt v. 11.6.2014 - S 7105 A - 21 - St 110, TAAAE-68141 = UR 2014 S. 783; FG des Saarlandes v. 3.3.1998 - 1 K 281/95, EFG 1998 S. 971.
5 Siehe Rz. 1258.

nicht auf die Organgesellschaft erstreckt, da das Insolvenzrecht keine Regelungen kennt, die im Fall einer Konzerninsolvenz ein einheitliches Insolvenzverfahren für mehrere Konzerngesellschaften ermöglichen. Sowohl hinsichtlich der Feststellung des Insolvenzgrundes als auch in Bezug auf die Abwicklung des Insolvenzverfahrens bleiben verbundene Unternehmen daher insolvenzrechtlich selbständig. Dabei scheidet die Bildung einer einheitlichen Haftungsmasse bestehend aus mehreren rechtlich selbständigen Konzerngesellschaften aus, da ansonsten der unterschiedliche Umfang der Gläubigerrechte, wie sie im Verhältnis zu den einzelnen Insolvenzschuldnern bestehen, missachtet würde. Die Insolvenz eines herrschenden Unternehmens erstreckt sich daher nach geltendem Recht nur auf dessen Vermögen, nicht dagegen auf das Vermögen seiner Tochtergesellschaften. Die Vermögensmassen insolvenzfähiger Gesellschaften und Personen sind dementsprechend trotz konzernmäßigen Verbundes getrennt abzuwickeln.[1] Eine Eingliederung der Organgesellschaft in den Organträger kommt daher aufgrund der getrennt und somit grds. unabhängig voneinander zu führenden Insolvenzverfahren nicht in Betracht.

(unbesetzt) 1532–1540

2.2 Ablehnung der Eröffnung des Insolvenzverfahrens mangels Masse

Die Organschaft wird nicht ohne weiteres dadurch beendet, dass die Eröffnung des Insolvenzverfahrens über das Vermögen der Organgesellschaft mangels Masse abgelehnt wird.[2] Denn durch Vermögenslosigkeit wird die Unternehmereigenschaft einer Kapitalgesellschaft nicht beendet. Die umsatzsteuerliche Unternehmereigenschaft hängt nicht vom Vermögensstand, sondern von der Ausführung von Umsätzen ab.[3] Die Vermögenslosigkeit der Kapitalgesellschaft kann jedoch dazu führen, dass sie nicht mehr in das Unternehmen wirtschaftlich eingegliedert ist und die Organschaft aus diesem Grunde beendet wird.

1541

---

1 BFH, Urteil v. 15.12.2016 - V R 14/16, BStBl 2017 II S. 600, m.w.N.
2 OFD Frankfurt v. 11.6.2014 - S 7105 A - 21 - St 110, TAAAE-68141 = UR 2014 S. 783.
3 BFH, Beschluss v. 27.9.1991 - V B 78/91, DAAAB-32426 = BFH/NV 1992 S. 346; Urteil v. 19.10.1995 - V R 128/93, QAAAB-37661 = BFH/NV 1996 S. 275; Beschluss v. 28.9.2007 - V B 213/06, XAAAC-72621; FG Münster v. 31.1.1991 - 5 K 3761/88 U, UR 1992 S. 378; BdF v. 16.3.1989, UR 1989 S. 163; OFD Hannover v. 11.10.2004 - S 7105 - 49 - StO 171, LAAAB-40584.

C. Die Organschaft im Umsatzsteuerrecht

2.3 Vermögenslosigkeit oder Zahlungsunfähigkeit der Organgesellschaft

1542 Vermögenslosigkeit der Organgesellschaft beendet nicht die Organschaft.[1] Sie dauert fort, bis alle Rechtsbeziehungen der Organgesellschaft abgewickelt sind.[2] Dies gilt auch in Fällen, in denen der Antrag der Organgesellschaft auf Insolvenzeröffnung mangels einer die Kosten deckenden Masse abgelehnt wird.[3] Zu prüfen bleibt allerdings der Fortbestand der wirtschaftlichen Eingliederung (siehe Rz. 1251 ff.; vgl. auch Rz. 1432 f.).

1543 Durch Zahlungsunfähigkeit der Organgesellschaft wird die Organschaft ebenfalls nicht ohne weiteres beendet.[4] Dies gilt im Rahmen einer Betriebsaufspaltung auch für den Fall, dass die Organgesellschaft wegen finanzieller Schwierigkeiten die vereinbarten Pachtzahlungen schuldig bleibt.[5]

1544 Zahlungsunfähigkeit oder Überschuldung der Organgesellschaft gehen dem Wegfall der Eingliederungsvoraussetzungen, insbesondere durch Eröffnung des Insolvenzverfahrens, voraus. Die durch die Uneinbringlichkeit von Verbindlichkeiten der Organgesellschaft erforderliche Vorsteuerberichtigung ist deshalb grds. dem Unternehmen des Organträgers zuzurechnen und vom Finanzamt ihm gegenüber geltend zu machen, auch wenn der Anspruch erst später entsteht.[6]

1545 Ebenso wenig wie die Organschaft durch bloße Illiquidität (Pachtrückstände) der Organgesellschaft entfällt, wird sie durch eine Belastung des Pachtgrundstücks für Verbindlichkeiten der Organgesellschaft beeinträchtigt. Auf das wirtschaftliche Eigentum (§ 39 Abs. 2 Nr. 1 AO) an dem Pachtgrundstück kommt es für die Annahme einer Organschaft nicht an.[7]

2.4 Liquidation

1546 Dem Grundsatz der Einheit des Unternehmens entsprechend werden bei der umsatzsteuerlichen Organschaft Organträger und Organgesellschaften insgesamt als eine Einheit betrachtet. Wird bei einer Organgesellschaft die Liqui-

---

1 Vgl. BFH, Beschluss v. 27.9.1991 - V B 78/91, DAAAB-32426 = BFH/NV 1992 S. 346; Urteil v. 19.10.1995 - V R 128/93, QAAAB-37661 = BFH/NV 1996 S. 275; s. auch Rz. 1541.
2 OFD Hannover v. 11.10.2004 - S 7105 - 49 - StO 171, LAAAB-40584 = DStR 2005 S. 157.
3 OFD Hannover, Vfg. v. 19.5.1999 - S 7105 - 101 - StH 542, S 7105 - 40 - StO 355.
4 BFH, Urteile v. 19.10.1995 - V R 128/93, QAAAB-37661 = BFH/NV 1996 S. 275; v. 16.8.2001 - V R 34/01, AAAAA-67183 = BFH/NV 2002 S. 223.
5 BFH, Urteil v. 19.10.1995 - V R 128/93, QAAAB-37661 = BFH/NV 1996 S. 275; OFD Frankfurt v. 11.6.2014 - S 7105 A - 21 - St 110, TAAAE-68141 = UR 2014 S. 783.
6 FG des Landes Brandenburg v. 19.7.1996 - 1 V 857/56, EFG 1996 S. 1061.
7 BFH, Beschluss v. 22.11.2001 - V B 141/01, QAAAA-68410 = BFH/NV 2002 S. 550.

dation beschlossen oder das Liquidationsverfahren eröffnet, so hat dies umsatzsteuerlich grds. die gleiche Wirkung wie die Auflösung eines von mehreren Betrieben (Betriebsstätten) eines Einzelunternehmers. Bis die Liquidation abgeschlossen und das vorhandene Gesellschaftsvermögen veräußert ist, rechnet die Organgesellschaft, wenn sich an ihrer Eingliederung sonst nichts ändert, zum Unternehmen des Organträgers. Dies gilt selbst dann, wenn im Rahmen der Liquidation nur noch Umsätze aus der Verwertung sicherungsübereigneter Gegenstände bewirkt werden.[1] Wird Sicherungsgut der Organgesellschaft in deren Liquidationsstadium verwertet, so ist der dadurch bewirkte Umsatz deshalb dem Organträger zuzurechnen.[2]

Dagegen führt die Liquidation des Organträgers regelmäßig zur Beendigung der Organschaft, weil mit der Einstellung der aktiven unternehmerischen Tätigkeit des Organträgers die wirtschaftliche Eingliederung der Organgesellschaft entfällt.[3]

1547

2.5 Sequestration – vorläufige Insolvenzverwaltung

Eine Organschaft bleibt regelmäßig bis zur Eröffnung des Insolvenzverfahrens erhalten, wenn der Organträger Geschäftsführer einer von der Insolvenz bedrohten Organgesellschaft ist und dieser nach Beantragung des Insolvenzverfahrens kein allgemeines Verfügungsverbot auferlegt wird.[4] Wird dagegen ein vorläufiger Insolvenzverwalter für das Vermögen der Organgesellschaft bestellt und wird der Organgesellschaft ein allgemeines Verfügungsverbot auferlegt, so geht die Verwaltungs- und Verfügungsbefugnis über das Vermögen der Organgesellschaft auf den vorläufigen Insolvenzverwalter über (§ 22 Abs. 1 InsO). In diesem Fall endet die Organschaft mit Wirksamwerden der Bestellung des vorläufigen Insolvenzverwalters, weil der Organträger nicht mehr die Möglichkeit hat, seinen Willen in der Organgesellschaft umzusetzen.[5]

1548

Nach § 106 Abs. 1 Satz 2 KO konnte das Konkursgericht bereits vor Konkurseröffnung alle zur Sicherung der Masse dienenden einstweiligen Anordnungen

1549

---

1 OFD Hannover v. 11.10.2004 - S 7105 - 49 - StO 171, LAAAB-40584 = DStR 2005 S. 157.
2 FG Nürnberg v. 22.2.1990 - II 169/86, EFG 1990 S. 543; FG Münster v. 31.1.1991 - 5 K 3761/88 U, UR 1992 S. 378; FinMin Nordrhein-Westfalen v. 9.11.1976 - S 7105 - 6 - VC 6, UR 1979 S. 130; OFD Frankfurt v. 11.6.2014 - S 7105 A - 21 - St 110, TAAAE-68141 = UR 2014 S. 783.
3 Vgl. Hessisches FG v. 21.8.1975 - IV 127/74, EFG 1976 S. 34; FG Saarland v. 3.3.1998 - 1 K 281/95, EFG 1998 S. 971; OFD Hannover, Vfg. v. 19.5.1999 - S 7105 - 101 - StH 542, S 7105 - 40 - StO 355; v. 11.10.2004 - S 7105 - 49 - StO 171, LAAAB-40584 = DStR 2005 S. 157; OFD Frankfurt v. 11.6.2014 - S 7105 A - 21 - St 110, TAAAE-68141 = UR 2014 S. 783.
4 BFH, Beschluss v. 3.3.2006 - V B 15/05, AAAAB-83863 = BFH/NV 2006 S. 1366.
5 Abschnitt 2.8 Abs. 12 UStAE.

treffen. Hierzu gehörte auch die Bestellung eines Sequesters. Sie wurde häufig begleitet durch ein auf § 106 Abs. 1 Satz 3 KO gestütztes allgemeines Veräußerungsverbot gegenüber dem Schuldner.

1550 Entsprechend der tatsächlichen Ausgestaltung der Sequestration unterscheidet man zwischen Verwaltungs- und Sicherungssequestration. Der Sequester konnte als „vorläufiger Konkursverwalter" bereits Verwaltungs- und Verfügungsbefugnisse haben, die seinen späteren Befugnissen als Konkursverwalter weitgehend angenähert waren. Er konnte aber auch nur die Stellung eines Massegutachters für die Eröffnungsvoraussetzungen haben.[1] Im Einzelfall hingen die dem Sequester übertragenen Verwaltungs- und Verfügungsbefugnisse von der Sequestrationsanordnung und den Umständen ab, die ein Tätigwerden des Sequesters erforderlich machten.

1551 Betraf die Sequestration eine Organgesellschaft, endete die Organschaft mit der Anordnung der Sequestration, wenn der Sequester den maßgeblichen Einfluss auf die Organgesellschaft erhielt und ihm eine vom Willen des Organträgers abweichende Willensbildung in der Organgesellschaft möglich war, es sich also nicht um eine Sicherungs-, sondern um eine Verwaltungssequestration handelte.[2]

1552 Eine bloße Sicherungssequestration beendete noch nicht die Organschaft. Denn durch ein allgemeines Veräußerungsverbot für die Organgesellschaft verliert der Organträger noch nicht den maßgeblichen Einfluss auf die Organgesellschaft. Dazu genügt auch nicht, dass es dem Geschäftsführer (Organträger) verboten wird, ohne Zustimmung des Sequesters Zahlungen zu leisten und Außenstände einzuziehen. Eine vom Willen des Organträgers abweichende Willensbildung in der Organgesellschaft durch den Sequester folgt daraus noch nicht.[3]

1553 In der seit 1.1.1999 geltenden InsO entspricht der vorläufige Insolvenzverwalter der §§ 21 und 22 InsO dem Sequester der KO. Die InsO unterscheidet ebenfalls zwischen einem vorläufigen Insolvenzverwalter mit Verwaltungs- und Verfügungsbefugnis (starker, qualifizierter vorläufiger Insolvenzverwalter, § 22

---

1 Vgl. Weiß, Insolvenz und Steuern, S. 10 ff.
2 Vgl. BFH, Urteile v. 18.5.1995 - V R 46/94, NAAAB-37670 = BFH/NV 1996 S. 84; v. 13.3.1997 - V R 96/96, BStBl 1997 II S. 580; v. 28.1.1999 - V R 32/98, BStBl 1999 II S. 258; FG des Saarlandes v. 20.10.2003 - 1 V 298/03, OAAAB-05980 = EFG 2004 S. 150; Mösbauer, UR 1995 S. 321, 324; Onusseit, EWiR 1997 S. 857.
3 Vgl. BFH, Urteil v. 13.3.1997 - V R 96/96, BStBl 1997 II S. 580; a. A. FG Münster v. 6.2.1996 - 15 K 2744/93 U, EFG 1996 S. 612; FG Baden-Württemberg v. 22.2.2001 - 14 K 269/97, BAAAB-06187 = EFG 2001 S. 931.

IV. Beginn und Beendigung der Organschaft

Abs. 1 InsO) und einem vorläufigen Insolvenzverwalter ohne Verwaltungs- und Verfügungsbefugnis (schwacher, einfacher vorläufiger Insolvenzverwalter, § 22 Abs. 2 InsO).

Die Aufgaben des einfachen vorläufigen Insolvenzverwalters ergeben sich aus dem Gerichtsbeschluss. In der Regel gehören zu seinen Aufgaben die Überwachung des Schuldners und die Sicherung seines Vermögens. Außerdem hat er festzustellen, ob die Insolvenzmasse für eine kostendeckende Durchführung des Insolvenzverfahrens ausreicht. In der Praxis ist die Bestellung eines einfachen (schwachen) vorläufigen Insolvenzverwalters die Regel.

1554

Wie zuvor bei der Sequestration beendet die Bestellung eines qualifizierten vorläufigen Insolvenzverwalters bei der Organgesellschaft die Organschaft, grds. aber nicht die Bestellung eines einfachen vorläufigen Insolvenzverwalters.[1] Wird ein vorläufiger Insolvenzverwalter bestellt, ohne dass der Organgesellschaft ein allgemeines Verfügungsverbot auferlegt wird (§ 22 Abs. 2 InsO), so endet die Organschaft nur dann, wenn der vorläufige Insolvenzverwalter aufgrund der ihm im Einzelfall übertragenen Pflichten den maßgeblichen Einfluss auf die Organgesellschaft erhält und ihm eine vom Willen des Organträgers abweichende Willensbildung in der Organgesellschaft möglich ist.[2] Es genügt nicht, dass sich der vorläufige Insolvenzverwalter Rechte anmaßt, die ihm nach dem Beschluss des Insolvenzgerichtes nicht zustehen.[3] Wenn die Vermietung der für den Betrieb der Organgesellschaft erforderlichen Grundstücke und Gebäude auch nach der Bestellung des vorläufigen Insolvenzverwalters fortbesteht, ist die wirtschaftliche Eingliederung in das Unternehmen nicht beendet.[4]

Im BFH-Urteil vom 1.4.2004[5] wird darauf abgestellt, dass in der InsO die Rechtsstellung des vorläufigen Insolvenzverwalters klar geregelt ist; nach § 22 Abs. 1 Satz 1 InsO gehe die Verwaltungs- und Verfügungsbefugnis über das Vermögen des Schuldners auf den vorläufigen Insolvenzverwalter dann über,

1555

---

1 Vgl. BFH, Urteil v. 1.4.2004 - V R 24/03, BStBl 2004 II S. 905; FG Sachsen-Anhalt v. 18.10.2012 - 1 K 1061/07, ZAAAE-35113; OFD Hannover v. 19.5.1999 - S 7105 - 101 - StH 542, S 7105 - 40 - StO 355; OFD Koblenz v. 15.6.2000 - S 0550 A - St 52 3, VAAAB-26488 = StEK AO 1977 § 251 Nr. 13.
2 Schleswig-Holsteinisches FG v. 24.9.2002 - IV 174/01, CAAAB-13108 = EFG 2003 S. 1582; FG des Saarlandes v. 20.10.2003 - 1 V 298/03, OAAAB-05980 = EFG 2004 S. 150; OFD Hannover, Vfg. v. 19.5.1999 - S 7105 - 101 - StH 542, S 7105 - 40 - StO 355; OFD Frankfurt v. 11.6.2014 - S 7105 A - 21 - St 110, TAAAE-68141 = UR 2014 S. 783.
3 FG Münster v. 1.4.2003 - 15 K 2679/02 U, EAAAB-16418 = EFG 2004 S. 612; Hessisches FG v. 30.8.2006 - 6 K 3783/05, SAAAC-40275.
4 Hessisches FG v. 30.8.2006 - 6 K 3783/05, SAAAC-40275.
5 V R 24/03, BStBl 2004 II S. 905.

wenn dem Schuldner ein allgemeines Verfügungsverbot auferlegt ist. Insoweit seien deshalb nicht die Gesamtumstände des Einzelfalls maßgeblich, vielmehr sei erheblich, ob dem Schuldner gem. § 21 Abs. 2 Nr. 2 1. Alt. InsO ein allgemeines Verfügungsverbot auferlegt worden ist. Maßgeblich sind allein die rechtlichen Befugnisse, die dem vorläufigen Insolvenzverwalter durch den Beschluss des Insolvenzgerichts eingeräumt werden. Deshalb kommt es nicht darauf an, ob der Geschäftsführer faktisch von der Geschäftsführung ausgeschlossen ist. Die tatsächliche Amtsführung ist ebenso irrelevant wie eine etwaige Anmaßung ihm nicht übertragener Rechte durch den vorläufigen Insolvenzverwalter.[1]

1556 Dass für die Befugnisse und Rechte des vorläufigen Insolvenzverwalters ausschließlich der Beschluss des Insolvenzgerichtes maßgeblich ist, dient der Rechtssicherheit und der Rechtsklarheit. Nach der früheren Rechtsprechung[2] zur Konkursordnung kam es für die Beendigung der organisatorischen Eingliederung durch Anordnung einer Sequestration auf die Umstände des Einzelfalles an. Dies hatte zur Folge, dass u.U. erst nach einer Beweisaufnahme und damit im Laufe eines finanzgerichtlichen Verfahrens geklärt werden konnte, welche Rechte der Sequester tatsächlich wahrgenommen und welche Befugnisse er ausgeübt hatte, so dass bis dahin offenblieb, ob überhaupt und ggf. und zu welchem Zeitpunkt die Organschaft beendet wurde. Diese insbesondere in steuerrechtlicher Hinsicht unerwünschte Unklarheit wird beseitigt, indem hinsichtlich der organisatorischen Eingliederung auf den Beschluss des Insolvenzgerichtes abgestellt wird.[3]

1557 Wird lediglich angeordnet, dass der Geschäftsführer der Organgesellschaft **nur mit Zustimmung des vorläufigen Insolvenzverwalters** handeln darf, so bedeutet dies, dass der vorläufige Insolvenzverwalter keinen vom Geschäftsführer abweichenden Willen bilden kann. Nach langjähriger Rspr. verlor der Schuldner mit der Anordnung eines Zustimmungsvorbehalts durch das Insolvenzgericht nicht die Verfügungsbefugnis über sein Vermögen, sondern nur die Fähigkeit, diese Rechtsmacht ohne Mitwirkung des vorläufigen Insolvenzverwalters wirksam auszuüben. Die Unternehmensleitung bleibe jedoch in den Händen des Schuldners. Der „schwache" vorläufige Insolvenzverwalter sei verpflichtet, sich an der Organisation der Betriebsfortführung zu beteiligen und den Schuldner

---

1 Vgl. BFH, Beschluss v. 11.11.2008 - XI B 65/08, YAAAD-02634 = BFH/NV 2009 S. 235.
2 BFH, Urteil v. 6.8.2001 - V R 34/01, AAAAA-67183 = BFH/NV 2002 S. 233.
3 FG Sachsen-Anhalt v. 18.10.2012 - 1 K 1061/07, ZAAAE-35113.

dabei zu unterstützen. Dies habe zur Folge, dass die Organschaft erst mit der Eröffnung des Insolvenzverfahrens endet.[1]

Die Rspr. ist durch das BFH-Urteil v. 8.8.2013 - V R 18/13[2] geändert. Danach endet die organisatorische Eingliederung, wenn das Insolvenzgericht für die Organgesellschaft einen vorläufigen Insolvenzverwalter bestellt und zugleich gem. § 21 Abs. 2 Nr. 2 Alt. 2 InsO anordnet, dass Verfügungen nur noch mit Zustimmung des vorläufigen Insolvenzverwalters wirksam sind. Die „Verschmelzung zu einem einzigen Steuerpflichtigen" aufgrund der Organschaft hat zur Folge, dass der Organträger als Steuerpflichtiger für alle Organgesellschaften „öffentliche Gelder" als „Steuereinnehmer für Rechnung des Staates" zu vereinnahmen hat, wie der EuGH ausdrücklich entschieden hat.[3] Dies erfordert, dass zwischen Organträger und Organgesellschaft ein Über- und Unterordnungsverhältnis besteht.[4]

Die Bestellung eines **vorläufigen Insolvenzverwalters für den Organträger** kann ebenso zur Beendigung der Organschaft ausreichend sein, wenn der vorläufige Insolvenzverwalter einen von der Geschäftsführung abweichenden Willen durchsetzen kann und somit maßgeblichen Einfluss auf den Schuldner erhält, so dass eine Beherrschung der Organgesellschaft durch den Organträger nicht mehr möglich ist.[5]

1558

2.6 Anordnung der Zwangsverwaltung und Zwangsversteigerung

Für die wirtschaftliche Eingliederung genügt die Vermietung eines Betriebsgrundstücks, wenn dieses für die Organgesellschaft von nicht nur geringer Bedeutung ist, weil es die räumliche und funktionale Grundlage der Geschäftstätigkeit der Organgesellschaft bildet.[6] Wird die Zwangsversteigerung des Grundstücks angeordnet, steht zu diesem Zeitpunkt fest, dass das Grundstück in Zukunft nicht mehr dauerhaft für Zwecke der Organgesellschaft zur Verfügung stehen und deren Tätigkeit nicht mehr fördern kann. Wegen Wegfalls

1559

---

1 BFH, Urteil v. 1.4.2004 - V R 24/03, BStBl 2004 II S. 905; Beschlüsse v. 3.3.2006 - V B 15/05, AAAAB-83863 = BFH/NV 2006 S. 1366; v. 11.11.2008 - XI B 65/08, YAAAD-02634 = BFH/NV 2009 S. 235; FG Nürnberg v. 10.4.2000 - II 39/2000, KAAAB-11922 = SIS 01 62 28; Hessisches FG v. 30.8.2006 - 6 K 3783/05, SAAAC-40275.
2 BFH, Urteil v. 8.8.2013 - V R 18/13, XAAAE-43792 = BStBl 2017 II S. 543; ebenso BFH, Beschluss v. 19.3.2014 - V B 14/14, NAAAE-61854 = BFHE 244 S. 156, Rz. 1.
3 EuGH, Urteile v. 20.10.1993 - Rs. C-10/92 „Balocchi", Slg. 1993 S. I-5105, Rz. 25; v. 21.2.2008 - Rs. C-271/06 „Netto Supermarkt", OAAAC-73301 = Slg. 2008 S. I-771, Rz. 21.
4 A. A. Hessisches FG, Beschluss v. 6.11.2013 - 6 V 2469/12, GAAAE-55842 = EFG 2014 S. 603; BFH, Urteil v. 15.12.2016 - V R 14/16, BStBl 2017 II S. 600.
5 Abschnitt 2.8 Abs. 12 Satz 3 UStAE.
6 Vgl. BFH, Beschluss v. 25.4.2002 - V B 128/01, VAAAA-68404 = BFH/NV 2002 S. 1058, m. w. N.

der wirtschaftlichen Eingliederung ist die Organschaft beendet.[1] Da der Organträger bezüglich des der Zwangsverwaltung unterliegenden Grundbesitzes nicht mehr in der Lage ist, unternehmerische Entscheidungen zu treffen, entfällt auch die organisatorische Eingliederung der Organgesellschaft in das Unternehmer des Organträgers.[2]

1560 Mit Urteil vom 29.1.2009 - V R 67/07[3] hat der BFH wiederum entschieden, dass die **wirtschaftliche Eingliederung** aufgrund der Vermietung eines Grundstücks, das die räumliche und funktionale Grundlage der Geschäftstätigkeit der Organgesellschaft bildet, entfällt, wenn für das Grundstück Zwangsverwaltung und Zwangsversteigerung angeordnet wird. Die **organisatorische Eingliederung** bleibe aber enthalten, wenn der Organträger auch nach Anordnung der Zwangsverwaltung aufgrund seiner Stellung als einziger Geschäftsführer der Organgesellschaft weiterhin in der Lage ist, die Art und Weise ihrer Geschäftsführung zu beherrschen oder aber zumindest eine von seinem Willen abweichende Willensbildung bei der Organgesellschaft zu verhindern. Dass der Organträger als Eigentümer des Grundstücks aufgrund der Zwangsverwaltung die Möglichkeit verloren hat, Entscheidungen hinsichtlich des an die Organgesellschaft vermieteten Grundbesitzes zu treffen, sei daher für die organisatorische Eingliederung unbeachtlich. Beendet sei allerdings die wirtschaftliche Eingliederung. Die Finanzverwaltung sieht es gerade umgekehrt: Die wirtschaftliche Eingliederung bleibt – zumindest bis zum Ende der Vermietung des Grundstücks an die Organgesellschaft – erhalten, die organisatorische Eingliederung entfällt.[4]

1561–1580 *(unbesetzt)*

V. Verfahren

1. Kein Formzwang

1581 Eine besondere Form ist zur Begründung einer Organschaft nicht erforderlich. Es braucht weder ein schriftlicher Organvertrag noch überhaupt ein Vertrag

---

1 Vgl. BFH, Urteil v. 29.1.2009 - V R 67/07, BStBl 2009 II S. 1029; nach dem BMF, Erlass v. 1.12.2009 - IV B 8 - S 7105/09/1003, BStBl 2009 I S. 1609, ist das Urteil nicht über den entschiedenen Einzelfall hinaus anzuwenden.
2 FG Baden-Württemberg v. 18.7.2007 - 3 K 107/03, EAAAC-62835 = EFG 2007 S. 1906.
3 BStBl 2009 II S. 1029, Rz. 25.
4 BMF, Erlass v. 1.12.2009 - IV B 8 - S 7105/09/1003, BStBl 2009 I S. 1609.

abgeschlossen zu werden. Denn maßgeblich sind nach § 2 Abs. 2 Nr. 2 UStG allein die tatsächlichen Verhältnisse.[1]

2. Kein Antrags- oder Optionserfordernis

Die Anwendung von § 2 Abs. 2 Nr. 2 UStG hängt entgegen dem Vorschlag der Steuerberaterkammer vom 19.7.1977[2] nicht von einer Option oder einem Antrag oder – wie bei der Körperschaftsteuer – von der Verpflichtung zur Gewinnabführung ab. Es kommt vielmehr nur darauf an, ob die Voraussetzungen des § 2 Abs. 2 Nr. 2 UStG erfüllt sind; ist dies der Fall, besteht Organschaft, ohne dass es irgendeines Zutuns der beteiligten Unternehmen bedarf. Besondere Bedeutung hatte dieser Umstand für Unternehmen, die nach früherem Recht wegen der sog. 75-%-Grenze (vgl. Rz. 1112) nicht als Organgesellschaften anerkannt, dann aber ab 1.1.1968 plötzlich von Gesetzes wegen solche wurden. Aber auch sonst zeigt sich in der Praxis wegen der Maßgeblichkeit allein der tatsächlichen Verhältnisse immer wieder, dass Organschaftsverhältnisse von den Beteiligten nicht erkannt und folglich die steuerlichen Konsequenzen nicht gezogen wurden. Die Eröffnung des Insolvenzverfahrens über das Vermögen einer Kapitalgesellschaft wird von der Finanzverwaltung daher zum Anlass genommen, das Vorliegen einer Organschaft zu prüfen. Gegebenenfalls kann dann noch Umsatzsteuer gegen den Organträger festgesetzt und u. U. auch realisiert werden.[3]

1582

3. Nachweis der Voraussetzungen einer Organschaft

3.1 Ermittlungs- und Mitwirkungspflicht

Es gelten die allgemeinen Grundsätze der Abgabenordnung. Danach ermittelt die Finanzbehörde den Sachverhalt von Amts wegen; sie hat alle für den Einzelfall bedeutsamen, auch die für die Beteiligten günstigen Umstände zu berücksichtigen (§ 88 AO). Den Beteiligten trifft gem. §§ 90 und 200 AO die Verpflichtung, bei der Ermittlung des Sachverhalts mitzuwirken. Ist das Organschaftsverhältnis unklar, ist Beteiligter in diesem Sinne (vgl. § 78 AO) auch die Organgesellschaft, sonst nur der Organträger. In jedem Fall ist die Organgesellschaft als „andere Person" i. S. von § 93 AO auskunftspflichtig. Sie soll als solche jedoch nach § 93 Abs. 1 Satz 3 AO erst dann zur Auskunft angehalten

1583

---
1 Siehe Rz. 1152; vgl. auch Flückiger in Plückebaum/Malitzky, § 2 Abs. 2 UStG Tz. 277.
2 DStR 1977 S. 491.
3 OFD Koblenz v. 15.6.2000 - S 0550 A - St 52 3, VAAAB-26488 = StEK AO 1977 § 251 Nr. 13.

werden, wenn die Sachverhaltsaufklärung durch den Organträger nicht zum Ziel führt oder keinen Erfolg verspricht.

1584 Soweit insbesondere im Zusammenhang mit § 2 Abs. 2 Nr. 2 Satz 2 bis 4 UStG Sachverhalte zu ermitteln und steuerrechtlich zu beurteilen sind, die sich auf Vorgänge im Ausland beziehen, trifft die Beteiligten gem. § 90 Abs. 2 AO eine gesteigerte Mitwirkungspflicht; sie haben den Sachverhalt aufzuklären und die erforderlichen Beweismittel zu beschaffen. Sie können sich nicht darauf berufen, den Sachverhalt nicht aufklären oder Beweismittel nicht beschaffen zu können, wenn sie nach Lage des Falles bei der Gestaltung ihrer Verhältnisse sich die Möglichkeit dazu hätten beschaffen oder einräumen lassen können.

3.2 Objektive Beweislast

1585 Im Verhältnis der Finanzverwaltung zur Organgesellschaft hat die Letztere die objektive Beweislast dafür, dass eine Organschaft besteht. Sie wird selbst als Unternehmer behandelt, wenn nicht mit dem erforderlichen Beweismaß, d. h. mit an Sicherheit grenzender Wahrscheinlichkeit festgestellt werden kann, dass sie nach dem Gesamtbild der tatsächlichen Verhältnisse finanziell, wirtschaftlich und organisatorisch in ein anderes Unternehmen eingegliedert ist. Im Verhältnis der Finanzverwaltung zum Organträger trifft dagegen die objektive Beweislast für das Bestehen einer Organschaft die Finanzverwaltung. Bleibt offen, ob ein Organverhältnis besteht, können dem Unternehmen keine (fremden) Umsätze zugerechnet werden. Stets trägt die objektive Beweislast der, der sich darauf beruft, dass Lieferungen und sonstige Leistungen zwischen zwei Gesellschaften wegen einer zwischen diesen bestehenden Organschaft nicht steuerbare Innenumsätze seien. Sofern der Steuerpflichtige mit Vorlage seiner ursprünglichen Umsatzsteuererklärung Umsätze sich selbst zugeordnet hat, obliegt ihm die Darlegungs- und Beweislast für seine spätere Behauptung, die Umsätze seien einem anderen Rechtsträger zuzuordnen.[1]

4. Zuständigkeit und Rechtsschutz

1586 Zuständig für die steuerliche Anerkennung der Organschaft soll unter Anwendung von § 21 AO das **Finanzamt am Sitz des Organträgers** sein,[2] an dessen Entscheidung das für die Organgesellschaft örtlich zuständige Finanzamt gebunden sei. Erkenne das für die Organgesellschaft örtlich zuständige Finanz-

---

[1] FG Hamburg v. 9.8.2012 - 5 V 15/12, n.v.
[2] Vgl. FG Münster v. 14.8.2000 - 4 K 3886/98, UAAAB-11025 = EFG 2001 S. 6; OFD Koblenz, Vfg. v. 7.12.1984 - S 7500 A - St 5, StEK UStG 1980 § 2 Abs. 2 Nr. 2.

amt die Organschaft nicht an, könne die Frage des Bestehens einer umsatzsteuerlichen Organschaft im Rechtsstreit der Organgesellschaft nicht geprüft werden.[1] Dies widerspricht der Rechtsschutzgarantie des Art. 19 Abs. 4 GG. Die Organgesellschaft muss gegen einen Umsatzsteuerbescheid Rechtsbehelfe einlegen können, der von einer selbständigen Tätigkeit ausgeht, indem er eine Organschaft verneint.[2] Dies ist auch mit § 21 AO zu vereinbaren; denn bei Verneinung einer Organschaft wird die Organgesellschaft selbst als Unternehmer behandelt, der sein Unternehmen im Bezirk des für ihn örtlich zuständigen Finanzamtes betreibt, das damit auch für ihn zuständig ist und von dem ihm der Umsatzsteuerbescheid übersandt wird.

Sind für die Ertragsteuern und für die Umsatzsteuer verschiedene Finanzämter zuständig, haben die betroffenen Dienststellen im Wege der Amtshilfe so eng wie möglich zusammenzuarbeiten und z. B. durch Aktenanforderung die zutreffende Besteuerung zu gewährleisten. Im Rahmen der Außenprüfung ist Schwierigkeiten nach § 195 Satz 2 AO zu begegnen. Oft wird es auch möglich sein, Organträger und Organgesellschaft durch denselben Prüfer prüfen zu lassen.[3] 1587

Dem Organträger kann für eine Klage gegen einen das Organschaftsverhältnis verneinenden Umsatzsteuerbescheid das Rechtsschutzinteresse nicht abgesprochen werden, auch wenn sich durch die Zurechnung weiterer Umsätze aufgrund der Organschaft die Umsatzsteuer erhöhen würde. Denn maßgeblich sind insoweit die sich insgesamt im Organkreis ergebenden rechtlichen und wirtschaftlichen Interessen.[4] Stellt das FG eine Organschaft fest, sind die damit in Widerspruch stehenden Steuerbescheide gem. § 100 Abs. 1 Satz 1 FGO aufzuheben.[5] Das FG Baden-Württemberg vertritt indes die Auffassung, dass lediglich die Tochtergesellschaften auf Anerkennung einer umsatzsteuerlichen Organschaft klagen könnten, da nur sie durch die Nichtanwendung der Rechtsfolgen des § 2 Abs. 2 Nr. 2 UStG beschwert seien.[6] 1588

Die Organgesellschaft kann nach § 41 Abs. 1 FGO auf Feststellung klagen, dass von ihr geleistete Zahlungen Entgelte für umsatzsteuerbare und umsatzsteuerpflichtige Leistungen waren. Ein Feststellungsinteresse kann sich aus dem behaupteten zivilrechtlichen Anspruch auf Ausstellung von Rechnungen mit 1589

---

1 So FG Rheinland-Pfalz, Urteil v. 22.5.1973 - II 11/68, EFG 1974 S. 46.
2 Vgl. auch den Sachverhalt im BFH-Urteil v. 7.7.1966 - V 20/64, BStBl 1966 III S. 613.
3 OFD Koblenz, Vfg. v. 7.12.1984 - S 7500 A - St 5, StEK UStG 1980 § 2 Abs. 2 Nr. 2.
4 Vgl. BFH, Urteil v. 16.12.1965 - V 82/60 S, BStBl 1966 III S. 300 = BFHE 85 S. 250.
5 FG Berlin v. 13.5.1998 - 6 K 6294/93, EFG 1999 S. 82.
6 FG Baden-Württemberg v. 7.12.2017 - 1 K 3438/15, MAAAG-84693.

Umsatzsteuerausweis i. S. von § 14 UStG ergeben. Der Zulässigkeit der Feststellungsklage steht nicht entgegen, dass die Organgesellschaft selbst wegen des umsatzsteuerlichen Organschaftsverhältnisses keinen Vorsteuerabzug aus ihren Leistungsbeziehungen geltend machen könnte. Denn dies bleibt ohne Auswirkung auf ihre Ansprüche auf Ausstellung von Rechnungen mit gesondertem Ausweis der Umsatzsteuer nach Maßgabe der zivilrechtlichen Rechtsverhältnisse zu den jeweils Leistenden.[1]

5. Hinzuziehung und Beiladung

1590 Das Organschaftsverhältnis kann gegenüber Organträger und Organgesellschaft nur einheitlich beurteilt werden. Widerstreitende Entscheidungen müssen ausgeschlossen werden. Im Einspruchs- oder Klageverfahren des möglichen Organträgers oder der möglichen Organgesellschaft ist der jeweils andere Organschaftsbeteiligte deshalb gem. § 360 Abs. 3 AO notwendig hinzuzuziehen und gem. § 60 Abs. 3 FGO notwendig beizuladen. Dies ist auch Voraussetzung für eine Änderung widerstreitender Steuerfestsetzungen gem. § 174 Abs. 5 AO.[2] Die Möglichkeit zur Korrektur von Steuerbescheiden wegen irriger Beurteilung von bestimmten Sachverhalten besteht nicht nur gegenüber dem Steuerpflichtigen, aufgrund dessen Antrag der ursprünglich ergangene Steuerbescheid aufgehoben oder geändert wird, sondern gem. § 174 Abs. 5 Satz 1 AO auch gegenüber Dritten. Für die Beiladung genügt es, dass die Möglichkeit einer Folgeänderung besteht. Eine Beiladung des Dritten i. S. des § 174 Abs. 5 Satz 2 i. V. m. § 174 Abs. 4 AO kann nur dann unterbleiben, wenn dessen Interessen durch den Ausgang des anhängigen Rechtsstreits eindeutig nicht berührt sein können. Dies käme nur dann nicht in Betracht, wenn dem Erlass eines geänderten Steuerbescheids zweifelsfrei der Ablauf der Festsetzungsfrist entgegenstände.[3]

1591 Klagen beide Organschaftsbeteiligte, müssen die Klageverfahren gem. § 73 Abs. 1 FGO verbunden werden. Die notwendige Beiladung wird nach § 73 Abs. 2 FGO durch die Verbindung der Klageverfahren ersetzt. Welcher Senat des Finanzgerichts für die Verbindung zuständig ist und das dann einheitliche Verfahren fortführt, ist im Geschäftsverteilungsplan des Finanzgerichts geregelt. Schwierigkeiten entstehen, wenn für die Klagen verschiedene Finanzgerichte zuständig sind. Die Beteiligten werden sich dann einigen müssen, bei welchem Gericht Klage erhoben und der andere Organschaftsbeteiligte bei-

---

1 Vgl. FG Bremen v. 16.4.2008 - 2 K 265/06 (S), GAAAC-82591 = EFG 2008 S. 1312.
2 Vgl. BFH, Beschluss v. 27.8.1997 - V B 14/97, ZAAAB-39114 = BFH/NV 1998 S. 148.
3 BFH, Beschluss v. 25.3.2014 - XI B 127/13, GAAAE-66012 = BFH/NV 2014 S. 1012, Rz. 7.

geladen werden soll. Denn die (zuständigen) Gerichte können die Verfahren weder abgeben noch verbinden.

6. Änderung und Kongruenz von Bescheiden

Widersprechen sich die gegen die Beteiligten ergangenen Steuerbescheide hinsichtlich der Organschaft, muss der Widerspruch möglichst durch die Änderung des unrichtigen Bescheids beseitigt werden. 1592

6.1 Änderung gem. § 172 Abs. 1 Satz 1 Nr. 2a AO (Zustimmung des Steuerpflichtigen)

Nach § 172 Abs. 1 Satz 1 Nr. 2a AO kann ein Steuerbescheid zuungunsten des Steuerpflichtigen auch nach Ablauf der Rechtsbehelfsfrist geändert werden, wenn dieser zustimmt. War die Kapitalgesellschaft z. B. zunächst fälschlich zur Umsatzsteuer veranlagt worden und sollen „ihre" Umsätze nunmehr richtig dem Organträger zugerechnet werden, kann mit dessen Zustimmung der gegen ihn ergangene niedrigere Umsatzsteuerbescheid geändert werden. Entsprechendes gilt, wenn gegen die Kapitalgesellschaft als vermeintliche Organgesellschaft ein Nichtveranlagungs-Bescheid ergangen war. Verweigert der Steuerpflichtige die Zustimmung, kann dies gegen Treu und Glauben verstoßen und die Zustimmung durch diesen Verstoß ersetzt werden.[1] 1593

6.2 Änderung gem. § 172 Abs. 1 Satz 1 Nr. 2b AO (unzuständige Behörde)

Sind verschiedene Finanzämter für den Organträger und die Organgesellschaft örtlich zuständig, soll dies auch Auswirkungen auf die sachliche Zuständigkeit haben, indem nur das für den Organträger örtlich zuständige Finanzamt über die steuerliche Anerkennung der Organschaft zu befinden habe (siehe Rz. 1586 f.). Folgt man dieser Meinung, kann sich eine Änderungsmöglichkeit auch aus § 172 Abs. 1 Satz 1 Nr. 2b AO ergeben. 1594

6.3 Änderung gem. § 173 AO (neue Tatsachen oder Beweismittel)

Nach § 173 AO sind Steuerbescheide aufzuheben oder zu ändern, wenn neue Tatsachen und Beweismittel bekannt werden. Dazu wird es nicht selten im Zusammenhang mit der finanziellen, wirtschaftlichen und organisatorischen Eingliederung der Kapitalgesellschaft kommen. Es muss sich stets um Fakten und nicht bloß um neue Schlussfolgerungen und rechtliche Beurteilungen handeln. 1595

---

1 Siehe Rz. 1601 ff.

Wird bekannt, dass ein tatsächliches Eingliederungsmerkmal fehlt, ist ein gegen die vermeintliche Organgesellschaft ergangener Nichtveranlagungs-Bescheid nach § 173 Abs. 1 Nr. 1 AO zu ändern. Auf ihr Verschulden kommt es nicht an. Für den vermeintlichen Organträger wird sich eine niedrigere Umsatzsteuer ergeben, so dass § 173 Abs. 1 Nr. 2 AO einschlägig ist und es auf sein Verschulden ankommt. Die steuerlichen Auswirkungen dürfen nicht insgesamt saldiert werden, weil der vermeintliche Organträger und die vermeintliche Organgesellschaft nunmehr als getrennte Steuerpflichtige zu behandeln sind. Deshalb kann auch hinsichtlich seines Verschuldens nicht § 173 Abs. 1 Nr. 2 Satz 2 AO angewendet werden.

6.4 Änderung gem. § 174 AO

1596 Zur Vermeidung einer doppelten Bezahlung der Umsatzsteuer für dieselben Umsätze durch die Organgesellschaft und den Organträger steht § 174 Abs. 1 AO zur Verfügung, mit dem die formelle Bescheidlage der materiellen Rechtslage angepasst werden kann, soweit dies nicht schon aufgrund anderer Vorschriften möglich ist. Ist ein bestimmter Sachverhalt in mehreren Steuerbescheiden zuungunsten eines oder mehrerer Steuerpflichtiger berücksichtigt worden, obwohl er nur einmal hätte berücksichtigt werden dürfen, so ist nach § 174 Abs. 1 AO der fehlerhafte Steuerbescheid auf Antrag aufzuheben oder zu ändern. Ist die Festsetzungsfrist für diese Steuerfestsetzung bereits abgelaufen, so kann der Antrag noch bis zum Ablauf eines Jahres gestellt werden, nachdem der letzte der betroffenen Steuerbescheide unanfechtbar geworden ist. Wird der Antrag rechtzeitig gestellt, steht der Aufhebung oder Änderung des Steuerbescheids insoweit keine Frist entgegen.

1597 Ist die Aufhebung der Umsatzsteuerbescheide gegenüber der Organgesellschaft danach nicht mehr möglich, muss nach der Rechtsprechung das Ergebnis der widerstreitenden Steuerfestsetzungen hingenommen werden. Im Abrechnungsverfahren ist nicht die materielle, sondern die formelle Rechtslage maßgeblich.[1] Angebracht wird bei doppelter Bezahlung jedenfalls ein Billigkeitserlass sein.

1598 Hat das Finanzamt Umsätze und Vorsteuerbeträge einer Kapitalgesellschaft durch einen Aufhebungsbescheid erkennbar deshalb nicht bei dieser berücksichtigt, weil es davon ausging, diese seien bei einer anderen Person als Organträger zu erfassen, ist es nach § 174 Abs. 3 AO zur Änderung des Aufhebungs-

---

[1] Vgl. BFH, Urteile v. 17.1.1995 - VII R 28/94, WAAAB-37586 = BFH/NV 1995 S. 580; v. 8.2.1996 - V R 54/94, NAAAB-38561 = BFH/NV 1996 S. 1201.

bescheids nur berechtigt, wenn seine Annahme der Eingliederung in das Unternehmen der anderen Person unrichtig war. Es genügt nicht, dass der Umsatzsteuerbescheid gegenüber der anderen Person aufgehoben worden ist. Es muss (erneut) festgestellt werden, dass die Voraussetzungen der Organschaft tatsächlich (materiell) nicht erfüllt sind.[1]

Nach § 174 Abs. 4 und Abs. 5 AO kann ein Bescheid gegenüber Dritten nur geändert werden, wenn sie an dem Verfahren, das zur Aufhebung oder Änderung des fehlerhaften Bescheids geführt hat, durch Hinzuziehung oder Beiladung beteiligt waren.[2] Dritter ist, wer im ursprünglichen Bescheid nicht gem. § 157 Abs. 1 Satz 2 AO als Steuerschuldner angegeben war. Für die Beiladung nach § 174 Abs. 5 Satz 2 AO genügt es, dass ein Steuerbescheid gegen den vermeintlichen Organträger möglicherweise wegen irriger Beurteilung des Sachverhalts aufzuheben oder zu ändern ist, dass sich daraus möglicherweise steuerliche Folgerungen für einen Dritten (vermeintliche Organgesellschaft) durch Erlass eines Steuerbescheids ziehen lassen und das Finanzamt die Beiladung veranlasst und beantragt hat.[3] Für eine Beiladung gem. § 174 Abs. 5 Satz 2 AO reicht es aus, dass sich bei einem Erfolg der Klage eine Folgeänderung i. S. des § 174 Abs. 4 und 5 AO ergeben kann. Es ist nicht zu prüfen, ob eine etwaige Folgeänderung Bestand haben wird. Etwas anderes gilt nur, wenn eindeutig Interessen des Dritten nicht berührt sein können.[4]

1599

Die Organschaft bewirkt zwar eine „Verschmelzung zu einem einzigen Steuerpflichtigen",[5] diese Wirkung erstreckt sich aber nicht auf verfahrensrechtliche Regelungen wie die Bestimmung der Eigenschaft als „Dritter" in § 174 Abs. 5 Satz 1 AO. Eine unionsrechtskonforme Auslegung in diesem Sinne scheitert am Grundsatz der Verfahrensautonomie der Mitgliedstaaten, wonach Unionsrecht nicht im Wege der Auslegung in das nationale Verfahrensrecht transformiert werden kann.[6]

---

1 Vgl. BFH, Urteil v. 8.2.1996 - V R 54/94, NAAAB-38561 = BFH/NV 1996 S. 733.
2 Vgl. BFH, Beschluss v. 20.4.1989 - V B 153/88, BStBl 1989 II S. 539.
3 Vgl. BFH, Beschlüsse v. 1.7.1993 - V B 41/93, JAAAB-33996 = BFH/NV 1994 S. 297; v. 4.3.1998 - V B 3/98, BAAAB-39819 = BFH/NV 1998 S. 1056.
4 Vgl. BFH, Beschlüsse v. 14.1.1987 - II B 108/86, BStBl 1987 II S. 267; v. 4.3.1998 - V B 3/98, BAAAB-39819 = BFH/NV 1998 S. 1056; BFH, Urteil v. 5.5.1993 - X R 111/91, BStBl 1993 II S. 817.
5 EuGH, Urteil v. 22.5.2008 - Rs. C-162/07 „Ampliscientifica und Amplifin", ZAAAC-80207 = Slg. 2008 S. I-4019, Rz. 19; BFH, Urteil v. 8.8.2013 - V R 18/13, XAAAE-43792 = BStBl 2017 I S. 543, Rz. 22.
6 Vgl. EuGH, Urteil v. 15.3.2007 - Rs. C-35/05 „Reemtsma", BAAAC-53738 = Slg. 2007 S. I-2425, Rz. 40, m. w. N.

C. Die Organschaft im Umsatzsteuerrecht

1600 Bestätigt wird dieses Ergebnis durch § 73 AO, wonach eine Organgesellschaft unter bestimmten Voraussetzungen für Steuern des Organträgers haftet. Die steuerliche Haftung begründet eine Fremdhaftung durch das Einstehenmüssen für die Schuld eines Dritten.[1] Diese gesetzliche Haftungsregelung setzt somit voraus, dass die Organgesellschaft im Verhältnis zum Organträger als Dritte zu qualifizieren ist.[2]

Nach Verschmelzung einer Organgesellschaft auf den Organträger ist sie nicht mehr Dritte i. S. von § 174 Abs. 5 AO.[3]

Sind die Voraussetzungen des § 174 Abs. 3 AO erfüllt, so ist die Änderung auch gegenüber einem Dritten ohne Einhaltung der nur für die Änderung nach § 174 Abs. 4 AO erforderlichen Voraussetzung des § 174 Abs. 5 AO zulässig.[4]

7. Treu und Glauben – widersprüchliches Verhalten

1601 Die Beachtung von Treu und Glauben ist im Steuerrecht als allgemeiner Rechtsgrundsatz uneingeschränkt anerkannt.[5] Er gebietet, dass im Steuerrechtsverhältnis jeder auf die berechtigten Belange des anderen Teiles angemessen Rücksicht nimmt und sich mit seinem eigenen früheren Verhalten nicht in Widerspruch setzt.[6]

1602 Einer juristischen Person, die ihre Eigenschaft als Organgesellschaft geltend macht, kann jedoch das Verhalten des Unternehmens, das nach ihrem Vortrag Organträger ist, nicht in ihrer eigenen steuerrechtlichen Angelegenheit zugerechnet werden. Denn der Grundsatz von Treu und Glauben wirkt rechtsbegrenzend lediglich innerhalb eines bestehenden Steuerschuldverhältnisses und erfordert **Identität der Rechtssubjekte**.[7] Zwischen einem Einzelunternehmer als angeblichen Organträger und der juristischen Person als angeblicher Organgesellschaft besteht, auch wenn der Einzelunternehmer alleiniger Gesellschafter-Geschäftsführer der juristischen Person ist, diese Identität nicht.[8]

---

1 Vgl. Rüsken in Klein, AO, 11. Aufl., § 69 Rz. 1.
2 BFH, Urteil v. 19.12.2013 - V R 5/12, BStBl 2016 II S. 585 = BFHE 244 S. 494, Rz. 42.
3 BFH, Urteil v. 19.12.2013 - V R 6/12, BStBl 2017 II S. 837 = BFHE 245 S. 71.
4 BFH, Urteile v. 1.8.1984 - V R 67/82, BFHE 141 S. 490 = BStBl 1984 II S. 788; v. 19.12.2013 - V R 7/12, BStBl 2017 II S. 841 = BFHE 245 S. 80, Rz. 58.
5 Vgl. BFH, Urteile v. 9.8.1989 - I R 181/85, BStBl 1989 II S. 990, unter II.1.; v. 8.2.1995 - I R 127/93, BStBl 1995 II S. 764, unter 4., jeweils m.w.N.
6 Vgl. BFH, Urteile v. 4.11.1975 - VII R 28/72, BFHE 117 S. 317, unter 1.; v. 8.2.1996 - V R 54/94, NAAAB-38561 = BFH/NV 1996 S. 733.
7 Vgl. BFH, Urteil v. 5.5.1993 - X R 111/91, BStBl 1993 II S. 817, unter 3.c.
8 Vgl. BFH, Urteil v. 8.2.1996 - V R 54/94, NAAAB-38561 = BFH/NV 1996 S. 733.

Auch wenn eine Person ihr (eigenes) bisheriges Verhalten gegen sich gelten lassen muss, so darf gleichwohl keine Steuer gegen sie festgesetzt werden, ohne dass die Voraussetzungen erfüllt sind, an die das Gesetz die Entstehung der Steuer knüpft.[1] Der Grundsatz von Treu und Glauben bringt keine Steueransprüche und -schulden zum Entstehen oder Erlöschen. Er kann allenfalls das Steuerrechtsverhältnis modifizieren und verhindern, dass eine Forderung oder ein Recht geltend gemacht werden kann. Einer juristischen Person, die ihre Eigenschaft als Organgesellschaft geltend macht, kann daher nach dem Grundsatz von Treu und Glauben aufgrund ihres früheren Verhaltens zwar verwehrt sein, ihr zustehende Einwendungen und Einreden gegen Ansprüche des FA zu erheben. Dieses Verhalten kann aber nicht dazu führen, eine Steuerpflicht zu begründen, die materiell-rechtlich nicht besteht. Die juristische Person darf daher – auch nach dem Grundsatz von Treu und Glauben – nicht lediglich wegen ihres bisherigen Verhaltens als steuerpflichtige Unternehmerin behandelt werden.[2]

1603

Es kann zwar unter besonderen Umständen gegen Treu und Glauben verstoßen, wenn ein Steuerpflichtiger die Zustimmung zu einer Berichtigung des Steuerbescheids gem. § 172 Abs. 1 Satz 1 Nr. 2a AO (siehe Rz. 1599) verweigert.[3] Da der Grundsatz von Treu und Glauben aber keine Steueransprüche zum Entstehen bringt, kann die Zustimmung des Steuerpflichtigen nach § 172 Abs. 1 Satz 1 Nr. 2a AO nur zu einer materiell-rechtlich zutreffenden Änderung eines Steuerbescheids fingiert werden. Auch insoweit bedarf es mithin einer materiell-rechtlichen Prüfung der Bescheide.[4]

1604

Nach § 174 Abs. 3 AO darf das Finanzamt einen Umsatzsteuerbescheid nur erlassen, wenn es einen bestimmten Sachverhalt in einem Steuerbescheid erkennbar in der Annahme nicht berücksichtigt hatte, dass er in einem anderen Steuerbescheid zu berücksichtigen sei und sich diese Annahme als unrichtig herausgestellt hatte (siehe Rz. 1598). Hat das Finanzamt die Umsätze und Vorsteuerbeträge einer GmbH durch einen Aufhebungsbescheid erkennbar deshalb nicht berücksichtigt, weil es davon ausging, diese seien bei einem Organträger zu erfassen, ist es nach § 174 Abs. 3 AO zur Änderung dieses Aufhebungsbescheides nur berechtigt, wenn seine Annahme, die GmbH sei finan-

1605

---

[1] Vgl. BFH, Urteile v. 21.6.1957 - VI 115/55 U, BStBl 1957 III S. 300; v. 15.2.1962 - V 206/59, HFR 1962 S. 320.
[2] So BFH, Urteil v. 8.2.1996 - V R 54/94, NAAAB-38561 = BFH/NV 1996 S. 733; a.A. FG Köln v. 19.5.1994 - 5 K 2306/93, EFG 1995 S. 505.
[3] Vgl. BFH, Urteile v. 7.7.1966 - V 20/64, BStBl 1966 III S. 613; v. 7.12.1962 - VI 310/60 U, BStBl 1963 III S. 162; v. 23.6.1993 - X R 214/87, KAAAB-34411 = BFH/NV 1994 S. 295.
[4] Vgl. BFH, Urteil v. 8.2.1996 - V R 54/94, NAAAB-38561 = BFH/NV 1996 S. 733.

ziell, wirtschaftlich und organisatorisch in das andere Unternehmen eingegliedert, unrichtig war. Entscheidend für die Rechtmäßigkeit der Änderung ist demnach, ob der Aufhebungsbescheid materiell-rechtlich falsch war, d. h., ob keine Organschaft vorlag. Auf einen Verstoß des vermeintlichen Organträgers oder der vermeintlichen Organgesellschaft gegen Treu und Glauben kommt es nicht an.[1]

8. Außenprüfung

1606 Der Organträger hat die Umsätze und Vorsteuerbeträge der Organgesellschaft in seine Umsatzsteuererklärung (§ 18 Abs. 3 UStG) und ggf. in seine Voranmeldungen (§ 18 Abs. 1 UStG) aufzunehmen. Er ist demnach der Steuerpflichtige, bei dem ggf. eine Außenprüfung durchzuführen ist (§ 193 Abs. 1 AO). Bei dieser Außenprüfung können auch das Bestehen einer Organschaft und die dem Organträger ggf. zuzurechnenden Umsätze und Vorsteuerbeträge der Organgesellschaft geprüft werden, weil es sich dabei um die steuerlichen Verhältnisse des Organträgers handelt, deren Ermittlung die Außenprüfung nach § 194 Abs. 1 Satz 1 und § 199 Abs. 1 AO dient. Eine gegen die Organgesellschaft ergangene Prüfungsanordnung ist dazu nicht erforderlich. Die Mitwirkungspflichten des Organträgers folgen auch in Bezug auf die Organgesellschaft aus § 200 AO. Der Organträger ist zur Erfüllung dieser Mitwirkungspflichten in der Lage, weil die Organgesellschaft nach dem Gesamtbild der tatsächlichen Verhältnisse finanziell, wirtschaftlich und organisatorisch in sein Unternehmen eingegliedert ist.[2]

1607 Ergibt die Außenprüfung, dass keine Organschaft besteht, entfällt eine Zurechnung beim vermeintlichen Organträger. Eine lediglich gegen ihn ergangene Prüfungsanordnung berechtigt in einem solchen Fall nicht zur Prüfung der für die Besteuerung erheblichen Verhältnisse bei der vermeintlichen Organgesellschaft. Allerdings kommt eine Auswertung der bei der Außenprüfung beim vermeintlichen Organträger festgestellten Verhältnisse der betroffenen Gesellschaft dieser gegenüber nach Maßgabe des § 194 Abs. 3 AO in Betracht.[3]

9. Billigkeitserlass

1608 Werden dem Organträger auch die Umsätze des Organs zugerechnet, handelt es sich bei dieser mit dem Gemeinschaftsrecht in Einklang stehenden Rechts-

---

1 Vgl. BFH, Urteil v. 8.2.1996 - V R 54/94, NAAAB-38561 = BFH/NV 1996 S. 734.
2 Vgl. BFH, Beschluss v. 26.6.2007 - V B 97/06, EAAAC-52577 = BFH/NV 2007 S. 1805.
3 Vgl. BFH, Beschluss v. 26.6.2007 - V B 97/06, EAAAC-52577 = BFH/NV 2007 S. 1805.

folge nicht um eine vom Gesetzgeber ungewollte Rechtsfolge, so dass ein Steuerlass wegen sachlicher Unbilligkeit nach § 227 AO entfällt.[1] Die Festsetzung der Umsatzsteuer gegen den Organträger unter Einbeziehung der von der insolventen Organgesellschaft getätigten Umsätze ist auch dann nicht sachlich unbillig, wenn die Organgesellschaft unter der Verwaltung eines vorläufigen Insolvenzverwalters steht. Dies gilt auch dann, wenn der Organträger die Umsatzerlöse aufgrund des Einziehungsrechts des vorläufigen Insolvenzverwalters nicht vereinnahmen konnte.[2] Es ist weder systemwidrig noch widerspricht es grundlegenden Wertungen des UStG, wenn ein FA die von einer Organgesellschaft bis zur Insolvenzeröffnung verursachte Umsatzsteuer gegenüber dem Organträger festsetzt, obwohl dieser von der Organgesellschaft keine Mittel erhalten hat, um die Steuer zu entrichten.[3]

(unbesetzt) 1609–1650

IV. Vor- und Nachteile der Organschaft im Mehrwertsteuersystem

1. Unterschied zum System der kumulativen Allphasenbruttoumsatzsteuer

Vor der Geltung des Mehrwertsteuersystems (Nettoumsatzsteuersystem mit Vorsteuerabzug), also im System der kumulativen Allphasenbruttoumsatzsteuer, ergaben sich durch eine Organschaft erhebliche Vorteile gegenüber einer entsprechenden Kette von einstufigen Unternehmen. Bei den einstufigen Unternehmen wurde nämlich die Umsatzsteuer auf jeder einzelnen Stufe vom vollen Entgelt erhoben, während alle innerhalb eines Organkreises durchlaufenen Stufen umsatzsteuerlich nicht erfasst wurden und die Steuer nur einmal beim Verlassen des Organkreises anfiel. Die sich dadurch ergebende Verletzung der Wettbewerbsneutralität führte zu entsprechenden Verfassungsbeschwerden, über die das Bundesverfassungsgericht durch Beschluss vom 20.12.1966[4] wie folgt entschied:

1651

„Der Mangel an Wettbewerbsneutralität des geltenden Umsatzsteuergesetzes, soweit es sich um die „einstufigen" und „mehrstufigen" Unternehmen

---

1 Vgl. auch Rz. 1422; BFH, Urteil v. 17.1.2002 - V R 37/00, BStBl 2002 II S. 373, Beschluss v. 31.3.2008 - V B 207/06, TAAAC-79293 = BFH/NV 2008 S. 1217.
2 Vgl. FG Baden-Württemberg v. 8.9.2009 - 14 K 254/04, VAAAD-36565.
3 BFH, Urteil v. 14.3.2012 - XI R 28/09, RAAAE-14520 = BFH/NV 2012 S. 1493.
4 1 BvR 320/57 und 1 BvR 70/63, BStBl 1967 III S. 7.

C. Die Organschaft im Umsatzsteuerrecht

handelt, muss bis zum Abschluss der eingeleiteten und in angemessener Zeit vom Gesetzgeber zu verabschiedenden Umsatzsteuerreform hingenommen werden. Dasselbe gilt für die Organschaft."

1652 Mit der Einführung des Mehrwertsteuersystems zum 1.1.1968 hat die Organschaft im Umsatzsteuerrecht an Bedeutung verloren. Eine Steuerersparnis durch die Organschaft ergibt sich regelmäßig nicht mehr. Denn im Mehrwertsteuersystem spielt es wegen des Vorsteuerabzugs umsatzsteuerlich grds. keine Rolle, ob eine Ware mehrere einstufige Unternehmen oder mehrere Betriebe (Stufen) eines Organkreises durchläuft. Die Belastung der Ware mit Umsatzsteuer ist in beiden Fällen gleich, nämlich durch den gleichen Steuersatz vom Endverbrauchsnettopreis bestimmt. Bei der Mehrwertsteuer wird die innerhalb des Organkreises nicht angefallene Umsatzsteuer nachgeholt, wenn die Ware den Organkreis verlässt. Durch diese Nachholwirkung wird eine Umsatzsteuerersparnis durch die Organschaft grds. ausgeglichen und eine Störung des Mehrwertsteuersystems durch die Organschaft ausgeschlossen.

BEISPIEL 1: ► Die Gesellschaft X kauft im Januar 2019 Ware für 1.000 € zuzüglich 19 % Umsatzsteuer ein. Sie bearbeitet die Ware und gibt das dabei entstandene Produkt im Februar 2016 zu einem Verrechnungspreis von 1.600 € an ihre umsatzsteuerliche Organgesellschaft Y, die den Vertrieb besorgt, weiter. Y verkauft das ihr überlassene Wirtschaftsgut im März 2016 an einen privaten Endverbraucher für 2.000 € zuzüglich 19 % Umsatzsteuer.

Daraus ergeben sich die folgenden umsatzsteuerlichen Konsequenzen:

Vorsteuer-Abzug Wareneinkauf Gesellschaft X:	−190 €
Weiterverkauf X an Y (Innenumsatz):	0 €
Umsatzsteuer Verkauf Y an Endkunde:	380 €

Im Ergebnis ergibt sich für den Konzern eine Umsatzsteuer-Belastung i. H. von 190 €. Dieser Betrag ist von X als Organträger an die Finanzverwaltung zu entrichten.

BEISPIEL 2: ► Das einstufige Unternehmen A kauft im Januar 2019 Ware für 1.000 € zuzüglich 19 % Umsatzsteuer ein. Es bearbeitet die Ware und gibt das dabei entstandene Produkt im Februar 2016 zu einem Preis von 1.600 € zuzüglich 19 % Umsatzsteuer an das einstufige Unternehmen B weiter. B verkauft das Wirtschaftsgut im März 2016 an einen privaten Endverbraucher für 2.000 € zuzüglich 19 % Umsatzsteuer.

Vorsteuer-Abzug Wareneinkauf Gesellschaft A:	−190 €
Weiterverkauf A an B – Umsatzsteuer A	304 €
Weiterverkauf A an B – Vorsteuer B	−304 €
Umsatzsteuer Verkauf B an Endkunde:	380 €

Durch die Entlastung des Umsatzes zwischen A und B durch den Vorsteuerabzug von Y ergibt sich im Ergebnis für die beteiligten Unternehmer auch ohne umsatzsteuerliche Organschaft eine Zahllast i. H. von 380 €. A hat an die Finanzverwaltung Umsatzsteuer i. H. von 114 € zu entrichten, B i. H. von 76 €.

In beiden Beispielsfällen ergeben sich grds. zur gleichen Zeit die gleichen Be- und Entlastungen. Dies gilt auch für die Weitergabe der Ware von X an Y einerseits und von A an B andererseits. Der Umstand, dass im ersten Fall eine Umsatzsteuer zwischen den beiden Unternehmern X und Y überhaupt nicht anfällt, wird im zweiten Fall dadurch ausgeglichen, dass B die von A in Rechnung gestellte Umsatzsteuer als Vorsteuer abziehen kann. Gleichwohl kann es ohne Organschaft u. U. zu Cash-Flow-Nachteilen kommen, da die Vorsteuer erst in dem Zeitpunkt für B abzugfähig ist, in dem B eine ordnungsgemäße Rechnung des A vorliegt. A hingegen ist – unabhängig vom Zeitpunkt der Rechnungsstellung – bereits in dem Voranmeldezeitraum verpflichtet, die Umsatzsteuer abzuführen, in dem der Umsatz ausgeführt wurde.

1653

2. Steuervorteile im Zusammenhang mit Steuerbefreiungen

Die **Auffassung** des Finanzausschusses,[1] **die Organschaft habe im Mehrwertsteuersystem keine Bedeutung mehr**, sie habe sich mit dem Systemwechsel überlebt, **ist jedoch nicht richtig**.[2] Denn insbesondere i. V. m. steuerfreien Umsätzen lassen sich durch die Organschaft weiterhin erhebliche Steuervorteile insbesondere für Banken, Versicherungen, Unternehmer im Bereich der ärztlichen Krankenversorgung und gegebenenfalls Händler von bebauten Grundstücken erreichen.[3] Dies beruht darauf, dass gem. § 15 Abs. 2 Nr. 1 UStG der Vorsteuerabzug grds. ausgeschlossen ist für Lieferungen und sonstige Leistungen, die der Unternehmer zur Ausführung von steuerfreien Umsätzen verwendet. Auf der letzten Lieferungs- oder Leistungsstufe vor der Lieferung oder Leistung an den Endverbraucher ist die Vorsteuer und die durch ihre Nichtabziehbarkeit eintretende Einbuße naturgemäß am größten. Mit jeder Stufe rückwärts nimmt die Vorsteuer und damit eine entsprechende Einbuße üblicherweise und u. U. in großen Schritten ab. **Durch Vereinigung mehrerer Stufen in einem Organkreis lassen sich deshalb die nichtabziehbaren Vorsteuern u. U. (insbesondere bei personalintensiven Betrieben) drastisch reduzieren.**[4] Denn

1654

---

1 Vgl. Bericht des Abgeordneten Toussaint zum Entwurf eines Umsatzsteuergesetzes (Nettoumsatzsteuer), BT-Drucks. 5/1581 S. 10 f.
2 Ähnlich wie der Finanzausschuss auch Reiß, StuW 1979 S. 343; Weiß, UR 1979 S. 101.
3 Vgl. FG Baden-Württemberg v. 10.5.1994 - 1 K 262/89, EFG 1994 S. 1021, 1022; Breuninger, DB 1995 S. 2085; Prinz/Raupach/Wolff, JbFfSt 1994/1995 S. 391 ff.; Korn, Stbg 1996 S. 443; Reiß in Reiß/Kraeusel/Langer, § 2 UStG Tz. 103.
4 Vgl. BMF, Schreiben v. 20.12.1990 - S 7300, FAAAA-79457 = DStZ 1991 S. 94.

C. Die Organschaft im Umsatzsteuerrecht

der Ausschluss vom Vorsteuerabzug trifft dann nur den auf einer früheren Lieferungs- oder Leistungsstufe tätigen Organträger.[1]

1655 Instruktiv ist das von Stadie[2] gebildete

> **BEISPIEL:** ▶ Eine GmbH vermietet gem. § 4 Nr. 12a UStG Wohnungen und lässt jährlich für 10 Mio. € neue Wohngebäude errichten. Die ihr hierfür vom Bauunternehmen in Rechnung gestellte Umsatzsteuer beträgt 1.900.000 €, die die GmbH wegen § 15 Abs. 2 Nr. 1 UStG nicht als Vorsteuern abziehen kann. Im (personalintensiven) Bauunternehmen fallen abziehbare Vorsteuern von jährlich etwa 600.000 € an. Begründen die GmbH als Organgesellschaft und das Bauunternehmen als Organträger eine Organschaft, so ist nur das Bauunternehmen i. S. von § 2 Abs. 1 UStG Unternehmer und nur ihm werden deshalb die steuerfreien Mietumsätze mit der weiteren Folge zugerechnet, dass auch nur sie mit ihren Vorsteuern von 600.000 € vom Abzug ausgeschlossen ist. Durch die Organschaft entsteht damit ein Steuervorteil von jährlich 1.300.000 €. Der gleiche Effekt lässt sich erreichen, wenn umgekehrt das Bauunternehmen eine juristische Person ist und als Organgesellschaft in das Wohnungsunternehmen als Organträger eingegliedert wird.

1656 Als weiteres Beispiel kann ein Krankenhaus oder ein Altenheim dienen, die nach § 4 Nr. 16b und d UStG unter bestimmten Voraussetzungen von der Umsatzsteuer befreit sind. Die Eingangsleistungen, die für den Betrieb einer solchen steuerbefreiten Einrichtung bspw. von einem Gebäudereinigungsunternehmen, einem Mahlzeitendienst, einer Wäscherei oder einem Bestattungsinstitut in Rechnung gestellt werden, berechtigen somit nicht zum Vorsteuerabzug. Gliedert sich ein Krankenhaus oder ein Altenheim ein solches Unternehmen ein, so wird die nichtabziehbare Vorsteuer erheblich reduziert. Denn gerade bei personalintensiven Unternehmen ist die Differenz zwischen der bei ihnen und ihren Abnehmern anfallenden Vorsteuer entsprechend groß, so dass die Bildung einer umsatzsteuerlichen Organschaft regelmäßig einen Mehrwert bietet.

Durch die Organschaft wird erreicht, dass statt der hohen Mehrwertsteuer, die dem Krankenhaus in Rechnung gestellt wurde, nur die sehr geringe, die z. B. dem Gebäudereinigungsunternehmen von seinen Lieferanten in Rechnung gestellt wurde, nicht als Vorsteuer abziehbar ist.[3]

Versicherungsunternehmen können beispielsweise die bei ihnen nichtabziehbaren Vorsteuern reduzieren, indem sie nicht das Rechenzentrum eines fremden Unternehmens in Anspruch nehmen, sondern das Rechenzentrum bei ei-

---

1 Zu Unrecht sieht Tischer, UR 1985 S. 77, deshalb negative Konsequenzen der Organschaft i. V. m. dem Ausschluss des Vorsteuerabzuges.
2 Vgl. Stadie in Rau/Dürrwächter, § 2 UStG Rz. 967 f., 182. Lieferung 05.2019.
3 Vgl. Prüßmann, StBp 1968 S. 205.

ner gemeinsamen Muttergesellschaft als Organträger einrichten. Auch wenn eine Versicherungs-AG ihrem Organträger oder einer anderen Organgesellschaft, die, ebenfalls das Versicherungsgeschäft betreiben und nur steuerfreie Umsätze nach § 4 Nr. 10a UStG tätigen, ihr **Vertreternetz** zur Verfügung stellt oder gegen Kostenersatz die Lohnabrechnung übernimmt, handelt es sich um einen nicht steuerbaren Innenumsatz; der Organkreis spart die auf diesen Umsatz entfallende Steuer abzüglich etwaiger Vorsteuern, die für die Erbringung der Innenumsätze anfallen.[1]

Der Steuervorteil lässt sich auch so beschreiben: Gliedern sich umsatzsteuerbefreite Unternehmen organschaftlich Zulieferungs- oder Zuleistungsunternehmen ein, können sie den Vorteil der Steuerbefreiung um die Steuer vergrößern, die die Organgesellschaft als selbständiges Unternehmen abzüglich des Vorsteuerabzugs zahlen müsste.[2] Bei einer entsprechenden Gestaltung sind die in ähnlichem Zusammenhang aufgestellten Anforderungen des BMF-Schreibens vom 20.12.1990[3] zu beachten.

1657

Vorteilhaft kann auch die **Eingliederung eines** (ohne Verzichtsmöglichkeit) **umsatzsteuerbefreiten und deshalb nicht vorsteuerabzugsberechtigten Zulieferers** sein. Wird er Organgesellschafter, kann der dessen Leistung als (nicht steuerbaren) Innenumsatz empfangende und umsatzsteuerpflichtige Organträger die Vorsteuer abziehen.

Der **gleiche Effekt** wie durch Organschaft ließe sich bei einem durch Umsatzsteuerbefreiung am Vorsteuerabzug gehinderten Unternehmen **durch Fusion** mit dem Zulieferer erzielen **oder** indem in anderer Weise die bezogenen Leistungen durch **eigenes Personal** erledigt werden. Denn auch dann würde der Ausschluss vom Vorsteuerabzug nicht den jetzt selbst erzeugten Mehrwert umfassen, sondern sich auf den etwa noch erforderlichen Zukauf von Material beschränken. Der Einsatz eigenen Personals kann jedoch gegenüber der Organschaft **arbeitsrechtliche Nachteile** haben (von der Beschäftigtenzahl abhängiger Kündigungsschutz und Betriebsrat). Auch **Fachkompetenz und betriebswirtschaftliches Engagement** können in einer Organgesellschaft u.U. besser zur Geltung kommen, indem z. B. ein bisher selbständiger Zulieferer zum Geschäftsführer der GmbH-Organgesellschaft bestellt und mit höchstens 49 % Stimmenanteil Gesellschafter wird. Die Organschaft kann ohne weiteres auf die Umsatzsteuer beschränkt werden, indem von einer für eine körper-

---

1 Vgl. Prüßmann, StBp 1968 S. 205; Stöcker in Peter/Burhoff/Stöcker, § 2 UStG Tz. 526.
2 Vgl. Prüßmann, StBp 1968 S. 205 f.
3 S 7300, FAAAA-79457 = DStZ 1991, 94.

schaft- oder gewerbesteuerliche Organschaft erforderliche Vereinbarung, den „ganzen Gewinn" an den Organträger abzuführen, abgesehen wird.

Alternativ kann die Entstehung von Umsatzsteuer dadurch vermieden werden, dass entsprechende Vorleistungen im Rahmen von selbständigen Zusammenschlüssen erbracht werden, die unter die Steuerbefreiung nach § 4 Nr. 14 Buchst. d UStG fallen. Voraussetzung hierfür ist, dass die Leistungen des Zusammenschlusses unmittelbar der Erbringung der nach § 4 Nr. 14 Buchst. a und b UStG steuerbefreiten Heilbehandlungen und Krankenhausleistungen dienen. Diese Befreiungsvorschrift umfasst somit im Wesentlichen die Beschaffung und Zurverfügungstellung medizinischer Einrichtungen und Geräte.[1] Die Befreiungsvorschrift beruht auf Art. 132 Abs. 1 Buchst. f MwStSystRL, welche vom deutschen Gesetzgeber nur unzureichend umgesetzt wurde, Nach Auffassung des EuGH ist die Beschränkung auf Berufsgruppen, die dem Gesundheitsbereich angehören, unionsrechtswidrig.[2] Die Befreiung müsse stattdessen für alle Zusammenschlüsse gelten, die dem Gemeinwohl dienende Tätigkeiten ausüben.[3]

3. Vorteile bei Vermögensübertragung

3.1 Vorteile durch Begründung einer Organschaft

1658 Die Begründung der Organschaft ist ebenso wie ihre Auflösung kein umsatzsteuerbarer Vorgang. Dies beruht darauf, dass der Aufnahme oder Entlassung der Organgesellschaft kein Leistungsaustausch zugrunde liegt, weil es seitens der Organgesellschaft an einer Leistung und seitens des Organträgers an einer Gegenleistung fehlt. Mithilfe der Organschaft lassen sich danach überraschende Ergebnisse erzielen, z. B. eine letztlich nicht steuerbare Übertragung des Vermögens auf einen Gesellschafter. Denn erstens ist die Begründung der Organschaft und zweitens auch die Übertragung von Vermögen zwischen Organgesellschaft und Organträger als Innenumsatz nicht umsatzsteuerbar. Es muss nur dafür gesorgt werden, dass die Eingliederungsvoraussetzungen i. S. des § 2 Abs. 2 Nr. 2 UStG vor der Übertragung des Vermögens bereits erfüllt sind. Eine derartige Lösung erscheint insbesondere dann angezeigt, wenn die im Fall einer steuerbaren Übertragung des Vermögens anfallende Steuer beim Übernehmer nicht oder nur zu einem geringen Teil als Vorsteuer abgezogen werden kann, wie dies z. B. bei den Banken wegen der Steuerbefreiung nach

---

1 Vgl Oelmeier in Sölch/Ringleb, § 4 UStG Rz. 2013.
2 EuGH, Urteil v. 21.9.2017 - Rs. C-616/15 „Kommission/Deutschland", VAAAG-58222, Rz. 60.
3 EuGH, Urteil v. 21.9.2017 - Rs. C-616/15 „Kommission/Deutschland", VAAAG-58222, Rz. 67.

§ 4 Nr. 8 UStG vielfach der Fall ist. Zu berücksichtigen ist dabei auch, dass es für das Zustandekommen einer Organschaft unschädlich ist, wenn der Organträger erst durch sie zum Unternehmer wird.[1] Im Hinblick auf den Missbrauchstatbestand des § 42 AO dürfte es allerdings empfehlenswert sein, nicht gleich nach Übertragung des Vermögens die Organschaft wieder aufzulösen (vgl. Rz. 1661 ff.).

Sind jedoch die Eingliederungsvoraussetzungen erst nach der Übertragung des Vermögens oder eines Teils von ihm erfüllt, so handelt es sich insoweit nicht um einen innerbetrieblichen Vorgang, sondern um eine steuerbare Lieferung.[2] 1659

BEISPIEL: Ein Einzelunternehmer gründet zum 1.1.2016 mit seiner im gesetzlichen Güterstand lebenden Ehefrau eine GmbH (Fabrikationsbetrieb), an der der Ehemann mit 70 und die Ehefrau mit 30 % beteiligt sind. Der Ehemann bringt in die GmbH sämtliche Aktiven und Passiven – mit Ausnahme der Grundstücke und Gebäude – seines bisherigen Einzelunternehmens (Fabrikationsbetrieb) gegen Gewährung von Gesellschaftsrechten und teilweise Übernahme der Schulden ein. Die Ehefrau leistet ihre Einlagen bar. Anschließend verpachtet der Ehemann seine Grundstücke und Gebäude an die GmbH, bei der die Pachtgegenstände die wesentliche Grundlage des Betriebs darstellen. Alleiniger Geschäftsführer der GmbH ist der Ehemann.

Ab dem Zeitpunkt der Verpachtung zwischen dem Einzelunternehmen (Besitzunternehmen) und der GmbH (Betriebsgesellschaft) besteht eine Organschaft. Die GmbH ist von diesem Zeitpunkt an finanziell (mehr als 50 % der Anteile; siehe Rz. 1208 ff.), wirtschaftlich (pachtweise Überlassung der wesentlichen Grundlagen des Betriebs; siehe Rz. 1251 ff.) und organisatorisch (der Einzelunternehmer ist alleiniger Geschäftsführer; siehe Rz. 1298 ff.) in das Einzelunternehmen eingegliedert. Die Aktiven – ohne Grundstücke und Gebäude – wurden jedoch schon vor diesem Zeitpunkt durch den Einzelunternehmer auf die GmbH übertragen, so dass es sich insoweit nicht um einen nichtsteuerbaren Innenumsatz innerhalb des Organkreises handelt. 1660

Allerdings ist es in dieser Konstellation dennoch möglich, dass die Übertragung der Wirtschaftsgüter aus dem Einzelunternehmen in die GmbH als nicht steuerbar zu behandeln ist, sofern eine Geschäftsveräußerung im Ganzen i. S. des § 1 Abs. 1a UStG vorliegt. Die Zurückbehaltung und anschließende Vermietung des Grundstücks durch den Veräußerer ist für die Geschäftsveräußerung

---

1 Vgl. BFH, Urteil v. 21.2.1963 - V 162/60, HFR 1963 S. 309 = UR 1963 S. 225 = NWB F. 1 S. 147; s. auch Rz. 1176 f.
2 Vgl. BFH, Urteile v. 5.9.1968 - V 153/65, BStBl 1969 II S. 55; v. 14.10.1971 - V R 5/68, BStBl 1972 II S. 101; OFD Saarbrücken. 9.7.1971 - S 7522, UR 1972 S. 1186.

grds. unschädlich, sofern eine dauerhafte Fortführung des Unternehmens oder des gesondert geführten Betriebs durch den Erwerber gewährleistet ist.[1] Hierfür ist allerdings eine unbefristete oder zumindest langfristige Vermietung erforderlich.[2]

Überträgt ein Einzelunternehmer sein Unternehmensvermögen mit Ausnahme des Anlagevermögens auf eine KG, die seine bisherige Unternehmenstätigkeit fortsetzt, und das Anlagevermögen auf eine Gesellschaft bürgerlichen Rechts (GbR), die das Anlagevermögen ihrem Gesellschaftszweck entsprechend der KG unentgeltlich zur Verfügung stellt, liegt nur im Verhältnis zur KG, nicht aber auch zur GbR eine nichtsteuerbare Geschäftsveräußerung vor. Würde dagegen zwischen den Erwerberunternehmen eine Organschaft bestehen, hätte es sich umsatzsteuerlich nur um einen Erwerber gehandelt und die Geschäftsveräußerung wäre insgesamt, also auch gegenüber der GbR, nichtsteuerbar gewesen.[3]

3.2 Vorteile durch Beendigung der Organschaft

3.2.1 Auflösung der Organgesellschaft

1661 Bei der Beendigung einer Organschaft durch Übertragung des Vermögens der Organgesellschaft auf den Organträger kommt es nicht zu einem steuerbaren Umsatz, wenn die Eingliederung nach § 2 Abs. 2 Nr. 2 UStG bis zu der Übertragung fortbesteht. Ohne besondere Vereinbarungen oder tatsächliche Veränderungen ist die Organschaft hier erst mit dem Übergang des Vermögens beendet; der Übergang stellt, da die Organgesellschaft ihre Selbständigkeit nicht wiedererlangt, einen (letzten) innerorganschaftlichen Vorgang dar.

3.2.2 Auflösung des Organträgers

1662 Wird eine Organschaft dadurch beendet, dass der Organträger seinen gesamten Betrieb an sein bisheriges Organ veräußert, soll es sich nach dem Urteil des FG Münster vom 26.10.1971[4] um einen steuerbaren Umsatz handeln, weil das bisherige Organ spätestens mit der Vereinbarung über die Übernahme des gesamten Betriebs des Organträgers und der sich daran anschließenden

---

1 Vgl. Abschnitt 1.5 UStAE; BFH, Urteile v. 15.10.1998 - V R 69/97, BStBl 1999 II S. 41; v. 4.7.2002 - V R 10/01, BStBl 2004 II S. 662.
2 BFH, Urteile v. 23.8.2007 - V R 14/05, BStBl 2008 II S. 165; v. 18.1.2012 - XI R 27/08, BStBl 2012 II S. 842; EuGH, Urteil v, 10.11.2011 - Rs. C-444/10 „Schriever", BStBl 2012 II S. 848.
3 BFH, Urteil v. 3.12.2015 - V R 36/13, TAAAF-48789 = BStBl 2017 II S. 563, Rz. 27.
4 FG-Münster, Urteil v. 26.10.1971 - V 1373/70 U, EFG 1972 S. 262.

Entgegennahme der einzelnen Wirtschaftsgüter zum Unternehmer geworden sei, so dass es zu einem steuerbaren Leistungsaustausch zwischen zwei Unternehmen komme. Da es nach § 2 Abs. 2 Nr. 2 UStG jedoch auf die tatsächlichen Verhältnisse ankommt, kann nicht der Zeitpunkt der Vereinbarung, sondern nur der ihres Vollzugs, d. h. der ihrer tatsächlichen Ausführung für die Beendigung der Organschaft maßgeblich sein. Während der Übertragung müssen Organgesellschaft und Organträger noch vorhanden sein. Erst wenn das Vermögen auf die Organgesellschaft übergegangen ist, ist sie nicht mehr eingegliedert und wird dementsprechend selbständig. Die Vermögensübertragung ist deshalb noch ein innerorganschaftlicher Vorgang. Die Argumentation des FG-Münster scheint daher wenig überzeugend. Der Vergleich mit einem Angestellten, dem der Unternehmer seinen gesamten Betrieb überträgt, passt hier nicht.

5. Vorteile bei „Option" zur Steuerpflicht zwecks Vorsteuerabzug

Da ein Organträger auch erst durch die Organschaft zum Unternehmer i. S. von § 2 Abs. 1 UStG werden kann, nicht also schon zuvor und unabhängig von der Organschaft ein solcher sein muss (siehe Rz. 1176 f.), ist die Organschaft ein Gestaltungsmittel, um z. B. für eine Holding (siehe Rz. 1181 ff.) den Vorsteuerabzug zu erreichen.[1]

1663

5. Vorteile bei Finanzierung und Liquidität

Finanzierungs- oder Liquiditätsvorteile können sich im Mehrwertsteuersystem durch die Organschaft im Prinzip nicht ergeben. Es folgt grds. kein Finanzierungsvorteil aus der Tatsache, dass die Umsatzsteuer erst dann zu entrichten ist, wenn die Ware den Organkreis verlässt; bei einer Kette einstufiger Unternehmer wird das gleiche Ergebnis durch den Vorsteuerabzug erreicht. Liefert A eine Ware im Januar an die B-KG, diese die bearbeitete Ware im Juni an die C-GmbH und diese die Ware im November an D, so kann, wenn im Monat der Lieferung auch jeweils die Rechnung erteilt wird, die B-KG die ihr von A in Rechnung gestellte Mehrwertsteuer im Februar als Vorsteuer gem. § 15 Abs. 1 Nr. 1 und § 18 UStG abziehen. Der Vorsteuerabzug und eine Zahlung gleichen sich im Februar aus. Die von der B-KG der C-GmbH in Rechnung gestellte Mehrwertsteuer ist von der B-KG im Juli abzuführen und kann von der

1664

---

[1] Vgl. FG Baden-Württemberg, Urteil v. 28.6.1979 - X (VIII) 114/77, EFG 1979 S. 517 = DStZ/E 1979 S. 295 = UR 1980 S. 98, rkr.

C-GmbH im selben Monat als Vorsteuer geltend gemacht werden. Die D in Rechnung gestellte Mehrwertsteuer ist im Dezember von der C-GmbH abzuführen. Würde zwischen der B-KG und der C-GmbH eine Organschaft bestehen, so ergäbe sich grds. kein Finanzierungsvorteil. Denn das Mehrwertsteuersystem führt dazu, dass sich bei Selbständigkeit der Unternehmen die Besteuerungsvorgänge im Juli neutralisieren.

1665 Finanzierungs- und Liquiditätsvorteile kann die Organschaft jedoch bieten, wenn die Umsatzsteuer wie im Regelfall gem. § 16 Abs. 1 Satz 1 UStG nach vereinbarten Entgelten berechnet wird und gem. § 13 Abs. 1 Nr. 1 Buchst. a UStG mit Ablauf des Voranmeldungszeitraums entsteht, in dem die Leistungen ausgeführt worden sind. Denn häufig wird nach Ausführung der Leistung erst mit einer gewissen Verzögerung die entsprechende Rechnung erteilt, die nach § 15 Abs. 1 Nr. 1 UStG Voraussetzung für den Vorsteuerabzug beim Leistungsempfänger ist.

Durch eine Organschaft kann diese Art der „Vorfinanzierung" der Umsatzsteuer vermieden werden. Bei einer Berechnung der Steuer gem. § 20 UStG nach vereinnahmten Entgelten und einem Entstehen der Steuer gem. § 13 Abs. 1 Nr. 1 Buchst. b UStG mit Ablauf des Voranmeldungszeitraums, in dem die Entgelte vereinnahmt worden sind, kann dieser Effekt kaum entstehen. Denn in diesen Fällen dürfte die Rechnung stets erteilt worden sein.

1666 Sowohl bei der Berechnung der Steuer nach vereinbarten als auch nach vereinnahmten Entgelten kann die Organschaft zu einem Finanzierungsvorteil führen, wenn beim Leistungsempfänger Vorsteuerüberhänge entstehen, die er bis zum nächsten Voranmeldungstermin nicht geltend machen kann und auf deren Erstattung durch das Finanzamt er auch danach unter Umständen noch längere Zeit warten muss.[1]

6. Vorteile bei der Organisation

1667 Ein **Organisationsvorteil** kann durch die Organschaft insoweit entstehen, als **Berechnung und Verbuchung der Umsatzsteuer** innerhalb des Organkreises entbehrlich werden.[2] Nach der Stellungnahme der Bundessteuerberaterkammer[3] bringt die umsatzsteuerliche Organschaft eine erhebliche Reduktion der Verwaltungskosten für Unternehmen und Fiskus sowie die Vermeidung von Bewertungsproblemen bei Konzern-Innenumsätzen mit sich. Innerhalb des Or-

---

1 Vgl. Rau, DStR 1964 S. 243; kritisch Reiß, StuW 1979 S. 344.
2 Vgl. List, UR 1969 S. 145; kritisch Reiß, StuW 1979 S. 344.
3 DStR 1985 S. 290.

gankreises **dennoch erteilte Rechnungen** berechtigen, da ihnen keine steuerpflichtigen Lieferungen oder sonstigen Leistungen zugrunde liegen, nicht zum Vorsteuerabzug. Andererseits wird der in einer solchen Rechnung ausgewiesene Steuerbetrag auch nicht nach § 14c Abs. 2 UStG geschuldet.[1] Denn diese Vorschrift, die einen missbräuchlichen Vorsteuerabzug verhindern will, ist nur anzuwenden, wenn die Rechnung einem fremden Dritten erteilt wird.[2]

Demgegenüber ist jedoch zu berücksichtigen, dass bei der Erstellung umsatzsteuerlicher Deklarationen für einen Organkreis dennoch das Erfordernis besteht, Umsatzsteuer-Verprobungen auf Ebene der Einzelgesellschaften durchzuführen, da die entsprechenden Geschäftsvorfälle handelsrechtlich bei den Einzelgesellschaften zu verbuchen sind. Ferner kann die nachfolgende Konsolidierung – unter Ausscheidung nicht steuerbarer Innenumsätze – für die Erstellung der umsatzsteuerlichen Deklarationen zu administrativem Mehraufwand führen. Dies ist insbesondere dann der Fall, wenn Umsätze manuell und ohne Zuordnung von Steuerschlüsseln gebucht und die umsatzsteuerliche Erfassung im Rahmen der Konsolidierung u.U. erneut überprüft werden muss. Eine Reduktion der Verwaltungskosten kann daher durch die umsatzsteuerliche Organschaft nur unter der Voraussetzung erreicht werden, dass eine zutreffende und weitgehend automatisierte Erfassung von umsatzsteuerlichen Sachverhalten durch das Buchhaltungssystem gewährleistet werden kann.

7. Vorteile sonst nur durch Fusion

Ohne eine Organschaft könnten die beschriebenen Steuervorteile durch eine echte oder unechte Fusion der Unternehmen erreicht werden. Diese verbleibende Möglichkeit sollte den Gesetzgeber, um nicht einen weiteren Anreiz zur Unternehmenskonzentration zu bieten, davon abhalten, die Organschaft abzuschaffen.

1668

8. Nachteile durch Verlust einer Optionsmöglichkeit

Durch die Vereinigung mehrerer Unternehmen in einem Organkreis kann die Möglichkeit entfallen, durch Verzicht auf Steuerfreiheit den Vorsteuerabzug zu erreichen (vgl. § 15 Abs. 2 Nr. 1 UStG), weil der Umsatz jetzt nicht mehr, wie es § 9 Abs. 1 UStG voraussetzt, an einen anderen Unternehmer ausgeführt wird.

1669

---

1 Abschnitt 14.1 Abs. 4 Satz 3 UStAE; BFH, Urteil v. 28.10.2010 - V R 7/10, BStBl 2011 II S. 391.
2 Siehe Rz. 1443 f.; BdF, Erlass v. 16.9.1968 - S 7300; a. A. List, UR 1969 S. 145.

> **BEISPIEL:** Ein Einzelunternehmer errichtete 2014 ein Gebäude für Wohnzwecke. Er vermietete das Grundstück an eine ihm fremde GmbH, verzichtete gem. § 9 Abs. 1 UStG auf die Steuerfreiheit nach § 4 Nr. 12 Satz 1 Buchst. a UStG und erlangte dadurch den vollen Vorsteuerabzug gem. § 15 Abs. 1 und 2 UStG. Die GmbH ihrerseits vermietete die Wohnungen steuerfrei nach § 4 Nr. 12 Satz 1 Buchst. a UStG an die Endmieter zu Wohnzwecken. Im Jahr 2016 erwarb der Einzelunternehmer sämtliche Anteile an der GmbH und erreichte durch weitere Maßnahmen, dass die GmbH zur Organgesellschaft seines Einzelunternehmens als Organträger wurde.

1670 Vom Zeitpunkt der Begründung der Organgesellschaft an besteht nur noch ein einziges Unternehmen, das unmittelbar an die Endmieter vermietet. Diese sonstige Leistung ist nach § 4 Nr. 12 Satz 1 Buchst. a UStG steuerfrei. Auf die Steuerfreiheit konnte auch nicht verzichtet werden, weil die Umsätze nicht an einen anderen Unternehmer für dessen Unternehmen ausgeführt wurden (§ 9 Abs. 1 UStG). Für den Einzelunternehmer, der ja auch innerhalb der Organschaft der (einzige) Unternehmer ist, haben sich 2016 die Verhältnisse von bisher steuerpflichtiger (und damit zum Vorsteuerabzug berechtigender) auf nunmehr nach § 4 Nr. 12 UStG steuerfreie und damit den Vorsteuerabzug ausschließende Verwendung des Gebäudes mit der Folge geändert, dass der Vorsteuerabzug gem. § 15a UStG zu berichtigen ist.

9. Nachteile durch Zusammenrechnen von Besteuerungsmerkmalen

1671 Ein **Nachteil** kann sich aus der Organschaft ergeben, wenn die **Addition von Besteuerungsmerkmalen** bei Organträger und Organgesellschaften dazu führt, dass **bestimmte Obergrenzen überschritten werden,** wie z. B. die Zahl der Arbeitnehmer für die Steuerbefreiung nach § 4 Nr. 19 Buchst. a UStG sowie für die Umsatzgrenzen der Kleinunternehmerregelung nach § 19 UStG sowie für die Besteuerung nach vereinnahmten Entgelten nach § 20 UStG.

10. Nachteile durch Haftung und Steuerschuldnerschaft

1672 Nachteilig kann die organschaftliche Haftung der Organgesellschaft gem. § 73 AO sein, falls diese nicht auf Umsätze beschränkt wird, die ohne die Organschaft auf die Organgesellschaft entfallen wären (siehe Rz. 1427). Gefahren entstehen aber eher dadurch, dass der Organträger oft als Einzelunternehmen oder Gesellschaft bürgerlichen Rechts betrieben wird und der Einzelunternehmer oder sonst Berechtigte, da der Organträger sämtliche Umsatzsteuern im Organkreis schuldet, deshalb persönlich für die von den Organ-(Kapital-)gesellschaften ausgelösten in Anspruch genommen wird.[1] Insbesondere bei Betriebsaufspaltung ist es in einer Vielzahl von Fällen gerade das FA, das eine Organschaft feststellen möchte, um sich wegen sämtlicher Umsatzsteuerschulden an die (vermögendere) Besitzgesellschaft als Organträger und deren Gesellschafter halten zu können.[2]

11. Nachteile bei Insolvenz der Organgesellschaft

Die bis zur Eröffnung des Insolvenzverfahrens über das Vermögen einer Organgesellschaft entstandene Umsatzsteuer wird weiterhin vom Organträger geschuldet, weil nur dieser Unternehmer im Sinne des UStG war. Der Organträger als der Unternehmer muss die Umsatzsteuer anmelden bzw. das FA muss die Umsatzsteuer gegen ihn festsetzen. Die entsprechende Umsatzsteuer wird nicht zur Insolvenztabelle angemeldet. In der Praxis zeigt sich immer wieder, dass umsatzsteuerliche Organschaftsverhältnisse von den Beteiligten nicht erkannt und folglich die steuerlichen Konsequenzen nicht gezogen wurden. Die Eröffnung des Insolvenzverfahrens über das Vermögen einer Kapitalgesellschaft wird von der Finanzverwaltung daher zum Anlass genommen, das Vorliegen einer Organschaft zu prüfen. Gegebenenfalls kann dann noch Umsatzsteuer gegen den Organträger festgesetzt und u.U. auch realisiert werden.[3]

1673

12 Vor- und Nachteile durch Vorsteuerberichtigung

Ändern sich bei einem Wirtschaftsgut die Verhältnisse, die im Kalenderjahr der erstmaligen Verwendung für den Vorsteuerabzug maßgebend waren, innerhalb von fünf bzw. zehn Jahren seit dem Beginn der Verwendung, so ist für jedes Kalenderjahr der Änderung ein Ausgleich durch eine Berichtigung des Abzugs der auf die Anschaffungs- oder Herstellungskosten entfallenden Vorsteuerbeträge vorzunehmen (§ 15a Abs. 1 UStG). Diese Regelung bereitet bei der Organschaft dann Schwierigkeiten, wenn sich die Verhältnisse im Zusammenhang mit der Begründung oder Auflösung eines Organschaftsverhältnisses ändern.

1674

Nach der BFH-Rechtsprechung[4] wird der Vorsteuerabzug nach § 15a UStG auch dann berichtigt, wenn eine Gesellschaft (mit steuerpflichtigen Umsät-

---

1 Vgl. Korn, Stbg 1996 S. 443.
2 Vgl. Stadie in Rau/Dürrwächter, § 2 UStG Rz. 825, 182. Lieferung 05.2019.
3 OFD Koblenz v. 15.6.2000 - S 0550, StEK AO 1977 § 251 Nr. 13.
4 BFH, Beschluss v. 12.5.2003 - V B 211/02 und V B 220/02, BStBl 2003 II S. 784.

zen) für ein Wirtschaftsgut den vollen Vorsteuerabzug erhalten hat und später aufgrund der Vorschrift des § 2 Abs. 2 Nr. 2 UStG ihre Selbständigkeit zugunsten eines Organträgers mit nach § 15 Abs. 2 UStG steuerfreien Umsätzen verliert und ihr Unternehmen deshalb in dem Gesamtunternehmen des Organträgers aufgeht. Die steuerfreien Umsätze schließen den Vorsteuerabzug gem. § 15 Abs. 2 Nr. 1 UStG aus. Dadurch ändern sich die nach § 15a Abs. 1 UStG maßgeblichen Verhältnisse. Denn die Vorsteuerberichtigung nach § 15a UStG setzt nicht notwendig voraus, dass sich die Verhältnisse bei dem Unternehmer ändern, der die Wirtschaftsgüter ursprünglich angeschafft hat. So tritt z. B. auch bei der Geschäftsveräußerung der erwerbende Unternehmer gem. § 1 Abs. 1a UStG an die Stelle des Veräußerers, so dass eine Vorsteuerberichtigung auch dann stattfindet, wenn sich die für den Vorsteuerabzug maßgeblichen Verhältnisse beim erwerbenden Unternehmer gegenüber den Verhältnissen beim Veräußerer geändert haben. Ähnlich ist es, wenn eine Gesellschaft aufgrund der Vorschrift des § 2 Abs. 2 Nr. 2 UStG ihre Selbständigkeit verliert und ihr Unternehmen deshalb in dem Gesamtunternehmen des Organträgers aufgeht.

BEISPIEL 1: Eine GmbH errichtet ein Gebäude, das sie an einen (vorsteuerabzugsberechtigten) Unternehmer zur Verwendung in dessen Unternehmen vermietet. Sie verzichtet nach § 9 UStG auf die Steuerfreiheit gem. § 4 Nr. 12a UStG und erlangt dadurch den vollen Vorsteuerabzug nach § 15 Abs. 1 und 2 UStG für die Aufwendungen aus der Errichtung des Gebäudes. Im zweiten Jahr der Vermietung wird die GmbH durch entsprechende Maßnahmen Organgesellschaft eines Organträgers, der an dem Verzicht der GmbH auf Steuerfreiheit nicht mehr festhält.

BEISPIEL 2: Eine GmbH errichtet als Organgesellschaft ein Gebäude. Dieses wird an einen (vorsteuerabzugsberechtigten) Unternehmer zur Verwendung in dessen Unternehmen vermietet. Der Organträger verzichtet gem. § 9 Abs. 1 UStG auf die Steuerfreiheit nach § 4 Nr. 12a UStG und erlangt dadurch gem. § 15 Abs. 1 und 2 UStG den Vorsteuerabzug für die Aufwendungen aus der Errichtung des Gebäudes. Im zweiten Jahr der Vermietung scheidet die GmbH aus dem Organkreis aus und hält anschließend den Verzicht auf die Steuerbefreiung nicht mehr aufrecht, so dass die Mietumsätze gem. § 4 Nr. 12a UStG steuerfrei sind.

1675 Die Begründung der Organschaft ist ebenso wie ihre Auflösung kein umsatzsteuerbarer Vorgang (siehe Rz. 1658 ff.). Diese Vorgänge führen daher weder nach § 15a Abs. 1 UStG noch nach § 15a Abs. 4 UStG zu einer Änderung der Verhältnisse im Sinne dieser Vorschriften. Geändert werden die Verhältnisse erst durch einen anderen Unternehmer, und zwar beim Beispiel 1 durch den Organträger und beim Beispiel 2 durch die selbständig gewordene GmbH. Es ergibt sich das Problem, ob eine solche Änderung der Verhältnisse zu einer Berichtigung des Vorsteuerabzugs nach § 15a UStG führen kann und bei welchem der beiden Unternehmer diese Berichtigung ggf. vorzunehmen ist.

Nach Auffassung der Verwaltung ist sowohl beim ersten Beispiel als auch beim zweiten Beispiel § 15a UStG anzuwenden,[1] wobei der Vorsteuerabzug im ersten Beispielsfall beim Organträger und im zweiten Beispielsfall bei der GmbH zu berichtigen ist.[2] Begründet wird dies damit, dass beim ersten Beispiel der Organträger in die Rechtsstellung der GmbH und beim zweiten Beispiel die GmbH in die Rechtsstellung des Organträgers eintritt, so dass es in beiden Fällen zu einer Änderung der Verhältnisse, nämlich zum Übergang von steuerpflichtiger zu nach § 4 Nr. 12 UStG steuerfreier Verwendung kommt. Die Verwaltung unterstellt dabei eine Art Rechtsnachfolge des Organträgers im ersten Beispielsfall und der GmbH im zweiten Beispielsfall.[3]

1676

Die Berichtigung des Vorsteuerabzugs in beiden Beispielsfällen basiert auf einer Analogie. So verweist der **BFH** in seinem Beschluss vom 12.5.2003[4] darauf, dass bei einer Geschäftsveräußerung der erwerbende Unternehmer gem. § 1 Abs. 1 UStG an die Stelle des Veräußerers tritt, so dass eine Vorsteuerberichtigung auch dann stattfindet, wenn sich die für den Vorsteuerabzug maßgeblichen Verhältnisse beim erwerbenden Unternehmer gegenüber den Verhältnissen beim Veräußerer geändert haben. Ähnlich sei es, wenn eine Gesellschaft aufgrund der Vorschrift des § 2 Abs. 2 Nr. 2 UStG ihre Selbständigkeit verliert und ihr Unternehmen deshalb in dem Gesamtunternehmen des Organträgers aufgeht. Dies ist jedoch eine **Analogie oder Lückenfüllung, die sich zulasten des Steuerpflichtigen auswirken kann.** Wegen des im Steuerrecht als Eingriffsrecht geltenden Gesetzesvorbehalts könnte daher die Auffassung vertreten werden, dass diese Analogie nicht zulässig ist.[5]

1677

Die Auffassungen der Verwaltung und des BFH führen dazu, dass die Vorsteuerberichtigung nicht bei dem Unternehmen durchgeführt wird, das ursprüng-

1678

---

1 BMF, Schreiben v. 6.12.2005 - IV A 5 - S 7316 - 25/05, BStBl 2005 I S. 1068; OFD Hannover v. 6.8.2007 - S 7105 - 49 - StO 172, NAAAC-53170; Abschnitt 15a.10 UStAE.
2 BMF, Schreiben v. 12.7.1976 - S 7316/S 7312, BStBl 1976 I S. 392, Tz. 20; vgl. auch OFD Hannover, Vfg. v. 19.5.1999 - S 7105, unter 2.5.
3 Vgl. auch Grune in Peter/Burhoff/Stöcker, § 15a UStG Rz. 17.
4 Vgl. B 211/02, V B 220/02, BStBl 2003 II S. 784.
5 Vgl. BFH, Urteile v. 9.2.1972 - I R 205/66, BStBl 1972 II S. 455 = BFHE 105 S. 15; v. 18.2.1977 - VI R 177/75, BStBl 1977 II S. 524 = BFHE 121 S. 572; v. 21.12.1977 - I R 20/76, BStBl 1978 II S. 346 = BFHE 124 S. 317; Friauf/Kruse/Felix in Tipke, Grenzen der Rechtsfortbildung durch Rechtsprechung und Verwaltungsvorschriften im Steuerrecht, S. 53 ff., 71 ff. und 99 ff.; vgl. aber auch BFH, Urteil v. 20.10.1983 - IV R 175/79, BStBl 1984 II S. 221, das wohl – ohne die gebotene Anrufung des Großen Senats – nur eine Ausnahme darstellt und nicht zu einer Änderung der Rechtsprechung geführt hat.

lich den Vorsteuerabzug vorgenommen hat. Unter Berücksichtigung der Analogie zur Geschäftsveräußerung im Ganzen (Übertragung der Berichtigungspflicht auf den übernehmenden Rechtsträger) und aus Gründen der Verwaltungsvereinfachung scheint dies logisch. Wären entsprechende Berichtigungen bei einer Organgesellschaft selbst zu berücksichtigen, hätte diese allein für diesen Zweck eigene Umsatzsteuererklärungen einzureichen, weil sämtliche weiteren umsatzsteuerlichen Sachverhalte beim Organträger zu erfassen sind.

1679   Die analoge Übertragung von Berichtigungszeiträumen kann jedoch zu unerwünschten Verschiebungen von steuerlichen Belastungen zwischen Organträger und Organgesellschaft führen, die u. U. eines zivilrechtlich zu vereinbarenden Ausgleichs bedürfen. Vor diesem Hintergrund empfiehlt es sich, etwaigen Korrekturbedarf nach § 15a UStG, der sich durch Begründung oder Auflösung der Organschaft ergibt, vorab zu prüfen und ggf. verbleibende Berichtigungsfristen abzuwarten.

14. Vor- und Nachteile im Zusammenhang mit dem Voranmeldungszeitraum

1680   Vor-, aber auch Nachteile können sich ergeben, wenn zum Organkreis sowohl Monats- (§ 18 Abs. 1 UStG) als auch Vierteljahreszahler (§ 18 Abs. 2 UStG) gehören, weil sich dann Verschiebungen zwischen dem Zeitpunkt der Fälligkeit und des Vorsteuerabzugs ergeben können.

15. Nachteile durch Zusammenfassende Meldung

1681   Gemäß § 18a Abs. 1 Satz 1 UStG sind für innergemeinschaftliche Warenlieferungen vierteljährlich Zusammenfassende Meldungen abzugeben. Dies gilt auch für Organgesellschaften; sie haben trotz ihrer Unselbständigkeit solche Meldungen zu machen (siehe Rz. 1502). Dementsprechend wird ihnen eine eigene Identifikationsnummer erteilt (§ 27a Abs. 1 Satz 4 UStG). An der umsatzsteuerlichen Unselbständigkeit der Organgesellschaften ändert sich dadurch nichts. Es entsteht nur ein höherer Verwaltungsaufwand (siehe Rz. 1501).

16. Nachteile bei Geschäftsveräußerung

1682   Die Behandlung als ein Unternehmen gem. § 2 Abs. 2 Nr. 2 Satz 3 UStG ist auch in Bezug auf die Nichtsteuerbarkeit von Geschäftsveräußerungen nach § 1 Abs. 1a UStG zu berücksichtigen. Bei der Übertragung eines Vermietungsunternehmens liegt eine nichtsteuerbare Geschäftsveräußerung nur vor, wenn der Erwerber die Vermietungstätigkeit des Veräußerers nicht nur zivilrechtlich, sondern auch umsatzsteuerrechtlich unter Berücksichtigung des § 2 Abs. 2 Nr. 2 Satz 3 UStG fortführt. Denn für die Geschäftsveräußerung kommt es auf die Fortsetzung einer Unternehmenstätigkeit und damit auf umsatzsteuerrechtliche Kriterien an, die sich nach § 2 UStG richten. Erwirbt daher ein Organträger ein an seine Organgesellschaft vermietetes Gebäude, liegt keine Geschäftsveräußerung vor, da der erwerbende Organträger das übertragene Gebäude umsatzsteuerrechtlich nicht vermietet, sondern durch die Organgesellschaft als Teil seines Unternehmens eigenunternehmerisch nutzt.[1]

17. Vermeidung der Nachteile

Ist eine Organschaft wegen der genannten Nachteile unerwünscht, kann sie vermieden werden, indem eines der Eingliederungsmerkmale nicht erfüllt wird.   1683

(Einstweilen frei)   1684–1750

---

[1] BFH, Urteil v. 6.5.2010 - V R 26/09, BStBl 2010 II S. 1114, Rz. 32.

D. Die Organschaft im Grunderwerbsteuerrecht

Literatur: *Adolf*, Grunderwerbsteuer bei Organschaftsfällen – Zusammenfassung und Anmerkungen zum gleich lautenden Ländererlass vom 21.3.2007, GmbHR 2007 S. 1309; *Adolf/Kleinert*, Anmerkung zu BFH, Urt. v. 20.7.2005 - II R 30/04, GmbHR 2005 S. 1579; *Beckmann*, Grunderwerbsteuer bei Umstrukturierungen, GmbHR 1999 S. 217; *Behrens*, Neue RETT-Blocker-Vermeidungsvorschrift in § 1 Abs. 3a GrEStG durch AmtshilfeRLUmsG – Rechtliche Anteilsvereinigung aufgrund „Innehabens" von (ggf. durchgerechnet) mindestens 95 % an grundbesitzender Gesellschaft, DStR 2013 S. 1405; *Behrens/Meyer-Wirges*, Anmerkungen zum koordinierten Ländererlass vom 21.3.2007 zur grunderwerbsteuerlichen Organschaft, DStR 2007 S. 1290; *Brinkmann/Tschesche*, Grunderwerbsteuer bei Anteilsvereinigung in der Hand der grunderwerbsteuerlichen Organschaft – BFH widerspricht OFD Münster, BB 2005 S. 2783; *Götz*, Grunderwerbsteuerliche und organschaftliche Fragen bei Umwandlungen im Konzern, GmbHR 2001 S. 277; *Graessner*, Anerkennung der BFH-Rechtsprechung zu RETT-Blockern, NWB 2018 S. 3722; *Günkel/Lieber*, Grunderwerbsteuerliche Organschaft, in Herzig (Hrsg.), Organschaft, Stuttgart 2003, S. 353; *Heine*, Die Organschaft im Grunderwerbsteuerrecht, UVR 2001 S. 349; *Heine*, Herrschende und abhängige Personen sowie Unternehmen und die Organschaft im Grunderwerbsteuerrecht, GmbHR 2003 S. 453; *Heine*, Die Organschaft im Umsatzsteuerrecht und bei der Grunderwerbsteuer – Ein Vergleich, UVR 2004 S. 191; *Heine*, Anwendung des § 1 Abs. 3 GrEStG in Verbindung mit Abs. 4 auf Organschaftsfälle, UVR 2007 S. 245 u. 278; *Kroschewski*, Zur Steuerbarkeit der unmittelbaren Anteilsvereinigung bei beherrschten Gesellschaften gemäß § 1 Abs. 3 GrEStG, BB 2001 S. 1121; *Lieber*, Anwendung des § 1 Abs. 3 i.V. mit Abs. 4 GrEStG auf Organschaftsfälle – Anmerkungen zu den gleich lautenden Erlassen der obersten Finanzbehörden der Länder vom 21.3.2007, DB Beilage Nr. 4/2007 S. 1; *Lieber/Morgenweck*, Die grunderwerbsteuerliche Organschaft unter Berücksichtigung der aktuellen BFH-Rechtsprechung, UVR 2006 S. 125; *Mitsch*, Die grunderwerbsteuerliche Organschaft – Beratungskonsequenzen aus der Verfügung der OFD Münster vom 7.12.2000 insbesondere für Konzernsachverhalte, DB 2001 S. 2165; *Schaflitzl/Schrade*, Die geplante Anti-„RETT-Blocker"-Regelung im Grunderwerbsteuerrecht, BB 2013 S. 343; *Schober/Kuhnke*, Die „Anti-RETT-Blocker"-Regelung des § 1 Abs. 3a GrEStG, NWB 2013 S. 2225; *Verweyen*, Grunderwerbsteuer bei konzerninternen Umstrukturierungen, 2005, S. 150; *Vossel/Peter/Hellstern*, Ausweitung der grunderwerbsteuerlichen Organschaft durch das EuGH-Urteil vom 16.07.2015?, Ubg 2016 S. 271; *Wagner/Lieber*, Änderungen bei der GrESt: Vermeidung von RETT-Blockern und Erweiterung von § 6a GrEStG, DB 2013 S. 1387; *Weilbach*, Grunderwerbsteuerfreiheit bei Konzernumstrukturierungen, UVR 2001 S. 389; *Wienands*, Grunderwerbsteuer und konzerninterne Restrukturierungen, DB 1997 S. 1362; *Wischott/Schönweiß*, Grunderwerbsteuerpflicht bei Wechsel des Organträgers, DStR 2006 S. 172.

I. Grundlegung

1. Rechtsgrundlagen, Rechtsentwicklung, Verwaltungsanweisungen

1751 Die grunderwerbsteuerliche Organschaft ist in § 1 Abs. 3 Nr. 1 und 2 i.V.m. Abs. 4 Nr. 2 GrEStG geregelt. Nach § 1 Abs. 3 Nr. 1 GrEStG unterliegt ein Rechtsgeschäft, das den Anspruch auf Übertragung eines oder mehrerer Anteile an einer Gesellschaft mit inländischen Grundstücken begründet, der Grunderwerbsteuer, wenn durch die Übertragung unmittelbar oder mittelbar mindestens 95 % der Anteile in der Hand eines Erwerbers (Var. 1) oder in der Hand von herrschenden und abhängigen Unternehmen oder abhängigen Personen (Var. 2) oder in der Hand von abhängigen Unternehmen oder abhängigen Personen allein (Var. 3) vereinigt würden. Die steuerpflichtige Vereinigung tritt nach § 1 Abs. 3 Nr. 2 GrEStG auch ein, wenn sich die Anteile an einer Gesellschaft mit Grundbesitz in der Hand eines Erwerbers bzw. in der Hand der in den Varianten 2 und 3 genannten Unternehmen/Personen vereinigen, ohne dass ein Rechtsgeschäft vorausgegangen ist; dieses ist z. B. der Fall, wenn die Anteile kraft Gesetzes (Gesamtrechtsnachfolge bei Verschmelzung; Auf- oder Abspaltung) übergehen. Das abhängige Unternehmen ist in § 1 Abs. 4 Nr. 2 Buchst. b GrEStG definiert. Danach gelten als „**abhängig**" juristische Personen, die nach dem Gesamtbild der tatsächlichen Verhältnisse finanziell, wirtschaftlich und organisatorisch in ein Unternehmen eingegliedert sind; das Letztere ist das „**herrschende**" Unternehmen.

1752 Die Regelung geht zurück auf das GrEStG 1940. Es sollte verhindert werden, dass die Anteilsvereinigung dadurch umgangen wird, dass herrschende Unternehmen von ihnen abhängige Unternehmen beim Erwerb von Anteilen an grundbesitzenden Gesellschaften einschalten, um dadurch zu vermeiden, dass sich die Anteile nicht in der Hand einer einzigen Person oder eines einzigen Unternehmens vereinigen.[1] Um dies zu gewährleisten, wurden mehrere in einer Organschaft nach dem UStG verbundene Personen oder Unternehmen als Einheit behandelt.

1753 Anders als das GrEStG 1940, wonach eine Vereinigung in der Hand von Unternehmen i. S. des § 2 Abs. 2 UStG erforderlich war, enthält der Wortlaut des § 1 Abs. 4 Nr. 2 Buchst. b GrEStG keinen ausdrücklichen Verweis mehr auf das UStG. Der Wortlaut ist allerdings immer noch eng an die **umsatzsteuerlichen Organschaftsvoraussetzungen** angelehnt. Sowohl die Finanzgerichte als auch

---

[1] So die amtliche Begründung zum GrEStG 1940, RStBl 1940 S. 387, 392.

die Finanzverwaltung[1] und das Schrifttum[2] greifen auf die Grundsätze und Auslegungen des § 2 Abs. 2 Nr. 2 Satz 1 UStG zurück. Das grunderwerbsteuerliche Organschaftsverhältnis ist aber **nicht wie das umsatzsteuerliche auf das Inland beschränkt**; entscheidend ist allein, dass die Grundstücke der Gesellschaft, deren Anteile vereinigt werden, im Inland belegen sind.[3]

Die OFD Münster hatte als erste Finanzbehörde den Versuch unternommen, die maßgeblichen Fälle der Anteilsvereinigung unter Einbeziehung grunderwerbsteuerlicher Organschaften darzustellen.[4] Die Verfügung vom 7.12.2000 wurde bundesweit angewandt. Durch die Veröffentlichung des gleich lautenden Ländererlasses vom 21.3.2007[5] wurde die Verfügung abgelöst. Der koordinierte Ländererlass berücksichtigte die zwischenzeitlich ergangene Rechtsprechung des BFH und stellte in über dreißig Beispielen grunderwerbsteuerlich relevante Organschaftskonstellationen dar. Durch die gleich lautenden Ländererlasse vom 19.9.2018[6] wurden die Erlasse vom 21.3.2007 aufgehoben. Die neuen Erlasse sind im Wesentlichen inhaltsgleich mit den Erlassen vom 21.3.2007. Sie berücksichtigen allerdings das Urteil des BFH vom 27.9.2017[7] zur mittelbaren Änderung des Gesellschafterbestands über eine zwischengeschaltete Personengesellschaft.[8]

1754

2. Bedeutung der grunderwerbsteuerlichen Organschaft

Bei der Grunderwerbsteuer **erweitert eine Organschaftsbeziehung den Tatbestand der Anteilsvereinigung**, d. h., nicht nur eine natürliche oder juristische Person und Personengesellschaft kann mit der unmittelbaren oder mittelbaren Vereinigung von mindestens 95% der Anteile einer Gesellschaft in ihrer Hand den Tatbestand des § 1 Abs. 3 Nr. 1 bzw. Nr. 2 GrEStG erfüllen, sondern auch

1755

---

1 Vgl. koordinierter Ländererlass v. 21.3.2007, BStBl 2007 I S. 422, Tz. 1.
2 Vgl. Meßbacher-Hönsch in Boruttau u. a., § 1 GrEStG Rz. 1115; Hofmann, § 1 GrEStG Rz. 176; Pahlke, § 1 GrEStG Rz. 358.
3 Vgl. BFH, Urteil v. 21.9.2005 - II R 33/04, VAAAB-76206 = BFH/NV 2006 S. 609; BFH, Beschluss v. 18.11.2005 - II B 23/05, RAAAB-76203 = BFH/NV 2006 S. 612.
4 OFD Münster, Vfg. v. 7.12.2000, StEK GrEStG 1983, § 1 Nr. 153 = UVR 2001 S. 366; dazu Heine, UVR 2001 S. 349 ff.; ders., GmbHR 2003 S. 453 ff.; Mitsch, DB 2001 S. 2165 ff.
5 BStBl 2007 I S. 422.
6 BStBl 2018 I S. 1056.
7 II R 41/15, BStBl 2018 II S. 667.
8 Siehe unter 8. Rz. 1825.

eine bestimmte Form des finanziellen, organisatorischen und wirtschaftlichen Zusammenschlusses mehrerer rechtlich selbständiger Unternehmen. Das bedeutet jedoch nicht, dass die zum Organkreis gehörenden Personen eine eigenständige grunderwerbsteuerliche Einheit bilden, so dass Grundstücksverschiebungen i. S. des § 1 Abs. 1 GrEStG und Anteilsübertragungen zwischen den Organkreismitgliedern keine Grunderwerbsteuer mehr auslösen können. Das Grunderwerbsteuerrecht arbeitet hier **mit verschiedenen Zurechnungskriterien**, was in der Praxis vielfach zu unerfreulichen, dem Gerechtigkeitsempfinden widersprechenden Ergebnissen führt.

1756 Im Gegensatz zu den anderen Organschaftsverhältnissen bei der Körperschaftsteuer, der Gewerbesteuer und der Umsatzsteuer lassen sich mit der grunderwerbsteuerlichen Organschaft **keine Steuervorteile** erzielen; im Gegenteil: um grunderwerbsteuerlichen Nachteilen zu entgehen, ist im Zusammenhang mit dem Erwerb von Anteilen an grundbesitzenden Kapital- und Personengesellschaften darauf zu achten, ein grunderwerbsteuerliches Organschaftsverhältnis zu vermeiden. Die Fragen, wann eine grunderwerbsteuerliche Organschaft vorliegt, welche Auswirkungen sie hat und wie sie möglicherweise vermieden werden kann, spielen insbesondere bei **Umstrukturierungen im Konzern** und auch bei **Unternehmenskäufen** eine nicht unerhebliche Rolle.

II. Bezug der Organschaft zur Anteilsvereinigung

1757 Die grunderwerbsteuerliche Organschaft ist nur relevant für den Tatbestand der Anteilsvereinigung nach § 1 Abs. 3 Nr. 1 bzw. Nr. 2 GrEStG. Gehört zum Vermögen einer Gesellschaft ein inländisches Grundstück, so unterliegt der Steuer ein Rechtsgeschäft, das den Anspruch auf Übereignung eines oder mehrerer Anteile der Gesellschaft begründet (bzw. ein Rechtsakt ohne Verpflichtungsgeschäft), wenn durch die Übertragung unmittelbar oder mittelbar mindestens 95 % der Anteile der Gesellschaft in der Hand des Erwerbers oder in der Hand von herrschenden und abhängigen Unternehmen oder abhängigen Personen oder in der Hand von abhängigen Unternehmen oder abhängigen Personen allein vereinigt werden. Das Grunderwerbsteuerrecht behandelt den Inhaber von mindestens 95 % der Anteile einer grundbesitzenden Gesellschaft so, als gehörten ihm infolge der Vereinigung der Anteile in seiner Hand die Grundstücke der Gesellschaft.[1] Gegenstand der Besteuerung ist aber nicht der Anteilserwerb als solcher (rechtstechnischer Anknüpfungspunkt der Besteue-

---

[1] Vgl. BFH, Urteile v. 20.10.1993 - II R 116/90, BStBl 1994 II S. 121; v. 26.7.1995 - II R 68/92, BStBl 1995 II S. 736; v. 9.4.2008 - II R 39/06, LAAAC-84503 = BFH/NV 2008 S. 1529.

rung), sondern die durch ihn begründete **grunderwerbsteuerliche eigenständige Zuordnung der der Gesellschaft gehörenden Grundstücke**. Der Grundstückserwerb wird also fingiert, wenn ein bestimmtes Anteilsquantum gesellschaftsrechtlich zugeordnet wird.[1]

Diese **fiktive Zuordnung** kann nicht nur durch die unmittelbare Anteilsvereinigung bei einem Gesellschafter erfolgen, sondern auch durch die mittelbare oder die teils unmittelbare und teils mittelbare Vereinigung von mindestens 95 % der Anteile an der grundbesitzenden Gesellschaft über eine oder mehrere zwischengeschaltete Gesellschaften. Die Anteile an der grundbesitzenden Gesellschaft sind dann der über Zwischengesellschaften beteiligten Person wie eigene Anteile zuzurechnen. Nach allgemeiner Auffassung sind ab dem 1.1.2000 (nach Herabsetzen der Beherrschungsbeteiligung von 100 % auf 95 % durch das StEntlG 1999/2000/2002) nur solche zwischengeschalteten Gesellschaften mit einzubeziehen, an denen der Gesellschafter zu mindestens 95 % (ggf. auch wieder mittelbar) beteiligt ist.[2]   1758

Über die mittelbare Anteilsvereinigung hinaus wird der Grunderwerbsteuertatbestand des § 1 Abs. 3 Nr. 1 bzw. Nr. 2 GrEStG auch erfüllt, wenn sich die Anteile entweder **in der Hand von herrschenden und abhängigen Unternehmen** oder **in der Hand von abhängigen Unternehmen** allein (zu mindestens 95 %) vereinigen. Ziel der Erweiterung des Tatbestands der Anteilsvereinigung auf mehrere Konzerngesellschaften ist die Vermeidung von Steuerumgehungen durch Aufsplittung eines Erwerbs von grundstückshaltenden Gesellschaften auf verschiedene Konzernunternehmen. Der Tatbestand der Anteilsvereinigung in der Hand von herrschenden und abhängigen Unternehmen sowie in der Hand von abhängigen Unternehmen allein ist **subsidiär gegenüber dem Tatbestand der Anteilsvereinigung in der jeweils 1. Variante des § 1 Abs. 3 Nr. 1 und Nr. 2 GrEStG**, d. h. er kommt erst in Betracht, wenn nicht mindestens   1759

---

1 BFH, Urteil v. 19.12.2007 - II R 65/06, BStBl 2008 II S. 489; Beschluss v. 4.2.2008 - II B 38/07, KAAAC-75923 = BFH/NV 2008 S. 927.
2 Vgl. FinMin Baden-Württemberg, koordinierter Ländererlass v. 14.2.2000, DStR 2000, 430; Meßbacher-Hönsch in Boruttau u. a., § 1 GrEStG Rz. 1029 f.; Hofmann, § 1 GrEStG Rz. 155; Pahlke, § 1 GrEStG Rz. 335; darüber hinausgehend FG Münster, Urteil v. 17.9.2008 - 8 K 4659/05 GrE, DAAAC-94564 = EFG 2008 S. 1993, m. Anm. Fumio; danach soll eine mindestens 95%ige Beteiligung auch bei Durchrechnung der Beteiligungsstufen erforderlich sein, d. h. eine Beteiligung zu jeweils 95 % auf den einzelnen Beteiligungsstufen nicht ausreichen. Der BFH (Urteil v. 25.8.2010 - II R 65/08, BStBl 2011 II S. 225) hat dieser Sichtweise eine Absage erteilt und die h. M. bestätigt, wonach es für die Zurechnung allein auf das grunderwerbsteuerliche Quantum von 95 % auf jeder Ebene ankommt. Zu wechselseitigen Beteiligungen s. BFH, Urteil v. 18.9.2013 - II R 21/12, BStBl 2014 II S. 326.

95 % der Gesellschaftsanteile in der Hand eines Rechtsträgers (mittelbar) vereinigt werden.

1760 Die beiden weiteren Varianten, d. h. Vereinigung in der Hand von herrschenden Personen und abhängigen Personen sowie in der Hand von abhängigen Personen allein, sind praktisch ohne Bedeutung. Nach § 1 Abs. 4 Nr. 2 Buchst. a GrEStG sind natürliche Personen abhängig, soweit sie einzeln oder zusammengeschlossen einem Unternehmen so eingegliedert sind, dass sie den Weisungen des Unternehmens in Bezug auf die Anteile zu folgen verpflichtet sind. Aber entweder ist die natürliche Person oder der Zusammenschluss von natürlichen Personen von Rechts wegen – aufgrund eines Treuhand- oder Auftragsverhältnisses – zur Herausgabe der Anteile verpflichtet oder es fehlt an einer Weisungsgebundenheit in Bezug auf die Anteile. Im ersten Fall liegt schon eine mittelbare Anteilsvereinigung vor, weil die Anteile dem Auftrags- bzw. Treugeber zugerechnet werden.[1] Im zweiten Fall ist die Person infolge fehlender Weisungsgebundenheit nicht „abhängig".

1761 § 1 Abs. 4 Nr. 2 Buchst. a GrEStG erfasst zwar auch den gesellschaftsrechtlichen Zusammenschluss mehrerer Personen, dabei muss es sich jedoch ausschließlich um einen Zusammenschluss von natürlichen Personen handeln. Eine **Personenhandelsgesellschaft, an der auch juristische Personen beteiligt sind (z. B. GmbH & Co. KG)** fällt aus dem Anwendungsbereich der Vorschrift heraus.[2] Da eine Personengesellschaft auch nicht „abhängiges Unternehmen" i. S. von § 1 Abs. 4 Nr. 2 Buchst. b GrEStG sein kann, ist eine **grunderwerbsteuerliche Organschaft mit einer Personengesellschaft als „Organgesellschaft" nicht möglich.**

III. Verhältnis zu § 1 Abs. 3 Nr. 3 und 4 GrEStG

1762 Während § 1 Abs. 3 Nr. 1 und Nr. 2 GrEStG Rechtsgeschäfte bzw. Anteilsübertragungen erfasst, die dazu führen, dass erstmals 95 % der Anteile einer grundbesitzenden Gesellschaft in einer Hand vereinigt werden, wird in § 1 Abs. 3 Nr. 3 und Nr. 4 GrEStG der Anspruch auf Übertragung bzw. die Übertragung der bereits zu mindestens 95 % vereinigten Anteile einer grundbesitzenden Gesellschaft auf einen anderen Rechtsträger geregelt. Dabei können die bereits vereinigten Anteile bei dem Veräußerer bzw. dem übertragenden Rechtsträger sowohl unmittelbar als auch mittelbar vereinigt sein. Nicht ausreichend ist aber eine Vereinigung über eine grunderwerbsteuerliche Organschaft bei

---

[1] Vgl. Meßbacher-Hönsch in Boruttau u. a., § 1 GrEStG Rz. 1122.
[2] Vgl. BFH, Urteil v. 8.8.2001 – II R 66/98, BStBl 2002 II S. 156.

mehreren Unternehmen; denn dann sind die Anteile gerade nicht bei einem Rechtsträger zu mindestens 95 % vereinigt. In diesen Fällen findet immer § 1 Abs. 3 Nr. 1 oder Nr. 2 GrEStG Anwendung und nicht § 1 Abs. 3 Nr. 3 oder Nr. 4 GrEStG. Das erklärt auch, warum § 1 Abs. 4 Nr. 2 Buchst. b GrEStG nur in den beiden ersten Nummern von § 1 Abs. 3 GrEStG in Bezug genommen wird. Dieses Normenverhältnis verkennen Behrens/Meyer-Wirges, die den Fall der Anteilsvereinigung im neuen Organkreis nach Verschmelzung des Organträgers unter Fortführung des Organschaftsverhältnisses unter § 1 Abs. 3 Nr. 3 bzw. Nr. 4 GrEStG subsumieren wollen.[1]

IV. Verhältnis zu § 6a GrEStG

Durch das WachstBeschlG v. 22.12.2009[2] wurde mit § 6a GrEStG eine Steuervergünstigung für bestimmte konzerninterne Umstrukturierungen eingeführt. Für die begünstigten Konzernsachverhalte definiert § 6a Satz 3 und 4 GrEStG „herrschende Unternehmen" und „abhängige Gesellschaften". Damit wurde eine neue Definition von Abhängigkeit geschaffen, die mit dem in § 1 Abs. 4 Nr. 2 Buchst. b GrEStG geregelten Abhängigkeitsverhältnis nichts zu tun hat. Beide Bestimmungen stehen selbständig nebeneinander.[3]

§ 6a GrEStG kommt insofern keine Bedeutung für übertragende Umwandlungen innerhalb einer grunderwerbsteuerlichen Organschaft zu, als dass die Grunderwerbsteuerbefreiung die Beteiligung von Gesellschaften voraussetzt, an denen das herrschende Unternehmen zu mindestens 95 % (unmittelbar oder mittelbar) beteiligt ist. In diesen Fällen liegt bereits eine mittelbare Anteilsvereinigung vor, so dass die grunderwerbsteuerliche Organschaft unerheblich ist. Die Steuerbefreiung nach § 6a GrEStG kann allerdings in Umwandlungsfällen oberhalb einer grunderwerbsteuerlichen Organschaft eingreifen, z. B. Verschmelzung von einer Gesellschaft, die über eine grunderwerbsteuerliche Organschaft mit einem abhängigen Unternehmen Anteile einer grundbesitzenden Gesellschaft vereinigt, auf ihre Schwestergesellschaft (vorausgesetzt beide Schwestern werden seit mehr als fünf Jahren durch eine gemeinsame Muttergesellschaft zu mindestens 95 % gehalten).

(unbesetzt) 1765–1780

---

1 Behrens/Meyer-Wirges, DStR 2007 S. 1290, 1294, gegen Tz. 4.1.3 des koordinierten Ländererlasses v. 21.3.2007, BStBl 2007 I S. 422; aktuell Tz. 4.1.3 des koordinierten Ländererlasses v. 19.9.2018, BStBl 2018 I S. 1056.
2 BGBl 2009 I S. 3950.
3 Vgl. auch Wischott/Schönweiß, DStR 2009 S. 3638, 2641 f.; Pahlke, § 6a GrEStG Rz. 49.

V. Die Voraussetzungen der Organschaft im Grunderwerbsteuerrecht

1. Bezugnahme auf die Organschaft im Umsatzsteuerrecht

1781 Als abhängige Unternehmen gelten nach § 1 Abs. 4 Nr. 2 Buchst. b GrEStG „juristische Personen, die nach dem Gesamtbild der Verhältnisse finanziell, wirtschaftlich und organisatorisch in ein Unternehmen eingegliedert sind". Das Grunderwerbsteuergesetz lehnt sich damit an die **Definition des Organschaftsverhältnisses in § 2 Abs. 2 Nr. 2 Satz 1 UStG** an. Dementsprechend wird für die Kriterien, die die Tatbestandsmerkmale der finanziellen, wirtschaftlichen und organisatorischen Eingliederung bestimmen, auf die Rechtsprechung zum Umsatzsteuerrecht zurückgegriffen.[1] Demnach gelten die Ausführungen zu den Voraussetzungen der umsatzsteuerlichen Organschaft (Rz. 1151 ff.) auch für die Auslegung von § 1 Abs. 4 Nr. 2 Buchst. b GrEStG. Nur die Interessenlage von Finanzverwaltung und Steuerpflichtigen ist eine andere. Während die umsatzsteuerliche Organschaft aus Sicht des Steuerpflichtigen im Regelfall erreicht werden soll,[2] wird dieser bei der grunderwerbsteuerlichen Organschaft i.d.R. darauf bedacht sein, ein Abhängigkeitsverhältnis i.S. der Eingliederungsmerkmale zu vermeiden. Nach dem EuGH-Urteil vom 16.7.2015[3] kann grds. auch eine Personengesellschaft als Organgesellschaft einer umsatzsteuerlichen Organschaft fungieren. Die Rechtsprechung stützt sich im Wesentlichen auf die Auslegung der Sechsten Richtlinie bzw. MwStSystRL und ist nicht auf das Grunderwerbsteuerrecht übertragbar.[4]

1782 Das wichtigste Merkmal ist die **finanzielle Eingliederung**; fehlt sie, liegt jedenfalls kein „abhängiges Unternehmen" vor. Das herrschende Unternehmen (natürliche und juristische Person, Personengesellschaft) muss so viele Anteile in seiner Hand vereinigen, wie nach der Satzung des beherrschten Unternehmens erforderlich sind, um alle Beschlüsse in seinem Sinne treffen zu können.[5] Wie bei der körperschaft-, gewerbe- und umsatzsteuerlichen Organschaft ist für die finanzielle Eingliederung eine kapitalmäßige Beteiligung erforderlich; entscheidend ist aber, ob der Kapitalanteil die erforderliche Stimmenmehrheit

---

1 Meßbacher-Hönsch in Boruttau u. a., § 1 GrEStG Rz. 1124 ff.; Hofmann, § 1 GrEStG Rz. 176; Pahlke, § 1 GrEStG Rz. 358; koordinierter Ländererlass v. 19.9.2018, BStBl 2018 I S. 1056, Tz. 1.
2 Zu den Nachteilen der umsatzsteuerlichen Organschaft s. Rz. 1669 ff.
3 EuGH, Urteil v. 16.7.2015 - Rs. C-108/14 und Rs. C-109/14 „Larentia + Minerva" und „Marenave", BStBl 2017 II S. 604.
4 Zur Diskussion s. Vossel/Peter/Hellstern, Ubg 2016 S. 271.
5 Vgl. BFH, Urteile v. 14.12.1978 - V R 32/75, BStBl 1979 II S. 281; v. 20.4.1988 - X R 3/82, BStBl 1988 II S. 792; v. 7.7.2011 - V R 53/10, BStBl 2013 II S. 218.

vermittelt. Auch eine geringere Beteiligung als 50 + x % reicht für die finanzielle Beherrschung aus, wenn sie mit einer Stimmenmehrheit verbunden ist. Sieht der Gesellschaftsvertrag für bestimmte Beschlussgegenstände eine qualifizierte Mehrheit vor (z. B. 75 %), ist diese auch für die finanzielle Eingliederung erforderlich.[1] Stimmrechtsvereinbarungen oder Stimmrechtsvollmachten sind grds. ohne Bedeutung. Sie können bei der Prüfung der finanziellen Eingliederung nur berücksichtigt werden, wenn sie sich ausschließlich aus Regelungen der Satzung wie etwa bei einer Einräumung von Mehrfachstimmrechten ergeben.[2]

Für die **wirtschaftliche Eingliederung** kommt es nach der Rechtsprechung des BFH zur umsatzsteuerlichen Organschaft darauf an, dass zwischen der Organgesellschaft und dem Unternehmen des Organträgers ein vernünftiger wirtschaftlicher Zusammenhang i. S. einer wirtschaftlichen Einheit, Kooperation oder Verflechtung besteht,[3] was auch dann der Fall sein kann, wenn Organträger und Organgesellschaft in verschiedenen Wirtschaftszweigen tätig sind.[4] Dabei wird vorausgesetzt, dass der Organträger ein Unternehmer im umsatzsteuerlichen Sinne ist (§ 2 Abs. 1 UStG).

1783

Eine natürliche Person, die die Gesellschaftsanteile im Privatvermögen hält,[5] und eine juristische Person des öffentlichen Rechts (z. B. Land, Kommune), die die Anteile nicht in einem Betrieb gewerblicher Art (§ 2 Abs. 3 UStG) hält, scheiden somit als Organträger aus. Dementsprechend sollte auch eine **reine Finanz- bzw. Beteiligungsholding** – im Gegensatz zu einer Führungs- bzw. geschäftsleitenden Holding – nicht herrschendes Unternehmen für eine grunderwerbsteuerliche Organschaft sein können.[6] Nach Auffassung der Finanzverwaltung müssen Holdinggesellschaften für eine Qualifikation als Unternehmer i. S. des § 2 Abs. 1 UStG neben dem bloßen Erwerben, Halten und Veräußern von Beteiligungen zusätzliche Leistungen gegen Entgelt erbringen und aktiv in das laufende Tagesgeschäft der Tochtergesellschaften eingreifen.[7] Im Hinblick auf die Vermeidung einer grunderwerbsteuerlichen Organschaft

---

1 Vgl. Flückiger in Plückebaum/Malitzky, § 2 Abs. 2 UStG Rz. 280; i. d. R. betreffen solche qualifizierten Mehrheiten nur die Änderung der Satzung oder des Gesellschaftsvertrags.
2 Vgl. BFH, Urteil v. 2.12.2015 - V R 25/13, BStBl 2017 II S. 547.
3 Vgl. BFH, Beschluss v. 20.9.2006 - V B 138/05, HAAAC-31830 = BFH/NV 2007 S. 281.
4 Vgl. BFH, Urteil v. 25.6.1998 - V R 76/97, UAAAA-62532 = BFH/NV 1998 S. 1534.
5 Vgl. BFH, Urteil v. 20.3.1974 - II R 185/66, BStBl 1974 II S. 769.
6 So auch Hofmann, § 1 GrEStG Rz. 176; Adolf, GmbHR 2007 S. 1309, 1310; Behrens/Meyer-Wirges, DStR 2007 S. 1290.
7 Vgl. BMF v. 26.1.2007, BStBl 2007 I S. 211; s. auch EuGH, Urteile v. 14.11.2000 - Rs. C-142/99 „Florienne/Berginvest",WAAAB-72578 = EuGHE 2000 S. I-9567; v. 27.9.2001 - Rs. C-16/00 „Cibo Participations",FAAAB-79399 = UR 2001 S. 500 = EuGHE 2001 S. I-6663.

kommt demnach die Reduzierung des „Organträgers" auf eine reine Finanzholding in Betracht. Allerdings sind damit möglicherweise umsatzsteuerliche Nachteile (z. B. fehlender Vorsteuerabzug) verbunden.

1784 Beruht die wirtschaftliche Eingliederung auf **Leistungen des Organträgers gegenüber einer Organgesellschaft**, müssen die Leistungen entgeltlich erfolgen und für das Unternehmen der Organgesellschaft von mehr als nur unwesentlicher Bedeutung sein.[1] Nicht ausreichend für eine wirtschaftliche Eingliederung sind nach Auffassung des BFH unentgeltliche Leistungen und Nutzungsüberlassungen des Organträgers an die Organgesellschaft sowie administrative und beratende Tätigkeiten des Organträgers für die Organgesellschaft, wenn diese für die Unternehmenstätigkeit der Organgesellschaft nicht wesentlich sind (z. B. Buchhaltung, Personalwesen, Lohn- und Gehaltsrechnung, Steuerberatung). Der BFH hat in den jüngeren Entscheidungen die Abhängigkeitsvoraussetzung der wirtschaftlichen Eingliederung als eigenständiges Kriterium wieder verstärkt in den Blickpunkt gerückt und damit Tendenzen im Schrifttum[2] widersprochen, die vertreten, dass die wirtschaftliche Eingliederung faktisch aus einer vorhandenen finanziellen und organisatorischen Eingliederung resultiert. Nach Auffassung des BMF soll bei deutlicher Ausprägung der finanziellen und organisatorischen Eingliederung die wirtschaftliche Eingliederung bereits dann vorliegen, wenn zwischen Organträger und Organgesellschaft mehr als nur unerhebliche wirtschaftliche Beziehungen bestehen.[3]

1785 Die **organisatorische Eingliederung** setzt nach der BFH-Rechtsprechung voraus, dass die mit der finanziellen Eingliederung verbundene Möglichkeit der Beherrschung der Organgesellschaft durch die Muttergesellschaft in der laufenden Geschäftsführung wirklich wahrgenommen wird, der Organträger die Organgesellschaft durch die Art und Weise der Geschäftsführung beherrscht und/oder eine vom Willen des Organträgers abweichende Willensbildung bei der Organgesellschaft nicht möglich ist.[4] Im Regelfall liegt die organisatorische Eingliederung vor, wenn die Geschäftsführungen beider Unternehmen personell identisch (Personalunion in den Geschäftsführungsgremien) oder personell verflochten (Teilidentität der Geschäftsführungen) sind.

---

[1] Vgl. BFH, Urteile v. 20.8.2009 - V R 30/06, TAAAD-31019 = BFH/NV 2009 S. 2080; v. 18.6.2009 - V R 4/08, BStBl 2010 II S. 310; v. 29.1.2009 - V R 67/07, BStBl 2009 II S. 1029.
[2] So z. B. Stadie in Rau/Dürrwächter, § 2 UStG Tz. 789 ff., 883.
[3] Vgl. Abschnitt 2.8 Abs. 6 Satz 3 UStAE.
[4] Vgl. BFH, Urteile v. 15.12.2007 - V R 26/06, BStBl 2008 II S. 451; v. 3.4.2008 - V R 76/05, BStBl 2008 II S. 905; v. 8.8.2013 - V R 18/13, BStBl 2017 II S. 543; BMF v. 26.5.2017, BStBl 2017 I S. 790.

Neben dem Regelfall kann sich die organisatorische Eingliederung jedoch auch daraus ergeben, dass leitende Mitarbeiter des Organträgers als Geschäftsführer der Organgesellschaft tätig sind.[1] Denn der Organträger kann über seine leitenden Mitarbeiter dieselben Einflussmöglichkeiten auf die Geschäftsführung der Organgesellschaft ausüben wie bei einer personellen Verflechtung der Geschäftsführungen. Die organisatorische Beherrschung einer Tochtergesellschaft lässt sich dementsprechend vermeiden, wenn auf die personelle Verflechtung in den Geschäftsleitungsgremien beider Unternehmen sowie auf Eingriffe in die laufende Geschäftsführung der Tochtergesellschaft durch Weisungserteilung, Zustimmungsvorbehalte, Geschäftsführungsrichtlinien u. Ä. verzichtet wird. Denn auch wenn nach § 1 Abs. 4 Nr. 2 Buchst. b GrEStG das Gesamtbild der tatsächlichen Verhältnisse entscheidend ist, darf keines der Eingliederungsmerkmale gänzlich fehlen. Allerdings wird häufig die umsatzsteuerliche Organschaft gewünscht sein oder eine personelle Entflechtung der Geschäftsleitungen von herrschendem und abhängigem Unternehmen ist aus unternehmenspolitischen Gründen nicht erstrebenswert.

In der Praxis wird die Finanzverwaltung vermutlich das **Vorliegen eines aktienrechtlichen Beherrschungsvertrages i. S. der §§ 291 ff. AktG** als ein erstes Indiz für die organisatorische Eingliederung werten. Damit würde aber allein aufgrund der finanziellen Eingliederung auf das Vorliegen der organisatorischen Eingliederung geschlossen. Der BFH hat mit den Entscheidungen aus 2007, 2008, 2009 und 2011 klargestellt, dass eine aktienrechtliche Beherrschung nicht automatisch zum Vorliegen einer umsatzsteuerlichen Organschaft und damit auch nicht zu einer grunderwerbsteuerlichen Organschaft führt.

1786

2. Auslandssachverhalte

Anders als im Umsatzsteuerrecht beschränkt sich die grunderwerbsteuerliche Organschaft nicht auf inländische Unternehmen, sondern findet auch auf ausländische Konzernsachverhalte Anwendung. Es ist also unerheblich, ob das herrschende und/oder abhängige Unternehmen im In- oder Ausland ansässig ist. Entscheidend ist allein, dass der Gesellschaft, deren Anteile im Organkreis vereinigt werden, **inländische Grundstücke** gehören.[2] Auch für die Konzernunternehmen im Ausland muss anhand der Eingliederungskriterien der umsatzsteuerlichen Organschaft geprüft werden, ob eine grunderwerbsteuerliche

1787

---

1 Vgl. BFH, Urteil v. 20.8.2009 - V R 30/06, TAAAD-31019 = BFH/NV 2009 S. 2080; v. 7.7.2011 - V R 53/10, BStBl 2013 II S. 218.

2 Vgl. BFH, Urteil v. 21.9.2005 - II R 33/04, VAAAB-76206 = BFH/NV 2006 S. 609; Beschluss v. 18.11.2005 - II B 23/05, RAAAB-76203 = BFH/NV 2006 S. 612.

Organschaft vorliegt. Ob das herrschende und die abhängigen Unternehmen Unternehmer sind, bestimmt sich nach den Grundsätzen des § 2 Abs. 1 UStG, d. h. der hierzu ergangenen Rechtsprechung und der Verwaltungsauffassung.

1788–1800 *(unbesetzt)*

VI. Die Rechtswirkungen der Organschaft im Grunderwerbsteuerrecht

1. Grundfall: Erweiterung des Tatbestands der mittelbaren Anteilsvereinigung

1801 Die Vereinigung von mindestens 95 % der Anteile einer Gesellschaft mit inländischem Grundbesitz in der Hand von Unternehmen, die Mitglieder eines Organkreises sind, erweitert den Tatbestand der mittelbaren bzw. der teils unmittelbaren und teils mittelbaren Anteilsvereinigung. Das Abhängigkeitsverhältnis i. S. des § 1 Abs. 4 Nr. 2 Buchst. b GrEStG ersetzt dabei die sonst für die mittelbare Anteilsvereinigung in einer einzigen Hand erforderliche direkte oder indirekte mindestens 95%ige Beteiligung des Erwerbers an zwischengeschalteten Gesellschaften.[1]

> **BEISPIEL** ▸ Die A-GmbH hält 100 % der Anteile der B-GmbH. Diese ist zu 70 % an der C-GmbH beteiligt; 30 % hält ein nicht konzernverbundener Dritter. Die C-GmbH wiederum ist zu 80 % an der grundbesitzenden D-GmbH beteiligt. Die restlichen 20 % hält die B-GmbH. Im Jahr 2010 wird die A-GmbH einschließlich Tochter- und Enkelbeteiligungen an die X-GmbH veräußert.
>
> **Abwandlung:** Die C-GmbH ist finanziell, wirtschaftlich und organisatorisch in die B-GmbH eingegliedert.

---

1 Vgl. auch BFH, Urteile v. 16.1.1980 - II R 52/76, BStBl 1980 II S. 360; v. 30.3.1988 - II R 81/85, BStBl 1988 II S. 682; v. 8.8.2001 - II R 66/98, BStBl 2002 II S. 156, jeweils zur alten Rechtslage vor dem 1.1.2000, als das erforderliche Quantum für die Zurechnung noch 100 % betrug.

VI. Die Rechtswirkungen der Organschaft

```
                    ┌──────────┐
                    │  X-GmbH  │
                    └──────────┘
       Anteilserwerb  │ 100 %
                      ▼
                    ┌──────────┐
                    │  A-GmbH  │
                    └──────────┘
                      │ 100 %
       ┌ ─ ─ ─ ─ ─ ─ ─▼─ ─ ─ ─ ─ ─ ─ ┐
       │            ┌──────────┐     │
    ┌──┤            │  B-GmbH  │     │
    │  │            └──────────┘     │
    │  │              │ 70 %         │   Organschaft
 20%│  │              ▼              │
    │  │            ┌──────────┐     │
    │  │            │  C-GmbH  │     │
    │  └ ─ ─ ─ ─ ─ ─└──────────┘─ ─ ─┘
    │                 │ 80 %
    │                 ▼
    │               ┌──────────┐
    └──────────────▶│  D-GmbH  │ 🏠
                    └──────────┘
```

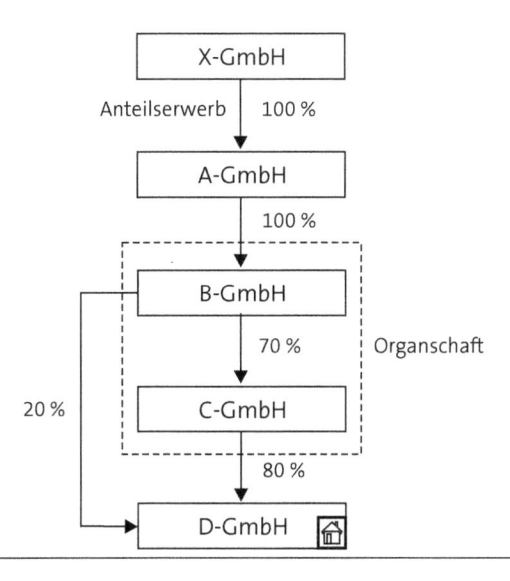

Im Grundfall ist der Tatbestand des § 1 Abs. 3 GrEStG nicht erfüllt, weil die X-GmbH durch den Erwerb der Anteile an der A-GmbH zwar auch mittelbar an der grundbesitzenden D-GmbH beteiligt ist, jedoch nicht mit dem erforderlichen Quantum. Es fehlt an der ununterbrochenen Beteiligungskette mit mindestens 95 % Beteiligung bei jedem Glied der Kette. Demgegenüber kommt es in der Abwandlung zum Anfall von Grunderwerbsteuer auf die Grundbesitzwerte[1] der Grundstücke der D-GmbH, denn die Organschaft ersetzt die fehlende 95%ige Beteiligung der B-GmbH an der C-GmbH.

2. Anteilserwerb ohne gleichzeitige Begründung einer Organschaft

Die Anteilsvereinigung nach § 1 Abs. 3 Nr. 1 bzw. Nr. 2 GrEStG erfordert einen Rechtsvorgang, d. h. ein Rechtsgeschäft, das zur Übertragung eines oder mehrerer Anteile an der grundbesitzenden Gesellschaft verpflichtet, oder einen Anteilsübergang (insbesondere kraft Gesetzes, z. B. durch Verschmelzung oder Abspaltung). Das bedeutet, dass allein die Begründung einer Organschaft oder die Erweiterung eines Organkreises ohne das verpflichtende Rechtsgeschäft zur Anteilsübertragung bzw. den Anteilsübergang selbst nicht zur Tatbestandserfüllung führt. Nach der Rechtsprechung des BFH reicht es allerdings bereits aus, wenn **Anteilserwerb und Begründung der Organschaft zeitgleich**

1802

---

1 § 8 Abs. 2 Nr. 3 GrEStG i. V. m. §§ 151 Abs. 1 Nr. 1 i. V. m. §§ 157 ff. BewG.

erfolgen.[1] Anteilserwerb bezieht sich dabei nicht nur auf eine die Organschaft begründende Anteilsübertragung, sondern auf jede mit der Anteilsvereinigung zusammenhängende Übertragung von Anteilen.[2]

1803 Nach Auffassung der OFD Münster in der Verfügung vom 7.12.2000[3] sollte auch dann keine Anteilsvereinigung in der Hand des Organschaftsverbunds vorliegen, wenn eine Organschaft begründet oder erweitert wird und „kurze Zeit" später oder vorher eine Anteilsübertragung erfolgt. Bereits im koordinierten Ländererlass vom 11.10.2005[4] sprachen sich die obersten Finanzbehörden der Länder dafür aus, dass ein **„enger zeitlicher und sachlicher Zusammenhang i. S. eines vorgefassten Gesamtplans"** zwischen Anteilserwerb und der organisatorischen und wirtschaftlichen Eingliederung ausreichen sollte, um einen grunderwerbsteuerpflichtigen Vorgang zu begründen. Diese Auffassung wird ebenfalls im koordinierten Ländererlass vom 21.3.2007[5] und aktuell im koordinierten Ländererlass vom 19.9.2018[6] vertreten. Danach soll ein zeitlicher Zusammenhang „regelmäßig" angenommen werden, wenn zwischen Anteilserwerb und Begründung der Organschaft ein **Zeitraum von nicht mehr als 15 Monaten** liegt.[7] Der sachliche Zusammenhang wird dann unterstellt.

1804 Das bedeutet für die Praxis: Erfolgt die Begründung des Organschaftsverhältnisses in einem Zeitraum von bis zu 15 Monaten nach dem Anteilserwerb bzw. -übergang, vermutet die Finanzverwaltung einen vorgefassten Gesamtplan. Der Steuerpflichtige kann diese Vermutung zwar widerlegen, indem er einen anderen Geschehensablauf glaubhaft macht, d. h. substantiiert belegbare Tatsachen vorträgt. In der Praxis dürfte diese Möglichkeit des Gegenbeweises wohl eine untergeordnete Rolle spielen. Soll eine Anteilsvereinigung mittels grunderwerbsteuerlicher Organschaft vermieden werden, wird vielfach nichts anderes übrig bleiben, als deutlich länger als 15 Monate mit der Begründung der grunderwerbsteuerlichen Organschaft zu warten.[8]

---

1 Vgl. BFH, Urteil v. 16.1.1980 - II R 52/76, BStBl 1980 II S. 360.
2 Vgl. koordinierter Ländererlass v. 19.9.2018, BStBl 2018 I S. 1056, Tz. 2.2.3.
3 StEK § 1 GrEStG 1983, Nr. 153.
4 FinMin Baden-Württemberg, DB 2005 S. 2270; s. auch FinMin Niedersachsen, Erlass v. 12.7.2005, DB 2005 S. 2218.
5 BStBl 2007 I S. 422, Tz. 1.
6 BStBl 2018 I S. 1056, Tz. 1.
7 Damit scheint sich die Finanzverwaltung an der BFH-Rechtsprechung zur Versagung der Vergünstigung aus § 5 Abs. 1 und 2 GrEStG zur Rechtslage vor dem 1.1.2000, vor Einführung des § 5 Abs. 3 GrEStG zu orientieren; vgl. Viskorf in Boruttau u. a., 16. Aufl. 2007, § 5 GrEStG Rz. 61, 63.
8 Kritisch auch Adolf, GmbHR 2007 S. 1309, 1312; Behrens/Meyer-Wirges, DStR 2007 S. 1290, 1291; ablehnend Behrens in Behrens/Wacher, § 1 GrEStG Rz. 624 ff.

BEISPIEL (nach Tz. 2.4.2 des koordinierten Ländererlasses v. 19.9.2018): Die M-GmbH ist zu 80 % an der grundbesitzenden A-GmbH sowie zu 60 % an der grundbesitzenden B-GmbH beteiligt. Nach etwa einem Jahr, nachdem die A-GmbH 35 % der Anteile an der B-GmbH erworben hat, wird zwischen der M-GmbH und der A-GmbH ein Organschaftsverhältnis begründet.

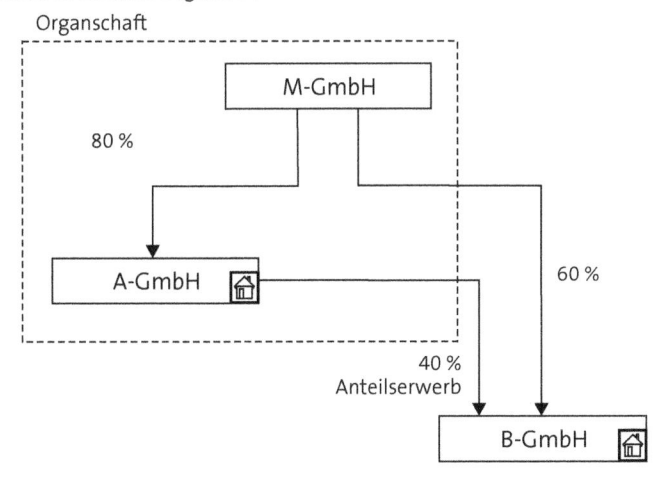

```
Organschaft
 ┌─────────────────────────────────┐
 │         M-GmbH                  │
 │      ┌──────────┐               │
 │   80%│          │               │
 │      ▼          │               │
 │   A-GmbH 🏠     │          60 % │
 │      │          │               │
 └──────┼──────────┼───────────────┘
        │          │
        │ 40 %     │
        │ Anteilserwerb
        ▼          ▼
           B-GmbH 🏠
```

Weder der Erwerb der Anteile der B-GmbH durch die A-GmbH noch die bloße Begründung eines Organschaftsverhältnisses ohne Veränderung in der Zuordnung von Anteilen erfüllen je für sich allein den Tatbestand der Anteilsvereinigung. Nach Auffassung der Finanzverwaltung begründet jedoch der „enge zeitliche und sachliche Zusammenhang" zwischen dem Erwerb von 40 % der Anteile der B-GmbH und der Begründung des Organschaftsverhältnisses zwischen der M-GmbH und der A-GmbH die widerlegbare Vermutung, dass beide Vorgänge durch einen vorgefassten Plan, die Anteile der B-GmbH im Organkreis zu vereinigen, verknüpft sind. Dadurch erfolgt im Organkreis eine Anteilsvereinigung i. S. des § 1 Abs. 3 Nr. 1 i.V. m. § 1 Abs. 4 Nr. 2 Buchst. b GrEStG.

3. Keine zusätzliche Anteilsvereinigung im Organkreis wenn Anteile bereits bei einem Mitglied des Organkreises vereinigt sind

Häufig wird die Anteilsvereinigung in der Hand von Unternehmen, die zu einem grunderwerbsteuerlichen Organkreis gehören, als ein besonders geregelter Fall der mittelbaren Anteilsvereinigung bezeichnet.[1] Das ist im Ergebnis nicht zutreffend. Denn bei der mittelbaren Anteilsvereinigung ist grund-

1805

---

[1] So auch der koordinierte Ländererlass v. 19.9.2018, BStBl 2018 I S. 1056, Tz. 1; Pahlke, § 1 GrEStG Rz. 352.

erwerbsteuerliches Zurechnungssubjekt die Person, bei der sich die Anteile der grundbesitzenden Gesellschaft mittelbar bzw. teils mittelbar, teils unmittelbar vereinigen; diese Person ist auch der Steuerschuldner (§ 13 Nr. 5 Buchst. a GrEStG). Demgegenüber wird bei der Anteilsvereinigung infolge grunderwerbsteuerlicher Organschaft das Grundstück der grundbesitzenden Gesellschaft der „Hand des Organkreises" zugeordnet und nicht einem einzelnen Glied des Organkreises, auch nicht dem herrschenden Unternehmen. Dementsprechend sind nach § 13 Nr. 5 Buchst. b GrEStG auch alle an der Anteilsvereinigung Beteiligten Steuerschuldner und nicht der Organträger allein.

1806 Folgerichtig ist eine Anteilsvereinigung in einem grunderwerbsteuerlichen Organkreis dann nicht mehr möglich, wenn die Anteile an der grundbesitzenden Gesellschaft bereits unmittelbar oder mittelbar bei einem Unternehmen des Organkreises vereinigt sind. Denn eine Anteilsvereinigung im Organkreis kommt nach dem Gesetzeswortlaut und -zweck nur in Betracht, wenn die Anteile an der grundbesitzenden Gesellschaft **in der Hand von mehreren Unternehmen** vereinigt werden. Die Anteile müssen somit bei mindestens zwei Organkreisunternehmen vereinigt sein; dabei kann es sich um das herrschende und ein abhängiges Unternehmen oder um mehrere abhängige Unternehmen handeln.

1807 Die OFD Münster[1] hatte vertreten, dass bei gleichzeitiger Begründung von Organschaft und Anteilserwerb der Tatbestand der Anteilsvereinigung auch dann erfüllt wird, wenn die Anteile an der grundbesitzenden Gesellschaft allein bereits bei einem abhängigen Unternehmen zu mindestens 95 % vereinigt sind. Dieser Auffassung hat der BFH[2] eine klare Absage erteilt. Für den Fall der Verschmelzung des Organträgers und Begründung einer neuen Organschaft mit der aufnehmenden Gesellschaft hat der BFH eine Anteilsvereinigung bezüglich der zu 100 % von der Organgesellschaft gehaltenen grundbesitzenden Enkelgesellschaft in der Hand des Organkreises abgelehnt.

> **BEISPIEL** (nach BFH, Urteil v. 20.7.2005): Der Organträger (K-AG) wird auf eine andere Gesellschaft (X-GmbH) verschmolzen. Gleichzeitig wird eine neue grunderwerbsteuerliche Organschaft zwischen der X-GmbH und der bisherigen Organgesellschaft (B-GmbH) begründet, die ihrerseits mindestens 95% der Anteile (konkret 100 %) an der grundbesitzenden C-GmbH hält.

---

1 Vfg. v. 7.12.2000, StEK GrEStG 1983, § 1 Nr. 153, Tz. 4.
2 BFH, Urteil v. 20.7.2005 - II R 30/04, BStBl 2005 II S. 839.

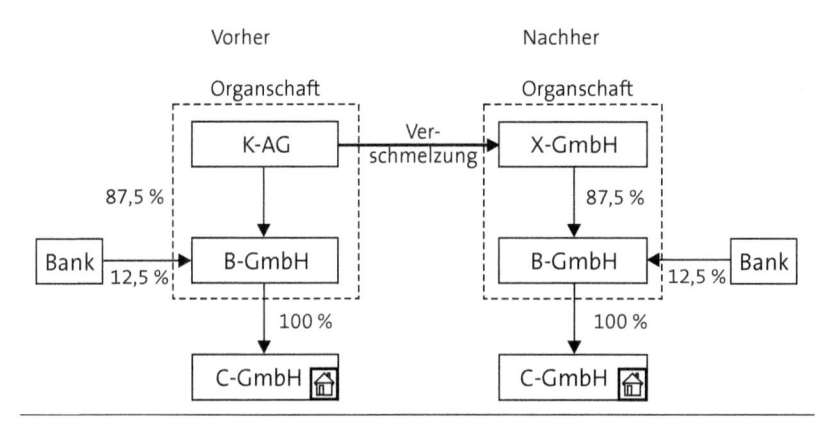

```
         Vorher                    Nachher
       Organschaft                Organschaft
    ┌──────────────┐           ┌──────────────┐
    │    K-AG      │─Ver-─────▶│   X-GmbH     │
    │              │schmelzung │              │
    │      │87,5%  │           │      │87,5%  │
    │      ▼       │           │      ▼       │
┌──┐│   B-GmbH     │           │   B-GmbH     │┌──┐
│Bank├─▶│              │           │              │◀─┤Bank│
└──┘│12,5%         │           │         12,5%│└──┘
    └──────┬───────┘           └──────┬───────┘
          │100%                      │100%
        ┌─▼─────┐                  ┌─▼─────┐
        │C-GmbH🏠│                  │C-GmbH🏠│
        └───────┘                  └───────┘
```

Es kommt hier weder zu einer (mittelbaren) Anteilsvereinigung der grundbesitzenden C-GmbH in der Hand des neuen Organträgers (X-GmbH) noch zu einer Anteilsvereinigung in der Hand des neuen Organkreises (bestehend aus X-GmbH und B-GmbH), weil die Anteile der C-GmbH bereits vor der Verschmelzung bei der Organgesellschaft (B-GmbH) vereinigt waren. Die Grundstücke der C-GmbH sind somit grunderwerbsteuerrechtlich nur der B-GmbH, nicht aber dem Organkreis zuzurechnen.

Die Finanzverwaltung hat die BFH-Rechtsprechung im koordinierten Ländererlass vom 21.3.2007 umgesetzt.[1] Hiervon zu unterscheiden sind die Fälle der mittelbaren Anteilsvereinigung im Organkreis.

1808

---

1 Siehe koordinierter Ländererlass v. 19.9.2018, BStBl 2018 I S. 1056, Tz. 2.2.2; 2.3.3; 2.3.5; 2.4.1; 4.1.1 und 4.1.2.

D. Die Organschaft im Grunderwerbsteuerrecht

BEISPIEL ▸ Die A-GmbH und deren 94,9%ige Tochtergesellschaft B-GmbH erwerben die Anteile an der C-GmbH. C-GmbH hat zwar selbst keinen Grundbesitz, ist aber zu mindestens 95% an mehreren grundbesitzenden Gesellschaften beteiligt.

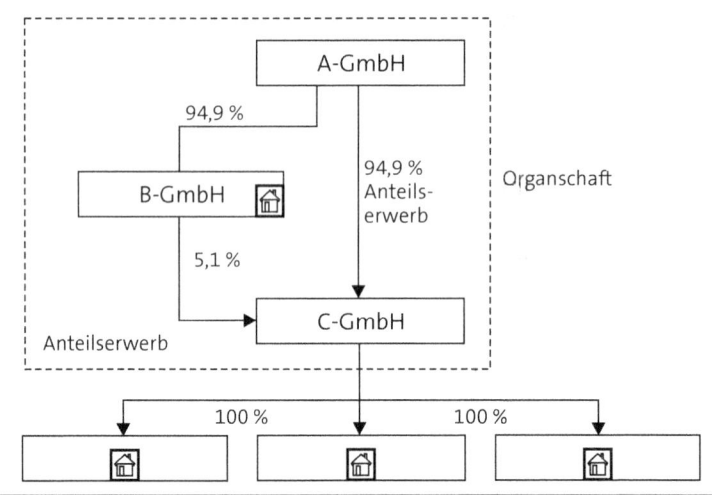

Hier ist die Begründung einer grunderwerbsteuerlichen Organschaft zwischen A-GmbH und C-GmbH im zeitlichen Zusammenhang mit dem Erwerb der Anteile der C-GmbH zwar unschädlich, die Begründung einer grunderwerbsteuerlichen Organschaft zwischen A-GmbH und B-GmbH im zeitlichen Zusammenhang mit dem Anteilserwerb führt jedoch zu einer mittelbaren Anteilsvereinigung hinsichtlich des Grundbesitzes der Tochtergesellschaften der C-GmbH im Organkreis bestehend aus A-GmbH und B-GmbH.

1809 Der Grundsatz, dass Anteile an einer grundbesitzenden Gesellschaft dann nicht mehr im Organkreis vereinigt werden können, wenn sie bereits bei einem Unternehmen des Organkreises allein mit dem erforderlichen Quantum von mindestens 95% unmittelbar oder mittelbar vereinigt sind, gilt auch dann, wenn der Organträger die restlichen 5% der Anteile an der grundbesitzenden Gesellschaft erwirbt.[1]

---

[1] So auch Behrens/Meyer-Wirges, DStR 2007 S. 1290, 1293; Brinkmann/Tschesche, BB 2005 S. 2783, 2789.

4. Anteilsübertragungen zwischen Organkreis und Organkreismitglied

4.1 Grundsatz: unterschiedliche Zurechnungssubjekte

Nach herrschender Meinung gelten der Organkreis und das einzelne Organkreismitglied als eigenständige Zurechnungssubjekte für Grunderwerbsteuerzwecke. Aus der zivilrechtlichen Selbständigkeit der einzelnen Gliedgesellschaften des Organkreises folgt, dass Grundstücks- und Anteilsverschiebungen innerhalb eines Organkreises zu steuerbaren Vorgängen führen können. Die Betrachtung des Organkreises als „eine Hand" erweitert eben nur den Tatbestand der Anteilsvereinigung und führt nicht zu einer Ersetzung von mehreren Zurechnungssubjekten durch ein Zurechnungssubjekt in der Form der organschaftlich verbundenen Unternehmen. 1810

Werden Grundstücke vom Organträger auf die Organgesellschaft übertragen et vice versa bzw. von einer Organgesellschaft auf eine andere übertragen, entsteht Grunderwerbsteuer nach § 1 Abs. 1 oder 2 GrEStG. Denn die zivilrechtliche Zuordnung der Grundstücke wird durch ihre über die Vereinigung der Gesellschaftsanteile gegebene besondere grunderwerbsteuerliche Zuordnung nicht berührt.[1] Die Grundstücksverschiebung innerhalb des Organschaftsverbunds bewirkt jedoch nicht zusätzlich eine nochmalige Anteilsvereinigung, da sich an der Zurechnung zu der aus herrschendem und abhängigem Unternehmen bestehenden „Hand" nichts ändert. Hat bei dem Unternehmen, das das Grundstück erwirbt, bereits vorher eine steuerpflichtige Vereinigung der Anteile der grundbesitzenden Gesellschaft stattgefunden, kommt eine Anrechnung nach § 1 Abs. 6 GrEStG in Betracht. Für den Erwerb eines Grundstücks nach vorangegangener Anteilsvereinigung beim abhängigen Unternehmen lässt die Finanzverwaltung in bestimmten Fällen die Anrechnung im Billigkeitswege zu.[2] 1811

4.2 Vom Organkreis auf das Organkreismitglied

BEISPIEL ▶ (nach Tz. 2.3.7 des koordinierten Ländererlasses v. 19.9.2018): 1812

Die M-GmbH beteiligt sich zu 80 % an der A-GmbH. Mit dem Anteilserwerb wird zugleich ein Organschaftsverhältnis zwischen diesen Gesellschaften vereinbart. Die A-GmbH ist zu 45 % an der grundbesitzenden B-GmbH beteiligt. Die M-GmbH, die zu 50 % an der B-GmbH beteiligt ist, erwirbt später von der A-GmbH deren Anteile an der B-GmbH hinzu.

---

1 Vgl. BFH, Beschluss v. 20.12.2000 - II B 53/00, EAAAA-66791 = BFH/NV 2001 S. 817; Pahlke, § 1 GrEStG Rz. 366; Meßbacher-Hönsch in Boruttau u. a., § 1 GrEStG Rz. 1157.
2 Vgl. FinMin Niedersachsen, koordinierter Ländererlass v. 23.9.1992, DStR 1992 S. 1513; v. 2.12.1999, BStBl 1999 I S. 991, Tz. 5.

D. Die Organschaft im Grunderwerbsteuerrecht

Vorher

Organschaft: M-GmbH → 80 % → A-GmbH; M-GmbH → 50 % → B-GmbH; A-GmbH → 45 % → B-GmbH

Nachher

Organschaft: M-GmbH → 80 % → A-GmbH; M-GmbH → 95 % → B-GmbH

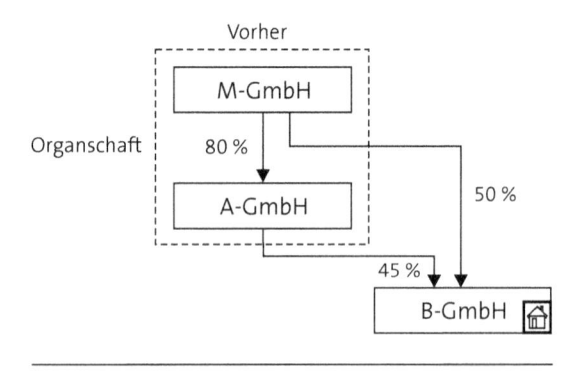

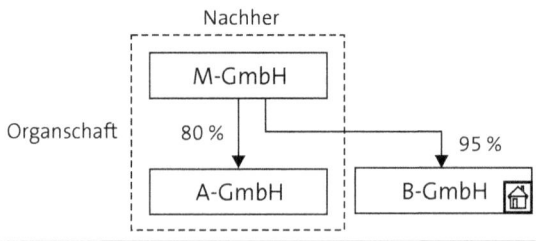

In diesem Fall wird zunächst der Tatbestand der Anteilsvereinigung im Organkreis (§ 1 Abs. 3 Nr. 1 Var. 2 GrEStG) und anschließend durch den späteren Hinzuerwerb der Tatbestand der unmittelbaren Anteilsvereinigung (§ 1 Abs. 3 Nr. 1 Var. 1 GrEStG) verwirklicht.

1813 Die zum Organkreis gehörenden Personen werden **nicht als eine grunderwerbsteuerliche Einheit** verstanden, die das Vorliegen weiterer Grunderwerbsteuertatbestände bei Bewegungen innerhalb dieser Einheit ausschließt. Neben Grundstücksübertragungen zwischen den Unternehmen eines Organkreises (§ 1 Abs. 1 und 2 GrEStG) unterliegen auch Anteilsübertragungen den allgemeinen Regeln. Werden erstmals Anteile einer grundbesitzenden Gesellschaft zu mindestens 95 % bei einer Person des Organkreises vereinigt, wird der Tatbestand des § 1 Abs. 3 Nr. 1 Var. 1 GrEStG erfüllt.[1] Dies gilt unabhängig davon, dass die Anteile der grundbesitzenden Gesellschaft bereits vor der Anteilsübertragung in der Hand des Organschaftsverbundes vereinigt waren und nach der Anteilsvereinigung vereinigt bleiben. Die **zivilrechtliche Selbständig-**

---

[1] Vgl. BFH, Urteile v. 30.3.1988 - II R 81/85, BStBl 1988 II S. 682; v. 10.7.2002 - II R 87/00, AAAAA-68210 = BFH/NV 2002 S. 1494; v. 5.11.2002 - II R 23/00, NAAAA-70160 = BFH/NV 2003 S. 505 und 507; v. 15.1.2003 - II R 50/00, BStBl 2003 II S. 320.

keit der **Organkreismitglieder** lässt eine eigenständige grunderwerbsteuerliche Zuordnung i. S. des § 1 Abs. 3 GrEStG bei jeder dieser Gesellschaften zu.[1]

Die Anwendung der Anrechnungsvorschrift des § 1 Abs. 6 GrEStG scheidet aus, da weder der Erwerber identisch ist (zunächst der Organkreis und anschließend das Organkreismitglied) noch verschiedene Absätze von § 1 GrEStG verwirklicht werden, sondern in beiden Fällen § 1 Abs. 3 GrEStG. Auch für eine entsprechende Anwendung von § 1 Abs. 6 GrEStG fehlen Anhaltspunkte, da diese Vorschrift ersichtlich nicht wirtschaftliche Doppelbesteuerungen vermeiden will.[2]

1814

Die eindeutige Position der Rechtsprechung ist im Schrifttum wiederholt auf Kritik gestoßen, da sie sich nicht an den wirtschaftlichen Beherrschungsverhältnissen orientiere.[3]

1815

4.3 Vom Organkreismitglied auf den Organkreis

Sind die Anteile an einer grundbesitzenden Gesellschaft zunächst nur bei der Organgesellschaft vereinigt und erfolgt dann eine Übertragung eines Teils dieser Beteiligung an eine andere Gesellschaft des Organkreises (z. B. den Organträger), kommt es erstmals zu einer Anteilsvereinigung in der Hand des Organkreises.[4]

1816

> **BEISPIEL** Die M-GmbH ist zu 80 % an der grundbesitzenden A-GmbH beteiligt. Zwischen der M-GmbH und der A-GmbH besteht ein Organschaftsverhältnis. Die A-GmbH ist zu 100 % an der grundbesitzenden B-GmbH beteiligt. Sie überträgt 20 % der Anteile der B-GmbH auf die M-GmbH.

---

1 Vgl. BFH, Urteile v. 4.12.1996 - II B 116/96, BStBl 1997 II S. 661; v. 15.1.2003 - II R 50/00, BStBl 2003 II S. 320; Hofmann, § 1 GrEStG Rz. 183; Pahlke, § 1 GrEStG Rz. 363.
2 Vgl. BFH, Urteil v. 5.11.2002 - II R 41/02, WAAAA-70170 = BFH/NV 2003 S. 507; Meßbacher-Hönsch in Boruttau u. a., § 1 GrEStG Rz. 1151; a. A. Behrens/Meyer-Wirges, DStR 2007 S. 1290, 1293, für Anrechnung im Wege der sachlichen Billigkeit.
3 Vgl. Wienands, DB 1997 S. 1362; Günkel, JbFfSt 1998/1999 S. 203 f.; Beckmann, GmbHR 1999 S. 217, 221; Heine, GmbHR 2000 S. 857; Kroschewski, BB 2001 S. 1121; zur Diskussion s. auch Meßbacher-Hönsch in Boruttau u. a., § 1 GrEStG Rz. 1147 ff.
4 Vgl. koordinierter Ländererlass v. 19.9.2018, BStBl 2018 I S. 1056, Tz. 2.3.1; 5.3.

D. Die Organschaft im Grunderwerbsteuerrecht

Vorher

```
        M-GmbH
          |
         80 %        Organschaft
          ↓
        A-GmbH 🏠
          |
         100 %
          ↓
        B-GmbH 🏠
```

Nachher

```
          M-GmbH
         /      \
       80 %    20 %        Organschaft
        ↓        \
     A-GmbH 🏠    |
        |        |
       80 %      |
         \      /
          ↓    ↓
          B-GmbH 🏠
```

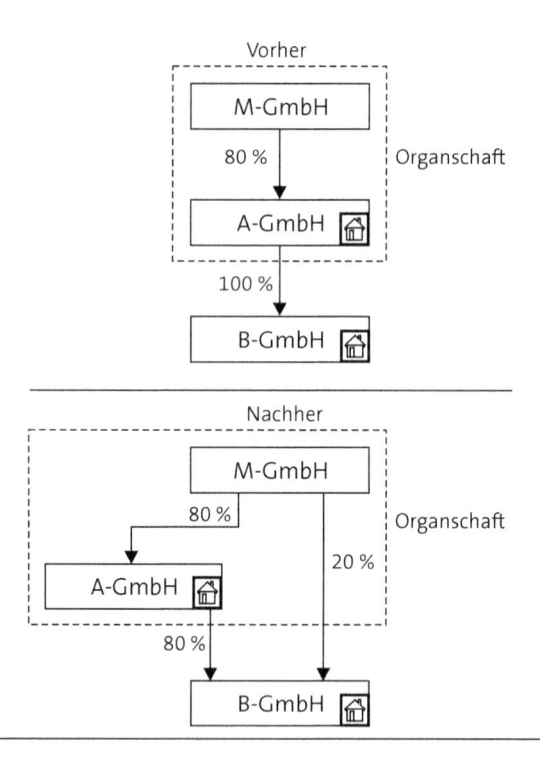

Durch den Erwerb der Anteile der B-GmbH durch die M-GmbH werden erstmals die Anteile der B-GmbH in der Hand von herrschendem (M-GmbH) und abhängigem Unternehmen (A-GmbH) vereinigt. Damit ist der Tatbestand des § 1 Abs. 3 Nr. 1 i.V. m. Abs. 4 Nr. 2 Buchst. b GrEStG erfüllt.

1817 Dieses Ergebnis ist dogmatisch konsequent. Bei wirtschaftlicher Betrachtung und im Hinblick auf den Gesetzeszweck (Vermeidung von Umgehungen der Anteilsvereinigung) erscheint es allerdings nicht gerechtfertigt. Im Schrifttum wird dementsprechend eine teleologische Reduktion von § 1 Abs. 3 Nr. 1 Var. 2 und 3 für die der Vereinigung von mindestens 95 % der Anteile in der Hand eines Organkreismitglieds nachfolgende Vereinigung in der Hand von herrschenden und abhängigen bzw. abhängigen Unternehmen allein gefordert.[1]

1818 Die beiden vorgenannten Fallkonstellationen sind zu unterscheiden von dem nicht steuerbaren Übergang von der mittelbaren zur unmittelbaren Anteils-

---

[1] So Behrens/Meyer-Wirges, DStR 2007 S. 1290, 1292; dagegen Pahlke, § 1 GrEStG Rz. 363 f.

vereinigung (sog. Verkürzung von Beteiligungsketten). Sind die Anteile an einer Gesellschaft mit Grundbesitz bereits mittelbar oder teils mittelbar und teils unmittelbar in einer Hand vereinigt, so löst die Veränderung der zivilrechtlichen Rechtszuständigkeit dadurch, dass die der Obergesellschaft grunderwerbsteuerlich bereits (mittelbar) zugerechneten Anteile auf sie übertragen werden, bei im Übrigen unveränderten Beteiligungsverhältnissen keine Grunderwerbsteuer nach § 1 Abs. 3 Nr. 1 oder Nr. 2 GrEStG aus.[1] Es tritt keine grunderwerbsteuerrechtlich erhebliche „Verstärkung" der Rechtsstellung ein, da ihr die Anteile der grundbesitzenden Gesellschaft bereits vorher über die Zurechnung der Anteile der beherrschten Hand zuzurechnen waren. Voraussetzung für die Annahme einer grunderwerbsteuerlich unerheblichen Verstärkung ist stets das Vorliegen einer direkten Beteiligungskette mit Beteiligungen, die jede für sich gesehen mindestens 95 % der Anteile umfassen. Das ist bei den einzelnen Gliedern eines grunderwerbsteuerlich relevanten Organkreises nicht gegeben.

5. Anteilsverschiebungen im Organkreis

Eine Verschiebung von Anteilen an einer grundbesitzenden Gesellschaft innerhalb des Organkreises bleibt solange ohne grunderwerbsteuerliche Auswirkungen, als es nicht erstmals zu einer Anteilsvereinigung in der Hand eines Organkreismitglieds kommt. Anteilsverschiebungen im Organkreis, die dazu führen, dass vorher wie nachher bei verschiedenen Gesellschaften des Organkreises zusammengerechnet mindestens 95 % der Anteile einer grundbesitzenden Gesellschaft gehalten werden, sind grunderwerbsteuerlich unbeachtlich, da die Anteile weiterhin im Organkreis vereinigt bleiben.

1819

> **BEISPIEL** (nach Tz. 5.1 des koordinierten Ländererlasses v. 19.9.2018):
>
> Die M-GmbH hält je 80 % der Anteile an der A-GmbH, der B-GmbH und der C-GmbH. Zwischen der M-GmbH und diesen Gesellschaften besteht ein Organschaftsverhältnis. An der grundbesitzenden E-GmbH sind die M-GmbH zu 20 %, die A-GmbH und die B-GmbH zu je 40 % beteiligt. Die M-GmbH überträgt ihre Beteiligung an der E-GmbH auf die C-GmbH. Die Anteile der E-GmbH bleiben im Organkreis vereinigt. Es kommt nicht zu einer weiteren Anteilsvereinigung.

---

1 Vgl. BFH, Urteile v. 20.10.1993 - II R 116/90, BStBl 1994 II S. 121; v. 12.1.1994 - II R 130/91, BStBl 1994 II S. 408.

D. Die Organschaft im Grunderwerbsteuerrecht

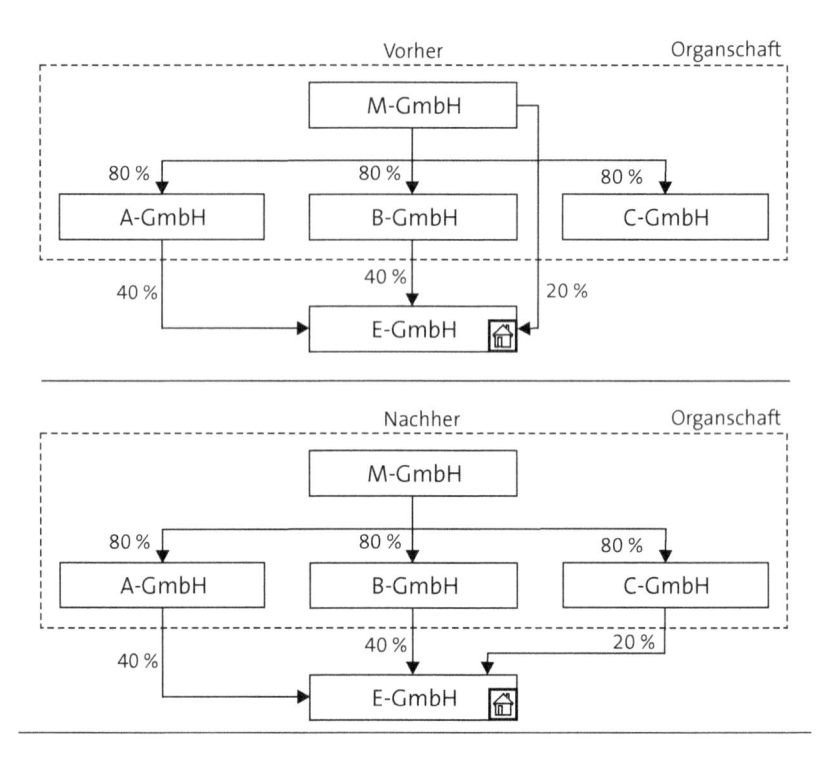

Vorher — Organschaft
- M-GmbH → A-GmbH (80 %), B-GmbH (80 %), C-GmbH (80 %)
- A-GmbH → E-GmbH (40 %)
- B-GmbH → E-GmbH (40 %)
- C-GmbH → E-GmbH (20 %)

Nachher — Organschaft
- M-GmbH → A-GmbH (80 %), B-GmbH (80 %), C-GmbH (80 %)
- A-GmbH → E-GmbH (40 %)
- B-GmbH → E-GmbH (40 %)
- C-GmbH → E-GmbH (20 %)

1820   Anteilsverschiebung im Organkreis sind auch dann nicht grunderwerbsteuerlich relevant, wenn die Anteile an der grundbesitzenden Gesellschaft von zwei oder mehreren Organgesellschaften auf zwei oder mehrere andere Gesellschaften in dem gleichen Organkreis übertragen werden, die bisher nicht an der grundbesitzenden Gesellschaft beteiligt waren, so dass nur der Organträger identisch ist.[1]

6. Erweiterung des bestehenden Organkreises

1821   Von den Anteilsverschiebungen innerhalb eines Organkreises sind die Fälle zu unterscheiden, in denen der Organträger Anteile an einer Gesellschaft erwirbt und mit dieser ebenfalls eine grunderwerbsteuerliche Organschaft begründet wird. Eine solche Erweiterung kann nur dann zu einer **Anteilsvereinigung im neuen erweiterten Organkreis** führen, wenn durch die von der neuen Organgesellschaft gehaltenen Anteile an der grundbesitzenden Gesellschaft erst-

---

1 Vgl. Behrens/Meyer-Wirges, DStR 2007 S. 1290, 1293 f.

mals mindestens 95 % der Anteile an dieser im (nunmehr erweiterten) Organkreis vereinigt werden. Sind bereits mindestens 95 % der Anteile an einer grundbesitzenden Gesellschaft erstmalig im Organkreis vereinigt, so ist ein Hinzuerwerb durch eine neue Organgesellgesellschaft als bloße Verstärkung der bereits bestehenden Vereinigung im Organkreis unerheblich.[1]

7. Umwandlung des Organträgers

Erfolgt im Rahmen eines Umwandlungsvorgangs ein Rechtsträgerwechsel (z. B. bei Spaltung, Verschmelzung) und in diesem Zusammenhang auch ein Wechsel des Organträgers, ist die Vereinigung von Anteilen einer grundbesitzenden Gesellschaft in der Hand eines neuen Organkreises möglich. Denn der Tatbestand der Anteilsvereinigung in § 1 Abs. 3 Nr. 2 GrEStG beschränkt sich nicht auf die Anteilsvereinigung aufgrund Übertragung von Anteilen. Auch der Übergang von Anteilen im Wege der Gesamtrechtsnachfolge kann zur Anteilsvereinigung führen.

1822

> **BEISPIEL** Die A-GmbH ist zu 75 % an der grundbesitzenden B-GmbH beteiligt, die finanziell, wirtschaftlich und organisatorisch in die A-GmbH eingegliedert ist. Die B-GmbH ist zu 70 % an der grundbesitzenden C-GmbH beteiligt. Die A-GmbH hält 30 % der Anteile an der C-GmbH. Die A-GmbH wird auf die X-GmbH verschmolzen. Das Organschaftsverhältnis wird fortgeführt.

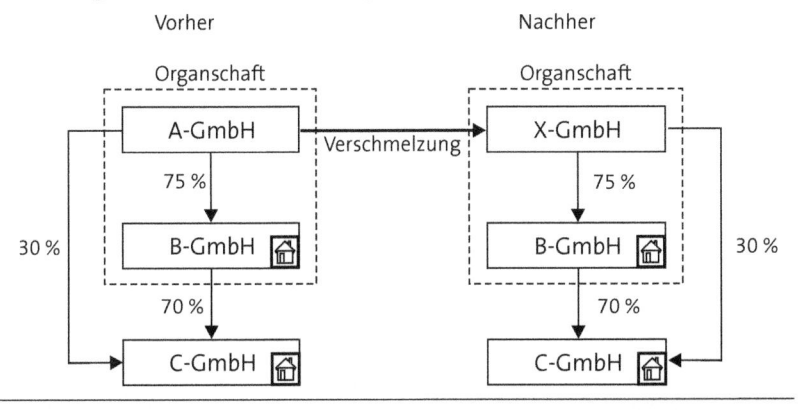

Durch den Übergang der 30%igen Beteiligung an der C-GmbH von der A-GmbH auf die X-GmbH mit der Eintragung der Verschmelzung in das Handelsregister tritt eine Anteilsvereinigung im fortgeführten Organkreis, bestehend aus dem herrschenden Unternehmen X-GmbH und dem abhängigen Unternehmen B-GmbH, ein.

---

1 Vgl. koordinierter Ländererlass v. 19.9.2018, BStBl 2018 I S. 1056, Tz. 3.2.

1823 Wird der Organträger statt auf eine außerhalb des Organkreises stehende Person auf eine Organgesellschaft verschmolzen und das Organschaftsverhältnis fortgeführt, kommt es nach Auffassung der Finanzverwaltung ebenfalls zu einer Anteilsvereinigung im neuen Organkreis.

> **BEISPIEL** (nach Tz. 4.2 des koordinierten Ländererlasses v. 19.9.2018: Die M-GmbH ist Organträgerin und an folgenden Organgesellschaften beteiligt: an der B-GmbH zu 100 %, an der C-GmbH zu 60 % und an der D-GmbH zu 70 %. An der C-GmbH ist die D-GmbH zu 40 % beteiligt. Alle Organgesellschaften haben Grundbesitz. Die M-GmbH wird auf die B-GmbH verschmolzen.

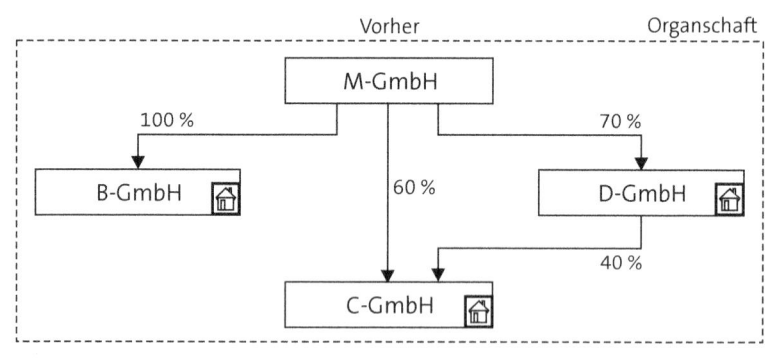

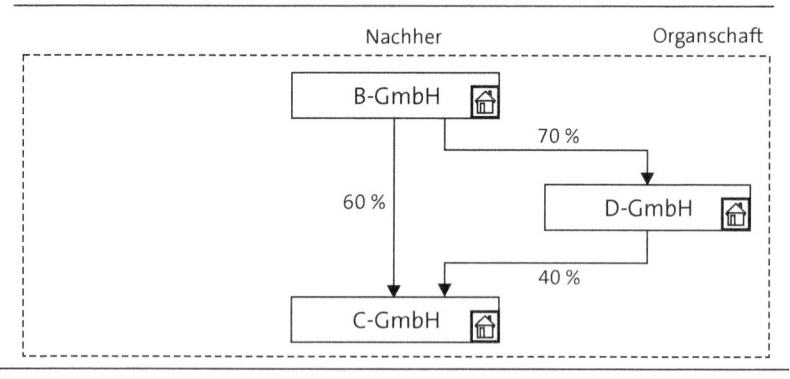

Vorher — Organschaft

- M-GmbH
  - 100 % → B-GmbH 🏠
  - 60 % → C-GmbH 🏠
  - 70 % → D-GmbH 🏠
- D-GmbH 40 % → C-GmbH

Nachher — Organschaft

- B-GmbH 🏠
  - 70 % → D-GmbH 🏠
  - 60 % → C-GmbH 🏠
- D-GmbH 40 % → C-GmbH

Durch die Verschmelzung wird die bisherige Organgesellschaft B-GmbH Organträgerin im fortgeführten Organkreis. In diesem – neuen – Organkreis erfolgt im Zuge der Verschmelzung eine Anteilsvereinigung in Bezug auf die grundbesitzende C-GmbH, nicht in Bezug auf die grundbesitzende D-GmbH, weil hier nicht das erforderliche Quantum von mindestens 95 % der Anteile erreicht wird.

Dieses Ergebnis folgt aus der Tatsache, dass das herrschende Unternehmen ausgetauscht wird und damit ein **neuer Organkreis** gebildet wird, in dem die Anteile an der grundbesitzenden Gesellschaft erstmals vereinigt werden.[1] Insofern ist die Konstellation nicht vergleichbar mit dem Fall, dass die Anteile an einer grundbesitzenden Gesellschaft allein bei der Organgesellschaft vereinigt sind und der Organträger auf diese Organgesellschaft verschmolzen wird. In einem solchen Fall ändert sich an der grunderwerbsteuerlichen Zuordnung an der grundbesitzenden Gesellschaft nichts.

1824

8. Zwischengeschaltete Personengesellschaften

Befindet sich in einer Beteiligungskette von Kapitalgesellschaften eine Personengesellschaft, so sind im Hinblick auf die grunderwerbsteuerliche Organschaft die besonderen Zurechnungsgrundsätze bei Personengesellschaften zu beachten. Im Rahmen von § 1 Abs. 3 GrEStG kam es nach der früheren Rspr. für die mittelbare Zurechnung über eine Personengesellschaft zum beherrschenden Gesellschafter nicht auf die vermögensmäßige Beteiligung des Gesellschafters am Gesamthandsvermögen an, sondern allein auf die **gesamthänderische Mitberechtigung** einer anderen Person; die bestehende gesamthänderische Mitberechtigung eines weiteren Gesellschafters hindert die grunderwerbsteuerliche Zurechnung beim Mehrheitsgesellschafter.

1825

Mit dem Urteil v. 27.9.2017[2] hat der BFH seine Rechtsprechung geändert. Danach gelten bei der zivilrechtlichen Anteilsvereinigung für die Bewertung einer mittelbaren Beteiligung an einer zwischengeschalteteten Personengesellschaft nicht die gleichen Grundsätze wie bei einer unmittelbaren Beteiligung an einer grundbesitzenden Personengesellschaft. Es muss die rechtliche Möglichkeit für den beteiligten Gesellschafter bestehen, den Willen in der Personengesellschaft in grunderwerbsteuerlich erheblicher Weise durchzusetzen. Dies ist nach Auffassung des BFH bei Gesellschaftskapital von mindestens 95 % an der zwischengeschalteten Personengesellschaft bzw. Kapitalgesellschaft der Fall, so dass die Anteile dem Erwerber zuzurechnen sind. Das Urteil wurde zunächst nicht im BStBl veröffentlicht. Zu dem Urteil zur Einheits-KG aus dem Jahr 2014[3] hatte die Finanzverwaltung einen Nichtanwendungserlass erlassen.[4] Mit Schreiben vom 19.9.2018[5] hat die Finanzverwaltung ihre frühere

---

1 Kritisch Adolf, GmbHR 2007 S. 1309, 1314.
2 BFH, Urteil v. 27.9.2017 - II R 41/15, BStBl 2018 II S. 667.
3 BFH, Urteil v. 12.3.2014 - II R 51/12, BStBl 2016 II S. 356.
4 Vgl. koordinierter Ländererlass v. 9.12.2015, BStBl 2016 I S. 477.
5 Vgl. koordinierter Ländererlass v. 19.9.2018, BStBl 2018 I S. 1053.

Rechtsauffassung aufgegeben und sich der Rechtsprechung des BFH angeschlossen. Die geänderte Auffassung soll für alle noch offenen Fälle gelten.

Frühere Rechtsauffassung der Finanzverwaltung:[1] Hielt also auch der nicht vermögensmäßig beteiligte Komplementär einen „Anteil an der Gesellschaft", schied die Anwendung von § 1 Abs. 3 GrEStG im Regelfall aus.[2] Denn beiden Gesellschaftern (100%iger Kommanditist und Komplementär) wurde für Zwecke des § 1 Abs. 3 GrEStG gewissermaßen ein Anteil von jeweils 50 % zugerechnet.

1826 Zu einer Anteilsvereinigung kam es jedoch dann, wenn auch die Komplementär-GmbH dem beherrschenden Gesellschafter grunderwerbsteuerlich zugerechnet wurde. Das wiederum war dann der Fall, wenn der beherrschende Gesellschafter mindestens 95 % der Anteile an der Komplementär-GmbH hielt oder mit dieser in einer grunderwerbsteuerlichen Organschaft verbunden war.

BEISPIEL Die A-AG ist zu 94 % an der grundbesitzenden B-GmbH beteiligt. Die restlichen 6 % hält die C-GmbH & Co. KG, deren Komplementärin ohne Kapitalbeteiligung die C-GmbH und deren einzige Kommanditistin (100 % Vermögensbeteiligung) die A-AG sind. Die A-AG ist zu 51 % an der C-GmbH beteiligt, 49 % hält ein fremder Dritter. Zwischen der A-AG und der C-GmbH besteht ein grunderwerbsteuerliches Organschaftsverhältnis.

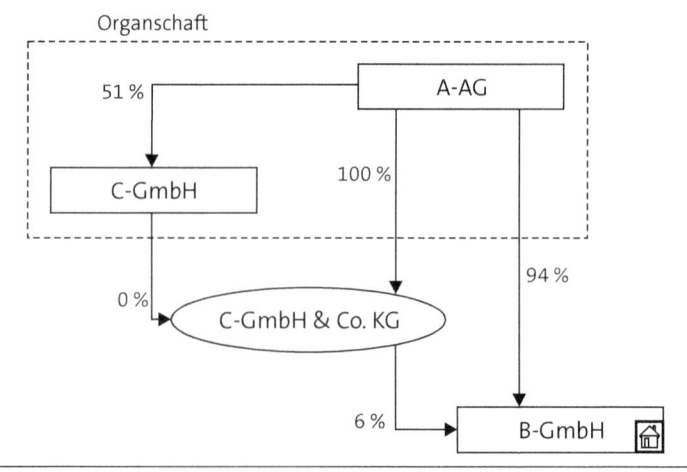

Eine teils unmittelbare, teils mittelbare Anteilsvereinigung der B-GmbH-Anteile in der Hand der A-AG nach § 1 Abs. 3 Nr. 1 Var. 1 GrEStG scheidet aus, da die A-AG nur hälftig am Gesellschaftsvermögen der GmbH & Co. KG beteiligt ist. Die GmbH &

---

1 Vgl. koordinierter Ländererlass v. 21.3.2007, BStBl 2007 I S. 422, Tz. 7.
2 Vgl. BFH, Urteil v. 8.8.2001 - II R 66/98, BStBl 2002 II S. 156; Hofmann, § 1 GrEStG Rz. 141 f.

Co. KG selbst ist kein abhängiges Unternehmen, da sie tatbestandlich weder unter § 1 Abs. 4 Nr. 2 Buchst. a noch unter § 1 Abs. 4 Nr. 2 Buchst. b GrEStG fällt.[1] Es liegt aber hinsichtlich der Anteile an der B-GmbH eine Anteilsvereinigung im Organkreis vor, weil die C-GmbH ein abhängiges Unternehmen der A-AG ist. Die A-AG beherrscht zusammen mit ihrem abhängigen Unternehmen, der C-GmbH, die GmbH & Co. KG, die wiederum mittelbar für die A-AG die Anteile an der B-GmbH hält.

Um in solchen Fällen eine (rechtliche) Anteilsvereinigung i. S. des § 1 Abs. 3 GrEStG zu vermeiden, sollte auf die finanzielle Eingliederung der Komplementär-GmbH verzichtet werden; denn die wirtschaftliche und die organisatorische Eingliederung lassen sich in der Praxis häufig nicht mit hinreichender Sicherheit vermeiden.[2] Das hatte zur Konsequenz, dass ein fremder (nicht konzernverbundener) Dritter zu mindestens 50 % an der Komplementärin beteiligt werden musste. In Betracht kommt aber daneben eine wirtschaftliche Anteilsvereinigung i. S. des neugeschaffenen § 1 Abs. 3a GrEStG (s. hierzu unter 9.).

1827

9. Wirtschaftliche Anteilsvereinigung nach § 1 Abs. 3a GrEStG und grunderwerbsteuerliche Organschaft

Mit dem AmtshilfeRLUmsG wurde mit Wirkung ab dem 7.6.2013 nach § 1 Abs. 3 GrEStG (Anteilsvereinigung und Anteilsübertragung) die Regelung des § 1 Abs. 3a GrEStG eingefügt. Diese lautet wie folgt:

1828

„Soweit eine Besteuerung nach Abs. 2a und Abs. 3 nicht in Betracht kommt, gilt als Rechtsvorgang i. S. des Abs. 3 auch ein solcher, aufgrund dessen ein Rechtsträger unmittelbar oder mittelbar oder teils unmittelbar, teils mittelbar eine wirtschaftliche Beteiligung i. H. von mindestens 95 % an einer Gesellschaft, zu deren Vermögen ein inländisches Grundstück gehört, innehat. Die wirtschaftliche Beteiligung ergibt sich aus der Summe der unmittelbaren und mittelbaren Beteiligungen am Kapital oder am Vermögen der Gesellschaft. Für die Ermittlung der mittelbaren Beteiligungen sind die Vomhundertsätze am Kapital oder am Vermögen der Gesellschaften zu multiplizieren."

Grunderwerbsteuer wird somit auch ausgelöst, wenn ein Rechtsträger aufgrund eines Rechtsvorgangs eine wirtschaftliche Beteiligung von mindestens 95 % am Kapital oder Vermögen einer grundbesitzenden Gesellschaft innehat. Wesentliches Ziel der Neuregelung ist die Bekämpfung von sogenannten Real

1829

---

1 Vgl. BFH, Urteil v. 8.8.2001 - II R 66/98, BStBl 2002 II S. 156.
2 Adolf, GmbHR 2007 S. 1309, 1315, weist allerdings darauf hin, dass der Komplementär-GmbH, wenn sie keine Geschäftsführungsleistungen gegen Entgelt erbringt, die umsatzsteuerliche Unternehmereigenschaft fehlen dürfte.

Estate Transfer Tax-Blocker-Strukturen (RETT-Blocker), bei denen unter Nutzung von Personengesellschaften, an denen ein fremder Dritter nur minimal wirtschaftlich beteiligt wurde, die grunderwerbsteuerliche Zurechnung bei Immobiliengesellschaftserwerben vermieden werden konnte. Insofern bewirkt die Regelung, dass die bisher gängigen RETT-Blocker-Modelle nicht mehr funktionieren und dass zur Vermeidung von Grunderwerbsteuer bei der Akquisition von Grundstücksgesellschaften künftig ein fremder (nicht konzernverbundener) Dritter gefunden werden muss, der auch wirtschaftlich 5,1 % der Anteile übernimmt.

1830 Nicht zweifelsfrei ist das Verhältnis der Neuregelung zur grunderwerbsteuerlichen Organschaft. Im Hinblick auf den Wortlaut, der eine subsidiäre Besteuerung gegenüber der Besteuerung nach § 1 Abs. 3 GrEStG anordnet, sollte die Zurechnung im Rahmen einer grunderwerbsteuerlichen Organschaft der wirtschaftlichen Anteilsvereinigung vorgehen.[1]

> **BEISPIEL** Die M-GmbH hält 85 % und die A-GmbH hält 15 % der Anteile an der grundbesitzenden B-GmbH. Die M-GmbH erwirbt 80 % der Anteile an der A-GmbH. Gleichzeitig wird die A-GmbH auch wirtschaftlich und organisatorisch in die M-GmbH eingegliedert.
>
> Nach dem Anteilserwerb sind die Anteile an der B-GmbH im grunderwerbsteuerlichen Organkreis bestehend aus M-GmbH und A-GmbH vereinigt. Allerdings hat die M-GmbH durch den Anteilserwerb durchgerechnet auch 97 % der Anteile an der grundbesitzenden B-GmbH inne. Die Anteilsvereinigung im Organkreis erfüllt jedoch den Tatbestand des § 1 Abs. 3 GrEStG, so dass eine weitere Anteilsvereinigung nach § 1 Abs. 3a GrEStG allein bei der M-GmbH ausscheidet.

Schwierig wird der Fall zu entscheiden sein, dass die Organschaft nicht zeitgleich mit dem Anteilserwerb begründet wird, sondern erst später, aber noch im zeitlichen Zusammenhang von bis zu 15 Monaten (so die Auffassung der Finanzverwaltung; vgl. oben unter VI. 2.). Hier besteht ein nicht unerhebliches Risiko, dass zunächst eine wirtschaftliche Anteilsvereinigung angenommen wird. Dann sollte jedoch eine weitere Anteilsvereinigung im Organkreis ausscheiden, weil die Anteile bereits bei einem Mitglied des Organkreises vereinigt sind, zwar nicht nach § 1 Abs. 3 GrEStG, wohl aber nach § 1 Abs. 3a GrEStG. Was für die rechtliche Anteilsvereinigung gilt, sollte auch für die wirtschaftliche Anteilsvereinigung gelten. Diese Sichtweise ist bisher aber

---

1 So auch Hofmann, § 1 GrEStG Rz. 188; Wagner/Lieber, DB 2013 S. 1387, 1389; Behrens, DStR 2013 S. 1405, 1409; Schober/Kuhnke, NWB 2013 S. 2225, 2229; a. A. Schaflitzl/Schrade, BB 2013 S. 343, 348 f., die von einem Vorrang des § 1 Abs. 3a GrEStG vor der Anwendung von § 1 Abs. 3 Nr. 1 i. V. m. Abs. 4 Nr. 2 Buchst. b GrEStG ausgehen.

weder durch Rechtsprechung noch durch offizielle Stellungnahme der Finanzverwaltung abgesichert.

10. Verfahrensfragen

10.1 Steuerschuldnerschaft

Bei der Vereinigung von mindestens 95 % der Anteile einer grundbesitzenden Gesellschaft in der Hand von herrschenden und abhängigen Unternehmen bzw. nur in der Hand von abhängigen Unternehmen richtet sich die Steuerschuldnerschaft nach § 13 Nr. 5 Buchst. b GrEStG. **Steuerschuldner sind danach nur die an der Anteilsvereinigung Beteiligten**, d. h. die Gesellschaften des Organkreises, deren Anteilsbesitz an der grundbesitzenden Gesellschaft dazu beiträgt, dass das für die Anteilsvereinigung erforderliche Quantum von 95 % erreicht wird. Diese sind Gesamtschuldner i. S. von § 44 AO; die Steuer kann von jedem Beteiligten in vollem Umfang erhoben werden. 1831

Es kommt somit nicht darauf an, welches Organkreisunternehmen am Erwerbsvorgang beteiligt ist. Auch der Organträger ist nur dann Steuerschuldner, wenn er selbst Anteile an der grundbesitzenden Gesellschaft hält und damit zur Anteilsvereinigung im Organkreis beiträgt.[1] Der Organträger bzw. eine nicht beteiligte Organgesellschaft haftet auch nicht für die durch die Anteilsvereinigung ausgelöste Grunderwerbsteuer nach den Vorschriften der AO; denn die Unternehmen eines Organkreises bleiben grunderwerbsteuerlich selbständige Rechtsträger.[2] 1832

Soweit eine – unmittelbare oder mittelbare – Anteilsvereinigung nur in der Hand eines Organkreismitglieds eintritt, bestimmt sich der Steuerschuldner nach § 13 Nr. 5 Buchst. a GrEStG; Steuerschuldner ist ausschließlich der Erwerber.[3] In den Fällen des § 1 Abs. 3 Nr. 3 und Nr. 4 GrEStG (Erwerb der bereits vereinigten Anteile) sind die am Erwerbsvorgang Beteiligten, d. h. Veräußerer und Erwerber, Gesamtschuldner der Grunderwerbsteuer (entsprechende Anwendung von § 13 Nr. 1 GrEStG). 1833

---

1 Vgl. Hofmann, § 13 GrEStG Rz. 16; koordinierter Ländererlass v. 19.9.2018, BStBl 2018 I S. 1056, Tz. 7.1.
2 Vgl. Hofmann, § 13 GrEStG Rz. 26 f.
3 Vgl. BFH, Urteil v. 2.8.2006 - II R 23/05, MAAAC-17980 = BFH/NV 2006 S. 2306.

10.2 Örtliche Zuständigkeit des Finanzamts

1834 In den Fällen der Anteilsvereinigung im Organkreis ist grds. die gesonderte Feststellung von Besteuerungsgrundlagen durch das Finanzamt durchzuführen, in dessen Bezirk sich die Geschäftsleitung der grundbesitzenden Gesellschaft befindet, deren Anteile vereinigt werden (§ 17 Abs. 3 Satz 1 Nr. 2 GrEStG). Eine gesonderte Feststellung ist nur dann nicht erforderlich, wenn sich der Grundbesitz ausschließlich im Bezirk des Geschäftsleitungsfinanzamts befindet. Befindet sich die Geschäftsleitung der grundbesitzenden Gesellschaft im Geltungsbereich des GrEStG – also insbesondere bei Gesellschaften mit Sitz im Ausland – und werden in verschiedenen Finanzamtsbezirken liegende Grundstücke oder in verschiedenen Bundesländern liegende Grundstücke betroffen, so stellt das nach § 17 Abs. 2 GrEStG zuständige Finanzamt die Besteuerungsgrundlagen gesondert fest (§ 17 Abs. 3 Satz 2 GrEStG). Das ist das Finanzamt, in dessen Bezirk das wertvollste Grundstück oder der wertvollste Bestand an Grundstücken belegen ist.

1835 Die gesetzlichen Regelungen können in Organschaftsfällen zu schwierigen Zuständigkeitsfragen führen. Deshalb hat die Finanzverwaltung folgende Vereinfachung angeordnet:[1] Im Einvernehmen mit dem Steuerpflichtigen und dem Finanzamt, welches nach den gesetzlichen Vorschriften örtlich zuständig ist, kann nach § 27 AO die gesonderte Feststellung das Finanzamt durchführen, in dessen Bezirk sich die **Geschäftsleitung des Organträgers** befindet. Es soll grds. davon auszugehen sein, dass die an der Anteilsvereinigung beteiligten Gesellschaften eines Organkreises und die nach § 17 Abs. 3 GrEStG zuständigen Finanzämter der Zuständigkeit für die gesonderte Feststellung durch das Finanzamt, in dessen Bezirk sich die Geschäftsleitung des Organträgers befindet, zugestimmt haben, es sei denn, es erfolgt ein ausdrücklicher Widerspruch. Die Zustimmung wird also durch Verwaltungsanweisung fingiert.

---

1 Koordinierter Ländererlass v. 19.9.2018, BStBl 2018 I S. 1056, Tz. 8.

E. Rechtsmaterialien

I. Körperschaftsteuerrechtliche Organschaft

Auszug aus den KStR 2015 (Stand v. 6. 4. 2016, BStBl I Sondernummer 1/2016) und KStH 2015

Zu § 14 KStG

R 14.1 Organträger, Begriff des gewerblichen Unternehmens

– unbesetzt –

H 14.1 Organträger, Begriff des gewerblichen Unternehmens

Begriff des gewerblichen Unternehmens
>BMF vom 26. 8. 2003, BStBl I S. 437 Rn. 2 ff.

Steuerbefreite Körperschaft als Organträgerin

Mit der die Organschaft ausschließende Steuerbefreiung i. S. v. § 14 Abs. 1 Satz 1 Nr. 2 Satz 1 KStG ist nur eine persönliche Steuerbefreiung gemeint, die den Rechtsträger als solchen insgesamt von der Steuerpflicht ausschließt (unbeschränkte persönliche Steuerbefreiung). Körperschaften, die nur im Hinblick auf einen bestimmten Teil ihrer Tätigkeit oder ihres Ertrags von der Steuerpflicht ausgenommen sind (sog. beschränkte persönliche oder sachliche Steuerbefreiung), kommen demgegenüber als Organträger grundsätzlich in Betracht, soweit nicht die Beteiligung an der Organgesellschaft den steuerbefreiten Aktivitäten zuzuordnen ist (>BFH vom 10. 3. 2010, I R 41/09, BStBl. 2011 II S. 181).

R 14.2 Finanzielle Eingliederung

¹Der Organträger ist i. S. d. finanziellen Eingliederung an der Organgesellschaft beteiligt, wenn ihm Anteile an der Organgesellschaft – einschließlich der Stimmrechte daraus – steuerrechtlich in dem für die finanzielle Eingliederung erforderlichen Umfang zuzurechnen sind. ²Entsprechendes gilt für die >mittelbare Beteiligung (§ 14 Abs. 1 Satz 1 Nr. 1 Satz 2 KStG). ³Unmittelbare und mittelbare Beteiligungen (bzw. mehrere mittelbare Beteiligungen) dürfen zusammengefasst werden. ⁴Es sind nur solche mittelbaren Beteiligungen zu berücksichtigen, die auf Beteiligungen des Organträgers an vermittelnden (Kapital-

oder Personen-)Gesellschaften beruhen, an denen der Organträger jeweils die Mehrheit der Stimmrechte hat und die jeweils die Voraussetzungen des § 14 Abs. 1 Satz 1 Nr. 2 Satz 4 und 5 KStG erfüllen.

BEISPIELE ▶ In den Beispielen wird unterstellt, dass die Stimmrechtsverhältnisse den Beteiligungsverhältnissen entsprechen und alle Beteiligungen inländischen Betriebsstätten zuzuordnen sind:

01 Die Gesellschaft M ist an der Gesellschaft E unmittelbar zu 50 % beteiligt. Über die Gesellschaft T (Beteiligung der T an E 50 %), an der die M ebenfalls zu 50 % beteiligt ist, hält M mittelbar weitere 25 % der Anteile an der E. Die Gesellschaft E ist in die Gesellschaft M nicht finanziell eingegliedert, weil die unmittelbare und die mittelbare Beteiligung der M an der E aufgrund der fehlenden Stimmrechtsmehrheit der M an T nicht zusammenzurechnen sind und die unmittelbare Beteiligung allein die Voraussetzung der finanziellen Eingliederung nicht erfüllt.

02 Die Gesellschaft M ist an der Gesellschaft T 1 zu 100 % und an der Gesellschaft T 2 zu 49 % beteiligt; die Gesellschaften T 1 und T 2 sind an der Gesellschaft E zu je 50 % beteiligt. M besitzt an T 2 nicht die Mehrheit der Stimmrechte. Damit sind die Voraussetzungen des § 14 Abs. 1 Satz 1 Nr. 1 Satz 2 KStG für eine Zusammenrechnung der beiden mittelbaren Beteiligungen nicht erfüllt. Die Gesellschaft E ist in die Gesellschaft M nicht finanziell eingegliedert.

03 Die Gesellschaft M ist zu 20 % unmittelbar an E beteiligt. Zugleich ist M am Vermögen der Gesellschaft P zu 80 % beteiligt, die ihrerseits 80 % der Anteile an E hält. Die Gesellschaft E ist in die Gesellschaft M finanziell eingegliedert, da die unmittelbare und die mittelbare Beteiligung aufgrund der Stimmrechtsmehrheit der M an P zu addieren sind (20 % + 64 %).

H 14.2 Finanzielle Eingliederung

Mittelbare Beteiligung

Eine mittelbare Beteiligung kann auch über eine Gesellschaft bestehen, die nicht selbst Organgesellschaft sein kann (>BFH vom 2. 11. 1977, I R 143/75, BStBl. 1978 II S. 74).

Rückwirkende Begründung eines Organschaftsverhältnisses bei Umwandlung

Zur rückwirkenden Begründung eines Organschaftsverhältnisses bei Umwandlungen >BFH vom 28. 7. 2010, I R 89/09, BStBl. 2011 II S. 528 sowie >BMF vom 11. 11. 2011, BStBl. I S. 1314 Rn. Org.01 ff.

Stimmrechtsverbot

Stimmrechtsverbote für einzelne Geschäfte zwischen Organträger und Organgesellschaft stehen der finanziellen Eingliederung nicht entgegen (>BFH vom 26. 1. 1989, IV R 151/86, BStBl II S. 455).

R 14.3 Personengesellschaften i. S. d. § 15 Abs. 1 Satz 1 Nr. 2 EStG als Organträger

¹Eine Personengesellschaft i. S. d. § 15 Abs. 1 Satz 1 Nr. 2 EStG kann Organträger sein, wenn die Voraussetzung der >finanziellen Eingliederung im Verhältnis zur Personengesellschaft selbst erfüllt ist (§ 14 Abs. 1 Satz 1 Nr. 2 Satz 3 KStG), sie eine gewerbliche Tätigkeit i. S. d. § 15 Abs. 1 Satz 1 Nr. 1 EStG ausübt (§ 14 Abs. 1 Satz 1 Nr. 2 Satz 2 KStG) und die Beteiligungen, die die finanzielle Eingliederung vermitteln, während der gesamten Dauer der Organschaft einer inländischen Betriebsstätte des Organträgers zuzurechnen sind. ²Dies gilt sowohl für unmittelbare Beteiligungen an der Organgesellschaft als auch für Beteiligungen an Gesellschaften, über die eine mittelbare Beteiligung des Organträgers an der Organgesellschaft besteht (§ 14 Abs. 1 Satz 1 Nr. 2 Satz 4, 5 und 7 KStG). ³In diesen Fällen hat die Veräußerung eines Mitunternehmeranteils bzw. die Veränderung im Gesellschafterbestand der Organträger-Personengesellschaft während des Wj. der Organgesellschaft keine Auswirkungen auf das bestehende Organschaftsverhältnis, da der Personengesellschaft im Hinblick auf das Organschaftsverhältnis eine rechtliche Eigenständigkeit eingeräumt wird. ⁴Dem entspricht auch, dass die wirtschaftliche Identität der Personengesellschaft gewahrt und die rechtliche Gebundenheit des Gesellschaftsvermögens gleich bleibt, auch wenn die am Vermögen insgesamt Beteiligten wechseln. ⁵Gehören die Anteile an der Organgesellschaft nicht zum Vermögen der Personengesellschaft, reicht es für die finanzielle Eingliederung in die Personengesellschaft nicht aus, dass die Anteile notwendiges Sonderbetriebsvermögen der Gesellschafter der Personengesellschaft sind.

H 14.3 Personengesellschaften als Organträger

Personengesellschaft als Organträger

>BMF vom 10. 11. 2005, BStBl I S. 1038 Rn. 13 ff.

Vermögensverwaltende Personengesellschaft

Eine Personengesellschaft, die Besitzunternehmen im Rahmen einer Betriebsaufspaltung und ansonsten nur vermögensverwaltend tätig ist, kann Organträgerin sein (>BFH vom 24. 7. 2013, I R 40/12, BStBl. 2014 II S. 272).

Zeitpunkt einer gewerblichen Betätigung des Organträgers i. S. d. § 15 Abs. 1 Satz 1 Nr. 1 EStG

Der Organträger einer ertragsteuerlichen Organschaft muss nicht bereits zu Beginn des Wj. der Organgesellschaft gewerblich tätig sein (>BFH vom 24.7.2013, I R 40/12, BStBl. 2014 II S. 272). >BMF vom 10.11.2005, BStBl. I S. 1038 Rn. 21 ist damit überholt.

R 14.4 Zeitliche Voraussetzungen

(1) ¹Nach § 14 Abs. 1 Satz 1 Nr. 1 KStG muss die Organgesellschaft vom Beginn ihres Wj. an ununterbrochen finanziell in das Unternehmen des Organträgers eingegliedert sein. ²Ununterbrochen bedeutet, dass diese Eingliederung vom Beginn ihres Wj. an ohne Unterbrechung bis zum Ende des Wj. bestehen muss. ³Das gilt auch im Falle eines Rumpfwirtschaftsjahres.

(2) ¹Veräußert der Organträger seine Beteiligung an der Organgesellschaft zum Ende des Wj. der Organgesellschaft an ein anderes gewerbliches Unternehmen, bedeutet dies, dass der Organträger das Eigentum an den Anteilen an der Organgesellschaft bis zum letzten Tag, 24 Uhr, des Wj. der Organgesellschaft behält und das andere Unternehmen dieses Eigentum am ersten Tag, 0 Uhr, des anschließenden Wj. der Organgesellschaft erwirbt. ²In diesen Fällen ist deshalb die Voraussetzung der finanziellen Eingliederung der Organgesellschaft beim Veräußerer der Anteile bis zum Ende des Wj. der Organgesellschaft und beim Erwerber der Anteile vom Beginn des anschließenden Wj. der Organgesellschaft an erfüllt. ³Veräußert der Organträger seine Beteiligung an der Organgesellschaft während des Wj. der Organgesellschaft, und stellt die Organgesellschaft mit Zustimmung des Finanzamts ihr Wj. auf den Zeitpunkt der Veräußerung der Beteiligung um, ist die finanzielle Eingliederung der Organgesellschaft beim Veräußerer der Anteile bis zum Ende des entstandenen Rumpfwirtschaftsjahres der Organgesellschaft und beim Erwerber der Anteile vom Beginn des anschließenden Wj. der Organgesellschaft an gegeben.

(3) ¹Wird im Zusammenhang mit der Begründung oder Beendigung eines Organschaftsverhältnisses i. S. d. § 14 KStG das Wj. der Organgesellschaft auf einen vom Kj. abweichenden Zeitraum umgestellt, ist dafür die nach § 7 Abs. 4 Satz 3 KStG erforderliche Zustimmung zu erteilen. ²Bei der Begründung eines Organschaftsverhältnisses gilt das auch, wenn das Wj. der Organgesellschaft im selben VZ ein zweites Mal umgestellt wird, um den Abschlussstichtag der Organgesellschaft dem im Organkreis üblichen Abschlussstichtag anzupassen. ³Weicht dabei das neue Wj. vom Kj. ab, ist für die zweite Umstellung ebenfalls die Zustimmung nach § 7 Abs. 4 Satz 3 KStG zu erteilen.

R 14.5 Der Gewinnabführungsvertrag

Wirksamwerden des Gewinnabführungsvertrags

(1) ¹Nach § 14 Abs. 1 Satz 2 KStG kann die Einkommenszurechnung erstmals für das Wj. der Organgesellschaft erfolgen, in dem der GAV wirksam wird. ²Bei einer nicht nach §§ 319 bis 327 AktG eingegliederten AG oder KGaA wird der GAV i. S. d. § 291 Abs. 1 AktG zivilrechtlich erst wirksam, wenn sein Bestehen in das Handelsregister des Sitzes der Organgesellschaft eingetragen ist (§ 294 Abs. 2 AktG). ³Bei einer nach den §§ 319 bis 327 AktG eingegliederten AG oder KGaA tritt die zivilrechtliche Wirksamkeit des GAV ein, sobald er in Schriftform abgeschlossen ist (§ 324 Abs. 2 AktG).

Mindestlaufzeit

(2) ¹Der GAV muss nach § 14 Abs. 1 Satz 1 Nr. 3 Satz 1 KStG auf einen Zeitraum von mindestens fünf Zeitjahren abgeschlossen sein. ²Der Zeitraum beginnt mit dem Anfang des Wj., für das die Rechtsfolgen des § 14 Abs. 1 Satz 1 KStG erstmals eintreten.

Vollzug des Gewinnabführungsvertrags

(3) ¹Nach § 14 Abs. 1 Satz 1 KStG muss sich die Organgesellschaft aufgrund eines GAV i. S. d. § 291 Abs. 1 AktG verpflichten, ihren ganzen Gewinn an ein anderes gewerbliches Unternehmen abzuführen. ²Die Abführung des ganzen Gewinns setzt hierbei voraus, dass der Jahresabschluss keinen Bilanzgewinn (§ 268 Abs. 1 HGB, § 158 AktG) mehr ausweist. ³Wegen der nach § 14 Abs. 1 Satz 1 Nr. 4 KStG zulässigen Bildung von Gewinn- oder Kapitalrücklagen >Absatz 5 Nr. 3. ⁴§ 301 AktG bestimmt als Höchstbetrag der Gewinnabführung für eine nicht eingegliederte Organgesellschaft in der Rechtsform der AG oder der KGaA:

1. in seinem Satz 1 den ohne die Gewinnabführung entstehenden Jahresüberschuss, vermindert um einen Verlustvortrag aus dem Vorjahr und um den Betrag, der nach § 300 AktG in die gesetzliche Rücklage einzustellen ist und um den nach § 268 Abs. 8 HGB ausschüttungsgesperrten Betrag;

2. in seinem Satz 2 zusätzlich die Entnahmen aus in vertraglicher Zeit gebildeten und wieder aufgelösten Gewinnrücklagen.

⁵Nach § 275 Abs. 4 HGB dürfen Veränderungen der Gewinnrücklagen in der Gewinn- und Verlustrechnung erst nach dem Posten „Jahresüberschuss/Jahresfehlbetrag" ausgewiesen werden und verändern dadurch nicht den Jahres-

überschuss. ⁶Bei Verlustübernahme (§ 302 AktG) hat der Organträger einen sonst entstehenden Jahresfehlbetrag auszugleichen, soweit dieser nicht dadurch ausgeglichen wird, dass den anderen Gewinnrücklagen Beträge entnommen werden, die während der Vertragsdauer in sie eingestellt worden sind.

Abführung/Ausschüttung vorvertraglicher Rücklagen

(4) ¹Bei einer nicht eingegliederten Organgesellschaft in der Rechtsform der AG oder der KGaA ist der GAV steuerlich als nicht durchgeführt anzusehen, wenn vorvertragliche Gewinnrücklagen entgegen §§ 301 und 302 Abs. 1 AktG aufgelöst und an den Organträger abgeführt werden. ²Da der Jahresüberschuss i. S. d. § 301 AktG nicht einen Gewinnvortrag (§ 158 Abs. 1 Nr. 1 AktG4, § 266 Abs. 3 A HGB) umfasst, darf ein vor dem Inkrafttreten des GAV vorhandener Gewinnvortrag weder abgeführt noch zum Ausgleich eines aufgrund des GAV vom Organträger auszugleichenden Jahresfehlbetrags (Verlustübernahme) verwendet werden. ³Ein Verstoß gegen das Verbot, Erträge aus der Auflösung vorvertraglicher Rücklagen an den Organträger abzuführen, liegt auch vor, wenn die Organgesellschaft Aufwand – dazu gehören auch die steuerrechtlich nichtabziehbaren Ausgaben, z. B. Körperschaftsteuer, Aufsichtsratsvergütungen – über eine vorvertragliche Rücklage verrechnet und dadurch den Gewinn erhöht, der an den Organträger abzuführen ist. ⁴Ein Verstoß gegen die §§ 301 und 302 Abs. 1 AktG ist nicht gegeben, wenn die Organgesellschaft vorvertragliche Rücklagen auflöst und den entsprechenden Gewinn außerhalb des GAV an ihre Anteilseigner ausschüttet. ⁵Insoweit ist § 14 KStG nicht anzuwenden; für die Gewinnausschüttung gelten die allgemeinen Grundsätze.

Durchführung des Gewinnabführungsvertrags

(5) Der Durchführung des GAV steht es nicht entgegen, wenn z. B.

1. der an den Organträger abzuführende Gewinn entsprechend dem gesetzlichen Gebot in § 301 AktG durch einen beim Inkrafttreten des GAV vorhandenen Verlustvortrag gemindert wird. ²Der Ausgleich vorvertraglicher Verluste durch den Organträger ist steuerrechtlich als Einlage zu werten;

2. der ohne die Gewinnabführung entstehende Jahresüberschuss der Organgesellschaft nach § 301 AktG um den Betrag vermindert wird, der nach § 300 AktG in die gesetzliche Rücklage einzustellen ist. ²Zuführungen zur gesetzlichen Rücklage, die die gesetzlich vorgeschriebenen Beträge übersteigen, sind steuerrechtlich wie die Bildung von Gewinnrücklagen zu beurteilen;

3. die Organgesellschaft nach § 14 Abs. 1 Satz 1 Nr. 4 KStG Gewinnrücklagen i. S. d. § 272 Abs. 3 und 4 HGB mit Ausnahme der gesetzlichen Rücklagen, aber einschließlich der satzungsmäßigen Rücklagen (§ 266 Abs. 3 A III HGB) bildet, die bei vernünftiger kaufmännischer Beurteilung wirtschaftlich begründet sind. ²Die Bildung einer Kapitalrücklage i. S. d. § 272 Abs. 2 Nr. 4 HGB beeinflusst die Höhe der Gewinnabführung nicht und stellt daher keinen Verstoß gegen § 14 Abs. 1 Satz 1 Nr. 4 KStG dar. ³Für die Bildung der Rücklagen muss ein konkreter Anlass gegeben sein, der es auch aus objektiver unternehmerischer Sicht rechtfertigt, eine Rücklage zu bilden, wie z. B. eine geplante Betriebsverlegung, Werkserneuerung, Kapazitätsausweitung. ⁴Die Beschränkung nach § 14 Abs. 1 Satz 1 Nr. 4 KStG ist nicht auf die Bildung stiller Reserven anzuwenden;

4. die Organgesellschaft ständig Verluste erwirtschaftet.

Beendigung des Gewinnabführungsvertrags

(6) ¹Wird der GAV, der noch nicht fünf aufeinander folgende Jahre durchgeführt worden ist, durch Kündigung oder im gegenseitigen Einvernehmen beendet, bleibt der Vertrag für die Jahre, für die er durchgeführt worden ist, steuerrechtlich wirksam, wenn die Beendigung auf einem wichtigen Grund beruht. ²Ein wichtiger Grund kann insbesondere in der Veräußerung oder Einbringung der Organbeteiligung durch den Organträger, der Verschmelzung, Spaltung oder Liquidation des Organträgers oder der Organgesellschaft gesehen werden. ³Stand bereits im Zeitpunkt des Vertragsabschlusses fest, dass der GAV vor Ablauf der ersten fünf Jahre beendet werden wird, ist ein wichtiger Grund nicht anzunehmen. ⁴Liegt ein wichtiger Grund nicht vor, ist der GAV von Anfang an als steuerrechtlich unwirksam anzusehen.

(7) Ist der GAV bereits mindestens fünf aufeinander folgende Jahre durchgeführt worden, bleibt er für diese Jahre steuerrechtlich wirksam.

Nichtdurchführung des Gewinnabführungsvertrags

(8) ¹Wird ein GAV in einem Jahr nicht durchgeführt, ist er

1. von Anfang an als steuerrechtlich unwirksam anzusehen, wenn er noch nicht fünf aufeinander folgende Jahre durchgeführt worden ist;

2. erst ab diesem Jahr als steuerrechtlich unwirksam anzusehen, wenn er bereits mindestens fünf aufeinander folgende Jahre durchgeführt worden ist. ²Soll die körperschaftsteuerrechtliche Organschaft ab einem späteren Jahr wieder anerkannt werden, bedarf es einer erneuten mindestens fünfjäh-

rigen Laufzeit und ununterbrochenen Durchführung des Vertrags. ²Ist der GAV als steuerrechtlich unwirksam anzusehen, ist die Organgesellschaft nach den allgemeinen steuerrechtlichen Vorschriften zur Körperschaftsteuer zu veranlagen.

H 14.5 Gewinnabführungsvertrag

Änderung des § 301 AktG und § 249 HGB durch das BilMoG
>BMF vom 14. 1. 2010, BStBl. I S. 65

Auflösung und Abführung vorvertraglicher versteuerter Rücklagen

Zur Auflösung und Abführung vorvertraglicher versteuerter Rücklagen bei einer nach den §§ 319 bis 327 AktG eingegliederten Organgesellschaft in der Rechtsform der AG oder KGaA >R 14.6 Abs. 3

Auflösung von in organschaftlicher Zeit gebildeten Kapitalrücklagen

Eine in organschaftlicher Zeit gebildete und aufgelöste Kapitalrücklage kann an die Gesellschafter ausgeschüttet werden; sie unterliegt nicht der Gewinnabführung (>BFH vom 8. 8. 2001, I R 25/00, BStBl 2003 II S. 923 und >BMF vom 27. 11. 2003, BStBl. I S. 647).

Beendigung des Gewinnabführungsvertrags

Die Beendigung des GAV, weil er aus Sicht der Parteien seinen Zweck der Konzernverlustverrechnung erfüllt hat, ist kein wichtiger Grund i. S. d. § 14 Abs. 1 Satz 1 Nr. 3 Satz 2 KStG (>BFH vom 13. 11. 2013, I R 45/12, BStBl. 2014 II S. 486).

Bildung einer Rücklage

Zur Zulässigkeit der Bildung einer Rücklage in der Bilanz einer Organgesellschaft aus Gründen der Risikovorsorge >BFH vom 29. 10. 1980, I R 61/77, BStBl. 1981 II S. 336.

Mindestlaufzeit

Die fünfjährige Mindestlaufzeit des GAV bei der körperschaftsteuerlichen Organschaft bemisst sich nach Zeitjahren und nicht nach Wj. (>BFH vom 12. 1. 2011, I R 3/10, BStBl. II S. 727). Unabhängig von einer Umstellung des Wj. der Organgesellschaft und der damit einhergehenden Bildung eines Rumpfwirtschaftsjahres ist für die steuerliche Anerkennung der Organschaft die Mindestlaufzeit des GAV von fünf Zeitjahren einzuhalten (>BFH vom 13. 11. 2013, I R 45/12, BStBl. 2014 II S. 486). Zur Voraussetzung der Mindestlaufzeit >BMF vom 10. 11. 2005, BStBl. I S. 1038 Rn. 4

Verzinsung des Anspruchs auf Verlustübernahme nach § 302 AktG

Die unterlassene oder unzutreffende Verzinsung eines Verlustausgleichsanspruchs steht einer tatsächlichen Durchführung des GAV nicht entgegen (>BMF vom 15. 10. 2007, BStBl. I S. 765).

Wirksamwerden des Gewinnabführungsvertrags

Bei einem lediglich mit der Vorgründungsgesellschaft (>H 1.1) abgeschlossenen GAV gehen die sich daraus ergebenden Rechte und Pflichten nicht automatisch auf die später gegründete und eingetragene Kapitalgesellschaft über (>BFH vom 8. 11. 1989, I R 174/86, BStBl. 1990 II S. 91).

R 14.6 Zuzurechnendes Einkommen der Organgesellschaft

(1) [1]Als zuzurechnendes Einkommen ist das Einkommen der Organgesellschaft vor Berücksichtigung des an den Organträger abgeführten Gewinns oder des vom Organträger zum Ausgleich eines sonst entstehenden Jahresfehlbetrags (§ 302 Abs. 1 AktG) geleisteten Betrags zu verstehen. [2]Bei der Ermittlung des Einkommens des Organträgers bleibt demnach der von der Organgesellschaft an den Organträger abgeführte Gewinn außer Ansatz; ein vom Organträger an die Organgesellschaft zum Ausgleich eines sonst entstehenden Jahresfehlbetrags geleisteter Betrag darf nicht abgezogen werden.

(2) [1]Gewinne der Organgesellschaft, die aus der Auflösung vorvertraglicher unversteuerter stiller Reserven herrühren, sind Teil des Ergebnisses des Wj. der Organgesellschaft, in dem die Auflösung der Reserven erfolgt. [2]Handelsrechtlich unterliegen diese Gewinne deshalb der vertraglichen Abführungsverpflichtung. [3]Steuerrechtlich gehören sie zu dem Einkommen, das nach § 14 KStG dem Organträger zuzurechnen ist.

(3) [1]Bei einer nach den §§ 319 bis 327 AktG eingegliederten AG oder KGaA als Organgesellschaft sind nach § 324 Abs. 2 AktG die §§ 293 bis 296, 298 bis 303 AktG nicht anzuwenden. [2]Löst diese Organgesellschaft vorvertragliche Gewinn- oder Kapitalrücklagen zugunsten des an den Organträger abzuführenden Gewinns auf, verstößt sie handelsrechtlich nicht gegen das Abführungsverbot. [3]In diesen Fällen ist deshalb >R 14.5 Abs. 8 nicht anzuwenden. [4]Steuer-

rechtlich fällt die Abführung der Gewinne aus der Auflösung dieser Rücklagen an den Organträger nicht unter § 14 KStG; sie unterliegt somit den allgemeinen steuerrechtlichen Vorschriften.

(4) ¹VGA an den Organträger sind im Allgemeinen vorweggenommene Gewinnabführungen; sie stellen die tatsächliche Durchführung des GAV nicht in Frage. ²Das gilt auch, wenn eine Personengesellschaft der Organträger ist (>R 14.3) und Gewinn verdeckt an einen Gesellschafter der Personengesellschaft ausgeschüttet wird. ³Ein solcher Vorgang berührt lediglich die Gewinnverteilung innerhalb der Personengesellschaft. ⁴VGA an außen stehende Gesellschafter sind wie Ausgleichszahlungen i. S. d. § 16 KStG zu behandeln.

(5) Der Gewinn aus der Veräußerung eines Teilbetriebs unterliegt der vertraglichen Gewinnabführungsverpflichtung; er ist bei der Ermittlung des dem Organträger zuzurechnenden Einkommens zu berücksichtigen.

(6) ¹Die Höhe des nach § 14 KStG dem Organträger zuzurechnenden Einkommens der Organgesellschaft sowie weitere Besteuerungsgrundlagen werden gesondert und einheitlich festgestellt mit Bindungswirkung für die Steuerbescheide der Organgesellschaft und des Organträgers. ²Einspruchsberechtigt gegen den Bescheid über die gesonderte und einheitliche Feststellung sind sowohl der Organträger als auch die Organgesellschaft.

(7) Gewinnabführungen stellen auch dann keine Gewinnausschüttungen dar, wenn sie erst nach Beendigung des GAV abfließen.

H 14.6 Zuzurechnendes Einkommen der Organgesellschaft

Einstellung der gewerblichen Tätigkeit

Stellt eine Organgesellschaft ohne förmlichen Auflösungsbeschluss ihre gewerbliche Tätigkeit nicht nur vorübergehend ein und veräußert sie ihr Vermögen, fällt der Gewinn, den sie während der tatsächlichen Abwicklung erzielt, nicht mehr unter die Gewinnabführungsverpflichtung (>BFH vom 17. 2. 1971, I R 148/68, BStBl. II S. 411).

Gewinn im Zeitraum der Abwicklung

Der im Zeitraum der Abwicklung erzielte Gewinn (§ 11 KStG, >R 11) unterliegt nicht der vertraglichen Gewinnabführungsverpflichtung und ist deshalb von der Organgesellschaft zu versteuern (>BFH vom 18. 10. 1967, I 262/63, BStBl. 1968 II S. 105).

R 14.7 Einkommensermittlung beim Organträger

(1) Ausgaben im Zusammenhang mit der Organbeteiligung, z. B. Zinsen für Schulden, die der Organträger zum Erwerb der Beteiligung aufgenommen hat, dürfen bei der Ermittlung des Einkommens des Organträgers abgezogen werden.

(2) ¹VGA der Organgesellschaft sind beim Organträger zur Vermeidung der Doppelbelastung aus dem Einkommen auszuscheiden, wenn die Vorteilszuwendung den Bilanzgewinn des Organträgers erhöht oder dessen Bilanzverlust gemindert hat. ²Entgegen >BFH vom 20. 8. 1986 (I R 150/82, BStBl. 1987 II S. 455) ist jedoch nicht das zuzurechnende Organeinkommen, sondern das eigene Einkommen des Organträgers zu kürzen.

(3) ¹Der Organträger kann seine Beteiligung an der Organgesellschaft auf den niedrigeren Teilwert abschreiben, wenn die nach dem geltenden Recht hierfür erforderlichen Voraussetzungen erfüllt sind. ²Eine Abschreibung auf den niedrigeren Teilwert ist jedoch nicht schon deshalb gerechtfertigt, weil die Organgesellschaft ständig Verluste erwirtschaftet.

(4) Übernimmt der Organträger die Verpflichtung, einen vorvertraglichen Verlust der Organgesellschaft auszugleichen, stellt der Verlustausgleich steuerrechtlich eine Einlage des Organträgers in die Organgesellschaft dar.

H 14.7   Einkommensermittlung beim Organträger

Veranlagungszeitraum der Zurechnung

Das Einkommen der Organgesellschaft ist dem Organträger für das Kj. (VZ) zuzurechnen, in dem die Organgesellschaft das Einkommen erzielt hat (>BFH vom 29. 10. 1974, I R 240/72, BStBl. 1975 II S. 126).

Das Einkommen einer Organgesellschaft ist entsprechend dem allgemeinen Gewinnverteilungsschlüssel nur den Gesellschaftern einer Organträger-Personengesellschaft zuzurechnen, die im Zeitpunkt der Einkommenszurechnung an der Organträgerin beteiligt sind (>BFH vom 28. 2. 2013, IV R 50/09, BStBl. II S. 494).

Verlustausgleich durch den Organträger

Der aus der gesetzlichen Verpflichtung (§ 301 AktG, § 30 Abs. 1 GmbHG) des Organträgers resultierende Ausgleich von vorvertraglichen Verlusten der Organgesellschaft führt beim Organträger zu nachträglichen Anschaffungskosten für die Anteile an der Organgesellschaft und ist auf dem Beteiligungskonto zu aktivieren (>BFH vom 8. 3. 1955, I 73/54 U, BStBl. III S. 187).

Verlustübernahme

Der Organträger darf steuerrechtlich keine Rückstellung für drohende Verluste aus der Übernahme des Verlustes der Organgesellschaft bilden (>BFH vom 26. 1. 1977, I R 101/75, BStBl II S. 441).

R 14.8 Bildung und Auflösung besonderer Ausgleichsposten beim Organträger

(1) [1]Stellt die Organgesellschaft aus dem Jahresüberschuss (§ 275 Abs. 2 Nr. 20 oder Abs. 3 Nr. 19 HGB) Beträge in die Gewinnrücklagen i. S. d. § 272 Abs. 3 HGB ein oder bildet sie steuerlich nicht anzuerkennende stille Reserven, werden die Rücklagen mit dem zuzurechnenden Einkommen beim Organträger oder, wenn er eine Personengesellschaft ist, bei seinen Gesellschaftern versteuert. [2]Der steuerrechtliche Wertansatz der Beteiligung des Organträgers an der Organgesellschaft bleibt unberührt. [3]Um sicherzustellen, dass nach einer Veräußerung der Organbeteiligung die bei der Organgesellschaft so gebildeten Rücklagen nicht noch einmal beim Organträger steuerrechtlich erfasst werden, ist in der Steuerbilanz des Organträgers, in die der um die Rücklage verminderte Jahresüberschuss der Organgesellschaft eingegangen ist, ein besonderer aktiver Ausgleichsposten in Höhe des Teils der versteuerten Rücklagen einkommensneutral zu bilden, der dem Verhältnis der Beteiligung des Organträgers am Nennkapital der Organgesellschaft entspricht. [4]Löst die Organgesellschaft die Rücklagen in den folgenden Jahren ganz oder teilweise zugunsten des an den Organträger abzuführenden Gewinns auf, ist der besondere aktive Ausgleichsposten entsprechend einkommensneutral aufzulösen.

(2) Weicht der an den Organträger abgeführte Gewinn der Organgesellschaft aus anderen Gründen als infolge der Auflösung einer Rücklage i. S. d. Absatzes 1 von dem Steuerbilanzgewinn ab, z. B. wegen Änderung des Wertansatzes von Aktiv- oder Passivposten in der Bilanz, und liegt die Ursache in vertraglicher Zeit, ist in der Steuerbilanz des Organträgers nach § 14 Abs. 4 Satz 1, 2 und 6 KStG ein besonderer aktiver oder passiver Ausgleichsposten in Höhe des Unterschieds einkommensneutral zu bilden, der dem Verhältnis der Beteiligung des Organträgers am Nennkapital der Organgesellschaft entspricht.

(3) [1]Die besonderen Ausgleichsposten sind bei Beendigung des GAV nicht gewinnwirksam aufzulösen, sondern bis zur Veräußerung der Organbeteiligung weiterzuführen. [2]Im Zeitpunkt der Veräußerung der Organbeteiligung oder eines der Veräußerung gleichgestellten Vorgangs sind die besonderen Aus-

gleichsposten aufzulösen (§ 14 Abs. 4 Satz 2 und 5 KStG). ³Dadurch erhöht oder verringert sich das Einkommen des Organträgers; § 8b KStG sowie § 3 Nr. 40 und § 3c Abs. 2 EStG sind anzuwenden. ⁴Für die Anwendung des § 8b KStG bzw. der § 3 Nr. 40, § 3c Abs. 2 EStG sind die Ausgleichsposten mit dem in der Steuerbilanz ausgewiesenen Buchwert der Organbeteiligung zusammenzufassen. ⁵Dadurch kann sich rechnerisch auch ein negativer Buchwert ergeben. ⁶Die Sätze 4 und 5 sind bei der Ermittlung eines Übernahmeergebnisses i. S. d. § 4 Abs. 4 Satz 1 oder § 12 Abs. 2 Satz 1 UmwStG entsprechend anzuwenden. ⁷Bei mittelbarer Beteiligung an der Organgesellschaft sind die Ausgleichsposten aufzulösen, wenn der Organträger die Beteiligung an der Zwischengesellschaft veräußert.

H 14.8 Bildung und Auflösung besonderer Ausgleichsposten beim Organträger

Allgemeine Fragen zu organschaftlichen Mehr- und Minderabführungen

>BMF vom 26. 8. 2003, BStBl. I S. 437 Rn. 40 ff.

Berechnung der Mehrabführung

Die Mehrabführung der Organgesellschaft an den Organträger ist ein rein rechnerischer Differenzbetrag zweier Vergleichswerte und kann auch in einer sog. Minderverlustübernahme bestehen. Auf einen tatsächlichen Vermögensabfluss kommt es nicht an (>BFH vom 6. 6. 2013, I R 38/11, BStBl. 2014 II S. 398, >BFH vom 27. 11. 2013, I R 36/13, BStBl. 2014 II S. 651).

Passiver Ausgleichsposten im Falle außerbilanzieller Zurechnung bei der Organgesellschaft

Ein passiver Ausgleichsposten i. S. d. § 14 Abs. 4 KStG für Mehrabführungen ist nicht zu bilden, wenn die auf die Organgesellschaft entfallenden Beteiligungsverluste aus einem KG-Anteil aufgrund außerbilanzieller Zurechnung gem. § 15a EStG neutralisiert werden und damit das dem Organträger zuzurechnende Einkommen nicht mindern (>BFH vom 29. 8. 2012, I R 65/11, BStBl. 2013 II S. 555). Mit Ausnahme des Anwendungsfalls des § 15a EStG ist in allen anderen Fällen bei der Bildung organschaftlicher Ausgleichsposten weiterhin nach dem Wortlaut des § 14 Abs. 4 Satz 6 KStG auf die Abweichung des an den Organträger abgeführten Gewinns vom Steuerbilanzgewinn der Organgesellschaft abzustellen. Die organschaftlichen Ausgleichsposten sind aufgrund der gesetzlichen Vorgabe des § 14 Abs. 4 Satz 1 KStG in der Steuerbilanz zu aktivieren oder zu passivieren (>BMF vom 15. 7. 2013, BStBl. I S. 921).

Steuerliches Einlagekonto

>BMF vom 4. 6. 2003, BStBl. I S. 366 Rn. 28

Zu § 15 KStG

R 15 Die Einkommensermittlung bei der Organgesellschaft

Ein Verlustabzug aus der Zeit vor dem Abschluss des GAV darf das Einkommen der Organgesellschaft, das sie während der Geltungsdauer des GAV bezieht, nicht mindern (§ 15 Satz 1 Nr. 1 KStG).

H 15   Einkommensermittlung bei der Organgesellschaft

Anwendung der Zinsschranke im Organkreis

>BMF vom 4. 7. 2008, BStBl. I S. 718

Beteiligungserträge der Organgesellschaft

Zu den steuerfreien Beteiligungserträgen der Organgesellschaft >BMF vom 26. 8. 2003, BStBl. I S. 437 Rn. 21 ff.

Dauerverlustgeschäft der Organgesellschaft (§ 8 Abs. 7 KStG)

>BMF vom 12. 11. 2009, BStBl. I S. 1303 Rn. 90 ff.

Spartenrechnung für die Organgesellschaft (§ 8 Abs. 9 KStG)

>BMF vom 12. 11. 2009, BStBl. I S. 1303 Rn. 90 ff.

Zu § 16 KStG

R 16 Ausgleichszahlungen

(1) [1]Ausgleichszahlungen, die in den Fällen der §§ 14, 17 KStG an außen stehende Anteilseigner gezahlt werden, dürfen nach § 4 Abs. 5 Satz 1 Nr. 9 EStG weder den Gewinn der Organgesellschaft noch den Gewinn des Organträgers mindern. [2]Die Organgesellschaft hat ihr Einkommen i. H.v. 20/17 der geleisteten Ausgleichszahlungen stets selbst zu versteuern, auch wenn die Ver-

pflichtung zum Ausgleich von dem Organträger erfüllt worden oder ihr Einkommen negativ ist.

(2) ¹Hat die Organgesellschaft selbst die Ausgleichszahlungen zu Lasten ihres Gewinns geleistet, ist dem Organträger das um 20/17 der Ausgleichszahlungen verminderte Einkommen der Organgesellschaft zuzurechnen. ²Leistet die Organgesellschaft trotz eines steuerlichen Verlustes die Ausgleichszahlungen, erhöht sich ihr dem Organträger zuzurechnendes negatives Einkommen; die Organgesellschaft hat 20/17 der Ausgleichszahlungen als (positives) Einkommen selbst zu versteuern. ³Hat dagegen der Organträger die Ausgleichszahlungen geleistet, gilt Folgendes:

1. Das Einkommen des Organträgers wird um die Ausgleichszahlungen vermindert.
2. Die Organgesellschaft hat 20/17 der Ausgleichszahlungen zu versteuern.
3. Das von der Organgesellschaft erwirtschaftete Einkommen ist dem Organträger nach § 14 Abs. 1 Satz 1 KStG zuzurechnen.

⁴Satz 3 gilt auch, wenn der Organträger die Ausgleichszahlungen trotz eines steuerlichen Verlustes geleistet hat.

H 16 Ausgleichszahlungen

Festbetrag und weitere (feste oder variable) Zuzahlungen
>BFH vom 4. 3. 2009, I R 1/08, BStBl. 2010 II S. 407 und >BMF vom 20. 4. 2010, BStBl. I S. 372

Zu § 17 KStG

R 17 Andere Kapitalgesellschaften als Organgesellschaft

(1) ¹Ist die Organgesellschaft eine GmbH, ist der GAV zivilrechtlich nur wirksam, wenn die Gesellschafterversammlungen der beherrschten und der herrschenden Gesellschaft dem Vertrag zustimmen und seine Eintragung in das Handelsregister der beherrschten Gesellschaft erfolgt. ²Der Zustimmungsbeschluss der Gesellschafterversammlung der beherrschten Gesellschaft bedarf der notariellen Beurkundung.

(2) Nach § 17 KStG ist Voraussetzung für die steuerliche Anerkennung einer anderen als der in § 14 Abs. 1 Satz 1 KStG bezeichneten Kapitalgesellschaft als Organgesellschaft, dass diese sich wirksam verpflichtet, ihren ganzen Gewinn

an ein anderes Unternehmen i. S. d. § 14 KStG abzuführen und die Gewinnabführung den in § 301 AktG genannten Betrag nicht überschreitet.

(3) Die Verlustübernahme muss durch den Verweis auf die Vorschriften des § 302 AktG in seiner jeweils gültigen Fassung vereinbart werden.

(4) >R 14.5 gilt entsprechend.

H 17 Andere Kapitalgesellschaften als Organgesellschaft

Verweis auf § 302 AktG in allen vor dem 27. 2. 2013 geschlossenen Gewinnabführungsverträgen

Bei einer GmbH als Organgesellschaft muss in allen vor der Verkündung des „Gesetzes zur Änderung und Vereinfachung der Unternehmensbesteuerung und des steuerlichen Reisekostenrechts" vom 26. 2. 2013 (BStBl. I S. 188) geschlossenen GAV die Verlustübernahme entsprechend § 302 AktG ausdrücklich vereinbart sein (>BFH vom 17. 12. 1980, I R 220/78, BStBl. 1981 II S. 383 und >BFH vom 15. 9. 2010, I B 27/10, BStBl. II S. 935). Zu den Übergangsregelungen für alle vor dem 27. 2. 2013 abgeschlossenen Verträge >§ 34 Abs. 10b Satz 2 ff. KStG.

Die Notwendigkeit eines Hinweises auf die Verjährungsregelung des § 302 Abs. 4 AktG im GAV besteht für alle ab dem 1. 1. 2006 geschlossenen Verträge (>BMF vom 16. 12. 2005, BStBl. 2006 I S. 12).

Zivilrechtlich unwirksamer Gewinnabführungsvertrag

Entgegen § 41 Abs. 1 Satz 1 AO ist ein zivilrechtlich nicht wirksamer GAV steuerlich auch dann unbeachtlich, wenn die Vertragsparteien den Vertrag als wirksam behandelt und tatsächlich durchgeführt haben (>BFH vom 30. 7. 1997, I R 7/97, BStBl. 1998 II S. 33).

Zu § 19 KStG

R 19 Anwendung besonderer Tarifvorschriften

(1) [1]Eine besondere Tarifvorschrift i. S. d. § 19 Abs. 1 KStG ist z. B. § 26 KStG. [2]Die Voraussetzungen der Steuerermäßigung müssen bei der Organgesellschaft erfüllt sein. [3]Der Abzug von der Steuer ist beim Organträger vorzunehmen. [4]Ist die Steuerermäßigung der Höhe nach auf einen bestimmten Betrag begrenzt, richtet sich dieser Höchstbetrag nach den steuerlichen Verhältnissen beim Organträger.

(2) Ist in dem zugerechneten Einkommen der Organgesellschaft (>R 14.6) ein Veräußerungsgewinn i. S. d. § 16 EStG enthalten, kann der Organträger, auch wenn er eine natürliche Person ist, dafür die Steuervergünstigung des § 34 EStG nicht in Anspruch nehmen.

II. Gewerbesteuerrechtliche Organschaft

Auszug aus den GewStR 2009 (Stand v. 28. 4. 2010, BStBl I Sondernummer 1/2010)

Zu § 2 GewStG

R 2.3 Organschaft

Allgemeines

(1) ¹Die Voraussetzungen für das Vorliegen einer Organschaft im Gewerbesteuerrecht stimmen mit den Voraussetzungen der körperschaftsteuerlichen Organschaft überein. ²Die Organgesellschaft gilt im Gewerbesteuerrecht als Betriebsstätte des Organträgers (>§ 2 Abs. 2 Satz 2 GewStG). ³Diese Betriebsstättenfiktion führt jedoch nicht dazu, dass Organträger und Organgesellschaft als einheitliches Unternehmen anzusehen sind. ⁴Es liegen vielmehr weiterhin selbständige Gewerbebetriebe vor, deren Gewerbeerträge getrennt zu ermitteln sind. ⁵Die Begründung eines Organschaftsverhältnisses bewirkt nicht die Beendigung der sachlichen Steuerpflicht der jetzigen Organgesellschaft; durch die Beendigung eines Organschaftsverhältnisses wird die sachliche Steuerpflicht der bisherigen Organgesellschaft nicht neu begründet. ⁶Für die Anerkennung einer Organschaft ist es nicht erforderlich, dass die eingegliederte Kapitalgesellschaft gewerblich tätig ist.

Beginn und Beendigung der Organschaft

(2) ¹Liegen die Voraussetzungen für ein Organschaftsverhältnis nicht während des ganzen Wirtschaftsjahres der Organgesellschaft vor, treten die steuerlichen Wirkungen des § 2 Abs. 2 Satz 2 GewStG für dieses Wirtschaftsjahr nicht ein. ²Das bedeutet, dass die Organgesellschaft insoweit selbst zur Gewerbesteuer herangezogen wird. ³Wird die Liquidation einer Organgesellschaft beschlossen und besteht z. B. wegen Beendigung des Gewinnabführungsvertrages das Organschaftsverhältnis nicht während des gesamten Wirtschaftsjahres, kann die Organgesellschaft für die Zeit vom Schluss des vorangegangenen Wirtschaftsjahres bis zum Beginn der Abwicklung ein Rumpfwirtschafts-

jahr bilden (>R 7.1 Abs. 1 Satz 2 und 3). [4]Für das Rumpfwirtschaftsjahr sind die Voraussetzungen des § 2 Abs. 2 Satz 2 GewStG gesondert zu prüfen.

Personengesellschaften als Organträger

(3) [1]Nach § 2 Abs. 2 Satz 2 GewStG ist eine gewerbesteuerrechtliche Organschaft, wie bei der Körperschaftsteuer, nur gegenüber einem anderen gewerblichen Unternehmen möglich. [2]Bei einer Organträger-Personengesellschaft muss eine eigene gewerbliche Tätigkeit im Sinne des § 15 Abs. 1 Satz 1 Nr. 1 EStG vorliegen. [3]Gewerblich geprägte Personengesellschaften im Sinne des § 15 Abs. 3 Nr. 2 EStG können damit nicht Organträger sein. [4]Eine Besitzpersonengesellschaft im Rahmen einer Betriebsaufspaltung kommt als Organträger in Betracht. [5]Ihr wird die gewerbliche Tätigkeit im Sinne des § 15 Abs. 1 Satz 1 Nr. 1 EStG der Betriebsgesellschaft zugerechnet.

Zu § 7 GewStG

R 7.1

Allgemeines zur Ermittlung des Gewerbeertrags

(1) [1]Erträge, die dadurch anfallen, dass zu Lasten des Gewinns gebildete Rückstellungen aufgelöst oder entrichtete Beträge erstattet werden, bilden einen Bestandteil des der Ermittlung des Gewerbeertrags nach § 7 GewStG zugrunde zu legenden Gewinns aus Gewerbebetrieb. [2]Zur Vermeidung einer doppelten Besteuerung ist daher bei der Ermittlung des Gewerbeertrags der Gewinn um jene Erträge zu mindern, welche bereits mit Bildung der Rückstellung oder bei ihrer Entrichtung nach § 8 GewStG dem Gewinn aus Gewerbebetrieb hinzugerechnet worden sind. [3]Der Umfang der Minderung richtet sich dabei nach der Höhe der tatsächlichen Hinzurechnung. [4]Sind Hinzurechnungen nach § 8 Nr. 1 Buchstabe a bis f GewStG erfolgt, sind zur Ermittlung der Minderung die als Bestandteil des Gewinns anzusehenden Erträge im Sinne des Satzes 1 im Erhebungszeitraum der ursprünglichen Hinzurechnung von den bei der Ermittlung der Hinzurechnung berücksichtigten Beträgen abzuziehen. [5]Die Differenz zwischen dem sich hiernach rechnerisch ergebenden Hinzurechnungsbetrag und dem seinerzeit tatsächlich hinzugerechneten Betrag ist der maßgebende Minderungsbetrag. [6]Liegt der rechnerische Hinzurechnungsbetrag unter dem Freibetrag, ist der ursprünglich tatsächliche Hinzurechnungsbetrag als Minderungsbetrag zu berücksichtigen.

II. Gewerbesteuerrechtliche Organschaft

Rechtsbehelfe

(2) Der Steuerpflichtige kann im Gewerbesteuermessbetragsverfahren Einwendungen gegen die Ermittlung des Gewinns aus Gewerbebetrieb unabhängig von dem Gang der Veranlagung bei der Einkommensteuer oder Körperschaftsteuer vorbringen.

Gewinn bei natürlichen Personen und bei Personengesellschaften

(3) [1]Bei der Ermittlung des Gewinns sind für Zwecke der Gewerbesteuer insbesondere die folgenden Vorschriften nicht anzuwenden:

1. § 16 Abs. 1 Satz 1 Nr. 1 Satz 1, Nr. 2, Nr. 3 und Abs. 3 Satz 1 EStG (Veräußerung oder Aufgabe des Betriebs), und zwar auch in Fällen der Veräußerung eines Teilbetriebs oder des Anteils eines Gesellschafters;

2. § 17 EStG (Veräußerung von Beteiligungen im Privatvermögen);

3. § 24 EStG (Entschädigungen usw.);

4. § 15 Abs. 4 EStG;

5. § 15a EStG (Verluste bei beschränkter Haftung);

6. § 15b EStG (Verluste aus Steuerstundungsmodellen).

[2]Für die Ermittlung des Gewerbeertrags sind Betriebseinnahmen und Betriebsausgaben auszuscheiden, welche nicht mit der Unterhaltung eines laufenden Gewerbebetriebs zusammenhängen. [3]Gewinne (Verluste) aus der Veräußerung der Beteiligung an einer Mitunternehmerschaft gehören auch dann nicht zum Gewerbeertrag, wenn die Beteiligung zum Betriebsvermögen gehört. [4]Der von einer Mitunternehmerschaft erzielte Gewinn aus der Veräußerung oder Aufgabe eines Betriebs oder Teilbetriebs, eines Mitunternehmeranteils oder des Komplementäranteils an einer KGaA ist jedoch nur insoweit gewerbesteuerfrei, als er auf eine natürliche Person als unmittelbar beteiligten Mitunternehmer entfällt. [5]Die Veräußerung eines Mitunternehmeranteils an einer Mitunternehmerschaft, zu deren Betriebsvermögen die Beteiligung an einer Mitunternehmerschaft gehört (sog. doppelstöckige Personengesellschaft), ist als einheitlicher Veräußerungsvorgang zu behandeln. [6]Gewinne (Verluste) aus der Veräußerung eines Teils eines Mitunternehmeranteils sind nach § 16 Abs. 1 Satz 2 EStG laufende Gewinne und somit gewerbesteuerpflichtig. [7]Durch den Wechsel der Gewinnermittlungsart bedingte Hinzu- und Abrechnungen unterliegen ebenfalls als laufender Gewinn der Gewerbesteuer. [8]Die Verteilung nach R 4.6 Abs. 1 Satz 4 und 5 EStR gilt auch für die Gewerbesteuer, es sei

denn, die Änderung der Gewinnermittlungsart steht in einem zeitlichen Zusammenhang mit einem Unternehmerwechsel im Sinne der R 2.7.

Gewinn bei Körperschaften, Personenvereinigungen und Vermögensmassen

(4) ¹Bei unbeschränkt Steuerpflichtigen im Sinne des § 1 Abs. 1 Nr. 1 bis 3 KStG sind alle Einkünfte als Einkünfte aus Gewerbebetrieb zu behandeln. ²Den als Ausgangspunkt für die Ermittlung des Gewerbeertrags zugrunde zu legenden Gewinn im Sinne des § 7 GewStG dürfen aber insbesondere folgende Beträge nicht mindern:

1. der Verlustabzug nach § 10d EStG;

2. die Freibeträge nach §§ 24 und 25 KStG.

³Die in R 7.1 Abs. 3 Nr. 4 dargelegten Grundsätze sind anzuwenden. ⁴Liegen bei einer Kapitalgesellschaft die Voraussetzungen des § 8 Abs. 7 KStG vor, ist die Spartentrennung nach § 8 Abs. 9 KStG auch für die Gewerbesteuer vorzunehmen. ⁵Demnach ist für jede der sich nach Maßgabe des § 8 Abs. 9 KStG ergebenden Sparten zunächst ein gesonderter Gewerbeertrag zu ermitteln. ⁶Der Gewerbeertrag der Kapitalgesellschaft ist in diesen Fällen die Summe der positiven Gewerbeerträge der jeweiligen Sparten.

Ermittlung des Gewerbeertrags im Fall der Organschaft

(5) ¹Organträger und Organgesellschaft bilden trotz der Betriebsstättenfiktion des § 2 Abs. 2 Satz 2 GewStG kein einheitliches Unternehmen. ²Demnach ist für jedes der sachlich selbständigen Unternehmen im Organkreis der Gewerbeertrag unter Berücksichtigung der in den §§ 8 und 9 GewStG bezeichneten Beträge getrennt zu ermitteln. ³Es unterbleiben aber Hinzurechnungen nach § 8 GewStG, soweit die Hinzurechnungen zu einer doppelten steuerlichen Belastung führen. ⁴Eine doppelte Belastung kann eintreten, wenn die für die Hinzurechnung in Betracht kommenden Beträge bereits in einem der zusammenzurechnenden Gewerbeerträge enthalten sind. ⁵Um eine Doppelbelastung zu vermeiden, sind ferner bei der Veräußerung einer Organbeteiligung durch den Organträger die von der Organgesellschaft während der Dauer des Organschaftsverhältnisses erwirtschafteten, aber nicht ausgeschütteten Gewinne, soweit sie in den Vorjahren im Organkreis der Gewerbesteuer unterlegen haben, bei der Ermittlung des Gewerbeertrags des Wirtschaftsjahrs des Organträgers abzuziehen, in dem die Beteiligung veräußert worden ist. ⁶Auch eine verlustbedingte Wertminderung der Organbeteiligung muss gewerbesteuerlich unberücksichtigt bleiben, andernfalls würde sich der Verlust der Organge-

sellschaft doppelt auswirken. [7]Ist auf Grund des Verlusts der Organgesellschaft die Organbeteiligung auf den niedrigeren Teilwert abgeschrieben worden, kann die Teilwertabschreibung sich auf den Gewerbeertrag nicht mindernd auswirken, auch wenn sie bilanzsteuerrechtlich anzuerkennen ist. [8]Es wird vermutet, dass eine Identität der Verluste der Organgesellschaft mit den Verlusten des Organträgers besteht. [9]Wird eine Teilwertabschreibung nicht vorgenommen, die Organbeteiligung später aber zu einem entsprechend geringeren Verkaufspreis veräußert, ist bei der Ermittlung des Gewerbeertrags ein Betrag in Höhe des bei der Zusammenrechnung der Gewerbeerträge berücksichtigten Verlusts der Organgesellschaft hinzuzurechnen. [10]Der volle Gewerbeertrag – also vor Berücksichtigung der Gewinnabführungsvereinbarung und ggf. einschließlich des nur bei der Körperschaftsteuer vorhandenen eigenen Einkommens der Organgesellschaft in Höhe der geleisteten Ausgleichszahlungen – ist mit dem vom Organträger selbst erzielten Gewerbeertrag zusammenzurechnen. [11]Es sind die Gewerbeerträge derjenigen Wirtschaftsjahre des Organträgers und der Organgesellschaft zusammenzurechnen, die in demselben Erhebungszeitraum enden.

Ermittlung des Gewerbeertrags bei Genossenschaften

(6) – unbesetzt –

Besteuerung kleiner Körperschaften

(7) [1]Nach § 156 Abs. 2 AO kann die Festsetzung von Steuern unterbleiben, wenn feststeht, dass die Kosten der Einziehung einschließlich der Festsetzung außer Verhältnis zu dem festzusetzenden Betrag stehen. [2]Diese Voraussetzung kann im Einzelfall bei kleinen Körperschaften, insbesondere bei Vereinen, Stiftungen und Genossenschaften und bei juristischen Personen des öffentlichen Rechts, erfüllt sein. [3]Bei diesen Körperschaften kann das in Satz 1 bezeichnete Missverhältnis insbesondere vorliegen, wenn der Gewinn im Einzelfall offensichtlich 500 Euro nicht übersteigt. [4]Dem entsprechend kann in diesen Fällen von der Festsetzung eines Gewerbesteuermessbetrags abgesehen werden.

Ermittlung des Gewerbeertrags bei Abwicklung und Insolvenz

(8) [1]Bei einem in der Abwicklung befindlichen Unternehmen im Sinne des § 2 Abs. 2 GewStG ist nach § 16 GewStDV der Gewerbeertrag, der im Zeitraum der Abwicklung entstanden ist, auf die Jahre des Abwicklungszeitraums zu verteilen. [2]Abwicklungszeitraum ist der Zeitraum vom Beginn bis zum Ende der Ab-

wicklung. ³Wird jedoch von der Bildung eines Rumpfwirtschaftsjahrs abgesehen, beginnt der Abwicklungszeitraum am Schluss des vorangegangenen Wirtschaftsjahrs. ⁴Die Verteilung des in diesem Zeitraum erzielten Gewerbeertrags auf die einzelnen Jahre geschieht nach dem Verhältnis, in dem die Zahl der Kalendermonate, in denen im einzelnen Jahr die Steuerpflicht bestanden hat, zu der Gesamtzahl der Kalendermonate des Abwicklungszeitraums steht. ⁵Dabei ist der angefangene Monat voll zu rechnen. ⁶Ist über das Vermögen des Unternehmens das Insolvenzverfahren eröffnet worden, ist der in dem Zeitraum vom Tag der Insolvenzeröffnung bis zur Beendigung des Insolvenzverfahrens erzielte Gewerbeertrag entsprechend den vorstehenden Ausführungen zur Abwicklung auf die einzelnen Jahre zu verteilen. ⁷Das gilt nicht nur für Unternehmen im Sinne des § 2 Abs. 2 GewStG, sondern für Unternehmen aller Art (>§ 16 Abs. 2 GewStDV). ⁸Wird der Betrieb einer Kapitalgesellschaft, über deren Vermögen das Insolvenzverfahren eröffnet ist, zunächst weitergeführt und wird erst später mit der Insolvenzabwicklung begonnen, ist das Wirtschaftsjahr, auf dessen Anfang oder in dessen Lauf der Beginn der Insolvenzabwicklung fällt, das erste Jahr des Abwicklungszeitraums, für den die in § 16 Abs. 2 GewStDV vorgesehene Verteilung des Gewerbeertrags in Betracht kommt.

III. Umsatzsteuerrechtliche Organschaft

Auszug aus dem UStAE 2010 (Stand v. 1.10.2010 (BStBl I S. 846), zuletzt geändert durch BMF-Schreiben v. 17.7.2019 (BStBl 2019 II S. 835)

Zu § 2 UStG

2.8. Organschaft

Allgemeines

(1) ¹Organschaft nach § 2 Abs. 2 Nr. 2 UStG liegt vor, wenn eine juristische Person nach dem Gesamtbild der tatsächlichen Verhältnisse finanziell, wirtschaftlich und organisatorisch in ein Unternehmen eingegliedert ist. ²Es ist nicht erforderlich, dass alle drei Eingliederungsmerkmale gleichermaßen ausgeprägt sind. ³Organschaft kann deshalb auch gegeben sein, wenn die Eingliederung auf einem dieser drei Gebiete nicht vollständig, dafür aber auf den anderen Gebieten um so eindeutiger ist, so dass sich die Eingliederung aus dem Gesamtbild der tatsächlichen Verhältnisse ergibt (vgl. BFH-Urteil vom 23.4.1964, V 184/61 U, BStBl III S. 346, und vom 22.6.1967, V R 89/66, BStBl III S. 715). ⁴Von der finanziellen Eingliederung kann weder auf die wirtschaftliche

noch auf die organisatorische Eingliederung geschlossen werden (vgl. BFH-Urteile vom 5.12.2007, V R 26/06, BStBl 2008 II S. 451, und vom 3.4.2008, V R 76/05, BStBl II S. 905). [5]Die Organschaft umfasst nur den unternehmerischen Bereich der Organgesellschaft. [6]Liegt Organschaft vor, sind die eingegliederten Organgesellschaften (Tochtergesellschaften) ähnlich wie Angestellte des Organträgers (Muttergesellschaft) als unselbständig anzusehen; Unternehmer ist der Organträger. [7]Eine Gesellschaft kann bereits zu einem Zeitpunkt in das Unternehmen des Organträgers eingegliedert sein, zu dem sie selbst noch keine Umsätze ausführt, dies gilt insbesondere für eine Auffanggesellschaft im Rahmen des Konzepts einer „übertragenden Sanierung" (vgl. BFH-Urteil vom 17.1.2002, V R 37/00, BStBl II S. 373). [8]War die seit dem Abschluss eines Gesellschaftsvertrags bestehende Gründergesellschaft einer später in das Handelsregister eingetragenen GmbH nach dem Gesamtbild der tatsächlichen Verhältnisse finanziell, wirtschaftlich und organisatorisch in ein Unternehmen eingegliedert, besteht die Organschaft zwischen der GmbH und dem Unternehmen bereits für die Zeit vor der Eintragung der GmbH in das Handelsregister (vgl. BFH-Urteil vom 9.3.1978, V R 90/74, BStBl II S. 486).

(2) [1]Organträger kann jeder Unternehmer sein. [2]Auch eine juristische Person des öffentlichen Rechts kann Organträger sein, wenn und soweit sie unternehmerisch tätig ist (vgl. BFH-Urteil vom 2.12.2015, V R 67/14, BStBl 2017 II S. 560, und Abschnitt 2.11 Abs. 20). [3]Die die Unternehmereigenschaft begründenden entgeltlichen Leistungen können auch gegenüber einer Gesellschaft erbracht werden, mit der als Folge dieser Leistungstätigkeit eine organschaftliche Verbindung besteht (vgl. BFH-Urteil vom 9.10.2002, V R 64/99, BStBl 2003 II S. 375; vgl. aber Absatz 6 Sätze 5 und 6). [4]Als Organgesellschaften kommen regelmäßig nur juristische Personen des Zivil- und Handelsrechts in Betracht (vgl. BFH-Urteil vom 20.12.1973, V R 87/70, BStBl 1974 II S. 311). [5]Eine Personengesellschaft kann ausnahmsweise wie eine juristische Person als eingegliedert im Sinne des § 2 Abs. 2 Nr. 2 UStG anzusehen sein, wenn die finanzielle Eingliederung wie bei einer juristischen Person zu bejahen ist (siehe dazu Absatz 5a). [6]Eine GmbH, die an einer KG als persönlich haftende Gesellschafterin beteiligt ist, kann grundsätzlich nicht als Organgesellschaft in das Unternehmen dieser KG eingegliedert sein (BFH-Urteil vom 14.12.1978, V R 85/74, BStBl 1979 II S. 288). [7]Dies gilt auch in den Fällen, in denen die übrigen Kommanditisten der KG sämtliche Gesellschaftsanteile der GmbH halten (vgl. BFH-Urteil vom 19.5.2005, V R 31/03, BStBl II S. 671). [8]Ist jedoch die KG mehrheitlich an der Komplementär-GmbH beteiligt, kann die GmbH als Organgesellschaft in die KG eingegliedert sein, da die KG auf Grund ihrer Gesellschafterstellung sicherstellen kann, dass ihr Wille auch in der GmbH durchgesetzt

wird (vgl. auch Abschnitt 2.2 Abs. 6 Beispiel 2). [9]Personen, die keine Unternehmer im Sinne des § 2 Abs. 1 UStG sind, können weder Organträger noch Organgesellschaft sein (vgl. BFH-Urteile vom 2. 12. 2015, V R 67/14, a. a. O., und vom 10.8.2016, XI R 41 /14, BStBl 2017 II S. 590).

(3) [1]Die Voraussetzungen für die umsatzsteuerliche Organschaft sind nicht identisch mit den Voraussetzungen der körperschaftsteuerlichen und gewerbesteuerlichen Organschaft. [2]Eine gleichzeitige Eingliederung einer Organgesellschaft in die Unternehmen mehrerer Organträger (sog. Mehrmütterorganschaft) ist nicht möglich (vgl. BFH-Urteile vom 30.4.2009, V R 3/08, BStBl 2013 II S. 873, und vom 3.12 2015, V R 36 /13, BStBl 2017 II S. 563).

(4) Weder das Umsatzsteuergesetz noch das Unionsrecht sehen ein Wahlrecht für den Eintritt der Rechtsfolgen einer Organschaft vor (vgl. BFH-Urteil vom 29.10.2008, XI R 74/07, BStBl 2009 II S. 256)

Finanzielle Eingliederung

(5) [1]Unter der finanziellen Eingliederung einer juristischen Person ist der Besitz der entscheidenden Anteilsmehrheit an der Organgesellschaft zu verstehen, die es dem Organträger ermöglicht, durch Mehrheitsbeschlüsse seinen Willen in der Organgesellschaft durchzusetzen (Eingliederung mit Durchgriffsrechten, vgl. BFH-Urteil vom 2. 12. 2015, V R 15/14, BStBl 2017 II S. 553). [2]Entsprechen die Beteiligungsverhältnisse den Stimmrechtsverhältnissen, ist die finanzielle Eingliederung gegeben, wenn die Beteiligung mehr als 50 % beträgt, sofern keine höhere qualifizierte Mehrheit für die Beschlussfassung in der Organgesellschaft erforderlich ist (vgl. BFH-Urteil vom 1. 12. 2010, XI R 43/08, BStBl 2011 II S. 600). [3]Im Interesse der Rechtsklarheit sind Stimmbindungsvereinbarungen oder Stimmrechtsvollmachten grundsätzlich ohne Bedeutung. [4]Stimmbindungsvereinbarungen und Stimmrechtsvollmachten können bei der Prüfung der finanziellen Eingliederung nur zu berücksichtigen sein, wenn sie sich ausschließlich aus Regelungen der Satzung wie etwa bei einer Einräumung von Mehrfachstimmrechten („Geschäftsanteil mit Mehrstimmrecht") ergeben (BFH-Urteil vom 2. 12. 2015, V R 25/13, BStBl 2017 II S. 547).

(5a) [1]Die finanzielle Eingliederung einer Personengesellschaft setzt voraus, dass Gesellschafter der Personengesellschaft neben dem Organträger nur Personen sind, die nach § 2 Abs. 2 Nr. 2 UStG in das Unternehmen des Organträgers finanziell eingegliedert sind, so dass die erforderliche Durchgriffsmöglichkeit selbst bei der stets möglichen Anwendung des Einstimmigkeitsprinzips gewährleistet ist (vgl. BFH-Urteile vom 2. 12. 2015, V R 25/13, BStBl 2017 II S. 547, und vom 3.12.2015, V R 36/13, BStBl 2017 II S. 563). [2]Für die nach Satz 1

III. Umsatzsteuerrechtliche Organschaft

notwendige Beteiligung des Organträgers sind mittelbare Beteiligungen ausreichend. ³Absatz 5b gilt entsprechend.

> **BEISPIEL 1:** ¹Gesellschafter einer GmbH & Co. KG sind die Komplementär-GmbH und eine weitere GmbH als Kommanditistin. ²Die A-AG hält an beiden GmbHs jeweils einen Anteil von mehr als 50 %.
> ³Alle Gesellschafter der GmbH & Co. KG sind finanziell in das Unternehmen der A-AG eingegliedert. ⁴Damit ist auch die GmbH & Co. KG in das Unternehmen der A-AG finanziell eingegliedert.

> **BEISPIEL 2:** ¹Gesellschafter einer GmbH & Co. KG sind die Komplementär-GmbH K1 sowie die GmbH K2 und eine weitere Person P (Beteiligungsquote 0,1 %) als Kommanditisten. ²Die A-AG hält an K1 und K2 jeweils einen Anteil von mehr als 50 %. ³An P ist die A-AG nicht beteiligt.
> ⁴Da nicht alle Gesellschafter der GmbH & Co. KG finanziell in das Unternehmen der A-AG eingegliedert sind, ist auch die GmbH & Co. KG nicht finanziell in das Unternehmen der A-AG eingegliedert.

(5b) ¹Eine finanzielle Eingliederung setzt eine unmittelbare oder mittelbare Beteiligung des Organträgers an der Organgesellschaft voraus. ²Es ist ausreichend, wenn die finanzielle Eingliederung mittelbar über eine unternehmerisch oder nichtunternehmerisch tätige Tochtergesellschaft des Organträgers erfolgt. ³Eine nichtunternehmerisch tätige Tochtergesellschaft wird dadurch jedoch nicht Bestandteil des Organkreises. ⁴Ist eine Kapital- oder Personengesellschaft nicht selbst an der Organgesellschaft beteiligt, reicht es für die finanzielle Eingliederung nicht aus, dass nur ein oder mehrere Gesellschafter auch mit Stimmenmehrheit an der Organgesellschaft beteiligt sind (vgl. BFH-Urteile vom 22.4.2010, V R 9/09, BStBl 2011 II S. 597, vom 1.12.2010, XI R 43 /08, BStBl 2011 II S. 600, und vom 24.8.2016, V R 36 /15, BStBl 2017 II S. 595). ⁵In diesem Fall ist keine der beiden Gesellschaften in das Gefüge des anderen Unternehmens eingeordnet, sondern es handelt sich vielmehr um gleich geordnete Schwestergesellschaften. ⁶Dies gilt auch dann, wenn die Beteiligung eines Gesellschafters an einer Kapitalgesellschaft ertragsteuerlich zu dessen Sonderbetriebsvermögen bei einer Personengesellschaft gehört. ⁷Das Fehlen einer eigenen unmittelbaren oder mittelbaren Beteiligung der Gesellschaft kann nicht durch einen Beherrschungsvertrag und Gewinnabführungsvertrag ersetzt werden (BFH-Urteil vom 1.12 2010, XI R 43/08, a. a. O.).

Wirtschaftliche Eingliederung

(6) ¹Wirtschaftliche Eingliederung bedeutet, dass die Organgesellschaft nach dem Willen des Unternehmers im Rahmen des Gesamtunternehmens, und zwar in engem wirtschaftlichen Zusammenhang mit diesem, wirtschaftlich tä-

tig ist (vgl. BFH-Urteil vom 22.6.1967, V R 89/66, BStBl III S. 715). ²Voraussetzung für eine wirtschaftliche Eingliederung ist, dass die Beteiligung an der Kapitalgesellschaft dem unternehmerischen Bereich des Anteileigners zugeordnet werden kann (vgl. Abschnitt 2.3 Abs. 2). ³Sie kann bei entsprechend deutlicher Ausprägung der finanziellen und organisatorischen Eingliederung bereits dann vorliegen, wenn zwischen dem Organträger und der Organgesellschaft auf Grund gegenseitiger Förderung und Ergänzung mehr als nur unerhebliche wirtschaftliche Beziehungen bestehen (vgl. BFH-Urteil vom 29.10.2008, XI R 74/07, BStBl 2009 II S. 256), insbesondere braucht dann die Organgesellschaft nicht vom Organträger abhängig zu sein (vgl. BFH-Urteil vom 3.4.2003, V R 63/01, BStBl 2004 II S. 434). ⁴Die wirtschaftliche Eingliederung kann sich auch aus einer Verflechtung zwischen den Unternehmensbereichen verschiedener Organgesellschaften ergeben (vgl. BFH-Urteil vom 20.8.2009, V R 30/06, BStBl 2010 II S. 863). ⁵Beruht die wirtschaftliche Eingliederung auf Leistungen des Organträgers gegenüber seiner Organgesellschaft, müssen jedoch entgeltliche Leistungen vorliegen, denen für das Unternehmen der Organgesellschaft mehr als nur unwesentliche Bedeutung zukommt (vgl. BFH-Urteil vom 18.6.2009, V R 4/08, BStBl 2010 II S. 310, und vom 6.5.2010, V R 26 /09, BStBl II S. 1114). ⁶Stellt der Organträger für eine von der Organgesellschaft bezogene Leistung unentgeltlich Material bei, reicht dies zur Begründung der wirtschaftlichen Eingliederung nicht aus (vgl. BFH-Urteil vom 20.8.2009, V R 30/06, a. a. O.).

(6a) ¹Für die Frage der wirtschaftlichen Verflechtung kommt der Entstehungsgeschichte der Tochtergesellschaft eine wesentliche Bedeutung zu. ²Die Unselbständigkeit einer hauptsächlich im Interesse einer anderen Firma ins Leben gerufenen Produktionsfirma braucht nicht daran zu scheitern, dass sie einen Teil ihrer Erzeugnisse auf dem freien Markt absetzt. ³Ist dagegen eine Produktionsgesellschaft zur Versorgung eines bestimmten Markts gegründet worden, kann ihre wirtschaftliche Eingliederung als Organgesellschaft auch dann gegeben sein, wenn zwischen ihr und der Muttergesellschaft Warenlieferungen nur in geringem Umfange oder überhaupt nicht vorkommen (vgl. BFH-Urteil vom 15.6.1972, V R 15/69, BStBl II S. 840).

(6b) ¹Bei einer Betriebsaufspaltung in ein Besitzunternehmen (z. B. Personengesellschaft) und eine Betriebsgesellschaft (i. d. R. Kapitalgesellschaft) und Verpachtung des Betriebsvermögens durch das Besitzunternehmen an die Betriebsgesellschaft steht die durch die Betriebsaufspaltung entstandene Betriebsgesellschaft im Allgemeinen in einem Abhängigkeitsverhältnis zum Besitzunternehmen (vgl. BFH-Urteile vom 28.1. 965, V 126/62 U, BStBl III S. 243 und vom 17.11.1966, V 113/65, BStBl 1967 III S. 103). ²Auch wenn bei einer Betriebsaufspaltung nur das Betriebsgrundstück ohne andere Anlagegegenstände verpachtet wird, kann eine wirtschaftliche Eingliederung vorliegen (BFH-Urteil vom 9.9.1993, V R 124/89, BStBl 1994 II S. 129).

(6c) [1]Die wirtschaftliche Eingliederung wird jedoch nicht auf Grund von Liquiditätsproblemen der Organtochter beendet (vgl. BFH-Urteil vom 19.10.1995, V R 128/93, UR 1996 S. 265). [2]Die wirtschaftliche Eingliederung auf Grund der Vermietung eines Grundstücks, das die räumliche und funktionale Geschäftstätigkeit der Organgesellschaft bildet, entfällt nicht bereits dadurch, dass für das betreffende Grundstück Zwangsverwaltung und Zwangsversteigerung angeordnet wird (vgl. BMF-Schreiben vom 1.12.2009, BStBl I S. 1609). [3]Eine Entflechtung vollzieht sich erst im Zeitpunkt der tatsächlichen Beendigung des Nutzungsverhältnisses zwischen dem Organträger und der Organgesellschaft.

Organisatorische Eingliederung

(7) [1]Die organisatorische Eingliederung setzt voraus, dass die mit der finanziellen Eingliederung verbundene Möglichkeit der Beherrschung der Tochtergesellschaft durch die Muttergesellschaft in der laufenden Geschäftsführung tatsächlich wahrgenommen wird (BFH-Urteil vom 28.1.1999, V R 32/98, BStBl II S. 258). [2]Es kommt darauf an, dass der Organträger die Organgesellschaft durch die Art und Weise der Geschäftsführung beherrscht und seinen Willen in der Organgesellschaft durchsetzen kann. [3]Nicht ausreichend ist, dass eine vom Organträger abweichende Willensbildung in der Organgesellschaft ausgeschlossen ist (BFH-Urteile vom 8.8 2013, V R 18/13, BStBl 2017 II S. 543, und vom 2.12.2015, V R 15 /14, BStBl 2017 II S. 553). [4]Der aktienrechtlichen Abhängigkeitsvermutung aus § 17 AktG kommt keine Bedeutung im Hinblick auf die organisatorische Eingliederung zu (vgl. BFH-Urteil vom 3.4.2008, V R 76/05, BStBl II S. 905). [5]Nicht ausschlaggebend ist, dass die Organgesellschaft in eigenen Räumen arbeitet, eine eigene Buchhaltung und eigene Einkaufs- und Verkaufsabteilungen hat, da dies dem Willen des Organträgers entsprechen kann (vgl. BFH-Urteil vom 23.7.1959, V 176/55 U, BStBl III S. 376). [6]Zum Wegfall der organisatorischen Eingliederung bei Anordnung der Zwangsverwaltung und Zwangsversteigerung für ein Grundstück vgl. BMF-Schreiben vom 1.12.2009, BStBl I S. 1609.

(8) [1]Die organisatorische Eingliederung setzt in aller Regel die personelle Verflechtung der Geschäftsführungen des Organträgers und der Organgesellschaft voraus (BFH-Urteile vom 3.4.2008, V R 76/05, BStBl II S. 905, vom 28.10.2010, V R 7 /10, BStBl 2011 II S. 391 und vom 2.12.2015, V R 15 /14, BStBl 2017 II S. 553). [2]Dies ist z. B. bei einer Personenidentität in den Leitungsgremien beider Gesellschaften gegeben (vgl. BFH-Urteile vom 17.1.2002, V R

37/00, BStBl II S. 373, und vom 5.12.2007, V R 26 /06, BStBl II S. 451). [3]Für das Vorliegen einer organisatorischen Eingliederung ist es jedoch nicht in jedem Fall erforderlich, dass die Geschäftsführung der Muttergesellschaft mit derjenigen der Tochtergesellschaft vollständig personenidentisch ist. [4]So kann eine organisatorische Eingliederung z. B. auch dann vorliegen, wenn nur einzelne Geschäftsführer des Organträgers Geschäftsführer der Organgesellschaft sind (vgl. BFH-Urteil vom 28.1.1999, V R 32/98, BStBl II S. 258). [5]Ob dagegen eine organisatorische Eingliederung vorliegt, wenn die Tochtergesellschaft über mehrere Geschäftsführer verfügt, die nur zum Teil auch in dem Leitungsgremium der Muttergesellschaft vertreten sind, hängt von der Ausgestaltung der Geschäftsführungsbefugnis in der Tochtergesellschaft ab. [6]Ist in der Organgesellschaft eine Gesamtgeschäftsführungsbefugnis vereinbart und werden die Entscheidungen durch Mehrheitsbeschluss getroffen, kann eine organisatorische Eingliederung nur vorliegen, wenn die personenidentischen Geschäftsführer über die Stimmenmehrheit verfügen. [7]Bei einer Stimmenminderheit der personenidentischen Geschäftsführer oder bei Einzelgeschäftsführungsbefugnis der fremden Geschäftsführer sind zusätzliche institutionell abgesicherte Maßnahmen erforderlich, um eine Beherrschung der Organgesellschaft durch den Organträger sicherzustellen. [8]Eine organisatorische Eingliederung kann z. B. in Fällen der Geschäftsführung in der Organgesellschaft mittels Geschäftsführungsbefugnis vorliegen, wenn zumindest einer der Geschäftsführer auch Geschäftsführer des Organträgers ist und der Organträger über ein umfassendes Weisungsrecht gegenüber der Geschäftsführung der Organgesellschaft verfügt sowie zur Bestellung und Abberufung aller Geschäftsführer der Organgesellschaft berechtigt ist (vgl. BFH-Urteil vom 7.7.2011, V R 53/10, BStBl 2013 II S. 218). [9]Alternativ kann auch bei Einzelgeschäftsführungsbefugnis des fremden Geschäftsführers ein bei Meinungsverschiedenheiten eingreifendes, aus Gründen des Nachweises und der Inhaftungnahme schriftlich vereinbartes Letztentscheidungsrecht des personenidentischen Geschäftsführers eine Beherrschung der Organgesellschaft durch den Organträger sicherstellen. [10]Hingegen kann durch die personelle Verflechtung von Aufsichtsratsmitgliedern keine organisatorische Eingliederung hergestellt werden.

(9) [1]Neben dem Regelfall der personellen Verflechtung der Geschäftsführungen des Organträgers und der Organgesellschaft kann sich die organisatorische Eingliederung aber auch daraus ergeben, dass Mitarbeiter des Organträgers als Geschäftsführer der Organgesellschaft tätig sind (vgl. BFH-Urteil vom 20.8.2009, V R 30/06, BStBl 2010 II S. 863). [2]Die Berücksichtigung von Mitarbeitern des Organträgers bei der organisatorischen Eingliederung beruht auf

der Annahme, dass ein Mitarbeiter des Organträgers dessen Weisungen bei der Geschäftsführung der Organgesellschaft aufgrund eines zum Organträger bestehenden Anstellungsverhältnisses und einer sich hieraus ergebenden persönlichen Abhängigkeit befolgen wird und er bei weisungswidrigem Verhalten vom Organträger als Geschäftsführer der Organgesellschaft uneingeschränkt abberufen werden kann (vgl. BFH-Urteil vom 7.7.2011, V R 53/10, BStBl 2013 II S. 218). ³Demgegenüber reicht es nicht aus, dass ein Mitarbeiter des Mehrheitsgesellschafters nur Prokurist bei der vermeintlichen Organgesellschaft ist, während es sich beim einzigen Geschäftsführer der vermeintlichen Organgesellschaft um eine Person handelt, die weder Mitglied der Geschäftsführung noch Mitarbeiter des Mehrheitsgesellschafters ist (vgl. BFH-Urteil vom 28.10.2010, V R 7/10, BStBl 2011 II S. 391).

(10) ¹In Ausnahmefällen kann eine organisatorische Eingliederung auch ohne personelle Verflechtung in den Leitungsgremien des Organträgers und der Organgesellschaft vorliegen. ²Voraussetzung für diese schwächste Form der organisatorischen Eingliederung ist jedoch, dass institutionell abgesicherte unmittelbare Eingriffsmöglichkeiten in den Kernbereich der laufenden Geschäftsführung der Organgesellschaft gegeben sind (BFH-Urteil vom 3.4.2008, V R 76/05, BStBl II S. 905). ³Der Organträger muss durch schriftlich fixierte Vereinbarungen (z. B. Geschäftsführerordnung, Konzernrichtlinie, Anstellungsvertrag) in der Lage sein, gegenüber Dritten seine Entscheidungsbefugnis nachzuweisen und den Geschäftsführer der Organgesellschaft bei Verstößen gegen seine Anweisungen haftbar zu machen (BFH-Urteil vom 5.12.2007, V R 26/06, BStBl 2008 II S. 451, und vom 12.10.2016, XI R 30 /14, BStBl 2017 II S. 597). ⁴Hat die Organgesellschaft mit dem Organträger einen Beherrschungsvertrag nach § 291 AktG abgeschlossen oder ist die Organgesellschaft nach §§ 319, 320 AktG in die Gesellschaft des Organträgers eingegliedert, ist von dem Vorliegen einer organisatorischen Eingliederung auszugehen, da der Organträger in diesen Fällen berechtigt ist, dem Vorstand der Organgesellschaft nach Maßgabe der §§ 308 bzw. 323 Abs. 1 AktG Weisungen zu erteilen. ⁵Soweit rechtlich zulässig, muss sich dieses Weisungsrecht jedoch grundsätzlich auf die gesamte unternehmerische Sphäre der Organgesellschaft erstrecken. ⁶Aufsichtsrechtliche Beschränkungen stehen der Annahme einer organisatorischen Eingliederung nicht entgegen. ⁷Eine organisatorische Eingliederung durch Beherrschungsvertrag wird jedoch erst ab dem Zeitpunkt seiner Eintragung in das Handelsregister begründet, da dieser konstitutive Wirkung zukommt (vgl. BFH-Urteil vom 10.5.2017, V R 7/16, BStBl II S. 1261).

(10a) ¹Die organisatorische Eingliederung kann auch über eine Beteiligungskette zum Organträger vermittelt werden. ²Die in den Absätzen 7 bis 10 enthaltenen Regelungen kommen grundsätzlich auch in diesen Fällen zur Anwendung. ³Sofern sichergestellt ist, dass der Organträger die Organgesellschaften durch die Art und Weise der Geschäftsführung beherrscht, ist es jedoch ausreichend, wenn die der organisatorischen Eingliederung dienenden Maßnahmen zwischen zwei Organgesellschaften ergriffen werden. ⁴Dies gilt auch dann, wenn diese Maßnahmen nicht der Struktur der finanziellen Eingliederung folgen (z. B. bei Schwestergesellschaften). ⁵Es ist zudem ausreichend, wenn die organisatorische Eingliederung mittelbar über eine unternehmerisch oder nichtunternehmerisch tätige Tochtergesellschaft des Organträgers erfolgt. ⁶Eine nichtunternehmerisch tätige Tochtergesellschaft wird dadurch jedoch nicht zum Bestandteil des Organkreises.

BEISPIEL 1 ¹Der Organträger O ist zu 100 % an der Tochtergesellschaft T 1 beteiligt. ²Die Geschäftsführungen von O und T 1 sind personenidentisch. ³T 1 ist zu 100 % an der Enkelgesellschaft E beteiligt: ⁴Einziger Geschäftsführer der E ist ein bei der Tochtergesellschaft T 1 angestellter Mitarbeiter.

⁵Die Tochtergesellschaft T 1 ist aufgrund der personenidentischen Geschäftsführungen organisatorisch in das Unternehmen des Organträgers O eingegliedert. ⁶Dies gilt auch für die Enkelgesellschaft E, da durch das Anstellungsverhältnis des Geschäftsführers bei T 1 sichergestellt ist, dass der Organträger O die Enkelgesellschaft E beherrscht.

BEISPIEL 2 ¹Der Organträger O ist zu 100 % an der Tochtergesellschaft T 1 beteiligt, die als Finanzholding kein Unternehmer i. S. d. § 2 UStG ist. ²Die Geschäftsführungen von O und T 1 sind personenidentisch. ³T 1 ist zu 100 % an der grundsätzlich unternehmerisch tätigen Enkelgesellschaft E beteiligt. ⁴Aufgrund eines abgeschlossenen Beherrschungsvertrages i. S. d. § 291 AktG beherrscht T 1 die E.

⁵Die Enkelgesellschaft E ist organisatorisch in das Unternehmen des Organträgers O eingegliedert. ⁶Auf Grund der personenidentischen Geschäftsführungen von O und T 1 sowie des zwischen T 1 und E abgeschlossenen Beherrschungsvertrags ist sichergestellt, dass der Organträger O die Enkelgesellschaft E beherrscht. ⁷Die nichtunternehmerisch tätige Tochtergesellschaft T 1 wird hierdurch jedoch nicht zum Bestandteil des Organkreises.

BEISPIEL 3 ¹Der Organträger O ist zu 100 % an den Tochtergesellschaften T 1 und T 2 beteiligt. ²Die Geschäftsführungen von O und T 1 sind personenidentisch. ³Einziger Geschäftsführer der T 2 ist ein bei der Tochtergesellschaft T 1 angestellter Mitarbeiter.

⁴Die Tochtergesellschaft T 1 ist aufgrund der personenidentischen Geschäftsführungen organisatorisch in das Unternehmen des Organträgers O eingegliedert. ⁵Dies gilt auch für die Tochtergesellschaft T 2, da durch das Anstellungsverhältnis des Geschäftsführers bei T 1 sichergestellt ist, dass der Organträger O die Tochtergesellschaft T 2 beherrscht.

BEISPIEL 4 ¹Der im Ausland ansässige Organträger O unterhält im Inland eine Zweigniederlassung. ²Daneben ist er zu 100 % an der im Inland ansässigen Tochtergesell-

schaft T 1 beteiligt. ³Einziger Geschäftsführer der T 1 ist der bei O angestellte Leiter der inländischen Zweigniederlassung.
⁴Die Tochtergesellschaft T 1 ist organisatorisch in das Unternehmen des Organträgers O eingegliedert. ⁵Durch das Anstellungsverhältnis des Geschäftsführers bei O ist sichergestellt, dass der Organträger O die Tochtergesellschaft T 1 beherrscht. ⁶Die Wirkungen der Organschaft sind jedoch auf Innenleistungen zwischen den im Inland gelegenen Unternehmensteilen beschränkt.

(11) ¹Weder das mit der finanziellen Eingliederung einhergehende Weisungsrecht durch Gesellschafterbeschluss noch eine vertragliche Pflicht zur regelmäßigen Berichterstattung über die Geschäftsführung stellen eine institutionell abgesicherte unmittelbare Eingriffsmöglichkeit in den Kernbereich der laufenden Geschäftsführung der Organgesellschaft im Sinne des Absatzes 10 dar und reichen daher nicht zur Begründung einer organisatorischen Eingliederung aus (vgl. BFH-Urteil vom 2.12.2015, V R 15/14, BStBl 2017 II S. 553). ²Auch Zustimmungsvorbehalte zugunsten der Gesellschafterversammlung z. B. aufgrund einer Geschäftsführungsordnung können für sich betrachtet keine organisatorische Eingliederung begründen (vgl. BFH-Urteil vom 7.7.2011, V R 53/10, BStBl 2013 II S. 218). ³Dasselbe gilt für Zustimmungserfordernisse bei außergewöhnlichen Geschäften (vgl. BFH-Urteil vom 3.4.2008, V R 76/05, BStBl II S. 905) oder das bloße Recht zur Bestellung oder Abberufung von Geschäftsführern ohne weitergehende personelle Verflechtungen über das Geschäftsführungsorgan (vgl. BFH-Urteil vom 7.7.2011, V R 53/10, a. a. O.). ⁴Ebenso kann sich eine organisatorische Eingliederung nicht allein daraus ergeben, dass eine nicht geschäftsführende Gesellschafterversammlung und ein gleichfalls nicht geschäftsführender Beirat ausschließlich mit Mitgliedern des Mehrheitsgesellschafters besetzt sind, vertragliche Bedingungen dem Mehrheitsgesellschafter „umfangreiche Beherrschungsmöglichkeiten" sichern und darüber hinaus dieselben Büroräume benutzt und das komplette Rechnungswesen durch gemeinsames Personal erledigt werden (vgl. BFH-Urteil vom 28.10.2010, V R 7/10, BStBl 2011 II S. 391).

Insolvenzverfahren

(12) ¹Mit der Insolvenzeröffnung über das Vermögen des Organträgers oder der Organgesellschaft endet die Organschaft (vgl. BFH-Urteil vom 15.12.2016, V R 14/16, BStBl 2017 II S. 600). ²Dies gilt jeweils auch bei Bestellung eines Sachwalters im Rahmen der Eigenverwaltung nach §§ 270 ff. InsO. ³Wird im Rahmen der Anordnung von Sicherungsmaßnahmen über das Vermögen des Organträgers oder der Organgesellschaft ein vorläufiger Insolvenzverwalter bestellt, endet die Organschaft mit dessen Bestellung bereits vor Eröffnung

des Insolvenzverfahrens, wenn der vorläufige Insolvenzverwalter den maßgeblichen Einfluss auf den Schuldner erhält und eine Beherrschung der Organgesellschaft durch den Organträger nicht mehr möglich ist. ⁴Dies ist insbesondere der Fall, wenn der vorläufige Insolvenzverwalter wirksame rechtsgeschäftliche Verfügungen des Schuldners aufgrund eines Zustimmungsvorbehalts nach § 21 Abs. 2 Nr. 2 Alt. 2 InsO verhindern kann (vgl. BFH-Urteile vom 8.8.2013, V R 18/13, BStBl 2017 II S. 543, vom 3.7.2014, V R 32 /13, BStBl 2017 II S. 666, und vom 24.8.2016, V R 36 /15, BStBl 2017 II S. 595). ⁵Die Sätze 1 bis 4 gelten auch in den Fällen, in denen für den Organträger und die Organgesellschaft ein personenidentischer Sachwalter, vorläufiger Insolvenzverwalter oder Insolvenzverwalter bestellt wird.

2.9. Beschränkung der Organschaft auf das Inland

Allgemeines

(1) ¹Die Wirkungen der Organschaft sind nach § 2 Abs. 2 Nr. 2 Satz 2 UStG auf Innenleistungen zwischen den im Inland gelegenen Unternehmensteilen beschränkt. ²Sie bestehen nicht im Verhältnis zu den im Ausland gelegenen Unternehmensteilen sowie zwischen diesen Unternehmensteilen. ³Die im Inland gelegenen Unternehmensteile sind nach § 2 Abs. 2 Nr. 2 Satz 3 UStG als ein Unternehmen zu behandeln.

(2) ¹Der Begriff des Unternehmens in § 2 Abs. 1 Satz 2 UStG bleibt von der Beschränkung der Organschaft auf das Inland unberührt. ²Daher sind grenzüberschreitende Leistungen innerhalb des Unternehmens, insbesondere zwischen dem Unternehmer, z. B. Organträger oder Organgesellschaft, und seinen Betriebsstätten (Abschnitt 3a.1 Abs. 3) oder umgekehrt – mit Ausnahme von Warenbewegungen auf Grund eines innergemeinschaftlichen Verbringens (vgl. Abschnitt 1a.2) – nicht steuerbare Innenumsätze.

Im Inland gelegene Unternehmensteile

(3) Im Inland gelegene Unternehmensteile im Sinne der Vorschrift sind

1. der Organträger, sofern er im Inland ansässig ist;
2. die im Inland ansässigen Organgesellschaften des in Nummer 1 bezeichneten Organträgers;
3. die im Inland gelegenen Betriebsstätten, z. B. Zweigniederlassungen, des in Nummer 1 bezeichneten Organträgers und seiner im Inland und Ausland ansässigen Organgesellschaften;

4. die im Inland ansässigen Organgesellschaften eines Organträgers, der im Ausland ansässig ist;
5. die im Inland gelegenen Betriebsstätten, z. B. Zweigniederlassungen, des im Ausland ansässigen Organträgers und seiner im Inland und Ausland ansässigen Organgesellschaften.

(4) ¹Die Ansässigkeit des Organträgers und der Organgesellschaften beurteilt sich danach, wo sie ihre Geschäftsleitung haben. ²Im Inland gelegene und vermietete Grundstücke sind wie Betriebsstätten zu behandeln.

(5) ¹Die im Inland gelegenen Unternehmensteile sind auch dann als ein Unternehmen zu behandeln, wenn zwischen ihnen keine Innenleistungen ausgeführt werden. ²Das gilt aber nicht, soweit im Ausland Betriebsstätten unterhalten werden (vgl. Absätze 6 und 8).

Organträger im Inland

(6) ¹Ist der Organträger im Inland ansässig, umfasst das Unternehmen die in Absatz 3 Nr. 1 bis 3 bezeichneten Unternehmensteile. ²Es umfasst nach Absatz 2 auch die im Ausland gelegenen Betriebsstätten des Organträgers. ³Unternehmer und damit Steuerschuldner im Sinne des § 13a Abs. 1 Satz 1 UStG ist der Organträger. ⁴Hat der Organträger Organgesellschaften im Ausland, gehören diese umsatzsteuerrechtlich nicht zum Unternehmen des Organträgers. ⁵Die Organgesellschaften im Ausland können somit im Verhältnis zum Unternehmen des Organträgers und zu Dritten sowohl Umsätze ausführen als auch Leistungsempfänger sein. ⁶Bei der Erfassung von steuerbaren Umsätzen im Inland sowie bei Anwendung der Steuerschuldnerschaft des Leistungsempfängers (vgl. Abschnitte 13b.1 und 13b.11) und des Vorsteuer-Vergütungsverfahrens sind sie jeweils für sich als im Ausland ansässige Unternehmer anzusehen. ⁷Im Ausland gelegene Betriebsstätten von Organgesellschaften im Inland sind zwar den jeweiligen Organgesellschaften zuzurechnen, gehören aber nicht zum Unternehmen des Organträgers (vgl. Absatz 2). ⁸Leistungen zwischen den Betriebsstätten und dem Organträger oder anderen Organgesellschaften sind daher keine Innenumsätze.

> **BEISPIEL 1** ▸ ¹Der im Inland ansässige Organträger O hat im Inland eine Organgesellschaft T 1, in Frankreich eine Organgesellschaft T 2 und in der Schweiz eine Betriebsstätte B. ²O versendet Waren an T 1, T 2 und B.
>
> ³Zum Unternehmen des O (Unternehmer) gehören T 1 und B. ⁴Zwischen O und T 1 sowie zwischen O und B liegen nicht steuerbare Innenleistungen vor. ⁵O bewirkt an T 2 steuerbare Lieferungen, die unter den Voraussetzungen der § 4 Nr. 1 Buchstabe b, § 6a UStG als innergemeinschaftliche Lieferungen steuerfrei sind.

BEISPIEL 2 ▸ ¹Sachverhalt wie Beispiel 1. ²T 2 errichtet im Auftrag von T 1 eine Anlage im Inland. ³Sie befördert dazu Gegenstände aus Frankreich zu ihrer Verfügung in das Inland.

⁴T 2 bewirkt eine steuerbare und steuerpflichtige Werklieferung (§ 13b Abs. 2 Nr. 1 UStG) an O. ⁵O schuldet die Steuer für diese Lieferung nach § 13b Abs. 5 Satz 1 UStG. ⁶Die Beförderung der Gegenstände in das Inland ist kein innergemeinschaftliches Verbringen (vgl. Abschnitt 1a.2 Abs. 10 Nr. 1).

BEISPIEL 3 ▸ ¹Sachverhalt wie in Beispiel 1, aber mit der Abweichung, dass B die (schweizerische) Betriebsstätte der im Inland ansässigen Organgesellschaft T 1 ist. ²O versendet Waren an B und an T 1. ³T 1 versendet die ihr von O zugesandten Waren an B.

⁴O bewirkt an B steuerbare Lieferungen, die unter den Voraussetzungen der § 4 Nr. 1 Buchstabe a, § 6 UStG als Ausfuhrlieferungen steuerfrei sind. ⁵Zwischen O und T 1 sowie T 1 und B werden durch das Versenden von Waren nicht steuerbare Innenleistungen bewirkt.

Organträger im Ausland

(7) ¹Ist der Organträger im Ausland ansässig, ist die Gesamtheit der in Absatz 3 Nr. 4 und 5 bezeichneten Unternehmensteile als ein Unternehmen zu behandeln. ²In diesem Fall gilt nach § 2 Abs. 2 Nr. 2 Satz 4 UStG der wirtschaftlich bedeutendste Unternehmensteil im Inland als der Unternehmer und damit als der Steuerschuldner im Sinne des § 13a Abs. 1 Nr. 1 UStG. ³Wirtschaftlich bedeutendster Unternehmensteil im Sinne des § 2 Abs. 2 Nr. 2 Satz 4 UStG kann grundsätzlich nur eine im Inland ansässige Organgesellschaft sein. ⁴Hat der Organträger mehrere Organgesellschaften im Inland, kann der wirtschaftlich bedeutendste Unternehmensteil nach der Höhe des Umsatzes bestimmt werden, sofern sich die in Betracht kommenden Finanzämter nicht auf Antrag der Organgesellschaften über einen anderen Maßstab verständigen. ⁵Diese Grundsätze gelten entsprechend, wenn die im Inland gelegenen Unternehmensteile nur aus rechtlich unselbständigen Betriebsstätten bestehen. ⁶Bereitet die Feststellung des wirtschaftlich bedeutendsten Unternehmensteils Schwierigkeiten oder erscheint es aus anderen Gründen geboten, kann zugelassen werden, dass der im Ausland ansässige Organträger als Bevollmächtigter für den wirtschaftlich bedeutendsten Unternehmensteil dessen steuerliche Pflichten erfüllt. ⁷Ist der Organträger ein ausländisches Versicherungsunternehmen im Sinne des VAG, gilt als wirtschaftlich bedeutendster Unternehmensteil im Inland die Niederlassung, für die nach § 68 Abs. 2 VAG ein Hauptbevollmächtigter bestellt ist; bestehen mehrere derartige Niederlassungen, gilt Satz 4 entsprechend.

III. Umsatzsteuerrechtliche Organschaft

(8) ¹Unterhalten die im Inland ansässigen Organgesellschaften Betriebsstätten im Ausland, sind diese der jeweiligen Organgesellschaft zuzurechnen, gehören aber nicht zur Gesamtheit der im Inland gelegenen Unternehmensteile. ²Leistungen zwischen den Betriebsstätten und den anderen Unternehmensteilen sind daher keine Innenumsätze.

(9) ¹Der Organträger und seine im Ausland ansässigen Organgesellschaften bilden jeweils gesonderte Unternehmen. ²Sie können somit an die im Inland ansässigen Organgesellschaften Umsätze ausführen und Empfänger von Leistungen dieser Organgesellschaften sein. ³Auch für die Erfassung der im Inland bewirkten steuerbaren Umsätze sowie für die Anwendung des Vorsteuer-Vergütungsverfahrens gelten sie einzeln als im Ausland ansässige Unternehmer. ⁴Die im Inland gelegenen Organgesellschaften und Betriebsstätten sind als ein gesondertes Unternehmen zu behandeln.

BEISPIEL 1 ▶ ¹Der in Frankreich ansässige Organträger O hat im Inland die Organgesellschaften T 1 (Jahresumsatz 2 Mio. €) und T 2 (Jahresumsatz 1 Mio. €) sowie die Betriebsstätte B (Jahresumsatz 2 Mio. €). ²In Belgien hat O noch eine weitere Organgesellschaft T 3. ³Zwischen T 1, T 2 und B finden Warenlieferungen statt. ⁴O und T 3 versenden Waren an B (§ 3 Abs. 6 UStG).

⁵T 1, T 2 und B bilden das Unternehmen im Sinne von § 2 Abs. 2 Nr. 2 Satz 3 UStG. ⁶T 1 ist als wirtschaftlich bedeutendster Unternehmensteil der Unternehmer. ⁷Die Warenlieferungen zwischen T 1, T 2 und B sind als Innenleistungen nicht steuerbar. ⁸T 1 hat die von O und T 3 an B versandten Waren als innergemeinschaftlichen Erwerb zu versteuern.

BEISPIEL 2 ▶ ¹Sachverhalt wie Beispiel 1. ²T 3 führt im Auftrag von T 2 eine sonstige Leistung im Sinne des § 3a Abs. 2 UStG aus.

³Es liegt eine Leistung an einen Unternehmer vor, der sein Unternehmen im Inland betreibt. ⁴Die Leistung ist daher nach § 3a Abs. 2 UStG steuerbar und steuerpflichtig. ⁵T 1 als Unternehmer und umsatzsteuerrechtlicher Leistungsempfänger schuldet die Steuer nach § 13b Abs. 5 UStG.

BEISPIEL 3 ▶ ¹Der Organträger O in Frankreich hat die Organgesellschaften T 1 in Belgien und T 2 in den Niederlanden. ²Im Inland hat er keine Organgesellschaft. ³T 1 hat im Inland die Betriebsstätte B 1 (Jahresumsatz 500.000 €), T 2 die Betriebsstätte B 2 (Jahresumsatz 300.000 €). ⁴O hat abziehbare Vorsteuerbeträge aus der Anmietung einer Lagerhalle im Inland.

⁵B 1 und B 2 bilden das Unternehmen im Sinne von § 2 Abs. 2 Nr. 2 Satz 3 UStG. ⁶B 1 ist als wirtschaftlich bedeutendster Unternehmensteil der Unternehmer. ⁷O kann die abziehbaren Vorsteuerbeträge im Vorsteuer-Vergütungsverfahren geltend machen.

BEISPIEL 4 ▶ ¹Der in Japan ansässige Organträger O hat in der Schweiz die Organgesellschaft T und im Inland die Betriebsstätte B. ²O und T versenden Waren an B und umgekehrt. ³Außerdem hat O abziehbare Vorsteuerbeträge aus der Anmietung einer Lagerhalle im Inland.

⁴B gehört einerseits zum Unternehmen des O (§ 2 Abs. 1 Satz 2 UStG) und ist andererseits nach § 2 Abs. 2 Nr. 2 Satz 3 UStG ein Unternehmen im Inland. ⁵Die bei der Einfuhr der an B versandten Waren anfallende Einfuhrumsatzsteuer ist unter den Voraussetzungen des § 15 UStG bei B als Vorsteuer abziehbar. ⁶Soweit B an O Waren versendet, werden Innenleistungen bewirkt, die deshalb nicht steuerbar sind. ⁷Die Lieferungen von B an T sind steuerbar und unter den Voraussetzungen der § 4 Nr. 1 Buchstabe a und § 6 UStG als Ausfuhrlieferungen steuerfrei. ⁸O kann die abziehbaren Vorsteuerbeträge im Vorsteuer-Vergütungsverfahren geltend machen, da mit Japan Gegenseitigkeit besteht und somit eine Vergütung nach § 18 Abs. 9 Satz 4 UStG nicht ausgeschlossen ist (vgl. Abschnitt 18.11 Abs. 4).

IV. Grunderwerbsteuerrechtliche Organschaft

Gleich lautende Erlasse der obersten Finanzbehörden der Länder v. 19.9.2018, BStBl 2018 I S. 1056
(NWB JAAAG-97797)

Anwendung des § 1 Abs. 3 in Verbindung mit Abs. 4 GrEStG auf Organschaftsfälle

1. Allgemeiner Teil

Die Vereinigung von mindestens 95 % der Anteile einer Gesellschaft mit inländischem Grundbesitz in der Hand von herrschenden und abhängigen Unternehmen bzw. nur von abhängigen Unternehmen ist ein besonders geregelter Fall der mittelbaren Anteilsvereinigung (BFH-Urteil vom 16.1.1980 II R 52/76, BStBl 1980 II S. 360). Das Abhängigkeitsverhältnis ersetzt dabei die sonst für die mittelbare Anteilsvereinigung in einer einzigen Hand erforderliche direkte oder indirekte mindestens 95 %ige Beteiligung des Erwerbers an zwischengeschalteten Gesellschaften (BFH-Urteil vom 8.8.2001 II R 66/98, BStBl 2002 II S. 156).

Dem Rechtsinstitut der Organschaft kommt im Grunderwerbsteuerrecht keine besondere eigenständige Bedeutung zu. Die Unternehmen eines Organkreises bleiben grunderwerbsteuerrechtlich selbständige Rechtsträger. Grundstücksübertragungen zwischen Unternehmen des Organkreises unterliegen daher uneingeschränkt der Grunderwerbsteuer. Bedeutung erlangt die Organschaft allerdings im Rahmen des § 1 Abs. 3 GrEStG, weil mit dem Bestehen eines Organschaftsverhältnisses regelmäßig die finanzielle, wirtschaftliche und organisatorische Eingliederung von Unternehmen im Sinne des § 1 Abs. 4 Nr. 2

Buchst. b GrEStG verbunden ist. In derartigen Fällen werden das herrschende Unternehmen (Organträger) und das oder die abhängigen Unternehmen (Organgesellschaften), die einen Organkreis bilden, als „eine" Hand im Sinne des § 1 Abs. 3 GrEStG behandelt. Das Organschaftsverhältnis modifiziert lediglich das Kriterium der „einen Hand." Der Organkreis ist jedoch nicht als Einheit selbst grunderwerbsteuerlicher Rechtsträger.

Ob eine finanzielle, wirtschaftliche und organisatorische Eingliederung vorliegt, ist entsprechend den Grundsätzen aus § 2 Abs. 2 UStG zu beurteilen.

Als **abhängige Unternehmen** kommen in erster Linie juristische Personen des Zivil- und Handelsrechts in Betracht. Eine juristische Person gilt dann als abhängiges Unternehmen, wenn sie nach dem Gesamtbild der tatsächlichen Verhältnisse finanziell, wirtschaftlich und organisatorisch in ein Unternehmen eingegliedert ist (§ 1 Abs. 4 Nr. 2 Buchst b GrEStG). Abhängiges Unternehmen kann auch eine Personengesellschaft sein, wenn deren Gesellschafter entweder das herrschende Unternehmen und abhängige juristische Personen oder nur abhängige juristische Personen sind (BFH-Urteil vom 8.8.2001 II R 66/98, BStBl 2002 II S. 156).

Herrschendes Unternehmen kann jeder Unternehmer im umsatzsteuerrechtlichen Sinn sein. Die Anteile an den untergeordneten juristischen Personen dürfen bei einer natürlichen Person jedoch nicht im Privatvermögen gehalten werden (BFH-Urteil vom 20.3.1974 II R 185/66, BStBl 1974 II S. 769).

Daraus ergibt sich, dass neben den Organgesellschaften auch der Organträger in einem grunderwerbsteuerlichen Organschaftsverhältnis zwingend Unternehmer sein muss. Anders als bei der Umsatzsteuer ist das grunderwerbsteuerliche Organschaftsverhältnis nicht auf das Inland beschränkt (BFH-Urteil vom 21.9.2005 II R 33/04, BFH/NV 2006, 609, und BFH-Beschluss vom 18.11.2005 II B 23/05, BFH/NV 2006, 612), sofern nur die Grundstücke, deren Erwerb bei den Rechtsvorgängen des § 1 Abs. 3 GrEStG fingiert wird, im Inland belegen sind.

Die bloße Begründung eines Organschaftsverhältnisses oder dessen Änderung, z. B. eine Erweiterung des Organkreises, löst keinen Rechtsträgerwechsel an Grundstücken und damit keine Steuerpflicht gemäß § 1 Abs. 3 GrEStG aus, wenn nicht zugleich ein auf den Erwerb von Anteilen gerichtetes Rechtsgeschäft (z. B. Anteilsübertragung) oder der Übergang von Anteilen (z. B. Verschmelzung) damit verknüpft ist. Von einer solchen Verknüpfung ist auch dann auszugehen, wenn zwischen dem Anteilserwerb bzw. -übergang und der Begründung des Organschaftsverhältnisses ein enger zeitlicher und sachlicher Zusammenhang im Sinne eines vorgefassten Plans vorliegt. Ob der Anteilserwerb bzw. -übergang und die Begründung eines Organschaftsverhältnisses aufgrund eines **vorgefassten Plans** erfolgen, kann nur nach den Umständen des Einzelfalls beurteilt werden.

Dem tatsächlichen Vollzug eines solchen Plans kommt dabei keine eigene tatbestandsbegründende, sondern indizielle Bedeutung für die Vorstellungen und Absichten (den Plan) der Beteiligten im Erwerbszeitpunkt zu. Erfolgt in einem zeitlichen Zusammenhang mit dem Anteilserwerb bzw. -übergang die Begründung eines Organschaftsverhältnisses, besteht eine tatsächliche (widerlegbare) Vermutung, dass beide Vorgänge auf einem vorgefassten auf ein einheitliches Ziel gerichteten Plan beruhen. Diese Vermutung kann der Steuerpflichtige allerdings dadurch widerlegen, dass er substantiiert belegbare Tatsachen vorträgt, die einen anderen Geschehensablauf möglich erscheinen lassen.

Ein **zeitlicher Zusammenhang** kann regelmäßig noch angenommen werden, wenn zwischen beiden Vorgängen ein Zeitraum von nicht mehr als 15 Monaten liegt.

Im Übrigen ist die Subsidiarität des Tatbestandes der Vereinigung der Anteile einer grundstücksbesitzenden Gesellschaft in der Hand des Organträgers und/oder von Organgesellschaften zu beachten. Die Zusammenfassung von juristisch selbständigen Unternehmen zu einem Organkreis im Rahmen des § 1 Abs. 3 Nr. 1 und Nr. 2 GrEStG ist nur dann zulässig, wenn die Anteile der grundstücksbesitzenden Gesellschaft nicht bereits zu mindestens 95 % unmittelbar oder mittelbar in der Hand des Organträgers oder einer Organgesellschaft vereinigt sind.

Nach Maßgabe dieser Entscheidungsgrundsätze gilt für die Anwendung des § 1 Abs. 3 in Verbindung mit Abs. 4 GrEStG auf Organschaftsfälle Folgendes:

2. Begründung eines Organschaftsverhältnisses

2.1 Begründung eines Organschaftsverhältnisses unter Beibehaltung der bestehenden Anteilsverhältnisse

2.1.1 Beispiel

Die M-GmbH ist zu 80 % an der grundstücksbesitzenden A-GmbH beteiligt. Zwischen der M-GmbH und der A-GmbH wird ein Organschaftsverhältnis begründet.

I.

```
[M-GmbH] --80%--> [A-GmbH 🏠]
```

II.

```
( [M-GmbH] --80%--> [A-GmbH 🏠] )
```

Die bloße Begründung eines Organschaftsverhältnisses ohne Veränderung der Zuordnung von Anteilen erfüllt nicht den Tatbestand der mittelbaren Anteilsvereinigung (Anteilsvereinigung im Organkreis) nach § 1 Abs. 3 Nr. 1 bzw. Nr. 2 in Verbindung mit Abs. 4 Nr. 2 Buchst. b GrEStG, weil weder ein Rechtsgeschäft, das die Vereinigung oder Übertragung von Anteilen an der grundstücksbesitzenden Gesellschaft begründet, noch eine tatsächliche Anteilsvereinigung bzw. Anteilsübertragung stattfindet, so dass sich die bestehenden Anteilsverhältnisse nicht ändern.

2.1.2 Beispiel

Die M-GmbH ist zu 80 % an der grundstücksbesitzenden A-GmbH sowie zu 50 % an der grundstücksbesitzenden B-GmbH beteiligt, an der die A-GmbH ihrerseits zu 46 % beteiligt ist. Zwischen der M-GmbH und der A-GmbH wird ein Organschaftsverhältnis begründet.

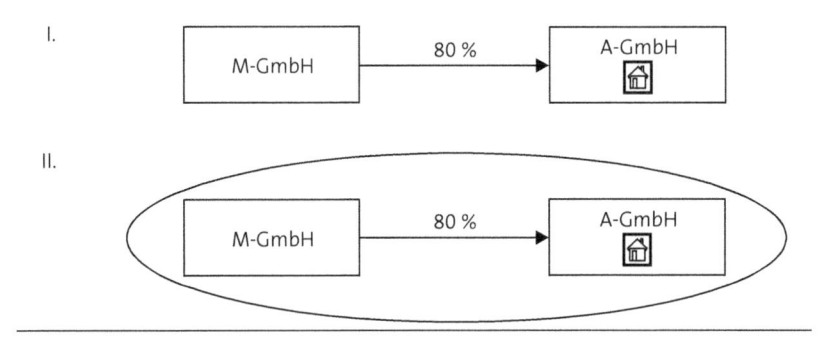

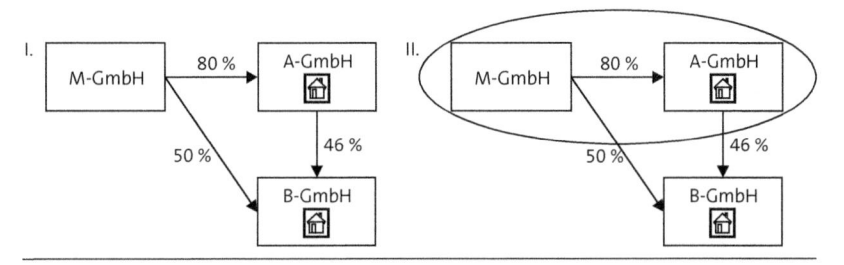

I.
```
[M-GmbH] --80%--> [A-GmbH 🏠]
   \ 50%           / 46%
    \             /
     [B-GmbH 🏠]
```

II.
```
( [M-GmbH] --80%--> [A-GmbH 🏠] )
     \ 50%           / 46%
      \             /
       [B-GmbH 🏠]
```

Die bloße Begründung eines Organschaftsverhältnisses ohne Veränderung der Zuordnung von Anteilen erfüllt nicht den Tatbestand der mittelbaren Anteilsvereinigung (Anteilsvereinigung im Organkreis) nach § 1 Abs. 3 Nr. 1 bzw. Nr. 2 in Verbindung mit Abs. 4 Nr. 2 Buchst. b GrEStG, weil weder ein Rechtsgeschäft, das die Vereinigung oder Übertragung von Anteilen an der grundstücksbesitzenden Gesellschaft begründet, noch eine tatsächliche Anteilsvereinigung bzw. Anteilsübertragung stattfindet, so dass sich die bestehenden Anteilsverhältnisse nicht ändern.

2.1.3 Beispiel

Die M-GmbH ist zu 80 % an der grundstücksbesitzenden A-GmbH beteiligt. Die A-GmbH hält 95 % der Anteile der grundstücksbesitzenden C-GmbH. Zwischen der M-GmbH und der A-GmbH wird ein Organschaftsverhältnis begründet.

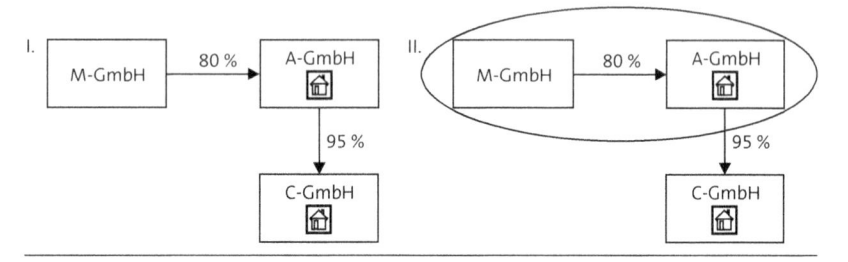

Die bloße Begründung eines Organschaftsverhältnisses ohne Veränderung der Zuordnung von Anteilen erfüllt nicht den Tatbestand der mittelbaren Anteilsvereinigung (Anteilsvereinigung im Organkreis) nach § 1 Abs. 3 Nr. 1 bzw. Nr. 2 in Verbindung mit Abs. 4 Nr. 2 Buchst. b GrEStG, weil weder ein Rechtsgeschäft, das die Vereinigung oder Übertragung von Anteilen an der grundstücksbesitzenden Gesellschaft begründet, noch eine tatsächliche Anteilsvereinigung bzw. Anteilsübertragung stattfindet, so dass sich die bestehenden Anteilsverhältnisse nicht ändern. Zudem sind die Anteile der C-GmbH ausschließlich in der Hand der A-GmbH vereinigt (BFH-Urteil vom 20.7.2005 II R 30/04, BStBl 2005 II S. 839).

2.2 Begründung eines Organschaftsverhältnisses unter Veränderung der bestehenden Anteilsverhältnisse

2.2.1 Beispiel

Die M-GmbH beteiligt sich zu 80 % an der grundstücksbesitzenden A-GmbH und begründet gleichzeitig ein Organschaftsverhältnis.

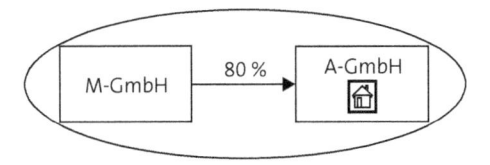

IV. Grunderwerbsteuerrechtliche Organschaft

```
┌─────────────────────────────────┐
│  ┌─────────┐  80%  ┌─────────┐  │
│  │ M-GmbH  │─────▶│ A-GmbH  │  │
│  │         │      │   🏠    │  │
│  └─────────┘      └─────────┘  │
└─────────────────────────────────┘
```

Mit der Begründung des Organschaftsverhältnisses findet gleichzeitig ein Anteilserwerb an der A-GmbH statt. Der Erwerb der Anteile der A-GmbH in Höhe von 80% erfüllt nicht den Tatbestand der Anteilsvereinigung (§ 1 Abs. 3 Nr. 1 bzw. Nr. 2 GrEStG), denn die von der M-GmbH gehaltenen Anteile der A-GmbH unterschreiten das erforderliche Quantum von 95%.

2.2.2 Beispiel

Die M-GmbH beteiligt sich zu 80% an der grundstücksbesitzenden A-GmbH und begründet gleichzeitig ein Organschaftsverhältnis. Die A-GmbH hält 95% der Anteile an der grundstücksbesitzenden B-GmbH.

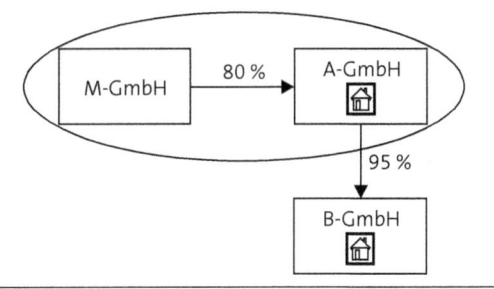

```
┌─────────────────────────────────┐
│  ┌─────────┐  80%  ┌─────────┐  │
│  │ M-GmbH  │─────▶│ A-GmbH  │  │
│  │         │      │   🏠    │  │
│  └─────────┘      └─────────┘  │
└──────────────────────│──────────┘
                    95%│
                       ▼
                  ┌─────────┐
                  │ B-GmbH  │
                  │   🏠    │
                  └─────────┘
```

Mit der Begründung des Organschaftsverhältnisses findet gleichzeitig ein Anteilserwerb an der A-GmbH statt. Der Erwerb der Anteile der A-GmbH in Höhe von 80% erfüllt nicht den Tatbestand der Anteilsvereinigung (§ 1 Abs. 3 Nr. 1 bzw. Nr. 2 GrEStG), denn die von der M-GmbH gehaltenen Anteile der A-GmbH unterschreiten das erforderliche Quantum von 95%. In Bezug auf die B-GmbH wird der Tatbestand der mittelbaren Anteilsvereinigung (Anteilsvereinigung im Organkreis) nach § 1 Abs. 3 Nr. 1 bzw. Nr. 2 in Verbindung mit § 1 Abs. 4 Nr. 2 Buchst b GrEStG nicht erfüllt, denn die Anteile der B-GmbH sind ausschließlich in der Hand der A-GmbH vereinigt (BFH-Urteil vom 20.7.2005 II R 30/04, BStBl 2005 II S. 839)

2.2.3 Beispiel

An der grundstücksbesitzenden B-GmbH sind die M-GmbH zu 10 % und die A-GmbH zu 90 % beteiligt. Die M-GmbH erwirbt 80 % der Anteile an der A-GmbH unter gleichzeitiger Begründung eines Organschaftsverhältnisses.

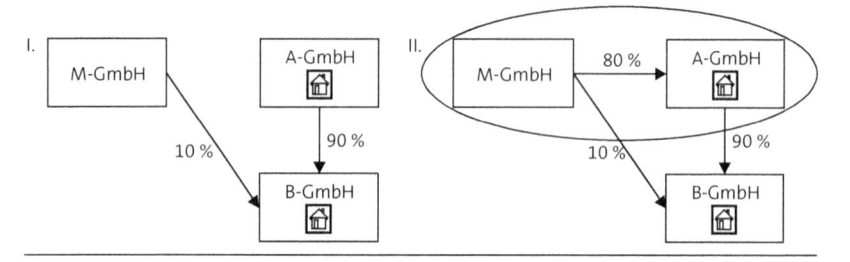

Der Erwerb der Anteile an der A-GmbH durch die M-GmbH unter gleichzeitiger Begründung eines Organschaftsverhältnisses ist darauf gerichtet, alle Anteile der B-GmbH in der Hand von herrschenden und abhängigen Unternehmen zu vereinigen. Das Abhängigkeitsverhältnis ersetzt lediglich den – andernfalls erforderlichen – Erwerb von 95 % der Anteile der M-GmbH an der A-GmbH (vgl. BFH-Urteil vom 16.1.1980 II R 52/76, BStBl 1980 II S. 360).

Durch den gleichzeitigen Erwerb der Anteile der A-GmbH durch die M-GmbH werden im Zuge der Begründung des Organschaftsverhältnisses erstmals die Anteile der B-GmbH in der Hand von herrschenden (M-GmbH: 10 %) und abhängigen Unternehmen (A-GmbH: 90 %) vereinigt. Der Tatbestand der mittelbaren Anteilsvereinigung (Anteilsvereinigung im Organkreis) nach § 1 Abs. 3 Nr. 1 bzw. Nr. 2 in Verbindung mit Abs. 4 Nr. 2 Buchst b GrEStG ist erfüllt.

2.2.4 Beispiel

Die M-GmbH ist zu 80 % an der grundstücksbesitzenden A-GmbH sowie zu 60 % an der grundstücksbesitzenden B-GmbH beteiligt. Gleichzeitig mit dem Erwerb von 35 % der Anteile der B-GmbH durch die A-GmbH wird zwischen der M-GmbH und den anderen Gesellschaften ein Organschaftsverhältnis begründet.

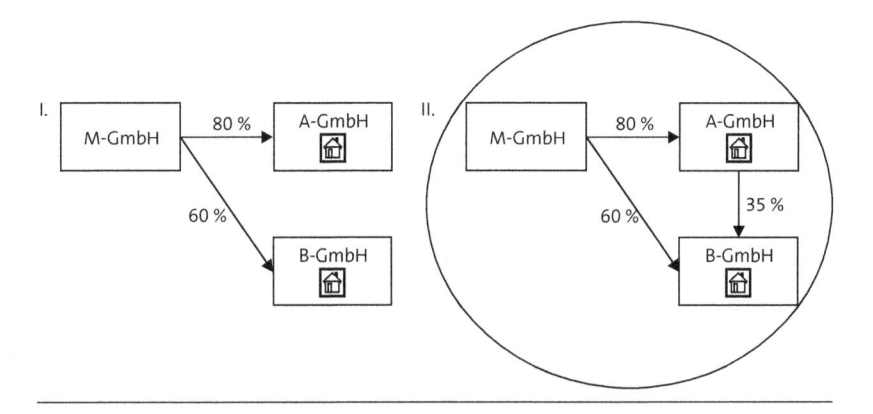

IV. Grunderwerbsteuerrechtliche Organschaft

```
I.                                    II.
  ┌────────┐  80%   ┌────────┐           ┌────────┐  80%   ┌────────┐
  │ M-GmbH ├───────►│ A-GmbH │           │ M-GmbH ├───────►│ A-GmbH │
  └───┬────┘        │   🏠   │           └───┬────┘        │   🏠   │
      │             └────────┘               │             └───┬────┘
      │ 60%                                  │ 60%          35%│
      ▼                                      ▼                 ▼
  ┌────────┐                             ┌────────┐
  │ B-GmbH │                             │ B-GmbH │
  │   🏠   │                             │   🏠   │
  └────────┘                             └────────┘
```

Die bloße Begründung eines Organschaftsverhältnisses ohne Veränderung der Zuordnung von Anteilen an der A-GmbH erfüllt nicht den Tatbestand der Anteilsvereinigung (§ 1 Abs. 3 Nr. 1 bzw. Nr. 2 in Verbindung mit Abs. 4 Nr. 2 Buchst b GrEStG), weil weder ein Rechtsgeschäft, das die Vereinigung oder Übertragung von Anteilen an der grundstücksbesitzenden Gesellschaft begründet, noch eine tatsächliche Anteilsvereinigung bzw. Anteilsübertragung stattfindet, so dass sich die bestehenden Anteilsverhältnisse nicht ändern.

Durch den gleichzeitigen Erwerb der Anteile der B-GmbH durch die A-GmbH werden im Zuge der Begründung des Organschaftsverhältnisses jedoch erstmals die Anteile der B-GmbH in der Hand von herrschenden (M-GmbH: 60 %) und abhängigen Unternehmen (A-GmbH: 35 %) vereinigt. Der Tatbestand der mittelbaren Anteilsvereinigung (Anteilsvereinigung im Organkreis) nach § 1 Abs. 3 Nr. 1 bzw. Nr. 2 in Verbindung mit Abs. 4 Nr. 2 Buchst b GrEStG ist erfüllt.

2.3 Veränderung der Anteilsverhältnisse bei bestehendem Organschaftsverhältnis

2.3.1 Beispiel

Die M-GmbH ist zu 80 % an der grundstücksbesitzenden A-GmbH beteiligt. Zwischen der M-GmbH und der A-GmbH besteht ein Organschaftsverhältnis. Die A-GmbH ist zu 95 % an der grundstücksbesitzenden B-GmbH beteiligt. Sie überträgt 40 % der Anteile der B-GmbH auf die M-GmbH.

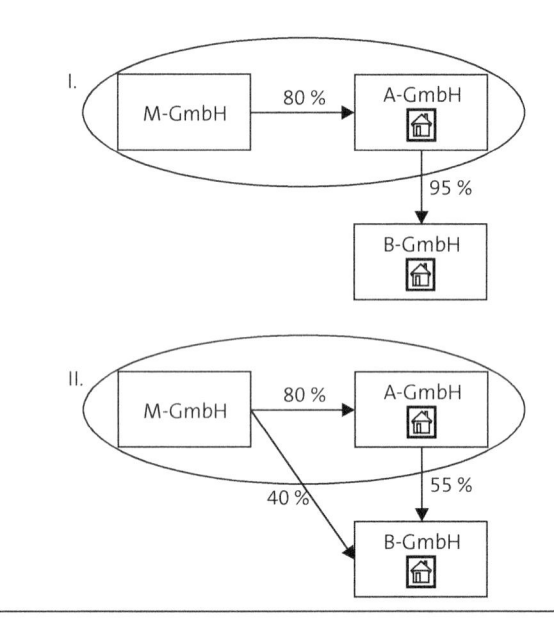

Durch den Erwerb der Anteile der B-GmbH durch die M-GmbH werden erstmals die Anteile der B-GmbH in der Hand von herrschenden (M-GmbH: 40%) und abhängigen Unternehmen (A-GmbH: 55%) vereinigt. Der Tatbestand der mittelbaren Anteilsvereinigung (Anteilsvereinigung im Organkreis) nach § 1 Abs. 3 Nr. 1 bzw. Nr. 2 in Verbindung mit Abs. 4 Nr. 2 Buchst b GrEStG ist erfüllt.

2.3.2 Beispiel

Die M-GmbH ist zu 80% an der grundstücksbesitzenden A-GmbH beteiligt. Zwischen der M-GmbH und der A-GmbH besteht ein Organschaftsverhältnis. Die A-GmbH ist zu 95% an der grundstücksbesitzenden B-GmbH beteiligt. Sie überträgt die Anteile der B-GmbH voll auf die M-GmbH.

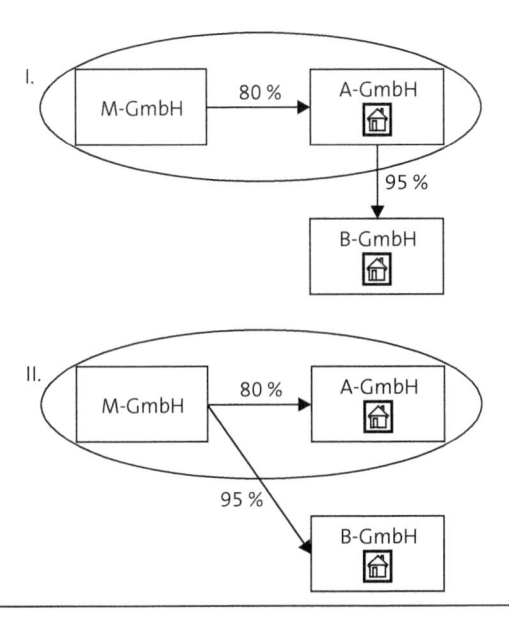

IV. Grunderwerbsteuerrechtliche Organschaft

[Abbildung I: M-GmbH → 80% → A-GmbH → 95% → B-GmbH]

[Abbildung II: M-GmbH → 80% → A-GmbH; M-GmbH → 95% → B-GmbH]

Durch die Übertragung der in Höhe von 95 % in der Hand der A-GmbH vereinigten Anteile der B-GmbH in einem Rechtsakt auf die M-GmbH wird der Tatbestand der Anteilsübertragung (§ 1 Abs. 3 Nr. 3 bzw. 4 GrEStG erfüllt. Das Organschaftsverhältnis ist insoweit grunderwerbsteuerrechtlich irrelevant.

2.3.3 Beispiel

Die M-GmbH ist zu 80 % an der grundstücksbesitzenden A-GmbH beteiligt. Zwischen der M-GmbH und der A-GmbH besteht ein Organschaftsverhältnis. Die A-GmbH ist zu 95 % an der grundstücksbesitzenden B-GmbH beteiligt. Die M-GmbH erhöht ihre Beteiligung an der A-GmbH auf 90 %.

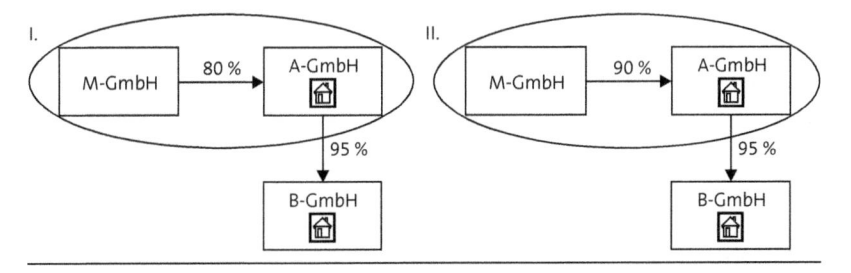

[Abbildung I: M-GmbH → 80% → A-GmbH → 95% → B-GmbH]

[Abbildung II: M-GmbH → 90% → A-GmbH → 95% → B-GmbH]

Durch die Erhöhung der Beteiligung der M-GmbH an der A-GmbH um 10 % auf 90 % wird keine Anteilsvereinigung verwirklicht, weil in Bezug auf die A-GmbH nicht das nach § 1 Abs. 3 Nr. 1 bzw. Nr. 2 GrEStG erforderliche Quantum von mindestens 95 % der Anteile in der Hand der M-GmbH vereinigt wird. Hieran ändert auch das bestehende Organschaftsverhältnis nichts, weil dieses die fehlende Beteiligungshöhe von mindestens 95 % nicht ersetzt. Auch in Bezug auf die B-GmbH ergibt sich keine anderweitige Beurteilung. Die Anteile der B-GmbH sind nicht im Organkreis vereinigt, weil die Anteile bereits in der Hand der A-GmbH als Organgesellschaft vereinigt sind (BFH-Urteil vom 20.7.2005 II R 30/04, BStBl 2005 II S. 839). Dies hat zur Folge, dass die Grundstücke der B-GmbH nur der A-GmbH zuzurechnen sind.

2.3.4 Beispiel

Die M-GmbH ist zu 80 % an der grundstücksbesitzenden A-GmbH beteiligt. Zwischen der M-GmbH und der A-GmbH besteht ein Organschaftsverhältnis. Die A-GmbH ist zu 95 % an der grundstücksbesitzenden B-GmbH beteiligt. Die M-GmbH erhöht ihre Beteiligung an der A-GmbH auf 95 %.

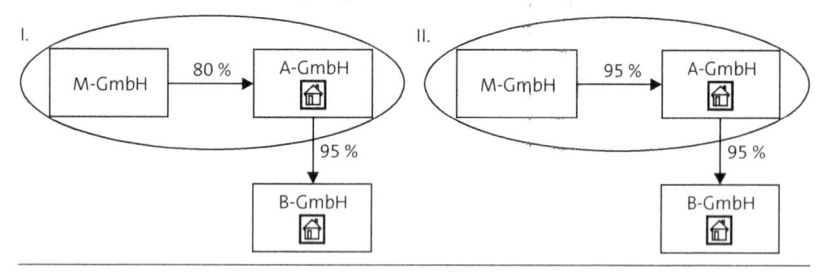

Durch die Aufstockung der Anteile an der A-GmbH um 15 % auf 95 % ist unabhängig von dem Umstand, dass ein Organschaftsverhältnis besteht, eine Anteilsvereinigung im Sinne des § 1 Abs. 3 Nr. 1 bzw. Nr. 2 GrEStG in der Hand der M-GmbH verwirklicht worden. Diese Anteilsvereinigung ist einmal unmittelbar im Verhältnis zur A-GmbH und zum anderen mittelbar im Verhältnis zur B-GmbH eingetreten (über die Beteiligung an der A-GmbH).

2.3.5 Beispiel

Die M-GmbH ist zu 80 % an der grundstücksbesitzenden A-GmbH beteiligt. Zwischen der M-GmbH und der A-GmbH besteht ein Organschaftsverhältnis. Die A-GmbH ist zu 70 % an der grundstücksbesitzenden B-GmbH beteiligt. Die A-GmbH erhöht ihre Beteiligung an der B-GmbH auf 95 %.

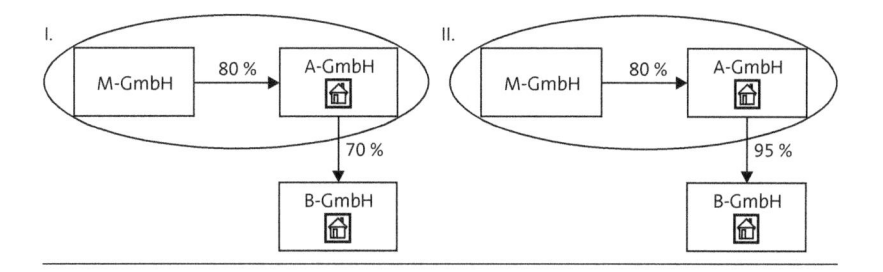

IV. Grunderwerbsteuerrechtliche Organschaft

Der Erwerb von 25 % der Anteile der B-GmbH durch die A-GmbH führt zu einer unmittelbaren Anteilsvereinigung im Sinne des § 1 Abs. 3 Nr. 1 bzw. Nr. 2 GrEStG in der Hand der A-GmbH, weil nunmehr 95 % der Anteile der B-GmbH in deren Hand vereinigt sind. In der Hand des Organkreises erfolgt keine zusätzliche Anteilsvereinigung (vgl. BFH-Urteil vom 20.7.2005 II R 30/04, BStBl 2005 II S. 839).

2.3.6 Beispiel

Die M-GmbH ist zu 80 % an der grundstücksbesitzenden A-GmbH und zu 60 % an der grundstücksbesitzenden B-GmbH beteiligt. Zwischen der M-GmbH und der A-GmbH besteht ein Organschaftsverhältnis. Die A-GmbH erwirbt 35 % der Anteile an der B-GmbH.

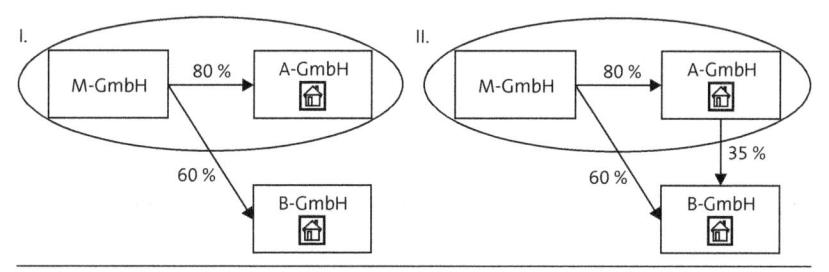

Durch den Erwerb der Anteile der B-GmbH durch die A-GmbH werden aufgrund des bestehenden Organschaftsverhältnisses erstmals die Anteile der B-GmbH in der Hand von herrschenden (M-GmbH: 60 %) und abhängigen Unternehmen (A-GmbH: 35 %) vereinigt. Der Tatbestand der mittelbaren Anteilsvereinigung (Anteilsvereinigung im Organkreis) nach § 1 Abs. 3 Nr. 1 bzw. Nr. 2 in Verbindung mit Abs. 4 Nr. 2 Buchst b GrEStG ist erfüllt.

2.3.7 Beispiel

Die M-GmbH beteiligt sich zu 80 % an der A-GmbH. Mit dem Anteilserwerb wird zugleich ein Organschaftsverhältnis zwischen diesen Gesellschaften vereinbart. Die A-GmbH ist zu 45 % an der grundstücksbesitzenden B-GmbH beteiligt. Die M-GmbH, die zu 50 % an der B-GmbH beteiligt ist, erwirbt später von der A-GmbH deren Anteile an der B-GmbH hinzu.

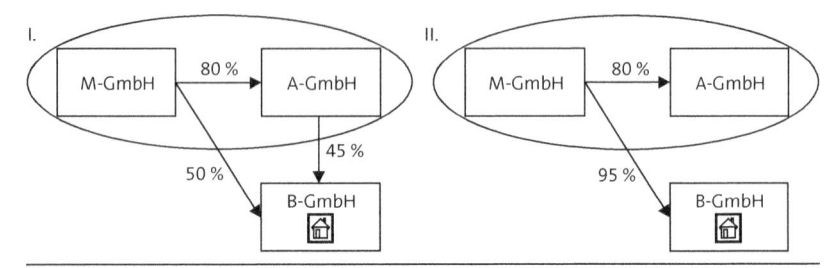

```
I.                                          II.
   ┌────────┐  80%  ┌────────┐                 ┌────────┐  80%  ┌────────┐
   │ M-GmbH │──────▶│ A-GmbH │                 │ M-GmbH │──────▶│ A-GmbH │
   └────────┘       └────────┘                 └────────┘       └────────┘
        \              │ 45%                        \
      50%\             ▼                          95%\
          ┌────────┐                                  ┌────────┐
          │ B-GmbH │                                  │ B-GmbH │
          │  🏠   │                                  │  🏠   │
          └────────┘                                  └────────┘
```

Mit dem Anteilserwerb und der Begründung des Organschaftsverhältnisses, die in einem zeitlichen und sachlichen Zusammenhang stehen, wird eine Anteilsvereinigung im Organkreis gem. § 1 Abs. 3 Nr. 1 bzw. Nr. 2 in Verbindung mit § 1 Abs. 4 Nr. 2 Buchst b GrEStG bewirkt, denn im Organkreis vereinigen sich die Anteile der B-GmbH zu mindestens 95 %.

Durch den späteren Hinzuerwerb wird in der Person der M-GmbH der Tatbestand der unmittelbaren Anteilsvereinigung im Sinne des § 1 Abs. 3 Nr. 1 bzw. Nr. 2 GrEStG verwirklicht. Die vorangegangene mittelbare Anteilsvereinigung im Organkreis steht dem nicht entgegen, weil der Organkreis und seine Mitglieder nicht identisch sind.

2.4. Änderung der Anteilsverhältnisse und nachfolgende Begründung eines Organschaftsverhältnisses

2.4.1 Beispiel

Die M-GmbH ist zu 80 % an der grundstücksbesitzenden A-GmbH beteiligt, die 95 % der Anteile an der grundstücksbesitzenden B-GmbH hält. Im November 01 erhöht die M-GmbH ihre Beteiligung an der A-GmbH auf 95 %. Im Dezember 01 wird zwischen der M-GmbH und der A-GmbH ein Organschaftsverhältnis begründet.

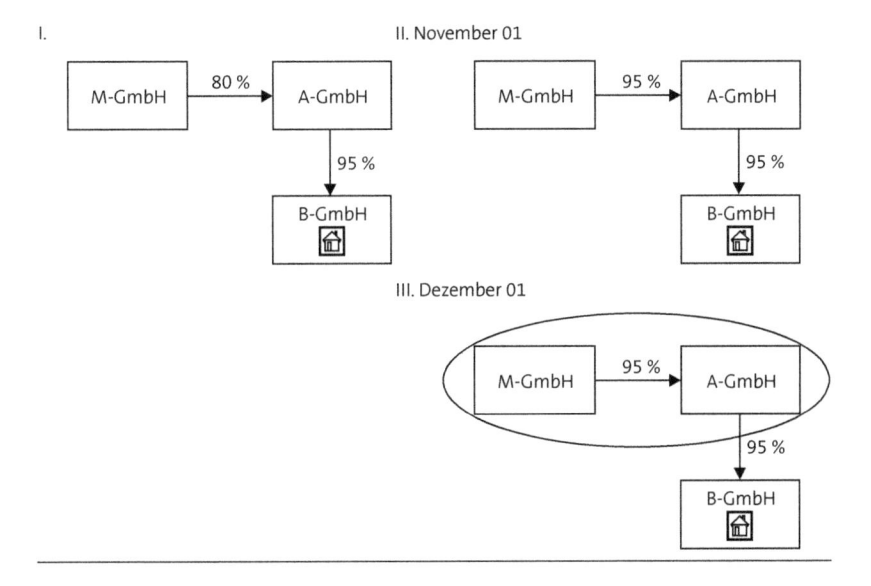

IV. Grunderwerbsteuerrechtliche Organschaft

I.

M-GmbH —80%→ A-GmbH
A-GmbH —95%→ B-GmbH 🏠

II. November 01

M-GmbH —95%→ A-GmbH
A-GmbH —95%→ B-GmbH 🏠

III. Dezember 01

(M-GmbH —95%→ A-GmbH) [Organkreis]
A-GmbH —95%→ B-GmbH 🏠

Durch die Aufstockung der Anteile an der A-GmbH ist der Tatbestand der Anteilsvereinigung im Sinne des § 1 Abs. 3 Nr. 1 bzw. Nr. 2 GrEStG in der Hand der M-GmbH verwirklicht worden. Diese Anteilsvereinigung ist einmal unmittelbar im Verhältnis zur A-GmbH und zum anderen mittelbar im Verhältnis zur B-GmbH eingetreten (über die Beteiligung der A-GmbH). In der Hand des Organkreises erfolgt keine zusätzliche Anteilsvereinigung (vgl. BFH-Urteil vom 20.7.2005 II R 30/04, BStBl 2005 II S. 839).

2.4.2 Beispiel

Die M-GmbH ist zu 80% an der grundstücksbesitzenden A-GmbH sowie zu 60% an der grundstücksbesitzenden B-GmbH beteiligt. Kurze Zeit nachdem die A-GmbH 35% der Anteile an der B-GmbH erworben hat, wird zwischen der M-GmbH und der A-GmbH ein Organschaftsverhältnis begründet.

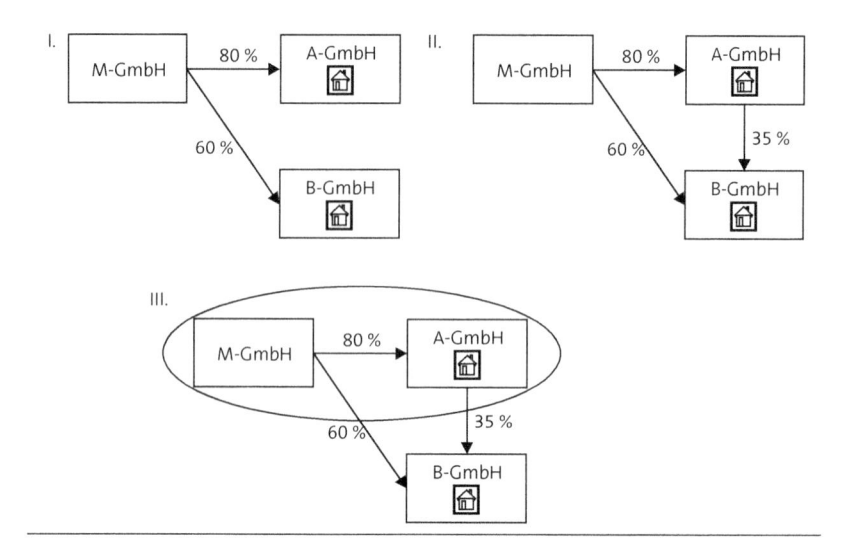

Weder der Erwerb der Anteile der B-GmbH durch die A-GmbH, noch die bloße Begründung eines Organschaftsverhältnisses ohne Veränderung in der Zuordnung von Anteilen erfüllen je für sich allein den Tatbestand der mittelbaren Anteilsvereinigung (Anteilsvereinigung im Organkreis) nach § 1 Abs. 3 Nr. 1 bzw. Nr. 2 in Verbindung mit Abs. 4 Nr. 2 Buchst b GrEStG.

Jedoch begründet der enge zeitliche und sachliche Zusammenhang zwischen dem Erwerb von 35 % der Anteile der B-GmbH durch die A-GmbH und der Begründung des Organschaftsverhältnisses zwischen der M-GmbH und der A-GmbH die widerlegbare Vermutung, dass beide Vorgänge durch einen vorgefassten Plan, die Anteile der B-GmbH im Organkreis zu vereinigen, verknüpft sind. Dadurch erfolgt im Organkreis eine Anteilsvereinigung im Sinne des § 1 Abs. 3 Nr. 1 bzw. Nr. 2 in Verbindung mit § 1 Abs. 4 Nr. 2 Buchst b GrEStG.

3 Erweiterung des Organschaftsverhältnisses

3.1 Beispiel

Die M-GmbH ist zu 80 % an der D-GmbH beteiligt. Zwischen der M-GmbH und der D-GmbH besteht ein Organschaftsverhältnis. Die A-GmbH hält 60 % und die D-GmbH 35 % der Anteile an der grundstücksbesitzenden C-GmbH. Die

IV. Grunderwerbsteuerrechtliche Organschaft

M-GmbH erwirbt 80 % der Anteile an der A-GmbH und erweitert gleichzeitig das Organschaftsverhältnis auf diese.

I.

```
( M-GmbH --80%--> D-GmbH )
  A-GmbH                    35%
       60% --> C-GmbH 🏠
```

II.

```
( M-GmbH --80%--> D-GmbH
       80%               35%
       A-GmbH
            60% --> C-GmbH 🏠 )
```

Der Erwerb der Anteile der A-GmbH durch die M-GmbH unter gleichzeitiger Begründung eines Abhängigkeitsverhältnisses und der daraus folgenden Erweiterung des Organschaftsverhältnisses ist darauf gerichtet, alle Anteile an der C-GmbH in der Hand von abhängigen Unternehmen zu vereinigen (vgl. BFH-Urteil vom 16.1.1980 II R 52/76, BStBl 1980 II S. 360). In der Hand des Organkreises findet somit eine Anteilsvereinigung im Sinne des § 1 Abs. 3 Nr. 1 in Verbindung mit § 1 Abs. 4 Nr. 2 Buchst b GrEStG in Bezug auf die C-GmbH statt, da mindestens 95 % der Anteile dieser Gesellschaft in der Hand von zwei abhängigen Gesellschaften (A-GmbH: 60 % und D-GmbH: 35 %) des Organkreises vereinigt werden.

3.2 Beispiel

Die M-GmbH ist zu je 80 % an der A-GmbH und an der D-GmbH beteiligt. Zwischen ihnen besteht ein Organschaftsverhältnis. An der grundstücksbesitzenden C-GmbH sind die A-GmbH zu 60 %, die D-GmbH zu 35 % sowie die X-GmbH zu 5 % beteiligt. Die M-GmbH erwirbt 70 % der Anteile an der X-GmbH und gleichzeitig wird die X-GmbH abhängiges Unternehmen der M-GmbH.

E. Rechtsmaterialien

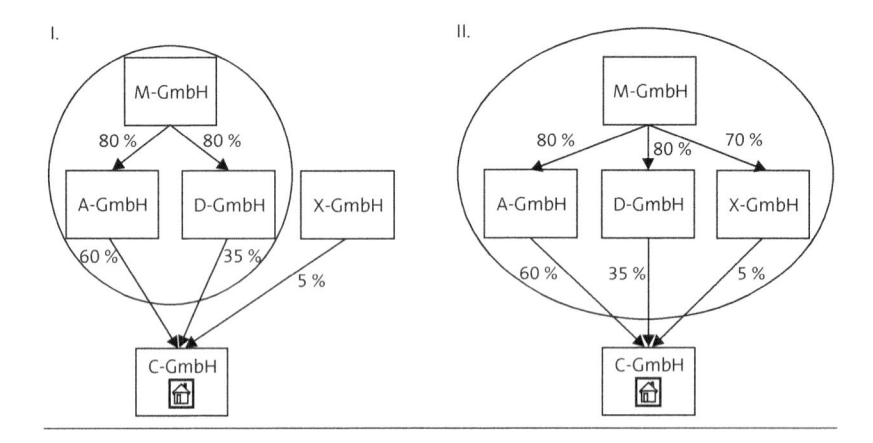

I.

```
            M-GmbH
         80 %    80 %
    A-GmbH   D-GmbH   X-GmbH
      60 %    35 %
                      5 %
            C-GmbH
```

II.

```
                M-GmbH
         80 %     80 %    70 %
    A-GmbH   D-GmbH   X-GmbH
      60 %    35 %      5 %
               C-GmbH
```

Da bereits 95 % der Anteile der C-GmbH in der Hand von abhängigen Unternehmen (A-GmbH: 60 % und D-GmbH: 35 %) vereinigt waren, handelt es sich um eine bloße Verstärkung der Beteiligung im Organkreis, die grunderwerbsteuerrechtlich unerheblich ist.

4. Verschmelzung des Organträgers

4.1 Verschmelzung des Organträgers auf eine Gesellschaft außerhalb des Organkreises unter Fortführung des Organschaftsverhältnisses

4.1.1 Beispiel

Die M-GmbH hält Anteile an den grundstücksbesitzenden Gesellschaften A-GmbH in Höhe von 90 %, B-GmbH in Höhe von 80 % und C-GmbH in Höhe von 100 %. Zwischen der M-GmbH und diesen Gesellschaften besteht ein Organschaftsverhältnis. An der grundstücksbesitzenden E-GmbH halten die M-GmbH 7 %, die A-GmbH 2 %, die B-GmbH 25 %, die C-GmbH 45 % sowie die X-GmbH 21 %. Weiter hält die A-GmbH 100 % der Anteile an der grundstücksbesitzenden Z-GmbH. Die M-GmbH verschmilzt auf die V-GmbH; das Organschaftsverhältnis wird fortgeführt.

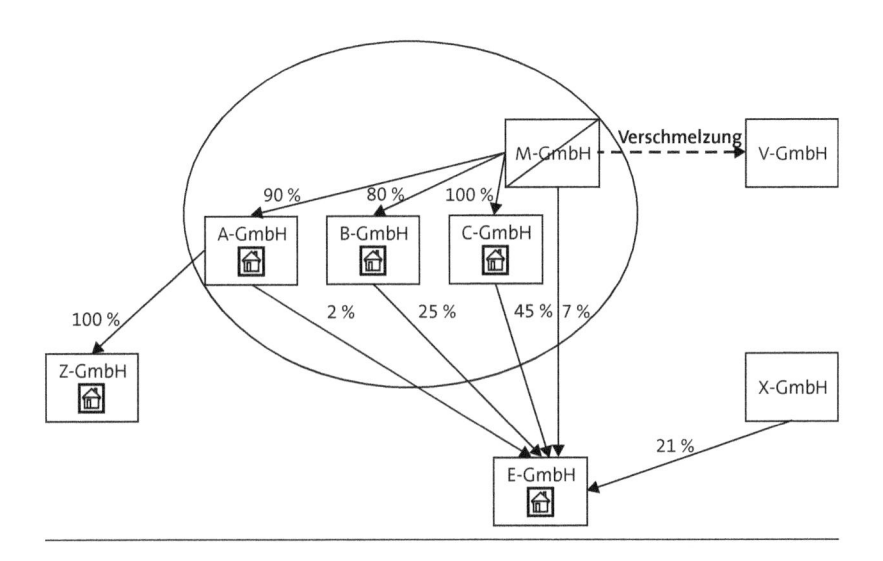

Der Übergang der Anteile an den Organgesellschaften der M-GmbH auf die V-GmbH durch die Eintragung der Verschmelzung im Handelsregister erfüllt den Tatbestand des § 1 Abs. 3 Nr. 4 GrEStG nur hinsichtlich der C-GmbH, weil die bereits vereinigten Anteile (hier: 100 %) der C-GmbH auf die V-GmbH übergehen.

Die von der A-GmbH gehaltenen Anteile der Z-GmbH werden von der Verschmelzung nicht berührt; sie bleiben nach wie vor der A-GmbH allein zugeordnet (BFH-Urteil vom 20.7.2005 II R 30/04, BStBl 2005 II S. 839). Eine Anteilsvereinigung im Organkreis hinsichtlich der E-GmbH liegt nicht vor, da dem Organkreis nicht das erforderliche Quantum von 95 % der Anteile an der E-GmbH zuzurechnen ist.

4.1.2 Beispiel

Die M-GmbH hält Anteile an den grundstücksbesitzenden Gesellschaften A-GmbH in Höhe von 90 %, B-GmbH in Höhe von 80 % und C-GmbH in Höhe von 100 %. Zwischen der M-GmbH und diesen Gesellschaften besteht ein Organschaftsverhältnis. An der grundstücksbesitzenden E-GmbH halten die M-GmbH 7 %, die A-GmbH 2 %, die B-GmbH 25 %, die C-GmbH 45 % sowie die X-GmbH 21 %. Weiter hält die A-GmbH 100 % der Anteile an der grundstücksbesitzenden Z-GmbH. Die M-GmbH verschmilzt auf die X-GmbH; das Organschaftsverhältnis wird fortgeführt.

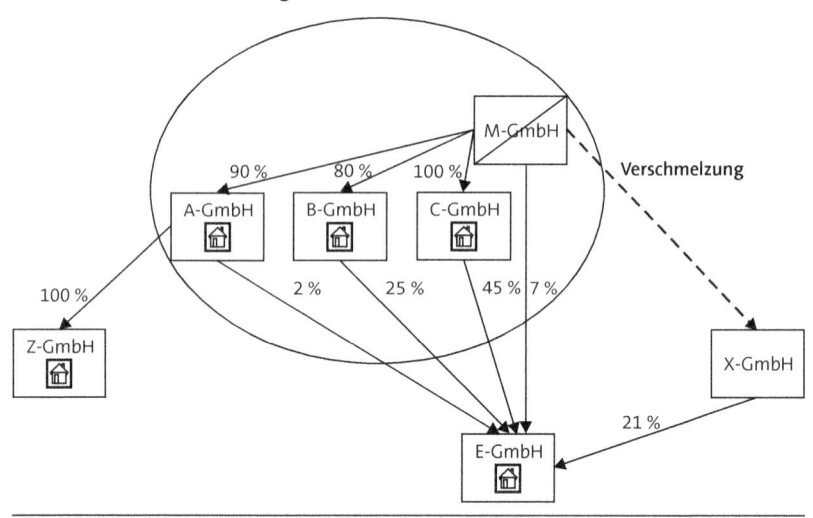

```
                    ┌─── M-GmbH ┐
              90%  80%  100%    ┊ Verschmelzung
          A-GmbH  B-GmbH C-GmbH ┊
   100%      2%    25%   45% 7% ┊
  Z-GmbH                        X-GmbH
                                 21%
                  E-GmbH
```

Der Übergang der Anteile an den Organgesellschaften der M-GmbH auf die X-GmbH durch die Eintragung der Verschmelzung im Handelsregister erfüllt den Tatbestand des § 1 Abs. 3 Nr. 4 GrEStG nur hinsichtlich der C-GmbH, weil die bereits vereinigten Anteile (hier: 100 %) der C-GmbH auf die X-GmbH übergehen. Die von der A-GmbH gehaltenen Anteile der Z-GmbH werden von der Verschmelzung nicht berührt; sie bleiben nach wie vor der A-GmbH allein zugeordnet (BFH-Urteil vom 20.7.2005 II R 30/04, BStBl 2005 II S. 839). Die von der M-GmbH gehaltenen Anteile an der E-GmbH sind auf die X-GmbH übergegangen, deren Anteilsbesitz damit auf 28 % aufgestockt wird. Da die restlichen Anteile der E-GmbH von den Organgesellschaften (C-GmbH: 45 %, B-GmbH: 25 % und A-GmbH: 2 %) gehalten werden, tritt in Bezug auf die Grundstücke der E-GmbH erstmalig eine Anteilsvereinigung im fortgeführten Organkreis ein (§ 1 Abs. 3 Nr. 1 bzw. Nr. 2 in Verbindung mit Abs. 4 Nr. 2 Buchst b GrEStG).

4.1.3 Beispiel

Die M-GmbH hält 80 % der Anteile an der A-GmbH und 30 % der Anteile an der grundstücksbesitzenden E-GmbH. Zwischen der M-GmbH und der A-GmbH besteht ein Organschaftsverhältnis. Die A-GmbH hält ihrerseits 65 % der Anteile an der E-GmbH. Die M-GmbH verschmilzt auf die V-GmbH; das Organschaftsverhältnis wird fortgeführt.

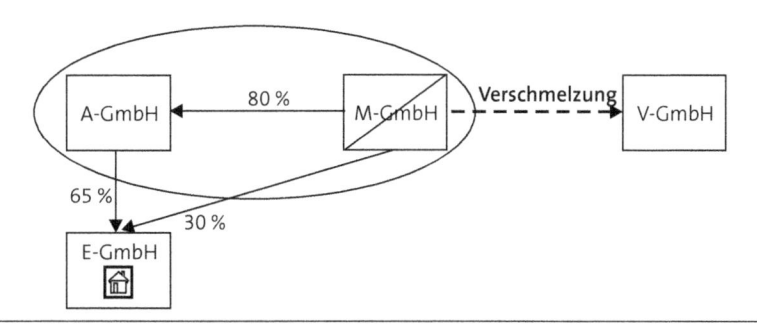

IV. Grunderwerbsteuerrechtliche Organschaft

Durch den Übergang der 30 %igen Beteiligung der M-GmbH an der E-GmbH auf die V-GmbH mit der Eintragung der Verschmelzung im Handelsregister tritt eine Anteilsvereinigung im fortgeführten Organkreis ein (§ 1 Abs. 3 Nr. 2 in Verbindung mit Abs. 4 Nr. 2 Buchst b GrEStG).

4.2 Verschmelzung des Organträgers auf eine Organgesellschaft unter Fortführung des Organschaftsverhältnisses

BEISPIEL Die M-GmbH ist zu 100 % an der B-GmbH, zu 60 % an der C-GmbH und zu 70 % an der D-GmbH beteiligt. An der C-GmbH ist des Weiteren die D-GmbH zu 40 % beteiligt. Die B-GmbH, die C-GmbH und die D-GmbH sind Organgesell-schaften des Organträgers M-GmbH. Jede der Organgesellschaften verfügt über Grundbesitz. Die M-GmbH wird auf die B-GmbH verschmolzen.

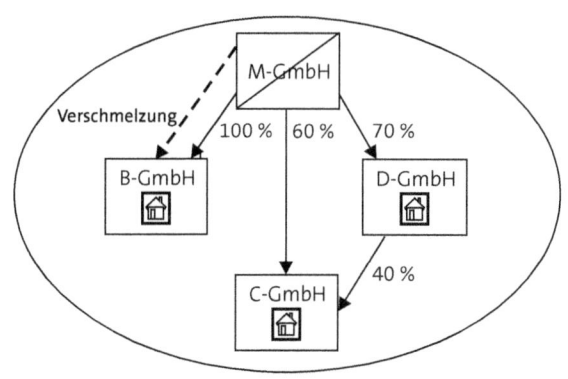

Durch die Verschmelzung findet ein Organträgerwechsel statt; die bisherige Organgesell-schaft B-GmbH wird zum herrschenden Unternehmen im Organkreis. Diesem fortgeführten Organkreis sind die Grundstücke der C-GmbH im Rahmen des § 1 Abs. 3 Nr. 2 in Verbindung mit § 1 Abs. 4 Nr. 2 Buchst b GrEStG zuzurechnen, weil 100 % der Anteile an der C-GmbH im Organkreis gehalten werden (B-GmbH: 60% unmittelbar und D-GmbH: 40% mittelbar). In Bezug auf die D-GmbH findet keine Anteilsvereinigung im Sinne des § 1 Abs. 3 Nr. 1 bzw. Nr. 2 in Verbindung mit § 1 Abs. 4 Nr. 2 Buchst b GrEStG statt, weil dem Organkreis nicht das erforderliche Quantum von mindestens 95% der Anteile der D-GmbH zuzurechnen ist.

Hinsichtlich der Grundstücke der B-GmbH wird kein der Grunderwerbsteuer unterliegender Tatbestand verwirklicht, weil diese durch die Verschmelzung der M-GmbH auf die B-GmbH unberührt bleiben.

5. Umstrukturierung im Organkreis

5.1.

Anteilsverschiebungen im Organkreis, die dazu führen, dass vorher wie nachher bei verschiedenen Gesellschaften des Organkreises zusammengerechnet mindestens 95% der Anteile einer grundstücksbesitzenden Gesellschaft gehalten werden, sind grunderwerbsteuerlich unbeachtlich, da die Anteile weiterhin im Organkreis vereinigt bleiben.

BEISPIEL: Die M-GmbH hält je 80% der Anteile an der A-GmbH, der B-GmbH und der C-GmbH. Zwischen der M-GmbH und diesen Gesellschaften besteht ein Organschaftsverhältnis. An der grundstücksbesitzenden E-GmbH sind die M-GmbH zu 20%, die A-GmbH sowie die B-GmbH zu je 40% beteiligt. Die M-GmbH überträgt ihre Beteiligung an der E-GmbH auf die C-GmbH.

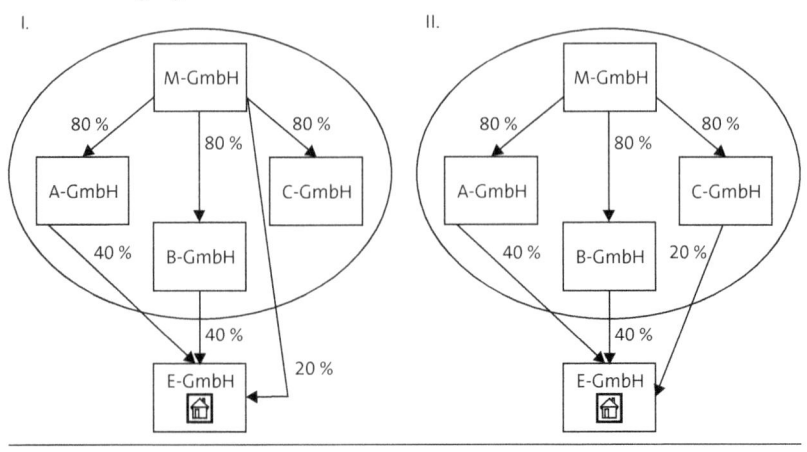

Durch den Übergang der 20%igen Beteiligung der M-GmbH an der E-GmbH auf die C-GmbH tritt hinsichtlich der Anteilsvereinigung im Organkreis keine grunderwerb-steuerrechtlich erhebliche Veränderung ein. Die Anteile der E-GmbH bleiben weiterhin im Organkreis vereinigt.

5.2.

Anteilsverschiebungen im Organkreis, die dazu führen, dass erstmals in der Hand einer Gesellschaft des Organkreises mindestens 95 % der Anteile an einer grundstücksbesitzenden Gesellschaft vereinigt werden, erfüllen den Tatbestand des § 1 Abs. 3 GrEStG. Dies gilt auch, wenn die Anteile zuvor bereits zu mindestens 95 % im Organkreis vereinigt waren, da der Organkreis und seine Mitglieder nicht identisch sind.

BEISPIEL ▶ Die M-GmbH hält je 80 % der Anteile an der A-GmbH und der B-GmbH. Zwischen der M-GmbH und diesen beiden Gesellschaften besteht ein Organschaftsverhältnis. An der grundstücksbesitzenden E-GmbH sind die A-GmbH sowie die B-GmbH zu je 50 % beteiligt. Die A-GmbH überträgt ihre Anteile an der E-GmbH auf die B-GmbH.

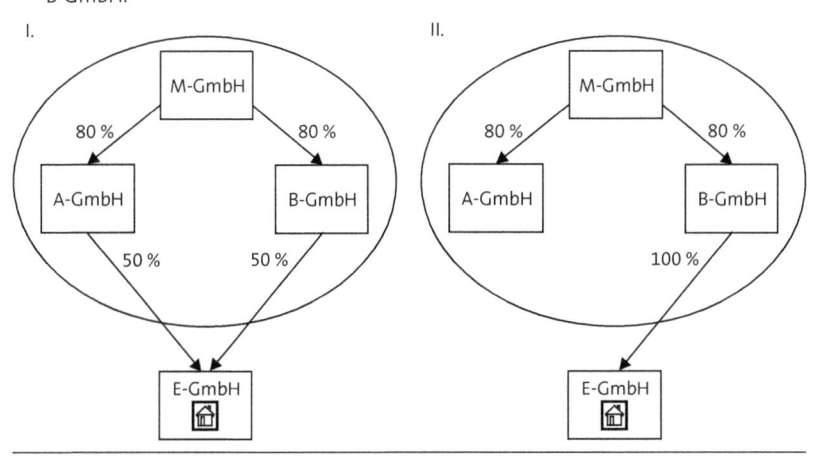

Das Gesetz behandelt den Organkreis als eine Hand. Eine der Anteilsvereinigung im Organkreis nachfolgende Anteilsvereinigung in der Hand nur eines Mitglieds des Organkreises führt zu einer Neuzuordnung der Grundstücke. Die Vereinigung der Anteile der E-GmbH in der Hand der B-GmbH unterliegt daher gemäß § 1 Abs. 3 Nr. 1 bzw. Nr. 2 GrEStG der Steuer.

5.3.

Anteilsverschiebungen innerhalb des Organkreises, die dazu führen, dass die Anteile an einer grundstücksbesitzenden Gesellschaft nicht mehr durch eine einzelne Gesellschaft des Organkreises, sondern nunmehr von mehreren Gesellschaften dieses Organkreises gehalten werden, erfüllen den Tatbestand des § 1 Abs. 3 Nr. 1 bzw. Nr. 2 in Verbindung mit Abs. 4 Nr. 2 Buchst b GrEStG, wenn dadurch erstmals mindestens 95 % der Anteile im Organkreis vereinigt werden.

> **BEISPIEL** Die M-GmbH hält je 80 % der Anteile an der A-GmbH und der B-GmbH. Zwischen der M-GmbH und diesen Gesellschaften besteht ein Organschaftsverhältnis. An der grundstücksbesitzenden E-GmbH hält die B-GmbH 100 % der Anteile. Die B-GmbH überträgt 40 % der Anteile an der E-GmbH auf die M-GmbH.

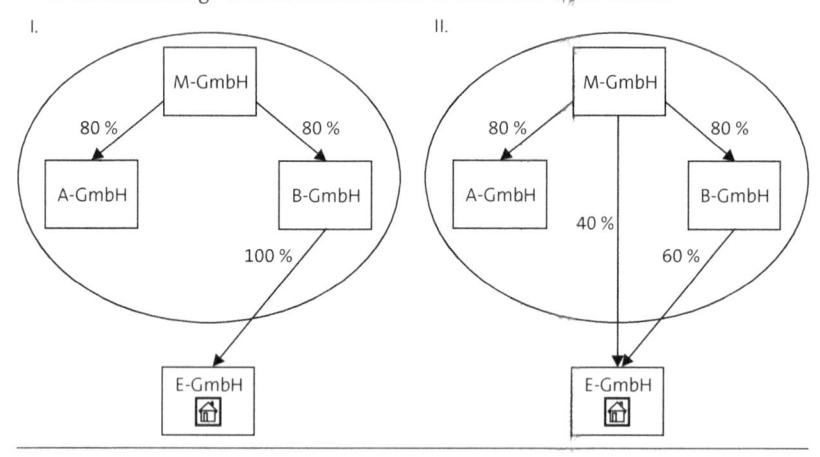

Durch den Übergang der Anteile in Höhe von 40 % an der E-GmbH auf die M-GmbH tritt erstmals eine Anteilsvereinigung in der Hand von herrschenden (M-GmbH: 40 %) und abhängigen Unternehmen (B-GmbH: 60 %) ein (§ 1 Abs. 3 Nr. 1 bzw. 2 in Verbindung mit § 1 Abs. 4 Nr. 2 Buchst b GrEStG).

6. Organschaftsverhältnis innerhalb einer Beteiligungskette

> **BEISPIEL** Durch den Übergang der Anteile in Höhe von 40 % an der E-GmbH auf die M-GmbH tritt erstmals eine Anteilsvereinigung in der Hand von herrschenden (M-GmbH: 40 %) und abhängigen Unternehmen (B-GmbH: 60 %) ein (§ 1 Abs. 3 Nr. 1 bzw. 2 in Verbindung mit § 1 Abs. 4 Nr. 2 Buchst b GrEStG).

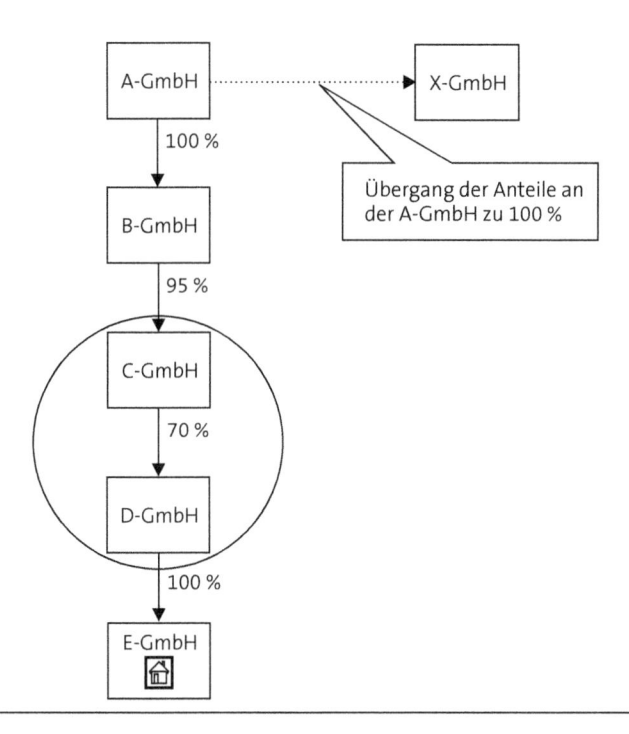

IV. Grunderwerbsteuerrechtliche Organschaft

```
A-GmbH ·············▶ X-GmbH
  │
  │ 100 %           ┌──────────────────────┐
  ▼                 │ Übergang der Anteile an │
B-GmbH              │ der A-GmbH zu 100 %    │
  │                 └──────────────────────┘
  │ 95 %
  ▼
 ╱─────────╲
(  C-GmbH   )
(    │      )
(    │ 70 % )
(    ▼      )
(  D-GmbH   )
 ╲─────────╱
  │
  │ 100 %
  ▼
E-GmbH
 🏠
```

Der Übergang der Anteile der A-GmbH auf die X-GmbH führt zu keiner mittelbaren Anteilsübertragung im Sinne des § 1 Abs. 3 Nr. 3 oder 4 GrEStG, da die Kette 95 %iger Beteiligungen nicht bis zur E-GmbH durchgängig ist. Das Organschaftsverhältnis kann nicht den für die Steuerpflicht nach § 1 Abs. 3 GrEStG notwendigen Anteilsbesitz der C-GmbH von mindestens 95 % der Anteile der D-GmbH ersetzen. Die Anteile an der E-GmbH sind allein in der Hand der D-GmbH vereinigt, an der die Organgesellschaft C-GmbH nur 70 % hält (BFH-Urteil vom 20.7.2005 II R 30/04, BStBl 2005 II S. 839).

7. Steuerschuldnerschaft

7.1 Steuerschuldnerschaft bei Anteilsvereinigung in der Hand des Organkreises

Die Steuerschuldnerschaft richtet sich bei der Vereinigung von Anteilen einer grundstücksbesitzenden Gesellschaft in der Hand von herrschenden und abhängigen Unternehmen bzw. nur in der Hand von abhängigen Unternehmen nach § 13 Nr. 5 Buchst b GrEStG. Steuerschuldner sind allein die an der Anteilsvereinigung Beteiligten, das heißt die Gesellschaften des Organkreises, deren Anteilsbesitz an der grundstücksbesitzenden Gesellschaft dazu beiträgt, dass das für eine Anteilsvereinigung erforderliche Quantum von 95 % erreicht wird.

BEISPIEL: Die M-GmbH ist je zu 80 % an der A-GmbH, B-GmbH und C-GmbH beteiligt. Zwischen der M-GmbH und diesen Gesellschaften besteht ein Organschaftsverhältnis. Die A-GmbH und die B-GmbH sind jede mit 40 % an der grundstücksbesitzenden E-GmbH beteiligt. 20 % der Anteile an der E-GmbH hält Z.

VARIANTE 1 Die M-GmbH erwirbt den 20 %igen Anteil an der E-GmbH von Z.

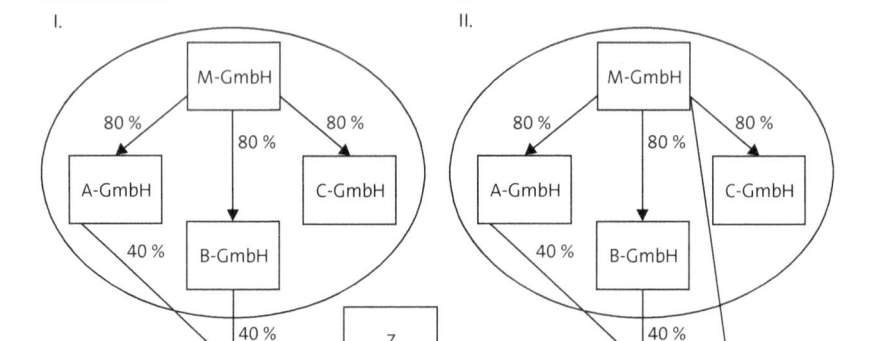

Steuerschuldner sind die an der Anteilsvereinigung beteiligten Unternehmen (§ 13 Nr. 5 Buchst b GrEStG) M-GmbH, A-GmbH und B-GmbH als Gesamtschuldner (§ 44 AO); die Steuer kann von jedem an der Anteilsvereinigung im Organkreis Beteiligten in vollem Umfang erhoben werden. Die C-GmbH ist zwar auch Mitglied des Organkreises; sie nimmt jedoch nicht an der Anteilsvereinigung teil und scheidet deshalb als Steuerschuldner aus.

VARIANTE 2 ▶ Die C-GmbH erwirbt den 20%igen Anteil an der E-GmbH von Z.

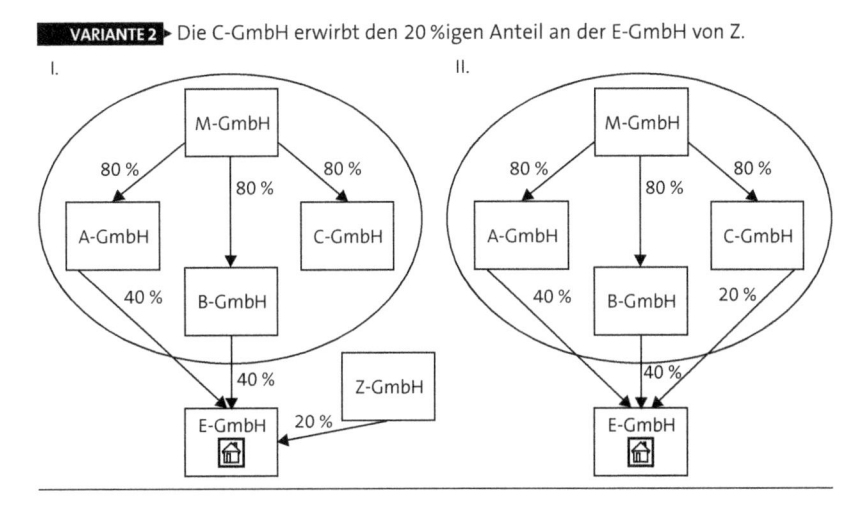

Steuerschuldner sind die an der Anteilsvereinigung beteiligten Unternehmen (§ 13 Nr. 5 Buchst b GrEStG) A-GmbH, B-GmbH und C-GmbH als Gesamtschuldner (§ 44 AO). Ihr Abhängigkeitsverhältnis zur M-GmbH löst zwar die Anteilsvereinigung im Organkreis aus, doch ist die M-GmbH, die keine Anteile der E-GmbH hält, nicht selbst an der Anteilsvereinigung beteiligt und scheidet deshalb als Steuerschuldner aus.

7.2 Steuerschuldnerschaft bei Anteilsvereinigung in der Hand eines Mitglieds des Organkreises

Soweit eine Anteilsvereinigung (§ 1 Abs. 3 GrEStG) nur in der Hand eines Mitglieds des Organkreises eintritt, richtet sich die Steuerschuldnerschaft nach § 13 Nr. 5 Buchst a GrEStG. Steuerschuldner ist der Erwerber (BFH vom 2.8.2006 II R 23/05, BFH/NV 2006 S. 2306 = NWB MAAAC-17980). In den Fällen des § 1 Abs. 3 Nr. 3 und Nr. 4 GrEStG sind Steuerschuldner die am Erwerbsvorgang Beteiligten (§ 13 Nr. 1 GrEStG).

8. Örtliche Zuständigkeit

In den Fällen einer Anteilsvereinigung im Organkreis ist grundsätzlich (Ausnahme: nur Grundbesitz im Bezirk des Geschäftsleitungsfinanzamts) die gesonderte Feststellung durch das Finanzamt durchzuführen, in dessen Bezirk sich die Geschäftsleitung der grundstücksbesitzenden Gesellschaft befindet (§ 17 Abs. 3 Satz 1 Nr. 2 GrEStG), deren Anteile vereinigt werden. Befindet sich die Geschäftsleitung nicht im Geltungsbereich des Grunderwerbsteuergesetzes und werden in verschiedenen Finanzamtsbezirken liegende Grundstücke oder in verschiedenen Ländern liegende Grundstücke betroffen, so stellt das nach § 17 Abs. 2 GrEStG zuständige Finanzamt die Besteuerungsgrundlagen gesondert fest (§ 17 Abs. 3 Satz 2 GrEStG).

In Organschaftsfällen mit mittelbaren Anteilsvereinigungen (-übertragungen) führt dies zu einer Vielzahl von Zuständigkeiten. Im Einvernehmen mit den Steuerpflichtigen und dem Finanzamt, welches nach den Vorschriften örtlich zuständig ist, kann gemäß § 27 AO die gesonderte Feststellung das Finanzamt durchführen, in dessen Bezirk sich die Geschäftsleitung des Organträgers befindet. Es ist grundsätzlich davon auszugehen, dass die an der Anteilsvereinigung beteiligten Gesellschaften eines Organkreises und die nach § 17 Abs. 3 GrEStG zuständigen Finanzämter der Zuständigkeit für die gesonderte Feststellung durch das Finanzamt, in dessen Bezirk sich die Geschäftsleitung des Organträgers befindet, zugestimmt haben, es sei denn, es erfolgt ein ausdrücklicher Widerspruch.

9. Anwendung

Dieser Erlass tritt an die Stelle der gleich lautenden Erlasse der obersten Finanzbehörden der Länder zur Anwendung des § 1 Abs. 3 in Verbindung mit Abs. 4 GrEStG auf Organschaftsfälle vom 21. März 2007 (BStBl 2007 I S. 422). Er ist auf alle offenen Fälle anzuwenden.

STICHWORTVERZEICHNIS

Die Ziffern verweisen auf die Randziffern (Rz.)

A

Abhängiges Unternehmen (GrESt) 1751 f.
Abführungssperre 219 (KSt)
Ablehnung der Eröffnung des Insolvenzverfahrens (USt) 1541
Abspaltung (KSt)
– bei dem Organträger 431
– bei der Organgesellschaft 408
Abteilung im Geschäftsbetrieb (USt) 1530
Aktiver Ausgleichsposten
– GewSt 1017 f.
– KSt 603, 642, 649 ff.
Altenheim (USt) 1656
Andere Personengesellschaften (USt) 1158
Angehörige 1229
– Beteiligung über (USt) 1299
Angestellter (USt) 1308 ff.
Anrechnung (USt) 1410, 1457
– ausländischer Steuern (KSt) 585
– GewSt auf ESt-Schuld 611
– von KSt 487, 573
– von Steuerabzugsbeträgen (KSt) 571 ff.
Anrechnungsverfahren (KSt) 11
Ansässigkeit
– im Ausland (USt) 1497 ff.
– im Inland (USt) 1495 ff.
Anteilsvereinigung (GrESt) 1757 ff.
wirtschaftliche Anteilsvereinigung 1828 ff.
Anteilsübertragungen (GrESt) 1810 ff.
Anteilsverschiebungen (GrESt) 1819 ff.
Anzahlungen (USt) 1397
Atypisch stille Gesellschaft
– KSt 30, 315

– GewSt 904
Aufhebung des GAV (KSt) 207
Auflösung der OG
– durch Begründung des Organschaftsverhältnisses (GewSt) 961, 965,
– GewSt 1056
– KSt 737 ff.
Auflösung des OT (KSt) 773
Aufrechnung, durch Organträger oder FA (USt) 1420 ff.
Aufschiebend bedingter GAV (KSt) 240 ff.
Aufspaltung (KSt)
– der Organgesellschaft 407
– des Organträgers 430
Auftreten nach außen (USt) 1163
Aufwand (KSt) 249
Aufzeichnungspflichten (USt) 1473
Ausgleichsansprüche (USt)
– zivilrechtlich 1432
– Außenprüfung (USt) 1606 f.
Ausgleichsposten
– GewSt 1017 f., 1022
– KSt 633, 636, 641 ff., 660, 857
Ausgleichszahlungen (KSt) 471, 534, 712 ff.
Ausgliederung (KSt)
– aus dem Organträger 432, 434 f.
– aus der Organgesellschaft 409
Auskunftsgebühr 473
Auslandssachverhalte (GrESt) 1787
Ausländische Kapitalgesellschaft als OG (GewSt) 905
Ausländisches gewerbliches Unternehmen als Organträger 51, 54, 71
Ausländisches Unternehmen als OT (KSt) 54

Ausschluss (KSt)
– von Vorschriften des KStG und EStG   481 f.
Ausschüttung vorvertraglicher Rücklagen (KSt)   248, 630
Ausschüttungsbelastung (KSt)   484
Ausschüttungssperre (KSt)   219
Außenschulden des Organkreises (GewSt)   974
Außenstehender Gesellschafter (KSt)   712 ff.
Außerorganschaftliche Verluste (GewSt)   996

B

Beendigung (USt)   1523 ff., 1661 ff.
– der Organschaft (USt)   1381 ff., 1523 ff.
Beendigung des GAV (KSt)   207, 822
Begründung der Organschaft (USt)   1379 f., 1521 f.
Beherrschungsvertrag
– KSt   209, 213
– GrESt   1786
– USt   1095, 1218, 1318, 1324
Beiladung
– (GewSt)   940,
– (USt)   1590 f.
Beitrittsgebiet (GewSt)   934
Berichtigung des Vorsteuerabzugs bei der Organschaft (USt)   1463Be
Berlin-Vergünstigungen (KSt)   774 ff.
Beschränkung der Organschaft auf bestimmte Tätigkeit (USt)   1125
Beschränkung auf die Voraussetzung der Organschaft nach Art. 11 Abs. 1 MwStSyStRL (USt)   1126
Besitzgesellschaft als OT
– KSt   393 ff.
– USt   1187, 1206, 1269 ff.
Beteiligung (KSt)
– mittelbare   87 ff.
– Folge bei Nichtanerkennung   826 ff.
– unmittelbare   75 ff.

– Zurechnung der   81
– Zusammenrechnung von   92 ff.
Beteiligung, mittelbare (USt)   1217 ff.
Betrieb gewerblicher Art (USt)   1156
Betriebsaufspaltung
– GewSt   931 ff.
– KSt   63, 64, 439 ff.
– USt   1187, 1260, 1269 ff.
Betriebseinbringung (KSt)
– nichtbegünstigte   436
– steuerbegünstigte   434
Betriebseinstellung
– GewSt   1057
– KSt   761 ff.
Betriebsgesellschaft (USt)   1187, 1206, 1269 ff.
Betriebsprüfung (USt)   1606 f.
Betriebsstätte (USt)   1492 ff.
– im Ausland (USt)   1499
Betriebsveräußerung
– GewSt   1057
– KSt   436, 590, 761 ff.
Betriebsverpachtung (KSt)   772
Betriebsverfassungsrecht (USt)   1503
Betriebswirtschaftlicher Zusammenhang (USt)   1251
Beweislast (USt)   1586
bilanzorientiertes Temporary-Konzept (KSt)   665
Bilanzsumme (USt)   1267
Billigkeitserlass (USt)   1422, 1608
Bruchteilsgemeinschaft (USt)   1198
Bruttomethode
– (GewSt)   1001
– (KSt)   619, 694, 703

D

Darlehen (USt)   1212, 1253
Dividendeneinnahmen aus Schachtelbeteiligungen (KSt)   1004

Dividendengarantie (KSt)   712 ff.

Doppelansässige Organgesellschaften/Organträger (KSt)   618

Doppelbelastung
- Vermeidung mit KSt und ESt (KSt)   9

Dual Consolidated Loss (DCL)-Rule (KSt)   622

Durchführung des GAV (KSt)   218 ff., 242 ff., 532, 822

Durchschnittssätze für land- und forstwirtschaftliche Betriebe bei der Organschaft (USt)   1474 ff.

E

EG-Recht (USt)   1122 ff., 1126, 1176, 1372, 1500 ff.

Eigengesellschaft (USt)   1297

Eigenkapital (KSt)   851 ff.

Eigenverbrauch (USt)   1378

Eingegliederte AG (KSt)   215, 228, 624

Eingliederung als Unterordnung (USt)   1199 ff.

Einheitstheorie (GewSt)   961 f.

Einkaufsabteilung (USt)   1289 f.

Einkaufsgesellschaft   1289 f.

Einkommensermittlung (KSt)   241, 466, 480 ff., 512 ff.
- bei Organschaftsverhältnissen zu natürlichen Personen (KSt)   523 ff.

Einkommenszurechnung (KSt)   468, 473

Besonderheiten bei Personengesellschaft als OT   500 ff.

Einkünfte aus einer ausländischen Betriebsstätte (KSt)   690 f.

Einlagekonto, steuerliches   851

Einzelrechtsnachfolge (KSt)   436

Enkelgesellschaft (USt)   1222 f.

Erbengemeinschaft (USt)   1175

Erbfall (KSt)   439

Ergebnisabführungsvertrag (USt)   1098 f., 1151, 1216, 1219

Erhöhung der KSt durch Gewinnausschüttung (KSt)   629

Erlass
- aus Billigkeitsgründen (USt)   1422, 1608

Ermittlungspflicht (USt)   1583

Eröffnung des Insolvenzverfahrens (USt)   1317 ff.

Erstattungszinsen (USt)   1423

F

Fabrikations- und Fertigungsbetrieb (USt)   1291 ff.

Faktischer Konzern (USt)   1319

Feststellung des Einkommens der OG   472

Feststellungsverfahren (KSt)   472

Finanzielle Eingliederung
- KSt   75 ff.
- – Anspruch auf Übertragung von Gesellschaftsanteilen   77
- – bei Zwischenschaltung einer Personengesellschaft oder ausländischen Gesellschaft   89
- – eigene Anteile der OG   80
- – Gesamtbild der tatsächlichen Verhältnisse   86
- – Mehrheit der Stimmrechte   78
- – Mittelbare Beteiligung   87 ff.
- – Nießbrauch   83
- – Personengesellschaften als OT und   314
- – Pfändung der Beteiligung   85
- – Sicherungsübereignung   82
- – Treuhandverhältnis   81 f.
- – Verpfändung der Beteiligung   85
- – zeitliche Voraussetzungen   163 ff.
- – Zurechnung   81 f.
- – Zusammenrechnung von Beteiligungen   92 ff.
- GrESt   1782, 1827
- USt   1208 ff.

Finanzierung (USt)   1664 ff.

Fördergebietsgesetz (KSt)   785
Formerfordernis (USt)   1581
Formwechsel (KSt)
– der Organgesellschaft   410
– des Organträgers   433
Freibetrag nach § 16 Abs. 4 EStG (KSt)   537
Freigrenze (USt)   1409
Freistellungsbescheinigung (USt)   1408

G

Garantierte Dividenden (KSt)   712 ff.
Gehaltszahlungen an den Gesellschafter-Geschäftsführer (KSt)   523
Gemischte Schenkung (KSt)   441
Gemischtes Rücklagenkonto (KSt)   226
Genussscheininhaber   715
Genossenschaft (USt)   1175, 1230
Gesamtbild der tatsächlichen Verhältnisse
– und finanzielle Eingliederung (KSt)   86
– USt   1320 ff.
Gesamtplan (GrESt)   1803 f.
Geschäftsführung durch leitende Angestellte des Organträgers (USt)   1308
Geschäftsführungsvertrag (KSt)   213
Geschäftsleitung der Organgesellschaft (KSt)   35
Geschäftsveräußerung im Ganzen (USt)   1524, 1660, 1677, 1682
Gesellschafterwechsel (KSt)   322 ff.
Gesellschaftsteuer (KSt)   540
Gesetzliche Rücklage (KSt)   219, 258
Gestellung von Personal (USt)   1323
Gewerbebetrieb (USt)   1098
Gewerbeertrag der Organgesellschaft und § 8b Abs. 2 KStG   1009
Gewerbeverluste des Organträgers (GewSt)   994
Gewerbliches Unternehmen
– GewSt   911

– KSt   58 ff.
Gewinnabführung (USt)   1098, 1285
Gewinnabführung bei der OG
– GewSt   999
– KSt   483 ff.
Gewinnabführung beim OT
– GewSt   999 f.
– KSt   486 f.
Gewinnabführungsvertrag
– GewSt   900, 924
– KSt   191 ff.
– – Aufhebung aus wichtigem Grund   207 ff.
– – Durchführung   200, 242 ff.
– – Eintragung ins Handelsregister   214, 232
– – Fortbestehen bei Umwandlung oder Verschmelzung des OT   402, 424
– – Grundlagen   191
– – Inhaltliche Anforderungen mit einer GmbH als OG   229 ff.
– – Kündigung aus wichtigem Grund   207 f.
– – Mindestlaufzeit   205 f., 424
– – Rechtsnatur   193 f.
– – unter aufschiebender Bedingung   240
– – Wirksamkeit als Voraussetzung   196 ff.
– – zeitliche Anforderungen   203 ff.
– – Zeitpunkt des Abschlusses   163, 215
– – Zeitpunkt des Wirksamwerdens   215
– – zivilrechtliche Wirksamkeitsvoraussetzungen
– – mit AG oder KGaA als OG   214 f.
– – mit GmbH als OG   232 ff.
– – USt   1098 f., 1151, 1216, 1219, 1497
Gewinngemeinschaft (KSt)   213
Gewinnrücklagen (KSt)   219, 221 ff., 238
Gewinnvortrag (KSt)   224
GmbH und Co. (KSt)   442 ff.
Grenzüberschreitende Organschaft (USt)   1101, 1116 ff., 1129, 1201, 1485 ff.
Gründergesellschaft (USt)   1159, 1522
Grunderwerbsteuer (USt)   1389
Grundstücksveräußerung (USt)   1388 ff.

– Steuerbefreiung im Rahmen einer Organschaft (USt) 1388 f.

H

Haftung
– KSt 475
– USt 1100, 1385, 1420, 1426 ff., 1434 ff., 1672
– der Organgesellschaft für Umsatzsteuerschulden des Organträgers (USt) 1426 ff., 1434 f.

Handeln in fremdem Namen (USt) 1094

Herrschendes Unternehmen (GrESt) 1751

Hinzurechnungen (GewSt) 966, 972 ff., 1052

Hinzuziehung (GewSt) 940, (USt); 1590 f.

Höchstbetrag der Gewinnabführung (KSt) 219 ff.

Holding 1174, 1181, 1185, 1260
– als OG (USt) 1174
– als OT
– Finanzholding (USt) 1181
– Führungs- und Funktionsholding (USt) 1181
– gemischte Holding (USt) 1181
– GewSt 930
– KSt 330
– USt 1181 ff., 1284 ff.

Horizontale Verbindung mehrerer Organgesellschaften (USt) 1170

I

Identität der Geschäftsführung (USt) 1305

Inländisches gewerbliches Unternehmen
– GewSt 911 ff.
– KSt 58 ff., 70

Innenumsatz (USt) 1203, 1260, 1292, 1376, 1406, 1443, 1487, 1523, 1608, 1660 f., 1667

Insolvenz (USt) 1268, 1317, 1373, 1384, 1433 ff., 1525 ff., 1582, 1673
– Anfechtung (USt) 1433 f.
– Organgesellschaft (USt) 1527 ff.

– Organträger (USt) 1529 ff.
– Verfahren (USt) 1384 ff.

Internationales Schachtelprivileg (KSt) 481, 518, 681 ff., 728

Investitionszulagen (KSt) 786 ff.

Investmenterträge (KSt) 518a

Ist-Versteuerung (USt) 1472

J

Juristische Person (USt) 1103, 1107, 1126, 1153 ff., 1158, 1165 ff., 1175, 1199, 1202, 1204, 1208, 1210 f., 1231, 1260, 1285, 1289, 1294 f., 1297
– als OG (USt) 1154 f.
– des öffentlichen Rechts (USt) 1154, 1175, 1190 ff., 1231, 1297
– des Privatrechts (USt) 1156, 1175

K

Kapitalertragsteuer (KSt) 571

Kapitalmäßige Verflechtung (USt) 1251

Kapitalrücklage (KSt) 219, 221, 223

Klage auf Rechnungserteilung (USt) 1458

Kleinunternehmer (USt) 1471, 1671

Körperschaften des öffentlichen Rechts (USt) 1190 ff., 1297

Körperschaftsteuer
– Erhöhung 629, 861
– Erklärung der Organgesellschaft 471
– Guthaben 856
– Minderung 630, 706
– Veranlagung der Organgesellschaft 471

Komplementär-GmbH
– USt 1172
– als OG (KSt) 442 ff.

Komplementär-GmbH
– als OG der KG (USt) 1172

Konkurs (USt) 1542

Konzernrecht (USt) 1095

Konzernrichtlinie (USt) 1311

Konzernsteuerumlagen (KSt) 541 ff.

Körperschaft des öffentlichen Rechts (USt) 1190 ff.

Korrekturnormen (USt) 1592 ff.

Krankenhaus (USt) 1656

Krankenversicherungsunternehmen als Organgesellschaft 38

Kreditinstitut (GewSt) 1032

Kündigung des GAV (KSt) 207 f.

Kürzungen (GewSt) 976, 1033, 1054

L

Land- und Forstwirtschaft 1474 ff.

Latente Steuern (KSt) 661, 665

Lebensversicherung für Gesellschafter-Geschäftsführer (KSt) 523 ff.

Lebensversicherungsunternehmen als Organgesellschaft 38

Leg-ein-Hol-zurück-Verfahren (KSt) 223

Legitimationszession (KSt) 82

Leistungsaustausch zwischen OG und OT (GewSt) 1036

Liquidation (USt) 1268, 1317, 1383, 1546

Liquidität (USt) 1664, 1546

M

Maßgeblichkeit des Zivilrechts (USt) 1093

Materialbeistellung (USt) 1252 f.

Mehrheit 1210 ff.
- Anteilsmehrheit (USt) 1210 ff., 1299 ff.
- der Stimmrechte
- – KSt 77 ff.
- USt 1212 ff.

Mehrmütterorganschaft
- GewSt 895, 1051
- KSt vor 316
- USt 1167 f.

Mehrstöckige Organschaft (USt) 1169, 1428a

Mitbestimmung
- Auswirkungen auf die betriebsverfassungsrechtliche Zwangsverwaltung (USt) 1503

Minderabführungen 641 ff., 654

Minderung der KSt durch Gewinnausschüttung (KSt) 626 f.

Mittelbare finanzielle Beteiligung (USt) 1217 ff.

Mitternachtserlasse (KSt) 170 ff.

Mitwirkungspflicht (USt) 1583 f., 1606

N

Nachorganschaftliche Gewinne (GewSt) 1013 ff.

Nachorganschaftliche Verluste (GewSt) 1019 ff., 1027 ff.

Nachteile bei der Organschaft (USt) 1669 ff.

Nachteile bei Geschäftsveräußerung (USt) 1682

Nachvertragliche offene Rücklagen (KSt) 221, 257 ff., 651 ff.

Nachvertragliche stille Rücklagen (KSt) 264

Nachweis der Organschaft (USt) 1583 ff.

Nachzahlungszinsen (USt) 1423 ff.

Natürliche Person
- KSt 620
- USt 1175, 1224

Negatives Einkommen des Organträgers 614

Nichtrechtsfähige Personenvereinigung (USt) 1160 ff.

Nichtunternehmer (USt) 1124, 1224

Notgeschäftsführer (USt) 1316

Nutzungsvorteil (KSt) 533

O

Option
- bei Organschaft (USt) 1392
- zur Steuerpflicht (USt) 1192, 1553, 1669

Ordnungsmäßige Buchführung (KSt) 244
Organgesellschaft
- GewSt 901 ff.
- KSt 25 ff.
- - AG als OG 25
- - als Grundstücksmieterin (USt) 1296
- - Auflösung der OG 737 ff.
- - bergrechtliche Gewerkschaft als OG 25
- - Erwerbs- und Wirtschaftsgenossenschaft als OG 26
- - GmbH als OG 25, 229 ff.
- - GmbH und Co. KG als OG 27
- - inländische Zweigniederlassung als OG 34
- - KGaA als OG 25
- - Kolonialgesellschaft als OG 25
- - Komplementär-GmbH als OG 442 ff.
- - persönlich steuerbefreite Gesellschaft als OG 37
- - Stiftung als OG 26
- - Verein als OG 26
- - Versicherungsverein auf Gegenseitigkeit als OG 26
- - Vorgesellschaft als OG 28
- GrESt 1781 ff.
- USt 1199 ff.
Organisation
- Vorteile der Organschaft bei der (USt) 1667
Organisatorische Eingliederung
- GewSt 920
- - bei Beherrschungsvertrag 123
- - bei Personengesellschaft als OT 316
- - einer Komplementär-GmbH 449
- - zeitliche Voraussetzungen 123
- USt 1298 ff.
Organkreis
- UStG 1092
- GrESt 1810 ff.
Organschaft, grenzüberschreitende (USt) 1485 ff.
Organschaftsähnliches Verhältnis (USt) 1160 ff.
Organschaftskette (KSt) 87

Organschaftslücke (KSt) 426
Organschaftsmodell 10
Organschaftsvertrag (USt) 1152
Organtheorien (KSt) 3
Organträger
- GewSt 909 ff.
- KSt 40 ff.
- - atypisch stille Gesellschaft als OT 315
- - Besitzgesellschaft als OT 393 ff.
- - Betrieb gewerblicher Art als OT 65
- - Freiberufler als OT 57
- - Gewerbebetrieb kraft Rechtsform als OT 60, 63
- - GmbH und Co. KG als OT 68
- - Holding als OT 329 ff.
- - inländisches gewerbliches Unternehmen 54
- - inländische Zweigniederlassung eines ausländischen Rechtsträgers 51
- - juristische Personen des öffentlichen Rechts als OT 65
- - juristische Personen des Privatrechts als OT 67
- - Kapitalgesellschaft als OT 40
- - natürliche Person als OT 40
- - Nießbraucher als OT 83
- - Personengesellschaft als OT 40, 311 ff., 500 ff., 621
- - Rechtsform des OT 40
- - steuerbefreite Gesellschaft als OT 52
- - Treuhänder als OT 81
- - Vorgesellschaft als OT 41
- USt 1175 ff.
- - Rechtsform 1175
- - Unternehmenszusammenschluss 1265 ff.
- - Unternehmereigenschaft 1246

P

Passiver Ausgleichsposten (KSt) 633
Personelle Verflechtung (USt) 1306
Personengesellschaft als OT
- GewSt 925
- KSt 311 ff., 500 ff.

– USt   1103, 1126 f. ,1157 f., 1175, 1204, 1217 f., 1269
– – GbR   1167, 1172, 1175, 1187, 1195 f., 1202, 1206, 1212, 1660
– – GmbH & Co. KG   1127, 1157, 1273
– – Einheits-GmbH & Co. KG   1173
– – KG   1160, 1175, 1187, 1274, 1305, 1660, 1664
– – OHG   1160, 1175, 1291
Personengruppentheorie (USt)   1214
Privatperson (USt)   1124
Private Vermögensverwaltung (USt)   1187
Personenidentität (USt)   1305 f.
Produktionsgesellschaft (USt)   1291 ff.
Progressionsvorbehalt gemäß § 32b EStG (KSt)   690
Prokurist (USt)   1306, 1310 f.

R

Realteilung (KSt)   des Organträgers;   437 f.
Rechenzentrum (USt)   1656
Rechnungen innerhalb des Organkreises (USt)   1443 f., 1459
Rechnungsausstellung bei der Organschaft (USt)   1437 ff.
Rechnungsstellung (USt)   1437 ff., 1458
Rechtsbehelfsbefugnis (GewSt)   937 ff.
– USt   1586
– KSt   471
Rechtsentwicklung (KSt)   2
Rechtsentwicklung der Organschaft im Umsatzsteuerrecht (USt)   1106 ff.
Rechtsformneutralität (USt)   1127
Rechtsgrundlagen
– GewSt   891
– KSt   1, 14 ff.
Rechtsschutz (USt)   1586 f.
Rechtswirkung der Organschaft im Umsatzsteuerrecht (USt)   1379 ff.
Reinvestitionsrücklage (KSt)   538

Rücklage für eigene Anteile (KSt)   222 f.
Rücklagenbildung (KSt)   220, 258 ff., 651
Rückstellung
– für Alters-, Invaliditäts- und Hinterbliebenenversorgung des Gesellschafter-Geschäftsführers (KSt)   523
– für künftige Verluste der OG (KSt)   561
Rückwirkende Aufhebung (KSt)   211
Rumpfwirtschaftsjahr (KSt)   173, 175 ff., 399, 745 f.

S

Investmenterträge (KSt)   518a
Satzungsmäßige Rücklage (KSt)   221
Schachtelprivileg (GewSt)   974, 1002, 1037
Schenkung (KSt)   440
Schwestergesellschaft
– KSt   88, 526
– USt   1218, 1301
Sechste EG-Richtlinie (USt)   1115, 1122
Selbständigkeit, Verlust der (USt)   1376 ff.
Sequestration
– KSt   734
– USt   1548 ff.
Sicherungsübereignung und Zurechnung der Anteile (KSt)   82
Sitz der OG (USt)   31 ff.
Sitztheorie   48
Sonderbetriebsvermögen (USt)   1217
Sonderposten mit Rücklageanteil (KSt)   226, 264, 521
Spendenabzug (KSt)
– bei der OG   535
– beim OT   610
Steuerabzug
– bei Kapitalerträgen (KSt)   575
– USt   1406 ff.
Steuerabzugsermäßigungen (KSt)   576 ff.
– nach VermBG (KSt)   581 f.
Steuerabzugsverpflichteter (USt)   1406 ff.

Steueranrechnung (USt)   1410 ff.
Steuerbefreiung
– bei Grundstücksumsätzen   1388 ff., 1489
– bei Versicherungsleistungen   1391, 1489, 1656
– USt   1388 ff., 1489, 1654 ff., 1658
Steuerbemessungsgrundlage (KSt)   622
Steuererklärungen der Organschaft (USt)   1469 ff.
Steuerermäßigung nach § 35 EStG   611
Steuererstattungen bei der Organschaft (USt)   1412 ff., 1469
Steuerfreie Einnahmen der OG (KSt)   600 ff., 729
Steuerbefreiung nach § 8b KStG   694
Steuerbefreiung nach § 3 GewStG   975, 1039
Steuernummer   1442 f.
Steuerpflicht der OG
– GewSt   964
– KSt   469
Steuersatzermäßigungen (KSt)   588
Steuerschuldner bei Organschaft
– GrESt   1828 f.
– USt   1393 ff.
Steuerumlagen (KSt)   541 ff.
Steuerzahlungen bei der Organschaft (USt)   1469 ff.
Stiller Gesellschafter (USt)   1227
Stimmenmehrheit (USt)   1212 f.
Stimmrechtsvollmacht (KSt)   78
Strohmanngesellschaft (USt)   1164

T

Tarif (KSt)   576 ff.
Tarifermäßigungen (KSt)   576 ff.
– nach §§ 16 34 EStG   590 ff.
– nach § 32c EStG   593 ff.
Teilbetriebsveräußerung (KSt)   590, 771
Teilgewinnabführungsvertrag (KSt)   213, 218

Teilwertabschreibung
– GewSt   1020 ff.
– KSt   566, 631 ff.
Teilwertabschreibung auf Gesellschafterdarlehen   568
Treu und Glauben (USt)   1601 ff., 1604
Treuhänder
– KSt   81
– USt   1215
Treuhandmodell (KSt)   322

U

Übernahmegewinn
– GewSt   1011, 1019
– KSt   412
Übernahmeverlust
– GewSt   1011
– KSt   412
Übertragungsgewinn
– GewSt   1011
– KSt   401, 403
Umrechnung des Gewerbeertrags auf einen Jahresbetrag (GewSt)   984
Umsatzsteuer-Binnenmarktgesetz (USt)   1500 ff.
Umsatzsteuer-Identifikationsnummer (USt)   1442 f.
Umstellung des Wirtschaftsjahrs (KSt)   173 ff.
Umwandlung der OG
– GewSt   1010 f.
– KSt   395 ff.
Umwandlung des OT
– KSt   423 ff.
– GrESt   1822 f.
Unberechtigter Umsatzsteuerausweis (USt)   1435 ff.
Unbeschränkte Steuerpflicht (KSt)
– fiktive nach §§ 1 Abs. 3 1a EStG   43
Unechte Betriebsaufspaltung (KSt)   391
Unentgeltliche Einzelrechtsnachfolge (KSt)   440 f.

Unentgeltliche Gesamtrechtsnachfolge (KSt) 439

Unentgeltliche Wertabgabe 1124, 1378

Unionsrecht 1122 ff., 1126, 1176, 1372, 1500 ff.

Unterbeteiligung (KSt) 84

Unternehmensteile (USt) 1492 ff.

Unternehmerbegriff und Organschaft (USt) 1102, 1176

Unternehmereinheit (USt) 1205

Unternehmensteil (USt) 1492 f.

Unternehmensvertrag (KSt) 213

Unterordnung (USt) 1199 ff.

Unterstützungskasse (GewSt) 975

V

Veräußerung der Beteiligung
- GewSt 1005 f., 1007 f., 1017, 1019
- KSt 167, 170 ff., 176

Veräußerung eines Mitunternehmeranteils (KSt) 323 ff., 328

Veräußerung von Anteilen an Organgesellschaft 569

Veräußerung von Anteilen an der OT-Körperschaft 517

Veräußerungsgewinn
- GewSt 1038
- KSt 591

Veranlagungszeitraum bei der Organschaft (USt) 1468

Verarbeitungsbetrieb (USt) 1294

Verarbeitungsgesellschaft 1294

Verdeckte Einlage (KSt) 609, 818

Verdeckte Gewinnausschüttung (KSt) 506, 526 ff., 815 ff.

Verein (USt) 1175, 1230, 1315

Vereinnahmte Entgelte
- Versteuerung nach (USt) 1472

Verfahrensfragen
- GewSt 935 ff.
- USt 1581 ff.

Verfassungsmäßigkeit (USt) 1120 ff.

Verlust der Selbständigkeit (USt) 1376 ff.

Verlustabzug bei Umwandlung
- GewSt 1011
- KSt 413

Verlustabzug nach § 10d EStG (KSt) 241, 467, 481, 512 ff.
- bei negativen ausländischen Einkünften (§ 2a EStG) 691
- und § 2 Abs. 3 EStG 467
- Verlustausgleich 467, 475

Verluste, außerorganschaftliche (GewSt) 996

Verlustentstehungsjahr (KSt) 622

Verlustfeststellung (GewSt) 941

Verlustklauseln (KSt) 790 ff.

Verlustübernahme
- GewSt 998
- KSt 227, 234, 237, 483, 486, 821
- – Aktivierung 486, 514

Verlustvortrag 622
- nach § 8c KStG 517

Vermittlung von Versicherungen (USt) 1391

Vermögenslosigkeit der Organgesellschaft (USt) 1542 ff.

Vermögensübertragung
- Vorteile der Option bei (USt) 1658 ff.
- Vermögensverwaltung (USt) 1187

Verpachtung von Wirtschaftsgütern durch die OG an den OT (GewSt) 976

Verschmelzung (KSt)
- der Organgesellschaft auf den Organträger 398 ff.
- der Organgesellschaft auf einen anderen Rechtsträger 402 ff.
- des OT 423 ff.
- Grundlagen 396 f.

Versicherungsunternehmen (USt) 1656, 1489

Vertikale Verbindung mehrerer Organgesellschaften (USt) 1169

Vertriebsabteilung (USt) 1285 ff.
Vertriebsgesellschaft 1285 ff.
Verunglückte Organschaft (KSt) 621, 811 ff.
Verwendbares Eigenkapital (KSt) 484, 851 ff.
Verzinsung der Verlustübernahme (KSt) 214
Vorauszahlungen (KSt) 495 ff.
Vorgründungsgesellschaft als Organgesellschaft 29
Vorläufige Insolvenzverwaltung (USt) 1548 ff.
Vororganschaftliche Verluste (GewSt) 995
Vorrang
– der Organschaft vor Anrechnungsverfahren (KSt) 476
– Vorsteuer (USt) 1121, 1124, 1176, 1410, 1428, 1438, 1456 ff., 1654 ff., 1658, 1664 ff., 1574
– Änderung der Bemessungsgrundlage 1464 ff.
– Aufteilung anteiliger Vorsteuerabzug 1461
– Berichtigung des Vorsteuerabzugs 1463
– Vorsteuerberichtigung 1574 ff.
Vorsteuerabzug
– bei der Organschaft (USt) 1456 ff.
Vorsteuerrückforderungsanspruch (USt) 1464 ff.
Vorteile Option bei Berichtigung des (USt) 1674 ff.
Vorteile der Organschaft im Umsatzsteuerrecht (USt) 1651 ff.
Vorvertragliche offene Rücklage (KSt) 221, 224, 248 ff., 623 ff.
Vorvertragliche stille Rücklagen (Reserven) (KSt) 224, 519 ff., 630 ff., 641 ff.
Vorvertragliche Verluste (KSt) 241, 513, 733 ff.

W

Wahlrecht
– nach § 34c Abs. 2 EStG
– KSt 593
– USt 1372 ff.

– USt 1128
Wegfall der Voraussetzungen einer Organschaft (KSt) 811 ff.
Wettbewerbsneutralität (USt) 1112 ff., 1121, 1651 ff.
Wichtiger Grund (KSt) 207, 400
Widersprüchliches Verhalten (USt) 1601 ff.
Wirtschaftliche Eingliederung
– GewSt 920
– KSt 121 f.
– – bei Personengesellschaft als OT 316
– – nach Auflösung der OG 744
– GrESt 1783 f.
– USt 1251 ff.
Wirtschaftliches Eigentum
– GewSt 977 ff.
– KSt 81
– KSt 163 ff.
– USt 1215
– Wirtschaftsjahr
Wohnungsunternehmen (USt) 1295

Z

Zahlungsunfähigkeit der Organgesellschaft (USt) 1542 ff.
Zeitliche Voraussetzungen der Organschaft
– GewSt 922 f.
– KSt 163 ff., 399
Zeitliche Voraussetzungen des GAV (KSt) 205 ff., 242, 427
Zeitraum (USt) 1325
Zerlegung (GewSt) 970, 985
Zinsen
– für Schulden zum Erwerb der Beteiligung an der OG (KSt) 563 ff.
– USt 1423 ff.
Zinsschranke (KSt) 708 ff.
Zivilrechtliche Ausgleichsansprüche im Organkreis (USt) 1432
Zurechnungszeitraum
– GewSt 977 ff.

– KSt   488 ff., 509 ff.
Zusammenfassende Meldung (USt)   1469, 1502, 1681
Zusammenrechnung
– der Einkommen von OT und OG (KSt)   467
– der Gewerbeerträge und des Gewerbekapitals (GewSt)   968
– von Beteiligungen (KSt)   92 ff.
– Zusammenschluss (USt)   1195 ff., 1202
– Kartell   1195
– Syndikat   1195
Zuständigkeit
– GrESt   1834 f.
– Örtliche   1486 ff.
– USt   1586 ff.

Zuzurechnendes Einkommen (KSt)   480 ff., 512 ff., 650
Zwangsversteigerung (USt)   1559
Zwangsverwaltung (USt)   1559 f.
Zweckabhängigkeit (USt)   1252
Zweck der Organschaft
– GewSt   897
– KSt   9 ff., 467
– USt   1651 ff.
Zwischengeschaltete Personengesellschaft (GrESt)   1825 ff.
– oder ausländischen Gesellschaft und finanzielle Eingliederung (KSt)   89
Zwischenholding (USt)   1124